黑龙江省志简编

黑龙江省地方志编纂委员会 编

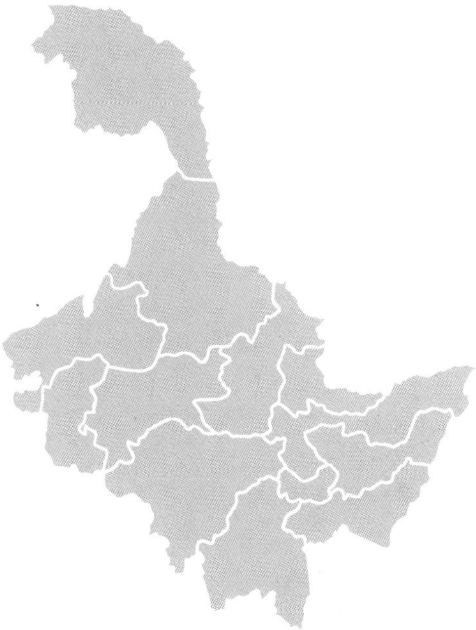

方志出版社
Publishing House of Local Records

图书在版编目（CIP）数据

黑龙江省志简编 / 黑龙江省地方志编纂委员会编
. -- 北京 : 方志出版社，2014.8
ISBN 978-7-5144-1337-3

Ⅰ. ①黑… Ⅱ. ①黑… Ⅲ. ①黑龙江省—地方志
Ⅳ. ①K293.5

中国版本图书馆CIP数据核字(2014)第193146号

黑龙江省志简编

编　　者：黑龙江省地方志编纂委员会
责任编辑：黄　彦
装帧设计：胡玉芬

出 版 人：冀祥德
出 版 者：方志出版社
地址　北京市朝阳区潘家园东里9号（国家方志馆四层）
邮编　100021
网址　http://www.fzph.org
发　　行：方志出版社发行中心
（010）67110500
经　　销：各地新华书店
印　　刷：哈尔滨博奇印刷有限公司

开　　本：889×1194　　1/16
印　　张：56.125
字　　数：1510千字
版　　次：2014年8月第1版　　2014年8月第1次印刷
印　　数：0001～2000册

ISBN 978-7-5144-1337-3/K·1089　　定价：320.00元

ISBN 978-7-5144-1337-3
9 787514 413373

《黑龙江省志简编》编纂委员会

主　任：于莎燕

副主任：隋　岩　姜绍华　袁建勋　石再军

委　员：（以姓氏笔画为序）

关　华　孙学民　孙胜军　许洁民

刘树波　胡玉芬　胡树滨　侯　明

赵　晶　章　磊

《黑龙江省志简编》编辑人员

主　　编：隋　岩

常务副主编：袁建勋

执行副主编：胡玉芬

编 辑 人员：（以姓氏笔画为序）

江　辉　孙学民　李吉文　陈　怡

陈龙江　邹琳琳　胡玉芬　胡树滨

侯　明　赵　晶　柳成栋　贾宏斌

韩明武

黑龙江省政区图（1985年）

黑S（2014）172号　哈尔滨地图出版社　编制

金代 黑龙江 吉林 辽宁政区图（1189年）

黑S（2014）172号　哈尔滨地图出版社编制

本图依据1975年中华地图学社出版的《中国历史地图集》编绘。

清代 黑龙江 吉林将军辖区图（1820年）

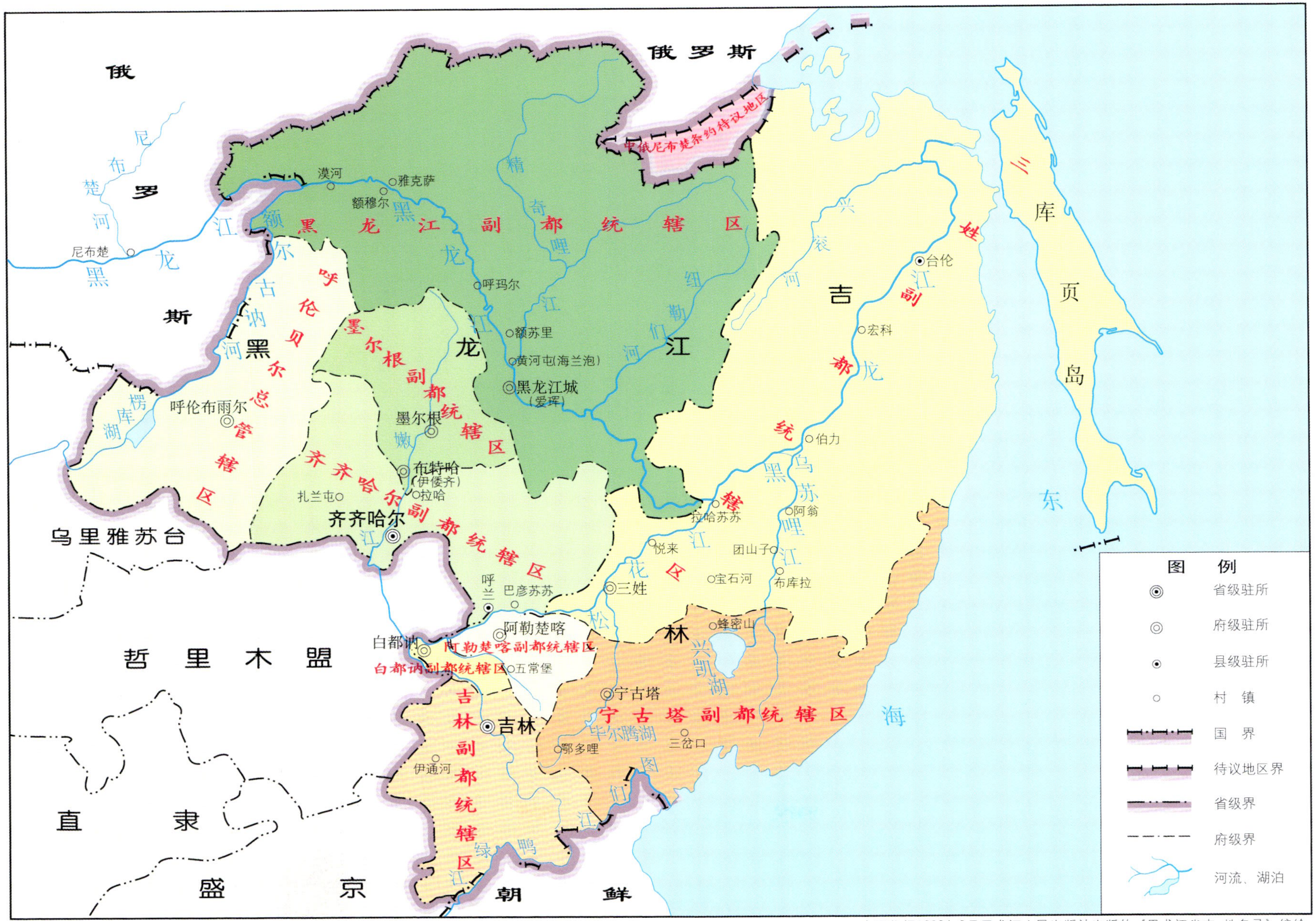

黑S（2014）172号 哈尔滨地图出版社 编制

本图依据1998年9月黑龙江人民出版社出版的《黑龙江省志•地名录》编绘。

中华民国时期　黑龙江　吉林政区图（1930年）

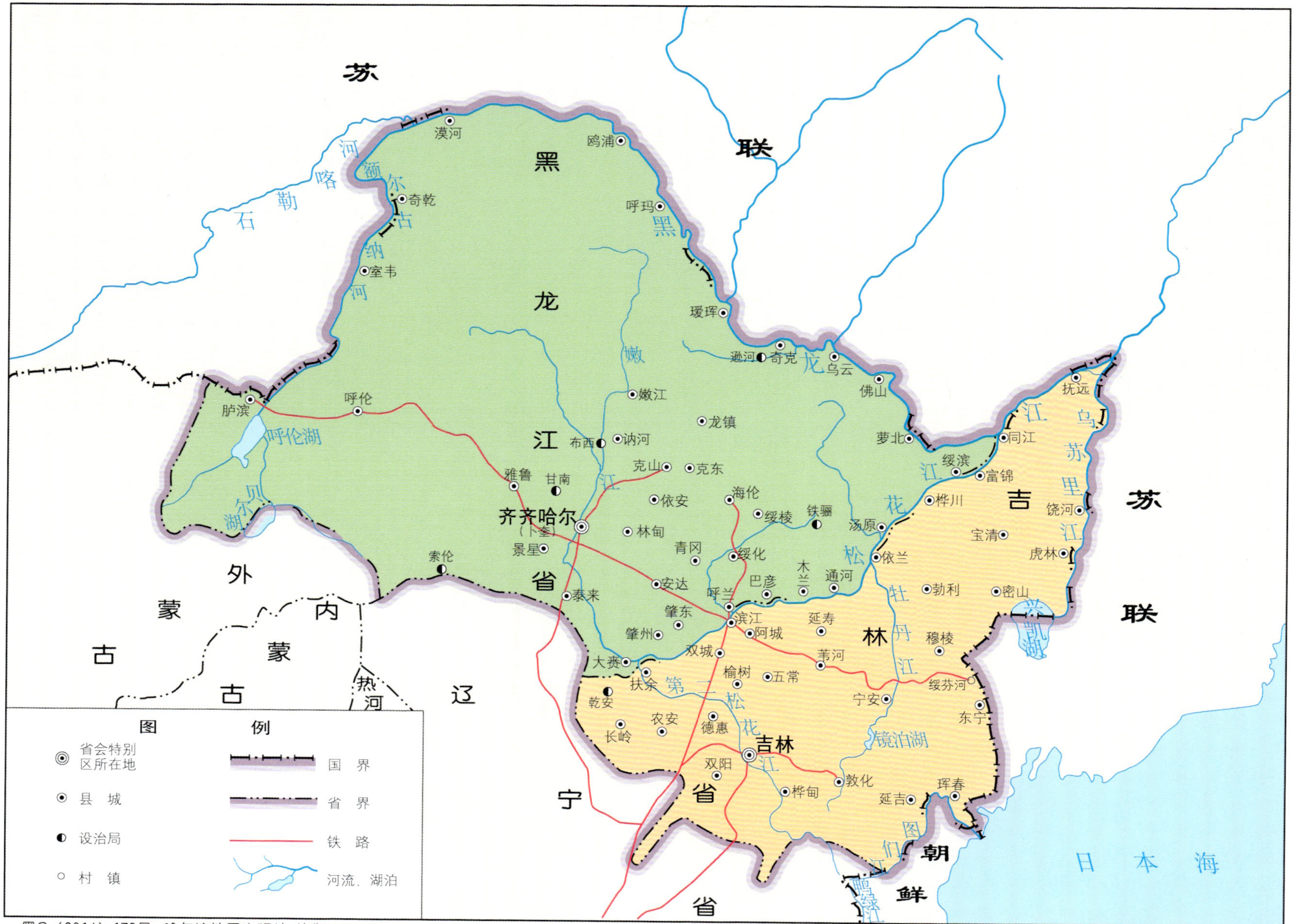

黑S（2014）172号　哈尔滨地图出版社　编制

本图依据1998年9月黑龙江人民出版社出版的《黑龙江省志·地名录》编绘。

东北沦陷时期 黑龙江地区政区图（1939年）

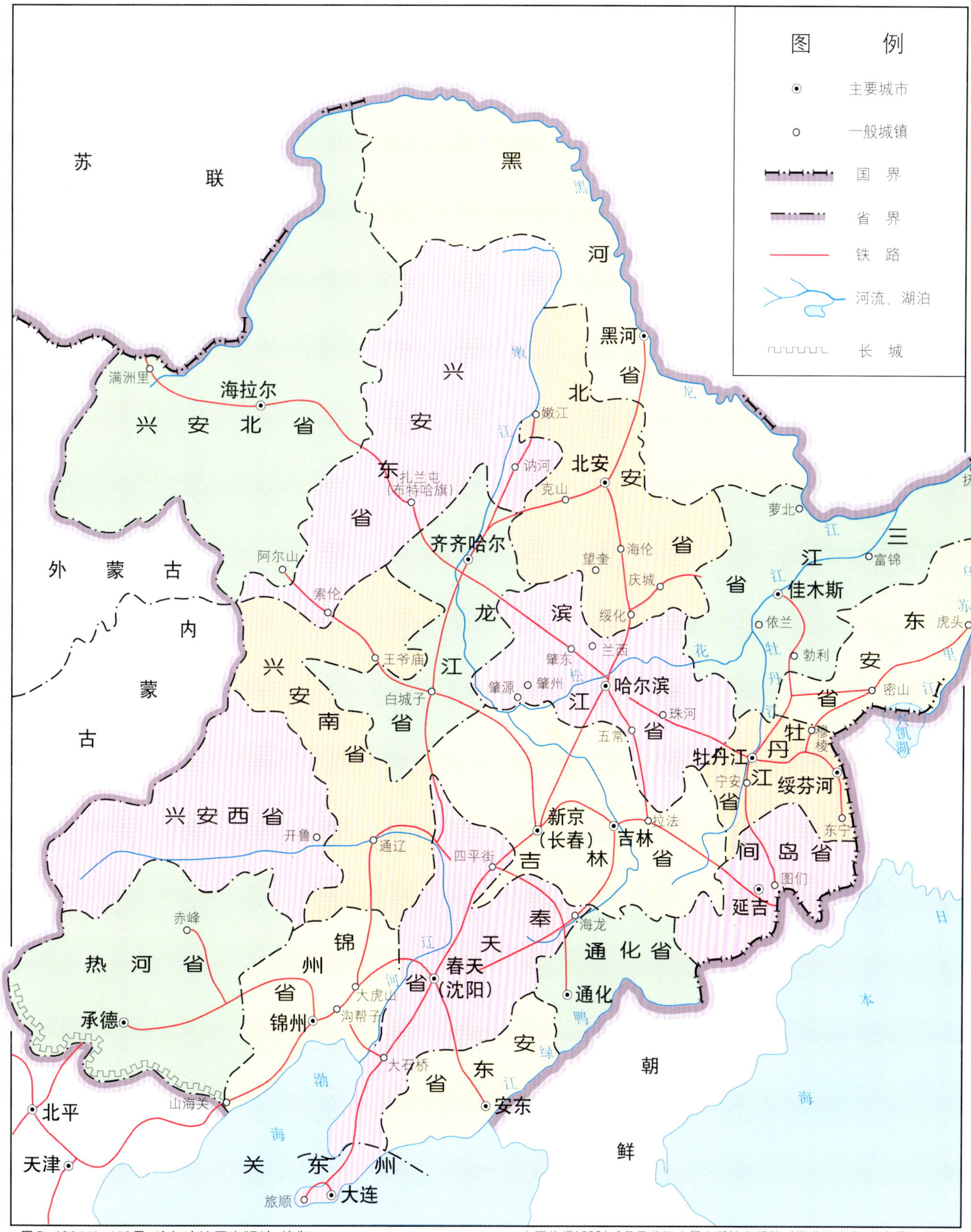

黑S（2014）172号 哈尔滨地图出版社 编制

本图依据1998年9月黑龙江人民出版社出版的《黑龙江省志•地名录》编绘。

解放战争时期 黑龙江地区五省政区图（1946年初）

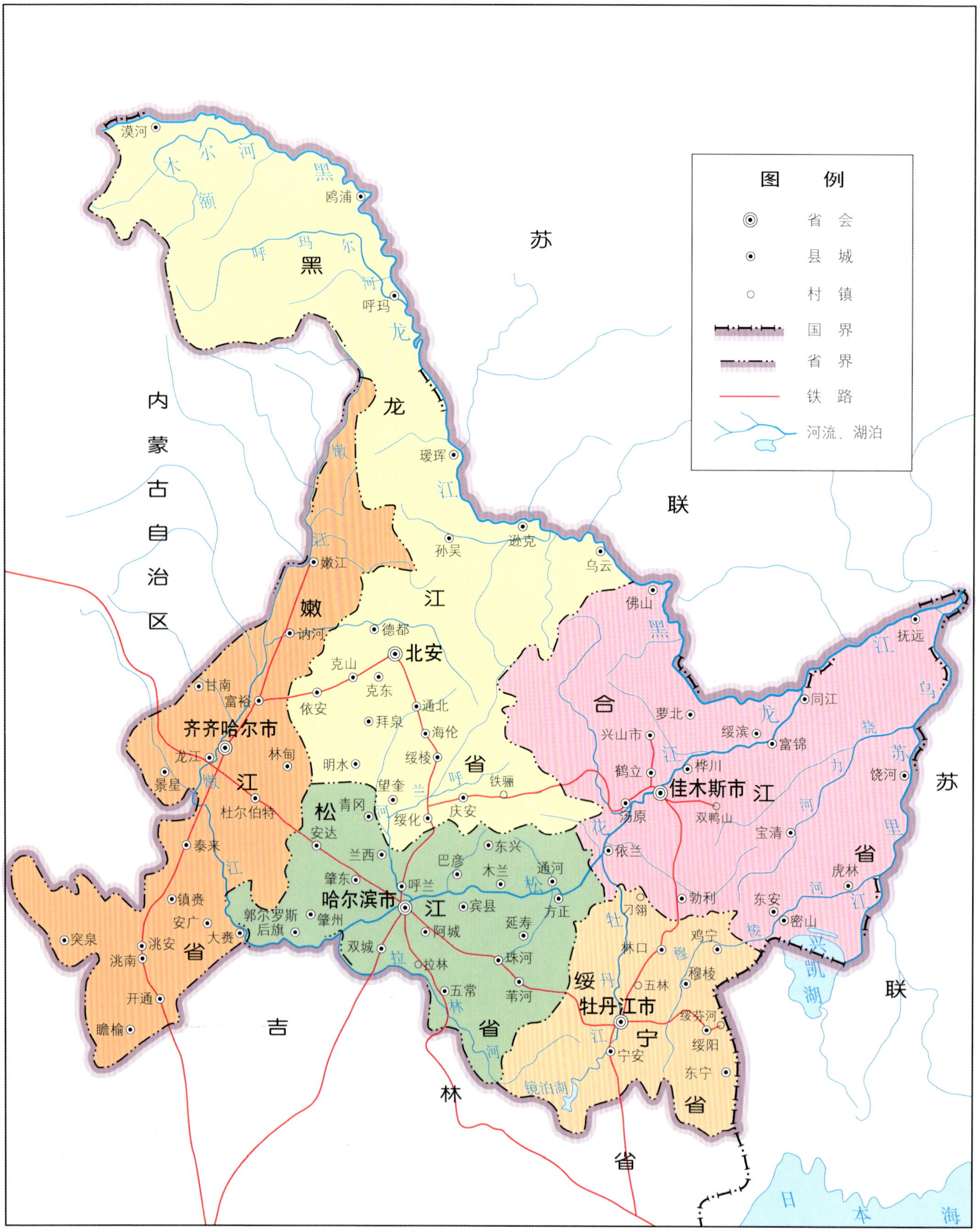

黑S（2014）172号 哈尔滨地图出版社 编制

本图依据2003年6月黑龙江人民出版社出版的《黑龙江省志•政权志》编绘。

黑龙江、松江两省政区图（1949年）

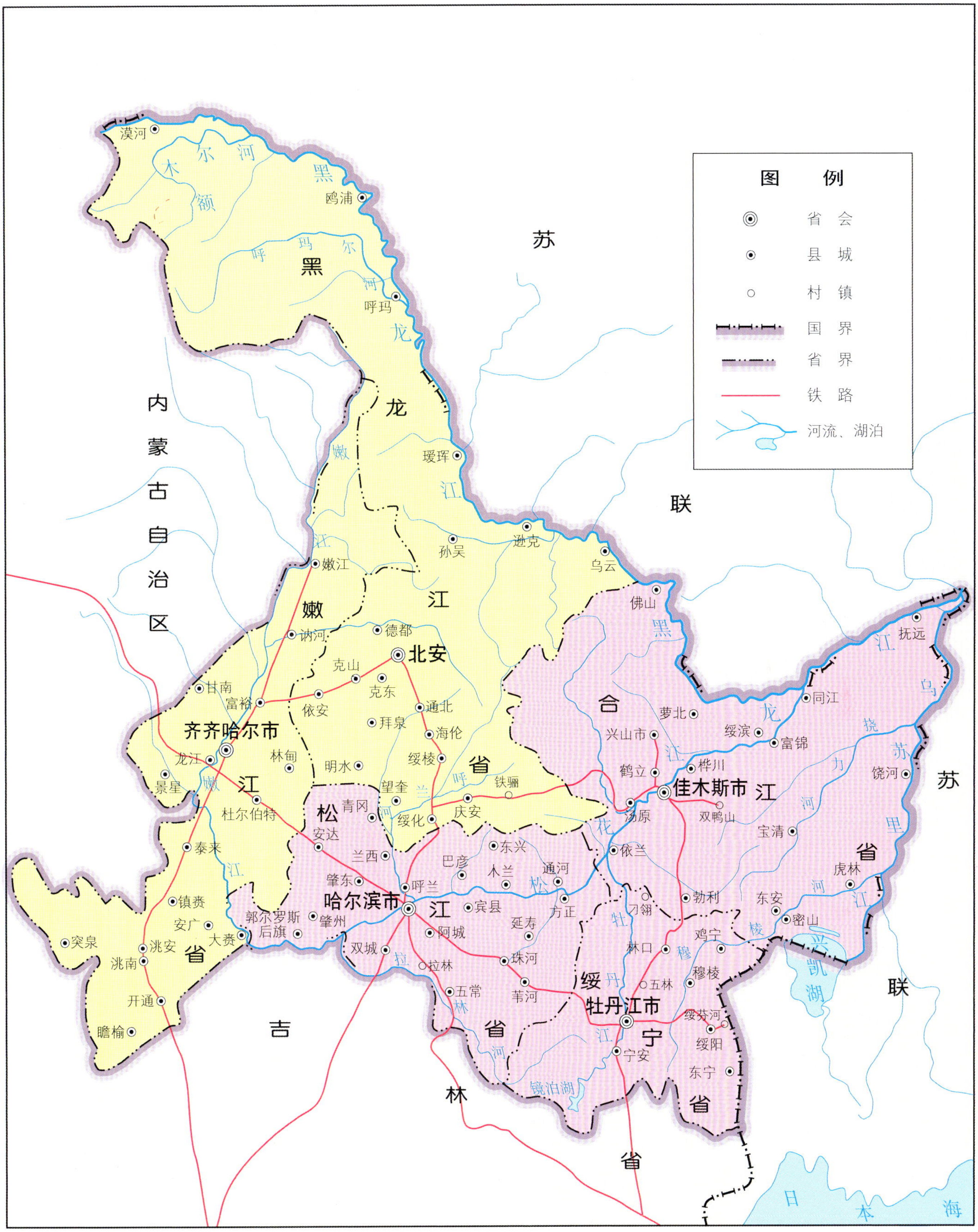

黑S（2014）172号 哈尔滨地图出版社 编制

本图依据2003年6月黑龙江人民出版社出版的《黑龙江省志·政权志》编绘。

序　言

中国自古就有盛事修志的文化传统。在20世纪80年代开始编纂的黑龙江省首轮省志，于2003年完成全部出版任务。作为新中国成立后首次由政府主持修纂的大型地方文献，横陈百科，纵述历史，全面系统地记载黑龙江省的历史与现状，充分体现出方志“存史、资政、教化”的文化价值。为了便于人们阅读，更好地了解黑龙江省的历史，黑龙江省地方志办公室对我省首轮编修的《黑龙江省志》进行提炼加工，按照志书体例，删繁就简，编纂出版了《黑龙江省志简编》，填补了我省编修简志的空白。这是我省文化建设的一件大事，更是推进我省文化大发展大繁荣的一件好事，可喜可贺。

黑龙江省位于祖国东北边陲，地域辽阔，资源丰富，拥有悠久的历史和灿烂的文化。黑龙江流域孕育了独具特色的“鲜卑文化”“渤海文化”“金源文化”“满族文化”等，对整个中华文明的发展产生了巨大影响。近现代以来，黑龙江人民与沙俄和日本侵略者进行了英勇不屈的斗争。中华人民共和国成立后，黑龙江人民以其聪明才智和勤劳的双手，把昔日贫穷落后的“北大荒”建设成今日美丽富饶的“北大仓”，成为国家重要的商品粮、石油、木材、电力、煤炭和重型机械装备生产基地，有力地支援了国家经济建设和国防建设。改革开放以来，黑龙江人民始终高举中国特色社会主义伟大旗帜，以邓小平理论、“三个代表”重要思想、科学发展观为指导，积极推进社会主义现代化建设，各项事业蒸蒸日上。黑龙江培育了可歌可泣的铁人精神、北大荒精神，成为推动黑龙江经济社会科学发展的动力源泉。这些都为振兴东北老工业基地，推进“五大规划”和“十大重点产业”建设奠定了良好的基础。

长期以来，黑龙江由于边远少民，历史上又实行过“封疆禁垦”，给外界一种野蛮荒凉、文化落后的印象。黑龙江要振兴，要走出一条符合龙江特色的发展道路，就不能脱离省情、民情，而《黑龙江省志简编》是对省情、民情的真实反映，站在承续历史、服务现实的高度，为宣传、研究黑龙江的历史做出了有益尝试。简编选取百业历史发展中对黑龙江兴衰起伏影响最大的史实，全面、客观、准确地记述了黑龙江从远古到1985年这一历史时期自然、政治、经济、文化、社会等各方面的基本面貌，具有简约贯通、易于阅读的特点，对于黑龙江广大干部群众更清晰、更准确地认识黑龙江的发展规律，进一步弘扬和培育黑龙江精神，增强对家乡的自豪感和建设美好未来的自信心，具有重要的现实意义。

当前，全省第二轮修志工作已进入攻坚阶段，希望全省地方志工作者以党的十八大精神为指引，继续发扬“尽心尽力、尽职尽责，甘于寂寞、甘于清贫，爱岗敬业、精益求精，淡泊名利、无私奉献”的修志精神，更好地完成“传承文明、记录历史、弘扬文化、服务社会、借史鉴今、启迪后人”的光荣使命，为建设边疆文化大省、推动我省文化大发展大繁荣作出新的更大的贡献。

黑龙江省人民政府副省长

2014年8月

凡　例

一、指导思想。《黑龙江省志简编》（以下简称《简编》）以马克思列宁主义、毛泽东思想、邓小平理论、“三个代表”重要思想和科学发展观为指导，坚持辩证唯物主义和历史唯物主义的立场、观点、方法。

二、时间断限。《简编》与首轮《黑龙江省志》一致，上限不定，各类事物均可追溯至发端，下限为1985年。

三、篇目设置。以首轮《黑龙江省志》为基础，浓缩史料，删繁就简，提要钩玄，重新设置篇目，重新编写。全书设自然、政治、经济、文化、社会五篇，前置序言、凡例、概述，尾设大事记、人物、附录、后记。《简编》力求体现介绍地情和导读原志之功能。

四、记述范围。以现今黑龙江省的行政区域为主；自清康熙二十二年（1683年）设立黑龙江将军辖区以来，区域多次变动，凡隶属过黑龙江地区的区域，均纳入黑龙江地区（省）进行记述。1954年8月，松江省、黑龙江省合并为新的黑龙江省。1954年8月以前，现今黑龙江省的行政区域称谓黑龙江地区；1954年8月后，现今黑龙江省的行政区域称谓黑龙江省。

五、本志体例。采用述、志、记、传、图、表、录诸体组成，以志为主。采用章节体。按现代社会分工与科学分类和便于编纂的实际，横分门类、纵述历史。

六、本志文体。采用现代语体文，语言务求准确、简练、朴实、流畅。除引文外，一律采用第三人称记述。

七、纪年方式。从中华民国起一律采用公元纪年，用阿拉伯数字书写全称，如“1912年”，不能写成“12年”。日伪政权年号一般不予标出，如需标出时，要加“伪”字，如1944年（伪满洲国康德十一年）。中华民国以前年份用历史正称，即书写朝代年号，于括号内注明公元纪年。如清光绪二十八年（1902年）。

八、统计数字。国民经济和社会发展的主要统计数字，一律以统计局的数字为准。有些由业务部门管理的数字，如水利部门关于水文测量、江河流量的统计，气象部门关于大气变化的统计，交通部门关于客货运量的统计，以业务部门的统计为准。

九、计量单位。按照国家技术监督局1993年发布的《量和单位》（GB3100～3102-93）的规定使用。

十、数字使用。按国家质量监督检验检疫总局和国家标准化管理委员会2011年联合发布的《出版物上数字用法的规定》（GBT15835-2011）要求执行。

十一、标点符号。按国家质量监督检验检疫总局和国家标准化管理委员会2011年联合发布的《标点符号用法》（GB/T15834-2011）要求执行。

《黑龙江省志》卷次表

卷次	分志名	卷次	分志名	卷次	分志名
1	总 述	30	建材工业志	60	政权志（含政权沿革编、
2	大事记	31	测绘志		人大编、政府编、法院编、
3	地理志	32	金融志		检察编）
4	地质矿产志	33	财政志	61	政协志
5	气象志、地震志	34	对外经济贸易志	62	民政志
6	经济综志	35	商业志	63	公安志
7	农业志	36	供销合作社志	64	统计志
8	土地志	37	乡镇企业志	65	司法行政志
9	水利志	38	粮食志	66	军事志
10	畜牧志	39	物资志	67	人事编制志（含人事编、
11	水产志	40	审计志、标准计量志		编制编）
12	林业志	41	工商行政管理志	68	劳动志
13	农机志	42	物价志	69	外事志
14	国营农场志	43	环境保护志	70	共产党志
15	煤炭志	44	科学技术志	71	民主党派工商联志（含中
16	石油工业志	45	教育志		国国民党革命委员会黑龙
17	电力工业志	46	文学艺术志		江省委员会编、中国民主
18	铁路志	47	卫生志		同盟黑龙江省委员会编、
19	交通志（含公路编、航	48	医药志		中国民主建国会黑龙江省
	运编、民航编）	49	体育志		委员会编、中国民主促进
20	邮电志	50	报业志		会黑龙江省委员会编、九
21	冶金志	51	广播电视志		三学社黑龙江省委员会编、
22	黄金志	52	出版志		黑龙江省工商业联合会编）
23	机械工业志	53	文物志	72	工会志
24	电子工业志	54	档案志	73	共青团志
25	化学工业志	55	宗教志	74	妇联志
26	轻工业志	56	民族志	75	科学文化团体志（含科协
27	纺织志、烟草志	57	人口志		编、社联编、文联编）
28	手工业志	58	方言民俗志（含方言编、	76	人物志
29	城乡建设志（含城建		民俗编）	77	出版图书期刊总目
	编、建筑编）	59	旅游志、侨务志	78	地名录

目　录

第二篇 政 治

第三篇　经　济

第四篇　文　化

第五篇　社　会

大事记

人　物

附　录

概　述

◇上古至明

◇清

◇中华民国

◇中华人民共和国

上古至明

（约公元前4000年～公元1644年）

黑龙江地区历史源远流长，据考古资料证明，早在4万多年前的旧石器时代晚期，黑龙江地区已有古人类活动。随着人口的增多、生产能力的提高，逐渐按血统组成了比较固定的氏族部落和部落集团。公元前2000年前后，居住在黑龙江地区西部的东胡族系，中部的濊貊族系和东部的肃慎族系开始与中原地区发生联系。《山海经》中就有“大荒之中，有山名不咸，有肃慎氏之国”的记载，另有古籍记载远在舜时代肃慎就曾贡献弓矢。

战国晚期，居住在黑龙江地区中部的濊貊族系势力逐渐扩展起来，于公元前4～3世纪之交，建立起管辖范围涵盖现在嫩江平原的奴隶制政权——夫余国，而称为挹娄的肃慎后裔诸部，分布在今张广才岭及小兴安岭以东到海之地，都臣服于夫余政权。两晋时，挹娄人改称勿吉。北魏太和十八年（494年）勿吉人西进灭夫余。夫余部分遗民北上，在今嫩江以东建立豆莫娄政权，其辖地大体在今松嫩平原。与此同时，原来居住在黑龙江西部的东胡族系分化为乌桓、鲜卑两部。南北朝时，拓跋氏鲜卑强大起来，南下黄河流域，建立了有名的北魏政权。黑龙江地区早期形成的几个原始民族，为本地区的最初开发作出了历史性的贡献，与周邻之间特别是中原地区华夏诸族之间建立了相当密切的联系，推动了当地社会历史的发展。

唐代，黑龙江地区先后设立了渤海、黑水、室韦3个都督府进行管理。后来，居住在今牡丹江流域的勿吉人后裔靺鞨族在其酋长大祚荣的带领下，逐渐征服周边各部，在位于今天宁安县东京城镇的上京龙泉府建立了渤海国。其管辖范围最盛时“方五千里”，今黑龙江省境内松花江以南的全部地区，均在其管辖之下。渤海国与唐关系友好，曾留下很多佳话。契丹天显元年（926年），渤海国被契丹所灭。辽（契丹后改名为辽）时期，黑龙江地区西部和东部分属上京道和东京道管辖。契丹灭渤海国之后，曾将一部分渤海国人迁入其境内，称为熟女真，而留在故地的渤海国人与当地一些少数民族被称为生女真。正是这一部分游猎在黑龙江地区这片广阔土地上的生女真，在首领完颜阿骨打的率领下兴兵反辽，并在白城（今哈尔滨市阿城区附近）建立了金政权。北宋宣和七年（1125年），金灭辽后开始了对北宋的战争，并于二年后灭亡了北宋。金国注重农业，将汉族农民和能工巧匠安置于上京会宁府（今哈尔滨市阿城区）一带，使黑龙江地区的农业和手工业有了迅速发展。金的统治者还注重学习汉文化，风俗习惯越来越“寖染华风”，在中华诸族多元一体格局的形成与发展中起到了积极的作用。

元灭金后，在今天的黑龙江地区设立了开元路和水达达路进行管辖，并曾在黑龙江下游设屯田机构，使农业生产有了一定的发展，人口相应增加。开元路和水达达路以善造船著称，曾为远征日本的元军造船达200多艘。元末，由于元廷横征暴敛和民族压迫，引发了全国性的农民大起义，在黑龙江地区也爆发了“叛乱”。取而代之的明朝，先后设立了辽东都司、奴儿干都指挥使司来管辖东至库页岛，北达外兴安岭，南临日本海，包括黑龙江流域和乌苏里江以东的广大地区。奴儿干都司治所设于奴儿干城（今黑龙江下游黑龙江与亨滚河汇合口右岸的特林），作为都司的中心所在及水陆交通枢纽和物资集散地，曾经相当繁华。直到清末著名学者曹廷杰考察其遗址时，尚能看到“街道形迹宛然”。在海西东水陆城站这条要道上，也出现了一批新的城镇，如弗提斤（今富锦市）等6城都是有名的商贸聚落。土地农耕、社会经济、文化教育在这一时期都有所发展。明代后期，随着明朝统治的衰落和都司的徒存虚名，已逐渐失去对黑龙江流域的控制，再加上鞑靼、瓦剌诸部的频繁侵扰与蚕食，兵连祸结，灾荒频仍，经济社会遭到严重破坏和影响。

清

（1644～1911年）

清朝建立后，恢复和加强了对黑龙江地区的统治，黑龙江建省即始于清代。清康熙二十二年（1683年）清廷以瑷珲（旧城）为治所设立黑龙江将军，清康熙三十八年（1699年）移驻卜奎（今齐齐哈尔）管辖黑龙江流域和松花江左岸以北的广大地域（松花江以南地区为吉林所辖）。清光绪三十三年（1907年），清廷改革东北地区吏治，废军府制改行省制，正式设立黑龙江省，并实行省、府、县三级体制。

从16世纪80年代起，沙俄军队越过乌拉尔山，向东入侵并占领整个西伯利亚。清军入关时，沙俄乘机侵入中国黑龙江流域，强占了尼布楚和雅克萨， 在此修筑城堡，作为向黑龙江中游实行殖民扩张的据点。沙俄侵略军烧杀抢掠，无恶不作，强迫原住于此的达斡尔等族人交纳“毛皮贡赋”，达不到目的就进行野蛮屠杀，甚至吃人肉。侵略军的暴行激起当地各族人民的愤怒和反抗，将沙俄侵略者称为“罗刹”（意为“妖魔”）。清廷一再要求沙俄侵略者撤出中国领土，沙俄政府置若罔闻，并且不断向雅克萨调兵遣将，加紧武力扩张。为了保疆卫土，清廷组织军队，从水陆两路合击驻守雅克萨城的沙俄侵略军。经过多次激战和长期围困，沙俄军队溃不成军，被迫请求停战，雅克萨之战取得了彻底胜利。清康熙二十八年（1689 年），中俄双方代表在尼布楚经过平等协商，签订了《尼布楚条约》，从法律上肯定了黑龙江和乌苏里江流域包括库页岛在内的广大地区，都是中国的领土。条约符合双方的利益，使边境保持了长期稳定。战后，清廷设立黑龙江将军，防备沙俄的再次入侵。19世纪中叶以后，趁西方列强从海上加紧侵略中国之际，沙俄开始重新武装入侵黑龙江流域。从清咸丰四年（1854年）强行向中国领土“移民”屯垦开始，沙俄通过侵略战争、不平等条约和不断蚕食，侵占了东北地区（主要是黑龙江地区）100多万平方公里土地，还血腥制造了“江东六十四屯血案”“海兰泡血案”等大屠杀事件，成为近代史上侵略中国领土最多、残害中国民众极深的国家。面对沙俄的侵略，黑龙江地区各族人民和爱国的清军英勇抗击，涌现出了众多英雄人物和可歌可泣的英雄事迹。

修筑中东铁路，是清末黑龙江地区发生的一项重大历史事件。19世纪80年代后，沙俄政府一直想修筑一条把莫斯科和海参崴连结起来的大铁路，妄图与其他列强争夺中国市场，并控制中国的东北地区。从清光绪二十一年（1895年）起，沙俄政府即开始私自勘察路线并多次向清政府提出“借地筑路” 的要求，最终用阴谋手段迫使清政府签订了《中俄御敌互相援助条约》（即《中俄密约》）， 并于清光绪二十三年（1897年）正式开工建设中东铁路。沙俄侵略者通过修筑中东铁路强行侵占铁路沿线的大片土地作为附属地，在铁路沿线驻扎护路军和设立警察署，严重侵害中国主权，还通过不平等条约大肆攫取中国经济资源。中东铁路的修筑和通车，大大加速了黑龙江地区的半殖民地化进程。同时，随着清光绪二十九年（1903年）铁路建成通车，也使得黑龙江地区与域外地区的经济交流和人员流动加快，哈尔滨、绥芬河等一批城市和边境口岸也开始逐渐繁荣起来。

在经济方面，清代初期曾实行“招民垦荒”政策，但不久，为了保住“龙兴之地”，清廷于清康熙七年（1668 年）开始对山海关外的东北地区实行封禁政策，禁止汉民入境。这一政策使土地开发停顿，原有耕地荒芜，黑龙江地区成为人烟稀少的“北大荒”，经济发展缓慢、社会停滞不前。清代后期，迫于边疆危机和财政困窘，清廷宣布开禁，允许关内民众进入黑龙江地区垦荒种地。开禁放垦使内地先进的耕作技术和铁木农具传入，商业和手工业初步发展，出现了一批中小集镇，社会面貌发生了巨大变化，促进了黑龙江地区社会经济的发展。黑龙江地区的人口和民族构成发生了重大变化，由入关之前以满族为主体，到清兵入关后，随着军队移防、犯人遣戍和流民私入，汉族人口开始大量增加。清末封禁解除后，外来人口开始大量涌入，汉民族人口逐渐成为黑龙江地区人口的主体，总人口也由清初的80万人增至300多万人。此外，朝鲜族、回族、锡伯族、鄂伦春族、鄂温克族等少数民族在此期间也有重要迁徙。

黑龙江地区文化、教育有了新的发展。出于维护其封建统治的需要，清廷将大批“获罪”的汉族文人流放到黑龙江地区，开始出现了“流人”文学，留下一批如《柳边纪略》《黑龙江外传》等著名作品。清末，随着中东铁路的修建，一些俄国等国外艺术家到黑龙江地区（主要集中于哈尔滨等地），带来了文学、美术、音乐、电影、建筑等方面的现代理念和技术，在一定程度上促进了黑龙江地区的文化发展。清代晚期，清政府开始在黑龙江地区设立专门的教育和管理机构，并随着全国形势的发展，逐渐开始设立新式学堂，外国侨民也在黑龙江地区设立了一些教会学校和专门学校，推动了地方教育事业的发展。

中华民国

（1912年1月1日～1949年9月30日）

清宣统三年（1911年）辛亥革命爆发，1912年中华民国成立，黑龙江地区也很快建立起中华民国政权，管辖范围基本沿袭清末。到1931年“九一八”事变前，政权、军事主要为奉系军阀及张学良领导的东北军所掌握。中国共产党、中国国民党等政治势力也开始在黑龙江地区建立组织开展活动，并产生过一定影响。中东铁路在这一时期，因为中、俄、日三国的国情复杂多变和苏联成立，先后发生了多起重大事件，尤其是1929年东北政府为收回苏俄在中东铁路的特权而发生的中苏军事冲突，影响最大，史称“中东路事件”。这一时期，由于关内军阀混战，灾荒不断，而黑龙江地区较为安定，因而引发了到黑龙江地区的移民潮，到1930年，黑龙江地区人口骤增至659.1 万人，较清末增长接近1倍。移民带来精耕细作的生产方式和大量劳动力，加之土地广阔肥沃， 所以农作物商品率很高，成为黑龙江地区在国内和国外贸易中的重要种类。民族工商业也适逢发展良机，一大批各类工厂企业、手工业作坊逐渐发展起来，并涌现出一些著名企业、老字号和知名工商业者。文化教育有了长足的发展，卫生、体育和科技事业均有明显的进步。其时，女作家萧红成为黑龙江文学的杰出代表。同时，齐齐哈尔、哈尔滨等城市进一步发展壮大，市政设施逐步完善，城市人口不断增加，特别是哈尔滨因为地处交通要冲，商品贸易繁荣，对外交流广泛，汇集了许多外国机构、各类人士和特色建筑，成为具有重要影响的经济中心和国际都市，被称为“东方小巴黎”“东方莫斯科”。

1931年9月18日，日本帝国主义发动了震惊世界的“九一八”事变，整个东北地区进入沦陷时期。伪满洲国成立后，日本侵略者出于军事需要，撤销了黑龙江省建制，并对黑龙江地区的区域设置进行了多次调整。为了掩饰其殖民统治本质，日本侵略者选用汉奸担任一些行政机关负责人，但是实际权力则全部掌握在日本人手中。他们还利用日伪军队、特务组织和保甲制度，对中国人民进行严密监视，以维护其黑暗统治。臭名昭著的“731”部队，用中国人做细菌活体实验，制造了很多骇人听闻的惨剧。在经济上，侵略者对黑龙江地区的物产资源进行了疯狂掠夺，对境内居民进行了残酷压榨，使得大量资源被运往日本国内或用于侵略战争，民族工商业濒临破产，人民生活极端困苦。在广大农村，日本侵略者一方面通过“开拓团”强占中国农民土地，另一方面通过“义勇奉公”“出劳工”等方式强迫农村劳动力为其军事和经济建设无偿服务，使农业发展停滞，农民流离失所，劳工大量死亡。在文化教育方面，侵略者实施殖民同化政策，全面推行日本文化、封建文化和奴化教育，妄图培养日本帝国主义的“顺民”和“满洲国”人。同时，日本侵略者为了将黑龙江地区建设成侵略战争的后方基地和对苏警戒的前沿，在统治期间也进行了一些公共建设，发展了一些“国有”工矿企业，组建了一些文化组织，客观上为黑龙江地区的后续发展奠定了一定基础。

为了抵抗日本帝国主义的侵略，黑龙江地区的各族人民前赴后继，进行了长达14年的艰苦抗战。“九一八”事变后，日伪军队抓紧向黑龙江地区进攻，黑龙江地区军民奋起抵抗，爆发了著名的“江桥抗战”，打响了中国人民武装反抗日本侵略的第一枪。随后，黑龙江地区各地揭杆而起的民众抗日武装和东北军中爱国官兵组成的抗日武装风起云涌，最多时曾达10万人左右。为了实现抗日救国的伟大目标，中共满洲省委派出大批党的干部到抗日武装中工作，并建立由中国共产党直接领导的抗日队伍，到1935年，发展成了7个军（后扩大为11个军）的东北抗日联军，在日伪军队疯狂围剿、环境异常艰苦的情况下始终坚持战斗，沉重打击了日寇的侵略气焰。抗战中涌现出了赵尚志、赵一曼等英雄人物和八女投江的英雄壮举。抗战末期，苏联对日宣战，抗联部队配合苏联红军、八路军、新四军，对日本侵略者发起全面反攻，取得了抗战的最后胜利。东北沦陷时期，许多不满日伪统治的爱国人士也以不同形式进行了抗日反满活动，一些人因此受到日伪特务机关的残酷迫害，甚至牺牲了生命，但黑龙江地区的人民始终没有放弃反抗侵略的斗争。

抗日战争胜利后，为了取得对东北地区的控制，国共两党相继派出军队和党政干部进入包括黑龙江地区在内的东北地区并展开激烈斗争。国民党政府在派员接收临时政权的同时，大量收编敌伪人员和民间武装，并肆意搜刮所谓敌伪财产，影响恶劣，民怨沸腾。中国共产党则在广大农村地区迅速建立起巩固的根据地和人民政权，开展了声势浩大的土地改革运动，实现了底层农民在政治和经济上的翻身解放，取得了广泛的拥护和支持，迅速壮大了实力，在经过一系列的激烈战斗之后，1946年5月实现了黑龙江地区全境的解放，使之成为全国最早解放的地区。国民党不甘心失败，网罗、改编了大量土匪武装向新生政权发动进攻，并派出大量特务进行暗杀、破坏活动。著名的抗联英雄、中共领导人李兆麟也遭到国民党特务的暗杀。为了彻底击败敌对势力，中国共产党领导的人民军队开始了为期近两年的大规模剿匪斗争，从而彻底剪除了自清末以来为害多年的匪患，稳定了社会形势，巩固了人民政权。剿匪斗争中涌现出了杨子荣等英雄人物和英雄事迹，成为后来一些艺术创作的素材。与此同时，中国共产党领导下的黑龙江地区各级政权一直非常注意恢复和发展社会生产，实行了很多行之有效的政策和措施，使社会经济得到恢复和发展，城乡人民的生活也普遍得以改善，文化、教育、卫生等各项事业也都有所进展，使黑龙江地区成为稳固的“大后方”，给正在进行的解放战争提供了大量人力、物力和财力支援，为全国解放做出了重要贡献。广大翻身农民和城市居民实现了人民当家做主，人民政权生机勃勃，社会形势欣欣向荣，解放了的黑龙江地区发生了翻天覆地的变化。

中华人民共和国

（1949年10月1日～　）

中华人民共和国成立后，黑龙江地区也和全国其他地区一起开始了由新民主主义向社会主义过渡的新时期。中华人民共和国成立初期至1954年，在黑龙江地区设有黑龙江、松江两省，哈尔滨市还曾一度被列为中央直辖市。两省一市的党委、政府和人民群众根据中共中央和东北人民政府的指示，在中华人民共和国成立初期为恢复国民经济做了大量工作。朝鲜战争爆发后，两省一市人民从各个方面全力支援朝鲜前线。在抗美援朝保家卫国的号召下，黑龙江地区大量青年应征入伍，为战争胜利不惜流血牺牲，涌现出了李玉安、井玉琢等许多英雄人物。各行各业的人民群众干劲高涨，超额完成了繁重的战勤工作任务，为前线供应大量武器、粮食、军需品，救治了大量伤员，积极抚恤军烈属，为抗美援朝战争的胜利做出了突出贡献。与此同时，从辽宁等战争前沿迁来一批较大规模的企业，成为当时重要的工业力量，为黑龙江地区工业基地建设打下了坚实的基础。中东铁路（后称中长铁路，即中国长春铁路）也在这一时期按照中苏两国的协议无偿移交给中国，对黑龙江地区乃至全国的铁路建设产生了重要影响。文教卫生事业有所发展，著名的“哈军工”（即中国人民解放军军事工程学院，今哈尔滨工程大学）在这一时期成立，培养了多位国家和军队领导人与一大批军工人才。同一时期，在党内和政府工作中也出现了骄傲自满、以功臣自居的现象和官僚主义、贪污腐化等问题。为纠正这些不良倾向，提高干部、党员的思想政治水平，1950年5月以后，按照中共中央的部署，黑龙江省、松江省先后进行了整风、整党，开展了反对贪污、反对浪费、反对官僚主义的“三反”运动和反对行贿、反对偷税漏税、反对盗窃国家财产、反对偷工减料、反对盗窃国家经济情报的“五反”斗争，加强了党的建设，解决了当时财政经济工作中存在的诸多问题，保证了国民经济的恢复和发展。1953 年，中共中央制定了党在过渡时期的总路线，开始实行国民经济发展第一个五年计划。1954年6月，中央人民政府决定将松江省建制撤销，与黑龙江省合并，成立新的黑龙江省；哈尔滨市由中央直辖市改为省辖市，并入黑龙江省建制，省人民政府设在哈尔滨市。“一五”计划时期，黑龙江省是全国重点建设省份之一，工业基本建设投资占全国的10%以上，苏联援建的156个项目，黑龙江省有22项（例如著名的“三大动力”即哈尔滨电机厂、哈尔滨汽轮机厂和哈尔滨锅炉厂和有“共和国长子”美誉的第一重型机械厂等）。全省开始了以重工业为中心的经济建设，到1956年，经过全省人民的努力，各项指标大部分已经实现甚至超额完成了计划要求。与工业化发展相适应，“一五”计划期间全省也继续大力发展农业，努力增加粮食生产。在这一过程中，黑龙江省十分重视国营农场的建立和发展，国家也有计划地安排大量转业退伍军人、支边青年等外地移民到黑龙江省破土垦荒。到1956年，全省共有国营农场63

处，共安置外地移民37万人，开垦荒地近35万公顷，农业机械化程度大幅度提高，为加快黑龙江省粮食发展起到了极大地促进作用。农业、手工业和资本主义工商业的社会主义改造也在这一阶段（主要是1953～1956年）完成，使农业、手工业从分散生产经营转变为合作化、集体化生产经营，资本主义工商业转变为社会主义公有制企业，生产力有一定的发展，初步建立起了社会主义的基本制度，标志着黑龙江省与全国其他地区一起进入了社会主义初级阶段。但在农业、手工业合作化运动和工商业改造的高潮中也存在着过急、过快和过粗的问题。这一时期，黑龙江省爆发了三次罕见的大洪水，省城哈尔滨市一度被洪水围困，广大人民群众在党和政府的带领下，与洪水进行了殊死搏斗并最终取得胜利。为了纪念这一胜利，在松花江畔建立了著名的防洪纪念塔，成为哈尔滨市的重要地标。在社会经济发展的同时，文教、卫生、科技、体育等事业也有很大发展，人民生活普遍改善，精神面貌焕然一新，人们投身社会主义建设的热情空前高涨。1957～1965年，社会主义革命和建设进入曲折前进时期。1957～1958年夏，中共黑龙江省委根据中央的要求，在全省开展了反右派斗争。斗争对于反对极少数敌对分子的进攻是必要的，但被严重地扩大化了，把许多提出善意批评意见的人，也当作反党反社会主义予以批判，扣上了“右派分子”帽子。后按照中央指示，陆续为一些“右派分子”进行了“摘帽”工作，但直到1978年中国共产党第十一届三中全会（以下简称中共第十一届三中全会）以后，才真正对所有错划的右派分子彻底平反。1958年，黑龙江省为响应中央提出的社会主义建设总路线的号召，在全省范围内开展了“大跃进”和“人民公社化”运动。“大跃进”运动中提出了很多不切实际的高指标，特别是片面强调钢产量，使得高炉遍地，全民炼钢，一些地区刮起了浮夸风、瞎指挥风和弄虚作假、不顾实际的做法，造成了劳民伤财的严重后果，对干部和群众的思想作风造成了很坏的影响。在“人民公社化”运动中，全省农村普遍刮起了以一平二调（即集体经济内部平均分配，无偿调拨）为特征的“共产风”，建起了片面强调平均主义的公共食堂，引起了群众的不满，造成广大农民的思想混乱和恐慌，挫伤了群众的生产积极性。“左”倾错误的严重泛滥，致使国民经济出现严重困难。从1960年开始，农业连续三年遭受自然灾害，农业生产受到严重损失，加之苏联背信弃义片面撕毁合同，撤走专家，中断援建项目，使大型国有企业处境艰难。黑龙江省经济建设和人民生活出现严重困难局面，工农业生产水平开始下降，粮食供应不足，工业原料严重短缺，企业无法继续生产，财政支付困难，许多基本建设工程难以进行，国民经济出现了1954年合省以来所罕见的困难局面。1960年，根据中共中央指示精神，黑龙江省开始对国民经济实行调整，国民经济形势有所好转。到1965年，全省工农业生产得到全面恢复和发展，国民经济进入一个新的发展时期。这一时期，黑龙江省的社会主义经济建设和各项事业发展也有一些突出成就。在工业上，1959年9月发现的大庆油田在全国的支援下逐步建成投产，到1963年，产量占到全国总产量的67.8%，为国家石油工业发展做出了巨大贡献，涌现出了“铁人”王进喜等劳动模范，中央也提出了著名的“工业学大庆”口号。黑龙江省农垦地区的经济、社会得到全面发展，取得了开荒和建设两方面的成绩，使“北大荒”开始变成“北大仓”。大兴安岭等林区也得到大力开发，集中人力、物力修建的林区铁路，为后来林区发展准备了条件。文化领域，反右派斗争中被错划为“右派分子”的著名作家艾青、丁玲等人被下放到黑龙江省，留下了难忘的记忆。以东北二人转为基础形成了黑龙江省特有的龙江剧，丰富了戏剧舞台。冰雪运动成为黑龙江在全国独领风骚的体育项目，罗致焕成为获得第一个冬季项目世界冠军的中国选手。驰名中外的哈尔滨冰灯游园会和“哈尔滨之夏”音乐会也是在这一时期创立的。教育、卫生、科技事业也有了新的发展。1966年5月，中共中央发出“五一六”通知，全国进入了十年的“文化大革命”时期。黑龙江省各级政权在“文化大革命”初期即被“造反派”夺权，大批党员干部、知识分子和普通群众在运动中受到残酷迫害，经济建设停滞，生产生活受到严重影响，社会秩序一片混乱。1967年，黑龙江省各单位造反团在全国率先成立了“三合一”（即造反派、解放军和老干部共同掌权）的“革命委员会”，混乱情况有所改善，但不久在全省各地发生了大规模武斗，造成多次严重的流血事件。后来在全国陆续开展的批林批孔和反击右倾翻案风等多次政治运动，黑龙江省均有所波及，大批干部和群众遭到打击、迫害，制造了多起重大冤假错案。“文化大革命”期间，经济建设受到严重破坏，国家和个人财产均受到严重损失，但由于基层党员干部和广大群众的坚持与抵制，工农业生产仍在困难中前进，尤其是大庆油田和大兴安岭林区建设得到较快发展。随着城市大批知识青年“上山下乡”，也给黑龙江省的农业生产带来了新生力量。与此同时，由于中苏关系紧张，与苏联交界的黑龙江省成为中苏对抗的前沿，特别是1969年爆发了“珍宝岛事件”，中苏两国边防军进行了激烈战斗，全省各地也进入了战备状态。这一时期，由于大批知识分子、艺术家等惨遭迫害，文化、教育、卫生等事业发展一度停滞，影响了黑龙江省的整体发展。

1976年10月，“文化大革命”宣告结束，社会主义建设进入了新的历史时期，改革开放，建设“四化”（即工业现代化、农业现代化、国防现代化、科学技术现代化）成为时代主旋律。在肃清“文化大革命”左倾流毒，改正冤假错案的基础上，中共黑龙江省委、省政府在全国率先表态赞同和支持实践是检验真理的唯一标准，重新确立了解放思想、实事求是的思想路线，引起了重要反响。1978年中共第十一届三中全会以后，黑龙江省开始了全面的改革开放。黑龙江省的体制改革，是从农村经济体制改革开始的。为了克服过去普遍存在的平均主义现象，全省对农业生产体制进行了大幅调整，逐步实行以包干到户、包产到户为主要形式的生产责任制。国营农场管理体制也进行了改革，建立起以“家庭农场”为主要形式的生产经营体制。在城市经济体制改革中，开展了经济责任制试点，围绕简政放权搞活企业，进行领导体制、商业体制、所有制结构等八个方面的改革。一系列政策举措的实行，使得黑龙江省各项事业的改革全面深入，极大加快了经济社会发展速度。借助毗邻苏联远东地区的便利，黑龙江省大力开展边境贸易，黑河、绥芬河等边境口岸迅速成为繁荣活跃的边贸城市。同时，黑龙江省还注意加强与其他国家、地区建立贸易关系，与国内其他省市建立合作机制，制定优惠政策吸引国内外、省内外投资，引进先进技术、高端人才到黑龙江省，促进了各项事业的发展。通过改革开放，全省经济得到较快发展，农业丰产增收，农民收入大幅提高，企业发展提速，个体私营经济逐步壮大，社会主义新型市场初步形成，商品货源供应丰富，城乡市场繁荣兴旺，人民生活水平不断改善，人均期望寿命大幅提高，进入全国高寿省份的行列。科技事业取得丰硕成果，科技人才受到重视，教育体系逐渐完备，义务教育、高等教育发展加快，文化事业得到较快的发展，优秀文艺作品层出不穷，群众文化和冰雪文化不断创新发展，医疗卫生技术逐步提高，服务逐渐覆盖城乡，体育运动蓬勃发展，多次打破世界纪录，群众性体育活动深入开展。黑龙江省各项事业的迅猛发展，开创了社会主义现代化建设的新局面。

走过历史的长河，黑龙江流过的这片土地始终是一个胸怀开阔的地方。从这里走出的古老民族，金戈铁马，几入中原，留下了鲜明、独特的文化；也曾慷慨悲歌，外御其侮，流淌下刚毅不屈的血液。大山、大河、大草原、大森林，舒展怀抱，接纳远来的“流人”，抚育饥饿的荒民。这里是淘金者的乐园、冒险家的天堂、“白俄”的避难所、犹太人的远乡，但也是侵略者的梦魇、反抗者的战场，更是英雄们筚路蓝缕、凿山劈石、开荒立业、创造历史的地方。中华人民共和国成立后，黑龙江省为社会主义革命和建设做出了重要贡献。从20世纪50年代开始， 陆续接纳了数十万的转业官兵、知识青年和外省移民，承担了守卫边疆、保家卫国的重任，培育了铁人精神、北大荒精神，创造了一个又一个的冰雪奇迹。到1985年，黑龙江省已经成为国家重要的商品粮、原材料、能源化工和重工业基地，对国家经济发展举足轻重。以大庆油田为代表的黑龙江石油产业使黑龙江省成为全国最大的原油生产基地，年产原油接近全国总产量的一半；采掘工业产值占全国采掘工业产值的19.3%，绝对值居全国第一位；以伊春、大兴安岭为代表的黑龙江省林区，森林采伐量居全国首位，原木产量为全国第一，占全国的26.36%；货车、机引农具、铝材、胶合板、纤维板、亚麻布和乳制品等产品产量也居全国首位。重要的工业企业如富拉尔基重型机器厂，是全国最重要的冶金设备、大型化工设备和重型通用机械的生产企业；号称“三大动力”的哈尔滨锅炉厂、哈尔滨汽轮机厂和哈尔滨电机厂，是全国最大的大型电站成套设备生产企业，所生产的电站设备，占全国电站总装机容量的1/3左右；东北轻合金加工厂是全国最大的铝镁合金加工企业；哈尔滨亚麻纺织厂是东亚最大的亚麻纺织联合企业。经过几十年的建设，黑龙江省的农业生产也有了较为坚实的基础，到1985年，全省耕地875.16万公顷，人均占有耕地0.26公顷，居全国首位；全省拥有农业机械总动力973.13万千瓦，机耕地面积占耕地面积最多时曾达68.56%，居全国各省区的第一位；平均每一农业人口拥有农业机械动力0.56千瓦，高于全国平均水平的1倍以上。黑龙江省农产品产量在全国占有重要位置，大豆、马铃薯、亚麻、甜菜和鲜奶的产量居全国各省区第一位。在加快自身发展的同时， 黑龙江省也为支援国家建设奉献了大量宝贵资源、重要设备和各类人才，到1985年年底，共净调出原油6.32亿吨、原煤2.68亿吨、木材2.48亿立方米，分别占同期总产量的79.8%、35.5%、64.8%；提供各类电站成套设备2 244万千瓦，占全国新增发电设备总容量的25.3%；调出货车14.2万辆，是黑龙江省货车产量的100%，占全国新增货车50%以上。1952～1985年，黑龙江省共净调出社会产品总价值额487.26亿元，是同期国家对黑龙江省基本建设投资总额的152.1%，为全国的经济发展做出了巨大贡献。黑龙江省有旖旎秀丽的风光，高山、森林、冰雪、温泉，吸引着远道而来的游客；黑龙江省有富集深厚的资源，煤炭、电能、石油、原木，潜藏着快速发展的动力；黑龙江省更有勤劳善良的人民，豁达开朗、不惧艰险，为建设美丽的家园而不懈努力。

黑龙江，不舍昼夜，流淌千古，长河未竟，浩浩荡荡，奔腾向海洋。

第一篇　自　然

第一章　自然地理

黑龙江省位于中纬度地区欧亚大陆的东部，太平洋的西岸，是中国最北部的边疆省份。南起东宁县的南端，北至漠河县兴安镇乌苏里江以北的黑龙江主航道；西始大兴安岭北部的大林河上游克波河源头，东至乌苏里江入黑龙江汇流处。地理坐标：北纬43° 25′ ~53° 33′ 40″，纵越纬度10° 08′ 40″；东经121° 11′ ~135° 05′，横跨经度13° 54′。省内南北相距约1 120公里，东西宽约930公里。北部黑龙江、东北部乌苏里江，与苏联的水、陆边界全长约3 045公里；西部与内蒙古自治区相邻，南部与吉林省接壤。

全省土地总面积45.46万平方公里。境内西、北、东三面有逶迤起伏的大、小兴安岭和张广才岭、老爷岭山区，东北与西南为一望无际的三江、松嫩平原，其中有与乌克兰、美国密西西比河流域相媲美的黑土地带，沃野千里，土壤肥沃，水源充足。黑龙江、松花江、乌苏里江、绥芬河4大水系的大小河川纵横交错，湖泊泡沼星罗棋布。

全省地处中温带至寒温带大陆性季风气候区。气候特点是冬长夏短，四季分明。

第一节　地理环境

一、古代地理环境

元古代时期，黑龙江地区为海洋环境，元古代末期，由于部分地壳回返和相应的造山运动，使现在的老爷岭、松辽平原、三江平原和乌云地区（含嘉荫）形成了古陆地。

古生代时期，黑龙江地区除有上述陆地外，大部分地区仍处于海洋环境，在这些地区沉积的海相地层中含有许多海洋生物化石。古生代后期，黑龙江地区除那丹哈达岭外，大部上升为陆地，海水退出，大兴安岭、东部山地的地貌轮廓已基本形成。此后的地壳运动主要表现为局部凹陷、断裂及火山活动，因而形成了中生代和第三纪的许多地堑型大盆地和部分玄武岩台地。

中生代的侏罗纪时期，黑龙江地区气候炎热，植物在大盆地中的生长十分繁茂，加之盆地地壳缓慢沉降，大量植物生长、积累和埋藏，在一定的温度、压力等地质条件下，形成了鸡西、鹤岗、双鸭山等大煤田。在中生代后期的白垩纪，黑龙江地区有许多大的湖泊，如松嫩平原上的古松辽湖，以及嘉荫一带今黑龙江两岸古代的大湖。由于湖泊中大量生物体的积聚和变化，为大庆等地的石油储藏打下了物质基础。

古生代末到中生代时期，黑龙江地区大部分已是陆地。但在那丹哈达岭地区，即虎林、宝清、饶河和龙爪沟一带，仍被海水占据，沉积了浅海相和海陆交互相地层——龙爪沟群。在燕山运动末期，这一带回返为陆地，从此黑龙江地区全境均上升为陆地。

第三纪喜马拉雅运动，使大兴安岭隆起再次活化和抬升，松嫩平原继续下沉，形成了第三纪地层。第三纪末地壳又沿老的断裂活动而山区上升、平原区下降，一直延续到第四纪，因此第四纪平原区沉积物厚而地势平坦，山区则沉积物少而地形起伏。

第四纪以来，山区继续上升，平原继续下降。平原在下降过程中有间歇性的上升，形成了山前台地及阶地。中更新世初期，由于新构造运动的影响，松辽分水岭与小兴安岭隆起。松辽分水岭切断了松花江水系与辽河水系的联系，使松嫩平原与辽河平原分开；小兴安岭切断了结雅河、布列雅河同嫩江的联系，使松嫩平原成为一个独立的盆地。同时，黑龙江汇合松花江向东北流，从而使黑龙江省两大平原区的主要水系形成，地貌形态也基本定型。

黑龙江地区在晚更新世地层中曾出土大量披毛犀、猛犸象等大型哺乳动物化石，它们属于耐寒的草食兽类，其绝对年代经碳14同位素测定为1万～4万年不等，反映出黑龙江地区当时大部为寒冷的干草原环境，也说明在更新世黑龙江地区有过冷暖交替的变化。

全新世以来，平原区普遍处于下降阶段，因而形成广泛的河漫滩和大片的沼泽地。河道多变，河曲发育，出现众多的牛轭湖，形成了一些没有明显河身的河流；山区河流进入平原时，形成了一些无尾河。

二、现代地理环境

现代地理环境结构特征主要表现在地表形态结构上。地表形态类型多样，有辽阔的平原、起伏的山前台地、低缓的丘陵、高峻的山岭以及山间盆地和河谷平原。黑龙江省的地表形态受华夏构造体系所控制，以山地为主，山地海拔高度一般在300～1 000米，约占黑龙江省总面积58%，成为西北、北和东南部的天然屏障。中部分布着广阔的大平原，第四纪的沉积厚度一般为110～170米，松嫩平原（面积15.8万平方公里）通过松花江河谷与三江平原（包括兴凯湖平原面积10万平方公里）相通，成为东北大平原的组成部分。

黑龙江省平原区江河纵横、湖沼棋布，构成较为稠密的水网，水利资源相当丰富。中部平原区的松花江水系庞大，横贯松嫩平原和三江平原，汇集了由周围山地奔腾而下的大小支流930多条，水系呈树枝状。在山区和平原区受流水冲刷和沉积作用，不断改变着地表形态结构特征。

黑龙江省现代地理环境特征，在平原区纬度地带性作用十分明显，而在东部和北部的山地区，受非地带性因素的作用，破坏了纬度地带性因素，形成了地区性。由于自然地理环境成东西和有规律的变化，人们在不同的自然条件下对土地利用的方式也不同：东部深山区主要以林业为主；丘陵台地区则是林、农相结合；广大平原区以农业为主。由山地到平原区产生这种东西向的地域分异，主要是受海陆分布的影响和东部山地对海洋性气流的阻挡而形成的。

第二节 地质演化

黑龙江地区在漫长的地质历史年代里，地质演化经历了大陆地壳形成和业已形成的陆壳块体间相向运动与碰撞及陆壳地块内部硅铝壳的分裂与拼合史。

黑龙江地区各时代地层发育比较齐全，地层分布广泛而零星。岩浆活动频繁，变质变形复杂。在不同地质时期，大地构造格局明显不同。除中上寒武纪外，自新太古代到第四纪全新世的地层均有出现，以中生代、新生代地层最为发育。共有层位91个，建立地层单位240个；其中赋存有沉积、变质矿产的层位近50个，地层单位100多个；涉及火山活动的地层层位22个，地层单位50个。经岩石地层清理后，新元古代到新近纪建议使用的地层单位群级17个，组级143个，段级2个。新太古代到早侏罗世期间划分出天山——兴安岭和兴凯湖——布列亚山两个地层大区（包括7个分区，19个小区），早侏罗世后全省处在滨太平洋域一个地层大区（包括10个分区）。最具特色的有小兴安岭西北部奥陶纪——早石炭世海相沉积；早中生代完达山造山带蛇绿岩和复理石沉积；侏罗纪——早白垩世佳木斯隆起以东的海相、海陆交互相陆缘沉积；大兴安岭陆内火山岩；晚白垩世——新近纪含油气杂色碎屑岩断坳陷沉积。

黑龙江地区岩浆活动划分为新太古代（麻山期）、古元古代（兴东期）、中元古代（晋宁期）、新元古代（张广才岭期）、加里东期、华力西期、印支期、燕山期及喜马拉雅期九个旋回，十二个亚旋回。侵入岩石类型从超基性岩（各种橄榄岩、辉石岩、角闪石岩、蛇纹岩）到基性岩（各种辉长岩）到中性岩（辉石闪长岩、闪长岩、石英闪长岩、闪长玢岩）到花岗岩类（花岗闪长岩、二长花岗岩、碱长花岗岩、碱性花岗岩）一应俱全。

中、新生代火山岩，特色的有完达山超镁铁质火山岩和新生代富钾玄武岩，划分了火山活动带和火山喷发带。

变质岩将原麻山群和黑龙江群解体为麻山群麻粒岩相变质地质体、麻山群角闪岩相与黑龙江群角闪岩相变质地质体、黑龙江群绿片岩相构造地质体三部分。

黑龙江地区境内留存至今的最古老地质遗迹可追溯到25亿年前的新太古代。在今天的鸡西市，早先形成的麻山群富含碳质、铝质、镁质的黏土和碳酸盐沉积，在地球深部热流和内动力作用下发生变质变形，成为坚硬陆壳。经过了20亿年漫漫岁月，元古代地壳不断增长，先后形成了黑龙江地区东部“佳木斯地块”，中部“松嫩地块”和西部“额尔古纳地块”，铸就了黑龙江地区地质历史的物质基础，同时贡献出为今所用的沉积变质铁矿、金矿，世界级的石墨矿、矽线石矿以及大宗的碳酸盐类等矿产资源。

从距今5.43亿年起，地球进入到古生代，跨入早古生代寒武纪、奥陶纪、志留纪及晚古生代泥盆纪、石炭纪、二叠纪时期。黑龙江大地处于西伯利亚板块南部大陆边缘活动带，遗留在地层中的腕足类、三叶虫、笔石类、珊瑚、苔藓虫、纺锤虫等化石以及陆生古植物化石，以地质资料的形式说明了古生代地层形成过程及多次海陆变迁历史。西伯利亚板块俯冲，古亚洲洋封闭，加里东期和华力西期大规模岩浆活动和造山运动，使这块大地与周边板块拼合。在此期间造就了嫩江县多宝山一带闻名遐迩的斑岩型铜、钼矿，促使了黑龙江省中部逊克县、伊春市、延寿县一带火山沉积铅、锌矿的形成与变质改造再造。

距今2.5亿年起，开始了包括三叠纪、侏罗纪和白垩纪三个时期的中生代。黑龙江地区处处留下了难以磨灭的地质奇观。放射虫、牙形刺、双壳类、腹足类、菊石等化石及古植物化石，成为三叠纪的时代标记。此时，东部板块拼接的巨大挤压力， 在佳木斯与松嫩两个地块间形成印支晚期陆内造山，花岗岩随着地层褶皱回返耸立成峰，经过以后年代的地球内外应力反复雕琢，从小兴安岭南部到张广才岭，近南北向展现出一片片壮美旖旎的花岗岩石林地貌风光。又过了不到一亿年，处在欧亚板块东部的黑龙江地区全境卷入滨太平洋大陆边缘活动带。库拉板块和太平洋板块相继活动，即燕山运动，在黑龙江地区境内大兴安岭、嫩江等地形成一系列大规模北东向、北北东向为主的深大断裂带，沿断裂带和地块边缘，岩浆侵入或喷发，生成沸石、珍珠岩等众多的非金属矿产。经过多来源、多期次、多方式的成矿作用，演变出以逊克翠宏山为代表的铁、铜、铅、锌、银、钨、钼等元素繁多的独具特色的一系列金属矿床，以及以嘉荫团结沟为代表的一批大、中型金矿床。与此同时，由于地幔上隆，地壳扩张伸展，在黑龙江省东部、西部形成一系列断陷盆地，为黑龙江省鸡西、双鸭山、鹤岗、七台河四大煤城奠定了煤炭资源基础。松嫩盆地则在以前零散分布的断陷基础上，逐渐发展成大型坳陷，沉积物最厚达6 700米，叶肢介、介形虫、昆虫、淡水双壳类、沟鞭藻类、被子植物等古生物化石是这段时光留下的痕迹，松嫩盆地中形成了世界上最大的陆相含油盆地。黑龙江荣膺能源大省的桂冠，“白垩纪”立下了不朽功勋。白垩纪末期，黑龙江中部气候温暖湿润，植物茂盛，食物充足，嘉荫等盆地成了恐龙世界。黑龙江岸边，松花江流域，多次发现鸭嘴龙、霸王龙、甲龙、虚骨龙等化石，展现出中生代晚期生物圈的奇特风貌。特别是嘉荫一带，成为研究中国北方晚白垩世古地理以及世界上解决中生界、新生界分界线的最具代表性、系统性、完整性的地质遗迹之一。

从距今6 500万年进入新生代到260万年前的新近纪，伴随中国东部大陆边缘的拉伸开裂，三江、依（兰）舒（兰）、敦（化）密（山）及虎林等地波澜再起，盆地频繁交替升降，煤炭、油页岩沉积；火山纵横恣意喷发，铸石用、岩棉用、拉丝用玄武岩及其中红、蓝宝石和石榴石矿物巨晶，灿然结成。第四纪从更新世到全新世，由于区域性大断裂的继承性活动，一条平行黑龙江走向的北北西向火山喷发带不停地上演着地动山摇的剧目，从松岭区小古里河经嫩江科洛、五大连池、克东二克山、绥棱阁山、尚志高丽山再到牡丹江市镜泊湖，形成了一道独具特色的最为集中而瑰丽的高钾火山岩地貌风景线。

第三节 地 貌

一、地貌特征

黑龙江省地貌，主要受新华夏构造体系控制。有山地、丘陵、台地、平原等多种形态。除小兴安岭外，省内主要山脉及平原的长轴走向均沿北北东方向展布。西北部为大兴安岭北段；北部是沿黑龙江干流自西北向东南延伸的小兴安岭；东南部是由张广才岭、老爷岭、太平岭、那丹哈达岭和完达山构成的东部山地。东部为三江平原，西部为松嫩平原，松花江谷地使两大平原相连通。三大山地和两大平原相间排列，构成黑龙江省南北高、东西低、境内无高大山脉的地势特点和五山、一水、一草、三分田的地貌特征。

二、地貌类型

黑龙江省地貌类型可分为流水地貌、火山地貌、风成地貌、湖成地貌、冰缘地貌。流水地貌在黑龙江省占有相当重要的位置，总面积约31.41万平方公里，占全省总面积的65.95%。火山地貌分布面积约6 750平方公里，占全省面积的1.41%。晚第三纪以来，黑龙江省共经历了6期火山喷发活动。全省共有14个火山群，主要分布在东部山地及小兴安岭北部，其中五大连池火山群、镜泊湖地下森林火山群。风成地貌在黑龙江省西南部十分发育，主要分布在嫩江中下游两岸，北起富裕，经齐齐哈尔，向南延伸到松花江与嫩江汇合的三叉口处，东到杜尔伯特一带，西至泰来，与大兴安岭山前侵蚀剥蚀台地相接。分布范围约5 300平方公里。湖成地貌的形成是由于黑龙江省的湖泊，泡沼不仅分布广，数量多，且成因复杂，类型多样。既有因火山喷发熔岩堵塞河道形成的堰塞湖，也有因地壳沉陷河流注入而形成的大型湖泊。湖泊最多的要数松嫩平原的西部地区，这里湖泊星罗棋布，大小数百个。在这些湖泊的周围，形成了范围不太大的湖成地貌。冰缘地貌也称冻土地貌。由于黑龙江省地处高纬度，特别是北部地区，属于寒温带，气候严寒，是中国气温最低的地区，所以形成了大面积的连续多年冻土。其范围是南从小兴安岭一带的嘉荫——南岔——铁力北——南北河——嫩江县以北的大兴安岭山地，分布地区约16.35万平方公里，占黑龙江省面积的28.58%。伊勒呼里山东北十八站往北至黑龙江边为永久冻土区及岛状融区，其他地区则为岛状冻土区。冰缘地貌的形成主要是冻结和融化过程，多年冻土区的活动层和多年冻土层上部是冰缘过程的活动场所。

三、山地

黑龙江省山地面积为24.13万平方公里，占全省总面积的53.2%。由西北到东南，山地贯穿全省，西北部为大兴安岭北段山地，北部是沿黑龙江右岸自西北向东南延展的小兴安岭山地，东南部则是由张广才岭、老爷岭、太平岭和完达山等构成的东部山地。山脉的延伸方向主要是由北北东向南南西。基本地势完全受新华夏构造体系控制，东部山地属第二隆起带，松嫩平原为第二沉降带，大兴安岭则为第三隆起带，形成了山脉和平原相间的地貌格局。

大兴安岭山地由中山、低山、丘陵、山间盆地与河谷平原构成。在地质历史上，大兴安岭山地曾是一个狭长的海槽区，是一片浩荡的大海。大约距今2亿年左右，地球上发生了强烈的“海西运动”，大兴安岭就是在这次运动中脱颖而出的。全长约1 800公里，宽约200～300公里。中山海拔1 000～1 500米。低山一般海拔700米左右，山麓地带还有台地（如白土山台地），海拔200～250米。地貌特征是山地起伏不大，山坡长而平缓，山顶较为平坦，冰缘地貌发育，并有第四纪冰川遗迹。

小兴安岭山地大致以嘉荫至铁力一线为界，燕山运动期间断裂活动显著，并有花岗岩侵入和火山喷发。第三纪末至第四纪初，发生火山活动，形成大片的玄武岩熔岩台地。同时有轻微的翘起，沿北西方向断裂隆起，成为嫩江和黑龙江的分水岭。海拔一般500～800米，整个地势东南高、西北低，地貌表现出明显的成层性，属低山丘陵地形。

东部山地主要由张广才岭、老爷岭、太平岭、那丹哈达岭和完达山组成，其间还有大青山、肯特阿岭、锅盔山等小型山地。东部山地地貌的基本轮廓完全受新华夏构造体系控制。各山脉山间断陷盆地较多，第四纪以来沉积了河、湖相堆积物，形成山间平原。晚新生代以来，张广才岭南部及小兴安岭东北部，有多期玄武岩喷发，形成了火山熔岩低山、丘陵及台地。张广才岭、老爷岭、太平岭等山地海拔为300～1 000米，相对高度一般为200～400米，有的可达400～800米。西部沙河子、依兰以西，东北部那丹哈达岭至完达山一带，主要是低山和丘陵，海拔300～800米；中部及南部则主要为中山，张广才岭主峰大秃顶子峰，海拔1 780米，是黑龙江省第一高峰。东部山地地貌特征多为断块侵蚀中山、低山和丘陵，地貌形成的外营力以流水侵蚀作用为主；山体主要由花岗岩构成，山势高峻巍峨；山岭与宽广的山间谷地相间平行排列，均作北北东或北东向延伸；有两级夷平面发育，最高一级形成于白垩纪末或第三纪初，张广才岭、老爷岭以及大部分海拔1 000米左右，近似等高的缓坦的山岭，与此夷平面相当；较低一级夷平面形成于中新世，分布在山岭两侧的海拔500米左右的山地。

四、河流

黑龙江省河流主要有黑龙江、松花江、乌苏里江和绥芬河四大水系。其中流域面积在50平方公里以上的河流有1 918条，5 000平方公里以上的河流有27条，10 000平方公里以上的有18条。河流中绝大部分属于黑龙江水系。省内河流总流域面积为45.34万平方公里，其中黑龙江为11.6万平方公里，占25.6%；松花江（包括嫩江）为26.9万平方公里，占59.3%；乌苏里江为6.1万平方公里，占13.4%；绥芬河为0.8万平方公里，仅占1.7%。

黑龙江是世界重要的国界河流之一，总流域面积为184.3万平方公里，有大小支流91条，流经苏联、中国。黑龙江是中苏界河。黑龙江古称“完水”“黑水”，汉称“弱水”，唐称“望建河”，清代始称“黑龙江”。满语称“萨哈连乌拉”意为黑色的江。俄人称“阿穆尔河”。南源为额尔古纳河，其上源为海拉尔河，发源于中国大兴安岭西坡；北源为石勒喀河，其上源为鄂嫩河，发源于蒙古人民共和国北部的肯特山东麓。

松花江是黑龙江右岸的最大支流，也是黑龙江省境内的最大河流。魏称“速末水”，唐称“粟末江”，辽称“混同江”，金、元称“宋瓦江”，明时始称松花江。满语称“松阿哩乌拉”，意为“天河”。松花江有南北两源，南源第二松花江在吉林省境内，发源于长白山天池；北源嫩江在黑龙江省境内，发源于大兴安岭。两源于三岔河汇合后注入黑龙江的江段称松花江干流。松花江的总长度以北源嫩江计算为2 309公里，上段嫩江长1 370公里，下段松花江干流长939公里，在黑龙江省境内的总流域面积为26.9万平方公里。

嫩江是松花江北源，发源于大兴安岭伊勒呼里山中段南侧。正源称南瓮河，河源海拔1 030米，流至十二站林场南与二根河汇合，始称嫩江干流。汇合点海拔920米。由北向南，经鄂伦春自治旗、呼玛、爱辉、嫩江、莫力达瓦达斡尔自治旗、讷河、富裕、甘南、齐齐哈尔、龙江、泰来、杜尔伯特蒙古族自治县、大安、肇源等市、县、旗，于三岔河从左岸汇入松花江，河口高程128.22米。从源头至河口全长为1 370公里。流域面积282 748平方公里。

呼兰河是松花江中游左岸的一条大支流，发源于小兴安岭西南侧，流经松嫩平原东部13个市县，在哈尔滨以下4公里处由左岸注入松花江，全长523公里，总流域面积35 683平方公里。最大支流为通肯河，此外还有克音河、努敏河、欧根河、依吉密河、安邦河和泥河等，较大支流集中于右侧。呼兰河下游在广阔的平原之上，河道曲折。

牡丹江是松花江中游的最大支流，发源于吉林省境内长白山脉白头山以北的牡丹岭，流经吉林省敦化、蛟河两县后，经黑龙江省宁安、牡丹江、海林、林口、依兰5县市，在依兰县城附近注入松花江，全长726公里，流域面积37 023平方公里。河床比降大，河道天然落差1 007米，平均比降为1.39‰。

乌苏里江在黑龙江省东部，为中国和苏联边境界河。唐称“安居骨水”，金称“阿里门河”，元称“忽吕古江”，明称“阿速江”、“速里河”，清代始称“乌苏里江”。乌苏里江原为中国的内河，清咸丰十年（1860年）沙俄通过不平等的《中俄北京条约》，割去中国乌苏里江以东40万平方公里的领土，乌苏里江遂成为中俄界河。乌苏里江有东西两源，东源乌拉河发源于苏联的锡霍特山之西侧，乌拉河长398公里在苏联境内。西源松阿察河发源于兴凯湖。两河汇合后，由南向北流经密山、虎林、饶河、抚远等县，至抚远三角洲东北角，从右岸注入黑龙江。

穆棱河为乌苏里江左岸最大支流。“穆棱”满语意为“马”或“牧马”。穆棱河流域是古代渤海国的牧马场，穆棱河因此而得名。穆棱河发源于老爷岭山脉东坡穆棱窝集岭，由西南向东北流经穆棱、鸡西、鸡东、密山、虎林等县（市），至虎林县湖北闸处，河道分成两路。一路沿穆兴水路（分洪河道）注入兴凯湖；一路沿穆棱河原河道继续东流，在虎头以南18公里处桦树林子注入乌苏里江。

挠力河为乌苏里江左岸的较大支流之一。明代称诺雷河，《吉林通志》称诺罗河，满语意为“河床流荡不定”。挠力河发源于完达山脉北坡，勃利县境内七里嘎山。干流由西南流向东北，经勃利、宝清，于饶河县东安镇从左岸注入乌苏里江，全长596公里，流域面积23 988平方公里，主要支流有七星河、外七星河、蛤蟆通河等。

绥芬河位于黑龙江省东南部。唐称“率宾水”，金称“苏滨水”“恤品水”，明称“速平江”“恤品河”，清代始称“绥芬河”。这些名称均为“绥苏”的音转满语“锥子”之意，其河流蜿蜒于老爷岭的丛山之间，因有“锥子”之形而得名。绥芬河有南北两源，北源小绥苏河发源于东宁县太平岭，南源大绥苏河发源于吉林省汪清县的老爷岭。两源于东宁县的道河镇下游约3公里处汇合，东流至东宁镇进入平原地区，继而流入苏联境内，向南流入日本海。以大绥苏河为上源，全长443公里，其中在国境内长258公里；干流在中国境内长61公里，中俄界河长2公里。总流域面积17 321平方公里，其中中国境内流域面积10 059平方公里。黑龙江省境内流域面积7 541 平方公里。

五、湖泡

黑龙江省的天然湖泡有镜泊湖、五大连池、兴凯湖、达里加湖、向阳湖及扎龙湖等众多泡沼6 026处，总水域面积为3 500平方公里。较大的湖泡有65个，占湖泡面积的74%。

镜泊湖古名湄沱海，唐朝时称之为忽汗海，清代称毕尔腾湖（清平如镜之意）。镜泊湖位于黑龙江省宁安县境内。是一个外形略呈“子”字形、湖岸弯曲、东北—西南方向延伸的狭长湖泊。湖面平均水位海拔350米，湖盆长45公里，东西最大宽度6公里，湖面面积92.5平方公里，湖水平均深度17.2米，并由南向北增加，南部仅数米，北部一般为40～50米，最大深度在北部的鹿圈脖子附近，深达64.5米。镜泊湖是中国最大的熔岩堰塞湖，形成于全新世，是在断陷湖盆的基础上，由来自于西北部的火山喷出的火山物质和熔岩流汇集在一起形成大的堰塞堤，堵塞了牡丹江河道所形成的断陷—堰塞湖。湖的北部出口处，水流深切于第四系玄武岩层中，形成落差达20米、宽达45米，深达数十米的“吊水楼”瀑布。在湖域中分布有白石砬子、小孤山、城墙砬子、珍珠门、道士山和老孤砬子等孤岛，号称镜泊八景。湖西岸有最高峰老黑山（海拔911米）；湖的西北约50公里处有“地下森林”奇观。

五大连池位于黑龙江省德都县北约23公里处（现属五大连池市），形成于清康熙五十八年和清康熙六十年（1719年和1721年）国内最近一次老黑山和火烧山的大规模喷发，巨大的玄武岩流顺坡而下，堵塞了讷谟尔河支流白河（今为石龙河）河道，形成了由石龙河贯穿在一起的，由北向南排列的五个串珠状的湖泊，即头池、二池、三池、四池和五池，因此称为五大连池。

兴凯湖唐代称湄沱湖，辽金时称北琴海，清代始称兴凯湖。兴凯满语为“水耗子”之意。兴凯湖位于黑龙江省密山县境内，距城镇东约150公里处，是中苏界湖。面积为4 380平方公里，平均湖面高程为海拔69米，以当壁镇至龙王庙一线为国界，长约70公里，其线以北为中国领土，约占全湖面积的1/3。兴凯湖可分为大、小兴凯湖。小兴凯湖在北部又称达布库湖，位于中国境内。集水面积为15 299方公里，湖东西长约25公里，南北宽仅3～6公里，水深1～2米，储水容积为3.3亿立方米，多年平均来水量为30.5立方米/秒。小兴凯湖的南面为大兴凯湖，在中国部分的湖面为1 080平方公里，占兴凯湖面积的26.9%，大部分深度在4～7米，最大深度为10米。湖床坡度较缓，在距岸100～400米左右形成大片的水深仅1.6～2.8米的湖岸浅滩区。

连环湖位于黑龙江省西部杜尔伯特蒙古族自治县境内，乌裕尔河的下游地区，原为泰康野泡子，1958年经修建改称连环湖。连环湖是由大小17个湖泡组成的天然湖泊。湖岸十分曲折，水面面积为75万多亩。主要湖泡有他拉红泡、火烧黑、二八股子、牙门气等。

达里加湖又称大力加湖，位于抚远县境内。湖形狭长，入湖水量主要是鸭绿河和浓江等地表水，出湖是下游直接注入黑龙江，属排水湖泊。水域面积为7万亩，1982年建为养鱼场。

向阳湖位于杜尔伯特蒙古族自治县南部，又称喇嘛寺大泡子。水面面积8.25万亩，水深达4米左右，现已辟为水产养殖场。

扎龙湖位于齐齐哈尔市东南部，是乌裕尔河下游湿地。又称龙湖，面积约1.21万亩，水深约2米。区内沼泽地广布，芦苇茂密，水草丰盛，湖水清澈，是丹顶鹤的栖息地，也是中国重要的自然保护区。

六、平原

黑龙江省主要有松嫩平原和三江平原，还有一些较大的山脉间的山间河谷平原。类型有冲积平原、冲积湖积平原、滨湖平原、风积冲积平原等。

松嫩平原位于黑龙江省西部，在黑龙江省境内的仅是松嫩平原的北半部，南北约540公里，东西约430公里，面积为10.32万平方公里，占全省总面积的21.61%。松嫩平原由低平原、高平原、河谷平原及风成沙地组成。特点是河漫滩宽广、一级阶地广大、沼泽湿地广布、湖泊（泡）众多、易受洪涝、风沙地貌突出、平原类型多样。

三江平原位于黑龙江省东北部，是黑龙江、乌苏里江、松花江共同作用下而形成的冲积平原，为黑龙江省第二大平原。三江平原由黏土质台状低平原、泥砂质低平原、湖泊低平原及河谷平原组成。地貌类型主要属于流水地貌，其中又以流水堆积地貌为主。除此以外，还有流水侵蚀地貌、湖成地貌、火山地貌等。

全省地貌分类面积统计表

表1-1

地貌类型	中山	低山	丘陵	缓坡	漫岗	平地	低平地	洼地	沼泽洼地	水面	合计
面积（万亩）	2 801	14 052.3	12 501.6	3 338.9	8 601.2	3 997.7	9 569.1	8 071.8	3 589.9	1 671.2	68 194.7
%	4	21	18	5	13	6	14	12	5	2	100

第四节　水　文

一、水文特征

黑龙江省水系的水文特征是径流量年际变化大，存在明显的丰、枯周期。枯水年与丰水年的径流比值，黑龙江中游太平沟为1∶3；松花江哈尔滨段为1∶7；嫩江则大于1∶10。年内径流量极不平衡，夏秋两季约占长年径流量的70%，而冬季和初春径流量一般不足全年的30%，故经常出现春旱秋涝。冰封期污径比值大。各水系的流量冬夏悬殊，在干流和较大的支流中，下游最大流量与最小流量之间相差几十倍或上百倍，且因每年有长达5个月左右的冰封期，冰盖厚度约为0.8～2.0米，有的监测站（如牡丹江市）冰下的最枯流量与当地排放的工业废水和生活污水量之间的污径比，有时达1：2～1：3，甚至1：1。汤旺河、穆棱河等河流的冬季有时河水几乎全部是污水。

全省河流平均径流量为655.8亿立方米，占全国河川径流总量的3%左右。地表水人均水量为2 093立方米，每亩平均水量为504立方米，均远低于全国平均水平（全国人均水量2 700 立方米，全国农田亩均水量1 800立方米）

黑龙江省主要河流河口处年径流量统计表

表1-2

水系	河名	流域面积（平方公里）	年径流深（毫米）	年径流总量（亿立方米）	不同保证率径流量（亿立方米）			
					20%	50%	75%	95%
黑龙江	呼玛河	34 706	176.3	61.2	78.3	58.8	45.3	30.6
黑龙江	逊毕拉河	15 830	195.2	30.9	42.0	28.4	20.4	11.4
乌苏里江	穆棱河	17 600	133.5	23.5	33.8	20.9	13.2	6.1
乌苏里江	挠力河	23 535	96.0	22.6	34.4	18.5	10.2	3.4
绥芬河	绥芬河	8 254	158.7	13.1	19.3	11.3	6.7	2.8
松花江	松花江	545 639	134.3	733.0	946.0	704.0	535.0	352.0
松花江	拉林河	19 215	178.0	34.2	45.8	32.1	23.3	14.0
松花江	呼兰河	30 977	133.3	41.3	55.8	38.4	27.3	15.7
松花江	蚂蚁河	9 147	248.2	22.7	31.8	20.4	13.6	7.0
松花江	牡丹江	37 023	227.7	84.3	113.0	79.2	57.3	34.6
松花江	汤旺河	20 091	264.3	53.1	69.6	50.4	37.7	23.9
嫩江	嫩江	282 748	79.6	225.0	313.0	207.0	142.0	74.3
黑龙江	黑龙江口	1 843 000		3 550.0				
乌苏里江	乌苏里江口	187 000		623.5				

二、水文要素

（一）降水

黑龙江省年降水量在多年之间有明显的丰、枯交替变化的特点，60～80年为大周期，20年左右为小周期。根据哈尔滨和富拉尔基站的降水资料记录，1928年以前为枯水期，1929～1968年为丰水期，1969年以后又出现一个枯水期。在丰、枯水期内也存在短时期的枯、丰水年的波动。

降水量的年内分配十分不均，6～9月降水量占年降水量的60%～80%，12～2月降水量仅占年降水量的5%，其余月份占15%～35%。全省连续最大4个月降水量多发生在6～9月，绝大部分地区为全年的70%～80%。东部穆棱河下游及挠力河平原在70%以下，个别地区在65%以下；西部松嫩平原多为80%，个别地区在85%以上。6～9月中，大部分降水量又集中在7月和8月，占年降水量的45%～60%。最大月降水量多出现在7月份，占年降水量的25%～35%，有时达50%以上。

（二）蒸发

黑龙江省多年平均年水面蒸发量（E601型蒸发皿）变化在500～850毫米之间。松嫩平原、三江平原为高值区，张广才岭、小兴安岭为低值区，大兴安岭为最低值区。地区分布总的趋势为南高北低，平原高而山区低，并与纬度、高程、气温、湿度、风速、日照率、云量、干燥度和降水等因素有密切关系。随着纬度地面高程和相对湿度的增加呈减少趋势，随着日照时数和风速的减少而减少。

全省多年平均年陆地蒸发量变化在250～500毫米之间，平均为391.6毫米，折合蒸发总量为1 837亿立方米。陆地蒸发量地区分布总趋势是西、东、南部大，中、北部小，平原区大，山丘区小。与年降水量高、低值区的地区分布基本相应，而变化趋势相反。

（三）径流

黑龙江省多年平均径流深为139.8毫米，折合径流总量为655.8亿立方米。全省年径流存在比较明显的连丰、连枯，丰、枯交替变化的特点。从80年的实测径流资料反映出枯、平、丰、枯四个阶段，1930年以前为枯水期，1931～1950年为平水期，1951～1970年为丰水期，1971年以后出现一个枯水期。年径流多年变化与降水基本一致，也存在60～80年长周期和20～30年短周期。

（四）泥沙

黑龙江省江河含沙量最小的为每立方米0.01公斤，最大的为每立方米1.4公斤。分布趋势是山区、平原区偏小，丘陵区偏大。全省江河总输沙量779.8万吨，扣除松嫩平原闭流区沉积的35万吨，出境沙量为744.8万吨。松花江流域多年平均年输沙量嫩江下游大赉站135万吨，第二松花江扶余站266万吨，松花江干流哈尔滨站681万吨，下游佳木斯站997万吨。历年最大输沙量，佳木斯站达1 770万吨（1960年）。

（五）水温

黑龙江省主要江河4～10月畅流期，水温变化在0℃～24℃之间。日最高水温34℃（1970年7月3日佳木斯站），日最低水温一般出现在4月份，为0℃。全省4月份水温变化在0℃～5℃之间，5月份为4℃～13℃，6月份为10℃～20℃，7、8月份变化在12℃～24℃之间，9月份为8℃～16℃，10月份为2℃～7℃。全省地表水水温随着地理纬度，自南向北呈递减趋势。

（六）冰情

黑龙江省地表水入冬后进入封冻期，封冻天数和冰厚随着纬度增高而增加，南部河流解冻早、封冻晚，北部河流则反之。全省江河平均封冻天数为148天。全省封江（河）日期平均在11月15日左右。全省平均开江（河）日期在4月13日前后。全省平均冰厚为1.45米，最厚为3.05米，最薄0.36米。冬季封江（河）和春季开江（河）之前常出现时间长短不同的流冰现象。封江（河）前全省平均流冰天数为13天，最长的达56天，最短的为1～6天；开江（河）前全省平均流冰天数为7天，最长的达37天，最短的1～4天。春季流冰期，黑龙江、嫩江上游、松花江下游的弯曲、束狭江段常出现冰坝或冰塞。黑龙江1916～1985年出现大型冰坝20次，松花江下游1956～1985年出现冰坝17次，嫩江上游1957～1985年出现冰坝4次。冰坝高度一般为4～6米，最高的达14米以上。

第五节　气　候

一、气候变迁

黑龙江省地处温带、寒温带大陆性季风气候地带。在整个旧石器时代，黑龙江地区和世界各地一样处于几次冰期阶段。人类活动和冰川活动有着直接的关系：冰川期间地球上气候骤然变冷，人类纷纷移往温暖地区。间冰期，气候趋于温和，人类北移。旧石器时代晚期的“哈尔滨人”，恰好是地质史上的更新世晚期。这时，最后一次冰河刚刚向北退去，大地变得暖和起来，人类也随着气候的变化，由温暖的南方迁往黑龙江地区。

地球进入全新世，最后一次冰期结束了。人类由旧石器时代通过中石器时代进入新石器时代。由于气候转暖，冰川溶解，江河湖海水位猛增，太平洋上涨了百余米，原来连接欧美大陆的白令陆桥变成了海峡，对马、津轻海峡也是这时形成的，陆地上江河的水量也比现在充沛，鱼类资源丰富，人类活动也更频繁起来。新开流、昂昂溪文化时期黑龙江地区的气候比现在要温和，已经比较适于人类居住。人们居住在江河湖边，主要过着渔猎经济为主的原始母系氏族社会生活。

商周时代，黑龙江地区的气温仍然比较温和。文献记载汉代“挹娄在夫余东北千余里，滨大海，南与北沃沮接，不知其北所极，……土气寒，剧于夫余”。汉代夫余人主要居住在以松花江大曲折为中心的松嫩平原，这里比起远在千里的三江平原当然要暖和。而挹娄人居住在的三江平原直到日本海的广大地区却是“土气寒，剧于夫余”。

南北朝时，夫余人退出了松嫩平原，从大兴安岭南下的一支鲜卑人占据了嫩江中下游。这支人就是史书上乌洛侯人。《魏书·乌洛侯传》摘要地记载了嫩江中下游一带的气候特征是“其地下湿，多雾气而寒”。今日嫩江中下游，尤其是乌裕尔河下游一带，多沼泽草甸、低洼（“乌裕尔”即满语“低洼地”之意）泥泞。看来，1 500多年以前，其自然景观和现在非常接近，“其地下湿”恰如其分地描述了嫩江中下游，包括了今齐齐哈尔为中心一带地区的景观。“多雾气而寒”则描述了它的气候特征。

渤海时期的气温温和。据《新唐书·渤海传》中记载渤海的特产中有“卢州之稻”和“龙州之绸”，按此推算当时的气候，说明当时黑龙江中下游、松花江下游一带的气温比较温和。

进入辽金，有关黑龙江地区气候的文献记载比较多了。种种迹象表明，当时黑龙江一带气候比较寒冷。

辽代末年，黑龙江地区比较寒冷。其中辽咸雍十年九月中旬（1074年10月中旬），天还下雨，地下刚刚结冰。而辽咸雍八年（1072年），刚刚10月，湖已结冰。可见，1072年比1074年要稍冷。而“阿骨打之十五年［宋政和六年即辽天庆六年（1116年）］春正月是年北方寒甚，裂肤堕指多有死者”。公元1116年是金国建国后的第二年，天气寒冷，正月冻裂皮肤，冻掉手指甚至还冻死不少人。

金代中期，黑龙江地区气候比现在严寒。对金代黑龙江地区季节的变化，当时久居黑龙江地区的宋代使臣洪皓有过记载“冷山距金主所都仅百里，地苦寒，八月已雪，穴居百家”。据考，冷山应在今五常市韦河境内。金代这里是4月草生，8月已雪。而今天却是3月草已发芽，9月才能降雪。气候显然比金代温和。

元代，黑龙江地区的气候仍然寒冷。元以后，明代天气变得干旱炎热，土地碱化，湖泊或消失，或缩小，或碱化。

清初，气候比今日寒冷。清康熙末年，气候开始暖和起来。

近代气候总的在逐渐变暖，年平均气温略成上升趋势，变化过程大致为：1918年以前为冷期，1919～1955年为暖期，其中30年代偏冷；1956～1972年为冷期；1973年以来气候较暖，冬季尤为突出，具有全省的一致性，特别是北部更为明显。

黑龙江省年平均气温冷暖等级表

（1881～1985年）

表1-3

年代	0	1	2	3	4	5	6	7	8	9
1880		0	0	0	--	-	0	0	-	-
1890	0	-	--	-	+	--	-	0	0	+
1900	0	+	-	0	0	0	0	0	0	-
1910	-	0	-	-	+	-	0	0	0	0
1920	0	+	-	0	0	+	+	0	0	+
1930	0	-	0	+	+	0	-	-	0	+
1940	0	-	0	+	0	-	0	0	++	+
1950	+	+	-	+	0	+	--	0	0	++
1960	-	+	0	0	0	--	-	+	+	--
1970	0	+	0	0	-	++	0	0	+	0
1980	0	+	++	+	0	0				

说明：-- 特冷，- 冷，0 正常，+ 暖，++ 特暖

二、气候特征

黑龙江省属于寒温带季风气候，年平均气温一般比同纬度其他地区低5℃～8℃，大致与偏北6～10个纬度的纬圈平均气温相当。气候特征是冬长夏短，四季分明。春秋季时间较短。夏季

凉爽宜人，午晚温差大。冬季气温偏低。年平均气温从北向东南由-5℃～4℃，全年有5个月平均气温在0℃以下。最冷的1月份平均气温，从北向东南由-30.9℃，逐渐上升至-14.7℃；最热的月份为7月，平均气温从北往东南由16℃逐渐升到23℃。

春季（3～5月）是冬夏的过渡季节，气温回升快，降水少，大风多，空气干燥，天气多变，气温变幅大，平均日较差为11℃～18℃，4月最大可达29.1℃，为全年之冠。气温月际变化强烈，一般在10℃左右。4月，全省平均气温在0℃～6℃之间，从南向北递减。4月中旬，日平均气温稳定通过0℃，4月末，稳定通过5℃，5月末，日平均气温多在10℃以上。春季降水量50～90毫米，西南角多不足40毫米，五营、尚志一带在100毫米左右。季内风速最大，4～5月最大风速一般为20～30米/秒，松嫩平原和三江平原的最大风速可达40米/秒左右。大风日数为15天左右，占全年大风日数的75%。季平均风速为3～6米/秒，平原大于山地。大部地区终霜期在5月中、下旬，漠河一带在6月上旬，东南部在5月上旬，西南部的泰来等地早在4月中、下旬。年际变幅较大，有时可比常年提早或延后15天左右。

夏季（6～8月）气候温热，雨量充沛，有利于农业生产。7月（代表夏季）全省平均气温为18℃～22℃，高温中心泰来高达23.4℃。两大平原区多在22℃左右，大兴安岭北端在18℃上下。7月份，全省平均最高气温为27℃左右。南北相差不到3℃。日最高气温大于等于30℃的日数多在10～15天，松嫩平原区在15天以上，三江平原区为10～15天，最北部不足10天。气温月际差异很小，一般只有2℃左右，为各季最小。气温日较差多为9℃～15℃。夏季降水量多在300～400毫米之间。中部山地超过400毫米，松嫩平原南部和三江平原北部地区稍少于300毫米，大兴安岭北部林区在260毫米左右。降水日数全省平均为45天左右，两大平原区不足40天。降水强度不大，平均暴雨日数1～2天，特大暴雨少见。一般暴雨多出现在山区及丘陵地带，易造成山洪或水涝之患。

秋季（9～10月）是从夏到冬的过渡季节，因受北方冷空气影响最早，气候早寒。气旋（亦称“低气压”）活动次数仅次于春季，天气冷暖多变，每当冷锋（大气中分隔冷暖气团的狭窄过渡带为锋。冷锋是向暖气团方向移动的锋）过后，气温急剧下降。10月下旬，全省日平均气温稳定降到0℃以下。气温月际变化幅度在10℃左右。10月（代表秋季）全省平均气温在-3℃～5℃之间，南高北低，平原区高于山区。初霜早临，大兴安岭北部9月上旬出现，松嫩平原南半部和三江平原在9月末，其他地区多在9月中旬。入秋后，降水量显著减少，但多于春季。全省降水量空间差异较大，东部边缘地带最多，达130毫米左右，向西递减，三江平原区在100毫米以上，松嫩平原区在90毫米上下，泰来不足60毫米。全省降水日数平均在20天左右，山地和三江平原多于20天，松嫩平原少于20天。秋季风速较大，仅次于春季，平均风速为2.5～4.5米/秒。风向以偏南为主，偏北风向次多。

冬季（11～2月）在干冷的极地大陆气团控制之下，气温甚低，降水极少，气候严寒、干燥长达4个多月。1月最冷，平均气温在-30℃～-18℃之间，三江平原在-20℃左右，松嫩平原区介于-24℃～-18℃之间，东南山地为-20℃～-18℃，北部山地偏低，漠河一带平均气温最低为-30.9℃。1月全省平均最低气温在-30℃左右，小于等于-30℃日数在10～90天之间，漠河长达94天，为全国最冷地区。松嫩平原多在20天左右，三江平原大部为10天左右。小于等于-40℃天气多出现在小兴安岭山地以北地区，平均10天左右，漠河最多为25天。冬季降水（雪）总量20毫米左右， 西南部只有10毫米左右。降雪日数一般介于20～30天之间。冬季大部地区盛行西北风，西南地区多西南风，风速很小，有时出现暴风雪天气。

三、气候要素

（一）气温

黑龙江省是全国气温最低的省份。一月平均气温-30.9℃～-14.7℃，极端最低气温，北部漠河曾达到-52.3℃，为全国最低纪录。夏季普遍高温，平均气温在18℃左右，极端最高气温达41.6℃。年平均气温平原高于山地，南部高于北部。北部大兴安岭年平均气温在-4℃以下，东宁一带达4℃以上。无霜期多在100～160天之间，平原长于山地，南部长于北部，北部的大兴安岭地区无霜期只有80～90天，而松嫩平原西南部和三江平原大部分地区无霜期超过140天，泰来最长，超过170天。全省≥0℃积温平均值在2 000℃～3 200℃，大部分农业区介于2 800℃～3 200℃之间；≥10℃积温多介于2 000℃～2 800℃，大兴安岭腹地不足1 600℃，西南部的泰来、肇源等地多达2 800℃以上。

（二）降水

黑龙江省的降水表现出明显的季风性特征。夏季受东南季风的影响，降水充沛，占全年降水量的65%左右；冬季在干冷西北风控制下，干燥少雪，仅占全年降水量的5%；春秋分别占13%和17%左右。1月份最少，7月份最多。年平均降水量等值线大致与经线平行，这说明南北降水量差异不明显，东西差异明显。降水量从西向东增加，西部平原区仅400～450毫米，东部山前台地在500毫米左右，东部山地在500～600毫米。山地降水量大于平原，迎风坡大于背风坡，因此，降水量分布极不均衡。小兴安岭和张广才岭地区年平均降水量550～650毫米，在小兴安岭南部伊春附近及东南部山地尚志市形成多雨中心，降水量在650毫米以上。西部松嫩平原降水量只有400～450毫米，肇源西部、泰来和杜尔伯特蒙古族自治县在400毫米以下，形成少雨中心。降水日数的分布差异较大。松嫩平原地区在100天以下，其中多数在80～90天，个别地区80天以下。杜蒙（76.7天）、泰来（73.1天）、龙江（79天）为黑龙江省降水日数最少地区。兴安山地与东部山地多数在110天以上。五营（149.2天）、伊春（137.7天）是黑龙江省降水日数最多地区。降水日数的分布与降水量分布基本是一致的。

（三）湿度

黑龙江省年平均水汽压为6～8百帕。松花江流域和东南大部地区在8百帕左右，向西北逐渐减小，加格达奇以北山地多不足6百帕。一年内1月份水汽压最小，7月份最大。全省年平均相对湿度为60%～70%，其空间分布与降水量相似，呈经向分布。中、东部山地最大，在70%以上，西南部最小，多不足65%。年内变化夏季最大，在70%～80%之间，春季最小，为37%～68%，各地不等。

（四）气压和风

黑龙江省年平均气压为970～1 000百帕。受地形影响，山区气压较低，平原、河流沿岸气压较高。三江平原、松花江和黑龙江中、下游沿岸地带多在1 000百帕以上，松嫩平原次之，大兴安岭北部不足970百帕。一年内冬季气压较高，夏季气压偏低。

黑龙江省年平均风速大部分地区在3～4米／秒，松嫩平原西部在4米／秒以上，牡丹江一带及呼玛以北在3米／秒以下，山地区大部分在4米／秒以下，平原风速大于山区风速。风速季节变化大，一年之中春季风速最大，平原风速3～5米／秒，安达一带最大风速达40米／秒。大风日数也最多，占全年大风日数的40%以上。夏季风速则最小，如7月份风速仅2～4米／秒；冬季平均风速略大于秋季。全年大风日数绝大部分地区在20天以上，个别地区在20天以下，松花江谷地的佳木斯、依兰在50天以上，为黑龙江省大风日数最多的地区。

黑龙江省内全年盛行偏西风，松花江右岸地区盛行西南风，西部与北部盛行西北风。冬季多西北风，控制时间长达9个月（9月到翌年5月），属于西北季风；夏季南部多南风，属于东南季风，控制时间5～9月；东北部盛行东北风，属东北季风，控制时间6～8月。春秋风向相似，南部与中部多西南风，北部多西北风。

（五）云量、日照、蒸发

黑龙江省年平均总云量在4.5～5.5之间。松嫩平原较少，小兴安岭南端和东南山地较多，北部漠河一带最多。一年中冬季最少，夏季最多，春、秋季居中。

全省年可照时数为4 443～4 470小时，年实照时数在2 300～2 900小时之间，为可照时数的55%～70%。夏季日照时数在700小时以上，为全年最高季节，而日照百分率（以7月为代表）是一年中最低季节，仅55%左右；冬季日照时数是一年中最小的季节，绝大多数地区在500小时以上；春秋界于冬夏之间，春季（700～800小时）大于秋季（600小时左右）。日照时数松嫩平原西部最高可达2 600～2 800小时，日照百分率59%～70%，泰来、安达等地在2 800小时以上。北部山地在2 400小时以下，五营仅2 268.5小时，日照55%以下。

全省年平均蒸发量在900～1 800毫米，由南向北递减。最大蒸发量在松嫩平原南部，大于1 600 毫米。大兴安岭山地蒸发量小，其值小于1 000毫米，小兴安岭山地一般约1 000～1 100毫米。大部分地区蒸发量在1 200～1 500毫米之间。全年以冬季蒸发量最小，1月份仅3～22毫米。春季各地气温迅速升高，风力增大，蒸发量较大，全省在80～370毫米之间。春季由于风大，气温高，其蒸发量远远超过秋季。夏季气温高，是全年蒸发量最大的季节，蒸发量小的大兴安岭山地也在120毫米以上。

四、气候区划

黑龙江省可划分为七个气候区，即大兴安岭寒冷湿润区，黑河冷凉半湿润区，小兴安岭温凉湿润区，克山、拜泉丘陵及三江平原温和半湿润区，牡丹江半山区温热半湿润区和松嫩平原温热半干旱区和泰来温热干旱区。全省除北部大兴安岭高寒地区外，大部分属温带季风气候区。

大兴安岭寒冷湿润区是黑龙江省最冷的地区。年平均气温在-4.9℃～-1.4℃≥10℃，积温1 600℃～1 900℃。年降水量400～470毫米，无霜期不足100天，是全国无霜期最短地区。有永冻层，季节冻土深达3米左右。年日照时数2 400～2 600小时。年平均风速2米/秒左右。

黑河冷凉半湿润区位于小兴安岭北部和大兴安岭东北坡。年平均气温-0.4℃～-2.0℃≥10℃，积温2 000℃～2 200℃。无霜期100天左右。年降水量450～500毫米。年日照时数2 600小时左右。年平均风速约3米/秒。

小兴安岭温凉湿润区位于小兴安岭南半部山地。年平均气温在±1℃之间。≥10℃积温2 300℃。无霜期110天左右。年降水量550～600毫米，为全省最多。年日照时数2 300～2 600小时。年平均风速3米/秒左右。

克山、拜泉丘陵及三江平原温和半湿润区大部为丘陵、平原，地形较复杂。年平均气温多介于2℃～3℃之间。≥10℃积温2 400℃～2 600℃。无霜期120～150天。年降水量500～560毫米，年日照时数2 400～2 700小时。年平均风速3～4米/秒。

牡丹江半山区温热半湿润区位于东南部。年平均气温2．5 ℃～ 3．5 ℃ 居多。≥ 1 0 ℃ 积温2 600℃～2 700℃。无霜期130天左右。年降水量500～600毫米，年日照时数2 500～2 600小时。年平均风速3米/秒左右。

松嫩平源温热半干旱区大部年平均气温3℃左右。≥10℃积温2 700℃左右。无霜期140天左右。年日照时数2 600～2 800小时。年降水量400～500毫米，年平均风速4米/秒左右。

泰来温热干旱区是全省气温最高区，降水量最少区域。年平均气温4℃左右。≥10℃积温2 800℃左右。年降水量400毫米左右。无霜期150～170天。年日照数2 800～2 900小时。年平均风速为4米/秒左右。

第六节 土 壤

黑龙江省土壤类型繁多，大部分比较肥沃，有机质和养分储量比全国其他省、市、自治区高2～5倍。全省耕地总面积中，黑土、黑钙土、草甸土等肥力高的土壤占70%；林地中有80%左右是肥力较高的暗棕壤和棕色针叶林土；牧草地中主要是盐碱土、盐化碱化草甸土和草甸土。据第二次土壤普查，全省土壤共有16个土壤类型。

黑土为黑龙江省最好的农业土壤，土层厚，有机质含量丰富，团粒结构，水、肥、气、热协调，肥力高，农民称之为“地眼”。主要分布在滨北、滨长铁路两侧，北起嫩江、讷河、克山、德都、北安一带，南至双城、五常并延伸到吉林省，西与松嫩平原的黑钙土、盐碱土接壤，向东延伸到小兴安岭和张广才岭、老爷岭等山间谷地。三江平原的集贤、富锦一带也有黑土分布。全省共有7 237.1万亩，占土地总面积的10.9%。其中耕地面积5 490.3万亩，垦殖率达75.0%，占全省耕地总面积的31.2%。

黑钙土曾称为石灰性黑土，肥力仅次于黑土，主要分布在松嫩平原的龙江、甘南、泰来、齐齐哈尔、依安、富裕、林甸、杜尔伯特、安达、兰西、青冈、肇东、肇州、肇源等县（市）。全省共有3 482.7万亩，占土地总面积的5.2%。其中耕地面积2 383.7万亩，垦殖率达68.0%，占全省耕地总面积的13.8%。

栗钙土俗称“白干土”，黑土层薄，土体中的钙积层部位高，表土近似“栗子皮”色，故称栗钙土，主要分布于松嫩平原西南边缘的泰来县与内蒙古自治区干草原接壤的干旱、半干旱地区。全省共有20.4万亩，占土地总面积的0.03%。其中耕地面积15.4万亩，垦殖率75.0%，占全省耕地总面积的0.09%。

草甸土在地势低平、地下水位较高、土壤水分较多、草甸植被繁茂的条件下发育形成，主要分布在松嫩平原、三江平原的低平地，以及河漫滩和山间谷地。全省共有12 037.4万亩，占总土地面积的18.1%。其中耕地面积4 537.5万亩，垦殖率38.0%，占全省耕地总面积的26.2%。

白浆土主要分布在三江平原的桦南、勃利、桦川、依兰、饶河、抚远、同江、宝清、萝北等县（市）的漫岗、平地和低平地上，呈大面积分布；东部密山、虎林、林口、宁安、海林、东宁、穆棱等县（市）的山前岗地，呈带状分布；尚志、方正、延寿、巴彦、木兰、五常、阿城、宾县、绥棱、庆安等县（市）的山前岗地也有少量分布。全省共有4 976.1万亩，占土地总面积的7.5%。其中耕地面积1 745.4万亩，垦殖率35.0%，占全省耕地总面积的9.7%。

新积土又称河淤土，主要分布在大小江河两岸。全省有1 227.9 万亩，占土地总面积的1.8%。其中耕地面积290.9万亩，垦殖率24%，占全省耕地总面积的1.6%。

风沙土由嫩江干流及其支流两岸河漫滩的沙粒经风力搬运堆积而成，主要分布在齐齐哈尔市郊区和泰来、龙江、甘南、杜尔伯特、富裕、肇源、肇州等县。全省共有643.2万亩，占土地总面积的0.90%。其中耕地面积219.3万亩，垦殖率34%，占全省耕地总面积的1.2%。

水稻土是在人为活动的影响下，由其他土壤经过长期灌溉和种植水稻后演变而成。水稻土的分布广，遍及全省，主要分布在松花江、牡丹江、穆棱河及嫩江流域沿岸平地，其中以牡丹江市、佳木斯市、松花江地区、绥化地区为最多。全省共有365.4万亩，占全省土地总面积的0.55%，占全省耕地总面积的2.1%。

盐碱土属于内陆苏打型盐碱土，包括盐土、碱土两个土类，主要分布在松嫩平原的安达、肇东、肇州、肇源、大庆、富裕、林甸、杜尔伯特等17个县（市），三江平原的集贤、富锦、宝清一带也有少量分布。盐土分布在地势低平、地下水位埋藏浅的低河（湖）漫滩；碱土分布在地势稍高、地下水埋藏较深的高河（湖）漫滩。全省共有盐土198.5万亩，占土地总面积的0.3%，其中耕地面积13.5万亩，占全省耕地总面积的0.08%；碱土166.6万亩，占土地总面积的0.25%，其中耕地面积16.5万亩，占全省耕地总面积的0.09%。

沼泽土主要分布在大、小兴安岭和张广才岭、老爷岭等山地的山间谷地，以及三江平原和江河两岸的低洼地，呈片状或带状分布。全省共有5 218.5万亩，占土地总面积的7.8%，其中耕地面积573万亩，垦殖率11%，占全省耕地总面积的3.3%。该土类包括沼泽土、泥炭沼泽土、草甸沼泽土、盐化沼泽土4个亚类。其中草甸沼泽土面积大，占该土类的49.0%。

泥炭土所处地势低洼，常年积水，主要分布在三江平原，大、小兴安岭和张广才岭、老爷岭等地区的古河道、低河漫滩中的牛轭湖、背河的黑鱼泡、鱼眼泡、王八汀等洼地。泥炭土由水生和湿生植物所积累的大量植物半分解残体形成。全省共有157.9万亩，占土地总面积的0.24%，其中耕地面积18.3万亩，垦殖率11.5%，占全省耕地总面积的0.1%。

火山灰土系由新老期火山喷出的碎屑、粉尘堆积物在玄武岩台地上发育形成的一种幼年土壤，主要分布于五大连池市的火山群和宁安县镜泊湖火山口周围等地。全省共有95万亩，占土地总面积的0.1%，其中耕地面积2.6万亩，占全省耕地总面积的0.02%。该土类包括火山灰土、暗火山灰土、基性岩火山灰土3个亚类。其中基性岩火山灰土面积大，占该土类的74%。

石质土所处地势高峻，土层极薄，有的岩石裸露，地面上有地衣、藓类、生草草甸或灌丛、疏林生长；零星分布于大、小兴安岭，张广才岭和老爷岭等山地。全省共有179.9万亩，占土地总面积的0.27%。

暗棕壤主要分布在小兴安岭、张广才岭、老爷岭山地及其边缘丘陵地带，为山区面积最大的土类，全省共有23 923.5万亩，占总土地面积的36.0%。其中耕地面积1 725万亩，垦殖率7%，占全省耕地总面积的10.0%。该土类包括暗棕壤、灰化暗棕壤、白浆化暗棕壤、草甸暗棕壤、潜育暗棕壤、暗棕壤性土6个亚类。其中面积最大的为暗棕壤亚类，占该土类的75%。

棕色针叶林土主要分布在大兴安岭山地的中山、低山区，小兴安岭和东部山地海拔800米以上也有少量垂直分布。全省共有6 617.5万亩，占土地总面积的9.9%。

山地草甸土分布于海拔高度1 450～1 690米的长白山脉张广才岭、老爷岭顶峰，面积很少。全省共有8.8万亩，占全省土地总面积的0.01%。山地草甸土土体薄，仅10～30厘米，其下为母质层或岩石，植被为岳桦、高山桧、红越桔、高山龙胆等灌木和大叶樟、小叶樟、莎草、蕨类，以及地衣、苔藓等。

第七节　植　被

黑龙江省跨三个植物区系，东部山地、三江平原和小兴安岭南段为长白山植物区系，大兴安岭和小兴安岭北段为大兴安岭植物区系，松嫩平原为蒙古植物区系。全省有高等植物183科、737属、2 200多种。植被分布呈明显的地带性，从北到南为寒温带针叶林，中温带针阔混交林；从东到西为湿润针阔混交林，森林草甸，半湿润草甸草原，半干旱草原。自然植被为10个植被型、13个植被亚型、47个群系、86个群丛。

森林集中分布在大小兴安岭与东部山区，树种有100多种，经济价值较高的有50多种。针叶林中主要有兴安落叶松、云杉、樟子松等；针阔混交林中主要有红松、蒙古栎、兴安落叶松、桦、杨、柳等；阔叶林中主要有蒙古栎、杨、桦、榆、水曲柳、黄菠萝、椴等。山地还有近600种中药材，如人参、龙胆草、满山红、刺五加等，以及种类繁多的可食用植物、工业原料植物和蜜源植物。

草原主要分布在松嫩、三江平原，草的种类有1 000多种。松嫩平原属旱生多年生草本植物占优势的草甸草原和干草原，主要有碱草、野古草、贝加尔针茅、星星草等牧草，形成良好的天然牧场。三江平原有大面积的沼泽植被，以小叶樟、大叶樟和各种苔草为主，间有丛桦、沼柳、芦苇等，并蕴藏着丰富的草炭资源。

黑龙江省主要植被类型表

表1-4

植被型	植被亚型	植被群系	植被群丛
1. 寒温带针叶林	1. 寒温带落叶针叶林 2. 寒温带常绿针叶林	1. 兴安落叶松林446 070公顷 2. 长白落叶松林85 570公顷 3. 樟子松林152 080公顷 4. 偃松林32 980公顷 5. 鱼鳞松林194 580公顷 6. 臭冷杉林493 580公顷 7. 红皮云杉林13 190公顷	1. 偃松——兴安落叶松林 2. 杜鹃——兴安落叶松林 3. 杜香——兴安落叶林 4. 草类——兴安落叶松林 5. 白桦——兴安落叶松林 6. 杜香——长白落叶松林 7. 苔草——长白落叶松林 8. 蒙古栎——长白落叶松林 9. 杜鹃——樟子松林 10. 草类——樟子松林 11. 偃松矮曲林 12. 鱼鳞松林 13. 红皮云杉＋臭冷杉林 14. 臭冷杉林 15. 红皮云杉林

续表1-4

植被型	植被亚型	植被群系	植被群丛
2.温带针叶林		8.赤松林3 640公顷 9.兴凯赤松林 10.红松林	16.赤松林 17.兴凯赤松林 18.红松林 19.云杉+冷杉+红松林
3.温带针阔叶混交林		11.红松针阔叶混交林968 670公顷	20.蒙古栎红松林 21.椴树+红松林 22.枫桦+红松林 23.鹅耳枥+沙冷杉+红松林 24.水曲柳+春榆+红松林
4.落叶阔叶林	3.典型（温带）落叶阔叶林 4.山地杨桦林 5.河岸落叶阔叶林	12.蒙古栎林6 544 000公顷 13.色木+椴树林1 662 900公顷 14.水曲柳林219 550公顷 15.白桦林3 403 890公顷 16.黑桦林443 700公顷 17.岳桦林55 950公顷 18.山杨林669 950公顷 19.钻天柳+甜杨林63 680公顷	25.胡枝子+榛子蒙古栎林 26.黑桦+蒙古栎林 27.蒙古栎疏矮林 28.色木+紫椴+糠椴林 29.春榆+水曲柳林 30.白桦林 31.黑桦林 32.岳桦矮曲林 33.山杨林 34.山杨+白桦林 35.钻天柳+甜杨林
5.落叶阔叶灌丛		20.胡枝子灌丛349 530公顷 21.榛子灌丛181 030公顷 22.柳树灌丛193 750公顷	36.胡枝子灌丛 37.榛子灌丛 38.柳树灌丛
6.常绿针叶灌丛		23.西伯利亚刺柏灌丛10 860公顷	39.西伯利亚刺伯灌丛
7.草原	6.草甸草原 7.疏林草原	24.贝加尔针茅草甸草原111 070公顷 25.线叶菊草甸草原25 240公顷 26.落草草甸草原139 480公顷 27.冰草草甸草原8 830公顷 28.羊草草甸草原905 130公顷 29.榆树疏林草原17070公顷	40.贝加尔针茅——山杏草甸草原 41.贝加尔针茅、线叶菊+落草草甸草原 42.贝加尔针茅+落草+羊草草原甸草原 43.贝加尔针茅+隐子草+杂类草草甸草原 44.线叶菊草甸草原 45.线叶菊+贝加尔针茅+隐子草或甸草原 46.落草+杂类草+隐子草草甸草原 47.冰草+杂类草草甸草原 48.羊草草甸草原 49.羊草+杂类草草甸草原 50.羊草+落草+杂类草草甸草原 51.羊草－野古草+拂子茅草甸草原 52.羊草+隐子草草甸草原 53.榆树疏林草原

续表1-4

植被型	植被亚型	植被群系	植被群丛
8.草甸	8.典型草甸 9.沼泽化草甸 10.盐生草甸	30.丛桦-杂类草草甸1 074 690公顷 31.小叶樟草甸3 221 010公顷 32.拂子茅草甸31 380公顷 33.野古草草甸220 750公顷 34.蒙古柳＋羊草+杂类草草甸64 530公顷 35.小叶樟沼泽化草甸1 011 900公顷 36.碱蓬盐生草甸 37.星星草盐生草甸141 890公顷 38.马蔺盐生草甸14 800公顷	54.丛桦－杂类草草甸 55.毛赤杨－丛桦－沼柳＋叶樟草甸 56.小叶樟草甸 57.小叶樟＋杂类草草甸 58.小叶樟＋沼柳草甸 59.拂子茅草甸 60.野古草＋牛鞭草草甸 61.野古草＋杂类草草甸 62.野古草＋贝加尔针茅＋线叶菊草原草甸 63.蒙古柳＋羊草＋杂类草草甸 64.小叶樟＋芦苇沼泽草甸 65.小叶樟＋三棱草沼泽草甸 66.小叶樟＋苔草沼泽草甸 67.沼柳＋小叶樟＋修氏苔草沼泽草甸 68.羊草＋虎尾草＋碱蓬盐生草原草甸 69.碱蓬盐生草原草甸 70.羊草＋星星草盐生草原草甸 71.马蔺＋虎尾草＋杂类草盐生草原
9.沼泽	11.草本沼泽 12.苔藓沼泽	39.小叶樟沼泽88 040公顷 40.乌拉苔草沼泽198 700公顷 41.毛果苔草沼泽 42.芦苇沼泽282 390公顷 43.针蔺沼泽1 090公顷 44.漂筏苔草沼泽36 540公顷 45.香蒲沼泽6 220公顷 46.泥炭藓沼泽167 160公顷	72.苔草＋小叶樟沼泽 73.乌拉苔草沼泽 74.乌拉苔草＋塔头苔草沼泽 75.毛果苔草沼泽584 080公顷 76.毛果苔草＋漂筏苔草沼泽 77.毛果苔草＋芦苇沼泽 78.毛果苔草＋乌拉苔草沼泽 79.小叶樟＋芦苇＋毛果苔草沼泽 80.芦苇＋小叶樟沼泽 81.芦苇沼泽 82.苔草＋针蔺沼泽 83.漂筏苔草沼泽 84.芦苇＋香蒲沼泽 85.泥炭藓——毛果苔草沼泽
10.水生植被	13.挺水水生植被	47.莲群落13 830公顷	86.莲群落

第八节 动 物

黑龙江省属于全国三大动物地理群中耐湿动物群的最东北部组成部分，是南北方耐湿动物，特别是鸟类分布的通道，被称为古北界动物分布上的最宽广的过渡地带。在各类陆栖脊椎动物中，均出现了许多北方型的代表动物，如驼鹿、紫貂、雪兔、柳雷鸟；也有许多适合本地自然条件生长的东北型代表动物，如黑龙江林蛙、蝮蛇、细嘴松鸡、丹顶鹤、东北兔、野猪等。又由于黑龙江省西部气候比较干旱，在地形上又与蒙古高原无明显的屏障，因而有少量中亚型代表性动物渗入，如麻蜥、达乌尔黄鼠、蒙古百灵、蒙古兔等。总之，黑龙江省的动物在种类组成上兼有北方型、东北型和中亚型的混合特点。据统计，黑龙江省有陆栖脊椎动物482种。其中两栖类13种，占全国两栖类种数的6.37%；爬行类15种，占全国爬行类种数的50.2%；鸟类364种，占全国鸟类种数的31.22%；哺乳类90种，占全国哺乳类种数的21.03%。黑龙江省的陆栖脊椎动物种数约占全国种数的23%，其中以哺乳类和鸟类最丰富，尤其是鸟类的种数，几乎占全国的1/3。

一、哺乳类

哺乳类动物又称兽类动物。黑龙江省现有兽类动物6目19科90种，它们是食虫目的猬科（2种）、鼹科（2种）、鼩鼱科（8种）；翼手目的蝙蝠科（15种）；食肉目的犬科（5种）、熊科（2种）、鼬科（12种）、猫科（5种）；兔形目的兔科（4种）、鼠兔科（2种）；啮齿目的松鼠科（4种）、鼯鼠科（1种）、林跳鼠科（1种）、跳鼠科（1种）、仓鼠科（12种）、鼠科（5种）；偶蹄目的猪科（1种）、鹿科（6种）、牛科（2种）。6目中以啮齿目的小型兽类和食肉目的大、中型兽类动物种类最多，共48种，占全省兽类动物种数的一半以上。从生态适应特点看，以林栖、耐寒种类占优势，盛产许多名贵的毛皮兽，有些是在东北地区特有的种类， 如紫貂、白鼬、狼獾（貂熊）、驼鹿、林旅鼠等。有些动物为适应寒冷气候，不仅毛长绒厚，而且体型较大，如东北虎，驼鹿均为同类动物中形体最大者。有些兽类为适应雪地环境，冬天毛色变白，如雪兔、白鼬、伶鼬等。有些种类则进行冬眠来度过漫长的寒冬，如黑熊和棕熊。大型与中型兽类动物主要分布于山区，小型啮齿类动物分布在平原、山地、丘陵和河谷的草地。在全省分布较广的动物主要有马鹿、野猪、赤孤、狼、狍子、黄鼬、黑线姬鼠、东方田鼠等，其次是紫貂、松鼠、花鼠、黑熊、梅花鹿、貉、獾、麝、猞猁、青羊、驼鹿、水獭、林姬鼠等。有一些兽类分布范围很狭窄，例如狼獾、兔狲、林旅鼠、驯鹿、白鼬仅分布于大兴安岭及小兴安岭北部山地；东北虎、金钱豹只分布在东部山地和小兴安岭南部；蒙古兔、达乌尔黄鼠、五趾跳鼠等都分布于松嫩平原的西部；高山鼠兔则仅见于高山寒冷地区。

二、鸟类

黑龙江省有鸟类19目61科364种（其中有33个亚种），约占全国鸟类种类的31.22%。黑龙江省鸟类在区系组成上有两大特点，一是非雀形目的鸟类多于雀形目，如雀形目为135种，约占全省鸟类种数的40.8%，而非雀形目的种数为196种，约占全省鸟类种数的59.2%，这是黑龙江省与全国各地，特别南方各省区不同的特点。另一特点是候鸟多达268种，约占全省鸟类种数的80.7%，尤其是夏候鸟多达204种，占全省鸟类种数的61.3%，超过全省鸟类之半。这种居留类型的特点，正符合“纬度越高留鸟越少，而夏候鸟越多”的分布规律。

黑龙江省的鸟类中，被定为国家一类保护动物的有丹顶鹤、白鹳、黑鹳、白鹅；被定为国家二类保护动物的有细嘴松鸡、白枕鹤、白头鹤、大天鹅、小天鹅、疣鼻天鹅、鸳鸯、中华秋沙鸭；被定为国家三类保护动物的有黑琴鸡、金鵰、白琵鹭、玉带海鵰、白尾海鵰、花尾榛鸡、大鸨。黑龙江省的鸟类中，有受“中日候鸟协定”保护的鸟类183种，占该协定保护鸟类种数的81.1%，主要被保护鸟类有：红喉潜鸟、角、凤头、草鹭、大白鹭、黄斑苇鳽、大麻鳽、黑鹳、白鹳、黑脸琵鹭、鸿雁、豆雁、大天鹅、小天鹅、翘鼻麻鸭、绿翅鸭、罗纹鸭、斑嘴鸭、凤头潜鸭、鸳鸯、斑脸海番鸭、丑鸭、中华秋沙鸭、普通秋沙鸭、松雀鹰、毛脚鵟、白尾鹞、矛隼、灰背隼、鹌鹑、灰鹤、白忱鹤、普通秧鸡、小田鸡、蛎鹬、风头麦鸡、蒙古沙鸻、白腰勺鹬、鹤鹬、矶鹬、孤沙锥、大沙锥、红胸滨鹬、黑腹滨鹬、黑翅长脚鹬、普通燕鸻、中贼鸥、海鸥、北极鸥、普通燕鸥、扁嘴海雀、大杜鹃、小杜鹃、雪鸮、长耳鸮、普通夜鹰、白腰雨燕、赤翡翠、三宝鸟、角百灵、家燕、金腰燕、黄鹡鸰、白鹡鸰、田鹨、红喉鹨、灰山椒鸟、太平鸟、小太平鸟、虎纹伯劳、灰伯劳、黑忱黄鹂、秃鼻乌鸦、寒鸦、红尾歌鸲、红肋兰尾鸲、北红尾鸲、虎斑地鸫、灰背鸫、鳞头树莺、苍眉蝗莺、大苇莺、黄眉柳莺、极北柳莺、白眉鹟、红喉鹟、燕雀、黄雀、白腰朱顶雀、普通朱雀、红交嘴雀、黑尾蜡嘴雀、锡嘴雀、黄喉鸥、田鹀、苇鹀、铁爪鹀、雪鹀等。

黑龙江省的鸟类大致可分7种生态类群，即飞禽类、游禽类、涉禽类、猛禽类、攀禽类、陆禽类和鸣禽类。在山地林区，常见鸣禽类、攀禽类和猛禽类；在丘陵灌丛及平原草地主要是陆禽类和猛禽类；在河网湖沼地区则以飞禽类、游禽类、涉禽类和猛禽类为主。有的鸟类只生活在特定的生态环境之中，而像猛禽类这些肉食性鸟类则在全省有广泛分布。按动物地理分区，在大兴安岭亚区（包括大兴安岭和小兴安岭北部）的主要鸟类有黑琴鸡、细嘴松鸡、雷鸟、攀雀等；东部山地亚区（包括小兴安岭主峰以南到长白山脉北部的张广才岭、老爷岭和完达山脉等广大地区）的鸟类最多，有由夏候鸟为主组成的极为丰富的鸟类集群，主要有鸳鸯、三宝鸟、红胁绣眼鸟以及各种鹟科、莺科、鸫科的鸣禽类等；松嫩平原亚区即松辽平原北段（包括松花江、嫩江沿岸平原及周围的山麓地带），主要鸟类有松鸦、丹顶鹤、灰喜鹊、灰椋鸟、金翅、牛头伯劳等。其西部处于干旱草原区向季风湿润区过渡地带，小沙百灵是当地代表性鸟类。

三、两栖、爬行类

两栖、爬行类动物都是陆栖脊椎动物中较低等的变温动物，它们喜欢在温暖环境中生活，而黑龙江省的气温较低，对它们的生长不利，故这两类动物较少。黑龙江省的爬行动物计有2目4科15种。其中具有代表性的北方型种类为胎生蜥蜴；东北型种类为黑龙江草蜥、灰链游蛇；中亚型种类为麻蜥。而在全省广泛分布的是鳖，在山区广泛分布的是蝮蛇。黑龙江省的两栖类共有2目5科13种，其中有尾两栖类只有2种，即小鲵科的极北小鲵和东北小鲵；无尾两栖类有11种，其中属于北方型的代表种为大蟾蜍及林蛙，均为无尾两栖类中最耐寒的种类。属于东北型的代表种类为粗皮蛙，只有东部山地有分布。总之，黑龙江省的两栖类和爬行类在分布上以东部山地最多，而大兴安岭和三江平原最少。

四、鱼类

黑龙江省江河沟渠纵横交错，湖泊池塘、泡沼苇塘、水库塘坝星罗棋布。绝大多数水域生态条件良好，水质肥沃，饵料生物繁盛。全省可养鱼水面660.7万亩，已利用308万亩，占可利用水面的46.6%。水中鱼类比较丰富，共有19科67属97种，其中经济鱼类占50%。此外，还有宜渔的低洼沼泽地1 600余万亩。

由于黑龙江省所处的地理环境和水域条件，鱼类区系组成比较复杂，呈现出北方型与南方型、山地型与平原型、北极冷水型与第三纪古老型的种类交互混合的特点。例如狗鱼、雅罗、花鳅、杜父鱼、鲟、鳇等为北方型鱼类；黄颡（嘎牙子）、塘鳢、乌鳢等为南方型鱼类；哲罗、细鳞等为山地型鱼类；草鱼、青鱼、鲢、鲌、鳊、鲴、餐条、麦穗等为平原型鱼类；江鳕、白鲑、大马哈等为北极冷水型鱼类；鲶、鲤、鲫、鳜、泥鳅、鳑鱼等为第三纪古老型鱼类。黑龙江省的鱼类资源有3个比较明显的优势：一是经济鱼类多，具有食用价值、个体较大、形成捕捞量的有50余种。二是名贵特产鱼类多，例如黑龙江和乌苏里江的鳇鱼、鲟鱼、大马哈鱼、松花江的“三花五罗”（鳌花、鳊花、鲫花；哲罗、法罗、雅罗、铜罗、胡罗）、镜泊湖的湖鲫、兴凯湖的大白鱼、挠力河的红肚囊大鲫鱼、方正县双凤水库的银鲫都很有名。绥芬河中的滩头鱼，是鲤科鱼类中唯一可溯河繁殖的鱼类，很有地方特色。黑龙江省松花江的鳜鱼（鳌花）、兴凯湖的大白鱼（翘嘴红鲌）与黄河鲤鱼、松江鲈鱼，被誉为中国的“四大淡水名鱼”。三是冷水性鱼类多，其中哲罗鱼个大体重。

第二章　自然资源

第一节　土地资源

黑龙江省土地总面积45.46万平方公里，占全国土地总面积的4.8%，在全国各省、自治区、直辖市中，仅次于新疆、西藏、内蒙古、青海、四川，居第六位。全省耕地、林地面积均居全国各省、自治区、直辖市的首位，宜农荒地居第二位，牧草地居第七位。

几千年来，特别是中华人民共和国建立以来，经黑龙江地区各族人民的共同开发与建设，黑龙江省已经建设成为全国重要的粮食、煤炭、木材、石油、动力、机械生产基地，土地利用率达76.8%。1985年，全省土地总面积68 194.7万亩中（全省土地总面积和其中的园地、林地、牧草地、城乡居民点及工矿用地、交通用地、水域、未利用土地均为省土地利用管理局1985年土地资源概查数，耕地为省统计局数），耕地13 395.5万亩，占19.6%（按土地资源概查数为17 039.6万亩，占25.0%）；园地（果园等）82.6万亩，占0.1%；林地31 270.1万亩，占45.8%，其中有林地24 830.9万亩，森林覆盖率36.4%；牧草地（指已用于放牧、割草的）5 634.6万亩，占8.3%；城乡居民点及工矿用地1 743.0万亩，占2.6%；交通用地686.9万亩，占1.0%；水域2 358.4万亩，占3.5%，其中苇地312.6万亩；未利用土地9 379.5万亩，占13.7%，其中荒草地

6 194.2万亩，沼泽地1 632.1万亩。与1949年相比，1985年全省耕地面积（按概查数）增加近1倍，城乡居民点和工矿、交通用地增加3倍。

到1985年，全省还有未利用土地9 300多万亩，其中可利用土地约占2／3。此外，还有无林地5 000多万亩，可养殖水面260多万亩。

第二节　水资源

一、地表水资源

黑龙江省境内天然河流众多，地表水资源总量为655.8亿立方米。主要以大气降水补给，径流量在年内分配上与降雨的分配趋势基本一致。但是不同的地表形态和河槽特性对水量的分布也有较大的影响，山区水资源丰富，平原地区较少；在流域上，以松花江干流和黑龙江干流最为丰富。全省各条江河均具有明显的年际变化，呈现连丰、连枯，丰枯交替的态势。据对省内较大河流1956～1979年的资料统计结果，1956～1963年计8年为丰水期，均值为880.8亿立方米；1964～1973年计10年为平水期，均值为641.5亿立方米；1974～1979年计6年为枯水期，均值为379.7亿立方米。其中最丰年（1960年1 077.2亿立方米）和最枯年（1969年228亿立方米）两者相差3.7倍之多。这种变化对省内各地旱、涝灾害有较大影响。

黑龙江省地表水资源分区综合统计表

表1-5　　　　单位：亿立方米

分区 地形类别	黑龙江干流	乌苏里江干流	嫩江干流	松花江干流	合计	占地表水资源总量（%）
平原区	10.5	36.7	28.4	91.6	167.2	25.5
山丘区	182.6	49.7	36.7	219.6	488.6	74.5
合计	193.1	86.4	65.1	311.2	655.8	100.0
占地表总量%	30.0	13.0	10.0	47.0		

黑龙江省河流水量除区域地表产水外，大部分为客水量（即过境水量或入境水量），其中国内邻省河流注入黑龙江省或流经黑龙江省界江河有嫩江、第二松花江、拉林河、牡丹江、额尔古纳河、绥芬河等，水量为469亿立方米；国外注入边境的河流有额尔古纳河下游一部分、石勒喀河、黑龙江、乌苏里江等，注入水量为1 720.1亿立方米。两部分客水量总计2 189.1亿立方米。其中以流经黑龙江干流的水量为最多，约1 010.2亿立方米，占总水量的46.1%；经乌苏里江干流的水量为554.9亿立方米，占25.4%；经松花江干流的水量为344.5亿立方米，占15.7%；经额尔古纳河的水量为275.0亿立方米，占12.6%；经绥芬河的水量为4.5亿立方米，占0.2%。这些经黑龙江省河道流出，加上省内河流的产水量（扣出工农业生产及生活用水及河道损失量），黑龙江省总出境水量为2 790.5亿立方米。在总出境水量中，过境水量占78.4%。省内出

境水量中，通过黑龙江干流流出水量占99.3%，绥芬河仅占0.7%。这些过境水量，如采取有效的工程措施，充分进行利用，便可以成为黑龙江省得天独厚的资源，对缓解一些地区缺水，控制旱、涝灾害，将起一定的作用。

黑龙江省出境水量统计表

表1-6　　　　单位：亿立方米

江河		总出境水量			控制出境的主要江河		
名称	入口	省外、国外出境水量	省内出境水量	合计	名称	出境水量	占总量的（%）
嫩江	松花江	151.3	61.7	213.0			
第二松花江	松花江	150.8		150.8			
拉林河	松花江	11.7		11.7			
牡丹江	松花江	30.7		30.7			
松花江干流	黑龙江		264.3	264.3	松花江	670.5	24.0
额尔古纳河	黑龙江	275.0		275.0			
乌苏里江	黑龙江	554.9	66.4	621.3			
黑龙江干流	鞑靼海峡	1 010.2	193.1	1 203.3	黑龙江	2 099.6	75.3
绥芬河	日本海	4.5	15.9	20.4	绥芬河	20.4	0.7
合计		2 189.1	601.4	2 790.5		2 790.5	100.0

二、地下水资源

黑龙江省平原地下水资源量为159.4亿立方米，山丘区为125.1亿立方米，扣除重复水量11.0亿立方米，全省地下水资源总量为273.5亿立方米。地区分布上以松花江干流区为最多，约134.1亿立方米，其次为嫩江区为54.1亿立方米，黑龙江干流区47.6亿立方米，乌苏里江区为37.7亿立方米。可开发利用地下水资源集中在平原区，每年可开采量为99.2亿立方米。各流域开采情况不平衡，其中以松花江干流区最多为44.5亿立方米，嫩江区为31.3亿立方米，乌苏里江区为17.1亿立方米，黑龙江干流区为6.2亿立方米。

黑龙江省各地区的地下水埋深，依据地形、地质和降水等条件而异。三江平原区（包括穆棱—兴凯低平原和倭肯河河谷平原）表层为1～17米的亚黏土、中粗沙、沙砾石等覆盖，含水层为沙砾石和中粗沙组成，最大厚度为265米，最薄20米左右，平均为85米。地下水埋深，最浅为1米，最深8米，平均5.5米。储量丰富，单井涌水量最大为每小时150吨，最小每小时20吨，平均每小时60吨。松花江干流区表层为断续分布的亚黏土或亚沙土覆盖，含水层为沙或沙砾石，厚度20～40米。地下水埋深一般小于5米，储量丰富，单井涌水量为每小时30～50吨。松嫩平原区表层为2～20米厚的黄土状亚黏土覆盖，含水层多为沙土和沙砾石组成，最大厚度为140米，最小2米，平均36米。地下水埋深，最深30米，最浅小于5米，平均为13米。除高平原潜水区单井涌水量小于每小时10吨，为贫水区外，其他均为丰水区，最大单井涌水量每小时150吨，最小每小时25吨，平均每小时73吨。山丘区的地下水主要埋藏于花岗岩、火山碎屑岩和变质岩的裂隙中，多为潜水，地下水埋深不一，储量不稳定。

黑龙江省地下水资源统计表

表1-7　　　　单位：亿立方米

项目 分区	平原区	山丘区	重复水量	资源量	占总量（%）	备注
黑龙江干流区	10.15	37.74	0.32	47.6	17.4	包括绥芬河区
乌苏里江区	26.92	11.88	1.08	37.7	13.8	
嫩江区	46.80	11.55	4.22	54.1	19.8	
松花江干流区	75.48	63.97	5.35	134.1	49.0	
合计	159.4	125.1	11.0	273.5	100.0	

第三节　矿产资源

一、石油

黑龙江省的石油集中分布在松辽盆地的北部。这里是白亚纪发展起来的大型断坳陷盆地，堆积了巨厚的含油地层及较厚的新生代沉积。由于埋藏深，没有油苗出露，中华人民共和国成立以前，一些中外学者曾对这一带进行地质调查工作，没有找到石油，一些英、日地质学者都认为在中国东北地区找油希望不大。中国地质学家首先提出了陆相生油学说，李四光在《从大地构造看我国石油勘探的远景》中指出：松辽平原是中国勘探远景最大的地区之一。在李四光等杰出的地质学家科学论断的指导下，1955年开始在松辽平原找油，1959年9月26日，位于安达县大同镇的松基3井喷出了工业油流，发现了大庆油田。

大庆油田是中国最大的油田。无论是探明的地质储量还是年产量均居全国第一位。它也是世界著名的特大型陆相油田，探明的地质储量列当时世界大油田的第15位，可采储量列世界大油田的第13位。自1960年投产到1985年已开采25年，1976年原油产量达到5 000万吨以上，到1985年已稳产10年，为中国的社会主义现代化建设做出了巨大贡献。

白亚系松花江群是松辽盆地内最重要的含油岩系。可划分为上、中、下3个含油层组合和扶余、杨大城子、葡萄花、萨尔图、黑帝庙5个工业油层。主要生油层为青山口、伏龙泉组上部，部分姚家组和伏龙泉组第三段亦可生油。盆地内油气的聚集受构造和岩性因素的控制，主要油气藏类型有：构造油气藏，构造岩性油气藏和岩性油气藏。大庆油田及其周围现有油气田23个，共有123个油气藏。主要有喇嘛甸、萨尔图、杏树岗、太平屯、高台子、葡萄花、朝阳沟、杏西、宋芳屯、龙虎泡10多个油田。

二、煤炭

黑龙江省是中国重要的煤炭产地之一。其资源的开发利用已有80余年历史。截至1985年年底，全省累计探明煤炭储量125.8亿吨，其中统配煤矿利用储量89.8亿吨、地方煤矿利用储量16.2亿吨、尚未利用的其他煤田及勘探区储量19.8亿吨。黑龙江省煤种齐全，包括褐煤、烟煤、无烟煤均有。烟煤中又分长焰煤、不黏结煤、弱黏结煤、气煤、肥煤、焦煤、瘦煤及贫煤。在各煤种中，以气煤为主，占全省总储量的48%；其次为焦煤，占全省总储量的22%。黑龙江省的较大煤田集中分布于东部的合江和牡丹江地区。省内著名的鸡西、鹤岗、双鸭山和勃利（七台河）四大煤田以及依兰、集贤、东宁、宝清、虎林等煤田，煤炭储量及产量均占全省探明总储量和总产量的90%以上。东部地区不仅储量丰富，煤种齐全，并以炼焦煤为主，是东北地区主要炼焦煤产地。

黑龙江省成煤期有：古生代石炭二叠纪、中生代侏罗纪、新生代第三纪。含煤地层以侏罗系为主，其次是新生代第三系，晚古生代含煤地层分布零星。上侏罗统鸡西群是本省最主要的含煤地层。广泛分布于东部的鸡西、勃利（七台河）、双鸭山、三江平原和鹤岗等地。鸡西群自下而上由滴道组、城子河组及穆棱组组成。在鸡西、七台河、双鸭山和绥滨、集贤等地，以城子河组煤层发育最好。城子河组在鸡西煤田共含煤40余层，可采和局部可采的有3～17层；在双鸭山共含煤70层，可采和局部可采的有8～16层；在七台河则含可采和局部可采煤层达40余层之多；与城子河组层位相当的鹤岗石头河组，所含13层为可采和局部可采煤层，大多数厚度较稳定。

鸡西煤田位于完达山与老爷岭交汇地带、穆棱河两岸。它是黑龙江省最大的煤田，也是我国的大型矿区之一。截至1985年年底，这个煤田已进行过详查和精查的有麻山、滴道、城子河等12个煤矿（井田），并对煤田外围展开找煤普查，又发现了荣华—平阳区一些有价值的煤矿区。鸡西煤田为多煤层、多煤种煤田，煤种从气煤到瘦煤各种牌号都有，以焦煤、气煤为主。从中华人民共和国成立至1985年，鸡西矿区对恒山、滴道等5个老矿进行了改扩建，又新建了小恒山、二道河子、正阳等8个煤矿，使原煤产量由1950年的235万吨，增加到1985年的1 400万吨。

鹤岗煤田位于小兴安岭东侧，三江平原西北边缘，也是中国的大型矿区之一。鹤岗煤田的煤质以肥气煤为主，其次有肥焦煤、弱黏结煤等，主要煤层均属低硫、低磷煤。中华人民共和国成立后，鹤岗矿区新建了新一、兴安台、富力等5个煤矿，并对原有的3个老矿（井）进行了改扩建。到1985年的原煤生产达1 200万吨。

双鸭山煤田位于完达山北麓与三江平原西南边缘，煤炭资源分布在双鸭山市与集贤、宝清两县之间的安邦河、七星河两岸。截至1985年年底，已对岭西、岭东、尖山等9个矿区（井田）进行详查和精查。上侏罗统鸡西群为本区主要含煤地层，其中的城子河组含煤70余层，其中可采和局部可采的有16层，煤层厚1.55～6.35米不等。煤质以气煤为主，长焰煤次之。中华人民共和国成立后，该矿区新建了四方台、宝山等7个煤矿，改扩建了岭东和岭西两个煤矿。到1985年，原煤生产能力已达900万吨。

勃利煤田位于倭肯河上游，鸡西、双鸭山之间，截至1985年年底，已对安乐、缸窑沟、七台河等8个矿区（井田）进行了精查，并对矿区外围开展了普查，扩大了可采远景。上侏罗统鸡西群的城子河组为该区主要含煤地层，含可采煤40余层。一般煤层厚1.51～3.43米。煤种以焦煤为主，气煤次之。中华人民共和国成立后，新建了新建、新立、新兴等6个煤矿，使1985年原煤生产能力达500万吨。

黑龙江省还有绥滨、集贤煤田，依兰（达连河）煤田，东宁、老黑山煤田，爱辉县西岗子煤田，嫩江县黑宝山煤田等5个较大的煤田，它们各有特色。例如依兰（达连河）煤田现有3 个大型露天采区，设计规模为年产原煤170万吨，为正在兴建的气化厂提供了煤成气和煤化工原料。此外，在宝清、虎林、林口、桦南、嘉荫、爱辉、呼玛、萝北、尚志、绥棱和伊春等县（市）还有一些煤产地。

三、金矿

黑龙江省采金历史悠久。早在北魏正始年间（504～508年），黑龙江地区就有采金活动。大量开采是在清代晚期。直到中华人民共和国成立后，才有计划地对黑龙江省的金矿进行勘察和开采。

金矿资源是黑龙江省优势矿产之一。截至1985年年底，全省已发现金矿、矿点、矿化点660多处，其中已探明储量的岩金矿床6处（大型矿床1处、中型矿床1处、小型矿床4处）；砂金矿床44处，其中大型砂金矿床4处，中型矿床18处，小型矿床22处。所有可利用的金矿储量都是中华人民共和国成立以后探明的。

黑龙江省的金矿类型很多，有斑岩型、层控型、火山岩型、热液石英脉型、蚀变岩型、含金砾岩型和砂矿型等，而以砂矿型、斑岩型和层控型为最重要。由于砂矿型金矿有易找、易采、易选、投资小、收益快等特点，一直是黄金勘察和开采的重要对象。黑龙江省探明的砂金储量和产量均居全国之首。大型金矿有桦南县桦南砂金矿、呼玛县达拉罕砂金矿、呼玛县吉龙沟砂金矿、呼玛县韩家园子——富西里砂金矿和呼玛县兴隆沟砂金矿等；中型砂金矿有穆棱县雷锋沟砂金矿、萝北县嘉荫河——九里庄河砂金矿、萝北县杜家河砂金矿、爱辉县罕达气砂金矿、大兴安岭新林区富林——富西里砂金矿、漠河县富克山砂金矿、呼玛县嘎鲁河（五道沟、大四道沟）砂金矿等。

斑岩型金矿的代表性产地是嘉荫县团结沟地区。团结沟金矿床是黑龙江省目前最大的金矿床。该矿床位于中生代乌拉嘎火山断陷盆地的边缘，金矿床的形成与晚白垩世的大陆火山喷发有密切关系。在其95个金矿体中有3个主要矿体。矿体形状呈透镜状或脉状，矿石构造有角砾状、脉状、网脉状和浸染状，矿石类型有玉髓状石英——黄铁矿型、碳酸盐——黄铁矿型等多种，含金矿物为自然金和银金矿。

层控型金矿床只在汤原县东风山发现1处。金矿体直接产在铁矿层底板的含锰硫化物钴金矿层中，已有详查报告，是一个含金品位较富的中等规模的金矿床，其开发已列入了规划。

四、石墨

石墨是黑龙江省最主要的非金属矿产，其储量居全国第一位，产量居全国第二位。

石墨矿主要分布在古隆起区的变质岩系内，特别较集中分布在佳木斯隆起的元古界麻山群变质岩中，从萝北到鸡西，从林口到鸡西是石墨的两条主要的成矿带，成因类型以沉积变质型为主。

石墨矿产地主要分布在东部的鸡西、勃利、双鸭山及萝北等市、县。截至1985年，已发现石墨矿产地28处，其中鸡西市柳毛、勃利县佛岭、萝北县云山为3处大型矿床；鸡西市石场、和平、土顶子，穆棱县光义，虎林县桃英山，双鸭山市岭西等地为中型矿床。1980～1983年，对鸡西市柳毛石墨矿床进行了普查和对大西沟矿段进行了详细勘探，使驰名中外的柳毛石墨的扩建和规划有了充足的资源保证，该矿已成为中国规模最大、矿石质量和可选性能最好、开采条件比较优越的晶质石墨矿床之一。这里所产的石墨矿以品位高、鳞片大为特征，并伴有铀、钒、钛等有益元素。其产品除供国内需要，还远销日、美、英等国。

五、玄武岩和火山灰

黑龙江省的玄武岩分布很广，其保有储量居全国首位。可以作为矿产资源开发利用的多属于距今2 330万年以来中新世到全新世时期喷发形成的最新玄武岩。到1985年，已探明铸石用和岩棉用玄武岩矿床各1处。牡丹江市黄花玄武岩为一处特大型铸石用玄武岩矿床，该矿位于牡丹江断陷盆地西缘。岩棉用玄武岩矿床位于五大连池火山群的中部，矿床为新生代第四纪全新世火烧山、老黑山喷发形成的盾状碱性玄武质熔岩。火山灰主要产于新生代火山群，已探明储量的有德都县五大连池、克东县二克山、林口县马鞍山、牡丹江市崴子山等地，经普查评价，可以广泛应用于水泥混合材、轻体砌块、岩棉等工业领域。

六、颜料粘土（黄黏土）

颜料黏土（黄黏土）亦称含针铁矿贝得石黏土，是黑龙江省非金属矿产中独具特色的资源。它在氧化条件下，能够随着温度的升高，颜色发生有序变化，因而被用来做染料、涂料和墙面砖、地面砖的颜料，使黄黏土在化工、建材行业中成为一种理想的天然矿物颜料。除供国内需要外，还出口日本。黑龙江省的黄黏土矿集中分布在讷河县到嫩江县的铁路沿线两侧，它属于湖相沉积。到1985年，已发现矿床、矿点10多处，以讷河县老莱黄黏土矿开采较早，也比较著名。

七、泥炭

泥炭是黑龙江省的优势矿产资源。截至1985年年底，全省已发现和评价泥炭矿床、矿点、矿化点667处，其中大型泥炭矿床15处，中型矿床143处，小型矿床191处。泥炭类型主要是草木泥炭。藓类泥炭有机质含量高，分解度低，酸性强，含水量大，有较高的经济价值。这类泥炭多集中在大兴安岭地区。

到1985年年底，在全国已发现的147种矿产中，黑龙江省内已找到114种，占全国已发现矿种的78%；发现矿床、矿点1 600多处。在全国已探明储量的130多种矿产中，黑龙江省已探明储量56种。在探明储量的矿产中，保有储量居全国前3位的有石油、石墨、铸石用玄武岩、金、矽线石、熔炼水晶、火山灰、沸石、钾长石、泥炭和黄黏土等11种，其中石油、石墨、铸石用玄武岩、黄黏土、砂金等保有储量居全国首位。

第四节　植物资源

一、森林资源

黑龙江省森林资源丰富，木材品种齐全，林质优良，是全国最大的林区和木材供应基地。

全省有森林面积23 985万亩，占全国的13.3%；森林总蓄积量14.58亿立方米，占全国的15.6%；森林覆盖率达35%。1983年木材总产量1 645万立米，占全国木材总产量的31.4%。木材蓄积量，森林覆盖率和木材产量都居全国首位。森林集中分布在兴安山地与东部的张广才岭、老爷岭、太平岭、完达山等地。森林植物茂盛、树种繁多。主要类型有针叶林、针阔混交林、阔叶林。树的种类有100多种，使用和经济价值较高的有50多种，其中红松、白松、水曲柳、黄菠萝、胡桃楸等树种，为国内外少有的珍贵树种。

在针叶林方面，兴安落叶松林集中分布在大兴安岭和小兴安岭北部海拔100～1 400米之间都有分布，是黑龙江省寒温带地区的地带性植被类型。主要乔木树种以兴安落叶松为主，还有少量的樟子松、山杨、白桦。下木主要有偃松、杜鹃、红瑞木、稠李、丛桦等。

云杉林主要分布在张广才岭、小兴安岭的中山区及河谷两岸，大兴安岭的河谷中也有少量分布。主要乔木树种以鱼鳞云杉为主，其次是红皮云杉（大兴安岭），同时混有臭松、红松、兴安落叶松、枫桦、白桦等。下木有花楷槭、黄花忍冬、红瑞木、毛赤杨、空心柳、珍珠梅、东北茶塚子等。

樟子松林主要分布在大兴安岭北部海拔900米以下的山脊和向阳陡坡。树种以樟子松为主，混有兴安落叶松和白桦。一般多呈小块状纯林与兴安落叶松林混交分布，下木以大叶杜鹃为主。

在针阔叶混交林方面，主要可分为红松阔叶混交林和蒙古栎兴安落叶松林。

红松阔叶混交林集中分布在小兴安岭、张广才岭、完达山、太平岭地区，是黑龙江省中温带湿润地区地带性植被类型。主要针叶树种以红松为主，并混有多种阔叶树，常见的有紫椴、青楷槭、花楷槭、蒙古栎、白牛槭、拧筋槭、花曲柳、刺楸、千金鹅耳枥等。下木有毛榛子、胡枝子、杜鹃。小兴安岭红松阔叶混交林，树种组成单一，东部山地红松阔叶混交林树种组成繁多。

蒙古栎兴安落叶松林主要分布在大兴安岭东部，与小兴安岭的红松阔叶混交林相连地带，是向大兴安岭的兴安落叶松林的过渡类型。树种以蒙古栎和兴安落叶松占优势，其中混有黑桦、白桦、樟子松。下木主要有杜鹃、越桔、胡枝子等。

在阔叶林方面，主要可分为阔叶混交林、蒙古栎林和杨、桦林3类。

阔叶混交林主要分布在张广才岭、老爷岭、太平岭、完达山、小兴安岭地区，是红松阔叶混交林经采伐或火烧之后的次生林，树种组成复杂，林中主要树种有蒙古栎、紫椴、糠椴、黄菠萝、水曲柳、色木槭、胡桃楸、白桦、山杨、春榆、黄榆等，灌木层种类繁多。

蒙古栎林大部分是阔叶混交林经采伐和火烧之后形成的次生林。林中以蒙古栎为主，混有紫椴、糠椴、色木槭、黑桦等。分布在张广才岭、完达山及小兴安岭南部的蒙古栎林比分布在大兴安岭东部和小兴安岭西部的蒙古栎林混有较多的阔叶树。除上述树种之外，还有春榆、水曲柳、黄菠萝、胡桃楸等。

杨、桦林在黑龙江省山地均有分布，是红松阔叶混交林一再受到破坏或火烧后由山杨和白桦形成的混交林。有时两者可分别形成纯林，白桦林分布较广。

二、草甸和沼泽植被

黑龙江省丰富的草甸植被集中分布在三江平原、穆棱河—兴凯湖平原，此外在山间盆地及各大河流的漫滩也有斑块状、条带状分布。在地形部位较高地区以中生植物占绝对优势。主要草本植物有：小叶樟、广布野碗豆、小白花地榆、黄花菜、银莲花、啮叶凤毛菊、蚊子草、紫苑、走马芹等；局部低洼地段有水毛茛、小叶樟、芦苇、沼柳等。

沼泽与苇塘植被，主要分布在三江平原、兴凯湖平原、乌裕尔河下游一带，因地势低洼，受地表积水与地下水影响而形成，大量生长苔草、小叶樟和芦苇等。黑龙江省的沼泽和苇塘众多，水面资源很大，具有生长芦苇的良好自然条件，全省苇塘面积416万亩，居全国第一位。其中芦苇生长面积240万亩，主要分布在嫩江、合江及绥化地区。芦苇平均亩产约90公斤，其中林甸、泰来和齐齐哈尔市亩产量高达200公斤。全省芦苇年产量达21万吨。其中国家收购12万吨左右，占总产量的57%。

三、食用药用植物和濒危植物

黑龙江省食用的真菌类有：松茸、黑木耳、猴头蘑、元蘑、榛蘑等。野菜类有：蕨菜、黄瓜香、桔梗、猴腿蕨、刺老芽、黄花菜、山韭菜等。野果类有：山核桃、红松籽、毛榛、刺玫果、山葡萄、树莓、草莓、都柿、山丁子、山里红、狗枣、软枣等。其中松茸又名松菇，肉质细腻，甜润甘滑，且富含多种维生素、蛋白质和矿物质，有抗癌药效，在国外有野生蘑菇王之称。山葡萄含有10%左右的葡萄糖、果糖等糖类和多种氨基酸，为理想的酿酒原料，黑龙江省山区各县均有分布，资源极为丰富。都柿分布在大小兴安岭湿润的沼泽地，资源也很丰富。其果汁酿成的黑豆蜜酒，风味独特，销路很广。木耳、蘑菇等野生菌类的人工栽培发展很快。灌木浆果黑加伦，在黑龙江省已有七八十年栽培历史，它含有多种蛋白质、氨基酸和维生素，为酿酒佳品。

黑龙江省药用植物约有627种、387属、108科。列入《中华人民共和国药典》有107种。药用植物分布遍于全省山区、丘陵、草原，主要集中在小兴安岭、张广才岭、老爷岭和完达山4个山区及松嫩草原。

黑龙江省出产的药材主要有：防风、龙胆草、黄芪、黄柏、五味子、人参、党参、平贝、甘草、刺五加、桔梗、柴胡、山龙、山杏、满山红、黄芩、知母、远志、大力子、蒲公英、玉竹、赤芍、仓术、寄生、车前子、芡实、紫苑、独活、细辛等。其中草原药材防风、龙胆草、甘草、桔梗、知母、柴胡、黄芩；山区药材人参、五味子、党参、刺五加、满山红、黄柏、平贝、细辛、黄芪共16种被列为国家保护资源，这些药材的产量和质量都居全国首位。

为了保护野生药用植物资源，有计划地发展种植药材，黑龙江省已建立了人参、黄芪、平贝、党参、芡实、红花等生产基地635处，野生药材保护区17处。同时还积极地开发了野生植物药材家种和南药引种试种工作。人参、防风、桔梗、平贝、细辛、黄芪、党参、大力子等药材由野生变家植获得了成功。长期依靠外地供应的川芎、枸杞、生地、独角莲、冬花、板蓝根等16种药材已引种、试种成功，扩大了黑龙江省药用植物资源。

黑龙江省药用植物资源，不仅保证省内需要，还支援了外省和出口。其中防风、黄柏、刺五加、满山红、寄生、车前子的调出量占全国第一位；人参、仓术、龙胆草、赤芍、蒲公英的调出量占第二位；黄芩、五味子和玉竹占第三位；大力子及黄芪分别占第四位和第五位。

黑龙江省有多种野生珍稀濒危植物已被列入《中国珍稀濒危保护植物名录》。人参为东北“三宝”之首。野生人参随着生态条件的破坏及人为的过度采挖，在东北地区已极为罕见，濒于灭绝的边缘，因此，被国家列为一级保护的濒危种。此外，被列入二级保护的有岩高兰（稀有种）和狭叶瓶尔小草（渐危种）；被列入三级保护的有牛皮杜鹃、野大豆、兴凯湖松、樟子松、刺五加、黄蓍、黄檗、核桃秋、水曲柳、钻天柳、天麻、草苁蓉、平贝母等。

黑龙江省有大量蜜源植物可供利用，主要的有紫椴、糠椴、胡枝子。广布野豌豆、毛水苏、白花草木樨，此外还有60余种野生辅助蜜源植物。这些植物对蜂群的发展及蜂蜜、王浆的产量都有很大影响。

此外，黑龙江省还有纤维、淀粉、脂肪、芳香类多达80余种植物资源。

四、草原资源

黑龙江省是全国10个拥有大草原的省份之一，产草量居全国第八位。全省共有草原7 600万亩，占全省土地总面积的11.2%；现已利用的草原面积3 626万亩，占草原总面积的47.7%。草原集中连片，主要分布在西部地区和东部地区。嫩江地区的泰来、杜蒙、甘南、富裕、龙江、林甸等县和齐齐哈尔、大庆市，草原面积为2 363万亩，占已利用草原面积的65.1%；绥化地区的安达、兰西、青冈、明水、肇东、肇源、肇州等县，草原面积为999万亩，占已利用草原面积的27.5%。全省尚有未利用的草原面积3 974万亩，占草原总面积的52.3%，主要分布在合江、牡丹江地区以及黑河、伊春、大兴安岭地区的丘陵、山地和江河湖泊周围。草原类型主要有草甸草原类、沼泽草甸类（包括丘状沼泽类）、灌木草丛类、灌丛草甸类、疏林草甸类、草本沼泽类。全省草的种类达1 000多种，其中羊草、野古草、糙隐子草、贝加尔针茅、线叶菊、罯草、冰草、修氏苔草、三棱草、小叶樟、剪股颖等为主要优势种和亚优势种、伴生种。草的产量大，营养价值高，是牧养马、牛、羊的良好饲料。

松嫩草原位于黑龙江省西部滨洲铁路沿线，有草原面积2 600万亩，盛产营养价值很高、中外驰名的碱草。草原主要为羊草草甸草原，其次为羊草杂类草草甸草原、羊草野古草杂类草草甸草原、羊草罯草杂类草草甸草原、羊草糙隐子草草甸草原、羊草星星草杂类草草甸草原，其总覆盖度均在60%以上。主要草种有羊草、野古草、贝加尔针茅、兔毛蒿、罯草、糙隐子草、星星草、野碗豆、剪股颖、冰草、虎尾草、寸草、早熟禾等优良牧草。

松嫩平原草甸草原区是黑龙江省气候较为干燥的地区，干燥度1.0以上。地带性植被原为针茅、兔毛蒿草甸草原，大多已垦为农田，现以羊草草甸草原分布最广、面积最大，是省内畜牧业的主要基地。由于历史上忽视草原生态平衡，盲目地扩大牲畜数量，使得草原退化，草群稀疏，高度降低，盐碱化加剧，碱斑连片。如大庆草原五分场，每亩草原中碱斑面积61.9平方米，占该场草原面积的9.3%。为保护草原资源，采取了翻耕退化、建立人工草场、施行轮牧、加强草原水利建设、定量放牧、改良草原中的碱斑等措施。

三江草原位于黑龙江省东部合江、牡丹江地区、草原面积2 400万亩，占全省草原面积的31.6%。三江草原主要类型是沼泽草甸和草本沼泽草甸类，草种以小叶樟为主，产量很高，亩产量在200公斤以上，高于已利用草原亩产草量的2倍。此外，主要草种还有大叶樟、乌拉苔草、修氏苔草、狭叶甜茅、拂子草、漂筏苔草、牛鞭草、毛果苔草、柴桦等。

在黑河、合江、大兴安岭、牡丹江、伊春和绥化地区的丘陵、漫岗和森林边缘地带，生长着疏林草原、灌木草丛和灌丛草甸。主要的优势种、亚优势种和伴生种，有家畜喜食的胡枝子、榛柴、蒙古栎灌丛、万年蒿、万年蓬；草本有大油芒、乌苏里苔草、羊胡苔草、野豌豆、歪头菜等几十种牧草，群众称其为营养丰富的“五花草塘”，这些草场大部分尚未充分利用。

第三章 自然灾害

第一节 地质灾害

一、地震

黑龙江省居东北地震区的北部，在地质构造上从东向西展布新华夏系第二隆起带（老爷岭东坡隆起带），第二沉降带（三江平原，松嫩平原沉降带）和第三隆起带（大兴安岭隆起带）。在漫长的地质历史演化过程中，经过多轮回地壳剧烈运动的改造、组合，构成了新的构造格局，有横亘省内西、北部的大小兴安岭和东部的张广才岭、完达山等褶皱断块山脉，以及中、西部的松嫩拗陷盆地和东部的三江断陷盆地；同时也形成了很发育的断裂构造，主要有北东—南西走向的密山—敦化深断裂，依兰—伊通地堑、孙吴地堑、嫩江大断裂、南北走向的牡丹江断裂，以及北西—南东走向的勃利—神树断裂，还有许多不同走向的断裂。这些断裂带长达数十公里至数百公里，有的延长至吉林、辽宁或更远。它们互相纵横交错，破坏了岩石块体的完整性，形成一些脆弱的地方，是地应力比较容易集中的孕震部位。

对于地震活动的记载，由于历史的原因，黑龙江地区在清光绪二十六年（1900年）以前，有关地震史料极少，仅记载3次地震。第一次是南宋绍兴七年（1137年），发生在金上京会宁府（今阿城附近）。第二次是南宋绍兴十年（1140年），也发生在金上京会宁府。第三次是清光绪二年（1876年），发生在双城。第二次至第三次相隔735年。一些5～6级地震没有记载。清光绪二十六年（1900年）以后，东北地区才有了仪器观测资料。1918年以来，黑龙江地区内曾发生过数十次有感地震，其中4级以上地震13次。清光绪二十六年（1900年）至1971年，根据现代地震观测仪器的记载，黑龙江地区共发生4.0级以上地震18次，其中深震8次（震源深度一般在400～600公里之间）；浅震4.0～4.9级4次；5.0～5.9级4次；6.0级以上2次。尤以1941年5月5日在绥化发生的6.0级破坏性地震，给当地人民生命财产造成严重损失。

20世纪50年代后，地震台网逐渐增多，黑龙江省境内的4.8级以上破坏性地震都有记录资料。70年代，黑龙江省地震台网投入工作后，能够监控省内发生的2.3级以上地震。1973～1985年，全省区域地震台网记录到省内发生的2.0级以上地震131次。其中2.0～2.9级地震106次，3.0～3.9级地震21次，4.0～4.9级地震3次，5.0～5.9级地震1次（深震）。

4.8级以上地震活动在时间分布上，主要集中在1918～1919年，1941～1942年，1962～1963年等几个时段，其相隔时间为20年左右。并且在浅震活跃时段，常伴随有深震发生，部分地震学家认为黑龙江省的浅震活动与深震活动时间存在着一定的相关性。

二、火山活动

东北大陆是中国新生代火山分布较多的地区，其中以黑龙江省较集中，喷出物质为玄武岩。从喷发时间上来看，大体可分为早第三纪，晚第三纪和第四纪三个大的喷发时期。早第三纪仅见于东部山区的局部拗（断）陷盆地中，玄武岩以夹层出现。晚第三纪主要为沿断裂的裂隙式喷发，玄武岩呈大面积分布，厚度比较大，属宁静式喷发。主要分布在老爷岭、太平岭和大兴安岭山区，形成各种熔岩地貌景观。第四纪火山多为中心式喷发。主要分布在大型盆地周围， 以及张广才岭和小兴安岭山区，多为火山锥，如五大连池火山群和科洛火山群。在一些山区宽阔的河谷冲积平原上，也可见到火山锥，如牡丹江团山子火山群等。在山区熔岩流的流动距离较远，如从“地下森林”火山群溢出的熔岩，可流动60～70公里，而平原地区的熔岩流流动距离较近，如五大连池火山群熔岩流最大的流动距离仅为15公里，除五大连池火山群的部分火山和镜泊湖火山为休眠火山外，其余多为死火山。

从空间分布上，第四纪火山可以分为中部火山带，包括科洛火山群，五大连池火山群、二克山火山群，尖山火山、阁山火山、疙瘩山火山等；东部火山带，包括松花江下游火山群（富锦、同江）、马鞍山火山、团山子火山群、三家子火山群、地下森林火山群、高丽山火山群、得莫利火山等。火山的分布明显受到大地构造控制。断块差异运动明显的褶皱带或隆起带与沉降带交接地带是火山分布的主要地带。各时期的火山活动都受断裂活动的控制。东部山区的火山主要受密山—敦化断裂带控制，大兴安岭中南部的火山群受北东向断裂控制，大兴安岭东坡的火山群和小兴安岭南侧的火山群主要受北西向断裂控制。时代较新的火山受北西方向断裂控制明显。五大连池火山群受北东向、北西向断裂汇交形成的棋盘格式构造控制。

火山喷出物为碱性玄武岩，其中多含深源包体。

三、水土流失

黑龙江省水土流失历代均无文字记载。中华人民共和国成立后，仅有历年治理水土流失面积的统计数字。据1978年统计，全省耕地水土流失面积为4 415. 23万亩，分布在64个县（市）和农场总局、劳改局所属的部分农场。其中，流失面积100万亩以上的县有：宾县、五常、巴彦、龙江、讷河、克山、拜泉、海伦、嫩江和杜尔伯特蒙古族自治县等10个县；50万亩以上的县有：阿城、尚志、依安、甘南、克东、肇源、望奎、青冈、东宁、密山、林口、北安、德都和牡丹江市郊区等14个县（市）。

1980年重新统计，全省的水土流失面积为7 500万亩，按土壤侵蚀类型划分为5个侵蚀区。即北部大、小兴安岭森林石质山地侵蚀区，水土流失面积762.92万亩，占总流失面积10.2%；东部森林石质低山丘陵侵蚀区，流失面积1 782.47万亩，占23.8%；中部漫川漫岗侵蚀区，流失面积2 672.39万亩，占35.6%；西部风沙侵蚀区，流失面积1 041.94万亩，占13.9%；三江平原局部风水蚀侵蚀区，流失面积1 240.38万亩，占16.5%。

1985年，全省水土流失面积发展到7 621.54万亩，比1980年增加121.54万亩，平均每年增加24.3万亩。在7 621.54万亩水土流失面积中，荒山荒地1 621.54万亩，占21%；耕地6 000万亩，占79%。水土流失面积100万亩以上的县（市）有龙江、讷河、拜泉、克山、海伦、望奎、巴彦、宾县、五常、密山、穆棱、宁安、林口、依安、尚志、甘南、绥化、依兰、桦南、宝清、北安、阿城、延寿、德都、嫩江和杜尔伯特蒙古族自治县等。已由1978年的10个县，发展到26个县。其中：龙江、讷河、拜泉、克山、依安、宾县、巴彦、宝清等县的水土流失面积达到200万亩以上。

黑龙江省水土流失面积分布情况表
（1985年）

表1-8　　　　单位：万亩

地、市、县	水土流失面积	地、市、县	水土流失面积	地、市、县	水土流失面积
松花江地区	1 144.29	兰西	21.65	饶河	23.62
宾县	264.77	青冈	67.49	抚远	47.18
双城	49.66	明水	57.68	友谊	36.01
五常	184.26	海伦	140.00	黑河地区	446.97
巴彦	208.96	绥化	106.64	北安	100.14
木兰	75.75	望奎	140.32	德都	118.20
通河	32.25	绥棱	70.60	嫩江	147.63
尚志	181.98	庆安	86.11	逊克	26.18
方正	40.93	牡丹江市	860.51	孙吴	33.00
延寿	105.73	郊　区	63.14	黑河	21.82
齐齐哈尔市	2 000.80	绥芬河	5.36	哈尔滨市	291.86
郊区	37.53	虎林	20.38	郊区	38.00
龙江	413.66	密山	187.97	阿城	175.00
讷河	296.87	穆棱	146.32	呼兰	78.86
依安	209.40	宁安	139.44	伊春市	49.07
泰来	75.73	海林	75.95	市区	12.50
甘南	106.76	林口	159.79	铁力	9.36
杜尔伯特	112.71	东宁	62.16	嘉荫	27.21
富裕	42.37	佳木斯市	1 051.60	七台河市	104.10
林甸	44.00	郊区	70.69	市区	8.26
克山	248.74	富锦	83.61	勃利	95.84
克东	89.70	桦南	119.30	鸡西市	117.36
拜泉	323.33	依兰	186.60	市区	49.12
绥化地区	791.13	桦川	72.18	鸡东	68.24
安达	4.12	汤原	90.00	鹤岗市	32.32
肇东	26.35	集贤	52.80	双鸭山市	56.40
肇源	62.66	宝清	208.41	大兴安岭地区	12.00
肇州	7.51	绥滨	27.92	农场总局	642.67
同江	11.10	萝北	22.18	劳改农场	20.38

第二节　气候灾害

一、低温与霜冻

从清宣统六年（1909年）至1985年的76年中，黑龙江省出现24次（年）夏季低温，占总年数

32%。夏季低温往往与旱涝同期发生。低温造成的减产多在20%～30%之间。1969年和1972年，由于大面积出现低温早霜，总产分别比1968年和1971年减少26.7%和25.1%，年减产量约25亿公斤。

霜冻是黑龙江省气象灾害之一，秋末春初对农作物造成冻害的强降温一般每年达4～5次之多。平均初霜冻日西北早而东南晚，山区、丘陵早而平原晚，终霜冻日则反过来。全省无霜冻期多介于100～155天之间，东部多数地区和松嫩平原、克拜丘陵区多在140天以上，而孙吴、漠河等地则不足100天。黑龙江省轻霜冻可以抗御，重霜冻则危害很大，尤其对玉米、大豆、高粱等作物，如1969年三江平原地区的霜冻，使40个国营农场的大豆和玉米总产比前一年减少2亿多公斤。

二、旱涝

旱涝情况是影响黑龙江省农业生产举足轻重的因素之一。黑龙江省旱涝都是由季风环流反常和大型天气过程反常造成的，通常有春旱而夏秋涝的趋势。黑龙江省降水量的年际变化很大，有旱涝年交替的现象。如1954年6～8月降水量只有150～300毫米，7月全省平均不足40毫米，仅为历年同期1/3～1/5，远不能满足农作物的需要。而1960年5～9月降水量多达500～1 000 毫米，大大超过需要，造成洪涝，使1 300多万亩农田受灾。黑龙江省降水量分布不均衡，泰来、龙江、甘南、林甸、三肇地区和安达等地，有“十年九春旱”之说，属严重春旱区；三江低地的虎林、饶河及抚远等地，十年四涝（二重涝），为黑龙江省涝灾最重地区。就全省旱涝演变情况看，有较频繁、普遍、季节性、交替性和具有插花现象的特点。从危害来看，旱灾范围大，而涝灾频繁且灾情重于旱灾。从1949～1978的30年统计，旱涝灾（伴随低温冷害等）损失粮食214亿公斤，其中涝灾损失是旱灾的2.6倍。

三、暴雨

暴雨是指日降水量等于或大于50毫米的降水。黑龙江省暴雨的源地从蒙古气漩发生的暴雨次数最多，占60%。暴雨以8月最多，7月次之。暴雨的分布东部多于西部，山地多于平原。全省暴雨最多的地方，主要有小兴安岭南麓、张广才岭的中部山地、东部完达山区以及西部的龙江一带。暴雨使水土流失、江河泛滥、淹没农田。中华人民共和国成立后，由于开展了治理河道、兴修水库和营造防护林带等一系列工作，过去那种大雨大灾、小雨小灾、无雨旱灾的局面，有所改变。

四、冰雹与冰凌

冰雹产生在空气强烈对流而形成的积雨云中，其直径几毫米至几厘米，最大的可达2～30厘米。它不仅损害农作物，往往造成其他方面的经济损失。黑龙江省冰雹以山地的迎风坡为多，小兴安岭南端平均1年在3天以上。以这里为中心是冰雹日数最多地区，向南一直扩展到北安、绥化至哈尔滨一线。松花江中游的呼兰河和通肯河流域冰雹日数也较多。冰雹最多出现在春末夏初的5、6月和初秋的9月，这3个月集中了全年冰雹日数的72%。在1天中，午后出现冰雹最多，12～20时之间占90%，且以12～16时为多。雹区群众根据“雹打一条线”的特点和“天黄闷热乌云翻”的识别雹云经验，利用土火箭、高射炮等，射击雹云，使云中的冰晶和过冷却水以雨水形式降落，从而减轻雹灾程度。

冰凌是黑龙江省另一种气象灾害，它是雨凇、雾凇和湿雪冻结现象的总称，多发生在冬半年的寒潮天气。它使物体和地面上形成冰壳。中华人民共和国成立以来，黑龙江省西部地区发生过3次（1958年、1972年、1983年）较严重的结凌现象。冰凌对电业、交通和林业等危害最大，1983年4月29日，黑龙江省西部发生特大雨淞暴，伴随大风袭击，直接经济损失近3亿元。

五、大风

大风是指风力等于或大于八级（17.2米/秒）的风。黑龙江省春季大风加速了土壤水分的蒸发，加剧干旱程度，对农业生产危害很大。大风以4月份最多，其次是5月份。此外，夏季大风往往与大暴雨同时出现，使作物倒伏或杆折；秋季大风易使作无摩擦脱粒；冬季寒潮大风，可能产生雪暴，造成牧区牲畜的大量死亡。从大风的地理分布来看，自哈尔滨沿松花江经通河至佳木斯的河谷地带，由于地形的狭管作用，年大风日数最多，达50天以上。

六、洪水

黑龙江省的洪水包括凌、春汛和夏、秋汛洪水。凌、春汛洪水发生在4、5月，主要由融雪径流和冰坝壅水形成，多出现在黑龙江上、中游，松花江下游和嫩江上游等部分河段。凌汛水位有时高于夏、秋汛水位，而成为本年的最高洪水位。夏、秋汛洪水发生在6～9月，以7～8月份出现的次数最多，约占70%左右，在全省大小江河普遍出现，多由局部暴雨、大暴雨和全流域性降雨形成。

全省以松花江流域干支流洪水影响范围最广，危害最大，尤以松花江干流为重。根据省水利部门的调查和现场查勘以及实测的洪水资料，松花江流域的嫩江支流甘河、讷谟尔河、诺敏河、乌裕尔河、雅鲁河、绰尔河、洮儿河，在清光绪十二年（1886年）至1985年共发生16次大洪水；嫩江干流在清乾隆五十九年（1794年）至1985年共发生10次大洪水；松花江干流左右岸的主要支流在清咸丰六年（1856年）至1985年共出现20次大洪水。

第二篇　政　治

第一章 政权沿革

黑龙江地区的地方政权组织，自古代开始出现到中华人民共和国成立的两千多年间，先后经历了奴隶制、封建制、半封建半殖民制、殖民制和人民民主性质的政权等若干阶段。

第一节 清代以前政权

一、豆莫娄政权

早在西周之前，中原地区就已建立了强大的奴隶制政权。但在黑龙江流域的广大地区，尚未有任何形式的政权组织出现。大约到了西周后期至春秋之际，即公元前3世纪前后，生活在今松嫩平原一带的索离人，以今吉林省中部地区为中心建立了奴隶制性质的地方民族政权——夫余国。南北朝时期，北夫余族的后裔在松嫩平原北部建立了黑龙江地区第一个奴隶制性质的地方民族政权组织——豆莫娄政权。

二、唐代政权

从唐代开始，中央王朝相继在黑龙江地区设治。唐朝在黑龙江流域先后设立渤海、黑水、室韦等都督府，委官施治，行使管辖之权。尤其是忽汗都督府（又称渤海都督府，亦称渤海国），其行政机构相当完备；地方行政制度则仿行唐制，在境内遍设京、府、州、县，其中在今黑龙江地区设置了1 京、6府、34州和数十个县的行政机构。渤海国前后存续229年，最盛时辖地“方五千里”。

三、辽金政权

辽、金时期，黑龙江地方政权有进一步发展。在“因俗而治”的方针指导下，黑龙江地区采取了与内地不同的政权组织形式，既设有以民治为主或军、民合一的地方政权机构。特别是金代，不仅在今阿城市的白城建都达38年之久，而且在黑龙江地区设置了一系列的路、府、州、县等地方政权机构，同时建立了众多招讨司、猛安、谋克等军政组织，实现了对全境内居民的有效管辖治理。

四、元代政权

南宋景定元年（1260年），铁木真之孙忽必烈继承汗位。元至元八年（1271年），废蒙古号，改称大元，是中国历史上的元朝。元朝创立行省制度，设辽阳行省管辖整个东北地区。在黑龙江地区设置了隶于辽阳行省的“路”和一批具有军事性质的政权机构。

五、明代政权

明洪武元年（1368年），朱元璋称帝，建都南京，国号明。明朝改行省为布政使司，但对东北地区则以“地旷人稀”“易动难安”等为由，实行具有军事性质的都司、卫所制。明朝在黑龙江下游设立了奴儿干都指挥使司，其下设数百个卫、所，行使对各地的管辖之权。

第二节　清代政权

一、宁古塔将军衙门

清顺治元年（1644年），清世祖（顺治帝）入关，定都北京，夺取全国统治权，建立了中国历史上的清王朝。在全国实行省、府、县三级管理体制。但东北地区因是清廷“龙兴之地”而实行“军府制”，即由驻防将军兼理各省民政。将军之下设置若干副都统、协领等，分别镇守各地。宁古塔将军始以满语称为“宁古塔昂邦章京”。清顺治十年五月初九（1653年6月4日），由梅勒章京（汉称副都统）升置。清康熙元年十一月（1662年12月），改称镇守宁古塔等处地方将军，简称宁古塔将军，并设置宁古塔将军衙门。

二、黑龙江将军衙门

清康熙二十二年十月（1683年12月），清政府任命萨布素为镇守黑龙江等处地方将军，设置黑龙江将军衙门，管辖黑龙江中上游两岸广大地区，黑龙江下游地区仍由宁古塔将军（后改称吉林将军）管辖。是为以“黑龙江”命名政区、设置省级政权机构之始。

三、黑龙江行省公署

清同治元年至光绪元年（1862～1875年），黑龙江地区相继设置了一些专管民政事宜的行政机构。20 世纪初，又因中东路的通车及全面放荒的实行，“民事”待理，复因列强侵略活动加剧，涉外事宜更加频繁。清政府于清光绪三十三年（1907年）决定在东北废除军府制，实行行省制。于是，裁撤黑龙江将军，设置黑龙江行省（驻齐齐哈尔城），是为黑龙江设省之始。行省设置前后，各副都统、协领等军政机构均予裁撤，由道、府、厅、州、县等行政机构所取代。从此，黑龙江地区变旗制而改设民官，政权组织形式与全国基本趋于一致。

第三节　中华民国前期政权

一、黑龙江省都督府

1912年3月，黑龙江省设立都督府。原黑龙江巡抚宋小濂改任黑龙江省都督；原黑龙江行省公署，改组为黑龙江省都督府，仍驻齐齐哈尔。都督府是统一管理全省军政、民政事务的最高地方政权机关。

二、黑龙江省行政公署

1913年1月，黑龙江省行政公署正式成立。全国地方官厅组织“划一”，实行军、民分治的办法，并将府、厅、州一律改为县，统一实行中央政府统辖下的省、道、县三级政权体制。但因民政长仍由都督兼任，军、民大权依然集于一人之手，军民分治并未真正施行。

三、黑龙江省巡按使公署

1914年5月，中华民国北京政府颁布《省官制》，各省民政长一律改称巡按使，行政公署改称巡按使公署。与此同时，原省行政公署所设立总务处和内务、教育、实业各司均予裁撤，成立巡按公署政务厅；原设之国税厅筹备处及财政司亦予裁撤，成立省财政厅。

四、黑龙江省省长公署

1916年7月，黑龙江省省长公署正式成立，这是中华民国前期黑龙江省存在时间最长的政权机关。此后，奉军张作霖控制了东北。1918年9月7日，北京政府委张作霖兼东三省巡阅使，节制东北三省。黑龙江省省长公署逐渐形成4厅（政务、财政、教育、实业）、1处（警务）的组织系统，还附设有高等审判厅、高等检察厅，以及通志局、森林局、采金局、特派员交涉署、铁路交涉总局等机构。

五、黑龙江省政府

1928年12月东北“易帜”后，根据南京国民政府的指令，于1929年2月在各省裁撤道级行政机构，改行省、县二级制。至1930年，黑龙江省辖设42县、11设治局，当时属吉林省管辖的在今黑龙江省境内的尚有22县，合计64县、11设治局。中华民国时期奠定了黑龙江省设立县级行政建置的基础。

六、道尹公署与县公署

道是省与县之间的一级地方行政建制，其行政机关初为道衙门，不久改称观察使公署。1914年5月，将观察使公署改为道尹公署。

县是省以下始终存在而又最为重要的一级地方行政建制。中华民国之初，县的行政长官仍称知县，其官署称县衙门。1912年11月，各省暂行划一官吏名称，各府、厅、州、县行政长官改称知事。1913年1月又将府、厅、州改称县，行政长官改称县知事，行政机关改称县知事公署。1929年，将各县知事改为县长，县知事公署、设治局一律改为县政府。

七、黑龙江省议会

袁世凯攫取中华民国大总统之后，清末设立的黑龙江省咨议局于1912年4月7日取消，改组为黑龙江省临时议会。1913年3月21日，黑龙江省议会正式成立。1929年，省议会办公处改为国民党省党部。

八、东省特别区行政长官公署

中华民国初年，沙俄帝国主义在中东铁路及沿线“附属地”，非法设立了各种行政机构，行使管辖之权。1922年11月，中国政府对中东路沿线11公里以内之区域划为东省特别区，设立东省特别行政长官。1923年3月1日，东省特别区行政长官公署于哈尔滨正式成立。

第四节 东北沦陷时期伪政权

一、伪黑龙江省公署

1931年9月，日本关东军指使东省特别行政长官张景惠在哈尔滨成立了“东省特别区治安维持会”；1932年1月，宣布成立伪黑龙江省政府。

1932年3月，伪黑龙江省政府改称省公署，马占山任伪满中央军政部总长兼黑龙江省省长。但是马占山不甘心日本人的控制和摆布，率军政人员到达黑河，重新组织黑龙江省政府，在与伪黑龙江省公署南北对峙8个多月后，于1932年12月15日撤销。

二、伪北满（东省）特别区公署

1932年2月，哈尔滨沦陷。伪满洲国成立之初，将东北地区划分为奉天（原辽宁）、吉林、黑龙江、热河和兴安5省。各省伪政权机构称省公署，其长官称省长；并设总务厅，由日本人任厅长以控制实权。1933年6月，东省特别区行政长官公署改称为“东省特别区长官公署”（不久又改称“北满特别区长官公署”）。1936年1月1日，伪北满特别区正式废止，伪长官公署随之撤销。

三、伪哈尔滨特别市公署

1933年7月，哈尔滨正式实行特别市制，直属于伪民政部。1937年7月1日，伪满实行第二次地方行政机构改革，废止特别市制，将哈尔滨特别市改为普通市，置于滨江省管辖之下。

四、伪龙江、滨江、三江 、黑河四省公署

1934年12月，伪满中央开始对地方行政制度进行第一次“改革”。这次“改革”的重要内容之一是划小省区，实行“分而治之”的政策。将原设奉天、吉林、黑龙江、热河、兴安省划分为奉天、吉林、龙江、滨江、三江、黑河、热河、锦州、安东、间岛、兴安东、兴安西、兴安南、兴安北等14个省。其中，在今黑龙江省境内的有龙江、滨江、三江、黑河4省。这次改革，对伪省长的职权和伪省公署的组织机构作了一些调整，伪省长的职权较原来有所扩大和加强。

五、伪牡丹江、北安、东安三省公署

1937年7月，伪满洲国实行第二次地方行政“改革”。在原14个省的基础上，新设了通化省和牡丹江省，其中牡丹江省在今黑龙江省境内，伪省公署设在牡丹江市。1939年6月，又将牡丹江、滨江、龙江三省靠近苏联的边境地区划出，成立了北安、东安两个“国防省”，并新设了部分县。同时，对边境一带各省的行政机构做了调整，扩大了伪省长的权限。各省及所属市、县（旗）伪政权机关的官吏，大部分由日本人充任，并且由其掌握实权。

六、伪东满总省公署与伪东满省公署

1943年10月，伪满将东部边境的牡丹江、间岛、东安三省合并，设立东满总省，伪总省公署设在牡丹江市。1945年5月，伪满为应付日益紧张、困难的局面，从同年6月1日起，撤销东满总省，将间岛省划出单设，将原牡丹江省与原来的东安省合并，新设东满省，伪东满省公署设在牡丹江市。

七、伪市县旗公署

1932～1942年，日本帝国主义为对其周围广大地区进行政治统治、经济掠夺和文化专制，在黑龙江地区设立了伪市县旗公署。至伪满覆亡前夕，在今黑龙江省境内共设有龙江、滨江、三江、黑河、北安、东满6省。共辖哈尔滨、齐齐哈尔、牡丹江、佳木斯、东安等5市、74县、3旗。

第五节 解放战争时期政权

一、民主政权建立前临时政权

1945年8月，日本投降、伪满政权垮台，东北各地一度出现无政府状态。由于当时形势的需要，成立了临时政权，但它存在的时间并不长，短者十几天，长者也只不过三四个月。临时政权有地方治安维持会、哈尔滨市地方治安维持会、北安省地方治安维持会、龙江省解放委员会、佳木斯市地方治安维持会。临时政权还有1945年8月苏联红军进入中国东北后，在各大中城市建立的卫戍司令部和军事管制委员会，对所在地区实行军事管制。1945年8月25日成立了哈尔滨市政府，同年10月1日在哈尔滨成立了滨江省政府。

二、黑龙江地区各级民主政权

（一）省级政权

1945年9月开始，中共中央陆续派干部进入黑龙江省，开展建立中共组织、接收地方政权的工作。在中国共产党的领导下，黑龙江地区相继建立了各级民主政府。

1945年11月，黑龙江地区第一个省级民主政权机关——黑龙江省政府在北安诞生。此后，又相继建立嫩江、合江、绥宁（后改为牡丹江）、松江等省和哈尔滨市民主政府，以及70余市、县、旗政府。至1946年5月，黑龙江地区全部为民主政府所管辖，成为全国解放最早的省份。

1946年11月，哈尔滨市改为哈尔滨特别市，由东北行政委员会直辖。东北行政委员会于1946年8月在哈尔滨成立，始称东北各省市（特别市）行政联合办事处，同年10月改称东北行政委员会，1948年12月移驻沈阳，翌年8月改为东北人民政府。

1947年2～9月，黑龙江省曾与嫩江省合并为黑龙江嫩江联合省（简称黑嫩省政府）。同年9月22日，黑嫩省政府撤销，恢复黑龙江省政府。1948年7月，牡丹江省建制撤销。

（二）市、县（旗）及区村（街）政权

解放战争时期，黑龙江地区的政权建制仍实行小省制，省以下地方建制划分为市、县（旗）和区、村。县以下基层民主政权包括区、村（街）两级，有的地方曾设立区、乡两级。县以下设区，一般每县辖5～8个区；区以下设村，一般每区辖10余个村。镇及街政府的组织机构与农村区、村政府的设置基本相同。各级民主政权机关，均由人民自己选出的代表担任领导人员，实行人民民主的政治制度。

1946年1月～1949年1月，对省及市、县的建制都进行了较大的调整变动。

解放战争时期，黑龙江地区除东北行政委员会直属的哈尔滨特别市外，先后成立了由各省政府所辖的齐齐哈尔、牡丹江、佳木斯和兴山、东安（1948年7月撤销）5个市民主政府。其中，齐、牡、佳3市为省辖市，兴、东2市为县级市。

1946年下半年，黑龙江地区所有县、旗相继建立了民主政府。到1949年5月，黑龙江、松江两省人民政府共辖有5市、73县（旗）人民政府。到1949年秋，黑龙江地区共建有675个区政权，818个村（街）政权。

1948年，土地改革完成后，根据东北行政委员会的统一部署，各区、村（街）普遍召开了人民代表会议，选举本级政府委员会，全部完成了建立基层政权的任务。

第六节 中华人民共和国成立后政权

1945年9月黑龙江地区各级民主政权建立后，在中国共产党和东北行政委员会的领导下，组织和带领广大人民群众，进行除奸剿匪，土地改革，恢复和发展经济、文化，改善人民生活等一系列重大社会改革，建立和巩固了人民政权。1949年10月1日，中华人民共和国成立。从此，黑龙江地区各级人民政府，成为中央人民政府统一领导下的人民行使政权的机关。

中华人民共和国成立之初，在今黑龙江省境内设有松江、黑龙江两省。松江、黑龙江两省人民政府，作为本省人民行使政权的机关，均受东北人民政府直接领导。1953年1月23日，东北人民政府改为东北行政委员会，由原来的一级地方政权机关，变为代表中央人民政府在本地区领导与监督地方政府的机关。

1953年8月1日，根据中央人民政府政务院电令，松江省所辖的哈尔滨市改为中央直辖市，由东北行政委员会代管。自此，在今黑龙江省境内设有2省、1直辖市。至1954年7月，松江省人民政府领导3市（其中1个县级市）、32县和1矿区（县级）人民政府；黑龙江省人民政府领导1市、39 县、2旗人民政府。

1954年8月1日，松江省建置撤销，与黑龙江省合并为黑龙江省。同时，哈尔滨市并入黑龙江省建置。同年8月15日，东北行政委员会撤销，黑龙江省人民政府改由中央人民政府直接领导。是时，黑龙江省人民政府领导5市（其中1个县级市）、64县、2旗和1矿区人民政府。

1955年1月31日，黑龙江省第一届人民代表大会第二次会议，选举产生了第一届黑龙江省人民委员会。省人民委员会，即省人民政府，是省人民代表大会的执行机关，是地方省级国家行政机关，受国务院的统一领导。

1966年5月“文化大革命”开始以后，黑龙江省人民委员会机关受到冲击，工作逐步陷于瘫痪状态。1967年1月31日，“黑龙江省红色造反者革命委员会”宣告成立；3月23日，改称“黑龙江省革命委员会”。自此，省革命委员会取代了中共黑龙江省委和省人民委员会的职权，成为实行党政“一元化”领导的全省最高“临时权力机构”。1973年6月1日，中共黑龙江省委机关分出单设，省革命委员会成为单一的地方政权机关。省革命委员会是省人民代表大会的常设机关，同时又是省人民政府。

1977年12月，由黑龙江省第五次人民代表大会第一次会议依据《宪法》选举产生了新的黑龙江省革命委员会。至1977年底，黑龙江省革命委员会共领导8地区、1盟、8 地级市、4县级市、63县、1自治县、9旗、3自治旗革命委员会。1978年11月以后，各地区（除伊春、大兴安岭地区外）革命委员会陆续改为行政公署，成为省革命委员会的派出机关。

1979年7月，呼伦贝尔盟重新划归内蒙古自治区管辖。到1979年12月，黑龙江省革命委员会尚领导2地区、8地级市、2县级市、63县、1自治县革命委员会。

1979年12月26日，黑龙江省第五届人民代表大会第二次会议，决定将黑龙江省革命委员会改为黑龙江省人民政府，并选举产生了省人民政府领导成员。翌日，黑龙江省人民政府开始正式对外办公。

根据《中华人民共和国地方各级人民代表大会和地方各级人民政府组织法》规定，省人民政府是省人民代表大会的执行机关。是地方国家行政机关，受国务院的统一领导。至1985年底，黑龙江省人民政府共领导10地级市、6县级市、62县、1自治县人民政府。

第二章　中国共产党

中共黑龙江地区各级党组织是中国共产党的地方组织，是全党的组成部分。从1923年中国共产党哈尔滨组成立以来，中共黑龙江地区党组织从无到有，从小到大，从秘密组织发展到执政党，走过了艰难的历程。期间虽有错误和挫折，但党组织和广大党员，在艰苦环境的顽强斗争中、在建立巩固的东北根据地中、在社会主义革命和建设中、在改革开放的进程中，目标一致，信念坚定，取得了很大成绩，巩固了党的执政地位。

第一节　组织沿革

1921年7月1日，中国共产党成立。同年末，“五四”运动青年领袖、中共党员马骏到哈尔滨开展工作。1923年，中共北京区委陆续派陈为人、李震瀛和陈晦生到哈尔滨，开展建党工作。同年10月，东北地区第一个中国共产党的组织——中共哈尔滨组成立。

1925年夏，中共哈尔滨组改为中共哈尔滨支部。同年冬，哈尔滨支部改为特别支部。1926年春，黑龙江地区中共组织进一步发展，中共哈尔滨特别支部改为中共北满地方委员会，吴丽实为中央驻东北特派员兼北满地委书记。

1927年10月，成立中共满洲临时省委，中共北满地方委员会撤销。同月，中共北方局派顺直省委组织部长陈为人到东北传达中央“八七”会议精神，并组建东三省省委。1929年7月14日刘少奇到奉天主持满洲省委工作。1930年1月，刘少奇到哈尔滨领导中东铁路工人斗争。同年8月，在左倾冒险主义影响下，中共满洲省委改为中共满洲总行动委员会；同年10月，又恢复中共满洲省委。

1931年“九一八”事变后，东北地区沦为日本帝国主义的殖民地。满洲省委被破坏。12月，中央委派当时正在东北巡视的中央政治局候补委员、中央驻满洲代表罗登贤重组满洲省委。1933年4月，满洲省委召开扩大会议，决定组建新的满洲省委。新组建的满洲省委委员11人，李实任书记。同年，中共中央机关迁至江西瑞金后，中共满洲省委由上海中央局和中共驻共产国际代表团双重领导。1934年，上海中央局遭受破坏，中共中央领导红军开始长征，东北各地党组织与党中央失去联系之后，中共满洲省委由中共驻共产国际代表团领导。1935年11月， 中共驻共产国际代表团决定撤销中共满洲省委。

1936年1月～1937年3月，东北地区先后建立了南满省委、北满省委、吉东省委、哈尔滨特委等4个隶属于中共驻共产国际代表团的党组织，其中除南满省委外，其余均在今黑龙江省境内。同年11月，中共驻共产国际代表团负责人相继回国，代表团设在海参崴的交通机关撤销，中共东北各地党组织与上级联系完全中断。由于敌人残酷围剿，南满、北满、吉东3个省委彼此之间也很难取得联系，基本上各自独立领导本地区的工作。

中共哈尔滨组、北满地委、满洲省委组织沿革表
（1923～1936年）

表2-1

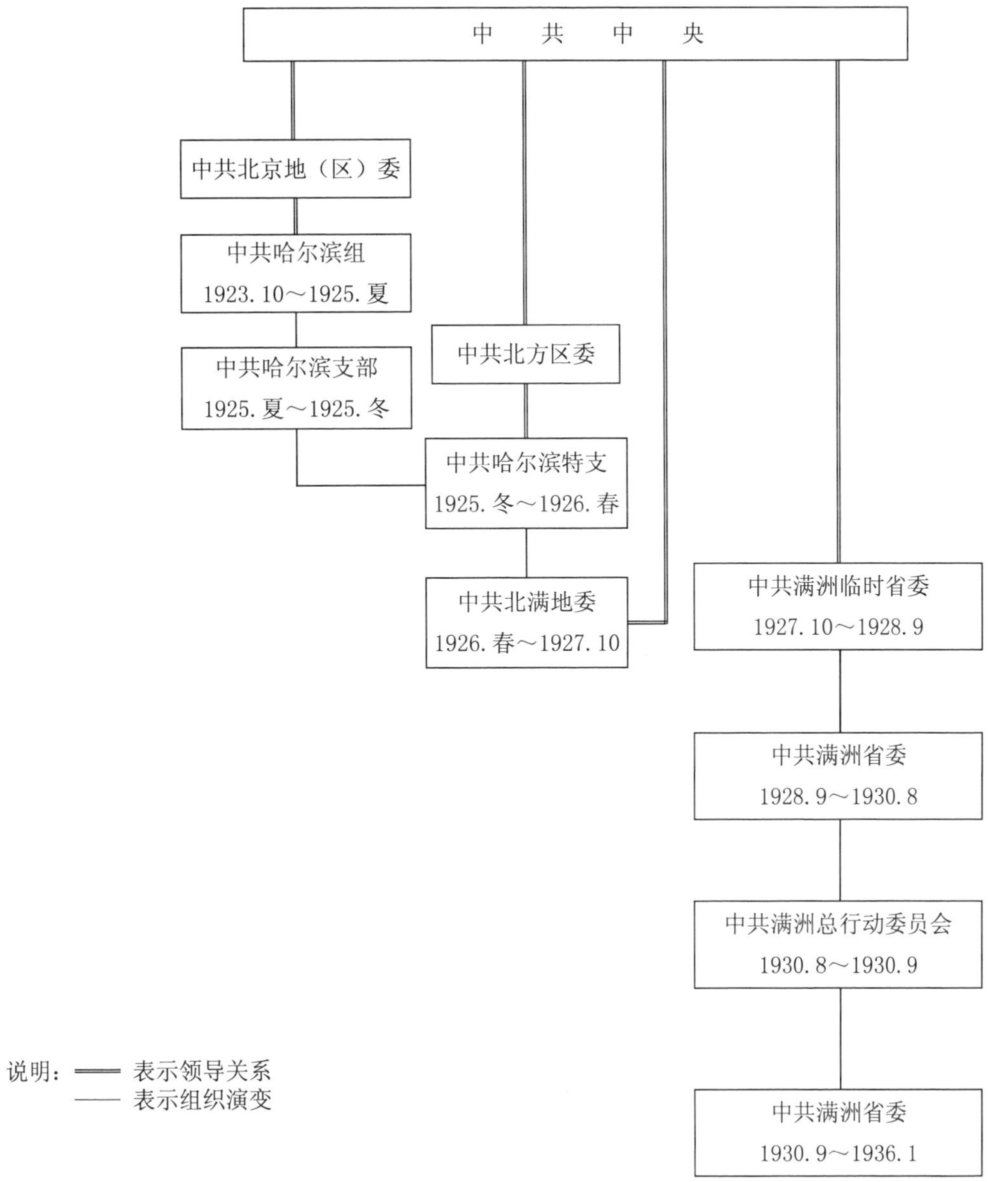

1942年8月，在苏联远东地区整训的抗联部队编为教导旅。9月，在教导旅成立中共东北党组织特别支部局。同年冬，中共抗联教导旅委员会（亦称中共东北党委会）成立，中共东北党组织特别支部局自然撤销。

1945年9月15日，成立了以彭真为书记的中共中央东北局，随后从中央和关内各根据地抽调大批干部派来东北。在黑龙江地区先后建立起中共黑龙江、嫩江、松江、合江省工作委员会和中共绥宁省委、中共哈尔滨市委。不久，各省工作委员会先后改建为省委，省以下市、县、区也陆续建立了党组织。同年10月，中共东北党委会正式撤销。

中共北满、吉东省委、哈尔滨特委组织沿革表

（1936～1945年）

表2-2

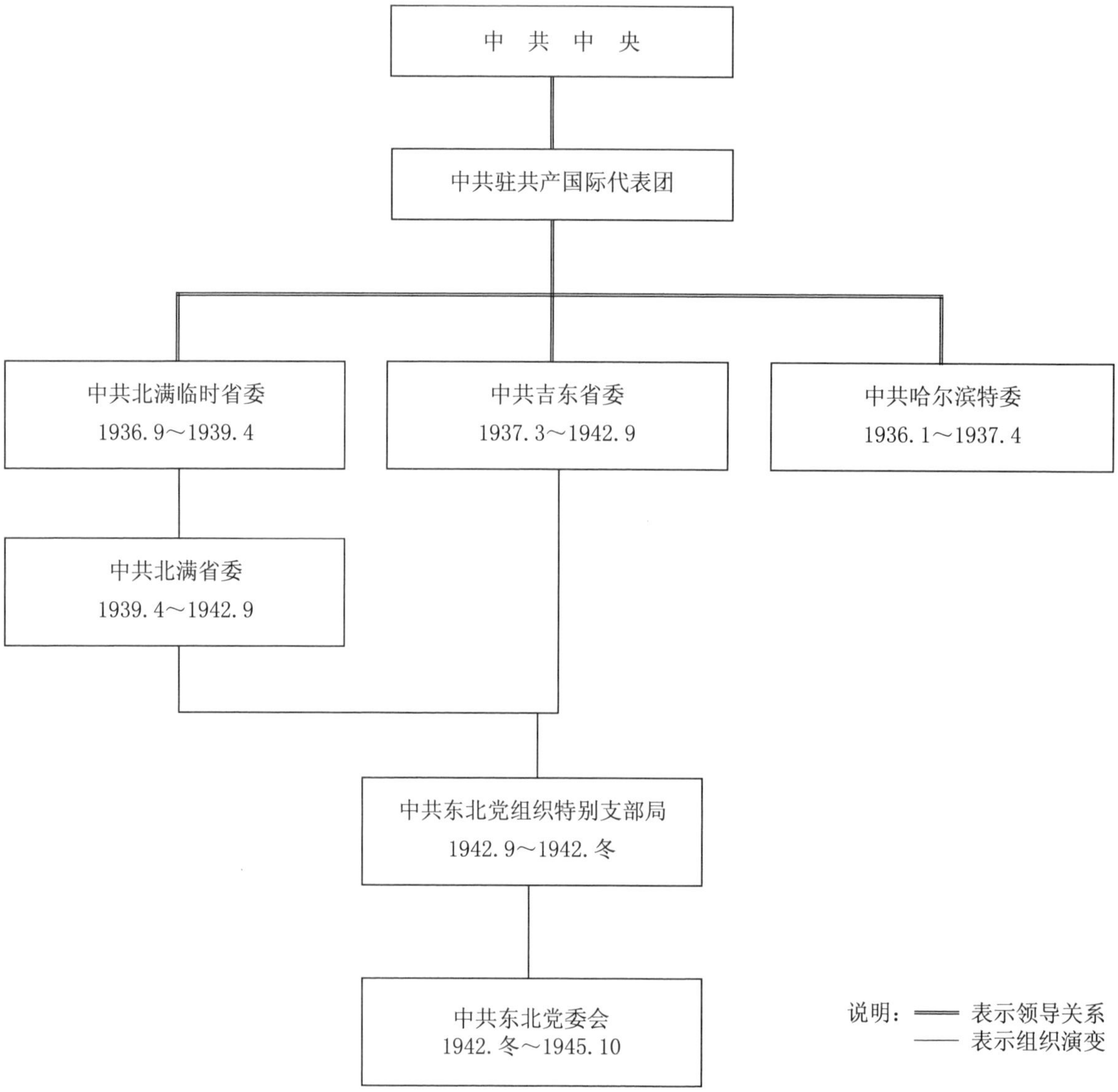

1948年末，东北全境解放。在此期间，由于行政区划几经变动，到1949年4月，中共黑龙江地区党组织由原5省委1市委合并为中共松江、黑龙江两省委（哈尔滨市委划归松江省委所属），中共黑龙江地区县区级党组织已普遍建立。

1949年10月1日，中华人民共和国成立。这时的中共黑龙江地区省级党组织为中共松江、黑龙江两个省委。1953年8月，哈尔滨市改为中央直辖市，哈尔滨市委相应改为中央直属。1954年8月，根据中共中央和中央人民政府的决定，黑龙江省与松江省合并为新的黑龙江省。哈尔滨市改为省辖市。中共黑龙江地区党的组织由两省委合并为新的中共黑龙江省委，欧阳钦任书记。这时的黑龙江省委下辖3个地委，4个地级市委、68个县委和县级市委、139个基层党委、2.4万个总支和支部。各级党委的工作部门设置以及党的各项制度和工作秩序日臻完善。

1955年6月，根据中共中央关于建立省、市委书记处的决定，中共黑龙江省委于同年6月24日成立书记处，欧阳钦为第一书记。

1965年10月，中共中央决定免去欧阳钦中共黑龙江省委书记处第一书记职务（调东北局），潘复生任中共黑龙江省委书记处第一书记。

1966年5月，“文化大革命”开始，中共黑龙江省委及其所属党组织受到严重破坏，各级领导干部被批斗，党组织相继陷于瘫痪。1967年1月，“造反派”夺权，由“黑龙江省红色造反者革命委员会”取代了中共黑龙江省委、省人民委员会。至此，黑龙江省第二届委员会的工作被迫中断。1968年2月，潘复生、汪家道电报中央，请示成立中共黑龙江省核心小组，并自荐任正、副组长。1970年3月，省核心小组改称中共黑龙江省革命委员会核心小组，潘复生任组长。1971年8月，中共黑龙江省第三次代表大会召开后，成立了新省委，汪家道为第一书记。省革命委员会核心小组自然撤销。1974年12月免去汪家道省委第一书记职务，由刘光涛主持省委全面工作，1977年2月刘光涛任省委第一书记。同年12月，中共中央免去刘光涛省委第一书记职务，任命杨易辰为省委第一书记。

1978年6月，设省委秘书长，由陈俊生担任。省委下辖的地方党组织，在“文化大革命”初期的基础上，除个别建制变更，隶属关系改变外，基本稳定。1983年以后，由于机构改革和经济体制改革的不断深化，省内行政建制变动比较大，党的组织也随之相应进行了调整。

1983年9月，根据中国共产党第十二次代表大会通过的新党章的规定，建立了中共黑龙江省顾问委员会。省顾问委员会是省级领导班子之一，是省委政治上的助手和参谋。

中共黑龙江地区省级组织沿革表
（1945～1985年）

表2-3

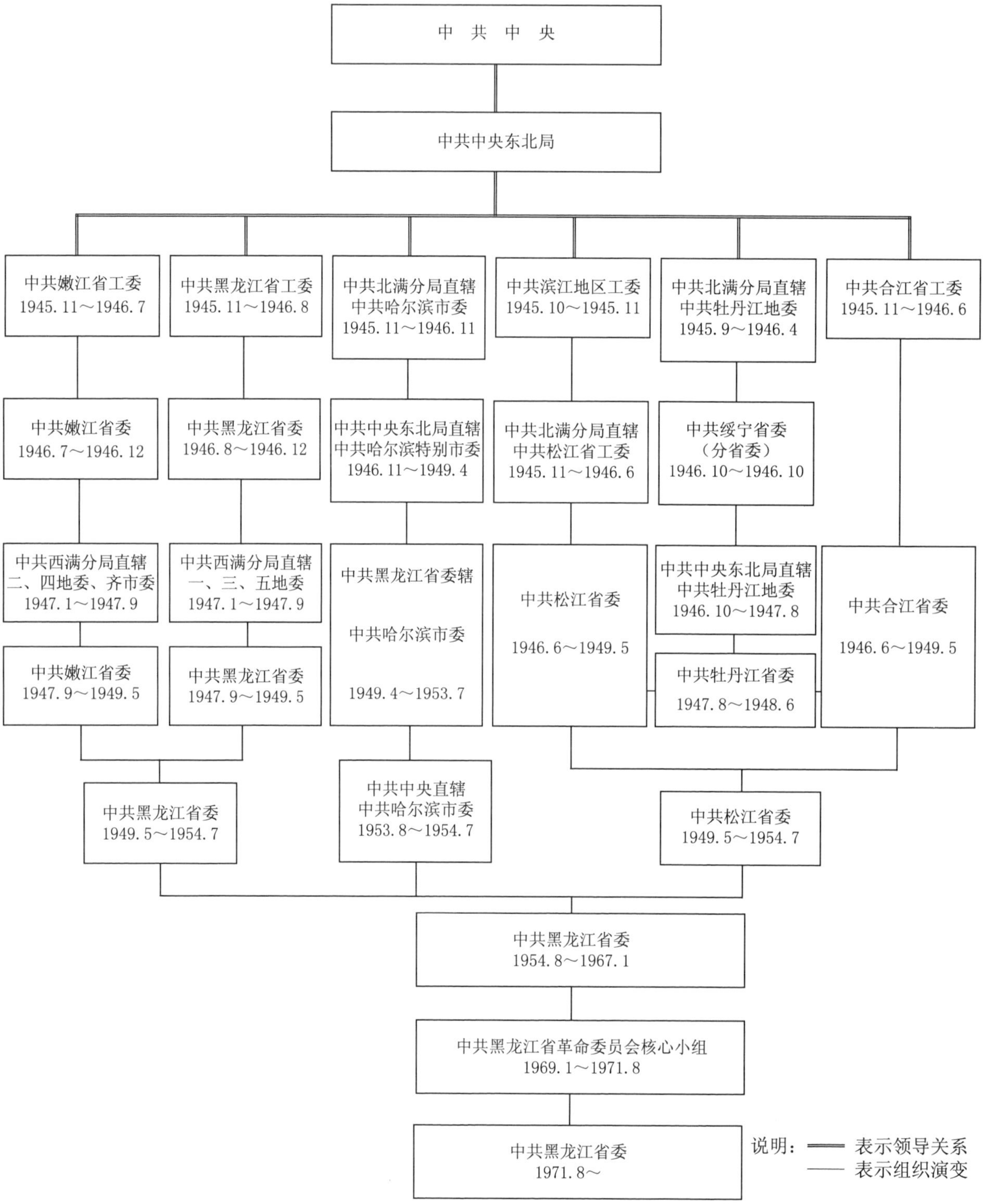

第二节　代表大会

1927年10月24日，“满洲各地活动同志大会”即中共满洲省第一次代表大会在哈尔滨召开。出席会议党员14人。会议传达了党的“八七”会议精神和中央关于成立东三省省委的决定。大会通过了《我们在满洲的政纲》《满洲工人运动决议案》和《满洲农民运动决议案》。会议选举产生了中共满洲临时省委员会，陈为人当选为第一届满洲临时省委书记。

1928年1月29日，中共满洲省第二次代表大会在奉天召开。出席会议代表14人，代表东北三省270名党员。大会传达贯彻了1927年11月中共中央临时政治局扩大会议精神，并作出《对中央扩大会议决议案之决议》。会议选举产生了第二届中共满洲临时省委。陈为人继任临时省委书记。

1928年9月下旬，中共满洲省第三次代表大会在奉天召开。出席会议代表21人，代表东北25个地区的230名党员。大会听取了关于党的“六大”决议精神的传达报告和省临委《政治报告》《党务报告》，批判了“左倾”盲动主义，通过了《关于接受全国第六次大会决议案的决议》。会议决定将中共满洲临时省委改建为中共满洲省委，陈为人任省委书记。

1936年9月18日，珠河、汤原中心县委和抗联第三、第六军党委负责人在汤原县帽儿山抗联三军被服厂召开了“珠、汤中心县委，三、六军党委联席会议”。会议通过决议成立北满临时省委员会（未称松江省委），“在政治上、组织上、工作上暂时领导北满（哈东、哈南、松江、龙江、嫩江流域、呼海、齐克路沿线等地）党的组织”。会议选举产生了中共北满临时省执行委员会，选出委员15人，常委7人，书记冯仲云。

1937年3月14日，周保中在牡丹江下游四道河子主持召开了吉东地区党组织会议，决定成立中共吉东省委员会。会议选举产生省委执行委员9人，常委3人，书记宋一夫。

1942年9月，东北抗联教导旅召开全旅党员大会，成立中共东北党组织特别支部局。选举了第一届支部局委员和候补委员。正式委员9人，候补委员2人，崔石泉当选为书记，金日成为副书记。1942年冬，抗联教导旅先后召开党员代表会议和全体党员大会，正式成立中共抗联教导旅委员会（又称中共东北党委会）。大会选举产生旅党委委员9人，候补委员2人，崔石泉为书记。

1953年5月21日，召开了中共松江省第一次代表大会，选举产生了中共松江省第一届委员会。委员21人，李常青任书记。

1954年8月，黑龙江省、松江省合并为黑龙江省。

1956年7月6～16日，中共黑龙江省第一次代表大会在哈尔滨市举行。出席会议代表497人，代表全省37.8万名党员。会议检查总结全省两年来党的工作，研究分析社会主义建设新形势，确定党组织今后的基本任务。省委第一书记欧阳钦代表前届省委作了工作报告。会议选举产生37名委员、8名候补委员，组成中共黑龙江省第一届委员会。第一书记欧阳钦，。

1960年3月15～24日，召开了中共黑龙江省第二次代表大会。出席会议代表578名，候补代表104名，代表全省54.4万多名党员。会上，欧阳钦代表前届省委作了题为《高举毛泽东思想的旗帜，在社会主义建设新阶段中奋勇前进》的工作报告。大会通过了《中国共产党黑龙江省第二届代表大会第一次会议关于省委工作报告的决议》。会议选举产生52名委员、19名候补委员，组成中共黑龙江省第二届委员会。第一书记欧阳钦。

1971年8月16～19日，中共黑龙江省第三次代表大会在哈尔滨召开。出席大会代表998人，列席代表174人，代表全省68万多名党员。会上，省革命委员会党的核心小组负责人汪家道代表核心小组作了题为《紧跟伟大领袖毛主席，沿着毛主席的革命路线乘胜前进》的工作报告。会议通过了《关于深入开展批修整风运动的决议》。会议选举产生了87名委员、22名候补委员，组成中共黑龙江省第三届委员会。汪家道为第一书记。

1979年1月20～23日，中共黑龙江省第四次代表大会在哈尔滨召开。出席大会的代表1 049人，代表全省118万余名党员。大会的中心议题是传达贯彻中共第十一届三中全会精神，总结黑龙江省社会主义革命和建设的历史经验，决定把全省工作重点转移到社会主义现代化建设上来。大会一致通过了《关于杨易辰同志在中国共产党黑龙江省第四次代表大会上所作的工作报告的决议》，选举了87名委员、48名候补委员，组成中共黑龙江省第四届委员会。同年1月24日，召开四届一次全体委员会议，选举了以杨易辰为省委第一书记的常务委员会；选举产生了以王一伦为书记的省委纪律检查委员会。会议作出了《关于改进领导作风的决定》。

1983年7月22～27日，中共黑龙江省第五次代表大会在哈尔滨召开。出席大会的代表有645人，候补代表61人，代表全省130万名党员。大会主要议程是：根据中共第十二次代表大会精神，总结黑龙江省第四次代表大会以来的工作，讨论确定今后五年的工作任务；选举产生中共黑龙江省第五届委员会和中共黑龙江省顾问委员会、中共黑龙江省纪律检查委员会。省委书记李力安代表黑龙江省第四届委员会向大会作了题为《加强党的建设，坚持进行改革，全面开创我省社会主义现代化建设新局面》的工作报告。大会依据中国共产党第十二次代表大会通过的党章规定，选举产生了由58 名委员、15名候补委员组成的中共黑龙江省第五届委员会；由46名委员组成的中共黑龙江省顾问委员会；由35名委员组成的中共黑龙江省纪律检查委员会。同月27～28日，中共黑龙江省第五届委员会、中共黑龙江省顾问委员会和中共黑龙江省纪律检查委员会分别举行第一次全体委员会议。选举李力安任中共黑龙江省委书记；选举杨易辰为中共黑龙江省顾问委员会主任；选举章林为中共黑龙江省纪律检查委员会书记。

第三节　重大活动

一、反帝反封建军阀斗争

1922年2月，哈尔滨进步青年韩铁声（又名韩迭声、韩庆昌）在“五四”运动青年领袖、中共党员马骏的启发和指导下，与王精一、张树屏、袁世庵等7人，组织起“哈尔滨救国唤醒团”，反对日本向北京政府袁世凯提出的“二十一条”不平等条约，反对日本侵占青岛，反对国际共管中东铁路。1925年，震撼全国的“五卅”运动爆发。同年8月，中共哈尔滨支部创刊《东北早报》。9月23日，该报第三版刊载《中华全国铁路总工会为开除开滦五矿工被捕情事通电》，呼吁反对英国镇压开滦矿工的罪行，支援工人罢工斗争。扩大了党的影响，密切了党同群众的关系。

1926年，中共北满地方委员会曾一度与国民党左派骨干合作，建立革命统一战线。创办

《哈尔滨日报》揭露帝国主义侵略中国、封建军阀出卖民族利益的罪行。1928年11月，中共满洲省委、共青团省委发动了一场维护路权的斗争，给予日本帝国主义及反动当局很大打击。

1929年，满洲省委书记刘少奇利用1929年“八一赤色国际日”，在哈尔滨、奉天、抚顺等城镇组织游行示威，反对军阀强占中东路。1929年12月间，哈尔滨反帝大同盟成立。1930年初，印度、朝鲜人民反对帝国主义统治，争取民族独立斗争出现高潮。中共满洲党团省委为此向各级党团组织发出紧急通告，号召为援助朝鲜独立运动、反对英帝国主义压迫印度革命运动，发动群众示威，声援印度、朝鲜人民反帝独立运动的开展。与此同时，由党组织领导的城镇行业工人罢工、农村农民抗债减租、士兵运动等也相继开展。

二、抗日游击战争

1931年“九一八”事变后，东北地区沦为日本帝国主义的殖民地。东北党组织的中心任务是反对日本帝国主义侵略，领导东北人民开展反日武装斗争。通过宣传使广大群众认清“九一八”事变产生的原因以及日本帝国主义发动侵略战争的目的，揭露国民党政府的不抵抗政策，号召群众罢工、罢课、罢市和组织各种反日团体，以各种斗争形式抵抗日本帝国主义的侵略；通过组织抗日武装与侵略军直接作战。先是东北军中部分爱国官兵违反国民党政府的不抵抗命令，组成各种名称的反日义勇军抵抗侵略者。中共满洲省委派出大批党团员到义勇军中开展工作，随即创建了巴彦游击队、珠河游击队、海伦游击队、汤原游击队中国抗日救国游击军、密山游击队、饶河游击队、绥宁反日同盟军等，发展了党直接领导的抗日武装。在黑龙江地区建立了东北人民革命军第三、六军和东北抗日同盟军第四军、东北反日联合军第五军。这些部队与日本侵略者展开浴血奋战，消灭了大批敌人。第三军第二团政治部主任抗日女英雄赵一曼就在珠河小北门英勇就义。

1933年后，中共满洲省委和各级党组织又陆续建立了哈东、密勃依方、绥宁、汤原、虎饶等5个抗日游击根据地。

1936年，根据中共中央《八一宣言》精神，东北人民革命军等抗日武装统一改编为东北抗日联军（简称抗联）。在今黑龙江省境内，有北满省委领导的抗联第三、六、九、十一军（后联合组成抗联第三路军），有吉东省委领导的抗联第四、五、七、八、十军（后联合组成抗联第二路军）。

1937年全国抗战爆发后，东北抗联部队主动出击，牵制驻东北的日军入关，有力地配合了全国抗战。同年冬，日伪当局调集大批兵力，围剿抗日联军，同时派出大批特务破坏党的组织，使东北抗日斗争进入极端艰苦的阶段。1938年，北满省委所属抗联部队进行了西征，并开辟了嫩（江）海（伦）平原游击区；吉东省委所属抗联部队也进行了西征，并开展了反“讨伐”斗争。1940年秋冬，经苏联方面同意，东北抗日联军部队陆续转入苏联远东地区整训。1945年8月，苏联对日宣战，苏联红军进军东北，抗联部队与之配合，收复失地。坚持14年艰苦抗战的东北党组织，领导人民群众迎来了抗战胜利的新时期。

三、建立根据地

1945年抗日战争胜利后，中共中央针对国民党的反革命策略，提出了“针锋相对，寸土必争”的方针，作出了“向北发展、向南防御”“发展东北我之力量并争取控制东北地区”的战略决策。中共中央东北局领导各老根据地来的2万干部和先期到达的东北抗联干部，接收伪政权，建立人民政府，建立基层党组织和地方武装部队，开展剿匪斗争。1945年11月～1947年12月，中共黑龙江地区各级党委根据党中共中央建立巩固的东北根据地的指示，紧紧围绕剿匪、土改、支前和生产等中心任务，开展党的工作。成立了滨江省政府、松江省政府、哈尔滨市政府（后改为哈尔滨特别市政府）、嫩江省政府、黑龙江省政府、合江省政府、绥宁省政府，成立了各省军区。当时北满、西满地区的5省1市，辖80个市县，面积40多万平方公里，人口1 000多万。经过两年的反复清剿和广大群众配合，境内7万多土匪被彻底消灭。与此同时，在农村开展了反奸清算斗争，分配敌伪土地，建立人民政权。

1946年中共中央发布“五四”指示以后，东北根据地进行了土地改革。为适应土改运动的深入发展，黑龙江地区各省进行了整党。土改运动经过清算分地、“砍大树、挖财宝”以及平分土地等几个阶段，到1948年春全部完成。从此彻底推翻了千百年来压在农民头上的地主阶级，消灭了封建土地所有制，实现了广大农民“耕者有其田”的愿望，使他们在政治上、经济上真正翻了身。

1946～1948年的三年解放战争中，根据地各级中共党组织和人民政府广泛动员人民群众参军参战。大批翻身青年农民参军，扩充了主力部队。据不完全统计，解放战争中黑龙江地区共有41 万人参军补充主力。北满的东北民主联军为配合南满部队“四保临江”作战，先后三次向南跨过松花江打击敌人。黑龙江地区各省还组织战勤民工130万人次随军上前线，组织军工生产和征集军需物资，大力支援前线，直到东北全境解放，都发挥了根据地的重要作用。

1948年后，中共黑龙江地区各省党组织领导广大人民群众开展土地改革后的大生产运动，翻身后的农民生产积极性空前高涨，长期在封建生产关系桎梏下的生产力获得了解放，粮食产量大幅度增长。城市民主改革中，工业生产也得到了恢复和发展。1948年末东北全境解放。黑龙江地区党组织及时提出了恢复经济，安定人民生活，支援东北新区医治战争创伤，支援全国解放战争的任务。在搞好以粮食为主的农业生产的基础上，大力发展城市经济，搞好工业生产和其他各项事业。

1949年3月中共第七届二中全会召开后，党的工作重心从乡村转到城市，黑龙江地区各省普遍建立了新的城乡关系，工农业生产和各项社会事业都得到一定恢复和发展。各级党组织根据党的中心任务，部署配备干部力量，接收了大批由中共中央、东北局派到黑龙江地区开辟工作的地方干部和军队干部。从土改、支前积极分子中发展了大批党员，从斗争中选拔培养了大批新干部，从思想、组织、作风上加强了党的建设，为创建北满和西满根据地提供了组织保证。

四、社会主义革命和建设

1949年10月中华人民共和国成立之初，中共黑龙江地区省级党组织为中共松江、黑龙江两个省委。两省委从经济建设的需要出发，以城市为重点，调整部署干部力量，先后培养并抽调大批干部进城投入工业建设，充实军事、战勤等部门。到1950年，黑龙江地区县团级以上领导干部增加到3 249人，其中省厅级以上干部129人，县团级干部3 120人。

1950年6月，中共第七届三中全会发出“为争取国家财政经济状况的基本好转而斗争”的号召以后，两省委进一步大抓农业和工业生产。在农村，领导农民走上互助合作的道路，农业生产面貌焕然一新，粮食总产量明显增加，农民生活大幅度提高。在工业生产中，通过实行企业民主化管理，开展增产节约运动和创生产新纪录运动，生产不断发展，国营工业的规模随之扩大， 工业结构有所改变，工业生产总值连年大幅度提高。其他各项事业也得到相应的恢复和发展。

1950年10月，中共中央作出抗美援朝、保家卫国的战略决策后，两省各级党组织带领群众响应抗美援朝的号召，踊跃参军参战。同年11月，中共黑龙江省委从省公安厅、民政厅、军区等单位抽调334名配备一个团的全套干部，组成二线兵团。1951年2～7月，中共黑龙江省委又为抗美援朝前线抽调战勤干部2 000多人；中共松江省委为抗美援朝前线抽调战勤干部4 205人。又先后为东北局等各部门抽调1 400多名干部。与此同时，根据中共中央指示，开展了镇压反革命运动。从而保证了社会秩序的安宁，革命队伍的纯洁，保证了抗美援朝和经济恢复工作的顺利进行。

1952年，根据中共中央的部署，中共松江、黑龙江两省委领导了“三反”“五反”运动，使共产党人在执政条件下经受了严峻考验。在此期间进行的整党整风，使中共党员普遍受到了党员标准的教育，党的基层组织建设得到加强，党与群众的关系更加密切，增强了党组织的战斗力。各级党组织有力地领导了国民经济恢复工作，到1952年两省社会总产值达41.81亿元，比1949年的24亿元增长74.2%。

1953～1954年，中共黑龙江地区党组织认真宣传贯彻中共中央“在一个相当长的时期内，逐步实现国家的社会主义工业化，逐步实现国家对农业、手工业和资本主义工商业的社会主义改造”的过渡时期总路线，带领广大党员、干部和人民群众，开展了以社会主义工业化为中心，大力发展粮食生产的大规模国民经济建设。在国民经济得到恢复和发展的形势下，国家经济建设进入第一个五年计划时期。黑龙江地区是国家第一个五年计划重点建设地区之一，黑龙江地区党组织都把主要领导力量转移到经济建设上来。1954年8月，黑龙江省、松江省合并为新的黑龙江省，同时哈尔滨市并入黑龙江省建制。合省后的黑龙江省委，根据国家要求，结合全省实际情况，编制并实施黑龙江省经济建设第一个五年计划。列入国家重点的苏联援助中国的156个大型工业项目中，有22个项目在黑龙江省兴建，从而掀起了以重工业为中心的大规模经济建设高潮。为了更好地保证“一五”计划的实施，省委加强对基本建设工作的领导，同时大力发展农业生产，提高农业生产力，为国家大规模经济建设提供商品粮。其他方面的建设事业也得到很大发展。

1955年，根据中共中央指示，省委作出《关于抽调大批干部加强对农村工作领导的决定》，从省、地、县直机关抽调4 500名干部（其中省直2 700人、地直300人、县直1 500人）组成农村工作队，派往农村工作。

1956年初，根据党在过渡时期总路线的要求，黑龙江地区有步骤地对农业、手工业和资本主义工商业进行了“三大改造”，实现了从新民主主义到社会主义的过渡。

1956年9月，中共第八次全国代表大会召开。中共黑龙江省委认真贯彻党的“八大”会议精神，促进了经济建设的发展，提前完成了第一个五年计划。1957年全省社会总产值达73.5亿元，比1952年增长75.8%，其中工业总产值35.03亿元，比1952年增长95.9%。工业总产值在工农业总产值中的比重由1952年的52.2%增长到59.4%。22个国家重点项目，有19个已建成投产。第一个五年计划全面完成，使黑龙江省的经济实力大大增强，成为国家的一个重要工业基地。同时省委把“办好合作社，争取大丰收”作为全省农业战线的中心口号和奋斗目标，召开会议，开展活动。全省农村党支部以增产粮食为中心，认真贯彻执行民主办社、勤俭办社的方针，建立健全合作社内部的合理分配制度，加强合作社的组织整顿和建设，促进了农业生产的全面发展。

1957年，黑龙江省发生了有水文记载以来最大的洪水灾害。省委、省人委提出了“坚决斗争，决不退让，全力以赴，战胜洪水，城乡兼顾，确保哈尔滨市”的口号，带领干部群众全力进行抗洪斗争，战胜了历史上罕见的特大洪水。

1957年5月～1958年1月，根据党中央统一部署，黑龙江省开展了以反对官僚主义、宗派主义和主观主义为内容的整风运动。但在整风运动中进行的反右派斗争，犯了严重扩大化的错误，把一大批知识分子、爱国人士和党内干部错划为“右派分子”，造成了严重的后果。

1958年后，黑龙江省干部和群众在“一五”计划各项建设取得的巨大胜利的鼓舞了下，积极性不断高涨，城乡各条战线呈现了一片欣欣向荣的气象。与此同时，开垦“北大荒”，开发大庆油田和开发大兴安岭林区都取得很大成绩。1960～1962年，在中共中央领导下，中共全省各级党组织和广大中共党员与人民群众同甘共苦，团结一致，克服困难，战胜了连续三年的自然灾害和苏联政府撕毁援建合同、撤走专家而造成的严重困难。在此期间，按照党的八届九中全会决定对国民经济实行“调整、巩固、充实、提高”的八字方针，黑龙江省采取了压缩基本建设规模、关停并转一批难以维持的企业、精减下放人员、扶植重点企业等一系列措施；在农村调整了人民公社所有制，实行以生产队为基本核算单位的“三级所有、队为基础”的制度，纠正了“一平二调”。全省农、轻、重的比例关系有所改善，稳定了市场，保证了财政收支平衡，使国民经济重新走上了稳定发展的轨道。

1963年，根据中共中央的部署，开展了城乡社会主义教育运动。以“四清”（开始是清理账目、清理仓库、清理财物、清理分工，以后发展为清政治、清经济、清组织、清思想）为内容的社教运动，对解决干部作风和经济管理等方面的问题起了一定的作用，但也犯有阶级斗争扩大化的错误。

1966年5月，“文化大革命”开始，黑龙江省是全国最早被“造反派”夺权的省份之一。省委、省政府领导人被造反派批斗，干部、党团员因反对造党委的反，保过单位领导，而被戴上“保皇”“老保”等帽子，被批判、斗争。全省大、中、小学已全部停课，部分工矿企业也处于停产、半停产状态。全省党的组织遭到严重破坏，基层组织处于瘫痪状态，党员被迫停止组织生活。黑龙江省“红色造反者”于1967年1月夺取了省委、省人委的领导权，建立了黑龙江省红色造反者革命委员会。同年3月23日，中共中央批准将黑龙江省红色造反者革命委员会正式改称为黑龙江省革命委员会。省革命委员会成立后，继续批判“资产阶级反动路线”。

1967年2月，黑龙江大学等10多个院校“造反派”成立了“哈尔滨市炮轰联络站”（简称“炮轰派”），哈尔滨工业大学另一些造反派和省委机关“造反团”在省革命委员会支持下，成立了与“炮轰派”相对立的“捍卫革命三结合总指挥部”（简称“捍联总”）。从此，“捍”“炮”两派的斗争遍及全省，以至多次发生大规模武斗流血事件。“捍”“炮”两派无休止的争斗使全省工农业生产和人民生活受到严重影响。直到1968年夏，“工人毛泽东思想宣传队”进驻各大专院校，强调“大联合”，并随着1967年、1968年高等院校两届毕业学生分配离校，两派武斗逐渐停息。在此期间，全省各地、各单位“造反派”陆续夺取各级党政机关和本单位的权力，建立革命委员会。到1968年5月30日，全省82个地、市、区、县全部建立起革命委员会。

1968年8月～1976年5月，全省已有8 300多个医院、剧团等文教单位，进驻近万名“工人毛泽东思想宣传队”。全省农村学校已有1.4万多所实行了贫下中农管理。

1968年12月～1975年底，开展了教育革命、文艺革命和知识青年上山下乡运动。全省共有103.3万多名知识青年上山下乡，同时接收了北京、天津、上海、浙江等省市知识青年36.4万多人。这些知识青年一部分安置在生产建设兵团、国营农场、“五七”干校，大部分都到人民公社插队。

1969年4月中国共产党第九次代表大会召开后，省革命委员会召开全省整党建党工作会议。提出了以整党建党为中心把斗批改运动引向深入。全省各地根据中央、省革命委员会的部署，全面展开整党建党工作。召开“讲用会”、忆“三史”（指村史、厂史、家史）等形式，进行所谓抓大节（路线斗争问题）、抓要害（阶级斗争问题）、抓“活思想”，开展“斗私批修”活动，“狠斗‘私’字一闪念”等。这次全省整党建党工作持续时间很长。

1971年8月，召开中共黑龙江省第三次代表大会，选举产生了中共黑龙江省委员会，但执行的仍是“文化大革命”路线。“九一三”林彪篡党夺权的阴谋败露后，周恩来总理主持中央工作，强调落实干部政策，搞好经济工作。黑龙江省一批干部恢复了领导职务，使经济、文教、科技等事业有一定发展，但不久又被江青反革命集团策划的“批林批孔”“反复辟”“反回潮”等运动搞乱。1975年，邓小平出任党中央副主席，针对各方面存在的混乱局面，提出进行全面整顿。这对全省恢复秩序，发展经济起了积极作用。不久，受“批邓、反击右倾翻案风”的冲击和影响，刚刚恢复的秩序又遭到破坏。

1976年10月，党中央粉碎了江青反革命集团，结束了“文化大革命”。省委根据中央的部署，在全省开展揭发批判江青反革命集团及其在黑龙江省帮派体系罪行的活动，全面落实党的政策，平反冤假错案，清理复查历史遗留问题，解决了大量党内和人民内部矛盾，调动了广大干部和群众的积极性。为在思想路线上实现拨乱反正，省委领导全省人民开展了真理标准问题大讨论，省委常委带头批判“左”的“两个凡是”的错误方针，维护“实践是检验真理的唯一标准”这一马克思主义原则。在全国较早地提出为“文化大革命”前的省委平反，肯定“文化大革命”前的中共黑龙江省委不是黑的而是红的。这对于解放思想，使党员干部从长期“左”的思想束缚下解放出来起到了重要作用。

1978年12月，中共第十一届三中全会作出了将全党工作重心转移到经济建设上来的战略决策，彻底摒弃了“以阶级斗争为纲”的错误路线，实现了党在政治路线上最根本的拨乱反正。

1979年1月，为贯彻中共第十一届三中全会的战略决策，召开了中共黑龙江省第四次代表大会。同年4月，中共中央工作会议针对“文化大革命”造成的国民经济严重失调，提出了“调整、改革、整顿、提高”的方针，决定对国民经济进行三年调整。5月，省委召开四届二次全委（扩大）会议，讨论部署调整工作。

1982年，中共第十二次代表大会召开后，省委全力贯彻党中央确定的改革开放的方针，加强社会主义物质文明和社会主义精神文明建设，在省委召开的四届六次全委（扩大）会议上，制定了全省经济建设规划，确定了到本世纪末工农业总产值翻两番的战略目标，讨论了加强社会主义精神文明建设问题。在全省农村经济体制改革中，普遍推行了农村家庭联产承包责任制。同年11月，省委派省委书记陈俊生和省委常委王玉生分别到省内外几地考察，向省委写出了2个《关于农村生产责任制情况的调查报告》考察报告。

1983年1月2日，中共中央发出《关于当前农村经济政策的若干问题》即中发【1983】1号文件，黑龙江省各地认真贯彻中央文件和省委会议精神，加快了农村改革步伐，家庭联产承包责任制已成为黑龙江省农业生产责任制的主体形式。

1984年6月，省委提出了“两改两开，富国富民”的战略方针，深化了经济体制改革，成立了经济体制改革委员会（简称体改委）。根据“十二大”精神和国务院颁发的《关于进一步扩大国营企业自主权的暂行规定》，简政放权，搞活企业，在3 176户国营企业开始实行利改税政策；进行工厂企业领导体制改革试点，在工交、财贸系统50个国营企业进行了厂长（经理）负责制试点，实行以“包”字为核心的各种不同形式的经济责任制；改革商业体制，放宽产品购销政策、改革批发体制、改革供销社体制、发展城乡集市贸易；改革所有制结构，实行全民、集体、个人一齐上的方针，全省城镇集体企业7.6万个，个体工商业发展到21万户；改革科技体制，在31个科研单位试行有偿合同制，全省兴办38个科研和生产联合体，有60个科研单位试行了所长负责制；改革人事劳动制度，下放干部职工管理权限；实行对外开放，加快经济发展速度。

1984年2月，省委、省政府批转了省高教局党组、省高教局《关于调整改革和加速我省高等教育的报告》，提出1983～1987年的发展规划设想，进行了教育科技体制相应的改革。1985年2月，按省委要求进行了高校、中等专业学校招生分配制度的改革，调整科类结构和专业设置，试行毕业生由学校与用人单位直接挂钩的计划分配和有偿分配制度；发展职业教育和成人教育，开展多种途径、多种形式的办学；把搞好科技体制改革，开拓技术市场、促进科技成果商品化和科技工作的社会化作为科技改革的突破口；改变了科技经费由国家全包的办法，按照分类管理的原则，实行不同科技项目拨款制度。科技干部管理体制也有很大改变，打破了科技人员不能自由流动的僵死规定，对向农村、企业流动的科技人员，进一步放宽政策。

在国民经济调整的同时，黑龙江省委还对党的基层组织进行了整顿。为了适应新形势新任务的需要，更好地发挥基层党组织的战斗堡垒作用，省委部署了从试点到逐步开展的整党工作。1983年10月，《中共中央关于整党的决定》公布后，省委按照中央的要求制定了分三期进行整党的方案，进行以统一思想、整顿作风、加强纪律、纯洁组织为内容的整党。第一期和第二期整党分别于1985年1月和9月基本完成 。

到1985年，全省社会总产值达629.79亿元，比1976年 “文化大革命”结束时272亿元增长了131.5%。社会主义精神文明建设不断加强，科学文化教育事业得到发展，“五讲四美三热爱”活动广泛开展起来。这个时期，黑龙江省有14个市（地）委，69个县（市）委，6 182个基层党委，134 310个党总支和支部。全省党员1 394 077人。

第四节 组织建设

一、党员管理

1923年，中国共产党在黑龙江地区建立党组织后，由于处在军阀和日伪政权统治下，党组织不能公开，发展党员的工作，主要是以“斗争中发现积极分子，个别考察，秘密发展”的方式进行。

1945年，抗日战争取得胜利后，黑龙江地区县以上党组织已以半公开的形式存在，但发展党员工作仍然是秘密的。这一时期，黑龙江地区各省除个别群众工作基础薄弱的地方外，大部分地区都发展了一批党员。到1947年10月，黑龙江省党员数达5 285人（其中农村3 758人）。

1948年8月，黑龙江地区各省委根据中共中央和东北局的有关指示，在总结试点经验的基础上，分别作出公开建党的决定。到1948年末，黑龙江地区的党员数量已达6万多人。党员构成大致是，农民党员占多数，其次是干部党员、工人党员，也有少量的教师和其他知识分子党员。

1954年8月松江省与黑龙江省合并后，按照省委的要求，全省各级党组织以基层支部为单位，由党员分工对积极分子进行培养，提高他们的思想觉悟。同时党内的组织生活也更加严密。到1955年末，全省入党积极分子近30万人。黑龙江省委组织部召开工作会议，总结了全省建党工作。会后，省委制定了《黑龙江省1956～1957年发展党员规划》。到1956年末，全省已有党员37.8万人，占全省人口总数的2.74%，党组织的分布已经比较普遍。1957年集中力量进行新党员的巩固提高和党员教育工作。到1960年，三年中发展12.4万名党员。

1964年，随着社会主义教育运动的广泛开展，省委下发《中共黑龙江省委关于接收新党员的决定》。初步设想，经过五年或更长一点时间，全省将增加50万名新党员，党员总数将达到100万人左右。同时，省委提出，接收这么多的新党员，在全省历史上是空前的，为了实现这一规划，必须加强领导，正确地贯彻中央提出的“积极地、较多地、慎重地”接收一批党员的方针。

1966年5月～1976年10月的“文化大革命”期间，一些靠“造反”起家的人、帮派思想严重的人趁机混进党内，给党的队伍造成了组织上、思想上、作风上的严重不纯。“文化大革命”期间全省共发展39.1万党员，占全省党员总数的37%。

1977年后，特别是1978年12月召开的中共第十一届三中全会以来，党内组织生活走上正规化轨道。按照党章，对党员参加组织生活和党费缴纳都有严格规定。各级党组织在发展党员工作中，坚持“成熟一个发展一个，发展一个合格一个”的原则，对入党积极分子的选拔、培养、教育更加系统和规范。党组织重视在知识分子中发展党员工作，许多具备党员条件的知识分子被吸收入党。到1985年末，全省党员队伍中各类专业技术人员增加18.5万人，占党员总数的13%。大批知识分子入党，增加了党内知识分子的比重，改善了党员队伍的知识结构。

发展新党员统计表

（1954～1985年）

表2-4

年度	发展新党员数	其中							
		工人	农牧渔民	营业员	教师	学生	专业技术人员	干部	其他
1954	24 162								
1955	24 893	6 250	11 138	678	647	453	510	5 124	93
1956	65 184	26 670	20 212	3 287	2 549	1 629	5 691	5 018	128
1957	1 778								
1958	14 112	5 293	5 274	1 210	1 000	167	95	1 056	17
1959	55 644	22 929	20 026	3 887	2 521	426	1 728	3 601	526
1960	53 975	24 255	18 481	2 488	4 000	305	564	3 262	620

续表2-4

年　度	发展新党员数	其　中							
		工人	农牧渔民	营业员	教师	学生	专业技术人员	干部	其他
1961	7 030	3 049	1 309	369	600	200	700	600	203
1963	1 243	469	433	67	128			126	20
1964	6 445	1 362	3 042	418	881			707	35
1966	64 797	13 141	36 521			1 263		10 130	3 742
1967～1971	88 797	24 567	41 041			3 571		15 414	4 204
1973	56 885	19 896	19 609	4 742	5 848			5 541	1 249
1975	62 395	19 712	27 542					10 445	4 696
1976	69 139	23 290	31 268					10 653	3 928
1977	33 614	12 808	12 404					5 764	2 638
1978	32 303	13 464	8 154	2 178			2 975	4 358	1 174
1979	45 795	16 888	7 098	3 744	6 628		6 206		5 231
1980	23 066	7 503	2 559	694		241	5 584	5 532	953
1981	25 314	7 853	2 172	828		623	6 248	6 444	1 146
1982	20 711	5 859	2 334	702		681	5 763	4 413	959
1983	23 443	6 352	1 715	789		640	7 135	3 178	3 634
1984	44 569	8 354	4 381	1 935		1 937	15 511	10 671	2 780
1985	68 044	10 501	3 640	1 355	897	4 925	26 810	16 261	3 655

党员构成情况一览表
（1956～1985年）

表2-5

	党员总数	构成情况														
		工人	营业员服务员	行政机关行政人员	各类专业技术人员	集体事企业单位管理人员	乡镇企业劳动者	农牧渔民	民办教师乡村医生	军人	武警	学生	城镇个体劳动者	离休干部	离休职工	其他
1956	378 806	75 194		146 017				142 221				4 370				11 004
1957	387 717	83 423		147 361				143 421				3 006				10 506
1958	438 178	105 821		149 185				167 801				4 278				11 093
1959	490 142	138 173		184 266				148 516				6 299				12 888
1960	544 200	160 563		214 748				149 839				6 500				12 550
1961	549 352	147 238		228 851				155 678				4 554				13 031
1963	510 944	122 795		214 278				158 923				1 971				12 977
1964	513 273	123 194		214 710				159 857				1 780				13 732
1971	726 246	173 421	235 94	228 114	4 741			244 508				703				51 165
1972	761 629	190 805	25 150	235 818	6 236			244 702				2 451				56 467
1973	905 221	230 357	29 694	281 835	7 873			280 172				5 508				69 782
1974	971 202	231 984	29 312	302 210				301 835				8 557				97 304
1975	1 045 903	286 905	32 591	327 914				325 186				11 188				62 119
1976	1 128 995	355 189	34 487	326 569				335 050				8 336				69 364
1977	1 170 744	382 902	37 563	302 101	12 618			323 134				8 538				103 888
1978	1 208 932	382 427	108 383	165 181	7 347			422 331								123 263
1979	1 182 629	374 339	107 850	164 633	7 540			392 959								135 308
1980	1 220 479	320 650	35 863	330 150	25 171			295 707		311	8 948	3 535		1 189	50 501	148 454
1981	1 254 156	323 205	35 319	330 384	36 174			292 942		435	10 602	4 799		1 789	72 140	146 277
1983	1 299 106	319 603	31 031	321 180	143 024	21 910		289 084	7 140	289	6 497	2 455		43 783	85 050	28 060
1984	1 336 450	296 992	28 066	345 032	163 011	24 564		289 964	7 109	172	4 904	3 451		56 339	91 176	25 670
1985	1.394 077	266 490	28 108	360 472	184 622	22 956	2 553	289 291	8 632		6 034	14 926	884	63 526	95 352	50 231

二、基层组织

1945年，抗日战争胜利后，黑龙江地区随着建党工作需要，对基层组织设置作出了明确规定。1946年3月，黑龙江省工委在《关于发展党的指示》中指出，“有候补党员3人以上，即成立支部”。同年，黑龙江省建立的城镇支部有62个。1948年春，黑龙江省农村支部已有516个，合江省已有农村支部390个。1948年8月公开建党后，到年底，黑龙江地区各省已建立农村党支部5 500个。黑龙江省有城镇支部296个，合江省有城镇支部294个，嫩江省有城镇支部69个。这一时期，农村党组织主要活动是教育提高党员的阶级觉悟，发挥党员在反奸清算和土地改革中的先锋模范作用。城镇基层党组织的主要活动是保证完成支前、生产等任务，学习和宣传党的政策，发展党员。

1949年10月，中华人民共和国成立后，随着党员队伍的不断扩大，黑龙江地区各省，对农村基层党组织设置又进行了调整和整顿。到1955年底，全省农村支部已发展到7 417个，94%的村建立了党的组织。到1956年底，城镇支部由中华人民共和国成立初期占支部总数的20%左右，上升到48.8%。1961年8月，省委组织部下发《农村党支部工作条例》（草稿）全省按照《条例》中有关组织设置的规定，结合社队规模的调整工作，对农村基层党组织设置进行了重新调整。，到1961年底，全省755个农村人民公社，建立了党委740个，支部9 773个，占全省城乡支部总数的26.3%。1962年以后，省委对企业基层党组织的设置分别作出规定。到1963年末，根据规定，全省国营工厂的大车间，煤矿的坑口，林业的伐木场等都建立了党支部，商业的5 886个独立核算单位，有3 891个建立了党支部。这一时期，全省农村党的基层组织围绕着保证和服务于过江时期总路线这个中心任务开展工作。1965～1966年，在全省城市分两批进行的社会主义教育运动中开展整党建党工作。1966年5月“文化大革命”开始后，基层组织的正常活动陷于停顿。

1971年，全省各级党组织恢复，根据省委的要求，开展了“抓基层打基础”工作，城镇两批共抓3 821个单位；农村到1973年7月，共抓了6 342个农村支部。

1978年12月，中共第十一届三中全会召开后，党的基层组织主要任务是为保证国民经济三年调整任务的顺利完成，为社会主义现代化建设提供组织保证。1984年，随着全省农村人民公社体制撤销，农村党的基层组织设置为适应农村形势发展的需要进行了调整。经调整后，全省农村党支部到1985年底发展到26 705个。这一时期，农村基层党组织从适应经济体制发展需要出发，进一步健全完善党建工作制度；城镇基层党组织活动的重点是进行组织整顿工作。

全省基层党组织情况统计表

（1955～1985年）

表2-6

年度	机构	合计	分布							
			农村	工业	农林牧渔水	交通邮电	财贸	文教卫	机关	其他
1955	党委	139		89	7	15	2	18	8	
	总支	696		274	64	94	82	54	122	6
	支部	23 335	7 417	3 161	7 856	903	1161	809	1 598	430

续表2-6

年度	机构	合计	分布							
			农村	工业	农林牧渔水	交通邮电	财贸	文教卫	机关	其他
1956	党委	335		136	107	14	5	17	50	6
	总支	2 457		310	1 675	101	117	85	164	5
	支部	20 741		3 828	9 866	1 042	1 969	942	2 743	351
1957	党委	2 075	829	169	916	19	34	20	83	5
	总支	2 386	720	301	888	100	124	84	153	16
	支部	30 970	8 952	3 975	10 220	1 037	2 244	969	3 169	404
1958	党委	1 761	569	242	718	48	44	35	100	5
	总支	1 654	292	397	435	160	85	118	152	15
	支部	33 638	9 541	5 147	11 415	1 298	1 948	1 448	2 426	415
1959	党委	2 094	632	319	789	55	59	63	143	34
	总支	1 644	120	557	299	151	101	183	224	9
	支部	37 045	8 432	7 519	11 394	1 720	2 268	2 303	2 995	414
1960	党委	1 646		388	749	59	48	87	292	23
	总支	2 464		1 077	537	162	127	236	275	50
	支部	42 324	8 534	10 241	12 869	1 807	2 471	2 923	3 003	476
1961	党委	2 717	740	406	238	85	76	96	1 011	65
	总支	2 791	173	1 147	459	190	147	281	361	33
	支部	46 909	9 773	10 667	13 290	2 071	2 836	3 163	4 277	832
1963	党委	2 961	947	400	237	12	107	101	1 128	29
	总支	2 029	96	855	281	39	246	239	254	19
	支部	47 235	11 050	9 028	14 582	663	3 962	3 029	4 280	641
1964	党委	2 991	941	390	243	18	127	100	1 142	30
	总支	2 035	79	880	234	69	277	234	233	29
	支部	52 314	15 330	9 051	14 505	776	4 352	3 200	4 253	847
1971	党委	2 651	972	348	1 020	31	26	32	201	21
	总支	2 097	108	923	312	79	253	121	228	73
	支部	62 556	18 037	12 943	14 901	1 447	5 239	4 271	4 300	1 418
1973	党委	3 744	1 076	638	1 334	39	57	106	261	233
	总支	3 801	227	1 676	477	159	510	275	353	124
	支部	86 700	21 686	19 106	19 880	1 986	7 630	6 558	7 622	2 232

续表2-6

年度	机构	合计	分布							
			农村	工业	农林牧渔水	交通邮电	财贸	文教卫	机关	其他
1975	党委	4 115	1 163	698	1 424	58	75	154	340	203
	总支	4 964	173	2 164	806	211	626	422	413	149
	支部	102 076	25 417	22 995	23 366	2 427	8 447	8 054	8 972	2 398
1976	党委	4 446	1 167	789	1 559	70	88	204	328	241
	总支	5 763	602	2 350	872	227	656	447	467	142
	支部	110 967	27 565	25 661	25 046	2 654	9 102	8 817	9 455	2 667
1977	党委	4 540	1 145	861	1 523	75	97	199	338	302
	总支	6 036	607	2 461	875	254	697	484	494	164
	支部	116 699	28 142	28 003	25 935	2 869	9 508	9 339	9 979	2 924
1978	党委	4 689	1 146	918	1 532	77	112	248	363	293
	总支	6 181	562	2 532	819	255	789	515	547	162
	支部	119 684	28 325	28 400	26 323	2 993	10 081	9 918	10 451	3 193
1979	党委	4 393	1 038	895	1 392	88	124	263	338	255
	总支	5 655	497	2 245	703	251	773	492	530	164
	支部	115 200	27 118	27 372	24 128	3 014	10 074	9 908	10 306	3 280
1980	党委	4 351	1 043	947	1 371	70	154	335	159	272
	总支	5 523	363	2 308	534	255	774	546	561	182
	支部	116 974	27 106	28 868	22 849	2 961	10 330	10 460	10 693	3 707
1981	党委	6 493	3 045	989	1 361	76	162	354	216	290
	总支	5 617	283	2 440	432	272	798	586	592	214
	支部	119 105	26 289	29 436	22 727	2 953	10 700	11 067	11 510	4 423
1982	党委	4 580	1 045	1 022	1 423	77	167	361	193	292
	总支	5 822	248	2 525	417	292	804	632	703	201
	支部	122 371	26 446	31 140	22 868	2 947	10 831	11 310	11 978	4 851
1983	党委	5 678	1 047	1 235	1 598	126	385	481	474	332
	总支	5 862	200	2 647	425	259	825	642	660	204
	支部	123 797	25 864	32 469	23 492	2 714	10 711	11 006	12 246	5 295

续表2-6

年度	机构	合计	分布							
			农村	工业	农林牧渔水	交通邮电	财贸	文教卫	机关	其他
1984	党委	5 888	993	1 366	1 520	123	422	479	548	437
	总支	6 072	125	2 627	445	255	879	703	740	298
	支部	124 187	24 007	32 501	22 680	2 792	11 357	11 551	13 379	5 920
1985	党委	6 182	1 174	1 399	597	127	433	517	1 787	148
	总支	6 246	232	2 603	432	289	848	758	855	229
	支部	128 064	26 705	32 755	19 482	2 747	10 983	12 302	17 290	5 800

说明：1955、1956、1960年党委、总支合计数缺农村，1956年支部合计数缺农村。

三、干部管理

（一）管理体制

解放战争时期，黑龙江地区各省的干部管理实行党委集中统一管理体制。党和地区党的工作委员会及省级和部级的领导干部，由中共中央东北局统一管理。后来北满、西满分局成立，上述范围的干部又按辖区划归分局直接管理。分局撤销后，各省主要领导干部又归东北局集中统一管理。1946年8月，黑龙江省决定各县的区委书记以上干部，特别是1945年9月3日抗日战争胜利前参加工作，简称“九三”前的老干部的任用、配备，必须报省委批准。这一时期，黑龙江地区各省管理的干部总计1.1万人左右。

1951年，松江、黑龙江两省委干部管理执行东北局的规定。1953年，按照中央和东北局试行干部分管的指示精神，实行由省委各部分工管理干部。1954年，松江、黑龙江两省委都建立起在省委组织部统一管理下的分部分级管理干部的体制，调整了管理干部的范围。1954年8月两省合并。

1955年初，根据中共中央关于干部统一由当地党委管理的原则，各系统的干部一律由各级党委统一管理，各业务系统不垂直管理。省委于同年4月下发了《中共黑龙江省协助和自行管理的干部职务名称表》。省委管理的干部最多时达到6 200多人。

1963年7月，省委作出《关于加强干部管理工作的决定》，对干部管理体制和管理范围又进行了部分调整。1966年5月“文化大革命”开始后，全省干部管理体制遭到破坏。

1971年12月，省委重新组建后下发了《关于干部管理暂行规定》，确定省委管理的干部范围。1973年12月，省委下发了《中共黑龙江省协助和自行管理的干部职务名称表》，所列省管干部为8 812人。

1978年6月21日，省委针对“文化大革命”中干部管理体制遭到破坏的情况下发通知，对干部实行在党委统一领导下，各级分口管理的制度。1979年12月，《干部职务名称表》中，省革命委员会主任、副主任改为省人民政府省长、副省长。同年省委又决定，加强对全省专业干部的统一管理。建立省革委会科学技术干部管理局，负责统一管理全省的专业技术干部。1983年

7月以后，对专业技术干部又实行由省委组织部统一管理、省科委和省人事监察局、各厅局分管的体制。这一时期省委管理的干部数量在8 800人左右。

1984年4月，为适应经济改革的需要，省委又将干部管理体制由分部分级管理改为分级管理，层层下放管理权限，把原来的下管两级改为原则上下管一级。

（二）干部考察

解放战争时期，为了从政治上对干部的历史和现实表现进行了解，经常对干部进行阶级觉悟、政治立场和斗争表现等考察。

1949年10月，中华人民共和国成立初期，在松江、黑龙江两省干部工作中普遍实行了干部鉴定制度，对干部在一定时期内的表现进行鉴别和评定，以此作为考察干部的一种方式。1950年后，两省省委都提出按“德、才、资”三方面了解考察，以“德才”标准为主任用干部。随时了解与按时鉴定相结合，重点试行干部写实考绩制度。

1959年12月24日，省委组织部根据党的八届八中全会和省委一届十二次全委（扩大）会议精神，对全省干部进行了一次对总路线、“大跃进”、人民公社“三面红旗”的态度和表现的考察。

1963年10月，省委按照中央组织部《科学技术干部管理工作条例》，对科技干部进行了“德才”或“红专”方面的考察了解。

1966年5月，“文化大革命”开始后，由于各级党委和组织部门停止工作，干部考察工作中断。1973年10月8日，省委提出考察选拔年轻干部，必须坚持毛泽东关于无产阶级革命事业接班人的五项条件和“三要三不要”（要搞马克思主义，不要搞修正主义；要团结，不要分裂；要光明正大，不要搞阴谋诡计）的标准。

1978年12月，中共第十一届三中全会召开后，确定了新时期党的基本路线，党的工作重心转移到经济建设上，干部考察工作也相应地随之变化。1979年12月，省委组织部转发中央组织部《关于实行干部考核制度的意见》，进一步明确了干部考核的标准和内容，强调建立和逐步完善干部考核制度的重要性，明确提出要坚持德才兼备的原则，按照各类干部胜任现职所应具备的条件，从德、能、勤、绩四个方面进行全面的定期的考核。

1983年9月8日，全省组织工作会议强调指出，民意测验是干部工作贯彻群众路线的新形式，是一个突破。1984年，省委组织部在《关于贯彻落实中组部负责人谈话精神的报告》中，提出在新形势下的用人观点：尊重知识、尊重人才、尊重知识分子；注重专业、注重内行；重用实干家、重用改革者。据此，各级党委注意肃清极“左”和旧的习惯势力的影响，考察选拔了一大批年富力强，有较高文化科学知识水平，勇于创新，积极进取，有组织能力能够打开工作局面的干部。

（三）干部任免

解放战争时期，由于环境和条件所限，干部任免程序和报批手续比较简单，也不规范，到50年代才逐步完善。

1953年1月，黑龙江省委组织部制定的《关于在职干部管理意见》中，对由省委审批干部作了规定。松江、黑龙江合省后基本按此执行。1955年4月，《中共黑龙江省关于干部管理工作上几个具体问题的暂行规定》进一步明确规定了干部任免程序。1956年3月，省委下发《关于省委管理的干部任免手续制度的补充通知》，规定对省委管理的干部由选举产生的任免程序。1957年5月，省委批转省委组织部《关于省委协助和自行管理的干部审批办法的暂行规定》。1963年9月，省委组织部下发《干部管理工作条例试行草案》，对其中关于干部任免手续制度方面作了补充。

1978年2月12日以后，省委任免和呈请中央任免的干部，开始启用1977年9月中央组织部制定的《干部任职呈报表》和《干部免职呈报表》。1980年10月5日，省委组织部、省人大常委会人事办公室下发《关于向省人大常委会呈报人事任免手续的联合通知》，对省人大常委会人事任免范围、提请与呈办任免的程序等做了规定。1983年11月以后，根据中央组织部《关于呈报中央任命干部要坚持走群众路线的通知》精神，凡进行机构改革、整顿领导班子或日常提拔任命干部， 采取民主推荐、民意测验等形式，充分走群众路线，并由组织部门全面考察，党委（党组）集体讨论决定。1984年7月，省委下发《关于干部管理工作暂行规定》，对选举产生的职务，办理程序作了规定。

1985年1月，省委组织部、省人事监察局联合下发《关于继续下放干部人事组织权限的十项暂行措施的通知》，规定凡到离退休年龄而离退休的干部，由原按干部管理权限审批，改为由所在单位党委审批，报干部主管部门备案。凡已办离退休的干部，职务自然免除。超过离退休年龄的干部，确因工作需要留任的，必须经主管党委批准。

（四）干部调配

解放战争时期的干部调配工作，主要是抽调干部支援土改，支援前线和开辟新区。1949年2月，按照东北局的指示，黑龙江地区各省抽调干部到长江以南开辟新区工作。其中合江省集中抽调1 735人、松江省集中抽调1 463人，当时称之为南下干部，由中央统一分配。

1950年，黑龙江省委先后抽调2 973名干部充实到各级领导机构。1950～1951年，黑龙江、松江两省委又为抗美援朝前线抽调战勤干部和组建二线兵团。1952年，黑龙江省为东北地区工业和本省基本建设、工厂和森工等部门调配干部2 994人。1953年，松江省委为适应国民经济第一个五年计划的实施，抽调2 800名干部配备到121个国防与重工业的基建部门与生产单位。1954年，黑龙江省委为工业和重点工程调配了1 268名干部。1955年，从省、地、县直机关抽调4 500名干部组成农村工作队，派往农村工作。1958年，全省精简下放干部10万余人。同时，为10万名解放军转业官兵开发“北大荒”做了大量的干部调配工作。1963～1964年，省委又先后为西藏抽调13名干部；为外交部抽调32名干部，其中大使1人，参赞6人，一等秘书和专员10人，一般干部15人。1964～1965年，共安置年老体弱多病干部3 464人。同时按照中央要求，为国家有关部门抽调440名干部；为省内有关部门和建设后方基地调配了大批干部。1966年5月“文化大革命”开始后，正常的干部调配被打乱。

1976年10月，粉碎江青反革命集团后，特别是1978年12月中共第十一届三中全会后， 为改革开放和经济建设服务，干部调配部门承担了繁重的工作。1979年，为全省司法系统抽调4 115名干部。1980年，分两批接收安置西藏内调干部52人。1981年，从省直和各地、市为全省劳改、劳教单位选调873名干部；从机械行业抽调了1 255名技术干部为轻纺工业充实了技术力量。1984年后，干部调配工作坚持专业技术人员的合理流向，从外省积极引进省内急需的各类专业技术人员；有组织有领导地开展支援边远地区、科技力量薄弱部门的工作；促进了人才合理流动工作的健康发展。

（五）干部审查

黑龙江地区各省审干工作开始于清洗伪人员。抗日战争胜利后，在接管各级伪政权中，将伪职员和伪军队中投诚人员暂时收留下来。随后，为贯彻党的阶级路线，纯洁革命队伍及各级政权机关，各省党组织广泛开展清洗伪人员工作。至1949年下半年清洗伪人员工作基本结束。在此期间还进行了土地改革中的审干。

1950年10月，东北局针对在抗美援朝运动中发现有些机关有暗藏敌对分子进行造谣破坏活动的情况，下发《重点审查工作的指示》，要求对县以上各单位的重要部门或要害机关的干部进行重点审查。到1953年春，黑龙江省审查了省管的高、中级干部1 237人。经审查确定，有严重政治问题的15人，一般政治问题的55人，一般历史问题的68人。1951～1952年，两省省委还结合“三反”“五反”运动对干部中的贪污、蜕化、行贿、受贿问题进行了审查。

1953～1955年，为保证国家“一五”计划期间经济战线干部队伍的纯洁，全省共审查工厂、铁路、基建系统30 880名干部，财经企业系统31 297名干部。1954年黑龙江、松江两省合并为新的黑龙江省，成立了省审干办事机构。经过三年多时间，对省、地、市、县直机关、团体、国营（包括地方国营）厂矿、企业、事业单位及区助理员以上共322 871名干部进行了审查。1957年11月25日，中央召开全国审干工作会议，决定审干范围扩大，凡工薪人员中1953年11月审干时未列入审干范围之内的干部和国营、合营商业营业员中接近于干部的人员都要进行一次审查。至1958年末，全省第二批审干任务完成。

1959～1963年，全省开展反右倾整风和社教运动，都对干部进行了审查。1966年5月“文化大革命”开始后，正常的审干工作停止进行。

1976年10月粉碎江青反革命集团后，按照中央的要求，普遍清查他们的帮派体系，以及与他们篡党夺权阴谋活动有牵连的人和事。1982年7月，全省开始清理“三种人”（造反起家的人、帮派思想严重的人、打砸抢分子）工作。到1985年12月，全省共列核查对象5 275人，已查清4 542人。到1985年12月，全省还更改认定中华人民共和国成立前参加革命工作的干部共1 601人，其中大革命时期4人，红军时期40人，抗日战争时期250人，解放战争时期1 307人。他们之中副省级以上干部10人，厅局级干部77人，县处级干部326人，其他干部1 188人。

（六）老干部工作

黑龙江省把老干部单独列为干部管理工作对象始于60年代。1964年11月，省委设立视察室，拟安排一部分老干部，使他们既摆脱一线繁重工作任务，又发挥一定作用。后来受“文化大革命”冲击而中断。

1978年以后，省委按照中央的统一安排，对“文化大革命”在老干部中造成的冤假错案进行平反工作。全省在“文化大革命”中被迫害致死的省直副局级和地市副专员及相当这一级以上的领导干部有29人，其中非正常死亡的17人，在审查期间病逝的12人。先后由他们的所在单位举行了追悼会或骨灰安放仪式，进行公开平反，恢复了名誉。1980年8月，省委在全省安排291名地、市级以上老干部担任顾问。

1982年4月，按中央规定，对1937年7月6日以前和1943年1月1日～1945年9月2日参加革命工作的老干部，分别增发工资作为生活补贴。1982年11月～1985年4月，根据中央组织部的有关规定，全省共审批行政14级以上享受局级待遇的有1 121人，行政15级至18级享受处级待遇的有

19 539人。1983年3月，根据中央对老干部要在“政治上充分尊重，生活上充分照顾”的指示精神，省委、省政府发出《关于离休、退休老干部政治待遇和生活待遇的暂行规定》。根据《规定》，重大节日的庆祝活动和大型群众集会，都邀请了离退休老干部参加。省委、省政府还遵照国务院的委托，为省委、省政府机关2 803人授予了“老干部离休荣誉证”。到1985年，全省共建立老干部活动室1 539处，设立了700多处老干部病房，先后安排2.55万名老干部疗养。到1985年底，由黑龙江省到省外安置的离休干部共有1 160人，安置在全国18个省市、44个地市县。

四、领导班子建设

（一）结构与调整

1949年10月，中华人民共和国成立时，松江、黑龙江两省共管理10个地级和146个县级地方党政领导班子，县团级以上领导干部1 112人。到1950年底，黑龙江省委选拔了21名地级干部充实各级经济部门领导班子。县团级以上领导干部增加到3 249人，其中省厅级以上干部129 人，县团级干部3 120人。

1954年8月，合省后的黑龙江省委调整充实了省直部门和新设地专级的领导班子，充实了企业党委的力量。并结合各级人民代表大会选举，安排党外人士进政府领导班子。共调整厅级干部154人，处级干部398人；抽调858名干部充实了嫩江、合江和齐齐哈尔3个新建的地、市级机关；为保证省直机关和新建地、市机关工作的需要，选拔县级以上领导干部1 220人。到1955年12月，全省共提拔厅级干部59人，县处级干部1 285人。1957年，县以上领导班子成员继续有所增加。厅级干部772人，其中女干部41人；少数民族干部22人；党员干部737人。1958年，机关开始精简，干部下放劳动，对部分领导班子进行了调整。到1960年底，县级以上干部增加到6 745 人，其中厅级以上998人，县处级5 747人。

1961～1963年国民经济调整时期，各级领导机构进行精简，领导班子职数有所减少，整体结构也有所变化。到1965年底，全省县级以上干部7 835人，其中女干部286人；少数民族干部285人；党员干部7 641人。

1966年5月，“文化大革命”开始不久，各级党政班子被“造反派”夺权，成立革命委员会。革命委员会由解放军、干部和群众代表三结合组成。1971年以后，军代表和群众代表开始陆续撤出各级革命委员会，原来的领导干部逐步被“解放”，充实到各级领导班子中去。

1976年10月，“文化大革命”结束。1978年12月，中共第十一届三中全会召开后，各级党政领导班子的整体结构有较大变化。1979～1980年，省委按照党的工作重心转移到经济建设上来的要求，调整各级党政领导班子。到1980年12月，全省地（市）级党政领导班子成员703人，其中女干部64人；少数民族干部22人。

1982年下半年到1983年底，省直机关开始机构改革，调整部、委、办、厅、局的领导班子。经过集中调整，各部门领导班子成员由399人下降到167人；新进领导班子的36人中，有大专文化水平的28人。同年5月，地、市机关机构改革及班子调整工作也开始进行。同年10月到1984年1月，全省县级党政领导班子进行了调整。经过调整，68个县（市）委领导班子由原来的690人减少到540人。1984年上半年，省委对企业和科研、大专院校等五个方面的领导班子进行了调整。1985年底统计，在205名地（市）党政班子成员中，女干部8人，少数民族干部2人；大专以上文化的131人，中专（含高中）文化的38人；35岁以下的3人，36～45岁的62人，46～55岁的110人，56～60岁的29人，61岁以上的1人。在860名县（市）党政班子成员中，女干部53人，少数民族干部47人；大专以上文化的521人，中专（含高中）文化的237人；35岁以下的73人，36～45岁的509人，46～55岁的275人，56～60岁的3人。

（二）民主集中制

解放战争时期，黑龙江地区各级党组织根据当时战争环境，在贯彻民主集中制原则上，着重强调加强党的集中统一，保证各项任务的完成。

1949年10月中华人民共和国成立后，中共中央突出强调实行集体领导与个人分工负责相结合的制度。据此，松江、黑龙江两省委都把实行集体领导与个人分工负责相结合的制度作为贯彻民主集中制的主要内容。

1956年10月，黑龙江省委召开全委扩大会议，根据党的第八次全国代表大会精神，要求全省各级党组织要切实贯彻执行民主集中制，坚持群众路线，克服官僚主义，加强党的领导。1957年反右派斗争和1959年“反右倾”运动中，由于运动的消极影响，党内民主生活不太正常。1961年8月，省委召开全省组织工作会议，突出强调健全集体领导与个人分工负责相结合的制度。1963年3月，召开全省第二次党代表大会第二次会议，对各级党组织贯彻民主集中制情况进行了总结和强调。此后，各地执行民主集中制的情况有了明显好转。1966年5月“文化大革命”开始后，党的组织瘫痪，民主集中制遭到破坏。1971年8月，省委恢复后，由于总的形势没有转变，各级党组织的民主集中制也难以贯彻执行。

1979年1月召开的黑龙江省第四次党代表大会，针对“文化大革命”中民主集中制遭到破坏的情况，提出要认真实行民主集中制，加强党的集体领导，要求各级党委对重大问题，必须集体讨论决定。同年10月，省委组织部对全省县以上党委健全民主集中制的情况进行了调查。14个地、市党委领导班子，执行民主集中制好的有7个、一般的5个、差的2个。在调查的254个县级党委中，执行民主集中制好的有94个、一般的122个、差的38个。

1980年8月，省委召开全省贯彻党的十一届五中例会通过的《关于党内政治生活的若干准则》经验交流会。1983年10月开始，全省分期分批地进行了整党。在整党对照检查阶段，各级党委领导班子对执行民主集中制原则，遵守党的组织纪律等问题进行了检查，并制定了整改措施。

（三）组织生活

参加双重组织生活，是指党员领导干部既要参加所在单位党支部、党小组的组织生活，又要参加党委（党组）的组织生活。1963年1月9日，省委下发《关于健全各级党委领导核心民主生活会制度的通知》，要求各级党委和党组成员，除必须毫不例外地按时参加所在支部、小组生活外，至少每个季度要开一次领导班子的民主生活会。到1963年3月末，全省66个市、地、县委有50%以上开了民主生活会。省直48个厅、局党组有29个开了民主生活会。1966年5月“文化大革命”开始后，各级党组织停止活动。

1976年10月，粉碎江青反革命集团。1980年5月，省委组织部下发《关于健全党的组织生活的几点意见》，重申党员领导干部要带头参加组织生活。全省县以上党员领导干部1981年上半年参加所在支部（小组）生活，平均每人达到6次。1982年11月在全国党员教育工作会议上，黑龙江省委以《领导班子民主生活会是教育提高党员干部的好形式》为题介绍了抓领导班子民主生活会的经验。1983年末，整党开始后，整党单位领导班子的民主生活会同整党结合进行。1985年5月下旬到6月初，省委组织部对省直94个单位副厅级以上党员干部参加机关组织生活情况进行了一次检查，先后两次召开有18个单位参加的座谈会。

（四）选拔培养后备干部

解放战争时期，为适应革命事业迅猛发展的需要，黑龙江地区各省都培养了大量的本地新干部充实干部队伍，并将其中优秀分子选拔到基层党政机构担任领导职务。

1949年10月，中华人民共和国成立后，松江、黑龙江两省委开始有计划有步骤地培养选拔后备干部。1952年的“三反”运动中，松江省共培养积极分子21 448人，其中选拔为各级领导干部的5 564人。同年底，黑龙江全省已掌握工厂企业可提拔股长级以上干部1 983人，省直单位可提拔科长级以上干部100人；各市（地）县可提拔任公司经理、主任、科股长以上的干部700人。1953年，国家第一个五年计划期间，为保证地方社会主义建设事业发展的需要和为国家重点建设部门输送干部，松江和黑龙江两省委进一步加强了后备干部的培养工作。同年8月，黑龙江省委组织部掌握的区委书记、区长、县科级以上后备干部2 343人；松江省委组织部当年破格提拔区科级以上干部2 096人。

1955年2月，合省后的黑龙江省委组织部确定了积极地、有计划地、分级分工有重点地培养后备干部的方针。之后，各地逐步建立健全党校和各种干部学校，为培养后备干部提供了阵地。1960年，全省共提拔各级各类干部35 215人。到1966年6月，全省已提拔35岁左右的地、市委副书记、副专员14人；30岁左右的县委正副书记、正副县长75人；25岁左右的公社党委正副书记、正副社长569人；各级党政机关工作部门、群众团体和工交、财贸、农林、文教卫生等企业、事业单位也提拔了一批新的领导干部。1966年5月“文化大革命”开始后，后备干部队伍建设受到了严重的干扰和破坏。

1973年6月，省委组织部恢复工作，随即着手研究培养选拔新干部的工作。1978年12月中共第十一届三中全会召开后，全省后备干部工作进入了一个新的发展阶段。1979年11月，省委组织部下发《关于认真选拔优秀中青年干部的通知》，要求全省各级党组织克服不注意选拔年轻干部和论资排辈的思想阻力，把真正拥护中共第十一届三中全会精神，热心“四化”建设和有真才实学、年富力强的干部选拔为后备干部。省委组织部掌握300名左右四五十岁的，能够担任地、市一级机关和事企业单位主要副职的名单，各地、市委组织部掌握100名左右三四十岁的，能够担任县一级机关和企事业单位主要副职的名单。各县委组织部也依据此精神建立了后备干部名单。到1980年10月，在配备各级领导班子中，从地市级后备干部中选拔158人，县处级后备干部中选拔1 688人。从1983年开始，先后在省直机关选派两批共57名后备干部到县（市）和乡镇锻炼，增加基层工作经验，两年后，有1/3的下派干部提拔到地、厅级领导岗位。

1983年4月，省委常委会议讨论确定25人为省级后备干部，其中前8名上报中央。1984年根据中央指示精神，省级后备干部数量由21人增至55人，其中前35人上报中央，后20人由省委掌握管理。同年，在全省抽调了61名后备干部和优秀青年干部到江苏、浙江、广东威海基层单位任职锻炼。到1985年底，全省有县处级以上后备干部16 536人，其中省级后备干部31人，地市级后备干部1 123人，县处级后备干部15 382人。在各级后备干部中，女干部1 995人，少数民族干部570人，非中共党员干部3 006人；大专以上文化程度的10 154人，有各种专业技术职称的

5 953人。全省已形成了一支数量较大、素质较好、配备合理的后备干部队伍。

第五节 宣传 培训

一、宣传工作

1945年抗日战争胜利后，中央派往东北地区的干部到达黑龙江地区，积极向人民群众宣传政治形势和党的政策，发动群众同国民党反动势力作斗争。1946年开展反内战的宣传，哈尔滨举行5万人的反内战大会和游行示威。1947年开展支持解放战争和土地改革的宣传，掀起参军参战、支援前线的高潮。

1949年10月中华人民共和国成立后，党把宣传工作的重心转移到动员群众恢复和发展国民经济上来。1950年，在城市和农村围绕“抗美援朝、保家卫国”为中心任务做好群众的宣传教育工作，举行报告会、动员会，举行“爱国日”，开展捐献运动。1953年，开展了过渡时期总路线的宣传教育活动，宣传党对资本主义工商业进行社会主义改造的有关政策。

1958年中国共产党第八届二次会议以后，在全省范围内开展了社会主义建设总路线的大宣传大学习运动，掀起了宣传总路线的高潮。1960～1962年三年困难时期，在全省开展了目前形势和任务的宣传教育运动，大张旗鼓地开展了对工农业生产先进典型的宣传，增强了人民群众战胜困难的信心，推动了经济形势的好转。1963年，响应毛泽东同志向雷锋同志学习的号召，在全省开展学习雷锋的活动、学习大庆精神的活动，掀起了学习解放军的热潮。

1966年5月“文化大革命”开始后，党的宣传工作受到影响。

1976年10月“文化大革命”结束后，特别是1978年12月中共第十一届三中全会召开以后，全省宣传工作在解放思想，树立实事求是的思想路线指引下，对林彪、江青反革命集团在思想工作方面的流毒，认真地进行了拨乱反正，对“左”的失误遗留下来的思想影响，认真地进行了清理；比较准确地、完整地宣传了马克思列宁主义、毛泽东思想和新时期党的路线、方针、政策。配合党的中心工作开展宣传工作。发挥舆论监督作用、发展新闻出版事业，大力宣传以经济建设为中心，坚持四项基本原则、坚持改革开放的基本路线和建设有中国特色社会主义理论， 及时反对来自“左”的或右的两种错误倾向，不断加强精神文明建设，并在宣传改革开放的过程中，努力改革宣传工作，积极探索和研究新时期宣传工作的规律和方法，恢复、继承和发扬党的宣传工作的优良传统，全省宣传工作呈现出新的局面。同时对发展经济、发展安定团结的政治局面，起到了积极作用。

1981年以后，对全省党员进行了各个时期党员、干部的理论教育。围绕党的新时期宣传工作的新特点，根据干部队伍的实际情况，有针对性地开展了党的基本知识教育、理想信念的教育活动。利用艺术形式宣传党的方针政策和党在各时期的工作任务，繁荣了文化艺术、开展了群众性的文化活动，产生了大量的优秀作品。党员干部政治理论水平有一定的提高，党员教育阵地得到了巩固。在1981年开展的做一个合格的共产党员教育活动中，结合学习《党的基本知识》课本，采取短期轮训和党课教育相结合的方式进行，提高了党员自身素质。在教育期间， 全省各市、县委共表彰优秀党员24 763人，先进支部2 482个。1983年上半年，对全省党员普遍进行了以党的“十二大”通过的《中国共产党章程》为主要内容的集中轮训，使党员了解新党章的内容，弄清党的性质、地位、作用、党员的条件和义务。1983以来，根据全面整党和经济体制改革的要求，全省党员教育工作以学习中央整党工作指导委员会编发的《党员必读》和《中共中央关于农村工作的通知》为中心内容，采取上党课、轮训等形式，进行党的基本路线、经济体制改革和理想信念教育。

1984年，省委加强了对外宣传工作的领导，成立了省委对外宣传小组，制定对外宣传事业发展规划，培训对外宣传干部等，开展友好城市的往来活动。同年7月，黑龙江省在香港举办了出口商品展览会，接待参观者5万多人，客商1.3万多人。1978～1985年，各涉外部门先后印制了《今日黑龙江》《黑龙江风光》《哈尔滨冰雪活动简介》《五大连池火山》画册和《哈尔滨冰灯》明信片等旅游宣传品共25种、60万份，赠给国外游客，增进了他们对富饶美丽的黑龙江的了解。据统计，来黑龙江省的外国游客，1979年为4 006人，1985年达到35 809人，6 年增加了8倍。这些游客，通过旅游了解了黑龙江省的物产、资源、投资环境和开放政策，对开展经贸往来和技术合作起了推动作用。1982～1985年，在省委对外宣传小组的协调下，省旅游事业管理局协助有关部门拍摄五部宣传黑龙江的电影、电视片。其中，协助长春电影制片厂拍摄的《中国冰城——哈尔滨》被评为全国最佳旅游影片第一名。1983年此片在法国塔布第十七届国际旅游电影节放映，获得特别奖和音乐奖。提高了黑龙江省冰雪风光的知名度。1985年，联合国教科文组织、联合国儿童基金会和日本电视放送网函索佳木斯市文化卫生方面的专题电视片。其中，抚远县制作的录像片《蓝色的乌苏里》，在1985年黑龙江出口商品洽谈会上播放后，吸引一些外商到抚远去游览和洽谈生意。到1985年末，已与朝鲜的咸镜北道、加拿大的阿尔伯塔省、美国的威斯康星州和阿拉斯加州、南斯拉夫的塞尔维亚共和国、日本的新潟县和北海道建立了友好关系。许多国家官方的、党派的、民间团体的到黑龙江省访问的代表团（组）日益增多。至1985年末，有32个国家、97个团（组）、500多人到黑龙江省访问。

1985年，全面建设精神文明，创建文明单位的活动健康发展。1月25日，省委、省政府召开全省首届文明单位建设先进集体、先进个人代表会议。25个单位被授予“文明单位标兵”荣誉称号，10人被授予“先进个人标兵”荣誉称号；100个单位被授予“文明单位”荣誉称号；233个单位被授予“创建文明单位先进集体”荣誉称号；55人被授予“先进个人”荣誉称号。“五讲四美三热爱”活动开展，促进了各项事业的发展。

二、培训教育

1945年抗日战争胜利后，大批新干部参加到革命队伍中来。黑龙江地区各省都开办军政干部学校或训练班，培训各类干部。1946年11月～1947年4月，合江省委在东北军政大学合江分校举办两期农干班，共637人参加。1948年以后，各省军政干部学校停办，先后建立了党校干校。

1949年10月中华人民共和国成立后，黑龙江地区各级党委，把党校、干校作为培养党政主要领导干部和理论骨干进行理论研究和宣传的重要阵地之一。1951年初，黑龙江省委制订了《一九五一年至一九五三年培养干部计划》，对在职干部进行业务与政策的培训，使干部培训工作逐步走向专业化。1953年，开始实行经济建设第一个五年计划，对干部的专业技术水平提出了更高的要求。到1955年，全省各地区业余专业学校35所，业余学习技术小组480多个。三年多时间，全省有近30万名干部参加业余干校和小组学习。

1954年两省合并后，全省有近30万名基层干部参加了文化补习。同年11月，省委制定了

《一九五五年干部训练计划纲要》，从1955年开始实施这项计划，每年有近300名在职干部进入大学学习。1956年1月，省委决定组建中共黑龙江省委中级党校。1956年4月，省委制定了《黑龙江省干部训练规划（1956～1962年）》，规划中安排要使24万名专业技术干部（包括中、初级技术人员）分别接受一次专业知识教育。这期间，各地又陆续新建27所专业干部学校，使全省干校达到75所。1958年6月，省委根据党中央指示，作出了《关于将省委中、初级党校合并为省委党校的决定》。1966年5月"文化大革命"开始后，党校和各类干部学校停止培训，1967年相继撤消。

1968年4月，省革命委员会决定在原省委机关农场（位于庆安县柳河）办一所干部学校，定名为"柳河'五七'干校"，作为没有结合到革命委员会的干部和一大批待分配的干部下放劳动的场所。1969年7月，省革命委员会作出《关于进一步办好"五七"干校的决定》，提出采取长期和短期两种方式，分期分批轮训在职干部的要求。柳河"五七"干校建立不久，省革命委员会又在通河县办了清河"五七"干校。从此，全省各地陆续办了"五七"干校，组织干部下放劳动。到1970年6月，全省各级各种"五七"干校已发展到3 160所。到1976年5 月，全省各地"五七"干校共轮训了23万多名各级干部和6.4万名理论队伍骨干。

1977年10月，中央发出"关于办好各级党校的决定"，各级党校陆续恢复。11月撤销省委干部学习班，恢复省委党校。1979年10月，根据国务院《关于停办"五七"干校的有关问题的通知》精神，省委常委会议决定停办"五七"干校。

1980年8月，为了造就社会主义现代化建设的大批专门人才，省委作出《关于加速人才培养，搞好干部教育的决定》。从1981年开始，相继委托黑龙江大学等11所院校开办干部专修班。还成立了省工会干部学校、妇女干部学校、青年干部学院和民族干部学院。1983年，成立黑龙江省科技人员继续教育中心和黑龙江省科技干部继续教育学院，承担培训任务。1983年底，省委制定了《一九八三年至一九九〇年干部培训规划》，把干部学历教育作为重点工作进行统筹安排。从1983～1985年，通过干部的文化学历教育已培养了各级各类干部13.5万多人。到1984年，全省已成立8处继续教育中心，有14所大专院校开办了继续教育培训班，培训近3 000人，还有近2.4万余名科技干部参加了各地和各学会举办的短训更新轮训班。到1984年，全省已有各类干部专业学校319所，培训领导骨干和专业技术人员32万多人。至1985年底，黑龙江地区共有地、市级党校20所，其中含相当于地、市级党校的系统党校3所。县级党校共68所。区委党校共33所。大中型企业党校共52所。

省委党校从1948年创建起至1966年5月"文化大革命"前，共培训学员437 122人次；1977年复校后到1985年底共培训学员8 145人次（不包括函授人数）。总计共培训45 867人次。

地、市级党校到1985年底，共培训学员133 094人次。其中"文化大革命"前培训学员83 090 人次，"文化大革命"后培训学员50 004人次。

第六节　纪律检查

解放战争时期，黑龙江地区没有建立党的专门监督检查机关，党员违纪案件由党的各级组织直接检查处理。

1949年10月中华人民共和国成立后，松江、黑龙江两省委于1950年建立了纪律检查委员会。承担着检查党组织和党员干部违反党纪的行为，受理审查违纪案件；在党内加强纪律教育，维护党的统一与集中的任务。1952年底，松江省各级机关在“三反”运动中共有违纪党员3 111人受党纪处分。1953年，两省各级纪委贯彻东北局关于开展“新三反”斗争的指示，有重点地检查处理党员违纪案件。松江省委纪委处理各种违纪党员1 106人。黑龙江省各级纪检部门处分机关中违纪党员1 133人。1955年，中共黑龙江省监察委员会代替原来的省委纪律检查委员会，又由中共黑龙江省监察委员会改为省委监察委员会。1955～1956年，在肃反运动和反右派斗争中，全省共检查处理混入党内的反革命分子、坏分子、阶级异己分子及隐瞒历史错误等问题的有1 289人。1957年，在整风运动和反右派斗争中，党的监察系统主要检查处理右派分子、坏分子及各种违法乱纪案件。1959～1960年，全省党的监察工作主要是围绕整党整社、反右倾中的党员违纪案件开展的。1961～1962年，在三年经济困难期间和社会主义教育运动中，全省共检查处理违纪党员11 946人。1964～1965年，全省共检查处理各种违纪党员12 380人。

1966年5月“文化大革命”开始后，全省各级党的监察机构被砸烂。1976年10月粉碎江青反革命集团后，纪检工作逐步恢复。1977年共检查处理违纪党员9 719人。

1978年12月中共第十一届三中全会召开后，重新建立中共黑龙江省委纪律检查委员会。根据中国共产党第十二次代表大会规定，各级纪律检查委员会由同级党委的一个部门改变为同级领导班子之一。各级纪检部门重新建立后，在维护党的章程和其他重要规章制度，协助党委整顿党风，检查党的路线方针政策和决议的执行情况，对党员进行遵守纪律的教育，维护党的纪律， 检查和处理党的组织和党员违反党章党纪和国家法律法令的案件，受理党员的控告和申诉等方面做了大量工作。特别是1978年后，在拨乱反正中，全省各级纪检组揭发批判了林彪江青反革命集团对党员干部打击迫害，捏造罪名，制造冤假错案的罪行，案件检查工作逐步恢复了实事求是的原则。

1979～1980年，各级纪委在对积压案件摸清底数、分类排队的情况下，组织力量对大案要案进行检查处理。重点查处违反党的政治纪律和组织纪律的案件，以及以权谋私、官僚主义和损失浪费造成严重后果的案件。

1981年，根据中央纪委第一号通报的要求，各级纪委配合有关部门对“文化大革命”期间的打砸抢案件进行全面审查验收工作。全省犯有打砸抢错误的7 188人，其中党员2 571人，受党纪处分的680人。

1982年1月，根据中央发出的《关于打击严重经济犯罪活动的紧急通知》，省委以及地、市、县委相继成立了领导小组，并与公安局、检察院、法院、工商、海关等执法执纪部门一起进行打击经济领域的违法犯罪活动，查处了一批党员、干部参与经济犯罪活动的大案要案。1982年11月末，经济案件共立案10 761起，依法判刑529人，开除党籍145人，行政撤职的177人。1981～1982年，全省各级纪检部门检查处理各种违纪党员9 199人，严重官僚主义工作失职案件550人。1983～1984年，配合全省打击经济犯罪、制止乱砍滥伐森林，纠正不正之风及整党工作，检查处理了各种违纪党员11 668人；贪污盗窃、投机倒把、行贿受贿2 266人；搞特殊化1 199人；严重官僚主义失职渎职561人。1985年，全省纪检系统配合经济体制改革、整党工作及反对资产阶级自由化，以查处以权谋私、严重官僚主义及政治上的自由主义案件为重点开展案件检查审理工作，全年共检查处理各种违纪党员3 680人，以权谋私、搞特殊化347人，严重官僚主义失职渎职230人。

改革开放以来，纪检工作本着为经济建设和改革发展服务的指导思想，在全省范围开展纠正党政机关和党政干部经商办企业等不正之风，从端正党风、加强纪律入手，促进经济体制改革的顺利进行。截至1985年10月，全省查出1 194家属于党政机关、党政干部开办的商店、企业，参与经商活动的乡以上党政机关干部1 842人（在职干部1 302人，离退休干部540人），其中处级以上干部140人（包括在中外合资企业中兼职的11人）。已停办396家，脱钩转证790家，合计1 186家，占应纠正总数的99%；党政干部转入企业的162人，撤回原机关的1 406人。全省查出县团级以上党政机关领导干部的子女、配偶从事经商活动的24人，其中厅局级干部的子女5人、配偶1人，处级干部的子女12人、配偶6人，均分别情况进行了适当处理。

第七节　统一战线

1949年10月，中华人民共和国成立后，黑龙江省委将统一战线工作处于党的工作的重要地位。1950年，中共松江、黑龙江两省委根据中共中央关于民主党派工作的指示精神，开始帮助民主党派建立和发展组织，并认真贯彻执行党的各项统战工作的方针政策，在爱国主义、社会主义的旗帜下，调动一切积极因素，动员和组织全省各界党外人士和社会上一切可以团结的力量，反对国内外敌人，巩固人民民主专政，完成社会主义改造和推进社会主义建设的各项事业中都发挥了重大的作用。

1951年，省委统战部为支持民主党派工作，在帮助其建立和发展组织工作中，推荐起义将领黄方刚为民革成员，并由其负责在黑龙江省发展民革组织。同年，九三学社、民建都相继成立。到1955年底，黑龙江省建立的民主党派组织有：民革黑龙江省小组、民盟黑龙江省支部、民建哈尔滨市筹委会、九三学社哈尔滨中央直属小组。民主党派成员共有197人。

同时，加强了同民主党派的政治协商。省委统战部经常邀请民主党派人士参加协商会、座谈会、情况通报会，就党和国家大政方针的制定和执行，以及本省重大问题、等重要事项的决策进行民主协商。

从20世纪50年代开始，积极扶持和发展私营工商业，引导工商业者走上社会主义道路。50年代的公私合营，特别是在对资本主义工商业的社会主义改造上，成功地运用和平赎买的方法，逐步完成了消灭资产阶级并把这个阶级的人们改造成为自食其力的劳动者的历史任务。到1953年底，黑龙江省有42个市县、松江省有32个市县建立了新的工商联组织。1954年两省合并为黑龙江省后，随着省工商联工作的开展，到1965年底，全省8个市、55个县均建立了工商联组织，6 个地区也都设立了工商联办事处。为加强对工商业者的政治思想教育，有计划地开展了经常性的业余政治理论和时事政策的学习，不断提高他们的政治思想素质和社会主义觉悟，省委宣传部和统战部按照省委的要求，协同有关部门制定出对工商业者的教育规划。据统计：全省工商业者中，参加理论学习的共有12 562人，参加时事政策学习的共有25 672人。提高了他们爱国主义和社会主义的思想觉悟以及继续接受思想改造的自觉性。

1966年5月“文化大革命”开始后，统一战线工作及活动被迫停止。

1976年10月“文化大革命”结束后，特别是1978年中共第十一届三中全会召开以后，党的工作重心转移到社会主义现代化建设上来，统一战线工作也进入了新的历史发展阶段。统战工作围绕党的中心工作，认真贯彻落实党的各项统战工作的方针政策，加强党同各界党外人士的联系，加强党同各民主党派的政治协商和民主监督，把各方面的积极因素调动到社会主义现代化建设的轨道上来，为实现党在新时期的总任务总目标服务。支持工商联和各民主党派为发展经济献计献策；贯彻落实民族、宗教政策，支持和发展少数民族各项事业，开展增进民族团结活动；认真落实台属台胞政策，解决他们存在的问题，为完成祖国统一大业起到了积极作用；积极做好民主党派、无党派人士担当各级政府领导职务的推荐工作，加强和完善了党的领导体制。据统计：全省共核查认定并登记的起义、投诚人员3 724人（省将级22人，县校级362人，区尉级1 342人，士兵1 998人），为他们全部颁发了《起义人员证明书》和《投诚人员证明书》，按中央文件精神落实了有关政策。在全省台属台胞中，被安排为全国人大代表2人，全国政协委员1人；省人大代表19人，省政协委员29人；市、县人大代表、政协委员285人。有10人提升了职务，有48人被选为各级劳模或先进工作者；有6人被评为副教授、高级农艺师；有16人被评为讲师、工程师、会计师、医师；有15人被评为助理工程师、护理师、技师等。

1983年，为了培养更多的少数民族干部，建立了黑龙江省民族干部学校，1985年改为黑龙江省民族干部学院，对全省各级少数民族干部的培养和政治思想文化素质的提高，发挥了重要的阵地作用。到1985年底，全省少数民族干部增至4.3万多人。

1983年4月22日，召开的黑龙江省第六届人民代表大会的947名代表中，党外人士345人，选举出席全国第六届人民代表大会的122名代表中，党外人士36人；推荐安排政协第六届全国委员会的21名委员会中，党外人士14人。1985年底统计，全省市级人民代表大会的4 592名代表中，党外人士588人，县（区）级人民代表大会的31 953名代表中，党外人士2 484人。政协省第五届委员会召开第三次会议，542名委员中，党外人士359人。全省市级政协2 875名委员中，党外人士1 661人，全省县（区）级政协11 869名委员中，党外人士7 113人。1983年4月22日黑龙江省第六届人民代表大会第一次会议选举安振东（九三学社哈尔滨市分社委员、哈尔滨市第二轻工业局总工程师）为省人民政府副省长。1985年，全省正副厅局长级及相当这一级的干部中，党外人士有12人。其中担任副市长的2人，担任市、地有关部门正副局长的259人，担任副县（区）长的14人，担任县（区）政府有关部门正副局（科）长的3 746人。

第八节　政务工作

一、政策研究

解放战争时期，黑龙江地区各省委建立之初，就十分重视配合中心工作进行调查研究。1949年10月，中华人民共和国成立后，松江、黑龙江两省的调查研究机构是省委办公室。调查研究工作主要题目是土改后的阶级变化、农村互助合作运动、恢复和发展经济等内容。1949～1954年，松江、黑龙江两省委办公室深入各县，就农村各阶层经济变化情况、试办农业生产合作社进行调查，向省委提出正确贯彻政策、搞好农业生产和如何办好农业生产合作社的报告。与此同时，松江、黑龙江两省委依照东北局的部署，开展对地方工业大规模的调查，写出调查报告上报东北局。

1954年8月松江、黑龙江两省合并为黑龙江省。1954～1957年省委办公厅就新建农业生产合作社、工业生产和基本建设、农业场效应管保收、灾区生产自救、粮食市场等问题进行调查研究，写出调研报告，提供省委领导决策参考。1958年1月，省委决定成立省委政策研究室。1958～1962年间，省委政策研究室参与对城乡人民公社情况的调查研究，并负责对城市人民公社的组织指导工作，于1959年，向省委提出了《关于办好城市人民公社的问题》的报告。在"大跃进"之后的三年困难时期，调查研究工作重点是贯彻《人民公社六十条》等问题，1961年1月，省委政策研究室在兰西县进行调查，总结了红光公社友谊管理区以革命精神战胜困难和红旗公社长安管理区在困难面前畏难松劲的两种典型，以《两种态度两种结果》为题向省委写了报告。同年，省委政策研究室和省委主管部门还就工业贯彻"八字方针"、企业领导制度、经营管理、思想政治工作，农业机械化、粮食定购、农村整风整社，城乡购买力和商品供应、手工业和小商品生产等问题进行了调查，分别写出报告，供省委领导决策参考。1962年，还就城镇人口下放、县机关单位职工小开荒、移民新村、压缩农村非农业人口等问题进行调查研究。

1963～1965年，随着城乡社会主义教育运动的深入发展，调查研究工作重点转向社教运动。1967年1月，在"文化大革命"的冲击下，省委政策研究室被迫停止工作。1973年6月，省委恢复了政策研究室。1973～1975年，先后进行了关于哈尔滨市落实政策问题的调查、哈尔滨市直属局领导班子建设问题的调查。1975年10月，省委决定政策研究室与省委办公室合并。

1980年12月，为了加强调查研究工作，省委决定重新设立省委研究室（不久改称政策研究室）。1981年，完成了虎林县被选农机包耕联产责任制的调查；哈尔滨轴承厂以生产为中心，坚持思想政治工作结合经济工作一道去做的调查；齐齐哈尔市工厂企业在调整改革中，党委怎样领导职工真正当家作主问题的调查。1982年12月，政策研究室参加了省委书记陈俊生率领的调查组，就农业生产责任制问题到嫩江地区进行调查研究。1983年，对全省县办工业进行了调查。1984年围绕企业整顿和进一步完善农村包产到户进行调查研究。同年3月，根据省委决定，从省委政策研究室、省经济研究中心等部门抽调干部组成经济发展战略及规划办公室，提出并经省委批准了《黑龙江省经济科技及社会发展战略研究工作规划》。1985年，完成了《黑龙江省经济科技社会发展战略初步设想》初稿。同年9月，省委常委会议听取汇报后，下发省直各部门和各地、市、县征求意见后，形成《黑龙江省经济发展战略（修改稿）》。与此同时，对全省机械工业调整、齐齐哈尔市工业系统实行全行业财务包干经济责任制、挖掘现有企业潜力是增加财政收入的重要途径、富锦县怎样实现工农业总产值翻番、榆林橡胶厂党委坚持对青年工人做好8小时以外的思想政治工作、师范教育问题、调整企业内部工资关系、国营农场经济发展情况和基本经验等问题进行了调查研究，分别写出了调查报告和总结材料，供领导决策参考。

二、党史研究

1959年3月，省委党史研究所成立。随即着手搜集地下党组织保存下来的革命文献、书刊及日伪档案等文字资料，到省内外特别是省内老根据地访问革命老干部、革命群众，搜集口述资料。编写出从党组织建立至1945年的地方党史大事年表，为编史作了准备。1960年搜集党史资料2 156件，由东北抗联负责干部撰写的回忆录145件。1960年5月～1962年5月，省委党史研究所搜集1923～1943年的党史资料2 402件。编写出《中共黑龙江省地方党史（民主革命时期）》草稿，经过修改形成初稿，共4章，约15万字。并组织力量编写了《东北地方党的活动大事记》。1963年6月，完成了东北抗日联军第三、四、五、六、七军历史资料初稿的编写工作。1964年4 月，根据中央宣传部《关于搜集整理朝鲜同志参加中国革命运动历史资料问题的指示》，省委从省直机关和有关市、县抽调干部组成调查组，分两批调查了96名抗日烈士（其中朝鲜烈士32 人）的事迹。编写出东北抗联第三、四、五、六、七军军史资料修订稿，同时编写出《东北抗日联军统制系统表》。1965年1月，省委党史研究所改名为党委党史资料研究室。此后，便以“黑龙江地区抗日游击根据地”为重点进行资料搜集整理工作。据不完全统计，省委党史研究所自成立到1966年5月，共复制革命历史文件2 500件，访问老干部、抗联老战士和知情者700多人次，记录500多万字口述资料。翻译了内部出版的《朝鲜革命史》《游击队员回忆录》等100多万字朝文资料，和“满洲共产党之研究”等100多万字日伪资料。1966年5月“文化大革命”开始后，党史资料移交省档案局。1973年8月，党史资料研究室恢复，但资料搜集整理工作并未进行。

1979年3月，党史资料研究室改为省社会科学院地方党史研究所。同年编写了《东北抗日烈士传》，共3辑，收录103位烈士传记，约60万字，分别于1980年、1981年由黑龙江人民出版社出版。1980年，新成立不久的地方党史研究所把编写东北抗日联军史的任务纳入计划，并列为黑龙江省社会科学院重点科研项目。同年8月，在中央党史研究室指导下，东北三省社科院就在东北三省协作编写出一部完整的、准确的东北抗日联军史问题进行研究，并向中央写了请示报告。在得到中央指示后，成立编史领导小组，制定了计划，明确了任务，进行了分工。开始着手编写《东北抗日联军斗争史》。1981年3月，省委决定地方党史研究所从省社会科学院划出，恢复省委党史研究所，专门从事党史研究和地方党史编写工作。同年5月，省委根据中央办公厅有关文件的要求，决定成立中共黑龙江省委党史资料征集委员会，下设办公室。之后，党史资料征集工作逐步开展起来。1982年3月开始，对全省各地400多名在第一、二次国内革命战争时期参加革命的老干部普遍进行了调查。到1983年5月，省委征集办征集到中央领导人著作、题词、照片50多件，老干部回忆录87篇62.1万字，革命历史文件、文物26件。1984年8月，东北三省党史资料专题座谈会召开，会上交流了征集工作情况和经验。同时，对中央党史资料征集委员会交办的、由黑龙江省牵头与吉林省协作承担的三个专题——《建党初期马骏到宁安、哈尔滨、吉林等地从事革命活动的情况》《1923年陈为人、李震瀛到哈尔滨从事革命活动和建党的情况》《吴丽实到哈尔滨、长春从事革命活动和建立北满地委的情况》进行了核定后上报中央征委会。1985年1月，省委党史研究所与省委党史资料征集委员会合并，建立中共黑龙江省委党史工作委员会。同年，省委党史工作委员会征集到解放战争和社会主义革命、建设时期的资料1 170件。各市、地、县征集到的文献资料、回忆录、访问录据不完全统计，共674件，历史照片和文物1 409件。至1985年底，全省共整理大小专题资料412个。《东北抗日联军斗争史》经过几年的工作，到1985年末，共形成征求意见稿五章，约45万字。此外，编写出《黑龙江人民革命斗争大事记（民主革命部分）》初稿；共出版《黑龙江党史资料》四辑。

三、人民信访

1951年6月，政务院发布《关于处理人民来信和接见人民工作的决定》。据此，松江、黑龙江两省都设立了人民接待室和群众意见箱。特别在受理信访、案件办理、检查催办上，两省委高度重视，并要求各级党政部门把群众来信来访作为一项经常的政治工作和群众工作来抓。1952～1953年，松江、黑龙江两省委根据党中央、东北局的指示，从处理人民来信入手，开展反对官僚主义、命令主义、违法乱纪斗争。1954年合省后，省委进一步加强了对信访工作的领导，开始配备专职信访工作干部。这一年，仅省直24个单位和31个市、县及9个森林、工矿企业就受理群众来信来访49 878件次。1955年，全省群众来信4 935件，来访702人次。1956年，全省群众来信8 134件，较1955年增加64.8%；来访1 676人次，较1955年增加111%。1958年，“大跃进”高潮中，全省群众信访总数比1957年大有减少。

1960～1963年，由于“大跃进”的后果和3年自然灾害等因素，群众信访又大量增加。1963年，进京上访达6 372人次，居全国各省、自治区群众进京上访的第三位。为适应人民来信来访工作量大增的状况，做好繁重的信访工作，省委一名书记分管信访工作。1964年，针对群众来信来访显著增加的严重情况，省人委下发文件要求各地、各部门在分析当地实际情况的基础上，在重点地区、重点部门和重点问题上，采取“打歼灭战”的办法，把群众提出的切身问题，集中地成批地解决。经过一段时间深入细致的工作，情况逐渐缓和下来。1966年5月，“文化大革命”开始的初期，全省党的组织遭到破坏，信访工作一度停止。1968年末，省革命委员会办公室下设信访组，承担信访工作任务。1969年，受理群众来信来访2.5万件次；1970年，受理群众来信来访1.9万件次。1971～1974年，全省群众信访量一直很大，每年都达到2.6万件次至3万件次。来信来访反映的除运动中发生的问题之外，多数是精简遗留问题，劳动就业和生活救济等问题。同时去北京上访的人数增多，每年都在1 000人次左右，1971年居全国第四位。到1975年，进京上访的人数居第六位。在黑龙江省的下乡知识青年到国务院知识青年办公室上访的居全国第一位。全省信访积案很多。

1976年10月粉碎江青反革命集团以后，省委为了加强对信访工作的领导，于1978年5月成立了省委信访工作领导小组。同年6月经省委批准，将省信访处升格为省信访局。同年末，接待处理群众来信来访11.03万件次，超过常年的3倍以上。在案件办理上实行分级负责、归口办案。到1978年末，全省共收到群众来信来访32.3万件次，由省办理的案件11.03万件次。为完成繁重的信访工作任务，1979年2月，省信访局改称省委、省革命委员会信访办公室，在此期间开展了清理信访积案的大会战。应由省里处理的，特别是一些在要案，省委主要领导亲自办理。1980年10月18日，省委第一书记杨易辰亲自主持常委办公会议，研究处理了国营伟建机器厂家属厂女工要求转制和国营农场知识青年要求返城集体上访案。到1980年，全省处理各种积案达60万件。此后，群众信访量逐渐减少，信访工作秩序有所好转。1981年3月，建立了信访收容遣送站，负责收容、教育、管理和遣送住站上访人员。5年中，劝阻越级上访3 762人次，收容1 866人，对无理取闹的送公安机关依法拘留5人，劳动教养17人。信访收容站的建立，使正常的信访工作减少了干扰。1984年8月，省六届人大常委会第九次会议，通过《黑龙江省人民群众来信来访工作的规定》，为做好新时期全省信访工作提供了法律依据。这一年，省信访办还对负责承办的案件，采取请上来、走下去的方法，到基层工作400个工作日，办案984件次。全年立案530件（其中中央交办的114件），结案414件，结案率为78.1%，比1983年提高了20%。1985年，许多县一级普遍建立了县、乡、村三级信访网，有的县实行了信访工作承包责任制，有的企业实行了信访工作目标管理，较普遍的把信访工作纳入两个文明建设的规划之内，使信访工作逐步走上了制度化、规范化的轨道。

第三章　人民代表大会

1945年抗日战争胜利后，在中国共产党的领导下，通过召开各界人民代表会议或临时参议会的形式，先后成立了黑龙江、嫩江、合江、松江、绥宁5省和哈尔滨市民主政府。各市、县也相继建立了民主政权。

1949年10月，中华人民共和国成立之时，黑龙江地区分设为黑龙江、松江两省。

1950年3月，松江省、黑龙江省分别召开省首届各届人民代表会议。1953年8月，哈尔滨市改为中央直辖市。

1954年8月，黑龙江、松江两省合并，成立新的黑龙江省。黑龙江省第一届人民代表大会第一次会议在哈尔滨召开。1954年9月20日，第一届全国人民代表大会第一次会议通过《中华人民共和国宪法（以下简称宪法）》。它第一次以国家根本大法的形式正式确立了在国家实行人民代表大会制度。

1979年12月，黑龙江省人民代表大会常务委员会建立。至1985年底，该届省人大常委会任期尚未届满。

到1985年，全省共设有4个地区、10个地级市，6个县级市、62个县、64个市辖区、4个地区辖区，1 179个乡、镇。根据《中华人民共和国宪法》和《中华人民共和国地方各级人民代表大会和地方各级人民政府组织法（以下简称组织法）》的规定，县、市、市辖区、乡、民族乡、镇设立人民代表大会，县级以上的地方人民代表大会设立常务委员会，作为本级人民代表大会的常设机关；乡、民族乡、镇人民代表大会设立大会主席团。

第一节　松江省、黑龙江省、哈尔滨市人民代表会议

一、松江省、黑龙江省人民代表大会

1949年12月，中央人民政府颁布《省各界人民代表会议组织通则》和《市各界人民代表会议组织通则》《县各界人民代表会议组织通则》（以下简称《组织通则》），对各界人民代表会议的召集、代表产生办法、任期及其职权都作出了具体规定。根据《组织通则》规定，省各界人民代表会议每届任期为2年，市各界人民代表会议任期为1年。

1950年3月25～31日，黑龙江省首届人民代表会议第一次会议在齐齐哈尔市召开，出席会议代表382人；1950年3月25～29日，松江省首届各界人民代表会议第一次会议在哈尔滨召开，出席会议代表372人。遵照《组织通则》所赋予的职能，两省各界人民代表会议分别听取并审议了两省人民政府工作报告，批准了省政府的施政方针、措施和决算预算，选举产生了省人民政府委员会和省各界人民代表会议协商委员会。实际上，黑龙江省、松江省各界人民代表会议均仅历一届，各召开两次会议。

在此前后，两省所辖各市、县也都先后召开各界人民代表会议，选举产生了市、县人民政

府委员会。同时，省境内各区、村均召开人民代表大会，民主选举了区、村政府领导人员。

黑龙江、松江两省各界人民代表会议在代行人民代表大会职权的4年多时间里，较好地行使了法律所赋予的各项权力。这对于团结广大人民群众积极参加土地改革、镇压反革命、抗美援朝三大运动和“三反”“五反”斗争，恢复和发展生产，开展文化教育和卫生防疫等工作，发挥了重要作用，显示了人民民主专政的强大力量和人民民主制度的优越性，并为后来正式确立人民代表大会制度创造了良好条件。

1953年，根据《中华人民共和国全国人民代表大会及地方各级人民代表大会选举法》（以下简称《选举法》）的规定，同年6月，省、市、县、市辖区分别成立了选举工作委员会，在人口普查的基础上，全面开展了普选工作。松、黑两省所辖各市、县经过人口普查和选民登记，确定有选举权的选民总数为6 254 222人，无选举权的人占符合选民年龄总人数的23%，其中被依法剥夺选举权的人占2.18%。直接参加投票选举的选民5 447 627人，参选率达到87.1%。两省8 183个城乡基层政权单位，共选出县级人大代表和区、镇人大代表151 692人，其中妇女代表占16%。

二、哈尔滨市人民代表大会

1949年10月1～8日，哈尔滨市召开第一届各界人民代表会议。之后，共经3届，召开16次会议。其中第一届任期为1949年10月～1950年6月；第二届任期为1950年6月～1951年9月；第三届任期为1951年9月～1954年8月。1953年8月～1954年7月，哈尔滨市作为中央直辖市期间，正值市第三届各界人民代表会议任期之内。各界人民代表会议均选举了市协商委员会。

第二节　黑龙江省人民代表大会

一、黑龙江省第一届人民代表大会

1954年8月，黑龙江、松江两省合并，成立了新的黑龙江省。1954年8月13～16日，黑龙江省第一届人民代表大会第一次会议在哈尔滨召开，标志着黑龙江省人民代表大会制度的正式确立。

黑龙江省第一届人民代表大会任期为4年。在其任期内，按照每年召开两次人民代表会议的规定，共举行6次会议。各次会议除听取省人民委员会工作报告，选举或补选省人民委员会组成人员、省高级人民法院院长和各地区中级人民法院院长外，还审议了《黑龙江省发展国民经济的第一个五年计划纲要》，讨论并通过《1956年至1967年黑龙江省农业发展纲要》等。省人民代表大会及市、县、乡人民代表大会制度的建立和发展，为加强地方各级人民民主政权建设，保证国家法律、法令和政策在全省的贯彻执行，促进经济、文教、科技、卫生等建设事业的发展，发扬人民民主，保障人民的民主权利，都发挥了重要作用。但是，这一阶段黑龙江省及所辖市、县、乡人民代表大会的各项工作还处于探索之中。在1957年的反右派斗争期间召开的省一届人大六次会议上，一些省人民代表的率直发言被视为右派言论，受到批判，有的代表还被取消了代表资格打成右派分子，致使人民代表大会的民主气氛受到严重影响。

二、黑龙江省第二届人民代表大会

1958年8月28日～9月3日，黑龙江省第二届人民代表大会第一次会议在哈尔滨召开。在其任期内，共举行4次会议。在各次会议上，听取并审议了省人民委员会的工作报告，有的会议还听取并审议了省高级人民法院的工作报告，作出了相应的决议；同时，选举产生了第二届省人民委员会，选举了省高级人民法院院长和出席第二届全国人民代表大会的代表等。但在第一次、第二次会议期间，时值“大跃进”和“反右倾”运动，受“左”的思想影响，会议提出了一些不符合实际的口号和经济社会发展目标，给省内的经济建设和社会发展造成了不良影响。此后，由于国民经济处于严重困难时期，致使1960～1961年连续两年未能按时举行人民代表大会会议。

1961年1月，中共八届九中全会决定对国民经济实行“调整、巩固、充实、提高”的方针后，国民经济开始恢复并有所发展，全省政治、经济形势出现好转。在这种情况下，于1962年8月31日～9月8日召开了黑龙江省第二届人民代表大会第三次会议。在这次会议上，省长李范五在所作《黑龙江省人民委员会工作报告》中，全面回顾了1958～1961年的工作，初步总结了“大跃进”的经验教训，开诚布公地检查了几年工作中的缺点错误，号召全省人民要认真贯彻执行中共中央关于调整的“八字方针”，迅速克服暂时的严重困难。会后，黑龙江省政治经济形势进一步好转。1963年2月按时举行了省二届人大四次会议。

三、黑龙江省第三届人民代表大会

1964年9月23～30日，黑龙江省第三届人民代表大会第一次会议在哈尔滨召开。会议听取了省人民委员会的工作报告、省财政预决算报告和省高级人民法院工作报告。经审议，会议批准了上述报告，并通过相应的决议。会议选举产生了第三届黑龙江省人民委员会，选举了省高级人民法院院长和中级人民法院院长，选出了出席第三届全国人民代表大会的代表。这次会议，对于动员全省人民进一步搞好本省国民经济调整，加快社会主义建设，发挥了重要作用。

1965年12月，在黑龙江省的国民经济经过几年调整得到迅速恢复和发展，全省人民正以饱满的热情迎接第三个五年计划的时候，黑龙江省第三届人民代表大会召开了第二次会议。会议号召全省人民为实现第三个五年计划创造一个良好的开端而奋斗。但是，在这次会议不久，1966年5月开始了“文化大革命”。因此，本应于1968年届满的黑龙江省第三届人民代表大会被迫停止了活动。

四、黑龙江省革命委员会全体会议

1967年1月以后，黑龙江省各级人民代表大会及其常设机关各级人民委员会被陆续夺权，由“造反派”成立的各级革命委员会所取代。“文化大革命”期间，《宪法》和法律实际上失去了对国家政治生活的约束力，人民当家做主的民主权力被剥夺，大批由人民选举产生的人大代表和政权机关的领导人员被罢官、打倒，人民代表大会制度已不复存在。在“文化大革命”中期，国家准备召开第四届全国人民代表大会，却受到林彪、江青反革命集团的疯狂破坏和捣乱，致使会议召开的日期一拖再拖，出席会议的全国人大代表也没有按法定的民主渠道由省一级人民代表大会选举产生。当时，黑龙江省出席第四届全国人民代表大会的代表是由省革命委员会全体会议“协商”确定的。

1975年1月，第四届全国人民代表大会第一次会议通过的《中华人民共和国宪法》规定：地方各级人民代表大会都是地方国家权力机关；地方各级革命委员会是地方各级人民代表大会的常设机关，同时又是地方各级人民政府。但是，直到1976年10月“文化大革命”结束，地方各级人民代表大会也未能召开。以后，按照中共中央决定精神，“文化大革命”时期的省革命委员会，被作为一届人民代表大会，黑龙江省革命委员会时期即被算作黑龙江省第四届人民代表大会。

五、黑龙江省第五届人民代表大会

1976年10月，江青反革命集团被粉碎。根据宪法规定和第四届全国人民代表大会第四次会议的决定，1977年12月23～28日，黑龙江省第五届人民代表大会第一次会议在哈尔滨召开，标志着在黑龙江省被迫停止12年之久的人民代表大会制度得以恢复。由于当时省以下各级人民代表大会尚未恢复，因此，出席这次会议的代表未经公民普选而是由各级革命委员会协商和推荐产生的。在这次会议上，出席会议代表听取并审议了黑龙江省革命委员会工作报告；选举产生了新的黑龙江省革命委员会组成人员。

1979年12月21～26日，黑龙江省第五届人民代表大会第二次会议在哈尔滨召开。会议决定建立黑龙江省人民代表大会常务委员会，并将黑龙江省革命委员会改为黑龙江省人民政府。会议选举产生了省五届人大常委会组成人员，选举省人民政府省长、副省长，以及省高级人民法院院长、省人民检察院检察长。

1980年8月开始，全省选举工作全面铺开。到1981年2月底，9个省辖市、65个县（市）、61个市辖区分别建立了人民代表大会常务委员会。

1981年2月27日～3月5日和1982年2月23～28日，黑龙江省第五届人民代表大会先后召开第三、第四次会议。会议讨论决议了全省改革开放和社会主义现代化建设中的一系列重大问题，有效地推进了全省经济和社会的发展。

六、黑龙江省第六届人民代表大会

1983年4月13～22日，黑龙江省第六届人民代表大会第一次会议在哈尔滨召开。会议听取并审议了省人民政府、省高级人民法院、省人民检察院工作报告及省财政预决算报告；听取并审议了省第五届人民代表大会常务委员会工作报告。会议批准了黑龙江省第六个五年国民经济和社会发展计划及上述各项工作报告；选举产生了省六届人大常委会组成人员和省人民政府省长、副省长，以及省高级人民法院院长、省人民检察院检察长等。从本次会议到1985年底，黑龙江省第六届人民代表大会共召开3次会议。会议除听取和审议各项工作报告外，还讨论决议了黑龙江省经济体制改革、政治体制改革和对外开放等重大问题。会议依法补选了部分省人大常委会组成人员、省政府省长、副省长以及省高级人民法院院长、省人民检察院检察长等。

第三节　市、县、市辖区及乡、镇人民代表大会

一、市人民代表大会及其常务委员会

黑龙江省各市人民代表大会制度是在各界人民代表会议的基础上建立和逐步完善起来的。

1954年春，各市在基层普选的基础上，正式确立了人民代表大会制度。1966～1976年“文化大革命”期间，各级人民代表大会制度遭到严重破坏，被迫停止活动。

1977年后，各市人民代表大会开始恢复活动。1979年12月以后，各市人民代表大会依法普遍设立了常务委员会（以下简称人大常委会）。各市人大常委会每两个月至少举行1次会议。1979年12月～1985年，哈尔滨市人大常委会历任主任是：王钊、王化成、李根深；齐齐哈尔市人大常委会历任主任是：于健、余弘达、孙韬、张风；牡丹江市人大常委会两届主任均为巴风；佳木斯市人大常委会历任主任是：华春、刘华、李本成；大庆市人大常委会两届主任均为薛国邦；伊春市人大常委会历任主任是：刘贵臣、张学文；鸡西市人大常委会历任主任是:李逢春、李景明；鹤岗市人大常委会历任主任是：周碁、车建生；双鸭山市人大常委会历任主任是：牟传达、赵廷富；七台河市人大常委会历任主任是：张占德（其时为县级市）、张开平。

二、县、市辖区人民代表大会及其常务委员会

1954年8月1日，黑龙江、松江两省合并为新的黑龙江省。是时，黑龙江省除管辖专区和市之外，共管辖64个县、2个旗，并且在哈尔滨、齐齐哈尔两市设有22个市辖区。到1985年底，全省共辖有62个县、1个自治县和64个市辖区、4个地区辖区。根据1954年颁布的《宪法》和《地方组织法》的规定，县、市辖区设立人民代表大会，作为地方国家权力机关。1979年和1982年修正颁布的《宪法》和《地方组织法》，对县、区人民代表大会代表的产生、任职等作了修正：县、市辖区人民代表大会的代表均由选民直接选举；任期为每届3年。同时规定：县、市辖区人民代表大会设立常务委员会，作为本级人民代表大会的常设机关。常委会每两个月至少举行1次会议。

三、乡镇人民代表大会

1949年10月中华人民共和国成立之初，黑龙江地区农村基层国家政权机关是区、村各界人民代表大会（或人民代表大会）和人民政府委员会。1953年《选举法》和1954年《地方组织法》相继公布之后，黑龙江地区农村基层国家政权机关逐步改设为乡、镇人民代表大会和人民委员会。并在1953年进行人口普查和选民登记的基础上，全面开展了普选和并村建乡工作。到1954年4月，松江、黑龙江两省1 209个乡、镇全部完成了第一次普选，然后召开乡、镇人民代表大会，正式确立了基层行政单位的人民代表大会制度。乡、镇人民代表大会的任期与县人民代表大会一样均为两年。人民代表大会会议每3个月举行1次。为了加强国营农场辖区的基层政权工作，省人民委员会于1958年2月作出决定，以国营农场为单位建立基层政权组织，召开乡人民代表大会，选举产生人民委员会。1958年下半年，全省农村实现人民公社化，将原来的1 186个乡、镇、1万多个高级农业生产合作社，合并为718个人民公社。1966年5月开始的“文化大革命”中，人民公社社员代表大会和公社管理委员会被公社革命委员会所取代，换届选举工作中断，人民代表大会制度废止。

1978年12月中共第十一届三中全会后，为了适应农村经济体制改革的需要，扩大基层民主，国家决定恢复公社、镇人民代表大会。1982年12月，第五届全国人民代表大会第五次会议通过的《宪法》和《地方组织法》修正案，根据政治、经济形势的新变化，决定人民公社实行政社分开，设立乡、镇人民代表大会和乡、镇人民政府，使基层人民代表大会制度和政权建设得到加强和完善。

第四节　黑龙江省人民代表大会常务委员会

1979年12月26日，黑龙江省第五届人民代表大会第二次会议选举产生了黑龙江省第五届人民代表大会常务委员会。本届省人大常委会共有67人组成，其中主任1人为赵德尊，副主任10人，委员56人。黑龙江省第五人民代表大会常务委员会成立以后，其办事机构逐步健全和完善，职能作用得到较好发挥。在任期内，主要通过定期召开常务委员会会议，履行各项职权，依法制定地方性法规，决定本省建设和发展的重大事项，任免国家机关工作人员，对省人民政府、省高级人民法院和省人民检察院的工作和执法情况进行监督。除常委会议之外，还由常务委员会主任、副主任组成主任会议，处理常务委员会的重要日常工作。

1983年4月22日，由省第六届人民代表大会第一次会议选举产生了黑龙江省第六届人民代表大会常务委员会。本届省人大常委会共有58人组成，其中主任1人赵德尊，副主任10人，委员47人。至1985年末，省六届人大常委会共召开常委会会议18次，听取和审议省人民政府及其所属部门、省高级人民法院和省人民检察院的工作报告和工作汇报43个；作出决议、决定17个；制订和通过地方性法规13个；依法任免省人大常委会、省人民政府和省高级人民法院、省检察院工作人员和法职人员806人。省人大常委会通过听取省政府、省法院、省检察院的报告和工作汇报，组织代表视察和专项调查活动，依法对“一府两院”工作和执法情况进行检查监督，对关系全省建设发展的重要问题做出决策，充分发挥了权力机关的职能作用。至1985年底，该届省人大常委会任期尚未届满。

黑龙江省人民代表大会常务委员会第五、第六届任期的6年中，坚持了会议制度，充分行使了法律所赋予的职权。省、市、县、区人民代表大会都能够按时每年至少举行1次代表会议；省、市每5年，县（市、区）每3年按时依法进行换届。省人大常委会及各市、县、区人大常委会依法每两个月举行1次常委例会，讨论决定本行政区内重大事宜。同时，不定期召开人大常委会主任会议，处理常委会的重要日常工作。

各级人大常委会依法行使立法权、决定权、监督权和人事任免权。省人大常委会制定和批准制定颁布28项地方性法规，为全省行政机关施政和司法机关执法提供了法律依据。听取和审议省人民政府和省人民法院、省人民检察院及省人民政府所属部门的工作报告和工作汇报151项，做出决议、决定63项。这些决议、决定基本反映了全省人民的意愿，体现了决策的民主化、科学化。各级人大常委会在履行监督权方面，除采取听取工作和执法情况汇报外，还定期不定期地组织代表就政府各部门、司法机关及企事业单位的工作和执法情况进行视察、检查和专项调查；同时，对人大及其常委会任命的干部目标责任制和工作规划实施情况，进行评估、评议。各级人大常委会十分注意代表议案、建议、批评和意见的催办工作。各级人大及其常委会依照《地方组织法》规定，选举和任免国家机关工作人员以及选举和撤换出席上一级人民代表大会代表等。仅省人大常委会，就任免或批准任免国家机关工作人员2 618人。

省人大常委会加强对市、县人大工作的指导，每年都召开市、县人大常委会主任座谈会和全省人大干部理论培训班，交流工作经验，提高工作能力和业务水平。省人大常委会经常组织省人大代表和常委会委员进行视察和调查研究，为全省的改革和建设事业出谋划策。

各级人大常委会的工作制度和工作机构不断健全和完善，为巩固人民民主专政，建设繁荣、富强、民主、文明的黑龙江，提供了强有力的政治保证。

第四章　人民政府

1949年10月1日，中华人民共和国中央人民政府在首都北京宣告成立。从此，黑龙江地区各级人民政府，成为中央人民政府统一领导下的人民行使政权的机关

第一节　机构沿革

1949年10月，中华人民共和国成立之初，在今黑龙江省境内设有松江、黑龙江两省。根据1949年9月29日中国人民政治协商会议第一届全体会议通过的《中国人民政治协商会议共同纲领》和1950年1月6日中央人民政府政务院第14次政务会议通过的《省人民政府组织通则》规定，松江、黑龙江两省人民政府，作为本省人民行使政权的机关，均受东北人民政府直接领导。1953年1月23日，东北人民政府改为东北行政委员会，由原来的一级地方政权机关，改变为代表中央人民政府在本地区领导与监督地方政府的机关。松江、黑龙江两省人民政府均受其领导和监督。

1953年8月1日，根据中央人民政府政务院电令，松江省所辖的哈尔滨市改为中央直辖市，由东北行政委员会代管。自此，在今黑龙江省境内设有两省、一直辖市。至1954年7月，松江省人民政府领导3市（其中1个县级市）、32县和1矿区（县级）人民政府；黑龙江省人民政府领导1市、39县、2旗人民政府。

《省人民政府组织通则》规定，省人民政府委员会由省人民代表大会选举省人民政府主席1人，副主席若干人及委员若干人组成之，并呈报中央人民政府委员会批准任命。

1949年10月～1954年7月，黑龙江省人民政府历任主席有于毅夫、赵德尊、陈雷；历任副主席有杨英杰、王梓木、陈雷、张骇青、于克。1949年10月～1954年7月，松江省人民政府历任主席有冯仲云、强晓初；历任副主席有李范五、李延禄、饶斌、于杰、赵去非。

1953年8月～1954年8月吕其恩任哈尔滨市人民政府市长（中央直辖市期间）。1952年10月～1954年8月（中央直辖市期间）历任哈尔滨市人民政府副市长的有：王化成、高云帆。

1954年8月1日，根据中央人民政府委员会《关于撤销大区一级行政机构和合并若干省、市建制的决定》，松江省建制撤销，与黑龙江省合并为新的黑龙江省；同时，哈尔滨市并入黑龙江省建制。新的黑龙江省人民政府成为黑龙江地区统一的行政领导机关。同年8月15日，东北行政委员会撤销，黑龙江省人民政府改由中央人民政府直接领导。是时，黑龙江省人民政府领导5市（其中1个县级市）、64县、2旗和1矿区人民政府。

1955年1月31日，黑龙江省第一届人民代表大会第二次会议，根据第一届全国人民代表大会第一次会议通过的《中华人民共和国宪法》和《中华人民共和国地方各级人民代表大会和地方

各级人民委员会组织法》规定，选举产生了第一届黑龙江省人民委员会。省人民委员会，即省人民政府，是省人民代表大会的执行机关，是地方省级国家行政机关，受国务院的统一领导。至1966年5月“文化大革命”开始，黑龙江省人民委员会共历三届。1967年1月，任期未满的第三届黑龙江省人民委员会被“造反派”夺权，遂停止行使职权。黑龙江省人民委员会被夺权之前，领导7市、3牧区、64县、1自治县、1县级牧区人民委员会。

1954年8月～1967年1月历任黑龙江省省长（主席）有欧阳钦、李范五；历任黑龙江省副省长（副主席）有杨易辰、李延禄、于天放、于杰、杜光预、赵去非、王清正、陈剑飞、陈雷、范子文、王一伦、孙西岐、刘潜、关舟、杨和亭、王逢源。

1966年5月“文化大革命”开始后，黑龙江省人民委员会机关受到冲击，工作逐步陷于瘫痪状态。1967年1月31日，“黑龙江省红色造反者革命委员会”成立。同年3月23日，改称“黑龙江省革命委员会”。自此，省革命委员会取代了中共黑龙江省委和省人民委员会的职权，成为实行党政“一元化”领导的全省最高“临时权力机构”。

1973年6月1日，中共黑龙江省委机关分出单设，省革命委员会成为单一的地方政权机关。根据1975年1月17日第四届全国人民代表大会第一次会议通过的《中华人民共和国宪法（以下简称宪法）》规定，省革命委员会是省人民代表大会的常设机关，同时又是省人民政府。

1977年12月，黑龙江省第五届人民代表大会第一次会议依据《宪法》有关规定，选举产生了新的黑龙江省革命委员会。至1977年底，黑龙江省革命委员会共领导8地区、1 盟、8地级市、4县级市、63县、1自治县、9旗、3自治旗革命委员会。1978年11月以后，各地区（除伊春、大兴安岭地区外）革命委员会陆续改为行政公署，成为省革命委员会的派出机关。1979年7月，呼伦贝尔盟重新划归内蒙古自治区管辖。到1979年12月，黑龙江省革命委员会领导2地区、8地级市、2县级市、63县、1自治县革命委员会。

1967年3月～1979年12月历任黑龙江省革命委员会主任有潘复生、汪家道、刘光涛、杨易辰；历任黑龙江省革命委员会副主任有汪家道、刘光涛、于杰、夏光亚、苏民、刘思聪、谢长华、张春和、张备之、曹志、聂世荣、唐金枝、马占春、宋振业、傅奎清、张林池、任仲夷、王一伦、杨易辰、陈雷、陈剑飞、于洪亮、关舟、张世军、王维之、侯捷、阮永胜、孙子源、鲁光、王金籽、王钊、赵德尊、王路明、解去清。

1979年12月26日，黑龙江省第五届人民代表大会第二次会议，根据第五届全国人民代表大会第二次会议通过的《中华人民共和国地方各级人民代表大会和地方各级人民政府组织法（以下简称地方组织法）》和第五届全国人大常委会第11次会议通过的《全国人大常委会关于省、自治区、直辖市可在今年设立人大常委会和将革委会改为人民政府的决议（以下简称决议）》，决定将黑龙江省革命委员会改为黑龙江省人民政府，并选举产生了省人民政府领导成员。翌日，黑龙江省人民政府开始正式对外办公。根据《地方组织法》规定，省人民政府是省人民代表大会的执行机关，是地方国家行政机关，受国务院的统一领导。

1983年4月，按照中央、国务院批准的改革方案，进行了全省党政机关的机构改革。精简了机构，强化了职能；减少了编制，精干了队伍。省政府由原来的69个部门减少到41个，改革后总编制为3 318个。至1985年底，黑龙江省人民政府共历第五、第六两届（连同省人民委员会和省革命委员会一并计算届次）。共领导10地级市、6县级市、62县、1自治县人民政府。

1979年12月～1985年12月历任黑龙江省人民政府省长的有陈雷、侯捷；历任黑龙江省人民政府副省长的有陈剑飞、王路明、侯捷、李瑞、解去清、王操犁、鲁光、卫之民、王军、王金陵、王光伟、宫本言、王连铮、安振东、何首伦、刘仲藜、靖伯文。

第二节　施政纪略

1949年10月中华人民共和国成立后，黑龙江地区两省一市人民政府，在中国共产党正确路线指引下，在中央人民政府和东北人民政府（东北行政委员会）的领导下，组织和率领本地区各族人民，坚决贯彻党在过渡时期的总路线和各项方针、政策，迅速完成了恢复国民经济的任务，实施国民经济建设和社会发展的第一个五年计划，工业、农业生产和教育科学文化事业等都获得很大发展。

1952年，两省农业总产值达到16.37亿元（按新人民币计算，下同），比1949年增长44%。粮食产量为59.25亿公斤，大豆16.3亿公斤。3年中农民对国家做出很大贡献，按农业人口计算，每人向国家交销粮食1 101公斤；两省共向关内各省市调运粮食28.6亿公斤，平均每年调出9.7亿公斤。1954年末统计，松、黑两省的工业生产，比1952年又有较大的发展。年工业总产值达到28.23亿元，比1952年增长58%。

1953年，两省高等院校由中华人民共和国成立时的5所发展到7所，在校学生1.08万人；普通中学发展到114 所，比1949年增加60所，在校学生达9.11万人；小学从1949年的1.01万所，发展到1.03万所，在校学生142.13万人。1952年，两省文艺团体已发展到261个，达到县县有文化馆，农村较大的乡镇有文化站，工厂、矿山、林区建立了众多工人俱乐部；1954年6月，黑龙江省正式成立省民族歌舞团。

1953年，黑龙江省医院发展到59所，城乡卫生所222个，省、县鼠疫防治站9处，省、县卫生防疫站4处，省防疫队1个。全省共培养训练医生、护士、助产士、防疫员等3 800人。到1954年，黑龙江地区消灭了鼠疫。

1951年9月～1952年10月，黑龙江地区两省一市人民政府，为了进一步巩固人民民主政权，积极进行政权建设，加强了政法工作，开展了“三反”（即：反贪污、反浪费、反官僚主义）“五反”（即：反行贿、反偷税漏税、反盗骗国家财产、反偷工减料、反盗窃国家经济情报）运动，使社会更加安定，人民民主专政更加巩固和发展。省、市人民政府还广泛动员全体人民支援抗美援朝战争，大力开展战勤工作，保证了前线人员和物资的需要。在发展生产的基础上，人民的物质文化生活逐步得到改善，思想觉悟不断提高。

1954年8月，松江、黑龙江两省合并为新的黑龙江省。1955年1月召开的黑龙江省第一届人民代表大会第二次会议，选举产生了第一届黑龙江省人民委员会。黑龙江省人民委员会（含初期的省人民政府），在中共黑龙江省委的直接领导下，组织和领导全省人民积极稳妥地进行了对农业、手工业和资本主义工商业生产资料私有制的社会主义改造，在全省范围内顺德地完成了由新民主主义向社会主义的的过渡。继续有计划地开展了大规模的社会主义建设，一大批国家重点基本建设工程项目相继建成投产，完成和超额完成了第一个和第二个五年计划规定的国民经济和社会发展的各项任务指标。

整个“一五”期间，黑龙江省基本建设投资总额达35.81 亿元，占全国工业投资总额的10.3%，居全国第二位。到1957年，全省有工业企业4 256个。工业总产值35.03亿元，比1952年增长95.9%。到1957年，全省耕地面积达750.3万公顷。农业总产值23.89亿元，比1952年增长22.5%。到1957年，全省商业零售额为19.5亿元，比1952年增长77.5%。到1957年，除个别边远地区外，全省基本达到县县有中学，每个行政村有1所小学。到1957年，全省各项文化和体育事业得到全面发展。全省有群众艺术馆2个，文化馆95个，博物馆、纪念馆2个，影剧院83个，俱乐部215个，艺术表演团体59个。到1957年，全省卫生医疗设施和医疗卫生队伍也有了很大发展。全省拥有医疗卫生机构3 050个。

1958～1960年，在3年“大跃进”期间，黑龙江省的经济建设虽然在许多方面取得了一定发展，有的事业还取得了显著成果，但从整体上来说，全省国民经济存在严重的比例失调状况。加上三年严重自然灾害和苏联政府撕毁合同、撤走专家，使黑龙江省国民经济同全国一样遇到了严重困难。中共中央于1961年1月召开八届九中全会，正式通过了对整个国民经济实行“调整、巩固、充实、提高”的方针（简称“八字方针”）。黑龙江省从1961～1965年，根据中央的方针和本省存在的问题，团结全省人民战胜三年严重困难，完成了国民经济调整任务，使黑龙江省的经济、文化和社会主义其他事业都得到长足发展。同时，全省各级人民委员会的自身建设也得到进一步加强。但是，在此期间，省人民委员会的工作也同全国一样，曾受到“左”的错误思想的干扰，以致发生许多失误。建设中的急于求成，特别是在1958年“大跃进”和农村人民公社化运动中，出现了高指标、浮夸风和“共产风”等严重问题，加之连续不断的政治运动，给全省国民经济、科学文化和其他事业都造成一些重大损失。

1966年5月，文化大革命开始。1967年1月31日，“省红色造反者革命委员会”成立，同年3月改称“黑龙江省革命委员会”。从此，黑龙江省革命委员会成为黑龙江省党、政合一的地方最高权力机关。黑龙江省革命委员会是“文化大革命”的产物，它成立之后，机构设置混乱，人事更迭频繁，施政基本上围绕着“阶级斗争”进行，因而给黑龙江省国民经济和社会主义各项事业都造成了巨大损失。随着一批老干部逐步参加省革命委员会的领导工作，特别是广大人民群众对实现安定团结和发展国民经济愿望的不断增强，省革命委员会的混乱状况有了一定程度的改变，在施政工作中也逐步履行了作为省人民政府应有的职能，使黑龙江省经济建设取得了进展。

1976年10月粉碎江青反革命集团以后，特别是在1978年12月中共第十一届三中全会召开后，随着党的马克思主义路线的重新确立，黑龙江省革命委员会逐渐摆脱“左”的错误思想的羁绊，开始全面进行拨乱反正，以主要精力组织领导全省人民进行经济、文化和民主法制建设，并取得了显著成效。各项事业得到较快的恢复和发展。

到1978年，全省共有艺术表演团体112个，文化馆100个，图书馆78个，博物馆、纪念馆6个，电视台2座，电视转播台、差转台77座，影剧院180个，俱乐部1 014个。到1979年，“哈尔滨之夏”音乐会恢复举办。全省高等学校发展到27所，在校学生3.78万人；中等专业学校87所，在校学生4.22万人；普通中学3 508所，在校学生251.4万人；小学2.65万所，在校学生494.4万人。教育质量有了明显提高。在同年9月举行的第四届全国运动会上，黑龙江省体育代表团共获得金牌38枚，银牌52枚，铜牌32枚，总分居全国第4位，创历史最好成绩。全省人口自然增长率为10.1%，达到全国先进水平。全省农业总产值由1966年的32.36亿元，增加到1979年的59.65亿元；粮食产量由1966年的78.5亿公斤，增加到1979年的121.4亿公斤。全省工业总产值达到224.4亿元。全省共修筑了两条总长225公里、全部为沥青混凝土面层的二级公路。全省有铁路机车850台，客车1 619台；公路货车3 788台，客车1 305台；轮驳船174艘。建成了包括哈尔滨机场、黑龙江涤纶厂在内的一批大中型工程项目。全省社会商品购买力为84.9亿元，社会零售商品货源90.3亿元，社会商品零售总额81.0亿元，社会农副产品收购额27.3亿元。同年12月，刚刚由省革命委员会改设的省人民政府奖励了中华人民共和国成立以来主要是1978年全国科学大会以来全省重大科学技术成果的研制者，共有104项重大科技成果获奖。

1979年12月26日，黑龙江省第五届人民代表大会第二次会议，根据第五届全国人民代表大会第二次会议通过的《地方组织法》和第五届全国人大常委会第11次会议通过的《决议》，将黑龙江省革命委员会改为黑龙江省人民政府。黑龙江省人民政府的成立后，根据中国共产党第十一届三中全会关于把全党工作重点转移到社会主义现代化建设上来的战略决策和中共中央、国务院制定的关于建设有中国特色的社会主义的一系列方针政策，黑龙江省人民政府从本省实际出发，充分行使组织和领导经济建设的职能，带领全省各级政府和各族人民，进入了社会主义建设的新时期。

在国民经济调整中，加强农业和调整农业内部结构；调整工业内部比例关系；调整基本建设规模和投资方向；调整积累与消费的比例关系。通过一系列的调整，改变了国民经济比例严重失调的状况。在经济管理体制改革与对外开放中，坚持进行经济体制改革，探索管理体制改革。以推行家庭联产承包责任制形式，进行了农村改革；以简政放权、搞活企业、搞活流通、发挥中心城市作用、发展横向经济联系为总要求，进行了城市改革；以计划、财政、信贷、物价、劳动工资、流通和外贸等为探索方向，进行了管理体制方面的改革。同时，贯彻中央提出的“对内搞活，对外开放”的方针，积极实行对外开放，加强了同外省、市、自治区的横向经济联合，活跃了与外国（地区）的经济贸易和技术合作，促进了全省经济的发展。到1985年底，黑龙江省已同全国除西藏外的各省、市、自治区和300多个地市县建立了多层次、多方位、多形式的经济技术协作关系，签订经济协作协议1 552项，技术协作协议2 207项，引进资金5.9亿元；省及部分城市还与外国的省、市建立了友好省、市关系，为黑龙江省进一步扩大对外经济技术合作创造了条件。

在国民经济建设上，“六五”期间，全省围绕“五个基地”（即：以商品粮为主、经济作物和多种经营全面发展的现代化农业基地；以食品、纺织为重点的轻工业基地；以营林为基础、木材综合利用为重点的林业基地；以煤炭、石油为重点的能源、化工基地；以调整机械工业服务方向、发展建材工业为重点的重工业基地）建设的长远目标，安排了各行各业的发展规划。1984年，省委、省政府又提出“两改两开、富国富民”（即坚持经济体制改革和技术改造，进一步开发和开放黑龙江，开创四化建设新局面，使人民尽快地富裕起来）的经济发展的方针。到1985年末，黑龙江省“六五”计划已全部实现。全省社会总产值平均每年增长7.4%，由1980年的387.25亿元增加到1985年的629.79亿元；工农业总产值平均每年增长6.8%，由1980年329.78亿元，增加到1985年的506.26亿元；国民收入平均每年增长6.2%，由1980年的187.49亿元增加到1985年的281.75亿元。“六五”计划的完成，增强了黑龙江省的经济实力，为实现中共中央提出的社会主义现代化建设的战略目标奠定了坚实的物质基础。

在科技教育文化卫生事业的发展上，黑龙江省政府始终把发展放在十分重要的位置。制定规划、增加投资、落实政策、改善条件、奖励表彰，调动了科研人员、教师等为经济建设多做贡献多出成果的积极性，促进了全省物质文明建设和精神文明建设的健康发展。在1985年11月国家科委举行的首届技术进步奖评定会上，黑龙江省获奖41项，其中特别奖2项、二等奖11项、三等奖8项。“六五”期间，全省经国家批准的创造发明25项，取得科技成果8 317项，其中有

58项为国际首创，234项达到国际先进水平，1 010项填补了国内空白，1 266项达到国内先进水平，1 836项达到省内先进水平。推广和应用科技成果6 721项。1984～1985年两年中，黑龙江省运动员在国内外的多种比赛中，就获得金牌224枚、银牌206枚、铜牌169枚。

1982～1984年末，进行了各级政府的机构改革，实行政企分开，减少了办事环节，提高了工作效率，加强了政府机关自身建设。认真做好人民群众来信来访工作，妥善解决人民群众实际问题，提高结案率。同时，省政府积极加强社会主义民主法制建设，加强地方立法。人民民主专政的社会主义制度不断完善和发展。

第三节　人事工作

一、官吏制度沿革

大约在公元5世纪前期，一部分夫余人北渡那河（今东流松花江），在今乌裕尔河及通肯河流域一带建立了豆莫娄政权。“其君长皆以六畜名官，邑落有豪帅”，即与夫余王国的官制大体相同。

唐朝时期，黑龙江地区相继建置了渤海、黑水、室韦3个都督府。唐王朝在其所辖的诸民族地区“列置州县，其大者为都督府，以其首领为都督、刺史，皆得世袭”。

辽时，黑龙江地区分属于东京道、上京道所管，建置了节度使司、国王府、大王府等军政机构及府、州等行政区划。其中除诸府、州归辽廷的南面朝官管辖外，其余建置均归北面朝官所管。

金时，黑龙江地区作为“龙兴之地”，曾以上京会宁府（今阿城县白城）为其都城，达38年之久。所建官制初为女真族传统的“勃极烈”制度，后逐渐袭沿辽、宋制度。至金贞元元年（1153年）南迁燕京后，在黑龙江地区保留了路（府）、州、县的建制，并与猛安谋克军政组织系统共存，直到金灭亡前夕，均归设置于会宁府的上京路管辖。

元朝结束南北朝分立局面，实现全国统一后，在东北地区建置了辽阳等处行中书省，当时的黑龙江地区分属于该省下辖的开元路、水达达路和泰宁路，设置了若干总管府、万户府、千户府，以及府、州、县等军政机构，并在黑龙江下游及库页岛一带设立征东元帅府。

明朝在黑龙江地区建置了相当于省级政权的军政合一的管理机构——奴儿干都指挥使司，下辖数以百计的卫、所、地面、城站、寨，都司和卫、所的各级官吏，都由明朝廷任命。

清朝是封建集权制国家，对官吏管理也建立了与集权制相适应的制度。清朝时期选用官吏，主要沿用明朝的科举制。清初，清廷派八旗官兵驻防宁古塔等地，并逐渐收编归附部人等为牛录（佐领），对黑龙江、吉林地区实施军事监管，长官称为梅勒章京。清康熙元年（1662年）后，逐渐有了宁古塔将军与黑龙江将军衙门及副都统、总管、城守尉、协领衙门等建置。但均为旗官编制。清咸丰十年（1860年），黑龙江地区随着境内人口增加，逐渐有了民官的建制。至清光绪三十一年（1905年）清廷废除科举制，改为兴办学校，实行“学而优则仕”的选官办法，同时也实行封建的世袭制度。清光绪三十三年（1907年）改行省，省治所在齐齐哈尔城。行省公署共辖三道、七府、六厅、一州、七县。增设了行政地方官。有关官吏的铨选、考核、奖惩、待遇等项制度也渐趋完备。清廷制定了东三省督抚办事要纲及官职章程，颁布了新官制。黑龙江设巡抚，为一省之长。行省公署内设承宣厅，厅内设左参赞一人，掌全省机要汇总，考核用人。清宣统二年（1910年），清廷批准黑龙江设公署幕职分科治事。其中设有吏科，是黑龙江在清朝时期专门管理官吏的机构。

1912年1月中华民国建立后，将各省巡抚改为都督。1914年5月，袁世凯下令公布了省、道、县的官制。在省巡按使的职权中规定，省巡按使管辖全省民政各官，对其所辖的地方官有任免、惩戒、奖励和监督之权。总务处掌理职员履历及进退记录事项。黑龙江铨选地方官员采取举荐与考试并举。省巡按使每年可保举两名具有相当资格的人员任“荐任职”，其他各官也可举荐，但需经考试。这种举荐，起到保人的作用，保证入官者效忠民国政府。1915年对入高等官者，改行文官高等考试，经考试取得“荐任职”以上职务，报大总统任免。“委任职”以下，由省辖长官委任。1917年6月～1928年11月，黑龙江地区战乱频繁，中华民国政府颁法虽多，实际履行甚少。

1931年“九一八”事变后，于1932年12月，中华民国黑龙江省政府发布训令：所属各厅、处一律撤销，所有职员一律遣散。日本侵略者将黑龙江省政府改为公署，设省长。公署下设5个厅，其中总务厅内设人事科，管理伪官吏。1934年12月，在日本侵略者的操纵下，伪满洲国开始实行新省制，在今黑龙江省境内成立龙江、滨江、三江、黑河4个伪省公署和哈尔滨特别市、北满特别区。为了维护其统治，公署各主要部门均由日本官吏掌管。同时，在省、市、县都安排日本官吏担任次长，以行监督。主要官吏的调动任用，均由日本关东军司令官决定，伪政府纯系傀儡。对伪官吏的任用，需经反复考查后才能任实职。黑龙江地区各省公署甄用伪县长，经甄别合格者，初任委署；委署6个月期满，调省甄别，确有“成绩”者，任署理；署理1年期满，由伪省长考核，“成绩”显著者，才能呈报任命为实职。所谓成绩显著，主要指考查是否忠于日本侵略者。

二、中华人民共和国成立后人事工作

（一）吸收录用

1945年黑龙江地区解放后，在中国共产党的领导下，干部的管理是按照党的方针政策实施的。干部主要来源：从人民军队中抽调；留用部分伪政权机构中的一般职员；从年轻有为的工人、农民、进步的青年知识分子和其他阶层的进步人员中招录。1949年10月前，黑龙江地区有干部6万多人。

1949年10月中华人民共和国成立后，贯彻“德才兼备”的方针和“计划安排”的原则，按照政治标准、文化程度、专业知识及身体状况等条件吸收录用干部。接收中国人民解放军排以上干部转业到地方工作和分配派遣毕业生参加工作，称“吸收”。从工人、农民、社会待业人员中任用干部，称“录用”。党和政府高度重视干部队伍建设。根据事业需要逐年招收录用干部，使干部队伍不断发展壮大。

1980年开始，将吸收录用干部引进了竞争机制，实行考试制度，录用了一批闲散在社会上的科技人员。对“以工代干”人员先后两次进行整顿，把32万思想好、年富力强、有一定文化水平和业务专长的“以工代干”人员，转为国家正式干部，解决了各基层单位对干部的急需。

1983年，根据中央有关“五大”（广播电视大学、函授大学、职工大学、职工业余大学、夜大学）毕业生问题的指示，将五大毕业生列入干部吸收录用范围。

1984～1985年，在乡镇实行选聘合同制，共选聘合同制干部7 733人；又先后为工商、税务、银行、保险公司和公安、检察、法院等系统招收录用干部20 557名。

自1985年3月开始，对1984年847名军队转业干部按照“先培训，后上岗”的原则进行了培训，使他们上岗后能较快地适应工作。

截至1985年，全省录用干部771 550人。全省干部发展到100.5万名。这些干部在各条战线上起到了骨干作用，从而保证了全省经济体制改革和经济建设的顺利进行。

（二）干部调配

1949年10月中华人民共和国成立后，黑龙江省各级政府人事部门，紧紧围绕党和政府在各个历史时期的中心工作，根据经济建设和各项事业发展的需要，在坚持有计划调配为主的同时，采取集中调整、重点招聘、人才交流的方式，对一些使用不当的科学技术人员和夫妻长期两地分居的干部，进行了适当调整。

1949～1952年，黑龙江地区先后抽调3 000多名干部南下支援新解放区，仅松江省抽调大批干部就有1 342人；1 365名干部支援国防建设；3 744名干部参加抗美援朝的战勤工作。

1954年，为国家重点工作建设调配干部4 365人；1955年，为农业和新建、扩建单位抽调干部1 767人。1952年，中央对军队干部开始实行有计划地转业到地方工作，1958年后，王震部长提出“要把北大荒，变成北大仓”。大批转业复员官兵从祖国四面八方汇集到北大荒来（号称十万官兵），他们艰苦创业，为把北大荒变成北大仓做出了巨大贡献。郭沫若同志为此举曾写了“向地球开战”诗一首，为转业官兵壮行。

1956～1958年，根据国务院指示，黑龙江省对县以上各级领导机关和各级事业、企业行政管理部门进行了精简。全省共精简142 000人（含各级国家机关13 628人）。

1960～1962年，在国民经济调整期间，围绕精简整编工作，对干部进行调整、安置和处理工作，全省有56 317名干部下放到基层。其中77.9%的干部到了农业战线，1.5万名干部派到工业、财贸等基层单位工作，使国民经济调整任务顺利完成。

从20世纪60年代初大庆石油会战打响，党中央就派出3万转业军人参加会战。著名的钢铁1202钻井队，就是由57师集体转业的一个排为基础组建起来的。之后，党中央又于1973年1月和1978年9 月，为开发大庆油田选调了专业技术人员和翻译到大庆工作，有力地支援了油田建设。

1978年12月中共第十一届三中全会召开以后，人事管理紧紧围绕社会主义现代化建设开展工作。全省各级人事部门对“文化大革命”中造成的用非所学、使用不当的专业技术人员，在普查的基础上进行调整，使16 753人回到专业对口岗位工作。对全省干部夫妻两地分居问题，积极地进行了调整。到1982年，全省96%的夫妻两地分居干部已得到调整。

1982年7月，中共黑龙江省委提出发展轻纺食品工业的战略方针，全省多方筹集人才，采取调、包、帮、联等方法，支援轻纺食品工业建设，选调干部5 465人，借用或从省外聘请科技人员近千人，促进和保证了轻纺食品工业的发展。至1982年底，全省调整14 527人，占两地分居干部总数的96%。

1984年后，黑龙江省委、省政府提出了吸引人才与培养人才相结合的方针，制定了招聘人才的政策和人才培养计划。本着急需什么就培养什么样人才的原则，培养了短缺的幼师、建设施工技术员20 868人。同时积极实施引进人才战略，即稳定了原有的科技人员，又从省内外吸引了人才，促进了经济、文化的发展。经过一年半的工作，全省共接待来访人员6万人次，符合交流条件给予登记的17 300人，给予交流的4 247人。在科技人员中广泛采取了承包、招聘、借调、兼职等多种形式，组织技术承包项目66项，引进项目21个；借调使用534人，兼职人员1 869人，广大科技人员在经济建设中发挥了重要作用。这些筹集、挖掘人才的措施和人事制度的改革，使大量的人才脱颖而出。

（三）考核、任免、奖惩

1949年10月中华人民共和国成立后，黑龙江地区各级党委组织部门和政府人事部门，定期或不定期的对各级干部进行考核（也称“考察”或“鉴定”），以作为其职务升降、调转、培训、奖惩和吸收录用干部的依据。

1950～1966年，黑龙江省各级人民政府人事部门，即按照干部管理权限，对分管的干部在提拔使用前，先进行全面审核。省人事监察厅还协助党委组织部门进行培养选拔新生力量的工作，规定了考察了解和写实制度，保证了录用干部的质量。在1966年5月开始的“文化大革命”中，正常的考核工作被破坏，并以对干部的所谓“鉴定”和“审查”而代之。

1979年11月，中央组织部发出《关于实行干部考核制度的意见》，对干部的考核工作作出了明确规定。从此，黑龙江省按照中央组织部的规定，对干部的考核正式代替了干部鉴定。从1981年开始，黑龙江省伴随行政机关工作人员奖励工作的开展，逐步建立了干部岗位责任制。并努力把干部岗位责任制的考核与干部考核制度有机结合起来，形成了一套完整的考核制度。

全省县级以上各级人民政府（人民委员会）在坚持中国共产党管理干部的原则下，按照国家宪法和地方组织法的规定，任免和批准任免了国家机关工作人员职务。其任免范围是随着同级中国共产党委员会管理干部范围的变化而变化。其任免职的主要依据是各级党委（党组）的任免职决定和通知。1980年12月，黑龙江省人事局为省直各单位的，经党委批准现已到职的行政领导干部，按照法律程序，报请省政府补办了行政任免手续。1981年1月1日起，新任免的行政领导干部，即按法律程序履行行政任免手续。全省各级政府人事部门代政府承办了任免国家机关工作人员职务的手续工作。

黑龙江地区各省民主政权先后建立后就开展了行政奖惩工作，并逐步形成一套比较系统的制度。1981～1985年，全省各级行政机关按照省政府颁发的《黑龙江省国家行政机关工作人员实行奖励的暂行规定》和《黑龙江省国家行政机关工作人员行政纪律处分批准权限的暂行规定》，开展了行政奖惩工作。

（四）职称、培训

1949年10月中华人民共和国成立以后，黑龙江专业技术干部的职称先后称职务名称、学衔、技术称号、荣誉称号、学术称号等。1952年，按照国家制定的《职务工资标准》确定专业技术人员的职务名称，并与工资挂钩。1962年，工业、农业、高教、卫生、科研系列先后出现了技术称号、学术称号和荣誉称号，是对科技人员的精神奖励。据统计，当时全省科技人员中具有高级职称的31人，中级职称的100人，初级职称的3 112人。1966～1976年“文化大革命”期间，职称晋升工作被迫停止。

1978年，在对全省科技人员普查的基础上，参照工程技术系列职称评定的各项要求，逐步全面开展了职称评定工作。至1983年8月，共授予各种职称296 984人，占各系列总人数的59.2%。其中高级职称4 123人，占总人数0.82%，中级职称71 298人，占总数14.2%，初级职称

221 563人，其中助理级职称90 426人，占总人数18%，技术员级职称131 137人，占总人数的26.2%。

黑龙江省各级人事部门紧紧围绕党的中心工作，全省利用党校、行政干部学校、工农速成中学、工农干部文化补习学校和各类干部培训班以及抽调上大学等多种形式，对干部进行培训和教育。同时，还对军队转业干部进行了岗前或岗位培训。

1985年6月，黑龙江省科技人员继续教育委员会制定了《黑龙江省1985年至1990年科技干部继续教育规划》，年底，黑龙江省科技人员参加各种培训班的就达15万人次。同时，黑龙江省各地、各部门利用党校、干校和部队营房等，举办了21个培训班，培训1984年军队转业干部726名。在此时期，全省干部培训教育的规模，干部队伍的革命化、年轻化、知识化、专业化都发展到了历史上最好水平。

（五）工资、福利

1945年，黑龙江地区解放后，军队干部和党政机关干部实行供给制，留用的旧政权中的工作人员和职工实行薪金制。干部福利方面只有医药费和保健费。

1949年10月中华人民共和国成立后，黑龙江省除了贯彻国家规定的福利制度外，结合全省的实际，逐步建立健全了各种福利制度，不断改善职工的物质和文化生活。国家投入巨大财力办集体福利事业和支付生活补贴。如办职工食堂、托儿所、幼儿园、理发室、浴池，建立阅览室、图书馆、俱乐部、球场、游泳池等公共场所；同时职工一律享受煤、粮、油、房租、副食品价格、取暖费等多项补贴。实行了年休假待遇，病伤、死亡待遇；因公致残人员实行优待金待遇。黑龙江省各级人事部门从50年代初期开始举办主要供干部疗养的院所，为广大干部增进健康创造了良好的条件。1985年是黑龙江省北戴河干部疗养所接待疗养员最多的一年，有957名处以上干部前去疗养。

1952年1月，党政机关干部全部改为薪金制（工资分）；1955年7月改行货币工资制。

1956年7月，国务院正式发布了《关于工资改革的决定》。并制定和实施一整套按地区类别和行业的工资标准表。

1984～1985年，分别对全省农林第一线科技人员、边远地区科技人员和其他地方部分科技人员给予津贴；教育教师实行教龄津贴、班主任津贴、特级教师补贴；卫生实行护龄津贴、医疗卫生津贴、卫生防疫津贴；广播电视播音员津贴、艰苦广播电视台站津贴；体育津贴；环境卫生津贴；地质勘探职工野外工作津贴。

1985年6月，中共中央、国务院发布了《关于国家机关和事业单位工作人员工资制度改革问题的通知》，改革了1956年的工资制度，实行政企分开，分级管理。凡国家财力允许，有计划按比例调整工资，使职工工资随着生产力的发展而有计划的增长，建立起能较好地体现按劳分配原则的新的工资制度。同时开始实行了工龄津贴。机关事业单位职工工资，经各级政府人事部门审批后，兑现了新的工资标准。全省职工平均每人每月增加工资20.85元。新参加工作工人和大、中专毕业生实行一年见习期；军转干部对应地方职务（含技术职务）的干部套改工资办法。

（六）离退休、退职

1949年10月中华人民共和国成立后，中国共产党和中央人民政府陆续制定了有关干部退职、退休方面的规定。1950年3月，国家就在部分经济条件较好的部门实行干部退休制度。随后于1957年全面展开。1966年5月开始的“文化大革命”期间，退职和退休制度都遭到破坏。1978年6月，国务院颁发了国发（1978）104号文件，即《国务院关于安置老弱残干部的暂行办法（以下简称暂行办法）》。《暂行办法》适用于党政机关、群众团体、事业单位的国家工作人员。1980年10月，国务院公布《关于老干部离职休养的暂行规定》，1982年4月，国务院又发布了《老干部离职休养制度的几项规定（以下简称几项规定）》。同年12月，劳动人事部对贯彻《几项规定》中的具体问题提出处理意见，进一步明确享受离休待遇的老干部是指：1949年9月30日前，参加中国共产党所领导的革命军队的；在解放区参加革命工作并享受供给制待遇的；在敌占区从事地下革命工作的；在东北和个别老解放区，1948年底前享受当地人民政府制定的薪金制待遇的干部。从而，使黑龙江省广大干部退休、退职或离职休养后，在政治和生活方面都有了保障，充分体现了社会主义制度的优越性。

第四节 编制工作

一、官吏制机构编制沿革

两汉时的夫余国在当时是黑龙江地区历史上最早的地方政权。大约在公元前5世纪前期，部分夫余人在今乌裕尔河及通肯河流城一带建立了豆莫娄政权。

唐时，唐开元元年（713年），唐朝册封居住在粟末水（松花江）靺辐人首领大祚荣迁都于今宁安县渤海镇，称渤海国，设渤海都督府；唐开元十四年（726年），靺鞨人聚居地区（今黑龙江中下游一带）建立行政机构，先后建立了勃利州（今伯力地区）、黑水府、黑水州都督府，并委派长史以监督与控制，实现了唐朝中央政府对黑龙江地区的直接管辖。

辽时，黑龙江地区分属于东京道、上京道所管辖，建立了节度使司、国王府、大王府等军政机构。

金时，黑龙江地区曾以上京会宁府（今阿城县白城）为其都城，建立了一系列统治机构。

元朝时，黑龙江地区隶属于建置在辽阳等处的行中书省下辖的开元路、水达达路、泰宁路，设置有总管府、万户府、千户府以及府、州、县等军政机构。

明朝在黑龙江地区建立了相当于省级政权的军政合一的管理机构——奴儿干都指挥使司。明崇祯十年，清太宗崇德二年（1637年），皇太极最后统一并巩固了对黑龙江地区的统治。

清康熙元年（1662年），在宁古塔（今宁安县）设宁古塔将军，掌管今黑龙江、吉林两省及黑龙江以北、乌苏里江以东地区的军政事务。清康熙二十二年十月（1683年12月），清朝中央政府正式以“黑龙江”命名，设立“黑龙江将军衙门”，对黑龙江地区实行军政一体统治。

清光绪三十三年三月（1907年4月），在黑龙江地区设立行省，同年五月（6月），设立地方行政机构——黑龙江行省公署。黑龙江行省公署设于齐齐哈尔城。黑龙江行省公署设立后，军事管理机构与行政管理机构分设，实行军民分治。根据清政府颁发的《东三省督抚办事要纲及官职章程》，黑龙江行省公署内设民政、提学、度支3司。后增设提法司。自行省建立至清末，黑龙江行省公署共辖3道、7府、6厅、1州7县。此外，当时由吉林行省公署所辖属于今黑龙江省辖区内尚有2道、7府、1州、3 厅、7县。

清宣统元年（1909年），清政府仿效近代资产阶级国家的民主宪政和地方行政制度，实行君主立宪制，预备起草宪法，实行地方自治，并在黑龙江行省设立地方咨议局，作为名义上的立法机关，但不久就将其撤销。清宣统二年八月（1910年9月），黑龙江行省公署实行公署幕职分科治事，裁司设科，以适应所谓“立宪”。

清宣统三年（1911年），辛亥革命爆发，废除了封建帝制。

1912年1月1日，中华民国临时政府在南京成立，孙中山就任临时大总统。不久，袁世凯窃国，当上了中华民国临时大总统。同年3月袁世凯下令改清时的总督、巡抚为都督，设立黑龙江都督府。黑龙江省行政公署设立后，成为负责全省行政事务的机构。机构设置实行所谓“军民分治”。但实际上民政从属于军政，都督拥有全省实权。

1913年1月，黑龙江都督府将各府、厅、州、县一律改为县，并设县知事公署。

1914年5月，袁世凯为恢复帝制，篡改约法，解散国会，在中央置相立辅，恢复帝王时代的官阶名称；黑龙江省署称黑龙江省巡按使公署。同年6月，各县组建县行政公署。此间，国民党奠都南京后，各县公署、设治局均改为县政府。

1916年6月，黑龙江省署称黑龙江省省长公署。

1922年，张作霖等宣布东三省自治，成立东三省自治政府。同年9月，取消东三省自治，仍归附北京政府。1926年1月，又宣布东三省政府与北京政府断绝一切关系。直到张学良“易帜”， 东三省政权服从于南京国民政府。根据国民政府《建国大纲》，1929年各省实行委员制，设立省政府委员会。1932年12月日本侵略者侵占东北三省，黑龙江省政府委员会停止工作。

中华民国期间，黑龙江省还设有咨议性质的省议会。但时设时撤，并且没有赋予其实际职权。此间，司法系统独立。

1931年“九一八”事变后，黑龙江地区陷入日本侵略者及其傀儡伪满洲国的统治之下。伪满时期的地方政权，实行省（直辖市）、县（市、旗）、村（街）三级制。

1932年，伪满在省的区划上，仍沿用原东三省的区划。伪满公布《省公署官制》，规定各省设省公署，将原黑龙江省政府改称黑龙江省公署。同年8月，伪满政府公布《特别市制》《特别市官制》。同时规定市设独立的警察厅。在建立哈尔滨特别市、齐齐哈尔普通市的基础上，又在黑龙江地区内的一些政治、文化、经济活动中心相继建立了佳木斯、牡丹江、东安（今密山市）等市或市政管理处，强化了其对黑龙江地区的统治。

1934年后，日本侵略者对地方政权采取分而治之的方针，将黑龙江地区分设为滨江、龙江、三江、黑河4省， 1937年后又增设牡丹江省、北安省和东安省。同年12月，伪满公布《街制》《村制》，在黑龙江地区没有实行区的建制，而实行街、村建制。

1939年后，又采取地方分权政策，逐步扩大省级，加强省政的独自性和计划性。1941年开始推行所谓地方行政总合化政策，采取行政、协和会、兴农合作社“三位一体制”，由日本人副县长统一管理3个日伪机构，强化了对人民的统治。

二、中华人民共和国成立后机构设置和编制管理

（一）机构设置

1949年10月中华人民共和国成立初期，代行全国人民代表大会职权的中国人民政治协商会

议制定的《中国人民政治协商会议共同纲领》，建立了由各级人民代表大会、各级人民政府、各级人民法院、各级人民检察院即立法行政司法统一的议行合一的国家机构。

中国共产党各级党委机构，按党章规定设置。

各级国家机关、事业单位编制工作的方针、政策、计划和编制的全面精简、调整以及确定各省、自治区、直辖市、中央各部门的机构设置、编制员额，由中央、国务院统一管理。地方各级党委、政府，在中央统一领导下，管理地方各级国家机关、事业单位的机构设置和编制员额。

在机构设置上，中共黑龙江省委、黑龙江省人民政府根据1950年6月13日中央人民政府政务院颁发的《关于统一全国各级人民政府党派群众团体员额暂行编制（草案）》，按照政令统一，分级管理的原则，逐步建立起高度集中的行政组织机构和种类比较齐全的经济管理部门，形成了一套集权型的部门管理体制。1958年，中央将部分人、财、商、工等管理权限和部分企业下放。黑龙江省根据中央关于改革工业体制的决定和地方各项事业，特别是工业飞跃发展的需要，加强了经济管理部门职能，撤并了一些性质、业务相近、重叠的机构，使机构设置趋于合理。

从1960年冬开始，国民经济实行“调整、巩固、充实、提高”的方针，重新强调中央集中统一。对经济管理大权和某些权力下放得不适当的一律上收。1962～1963年，黑龙江省对省、市、县党政群机关机构进行了调整，撤并了重叠机构，减少了不必要的层次；强化了经济管理部门，加强了市场调节、监督部门。省一级，原处、室机构裁并20%左右。

1966年5月“文化大革命”开始以后，在机构设置上造成严重混乱。初期是大撤大并，特别是把一些不同性质的机构并在一起，如把管理不同性质资金的财政、银行部门合并，使资金管理的制约关系受到破坏，正常秩序被打乱，市场失去平衡，生产失去宏观控制。后来是机构越设越多，分工越来越细，把一些经济组织、行政性公司、事业单位列入省革命委员会序列，造成政府工作部门臃肿，行政管理权限过分集中。特别是省及各地、市、县革命委员会取代了原来的各级人民政府，造成党政不分，政事不分，政企不分，破坏了议行合一的民主集中制原则。至1980年，机构臃肿，人浮于事，人事安排上能进不能出，能上不能下，领导班子老化问题已十分严重，与国家进行第六个五年计划和大规模的经济体制改革很不适应，成为社会主义现代化建设的严重障碍。

1982年，中央下发了进行机构改革的指示。1983年黑龙江省进行了机构改革。改革后，省政府工作部门由1982年的69个（不包括中央和省双重领导的部门）减为41个。全省各级国家机关普遍调整了领导班子，加快了新老干部交替的过程，开始打破了实际存在的领导干部终身制；撤并了一些重叠机构，加强了综合协调、统计监督、立法执法部门；调整了人员结构，规定了领导班子职数。1984年，根据国家机关领导经济工作的八项职能，对省政府机构做了进一步调整，改变了分口领导，砍掉了中间层次，理顺了工作关系，明确了职责分工。

随着省级机关机构在不同时期的调整与改革，地、市、县的机构也进行了相应的调整与改革。

（二）机构编制管理

1949年10月中华人民共和国成立后，为统一管理机构编制，国家成立了编制委员会，其后，黑龙江省及各地、市、县都相继成立了编制委员会，对机构编制进行统一管理。

机构编制管理的对象主要是各级党政群机关及附属事业、企业单位的机构编制；主要内容是机构的名称、级别、职能、规格、规模、布局、内部层次和编制的类别、标准、比例、领导职数、工资基金等。中华人民共和国成立36年来，黑龙江省（及原松江省）编制委员会建立健全各项规章制度，完善编制管理办法，根据不同时期不同任务的要求，在中央总的控制数内核定配备与调整各级各类编制，与组织、人事、劳动、财政、银行等部门密切配合，坚持审批原则，严格审批程序，使编制配备基本适应了不同时期经济建设的需要。

1949～1985年，按照中央、国务院的部署和省委、省人民政府的指示，在全省范围内进行了6次比较大的精简。每次都精简了一批超编人员。

1950～1954年，黑龙江、松江两省合并前，松江省党政机关的精简，以彻底精简区，适当减少与调整省、市编制，相应加强调整县级编制为重点，进行了精简整编工作。精简结果，至1954年7月，松江省执行的编制为13 080人，较1950年8月全省确定的新编制13 111人减少31人。黑龙江省在此期间，共进行5次调整机构、充实编制或紧缩编制工作。其中1951年进行3次，是东北地区性的。1952年以后进行2次，是全国性的。1954年黑龙江省党、政、群（不包括公安、税务、工会系统）编制总数为17 054人，根据中央下达的紧急指示，进行了较大规模的精简整编。重点是精简区级，其次是省级，适当加强市、专、县级。精简任务为2 641人，实际精简了1 856人。经过整编，全省党、政、群系统新的编制为15 198人。

1955年初，黑龙江省国家机关编制已增加到5 120人。1956年省编委下达的《关于撤销区，加强县、乡的整编工作计划》，全省56个县，撤销区后的总编制为7 900人。到1957年底，全省各级国家机关和机关附属单位共精简19 461人。

1958～1960年，随着“大跃进”形势的发展，各级国家机关的机构编制又有很大增加。因此，中共黑龙江省委又于1958年6月和1960年9月在全省范围内开展了两次精简整编、下放干部工作。到1960年底，全省各级国家机关的编制已由1958年8月底的108 029人减为90 124人，精简了17 905人。

1962～1963年，全省机关附属机构由原有的12 900余人减为7 800余人，精简5 031人。各级事业单位，省一级由原来的37 500人减为23 000人，精简了14 500人。各类性质相近和包揽过多的干部学校也进行了裁并。

1970年2月，也进行了机关精简整编。

1977～1979年，对全省农林、文教、卫生、财贸等30多个部门的事业编制进行重新核定。

1983年，在全省范围内的机构改革中的精简，省级除人大、政协、民主党派、高级法院、检察院、纪律检查委员会、人民团体外，省委、省政府机关厅、局由69个减少到41个，减少28个，占41%。人员编制，省级机关原有8 172名，中央批准省级党、政、群机关统制总数为4 900名（不包括公安、法院、司法行政部门），除改为经济组织和事业单位的1 184人从基数中划出外，纯减2 088人，精简30%。实际使用4 833人，尚余67人。到1985年末，省直党、政、群机关实有人数6 658人（不含检察院、法院、公安、安全、司法机关人数），行政编制数5 094人。

市级机构设置。全省共有10个地级市，5个县级市，1983年党、政、群机关共有人员55 939人。省编制委员会于同年12月，分别批复各地、市机构改革方案。地区党、政、群机构由原来平均60个，减少到平均36个，精简了40%。地区人员编制，由原来平均1 260人减为平均676人，精简了46.2%。市级人员编制，精简前为55 939人，15个市人口共936.3万人，平均按占人口的3.8% 计算，行政编制定为35 581人，每辖一个县另外增加编50人，6个市辖15个县，增加行政编制750 人，市级总编制数为36 331人（不包括公安、检察、法院、司法行政部门编制），比精简前减少19 608人，精简35.1%。1984年10月26日，省政府下达《关于核定全省各县党、政、群机关编制的通知》。全省县级精简14 881人，比实有人数46 271人精简了32%。精简后县级党、政、群机关编制定为31 390人。到1985年末，县级党、政、群机关实有人数49 087人（包括镇乡级14 956 人），超编17 697人。

1983～1985年，对省直党、政、群机关的112个非常设委员会、领导小组、指挥部、临时办公室（简称非常设机构）进行了清理整顿，撤销了一部分机构。参照省直的做法，各地、市、县对非常设机构也进行了清理和整顿。到1985年，各种编制执行如下管理办法：全省各级国家机关、事业单位的编制，在中央、国务院统一领导下，由省委、省人民政府集中管理。不同性质的编制，采取不同的方法进行管理。各级党政群机关行政编制，实行条块管理体制，即全省的编制总额和省一级国家机关的编制名额，由中央、国务院审定，地、市、县、乡的编制名额由省审定。在上级核定的编制总额以内，由各级党委、政府核定所辖地区、部门的编制。专项编制实行条块结合的管理体制，由省的主管部门提出方案，由省编制委员会批准下达，专项使用，不能串动。事业编制实行条块结合以条为主的管理体制，由省各业务主管部门提出方案，由省编制委员会批准下达；日常编制调整由各业务主管部门提出意见，由各级编制委员会批准；企业行政管理机构和机关附属单位的编制，由各级编制委员会自行管理。财政实行包干以后，行政、事业编制审批权仍然在省，各地不得借口经费自主随意增加编制。

第五节　外事工作

一、历史沿革

中国与俄国本不接壤，15世纪俄罗斯大公国在欧洲取胜后，于16世纪下半叶越过乌拉尔山侵入亚洲地区。17世纪中叶推进到中国边境并侵入中国境内。清康熙二十五年至二十八年（1686～1689年），清廷与俄国各派使臣在尼布楚进行两次边界谈判。清廷让出了被俄人占去的原属清朝的大片领土，俄国退出已侵占的部分土地，双方达成了划界协议，签订了《中俄尼布楚议界条约》。这是历史上中国与外国签订的第一个划界条约。

清道光三十年（1850年）前后，俄国确定了“先军事占领，后协商谈判”的侵华战略，开始有组织、有计划地入侵黑龙江流域。清咸丰八年四月（1858年5月），清廷在由俄方拟定的《中俄瑷珲和约》上签了字。根据这个不平等条约，俄国占去了属于中国的黑龙江以北60余万平方公里的领土，而且将乌苏里江以东至海的属于中国的领土定为“中俄共管之地”。清咸丰十年十月（1860年11月）又签订了《中俄续增条约》（又称北京条约）。此条约除重申《瑷珲和约》中关于两国以黑龙江为界的条款外，又确定东部以乌苏里江为界，使俄人又侵占去中国领土40余万平方公里。俄国通过《瑷珲和约》和《续增条约》的签订，推翻了《尼布楚议界条约》规定的中俄边界线，鲸吞中国领土100余万平方公里。

《中俄续增条约》签订后第二年清咸丰十一年（1861年），中俄双方派出大臣对东部陆地边界进行实地勘察后，又签订了《中俄勘分东界约记》，但并未能制止俄国的入侵。在此后的20余年间，不仅俄国居民越界垦荒，军队也不断向中国境内推进，用武力蚕食中国领土。为此，清光绪十二年（1886年）清廷派出大臣同俄国大臣进行边界谈判，对东部边界联合进行实地勘察，并且签订了《中俄珲春东界约》和《中俄查勘两国交界道路记》。由此划定了中俄两国东部边界的走向。

清光绪二十二年（1896年），李鸿章同俄国签订了以“共同防御日本与英国”为目的《御敌互相援助条约》（通称《中俄密约》）。根据这个条约又签订了《中俄合办中东铁路章程》。俄国取得纵横贯穿中国东北地区的中东铁路（也曾称东清铁路、东省铁路）的修筑权和经营管理权，不久，又取得了自哈尔滨至大连的支路修筑权。为达到永远霸占东北目的，进而攫取了铁路沿线地方行政管理、驻军、设警、司法、税收、占地与买卖土地、开矿、采伐林木、内河航行等一系列特权。中东铁路沿线地区实质上成为没有租界条约的俄国“租界”。

在这期间，日、英、美等帝国主义列强争先恐后地要求清廷准其享有与俄国同等特殊权利，并且纷纷在哈尔滨、齐齐哈尔等地设立领事馆。帝国主义列强为了瓜分中国东北，划分势力范围，背着中国签订了《英日协定》《英俄协定》和四次《日俄协定》。

清光绪二十六年（1900年）俄国参加八国联军侵华，以马刀、步枪对江东六十四屯的中国居民7 000余人施行灭绝人性的大屠杀，从而酿成历史上称之为“血洗江东六十四屯大惨案”。江东六十四屯地区被俄国侵夺占领。

清光绪三十年（1904年），日俄两个帝国主义国家，为了争夺中国领土及在中国的特权，以中国的土地为战场，爆发了“日俄战争”。俄国战败后，退出辽东半岛，将由长春至大连的中东铁路支线让给了日本。日本取代了俄国在南满一带的权势后，极力向北满扩张推进，从而展开了日俄争霸北满的角逐。日本在哈尔滨的侨民由清光绪三十三年（1907年）的627人，增至1917年的2 287人。1920年，哈尔滨市的日本侨民人数已达3 759人。其中有许多是穿着便衣的军人。

1924年，中国北京政府同苏联政府经过多次谈判，签订了《中俄解决悬案大纲协议》及《中东路暂行管理办法协议》等附件，双方在《协议》中声明，中国承认苏联政府，并在《大纲协议》签字后一个月内，举行会谈，商定解决一切悬案的办法。关于中东铁路，双方特别声明，它是纯商业性质的公司，由两国平等共管。此后又签订了《奉俄协议》，将中国赎买中东路的期限由80年改为60年。根据上述协议，1925年9月，中苏召开了第一次会议，未取得任何成果。《大纲协议》所规定的内容基本上没有实现。在中苏共管中东铁路后不久，中苏间的矛盾便日渐公开化。

1929年7月，东北地方政府强制接收了中东铁路，赶走了苏联政府委派的铁路局长。这时的苏联政权已经稳定，对于中国政府的行动，一面向南京政府发出最后通牒，一面准备以武力反击。以致在黑龙江省的全部中苏边界发生了“战争”。继之，双方进行谈判。中国只好接受苏联提出的条件，从而签订了《伯力协议》。根据《伯力协议》，中苏双方派出代表团就中东铁路问题继续谈判。因双方意见分歧很大，谈判没有进展。后因“九一八”事变爆发，中苏谈判宣告中断。

1931年9月，日本帝国主义者发动了震惊中外的“九一八”事变。东北沦陷时期，日伪政权在黑龙江地区虽一度设有外事机构，但实际上只是日本帝国主义手中的傀儡，是日本政府对外机构的一部分。在对外活动中，它不断排挤西方各国势力，西方各主要大国，除法西斯德国、意大利等极少数国家外，均不肯承认伪满政权。“太平洋战争”爆发后，哈尔滨的西方各国领事馆，陆续被迫关闭。

1935年，苏联背着中国将中苏合办共管的中东铁路，以1.7亿日元，单方面卖给日本。日本为达到永远霸占东北的目的，大量向东北移民。截至1945年日本帝国主义投降时，已向黑龙江地区强制移民48 172户、110 131人。日本帝国主义投降后至1946年8月，地方政府将大批日本移民遣送回国，但仍留下1万余人。

1945年2月，美、英、苏三国的首脑在雅尔塔举行会议（历史上称之为“雅尔塔会议”），背着中国政府由与会的三国签订了有损于中国利益的《雅尔塔协议》。同年8月，苏联为谋取在中国东北的某些特权，如与中国合办中国长春铁路等，和中国国民党政府签订了《中苏友好同盟条约》，肯定了《雅尔塔协议》。后来由于中国人民在中国共产党领导下，进行了解放战争，国民党政府基本上未能控制东北地区。因而，除1945年底和1946年初一段时间外，中国长春铁路没有实行中苏共同经营。

1949年10月中华人民共和国成立后，哈尔滨市成立了人民政府外事处。同年10月2 日，苏联政府承认中华人民共和国，双方建立了正式外交关系。同年10月20日，苏联驻哈尔滨总领事馆正式开馆。

1949年12月～1950年初，毛泽东主席和周恩来总理（兼外交部长）率代表团先后到达苏联莫斯科，同苏联领导人会谈。经过友好协商，1950年2月14日，中苏双方签订了《中苏友好同盟互助条约》《关于中国长春铁路、旅顺口及大连的协议》，以及《关于苏联贷款给中华人民共和国的协议》等文件，两国外长还互换了三个照会。关于中国长春铁路、旅顺口和大连问题，苏联方面同意早日放弃它根据1945年同中国国民党政府签订的有关协议而获得的某些特权，其时间不迟于1952年末。1952年12月31日苏联政府根据双方上述协议派苏联驻华大使潘友新为代表，将共同管理中国长春铁路的一切权利以及属于该路的全部财产无偿地移交给中华人民共和国。周恩来总理兼外长率代表团参加了在中国哈尔滨举行的移交仪式。在日本帝国主义投降后，先由苏军接管、后转给苏驻哈尔滨总领事馆的日伪企事业也陆续移交给中国的相应部门。

1951年，成立了松江省人民政府外事处。2月，中苏两国签订了《关于黑龙江、乌苏里江、额尔古纳河、松阿察河及兴凯湖之国境河流航行及建设协定》和《黑龙江、乌苏里江、额尔古纳河、松阿察河及兴凯湖等中苏国境河流航行规则》，确保中苏双方船舶平等地、无阻碍地利用国境河流航行。

1954年，松江、黑龙江两省合并，成立黑龙江省人民委员会外事处。1957年，中苏两国又签订了《关于国境及其相通河流湖泊商船通航协定》。根据《协议》，中国船舶可以航行至苏联的哈巴罗夫斯克（伯力）、共青城、尼古拉耶夫斯克（庙街），苏联船舶可以航行至中国的同江、富锦、佳木斯、哈尔滨，为两国贸易部门运送货物。

根据中苏双方签订的关于苏联援助中国发展国民经济的有关协议，苏联援助中国建设的156项工程中，在黑龙江省的工程项目有22个。百余名苏联专家和工程技术人员有较长时间在黑龙江省工作。

从20世纪50年代末期始，由于中国反对苏联的控制，拒绝苏联提出的有损中国主权的要求，中苏关系发生裂痕。1958年，成立黑龙江省人民委员会暨齐齐哈尔市人民委员会外事办公室，1960年10月改为黑龙江省人民委员会外事办公室。1960年后，各地区及部分市县也成立了外事机构，最后形成现行体制。1960年7月，苏联驻哈尔滨总领事馆突然通知黑龙江省外事处，苏联政府决定撤回在中国工作的全部专家。当时在黑龙江省哈尔滨和齐齐哈尔工作的专家有96人，家属135人，这些专家奉命于8月中旬全部撤走，并且带走了正在进行的未完工程的全部图纸与有关资料，给国家的经济建设造成了重大损失。

随着中苏两国关系的恶化，苏联加紧了反华步调。苏联驻哈尔滨总领事馆利用非法的“苏联侨民会”（历史上沿袭下来的俄侨组织，解放后哈尔滨市公安局未予登记，但照顾到两国关系亦未予取缔）替代领事馆办理侨务，唆使或支持苏侨与地方政府为难，并进行情报活动。因此，苏联侨民会这个非法组织，于1962年9月被哈尔滨市公安局查封取缔。不久，苏联驻哈尔滨总领事馆宣告关闭。

20世纪60年代，中苏边境地区的形势步步走向紧张，以至发展到武装冲突的严重地步。1964年以后，在中苏边境的兵力增至数十万人，形成大军压境的态势，对中国实行军事包围。苏联利用军事占领中国黑瞎子岛的有利地位，又在1969年发生了令世界瞩目的“珍宝岛事件”。黑龙江省人民和驻地部队，为维护国家领土主权的完整和国家民族的尊严，同苏方进行了针锋相对、不屈不挠的斗争。

1978年12月中共第十一届三中全会召开以后，中央对国家的对外政策进行了重大调整，实行对外开放政策，对外交往也逐年扩大。黑龙江省以发展与日本、朝鲜、苏联等毗邻国家的友好合作关系为重点，以开展全方位的开放为目标，积极主动地开展地方外事工作，有力地促进了全省的对外开放和经济建设。

1979～1985年末，黑龙江省先后同日本、加拿大、美国、丹麦、南斯拉夫、朝鲜等国的近20个省、县、市结为友好关系，或经济伙伴关系。

二、边界争端

19世纪50年代后，清政府被迫同俄国政府签订了一系列不平等条约，但俄国政府继续推行蚕食中国领土的政策。因此，在黑龙江省境内，边界争端连续发生。

1929年，苏联借“中东路事件”之机，占领了按界约属于中国的位于黑龙江和乌苏里江汇合处以南的抚远三角洲（又称黑瞎子岛）。

1945年，日本帝国主义投降时，苏方乘机又占据属于中国的一些界江岛屿或将其划入苏军警戒区内。在陆界方面，苏方人员也多次越界。

20世纪60年代初，中苏关系恶化后，苏方人员破坏边界现状时有发生。他们进入中国境内修建设施、干涉中方人员生产、通行、巡逻，毁坏中国居民的房舍和生产用具。

1968年1月5日，发生在黑龙江省饶河县镇江村西南12公里乌苏里江主航道中心线中国一侧，由5个岛组成的、总面积3.6平方公里，历来都属于中国管辖的七里沁岛事件。苏联边防当局派出大批军人、装甲车登岛，打死、打伤中国居民多人，制造了七里沁事件。

1969年3月2日、15日发生在黑龙江省虎林县偏东北处乌苏里江主航道中心线中国一侧，由大小岛屿组成的、面积0.74平方公里，属于中国管辖的珍宝岛事件。苏联边防当局派出大批军人、装甲车进入珍宝岛地区，对正在执行正常巡逻任务的中国边防军人开枪开炮。中国边防军人被迫还击，双方伤亡多人。

1978年5月9日，发生在黑龙江省虎林镇西南约10公里处，距乌苏里江中国江岸约700米、面积6平方公里，属于中国领地的月牙泡事件。苏军人在中国境内纵深追捕和包围中方居民，并开枪打伤2人。中国方面提出强烈抗议。苏方称此事系苏边防军人在搜捕一名“危险的武装罪犯”时误入中国国境所致。为此向中方表示了遗憾，还称肇事者将受到查办。

三、重大涉外事项

（一）中东路、中长路始末

清光绪二十一年十月（1895年11月），俄国财政大臣维特，第一次正式向清驻俄公使许景澄提出了西伯利亚铁路穿过中国东北的要求，遭到拒绝。清光绪二十二年三月（1896年4月），李鸿章出访俄国，签订了《中俄密约》。《合同》共12 款，第四款使俄国取得了将西伯利亚铁路东段穿越中国东北，直达海参崴的特权。清光绪二十四年（1898年）俄又迫使清廷同意修筑一条支线，由哈尔滨直达旅顺、大连。清光绪二十九年五月（1903年6月）建成，同年六月（7月）全线正式通车。清光绪三十年（1904年）的日俄战争，俄国战败，将东省铁路支线长春以南的部分约700公里转让给日本。1918年6月，在美国策动下，出现了所谓国际共管时期。由于中国方面坚决反对，共管于1922年结束。

1924年5月，宣布中苏建交，同时签订的《暂行管理中东路协定》。中东路实现中苏共管。1925、1926两年，中苏双方曾发生过冲突。1929年7月初，蒋介石电召张学良收回中东铁路。10日，发动了“中东路事件”。战争以东北军失败结束。1929年9月，签订了《伯力协定》，仍由中苏共管。

1935年，苏联单方面将中东铁路以1.4亿日元和3 000万日元苏藉员工退职金的代价，转让给了日本政府。1945年8月，中国国民党政府与苏联代表在莫斯科签订了《中苏友好同盟条约》和《关于大连、旅顺口协定》，开始了对原中东路中苏共管的第二时期。

1950年2月14日，中国政府与苏联政府签订了《中苏友好同盟互助条约》及《中苏关于中国长春铁路、旅顺口及大连的协定》，开始了第三次中苏共管时期。1952年12月31日，在哈尔滨市南岗铁路文化宫举行了中苏两国关于中长路的接交仪式，对中国长春铁路的中苏共管到1952年12月31日北京时间午后18时为止。至此，存在56年的中东铁路终于结束。

（二）中东路展地交涉及地亩权收回

清光绪二十二年七月二十日（1896年8月28日），中俄签订的《建造经理东省铁路合同》，俄人便在铁路经过的地方任意圈占土地。清光绪二十九年（1903年）后，还要求无限展地，遭到黑龙江将军达桂的拒绝，也遇到了沿路居民的反抗。1929年3月，中国与苏联共同商定了新的中东路地亩办法，取消旧的租地契约，重新订立契约。由东省特别区地亩局颁布了《清理地亩章程》，不仅严禁私占、私垦土地， 也禁止以转让土地渔利；又对中东路建筑用地实行征税，各国干涉地亩的活动，终告停止。

（三）中东路伐木交涉

清光绪二十四年（1898年），俄军占领了东北，铁路公司滥伐森林现象更加严重。清光绪三十四年（1908年），双方签订了《黑龙江铁路公司伐木合同》。对维护国家主权和保护国家资源方面有了些进步，但仍然很不彻底。1912年7月黑龙江铁路交涉总局与中东铁路公司在哈尔滨签订了《增订中东铁路公司在江省指明地段砍备应用木植之副合同》，对伐木地段和面积作了规定。

（四）中东路采矿交涉

清光绪二十四年（1898年），签订了《东省铁路续订合同》；清光绪二十六年十一月（1901年1月），签订了《改订吉林开采煤斤合同》；清光绪三十三年七月（1907 年8月），签订了《吉林铁路煤矿章程》和《黑龙江铁路煤矿合同》，对煤矿开采及纳税问题作了规定。但中东铁路方面并不遵守合同，还在肆意开采和逃税。清光绪三十三年（1907年），清政府命令黑龙江地方当局与中东铁路方面交涉。直到清光绪三十三年七月（1907年8月）以后，才按新税率增收。

（五）中东路护路权的交涉

清光绪二十六年（1900年），以中东护路为名，大批俄国军队进驻东北。清宣统二年元月（1910年2月），俄国外阿穆尔边防军改为公开的正规军编制。这支护路军被称为“西伯利亚第15联队”。分别驻防哈尔滨、横道河子和博克图。俄国护路军在各地犯下了许多罪行。1918年2月，黑龙江省方面成立了中东铁路临时警备总司令部，负责由哈尔滨至满洲里区治安。1919年7月，东线、西线护路军司令部成立，同年8月护路军总司令部在哈尔滨成立，对原有的吉林、黑龙江两省的护路军进行改组，实行统一指挥。至此，被俄国侵夺了20年的护路权，才最后回到中国军队手中。

（六）代管中东路

清光绪二十三年十二月（1898年1月）初，中国军队进入中东路界。1920年10月2日，签订了《管理东省铁路续订合同》及附件14份。这个续订合同基本保证了中国在中东铁路公司董事会中的控制权。1924年《中苏解决悬案大纲协定》签订以后，停止中国代管，实行第一次中苏共管。

（七）收回俄国在黑龙江省司法权

清光绪二十三年（1897年）开始，俄国以修筑中东路为由，对中东铁路沿线各地实施治外法权。成立了法院， 在哈尔滨还设立了独立的地方审判厅和地方检察厅及监狱。中东路经常发生俄兵打伤杀害中国人事件。但在对中俄人之间的纠纷判案时，俄方偏袒俄人罪犯，引起中国居民的愤慨。1920年4月20日，吉林省督军鲍贵卿发布命令，关闭吉林及黑龙江铁路交涉总局的中途会审公堂，并以吉林督军、吉林省长的名义，发布了训令。停止了对俄国公使、领事的使领待遇，取消了俄国公使馆及各地俄国领事馆，原有的领事裁判权也就不复存在。取缔了在哈尔滨的俄国边境法院和道里监狱。同年10月，成立了东省特别区法院，公布了《东省特别区法院编制条例》13条。设立了各分庭。1921年，接收中东路司法权一事，基本结束。

（八）公议会与行政权收回

清光绪二十九年二月初七日（1903年3月5日），俄国政府在彼得堡召开特别会议，研究讨论东省铁路界内的居住权及行政权问题。并于清光绪三十一年（1905年）制定了《哈尔滨自治会章程草案》，决定在哈尔滨及中东铁路沿线各地实行自治。清光绪三十二年十二月初四（1907年1月17日），中东铁路公司公布了《哈尔滨自治公议会章程草案》。同年十二月初五（1月18日），又通过了《哈尔滨市政规程》。清光绪三十四年三月（1908年4月）开始，在满洲里、海拉尔、昂昂溪、横道河子、博克图、绥芬河等地也先后成立了“自治公议会”。1920～1921年间，中国当局开始收回被中东铁路侵夺的各项权益。收回市政管理权，取消了中东路的市政监督权。1926年6月17日东省特区行政长官公署公布了《哈尔滨特别市自治会试办章程》6章61条。同年9月，成立了哈尔滨特别市，产生了哈尔滨特别市自治会。至此，最后完成了收回哈尔滨市公议会的工作。

（九）中东路事件

1924年中苏共管中东路后，双方在中东路的管理上便不断发生矛盾，以至酿成事件。1925年，因苏籍局长下令停用中苏两国国籍以外的员工，爆发了第一次危机。1927年，又发生了苏联利用中东路收入套购中国外汇事件。1928年6月，日本军方制造了“皇姑屯事件”，张作霖被炸成重伤后身亡，张学良改旗易帜。1929年初，盛传苏联驻日本大使与日方商谈出售中东路给日本，以抑制中国收回中东路。同年1月14日，张学良向日方提出严重抗议。同年6月，张学良在沈阳召开对苏会议，随即开始调兵。同年7月，震惊中外的“中东路事件”爆发。同年8月，苏军开始大举进攻。同年12月，签署了《伯力协定》。后就中东路问题中苏举行多次会谈。延至“九一八”事变发生，日本侵略者占领了中国全东北，中苏关于中东路问题的谈判，便被搁置起来。

（十）黑龙江行船

《中俄瑷珲和约》曾有明文规定，即“黑龙江、松花江、乌苏里江，此后只准大清国，俄罗斯国行船，各别外国船只不准由此江河行走。”俄国在条约签订后，立即擅自单方修整航道，沿江设立航标，建立航站，大批俄船往来于黑龙江上、下游，并妄图独霸黑龙江界河的航行权。1917年7月，为维护航权，保护华商轮船行船的安全，北京政府海军部在哈尔滨成立了吉黑防筹备处，调拨炮艇赴黑、松两江。俄国驻华公使致函中国政府，反对中国军舰航行，双方对此争执不下。同年10月末，中国军舰行至伯力下游，突遭俄炮兵阻击，被迫返航。这一事件，引起中国各界人士的强烈反对和抗议。1922年5月～1925年5月、1926～1928年，中苏订立了《中俄黑龙江航行地方临时协议》等一系列内容大致相同的地方临时航行协议。但双方对延伸航线问题，并未达成协议。黑龙江航权交涉至此暂时告一段落。

（十一）松花江行船

清咸丰八年（1858年）《中俄瑷珲和约》签订后，俄国即急于取得在松花江的航行权。向清政府提出准许俄人在黑龙江、松花江流域贸易，这些要求均遭到清政府的拒绝。清光绪七年正月十四日（1881年2月12日），中俄签订了《中俄改订伊犁条约》。清光绪二十二年（1896年），俄国取得中东路修筑权以后，俄国便借转运器材、粮草等物资为由，开辟了松花江航路。清光绪二十六年（1900年）“庚子事件”中，俄军占领了中国东三省，俄国更借机攫取了松花江航行管理权。清光绪三十四年四月（1908年5月），东三省总督派代表与中东铁路局总办霍尔瓦特谈判，撤销了俄国在哈尔滨成立的水利会，收回了松花江的航行管理权。清光绪三十四年十二月（1909年1月），中国政府又收回了俄国私自在拉哈苏苏（今同江县）设立的关卡。清宣统二年七月初三日（1910年8月8日），签订了《松花江行船章程》，宣布了松花江主权属于中国。但其中的一部分条款，对俄有利，等于中国政府事实上承认了俄船在松花江航行的权利。因此，1918～1922年间，苏方打沉、扣留中国船只的事件时有发生，在这种情况下，东三省地方政府不得不采取维护国家主权的措施。1924年1月，张作霖电令哈尔滨交涉署：松花江为中国内江，外国船舶均无航行之权，东省铁路船只原为运输铁路建筑材料，铁路既经修成， 理应早予收束，严禁中东铁路和船只航行。至此，俄船航行松花江的交涉宣告结束。

（十二）庚子事件

清光绪二十六年五月（1900年6月），清廷发布对外宣战诏书。同年六月（7月），17万俄军以保护中东路为名，向中国大举进犯。战斗在中俄边境地区展开。黑龙江境内的战斗，北线在瑷珲开始； 东线从乌苏里地区侵入宁古塔（今宁安）；东北路俄国舰队攻占巴彦通要塞；西路俄军攻陷呼伦贝尔城。在各帝国主义国家（号称八国联军）大举入侵的情况下，清政府以投降为主旨，派出代表与俄军交涉停火事项，遂使俄军不战而占领黑龙江全境，长达七年之久。

（十三）教案事件

外国教会进入黑龙江地区后，传教士们依仗本国的势力，为非作歹。不仅欺压百姓，甚至威逼官府，辱骂、殴打地方官员，多次酿成教案，中国百姓深受其害。清光绪二十六年（1900年）“庚子事件”发生，中国居民不顾官府的威胁、阻拦，向外国教会进攻。他们杀死外国教士，捣毁教堂，殴打入教作恶的中国教徒。于是发生了团林子、余庆街、呼兰三件较大的教案。事件过后，由于清政府的投降政策，最终以向外国教会赔款，惩办“凶手”结束。

（十四）交收东三省条约

“庚子事件”中，俄军占领中国东北以后，东北完全置于俄国控制之下。双方签订了有八项条款的协定。清政府派员与俄国谈判。清光绪二十七年至清光绪二十九年（1901～1903年），日俄战争以俄国失败告终。但俄国除了割让南库页岛外，未失一尺土地，未出一文赔款。所付出的全部是中国的领土与主权。至此，中俄撤兵交地事宜，历时近7年，始告完成。

（十五）金矿案

清光绪二十六年（1900年），俄军侵占黑龙江时，即将清政府北洋大臣所开办漠河、都鲁河、观音山等地的金矿全部占领，将清政府办矿官员驱赶出矿，交俄国商人开办。未经中国当局许可，私自采挖达六七年之久。并于清光绪二十七年（1901年）迫使黑龙江将军萨保，签订了《黑龙江省采勘矿苗草约》《黑龙江金矿合同》和两批采勘金苗的执照。清光绪三十一年九月（1905年10月）， 程德全派马六舟总理都鲁河等地金矿。马六舟以剿驱金匪为名带兵进山，强行接收了都鲁河金矿。清光绪三十二年（1906年）接收了观音山金矿；是年冬至翌年春，漠河等地的金矿也陆续收回。在收回漠河金矿时，俄国公使曾提出要永远开采萨保所批的五处金矿，被程德全拒绝。于是开始了十几年的谈判，于1917年10月，中国同意赔偿俄商200万卢布，将漠河金矿收回。

（十六）美国人在桃山猎场枪伤中国人案

1984年10月13日，由美国欺斯蒙马特旅行团组织的赴黑龙江省桃山狩猎团一行，在三号闸猎场途中，停车准备猎取山鸡。团员爱德华．罗德里克自认为发现山鸡，以双筒猎枪对准距他24.4米的目标连发两枪。后发现被击中的目标乃是猎场导猎员刘玉坤。此事件肇事人供认不讳。伊春市人民检察院根据《中华人民共和国刑法》第三条和第一百三十五条的规定，已构成过失伤害罪。本应依法追究刑事责任，鉴于被告人罗德里克认罪态度好，检察院决定对被告免予起诉，由罗德里克赔偿受害人经济损失。就此案件结果，黑龙江省外事办致函美国驻沈阳总领事馆，进行了说明。

（十七）天鹅饭店失火案

1985年4月19日零时左右，哈尔滨天鹅饭店11层楼起火。经消防队全力扑救，2时10分，火被扑灭。受灾面积298.5平方米，经济损失为255 000元人民币。火灾造成10人死亡。经查，火最先是美国人里查德·斯·安德里克所住的11116号房间外间烧起的。黑龙江省当局照会美国驻沈阳总领事馆。经两个多月的时间，进行细致的勘察、询问当事人和有关人员。大量的物证、人证均证实天鹅饭店的火灾，为美国公民安德里克吸烟不慎所致，安德里克是这场火灾的直接肇事者。安德里克的行为已触犯了《中华人民共和国刑法》第106条第二款，构成失火罪。经中华人民共和国最高人民检察院批准，由哈尔滨市公安局对安德里克执行逮捕。1985年7月2日，黑龙江省外事办照会美国驻沈阳总领事馆，进行了情况的通报。1985年8月8日，查德·斯·安德里克因犯有失火罪，经中华人民共和国黑龙江省哈尔滨市中级人民法院判决，判处有期徒刑1年6个月，赔偿经济损失人民币15万元。1985年11月28日对查德.斯.安德里克予以假释。假释考验期为一年。

（十八）苏联民用飞机被劫持事件

1985年12月19日14时30分，嫩江国营农场管理局所属甘南县长吉岗农场副场长刘国亿2人，发现远处有一架看不清标识的飞机，降落在该场场部东北约1 000米处的种牛场麦田中。黑龙江省公安厅接到齐齐哈尔的报告后，通知齐齐哈尔方面就近派出武装人员对飞机实行监护，并对劫机者进行了控制。同年12月20日，以外交部苏欧司副司长戴秉国为首的中央工作组和黑龙江省副省长何首伦以及苏联驻华大使馆领事部主任戈里申等苏方外交人员，先后到达现场。听取了省指挥小组的汇报。中国外交部向工作组传达了外交部与苏联驻华大使交涉的结果。同年12 月21日，除劫机者外，全体机组人员和乘客、苏联使馆官员由黑龙江省民航局用两架直升机接送到哈尔滨机场，乘由苏联派来的图134型客机飞返苏联。1986年2月17日劫机者阿利穆拉多负夫被哈尔滨市人民检察院宣布逮捕，并向哈尔滨市中级人民法院起诉。依照《中华人民共和国刑法》第3条、第10条、第29条的规定，并比照107条的规定，判处劫机者阿利穆拉多负夫有期徒刑8年。1986年6月13日，黑龙江省公安厅将劫机犯阿利穆拉多负夫转押到哈尔滨市监狱服刑。

四、对外交往

黑龙江地区的地方政权，从渤海时期起，就开始与日本、新罗、百济等国有过频繁的交往。清朝统一中国后，俄国使臣进入中国时经黑龙江地区取道去北京，黑龙江地区地方政权与俄国有了接触。自《中俄瑷珲和约》《中俄天津条约》《中俄续增条约》签订后，黑龙江、乌苏里江等中国内河成了中俄两国的界江。两国地方政府之间，开始了频繁的接触，从而打破了清政府对黑龙江地方的封禁。

19世纪末，俄国政府取得了东省铁路的修筑权后，引起了西方各帝国主义国家对黑龙江地区的觊觎。他们以参观、考察的名义到哈尔滨活动。由于中东铁路的存在和地理上的原因，从

1923年起，黑龙江省与苏联的来往增加了，直到1935年苏联单方面将中东路出售给日本为止。

1949年10月，中华人民共和国成立后，各国以参观访问为主的来访者逐年增加。黑龙江地方政府官方代表从未出访过。1950年后，黑龙江省中苏友好协会普遍建立。苏联派来中国的代表团、文化艺术访问团、表演团的大部分到黑龙江省、哈尔滨市活动。自1952年末到1953年初的一个月间，有三个苏联艺术团到哈尔滨进行访问演出。

在20世纪50年代，中苏边境地方党政机关的领导人经常互相访问，两国居民之间进行一些相互救助活动。特别是50年代中期，黑龙江省和省内边境地区一些市、县的党政领导机关、业务对口部门以及工、青、妇等群众团体的领导人，与苏联远东地区的哈巴罗夫斯克（伯力）边区、滨海边区、阿穆尔州、萨哈林州等相对应的地区、部门间进行过一段较为密切、频繁、气氛热烈的友好交往活动。在交往中，还互相馈赠农作物籽种、种畜、种禽与生产、交通工具。为了发展双方边境地区的经济，本着“互通有无，以货易货，进出平衡，记账结算”的原则，开展了边境地方贸易。

进入20世纪70年代，中国调整了同美国的关系，恢复了在联合国的合法地位。同时，加强了同日本和西方世界、第三世界国家交往与联系，打开了对外关系的新局面。1978年12月中共第十一届三中全会以后，黑龙江省以发展与日本、朝鲜、苏联等毗邻国家的友好合作关系为重点，以开展全方位的开放为目标，积极主动地开展地方外事工作，有力地促进了全省的对外开放和经济建设。

1979～1985年，黑龙江省先后同日本、加拿大、美国、丹麦、南斯拉夫、朝鲜等国的近20个省、县、市结为友好关系，或经济伙伴关系。共聘（邀）请到黑龙江省指导生产、传授技术、讲学、介绍传播经验的外国专家、学者、专业技术人员5 919人次。同期内，共派出出国人员1万余人。黑龙江省派出的访问学者超过400人，访问的国家和地区共21个，出国考察、贸易、参加各种会议的有3 000多人。黑龙江省地方政府领导人也出访了一些国家和地区。黑龙江省与五大洲的1 700家客商建立了贸易业务联系。通过在政治、经济、科技、文化、教育、卫生、艺术、体育、旅游等方面的对外交流，加深了黑龙江省人民与各国人民的了解和友谊，进一步促进了黑龙江省社会主义现代化建设事业的发展。

第六节　侨务工作

一、华侨

早在唐代，黑龙江地方政权渤海国时期，就曾与日本进行广泛的贸易往来和文化交流，渤海国赴日本的人员多时达千人。虽日本朝廷原则上不准渤海人留在日本，但仍有少数人在日本定居，成为侨民（后来这部分人均为当地人所同化）。契丹灭渤海时，黑龙江地区有十多万渤海人逃往邻国朝鲜，并在那里定居下来，成为黑龙江地区最早大批出国定居者。清末，黑龙江地区由于地理和历史的原因，出国去俄国、日本、朝鲜等国的华侨较多；清咸丰八年（1858年）中俄《瑷珲条约》和清咸丰十年（1860年）中俄《北京条约》的签订，沙皇俄国强占黑龙江以北、乌苏里江以东中国一百多万平方公里的领土，使在这片领土上继续居住下来的中国居民变成了“华侨”。这种“割地成侨”的现象在华侨史上几乎是绝无仅有的。到清同治十二年

（1873年），在黑龙江、乌苏里江沿江俄罗斯境内居住的华侨有5万多人。到清宣统二年（1910年），居住在俄国远东地区的华侨有15万多人。

1914年第一次世界大战爆发，俄国远东地区粮食和日用品奇缺，大部分靠华侨商人从中国输入。在国内"实业救国"的浪潮中，俄远东地区的华侨实业家，纷纷到黑龙江投资办实业，他们不仅投资于制粉业、制油业，而且投资于毛纺业、针织业、采金业。瑷珲在几年中就由归国华侨实业家和工人创办了30多个金厂，年产黄金最高达4万两。

俄国十月革命期间，广大旅俄华侨组建了上百人、上千人的中国连、中国营、中国团，英勇善战，成千上万的华侨战士在战争中牺牲，其中有许多是黑龙江人。著名的斯维尔德罗夫战役中牺牲的2 000多名华侨战士中，就有团长任辅臣等多人是黑龙江人。黑龙江华侨包清山率领的中国独立营，在捷克城革命斗争中，曾起到决定性作用。

自清光绪三十三年（1907年）起，对华人出境，实行发放护照制度。第一次世界大战期间，中国有数十万劳工被派往协约国做苦工。去俄国者，多由黑龙江出境，其中，有许多是黑龙江人。北洋政府曾在国务院下设侨工事务局，并在哈尔滨设立侨工事务员，办理华工出国及归国后的安置事务。1923年，东省特别区成立后，回国的华侨、华工的安置工作，概由特区警察管理处承担。

1931年"九一八"事变后，黑龙江地区沦陷。在日伪统治下，中苏边境被严密封锁，除了去极个别国家和地区外，不准华人出境定居，亦不准华侨入境定居。

1945年8月日本帝国主义投降后，各地相继建立了人民政权。黑龙江地区的一些旧军政人员、大地主和某些青少年知识分子等开始辗转出境，到港澳或海外定居，到海外定居者成为黑龙江籍的旅外华侨。20世纪50年代初，黑龙江地区的苏联侨民大批回国。少数中俄通婚家庭中的中国丈夫，有的随其俄人配偶去苏联定居，但为数极少；其子女则以苏侨身份回国。同一时期，一些在日本帝国主义投降时因战乱而滞留黑龙江地区的日本侨民被遣返，少数居民随日本孤儿或混血儿去日本定居。

1978年后，国家实行对外开放政策，黑龙江省居民出境定居者逐年增加。据1985年统计，黑龙江省在海外的华侨华人有298 215人，分布在105个国家和地区。其中，旅居朝鲜、韩国、日本、苏联四个周边国家的人数最多，约262 000多人，占全省华侨（华人）总数的87.9%。1979～1985年黑龙江省出国（境）的有7 288人。此外，涉外婚姻的增加是黑龙江省华侨人数增加的一个重要原因。1973～1985年黑龙江省的涉外婚姻共有381对，婚后，婚姻当事人均出国（境）定居，成为黑龙江省籍的华侨（华人）或港澳同胞。

二、归侨、侨眷

（一）苏、（俄）归侨

1917年俄国二月革命后，俄国政局混乱，许多华侨失业。为谋求生计，除一部分人参加红军外，大部分人回国，其中有很多人留在黑龙江地区。自1918年7月～1924年12月，由苏联回国到哈尔滨的华侨就有32批，15 546人，"旅苏华工联合会"会长刘泽荣（刘绍周）一家，也于1920年11月回国并在哈尔滨定居，一些华侨商人也携资回国，并在哈尔滨等地投资。1919年12月，侨商秉铨投资安裕面粉厂；1922年张用廷、吕金兴办了裕庆毛织厂。1929年，中东路事件发生，苏境远东各地许多华侨被集中扣押后予释放，事后一些华侨回黑龙江定居。

1945年抗日战争胜利后，留居苏联的中国侨民回国后回到原籍，少部分留在黑龙江地区。来黑龙江地区开辟革命根据地的人员中，也有不少就是旅苏华侨。如王玉，曾在1936～1939年之间，旅居苏联，回国后去延安参加革命，1945年9月来到黑龙江，在黑河地区先后担任各种领导职务。

1950～1953年，共有304名旅苏华侨回到黑龙江地区定居。1954年，有174户计177名旅苏华侨归国在黑龙江省定居。1956年，有162名旅苏华侨回国后在哈尔滨、黑河等城市定居。60年代旅苏华侨回黑龙江省定居者极少，1963～1964年中只有5人。80年代起由于国内生活水平的迅猛提高，开始又有旅苏华侨回黑龙江省定居。到1985年末，黑龙江省尚有苏联归侨223人。

（二）朝鲜归侨

1930年后，侨居朝鲜半岛的中国人，鉴于日本对朝鲜统治的逐步加强，曾有人零星地来到黑龙江地区定居。1937～1947年，私自从吉林图们口岸越境到牡丹江一带的旅朝归侨仅为31人。

1950年，美国发动了侵略朝鲜的战争，旅朝华侨到黑龙江省定居者日渐增多。1951年由全国各省市移居黑龙江地区参加社会主义建设的解放前由朝鲜归国的老归侨有395人。1952～1954年，黑龙江地区先后接收由国家统一分配到本地区安置的旅朝归侨人数颇多，共12 159人。1956～1957年中，到黑龙江省定居的旅朝归侨有409人。1959～1966年，到黑龙江省定居的旅朝归侨有973人。

1980～1984年，全省安置朝鲜归侨649人。据1985年末统计，黑龙江省现有朝鲜归侨5 884人，分布在10个省辖市（含所属县）、4个地区和农垦、铁路、森工3个系统。

（三）韩国归侨

截至1985年末，全省韩国归侨共有301人。其中可分三种情况：1949年以前归国的157人，1950～1966年归国的132人，1967～1985年归国的只有12人，主要分布在哈尔滨、齐齐哈尔、佳木斯等市和农垦系统。

（四）蒙古归侨

蒙古国归侨到黑龙江省定居的略多于韩国归侨。到1985年有337人，有335人是1950～1966年这17年中回国者，1967年以后回国的仅有2人。主要分布在齐齐哈尔、哈尔滨、佳木斯等9个省辖市和绥化、黑河等地区。

（五）日本归侨

1945年旅日华侨段颖回到佳木斯市读书，这是战后最早回黑龙江省定居的日本归侨。1948年末至1949年10月1日中华人民共和国成立时，共有26人到黑龙江。1950～1985年到黑龙江省定居的有32人，主要分布在哈尔滨、齐齐哈尔、牡丹江、双鸭山市及农垦系统。到1985年末，黑龙江省共有日本归侨59人。

（六）其他国家归侨

1985年末，黑龙江省有菲律宾归侨7人；有马来西亚归侨46人；有印度尼西亚归侨81人；有泰国归侨30人；有新加坡归侨32人；有欧美发达国家归侨21人；此外还有一些国家归侨人数多少不一，总数696人。

（七）侨眷

清末至中华民国初期，黑龙江省地区去俄国的华侨，一些有家眷者，也多是一人前往俄国，把家属留在黑龙江。

东北沦陷时期，通过各种渠道去苏联定居的黑龙江人约有300人左右，他们中很多人只身逃出，留在黑龙江地区的眷属约有900多人。

1949年10月中华人民共和国成立后，第一个五年计划期间，到黑龙江参加社会主义建设的归侨知识分子约有2 500多人（含外籍华人亲属）。1957年后，侨眷人数有所减少。进入80年代后，国家实行改革开放政策，出国留居的人员急剧增加，侨眷人数也不断上升。到1985 年，黑龙江省有华侨眷属41 663人，外籍华人亲属5 616人。

三、侨联组织

（一）华侨组织

黑龙江地区旅外华侨组织的出现始于20世纪的俄国。1913年2月，海兰泡（布拉戈维申斯克）的华侨，建立了西伯利亚华侨联合会海兰泡分会，后来当地的华侨商人又建立了阿穆尔中华总商会。1916年6月，经北京政府核准，并改称阿穆尔省华侨总会。1917年，俄国首都彼得格勒的华侨建立了华侨组织——中华旅俄华侨联合会。首任会长为刘绍周。1918年，莫斯科市华侨建立了中华旅俄联合会莫斯科分会，哈尔滨市的旅俄华侨张永奎出任首任会长。1919年10月，俄阿穆尔境内，黄河口华侨建立了阿穆尔省华侨总会黄河口分会。

（二）归侨组织

1949年10月，中华人民共和国成立以前，黑龙江地区虽有许多归侨，但并无归侨组织。1956年12月，在全国归侨代表大会代表周珠凤的倡议下，首先在齐齐哈尔市青年联合会中成立归侨小组，这是黑龙江省最早出现的归侨组织。1959年齐齐哈尔市人民政治协商会议中成立了归侨小组。

（三）省、市、县侨联组织

1981年6月，经中共黑龙江省委和黑龙江省人民政府批准，正式成立“黑龙江省归国华侨联合会筹备工作领导小组”。黑龙江省侨联自1981年9月～1985年4月，召开了两次归侨、侨眷代表大会，选举产生了第一届和第二届委员会和常务委员会。到1985年末，黑龙江省已有9个省辖市（不含哈尔滨市，该市已于“文化大革命”前建立侨联组织）、18个县（市）和哈尔滨铁路局系统、黑龙江省国营农场系统相继建立了归国华侨联合会的组织和6 020多个基层侨联小组。1985年末，黑河地区和大兴安岭地区的侨联组织也正在积极筹备之中。

四、侨务活动

1945年抗日战争胜利后，黑龙江地方人民政权建立初期，基本上禁止居民的出入境。1949

年10月中华人民共和国成立后，开始有华侨回黑龙江地区定居。1950年，由于美帝国主义发动侵朝战争，大批旅朝华侨因战乱回国定居，国家将他们集中安置在东北地区。1952～1954 年，黑龙江地区接受安置了4批朝鲜归侨，共3 067户12 159人，大部分安置在生活条件比较好的农村，一部分有技术专长的，安置在城镇。

20世纪60年代初，黑龙江省加强了对归侨、侨眷的管理工作。全省除各级政府部门中的归侨、侨眷仍由民政部门负责外，归侨、侨眷较多的哈尔滨市还成立归国华侨联合会。对归侨、侨眷在生活上给予多方面的照顾，在粮油、布匹、工业品及副食品等供应方面，均给予优惠。在压缩城镇人口及机构人员精简中，均实行不下放归侨、侨眷的政策，使归侨、侨眷感受到党和国家的关怀和温暖。

1966年5月～1976年10月的“文化大革命”期间，侨务工作受到影响。1978年中共第十一届三中全会召开以后，建立健全了侨务机构，认真落实中国共产党和国家的侨务政策，广泛开展省内和国外的侨务工作。

1980年开始，黑龙江省出境定居的人员逐年增多，到1985年，人数达7 000多人，黑龙江省在海外的华侨、华人约29万多人，其中约20%为黑龙江籍，其余80%为外省籍，其眷属在黑龙江省。随着华侨的增多，省内归侨、侨眷也在增多。截至1985年末，省内共有归侨7 717人，侨眷41 663人，外籍华人眷属5 616人。还有港澳同胞及其眷属7 212人。

在新时期的归侨、侨眷工作中，黑龙江省首先大力进行落实侨务政策、平反冤假错案工作。到1985年底，全省归侨、侨眷在“文化大革命”中及“文化大革命”前冤假错案1 125件基本上得到平反纠正，本人及受株连家属的工作，也得到妥善安置，经济上的损失，也得到适当补偿。各级侨务部门认真贯彻对归侨、侨眷“一视同仁，不得歧视，根据特点，适当照顾” 政策，在住房、子女就业、夫妻两地生活及其子女升学实行降低一个分数段录取；对持有侨汇者，优先供应紧俏商品；对贫困的归侨、侨眷在生产生活上优先给予扶持、救济、解决和照顾；在政治上给予充分信任和重用。在归侨、侨眷知识分子1 506名共产党员中，1978年12月，中共第十一届三中全会召开以后，加入中国共产党组织的就有985人，在县以上国家机关、社会团体、企事业单位中担任科以上领导职务的有1 612人。归侨、侨眷子女113名参军，1 695人安排就业，1 892 人解决了住房问题。这些政策措施的落实，充分调动了广大归侨、侨眷为改革开放和经济建设贡献力量的积极性，他们在各自的工作岗位上奋发努力，创造了突出的业绩。1982年9月，黑龙江省人民政府召开全省归侨、侨眷先进生产（工作）者表彰大会，有117名归侨、侨眷先进人物受到表彰，其中有18人同年受到国务院侨务办公室和全国侨联的表彰。

新时期的侨务工作中，黑龙江省侨务部门努力开拓海外侨务工作管道。几年中，邀请接待了许多海外华侨、华人重点人物，到黑龙江访问、考察、参加庆典活动、洽谈生意，仅1985年省侨务办公室就接待13个来访华侨、华人团组，黑龙江省方面也组团出访海外侨胞，密切了同海外侨胞和华侨团体的联系。并积极引导海外侨胞到黑龙江省投资合作和进行技术交流。1985年初，黑龙江省人民政府颁布《关于对客商投资办企业实行优惠办法的若干规定》，对来黑龙江省投资兴办各种企业的海外侨胞、外国客商及港澳同胞，在税收、市场、价格、外汇和进出口管理等方面给予优惠待遇。到1985年末，全省引进华侨及港澳同胞资金达38 456万美元，占全省利用外资总额的729%。与此同时，全省归侨、侨眷和华侨团体积极兴办侨属企业。截至1985年12月，全省共有侨属企业41家，拥有资金6 862万元。其中，归侨、侨眷集资957万元安排归侨、侨眷子女339人就业。同时，在华侨智力引进方面也有了较大的收获，仅1985年一年，就邀请海外华侨专家、学者14人，讲学23场次，听众1 582人。

五、华侨贡献

（一）对侨居国贡献

黑龙江地区老一辈旅俄华侨，大多在靠近中国边境的俄境布拉戈维申斯克（海兰泡）、哈巴罗夫斯克（伯力）、符拉迪沃斯托克（海参崴）、乌苏里斯克（双城子）长期从事经商、做工或垦殖，为俄国革命、为俄（苏）远东地区的经济发展和城乡建设，为增进中俄两国人民的了解、交流和友谊，作出了可贵的贡献。1908年时，参崴华侨经营的商号共有600多家，其中资本达20万卢布的有16家，2万卢布的约100多家。第一次世界大战期间，有数万名黑龙江籍华工在西伯利亚从事伐木、采金等劳动，所采黄金占俄国同期黄金产量的85.75%。

在俄国革命战争中，4万多名华工参加了保卫苏维埃政权的斗争。红军中的中国团、营、连、排参加了多次战斗。在巴夏克战斗中，有140多名中国战士为苏维埃政权的诞生献出了宝贵生命。黑龙江籍华侨包青山率领的中国独立营，在捷克城的革命斗争中，曾起过积极作用。著名的俄共领导人基洛夫，曾将一支毛瑟枪赠给包青山。1957年11月7日苏联庆祝十月革命胜利40周年之际，原参加过保卫苏维埃政权的中国老战士——哈尔滨市旅苏归侨季寿山、刘福2人，应苏联政府的邀请同国内其他参加十月革命的4名老战士，作为中国劳动人民代表团成员，前往莫斯科参加苏联十月革命胜利40周年的盛大庆祝活动，受到苏联人民的热烈欢迎和亲切接待。

（二）对中国革命贡献

华侨是中国革命的重要媒介，孙中山先生称"华侨乃革命之母"。黑龙江籍华侨刘绍周、张加喜就是起过媒介作用的代表。1920年7月，在共产国际第二次代表大会上，刘绍周向来自64个共产党和左派组织的214名代表，介绍了中国工人运动和1919年5月4日在北京爆发的以学生为主体的反帝反封建爱国运动的详情，使共产国际对中国的革命斗争形势，有了较为详细的了解，为20年代初列宁选派共产国际使者魏金斯来华帮助中国无产阶级建立中国共产党，起到了媒介的作用。

（三）对黑龙江开发建设贡献

1912年，旅俄华侨张波溹在哈尔滨收购了俄人的满洲第一制粉厂，兴办了广盛源火磨。1915年，旅俄华侨张德馨等人，买下成片街基，兴建了大片房舍，这些新建的房屋，构成了当时黑河市镇的主体。1917年，旅俄华侨王秉铨集资30万元，在哈尔滨开设了安裕面粉有限公司。1922年旅俄华侨徐相久投资在黑河修建了振边酒厂。1924年，张廷阁与王魏卿的东亚轮船公司、马希圣的大同粮栈等三家公司联合收购俄人经营的素斯金船业公司，成立奉天航运公司。到1930年时，张廷阁主持的双合盛分号的总资产已达到现大洋247万元。

1949年10月中华人民共和国成立后，自1950年起即开始了大规模的开发和建设，许多归侨、侨眷中的经济科技专家到黑龙江参加社会主义建设事业。抗美援朝期间，旅苏华侨王松山等89人，曾两次向国内捐献人民币23.21亿元（旧人民币）。

1952年，美国归侨、著名地震工程专家刘恢先到哈尔滨创办了中国科学院工程力学研究所。主持编制了中国第一部地震区建筑设计规范，把工程力学研究所办成了在国内外享有盛誉的国家第一个地震研究中心，成为中国地震工程学的奠基人。他在地震工程研究中取得突出成就，作为中国代表团团长率团出席世界第7届、第8届地震工程会议，被国外誉为“中国地震工程之父”，在黑龙江省第五届、第六届人民代表大会上，当选为省人大常委会副主任，在参政中发挥了重要作用；大庆油田建设设计研究院总设计师、归侨冯家潮在保证大庆油田高产稳产的工程设计中发挥了重要作用。他主持完成的“大庆油田长期高产稳产注水开发技术”科研项目于1985年获得国家科技进步特等奖。广大归侨、侨眷积极同海外亲友联系，为扩大黑龙江省的对外开放，发展对外经济技术合作与交流牵线搭桥。

1953年，国家开始实行第一个五年计划，在哈尔滨电机厂创建时期和以后电机研究、设计中，美国归侨沈从龙、俞炳元等发挥了重要作用。沈从龙组织领导了哈尔滨电机厂的筹建工作，俞炳元担任电机厂总设计师，主持设计了中国第一台800千瓦水轮机发电机组，后来又陆续主持设计生产了各种大型水轮机发电机组。在其它各行各业中，广大归侨，都以自己的聪明才智和忘我精神，为祖国的社会主义建设，作出了巨大贡献。

1959年，著名胸外科专家、美国归侨赵士杰成功地施用低温半身体外循环法，提高了心脏手术的成功率；成功地进行了震惊中外的狗头移植手术。

20世纪80年代起，广大海外侨胞为表达爱国爱乡之情，积极捐款赠物，支持黑龙江的经济文化建设。仅1984、1985两年，全省共批准接受捐赠的汽车就有118台。到1985年底，全省累计接受华侨捐赠的实物及现金，总值1 200万元人民币。全省外商投资合作项目67项，投资总额达5 969万美元，其中84.9%是华侨、华人和港澳同胞投资。仅1984年12月～1985年12月的一年中，就有8 家港商到哈尔滨投资，投资额计人民币953万元。政府还通过倡导海外华侨来黑龙江旅游，以加强与广大海外侨胞的联系。侨务、旅游部门热情接待这些海外侨胞，组织他们浏览黑龙江的美好风光，增进了海外侨胞对黑龙江的感情和对黑龙江省省情的了解，海外侨胞表示愿为黑龙江省的经济建设作出自己的努力。自20世纪80年代起，到黑龙江旅游观光的海外侨胞及港澳同胞大量增加，1980～1985年的6年间即达46万人。

第五章 政 协

中国人民政治协商会议黑龙江省委员会（以下简称省政协），是中国人民爱国统一战线的地方组织。是全省各党派、各人民团体、各族各界爱国人士对本省的大政方针和重要事务进行政治协商、实施民主监督的最重要的形式。1955～1985年的30年中，政协黑龙江省委员会历经5届，共召开了16次全体委员会议。

第一节 组织沿革

1949年10月中华人民共和国成立后，黑龙江地区根据《共同纲领》的规定，黑龙江省和松江省各界人民代表会议于1950年3月下旬，分别在齐齐哈尔市和哈尔滨市举行了首届第一次会议，代行人民代表大会的职权，选举了黑龙江省和松江省的人民政府主席、副主席和委员，组成了黑龙江省和松江省各界人民代表会议协商委员会，作为各界人民代表会议的常设机构。1949年9月～1950年9月，黑龙江和松江两省所辖的佳木斯市、哈尔滨市、阿城县、齐齐哈尔市、牡丹江市，也相继建立了各界人民代表会议协商委员会。

1955年4月，根据《政协章程》的规定和中共黑龙江省委的建议，中国人民政治协商会议黑龙江省第一届委员会第一次会议在哈尔滨市隆重举行。1959年8月，政协黑龙江省委员会在哈尔滨市举行二届一次全体会议，230名委员出席了会议。1964年9月，政协黑龙江省第三届委员会第一次全体会议在哈尔滨召开，259名委员出席了会议。1977年12月，中国人民政治协商会议黑龙江省第四届委员会第一次全体会议，在省政协活动基本停止13年之后在哈尔滨召开，会议387名委员出席会议。1983年4月政协黑龙江省第五届委员会第一次会议在哈尔滨召开，670人出席会议。

省政协委员会成立30年来，随着国家政治、经济形势的发展，爱国统一战线的不断扩大，省政协委员会的组成界别和委员人数也在不断增加。按照1954年《政协章程》的规定，省委员会每届任期4年。1955年4月～1966年5月，省政协委员会历经第一、第二、第三届。1966～1985年五届三次会议时，已扩大到27个界别，委员人数达542人。省政协委员之中，包括了中共委员28名，各民主党派、无党派委员85名，还有各人民团体、少数民族及宗教界委员、各界知名人士、专家学者以及海内外有影响和有代表性的人物，显示出黑龙江省人民民主统一战线的发展壮大和政协工作的兴旺发达。

第二节　重点工作

一、学习宣传

20世纪50年代，学习宣传工作已经成为省政协委员会的一项重要工作。通过各种形式，组织和推动委员在自愿的基础上，学习马克思列宁主义、毛泽东思想，学习时事政治，交流业务和科学技术知识，增进了统一战线的共同政治基础，提高了参政议政水平。1959年成立了黑龙江省社会主义政治学校。到1963年，社会主义政治学校共招收6批学员，参加学习者达452人；在此期间，各市县政协组织也通过业余政治学校、时事政治讲座、工商业者讲习班等方式，积极组织本市县的政协委员及工商界人士开展学习活动。1956～1964年，参加市县政协组织的学习活动的有关人士达12万余人次。1966年5月～1976年10月“文化大革命”期间，省政协处于瘫痪状态，学习工作被迫停止。

1978年12月中共第十一届三中全会召开后，省政协的学习宣传教育工作，围绕党和政府的中心工作，采取灵活多样的形式，积极组织、推动委员和各界代表人士学习马克思列宁主义、毛泽东思想，学习时事政策。并将学习活动与委员视察、专题研究、参观访问、座谈讨论等结合起来；与人民政协的政治协商、民主监督的职能结合起来；与委员知情出力、反映情况、献计献策、解决实际问题结合起来，使学习活动成为委员和各界人士的一项重要的政治生活，成为知情议政、民主监督的重要渠道之一。

二、文史资料

省政协委员会的文史资料工作创建于1960年。主要是向政协委员、各民主党派、各界爱国人士和他们所联系的群众，征集近、现代历史资料，经研究整理后，编辑出版。从20世纪60年代初至1966年5月“文化大革命”前为文史资料征集初创时期。6年中，省政协共征集史料143篇， 近90万字。粉碎江青反革命集团后，文史资料工作进入了恢复发展时期。1980年正式编辑出版了《黑龙江文史资料》。1983年以后，全省83个市县（区）相继建立起文史数据工作机构和队伍。1983～1985年，共征集史料近800篇，计750万字，编辑出版了13辑《黑龙江文史数据》。陆续向全国政协提供了一些有价值的革命回忆录和黑龙江文史数据。

三、政协工作组活动

政协黑龙江省委员会工作组（以下简称工作组），是政协委员和各界人士开展经常性活动的重要组织形式。1956年3月～1985年（第五届委员会），共有科技、教育、文化、医药卫生、法制、农业、工商、城市改革、林业、妇女、体育、民族、宗教等13个工作组。有组员443人，其中省政协委员295人，特邀各界人士及有关部门的负责人148人。与此同时，全省市、县（区）有7 000多名政协委员和各界人士参加了本地政协工作组的活动。

各工作组紧紧围绕经济建设这个中心，学习、贯彻党和国家的路线、方针、政策，听取并反映委员和各界人士的各种意见和建议，就省内的政治、经济、文化和社会生活及统一战线内部的重要问题，开展专题调查研究，参观考察、专题研讨、专题论证、咨询服务等多种多样的活动，以充分发挥委员的参政议政的作用。形成数百篇调查报告，为各级党委和政府的决策， 提供了可靠依据。其中，省政协科技组《关于组织我省机械工业为大庆油田技术革新服务的建议》、医药卫生组《关于计划生育工作的建议》、法制组《关于挽救犯罪青少年和加强对青少年教育的意见》等调查报告，引起了省有关部门的高度重视。中共黑龙江省委还将《关于组织我省机械工业为大庆油田技术革新服务的建议》，以省委办公厅的名义转发给各有关部门。

四、市县指导

1955年，省政协委员会建立到1966年5月“文化大革命”前，召开了一次地方政协专业工作会议和两次全省政协工作现场会议。

1982年4月，全省政协工作经验交流会在哈尔滨市召开。通过会议上经验的介绍和省政协的工作报告，调动了各地政协干部搞好人民政协工作的积极性，和参政议政的热情。

1985年初，为了对市、县政协工作给予经常性指导，省政协开始不定期印发《工作简报》《工作与学习》《情况反映》等。这些刊物及时传达和宣传党在政协工作方面的方针政策，全国政协工作会议精神和形势，通报省政协全会、常委会以及各种专业会议情况，反映全省各市、县（区）政协的工作情况和先进经验，刊载各地方政协工作的体会文章等，对有关政协工作的方针政策的贯彻落实，提高政协系统工作质量，交流基层政协工作的新鲜经验，起到了指导的作用。

黑龙江省各市、县（区）的人民政协工作在省政协的指导和各地党委的领导下，自建立到“文化大革命”前，先后有58个市、县（区）相继建立了人民政协组织。各级政协以统一战线组织的优势和特有作用，对当地的社会主义改造、社会主义经济建设和社会进步，做出了积极贡献。1976年10月“文化大革命”结束后，至1985年年底之前，黑龙江省有83个县（市）和市辖区相继建立了人民政协组织。全省各级政协委员的人数也由“文化大革命”前的4 795人，发展到14 731人。

五、视察与提案

1955～1966年5月“文化大革命”前，省政协委员会多次组织委员到工厂、农村、学校、医疗卫生部门进行视察（文化大革命前，省政协委员的视察活动有时与省人民代表同时进行，由省人民委员会与省政协共同组织。），省政协委员们就地方的重要事务及人民群众普遍关心的社会生活方面存在的问题，以委员提案的方式，向有关部门提出意见和建议1 003件，引起了有关部门的高度重视，促进了各方面工作的发展。1966年5月～1976年10月“文化大革命”期间，视察与提案工作停止。

1978年12月中共第十一届三中全会召开后，省政协组织委员主要围绕着全会所制定的一系列方针政策的贯彻执行情况，特别是改革开放方面的工作情况进行视察。通过视察，使委员们及时了解了党和政府的各项工作的开展情况和人民群众的思想、生产、生活等情况，同时也推动了党和政府的各项工作的开展，扩大了党的统一战线和人民政协的影响。委员提案的数量逐年增加，提案的内容和所涉及的领域也越来越广泛。提案工作在实践中逐步形成了规范化、程序化、制度化的健全的工作机制。省政协委员围绕着国家和地方重要方针政策的制定及贯彻实施，同时就黑龙江省的政府工作、财政预算、经济与社会发展规划、中共黑龙江省委提出的省政府领导干部人选、群众生活的重大问题、各党派之间的共同性事务、以及有关统一战线发展的重要事项，认真地进行了政治协商和民主监督。围绕着社会主义经济建设和祖国统一大业，对国家与地方的一些大政方针及本省的重要事务进行了认真地协商、讨论，共提出提案2 370件。对黑龙江省政治、经济的健康发展，都发挥了重要作用。

六、华侨与对台宣传

1979年后，促进祖国统一工作委员会和咨询服务工作委员会（含华侨和对台宣传工作组）认真贯彻中共中央关于台湾回归祖国实现和平统一的方针政策，充分发挥政协委员的优势，调动与三胞及省内外各界有联系的委员和知名人士的积极性，为黑龙江省的“两改两开、富国富民”方针的实施和促进台湾早日回归祖国积极贡献力量。

1980年，组织对台湾有影响有联系的委员和各界人士撰写对台宣传稿件和对台空飘信件382件，宣传党的政策和祖国建设情况。1982年对台宣传的中篇小说《相思树》发表后，被北京电影制片厂改写成电影剧本。载有祖国北疆大好风光和日新月异面貌的空飘信、明信片、贺年卡等发出546件。利用重大节日、重要纪念活动，举办座谈会、报告会、茶话会、联欢会和参观、浏览活动，积极促进祖国统一大业的实现。参加各类联谊活动的委员及有关人士达一万多人次。

积极开展经济技术咨询服务和人民外交工作。通过调查了解，在全省政协委员中，有107人与海外22个国家和地区有直接的联系。利用委员和各界人士在出国访问、考察、讲学期间，开展人民外交活动。1985年上半年，对沿中苏边境20多个市县的对苏友好、经济往来的历史和现状进行了比较全面地调查研究，探讨了如何落实“南深北黑”指示，开展中苏人民友好活动和贸易往来问题。形成了《关于实现“南深（圳）北黑（河），比翼齐飞”情况的调查报告》。协助有关部门推广快速系列黑加伦苗木研究成果。这项科研成果是省政协常委、东北林学院副教授吴绛云研制成功的，并获得省科技成果二等奖。这一年两委还协助侨居日本的省政协委员何德和为阿城继电器厂引进20多种产品样品、50多种先进技术资料，为该厂联系赴日培训技术人员10多名，并聘请3位日本专家做该厂顾问。

1984年11月24日，省政协五届九次常委会议决定，撤销1979年9月成立的华侨和对台宣传两个工作组，成立促进祖国统一工作委员会和咨询服务工作委员会。两个委员会下设3个工作组。

第三节　政协常务委员会会议

省政协委员会的历届常务委员会按照章程的规定，在全体委员会议闭会期间，举行常务委员会议（大体上每季1次），传达贯彻中共中央和全国政协的重要决定，对地方大政方针和经济建设、社会生活等重要事项进行政治协商和民主监督。同时，对本会和全省各级政协组织的工作，作出重要的决策。

1954年8月22日～1959年8月12日，为政协黑龙江省第一届委员会常务委员会任期。共召开了24次常委会议。1959年9月23日～1964年9月9日，为政协黑龙江省第二届常务委员会任期。共召开了22次党委会议。1964年9月30日～1977年12月19日，为政协黑龙江省第三届常务委员会任期。由于“文化大革命”的原因，本届常委会历时13年。1977年12月29日～1983年3月29日，为政协黑龙江省第四届常务委员会任期。共召开会议13次。1983年4月23日～1985年底，为政协黑龙江省第五届常务委员会任期。共召开了13次常务会议。

第六章　民主党派工商联

民主党派工商联，是中国共产党领导的爱国统一战线中的民主党派和组织，是自己所联系的一部分社会主义劳动者和一部分拥护社会主义爱国者的政治联盟，是致力于建设有中国特色的社会主义和促进祖国统一事业的政党组织。

第一节　中国国民党革命委员会黑龙江省委员会

一、组织沿革

1956年11月29日，中国国民党革命委员会（以下简称民革）黑龙江省筹备委员会在哈尔滨成立。在此之前，黑龙江省的民革成员由民革东北临时工作委员会和民革辽宁省分部代管。至

1956年11月，民革黑龙江省筹备委员会成立前，黑龙江省共有民革成员39名。1957年，已发展民革成员127人，社会联系人士140多人。同时还建立了民革哈尔滨市南岗区、道里区、道外区支部和省直机关支部、省人委支部。

1958年10月，民革黑龙江省第一次党员代表大会在哈尔滨举行。1958年9月和1961年2月，民革齐齐哈尔市委员会和民革哈尔滨市委员会也相继成立。

1960年10月10～11日，民革黑龙江省第二次党员代表大会在哈尔滨市举行。1963年9月8～10日，民革黑龙江省第三次代表大会在哈尔滨市举行。

1966年5月“文化大革命”开始时，黑龙江省共有民革成员123人，联系人士100人，所辖哈尔滨、齐齐哈尔两个市委员会和省直属安达市支部、省人委支部和省委会机关支部。

1966年5月～1976年10月的“文化大革命”期间，民革黑龙江省委员会也被迫停止了活动。粉碎江青反革命集团后，民主党派相继恢复了活动。1978年8月正式成立了民革黑龙江省临时领导小组，同时设立了办公室，开始机关日常工作。至1978年末，黑龙江省只有民革党员58人。在民革省委恢复活动的同时，哈尔滨市委员会和齐齐哈尔市委员会也相继恢复了工作。

1980年4月3～9日，民革黑龙江省第四次党员代表大会在哈尔滨市举行。1984年6月21～26日，民革黑龙江省第五次党员代表大会在哈尔滨市举行。这一时期共发展成员319人。到1985年末，全省共有市级组织3个，即民革哈尔滨市委员会、民革齐齐哈尔市委员会、民革牡丹江市委员会。省委员会直属支部4个：民革佳木斯市支部，民革黑龙江大学支部，民革哈尔滨师范大学支部和民革省直属综合支部。全省共有民革成员365人。

二、对台宣传

1961年4月，发动成员和联系人士写对台宣传稿件，送海峡之声广播电台播发，或采用空飘信的形式，由福建前线组织向台湾投送。为了加强对台宣传效果，还采取组织发动成员和联系人士宣传政策，介绍祖国大陆各项建设事业的发展情况，还同台湾军政人员在大陆的亲属建立联系，帮助他们和在台湾的亲友通信，让他们了解祖国社会主义建设成就和家乡的飞跃变化。特别是1978年12月中共第十一届三中全会召开后，通过深入的调查摸底，掌握了民革成员和所联系人士在台湾、港澳和海外“三胞”关系的底数和有关人员的基本情况。利用中华民族的传统节日和重大纪念日，民革省委会都适时举行活动，表达民革成员和联系人士的思念怀旧切盼统一之情，中秋节举行赏月会，元宵节举行观灯会等，都收到了较好的效果。

1981年，民革省委会为纪念辛亥革命70周年，与省历史学会联合举行了“纪念辛亥革命七十周年学术讨论会”。讨论会共收到论文26篇、话剧《福州第一功》一部。1984年3月，民革省委会举办了“台湾回归祖国，实现祖国和平统一”图片展览。展出图片、实物、信件等1 300多件，参观人数3万多人次。

省民革还配合有关部门积极接待“三胞”并开展工作。其中有原台湾国民党国防部副部长、国大代表杨业孔，香港中华住宅建筑公司董事长、黄埔军校16期毕业生谢群力，原东北政要莫德惠的三公子、美籍华人莫松森等。通过接待，加强了两岸同胞的联系，同时也为搞好引进设备、引进资金、引进人才的“三引进”工作提供了条件。据不完全统计，1980～1985年末，黑龙江省民革成员和联系人士中已有92人与港澳地区和散居在12个国家的亲友取得了联系，并通过以上地区的亲友向台湾转寄通信500多封；利用节、假日及纪念活动直接向台湾地区发出空飘信2 000多封，形成了“不通邮的通邮”。黑龙江省民革成员协助有关部门引进资金30

多万美元，接待来自台湾、港澳和海外华人58人次，为四个现代化建设事业做出了贡献。

三、资料征集

1959年，响应周恩来总理在全国政协会议上提出的“要把亲身经历记录下来传之后代”的号召，民革黑龙江省委员会动员成员和联系人积极行动起来，将亲身经历和收集到历史数据进行编辑整理。1959～1966年，成员共撰写文史资料60余篇，其中发表25篇。李铁醒撰写的《双十二事迹临潼兵谏见闻》被全国政协《文史资料选辑》采用。中国共产党第十一届三中全会召开后，特别是1984年，民革黑龙江省委员会成立了“文史资料委员会”，省民革成员的工作积极性更为高涨，编撰成绩更为突出。编纂的《解放战争时期国民党失败之我见》《中国军事百科全书·工兵卷》《国民党参加内战和起义的前前后后》等书发表后，都引起了有关方面的重视。《常德会战与南岳会议》《我所参与的构筑战防工程与八一三抗战》等文章被省电台、报纸采用。到1985年末，共撰写文章9篇。为纪念抗日战争胜利40周年，省民革还和省黄埔军校同学会合作，发出了纪念专辑，收录了32篇回忆抗日战争的文章，其中有16篇是民革成员撰写的。

1978年12月中共第十一届三中全会召开后，民革在国家政治生活中的作用不断增强，黑龙江省民革成员担任各级人民代表和政协委员的人数逐年增加。截至1985年末，全省共有43名成员担任各级人大代表，有74名成员担任各级政协委员。他们履行职责，发挥参政议政的作用。民革黑龙江省的各级组织和全体成员，许多成员在工作岗位上都做出了优异的成绩。成员中有89人被评为各级先进工作者，被授予各种光荣称号。其中卢喆、邓先诚、吕德辉、李奉尧、杨俊宇被民革中央授予先进个人的光荣称号。卢喆、孙柏秋还出席了全国各民主党派、工商联为四化服务先进集体和先进个人表彰大会，受到了奖励。

第二节 中国民主同盟黑龙江省委员会

一、组织沿革

1950年7月，松花江、哈尔滨地区的中国民主同盟（以下简称民盟）组织，在中国共产党的领导和帮助下着手筹建。1951年1月2日，松江省的松哈支部临时工作委员会在哈尔滨市成立， 这就是后来黑龙江省的第一个民盟组织。1953年11月9日，正式成立了民盟松哈支部委员会。1954年8月，东北大行政区撤销。同年8月15日，黑龙江省和松江省合并为黑龙江省，民盟松哈支部亦随之改名为民盟黑龙江省支部。这个时期的民盟组织，均隶属于民盟东北总支部领导。

1956年11月，黑龙江省民盟在哈尔滨市召开第一次盟员代表大会。选举产生了第一届民盟黑龙江省委员会，并先后建立了哈尔滨、齐齐哈尔、牡丹江、佳木斯、大庆、鸡西6个市级委员会、1个县级市直属小组和155个基层组织。

1958年10月，黑龙江省民盟在哈尔滨市召开了第二次代表大会。选举产生了第二届民盟黑龙江省委员会。这一时期，黑龙江省全省共有盟员777人，经过1957年“反右斗争”，全省盟员减少到653人。1962年9月，黑龙江省民盟在哈尔滨市召开了第三次代表大会。选举产生了第三届民盟黑龙江省委员会。到1966年5月“文化大革命”前，全省盟员641人；1976年10月“文化大革命”结束后，全省只有524名盟员。

1978年，民盟组织重新恢复活动后，成立了民盟黑龙江省委临时领导小组，做组织的恢复工作。到1979年9月末，全省共恢复民盟（小组）52个。

1980年4月，民盟黑龙江省第四次代表大会召开。选举产生了民盟黑龙江省第四届委员会之后，民盟省委临时领导小组的任务结束。1984年6月，民盟黑龙江省第五次代表大会在哈尔滨市召开。选举产生了民盟黑龙江第五届委员会。

1978～1985年，本着在工作中发展、发展为了工作的原则，积极而慎重地加快了发展组织的步伐。黑龙江省民盟已先后建立了6个市级民盟组织，建立了159个基层民盟组织。其中总支8个、支部117个、小组34个。共发展新盟员1 453人。新盟员绝大多数是文教科技界的高、中级知识分子。其中，55岁以下的中年盟员约占80%左右；女盟员约占20%左右。到1985年，全省盟员总数已达1 977人。

二、参政议政

20世纪50～80年代，民盟有相当数量的成员参加各级人民代表大会、各级政治协商会议和政府工作。既参与决策，又参与监督，参与执政。有相当一批民盟的优秀盟员被吸收到黑龙江省从省到市的各级政府担任副省长、副市长、正副厅局长等行政领导职务，直接参加政权管理工作，在国家政治生活中发挥积极作用。1980～1984年，全省有107名盟员分别被选为全国、省、市、区各级人大代表；有197名盟员分别被推荐为全国、省、市、区各级政协委员。

1957～1962年，组织《关于人口问题》的专题学术报告会。在国内出现国民经济暂时困难时期，运用毛泽东主席所倡导的“神仙会”的方式，自由讨论、座谈、请有关部门领导作辅导报告，介绍情况、讲解政策，解决了对国际、国内形势，对知识分子问题，以及对民主党派作用等许多思想认识问题。

1980年以来，民盟黑龙江省市各级组织，就国家和地方的各项建设事业，提供了重要咨询，发挥了智力密集的智囊团的作用。

针对教育改革、经济建设、知识分子工作等问题，开展调研。教育界盟员，经过全面调查研究，写出了不少有份量的专题调查报告，提出了中肯的教改意见。为了把黑龙江省建设成为以商品粮为重点的农、林、牧、副、渔全面发展的现代化农业基地，盟员中的农业专家提出了保护自然生态平衡、保护土壤的科学措施，受到黑龙江省农业主管部门的重视。

据不完全统计，仅自黑龙江省五届人大一次会议和省政协四届五次会议以来，省人大代表、省政协委员中的盟员所提出的各项重大提案，就有201件。其中，文教方面98件、财贸方面4件、医药卫生方面78件、农林方面21件。

三、落实政策

1979～1985年，黑龙江省各级民盟组织，通过对知识分子情况的调查研究，向中共党组织反映了知识分子的意见和要求，协助中共党委和政府为盟员和盟组织所联系的知识分子落实政策。一大批盟员的冤、假、错案得到了平反昭雪，并配合有关单位，对错划为“右派”的盟员做了改正工作。

四、社会活动

1983年以后，民盟的工作重点转移到以经济建设为中心，以“量力而行，积极开创，拾遗补缺，灵活多样，讲求实效”为原则，面向社会，开展为“四化”建设服务的活动。各高校和科技界盟员，活跃了学术交流，取得了一批科研成果。据不完全统计，到1985年，有近200名教学科技人员的科研项目获得了各级发明创造奖和科学技术奖；有10多名博士生导师和40多名老教授共培养了167名硕士和博士研究生；有50多名盟员学者先后出国进行学术考察和讲学。此外，全省各级民盟组织还在开展“三胞”工作和海外联谊工作以及在引进资金、技术、人才和促进祖国统一活动方面，做了大量有益的工作。特别是通过面向社会办学，开展科技咨询与智力支边、支农等多渠道、多形式、多层次的面向社会服务活动，开辟了黑龙江省民盟为四化建设服务的广阔领域。

第三节　中国民主建国会黑龙江省委员会

一、组织沿革

1952年12月，黑龙江省中国民主建国会（以下简称民建）开始筹建。并于同月起在工商界上层人物中进行民建会员的发展工作。至1953年5月，发展会员32名。并于同年5月建立了民建哈尔滨分会筹备处，以刘佩芝为主任，开展了日常工作。1956年3月，成立了民建哈尔滨市委员会，齐齐哈尔、牡丹江、佳木斯3市相继成立了民建筹备委员会。哈尔滨市受民建中央委托对3市进行领导。

1957年5月，民建黑龙江省工作委员会是1957年成立，有独立的办事机构。1957年6月，召开了第一次常务委员会；1957年10月，在哈尔滨市召开了民建省工委第一届第三次全体委员会议。1958年9月，在哈尔滨市召开了民建省工委第一届第四次全委会。1959年，与黑龙江省工商联合署办公。民建省工委主任委员、省工商联主任委员均由刘珮芝1人兼任。所属的哈尔滨、齐齐哈尔、牡丹江、佳木斯4个市委员会，除哈尔滨市成立了两会协作委员会外，其他 3市均未成立。这一时期民建组织有了相应的发展，到1957年末，已经建立46个基层支部，共有692名会员。

1960年5月，民建工委在佳木斯市召开了第二届委员会第一次会议，出席会议委员21人。同年10月，民建省工委在哈尔滨市召开了第二届委员会第二次全委（扩大）会议。这次会议是与其他4个民主党派和工商联同时举行的。1961年3月、1963年3月，民建省工委在哈尔滨市先后召开了民建省工委第二届第三次、第四次全委（扩大）会议。一直到1966年5月“文化大革命”开始也未换届。

1977年2月，民建中央发出恢复民建省工委活动的通知。1978年，黑龙江省、市民建组织陆续恢复活动。

1980年4月，民建黑龙江省委员会成立并召开了民建黑龙江省第一次代表大会。1984年9月，民建黑龙江省第二次代表大会在哈尔滨市举行。到1985年末，民建省委所属有哈尔滨、齐齐哈尔、牡丹江、佳木斯4个市委员会和鸡西1个直属支部，共有基层支部61 个，会员达896

名。省民建会成员刘珮芝、郭守昌、张润生、郭志深、鞠洪材等5人被选进民建中央领导机构。

二、参政议政

1954～1985年，省民建在各级人民代表大会中和各级政协委员会中、各级人民政府中都有适当数量的会员参加，发挥了参政议政和民主监督的作用。其中参加全国人民代表大会的代表中就有民建会员3名；参加黑龙江省人民代表大会代表中的民建会员16名；各市民建成员当选一至九届市人民代表114名。1955～1977年当选为黑龙江省第一、二、三届人民委员会委员的有6人，并参加省政府工作。据1965年统计，各市民建成员当选为市人民委员会委员的有10人。省民建会员被省政府和各市政府任命为政府有关部门领导职务（厅、局、区长）的有10人。

1954～1983年担任全国政协委员的省民建会员有武百祥和郭守昌；1955～1985年参加中国人民政治协商会议黑龙江省委员会的民建会员也是随着民建组织的发展在增加。第一届省政协委员会民建成员由开始时的4人达到20人；第二届省政协委员会民建成员23人；第三届省政协委员会民建成员21人；第四届省政协委员会民建成员31人；第五届政协委员会民建成员26人。各市一至六届民建成员担任市政协常委、委员72人。

民建成员在参政议政同时，积极献计献策。在省政协第四届会议上，张润生委员就"发挥工商联成员一技之长办企业，解决行业青年就业问题"提出建议，引起省领导的重视，中共省委杨易辰书记批示：应该召开工商业者座谈，鼓励他们搞合作、合营、联营企业，应该让他们这样搞，并总结他们的经验。

提案工作采取"走出去、请进来"的办法，协商解决落实提案，取得了好的效果。民建成员刘树森提出的《关于改革管理体制发展我省汽车生产案》和《关于利用太阳能代替农村部分燃料案》的提案，都起到了好的效果。一至五届民建成员的提案数达74件。

三、落实政策

1960～1962年，由于国民经济发生暂时困难，国家决定调整国民经济，对一些企业进行关、停、并、转，在城镇和企业进行精简，下放一部分职工。出台了精简下放政策。民建省工委、省工商联组成工商界方面精简小组，通过调查、了解情况，召开座谈会，将意见和存在问题反映给省市领导，使精简下放工作得以顺利进行。

1980年，协助中国共产党对1957年反右派斗争中被划定为右派的57名省民建会员，除2人失去联系的外，全部进行了改正。同年，协助党和政府落实了党对原工商业者的各项政策，到1981年，在207名在职民建会员中有27人担任工程技术职务，有104人担任局、公司、厂店、科室领导职务。齐齐哈尔市的43名在职民建会员中恢复原职务的31人，晋升职务的6人。1982年，民建省委给民建中常会的《关于对我省两会成员里的知识分子落实政策情况的报告》中指出，共有知识分子38人，已全部落实政策。

四、教育活动

1958年，开展了以 "鼓足干劲、力争上游、多快好省地建设社会主义"的总路线，加速自我改造的思想教育；1959年由政协主办，省民建、工商联协助，成立了省社会主义政治学校。1959～1964年4期学员总数为420人，其中工商界共参加277人。1959～1962 年末，全省共有政治学校、工商业者讲习班、训练班等脱产学习组织41个，全省工商界参加各级政校或讲习班离职学习的总人数为7 029人次。

1962～1963年，民建省工委在会员和工商界中开展了爱国主义、国际主义、社会主义的思想教育，参加学习的有41 908人。"三个主义"的思想教育运动一直持续到1966年5月"文化大革命"开始。1980年恢复活动后，民建省委主要是对成员进行时事、政策教育。1984年，举办了统战政策和会章、会史的学习班，提高会员的光荣感、责任感。

五、经济活动

1979年，省民建会恢复活动后，积极发挥自己的特点和优势，教育成员团结广大工商业者，积极参加兴办集体企业、安置待业青年，开展咨询服务活动，帮助 少数民族地区和边远地区发展经济，开展工商专业培训和扩大对外经济。1980～1982年，共有397名两会成员（其中民建会员116人），参与兴办企业291处，安置待业人员11 315人（其中知识青年7 990人）。投资金额256.5万元，盈利1 735.2万元，向国家缴纳税金605万元。

1980～1985年，民建省委把开展经济咨询服务、工商专业培训和对外经济联络作为重要会务活动。省、市民建组织对少数民族地区和边远地区进行各种智力支持。先后派出32批、149人次， 64个企业、86个项目进行咨询服务，获得经济效益120余万元。取得了良好的经济效益和社会效益。

1980～1985年，民建省委和省工商联成立了"省工商经济服务中心"，与全国二十几个省市和十几个国外经贸公司建立了业务关系，互相委托办理进出口业务，在为黑龙江省引进先进技术设备、发布经济信息等方面取得显著成效。

省民建会长期以来，配合党在各时期的中心工作和重点工作，发挥自己的特点和优势，为社会主义革命和建设做出了积极的贡献。1979～1985年，省民建成员中受全国系统表彰的7 人；受省级组表彰的10人；受市、区、单位表彰的775人次。

第四节 中国民主促进会黑龙江省委员会

一、组织沿革

1956年10月31日，在中共黑龙江省省委统战部、中共哈尔滨市市委统战部的支持下，成立了中国民主促进会（以下简称民进）哈尔滨市筹备委员会，这是民进在黑龙江省建立的第一个地方组织。仅6个多月就发展了206名会员，分散在66个单位，建立了21个支部、12个小组。

1958年8月23～25日，民进哈尔滨市第一次全体会员大会召开，选举产生了民进哈尔滨市第一届委员会（以下简称民进哈市委）。在此期间，民进哈市委领导人曾同中共省委统战部商谈过建立民进省委的问题，但因条件尚不成熟而未能实现。

1961年2月22～23日，民进哈尔滨市第二次会员大会召开。1963年11月18～21日，民进哈尔滨市第一次代表大会召开。1966年8月～1977年12月，民进哈市委会停止活动。

1977年10月，民进中央和各地方组织开始恢复活动。1978年1月13日，召开原民进哈市委委员会议，决定组成临时领导小组，民进市委机关也恢复了工作，重新组建一些民进支部和小组，使基层工作得以恢复和发展。

1980年2月22日，召开民进哈尔滨市第二次会员代表大会。会议选举产生了民进哈尔滨市第四届委员会。

1983年12月28日，民进黑龙江省筹备委员会（以下简称民进省筹委会）成立。1984年2月，省民进在佳木斯市发展了第一批会员。同年4月25日，建立了民进省直属佳木斯市支部。同年8月23日，召开了民进佳木斯市第一次全体会员大会，成立了民进佳木斯市委员会（以下简称民进佳市委）。同年6月，又在齐齐哈尔市和牡丹江市开展了组织发展工作。在两市中共统战部的支持下，发展了第一批会员，并于同年9月18日，建立了民进省直属齐齐哈尔市支部；同年10月9日，民进省直属牡丹江市支部宣告成立。至此，黑龙江省民进会员人数已由1979年恢复活动时的156人发展到498人；下属组织也由一个市委员会发展为哈尔滨、佳木斯两个市委员会和齐齐哈尔、牡丹江两个省直属支部，为成立民进黑龙江省委员会创造了组织条件。

1984年10月17日，召开了民进黑龙江省第一次代表大会。会议选出民进黑龙江省第一届委员会（以下简称民进省委）。

1985年1月12日，民进齐齐哈尔市委员会宣告成立。同年7月17日， 民进牡丹江市委员会正式成立。到1985年底，黑龙江省民进省委下属已有哈尔滨、佳木斯、齐齐哈尔、牡丹江四个市委，有基层支部、小组101个，有会员785人。

二、参政议政

1955～1967年，担任省、市政府领导工作的有6人；参加省、市人民委员会有2人。全省会员中有各级人大代表、政协委员93人，占在职会员的26.1%，其中担任各级人大、政协常委以上领导职务的有19人。选入民进中央领导机构人员共有4人。

1980年，民进哈市委先后邀集民进成员中担任中、小学领导职务和资深教师51人，召开3次座谈会，就教育体制、课程设置、师资培训、教育经费、卫生保健、品德教育等，提出167条意见和建议。整理成4个专题报告。其中《加强学校卫生保健工作的建议》已被民进中央常委会选用为准备向党的十二大献礼的《关于会员对教育计划、教育体制献计献策的综合汇报》的附件之一。1984年7月10日，中共省委统战部邀请各民主党派负责人举行座谈会，征求对统战部整党的意见。民进省筹委会主任王立疆应邀出席会议，在会上以同党休戚相关荣辱与共的态度，对整党和改进统战工作提出意见和建议。

三、教育活动

民进组织和会员积极投入土地改革、镇压反革命、抗美援朝、思想改造、反右派斗争等政治运动，对巩固人民民主专政，反对国内外敌人，活跃国家政治生活，恢复国民经济，起到了积极作用。

1958年，按民进中央的要求，投入了知识分子自我改造大跃进高潮，运用“神仙会”的形式，开展了整风运动，187名会员向党交心27 931条，人均157条。1962～1966年，民进哈市委开展了以爱国主义、国际主义、社会主义教育为重点的思想教育和深入学习毛主席著作的活动。

1978年，哈市民进组织恢复后，协助中国共产党落实政策，平反冤假错案。对1957年划为右派分子的17名会员进行了解，经过与各有关方面联系，这17名会员全部得到改正。对在1966年5月开始的“文化大革命”中被触动的74人，立案审查的35人，受株连的2人，房子被挤占的10人，被抄家的9人。这些问题在中共各级党委的领导支持下，经民进市临时领导小组与有关单位协商，提出落实政策的措施和解决办法，于1979年底基本得到落实。

1978年后，民进哈市委认真贯彻民进中央有关会议精神，加强思想建设。1980年11月召开了“为四化服务经验交流会”，树立先进，促使会员不断为两个文明建设作出贡献。1983年12月，民进省筹委会成立后，开展了培训骨干、教育会员活动。1985年8月民进省委在哈尔滨市太阳岛的哈尔滨市团校，举办了省直会员统战理论学习班，围绕“如何做一个合格的民进会员”这一中心议题，展开讨论座谈，增强作为民进会员的光荣感和责任感。民进省委创办了会刊《黑龙江民进》，1985年共发行三期。

四、社会活动

1978年1月，民进哈尔滨市委把振兴教育事业作为民进的一项中心工作。组织座谈和研讨活动，邀请专家作报告，组织专题讨论和咨询服务活动，组织观摩教学活动，围绕为中小学的教改服务研讨座谈，解决难点问题，推动了教育事业发展。

1981年开始，为发挥民主党派优势和离退休会员的余热，为社会主义两个文明建设做贡献。组织社会办学、支边讲学活动。1985年创办哈市民进职工幼儿师范学校，纳入全省统一招生计划之中。共有13个班，学员700多人。各地开办的幼师班已有4处，各市民进成员还积极开办了高考补习班、高中文化补习班、电大中文班和综合班等业余补习学校。民进哈市委1983～1985年，先后组织14批次去省内边远地区开展讲学活动，为社会培养幼儿师资、智力开发培养人才做出贡献。受益人数达7 000人。

1982年开始，民进哈市委组织民进文艺界会员面向社会为两个文明建设服务。1982年3月，为筹集儿童福利基金进行了募捐义演活动，筹得人民币2 930元；1983～1985年重大节日到部队、敬老院等去慰问演出；1985年，哈尔滨市京剧界的会员为适应京剧和教育改革的需要，大胆探索，为在校学生演出了“将相和”等与语文、历史教材有联系的剧目，既帮助学校开辟了第二课堂巩固教学效果，又提高了他们对民族传统艺术的爱好和欣赏能力，深受广大师生的欢迎。组织12场专场演出，收到了好的效果。

第五节 九三学社黑龙江省委员会

一、组织沿革

1955年1月，以刘恢先为召集人的九三学社直属哈尔滨小组成立。1956年10月，成立以哈尔滨工业大学朱物华为主任委员的九三学社哈尔滨分社筹备委员会。1956年12月，以陈南坡为召集人的九三学社齐齐哈尔中央直属小组成立。

1957年3月，以朱焜煌为召集人的九三学社佳木斯直属小组成立。这一时期，全省共有213名社员。至“文化大革命”开始的1966年5月，黑龙江全省共有九三社员179名。

1976年10月，江青反革命集团被粉碎，九三学社各级组织得以新生。1978～1979年，哈尔滨、佳木斯和齐齐哈尔的九三学社组织相继恢复活动。

1983年11月19日，成立九三学社黑龙江省工作委员会筹备委员会。1984年10月18日九三学社黑龙江省委员会正式成立。召开了九三学社黑龙江省首届社员代表大会。刘恢先当选主委。全省有社员577人。

1985年9月，九三学社牡丹江市委成立。截至1985年底，全省社员总数已达到898人，基层组织82个，其中支社29个，小组53个。

二、参政议政

1955～1983年，九三学社成员担任省、市政府领导工作的有3人；参加省、市人民委员会有5人。截至1985年底，全省有76名社员分别被选为全国、省、市各级人大代表；有131名社员分别被选为全国、省、市各级政协委员。

九三学社成员在参政议政同时，积极建言献策。省政协常委、齐齐哈尔第一重机厂高级工程师陆肇曾在省政协五届三次会议上提出了21份提案，涉及到修机场、城市规划、国营大中型企业等许多方面的热点问题，受到省政协及与会者好评。黑龙江八一农垦大学支社根据学校教学中存在的领导体制、教学质量、师资建设、实验室建设、图书馆建设、中小学管理与建设以及学校办学七个专题进行调查并完成了调查报告，受到了省农场总局表扬和社中央的肯定。社中央刊物《红专》1985年第2、3期连续作了报道。

三、教育活动

1956年，黑龙江省筹建学社组织之日起，就同国家同呼吸、共命运，一道经历了思想改造、反右派斗争、一般整风、社会主义教育和“文化大革命”，广大社员的国际主义、爱国主义和社会主义觉悟有了提高，自觉运用马克思列宁主义理论改造世界观，加深了对马克思列宁主义基本观点和党的有关方针政策的理解，增强了建设社会主义社会的积极性。根据各时期的形势、任务， 开展了爱国主义、国际主义和社会主义教育；开展了学习《毛泽东选集》的热潮；开展了真理标准的讨论；开展了学习邓小平建设有中国特色社会主义理论高潮；开展了学习先进人物的活动。1984年1月4日，《人民日报》以《主人公的信念》为题发表了安振东的先进事迹，在黑龙江省社员中引起强烈反响，社组织及时地作出《向安振东同志学习》的决定，有力地推动了“好支社（小组）、好社员活动”的开展。社员中涌现出许多先进集体和个人，受到政府以及社组织的表彰。激励了更多人才为国家作贡献。中国抗震工程学的奠基人，著名地震工程学家刘恢先就是科学工作者的楷模之一。他主编的《唐山大地震》一书是关于唐山地震的历史性文献，受到国内外地震高度评价。

1978年12月中共第十一届三中全会召开后，社组织依靠社员所在单位对错划的20 名右派分子进行检查，全部得到纠正；对在“文化大革命”中冤假错案105人落实了政策。

四、社会活动

1978～1985年，黑龙江省九三学社根据自身优势和特点，为实施“科技兴国”战略，也走向了社会。举办各类学术讲座和培训班；开展了联合办学，哈医大二院和九三学社办起了“护校”，在医务界引起强烈反响。许多成员在岗位工作中，在智力支边、办学等社会服务中取得了可喜成绩。九三学社各级组织还积极开展“三胞”联谊活动，为促进祖国和平统一做出了应有的贡献。

第六节 黑龙江省工商业联合会

一、组织沿革

清光绪三十二年（1906年），奉黑龙江督军府令，在改组“公议会”的基础上于省城齐齐哈尔成立商会组织。清光绪三十三年（1907年），黑龙江商务总会成立。1915年，国民政府重新颁布《商会法》。翌年，按照《商会法》章程改黑龙江商务总会为黑龙江总商会。

1931年日本帝国主义侵占东北后，随着日伪政权的建立，原商会逐渐被日伪商工公会取而代之。清光绪三十二年（1906年）~1945年，黑龙江省有哈尔滨、齐齐哈尔、牡丹江、佳木斯、宁安、黑河和瑷珲、嫩江7个早期商会及外商商会。

1945年抗日战争胜利后，在中国共产党领导下，黑龙江地区各市、县政府先后接收改组旧商会，建立新的商会组织。据不完全统计，共有40多个市、县建立新的商会组织。

1949年10月中华人民共和国成立后，为了适应国家大政方针和恢复国民经济建设的需要，黑龙江地区省级工商业联合会（以下简称工商联）尚未建立时，各市、县在改组旧商会和旧同业公会及旧工业会的基础上，普遍建立工商联组织。

1953年6月，黑龙江省工商联筹委会于省城齐齐哈尔成立。同年12月，松江省工商联筹委会在省城哈尔滨成立。1954年8月1日，松江、黑龙江两省合并为黑龙江省后，按照新的行政区划，松江省工商联筹委会与原黑龙江省工商联筹委会合并于哈尔滨市建立黑龙江省工商联合会筹备委员会。这一时期，全省建立市、县（旗）工商联组织74个，集镇办事处57个，各行业委员会1 208个，工商小组47个。

1955年2月~1956年3月，省工商联召开执委扩大会议五次。1956年1月27日，黑龙江全省资本主义工商业基本完成全行业的公私合营。1957年2月，黑龙江省工商业联合会正式成立。在哈尔滨市召开省工商联第一届会员代表大会，选举产生省工商联第一届执行委员会。到1985年共历经四届执行委员会。各市、县工商联组织也经过多次换届，领导班子和组织机构都发生了变化。

1957年，全国工商联与民建中央合作，成立民建、工商联协作委员会（简称“两会”，下同），并由“两会”协作委员会统一指导工作。至此，从中央到地方，工商联与民建在组织上有各自的领导班子和办事机构，而在工作上仍是合署办公至1985年。

1958年，在全省工商界掀起自我改造“大跃进”高潮。

1966年5月~1976年10月的“文化大革命”期间，工商联遭到严重冲击。

1979年，按照中共中央关于工商联工作的指示，省和哈、齐、牡、佳4市工商联先后恢复组织活动。

1985年9月，遵照中共中央的指示和全国工商联的统一部署，开始恢复基层组织和吸收新会员工作。截至年底全省已恢复省工商联，并恢复哈尔滨、齐齐哈尔、牡丹江、佳木斯4个市级工商联和阿城、桦南、双城、五常、宾县5个县级工商联组织。截至1985年先后召开4次代表大会。共有会员6 778人。其中老会员（原工商业者）6 024人。试收新会员754个，其中：企业会员319个、个人会员420个、团体会员15个。

二、捐献赈灾

1945年9月抗日战争胜利后，黑龙江地区各地商会积极响应党和人民政府“发展生产，繁荣经济，支援解放战争”的号召。组织推动工商界开展拥军优属活动，出钱出物支援人民解放军。国民经济恢复时期，组织工商业救济灾民，踊跃认购公债，支援国家建设。1950年，朝鲜战争爆发后，各地商会纷纷订立爱国公约，组织工商业户慰问志愿军，捐献飞机大炮。仅哈尔滨、齐齐哈尔、牡丹江、佳木斯4市工商界就捐献战斗机26架，火炮3门。党和政府对工商界这一爱国行动给予高度评价，为黑龙江地区工商界赢得殊荣并载入工商联史册。

三、教育活动

1947年新的黑龙江省工商联成立后，在各级党委和政府的领导下，不但积极参与当地经济建设，广大工商业者还与全国人民一道经受了历次政治运动的考验。完成了对资本主义工商业的社会主义改造；经历了“三反”“五反”，自我教育、自我改造、社会主义教育运动、反右斗争、整风运动，特别是经过十年文化大革命，多数工商业者不但没有动摇对党的信心，而更加坚定了走社会主义道路的决心，提高了为社会主义建设服务的自觉性。几十年来，在党的“政治协商、民主监督、肝胆相照、荣辱与共”的方针指引下，积极参与党、国家和人民政治生活等有关重大问题的协商，献计献策，不断提高参政议政水平。通过参加人民代表大会、政治协商会议和到政府机构任职等，行使参政议政、政治协商、民主监督的职权。至1985年末，全省工商联会员担任各级人大代表、政协委员和政府行政职务的共计1 669人。

1979年，按照中共中央关于工商联工作的指示，省和哈、齐、牡、佳4市工商联先后恢复组织活动，并依据中共第十一届三中全会精神和中央的有关政策，协助党落实民族工商业者政策，把小商、小贩、小手工业者从资产阶级民族工商业者中区划出来，还其劳动者的本来面目。到1980年10月，“三小”区别工作基本结束。据1981年12月最后统计：全省原有工商业者20 922人，区别为“三小”劳动者的有19 423人（占92.8%）；属于原工商业者的1 499人（占7.25%）。全省工商界被错划的349名右派分子全部予以改正。平反“文化大革命”中的冤假错案，退赔了“文化大革命”中被查抄的财物，落实了房产等问题。

四、社会活动

1978年12月中共第十一届三中全会召开后，决定把工作重点转移到社会主义现代化建设上来。省工商联、中国民主建国会黑龙江省委员会于1980年12月11～16日在哈尔滨市召开省两会成员为四化服务经验交流会。会上有52名同志介绍典型经验，广泛交流在技术革新、发明创造方面作出的成效。

1985年，两会成员共有432人自办、合办、协办企业334个，安置待业人员13 344人，投资总额635万元，盈利2 984万元，向国家交纳税金1 500万元。与此同时，省“两会”把开展经济咨询服务、工商专业培训和对外经济联络作为重要的会务活动。先后派出2批、149人次对64 个企业86个项目进行咨询服务，取得了较好的社会效益和经济效益，受到各级党委和政府的赞誉。一些先进事迹和先进人物，先后见于《人民日报》《黑龙江日报》和地方报刊报导。同时，会员通过台、港、澳及海外亲朋好友、积极开展对外联络，为四化建设招商引资。为充分发挥商会的优势和特点，省工商联成立“工商经济服务中心”。与全国30多个省市和10多个国家外贸易公司建立业务关系，互相委托办理进出口业务，在为省内引进生产技术设备，发布工商经济信息等方面取得显著成效。

第七章　政　法

黑龙江地区的公安、检察、审判、司法行政机关，是在中国共产党的领导下创建和发展起来的，是维护人民利益，打击犯罪，巩固人民民主专政的工具和国家机关。在各个历史时期，为黑龙江地区的经济建设，政权巩固，人民安宁，发挥了重要作用，做出了巨大贡献。

第一节　公　安

一、机构沿革

清光绪三十年（1904年），署黑龙江将军达桂与署齐齐哈尔副都统程德全以“地方不靖、外交困难”，奏准改练军为巡警军，为黑龙江异日开办警察之预备。清光绪三十一年（1905年），连同巡捕一律改编为巡警，后又改为警察总局。清光绪三十二年八月（1906年9月），始将黑龙江省警察总局改为巡警总局。清光绪三十三年（1907年），黑龙江各属已举办警政的有呼兰、绥化2府，大赉、安达、肇州、海伦4厅，巴彦1州，木兰、兰西、余庆、拜泉、青冈5县。同年十月，上述府县警察机关改称省城巡警局。清光绪三十四年（1908年）后，黑吉两省分别在巡警总局内附设巡警学堂，所属州县相继成立巡警传习所，翌年改为教练所。清宣统元年（1909年），将原巡警学堂改为高等巡警学堂。清宣统三年（1911年），省城巡警总局改为警务公所，各属巡警局改为警务所。全地区警察制度至此渐臻完备。

中华民国时期警察沿用清制，保留原有的警察制度，对各项法规作了一些修改，警察机构有所调整，警察队伍有所扩大，领导体制、隶属关系没有变化。

1913年1月8日，北京政府为统一地方警察组织，发布地方警察官厅组织令，同年3月16日，改黑龙江省城警务公所为省会兼商埠地方警察厅。1915年8月，北京政府颁布地方警察厅教令，整顿全国警政，黑龙江省设省警务处兼省会警察厅。1919年5月和1921年8月设置山林警察局和水上警察局。

1917年底和翌年2月，吉林、黑龙江相继成立中东铁路警备司令部。1918年8月，东省铁路护路军总部在哈尔滨成立，同时成立临时警察总局。1920年3月接收帝俄在哈尔滨设立的警察各机关。1921年1月，成立东省特别区警察总管理处，管理以哈尔滨为中心，涉及黑龙江、吉林两省总长1700多公里铁路沿线路警事务。

1929年2月，奉国民政府令，改全省警务处为全省公安管理处。省会、黑河、呼伦各警察厅改为公安局，所辖各署为公安分局。各县警察所均改为县公安局。中华民国时期，黑龙江地区共设有省警务处1个，省会及道公安局4个，县公安局53个。仅黑龙江省就有警察1.4万多人。从组织上基本进入近代警察机构的阶段。中华民国时期黑龙江地区警察教育有所改革，省设立警察传习所，省会公安局设立警察教练所，各县设立警察教练分所。

1931年“九一八”事变后，黑龙江地区沦为日本帝国主义的殖民地。日伪统治者在黑龙江地区实行“军警宪特”一体化，对警政实施重大调整，建立了强大的黑龙江地区日伪警察机构。

1932年3月，在伪满民政部设置警察中枢机关警政司，黑龙江省废除省警务处设省警务厅，同年6月在齐齐哈尔设省辖的警察厅，厅下设警察署。同时在黑河、绥芬河设国境警察队，在哈尔滨设游动警察队。同年7月，各县废除公安局，在县公署设警务局，局下设警察署，配备日系警务指导官。同时各旗设警务科，科下设警察署。1933年3月，在哈尔滨市设置伪民政部直属的警察厅，厅下设警察署。同年6月伪北满特别区公署成立，设北满特别区警务处，负责哈尔滨市以外的原东省特别区的警务。

1934年10月，伪满洲国时期，黑龙江地区为龙江、滨江、三江、黑河4省，哈尔滨特别市和北满特别区。同时在4省分别设置警务厅。1935年，佳木斯、黑河2市设警察厅。苇河、五常、宁安、汤原、鹤立、依兰6县成立森林警察队。同年12月根据伪《北满特别区公署官制》，撤销北满特别区警务处，同时组建哈尔滨、齐齐哈尔、牡丹江3个铁路局警务处，负责铁路警政。1937年4月，除哈尔滨市保留警察署外，其他市警察厅取消警察署。1938年5月，设东宁、绥芬河、平阳镇、黑河等处国境警察队，同年8月设密山国境警察队。12月公布伪《国境警察队官制》，同时设虎林、饶河、抚远、同江、绥滨、萝北及黑河省各县国境警察队。上述各县的警察机关全部合并到国境警察队里，形成统一的伪国境警察组织。

日伪当局除致力建立公开警察组织外，还组织秘密警察队伍，重点对付苏、蒙边境的情报人员渗入和抗日联军的抗日活动。初期在黑龙江地区各省警务厅内建立特务科，1937年12月后，在特务科基础上扩建地方保安局，掩护在各省警务厅内，对外称“分室”。各省伪警务厅长兼任保安局长，特务科长兼任保安局理事官，领导指挥各省特务警察的防谍活动。1937年12月，在国境地带的牡丹江、三江、黑河3省建立地方保安局，以强化边境秘密侦查活动。1938年4月，成立伪滨江省地方保安局，1939年6月成立伪龙江、东安、北安3省地方保安局。仅7省保安局就有成员450多名。

日伪“军警宪特政”曾联手成立各级清乡委员会，后设立各级治安维持会，取代清乡委员会。

日伪当局对警察强化的同时也强化了各级警察教育。在伪新京设立中央警察学校，黑龙江地区分别设立哈尔滨、齐齐哈尔警察练习所，后改为地方警察学校，以后又陆续成立佳木斯、黑河、牡丹江、北安、东安地方警察学校。县、旗设警察官练习所，后更名为警察官教练所。1938年5月，各省在警务厅新设置教育督察科或督察系，负责管下的全部警察教育。

1939年6月，由牡丹江、滨江、龙江省划出部分地区设东安、北安省，分别设伪省警务厅，同时黑河省再次设警务厅。绥阳县设国境警察队。1940年11月，将省辖的市警察厅改为市辖，哈尔滨市警察厅改为警察局。其他市警察厅改为警务处。同年9月在五常县设立游动警察队。

1943年10月，设伪东满总省，由牡丹江、东安和间岛（属吉林）3省组成。东安省仍设省警务厅，牡丹江省不再设警务厅，由伪东满总省警务厅直辖。

1945年5月，撤销伪东满总省，将牡丹江省与东安省合并，设伪东满省，下设警务厅。至伪满洲国覆灭，黑龙江地区先后在黑龙江、龙江、滨江、三江、黑河、牡丹江、北安、东安、东满总省及东满等10省，1个特别市、5个省辖市、74县、3旗，均设立警察机构。警察编制1937年最多时为3.5万多人，1945年为1.7万多人。

1945年8月抗日战争胜利后， 1946年1月，国民党派员接收滨江、嫩江省，在组建反动政权的同时，成立了嫩江省警务处和哈尔滨市警察局、嫩江省会警察局。由于中共黑龙江地区党组织领导军民针锋相对的斗争，致使国民党反动派无法接收和占领黑龙江地区其他地方，而且其所占领的地区也只维持了短短4个多月时间。随着各级人民政权的建立，黑龙江地区成立了各级人民公安组织。1945～1949年2月，设立五省一市公安处、厅（局）。同时，各省、市在成立人民政府的同时，均设立人民公安机关。1946年9月～1947年9月，五省的18个专区，除黑龙江省第五（黑河）专区予以保留外，全部撤销，各公安分处亦随之撤销。1948年7月，黑龙江地区合并为4省和哈尔滨特别市建制，辖82个市、县、旗公安局。1949年2月，各省公安处改为省公安厅。

1949年4月～1954年7月，5省合并为黑龙江和松江2省，设立2省公安厅。截至到1949年10月，全地区共设省公安厅2个，市公安局5个，专署公安处1个，县（旗）公安局66个，共配备公安干警6 060名。

1954年8月，黑龙江、松江两省合并为黑龙江省，成立黑龙江省公安厅。黑龙江省公安厅成立之初，全省共辖64县、2旗、1个矿区公安局。全省共有干警11 574人。1955～1966年，全省公安干警21 217人；1966年5月～1967年“文化大革命”期间，公安机关陷于瘫痪。1968年公安、检察、法院三机关被实行军事管制。1969～1972年，由省革命委员会保卫组改为黑龙江省革命委员会人民保卫部，与军管会同一机构，两个名称。这一时期全省公安干警为21 862人。1973～1976年省人民保卫部改为省公安局，军管会相继从公安机关撤出。这一时期全省干警为27 670人。

1976年10月，粉碎了江青反革命集团，特别是1978年12月中共第十一届三中全会召开后，全省公安机构得到恢复、完善和加强。1979年5月成立了省公安局专案侦查队；1980年4 月成立了省边防保卫局，对外称黑龙江省人民边防武装警察总队；同年5月经省编委批准成立了刑警队；同年9月将黑龙江省公安学校改为黑龙江省人民警察学校；同年12月省公安局改称黑龙江省公安厅；1983年7月成立中国人民武装警察部队黑龙江总队。

1985年，全省辖4个地区、10个地级市、6个县级市、63个县、64个市辖区公安局（分局），共有干警30 847人。有城市、城镇、农村、城市治安、城镇治安派出所1 574个，实有警员8 192人。还有铁路、林业、航运、农场、民航、交通6个专业公安派出所，铁路公安派出所156个，干警3 296人；林业公安派出所47个；航运公安派出所11个，干警67人；民航系统公安派出所7个；农场系统公安派出所215个；公路交通系统公安派出所83个，干警1 098人。

二、惩治反革命犯罪

1945年8月抗日战争胜利后，随苏联红军先期进入黑龙江地区的抗联干部同相继到达的中共中央派来的干部和军队，先后在黑龙江地区建立起人民政权和各级人民公安机构。但国民党为了独霸东北，在其军队未到达前，极力破坏中国共产党对黑龙江地区的接收。在国民党的组织、策划、煽动下，黑龙江地区的日伪残余、党团匪特和封建势力相互勾结，策划暴乱，组织暗杀， 实施破坏。尤以匪患为烈，遍布黑龙江地区的建军土匪达300多股，7万多人。其中蒋介石亲自委任的国民党“陆军新编27军”军长姜鹏飞股匪即达1.5万多人。

初建的黑龙江地区各级人民公安机关，尽管力量还十分弱小，但为了保卫新生政权和人民安宁，同国民党反动势力展开了殊死的斗争。1945年11月～1949年9月，先后开展了搜捕战犯汉奸、肃清敌伪残余、清剿建军土匪、侦破反动敌特组织、取缔封建会道门等一系列重大斗争。全区捕办日伪警、宪、特、战犯、汉奸、恶霸分子4.5万余人；侦破国民党“中央先遣军第五战区”“陆军新编27军”“东北救国军第6路军”“中华复兴建国军”“东北挺进军第二战区”“松江省保安队”等重大建军土匪案，军统“滨江本组”“哈尔滨组”“齐齐哈尔组”“佳木斯组”“北安组”及中统、党专、党部、三青团等国民党特务和反动组织案件；平息了哈尔滨“八二八”、牡丹江“五一五”、海伦“大刀会”、通北事件、青山事件、海口事件及双“五四”事件等反革命暴动案；取缔了“治安维持会”及反动外围组织，破获一大批建军、特务、反动党团案件，逮捕匪特党团头子及骨干8 000多人，同时还登记处理一大批反动党团特及封建会道门分子。缴获电台40多部和大量的枪支、弹药。

1950年6月朝鲜战争爆发后，黑龙江地区残余的反革命分子积极配合蒋介石反攻大陆的叫嚣，公开进行各种破坏活动，妄图扼杀新生的人民政权。根据中共中央《关于镇压反革命活动的指示》，同年11月，黑龙江、松江两省同时掀起大规模的镇压反革命运动，两省各级公安机关全力投入运动。狠狠打击了国民党特务、土匪、恶霸、反动党团骨干分子、反动会道门头子五个方面的反革命分子的嚣张气焰，巩固了新生的人民政权。到1953年镇反结束转入经常斗争时，两省共逮捕五个方面反革命分子4 436人，其中依法处决1 077人。杀掉的罪大恶极的反革命分子有伪哈尔滨警务厅警佐叶永年、国民党军统特务行动组长阎钟章、建军军长尚其悦、惯匪头子刘秉臣等。镇反运动的胜利，对于巩固人民政权、支援抗美援朝和保证国民经济恢复和顺利发展，起到了重大作用。

1955～1959年，根据中共中央《关于展开斗争肃清暗藏的反革命分子的指示》，从1955年夏开始，黑龙江省分5批开展大规模的内部肃反运动，社会上同时进行镇反运动。到1959年底，共有200多万人参加肃反运动，查出反革命和各种坏分子1.3万多名，逮捕1 800余人，并破获一批现行反革命集团案件。其中有潜伏特务、逃亡恶霸，还有血债累累、民愤极大的历史反革命分子。其中有混进党内492人，混进团组织123人，有10人甚至窃取了中层和要害部门的领导职务。

从20世纪60年代开始，国内一小撮反动分子和一些地方反动会道门也借机进行复辟活动。黑龙江省各地公安机关根据省公安厅的部署，对反动会道门开展侦查调查工作，建立一批专案。1962～1963年，全省反动会道门案件立案共44起，及时破获了“如意门”“宗佛两教”等一批案件，有力地打击了反动会道门复辟活动的嚣张气焰。1966年富锦县公安局破获“白洋教”案；1970年哈尔滨市破获“中天道”案；1971年依兰县公安局破获“忠孝堂”案；1973年伊春公安局破获“一贯道”案；1979年哈尔滨市和五常县公安机关，共同破获“收缘道”案件；1984年桦南县公安局破获“混元门”案；1984年甘南县公安局破获“圣贤道”复辟案。

1949年10月1日～1983年，加大了对打击现行反革命，查处反革命标语、传单、信件工作的力度。1950～1951年，捕处现行反革命分子40名。1952～1957年，发生反革命标语、信件等419起，1954年黑龙江省就破获反革命破坏案件76起，逮捕现行反革命分子33名。1958～1964年，发生反革命案件950起，破获534起，逮捕现行反革命分子306名。1966年5月开始的“文化大革命”运动中，公安机关工作处于瘫痪状态。1978～1985年，发生反革命案件384起，破获160起。

1949年10月1日～1983年，打击并发破反革命集团案件388起。

1949年10月1日～1983年，侦破了大量的间谍特务案件：1945年国民党特务刺杀于毅夫案；1947年破获的齐齐哈尔天语教堂间谍案；1951年破获的国民党中统兴安分室案；1953年侦破中国国民党沈阳地下执行小组案；1957年国民党情报局派遣特务张景山案；1959年国民党驻日特种情报室派遣特务平马满里子案；1962年侦破苏联驻分得领事馆和苏侨发动的伊犁“5·29”反革命暴动事件；1969年的珍宝岛自卫反击战之后到1983年间破获的苏联间谍特务案，共捕获苏联间谍特务197名，在边境地区挖出苏特16名，共计213名。

三、打击刑事犯罪

（一）经常性打击刑事犯罪

1945年抗日战争的胜利后，建立了人民政权。黑龙江地区各级公安机关，针对盗匪肆虐的破坏活动，实行对盗匪的经常性打击。

1946年5～12月，哈尔滨市即捕获盗匪等刑事犯罪分子4万余人。1948～1949年，黑龙江地区公安捕获刑事犯罪分子20 717人。1950～1953年4月，共发生凶杀、投毒、纵火、抢劫、重大盗窃等刑事案件1 898起，通过专案侦查，破获1 759起，在案率达到92.65%。1954年，全省破获凶杀案149起，纵火案85起，抢劫案4 172起。安达县破获了35人组成的活动在3省11县的盗马集团案。

1955～1965年，全省共发生重、特大刑事案件18 142起，破获16 291起，累计在案率为90%。其中1955～1956年，全省共破获各种刑事案件10 251起，基层公安保卫组织直接破获和发动群众治保组织破获的案件占在案总数的40%以上；1957～1959年，全省发生各种刑事案件36 455起，破获了26 176起；1960～1965年，全省发生一般刑事案件72 667起，破获58 794起。

1966年5月～1976年10月的“文化大革命”期间，刑事侦查工作遭到严重破坏的情况下，为维护社会治安、打击犯罪，也组织了专门力量开展专案侦查工作。哈尔滨市通过专案侦查就相继破获了“星火刀子队”“东北虎”“八大金钢”等67个流氓集团。

1976年10月粉碎江青反革命集团以后，全省专案侦查工作进一步加强，侦破率高达91.2%。1977年发生重大刑事案件383起，通过专案侦查破获357起，破案率达93.2%。随着专案侦查和基层保卫组织工作的不断加强，全省各种刑事案件的总破案率也不断提高。1980～1985 年，全省共发生重、特大刑事案件24 695起，破获22 258起，累计破案率为90.1%。

（二）集中打击刑事犯罪

1949～1955年，根据不同时期不同地区的治安形势变化，对刑事犯罪的突出方面采取集中目标、集中力量、集中时间、集中打击。1949～1950年，黑龙江地区各级公安机关对拦路抢劫和入室强抢，严重危害城乡治安和人民的生命财产安全的盗匪活动组织专门侦缉力量进行侦查破案和武装围剿；1951～1953年开展了对惯盗惯窃集中打击，抓获惯盗、惯窃448名；1954～1955年，在城市中开展集中打击流氓、惯盗、惯窃、烟毒犯、赌头和暗娼、组织卖淫的老鸨，及国营企业、合作社内部的盗窃案件。

1956～1960年，在全面加强群众性的预防犯罪教育的同时，开展群众性的集中打击刑事犯罪斗争，提高了破案率，刑事犯罪率有显著下降。1958年刑事案件案发率比1957年下降

39.5%，1959年又比1958年下降6.2%。

1960～1965年，打击盗窃和投机倒把是这一时期的工作重点之一。每年发生的刑事案件在10 000～19 000起之间起伏。仅1964～1965年，全省刑事案件发案率下降到占人口总数的万分之4.8，逮捕的犯罪分子仅占万分之1.3左右，而破案率一直保持在80%以上。

1966年5月～1976年10月"文化大革命"期间，社会秩序比较混乱，各种刑事案件大幅度上升。为维护社会治安秩序，公安机关军管会进行了大清查、大搜捕等集中整顿治安的措施。仅1975年9月，各级公安机关以铁路沿线治安为重点，在全省城乡集中开展了对流窜犯的清查工作。组成31 205万个联合小分队，参加清查的公安干警3.5万人次，民兵、街道干部、厂矿企业职工等38.1万人次，清查可疑对象4 324人。

1977～1982年，全省公安机关有计划、有准备地在全省范围内开展搜捕刑事犯罪分子的大清查和大破案战役。全省治安形势出现好转，刑事案件特别是重大刑事案件下降。1981年开展2次战役，全年共破获各种刑事案件19 566起。1982年开展3次集中打击，破获各类刑事案件8 494起。其中重大案件594起、特大案件66起。全省刑事案件逐步下降。

（三）"严打战役"

1983年7月25日～1985年11月底，为遏制刑事案件的上升，在全省公安战线开展了为期3 年的严厉打击严重刑事犯罪活动斗争。进行了2大战役，共打了7仗。全省共搜捕犯罪分子84 771人，打掉犯罪团伙4 474个，捕获团伙成员17 207人，收缴各种枪1 493支，其中军用枪330支，子弹34 262发，缴获赃款及赃物折款1 485万余元，圆满完成了中共中央下达的"严打"第一、第二战役的任务。

四、治安管理

1945年9月，在城市、在县城、集镇开展取缔妓院、烟馆、赌场，收容安置乞丐游民；对旅店业、刻字等特种行业进行管理；清查户口，整顿交通秩序等。

1947～1948年，集中开展的取缔妓院、烟馆、赌局的工作，使2 000余名妓女获得新生，数以千计吸毒瘾民戒除了恶习，一批赌徒得到改造。

1949年10月中华人民共和国成立后，随着松江、黑龙江两省政治经济的发展，各级公安机关加强了对公共场所、枪支和特种刀具、危险物品的管理。

1952年，开始进行的禁毒运动和取缔封建会道门组织的斗争，对烟毒犯进行3次集中打击，共逮捕主犯和惯犯3 800余人。1954年后，长期危害人民的烟毒和娼妓活动被禁绝，盗匪、赌博得到遏制，刑事发案率下降。到1959年，全省城乡已组建1.1万多个治保组织，成员8.4万余名。建立一套以行政管理为主、公开与秘密相结合的完整的治安管理体系。

1966年5月"文化大革命"开始后，社会治安管理工作遭到破坏。1976年10月粉碎江青反革命集团以后，特别是1978年12月中共第十一届三中全会召开后，公安工作得到大力恢复。

1978～1981年，根据中央有关为四类分子摘帽精神，为4.3万多名已改造成为劳动者的原四类分子摘掉帽子，对7 707名错戴和未经批准擅自戴帽的四类分子进行了纠正，对已死亡的4 238名四类分子按政策规定全部摘帽，并将地主、富农的子女成份全部定为社员。

1982年，省委第14次常委会议为了缓解全省警力不足问题，决定从企业单位借调8 344人充实基层公安队伍，组建694个农村、77个城镇、53个厂矿派出所和63个治安民警队，加强了第一线警力。全省各级公安机关在政府各部门协同配合下，依靠广大人民群众，重点解决城镇的“两拦一撬”、农村的“一杀、二盗”等危害城乡治安的突出问题，全力整顿社会治安。1982年刑事发案比1981年下降24.9%，破案率突破80%。

1983年，围绕“严打”战役，贯彻治安管理从严的方针，严密社会面的管理控制，紧密配合挖团伙、堵流窜、打现行的斗争。同时进行社会治安综合治理，狠抓对违法青少年的帮教工作。在枪支弹药、爆炸危险物品和刀具管理、特行特业管理、交通安全管理等方面，分别制定了各种管理规章和制度，有了明显效果。全面恢复和整顿治保组织，全省治保组织由恢复时的53 734个增加到整顿后的5 623个，成员283 338人增加到299 629人，较好地解决了农村治保会的报酬问题。在农村实行以“乡规民约”为主的各种治安承包责任制，在城镇逐步推广安全保卫责任制。各地还普遍建立群众性的治安巡逻、联防组织，形成了遍布全省城乡的治安防范网络，到1985年底统计，全省有治安联防人员621 404人，形成了群防的体系。

五、户政管理

（一）户口管理

黑龙江地区的人民公安户口管理工作，是从1946年由黑龙江、松江、合江、绥宁、嫩江5省和哈尔滨市的公安机关开始进行的。1948年6月后，统一户口登记、户口调查方法，对户口迁移也有明确的规定，统一了东北地区户口簿、迁移证及户口登记表格。

1950～1964年，制定了黑龙江省《特种人口管理暂行办法实施细则》，贯彻公安部《城市户口管理暂行条例》，统一了城镇的户政管理工作；配合有关部门，圆满地完成普查任务和人口调查登记工作；认真执行国务院《关于处理户口迁移规定》，保证了人口清理整顿和第二次人口普查工作的顺利进行。

1966年5月开始的“文化大革命”期间，户口管理工作受到严重干扰和破坏。但由于广大基层干警自觉坚持户口管理工作，尽可能地避免了一些混乱。

1978～1985年，实行“落户通知书”和“暂住人口居住证”制度。进一步恢复并健全各项登记制度、人口卡片和户口档案，执行户口迁移规定，认真开展人口统计和分析，积极参加人口大普查，加强流动人口、重点人口管理，探讨新形势下户政改革举措，为农民进城务工、经商提供了自理口粮户口。1985年实行居民身份证制度并分批颁发居民身份证，为国民经济发展需要和保障人民群众升学、就业、选举等提供了可靠的人口数据。

（二）出入境管理

黑龙江地区外国人管理工作始于1946年，是人民公安机关开展外国人管理最早的地区，也是全国外国人居住最多的地区。总计有30多个国家20多万人，仅哈尔滨市就有28个国籍约13.6万外国人。

1949年10月中华人民共和国成立后，成立了黑龙江省外侨登记委员会，对黑龙江地区16岁以上的外侨进行全面登记和调查工作，查明有31个国家的52 618名外侨。根据登记情况，一部分外侨经审核发给了居留证，一部分外侨根据有回国的愿望，批准出境。1950～1956年，全省批准45 118名外侨出境。

1945～1958年，黑龙江省根据中共中央指示中国政府决定，对居留的外侨进行分期分批遣送回国。四次遣送日侨日俘102 422人；遣送苏侨16 536人；1955～1968年间遣送朝鲜越境人员二批1 063人。

1963年9月到同年11月，全省统一为8个国籍5 066名外侨换发了新的外侨居留证。

1966年5月“文化大革命”开始后，全省外国人管理工作停办近4年时间。1974年根据公安部通知，黑龙江省在全省又为4 308名外国侨民换发了居留证。1973～1985年，全省组织了1 082名日侨赴日探亲；批准386名日侨去日定居。1981～1985年底，黑龙江省先后组织20批299名日本孤儿赴日寻亲，其中166名在日本找到了亲属。

1983年统计，外国人加入中国国籍的有1 241人。通过简化手续，完善服务和大批开放外国人旅行禁区，方便了到黑龙江观光、旅游、洽谈贸易、友好访问和教学的外国人。公民因私出境实行审批权限下放，及时办理手续，加快了审批速度。从1958～1985年，全省公民因私出国的共有32 988人。公民往来港澳实施通行证签证管理。出入境管理工作的初步改革，使入境外国人和出境公民人数成倍增长，扩大了中外交流，增进了中外友谊，树立了中国的良好国际形象。

六、预审

（一）预审制度

1951年，在镇反运动中，黑龙江、松江两省公安厅和各级公安机关的预审部门，遵照《中华人民共和国惩治反革命条例》的有关规定，审结处理一大批反革命分子，其中罪恶累累、民愤极大的1 170人被判处死刑；2 159人被关押；2 105人被交群众管制。

1952～1965年间，黑龙江省公安厅制定下发《黑龙江省各级公安机关关于执行拘留逮捕采证等法律程序》《关于拘留、反省的界限》。为加强公安与检察机关的联系与配合，省公安厅与省检察院制定《逮捕人犯公安机关和检察机关几项联系制度》等法律法规，为黑龙江省预审制度的发展和完善奠定了基础。

1966年5月～1976年10月的“文化大革命”期间，全省预审机构被撤销。

1979～1985年间，全国人民代表大会常务委员会公布实施了《中华人民共和国刑事诉讼法》；《关于严重破坏经济犯罪的决定》；公安部颁发的《预审工作规则》等，使预审制度得到了恢复和发展，进入了专业化、正规化的新阶段。

（二）案件审理

1946～1948年的解放初期，黑龙江地区各省预审机构不健全，预审工作多在执法科或司法科里执掌。

1949年10月中华人民共和国成立后，黑龙江地区各级公安机关的预审工作，主要依据《中华人民共和国惩治反革命条例》《中华人民共和国惩治贪污条例》《妨害国家货币治罪暂行条例》《预审工作细则》等条例、法令、法律，审结处理了一批国民党团骨干分子、土匪头目和其他反革命、刑事犯罪分子。杀害李兆麟将军、杀害苇河县县长、公安局长、派出所所长和杀害军队干部、战士等罪大恶极的反革命分子都受到了应有的惩处。

1955～1956年，黑龙江省公安厅和有关边境市、县公安局的预审部门，根据公安部指示，对苏联移交中国的384名中国籍案犯进行审查处理。1957～1959年，严抓了预审质量。全省受理的8 000余名各类案犯，全部审结处理。

1960～1965年，全省公安机关各级预审部门在办案中执行中央提出的“狠、准、稳、细”的原则，严厉打击了一批各种反革命再等破坏活动。省公安厅预审处重点抓了边境市、县开展的反越境斗争的审理案犯工作。

1979～1982年，全省公安机关各级预审部门重点加强了对走私、投机倒把、盗窃公共财物、倒卖珍贵文物和索贿受贿等严重破坏经济犯罪活动的审理工作。

1983～1985年，在全省“严打”斗争中，各级公安机关的预审部门，依法“从重从快”审结一大批案犯。到1985年末，全省审结处理69 753名案犯，审结率为96.3%，推动了全省“严打”斗争的顺利进行。

（三）平反冤假错案

1978年4月～1981年7月，对“文化大革命”以前的部分案件和“文化大革命”期间审理的政治和刑事案件，进行了全面复查。全省公安机关复查案件37 083件，已复查结案37 055件，占应复查案件的99.93%；未结案件28件，占应复查的0.07%。在平反中，全省公安机关给5 442名干部、群众恢复了公职或安排了工作，发给7 165人6 372 135元生活补助费。1983年，又纠正平反冤假错案2 531件。

（四）司法精神病医学鉴定

1949年10月，中华人民共和国成立之初，黑龙江地区没有司法精神病医学鉴定的专门机构，其鉴定任务由司法机关的法医承担。

1956～1965年，黑龙江省在哈尔滨医科大学附属第一医院、黑龙江省神经精神病防治院和哈尔滨市第一专科医院开展司法精神病医学鉴定工作。

1977～1983年，法鉴工作规范化、正规化。1983年4月，经省政府批准，成立黑龙江省司法精神病医学鉴定领导小组办公室，同时成立省司法精神病医学鉴定小组。1956～1982年，全省共为2 650人做过司法精神病鉴定。1983～1985年，全省共受理司法精神病医学鉴定案件1 287例，通过鉴定，评定为精神疾病的1 183例，未见精神异常或伪装精神病的104例。通过法鉴实践检查，对被鉴定人是否应负法律责任做出正确结论，为司法机关顺利处理这类案件提供了科学依据。

第二节 检 察

一、机构沿革

1949年10月22日，作为中央人民政府重要组成部分的最高人民检察署正式成立。同年6月和11月，黑龙江地区内的松江省人民检察署和黑龙江省人民检察署先后成立。此后，松、黑两省各市县也逐步建立了人民检察署。

1954年8月，松、黑两省人民检察署随松、黑两省而合并为黑龙江省人民检察署。同年9月21日，《中华人民共和国人民检察院组织法》颁布，这是中华人民共和国第一部关于人民检察机关和人民检察制度的正式法律。据此，黑龙江省人民检察署改为黑龙江省人民检察院；省以下各级人民检察署亦改称人民检察院。

1966年5月“文化大革命”开始，全省各级人民检察机构被彻底“砸烂”，其职权先后由省革命委员会政治委员会保卫组、省公安机关军事管制委员会、省革命委员会保卫部及省革命委员会公安局所代行。

1978年6月，中共黑龙江省委决定重建黑龙江省人民检察院和地方各级人民检察院。到此，黑龙江省检察院正式成立，开始对外办公，全省各级人民检察院相继建立。到1979年末，全省建立各级人民检察院129个，检察干部共2 658人。省及各级检察院设检察长1人，副检察长和检察员若干人。省人民检察院检察长每届任期与省人民代表大会的任期相同，即为5年。

到1985年末，黑龙江省人民检察院共领导194个下级人民检察院，检察干部5 993人。其中，4个地区分院、10个地级市人民检察院、6个县级市人民检察院、63个县人民检察院，1个自治县人民检察院、68个市辖区人民检察院；黑龙江省人民检察院设在林区派出机构3个林区分院，下设30个林区人民检察院；黑龙江省人民检察院设在农垦区1个分院，下设8个农垦区人民检察院；黑龙江地区还设有哈尔滨全国铁路运输检察院哈尔滨分院，隶属哈尔滨铁路局党委领导，业务由全国铁路运输检察院领导，下设7个铁路运输检察院。

黑龙江境内设立的军事检察院亦是国家专门检察院，受中央军委军事检察院领导，其检察业务与地方没有联系。

二、刑事检察

1950年镇压反革命运动开始后，黑龙江地区各级检察机关，与各级公安机关、人民法院密切配合，积极参加镇压反革命运动（以下简称镇反运动）。在运动中参与审核案件，起诉重大案犯，坚持镇压与宽大相结合的政策，纠正“宽大无边”偏向，防止错捕错判。通过“镇反”运动，重点打击了土匪、恶霸、特务、反动党团骨干份子和反动会道门头子等5个方面的反革命分子，巩固了新生的人民政权。

1953～1955年，在社会主义改造、“镇反”和内部肃反运动中，重点打击了暗藏的反革命分子和国民党集团派遣、潜伏的特务间谍分子。同时，根据《宪法》和《人民检察院组织法》的规定，加强侦查监督、审判监督和出庭支持公诉工作，对公安机关的侦查活动和人民法院的审判活动是否合法，实行了监督。全省各级人民检察机关补办了公安机关应报捕而未报捕人犯手续41 910件，纠正错捕的274人。

1957年以后，特别是1958年“大跃进”期间，只搞审查批捕、审查起诉工作，出庭支持公诉、侦查监督、审判监督工作基本上处于停止状态。

1959～1962年，国民经济处于严重困难时期，社会治安秩序不好，现行反革命分子和其他刑事犯罪分子趁机进行破坏活动。全省各级人民检察院在刑事检察工作中，严格区分两类不同性质的矛盾，贯彻“狠、准、稳、细”的方针，重点打击反革命分子和杀人、抢劫、盗窃、投机倒把分子，全省的社会治安秩序日趋好转。

1964年以后，全省检察机关的刑事检察工作，重点打击了行凶、报复、杀人、放火、抢劫、强奸等重大反革命犯和其他刑事犯。1966年5月“文化大革命”开始，随着检察机关被“砸烂”而中断了刑事检察工作。

1978年全省各级检察机关重新组建以后，特别是1983年8月严厉打击刑事犯罪斗争开始后，全省各级检察机关同有关部门密切配合，采取快批捕、快起诉的办法，严厉打击各种刑事犯罪分子，使社会秩序和社会治安逐步好转。同时，认真履行法律监督职能，通过不批准逮捕和抗诉等法律手段，保护了公民的合法权益。1979～1985年，全省共批准逮捕人犯101 204人（其中在1981～1985年整顿社会治安中，批捕重大和特大案犯34 630人），审查起诉103 605 人，出庭公诉83 923人次，占开庭审理数的99.1%。1980～1985年的6年间，全省各级人民检察机关共向人民法院提起抗诉870人，占审结数的36.4%。其中，维持原判的185人，占审结数的23.8%；通知各级人民法院纠正违法的50人次。经过严厉打击严重刑事犯罪的斗争，全省社会治安秩序稳定好转，人民群众的安全感明显增强。

三、法纪检察

1950～1966年，由于黑龙江地区法纪检察的任务和办案程序没有具体规定，黑龙江地区各级检察机关主要是按照国家法律和党的政策，先后围绕当时的政权建设、“三反”“五反”以及国家经济建设等党的中心任务，查处了利用职权徇私枉法、非法拘禁、报复陷害、刑讯逼供、玩忽职守和重大责任事故等侵犯公民人身权利、民主权利和渎职的案件。1957年以后，由于受“左”的思想影响，法纪检察工作曾一度受到削弱，特别是1966年5月“文化大革命”开始后，法纪检察工作遭到严重破坏而完全中断。1950～1966年，全省检察机关法纪检察共查处各种侵犯公民人身、民主权利和渎职的犯罪案件3 684件。

1978年全省检察机关重新组建后，社会主义的法制建设不断加强，法纪检察工作得到迅速恢复和发展。1979～1985年末，全省检察机关立案侦查各种违法乱纪案件1 661件、2 175人，其中侵犯公民人身权利、民主权利案件464件，渎职案件450件，重婚案件66件，其他案件681件；在侦查终结的1 529件、2 113人中，依法起诉了583件、859人，免予起诉521件、691人。

四、经济检察

1951～1952年，在“三反”“五反”运动中，黑龙江、松江两省检察机关与有关部门配合，开始进行经济检察工作。查处了重大贪污案件2 197件，2 358人，其中起诉到人民法院判处1 237人，由公安机关决定劳动教养16人，建议给予行政纪律处分651人。为国家挽回经济损失价值5 221亿元（旧人民币）。

1957～1961年，在“左”的思想指导下，全省经济检察工作受到削弱。1962～1965年，全省检察机关查处贪污案件1 398件。1978年全省检察机关重新组建后，经济检察工作逐步开展起来，特别是实行改革开放方针后，经济检察工作得到迅速发展。1981年，省检察院下发《经济检察办理案件细则》和《经济检察立案侦查标准》（试行稿），使全省经济检察工作更加程序化、规范化。这一时期，松花江检察分院起诉王守信（女）重大贪污案，在全国影响很大。

1982 ～1983年，严厉打击严重刑事犯罪活动的斗争开始后，各级检察机关正确处理“两打”关系，坚持“两打”一起抓。之后，全省经济检察工作得到加强。

1984～1985年，全省各级人民检察院按照省院的要求，结合本地整党和企业整顿，普遍开展抓系统、系统抓清查经济犯罪活动的斗争。1985年3月，省人民检察院在肇州县召开打击经济犯罪现场会，明确提出：“在绝不放松打击刑事犯罪活动的同时，把打击经济犯罪作为主要任务”。到1985年末，全省经济检察干警已达1 343人。1979～1985年，全省共受理各种经济犯罪案件14 050件，立案侦查7 806件。其中立案侦查贿赂案件756件，935人，依法起诉279件，346人，为国家挽回经济损失187.2万元；全省检察机关自行侦查滥砍盗伐案件1 915件，侦查终结

1 536件，依法起诉947件，为国家挽回木材损失14 859立方米，价值人民币118亿；重大、特大经济犯罪案件855件，依法逮捕人犯3 399人；依法起诉3 639件、4 432人；依法免予起诉1 907件、2 428人，为国家挽回经济损失折合人民币2 743万元，收缴粮食（粮票）293万公斤，木材15 259立方米，保卫和促进了经济体制改革和社会主义现代化建设。

五、监所检察

1950～1985年，黑龙江省人民检察机关存续期间，各级监所检察部门依据国家法律和政策，对刑事判决、裁定执行的情况实行监督；对监管场所（监狱、劳动改造机关、劳动教养机关、看守所、拘役所）的活动是否合法进行检察；打击“两劳”人员（劳改犯、劳教人员）再犯罪活动；受理“两劳”人员及其家属申诉控告案件等，均取得明显效果。

1954年黑龙江省人民检察院成立后，按照《人民检察院组织法》规定，设置劳改监督处，作为承担监所检察工作的专门机构，监所检察工作得到加强。

1978年黑龙江省各级人民检察院重建后，按照《刑事诉讼法》和《人民检察院组织法》的规定，将“文化大革命”期间中断的监所检察工作重新恢复起来。加强了对“四种罪犯”（判处管制、缓刑、监外执行（含保外就医、裁定假释）剥夺政治权利的罪犯群众监改检察工作，截至1985年底，全省共有“四种罪犯”5 660人，其中判处缓刑的2 929人、管制283人、监外执行2 094人、裁定假释354人。全省检察机关协助有关部门对471名没有建立监改组织和无监督改措施的罪犯，建立健全了监督改组织，制订了措施；对389名监外执行法律手续不健全的， 建议有关部门做了补办；对159名消失监督外执行条件的，建议有关部门收监执行；对18名重新犯罪分子，建议有关部门依法做出处理；对378名刑罚期满的人员，建议并督促有关部门办理解除的法律手续。到1985年底，全省共有监所检察机构143个，监所检察干部428名。

六、控告申诉检察

1950年人民检察机关创建到1966年5月“文化大革命”发生之前，控告申诉检察被称为人民群众来信来访工作。随着民主和法制建设的不断加强，从1981年开始，将群众来信来访工作改称为控告申诉检察。

1951～1956年，黑龙江地区各级人民检察署配合“镇反”“三反”“五反”运动，检举不法资本家破坏粮食统购统销政策及财贸系统工作人员贪污、盗窃、与奸商勾结徇私舞弊的违法犯罪问题。

1957～1962年，省人民检察院设立了自办案件处，多数分、市院设立了自办案件科，县、区人民检察院一般都配备了专职人员，负责人民群众来信来访工作。这一时期，根据群众来信来访的内容，重点办理了揭发、检举基层干部强迫命令、违法乱纪案件。

1978～1979年，省人民检察院设立信访处，分、市院设立信访处（科），多数县（区）人民检察院设立科（室）。积极参与了对“文化大革命”中的冤假错案进行复查处理，平反纠正了一批冤错案。截至1985年底，全省各级人民检察院建立控告申诉检察部门74个，配备专职或兼职干部273人。

1981年11月，根据《人民检察院组织法》和《刑事诉讼法》的有关规定，省人民检察院将检察机关的信访部门改为控告申诉检察部门，专门负责受理涉及刑律的控告申诉案件。1982～1985年，在严厉打击经济领域严重犯罪和严厉打击严重刑事犯罪活动的斗争中，全省检察机关根据群众来信来访所反映的问题，共受理来信来访62 359件（次），向有关部门提供经济和刑事犯罪线索9 078件，与有关部门联合查处1 532件。从中发现犯罪，追究漏罪；同时，调解人民内部矛盾中易于激化的问题，保护了公民的合法权益，促进了社会的安定团结。

七、向省人民代表大会及其常务委员会报告工作

1954年颁布的《中华人民共和国宪法》和《中华人民共和国人民检察院组织法》，只规定最高人民检察院向全国人民代表大会及其常务委员会负责并报告工作，而对地方各级人民检察院并无此规定。因此，在1966年5月“文化大革命”前的十几年间，黑龙江省人民检察院没有向省人民代表大会报告过工作。

1979年7月修正颁布的《中华人民共和国宪法》和《中华人民共和国人民检察院组织法》中规定：“地方各级人民检察院对本级人民代表大会和本级人民代表大会常务委员会负责并报告工作”。从此，在每次黑龙江省人民代表大会会议上，黑龙江省人民检察院都向大会作工作报告，并且不定期地向省人民代表大会常务委员会作专题工作报告。1979年12月～1985年12月，黑龙江省人民检察院共向省第五届、第六届人民代表大会及其常务委员会作过11次工作报告。其中向省人民代表大会全面报告检察工作6次，向省人大常委会作专题工作报告5次。省人民代表大会及其常委会，对省人民检察院的工作报告都进行了认真审议，许多代表和委员对省人民检察院的工作提出了意见和建议，并且会议最后都通过了相应的决议或决定。

在此期间，黑龙江省各市、县（自治县）、市（地）辖区人民检察院，也都依法定期向本级人民代表大会及其常务委员会报告工作。通过报告工作，使检察机关能够经常而及时地受到权力机关的指导和监督，从而保证了检察机关更好地履行法律所赋予的法律监督职能，推动了本地区的民主和法制建设。

第三节 审 判

一、机构沿革

1945年8月15日，日本侵略者投降，黑龙江地区获得解放。此后，随着各级人民政权的建立，相继在各省、市、县政府中分别设立高等法院、地方法院、司法科，代表人民意志行使审判权。1948年9月以后，各省、市、县审判机构一律改称为人民法院。是时，黑龙江地区共设有黑龙江、嫩江、松江、合江4个省级人民法院，共辖81个市、县（旗）人民法院。1949年5月，嫩江、合江两省建制撤销，尚有黑龙江、松江两个省人民法院。

1951～1954年8月，黑龙江地区仍设立黑龙江、松江两个省人民法院，另设有中央直辖市哈尔滨市人民法院。两省共设有75个市、县（旗）人民法院。

1954年8月1日，黑龙江、松江两省合并为新的黑龙江省。两省人民法院合并为新的黑龙江省人民法院；哈尔滨市人民法院改由黑龙江省人民法院管辖。同年9月21日颁布的《中华人民共和国人民法院组织法》，对各级人民法院的组织机构、任务、职权、审判制度等作出了具体规定。根据《法院组织法》规定，黑龙江省人民法院改为黑龙江省高级人民法院，各专区的专区级市人民法院改为中级人民法院，各县（市、旗）人民法院为基层人民法院；同时，根据黑龙

江省的特点，设立了铁路专门法院。至1965年底，黑龙江省高级人民法院共管辖13个中级人民法院和112个基层人民法院。

1966年5月“文化大革命”开始后，黑龙江省高级人民法院受到“造反派”的严重冲击，逐步陷于瘫痪状态，最终被“彻底砸烂”。1967年1月以后，省、地（市）、县各级革命委员会相继成立，人民法院的审判职能被革命委员会保卫组所接管。1968年11月，黑龙江省公、检、法机关由人民解放军实行军事管制，成立中国人民解放军黑龙江省公安机关军事管制委员会，审判职能遂被军管会所接管。1969年7月，军管会撤销，审判职能则改由各级革命委员会人民保卫组（后改称保卫部）履行。

1973年6月1日黑龙江省高级人民法院恢复重建。此后，地方各级人民法院也陆续建立。但是，由于当时国家法律已遭到严重被坏，法院的组织机构不够健全，审判职能也未能得到有效地履行。1976年10月，粉碎江青反革命集团以后，黑龙江省各级人民法院机构逐步健全。

1979年7月1日，第五届全国人民代表大会第二次会议通过了新的《中华人民共和国人民法院组织法》。从此，黑龙江省各级人民法院的建设进入了一个新的发展时期。到1985年，全省共设有中级人民法院19个（其中地区中级人民法院4个，市中级人民法院10个，林业中级法院3个，农垦中级法院1个，铁路运输中级法院1个），比“文化大革命”前增加8个；基层人民法院182个（其中县人民法院63个，区人民法院68个，市人民法院6个，林区基层法院30个，农垦法院8个、铁路运输法院7个），比“文化大革命”前增加88个。此外，新建审判法庭88个。到1985年底，全省各级法院共有干警7 913人，比1966年增长5倍。在这些干警中，受过3个月以上短期司法专业培训的1 804人；具有大专以上法律专业知识的498人。

二、诉讼

1954年，第一部《中华人民共和国宪法》和《中华人民共和国人民法院组织法》颁布后，全省各级人民法院认真贯彻执行宪法和法律规定的公开审判、辩护、回避、合议、上诉、复核等各项审判程序，正确、合法、及时地审理各类案件，有效地保护了国家、集体利益和公民的合法权益。1956年，全省法院的诉讼程序日趋完备和统一。1957年后的反右斗争和“大跃进”时期，全省各级人民法院受到“左”的思想影响，使已经建立起来的诉讼程序受到破坏。1963年，遵照最高人民法院《关于人民法院工作若干问题的规定》，总结了审判工作中的经验教训，使法定的诉讼程序得以恢复。但时隔不久，在政治运动的冲击下，特别是1966年5月开始的“文化大革命”时期，随着人民法院机构被“砸烂”，各项诉讼程序亦被践踏殆尽，出现了审判活动无法可依的局面。

1976年10月粉碎江青反革命集团之后，特别是1978年12月中共第十一届三中全会以后，随着国家社会主义民主和法制建设的不断加强，全省各级人民法院审判工作逐步走上依法办案的轨道。严格执行《中华人民共和国宪法》《中华人民共和国人民法院组织法》和《中华人民共和国刑事诉讼法》《中华人民共和国民事诉讼法（试行）》规定的各项诉讼程序，已成为所有审判人员的自觉行为，对于各类案件正确、合法、及时地审理结案起到了重要的保障作用。

三、审判刑事案件

1950年开展的镇压反革命运动，1951～1952年开展的“三反”“五反”（即反贪污、反浪费、反官僚主义和反行贿、反偷税漏税、反盗骗国家财产、反偷工减料、反盗窃国家经济情报）运动；1966年5月开展的“文化大革命”运动，社会治安出现混乱，发案率增高，人民法院都依据国家法律、法令，全力做好刑事案件审判工作。据不完全统计，1950～1985年的36年间，全省（含中华人民共和国初期的松江省，下同）受理一审各类刑事案件452 535件，审结452 328件，判决有罪人犯456 374人（不含1969～1971年3年，因这3年未对宣告无罪与免于刑事处分进行分别统计）。其中受理一审各种反革命案件27 691件，判处反革命罪犯 28 063人；受理抢劫、杀人、放火等严重危害社会治安的刑事案件389 490件；判处贪污分子24 885人。1956～1964年和1974～1985 年的21年间，全省审理二审刑事案件16 317件（其余各年无统计资料），还审理了大量复核案件和申诉案件。

1982年上半年，黑龙江省宽大释放了全部在押的原国民党县团以下党政军特人员共246人，并给予政治权力。人民法院通过刑事审判活动，有效地发挥了保卫人民民主专政制度、保障国家社会主义革命和现代化建设事业顺利进行的重要作用。

四、审判民事案件

人民法院受理的民事案件，包括婚姻家庭纠纷、继承纠纷、房屋、债务、损害赔偿、土地、山林、水利、著作权等财产权益纠纷，还包括按照《中华人民共和国民事诉讼法（试行）》规定的特别程序审理的选民名单、宣告失踪人死亡、认定公民无行为能力和认定财产无主的案件。据不完全统计，1950～1966年和1974～1985年的29年间，全省法院共受理一审民事案件711 350件（1967～1973年没有统计数字），审结709 539件，占受案总数的99.7%，占同期审结的刑事、民事、经济纠纷各类一审案件总数的62.7%。

1974～1985年，全省共审理二审民事案件14 579件，民事申诉案件3 337件（1973年以前没有完整的统计资料）。通过民事审判活动，及时调整了民事主体之间的财产关系和人身关系，使许多趋于激化的矛盾得到缓解或消除，防止了一些可能由人民内部矛盾转化为恶性案件的悲剧，增强了人民内部团结。

五、审判经济纠纷案件

1978年12月中共第十一届三中全会以前，所发生的经济纠纷一般由行政主管部门解决。中共第十一届三中全会后，为适应改革开放新形势的需要，依据《人民法院组织法》的规定和最高人民法院的要求，黑龙江省各级人民法院相继设立了经济审判庭，从组织上保证了经济纠纷案件审判工作的开展。

1980年，黑龙江省部分法院开始试办经济合同纠纷案件，当年一审受案656件。1982～1985年，全省法院受理一审购销、建设工程承包、加工承揽合同纠纷案件22 751件，年均受案5 687件。随着农村经济体制改革的深入发展和联产承包责任制普遍推行，发生的经济纠纷也不断增多。到1984年，全省受理农村承包合同纠纷仅372件，只占当年受理经济纠纷案件的6.2%，防止了大量纠纷的发生。1980～1985年，全省各级法院共受理一审经济纠纷案件24 914件，其中审结23 462件，占受案总数的94.2%，解决争议标的金额328亿元。1983～1985年，审理二审经济纠纷案件390件，经济纠纷申诉案件141件，分别占同时期结案总数的1.7%和0.6%。通过审判经济纠纷案件，依法维护了社会主义经济秩序，促进了改革开放和现代化建设的健康发展。

六、纠正冤假错案

1949年10月1日中华人民共和国成立以来，根据党的“有反必肃，有错必纠”的一贯方针，在各个历史阶段都对所发生的冤假错案作过认真纠正，取得了良好社会效果。

1978年中共第十一届三中全会召开以后，全省各级人民法院遵照中共中央关于复查和平反纠正冤假错案的指示，不断解放思想，实事求是，冲破“禁区”，排除干扰，与公安、检察、劳改等部门通力协作，对“文化大革命”期间，制造的大量冤案、假案、错案进行了复查。共复查“文化大革命”期间判处的“反革命”案件6 820件，其中平反纠正6 195件，占复查数的90.8%；复查普通刑事案件38 551 件，其中平反纠正3 728件，占96.7%。同时，复查了解放以来判处的原国民党起义、投诚人员案件，以及涉及台属、侨眷等人员的案件，对其中的冤假错案进行平反纠正，并会同有关部门落实政策。到1984年末，全省各级人民法院对过去判处的原国民党党、政、军、警、宪、特起义、投诚人员的案件进行了复查，全省共复查624件，其中平反纠正570件，占复查总数的91.3%，圆满完成了审判工作上的拨乱反正任务。平反纠正了中华人民共和国成立以来涉及知识分子、台属侨眷和宗教人士的错案152件。通过平反纠正冤假错案，使许多遭受刑罚迫害的公民得到平反昭雪，维护了法律的公正和尊严。

七、向省人民代表大会及其常务委员会报告工作

1954～1985年的30余年间，黑龙江省各级人民法院，遵照宪法和法律规定，定期向本级人民代表大会报告工作，自觉接受国家权力机关的指导和监督，不断改进法院工作，从而保证了国家法律、法令在本地区的贯彻执行。自黑龙江省第一届人民代表大会起，黑龙江省高级人民法院向每届省人民代表大会都曾做过工作报告，对一定时期的法院工作进行总结，对下一阶段工作做出安排，请求省人民代表大会进行审议和批准。自省人民代表大会常务委员会成立以后，省高级人民法院还不定期地向省人大常委会做出专项工作报告。这期间，省高级人民法院共向省人民代表大会报告工作11次，向省人民代表大会常务委员会报告工作5次。从1979年12月黑龙江省第五届人民代表大会第二次会议开始，在历次省人民代表大会会议上，省高级人民法院都向大会作全面工作报告。

在省高级人民法院每次报告工作之后，省人民代表大会或其常务委员会都对报告进行认真审议，并作出相应的决议或决定，肯定法院工作的成绩，指出存在的问题，提出今后工作的任务和要求，为各级人民法院更好地依法行使职权指明了方向，提供了可靠保障。

第四节 司法行政

一、机构沿革

渤海国及辽、金、元代在黑龙江地区设治中，司法行政与司法审判领导体制始终合一，由地方行政长官统管。明代，黑龙江地区由奴儿干都司统辖。该都司及下属诸羁縻卫所均为军政合一的地方机构。清代，黑龙江地区实行“军府制”，由军事长官兼管行政和司法，司法行政和司法审判在很长时期沿袭合一体制。直到清末，清廷为挽救垂死的封建统治推行“新政”，

在黑龙江省共设立带有“新政”色彩的高等审判厅、检察厅各1个，地方审判厅、检察厅各7个，地方审判分厅、检察分厅各14个，初级审判厅、检察厅各30个。这一举措对修补和点缀清末的司法制度起了一定作用，黑龙江地区的司法行政才有显著改变。

1913年1月，各省提法司改为司法筹备处，直辖于中央政府司法总长。同年9月，司法筹备处裁撤。此后至1928年12月东北易帜，黑龙江地区的司法行政在北京政府司法部领导下，由省高等审判厅主管，（有时也由省高等审判厅和省高等检察厅分别管理），省主要行政长官负责监督。1929年1月～1931年9月，黑龙江地区的司法行政在南京政府司法行政部领导下，由省高等法院统管，省主席负指示、管督之责。

1932年3月，伪满洲国设立司法部，领导和管理伪中央和各省的司法行政。省以下司法行政由地方审判、检察机关分别管理，1940～1945年，各县司法行政由伪县法院统管。

1946年，随着解放战争的不断胜利，各级人民民主政权逐步建立。此时，地方上司法行政与司法审判合一，由高等法院管理司法行政工作。1946年8月～1948年8月，黑龙江地区各省和哈尔滨特别市高等法院相继成立。各县设地方法院，未设地方法院的县在政府内设置司法科。高等法院是省级司法行政机关，对各县在司法业务上负有领导监督责任。1948年9月，根据东北行政委员会的指示，各级高等法院一律改称人民法院。1949年5月，嫩江省并入黑龙江省，合江省并入松江省，黑龙江省区域内司法行政机关分别为黑龙江省人民法院和松江省人民法院。

1949年10月中华人民共和国成立后，黑龙江地区内的司法行政工作仍由人民法院管理，其工作职责无大变化。在司法行政领导体制上，几经变动但相对稳定。1954年8月25日，黑龙江省人民政府司法厅正式成立，省级司法行政与司法审判分立。在市、地以下除哈尔滨市单设司法局外，司法行政与司法审判仍然合一。1955年全省共有人民陪审员9 617名，建立、健全了法院内部的集体领导，并在各法院建立了审判委员会。1958年3月，黑龙江省人民政府司法厅与省高级人民法院合署办公，行政上仍然保留黑龙江省人民政府司法厅的名义。1959年，全国各级司法行政机关撤销，原承担的工作移交法院管理。司法行政与司法审判又行合一。

1960～1966年5月前，司法行政工作在各级人民法院中有所恢复和发展。1966年5月“文化大革命”开始，“公、检、法”被砸烂，司法行政工作由各级政府管理。1973年6月，中共黑龙江省委决定恢复和组建黑龙江省高级人民法院，内设司法行政处，主管司法行政工作。

1980年1月5日，黑龙江省司法局建立，管理全省除监狱和劳动教养之外的司法行政事务。1981年6月，黑龙江省司法局改为黑龙江省司法厅。1983年1月，司法行政机关将有关法院的司法行政事务移交给法院，8月，又接管了长期由公安部门管理的监狱和劳动教养工作。省以下司法行政机关也逐步建立起来。1985年末，市、地、县和市辖区司法局已达147个，此外还在森工、农场系统建立了司法行政机构。

二、监狱

史载夫余国即设有牢狱。黑龙江地区在渤海国、辽、金、元、明代，都设置过各类监狱。清末，朝廷为挽救垂危的封建统治，被迫对监狱进行一些改良，仿照西方和日本法律，筹设新监，改造旧监。

清光绪三十二年至三十四年（1906～1908年），着手改良监狱，自创罪犯习艺所，通过强制罪犯做工习艺，对其进行惩罪示罚，以图达到使其改恶从善、自食其力之目的。在绥化、呼兰、巴彦、兰西等地也新建一些罪犯习艺所。到清宣统三年（1911年）辛亥革命爆发时，黑龙江境内共设置监狱34处。

1913年，中华民国政府进一步改良监狱。黑龙江地区将监狱划分为新监和旧监。1916年之后，又将罪犯习艺所撤销，并入监狱。黑龙江地区共设置监狱37处、设治局监所7处。1918年，黑龙江地区当时规模较大、设施较完备的新式监狱有龙江监狱、呼兰监狱、吉林第三监狱，其它属于各县和规模较小的旧式监狱及设治局监所有42处。1920年，中国政府收回沙俄设在中东铁路附属地的几处监狱。1922年，龙江监狱改称黑龙江第一监狱。1926年，呼兰监狱改称黑龙江第二监狱。

1931年日伪政权时期，为镇压迫害黑龙江的反满抗日志士和人民，伪政权将黑龙江地区的监狱划分为新监6处、旧监72处。1934年，以实行法西斯高压统治，将黑龙江地区设置的监狱，按行政区划实行特等监狱、甲、乙、丙、丁五等级制。1939年，伪政权对监狱再次改组， 在黑龙江设立本监（新监）7处，分监（旧监）32处。日伪当局还在哈尔滨、鹤岗、密山、佳木斯等地建立多处集中营性质的“矫正院”，并在哈尔滨、齐齐哈尔、佳木斯等地设置秘密监狱5 处，臭名昭著的731部队细菌工厂监狱即是其一。这些监狱和“矫正院”对中国人民任意监禁、迫害、杀戮。1936年，齐齐哈尔监狱的政治犯爆发大规模暴动，有88人惨遭杀害。

1945年抗日战争胜利后，人民政权接管了日伪监狱，即对其进行彻底改造，监狱制度发生了根本变化。至1947年，黑龙江地区共有监狱7处。此外，各县均设有看守所。

1949年10月中华人民共和国成立后，新狱政建设日臻完善。至1954年，合并后的黑龙江省有省管监狱9处，劳改支队16处。1955～1958年，黑龙江省陆续接收北调的外省罪犯10余万人，劳改场所增多。期间，东北行政委员会公安局、北京公安局、沈阳公安局和铁道兵部队也在黑龙江办过劳改农场。全省有29万罪犯通过劳动改造获得新生。

1966年5月“文化大革命”开始后，黑龙江省劳改工作遭到严重破坏。全省劳改单位几经周折，频繁变化。1967年一次就移交地方26个劳改场所。1969年，大批罪犯南迁，劳改场所减少。1970年后，一些劳改场所陆续恢复、建立起来，到1976年全省劳改单位已恢复19处。

1983年劳改机关交由司法行政部门管理后，监管制度进一步健全和完善。在当年开展的严厉打击严重刑事犯罪活动的斗争中，黑龙江省监狱虽然接收犯人增多，仍然做到了“收得下，管得住，教育好”。同时，文化技术教育也发展很快，全省罪犯参加监狱办的扫盲班、小学班、中学班的人数达12 870人，还有些罪犯参加了电大、函授、大中专学习。1984年以后，监狱的各项政治教育也颇见成效，各劳改单位先后组织刑满人员报告团、讲演团、艺术团等，在劳改单位和社会上演讲、演出200余次，在社会上和犯人中起到了良好的宣传教育作用。仅据哈尔滨监狱、革志监狱等13个单位统计，1984年就有7 742名罪犯坦白和揭发犯罪线索15 498件。从1980～1984年，有4 720名罪犯被培训为生产技术骨干。1984年，为适应严厉打击严重刑事犯罪斗争的需要，又恢复和新建了一批劳改场所。

1985年，全省有监狱、劳改支队和少年犯管教所49处。人民政府对罪犯实行劳动改造的方针政策，监狱生活卫生条件明显改善。监狱在主要通过强制劳动手段对罪犯进行改造教育的同时，还为国家创造了巨大的物质财富。仅省管单位从创建起到1985年，就累计生产粮食50亿公斤，创造工农业总产值343亿元。

三、劳动教养

劳动教养是中华人民共和国成立后于20世纪50年代创建的制度。在此之前，黑龙江地区也曾出现过与现行劳动教养相似的收容教养制度。1914年，黑龙江省行政长官朱庆澜创立黑龙江省立女子教养院，收养“6～15岁无依无靠之移殖女子”。当时教养院属于慈善机构，实行的是“既教且养”的方针。中华民国时期，黑龙江地区部分市、县还相继建立贫民收养所、贫民工厂、游民教养所、幼童教养工厂等教养机构，主要收容一些“无依无靠无业之老幼游民”。

1945年抗日战争胜利后，黑龙江地区的民政部门将接收的部分慈善机构，经过整顿改为生产教养院和儿童教养院，主要收容无家可归的鳏寡孤独、老弱残疾、乞丐、流浪街头的孤儿。

1950年，黑龙江地区有生产教养院18处，收容所2处，收容院民1 278人。1952年，当时的黑龙江省将22处残老院、孤儿院和“花子房”合并为17处生产教养院、1处儿童教养院，收容能力猛增到4 300余人。1954年黑龙江省还有生产教养院18处、儿童教养院2处、收容所20处，共收容残老游民等2 324人。1958年1月，黑龙江省建立省属第一个劳动教养单位福安农场，主要收容教养社会上和机关、企事业内部有罪错而又不够刑事处罚的人员。1959年，由省、市、地、县分别管辖的劳教单位发展到22处。1962年后，仅保留福安农场，1966年5月“文化大革命”开始不久即撤销。

1971年，凤凰山劳改支队改为劳教场所。至1980年下半年，全省建立劳教场所18处。1983年后，开展严厉打击严重刑事犯罪活动的斗争，劳教人员增多。至1985年，省和市、地、铁路分别管的劳教场所达22处。

1984年12月，司法部劳教局印发《关于举办劳动教养学校的试行方案》。1985年10月，经省劳动教养工作管理机关验收批准，正式命名永安劳教所为“黑龙江省永安劳动教养学校”，并在永安劳教所召开了命名大会。会后，佳木斯、绥化、玉泉劳教所也经省劳动教养工作管理机关验收批准，正式命名为劳动教养学校。1980～1985年，全省共收容教养了54 625名劳教人员，绝大多数人解除教养后成为社会的有用之材。

四、律师

1913年中华民国建立后，全面推行律师制度。黑龙江省城齐齐哈尔出现了在龙江审判厅登录的律师。以后，滨江、呼兰、绥化、东省特别区等地方审判厅陆续有律师登录。1925年末，黑龙江地区登录的律师有77人。律师以私人名义开设事务所，作为自由职业者从事法律咨询、代书、代理和刑事辩护等业务。律师的社团组织随着律师的增多而产生。至1931年9月，黑龙江地区先后建立龙江、滨江、东省特别区、绥化、海伦律师公会，依据各自会则对所属会员进行管理。

1936年，伪满洲国律师联合会及各地多数律师会的领导权都被日本辩护士把持。1938年10月，黑龙江地区登录律师144人，其中苏联律师31人，日本辩护士12人。至1943年8月，黑龙江地区登录律师177人，其中苏联律师30人，日本辩护士31人。律师仍是私人开业。常年法律顾问业务较沦陷前增多，基本为日本辩护士垄断。

1945年抗日战争胜利后，东北解放区废除了旧的司法制度，对推行人民律师制度做了一些初步尝试。

1949年10月中华人民共和国成立后，司法部指定京、津、沪、渝、沈等市试行律师工作。1955年，经国务院批准推行新型的人民律师制度。同年12月，黑龙江省根据国家下达的编制，按照国家干部条件首次任命律师14人，在哈尔滨、齐齐哈尔、牡丹江、佳木斯市设置4个法律顾问处，从组织上、业务上、财务上对律师统一进行管理。1958年初，全省配备律师和学习律师

143人，法律顾问处发展到41个。由于反右派斗争的扩大化，1/5的律师工作者被划为右派和中右分子，各法律顾问处随之撤销。此后出现了长达20余年的空白。

1978年12月中共第十一届三中全会召开以后，人民律师制度开始恢复。1979年3 月，黑龙江省恢复人民律师工作。至1985年，全省有专职律师工作者529人，特邀、兼职律师613人；律师工作人员总数达1 208人。设在省、市、地、县、市辖区和农场森工系统的法律顾问处137处。1985年，全省律师参加刑事辩护5 020件；民事代理5 739件；经济纠纷代理3 081件，挽回和避免可能发生的经济损失6 818万元；为1 536个企事业、社会团体、经济组织和政府机关担任了法律顾问。

五、公证

1920年12月，中国政府收回中东铁路附属地域的司法主权，建立了东省特别区审判机构，将设在哈尔滨的俄国登记所改造成为中国的公证机关。此为中国推行公证制度之肇端。此后，俄国边界地方法院所管辖的设在哈尔滨的第一登记所和第二登记所即正式由中国东省特别区地方审判厅管辖，以中国公证机关的名义办理公证事务。1921年9月，北京政府司法部又批准在哈尔滨建立第三个登记所。1923年12月，中华民国司法部核准并指令东省特别区施行《公证事务所办事章程》，同年12月又核准并指令施行修正的《公证事务所征收司法印纸费规则》，从法律上奠定了中国早期公证制度的基础。

1931年“九一八”事变后，公证机关置于日伪反动统治和严格监控下。日本人进入伪满审判机关充任公证人员。1937年，伪满洲国公布《公证手数料规则》和《公证法》，强化对公证的管理。公证业务和声请人，与民国时期比较无大变化。

1945年抗日战争胜利后，伪满的公证制度随着日本投降被取缔。1946年8月， 哈尔滨市法院制作成第一份具有历史意义的人民政权的公证文书。

1949年10月中华人民共和国成立初期，哈尔滨、齐齐哈尔、牡丹江、佳木斯市和绥化县都在法院内办理公证。在公证业务上，解放战争时期和中华人民共和国建立初期，主要办理外侨的民事权利义务公证。1955年10月，哈尔滨市成立公证处。1956年，国家进入大规模经济建设时期，全省办理的国家机关、国营企业和私人工商业者所签订的经济合同方面的公证增多。到1957年初，全省已在哈尔滨、齐齐哈尔、牡丹江、佳木斯4市建立了7个公证处，并在绥化、鹤岗、双鸭山等12个县、市法院内建立公证室；有国家按照干部条件任命的公证人员57 人。1958年，由于“左”的影响等原因，仅保留哈尔滨市1个公证处。1962年，齐齐哈尔、牡丹江市法院内设公证室，1966年5月“文化大革命”开始后又撤销。1972年中日两国建交后，涉外公证增多，公证机构才逐渐恢复。1959～1979年，主要办理少量涉外民事权利义务公证。

1980年司法行政机关重建后，公证机构设置增多，公证数量剧增。到1985年末，全省设在市、县和市辖区的公证处108个，在农场系统设置公证处7个；公证人员发展到273人。本年度，全省共办结公证217 487件。其中国内公证214 852件，经济合同公证相当于民事权利义务公证的13倍；涉外公证2 635件，主要文书使用目的以定居、探亲和劳务合同为主，使用地涉及美国、日本、韩国、伊拉克等22个国家和香港地区。1985年，黑龙江省公证收费相当于自1980 年以来5年收费总额的2倍还多，创中华人民共和国成立后公证收费史上的最高纪录。其中全省市、县（区）收费1 012 630.38元。省国营农场管理局所属公证处全年征收国内公证费10 240元。

六、人民调解

黑龙江地区历史上的民间调解，自清末设省时起就继承和发展了历来民间自愿为人排患释难解纷乱而无所取的自助形式。中华民国时期，民间调解日趋成熟，有了相应的组织和所依据的章程。1912年，阿城府厅州县参事和城镇乡议事会内设“息讼融和会”，受地方长官委托及时公平和解所属旗地民佃之田产轇轕疑难讼案。1929年，黑龙江地区各区、乡（镇、坊），执行国民党政府司法行政部和内务部指令，在乡公所或镇公所附设调解委员会。1931年，黑龙江地区各区、乡（镇、坊）执行国民党政府同年1月1日颁布的《区乡镇坊调解委员会权限规程》，民事纠纷不分各类都可以由调解委员会调解，但法院受理了的，经销案后再行调解，并须当事人同意。

1948年黑龙江地区人民政权建立后，行政村（坊）按东北区人民政府拟定的《关东地区行政村（坊）调解暂行条例草案》要求，建立了由基层干部和有威信的群众参加的调解委员会。

1949年10月中华人民共和国成立后，统一的有领导、有组织、有章法的人民调解制度普遍推行。1950年，黑龙江地区在鸡西、绥化等17个市、县建立了各区、村人民调解委员会。

1954年2月中央人民政府政务院颁布《人民调解委员会暂行通则》后，黑龙江地区的人民调解工作迅速发展。到1961年，仅据78个基层法院不完全统计，就有调处委员会15 750个，调处干部129 704人。1966年5月“文化大革命”开始不久，黑龙江省调解组织全部解散，到1973年后才逐渐恢复。

1980年全国人大颁布《人民调解委员会暂行通则》后，黑龙江省人民调解工作发展很快。到1985年，全省农村、街道、厂矿已有调解委员会49 324个，调解委员212 526个，形成乡镇、厂矿有调解领导小组，村、居民委员会、车间有调解委员会，屯、居民组、工段有调解员的三级调解网络。仅1985年一年内，全省调解组织就调处民间纠纷235 296件，其中可能导致非正常死亡的激化纠纷1126件，同时还配合有关部门帮教失足青少年20 218人。

七、法制宣传

法制宣传是司法行政在各个时期围绕其所制定的政治法律制度而开展的重要活动。1947年，为了推动土改斗争的开展，宣传《中国土地法大纲》和《土地法大纲与补充办法》。

1949年10月中华人民共和国成立后，法制宣传被放在重要位置。1950～1956年，在国家颁布实施《中华人民共和国婚姻法》《中华人民共和国惩治反革命条例》《中华人民共和国宪法》《中华人民共和国人民法院组织法》前后，黑龙江地区省、市、县都建立了领导和组织宣传机构，动员全社会力量开展大规模活动，收到了很好的效果。1957年，由于“左”的影响，法制宣传削弱，此后20多年没有大规模宣传活动。

1978年12月中共第十一届三中全会召开以后，社会主义民主与法制建设日益加强。1980年后，全省开展了对新颁布的《中华人民共和国刑法》《中华人民共和国刑事诉讼法》《中华人民共和国婚姻法》《中华人民共和国宪法》等重要法律的宣传。1983年严厉打击刑事犯罪活动的斗争开始后，法制宣传活动更加活跃。大、中、小学校普遍开设法制课，面向社会的法制报刊出版发行。1984年4月，《黑龙江法制报》正式创刊，并作为中共黑龙江省律政机关报。1985年下半年，中共黑龙江省委普法工作领导小组成立，制定了全省第一个五年普及法律常识的规划和方案，并在部分地区和单位进行普法试点。

八、法学教育与研究

黑龙江省的法学教育始于清朝末年。清光绪三十三年（1907年），开办法学教育。黑龙江将军衙门设立法政肄习所，旨在培养“新政”官员和法律人才。清宣统二年（1910年）黑龙江省法政学堂创建，以官、绅、教员等为招生对象，实施正规化的法学教育。1912年，黑龙江省设立法学研究机构——共和研究所。法学教育在民国时期也有所发展。

1931年“九一八”事变后，黑龙江地区的法学教育被日伪所垄断。1945年抗日战争胜利后，人民民主政权为尽快培养新型的法律人才，举办了各类司法培训班。

1949年10月中华人民共和国成立后，于1960年3月，设立了黑龙江省政法研究所，存在一年多即撤销。法学研究工作一度中止。至1978年12月中共第十一届三中全会召开以后，法学教育和法学研究得到恢复。

1980年黑龙江省成立法学会。翌年，设立专门的法学研究机构。1981年后，法学教育和法学研究迅速发展，省法学会和省法学研究所联合创办了《法学与实践》学术刊物，及时反映中华人民共和国社会主义法制建设的新情况、新问题、新成果、新经验，积极为社会主义的法学研究与法制建设服务。

为适应黑龙江省法制建设急需人才的要求，实行学历教育与短期培训并举的形式开展了法学教育。除兴办2所正规的政法干部院校外，还采取函授、广播电视和业余等教育形式，进行多渠道办学。1985年，经最高人民法院统一考试，全国法院干部业余法律大学黑龙江分校，在各级人民法院在职干部中录取2 384人，学习期满，总学分达到152学分者，发给法律专科毕业证书。

与此同时，法学研究也逐步开展。到1985年，省法学研究所完成了法学专著、编著、法规汇编15册，累计达400万字；出版了《人民调解知识》一书。在全国各类报刊上发表文章或选送参加学术讨论会的论文26篇；有关宪法学、法理学的4篇，民法学的4篇，经济法学的5篇，刑法学的7篇，劳改法学的6篇。其中孙育玮发表在《求是》学刊上的《论守法的最高权威性》和《应当完整地理解恩格斯关于法的论述》2篇论文，获得黑龙江省社会科学优秀科研成果奖。

第八章　群众团体

黑龙江地区的工会、共青团、妇联等团体组织，是中国共产党联系人民群众的纽带和桥梁。在中国共产党领导下，在各个不同历史时期，围绕党的中心工作，组织和带领广大工人、妇女和团员青年，开展反帝反封建斗争，参加社会主义革命和建设，发挥了主力军作用，做出了积极贡献。

第一节 黑龙江省总工会

一、组织沿革

清光绪三十一年十二月（1906年1月），以俄国革命工人为主的中东铁路职工联合会成立，有大批中国铁路工人加入联合会。1918～1919年，中东铁路工人举行3次全路大罢工，反对继续控制中东路的沙俄残余势力，要求政治经济上的合法地位和民主平等。在斗争中，东省铁路哈尔滨总工厂工人发起成立三十六棚工业维持会，成为黑龙江地区中国工人最早的工会组织。

1923年9月中国共产党在黑龙江建立党组织后，深入群众，开展工人运动，建立工会组织。1925年3月，哈尔滨车夫举行同盟罢工，成立车夫工会。10月，中东路职工联合会成立，在各站段设32个分会，中国铁路工人4 073人参加了联合会。

1928年3月9日，中共满洲省临时委员会制定秘密工会章程，并对发展秘密工会的条件做了具体规定。是年9月以后，工厂、铁路、印刷、海员、矿工中都建立了工会组织。

1930年3月，哈尔滨成立皮鞋工人工会。在皮鞋工人罢工斗争的影响下，其他各行业工人相继举行罢工。在罢工中，很多工厂工人成立工会，全市工会会员达1 000余人。

1931年9月日本帝国主义武装侵占东北以后，直接由中共满洲省委领导的秘密工会（又称“赤色工会”）已发展会员142人，包括中东铁路、制鞋、烟厂、平民工厂、海员、船夫、印刷、玻璃厂和呼海铁路工会的会员。此后，黑龙江地区工会组织继续发展，并在这一基础上成立了满洲总工会筹备处，秘密工会会员发展到243人。

1933年4月，在中共满洲省委领导下，哈尔滨电业工人举行大罢工，反抗日伪当局的奴役和压迫。同年6月，满洲总工会筹备处在哈尔滨成立。哈尔滨总工会也进行改组。在满总筹备处的组织发动下，哈尔滨皮鞋、印刷、电业、中东路加油工人都爆发了罢工或示威斗争，并取得部分胜利。这一时期，黑龙江地区有工会干部9人，包括哈尔滨、鹤岗、下江金矿和呼海路、东宁在内的赤色工会会员，共有243人。到1934年，由于日本帝国主义的大规模镇压，城市工会组织受到严重破坏，黑龙江地区工会几乎完全停止了活动。

1937年4月中共哈尔滨特委再次遭到破坏以后，黑龙江地区城市工会组织从上层到基层几乎全被破坏。1943年，中国共产党从关内抗日根据地派干部秘密进入黑龙江地区城市，重新集结工人力量，恢复了党和工会组织。

1945年8月日本帝国主义投降。黑龙江地区工人阶级在中国共产党的领导下，迅速组织起来，努力恢复和发展生产。工厂企业普遍建立工会。

1946年10月，哈尔滨市职工总会成立。1948年6月～1949年5月，黑龙江、嫩江、松江、合江四省职工总会相继成立。1949年5月，四省职工总会随之合并为松江省职工总会、黑龙江省职工总会。1946～1954年，在黑龙江地区先后存在5个省级工会。1953年6月，黑龙江省总工会改称黑龙江省工会联合会。

1954年8月，黑龙江、松江省合并，两省工会联合会随即合并，成立新的黑龙江省工会联合会。至此，黑龙江地区各省工会组织统一为1个省工会组织。

1955年11月，黑龙江省工会联合会召开第一次代表大会。1959年2月，省工会联合会改称省总工会。至1985年，省工会共召开五次代表大会（1968年12月在“文化大革命”中召开的省革命工人首届代表大会，后经省总工会决定，未被列入省工会代表大会序列）。

1966年5月“文化大革命”开始后，工会组织受到冲击。1967年2月，省总工会和全省各级工会组织被造反派接管，原工会领导人被迫停止工作，工会组织停止活动。1968年12月，在工会组织被“砸烂”后，黑龙江省召开革命工人首届代表大会，通过章程，选举省工代会委员会。1972年8月，省工代会解散。

1973年6月，黑龙江省工会第三次代表大会在哈尔滨市召开。会议选举产生省总工会第三届委员会，全省各级工会组织至此已完全恢复。

1979年3月，黑龙江省工会第四次代表大会在哈尔滨市召开。

1983年12月，黑龙江省工会第五次代表大会在哈尔滨市召开。选举产生黑龙江省总工会第五届委员会。

1954～1985年，省总工会先后对省内6个地区派出机构，设立地区工作委员会，负责对地区工会工作的领导。到1985年，黑龙江省总工会直辖10个市总工会；4个地区工会辖67个县级工会。其中包括6个县级市工会。省级产业工会也在发展中壮大，从1954年的16个增加到1985年的28个。

二、工会建设

1947年，黑龙江省28个县有会员23 744人。1952年11月，黑龙江、松江两省在推广沈阳五三工厂经验的基础上，开始建立和整顿基层工会工作秩序的工作。1954年，松江省、黑龙江省两省合并后，全省有会员86万人。通过建立工会正常工作秩序，全省各基层工会工作基本上转移到以生产为中心的轨道上来。

1956年，开展了基层组织的民主选举工作。全省21个市县，已有1 402个基层工会改选完毕。1961年，全省职工总数为295.1万人。 1962～1963年，黑龙江省各级组织着手解决基层工会干部队伍薄弱和领导核心不健全的问题。1965年全省工会会员有1 552 951人。1966年5月“文化大革命” 开始后，黑龙江省基层工会组织和工会干部遭到空前摧残。各地方工会被工代会代替。

1973年，从省到各市（地）县开始重新整顿和恢复工会组织。

1978～1984年，黑龙江省总工会按照全总十次全国代表大会《关于整顿工会组织，开展建设职工之家活动的决定》精神，在全省开展整顿建家活动。1980年全省工会会员为3 818 632人。1985年全省工会会员5 345 303人。在所有制性质上，到1985年，全民所有制单位职工为5 322 494 人，占职工总数的69.38%；集体所有制单位职工为2 346 385人，占职工总数的30.58%；各类合营企业单位职工为31 232人，占职工总数的0.40%；在职工年龄上，35岁以下的中青年职工占绝大多数；在文化教育上，全省152万职工补习初中文化课合格，占应补对象的86%，107万职工补习初级技术课合格，占应补对象的87%；在专业技术上，专业技术人才在职工中的比例增大，1985年全省地方全民所有制各类专业技术人员近70万人。1985年8月，省总工会在绥化市召开全省小型企事业工会整顿建家座谈会。到1985年底，全省整顿建家工作基本情况和成果是：全省已验收合格的职工之家15 629个，占全省25 308个基层工会的61.7%。通过整顿建家工作，基层工会领导班子切实得到加强。1985年，基层工会35 310个，工会小组395 939个。全省专职工会干部30 120 人，兼职工会干部32 039人。

三、民主管理

黑龙江地区职工群众对企业实行民主管理，最早实行的是企业管理委员会制。1957年以后，黑龙江省工厂企业实行职工代表大会制。1966年以前，企业试行党委领导下的职工代表大会制。1979年以后，企业恢复实行职工代表大会制。工会组织对企业管理实行民主参与，参与工作的范围很广泛。在40至50年代国营合营企业、私营企业签订集体合同和实行改革开放以后企业签订双保合同的工作，50年代后期由黑龙江省职工首创的“两参一改”经验的推广工作是其主要内容。1958年春，以庆华工具厂、建华机械厂为主体的几个基层企业职工在改进企业管理和领导作风的试点中，创造了“两参一改”的新经验。

1978年后，黑龙江省逐步开展对企业行政领导干部的民主选举和民主评议工作。1983年6月，全省有10个市地工交、基本建设、农林、财贸等系统的基层企事业单位推行职工代表大会制，占全部企事业单位的92%。建立厂、车间、班组三级民主管理体制的企业已达65.4%。与此同时，全省民主评议选举企业领导干部的工作也在各地普遍开展起来。1983年底，全省有35.6%的企业民主评议企业领导干部，8.4%的企业民主选举厂长。到1985年，全省已建立职工代表大会制的企事业单位达19 599个，其中全民所有制单位15 172个，其余为集体所有制单位。实行民主选举基层行政领导人的单位为7 676个，民主评议基层行政领导人的单位为12 973个。

四、技术协作

1979年7月，省职工技术协作委员会成立，有组织、有领导的职工技术协作活动在全省范围全面展开。由省总工会牵头组织的省先进技术服务队深入12个城市，以交流、攻关为主要形式，开展了重点新技术的推广：50年代推广郝建秀工作法和五一织布工作法；60年代推广汽车水箱抽换整根水管工艺；70年代推广远红外烘干新技术；80年代推广锌基合金模具技术等。解决技术关键447项，实现技术革新3 365项，为全省工业的发展特别是轻工业的发展做出贡献。

五、职工生活

1961～1962年，省总工会召开3次全省工会和城市职工生活工作会议，研究部署办好互助储金会，开展群众性互助活动，加强职工困难补助工作，为职工解决实际生活困难。1964年，全省接受困难补助的职工为361 667人，补助总金额为1 439万多元。1966年5月“文化大革命”开始后，困难补助工作改为由行政管理。1979年以后，这项工作才又归还工会组织管理。1980～1985年，全省各级工会共补助生活困难职工3 070 322人次，补助总金额为168 318 094元。

1981～1984年，全省各级工会组织，以贷款扶贫为主要形式，开发贫困职工家庭劳动力资源，同时创造庭院经济扶贫和基地辐射扶贫等方式，4年间有2万名职工通过工会组织多门路、多渠道的帮助实现脱贫，有的初步富裕起来。到1985年，全省各级工会组织在组织职工保证完成生产任务的同时，加强劳保福利工作。全省工会系统办托儿所、幼儿园、哺乳室9 241 个，受托儿童409 143人。疗养院所124个，床位1万余张。职工互助储金会84 424个，参加人数为300余万，储金总额达4 600多万元。

六、工会活动

（一）劳动竞赛

1949年末，黑龙江、松江省两省职工开展创造生产新纪录运动，1950年10月开展爱国主义劳动竞赛；1951年7月，开展了增产节约竞赛；1953年，开展了群众性技术革新运动，都充分调动了职工的生产积极性，促进了产品产量质量的提高，产生巨大的经济效益。创造的增产节约价值为1 623亿元（旧人民币）。1956年1月，开展先进生产者运动。全省产生先进生产者133 281 人。全国劳动模范、哈尔滨机车车辆修理工厂铣工苏广铭等人提前完成第一个五年计划的工作量，成为哈尔滨市和黑龙江省先进生产者的典型代表。1956年，全省共推广先进经验4 051种，涌现出各行各业的先进生产者13万人，全省工业总产值（不包括林业）比1955年增长18.3%。在开展先进生产者运动中，全省各级工会大力组织职工群众进行技术革新，提合理化建议。全省职工一年中共提出合理化建议10万多件，其中一半被采纳，创造价值1 489万元。1963年，全省开展以“五好”为目标的社会主义劳动竞赛。全省职工还以大庆石油工人杰出代表铁人王进喜为榜样，学习大庆经验，开展“工业学大庆”运动。

从1979年起，全省各级工会围绕经济建设这一中心任务，动员广大职工，广泛深入开展“为四化立功”和“双增双节”竞赛活动，并根据新时期特点，对竞赛方式方法进行改革，更加重视产品质量、产品开发、经营管理、科技进步和市场效应，进一步促进生产力的发展。

（二）劳模表彰

表彰劳动模范和先进集体，是各级人民政府根据国家宪法的规定，对人民群众在社会主义建设事业中的突出贡献予以认定和奖励的一种法律行为。工会负责具体工作的落实和实施。

1949～1954年省劳动模范表彰大会表彰的嫩江省、黑龙江省六届劳模共6 182人，先进集体共113个。

1950～1979年黑龙江省参加全国劳动模范代表大会并被评为全国劳动模范的共765人，集体266个。

1954年，黑龙江、松江省两省合并为新的黑龙江省。到1985年，全省召开5次劳动模范代表大会。共表彰省特等劳动模范（劳模标兵）、劳动模范6 677人，集体2 698个，选出全国群英会代表363人。

1955～1985年省劳动模范命名表彰会议表彰的先进生产者、工作者被命名为省劳动模范的共4 642人，集体747个，选出全国群英会代表170人。

（三）文体教育活动

从1946年开始，工会组织在黑龙江地区全省职工中进行了时事、抗美援朝、过渡时期总路线等政治教育。50年代开展扫盲教育，从1958～1973年开展和组织职工学习毛主席著作持续了近20年。

1978年后，以振兴中华为内容的读书活动掀起了高潮；1981～1985年间的“五讲四美”和“四有”教育活动，加速了职工文化素质提高和队伍建设。截至1985年12月末，全省市级工会主办6所职工大学，共有教职工572名，专职教师306名。培养各方面人才112 305名。1983年，全省基层企事业单位职工主办的职工大学和大专班为168所，到1985年有学员32 343人。1985年全省职工参加业余文化技术学习的人数为545 356人，其中在各级工会办的业余学习的人数为89 125 人。各级工会共办职工文化技术学校483所，教师（包括兼职）3 176人。全省有读书自学活动小组89 871个，参加读书自学的职工为1 321 668人。

到1985年，全省有文艺创作组2 390个，参加活动的职工12 603人，创作作品2 500多件，创作并演出文艺节目3 400多个。从1956年8月～1984年5月，全省举办了二届职工运动会。1985年9 月，参加了在北京举办的第二届全国运动会。并夺得金牌4枚、银牌1枚、铜牌4枚，获奖牌数在全国参赛的32个单位中名列第9。男女篮球队荣获精神文明队称号，并进入全国前8名行列。

（四）对外交流活动

1954年开始，省工会开展对外交流活动，逐步同世界一些国家和港、澳地区的工会组织建立友好关系。

1955～1985年，除因“文化大革命”中断外事活动10年以外，省工会接待了55个外国访华团和香港、澳门地区工会及职工代表团的5次访问。特别是1985年12月，以妇女部长仁木美子为团长的日教组探访日本军国主义侵略罪行遗址访华团到哈尔滨市参观访问日本，通过参观了东北烈士纪念馆、日军“七三一”部队罪行遗址，与日本侵华受害者进行座谈，代表团成员深入了解了日本军国主义对东北人民犯下的残暴罪行。

1963～1985年，黑龙江省工会组织代表团4次出访有关国家，并派遣2批工业实习生赴日本新潟县实习研修。工会和职工的对外交流活动增进了中外职工的友谊，促进了黑龙江省社会主义经济建设和改革开放事业的发展。

第二节　中国共产主义青年团黑龙江省委员会

一、组织沿革

1922年2月，哈尔滨进步青年韩铁生等发起成立了反帝爱国斗争的群众性组织——“哈尔滨救国唤醒团”。这是黑龙江地区最早的进步青年群众组织。1923年7月，成立了黑龙江地区第一个社会主义青年团支部——中国社会主义青年团哈尔滨支部。支部秘书（即书记）为汪洁曼。12月下旬，因反革命分子告密，哈尔滨党团组织暂时停止活动。不久，团支部解体。

1925年1月，中国社会主义青年团在上海召开第三次代表大会，决定将中国社会主义青年团改名为中国共产主义青年团（以下简称共青团）。当年10月，哈尔滨发展6名新团员，并成立了中国共产主义青年团哈尔滨特别支部。1926年春，在哈尔滨组建中共北满地方委员会的同时，组建了共青团北满地方委员会。同年6月，共青团北满地委正式成立。到1927年3月，北满地区团员发展到61人。同年10月，共青团满洲省委同时成立。之后，撤销共青团北满地委，组建共青团哈尔滨市委。1928年1月，哈尔滨党组织改为中共哈尔滨临时县委，团的组织改为共青团哈尔滨县委。1929年7月，根据共青团满洲省委的决定，撤销共青团哈尔滨县委，组建共青团哈尔滨市委。

1930年3月，组建共青团北满特别委员会。在此期间，宝清、饶河等地组织起“青年反帝大同盟”，哈尔滨成立了“青年反帝大同盟总部”。到1931年6月，哈尔滨市已有8个团支部，团员35人。阿城、宁安、青冈等9个县成立了团县委，共有团员500多人。

1932年2月，中共满洲省委由奉天迁到哈尔滨。共青团北满特委撤销，成立共青团哈尔滨道里、道外两个区委，隶属共青团满洲省委。5月，中共哈尔滨市委恢复，共青团哈尔滨市委同时建立。随后，哈尔滨市以外的一些县相继建立了共青团中心县委或特别支部。到1936年底，黑龙江地区共有共青团哈尔滨市委，珠河（今尚志）、汤原、宁安——绥宁、饶河4个共青团中心县委，共青团吉东特委和宾县特别支部。

1936年11月，根据中共中央《关于青年工作的决定》，把共青团改造成包括一切抗日青年参加的抗日救国组织，撤销了共青团满洲省委，黑龙江境内的各级团组织相继改造成为青年抗日救国会、青年反日总会、青年抗日宣传队等青年群众的抗日救亡团体。

1945年抗日战争胜利后，1946年7月，成立了哈尔滨青年俱乐部、大中学生暑期补习班、青年之家等临时性的进步青年组织。在此基础上成立哈尔滨民主青年联盟（简称民青）。8月11日，在哈尔滨市召开了民主青年联盟成立大会，选举产生了哈尔滨市民青执行委员会。这个组织是抗日战争胜利后东北地区第一个先进青年的群众组织，是青年团组织建立的基础。

1947年4月，哈尔滨市民青第二次代表大会决定将哈尔滨民主青年联盟改称为东北民主青年联盟。随即，在齐齐哈尔、佳木斯、牡丹江、肇东、双城、延寿、巴彦、明水、北安等地也建立了民青组织。5月，东北行政委员会教育委员会通令各地大中学校成立民青组织。民青组织在东北各地得到迅速发展，为党培养了一大批青年干部。

1947年12月，中共中央东北局派建团工作组到松江省和哈尔滨市，在哈尔滨电车厂和宾县农村进行建立毛泽东青年团（队）试点工作。1948年4月18日，东北民主青年联盟哈尔滨总部第三次代表大会决定，在民青基础上成立毛泽东青年团。同年5月4日，毛泽东青年团哈尔滨市团部正式成立。

1948年9月24日，东北解放区毛泽东青年团筹备委员会发出通知，提议将团的名称改为新民主主义青年团。同年10月27日，哈尔滨市毛泽东青年团召开临时团员大会，通过将团的名称改为新民主主义青年团的决定。

1949年1月开始，黑龙江地区各级党组织都加强了对青年工作的领导，并陆续建立团的领导机构，并注重在农村发展团员工作。到1950年底，大部分农村行政村都建立起团的组织，团员总数增加到144 658人。

1954年8月，松江省与黑龙江省合并为新的黑龙江省，原两省团委随之合并为青年团黑龙江省委员会。

1956年11月，黑龙江省在哈尔滨市召开第一次团员代表大会，产生了青年团黑龙江省第一届委员会。两年间有2.6万余名团员光荣地加入了中国共产党，团组织向各级党委和政府输送了4 879名团干部。1957年5月，黑龙江省各级团组织改称为中国共产主义青年团。

1966年5月“文化大革命”开始后，团省委机关被冲击，黑龙江省各级团的组织先后停止活动。1967年1月，黑龙江省革命委员会成立之后，青年中只有红卫兵组织在活动。1969年下半年，省群众工作委员会设立了共青团组。到1973年初，全省有95%以上的团支部进行了整顿，80%的基层团委和90%的团县委得到恢复，10个团地委重新组建。1973年5月，根据中共中央关于恢复团组织的决定，共青团黑龙江省第五次代表大会在哈尔滨市召开，会议选举产生了共青团黑龙江省第五届委员会。

1978年12月中共第十一届三中全会召开后，共青团工作迅速走上正确轨道。1949～1982年，共青团黑龙江省委共召开七次团员代表大会。

二、青年教育

1949年4月中国新民主主义青年团建立后，建立了学习教育制度。团员青年学习马克思列宁主义活动开始转为经常化。1950年，毛泽东主席视察哈尔滨，为哈尔滨市第二次团员代表大会题词“学习马列主义”，给青年以极大的鼓舞。

1950年后，随着国家各时期的特点和形势任务，开展了爱国主义和国际主义的教育，很多青年踊跃参军参战、抗美援朝、保家卫国；开展了社会主义建设总路线的教育，广大青年踊跃地投入了“比、学、赶、帮、超”的社会主义劳动竞赛。与此同时，团组织教育并带领广大团员青年在增产节约、“三反”“五反”、镇压反革命的群众运动中，发挥了党的助手作用。

1957～1965年，黑龙江省团组织在广大青年中广泛深入地开展学习马克思列宁主义、毛泽东著作的群众运动。全省最多时有162万名青年参加学习，建立8.9万个学习小组和6万多人参加的辅导员队伍。魏淑琴发表在《哲学研究》上的论文受到毛泽东主席的赞扬。1960年4月，团中央、全国总工会、全国妇联在哈尔滨市召开“全国青年学习马列主义、毛泽东著作现场会”，推广黑龙江省青年学习毛泽东著作的经验。在共青团第九次全国代表大会上，用展览的形式展出了哈尔滨市青年学习毛泽东著作的经验。

1966年5月“文化大革命”开始后，青年学习教育受到影响。

1973年，全省成立90 130个青年业余学习小组，23 000多个政治夜校，有158.6万名团员青年参加读书学习活动。1978年12月中共第十一届三中全会召开后，确立了“以四化为中心，全面活跃团的工作”的指导思想，全省青年的读书活动更加活跃起来。

1978～1985年，团省委组织团员青年学习中共第十一届三中全会以来的路线、方针和政策，进行了党的基本路线教育，开展了整党学习教育，参加真理标准大讨论，引导团员青年树立以四化为中心的思想，恢复了经常性的团的基础知识教育，广泛深入地开展共产主义理想、民主和法制教育，并把学雷锋树新风活动与“五讲四美三热爱”教育和“四有”（有理想、有道德、有文化、有纪律）新人教育相结合。团省委先后两次举办县级以上团委宣传干部学习班，成立青年理论学习小组18万个，举办了有90多万青年参加的学习邓小平建设有中国特色的社会主义理论的学习班。1984年10月，团中央、全国青联、全国学联召开“全国青年读书活动”总结表彰大会。黑龙江省牡丹江市委等22个单位受到奖励。团省委、省青联、省学联作出表彰全省青年读书活动先进个人个人和先进集体的决定，授予张喜滨、程鹏远等985名青年为黑龙江省青年读书活动先进个人奖，授予哈尔滨制药厂团委理论中心组等246个集体为黑龙江省青年读书活动先进集体奖；授予团牡丹江市委等85个单位为黑龙江省青年读书活动组织奖；授予哈尔滨市道里区新华书店等40个单位和曹玉龙等50人为黑龙江省青年读书活动服务奖。团组织通过自筹资金和团员青年义务劳动，在全省建立有相当规模的青少年之家、青少年宫，活动阵地形成网络。

加强了对失足青年的帮教工作，全省建立4.2万多个帮教小组，挽救了8.2万多名有劣迹的青年。广大团员青年积极参加学雷锋树新风活动，全省成立“贴心人小组”“送温暖小组”“为您服务小组”62 500个，建立共青团卫生路、红领巾卫生路3 500多条，涌现出学雷锋先进集体4 500多个，学雷锋积极分子3.5万多名。此外，还建立了青年扶贫小组、青年文明岗，修建候车亭、电话亭，建立青年乐园、青年公园等活动场所，有5个被团中央评为全国精神文明建设优秀青年工程。

三、少年儿童教育

1931年，黑龙江地区建立了最早的少年儿童组织。哈尔滨有少先队员20人，有童子团70人。1934年春，在中共下江特委领导下组织了少先队，有30余人，1935年改名为抗日救国儿童团。1935年1月，宁安县抗日儿童团成立，并有明确的章程。从此，少年儿童组织逐步建立了自己的章程、要求和活动内容。1947年2月，哈尔滨市成立了全市统一的儿童团，聘请中共中央东北局青委书记、中共哈尔滨市委宣传部部长蒋南翔为顾问。本团定名为哈尔滨特别市儿童团（成立之后，为纪念抗日民族英雄李兆麟遇难，改名为兆麟儿童团）。

1949年10月，青年团哈尔滨市委根据青年团中央《关于建立中国少年儿童队的决议》和《中国少年儿童队的章程草案》，部署了由兆麟儿童团团员转为中国少年儿童队队员工作。到1949年底统计，有13 251人转为中国少年儿童队队员，新发展少年儿童队员10 470人，合计全市有中国少年儿童队员23 721人，占全市在校适龄少年儿童的39%。

1953年8月，中国新民主主义青年团第二次全国代表大会决定把中国少年儿童队改名为中国少年先锋队。这时，黑龙江地区已发展中国少年先锋队员45万多人。1949～1956年黑龙江省少年先锋队参加在北京举办“全国少年儿童科学技术和工艺作品展览会”，黑龙江省有24件作品台架展出，其中鹤岗第一完全小学的幻灯机，哈尔滨马家沟小学的祖国地形等12件作品获得优秀奖。1956年，小五年计划实施时，黑龙江省少年儿童向祖国第一个五年计划的献礼就是他们用“小五年计划”收入的一部分建成中国第一座少先队拖拉机站——黑龙江省少先队拖拉机站。1956～1959年，黑龙江省已建起一支拥有2.7万人的辅导员队伍，少先队员发展到100万人。1963年9月，黑龙江省又涌现了临危不惧、机智勇敢抢救火车脱险的海林县沙河小学温庆海、贾树方、邹祥庭3位小英雄。到1966年5月“文化大革命”开始时，全省少先队员已达到250余万人。“文化大革命”开始后，少先队停止了活动。1968年1月，各个学校自成体系摹仿着“红卫兵 ”建立了“红小兵”组织。

1978年，在纪念“六一”国际儿童节大会上，黑龙江省恢复了少先队称号。1979～1984年以来，各级团组织将“学雷锋、树新风”活动同“五讲四美三热爱”活动结合起来，少先队活动更加生动活泼，学校出现了新的风貌。1982年“六一”前，全省涌现出红花少年46 390人，红花集体3 477个。同年，全国科协、教育部、团中央在上海联合举办第一届全国青少年小发明、小论文评比讨论会。黑龙江省有7项成果获奖。到1985年底，全省少先队员达到437万余人。少先队辅导员达到15.2万人。

1985年10月22日，黑龙江省召开了中国少年先锋队第一次代表大会，选举产生了中国少年先锋队黑龙江省工作委员会。这时全省少先队员已达427万余人。

四、社会实践活动

1954年，青年团黑龙江省委动员和组织广大团员和青年参加学科学、用科学、技术革新、增产节约、劳动竞赛和生产突击等活动。全省涌现出1 600多名优秀青年社会主义建设积极分子，有331名各条战线青年代表出席全国青年社会主义建设积极分子大会，并获得“全国青年社会主义建设积极分子”光荣称号。

1955～1956年，青年团黑龙江省委协助有关部门先后接收安置北京、天津、河北、河南、山东青年志愿垦荒队12批，约2 000余名队员；省内哈尔滨、齐齐哈尔、佳木斯等13个市县组织20个青年志愿垦荒队，队员约3 000多人；还以农业社为单位组织4 500多个小型、近距离青年垦荒队，队员9.4万人。

1956～1959年，各级团组织配合教育部门在青年中开展了读书和扫盲活动。在社会主义建设中涌现出4 500多个先进青年突击队和青年班组。

1978～1985年，在团员青年中深入开展新长征突击手和评优活动。团省委先后表彰了1 500名新长征突击手和165个新长征突击队，树立40名突击手标兵和25个红旗突击队。开展新长征突击手活动，与在青年工人中开展的“五小”（小发明、小革新、小改造、小设计、小建议）活动、创“青字号”工程活动、青年厂长（经理）评选活动结合起来，与在农村青年中开展的“十能手”活动和“一团两户”活动结合起来，使新长征突击手活动不断注入新的活力。全省成立“五小”活动组4 500个，成员5.3万人，有40万青年工人参加这项活动。1985年全省有9项小发明成果参加全国首届青年发明展览会展出，有3项参加在保加利亚举行的世界青年发明家科技成果展览。

在“创百项青字号工程联赛”活动中，共青团组织承包150项单项青字号工程，工程合格率达到100%。在优秀青年厂长（经理）评选活动中，杨世光、辛德方等10人被授予黑龙江省优秀青年厂长（经理）称号，方贻春、马波等6人被授予全国优秀青年企业家和优秀青年厂长（经理）称号。农村青年中开展的“一团两户”活动，引导一大批青年走上了勤劳致富的道路。团省委树立了何柏春、赵凤彩等10名青年为科学致富“十大王”的典型，在他们的带动下，全省农村青年“两户”发展到21万户。到1985年底，全省有40多个单位被团中央授予“全国新长征突击队”，有330多名团员青年被授予“全国新长征突击手”称号。

1983年，由团省委和省学联组织的9个院校150名硕士、博士生参加的“振兴两业科技服务团”，为企业解决41项生产技术问题，转让36项科研成果，提出100多条合理化建议，并承接187项科研课题。

1985年，开展了植树造林活动，并已成为绿化荒山、造福家乡的全省青年的传统活动。仅一年中，全省青少年植树4亿多株，营造青少年林39万亩。青年造林专业户、联合体2.7万多个，造林125万多亩。广大团员青年响应团中央“采集草种树种，支持甘肃改变面貌”（简称采种支甘）的号召，3年共支援甘肃草种树种52.95万公斤，团省委连续3年夺得全国“采种支甘”活动优胜红旗。

五、对外交往活动

黑龙江地区的青年组织、团干部、青少年与外国青少年组织、青少年之间的互访活动始于1950年。50年代，黑龙江地区青年的国际交往活动比较频繁。60年代初，这项活动逐渐减少。“文化大革命”期间，停止了青少年的外事活动。1979年正式建立了黑龙江省青年联合会旅游部，同时建立了中国青年旅行社黑龙江省分社，以接待港澳台同胞、海外华侨、外国青年旅游者为主要业务。1981年，青年旅游不断发展，接待外宾约700多人。1982年1～6月，省青联旅游部先后接待美国、日本和港澳地区青年旅行团1 000多人。1984年，共接待外宾和港澳同胞、华侨54个团体，1 444人次。

黑龙江地区团干部和青少年代表团出国访问是从1953年开始的，到1985年的30多年中，访问的主要国家是苏联、朝鲜和日本。

六、共青团建设

1951～1985年，共青团黑龙江省委在抓好正常团的组织建设同时，特别注重对团的组织进行整顿（简称整团）。比较大规模的整团共有8次。

1962～1963年，开展创四好（政治思想好、“三好”活动好、组织生活好、联系群众好）团支部活动，全省涌现出500多个四好团支部。同年3月，毛泽东主席发出“向雷锋同志学习”的号召后，黑龙江省团的组织采取报告会、故事会等多种形式，开展学雷锋活动。涌现出用毛泽东思想武装头脑、发愤图强攀登科学技术高峰的全国群英会代表沈关根，向雷锋学习做一个永不退色的矿工、鹤岗市劳动模范“五好”团员商作典等先进人物。1959～1963年的4年中，团省委通过“四级办支部”、轮训团干部、整顿团组织、传播典型经验等办法，加强了团的基层组织建设。这期间共发展团员33.5万名，全省共有66.8万名团员，4万多个团的基层组织。

在深入开展学习邓小平建设有中国特色的社会主义理论为核心的理论学习活动中，团省委先后两次举办县级以上团委宣传干部学习班。全省各地团委办学习班1万多期，青年理论学习小组18万个，有90多万青年参加学习。

1985年，作为培养教育团员青年和培养团干部的重要基地之一的黑龙江省团校，已走过32年的历程。为黑龙江省的政治、经济、文化的发展，培养了一批又一批的优秀团干部。平均每年轮训近万名团干部。并在全国首先办起专职团干部大专班，培养出500多名大学专科生。到1985年底，全省有正规团校4所，还办起了业余团校、流动团校及各种类型的培训班。共举办轮训班63期，培训团干部约1.3万人，举办6期大专班，培训学员565人。同时，共青团黑龙江省委为培养和教育青年，创办了省、市级青年报刊《黑龙江青年报》《松江青年》报《哈尔滨青年报》和《黑龙江青年》杂志，在团的宣传教育中起到了重要的作用。黑龙江地区团组织向党组织输送干部3万人以上。

至1985年，团省委所属共有4个团地委（派出机构），10个团市委和69个团县（市）委。同时，在铁路、林业、国营农场、地质勘探、武警部队等单位也都建立健全了团的组织。全省共有基层团委5 421个，团支部120 160个，专职团干部13 619名，兼职团干部65万多名，团员198万多名。

七、其他青年群众组织

（一）黑龙江省青年联合会

1949年全国青年代表大会召开后，黑龙江地区召开了青年代表大会，建立起黑龙江省青联组织。1957年2月，黑龙江省民主青年联合会筹备委员会在哈尔滨市正式成立。1957～1985年共召开了六次黑龙江省青年联合会议。

（二）黑龙江省学生联合会

1919年5月13日，省学联建立。省学联参加省青联，为其团体会员。黑龙江省学联在中国革命和建设的各个时期起到了积极作用。1948～1949年，黑龙江省地区的四个省普遍建立了学联组织。1954年合省后，从1965～1979年，共召开2次学联代表大会。

（三）红卫兵代表会

1966年8月，成立了黑龙江省红卫兵组织。1968年3月，黑龙江省革命委员会群工组成立了共青团组，将“红卫兵”组合并到共青团组。这时，在全省各地（市）县的中学生中都相继召开红卫兵代表会议，建立红卫兵组织。到1976年末统计，仅牡丹江地区中等专业学校中红卫兵就达113 966人。1978年8月，共青团、少先队和学生会组织恢复。从此，黑龙江省各地的红卫兵组织相继取消。

第三节 黑龙江省妇女联合会

一、组织沿革

黑龙江地区的妇女组织，从1926年初建立起到1945年8月日本投降，一直设在党内。

1926年2月，在中共哈尔滨市委召开的党员会议上成立的中共北满地方委员会内设妇女工作委员会，赵尚志负责妇委会的全面工作。1927年10月，成立的中共满洲省临时工作委员会内设有妇委会，韩慧芝（陈为人夫人）负责妇委工作。1928年8月27日，中共满洲省委改组，成立总行动委员会，任李雾仙（化名凌莎）为妇委委员。1930年，改组后的哈尔滨特委委员黄玉珍负责特委妇委工作。1931年2月，中共北满特别委员会进行调整，调整后的北满总行动委员会设有妇女部，任侯志为部长。

1931年“九一八”事变后，为开展抗日救亡运动，满洲省委将城乡的党组织分开，撤销妇委，设立妇女工作部。到1932年初，中共北满总行动委员会，珠河（今尚志市）、宁安、东宁、穆棱、汤原、密山、阿城等共有15个中心县委和特支成立了妇女部或妇运部。

1945年抗日战争胜利后，同年10月，哈尔滨市率先成立中共市委，内设有妇女工作委员会，中苏友好协会成员张秀英任妇委书记，郭霁云等4人为委员。11月7日，哈尔滨市建立各界妇女解放联合会筹委会。

1946年3月8日，将各界妇女解放联合会筹委会改组为松哈新生活运动妇女工作委员会。

随着黑龙江地区各省级政权的建立，在省委内仍设有妇女工作委员会或妇女部。1948年3月～1949年7月，中共松江省委、中共牡丹江省委、中共合江省委、中共黑龙江省委、中共嫩江省委都设立妇女部。与此同时，为了加强妇女工作，在各地党的领导下，各省、市相继建立了民主妇女联合会。

1949年4月21日，合江省与松江省合并，合江、松江两省民主妇女联合会随即合并为松江省民主妇女联合会。1950年3月4日，黑龙江省民主妇女联合会在齐齐哈尔市建立，谢励为第一任妇联主任。1954年8月，松江省与黑龙江省合并为新的黑龙江省，随即两省民主妇联合并为黑龙江省民主妇联。1957年3月18日，黑龙江在哈尔滨铁路工人俱乐部召开合省后的第一次妇女代表大会。同年9月，黑龙江省民主妇女联合会改为黑龙江省妇女联合会。

1963年8月13日，在哈尔滨市召开了黑龙江省第二次妇女代表大会。1966年2月10日，在哈尔滨市召开了黑龙江省第三次妇女代表大会。1966年5月“文化大革命”开始后，黑龙江省的妇女运动受到严重的破坏，一切正常工作及活动都被迫中断。1973年4月，恢复妇联组织。1973年

7月27 日，黑龙江省第四次妇女代表大会在哈尔滨市召开，大会选举产生黑龙江省妇女联合会第四届执行委员会。

1979年7月29日，在哈尔滨市召开了黑龙江省第五次妇女代表大会。选举产生了黑龙江省妇女联合会第五届委员会。

1985年10月29日，在哈尔滨市召开了黑龙江省第六次妇女代表大会。

二、政治活动

1925年3月，自发的妇女团体——哈尔滨妇女协进会把进步报纸《哈尔滨晨光》报的《妇女》周刊作为宣传阵地，宣传妇女解放、男女平等问题，研究废娼，介绍欧洲妇女参政情况，传播俄国十月革命的经验，探讨妇女受压迫的根源及妇女争取解放的道路等问题。

1926年2月～1931年8月，从党内妇女组织创建到1931年“九一八”东北沦陷的6年间，女学生、女工、农妇的反帝反封建斗争此起彼伏。中共地下党组织还先后派共产党员于佩贞、黄玉珍、赵尚云（赵尚志妹妹）先后深入到同记工厂、老巴夺父子烟草公司（现哈尔滨烟厂）、新胜织袜厂等，开展女工反帝反对资本家剥削的斗争。

1932年后，在14年艰苦卓绝的抗日斗争中，黑龙江妇女作出了巨大贡献和牺牲，写下了光辉的战迹，产生了许多赵一曼那样宁死不屈的英雄和“八女投江”那样光照千秋的英雄群体。

1946年黑龙江地区建立了人民民主政权后，全区有40万妇女参加土改斗争。配合地方武装，开展锄奸剿匪斗争，涌现出耿田等许多土改和防匪、剿匪模范。在解放战争中，各级民主妇联，带领城乡妇女，动员亲人参军参战，拥军优属，救护慰问伤员，为支持解放战争做出了特殊重要贡献。

1950年11月，在抗美援朝运动中，全地区妇女发扬爱国主义和国际主义精神，动员亲人参军参战，捐献飞机大炮。据1952年底不完全统计，全区有101万妇女参加声讨美帝侵朝罪行，63万妇女在《和平宣言》上签名；动员1.2万新兵到朝鲜前线，捐献买飞机大炮款158亿元（东北币）。

1952～1956年的社会主义改造运动，广大妇女充分发挥了作用。到1956年底，全省共有女手工业者女社员委员会1 110个，入社女社员近11万人。1956年，全省有150万农村妇女参加高级生产合作社。合省前，黑龙江、松江两省妇女在全国率先办起了集体农庄、合作化村，涌现出中华人民共和国成立以来的第一个女农庄主席沈凤琴。

1957年11月～1958年3月，全省城乡妇女掀起了宣传贯彻“勤俭建国、勤俭持家”的热潮。这项工作持续到1979年，并纳入了“五好家庭”活动中。1958～1966年，在全省范围内开展的妇女学先进、赶先进，争取多、快、好、省地建设社会主义的宣传一直持续不断进行，涌现了大批的先进妇女和先进集体。全省城乡共有妇女学“毛著”小组2 936个，涌现出魏淑琴（哈七百营业员）等一大批学习毛主席著作积极分子。

1978年中共第十一届三中全会召开后，全省各级妇联组织积极发动妇女参加“文明礼貌月”“五讲四美三热爱”活动，开展“四提倡四反对”教育，培养“五有一守”80 年代新型妇女。这一时期，全省有“妇女送温暖小组”“三八”送温暖小组30多万个。

三、社会活动

1948年末东北全境解放后，黑龙江省各级妇联组织配合党的中心工作，动员妇女踊跃参加春耕、夏锄、秋收。梁军是中国第一位女拖拉机手，并带出许多徒弟，被光荣的选为全国及黑龙江省劳动模范，成为当时中国妇女学习的楷模。1950年，在群众性爱国丰产竞赛运动中，树立了妇女劳动模范郭玉兰、吴桂芝、甄宝库、郭玉霞等竞赛标兵。1953～1960年，出现了30万妇女大军奋战在水利战线，单独修建“三八”和“穆桂英”水库、水坝、水井达4 300处；14万农村妇女活跃在林业战线造林、护林；50万妇女参加技术革新。与此同时，城乡妇联组织大力兴办托儿所、幼儿园、缝纫组、公共食堂等集体福利事业。

1978～1984年，全省各级妇联组织对4万多贫困户进行扶助，使26 700余户脱贫致富；兴办个体或集体为生产、生活服务的网点7万多处，从业妇女达39万余人。全省参加各类实用技术培训班的妇女达878 500余人次。在农村还重点抓了妇女的扫盲工作。城镇女职工积极参加电大、业大、函大、职大等各种形式的成人业余学习。有中专以上文凭的妇女人数是1978年前的3倍，女技术工人人数是1978年的2.5倍。在“文化大革命”时期中学毕业的青年女职工普遍进行了“双补”（补文化、补技术）。全省有中、高级技术职称的女知识分子2 473人，占全省中、高级知识分子总数的15.5%。

1985年底，全省以妇女为主体的承包和自营专业户占全省农村总户数的42%，以妇女为主经营的家庭农场和联营专业户占总户数的37.5%，并出现了一批以妇女为主力的专业村，为发展黑龙江农村经济做出了重要贡献。1985年，城镇女职工总人数已增加到202万人，占全省职工总数的33%。全省52万科技、教育、卫生战线的职工中，女职工有23万人，占总人数的40%。其中有中、高级学术或技术职称的有2 473余名，占总数的15.5%。她们为黑龙江建设、发展，忘我劳动，努力攻关。

1950～1979年评选出全国女劳模110名，黑龙江省历届女劳动模范、先进生产者165名。1979年全国“三八”红旗集体36个，全国“三八”红旗手216人。1983年全国“三八”红旗集体48个，全国“三八”红旗手237人。（1960年全国“三八红旗集体”和全国“三八”红旗手名表因资料丢失而不在统计中）1978～1985年全省共表彰奖励省、市、县级女能手15 290人，她们当中有种植业能手6 321人，养殖业能手4 792人，编织业能手647人，多种经营能手321人，运销业能手192人，信息业能手124人，乡镇企业女能人2 893人。她们之中有一批自学成才的“土专家”，如著名养鸡“女状元”梁凤颖、自学成才的女青年“养兔大王”于喜华、“养鸡大王”赵凤彩等都用心血和汗水写出了自己的经验总结，成为改革新时代有文化、有技术、懂经营的新型农民。受到全国和省有关部门表彰的“改革中的女能人”高淑英、见蔷、马金枝等是全省城镇女企业家中的代表。

四、妇女儿童权益

黑龙江省妇联从建立之日起，始终把维护妇女儿童合法权益工作放在重要位置，坚持常抓不懈。典型的有解放初期解放童养媳张爱事例；1950年赵子彬虐待残害童养媳，拉林县妇联代童养媳起诉离婚，并处理了赵子彬的事件。50年代中期至60年代初期，婚姻家庭生活在良好的社会风气中得到稳定和发展，侵犯妇女儿童权益问题逐渐减少。1966年5月～1976年10月“文化大革命”期间，社会风气遭到破坏，婚姻家庭问题也有所上升。

1978～1980年，省妇联保护妇女儿童合法权益的宣传教育工作全面展开，在全省妇女中进行学习法律，执行法律，保护妇女儿童合法权益的宣传。1982年2月，省妇联配合有关部门，将省化工研究所技术员虞云受害一案诉诸法律，对故意杀人罪犯，虞云的丈夫韩少军提出控告，将韩少军判处有期徒刑10年。

这一时期，省妇联在全省城乡开展了法律维权工作。共办妇女法律培训班4 218期，培训332 440余人次。各级妇联干部带头学法用法，全省有2 790名专职妇联干部取得了普法合格证书。开展“法律知识竞赛”等有特色的活动，提高妇女的法制观念，教育妇女以法律为武器维护自身的合法权益。到1985年全省共建立县以上法律顾问处（组）89个，配备专职律师273人。

五、婚姻家庭

1978年后，各级妇联围绕党的中心工作，集中抓了正确处理婚姻家庭，促进社会和谐问题。

1984～1985年，各级妇联组织深入地开展了婚姻家庭道德教育，并重点解决了老年人老有所养和老有所乐的问题。以《八旬老人衣衫褴褛》为题，在《哈尔滨日报》上刊登了哈尔滨市北六道街，84岁老太住在4平方米的鸽子房里事件，教育了老人的儿子及媳妇，使他们认识了错误。据1984年末统计，全省8个地市、43个县，全年共解决妥善赡养的老人1 331名，教育不孝敬老人的儿子294名，女婿127名，儿媳406名。1985年1～10月，向公安部门提供拐卖妇女儿童等案件线索2 000多件。

各级妇联组织把开展 “五好家庭”的创建活动与“五讲四美”和文明礼貌活动结合起来，组成了报告团、演讲团，深入到厂矿、学校、机关、事业单位，进行宣传，全省促进了社会风气的好转。1983年出席全国“五好家庭”代表285人。1985年，全省市县中评出县级以上“五好家庭”278万户，占全省总户数的36%，全省表彰市、县级“五好家庭”标兵20 500户。全省出现了更多的文明、健康、积极向上的新型家庭。

1984年12月～1985年12月，哈尔滨市道外区妇联开办了“电脑红娘”，为大龄青年搭“鹊桥”，使200对青年找到了知音。1985年，省妇联以点带面推广了这项经验。同时还重点抓了来信来访工作。制定了信访工作地方法规，开展了文明接待活动和信访工作百分竞赛活动。做到来信来访有登记，调查有记录，转办催办有手续，立案有卷宗，处理有记载。

六、幼儿教育

（一）农村托幼

1958年8月19日，《黑龙江日报》发表题为《我省托儿组织星罗棋布，20万妇女投入生产》的报道，全省建立起托幼组织，使妇女走向了社会。1973～1977年，全省农村幼儿园恢复到676所，入园幼儿24 127名。1979～1985年，集中抓了农村幼儿园的保教质量、管理制度和卫生保健措施；抓了社直联办园所和幼儿学前教育。到1985年，全省农村共办起各类托幼园所33 548处，入托、入园、入班儿童数为124 942名，占农村0至7岁儿童总数的48.8%。

（二）城镇托幼

1951年，黑龙江各级妇联将保育事业紧密的与正在开展的轰轰烈烈的抗美援朝运动结合起来，组织各托儿所展开了爱国主义竞赛活动。这一年全省建立33处托儿所，1处幼儿园，使432名婴幼儿得到妥善照顾。1955年，松江、黑龙江两省合省前托幼园所发展到345处，共收儿童7 039 名。1958年“大跃进”时期，哈尔滨开展了“五爱”（爱祖国、爱人民、爱集体、爱劳动、爱护公共财产）教育和“三浴”（日光浴、空气浴、冷水浴）锻炼。针对黑龙江冬季时间长的特点， 托儿所、幼儿园还普遍开展了儿童体育锻炼，加强户外活动。有效地控制了疾病的发生，增进了儿童的身体健康。1965年全省幼儿园数为361处。“文化大革命”中的1970年下降至335处。

1974年，城镇幼儿园数为284处，1977年，发展为796处。1979年后，加大了托幼工作发展。1980年，全省入托儿童1 297 000余名。1985年，全省城镇园所为16 140处，入托、入园、入班儿童756 491名，占城镇儿童总数的65.6%。1985年底，全省有各类托幼园所49 724处，入托儿童1 961 433人，入托率由1979年的24%，增长到54.1%。农村基本上普及了乡直联办幼儿园和学前班。

（三）保教队伍

省妇联从80年代起，开始筹建儿童少年活动中心，成立了儿童基金会。1980年7月省妇联会同有关单位举办了首届保教人员师资培训班，培训园所长88名，教养员172名。全省各地开展表彰先进活动或其他形式的奖励活动50次，受奖先进集体356个，先进工作者189人。其中省儿童保教委员会表彰奖励先进集体191个，标兵20个。授予崔玉珍等18人为黑龙江省保教模范标兵，授予罗玉敏等273人为黑龙江省保教模范。1985年，全省有8个地市的师范学校和妇联及有关部门办了脱产和不脱产的幼师中专班35个，培训人数达1 470人。全省有23个市、县在34所职业中学中开设了63 个幼师专业班，毕业生和在校生达2 680余人。举办保教人员短训班2 370个，培训人数达5.7万余人次。1985年，全省11万名保教人员都进行了培训。11 500处园所达到规范化标准。

（四）家庭教育

1985年，全省各级妇联自办和推动有关部门兴办各类“家长学校”7 150余所，家庭教育辅导站（组）21 100多处，有216万名家长参加学习。全省有合格家长938 000名。家庭教育研究会普遍建立，1985年，拥有会员600名。

七、外事与统战

1949年11月15日，松江省民主妇联首次接待了出席在北京举行的亚洲妇女代表大会顺访松江省的印度、越南、伊朗妇女代表团。50年代后期到60年代后期，省妇联也随省代表团出访了波兰、东德、苏联等一些国家。1971年后，黑龙江省妇联的外事工作进入到了一个新的发展时期。互访更加频繁，内容更加广泛，研讨的问题更加深远。增进了国际友谊，增强了中国妇女工作在国际上影响。在统战工作中，黑龙江省妇联组织利用纪念“三八”国际劳动妇女节，举办全省各界妇女茶话会、座谈会。邀请归国华侨、台湾籍同胞等参加会议。为祖国统一大业的早日实现做出了积极贡献。

八、组织建设

从1945年开始，省妇联为提高全省妇联干部政治业务水平，举办各类妇女干部学习班培训妇女积极分子。1950年在省委党校共办三期培训班，培训学员300名。1960年在65个县培训公社妇联干部、大队正副妇女队长20 907人。1963年，举办培训班三期，培训县、社妇联干部300多人。1966年5月开始的“文化大革命”期间培训工作停止。

1977～1979年，省妇联在省委党校开办各类培训班，培训妇联干部四期200余人。1982年9

月，省妇女干部学校正式建成。1983年9月，省妇女干部学校开设了中文大专班，学制为二年，招收学员93人。1985年9月，开设了政治大专班，学制二年，招收学员45人。开设幼儿教师中专班，学制二年，招收学员68人。

黑龙江省各地妇联，突出抓了基层妇联组织建设，调整、充实了乡、街妇联与村、委妇代会的负责人。到1985年，全省一类妇代会达8 307个，占妇代会总数的39.6%；三类妇代会下降为547个，占总数的2.6%。一些市、县在党政机关和科教文卫等系统成立了妇女工作委员会，妇联组织更加巩固和发展。在全省83个市、地、县（其中省辖市10个，地区4个，地辖市6个，县63个）均有健全的妇联组织。共有专职妇联干部2 317名，基层妇代会21 933个，其中农村基层妇代会14 748个，城市妇代会7 185个，城乡妇代会干部总人数达24 223人。全省女党员总数229 236人，占党员总数的16.44%。妇女参政人数有所提高，全省女干部达32.8万人，其中厅级女干部64人，占厅级干部总数的3.94%；处级女干部1 685人，占处级干部总数的5.79%；专业技术女干部23万人，占专业技术干部总数的42.6%。

第九章　军　事

据历史文献记载，战国时期，黑龙江地区已有了早期的由中华少数民族建立的国家，并组织了军队。但关于秦、汉、魏晋等时期军队的体制、编成、指挥和后勤供应等，文献资料都极少涉及，因而无法系统记述。黑龙江地区历代军事状况，只能从唐代记起。

第一节　驻　军

一、唐代至明代时期

（一）渤海军和黑水军

渤海属于唐朝的地方政权。渤海国的军事力量以强大著称。它的军事体制，大体上仿唐朝中央政权的“十六卫”的建制而加以简化。“其武员有左右猛贲、熊卫、罴卫、南左右卫、北左右卫、各大将军一”，将军是为高级将领。唐开元十四年（726年），居于黑龙江下游的靺鞨黑水部为抵御渤海国北攻，遣使朝唐，唐封其酋长倪属利稽为黑水部都督府都督，统辖诸部刺史，并建立黑水军。

（二）辽代宫帐军和部族军

据《辽史·兵卫志》记载，“有兵一百六十四万二千八百”。辽军分为宫帐军、部族军、京州军及属国兵等。在黑龙江地区既驻扎有部族军，又时常有宫帐军活动。宫帐军为皇室禁军，随“皇帝行在之所”（时称“捺钵”）而调动“三十万骑”。黑龙江地区的混同江、永安山（大兴安岭南麓）一带为辽帝春、夏“捺钵”之所，也是宫帐军季节性的驻防区。

（三）金代上京都元帅府和上京留守司

北宋政和四年八月（1114年9月），居于黑、松两江流域的女真人首领阿骨打起兵反辽，大获全胜。北宋政和五年（1115年）建国号金，北宋宣和七年（1125年）灭辽。金袭辽制，建5京、14总管府、19路，国都设上京会宁府（今阿城境内）。北宋宣和七年（1125年）后出兵攻北宋，北宋靖康二年（1127年）北宋灭亡，徽、钦二帝被俘，囚于胡里改路（治所在今依兰县）。金军中实行“猛安”、“谋克”军事制度。“猛安”为千夫长之意，“谋克”为百夫长之意，300人为1“谋克”，10谋克为1“猛安”，平时“以佃渔射猎习为劳事”，战时“壮者皆兵”。金世宗大定二十四年（1184年）时，共有202猛安，1 878谋克，615 624户。在黑龙江地区的猛安谋克户约176 000余户，占全国1／4。其军事指挥机构，在上京设都元帅府，“掌征讨之事”。诸京各设留守司，为军政合一的机构，主官为留守，兼各路兵马都总管。各路设兵马总管府统领军务。

（四）元代在黑龙江地区的驻军

南宋端平元年（1234年），蒙古族领袖成吉思汗灭金，建立蒙古汗国。南宋景定元年（1260年）忽必烈于大都（今北京）称帝。南宋咸淳七年（1271年）建立元朝。黑龙江地区属元朝辽阳行省的开元路和水达达路。在军事上，于奴儿干（今苏联境内特林地方）设东征元帅府，统领军务。这个地区的吉列迷、兀者、骨嵬（今库页岛）、水达达等地的乡兵、乣军及在此屯戍的汉军，统受其管辖。元朝军队的兵种比较繁杂，按照民族、地区、任务加以编成。

（五）明代奴儿干都指挥使司及其卫所

明洪武元年（1368年），农民起义推翻元朝统治，建立了明朝。在原元东征元帅府故地设“奴儿干都司”及所辖的“卫”“所”。统辖东北地区各民族的军民两政。奴儿干都司的治所设置在黑龙江入海口的特林（今苏联境内尼古拉耶夫斯克），所管辖的地区，东起苦夷（库页岛），西至鄂嫩河，南抵日本海，北边直至乌第河和外兴安岭。在这片广大地区内建立了384个卫、124个千户所，分布在东至库页岛北达外兴安岭，包括黑龙江、乌苏里江流域在内的广大地区。

二、清代时期

（一）宁古塔将军衙门

清康熙元年（1662年），清廷设“镇守宁古塔等处将军”，其管辖范围：西起贝加尔湖以东的鄂嫩河源头，东至库页岛，北抵外兴安岭山麓（包括乌第河流域），东南达日本海。清康熙十五年（1676 年）宁古塔将军移驻吉林乌拉（今吉林省吉林市），宁古塔城留副都统镇守。清初于宁古塔（今宁安）设“章京”管理军务政务。

（二）黑龙江将军衙门

清康熙二十二年（1683年），又设镇守黑龙江地方将军，与宁古塔分治。黑龙江将军衙门初设黑龙江城（瑷珲旧城）后迁黑龙江新城（瑷珲）、墨尔根（今嫩江县），清康熙三十八年（1699年）再移齐齐哈尔。将军为最高军政长官。下设副都统，或为将军副手，或单驻一方为地区主管。黑龙江将军衙门管辖范围，包括黑龙江中上游岸的广大地区，东至毕占河宁古塔界，西至喀尔喀车臣汗界，北至外兴安岭，南至松花江。辖区各副都统衙门有黑龙江城副都统衙门、墨尔根都统衙门、齐齐哈尔城副都统衙门、布特哈城副都统总管衙门、呼伦贝尔副都统衔总管衙门、呼兰城副都统衙门、通肯副都统衙门、兴安城副都统衔总管衙门。

（三）黑龙江驻防八旗军

黑龙江驻防八旗军原是清政府一支较为精锐的部队。八旗军兵源来自旗民。据《清史稿》记载，清康熙二十二年（1683年）编制为10 300余人，清康熙三十一年（1692年）兵员增加到19 003人。清同治八年（1869年）“设兵一万零三百余名”。清光绪三年（1877年）额兵为14 846名。驻防旗兵分驻齐齐哈尔、墨尔根、呼伦贝尔、布特哈、呼兰等处。据清光绪十三年（1887年）统计为1.48万人。

（四）黑龙江驻防新军

清光绪六年（1880年），在黑龙江设营务处，专责训练新军，为与旧八旗兵区别，特称“八旗练兵”。最初编有1 000人的马队，9 000人的步队。清光绪十二年（1886年）1 500人编为齐字营练军，集驻于齐齐哈尔城；清光绪十六年（1890年）由练军改编镇边军；清光绪二十六年（1900年）沙俄入侵，镇边军败溃，乃改编成制军；清光绪三十年（1904年）编有马步队10营，官兵3 300余名，改编为巡警军；清光绪三十二年（1906年）改名为巡防队。分驻于齐齐哈尔、呼伦贝尔、布特哈、呼兰、墨尔根、黑龙江城、兴安等地。

（五）黑龙江水师营

清顺治元年（1644年），清军入关后，清廷为防沙俄侵略，从吉林水师营调拨部分战船移驻黑龙江，归黑龙江将军节制。清康熙二十三年（1684年）定水师营制，在齐齐哈尔、墨尔根、黑龙江城水师营设总管。到清光绪三十一年（1905年）全部裁撤。

（六）黑龙江边防体制

清康熙二十二年（1683年）起，清廷为强化黑龙江地区的统治和抵御沙俄的袭扰，着手设立通往边境地区的驿站，并相应建立了卡伦（哨所）和巡边制度，并置交通要冲处设立驿站。

三、中华民国时期

（一）黑龙江都督府、护军使府、督军公署、督办公署

1912年3月，黑龙江巡抚改称都督，军政大权依然由封建军阀、旧官僚把持，人民并没有得到革命胜利果实。1913年10月，都督改称护军使，1916年，再改称督军。1925年1月，改督军为“督办军务善后事宜”，简称“督办”。1929年，张学良宣布东北“易帜”，服从国民政府后，黑龙江省最高军事机构改称东北边防军副司令长官公署，另设黑龙江政府，负责全省政务。

（二）驻黑龙江地区奉军、中东铁路护路军

清末黑龙江省驻有一协新军（第一混成协），巡防营20营；1914年统编为暂编陆军第一师，另编有骑兵一旅；1918年后，张作霖的奉军统治东北。奉军“易帜”前后，驻黑龙江地区的部队几经调整，共编20个师，还配有骑兵团，另有炮兵团、卫队团、宪兵队、山林警备队、辎重营等特种部队。1918年，设立中东铁路护路军，总部设在哈尔滨。有3个旅的兵力（驻地跨黑、吉两省），直到东北沦陷。

（三）海军吉黑防司令公署

1919年，北洋政府饬令当时海军部，从所属长江第二舰队中将“江亨”“利捷”“利绥”“利川”4艘炮艇调往东北水路。于1919年7月从上海北航，取道黑龙江口庙街，经伯力（哈巴罗夫斯克）入松花江，抵达哈尔滨。

（四）黑龙江省防军、黑龙江省警备队

1924年5月，黑龙江督军兼省长吴俊升颁发《省防军大纲》，将各游击队按陆军编为省防军，专任地方剿匪。1927年3月，龙绥两道所属各县地方游击队编为警备队。各县游击队改编为警备队后，设立黑龙江省警备队营务处于省城齐齐哈尔辖制全省警备队，并受督办公署指挥。

（五）驻黑龙江地区东北军

1928年，张学良主政东北军，将所有军队改编为国防军和省防军。国防军驻黑龙江有13个部队，省防军驻黑龙江有7个部队。1929年7月用武力强行接收原属中苏共管的中东铁路，于是爆发了中东路战争。结果奉军惨败，损失兵力两个旅1.1万余人，苏军几乎占领了同江、密山、东宁等全部边境城市。双方签订《伯力协定》后，恢复了中东路原状。

四、东北沦陷时期

（一）抗日义勇军

1931年10月，在北京的东北保安司令张学良任原黑河镇守使、旅长马占山为黑龙江省代主席。1932年5月，马占山就任黑龙江省救国军总司令。所部编成7个旅，约7万余人，转战于嫩江、黑河地区抗击日伪军。此后黑龙江省抗日义勇军的活动此起彼伏，留在黑龙江地区的东北军旧部也纷纷举义，抗日烽火遍及全省。在省境内从事抗日活动者不下3万余人。

（二）东北抗日联军

1931年“九一八”事变后，中共中央先后派罗登贤、杨靖宇、赵尚志、周保中、李兆麟等到东北组织群众进行抗日斗争。在黑龙江地区创建了珠河、密山、宁安、汤原、饶河、巴彦、海伦等游击队。1933年初，中共满洲省委先后将各地游击队扩编为6个军，并改称“东北人民革命军”。除一、二军活动于辽、吉地区外，其余4个军都转战于黑龙江地区，给日伪军以沉重打击。1935年8月，人民革命军改编为“东北抗日联军”。原编为7个军，逐步扩大为11个军，后又统一编为一、二、三路军。在东北沦陷的14年中，日本在东北常驻的关东军达70余万人。黑

龙江地区抗联各路军，在日伪疯狂围剿、环境异常艰苦的情况下，始终坚持战斗），有力地打击了日寇的侵略气焰，牵制和消耗了侵华日军大量的军事和经济力量。1940年冬~1941年春，二、三路军主力先后退入苏境。1941年7月，改编为东北抗日联军教导旅，进行整训，同时派遣小部队返回东北，执行侦察和作战任务。1945年8月，苏联出兵东北对日作战，抗联教导旅组成小分队配合苏军作战，直至东北全境解放。

（三）伪满洲国军

为镇压沦陷区人民反抗，屠杀反日爱国军民，日军在东北扶植起来的伪政权，建有“满洲国军”。伪黑龙江省警备司令部设于省城齐齐哈尔，辖一、三、四3个混成旅及骑兵一、二、三、四旅，每旅2 000人左右。另有卫队团、炮兵营及3个独立骑兵大队，总兵员约2.1万人。伪满洲国军在黑龙江地区还驻有“江防舰队”，司令部设在哈尔滨市，配属军舰7艘，炮舰4艘，兵力约700 人。1935年以后，伪满军逐步进行整编。先设5个“军管区”，在黑龙江省区境内的第三军管区司令部设在齐齐哈尔，有兵力1.4万余名；第四军管区司令部设在哈尔滨，有兵力1.8万余名。1944年后分设11个军管区，在黑龙江省区境内的除原三、四军管区外，新设有六（牡丹江）、七（佳木斯）、八（北安）、十一（密山）4个军管区。此外，尚驻有3个铁路警护旅、7个宪兵团。

（四）日本关东军

在东北沦陷的14年中，日本在东北常驻的关东军达70余万人。1942年，对抗日联军进行了疯狂的围剿，投入“讨伐”的兵力超过20万人。

五、解放战争时期

（一）东北人民自治军、东北民主联军总部

1945年抗日战争胜利后，中共中央迅速抽调关内各解放区部队10余万人、干部2万余名进入东北。 1945年10月31日，中央正式决定成立东北人民自治军。1946年1月4日，东北人民自治军改称东北民主联军，总部初设在沈阳，后移至通化、长春，同年5月22日移到哈尔滨。同年6月，任命林彪为司令员兼政治委员，副司令吕正操、周保中，副司令兼参谋长肖劲光，副政治委员彭真、罗荣桓、高岗、陈云，参谋长伍修权，政治部主任谭政，政治部副主任周桓，后勤部长叶季壮，后勤部政治委员杨至诚。总部下辖东满、南满、西满、北满4个军区和东北军政大学、航空学校、炮兵学校和工兵学校及直属部队，共计31.9万人。

（二）驻黑龙江地区各军区

1946年1月，东北人民自治军改称东北民主联军后，将东北划为东南西北4个二级军区，黑龙江地区属北满军区（3月改称吉黑军区），辖松江、嫩江、合江、龙江、牡丹江5个省军区。各军区都建立了独立旅、团等地方武装。同年5 至6月间，吉黑军区（原北满军区）撤销，机构合于总部。牡丹江、合江、松江军区直属总部，嫩江、龙江军区划归西满军区。1947年5月西满军区撤销，嫩江、龙江军区亦直属总部。

（三）驻黑龙江地区炮兵部队

1946年11月中旬，根据东北民主联军总部决定，东北民主联军炮兵司令部在哈尔滨正式成立，朱瑞任司令员，邱创成任政治委员兼炮校政委，贾陶任副司令员兼炮校校长，匡裕民任副司令员兼参谋长。同时成立了炮兵政治部、后勤部。

组建了牡丹江军区炮兵团，组成了松江军区炮兵团，组建了合江军区炮兵团；1947年6月12日，在牡丹江以炮校警卫营为基础，组建了炮兵第三团。

（四）驻黑龙江地区院校

1945年8月抗日战争胜利后，党中央派出曾在苏联学过航空技术的常乾坤、王弼率领30 余名航空技术干部，由延安到东北进行筹建东北民主联军航空学校。1946年3月1日，人民解放军第一所航空学校——东北民主联军航空学校正式成立（代号“三一部队”）。全校总人数为1 360人。同年10月航校迁至东安（今密山）。1948年1月，东北民主联军改称东北人民解放军，航校改称东北人民解放军航空学校。全校总人数增至1 979人。东北全境解放后，全校实有人数增至3 568人。1949年3月，校部迁至长春。

1945年8月，延安外国语学校迁移到哈尔滨建校，归东北民主联军总部领导。民主联军总部参谋长刘亚楼兼任校长。1948年底，东北全境解放，学校改由东北人民政府领导，并改名为哈尔滨外国语专科学校。

1945年10月，中国医科大学从延安开赴东北。1946年7月，学校经哈尔滨到达佳木斯以北的兴山（今鹤岗市）。解放战争时期，中国医科大学从兴山毕业19期学员，培养了1 731名医务卫生干部。1948年10月，迁至长春为军医大学。

1946年6月，东北军政大学（简称抗大）进驻北安东大营。1947年12月，东北军政大学移驻黑龙江省齐齐哈尔，校长兼政委林彪、副校长倪志亮，副政委吴溉之，副教育长曾国华（不久为教育长），政治部主任刘其人。辖5个教导团，辽东、吉林、合江3个分校，1个松江干校。

1949年10月，中华人民共和国成立后，改成中国人民解放军齐齐哈尔步兵学校。

六、中华人民共和国成立后

（一）驻黑龙江地区军区

1948年1月起，东北民主联军改称东北人民解放军。同年9月，东北人民解放军改称东北野战军。随后东北野战军司令部离开哈尔滨随作战部队向南移动。同年11月，野战军入关作战，驻黑龙江野战军大部开往前线，地方部队及部分驻军分属松江、龙江、嫩江、合江4个省军区，由东北军区领导。

1949年1月，分别组成松江军事部、龙江军事部、合江军事部、嫩江军事部。1949年4月，随着行政区划的改变，原龙江与嫩江军事部合并，改称为黑龙江军事部，驻齐齐哈尔；原松江与合江军事部合并，改称松江军事部，驻哈尔滨市。1953年1月5日奉东北军区命令：松江、龙江军事部改为军区。1954年5月1日，松江、黑龙江省公安总队合并于松江、黑龙江军区，原公安总队所属部队归军区领导，军区番号改称为“中国人民解放军松江军区兼公安司令部”“中国人民解放军黑龙江军区兼公安司令部”。同年6月，遵照军委与东北军区的指示，松江、龙江军区兼公安司令部合并，改称黑龙江省军区，驻哈尔滨市。

省军区所属部队有：各地区、市军分区（军事部、兵役局、人武部）、各县人民武装部（兵役局）；省内公安、边防、守备总队、省内驻军、野战医院；部分初级院校及省军区代管的部分后勤机构及其他临时代管单位。

（二）各军兵种驻黑龙江省的部队、院校

黑龙江省军区是黑龙江地区常设军事机构。还有各军兵种驻黑龙江省的部队：中国人民解放军81032部队于1958年3月奉命到黑龙江地区驻防；黑龙江生产建设兵团根据中发【1968】98号文件，由东北农垦局所属农场与黑龙江省部分省属农场、黑河农建一师、合江农建二师合编为中国人民解放军沈阳军区黑龙江生产建设兵团。

这一时期驻黑龙江省军事院校有：1952年9月，成立了哈尔滨军事工程学院，后于1966年4月，集体置制退出军队序列，改名为哈尔滨工程学院；1951年10月，成立了东北军区军医学校， 1966年10月，改为“中国人民解放军军医学院”，1969年8月，南迁长沙； 1951年，成立了中国人民解放军第二十七步兵学校，后又改名为“中国人民解放军第七步兵学校”，校址设在齐齐哈尔市，1955年6月，根据军委指示，全国各步校均以驻地命名，该校改为“中国人民解放军齐齐哈尔步兵学校”，1959年4月，迁移到锦州，改为“中国人民解放军锦州步兵学校”；1949年7月，成立了空军第一航空学校；1950年1月，成立了中国人民解放军空军第七航空学校，校址在牡丹江市， 1968年7月，学校校部移驻长春原二航校驻地，学校留驻黑龙江省的还有驻双城的二团和驻王岗的五团；1968年4月，成立的空军第十航空学校，校部在黑龙江省齐齐哈尔市三家子机场，1969年，进驻云南。

1951年6月，根据中央军委决定，黑龙江省、松江省公安部队正式隶属东北军区公安司令部领导。1954年4月，奉东北军区命令，两省部队分属黑龙江、松江军区兼公安司令部指挥，同年8 月，两军区合并为黑龙江军区，所属公安部队归黑龙江军区统一指挥。1966年6月，改编为中国人民解放军黑龙江省军区独立第二师。

1981年8月，奉军委命令在大庆组建基建工程兵八十二支队。此外，还有87069部队、87102部队、57345部队、505部队、86001部队、沈阳军区后勤部40分部及各军兵种所属的仓库、农场、医院、空军航空兵师、雷达团等驻防黑龙江省。

第二节　战　事

一、明代以前

（一）渤海与黑水靺鞨之战

周武则天圣历元年（698年），靺鞨族首领大祚荣在忽汗州（今宁安）一带建立渤海国，唐室册封其为渤海郡王、忽汗州都督。唐开元七年（719年）大祚荣死后，子大武艺继位，对渤海北方和东部的靺鞨部落采取武力兼并的战略。经过一系列战争，一些部落和地区归于渤海， 渤海国成为有史以来在黑龙江地区建立的较完整的地方民族政权，其军事力量全盛时期兵力达10

余万，并有较为完整的军事体制。

唐开元十四年（726年），大武艺派大将大门艺率军进攻黑水靺鞨。由于大门艺反对这次征战，兵至边界后，按兵不动，于是大武艺改派大壹夏代替大门艺统军向黑水靺鞨发动进攻，经激战，败黑水靺鞨。

（二）契丹与渤海忽汗城之战

契丹太祖天赞四年至天显元年（925～926年）发生了东征渤海之战。契丹国主耶律阿保机亲率契丹军及回鹘、新罗、吐蕃、党项等盟军近30万人，东征渤海。契丹大将康默记率士兵首先攻占东门，忽汗城陷落。契丹大军入城，大諲譔率僚属再次"请罪"于耶律阿保机马前，被契丹军押至契丹上京临潢府，渤海国灭亡。

（三）辽金出河店之战

北宋政和四年八月（1114年9月），女真部首领完颜阿骨打率军南下，在次寥晦城（今双城县对面城）誓师伐辽后，向宁江州（今吉林扶余县伯都讷古城）进军。同年10月初克宁江州，震动辽廷，辽主以司空肖嗣先为东北路都统，率兵抗击，驻出河店（今肇源县超等乡哈什吐村）。完颜阿骨打闻警，即率兵迎战，屯兵鸭子河（今嫩江下游与松花江大曲折汇合处）北。女真兵当时仅有甲士3 700 人，渡过鸭子河的才1/3，过河后，与辽军10万步骑兵大战于鸭子河。激战中，狂风大作，尘埃蔽日。阿骨打乘机奋进，辽军溃败。阿骨打率军"逐至翰伦泺，杀获首虏及车马、甲兵、珍玩不可胜计"，大获全胜。出河店战役，创造了中国历史上以少胜多的反压迫战例。金收国元年正月（1115年2月），完颜阿骨打即皇帝位，建国号大金，改元收国。北宋宣和七年（1125年）灭辽。

（四）元军剿灭诸王叛乱之战

元至元二十四年四月（1287年5月），乃颜据乃颜城（在今黑龙江省通肯河上游）反叛，元世祖忽必烈亲率骑、步兵46万迎敌，在达西喇木伦河上游一带激战，乃颜兵败被擒杀。乃颜余党哈丹于同年9月以持浯喇（松花江）为根据地，联合叛元诸王继续内犯，元军与叛军转战于洮儿河、第二松花江至明安伦城（齐齐哈尔南）一带，哈丹败走。元至元二十六年（1289年），哈丹进犯胡鲁口（今肇源境），战败后逃窜辽东、朝鲜咸镜道一带。此次战役彻底歼灭叛军，但也给黑龙江地区各族人民带来极大灾难，"民废耕作"，而"告饥"（《元史》）。

（五）努尔哈赤、皇太极征伐东北各民族之战

明万历十一年三月（1583年5月），清太祖努尔哈赤以"遗甲十三副"起兵，开始了他统一建州女真活动。明万历十六年（1598年1月），努尔哈赤派长子台吉褚英统兵1 000，攻打瓦尔喀部的安褚拉库路，取其屯寨20多处。明万历三十四年十二月（1607年1月），努尔哈赤命长子台吉褚英率兵3 000至蜚悠城。褚英以少击多，斩敌3 000余人，获得大胜。明万历三十七年至明万历四十四年（1609～1616年），努尔哈赤陆续攻占东海的瑚叶路；收抚那木都鲁、绥芬、宁古塔、尼马察4路；攻取乌尔古宸和木伦两路；征服东额黑库伦。明万历四十四年七月（1616年8月），派兵2 000攻打了黑龙江中游的萨哈连部，以后又渡黑龙江，奇取萨哈连部内11寨。同年九月（10月），又招抚了黑龙江下游的使犬路，诺洛路和石拉忻部。

明天启六年八月（1626年9月），努尔哈赤病死，其子皇太极即位后，明崇祯七年（1634年），皇太极命季思哈、吴巴海征讨虎儿哈部，俘获甚多；明崇祯八年（1635年）、明崇祯十二年（1639年）、明崇祯十三年（1640年）连年征战获胜凯旋。至此，黑龙江、乌苏里江及松花江流域已完全统一于后金版图之中。

二、清代

（一）清军反击沙俄入侵之战

清顺治八年八月（1651年10月），沙俄侵略军哈巴罗夫一伙侵入乌扎拉村，捕捉人质，抢劫粮食。清廷令宁古塔章京海色率部进击，和沙俄打响了乌扎拉之战。清军和各族人民猛打猛冲，俄军势危，死伤近百，哈巴罗夫受伤。胜利在望时，海色下达要捉活的哈巴罗夫的错误命令，使俄军得以喘息，乘机调遣火炮，向正在冲入城堡的清军开炮猛轰。清军伤亡重大，不支而溃败。

清顺治十一年（1654年）5月，发生了松花江下游之战，斯捷潘诺夫率军队进一步侵入我东北腹地松花江，清朝派沙尔虎达率700余人与朝鲜100名鸟枪手共同迎敌，经过3天激战，击退沙俄战船，俄军伤亡重大，溃败奔逃。清军取得了重大胜利。清顺治十四年（1657年），沙尔虎达率清军在尚坚乌黑（今佳木斯市西郊白石村）又一次打败了俄国侵略军。清顺治十五年六月（1658年7月），沙尔虎达在松花江口又与斯捷潘诺夫率500名俄军相遇。经过3天激战，“烧贼十船”，斯捷潘诺夫被击毙，清军获得重大胜利。

清顺治十二年二月（1655年3月），清政府派都尉明安达礼“自京师率师往讨，进抵呼玛尔处”。将在堡外树木中伐木造船的20名俄兵及80余人的增援俄军全部击毙。

顺治十五年至十七年（1658～1660年），发生了古法坛之战、雅克萨之战，中国军队坚决抗击沙俄，给沙俄侵略军以沉重打击。清康熙二十五（1686年）夏，黑龙江将军萨布素率军2000人再次围攻雅克萨，俄军因伤亡殆尽而求和。清康熙二十八年（1689年）签订《中俄尼布楚条约》，规定以额尔古纳河和格尔必齐河为界，由格尔必齐河源顺外兴安岭至海以南为中国版图。

清道光二十年（1840年），鸦片战争以后，清廷日趋腐朽。清咸丰八年四月（1858年5月），沙俄以军事手段强迫黑龙江将军奕山签订了中俄《瑷珲条约》，霸占了黑龙江北部60多万平方公里的中国领土。清咸丰十年十月（1860年11月），强迫清廷签订《北京条约》，占去乌苏里江以东40多万平方公里的中国领土。

（二）清军和义和团围攻哈尔滨俄军之战

清光绪二十六年六月（1900年7月），俄军在黑龙江、吉林两省边境地区不断入侵。黑龙江将军寿山电约吉林将军长顺会攻哈尔滨，企图消灭俄军。通肯副都统兼东路翼长庆祺北4营清军和部分义和团团民从于金店出发，占领背江子附近村屯，对俄军形成包围。呼兰统领定禄率所部3营并炮队1营，从双口面渡过松花江，进抵顾乡屯，占领元聚烧锅大院。同月廿六日上午九时，清军兵分两路向埠头区和车站进攻。两军激烈对射，战至中午，清军和义和团民损失惨重。七月初二至初五（27～30日），阿城、双城等地的清军和义和团从哈尔滨西南方向向俄军进攻，占领俄军据点田家烧锅。俄军用大炮和骑兵分布左右两翼，向田家烧锅发起冲击。清军顽强阻击，俄军进攻未逞。此后，黑龙江、吉林两军复拟于七月初十（8月4日）再次向哈尔滨进攻，但由于沙俄援军增援到哈，哈尔滨围攻战遂告失败。

（三）瑷珲保卫战

清光绪二十六年六月（1900年7月），沙俄动用17万军队入侵东三省，主力直指瑷珲。俄军在卡伦山阵地寻衅，偷袭黑河屯不成，对黑龙江江东海兰泡和六十四屯中国居民大下毒手。制造了惨绝人寰的海兰泡及江东六十四屯惨案，万余名中国居民惨遭杀害。同年七月初八（8月2日），由海兰泡入侵的俄军渡过黑龙江，进攻瑷珲。清军黑龙江北路翼长凤翔奋起抵抗，并在二龙山、北大岭一带重创俄军，终因寡不敌众，凤翔及400名清军战死。八月初三（8月27日），俄军进逼齐齐哈尔，黑龙江将军寿山自杀殉职。

（四）阻击沙俄入侵之战

清光绪二十六年六月（1900年7月），沙俄侵略军头目萨哈罗夫率领1旅俄军，从伯力乘江轮20艘，拖船53艘，救援处于危急中的哈尔滨沙俄护路队，在三姓（今依兰）江面登陆，向巴彦通要塞发起猛攻。清军和义和团战士以死相拼，要塞被俄军占领后溯江而上，向三姓城进犯。在抢占城东倭肯哈达山的制高点战斗中，义和团战士、金矿工人和清兵手持刀矛，拼死杀敌。终因火器不利而失败。与此同时，三姓城内的义和团战士、金矿工人和爱国清兵与俄军进行了10小时的拼力搏斗，杀伤俄军四五十名，最后，终因弹尽粮绝，退出城外。六月廿二日（7月18日），沙俄军数千人向宁古塔东北60里的乜河要塞改动进攻。要塞守军和宁古塔义和团40余名战士，手持大刀、长矛，大败沙俄军，沙俄军被迫退守磨刀石。宁古塔军民为守卫宁古塔城，又组织了“镇东军”，同围城沙俄军相持40余日，使沙俄军久久不能得手，但终因力量悬殊而使宁古塔陷落。

（五）少数民族反抗沙俄入侵的战斗

明崇祯十六年（1643年），发生了莫尔迪奇村的战斗。100余人沙俄军侵入我精奇里江支流乌姆列堪河。他们在这一带肆行骚扰，绑架头人、强征实物税、抢粮等。当地达斡尔人为保卫家园，驱逐侵略者，在黑龙江地区首先举起抗俄义旗。他们四面出击，左右夹攻，将侵略军围困3个昼夜，使匪徒腹背受敌，遭到重创，死伤数人，狼狈逃跑。

清顺治八年（1651年），发生了古伊古达尔城寨的战斗。沙俄军在哈巴罗夫率领下，从雅克萨出发，向达斡尔头人达萨乌尔的村寨进犯。沙俄军乘船驶到古伊古达尔村寨附近准备登陆时，古伊古达尔率众出城阻击沙俄军登岸。沙俄军向城内炮击，达斡尔人全体动员，跃上城墙，万箭齐发，以落后的武器与沙俄军激战1夜，最后全部壮烈殉难。达斡尔人共战死661人，被掠走妇女243人，儿童118人，牲畜330头。

（六）民众起义

清同治二年正月（1863年3月），在三姓（今依兰）东南的黑背坑金厂，采金工人不堪官军、把头的欺压，爆发了葛成隆领导的黑背坑金矿工起义。起义军由最初四五百人发展到近万人。兵分3路，进攻乌斯浑屯、黑瞎子沟和漂阳河。在罗家窝棚同官军作战时葛成隆等兵败被俘，在吉林被杀害。

清光绪元年五月（1875年6月），以孔广才为首的三姓挖金工人，对官吏的残暴、官军的凶狠极为愤慨，为报“连年杀害之仇”，揭竿而起，举行了反抗清朝地方官府的武装起义。起义军由200余人发展到300多人，分作3队：头队红巾红带，二队蓝巾蓝带，三队白巾白带。“排队长三里许”，“蜂拥而来，抗拒官兵”。与官军展开激战中，官军抬枪队射发火药，义军当场死亡五六十人，在接连的交战中，义军牺牲170余名，义军起义失败。

三、中华民国时期

（一）奉军平定高士傧、卢永贵之战

1922年夏，第一次直奉大战结束不久，奉军原驻吉林三旅旅长高士傧在直军鼓动下，联合惯匪卢永贵在绥芬河起兵反奉。引发了奉军平定高士傧、卢永贵之战。张作霖命张宗昌率临时招募的“讨逆军”前往讨伐，高卢军被彻底击溃，2 000余人被缴械收编。

（二）中东路事件

1928年，张学良主政东北，1929年7月用武力强行接收原属中苏共管的中东铁路，于是爆发了中东路战争。东北军计有2个军部，15个旅，1个骑兵师，1个松花江江防舰队，约16万人。苏联组建远东特别集团军，该集团军边编2个军，共9个师，2个骑兵旅，2个工兵营，1个坦克连，1个阿穆尔河区舰队及航空兵一部，约13万人。苏军还出动20余架飞机轮番轰炸满洲里。经过了满洲里——海拉尔方向的战斗、绥芬河——密山方向的战斗、同江——富锦方向的4个月的战斗，结果奉军惨败，损失兵力两个旅1.1万余人，苏军几乎占领了同江、密山、东宁等全部边境城市。双方签订《伯力协定》后，恢复了中东路原状。

四、东北沦陷时期

（一）抗日义勇军对日作战

1931年9月，时在北京的东北保安司令张学良任原黑河镇守使、旅长马占山为黑龙江省代主席。马率部于泰来境内的嫩江桥抗击日伪军，这就是有名的“江桥抗战”。守军浴血奋战，重创敌军，后终因寡不敌众而撤离。马占山率部到达海伦，收编当地武装，扩编成2万余人的队伍继续抗日。1932年5月，马占山就任黑龙江省救国军总司令。所部编成7个旅，约7万余人，转战于嫩江、黑河地区。在黑龙江地区抗日形势的推动下，留在黑龙江地区的东北军旧部纷纷举义。驻海拉尔、满洲里一带的旅长苏炳文、张殿九部于1932年9月组成3万余人的“东北民众救国军”。原东北军团长冯占海率部组成“吉林自卫军”，编成4个旅，2个支队共2万余人。原东北军旅长李杜、丁超于1932年1月率4旅另3个营抗日，成立“吉林自卫军”。原东北军营长王德林于1931年11月率部成立“吉林国民救国军”，发展到2万人，编成6个旅、另5个团。此外尚有李海青、汪雅臣、祁致中等抗日义勇军，在省境内从事抗日活动者不下3万余人迎战日军。

1932年，发生了哈尔滨保卫战、黑、吉两省义勇军联合反攻哈尔滨之战、镜泊湖之战和磨刀石阻击战、桶子沟战斗和方正战斗、海满抗战，各路义勇军英勇作战、顽强抗击日军。后有相当一部分改编成抗日联军，成为在中国共产党领导下东北抗战的主体。

（二）抗日联军对日伪军作战

1933年初，中共中央先后派罗登贤、杨靖宇、赵尚志、周保中、李兆麟等在黑龙江地区创

建了珠河、密山、宁安、汤原、饶河、巴彦、海伦等游击队。后将各地游击队扩编为6个军，并改称“东北人民革命军”。1935年，人民革命军改编为“东北抗日联军”。原编为7个军，逐步扩大为11个军，后又统一编为一、二、三路军。一路军和二路军总指挥兼政委周保中，总兵力达2万多人，主要活动于松花江、乌苏里江流域的吉东地区。三路军总指挥李兆麟，政委冯仲云，总兵力1.5万余人，活动于松花江下游、小兴安岭和松嫩平原。在东北沦陷的14年中，黑龙江地区抗联各路军，面对日本在东北常驻的关东军70余万人，和日伪投入“讨伐”的兵力超过20万人的疯狂围剿、环境异常艰苦的情况下，始终坚持战斗。经过了1933年的密山战斗，1935年的方正战斗、刁翎和林口战斗；1936年的莲花泡战斗、老钱柜战斗、舒乐河镇战斗、虎头山战斗、佛山（嘉荫）战斗；1937年的大盘道战斗、冰趟子战斗、前刁翎屯战斗、小南河战斗、依兰战斗、汤原战斗、五道岗伏击战；1938年春的小孤山战斗、西风嘴子战斗；1939年的柳毛河子战斗、讷河战斗；1940年的克山战斗、袭击丰乐镇、傲木台激战、霍龙门战斗、肇源战斗；都有力地打击了日寇的侵略气焰，牵制和消耗了侵华日军大量的军事和经济力量，直至东北全境解放。

（三）苏联军队对日作战

1945年8月9日，苏联政府对日宣战。黑龙江地区是苏军对日作战的主要战区。同月9日，苏后贝加尔方面军第三十六集团军兵分3路，向满洲里、齐齐哈尔方向发起攻击。3天共歼日军4 900人，俘32 265人。19日，苏军占领齐齐哈尔。苏远东第一方面军第一集团军主力兵分两路向牡丹江方向实施突击。同月16日，在第五集团军协同下渡江向市区进攻，经激烈巷战，于傍晚占领牡丹江市，全歼日军一二二师。

同年8月11日，红旗第二集团军主力从左翼强渡黑龙江，与孙吴筑垒日军一二三师及守备部队在四不漏子激战7昼夜，攻克神武屯、相漠山等日军抵抗枢纽部，俘日军1.7万人。与此同时，先遣支队向南进攻，同月18日占领龙镇 ，同月21日占领北安。该部又从3个方向发展进攻，先后进入哈尔滨和齐齐哈尔。右翼三九六师和一个坦克旅从海兰泡、穆拉夫约夫卡地区渡江登陆，同月12日与瑷珲筑垒日军激战，经11天战斗，迫使日军4 520人投降。

苏军第三十五集团军分左右两个方向向密山、虎林实施突击。同月12日，左翼部队占领虎林、密山。右翼部队和筑垒守备部队，强渡乌苏里江，于同月10日占领虎头镇。虎头筑垒围歼战持续到同月26 日，歼日军3 000多人。

苏远东第二方面军第十五集团军兵分两路从列宁斯阔耶和尼柯斯克地区强渡黑龙江。集团军左翼同月9日上午攻占抚远，同月11日占领同江；同月5日攻占富锦，全歼日军1个团。同月17日攻占佳木斯； 同月18日占领依兰，俘日军3 900人。集团军右翼实施登陆后，攻占萝北、延兴，同月13日攻占鹤岗，俘日军500人。同月21日，集团军先遣支队进入哈尔滨。

苏军第五独立步兵军强渡乌苏里江攻占东兴镇 、攻占饶河，占领宝清，同月19日到达勃利。

驻扎在黑龙江地区的日本着落军，在苏联红军的猛烈打击下，仅抵抗10多天，即全部溃败。

五、解放战争时期

（一）合江剿匪

抗日战争初期，活动于合江地区国民党建军土匪约有十几大股，总人数近万人。有“中央挺进军第十军”谢文东、“东北挺进军第一集团军”李华堂、“十五集团军”张雨新和孙荣久等匪部2万余人。1945年11月～1946年12月，合江军区在司令员方强指挥下，率部进剿惯匪李华堂、谢文东、张雨新部。半年共消灭谢、张等匪部6 000余人，收复了其盘踞的十几座县城，歼匪1.6万余人。1946年11月、12月先后活捉匪首谢文东、李华堂，1947年3月又将最后剩下的惯匪孙荣久捕获。合江地区40多股土匪遂全部肃清。

（二）牡丹江地区江剿匪

牡丹江地区有“滨、绥、图、佳先遣军”郑云峰、“东北挺进军”马喜山等匪部近万人。加上其他股匪、散匪共7.5万余人。1946年1月～1946年7月，牡丹江军区在副政委谭文邦、副司令刘贤权率领下，对匪徒实施了三个战役的打击，大股土匪基本肃清。

（三）嫩江剿匪

嫩江地区有“东北先遣军第一军”王乃康、“保安军混成第二旅”卢兴周等匪部1.8万余人。 1945年11月～1947年3月，对土匪进行了政治和军事的打击。到1946年4月，先后解放了齐齐哈尔周围的各个县城。国民党土匪原有的1.8万余人被剿匪部队歼灭过半，到1947年3月，嫩江的匪患基本消除。

（四）龙江剿匪

龙江地区有 “混成第六旅”刘山东、“混成第九旅”卢会杰等匪部1.5万余人；1945年11月～1947年4月，黑龙江省军区副司令员王钧率二旅、三旅及县大队等共4 000余人，进剿盘踞在泰安的尚其悦匪部，于1945年末解放泰安，毙敌旅长以下600余人，俘千余人。1946年11月，在逊河松树沟屯将刘山东、张景云、李亚洲等匪首擒获，1947年3月将其全部枪决。1947年4月初，三旅旅长廖中符率部队围歼张伯钧匪部，一战将其全歼。

（五）松江剿匪

松江地区有“陆军新编第二十七军”姜鹏飞、“中央先遣军第五战区”曹兴武、“东北自救军”刘兆勋及国民党“敌后工作委员会”李明信等匪部约1.2万余人。1945年12月～1946年10月，松江军区在松江省范围内进行剿匪。1945年12月26日，松江军区政委张秀山率部抵达八家子，对王正午匪部发起攻击。战斗打响，部队从南、西、北三面发起猛攻，匪惨败溃逃， 部队乘胜追击，歼敌200多人。同年12月底，将刘铭九、徐占海等 几伙土匪全部歼灭。1945年底，三五九旅奉命到松江参加剿匪。与军区部队配合，对五常、珠河土匪进行围剿，一鼓作气打垮了顽抗的匪军。这次战斗共毙、伤、俘土匪1 000余人。此后又清剿了木兰、巴彦、呼兰一带的土匪。1946年8月，抓获了在哈尔滨进行武装暴动的国民党建军土匪姜鹏飞、李明信。1946年10月8～26日，在政治和军事攻势的打击下，活动在珠河、木兰一带的土匪刘昨非、韩小山、王奎一、刘金飞、朱德山、韩小松先后率部投诚、投降。1946年11月29日，《东北日报》报道，“松江地区大股土匪基本肃清”。

截至1947年末，黑龙江地区内的土匪基本肃清。两年共进行大小战斗近3 000次，消灭土匪5万余人。

六、中华人民共和国成立后

（一）边境地区反干涉反挑衅斗争

1967年8月～1969年5月，发生了吴八老岛事件。吴八老岛位于黑龙江主航道中心线中方一侧，归漠河县管辖，历来是中国领土。苏方竟将此岛划入苏境，干涉中国居民登岛生产。几年中，多次以强行干涉、暴力殴打，甚至以轻、重机枪封锁吴八老岛地区，妄图以此阻止中方人员登岛生产和正常巡逻。中国军方采取克制态度，才未使事态扩大。边境居民为维护正当的登岛生产权力，多次与苏军进行斗争。

1969年7月，发生了八岔岛事件。同月8～10日，苏联边防军两艘汽艇进入同江县属八岔岛中方水域，进行所谓“维护航标”作业。当地民兵前去制止，劝其退出中国领土。苏方人员竟无理开枪。事后，不断派遣军艇和飞机进入八岔岛地区进行挑衅。

1970年9月，发生了苏撞沉中方军艇事件。同月8日中方巡逻艇队603、613号两艘军艇沿黑龙江中游主航道编队下航。零时20分，遭到苏舰有意挑衅，用强光照射，并突然转舵向613艇冲撞，613艇避让不及，被苏舰撞沉于黑龙江中游约90公里600米航道中心线右侧100米处，艇上边防战士4人全部牺牲。

（二）珍宝岛自卫反击战

珍宝岛位于乌苏里江主航道中方一侧，归虎林县管辖，历来是中国领土。1969年3月2日上午8时40分，黑龙江省军区边防站巡逻队在站长孙玉国的带领下，上岛执行正常巡逻。苏军出动70余人及装甲车、卡车等越过主航道，开进珍宝岛南端。无视中方警告，继续开进，并首先开枪，打死中方边防战士多人，中方边防部队被迫占据有利地形进行自卫还击，经1小时的战斗，将苏军击退。同月15～17日，苏联当局加紧向珍宝岛增调部队再次侵入，向我方阵地发起冲击。中方守岛部队在警告无效的情况下，集中炮火、顽强奋战，打击入侵之苏军。在炮火的沉重打击下，苏军向后撤回。至此，珍宝岛自卫反击战以中国边防军击退入侵苏军、保卫领土主权完整而告终。

第三节 兵 役

一、明代以前

（一）辽代

辽代黑龙江地区统辖于辽黄龙府都部署司。其征兵渐趋制度化，实行全国统一的“全民皆兵”的制度。“十五岁以上，五十以下，隶兵籍。每正军一名、马三匹，打草谷、守营铺家丁各一人”。遇有战事，“沼诸道征兵”“铸金鱼符，调发军马”。辽军的征调权属于朝廷。

（二）金代

金代军队实行部落征兵制度，即“猛安、谋克”军事制度。全国统一征兵。服役年限，自成丁起至55岁。退役后，“许以其子及同居弟侄承替”。金代的征兵原只限于在女真及部分少数民族中，后逐渐扩大到大量征集汉人。

（三）元代

元代，蒙古族入主中原前，实行部落征兵制。即把游牧部落首领的私人护卫军扩建成精锐之师，平时轮番为朝廷入值宿卫，兼务杂役；战时则为“大中军”，名“怯薛”。南宋绍定二年（1229年），蒙古族开始实行有限征兵制。按兵制“每一牌子，签军一名。限年二十以上，三十以下者充之”。并立军户法，凡入军籍者，世代为兵，自身战死、病死，则由弟或子替补，遇有战事，随时签军。黑龙江地区实行统一的征兵制。

（四）明代

明政权建立初期采取募兵制，后实行征兵制。明初扩军时，各郡县在郊外设募兵场，分设红、白旗帜，“愿为吾兵者，立赤旗下；愿为吾民者，立白旗下”。明弘治七年（1449年）立金民壮法，开始实行征兵制度。穆宗隆庆年间，实行户籍人口征兵法。规定：“总按户籍，除单丁老弱者，父子三人籍一人，兄弟三人籍一弟，州典大县可得千六百人，小县可得千人。”明嘉靖二十三年（1544年），又在国内各地设乡兵。乡兵从当地征集。分“隶军籍者”和“不隶军籍”两种。明代，黑龙江地区属奴儿干都司，执行明政府征兵法令。

二、清代

（一）“八旗”兵制

清代八旗兵役制度为清代所独有，是军政一体、兵民合一、耕战结合的制度。

清初，黑龙江地区先贯彻“凡隶于旗者，皆可以为兵”的兵役体制，实行“出则为兵，入则为民”“以旗统民，即以旗统兵”的征兵制度。后来，黑龙江旗民“生齿日繁”，只有“食饷者始称旗兵”，多余“男丁”称“旗丁”。有服兵役义务的，仅限有旗籍的“旗丁”，即编入佐领（牛录）的壮丁。满语称箭为“牛录”。旗兵征集，按旗兵缺员数从养育兵中拔补；从打牲、游牧佐领中征调。

据统计，黑龙江地区，清代驻防八旗的兵员为：清康熙二十二年（1683年）13 000余人，清康熙三十一年（1692年）19 003人，清同治八年（1869年）10 300人，清光绪十三年（1887年）为14 846人。而与之相应的旗丁，清乾隆十二年（1747年）为23 705人，清乾隆四十六年（1781年）为36 779人。

（二）选调、招募制

清同治二年（1863年），黑龙江地区先后出现以招募、选调形式组建的练军（包括齐字营）、镇边军、巡警军、巡防队等军队。清光绪六年（1880年），黑龙江将军安定开始从八旗兵中选调精壮士兵，编为练军。为区别于旧八旗兵，称之为“八旗练兵”。清光绪十三年

（1887年），黑龙江于练军之外，又选“兵丹”1 500 人，编为“齐字营”。清光绪十六年（1890年），黑龙江招募汉民，与练军归并，编成马队6营、步队10营的“镇边军”。清光绪二十四年（1898年）核查练军兵数为7 971人。清光绪二十六年（1900年），黑龙江将军萨保收编汉散兵马步3 700人，改练“制军”。清光绪三十年（1904年），改“制军”为“巡警军”。清光绪三十三年（1907年），黑龙江建行省，设督练处。编练新军，招募兵员，组建有步、马、炮、工、辎重、军乐等兵种组成的陆军部队。

三、中华民国时期

（一）奉军的募兵制

募兵按其规模分为“大募”和“小募”两种。大募，先组建募兵机构，发布募兵文告，体检和审查应募者。小募，临时或个别募集，随时入伍。

应募者的年龄，一般为17～38岁。新兵入伍后，需签订服役3年的契约。黑龙江省的奉军共进行过4次募兵，合计5 500名。

（二）东北军的募兵及被选征兵制的准备

1928年末，东北“易帜”，奉军改称东北军。东北军继续实行募兵制度，同时准备按当时国民党政府颁布的《征兵法》实行征兵制。由于中东路战争的爆发及东北军入关参加中原大战，在东北军中这些征兵法令未能实行。

四、东北沦陷时期

（一）伪满洲国军的募兵制

1932～1941年“黑龙江省警备军”组建后，到伪《国兵法》实行前，其兵员补充采取所谓志愿制度，称“募兵法”。

（二）伪满洲国军的征兵制

1941年4月11日，伪满洲国政府公布《国兵法》，募兵制改为征兵制。伪“国兵法”主要由《国兵法》《国兵施行令》《国兵法实行规则》和大量的补充细则构成。

五、解放战争时期

（一）解放战争初期的兵员补充

1945年9月～1946年11月是战争初期阶段，由党政军领导人就地发动群众入伍，组建地方武装。以关内来的部队为骨干进行扩军。到1946年底龙江军区部队已发展到1.4万人；嫩江军区7 800人；松江军区补充主力部队2.4万人。合江军区的5个支队十二团、十三团大约300人补入一纵队，随后四支队全部补入主力部队。

1947年5月以后，为满足主力部队的作战需要，各地开始大力组训二线兵团，并结合武装升级的方法进行扩军。同时，还对大批国民党军俘虏进行教育改造后补充到人民军队。

（二）解放战争中后期的志愿兵役制

1946～1949年4月，松江、嫩江、合江、黑龙江等省根据东北民主联军总部的指令，要求全体军民紧急动员，自愿参军，全力支援前线。到战争后期，各地普遍设立扩军委员会，具体负责扩军工作。据统计，1947年黑龙江省一年内自愿报名参军人数达41 724人，仅11月份就有7 700 多人报名参军。

（三）解放战争时期的征兵制

随着解放战争的胜利和人民民主政权的巩固，人民军队的征兵政策也日趋完善。兵员动员的主要对象是翻身农民。新兵年龄一般在18～35岁之间，服役年限未有明确限定。

战争后期，开始实行“退兵政策”，以保证兵员质量。黑龙江地区的扩军，贯彻志愿兵役制度。据统计，解放战争时期，黑龙江地区共计动员兵员68.992万人。

六、中华人民共和国成立后

（一）志愿兵役制

1949年10月～1955年初，黑龙江地区普遍实行志愿兵役制度。这种兵役制实质是解放战争时期志愿兵役制度的继续。同时也是志愿兵役制度向义务兵役制度过渡的准备阶段。

中华人民共和国《兵役法》颁布的前一年，黑龙江省军区根据上级指示，试行了由志愿入伍、不定期扩兵过渡到依法服兵役、定期征集兵员的兵役体制。

（二）义务兵役制

1955年2月中华人民共和国第一部《兵役法》颁布后，黑龙江省开始实行义务兵役制度。兵员征集由不定期的扩兵，改为依据法律规定的定期征兵。

按兵役法的规定，黑龙江省每年的征兵任务均由上级以命令形式下达，市、县兵役局（1958年5月改称人民武装部）负责实施征集。市、县的征集工作大致分4个步骤：一是组织准备，二是宣传报名，三是目测、体检，四是审批送兵。

1966年5月开始的“文化大革命”期间，征集兵员的政治条件和体格条件，10年中4次易改。1969年黑龙江省第一次开始征集消防民警，补入消防队伍。1976年12月，第二次征集消防和武装警察。这以后，形成制度，每年都征集一定数量的武装警察，补入武警、消防民警部队。

从1978年起，省内每年征兵，均以超额征兵总任务数的2%完成征集任务。

1984年5月，中华人民共和国新《兵役法》正式颁布。黑龙江省按新《兵役法》规定，实行义务兵役制为主体的义务兵与志愿兵相结合、民兵与预备役相结合的兵役制度。

1985年，黑龙江省按照新《兵役法》开始了首次征兵。改革了征兵办法，实行普遍兵员“自征自送”。“自征”即以县、市、区为单位，按照征兵任务数自行征兵，对兵员质量予以保证；“自送”即按照统一部署的时间，由征兵单位将新兵送至接收部队的师级单位，接收部队不再派人接兵。

（三）预备役制

1958年6月，黑龙江军区完成了民兵、预备役合组工作。服预备役的复员退伍军人编入民兵组织之中，称为第一类预备役士兵。截至1981年5月5日，全省共统计登记退伍军人48 712人，其中服预备役的44 219人。当时全省合组后的民兵共有79.6万人。

为了适应现代条件下战争的需要，实现快速兵员动员，从1981年开始按预备役人员情况，分别组建了陆军预备役步兵师、陆军预备役高射炮兵师、预备役汽车团等。

第四节 民 兵

一、民兵组织

1945年抗日战争胜利后，为巩固黑龙江地区的各级地方民主政权，保卫革命胜利果实，黑龙江地区各地陆续组建起民兵组织。黑龙江地区的民兵组织，最早是以“自卫队”形式出现的。城市工人和农村贫雇农中凡16～45岁的男子，身体健康者，均可参加该组织。据统计，1946年底，黑龙江地区有民兵82 940人，自卫队员143 325人。1947年发展到民兵142 415人，自卫队员197 405人。到1949年底，全省217个区普遍建立了武装自卫队，队员349 710人，模范自卫队员68 415人，炮手队760人。合计418 885人。共有长短枪支20 897支。

1950年初，黑龙江省、松江省军事部进行民兵队伍的组织整顿，11月将自卫队也改称为民兵。1951年实行普遍民兵制。1952～1953年2月基本完成各县组织基干民兵和普遍发展民兵的工作。两省基干民兵合计为143 066名，普通民兵合计为549 012名。并且在基本实现普遍民兵制的基础上建立了民兵基干团。

1954年，实行民兵与预备役相结合。1958年1～6月末，黑龙江军区完成了预备役与民兵合而为一的整组工作。全省共有民兵530万人。其中基干民兵226万名，普通民兵304万名。共编99个师，1 109个团，6 624个营，29 862个连，基本实现了工、农、商、学、兵一体“全民皆兵”的要求。

从1959年起，对民兵组织进行了整顿，省内民兵数量有很大压缩，民兵总数为430万，其中基干民兵125万人，排以上干部31万人。编为112个师，1 135个团。1960年，全省民兵增至580万人。

1962年后，民兵的战斗力有了很大的增强。配合有关部门看押、逮捕犯人202次，破案1 002起。1965年，组织发动了8 093个民兵连参加了24个县919个单位的“四清”运动。

1965年，根据上级指示，黑龙江省组建了基干民兵武装独立营。截至1966年5月“文化大革命”开始，省内共有民兵师149个，团1 574个，营4 756个，连24 213个。民兵总数为5 229 450人。其中基干民兵2 365 889人（男性为1 507 804人），排以上干部412 249人。并根据2～3人一支枪的原则，武装了291 320名基干民兵。

1969年3月珍宝岛自卫反击作战以后，为适应战备需要，黑龙江省在各地组建了民兵基干团，省内各主要城市，以民兵为主修筑了战备工程。

1977年6月，沈阳军区、黑龙江省委作出决定，撤销“民兵指挥部”和“三位一体”（民兵、治安、消防）的机构。1978年，全国民兵工作会议后，恢复了省、市（地）、县委人民武装委员会。

1981年，把民兵制度和预备役制度结合起来进行了民兵组织的调整改革。普通民兵为二类预备役。

二、民兵建设

1949年10月中华人民共和国成立后，民兵建设有很大发展。在军事训练和武器装备上实现正规化、标准化。

1949～1953年，松江、黑龙江两军事部采取“先整顿组织，后进行训练；先训干部，后训队员；省训县、区，县训村武装干部”。最多时一年举行4期集训。

1954年8月各地人武部门改称“兵役局”后，省军区进行了武装干部的培训工作，分期分批地轮训了各级兵役干部。1956年10月分别在绥化、海伦、呼兰、巴彦、庆安、北安、望奎、兰西、绥棱等县进行第二类预备役的军事训练试点。1957年6月省军区在绥化、海伦曹县分别组建了预备役训练大队。集训预备役人员5 190人。1958～1959年，共训练基干民兵53万人。1960年，在“大办民兵师”的过程中，由于全军“大比武”形势的推动，省内已建立起包括炮兵、装甲车、工程兵、通信兵、防化学兵、铁道兵、侦察兵、后勤兵、海军、空军在内的17.9万多人的专业技术兵队伍。1965年，全省训练民兵1 301 024人，其中有351 820人参加了步枪、冲锋枪、重机枪第一、二练习实弹射击，培养出5 249名特等射击手和4 056名投弹能手。1962～1965年共训练了专职武装干部5 763人次。

1966年5月开始的“文化大革命”初期，黑龙江省民兵军事训练，曾一度处于停滞状态。1969年3月份珍宝岛自卫反击作战以后，民兵军事训练又掀起新的高潮。全省民兵普遍开展了以民兵干部和基干民兵为重点，以射击、投弹、爆破等基础科目和“三打”（打坦克、打空降、打飞机）、“三防”（防原子、防化学、防细菌）为主要内容的训练。“文化大革命”期间，黑龙江省成建制地组织了几十万民兵参加了修筑国防公路、战备工程建设、扑灭森林火灾、修建八三工程、引嫩工程施工等生产大会战。

1975年，民兵装备的武器达55种316 669件，国产制式武器增至20种149 056件。1979年以后，全省民兵武器装备达361 212件，国产的增至31种359 647件。其数量是建国初期的25倍，基本达到了边防地区民兵平均2人1件武器，内地民兵平均3.5人1件武器。

1976～1985年，全省民兵军事训练，进行了全面调整，突出了民兵高炮、地炮、通信、防化分队和民兵游击队的训练。1984年参训基干民兵共123 700多人。培训专业技术兵41 300多人。1985年按基干民兵总数十二比一的比例安排了民兵军事训练，全省共培训干部5 460人，专业技术兵14 340人，步兵61 240人；各预备役部队采取自训和现役部队挂钩相结合的训练方法，实施了有计划、有步骤的正规训练。

在标准化库房建设上，各级单位把加强库房建设列入议事日程，基本达到乡乡有库，县（市）区库房按要求全部建成，火炮入库率达到98.5%。同时，各军分区按沈阳军区要求，新建了密闭保温防潮库，改善了民兵军械物资储备条件。此外，各级库房还加强了防范措施并制定了管理制度。一般要求做到防火、防盗、防潮、防破坏。实行昼夜值班，落实“三铁一警”，即：铁门、铁窗、铁柜、警报器。

1978～1985年，积极开展了民兵“创先”活动；组织和发动全省广大民兵带头建设两个文明（精神文明，物质文明），使民兵工作服务于党的总任务和总目标。

三、民兵作用

1945年抗日战争胜利后，黑龙江地区的民兵组织，开展民兵军事训练，提高了军事素质，发挥了各个时期的战斗作用，为巩固黑龙江地区的各级地方政权，为人民生产生活和生命安全的保障，做出了积极贡献。

1946年6月，匪团长张德振率300余名匪兵分3路进攻海林县仙洞屯，该屯80余名民兵组织抵抗，战斗持续5小时，击退土匪6次进攻。当土匪向民兵发起第7次进攻时，驻玉河部队赶到，军民配合，痛击匪兵，活捉匪副团长隋玉龙以下数名。同年6月6日，呼兰县苔屯区乐业村武装委员吕殿云，率领全村仅有的13名自卫队员在夜间英勇抵抗了多股土匪的进攻，最后战至自己1人，仍坚守炮楼，直到部队赶到击溃了土匪。

1946年7月，合江青龙山自卫队与当地群众联合起来用步枪、土炮连续击溃了土匪的4次进攻。其中尤以抗击谢文东、李华堂土匪的骚扰的战斗最为英勇。同年7月26日下午，匪首王明德纠集7股土匪600余人包围了拉林王家岗，王家岗自卫队和全屯群众拿起武器英勇反击。自卫队员使用仅有的几支快枪和4杆抬枪在村边阻击敌人，妇女则在村里扑救起火的地方，老人和孩子来往运送子弹和火药。战斗结束，土匪死伤20余名，击毙匪首“全山”，而自卫队无一人伤亡。

1947年农历七月的一天中午，木兰县五站东安村民兵刘凤歧，抓住了伪吉林省代理省主席王明华。受到省人民政府的通令嘉奖，荣获锦旗一面，奖金5万元（东北流通券）。

1947年剿匪战斗中，阿城、延寿、牡丹江、方正县的民兵抓获国民党第八军参谋长周祥、第十三师师长朱清平、国民党东北挺进军第二纵队参谋长刘玉杰等师、团、营、连匪军官和特务107名；打死国民党建军新编二十七军副军长兼七十九师师长左建堂，破获了“铁血团”“暗杀团”等国民党特务组织，缴获长短枪6 231支、机枪30挺、子弹12.1万发、炸弹728枚。肇东县民兵邹文、杜金鹏随军在公主岭战斗中，俘敌连长以下43人，缴获六〇迫击炮1门、掷弹筒1具、机枪7挺、冲锋枪22支、步枪11支。

1946～1948年，黑龙江地区有689 920名青年入伍，其中民兵占86%。民兵群众参加支前的达64.8万余人，其中到前方一、二线的有28.99万余人。这成为东北解放战争胜利的重要因素之一。

1949年10月中华人民共和国成立初期，在人民政府组织领导下，民兵担负起了维护地方治安、清剿匪特的任务。据1950年统计，松江省捕获匪特、逃犯、一贯道头子、烟匪等2 279 名，黑龙江省破获敌特活动、土匪抢劫、烟匪、地富反把等案件235起。两省共搜查出长、短枪670支，轻、重机枪5挺，子弹199 360发，手榴弹2 000枚，电台1部。克山等7个县民兵，要回地主从农民手中夺去的土地6垧、房屋93间、粮食380石、牛马牲畜237匹、农具等2 580件、大车122台，立下了不可磨灭的功绩。到1953年，黑龙江民兵共消灭残匪18股；制止、破获敌特活动82起，其他案件3 352起，缴获各种枪支611支，各类弹药787 762发（枚）；扑灭山火965次，参加的民兵达8万多人次；护路、护线和守卫隧道、厂矿等重要目标的民兵达177 996人。

1950年朝鲜战争爆发以后，黑龙江省仅1951年，就有23 289人参加志愿军，占全省参军总人数的67%。全省共辖32个县，民兵有20万人积极报名参军。直接参战人数达33 917人，占全省参战总人数的34%。黑龙江赴朝14个志愿担架大队，有17 944人。1950年11月～1952年12月，抢运、救护伤员64 041人；装卸军需物资，火车3 589节、汽车95 515辆、大车6 926辆；挖汽车掩体4 469个；建桥191座。共获得各种奖旗214面，立特等功22名，一等功212名，二等功以下1 588名。

民兵参军支前剿匪统计表
（1950～1955年）

表2-7

年度	参军（人）	参战（人）	捕匪（人）	缴获长、短枪（支）	缴获机枪（挺）	缴获子弹（发）	缴获手榴弹（枚）	破案（起）	抓获犯人（人）
1950	21 189	20 947	3年共计1 235	547	14	183 808	2 068	457	1 944
1951	32 166	21 298		266	1	158 590	2 000	307	555
1952				122	1	28 481	28	698	4
1953				21				16	17

黑龙江地区的民兵组织和民兵，还在抢险救灾中发挥了应有的战斗作用。中国最北部有一个村庄——漠河县“北极村”。1955年，兴安二龙河山林起火。漠河县民兵全力奔赴火场，辗转追扑40多天，扑灭方圆200多里山火。

1949～1957年，是黑龙江垦区的初创阶段，在变“北大荒”为“北大仓”的建设中，垦区的民兵发扬人民军队的光荣传统和“南泥湾”的精神，用拿过枪杆的双手拿起锹镐，向“北大荒”开战。1957年春天，著名的雁窝岛的开发，谱写了可歌可泣的感人事迹。

黑龙江省是边境省，与苏联有3 040多公里（含为北京军区代管的80公里）的边境线。省内边境地区的广大民兵边疆保卫中，与边防部队建立起联合防卫组织——军民联防委员会，实行军民联防，配合部队保卫边防。

1969年珍宝岛战斗打响后，五林洞民兵组成23人担架队赶赴前线。他们在－10℃的气温下，共运输弹药122箱，抬下伤员64人。五林洞民兵20多人为伤员献血3 600毫升。五林洞民兵连120人，在珍宝岛战斗中，荣获集体一等功，25人分别荣立一、二、三等功。连长陈文忠和鲁志霞（女）代表五林洞民兵连参加了国庆二十周年观礼，3次见到毛泽东主席，在中南海受到周恩来总理的接见，并一起合影留念。

珍宝岛事件后，位于黑龙江中游爱辉古城南面约6公里处，与苏联柯尔佛夫斯基村隔江相对的黄旗营子，根据边防斗争的需要，建起了由2名女民兵担任的简易观察哨。15年来，她们制定了一套严格的观察制度，一丝不苟地履行着哨兵的职责。1979年对越自卫反击战打响后，她们增加夜间观察，掌握了对方飞机、车辆、坦克的活动，半个月里报告重要情况30多起，受到上级的表扬。1978年沈阳军区授予“常备不懈的哨兵”称号。1979年省妇联授予“北疆女哨”和“三八红旗集体”，地区团委授予“新长征突击队”等荣誉称号，军分区给记了集体三等功。

1969～1976年8月，与苏联的湖布图河只有不过几米之隔的东宁县三岔口乡东方红村，是一个朝鲜族聚居的山村，全村共188户，人口近1 000人。民兵连劳武结合，积极配合边防部队巡逻、执勤、站岗放哨、观察、潜伏、盘查验证。盘查验证42万多人次，截获越境分子3人，避免人畜误越事件7起，获重要军事情报12件。东方红民兵连在保卫边疆的斗争中多次受到省、地、县，沈阳军区、省军区、军分区的表彰奖励。毛泽东主席题字命名为“东方红战斗村”。

呼玛县三合屯的民兵，为维护祖国尊严与领土完整，在保卫吴八老岛斗争中作出了贡献。1969年9月23日，国务院、中央军委授予该屯为“三合战斗村”的光荣称号。

1969年5月，达斡尔民兵排长山秋林奉命带领民兵到黑龙江中的吴八老岛执行生产任务，勇救被苏军机枪惊跑的马车，荣立二等功。为了保护国家森林资源，有2 100多名达斡尔族民兵组成了骑兵、步兵防火突击队，坚持在山林中巡逻，哪里有火情，民兵们就冲向哪里，有效地防止了森林火灾。鄂伦春族民兵对开发和建设大兴安岭，搞好护林防火工作做出贡献。赫哲族民兵配合部队3次堵截越境分子，两次捕获外逃人员，18次在界江参加反干涉斗争。还挖交通壕、堑壕5 000余米，山洞1条，以及防空洞和掩体等，为保卫边疆立下汗马功劳。

从20世纪50年代大庆油田的开发，到70年代油田的建设和80年代油田的发展，都是党领导的人民群众和几万民兵共同创造的人间奇迹，“石油工人一声吼，地球也要抖三抖！”这豪言壮语都是铁人的精神和民兵的作用在创造、在闪光，谱写了中国石油史上崭新的篇章。1971年4月的一天，大庆采油四厂三区正在作业的一口井燃起大火。厂党委迅速调集1 000多名民兵奔赴现场，及时扑灭大火。

哈尔滨电影机厂基干民兵连长王志胜，先后协助公安部门破获和预防案件150多起，获公安部二级英模称号，荣立二等功。哈尔滨粮油综合加工厂基干民兵连副指导员郭志坚，为了维护社会治安和保护群众的安全，曾先后4次勇斗歹徒。黑龙江省军区授于他“雷锋式的好民兵”的称号，黑龙江省人民政府、省军区给他荣记一等功。1983年3月，沈阳军区评他为“临危不惧、见义勇为的民兵标兵”。

1983年4月底，嫩江地区遭受了有史以来最大的暴风雪袭击，公路阻塞、通讯中断、停电停水，生活生产受到严重影响。灾情发生后，齐齐哈尔市人民武装部和嫩江军分区，在地方党委和政府的领导下，迅速组织了4 000多个抢险救灾突击队，有46万多名民兵参加了救灾战斗。并有1.2万多名民兵受到奖励和通报表扬。这一年黑龙江省4个地区遭受暴风雪袭击。绥化预备役师和齐齐哈尔预备役团2 500名干部战士奔赴灾区抢险救灾。共排除险情420余起，抢救群众84人，架设修复输电线路10条。

1984年，黑龙江省出动民兵9万多人次配合、协助公安机关维护社会治安，破案890多起，抓获、堵截罪犯450多人，收缴了大批凶器和赃款赃物。1985年，协助破案3 700起，抓获犯罪分子 3 050人。

在社会主义精神文明建设中，黑龙江省民兵通过“学雷锋小组”“贴心人小组”“帮工助劳队”等形式，为公益事业和人民群众做好事7.5万多件，有750多人立功受奖。科学试验，培养人才；移风易俗，树立新风；美化环境，改变市容；抵制庸俗，精神文明等方面各省民兵都发挥了应有的作用。截至1984年，全省民兵家庭专业户达6.57万多户，1.93万多民兵成为万元户和万斤粮户。

第三篇　经　济

第一章　农　业

黑龙江省拥有南北两大林区（大、小兴安岭林区和张广才岭、老爷岭林区）和东西两大平原（松嫩平原和三江平原），呈“五山一草一水三分田” 分布，由此形成全省农区与林区相间，农林水牧渔相结合的生产布局。早在新石器时代晚期，繁衍生息在这片广袤富饶土地上的古先民们，已经从采集、渔猎为生的游牧生活，向从事养殖种植的定居生活过渡，开创了原始农业。种植业逐渐成为定居部族的主要生活来源。随着人类文明的发展，民族的融合变迁和社会演进，农业历经兴衰起伏。中华人民共和国成立后，经过30多年的建设发展，至1985年，黑龙江省已经建成盛产大宗粮食、大豆和多种工业原料，农林水牧渔副各业全面发展的农业大省，成为国家的重要商品粮基地之一。

第一节　种植业

一、开发生产

考古证明，在距今4 000多年前，黑龙江地区的先民已经学会使用石器和骨器工具砍伐树木杂草，开荒种地，并已掌握锄耕技术。之后经长期生产劳动经验的积累和中原等地先进生产技术的传入，至公元前3世纪，黑龙江地区种植业生产已有了明显进步。生活在松嫩平原西南部地区的夫余人，牡丹江流域的挹娄人和穆棱河流域的沃沮人，先后成为农业生产先进部族。据《后汉书·东夷传》记载，夫余“土宜五谷”，挹娄“有五谷（黍、稷、穄、麦、菽）、麻布”。

南北朝时，挹娄后裔勿吉人在松花江上游和黑龙江下游等地分布居住，种植业生产演进到耦耕阶段。“有粟及麦、穄，菜则有葵”，出现了黑龙江地区历史上最早种植的蔬菜。

从公元7世纪开始，黑龙江地区畜耕逐渐兴起，标志着种植业发展到新的历史阶段。唐代，崛起于白山黑水间的靺鞨人，于周武则天圣历元年（698年）以牡丹江流域为中心建立渤海国，在其统治的全盛时期（公元8、9世纪之交），疆域扩展到“地方五千里”。人口“由初期的十余万户、六七十万人，增加到三百万人左右。”畜耕已发展到相当的水平。松花江以南的平原地带和牡丹江流域的土地广泛开发起来。普遍种植有粟、麦、穄、豆和大麻、苘麻、白苏等。1963年，在渤海上京龙泉府遗址（今宁安县渤海镇）出土的铸铁犁铧，据其形制、构造鉴定为用于畜力牵引的深耕、起垄农具。在此处和绥芬河流域还出土铁镰、铁铲等，均与同时期中原地区同类工具相似，表明当时的种植业生产技术已相当先进。渤海国人经营起来的种植业，是黑龙江地区历史上种植业开发很有成效的一个时期。契丹天显元年（926年），契丹攻灭渤海国，受战争破坏和人口被大量迁离故地影响，致使黑龙江地区种植业荒废。在此期间，西部地区的室韦部族，种植业虽也有所前进，但生产技术还较落后。《新唐书》《旧唐书》记载，室韦人的种植业生产活动谓：“土少金、铁，率资于高丽”“剡木为犁，不加金刃”“人牵以种，不解用牛”。以至“田获甚褊”。

后唐同光四年至北宋宣和七年（926～1125年），契丹人建立的辽政权，取代渤海国人对黑龙江地区的统治后，使“地沃宜种植，水草便畜牧”的松嫩平原西南部成为经营种植业的重点地区，发展屯田，耕作普遍采用“所种皆垄上”的垄作法。《辽史·食货志》记载，辽道宗初年，“……乌、春、泰（即泰州、在今泰来）等五十余城内，沿边诸州，各有和籴仓，依祖宗法，出陈易新，许民自愿假贷，收息二分。所在无虑二三十万硕（石），虽累兵兴，未尝用乏”。说明当时泰州地区已有充足的粮食储备。金毓黻著《东北通史》（1943年）版记：“辽初设泰州时，户七百，丁一千四百，到辽亡时，泰州户口已达三千五百”。辽时，对留居在东部地区的靺鞨人（时称生女真）以及西部地区的室韦等部族，采取征服招附，令其就地进行农牧渔业生产，交纳贡税。女真人后来逐渐向内地迁移，先后进到牡丹江、松花江沿岸及拉林河、阿什河流域等“田宜五谷”的地方，以“耕凿为业”。定居在阿什河地区的部族，随着生产发展，人口生息，逐渐强盛起来，统率女真各族，于北宋政和五年（1115年）灭辽，建立金政权，取代了契丹人对黑龙江地区的统治。

金代统治者致力发展种植业。先期采取解放奴隶，迁进人口，发展冶铁，普遍推广使用铁制农具，学习汉民族先进生产技术等措施，发展金源地区（今阿什河流域）的种植业生产。继而将“猛安谋克”（金代军政合一组织）调拨各路（行政辖区）屯田务农。相继在黑龙江、松花江、嫩江、牡丹江、绥芬河、乌苏里江沿岸的冲积地带和松嫩平原、三江平原等地开发起大片农田。据《金史》载：南宋绍熙四年（1193年）时，“上京、蒲与、速频、曷懒、胡里改等路猛安谋克户，计有一十七万六千余”。近代史学家考证，上述五路中除曷懒路（今属吉林省）外，在黑龙江地区的四路，当时人口在120～150万左右。按金制“以耒牛三头为一具，限民二十五口，受田四顷四亩有奇”计算，应有耕地21.008万顷，相当于现在的117.6448万垧。耕地面积超过了已往的任何时代。1945年以后，黑龙江地区出土了大量金代铁制农具，从犁铧、犁镜、头、锄、镢、锹，到镰刀、垛叉、铡刀等配套齐全。说明当时铁器农具已广泛使用。随着生产力的提高，农作物种类增多，有小麦、粟、稷、稗子、菽类、麻，蔬菜有葱、蒜、韭、葵、芥等类，还有西瓜、桃、李等。粮食产量达到了较高水平，不仅能够满足社会消费，而且有大量储备。但金代经营起来比较发达的种植业生产，到蒙古灭金时，因遭受战乱破坏而衰落。

在元、明两代统治的420多年里，黑龙江地区种植业生产长期处于停滞的状态。元代，黑龙江地区仅在今肇东、绥化、五常、依兰、汤原、富锦等局部地方设置屯田。到了明代，仅初期在嫩江以西地区有过驻军屯田，并资助当地蒙古族人进行粗放的种植业生产，种植黍、稷、粟、蜀、秫等作物。东部广大地区女真等族人民，还过着渔猎或略事耕种的生活。

清顺治元年至康熙六年（1644～1667年），黑龙江地区有过一段移民开荒。自清康熙七年（1668年）起，清朝政府对黑龙江地区实行近200年的封禁政策，严禁汉人入垦。在此期间，只在一些边防驻军的局部地方有少量屯田种粮，以应军需。直到清咸丰十一年（1861年），才部分放禁，逐渐准许中原地区移来的农民进入呼兰、绥化、宾县、五常、双城、依兰、宁安等地领荒垦地。清光绪三十年（1904年）后黑龙江地区全部开放，移民日渐增多，放荒面积迅速扩大。清咸丰十一年至宣统三年（1861～1911年），黑龙江地区先后放出荒地累计达769万多垧。在所放出的荒地中，垦为耕地的约占40%。随着汉族农民入垦增多，黑龙江地区种植的农作物种类也逐渐增多。19世纪末，麦、粟、大豆、玉米、高粱、水稻、杂豆、麻、烟等各类农作物黑龙江地区都有种植，蔬菜种类也比较齐全。黑龙江地区的耕作主要依靠人工和畜力，地多人少，技术落后，耕作粗放，单产不高。土地经营者主要依赖广种取得多收。收获的农产品除自身消费部分外，其余则向市场销售。农民还根据市场对农产品品种的需求，来调剂种植的作物。清末，黑龙江地区种植业的商品性生产已有了一定的发展。

中华民国建立后，在黑龙江地区推行移民垦殖政策。1914年设立垦荒局，从事测量和调查可耕土地等事务。同时还设立了清丈兼招垦局，实行放荒、招垦、清丈同时并举的方针，大规模移民垦荒。到1930年黑龙江西部地区放荒7 641万亩，黑龙江东部地区放荒2 872万亩，黑龙江地区耕地达到8 763万亩。粮食总产量达759.5万吨，比1914年增长1.7倍，此时，黑龙江地区种植业生产有了较大的发展。

随着种植业生产的发展，黑龙江地区种植产品日趋商品化。1922年，居住于铁路沿线的农户出售的各种粮食比例，大豆、小麦的售量为产量的80%以上，玉米为55%，高粱为45%，谷子为30%。在农户的全部收入中，售粮的收入占60%。由于商品生产的发展，出现种植区域化的趋势，铁路沿线各县成为大豆、小麦的集中产区，松花江上、中游地区成为玉米的集中产区。

伴随商品生产的发展，出现了带有资本主义性质的农垦公司。1912～1925年，在绥滨县曾建立5个垦殖公司，呼玛县建立起3个垦殖公司。

日本殖民者侵入后，把黑龙江地区作为掠夺农产品的基地之一。除大量侵占土地外，还在“日满经济一体化”的口号下，利用傀儡政权，颁布各种法令，控制种植计划，强迫农民按照他们的需要生产粮食和工业原料。对种植产品，最初是通过贸易手段收购。1937年以后，实行“统制”政策进行搜刮，开始主要对粮食进行“统制”，1939年又对大豆、苏子、麻子等油料实行“统制”。从1941年起，采取了强制购销“粮谷出荷”的方式，强制农民除交纳田赋外，还必须按官定数量、价格，在规定时间内出售粮谷。“出荷粮”数量很大，一般大豆占产量的80%以上，小麦占60%左右，而且价格又很低。当时大豆市价每百公斤伪币200元，而“出荷”价仅17元，为市价的8.5%。日伪的残酷剥削，使种植业生产遭到严重摧残。以致粮豆单产降低，总产减少。1934～1944年，粮豆总产量一直徘徊在600万吨左右，粮豆总产量最高的1943年，也只有677.7万吨，仍未达到1931年的水平。这一时期，播种面积初期大幅度减少，后期逐步恢复，直到1945年日本投降时播种面积才恢复到1931年的水平。

日本投降后，日本“开拓团”的耕地大部分撂荒，加之当时土匪滋扰，黑龙江地区种植业生产又一次遭到破坏。中共黑龙江地区各级组织和黑龙江地区各级人民政府，为了恢复和发展种植业生产，在剿匪和土地改革的同时，开展了农业生产运动。及时发布指导文件，召开各级干部和各种专业生产会议，抽调大批干部深入种植业生产第一线，指导农民适时春耕播种，夏锄铲趟，秋收征粮。同时还根据中共中央、中共东北局的指示，结合本地实际情况，制定了促进种植业生产的方针、政策和具体措施，调动了农民发展生产、劳动致富的积极性。到1949年，黑龙江地区播种面积恢复到8 534.3万亩,粮豆薯总产量达到577.5万吨，保证了前线军粮供给和后方人民的生活需要。

中华人民共和国成立后，中国共产党和人民政府把发展种植业作为国民经济的基础，随着土地改革和农业社会主义改革的胜利完成，以及科学技术措施的推广应用，特别是普遍推行家庭联产承包责任制，使黑龙江地区种植业生产有了很大发展。经过土地改革、农业社会主义改造、大力推广农业技术和深入开展爱国增产竞赛运动，黑龙江地区种植业生产有了较快的恢复和发展。截至1958 年，全省播种面积增至10 505.9万亩；粮豆薯总产量增至878.0万吨，比黑龙江地区解放前产量最高的1943年677.7万吨增长29.6%。人均粮食占有量增至793.1公斤；农业总产值增至22.9亿元；全省人均农业产值增至207.3元。

全省实行农业合作化后，由于“左”的思想影响，片面强调生产关系变革，过早地建立人民公社， 在“大跃进”的口号下，刮起了“浮夸风”“瞎指挥风”“高指标风”。1958年10月7日， 中共黑龙江省委召开电话会议，提出在结冻前动员一切可能的力量，用最大的努力力争全部耕地深翻一尺以上。1959年中共第八届八中全会后，又在全省开展了反对“右倾机会主义” 运动，使原来的“高指标”“瞎指挥”“浮夸风”等左倾错误更加严重地泛滥起来。加之1959～1961年连续遭受严重自然灾害，以致全省农业生产力遭到严重破坏，种植业生产急剧下降。全省播种面积下降到9 793.5万亩，比1958年减少712万亩，下降了6.7%。粮豆薯总产量也由1958年的878.0万吨下降到582.5万吨，下降36.6%。人均粮食占有量由793公斤，下降到500公斤，下降37%。种植业总产值也比1958年下降36.9%，年均下降9.2%。这个时期，全省粮食极度紧缺，人民生活水平下降，农村贫困户、缺粮户大量增加，普遍采食野菜、野果或用包米皮、包米瓤、豆皮、稻稗、稻壳、麦壳、榆树皮等做代食品。由于营养差，人们体质普遍虚弱。据依安县当时对富饶公社一个管理区的调查，有30%的人患有浮肿病、干瘦病。大牲畜由于缺草缺料，膘头下降，数量减少。由于大牲畜体质瘦弱，数量减少，被迫减少对增产有重要作用的技术措施，甚至有的地方撂荒耕地，全省种植业生产遭到严重挫折。

为了扭转种植业生产严重下降的局面，中共黑龙江省委，根据中央文件精神，结合全省实际情况，相继制定了《关于农村人民公社当前政策问题的补充规定》（试行稿）《关于认真清理一平二调帐目坚决退赔的规定》（试行稿）《关于农村人民公社工作条例（草案）的补充条例（草案）》及《黑龙江省农村人民公社社队规模调整规划（草案）》等文件，在全省开展了整风整社运动，集中力量解决对农业生产破坏极大的“共产风”“浮夸风”“命令风”“干部特殊化风”和“瞎指挥风”。经过整风整社，调整了社队规模，确定了以生产队为基础的三级集体所有制。对不按政策规定，不等价、无偿抽调社队和个人的一切财物和劳动力的做法，都认真清理，坚决退赔。“瞎指挥风”“浮夸风”“命令风”“特殊化风” 有了很大转变。生产队的平均主义也有所克服，全省80%的生产队实行以产计酬，20%的生产队实行“三包一奖”。整顿了公共食堂，缩小了供给制范围，开放农村集市贸易，允许社员发展家庭副业和手工业生产。这些政策和措施，受到了广大农民的欢迎，调动了农民的生产积极性。经过几年的调整，扭转了种植业生产严重下降的局面，出现了蓬勃发展的好形势。

1966～1976年延续十年的“文化大革命”，使全省种植业生产再一次受到挫折。“文化大革命”期间，全省各级农业行政机构处于瘫痪状态，无法领导生产。种植业科研、教育和技术推广部门也遭到严重破坏，许多专家、教授和技术骨干被下放劳动。在所有制上，许多地方搞“穷过渡”，又一次刮起了“共产风”。农业学大寨也偏离了正确方向，在社队分配上， 取消了“按劳分配”的原则，推行所谓“大寨工分”，即“大概工分”。在种植业生产上，鼓吹“不为错误路线生产”“革命搞好了，生产下降也可以”“宁要社会主义草，不要资本主义苗”等谬论。到处批判唯生产力论，取消社员自留地，“割资本主义尾巴”，禁止农村集市贸易，这些“左”的东西，挫伤了农民的积极性。但农民主要靠发展生产维持生活，对这些“左”的做法，进行了一定程度的抵制，使种植业生产在极端困难的情况下缓慢发展。在此期间，全省粮豆薯总产量基本徘徊在1 100万吨左右。1976年粮豆薯总产量1 122.5万吨，比1966年增加84万吨，增长8%，年均增长0.8%。农业总产值43.3亿元，比1966年增加10.9亿元（均按当年价格计算），增长33.6%，年均增长3.4%。

黑龙江地区主要农作物播种面积与产量统计表

（1949～1985年）

表3-1

年	度	1949	1950	1951	1952	1953	1954	1955	1956	1957	1958	1959	1960	1961	1962	1963	1964	1965	1966	1967
大豆	面积(万亩)	1 730.4	2 000.8	2 110.8	2 075.1	2 223.2	2 283.5	1 930.2	2 334.7	2 274.0	2 064.0	2 160.6	1 984.2	1 951.6	1 794.7	1 918.8	2 060.5	2 109.0	2 145.0	2 206.6
	产量(万吨)	108.5	139.5	158.0	163.0	173.5	137.0	141.5	166.0	150.0	165.0	179.5	157.3	118.0	102.0	104.5	135.5	127.0	168.5	192.5
小麦	面积(万亩)	738.3	859.2	1 323.3	1 612.0	1 495.7	1 406.8	974.5	930.6	1 364.0	1 083.2	1 455.5	1 425.6	1 573.3	1 250.1	1 262.6	1 361.7	1 683.8	1 732.8	1 958.4
	产量(万吨)	31.0	46.5	59.5	86.5	61.5	78.0	59.0	55.5	78.5	66.0	102.5	69.4	85.0	60.5	54.0	73.5	115.5	120.5	152.5
水稻	面积(万亩)	167.4	190.8	174.0	185.6	178.1	232.1	261.7	440.7	380.8	499.4	437.3	462.5	262.7	193.6	184.9	220.3	221.6	215.2	225.0
	产量(万吨)	20.5	27.0	22.5	33.5	37.5	38.0	55.5	71.0	42.5	75.5	66.0	36.5	26.0	23.0	25.5	24.0	30.0	39.0	46.5
玉米	面积(万亩)	2 265.2	2 184.9	1 810.5	1 811.5	1 642.0	1 722.0	2 144.9	2 528.6	1 909.7	2 486.7	1 835.7	1 818.3	1 856.6	2 509.4	2 625.1	2 580.5	2 557.2	2 729.9	2 615.7
	产量(万吨)	197.5	221	194.5	211.5	179.0	182.5	243.0	246.0	163.0	278.5	218.0	128.5	132.0	220.5	243.0	222.5	288.5	342.0	389.0
谷子	面积(万亩)	1 554.9	1 578.5	1 408.3	1 487.4	1 377.6	1 409.5	1 695.9	1 635.7	1 709.8	1 591.6	1 329.8	1 304.4	1 350.6	1 399.4	1 532.8	1 595.4	1 673.8	1 699.5	1 699.0
	产量(万吨)	91.5	98.5	111.0	128.0	97.5	99.5	136.0	108.0	118.0	129.0	121.5	73.0	75.0	75.5	91.5	101.5	137.0	146.0	181.5
高粱	面积(万亩)	939.7	970.2	1103.9	1001.0	1088.0	991.7	985.6	1029.9	889.2	631.4	548.9	631.8	594.8	709.6	767.5	819.2	744.8	680.4	705.5
	产量(万吨)	72.0	96.5	100.0	100.5	100.5	90.5	89.5	84.0	59.5	63.0	62.5	42.5	41.5	55.5	69.5	49.5	60.0	71.5	95.5
小杂粮	面积(万亩)	520.5	500.8	425.0	573.5	578.7	574.0	666.7	524.6	801.4	667.9	630.2	537.4	524.8	524.8	425.8	404.4	449.8	375.2	362.6
	产量(万吨)	26.0	24.5	25.5	32.5	28.0	30.0	36.0	31.5	28.5	38.0	41.5	31.6	22.5	18.0	23.5	24.0	25.5	32.0	33.5
马铃薯	面积(万亩)	213.8	239.0	246.6	573.5	312.9	314.9	358.7	349.0	339.9	361.1	407.7	318.3	225.2	262.2	306.2	318.5	370.9	467.2	448.3
	产量(万吨)	152.5	162.5	167.5	240.0	182.5	240.0	300.0	152.5	125.0	315.0	297.5	140.0	100.0	130.0	177.5	197.5	232.5	307.5	302.5
亚麻	面积(万亩)	19.2	26.8	37.1	27.4	41.9	58.0	72.9	53.8	40.7	57.8	75.4	—	—	43.7	53.0	56.5	61.9	64.1	71.7
	产量(万吨)	1.31	1.74	3.01	2.27	3.50	5.87	8.45	6.66	4.74	6.41	7.99	—	—	2.12	3.10	4.85	5.67	7.85	10.81
甜菜	面积(万亩)	16.4	23.4	21.8	35.9	54.4	82.9	121.7	146.7	166.6	220.3	162.2	165.0	137.1	53.1	55.8	90.4	127.7	142.0	121.2
	产量(万吨)	14.75	20.01	21.53	30.27	36.67	77.54	105.98	109.29	105.43	160.04	111.06	65.18	34.15	13.16	19.90	60.62	102.94	122.75	123.25
蔬菜	面积(万亩)	238.7	246.1	222.6	297.8	269.1	323.0	347.7	349.9	345.8	406.6	455.0	546.4	809.6	563.7	446.2	321.4	330.2	286.5	281.5

黑龙江地区主要农作物播种面积与产量统计表
（1949～1985年）

续表3-1

年度		1968	1969	1970	1971	1972	1973	1974	1975	1976	1977	1978	1979	1980	1981	1982	1983	1984	1985
大豆	面积(万亩)	367.9	342.1	310.0	381.8	342.8	376.5	366.7	355.0	381.2	407.1	434.7	400.3	354.7	328.1	338.5	390.8	352.9	332.2
	产量(万吨)	205.0	122.5	202.5	245.0	185.0	227.5	257.5	250.0	242.5	260.0	370.0	312.5	255.0	225.0	217.5	307.5	312.5	217.5
小麦	面积(万亩)	2 181.0	2 318.8	2 488.1	2 306.8	2 401.8	2 398.0	2 396.4	2 468.9	2 432.4	2 593.1	2 620.8	2 788.9	3 157.8	3 285.5	2 856.5	3 144.5	2 970.3	3 056.9
	产量(万吨)	213.0	196.5	237.0	216.5	215.0	167.0	249.5	245.0	267.0	267.5	254.5	333.2	394.5	314.0	268.5	451.0	382.5	377.0
水稻	面积(万亩)	224.8	247.2	218.8	236.9	244.5	180.3	225.5	275.5	345.2	323.7	321.1	309.5	315.6	336.1	358.9	368.2	416.3	584.5
	产量(万吨)	53.0	32.0	38.0	41.5	20.5	35.0	53.5	71.5	48.0	62.5	71.5	71.5	79.5	56.0	71.0	91.5	124.0	163.0
玉米	面积(万亩)	2 496.0	2 474.7	2 470.7	2 800.0	2 512.7	2 510.9	2 998.6	2 931.9	3 011.0	2 792.2	2 835.6	2 941.2	2 826.0	2 365.5	2 045.1	2 462.4	2 880.1	2 364.9
	产量(万吨)	330.5	228.0	391.5	484.0	333.0	426.5	536.0	562.0	462.0	410.0	602.0	581.0	520.0	387.5	296.5	463.5	676.5	412.0
谷子	面积(万亩)	1 584.3	1 646.7	1 714.1	1 647.9	1 624.9	1 665.3	1 592.9	1 518.2	1 425.9	1 427.1	1 367.9	1 281.3	1 153.2	1 153.8	1 083.9	1 122.7	950.2	739.1
	产量(万吨)	129.5	98.5	166.5	130.0	86.0	135.5	132.0	157.5	90.0	116.5	149.0	129.8	103.5	99.5	87.5	125.5	115.5	63.0
高粱	面积(万亩)	718.7	764.7	644.6	655.6	625.0	502.9	510.8	512.4	553.1	521.3	481.9	505.7	407.0	442.8	435.0	471.1	439.8	217.3
	产量(万吨)	88.0	45.0	82.5	78.0	37.0	60.5	61.0	76.5	53.0	54.5	77.5	62.5	63.0	65.0	54.0	77.0	100.5	34.0
小杂粮	面积(万亩)	410.6	404.9	463.3	394.6	395.3	387.7	339.3	335.0	320.6	351.5	352.1	350.7	317.5	311.8	313.0	354.6	330.1	278.5
	产量(万吨)	36.0	30.0	48.0	33.5	23.0	32.0	29.5	32.0	26.0	30.5	41.0	36.0	30.0	27.5	27.5	40.5	40.0	24.0
马铃薯	面积(万亩)	367.9	342.1	310.0	381.8	342.8	376.5	366.7	355.0	381.2	407.1	434.7	400.3	354.7	328.1	338.5	390.8	352.9	332.2
	产量(万吨)	205.0	122.5	202.5	245.0	185.0	227.5	257.5	250.0	242.5	260.0	370.0	312.5	255.0	225.0	217.5	307.5	312.5	217.5
亚麻	面积(万亩)	79.1	52.6	26.5	29.6	42.9	57.4	49.5	57.2	62.4	69.4	73.2	77.3	133.2	120.4	79.9	79.6	98.1	110.5
	产量(万吨)	11.98	7.61	3.76	4.29	6.12	7.54	6.21	8.47	7.17	10.83	9.42	9.79	17.49	18.28	5.92	13.11	18.62	14.76
甜菜	面积(万亩)	114.5	128.5	143.9	156.3	176.6	186.7	175.5	198.1	212.0	223.2	216.5	218.8	364.9	351.5	366.2	505.6	457.6	438.1
	产量(万吨)	106.89	89.75	98.69	118.97	100.82	117.34	110.83	117.78	121.68	104.71	122.57	124.05	287.60	312.65	274.27	515.18	422.81	315.23
蔬菜	面积(万亩)	243.3	318.9	363.3	331.8	375.2	410.6	397.3	413.5	424.8	482.9	515.3	502.2	495.5	443.0	464.2	443.2	410.1	373.8

“文化大革命”结束后，中共中央坚决纠正“文化大革命”中在农业方面“左”的错误。为了全面贯彻落实中共中央制定的方针政策，中共黑龙江省委、省人民政府从全省实际情况出发，改革农村经济体制、落实农村经济政策，调整农作物结构，使农业生产得到迅速发展。到1984年，全省粮豆薯总产量达到1 757.5万吨，比1977年增加621万吨，创历史最高水平。农业总产值为121.5亿元（按1980年不变价格计算），比1977年增长1.28倍。1985年虽然遭受严重的自然灾害，经过抗灾斗争，仍然获得较好收成。全省粮豆薯总产量达到1 430万吨，种植业总产值达到114.31亿元，比1977年增长1.27倍。

二、结构布局

黑龙江地区早期的种植业生产，基本上是根据当地自然条件和人们生产生活需要安排种植作物。直至清末的大开发时期，黑龙江地区农民才逐渐扩大出售产品的生产，农家把市场需要也作为安排生产的一个因素，增加或减少某些作物的种植。中华人民共和国成立后，国家实行计划经济，中共黑龙江地区各级组织和黑龙江地区各级人民政府根据经济建设和改善提高人民生活的需要，要求黑龙江地区各地结合当地自然条件，有计划地安排农作物种植。在国家计划的指导下，逐渐调整生产布局。中共第十一届三中全会后，为了充分发挥全省各地资源优势，做到因地制宜，适地适种，从1979年开始，省农业局组成区划领导小组开始编制全省农作物种植区划。规划出10个作物种植区（即北部山地麦、油、薯、药区，小兴安岭低山沿江麦、豆、薯区，东部三江平原豆、麦、稻、糖、苇区，完达山西段低山丘陵米、豆、糖、麻、烟、蚕区，南部张广才岭山间河谷米、豆、稻、烟、果、药、蚕区，小兴安岭西南山边豆、米、稻、果药区，松嫩平原东南部米、豆、麻、糖区，松嫩平原北部麦、豆、薯、糖、麻区，松嫩平原北部麦、豆、薯、糖、麻区，松嫩平原中南部杂粮、糖、油区，松嫩平原西部杂粮、油、苇区）和1个类型区（工矿、林、油、城郊蔬菜类型区），编写出《黑龙江省种植业区划》。《黑龙江省种植业区划》的编写，对调整全省农作物生产布局，建立各种作物的商品生产基地，起到重要的指导作用。

三、农业技术

黑龙江地区种植业历史悠久，发展曲折。中华人民共和国成立前，始终为粗放经营，技术落后。农作物种子主要是农家品种，由农民自选自用。农田施肥很少，基本依靠土壤自然肥力维持生产。农田耕作，普遍使用弯勾犁杖，三年扣种一次。作物栽培，基本是大垄稀植。病虫等自然灾害，主要用人工防治，效果差。农作物单产水平很低。

中华人民共和国成立后，中共黑龙江地区各级组织和黑龙江地区各级人民政府把农业技术改造作为发展种植业生产的战略措施，加强农作物育种和良种繁育推广工作。1949～1985年，黑龙江地区繁育推广了大量优良品种，黑龙江地区主要农作物品种已更换45次，农作物每更换一次新品种，农作物均增产一成左右。与此同时，黑龙江地区大力积造农家肥料，完善积肥政策，改进造肥方法，使农家肥的数量增加，质量提高。同时，积极推广施用化学肥料，化肥的品种和数量增长很快，已成为农业增产的重要生产资料。对低产田采取农业措施和工程措施进行土壤改良。农田耕作，由传统的耲、扣交替耕作制，逐步发展为松、翻、耙结合的耕作制。病虫等灾害的防治，也由人工防治发展为以农业防治为基础，协调运用化学、生物、物理等防治措施，进行综合防治，有效地减轻了危害程度。与此同时，黑龙江地区积极进行营造农田防护林，治理水土流失等，保护农业生态环境。运用现代化种植业科学技术，促进种植业生产的发展。

四、经济制度

黑龙江地区自古就是多民族聚居区。在漫长的历史进程中，随着文化进步、民族融合、社会变迁、政权更迭，先后形成了各个不同历史时期的社会制度和具有显著民族特点的农业经济制度。

考古发现，大约在新石器时代晚期，距今4 000年前，居住在黑龙江地区的一些先进部族，已出现原始公社制农业。土地为氏族部落共同所有，族人共同劳动，产品共同消费，过着相依互利的共同生活。到公元前3～4世纪，接受中原地区先进文化较早、自身转化较快的部族，如生活在松嫩平原西南部的索离、夫余族，已进入奴隶社会，先后建立起奴隶主占有制的专制政权。土地基本上由氏族公有制过渡为国王直接控制的王田和贵族奴隶主占有的私田。在这种土地制度下，部落的广大劳动人民成了平民和被王家贵族占有的奴隶。奴隶成为依附统治者、任其驱使耕种土地、承担劳役、失去人身自由的主要直接生产者。他们的劳动产品，统归统治者支配，这是黑龙江地区早期的奴隶制农业经济制度。到公元7世纪末，受中原唐王朝政治、经济、文化影响，以牡丹江流域中上游为活动中心的靺鞨人，建立了渤海国地方民族政权，仿照唐王朝推行封建农业经济制度，利用占有的土地，对广大农民进行封建剥削。这是黑龙江地区封建农业经济制度的开始。不过，黑龙江地区由于各民族之间发展不平衡，进入封建社会的初期，一些边远地区的部族，仍延续奴隶社会制度，甚至有的地方还停留在原始社会阶段。就是上升到执政地位，建立封建王朝的民族，在执政之前，也残存着不同程度的奴隶制痕迹。夺取政权后，才使封建制度逐渐完善。黑龙江地区的封建农业经济制度，自渤海国时代（公元7世纪末）起，历经辽、金、元、明、清各封建朝代，时断时续，一直延续到中华民国和东北沦陷时期，历经1 200余年。20世纪中叶，中国共产党领导的民族民主革命取得胜利，建立起人民政权。1946～1948年，黑龙江地区实行土地改革，彻底废除了封建土地制度，实现耕者有其田。尔后，经过农业社会主义改造，逐步建立起土地资源归国家所有，人民政府统一管理，全民、集体、个人经营形式并存的社会主义农业经济制度。这种崭新的农业经济制度，推动了农业经济史无前例的飞跃发展。1983年，全省农村普遍推行家庭联产承包责任制。到1985年全省有98%的生产队实行联产承包，国营机械化农场兴办各类家庭农场13.7万个，承包耕地2 200万亩，占当年耕地总面积的84%。这种责任制，把个人的劳动报酬与劳动最终成果紧密结合起来，使农民在生产上有了充分的自主权，克服了过去集体经济管理过分集中，形式单一的弊端，调动了农民和职工的生产积极性，从而使全省种植业生产实现多种经营，充满生机与活力。

第二节 林 业

一、开发建设

《国语·鲁语》记载，当周武王克商，周朝始建后，黑龙江地区的肃慎曾派使者贡献“楛矢石砮”。此后的1 600多年中，黑龙江地区少数民族首领不断以此物朝贡中原。唐朝时期，粟末鞅鞨建立渤海国，后迁都于上京忽汗城（今宁安县渤海镇），其遗址在今宁安县东京城林区犹存。渤海国存续200多年中，茂密的森林，为其建筑业和船只的制造，提供了木材资源。辽、金、元、明、清各代，在黑龙江林区建造城郭、驿站、卫所等，尚有遗迹留存，如汤旺河畔的桃温万户府等。沿松花江、黑龙江达鞑靼海峡的驿站，许多名称至今犹存。从嫩江穿越大兴安岭修筑驿道，直至黑龙江边，成为国防通路。清康熙、雍正年间，清政府利用大森林的优质木材，修筑黑龙江瑷珲、墨尔根（嫩江）、布特哈、卜奎（齐齐哈尔）、呼兰等5座城镇，建官庄，垦农田。但当时黑龙江地区地广人稀，大森林基本保持着原始状态。

清朝康熙至咸丰近200年间，为保护祖先的“龙兴之地”，曾对东北地区实行封禁政策，使黑龙江地区的森林资源得到保护。清咸丰八年（1858年）何秋涛在所著《朔方备乘》卷二十一《艮维窝集考》中详说了东北林区48处窝集（即原始大森林）的位置和名称。今人谭其骧主编的《中国历史地图集》载，清嘉庆二十五年（1820年）黑龙江、吉林地区的原始森林划分为26片窝集。清咸丰八年和十年（1858和1860年），沙皇俄国迫使清政府签订《中俄瑷珲条约》和《中俄北京条约》，割去黑龙江以北、外兴安岭以南和乌苏里江以东共100多万平方公里的中国领土，从而使东北林区的48处窝集失去20处。这些窝集，占东北大森林“窝集”的42%，是今黑龙江省大森林面积的1倍还多，黑龙江林区的面积由此大为减少。

由于内忧外患的加深，自清咸丰十一年（1861年）起，清政府被迫逐渐“弛禁”，开放旗荒，此后有更多的关内冀、鲁、豫等省流民逐渐进入黑龙江地区垦荒种地，这时毁林辟农田之事多有发生，森林资源又有所减少。清同治、光绪年间，“蒙古尔山招垦后，伐木者初无限制，经将军奏准，伐木人领票入山而收其税，木十根税木一根。十五根以上至二十根者，税二根。木数递增，税亦随之”（见《黑龙江志稿·财赋志·森林》，该书卷二十二），清朝政府由毁林开荒中获得巨额木税。然而，松嫩平原的森林、草原却逐步变成大片农田。

清光绪二十二年（1896年），沙俄迫使清政府签订《中俄密约》，获得在东北修筑中东铁路权。中东铁路西起满洲里，东至绥芬河连接俄罗斯，仅20多年时间，长达1 000余公里的铁路沿线50～100华里宽的原始森林被砍伐殆尽（韩麟凤主编《东北的林业》，116页，中国林业出版社，1982年）。铺设中东铁路干、支线，全部就地就近砍伐林木作为枕木。车站房舍和铁路局一切附属设施建筑以砖木结构为主，有的全是“木刻楞”房屋，其机车和汽船燃料也用木材，加上铁路员工和市民的薪炭材，每年耗费森林资源甚巨。中东铁路公司开设许多伐木场，俄国等各国商人也涌入黑龙江林区建立伐木公司，乱砍滥伐原始森林。在哈尔滨等城市设工厂、商号，加工销售所伐木材，还通过中东铁路将大批优质木材运往俄国远销欧洲，据统计其年获暴利在1亿银元以上。到1930年时，中东铁路在黑龙江林区的伐木场有30余处，总面积达40 659平方公里，涉及今牡丹江、松花江、内蒙古牙克石等林业管理局10余个森工林业局范围。

19世纪末，黑龙江民族采木工业兴起。清光绪二十四年（1898年）创立黑龙江木植（即木材）公司，清光绪三十一年（1905年）于绰尔河流域设祥裕木植公司，清宣统元年（1909年）在哈尔滨设通原采木公司。中华民国时期，1912年在哈尔滨成立东三省林务总局，经营国有森林采伐事项。在汤原、通河、庆城（庆安）、黑河等地设立分局。根据中华民国政府《森林法》和《农商部修正东三省国有林发放规则》（发放即开发），1918～1925年，黑龙江地区的森林除国家直接经营外，各林区由林商承领组织采伐，当时较大的公司通原公司在通河、汤原、绥棱、通北4县境内承领森林2.2万平方里。铁嫩公司在铁骊、嫩江境内承领森林12 360平方里，其中在铁骊境内就承领7 275平方里之多。其余分布在上述6县和布西设治局（今内蒙古布特哈旗）、索伦山设治局、木兰、庆城（今庆安县）、龙镇（今北安县）、瑷珲、萝北、嘉荫等县的林区，则被华人木商承领为采伐区，华商承领每处被限制在200方里以内，合计为12 000多平方里。此外，呼伦县还有两名俄商承领1 000平方里森林。

清光绪二十九年（1903年），黑龙江全省木植税岁收22万余元，林业成为政府一项财源。

清光绪三十年（1904年），日俄为争夺势力范围，在中国东北地区发动战争。日俄战争结束后，日本取得南满洲铁路支配权，并组建了“南满洲铁路株式会社”（以下称满铁），日本木商与“满铁”配合，1912年后逐渐在牡丹江、宁安、海林林区出现日本人和中国人合办的采木公司，还有俄、日、中3方合办的采木公司，砍伐张广才岭、老爷岭及大小兴安岭林区森林。1916年，通过签订《吉黑林矿借款条约》，日本垄断资本“大仓组”“王子制纸”会社等，麇集吉林（今松花江以南地区当时属吉林省）、黑龙江，建立伐木场、制材厂、造纸厂。1919年，日本在中东铁路东线建立中东海林采木公司，在中东铁路西线建立中日俄合办的扎免采木公司。

1931年“九一八”事变后，东北沦为日本殖民地，伪满洲国设立林野总局，各省设营林局，县设营林署，通过《林场权整理法》，将森林全部收归“国有”，对中国民族资本所办的林场一律撤销，对中东铁路公司各林场随同公司一起纳入其控制之下。日本关东军和日本开拓团（移民）进入林区，通过日本采木组合及其雇佣的大小木把头（包工头），在林区建立采伐作业所。通过其官办森林采伐集团“满洲林业株式会社”及其分支机构，大肆掠夺森林资源，将大量木材运回日本。据东北沦陷时期资料记载，日伪当局14年间砍伐木材达1亿余立方米，破坏东北森林面积达9 000万亩之多。

1945年抗日战争胜利后，在黑龙江林区，中国共产党领导下的人民政权，开始接管林业。解放战争时期，黑龙江地区林业为恢复铁路交通、煤炭、电力生产及供应解放区工农业生产和人民生活所需的木材做出了贡献。

1945年9月～1946年，黑龙江地区设立黑龙江、松江、合江、嫩江、牡丹江5个省，五省人民政府先后设立林业公司，收集困山材和漂流木，以满足恢复铁路交通和工农业生产的急需。1947～1948年，黑龙江地区各省在林业公司基础上，逐步建立在东北林务总局领导下的省林务局等林业机构，下设19处林务分局（县林务局），在林区设有林务所（作业所），开始恢复森林铁路和制材厂。1948年冬，黑龙江地区各解放区人民政府组织各县农民采伐大队进山采运木材，据统计当年松江、合江、黑龙江3省完成采伐木材任务共203万立方米。黑龙江林区在中国共产党领导下建立林业工会，取消了林业生产沿袭的把头制，由林业工人当家做主，实行民主管理。1949年，黑龙江林区森铁运材量已超过伪满洲国最高水平1943年的47.1%。

中华人民共和国成立后，黑龙江林区在中共黑龙江省委、省人民政府领导下进行民主改革，组建新的领导体制，改革林业生产方式，开发新林区，进行基本建设，林业生产从此走上逐渐发展的道路。

黑龙江林区木材采运生产，从1950年东北林务总局改为东北森林工业总局起，在黑龙江林区设有黑龙江、松江、牡丹江、伊春森林工业管理局，辖24个森林工业分局。下设作业所、森铁处、制材厂等机构，进行森林工业采、集、运一条龙生产，木材产量逐年递增。1950年为290万立方米，1年翻了1番；1952年产量为425万立方米，超过东北沦陷时期伪满洲国最高水平1943年的37%。

国民经济第一个五年计划时期，黑龙江林区作为国家重要木材生产基地，开始进行林业基本建设。1953年，林业部成立东北森林工业管理局，黑龙江林区在原各森林工业分局基础上，建立24个森林工业局，成为县团级国营企业。1953年黑龙江林区木材生产量为646万立方米，为1949年的4.6倍。1954年，森林工业部设哈尔滨、伊春森林工业管理局。国家投入基本建设资金，引进设备，改革林业生产方式，建设职工住宅，修筑林区道路，改善林区交通，从根本上改变了黑龙江林区历史上缺少道路，物资运输靠人力捣背的状况。在生产方式上逐步变手工作业为机械化作业，变季节性作业为常年作业，变原木生产为原条生产，变游动式作业为定居作业。从而使闭塞落后的穷山沟开始向社会主义新林区发展。通过加强企业管理，大幅度提高了劳动生产率和经济效益。同年，森林工业部在哈尔滨成立东北制材工业管理局，黑龙江省在哈尔滨、齐齐哈尔、伊春、绥化、佳木斯、牡丹江等中心城市新建和扩建木材加工厂。全省锯材年产量达到200余万立方米。这个时期黑龙江林区开发向纵深发展，国家派来林业工程第三师转业官兵和山东、河北、辽宁等省大批支边青年，支援黑龙江省林区开发建设。延伸了汤林线铁路，从原来的南岔至伊春，向北延伸到汤旺河站，续建汤林铁路，沿线新建友好、上甘岭、丰林（五营）等森林工业局，在小兴安岭腹部建起政企合一的伊春市（森林工业管理局），开始对小兴安岭的原始林区深入开发。全省木材生产量进一步提高，到1957年达到743万立方米，为1949年的5倍以上。

1958年“大跃进”时，林业部将哈尔滨、伊春森林工业管理局和东北制材工业管理局下放黑龙江省，中共黑龙江省委、省政府决定由黑龙江省林业厅统一管理。全省森林工业和地方营林事业合并后，各地区成立森林经营局，各市、县设林业局（科），人民公社（现称乡镇）设林业工作站，全省林业形成体系。全省各地、市、县林业局建起国营林场132处，社（乡镇）办林场546处，队（村）办林场1 627处，大力发展营林生产。全省人民响应毛泽东主席“绿化祖国”、“实行大地园林化”的伟大号召，掀起植树造林高潮。1958～1960年，共造林1 106.5万亩，年均造林368.8万亩，成活率为45%，保存率27%。

1958～1961年，中共黑龙江省委、省人民政府统一领导林业，在伊春、松花江、牡丹江和黑河地区建立林业管理局，将各森工局与林管区合并成立林业局，伐木场与森林经营所合并成立林场，木材生产量成倍增长，1959年产量达1 303.7万立方米。全省森工林业局开始大规模人工更新造林，1958～1961年森工林业局更新造林421.8万亩，保存率为13.7%。“大跃进”期间，由于实行大面积皆伐作业，出现了更新跟不上采伐的问题。

1961～1963年，贯彻“调整、巩固、充实、提高”的方针，木材生产量1961年调减为625万立方米，1962年为776万立方米。1961年7月，国家主席刘少奇、国务院副总理谭震林到黑龙江省视察，提出合理利用森林资源，建立营林村等重要指示。1962年11月2日，周恩来总理指示：“林业的经营要合理采伐，采育结合，越采越多，越采越好，青山常在，永续利用。”同年11月18日，中共中央、国务院作出《关于成立东北林业总局的决定》。东北林业总局直接领导森林工业生产，地、市、县林业仍由黑龙江省林业厅管理。全省林业实行“以营林为基础，采育结合，造管并举，综合利用，多种经营”的方针，全省各森工林业局认真贯彻国家林业部《更新跟上采伐的标准》，均建立起营林专业机构——营林处。1964年7月，中共中央总书记邓小平视察黑龙江林区伊春东风（今汤旺河）林业局，指示说：“采育双包好”。东北林业总局总结推广了创造“采育兼顾伐”、建立革命化小工队的东风、新青经验。全省林区加强了更新造林、森林抚育。1962～1966年，森工林业局人工更新造林769.2万亩，保存率为44.6%，采育比例开始调整。黑龙江省林区进行大规模开发建设以来，到1966年，已建成森工林业局38个，比1953年增加14个森工林业局。1966年木材产量1 300.3万立方米，锯材产量254万立方米。

“文化大革命”时期，全省林业生产曾经一度出现停工停产，乱砍滥伐森林严重，森林资源遭到破坏，木材产量下降。“文化大革命”期间，全省木材产量年均1 500万立方米左右，出现了类似“大跃进”时期的“重采轻育”问题，规章制度废弛，管理混乱，采伐作业质量差，不清理林场。1968年，全省木材产量为1 026.3立方米（其中森工系统为923万立方米），比1966年下降300余万立方米。1969年年底，恢复成立省林业总局，1970年全省木材产量回升到1 426.1万立方米（其中森工系统1 248万立方米），已超过1966年水平。到1976年全省木材产量为1 546.6万立方米，是1949年的11倍。大兴安岭林区自1964年第三次开发，铁道兵官兵和林业职工，以及从1968年开始大批京、津、沪下乡知识青年和高等院校毕业生到林区，经过10余年开发会战到1976年嫩林铁路（嫩江——古莲）全线676.7公里通车，建成林业部直属大兴安岭林业管理局，下设8个森工林业局，64个大型林场，木材年产量达到263万立方米。

中共第十一届三中全会后，开始进行拨乱反正，为了迅速扭转林业严峻局面，在中共黑龙江省委、省人民政府领导下，黑龙江省林业总局进行更新造林和宜林地普查，制定1976～1985年营林发展规划。

1981年后，全省林业贯彻中共中央、国务院《关于保护森林发展林业若干问题的决定》和《中华人民共和国森林法》，加强森林保护、护林防火和林政管理，恢复林业公、检、法机构。1981～1985年，省森工林区共收缴盗伐、倒运木材24 498立方米，挽回经济损失424万元。贯彻全国人大《关于开展全民义务植树运动的决议》和中共中央、国务院《关于深入扎实地开展绿化祖国运动的指示》，全省各地、市大力植树造林。1985年，全省义务植树34 335万株，人均5.1株。自1978年全省有29个县（市）列入“三北”防护林建设工程到1985年，完成第一期工程，共营造各种防护林1 095.2万亩。全省共绿化荒山1 277座，绿化城乡街道和农村“四旁”（村旁、路旁、水旁、宅旁）农田实行方田林网化，并对绥化、海伦等9个绿化先进县表彰奖励，促进了全省造林绿化的发展。

1983年，黑龙江省林业总局分为黑龙江省林业厅和黑龙江省森林工业总局。自此，除大兴安岭林业管理局及所辖8个大型林业局归林业部直属外，伊春、松花江、合江、牡丹江林业管理局及所辖的40个林业局，均属黑龙江省森林工业总局管辖（以下简称森工林业局），上述林业局均经营深山区的大片森林。在黑龙江省内各行政区建立14个行署、市林业局，69个县、市林业局（科），这些地、市、县林业局属于黑龙江省林业厅系统，经营浅山区的天然次生林，发展营林、造林事业。1983年后，全省在林业生产上大力贯彻林业部提出的“一下三上”方针，即调减木材生产量、大上营林生产、木材综合利用和多种经营。1985年，全省木材年产量为1 477.9万立方米。

二、森林保护

（一）资源管理

19世纪之前，黑龙江地区森林资源缺乏管理，以致森林资源和野生动物资源底数不清。进入20世纪初，中东铁路公司出于侵略目的，对中东铁路沿线两侧和岔林河林区进行森林资源调查，先后对森林面积和野生动物资源进行相应的调查。1931年“九一八”事变后，日本侵略者于1933～1935年对黑龙江地区的完达山、张广才岭、老爷岭以及哈尔滨、绥化、牡丹江、佳木斯、齐齐哈尔、黑河、嫩江和北安等林区进行航空调查。中华人民共和国成立后，黑龙江地区为了加强森林与野生动物资源管理，于1951年组建森林调查队，逐步开展森林资源、野生动物资源清查和资源统计工作，黑龙江林区的森林资源档案亦同时建立。由于档案是以林业部森林经理调查大队和黑龙江省森林调查大队的森林经理调查资料为基础建立的，统计和分析较为粗略，内容不全，缺乏科学性。根据国务院谭震林副总理"摸清全国森林资源"的指示精神，黑龙江省森林资源统计工作则从1962年4月开始进行。森林工业系统以林业局、林业厅系统以国营林场为单位，运用第一次森林经理调查资料进行全面统计汇总，1963年提出黑龙江省森林资源统计成果报告，为全省建立森林资源统计制度奠定了基础。同年3月，林业部颁发《关于国营林业局（场）建立森林资源统计制度的规定》试行草案。依据规定精神，1964年东北林业总局和省林业厅分别召开森林资源统计工作座谈会，向下属各市县和森工林业局作详尽部署，使全省森林资源统计工作进一步开展。1965年，在全省森工系统的各林业局、场普遍开展资源建档活动。1966年，受"文化大革命"的冲击，刚刚建立起来的森林资源统计和建档制度被迫中断，处于无人管理状态。

为了扭转这一局面，省林业总局和大兴安岭林业管理局，从1970年开始，重新组织机构，建立队伍，开展森林资源资料整理工作，分别搞清"文化大革命"中森林资源消耗混乱情况不清的问题。同时，重新恢复和建立森林资源档案。同年，省林业总局制定《黑龙江省森林资源统计办法》（试行），下发各地贯彻执行。随后，省森林资源调查管理局组织工作组，分赴各森工林业局和市县林业局作业务指导。经过6个月的工作，于1970年12月提出全省森林资源统计成果和森林资源分析报告，森林资源统计工作重新走向正轨。1973年省地方林业和森工企业分管后，省林业总局成立森林资源调查管理局，省营林局成立省第一森林调查大队，并专设森林资源管理室。其间，全省的森林资源统计汇总，由森林资源调查管理局负责，代表黑龙江省上报林业部。1974年省林业总局、省营林局分别召开全省森林资源建档工作会议，并颁发《黑龙江省森林资源档案管理办法（试行草案）》，对全省森林资源建档工作起很大推动作用。1975年，各森林工业管理局和各地区市县林业局，各采取短期训练班、现场会等不同形式，培训业务骨干，推动建档工作。到1977年年末，嫩江、牡丹江、黑河、合江等地区的各国营林场，在二类调查资料的基础上经过复查，普遍建立森林资源档案。到1980年省森工系统所属40个林业局和大兴安岭林管局所属8个林业局和伊春、黑河、牡丹江、合江、松花江、绥化、大兴安岭7个地区所属各县（市）林业局也普遍建立森林资源档案，形成省、地、县（市）、林场四级森林资源档案管理体系。1983年，省营林局转隶省政府序列，改称黑龙江省林业厅，并成立森林资源管理处，从此，全省的森林资源统计汇总，由省林业厅负责，每年都由省森林工业总局、大兴安岭林业管理局（黑龙江省资源部分）以及省国营农场总局、煤炭工业管理局、哈尔滨铁路局等单位各自汇总本系统的森林资源资料，报省林业厅，再由省林业厅负责汇总，上报国家林业部。

（二）护林防火

黑龙江地区的森林火灾，从清朝初期开始有记载。公元17世纪，大兴安岭林区的鄂伦春、达斡尔、索伦和蒙古等少数民族，在呼玛河、盘古河、阿穆尔河下游地带以游牧、狩猎为生，经常纵火焚林驱兽，森林遭到严重破坏。据《黑龙江外记》卷八记载，18世纪中叶，清代乾隆年间山火严重：“原野草盛，冬日易引荒火，火起处，昼如万盏灯光，荧荧地上，夜则照耀一天，数十里外望见之。齐齐哈尔西北索岳勒集山者，辽之七金山也（今博克图、牙克石一带），乾隆间有荒火之变，林木荡然，野兽焚死无算，可知火势之大，向迩为难”。

清咸丰十一年（1861年），清廷“封禁政策”改变，先实行部分开放，黑龙江地区首先放垦呼兰地区，此后放垦地区逐渐扩大。随着移民的开垦，人口迅速增加，烧荒放火频繁，不时引起火灾，烧毁很多原始森林，损失巨大。清朝对森林火灾如何预防，尚无证可述。19世纪中期以后，沙俄入侵强占“三江”（黑龙江、松花江、乌苏里江）航行权，霸占土地修筑中东铁路，大肆掠夺森林树木，也常引起森林火灾。待至中华民国初期，虽按国民政府颁布的《森林法》进行一些管理，但只不过以解决地方经费，征收山捐为主要目的，对护林防火未见实际行动。1916年1月25日，黑龙江省索伦山（今之内蒙扎赉特旗西部）大火，延烧五六百里，经三昼夜始熄。1931年版的《东省林业》在记述东山区（今之完达山、张广才岭一带）之森林特点时谈到：“因积压之枯枝过多，最易为火灾之媒介，星星之火，每致燎原。东山区内森林之火无常，实基因于此。其次当地居民每因蚊蝇过多，妨害人畜睡眠，辄喜堆薪作烟，以资驱逐蚊虫。此外，更因秋日枯草满山，足妨农作，每每故意纵火，烧成灰粪。凡此种种，偶一不慎，则宽广数百公里之良好森林，顷刻即成灰烬，良可惜也。”1918年，虽成立山林游击队（后改称山林警察局），只负责剿匪、禁烟、收税，对森林防火作用不大。

东北沦陷时期，黑龙江地区的森林火灾也不断发生。据伪满《实验林时报》记载，仅1939年东满、北满（主要是现黑龙江省版图）地区的营林署施业区，一年内就发生森林火灾49次，过火面积近11万亩，其中烧毁林地面积8.3万亩。1943年，黑龙江地区在鄂伦春、鄂温克、达斡尔少数民族地区的旗成立山火警防联络委员会，在民间组建以农民、猎户为主的爱林会。起火时，城镇消防队到现场指挥，由爱林会和地方群众出人扑救。灭火方法，用树枝和麻袋扑打。

从1945年抗战胜利到中华人民共和国成立，黑龙江地区各级人民政府都曾建立武装护林队伍，实行封山育林。中华人民共和国成立后，黑龙江地区在恢复与发展林业生产的同时，把护林防火作为保护森林的首要任务，广泛宣传群众，组织群众，采取群众运动与专业队相结合的办法，认真贯彻执行“预防为主，积极消灭”的方针，采取各种防范措施。省级人民政府设护林防火总指挥部，森工系统和黑龙江地区各地、市、县设有森林防火机构，不断进行护林防火宣传教育，大力开展森林防火、扑火、灭火。在森林防火戒严期，省人民政府发布布告，使林区人民家喻户晓，把护林防火作为自己的义务。东北航空护林局利用飞机进行巡护，发放宣传品和救火物资，运送扑火队员。黑龙江省设有武装森林警察总队，各林区分驻有支队，大队和分队，从事专业森林防火、灭火的艰巨任务。全省林区建设防火公路，开设防火线24 800余公里，设置防火通讯线路和瞭望台，使用飞机、火车、汽车、摩托车、望远镜、电台、对讲机和风力灭火机等现代化护林防火设施开展护林防火。由于森林面积大，林区偏僻，人烟稀少，交通闭塞，加上对火源控制不严等主、客观原因，有的森林火灾未得到及时控制，造成严重损失。1981年5月11日，护林飞机发现大兴安岭地区松岭区马架子河东岸林区内发生火灾。在起火处的几十公里之内都无林业机构和居民区，距松岭区100多公里，交通十分不便。经过奋力拼搏与战斗，终于5月16日将火扑灭，但是由于发现火情晚（飞机发现时已燃烧三个多小时），加之交通不便，很多地段无道路，扑火人员靠徒步进火场，因此扑火人员正式扑火时，火势已难控制。这次火灾损失重大，火烧总面积213.7万亩，其中天然次生林面积128.3万亩、荒山草地85.4万亩。

实践证明，武装巡护、专业扑火和广大群众相结合灭火的方法成效显著，全省森林火灾大幅下降。1985年发生的134次森林火灾中，成灾面积仅6.4万亩，占全省森林面积0.3‰。全省涌现出大批森林防火先进单位和模范人物，伊春林区金山屯林业局和勃利县均实现30年无森林火灾，受到国务院嘉奖。

（三）森林病虫鼠害防治

黑龙江地区森林茂密，历史上就有病虫鼠害发生。

中华人民共和国成立初期，黑龙江地区生态环境良好，森林与林中生物之间处于协调稳定状态，加之人工林极少，病虫害在天然林中虽有发生，但危害程度较轻，灾害不突出。20世纪60年代以后，随着林业事业的发展，天然林被开发利用，面积逐年减少，人工纯林逐年增加，且树种单一，林分结构劣变，林中生物相互制约的关系受到破坏，造成森林病虫鼠害面积逐年扩展，危害种类逐年增多的趋势。进入20世纪70年代中期，由于森林过量采伐和“文化大革命”期间病虫害防治工作无人管理等原因，给森林病虫鼠害的发生与扩散创造了条件，全省森林受害面积急剧上升，据1979～1982年普查，全省有513种病虫鼠害，危害严重的有20种。20世纪80年代以后，随着防治能力增强，防治技术提高，全省的病虫鼠害发生面积全省林区逐渐减少。特别是中共第十一届三中全会以后，全省林区认真贯彻改革方针，落实防治承包责任制，国家和地方每年都投入一部分资金专用在防治病虫害上，同时开展病虫鼠害的预测预报、森林植物检疫等，全省林区病虫害防治工作业已步入正轨。

三、森林经营

东北沦陷时期，1934年的伪满当局在黑龙江重点林区设立营林署，当时曾采种育苗、营林造林，但成效甚微。

1950年冬，松江、黑龙江两省在交通方便的主伐林区，建立起中华人民共和国第一代经营机构——森林抚育站，1953年秋改称为森林经营所，受所在省林业厅和县政府双重领导。1954年8月松江和原黑龙江两省合并后，在全省林区建立5个森林经营局，与森林工业管理局对口；34个林管区与森林工业局对口；193个森林经营所与森工主伐林场对口，森林经营专业队伍扩大到12 520人。这段营林和森工分设机构、层层对口、互相监督的体制，持续到1957年末。当时严格按照林业部规定，管理伐区拨交和验收，对采伐方式不合理，清理林场不合格者，一律不拨给新的采伐区，从而保证了森林采伐与更新的质量。

1958年1月，根据国务院关于工业体制下放的决定，省林业厅、哈尔滨森林工业管理局、东北制材工业管理局合并为新的黑龙江省林业厅，统一领导森林工业生产和营林工作。全省上下森工和营林机构层层合并，属于森工施业区范围内的森林经营所，有成过熟林的合并为主伐林场；无资源可采的和森工施业区外经营所单独存在，以营林造林为主。从此，森林工业企业在林区举足轻重，森林经营管理技术干部大多改行，出现了政企合一，以木材生产为主的局面。1962年11月18日，中共中央、国务院决定成立东北林业总局，国家将森工企业上收，为林业部派出机构（设于哈尔滨市），主管东北、内蒙古的森林工业。省林业厅主管各地区、市、县林业，在重点林区建立森林经营局（嫩江地区设国营林场局），主管各市、县国营林场。这时林区的森林经营林场由1961年的92个，发展到1963年为199个；后来在林区人民公社所在地建立新型经营林场240个，在生产队建立林业管理站1 414个，配备的营林干部，多数从东北农垦总局转业军官中解决。同年，东北林业总局及各森林工业管理局内设营林处，各森林工业局设营林科，主伐林场对口设森林经营所，其任务是护林防火、更新造林、指导和监督主伐林场进行合理采伐，执行伐区拨交验收制度，进行森林抚育改造。这个时期，全省森林经营事业又开始新的发展。

1966年“文化大革命”开始，营林事业遭受冲击，森林经营机构和林业管理站，被视为“管、卡、压”单位，转业军官被戏称“林达子”而调转改行。1968年4月，各市、县新型经营林场和林业管理站被撤销，有些被合并到老林场，有条件的重新组合成新的经营林场。森林工业总局系统也撤销营林机构，解散营林专业队伍，把能生产木材的经营所合并到主伐林场，其余的森林经营所也承担起木材生产任务。

1967年，黑龙江省革委会生产委员会下设林业组，1969年，成立省林业总局下设营林组，开始管理全省森林经营事业。1973年，在省林业总局领导下成立营林局，开始主管地、市、县营林事业。1975年森工系统营林处，又从省营林局划归回省林业总局，主管各森林工业局的营林事业。1966～1983年，全省森林经营机构和经营方式，一直处于动荡变化之中。

1978年12月中共第十一届三中全会以来，中共中央、全国人大常委会和国务院十分重视和关怀林业，并作出一系列重大决策，使林业建设经过拨乱反正得到恢复与发展，全省林业建设从此步入一个振兴发展的新阶段。

1979年2月23日，第五届全国人大常委会第六次会议原则通过《中华人民共和国森林法（试行）》，明确规定“林业建设实行以营林为基础，普遍护林，大力造林，采育结合，永续利用”的方针。同年3月15日，中共黑龙江省委常委会专题讨论林业问题，第一次明确提出国民经济比例失调问题，而林业上比例失调尤为突出，林业生产重采轻育，只采不育，使许多地方剃了光头；小兴安岭过伐，大兴安岭过熟。全省林业生产濒临崩溃边缘。会议要求比例失调问题一定要认真解决，按照采伐规程合理进行采伐。

1982年10月中共中央、国务院发出《关于制止乱砍滥伐森林的紧急通知》。1984年9月公布的《中华人民共和国森林法》，将森林经营管理列为第二章，共5条具体要求。各级林业主管部门依照森林法规定，对森林资源的保护、利用、更新、实行管理和监督。

1983年1月1日，黑龙江省林业厅又一次恢复主管各地区、市、县林业事业，到1985年，全省各地、市、县森林经营林场恢复和发展到300个，林业管理站发展到265个，全省林业工作站有1 157个（先按人民公社大队建置，后改为按乡或镇设制），营林专业队伍达81 474人。1983年全省森林工业系统经营所达到269个，其中大兴安岭林管局13个；共有职工48 586人，其中大兴安岭林管局1 257人。1985年，森工系统营林专业队伍合计6.2万人，占森林工业总局系统职工总数的12.4%。

第三节 畜牧业

一、畜禽生产

黑龙江地区禽畜生产历史悠久。距今2 500年前濊貊人开始圈养牛马；肃慎及其后裔挹娄人“好养豕，食其肉”；勿吉人在嫩江流域已经养了牛、羊和狗等；夫余人已在松嫩平原饲养各类家畜，曾出名马，并“以六畜名官”。

公元2世纪家畜已进入原始交换领域。挹娄人的马除骑乘外，还作为物物交换的财产。周武则天圣历元年至后唐同光四年（698～926年）（唐渤海国时期），黑龙江地区畜牧业已很发达，鄚颉府的猪已成为名产，率宾府一带的良马最为著称，成为贸易之大宗，向山东半岛出售的渤海名马岁岁不绝，与日本也曾进行家畜贸易和马球比赛。此外，室韦诸部、乌洛侯、地豆于等部族，牧业也较发达，与外地不断进行牲畜交换。

辽代，居住在松花江下游直到日本海前广大地区的女真人称为生女真，生女真沿着松花江两岸建立了五国部。女真人在阿什河流域种植五谷，"以耕凿为业"，牛广泛用于农耕，促进了养牛业的发展，养马业也是女真族重要营生手段。辽初朝廷曾规定，东丹每年贡马千匹，女真万匹。直至辽末，女真仍贡"良马及犬"。女真向辽进贡的马匹数目和辽向女真动辄掠马以万或数十万计，说明了辽代女真养马业很发达。金代极为重视畜牧业发展。金初仍袭辽制，于各水草丰美之地，设置群牧以发展畜牧业。金天辅二年（1118年），金太祖从大臣阿里罕意见，禁止以马殉葬，并加强了国家对畜牧业的管理，在今三江平原、汤旺河流域、嫩江中游、齐齐哈尔附近及甘南县一带设群牧所12处。金正隆四年（1159年），海陵王下令从全境调马56万余匹，令民户自养，以备军用。金正隆六年（1161年），为了发动侵掠南宋的战争，金廷大征境内马匹，引起广大牧民反抗，致使畜牧业几乎濒临破产。金大定八年（1168年）明令规定："马者军旅所用，牛者农耕之资""杀牛有禁，马亦何殊"。经过20年的厉行牧政，蕃养滋息，畜牧业又得到了发展。元代曾在呼兰河、通肯河和拉林河沿岸，立屯以事农业。元至元二十八年（1291年），元廷诏还水达达等三万人、牛畜和田器，从事农耕。明政府令各大小酋长"各领所部，以安畜牧"。兀良哈人利用当地的优越自然条件，使畜牧业有了很大发展。明永乐二十一年（1423年），在三姓（今依兰县）一带，建州女真所部从事农耕，家家养牛。由于耕牛的广泛应用，带动了畜牧业的发展。东、南部"耕稼以食，城廓以居"地区，以耕畜为主的畜牧业有较快发展；西、北部"渔猎以衣，牛马为家"地区，牧畜有较大发展。当时家畜及其产品主要用于耕田、食品、交通、交换和战争，还用于馈赠、奖惩、嫁奁、祭祀等和向封建统治者交纳贡赋。

清初，清廷视东北地区为"龙兴之地"。清康熙七年（1668年），清廷下令对东北地区实行封禁，限制汉人入境，长达192年之久，影响了农业的发展，也阻碍了畜牧业的发展。到清咸丰十年（1860年），清廷宣布解除封禁，汉人大批移入，扩大开荒，添牛买马者一时骤增。清光绪三十年至宣统三年（1904～1911年）八年间，黑龙江地区放垦荒地764万垧，耕畜达50万头，在此期间繁殖家畜以牛为盛，耕马、绵羊多从呼伦贝尔和哲里木等地输入，猪禽多自繁。西部地区羊草甚茂，马食则肥，有家畜者十户有九，北部以铃当麦（燕麦）谷草秣之，马亦茁壮。在因泌屯（今齐齐哈尔市西南）举办一年一度的"楚勒罕"（盟会）盛会。每期20余天进行贡貂和交易家畜活动。

从19世纪中叶开始，黑龙江地区（现黑龙江省版图内地方）不断遭受沙俄入侵，畜牧业连续遭到掠夺。清光绪二十六年（1900年），俄军大举进犯，仅在呼兰一地，一次就强索耕牛1 000头。清光绪二十四年至二十九年（1898～1903年）沙俄修筑中东铁路时，俄籍员工、商人以及俄国"十月社会主义革命"前后逃亡来的地主、富农和资本家，先后带来较优良的奶牛4 000多头、猪1 375头、马665匹和蜜蜂等，对黑龙江地区奶牛等家畜发展和改良有一定影响。

中华民国初期，黑龙江地区开始建立畜牧管理机构和畜牧场，兴办学校培养人才，推动了畜牧业的发展。到1931年，马存栏达88.7万匹、黄牛34.0万头、羊17.5万只、猪126.2万头。

1931～1945年（东北沦陷时期），黑龙江地区多数畜禽集中在地主、富农手中。据1934～1939年伪满当局进行的六次畜产资源调查资料记载，在伪龙江省16个县316个屯调查统计的13 625户中，有13.5%的富户占有大家畜总数的66.8%，平均每户养大家畜7.41头。1939年10月，伪满政府对活畜及畜产品实行全面统制。1943年，成立满洲畜产公社哈尔滨、齐齐哈尔、牡丹江支社，执行畜产品统制任务，不许私人经营畜产品。据中华民国二十四年至三十年（1935～1941年）统计，出口皮张3 884吨、猪鬃毛4 322吨、绵山羊毛16 223吨、其他兽毛10 283吨、肠衣5 913吨。1942年，随着日本侵略战争的扩大和加剧，对家畜及畜产品的掠夺更加疯狂，实行强制征购。1942～1945年，日本侵略者在黑龙江地区征购马39万匹、牛45万头、羊37万只、猪113万头。由于强行“粮谷出荷”（强制征购农民的粮食），实行野蛮搜刮，农民的口粮、饲料严重不足。加之畜禽疫病猖獗，炭疽、牛瘟、猪瘟不断发生蔓延，家畜存栏逐年下降。到1945年6月末，全境马存栏114.0万匹，牛29.1万头、羊16.2万只、猪94.9万头，黑龙江地区的畜牧业已处于衰败的境地。

1945年抗日战争胜利后，黑龙江地区畜牧业从殖民地经济的桎梏中解放出来，经过土地改革，农民添牛买马、养猪养禽的积极性空前高涨。黑龙江省和松江省两省人民政府及时加强了对畜牧生产的领导，建立畜牧行政管理机构，发布《保护和发展耕畜布告》《严禁屠宰耕畜的通令》，发放大家畜执照，组织中西兽医进行畜病防治，举办赛马大会，推广和传播养畜经验，从苏联等国引进优良家畜品种，推行马匹改良和人工授精先进技术，使黑龙江地区畜牧业得以恢复和发展起来。到1953年马为143.4万匹，牛93.6万头，奶牛1.6万头，羊18.8万只，猪262万头，禽1 024万只，分别恢复和超过东北沦陷前水平。

1954年黑龙江省农村建立初级社时，马、牛等大家畜实行分等评级，入股分红，集体饲养，由于饲养管理跟不上，各地都曾发生一些瘦弱死亡现象。1956年，黑龙江省农村实行高级合作化，耕畜所有权改变了。全省148.4万头役畜归了集体所有，占役畜总数的99.6%。实行作价折股，作为入社股份基金，多退少补。高级合作化一般是一村一社，以自然屯划分生产队，土地、劳力、耕畜重新划分。由于高级社都比初级社的规模扩大，耕畜过分集中，畜舍设备不足，管理经验缺乏，耕畜瘦弱死亡现象增多。1958年实现农村人民公社化，耕畜全部转为公社集体所有，由生产大队管理，生产队使用。队与队之间实行耕畜抽肥补瘦调剂；鼻疽马集中隔离，病健互换；社队办畜牧场抽调繁殖母畜等“一平二调”（指集体经济内部平均分配，无偿调拨人、钱、物）、“共产风”，使畜牧业发展遭受了严重挫折。1958年，在“大跃进”中提出“六全十大养”（六全即全配、全准、全生、全活、全壮、全改良；十大养即养马牛猪羊禽，鱼蚕蜂兔兽），不切实际大办畜牧场和副食品基地，更加严重地破坏了畜牧业的基础。据统计，1960年全省办起畜牧场、畜禽基地场和副食品生产场14 448个，社队集体畜牧场33 610个。还出现“万猪场”“万鸡山”“万鸭湾”等畜禽归大堆的现象。由于人员思想混乱，饲料不足，畜舍不够，管理跟不上，部分地区的猪禽成批死亡。社员个人饲养部分因怕归公，也大量宰杀吃掉。加之，三年困难时期，饲料紧张，以及马传染性贫血病的流行，耕畜数量显著减少。1959～1961年，全省禽畜年平均死亡率高达9%，比正常年份高一倍以上。马匹由1955年的158.3万匹，降至1962年的111.7万匹，七年间减少46.6万匹，平均每年减少6.6万匹。黄牛从1953年开始下降，到1957年降至3万头，五年间减少49.4万头，平均每年减少近10万头。

1960年，中共中央指示调整人民公社管理体制。基本核算单位下放到生产队，耕畜的所有权和使用权统一归生产队，纠正“一平二调”，采取经济退赔等一系列重大措施，全省各地认真贯彻了中央指示，稳定了畜禽生产秩序。1961年，中共黑龙江省委相继提出了“以猪为首，以耕畜为中心，全面发展畜牧业”的方针，大家畜增殖收入参加当年分配的政策；贯彻“公养私养并举，以私养为主”的养猪方针和“允许社员家庭养一二头大牲畜、几口猪、几只羊、几箱蜂”的政策。为改善家畜特别是耕畜的饲养管理，中共黑龙江省委和黑龙江省人民委员会从1960年7月到1961年9月连续发出《黑龙江省大牲畜经营管理制度》《耕畜管理办法》《耕畜实行四包（饲养、使役、繁殖、积肥）一奖生产责任制》等文件。全省各地根据上述规定，采取了生产队集体饲养、分组分槽饲养、社员家庭包养、复壮院集中饲养老弱病畜等多种形式，改善了经营管理。1961年上调畜产品收购价格；1963年发放贫区投资和无息贷款3 881万元购买耕畜，实行生猪出售“斤猪斤粮”“购留各半”“卖猪奖售饲料粮”“超售加价”的政策；1964年开放家畜交易市场，整顿家畜配种站，培训配种技术人员，加强改进家畜繁育改良和防疫灭病等工作。由于上述措施的实行，扭转了畜禽下降的局面。马存栏从1963年开始回升，1965年达134.5万匹，黄牛1965年达94.4万头，奶牛5万头，羊108.6万只，猪391.4万头，禽1 924.8万只。

1966年“文化大革命”初期，执行一些极“左”口号和政策，使畜牧业遭受了严重摧残。畜牧行政、事业、企业机构被砸乱了，实行所谓的“开门办场”“开门办所”“开门办学”，广大畜牧行政、技术人员下放到“五七干校”或农村接受“再教育”，使畜牧生产、科研教育无人负责，陷于停顿状态。1969年，全省各级畜牧机构陆续恢复，工作逐步有人抓了，生产有人管了。1970年，省革命委员会发出《以养猪为中心全面发展畜牧业》的指示，把发展养猪和粮食生产放在同等重要地位，形成了六畜以猪为首的格局。省、地（市）、县层层建立养猪领导小组和养猪办公室。贯彻“积极发展集体养猪，继续鼓励社员养猪”的方针，规定了“集体和社员养猪一头划给半亩饲料地”，社员养羊划给放牧地、采草地和饲料地，提高活羊、羊毛、羊皮收购价格等一系列政策，进一步调动起集体和社员养畜的积极性。1972年全省生猪存栏突破600万头大关，1978年达到835万头，为有史以来最高年份。羊的存栏到1978年达218.7万只，比1965年增加110.1万只，平均每年增加8.5万只。由于马价有所提高，农业机械增多，约有40%的农田和运输作业由机械代替，因而马匹使役轻、膘情好，促进繁殖率的提高。马的存栏每年以2.8万匹的速度增长。到1978年，马存栏达164.5万匹，黄牛存栏1978年达105.1万头，奶牛存栏1978年达6.2万头，禽存栏1978年达1 893.7万只。

1978年12月，中共第十一届三中全会后，对畜牧业生产做出了一系列重大决策。集体养耕畜与土地一起承包到户，猪、羊、禽等饲养不受限制，提高畜产品收购价格，取消生猪、禽、蛋派养派购制度，开放畜产品集市贸易，改革畜牧体制，实行政、事、企分开，增加发展畜牧业贷款等重大决策，使全省畜牧生产从“左”的政策中解放出来。与此同时，大力发展了饲料加工业、乳品加工业，到1985年全省饲料加工业、乳品加工业产值已达21.43亿元，全省奶牛数量比1978年增加3倍；全省家禽数量增加2.4倍；全省黄牛数量增加42.6%。在此期间，全省羊存栏数量先增后减，由于农耕动力结构转变，小型拖拉机迅猛增加，致使役马日趋减少。全省马存栏数量比1978年减少46.6万匹；由于从省外大量购进白条猪，造成群众卖猪难，加之又处于取消生猪派购、实行开放经营，取消收购加价、实行议购议销政策的转换过程中，购销渠道不畅，以及饲料涨价，农民择利经营等诸多因素影响，全省猪存栏数量下降29%。

二、畜禽繁育改良

1931年以前，黑龙江地区仅在黑河、哈尔滨和滨洲及滨绥铁路沿线地方，以马和奶牛为主进行杂交改良，其他大部地区主要是用本地品种繁育。东北沦陷时期，曾先后引入良种畜禽，对本地畜禽品种杂交改良，效果甚微。1945年抗日战争胜利后，人民政府非常重视畜禽的繁育改良工作，逐步建立起种畜、禽场和繁育改良技术指导机构，并建立了各种畜禽育种小组（或协作组）和全省统一的育种组织——黑龙江省畜禽育种委员会，形成了全省的完整畜禽繁育体系。

随着生产形势的发展和技术的进步，畜禽繁殖方式方法也不断地改革和提高。从自然交配到人工辅助配种（本交），从用畜禽的鲜精到冻精人工授精，进而试作胚胎移植和胚胎分割也有了新进展。

在家禽孵化方面，从自然孵化到土法孵化（人工抚摩、炕孵、煤油灯孵），进而采用水暖、电机孵化，显著地提高了孵化效果。

在畜禽品种上，由自然选择到人工选择，引进良种，建立种畜、禽场，将新品种大量地、不断地供应国营农牧场和广大农村。在继续选育提高本地品种的同时，还有计划有步骤地用引进的优良品种畜、禽去杂交改良本地品种。到1985年，全省畜禽的改良率，猪、羊达100%；牛达70%；马达39%；鸡达50%以上。在利用其杂交优势的同时，又先后开展育种工作。中华人民共和国成立40多年来，黑龙江地区选育提高本地品种10个，引进国外良种31个，培育自己的新品种10个。

三、放牧

公元前2世纪，黑龙江地区大兴安岭一带的东胡人，利用天然的丰富牧草，逐水草游牧，以为生计。公元5世纪，在嫩江上游及大兴安岭北段。小兴安岭地区的室韦人，常逐水草而养牛、马。在省北部和东部最早活动的女真族，一直到金建国以前，饲养牛、马，分散在辽阔的草原、山谷间，过着“随水草以居”，迁徙无常的早期奴隶制的游牧生活。辽代，黑龙江地区的草原实行贵族领地制，把国有土地（含草原）赏赐给贵族和臣僚，作为放牧之地。北宋政和五年（1115年）金建国以后，仍袭辽制。于水草丰美之地，设置群牧所，放牧饲养马、驼、牛、羊等家畜。

元代，实行分封制，皇帝把一些土地包括草原，分封给皇族和王公大臣，归其私有。黑龙江地区大部分是分封给成吉思汗幼弟帖木哥、斡赤斤的领地。明洪武元年（1368年）明建国后，黑龙江地区西部蒙古族，仍保持固有的封建领主制。

清代，在封禁时期，草原均属清廷所有，作为牧地或狩猎围场练兵之用。蒙古王公领地，由蒙古王公领有，为其隶属蒙户游牧之地， 清咸丰十年（1860年）清廷正式废止封禁令。其间，经历清咸丰十一年至光绪二十九年（1861～1903年）部分开放和清光绪三十年至宣统三年（1904～1911年）全部开放，官荒、蒙荒、围场开禁放垦，逐渐转为私有，大部分草原为地主所有。

1912～1931年，继续放荒垦地。黑龙江地区的官僚、军阀利用特权，在清丈放垦过程中，攫取了大量的荒原（包括草原）。与此同时，富商和地主勾结，以跑马占荒的方式，占有大片荒原。

1931～1945年（东北沦陷时期），伪满政权以封建地主阶级为支柱，继续保持地主土地所有制，推行殖民政策，从日本大量移民建立开拓团，强行侵占了大量土地和草原。

1945年黑龙江地区解放后，实行土地改革，草原为国家所有。距村屯较近的草原指定为放牧场，在边远水草丰盛的地方设有放牧点。放牧形式有常年放牧、季节放牧、昼牧夜收、昼役夜牧、半役半牧等多种方式。1950～1960年，黑龙江西部地区的居民对草原的利用尚无定制。距村屯近的草场多用于放牧，远处草场用于割打贮草，但放牧与割草无明显界限。自由放牧无固定牧道，任家畜游走采食。无雨天专用牧地，因此草场被家畜践踏破坏严重。

划区轮牧是1960年以来出现的合理利用草原方式。1962年杜蒙自治县胡吉吐莫大队，把草原使用权落实到生产队，并划出放牧场与割草场。放牧场实行分片放牧，划分冬春与夏秋放牧场。调整了畜群规模，有计划按畜群固定放牧地。距村屯远的放牧场建立野牧点，野牧点设有房舍、水井、简易畜圈、畜棚，使缺水的草场得到合理利用。并固定四条主干牧道，减少家畜对草场的践踏破坏。从中选择沙岗地，做雨天专用放牧地，保护大片草场。对有培育改良条件的退化草场，进行封原育草。1963年，肇源县为了合理利用放牧场，全县有43个大队245个生产队实行了分区放牧制度。放牧场面积19.5万亩，生产队在草场上打井23眼，解决了放牧区内饮水的大问题，提高了放牧场的利用率。

1963～1964年，省畜牧研究所与红色草原牧场协作，于建群牛场以100头奶牛，在4 500亩草场上，实行六区轮牧试点。每年利用五个区，留一个区休闲。放牧区设饮水井，设雨天专用放牧地。确定放牧时期：6月1日始牧，9月中旬结束，放牧期110天；每区放牧6天，30天轮牧一次，一年轮牧四次。划区轮牧两年，草场产草量提高10%以上，牧草污染率减少19.8%，践踏破坏草场面积减少8.8%，草场利用均衡。1964年的放牧季节，奶牛产奶量，每头牛平均日产奶22公斤，比没实行划区轮牧时提高2.1公斤。

省农牧局1976年编辑的《饲料生产》中记载：黑龙江省羊草草场过度放牧后，羊草显著减少，豆科牧草更少，上繁草衰退，一般植物生长低矮，盖度变小，并且局部地段形成无植被裸地。1978年中共第十一届三中全会以后，调整了农牧比例关系。中共黑龙江省委、省政府曾多次重申发展畜牧业的方针和保护草原的政策，要求依法管好草原。嫩江地区1979年发布了《保护草原的布告》，1980年检查处理了一批不执行草原管理规定，进行毁草开荒的单位和有关人员。据龙江、林甸、杜蒙等七个县统计，查处不法毁草开荒单位90个，通报批评处分29人，处理不法毁草开荒指挥人员40人，缴销拖拉机驾驶人员的驾驶证34个，从而维护了法纪，使广大干部和农民群众受到教育，有效地保护了草原。

根据农、林、牧发展需要，合理利用资源。1980年以后，全省有计划退耕还牧，恢复草原。嫩江地区到1983年退耕还牧100.5万亩。其中龙江县对越界或占用国有草原开荒全部退耕还牧，到1982年全县退耕还牧40.5万亩。退耕后牧草产量增加，畜牧业得到发展。

黑龙江省1984年8月27日公布了《黑龙江省草原管理条例》，对草原所有权、使用权、草原保护、草原建设、草原管理机构、奖励和惩罚等都作了明确规定。各地贯彻后均收到了一定的成效。1985年6月18日国家颁布了《中华人民共和国草原法》，全省有52个市、县先后在草原管理站的基础上成立了草原监理站，确定了1 500名草管员。草管人员持省人民政府统一颁发的证件，依法管理草原，以维护生态平衡和保护畜牧业的发展。林甸县政府依据《草原法》查处违法开垦草原9 000亩的单位和个人，罚款2万多元，并责令退耕还牧，基本煞住了破坏草原的不法行为。

1985年，在杜尔伯特蒙古自治县、虎林县建立草地类自然保护区，以保护草原中优良牧草、蜜源植物和历史遗迹。凡是草地类自然保护区内一切动植物和自然景观、历史遗迹都要受到保护，使其形成多因子的综合体。

四、畜禽疾病防治

在清代，黑龙江地区就有牛瘟、炭疽、马鼻疽、奶牛结核病、羊痘、狂犬病、猪瘟、猪肺疫、禽霍乱等疫病（即畜禽传染病）发生的记载。瘟疫一旦流行，老百姓则束手无策，认为是天灾，有的烧香、拜佛，乞求神灵保佑，有的挂红布条、洒畜血，企图消灾避瘟。这些迷信活动，不但没有解除畜禽瘟疫，反而增加了传染机会，造成畜禽传染病的传播和蔓延。1925年11月1日，哈尔滨特别市政局颁布的《兽医处组织大纲》《防范牛疫（牛疫即指现在的牛瘟）规则》，这是黑龙江地区最早的兽医法规。1927年7月20日又公布《防止家畜传染病规则》和《防范牲畜鼻疽病规则》，在哈尔滨市及中东铁路沿线各地施行。1929年，在黑河设置了兽医检验所进行口岸检疫。

1931年东北沦陷后，炭疽、牛瘟、马鼻疽和猪瘟发生蔓延、暴发流行，危害严重。伪满政府先后颁布了10项家畜传染病防治方面的规定，在黑龙江地区推行。同时，伪满当局也采取疫苗注射和检疫、隔离等防治措施，但由于当时所采取的是殖民地政策和强制手段，广大人民群众对其有思想抵触和不信任，收效甚微。家畜传染病并没有得到控制。

1945年前，黑龙江地区畜禽普通病和寄生虫病从未进行防治，或听其自然，或任其传染蔓延。对畜禽普通病和寄生虫病的防治始于抗日战争胜利后。1945年“九三”抗日战争胜利后，黑龙江地区各级政府采取宣传教育、举办训练班、加强畜禽饲养管理和防治疫病等一系列措施后，扭转了家畜普通病多发的局面。与此同时，根据马疥癣病等畜禽寄生虫病的严重危害情况，黑龙江地区组织广大群众和兽医人员开展驱虫灭癞活动，保护了家畜的健康。1945～1948年，由于家畜流动性大，饲养管理不善，黑龙江地区牛瘟、炭疽等畜禽传染病仍不断发生，有些地方暴发流行。原黑龙江、嫩江、松江、合江等省于1947～1948年分别组建家畜防疫所，把家畜传染病作为主要防治对象，全面开展防治工作。

中华人民共和国成立后，黑龙江地区各级兽医院、所相继建立，兽医技术人员逐年增多，加强了畜禽疾病的治疗，畜禽普通病的病死率明显减少。与此同时，根据畜禽传染病危害情况，1951年1月20日黑龙江省人民政府下发防治畜禽传染病的决定，对炭疽、马鼻疽、疥癣、猪瘟等传染病开展了防疫和检疫。在检疫的同时，黑龙江地区每年春季开展炭疽预防注射，秋季开展牛瘟预防注射。到1952年，黑龙江地区消灭了牛瘟，控制了炭瘟病的暴发流行。在防治大家畜主要传染病的同时，对牛羊布氏杆菌病、牛肺疫、破伤风、马腺疫、羊痘等畜禽传染病也都根据发病情况，开展防治工作。1956年12月黑龙江省农业厅颁布《三年消灭猪瘟规划方案》，1957年2月黑龙江省人民委员会颁布《关于七年内消灭马鼻疽规划方案》，全省开展以消灭猪瘟、鸡新城疫为中心的猪、鸡传染病的防治工作。到1958年，全省控制了猪瘟的发生，对控制马鼻疽、炭疽、马疥癣、猪瘟、鸡新城疫等畜禽传染病的暴发流行起到重要作用。同时还组织兽医人员调查了畜禽传染病、寄生虫病的种类、危害情况、发病规律，总结出防治经验。搞好畜禽传染病防治工作需要联防协作。为此，1959年5月，黑龙江、吉林、辽宁、内蒙古四省区在黑龙江省泰来县召开第一次联防协作会议，制订联防协作方案，划分边缘市、县联防协作点。根据联防区、点的具体情况，确定以后每年定期召开会议，汇报总结畜禽防疫工作，交流经验。自1960年开始，全省又相继开展了马鼻疽、马传染性贫血病、疑似马传染性脑脊髓炎、马流行性乙型脑炎等家畜传染病的防治工作。在全省畜禽传染病得到有效控制的同时，畜禽普通病和寄生虫病却呈增多态势。1960年前后的自然灾害期间，由于饲草饲料不足，瘦弱家畜增多，全省畜禽普通病大幅度上升,全省畜禽寄生虫病仍不断发生，经采取防治措施，部分畜禽寄生虫病得到有效控制。

1960年3月14日，黑龙江省人民委员会颁布《黑龙江省畜禽防疫试行办法》（草案），规定了畜禽传染病的种类，并将疫情报告、防疫、检疫、收购与运输，出入境检疫、防疫检疫经费、奖励等全部纳入办法之中。此后直至1966年，全省陆续出台了多部畜禽传染病防治方面的法规文件，由于认真贯彻执行法规，畜禽防疫、检疫、扑灭疫情等都取得明显效果。

“文化大革命”期间，全省防疫机构和有关规章制度被破坏，畜禽防、检疫工作不能正常进行，全省已被控制的猪瘟等传染病又有复发，猪传染性萎缩性鼻炎、猪传染性胃肠炎、猪痢疾等新的传染病也有传入。同时，亦未能对畜禽寄生虫病采取全面防治措施。在此期间，全省兽医院、所门诊被取消，畜禽普通病无法防治。中共第十一届三中全会以后，全省防疫机构和有关规章制度逐渐恢复。同时恢复了兽医院、所门诊，全面开展家畜普通病的防治工作；加之农村联产责任制的落实，家畜承包到户，饲养管理工作得到加强和改善；农业机械化比例不断增加，减轻了耕畜使役强度，大家畜特别是马匹的普通病明显减少。1979～1981年调查，全省畜禽寄生虫病共有82种，畜禽传染病92种。此后，根据畜禽寄生虫病是直接接触侵袭或间接地通过媒介互相侵袭而流行的特点，在防治上采取了驱虫、检疫、隔离、毁尸、消毒等综合性措施。 1980年，全国铁路兽医检疫大联防组织成立；1984年，黑龙江、吉林、辽宁三省又开始恢复联防协作关系，开展活动，于当年11月上旬在辽宁省兴城县召开三省畜禽防疫灭病联防会议。这些联防组织对加强联系、互通情报、传递信息、交流经验、互相学习、协同作战，对扑灭和控制畜禽传染病、寄生虫病起到一定的作用。与此同时，1984年，黑龙江省在哈尔滨设立动物检疫站，同省兽医卫生防疫站合署办公。1985年年末动物检疫站合并到中华人民共和国哈尔滨植物检疫所，改称中华人民共和国哈尔滨动植物检疫所，负责全省动植物检疫工作。国务院于1985年2月发布《家畜家禽防疫条例》（以下简称《条例》），根据《条例》规定，农牧渔业部于1985年8月颁发《家畜家禽防疫条例实施细则》（以下简称《细则》）。《条例》《细则》的发布和实施，推动了全省畜禽防疫、检疫工作的开展，对控制畜禽传染病、寄生虫病的发生，对保护人民身体健康都起到重要作用。

1985年调查，全省已消灭了牛瘟、牛肺疫畜禽传染病。基本控制的有炭疽、牛羊口蹄疫、猪瘟、猪肺疫、猪丹毒、鸡新城疫、马腺疫、疑似马传染性脑脊髓炎、破伤风、马副伤寒、马流行性乙型脑炎、牛羊布氏杆菌病、羊快疫、羊肠毒血症、马传染性贫血病、马流行性淋巴管炎等20多种畜禽传染病。马鼻疽、奶牛结核病、猪气喘病、狂犬病、犬瘟热、禽霍乱、鸡枝原体病、鸡法氏囊炎等传染病和仔猪、犊牛下痢、雏白痢等幼畜传染病还在蔓延。一些从国外传入和省内新发现的猪传染性萎缩性鼻炎、猪传染性胃肠炎、猪痢疾、牛白血病、牛传染性鼻气管炎、粘膜病、牛羊副结核、鸡马立克氏病等畜禽传染病不断增多。到1985年，全省基本控制了家畜疥癣病、马胃蝇蛆病和焦虫病，猪囊虫病的感染率也明显下降。但对线虫病、钩虫病、结节虫病等20多种畜禽寄生虫病还没有全面开展驱虫，对畜禽的危害仍很严重。

五、经营管理

黑龙江地区畜牧业在1947年完成土地改革、废除封建所有制之后，个体畜牧业获得进一步发展，与此同时创办国营种畜场、畜牧场，国营畜牧业也开始形成。1956年完成农业合作化后，集体畜牧业迅速发展，并居于农村畜牧业的主导地位。中共第十一届三中全会后，随着农村经济体制改革，集体畜禽同其他生产资料一起作价归农民个体所有，分期偿还。养畜专业户、重点户像雨后春笋般地发展起来。同时还出现了国营与国营、个体与个体、国营与个体之间的联合经营，产加销一条龙、牧工商一体化的新格局。畜牧生产计划管理，家畜及其产品价格调整，对农村经济繁荣，商品经济发展起到促进作用。牧业区域规划，基地建设，为合理利用资源，因地制宜全面发展畜牧业提供保证。

第四节 水产业

一、自然捕捞

黑龙江流域的捕捞渔业历史悠久。从远古时代起，这里的先民就过着以渔猎为其主要来源的生活。在漫长的历史岁月中捕鱼工具逐渐改进。到了隋代，已经有了冰下捕鱼的记载。清代，出现了梁子渔业和大拉网渔业，随着汉族人大量移入黑龙江地区，使中原地区的先进生产技术得到传播，促进了渔业生产的发展。20世纪20年代初，俄国人首先在呼伦湖水系捕鱼，并实行企业化经营，兴盛一时，后来由于干旱和酷捕，鱼源衰竭，渔场相继倒闭，随之松花江、嫩江流域的渔业开始发展起来。中华民国时期，捕鱼工具已经比较大型化、多样化。但是，业渔者不多。1925年，黑龙江省实业厅派员实地调查，松花江沿岸肇州、肇东、呼兰、巴彦、木兰、通河、汤原、绥东各县（设治局）每年产鱼不过50万公斤；嫩江流域居民稀少，渔户无多，每年仅产鱼20余万公斤；黑龙江沿岸渔户寥若晨星，产鱼无几。据1929年黑、吉两省农矿厅统计，今属黑龙江省的市县共产鱼455.8万公斤，主要产地在松花江流域的呼兰、滨江、宾县、桦川等县，嫩江流域的龙江、泰来、泰康、嫩江等县，还有靠近牡丹江、镜泊湖的宁安县和乌苏里江流域的虎林县等。东北沦陷时期，日本进行掠夺开发，渔业产量大起大落。据《满洲年鉴》《东北之经济资源》《满洲国水产资源统计》《水产报告书》等资料记载，黑龙江地区渔业捕捞产量，1933年1.3万余吨，1936年46 885吨，1937年17 987吨，1938年14 401吨，1939年34 108吨，1940年41 673吨，1941年27 445吨，1942年24 714吨，1944年34 019吨。1945年日本投降后，国民党反动派又发动了内战，人民政府主要任务是进行政权建设和解放战争的支前工作，无力顾及渔业的发展。经过土地改革，虽然渔民分得了简单的捕鱼工具，但沿江一带社会治安不稳定，恢复捕鱼生产受到很大影响，黑龙江地区捕捞渔业遭到战争严重破坏，生产力水平低下，产鱼不多。至中华人民共和国成立前黑龙江地区产鱼数量已无完整统计资料可查。

中华人民共和国成立后，捕捞业逐步恢复和发展，随着船网工具的增加和改进，捕捞产量不断上升，特别是在1960年和1961年的暂时经济困难时期，大搞以鱼代食，“啃青”滥捞（大小鱼皆捕），全省年产达6万余吨。由于捕捞过度，加上从20世纪60年代末开始到70年代后期天旱缺水，工业废水污染江河严重，造成了渔业资源锐减。年产量大幅度下降，长期徘徊在17 000吨左右，1981年后年产量比较稳定，到1985年平均为2.3万余吨。

二、人工养殖

黑龙江地区人工养殖始于1939年。1939～1941年，曾往镜泊湖移殖池沼公鱼卵、小鲇仔鱼和虹鳟仔鱼进行孵化放流，但始终未见成效。中华人民共和国成立后，逐步进行养鱼试验，

1953年原黑龙江省建成当时东北最大的喇嘛寺放养场，标志着黑龙江地区养鱼真正开始起步。同年原松江省也把“要大力发展淡水养殖”的内容列入水产工作基本方针。1953年开始试点。1956年养鱼生产初具规模，养鱼水面达到67.2万亩，产鱼368吨。这是本省水产统计第一次列出的水产养殖产量数。

1958年7月，省人民委员会在宾县、呼兰召开了全省群众养鱼生产现场会议，推广宾县经建乡利用干沟筑坝蓄水养鱼和呼兰县富强社改造低洼地养鱼的经验。中共黑龙江省委书记、副省长杨易辰主持会议。会议制定了“三为主、三结合”的发展水产生产的方针。即：以养为主，以群众养为主，以发展数量为主；水库、池塘和江河、湖泊养鱼相结合，发展数量和提高质量相结合，在充分发动群众普遍开展养鱼的同时实行技术与群众相结合。会后，全省很快掀起群众养鱼的高潮。1959年8月，中共黑龙江省委在镜泊山庄召开省级副食品生产基地规划会议，推动了省及市、县营水产基地的发展。这一年甘南县东阳人民公社利用稻田进行养鱼首获成功。年末全省养鱼水面增加到77.95万亩。养殖产量提高到5 496吨。1960年，在暂时经济困难时期，提倡“以鱼代粮”，酷捕滥捞，使水产资源遭到严重破坏。年末，养鱼水面达到156.91万亩，养殖产量剧增为1.63万吨。由于受“大跃进”中瞎指挥风的影响，许多群众养鱼点一哄而起，养鱼效果欠佳，未能坚持下来。针对严重破坏水产资源的现实，1961年，中共黑龙江省委提出“实行保、养、捕并举”方针，对渔业进行调整。由于江河鱼源减少，捕捞产量从高峰急剧下跌，“吃鱼难”的矛盾日益显露出来，促使人们提高了对发展养鱼的认识。但是，“养捕之争”一直困扰着渔业生产的取向，养鱼发展缓慢。1967年省水产科学研究所进行工厂化试养成鱼取得效果，但由于成本高，管理复杂，未能推广。到1969年，全省养鱼水面为185.5万亩，养殖产量1 900吨。1970年初，省农副产品局在兰西召开全省渔业生产会议，推广绥化县四方台公社友谊三队浅水养鱼的经验。随后省革命委员会生产指挥部批转了《关于全省渔业生产会议的报告》，指出“要充分利用一切可以利用的水面，以养为主，以发展群众养鱼为主，大力发展浅水养鱼”，全省再次形成群众性养鱼的高潮。从此，发展渔业生产的指导思想和实践初步转上了以养为主的轨道。1972年1月，省革命委员会批转了省革命委员会生产指挥部在佳木斯召开的全省水产工作会议形成的《会议纪要》，提出“要坚持以养为主，养捕结合，以国营渔业为骨干，大力发展群众性的水产事业”。几年间，全省养鱼生产有了较大发展，但由于基本上是粗放粗养，单产不高，效益较差，所以全省各地养鱼点起伏不定。1973年，全省养鱼水面达到245.69方亩，养殖产量为5 229吨。

从1974年开始，在农林部连续几年召开的全国城郊养鱼现场经验交流会的推动下，哈尔滨、齐齐哈尔、牡丹江、佳木斯等市发动群众，大力兴建城市郊区养鱼池塘，发展精养高产，取得显著成绩。特别是1978年国家计委和水产总局把黑龙江省列为国家扶持建设的全国十大片商品鱼基地之一后，全省有10个社队商品鱼基地县，大搞标准化池塘建设，发展精养。从城市郊区到广大农村一改过去粗放养殖的状况，使养鱼生产进入一个新的发展阶段。为开辟养鱼新途径，1978～1980年，还在双城石人沟、甘南音河、五常龙凤山等水库先后进行网箱养鱼试验，有的取得了较好效果。1982年6月，省人民政府发出《关于加速发展渔业生产的决定》，强调要认真贯彻“动员各方面力量，充分利用各种水面，实行以养为主，养殖、增殖、种植、捕捞相结合”的方针，发动国营、集体、个人一起上。从而推动了全省养鱼生产持续、稳定的发展。1984年，全省养鱼水面为279万亩，养殖产量达到2.9万吨，占水产品总产量的52.3%，当年全省渔业发展历史上第一次超过了捕捞产量。1985年，全省养鱼水面为291.9万亩，养殖产量达到3.82万吨，占水产品总产量的比重比1984年增加5.2个百分点。

全省从20世纪60年代中期以来，还开展了其他水生动、植物的养殖。但是，除养蚌育珠形成一定产量外，其他如养鳖、养河蟹等均属试养，成效甚微，并未开展起来。

三、水产供销

黑龙江地区的水产品交易活动，可追溯到渤海国时期。唐开元元年（713年），当时渤海地方政权向唐王朝朝贡，进行“通贡贸易”，同时与北方各部族进行“通市贸易”。辽、金、元时代虽不向中原王朝朝贡，但向黑龙江地域部族头领强行索贡，贡使往来有土特品交易。明清时代仍然延续“通贡、通市”贸易。“通贡贸易”的水产品，主要是鲟鱼、鳇鱼、细鳞鱼类、东（珍）珠等；“通市贸易”的水产品，主要是鱼类、（鳔）胶、鱼皮、珍珠等。清代前期，黑龙江地旷人稀、劳动者食鱼“不须买也”，唯“好逸者乃买耳”（《柳边纪略》）。所以，当时水产品的交易量很少。

中华民国时期，水产品虽然自由交易，但渔民进行水产交易，要受渔把头和鱼批发商的双重盘剥。东北沦陷时期，黑龙江地区有几个大中城市作为水产品集散地，建立了水产品批发市场，日本人在一些主要产地成立了水产株式会社，实行生产、经营、销售垄断。随着侵华战争和太平洋战争的加剧，逐步对水产品实行了全面统制，成立了名目繁多的水产品专营组织，制定官价，指定市场，并颁布《水产统制令》，不准场外交易。

1946年黑龙江地区解放后，水产品交易又恢复了自由交易。不久，人民政府整顿市场秩序，规定市场场地。1956年，为了加强水产品的营销，在重点市、县成立了国营水产供销公司，统一归口经营。1960年以后，随着副食品市场的全面紧张，对鱼品实行了二类物资管理，市场实行凭票限量供应。为了保证大中城市、工、矿、林、油区的年、节供应，在收购上采取了派购、奖售等政策措施，同时，加强了水产品和渔需物资购、销及价格的统一管理。水产品市场出现了由国营水产供销公司一家统一收购，统一作价，统一供应的状况。

1978年中共第十一届三中全会以后，全省水产品市场逐步放开、搞活，价格随行就市，国营、集体和个体自由运销，生产、购销两旺，市场鲜活鱼不断，到1985年全省基本改变了吃鱼难的局面。

四、渔政

黑龙江地区的渔政管理始于中华民国时期。1916年1月，呼兰县在呈请筹办沿江渔业办法中曾提出“凡鱼发育之时应禁止网罟入水，即捕鱼之网其网目不及二寸者亦概禁勿用”，但未实施。1923年，农商部训令黑龙江省实业厅“宜从渔期渔法及渔网疏密诸端分别限制”。到1924年泰来县回复黑龙江省实业厅《关于部拟定渔法饬属调查渔业》时也有“捕鱼各户于官署呈请之案，发给捕鱼执照，随时更换”的记载。1929年，国民政府公布《渔业法》后，在1931年7月黑龙江省政府委员会决议实施《肇州县管理渔业暂行规则》，对松花江、嫩江业渔者作若干限制规定。东北沦陷时期，1937年伪满政府曾颁布《渔业取缔法》及《渔业取缔法实施细则》，“对主要渔业取许可制度，禁止有害捕捞方法，保护淡水鱼族之回游，并统治水产物之交易”，但《渔业取缔法》主要是规定海洋渔业的许可与取缔，涉及淡水渔业内容有限，且并未付诸实施。黑龙江地区解放初期，大量的密眼网（网眼不到1厘米）被保留下来，有害渔具占有很大比重，改革渔具又受经济条件的限制，举步维艰。中华人民共和国成立后，原黑龙江省、松江省对繁殖保护水产资源十分重视。1950年4月1日，松江省人民政府颁布命令，为保护鱼类繁殖，严禁使用密眼网及爆炸物捕鱼。同年，东北人民政府为恢复与发展水产业，统一管理和保护重要水产之繁殖，奖励渔业生产，制定、颁布了《东北渔业暂行条例》。随即，原黑、松两省开始在水产行政部门建立渔政机构，配备渔政监督管理人员。1952、1953年，原黑龙江省和松江省人民政府分别颁布了《黑龙江省水产繁殖保护办法》和《松江省水产事业管理暂行规则》，这是中华人民共和国成立后黑龙江地区首次制定的水产繁殖保护规章。1956年10月，黑龙江省人民委员会下发《关于制止滥捕幼鱼，保护水产资源的紧急通知》，要求各级人民委员会立即制止群众捕杀幼鱼，营救隔绝在浅水地带和稻田里的幼鱼，市场停止行销幼鱼。1957年7月，黑龙江省人民委员会发出《关于加强保护水产资源和渔业管理的通知》，要求节制发展新渔具，设立保护区、保护期。同年9月，黑龙江省人民委员会又发出《关于加强秋季水产资源保护的指示》，12月颁发了《黑龙江省水产资源繁殖保护暂行条例》。经过不断总结经验，依靠群众，贯彻法规，使水产资源繁殖保护工作取得了成效。1957年，开始试行保护鱼类产卵场，全省有19个县市建立了40多处常年或季节性的保护区，水面约4.5万亩，有9个较大铁路桥梁上下游500米范围的水面划为常年禁鱼区，保护水面达18平方公里。有害渔具、渔法减少，如密眼网、沙口袋、鱼叉、鱼罩几乎绝迹，快钩、土梁子逐步淘汰，幼鱼捕捞比重下降，渔获量亦有显著增加。

1958年以后，由于农田水利事业的发展，许多的支流、河汊、湖泊修筑了堤坝，破坏了鱼类的自然繁殖场所，与此同时，由于工业废水污染使嫩江、松花江及其他水域发生大量死鱼现象。1970年3月，黑龙江省革命委员会发出《关于加强水产资源保护的通知》，强调要加强污水排放的管理，根除对水产资源的破坏。1972年4月，颁发了《黑龙江省水产资源繁殖保护实施细则》，规定在渔业水域抽水、放水，都要有拦鱼设备，不准损害幼鱼，要向产卵场所投放产卵鱼巢等繁殖保护措施。1973年8月，黑龙江省革命委员会批转了省供销社《关于当前保护水产资源情况和今后意见的报告》，提出控制渔业许可证、渔船、渔具的发展数量；对定置、定所渔具指定地点，对游动渔具划定游动范围，定所管理，限制追踪性的捕捞生产。

中共第十一届三中全会之后，进一步加强了渔政管理和水产资源的保护工作。1979年4月，黑龙江省革命委员会转发了《国务院关于颁布<水产资源繁殖保护条例>的通知》，同年9月，黑龙江省革命委员会批准了省水产局《关于加强渔政管理，整顿渔业生产秩序的报告》，同意在主要的渔场、水库、江段设立公安分局或派出所。为了开展渔业水域污染监测工作，从本年起在重点江段设立了观测站，及时发现污染死鱼事故。1982年4月30日，黑龙江省第五届人民代表大会常务委员会第2号令颁布了《黑龙江省水产资源繁殖保护条例》，从此全省渔政管理工作进入了依法整治的新时期。按照规定落实了水面使用权，换发与颁布了渔业许可证，整顿了网滩，清理了一证多用，一船多具的混乱现象，打击了破坏水产资源的不法行为，渔业秩序有了好转，资源有所恢复，捕捞产量呈上升趋势。1985年年末，捕捞产量达到28 184吨，比1978年增长近1倍。

第五节 农 机

世居黑龙江地区的各个民族，从狩猎、游牧，渐进于耕稼。劳动人民在长期的生产实践中，创造了丰富的农业生产工具。由原始的骨、石工具，发展到铁、木制器，由人、畜力直至油、电为动力的现代农业机械，这一演变经历了漫长的岁月。

黑龙江地区为全国较早引进使用半机械化、机械化的农业生产工具的地区之一。清光绪三十年（1904年），在靠近沙俄边境地区的瑷珲等地，就使用了沙俄生产的新式马拉农具。清光绪三十四年（1908年），在黑龙江巡抚程德全支持下引进火犁（拖拉机，下同）两台，聘请洋匠（外国人）驾驶，在齐齐哈尔以北讷河一带使用。中华民国时期，有军阀和财阀集团在绥滨县境内办起东益、东井、智远、近思、广信5大火犁公司，经营火犁16台。1931～1945年（东北沦陷时期），日本侵略者为掠夺东北地区种植业资源，在黑龙江地区设立的许多"开拓团"和"满拓农场"以及一些私人团伙经营的拖拉机共368台，分布在36个县（市）。但黑龙江地区广大农村，一直到抗日战争胜利前，使用的种植业生产工具大部分仍然是旧式犁、耙、锹、镐、锄、镰、大铁车。

1945年抗日战争胜利后，黑龙江地区农村实行了土地改革，废除了封建土地所有制，组织互助合作，对种植业进行技术改造，并有计划地发展农业机械化。1947年，黑龙江地区开始创建国营农场，引用农业机械垦殖。国营农场成为黑龙江地区全面推行农业机械化事业的先驱，培养了大批人才，积累了经验，对黑龙江地区广大农村发展农业机械化起到了推动作用。

黑龙江地区农村的机械化是从工具改革和推广半机械化农业机械开始的。新式马拉农具的推广是黑龙江地区农村发展农业机械化迈出的第一步。1949年，黑龙江地区在互助合作基础好的地方推广新式马拉农具。1951年，原东北人民政府农业部，在海伦县17区禄生村建立起黑龙江地区第一个半机械化技术指导站，以推广新式马拉农具为重点，结合指导各项农业技术的应用。1952年，国家在桦川县11区试办建立起黑龙江地区第一个拖拉机站——星火拖拉机站。配备拖拉机7台，主要为星火集体农庄代耕服务。1953年，黑龙江地区半机械化技术指导站发展到34处。1954年，黑龙江省拖拉机站发展到16处，经营拖拉机175台。到1957年，黑龙江省推广新式马拉农具工作基本结束，共推广24万件。1957年，全省拖拉机站（包括机械垦荒站）发展到28处，分布在27个县，经营拖拉机724台，机引农具3 180台（件）。拖拉机站由黑龙江省农业厅直接领导，人、钱、物三权在上。拖拉机由拖拉机站经营，为农民代耕，定额收费，亏损部分由国家补贴。双方"两条心两本账"，给农业生产和管理带来了不利影响。1957年春季，改革了管理体制，把拖拉机出租给集体经营，由拖拉机站进行业务指导，实行结果发挥了机具作用，受到农民的热烈欢迎。拖拉机站的机械都是从国外引进，只适于平作，不能垅作，利用率低，许多农活还得用旧农具作业，增加了生产费用。截至1957年，拖拉机站为集体农庄、合作社和互助组代耕土地321.1万亩，占全省耕地面积3.1%。为350个移民新村开荒328.7万亩。机械播种的小麦、大豆、亚麻比畜力耕作增产20%～40%。开荒地做到了当年开荒、当年播种、当年收获，效益显著。

1958年，在全省开展了"大搞工具改革"运动。提出农用大车轴承化，农田水利建设大搞空中索道化，还推广了绳索牵引犁。使农用大车遭到严重破坏，许多改良农具粗制滥造，不能使用，浪费了大量资材。1958年，撤销国营拖拉机站，将农业机械卖给人民公社，实行社有社营。这种社营实际上投资还是国家出，经营亏损还是国家补贴。加之拖拉机实行社营以后，管理不善，机械利用率下降，损坏严重。至1962年，人民公社实行以小队为基本核算单位后，国家又将拖拉机上收，第二次办国有国营农业机械站。农村拖拉机发展到2 889台，比1957年增加了3倍。有拖拉机的县（市）从1957年27个增加到64个，以县（市）为单位普及率达到97%，农业机械作业服务面占人民公社的71%。到1964年，全省县（市）农业机械总站发展到66个，人民公社分站发展到610个，有拖拉机2 814台。国有国营拖拉机站实行企业管理，独立计算成本和盈亏，很多拖拉机站因为管理不善等原因，亏损严重。是年，时任黑龙江省农业机械厅厅长赵振华率领农机战线全体职工，打了一场扭转经营亏损的翻身仗，改善经营管理工作，推行车组日核算，机耕队5日核算，分站和总站10日核算的制度，开展经济活动分析，精简人员，增收节支。当年即盈利254万元，扭转了多年亏损局面，成为当时全国农机系统盈利最多的省份。随着拖拉机数量大量增加，配套农具严重不足，“犁后喘”（用拖拉机牵引旧农具，用人扶着跟在犁后跑）遍及全省。1964年，研制成功了垄作七铧犁，并在全省开展了以消灭“犁后喘”为中心的农机配套大会战，为解决垄作机械配套农具开创了新的局面。第二次国家办站以后，全省相应地加强了各项经营管理，建立了一系列的规章制度，创出不少先进经验。诸如望奎县的农机管理，阿城县的农机节油，爱辉县的农机修理厂建设等经验，并在全国推广。特别是双城县的建立农机责任制、密切站群关系的经验，在1965年12月中共中央东北局召开的东北地区农机会议上，同吉林省榆树县、九站农业科学研究所的经验一起被肯定为“双榆九”经验，在全国推广。根据1966年全国第一次农业机械化会议提出的农业机械以社、队自购自办为主，机具制造以地方为主，农机产品以中、小型为主的方针和农业集体经济力量的情况，1969年又将全省65处县（市）农业机械站的农业机械陆续卖给社、队经营。在“文化大革命”中，全省农机管理机构被砸烂，各种规章制度被废除，领导干部靠边站，以致全省农机管理混乱，农机生产和农业机械受到严重损失。据1970年统计，全省农村大中型拖拉机的完好率仅为38%，全年发生人身伤亡和机具事故990起，死亡77人，损坏拖拉机147台。1973年，根据当时农业机械化情况，提出了大打“两配、两力”（配套农具、配件、动力、运力）的翻身仗。经过努力，到1978年，全省机引农具生产能力增加1倍，拖拉机达到2.9万台，全省乡乡村村普遍有了拖拉机，初步形成了适合黑龙江省耕作制度需要的农业机械体系，机耕地达到58%。

农业机械在全省农村普及之后，1979年开始，按照自然和种植业生产特点，将全省划分为杂粮、麦豆、山区半山区和边境地区4种不同类型区，实行分类指导、分区推行机械化的办法。在全省选择了37个生产大队进行试点。1980年又在705个大队试点，改变了不分情况一刀切、高指标、高速度的脱离实际的做法，取得了在不同地区投放拖拉机台数多少不一，大、中、小型配备比例不一，机械化发展速度不一，耕作方法各异，劳畜力安排因地制宜以及量力而行，依靠群众进行机械化等方面的经验。中共第十一届三中全会以后，随着农村联产承包责任制的推行，打破了拖拉机经营体制仅有的国营和集体经营两种形式，形成了多种成分，多层次和多种形式并存的新格局，农业机械化出现了新的局面，各家各户争相购置农业机械。至1985年，全省农用拖拉机达到24万台（其中国营农场4万台），大、中型链轨拖拉机拥有量居全国之首。机械动力在全省农村总动力中占80%。农村的农业机械总值达22.5亿元。全省机耕地程度达65.5%，其中国营农场达90%以上；机械播种程度55.2%，其中国营农场达92.8%；机械中耕程度60%，其中国营农场达71.7%；机械收获程度29.5%，其中国营农场达85%；机械运输程度达到70%，国营农场运输全部机械化；制米、磨面、榨油、饲料粉碎等，从农村到农场都实现了机械化。农业机械化在扩大耕地面积垦荒中发挥了巨大作用。在发展农业机械化过程中，大力进行了农具改革和配套，推行了以垄作为基础，深松为主体，翻、松、耙交替进行，垄作和平作相结合的耕作方法。机械化为农业采用新技术创造了条件，使农机和农艺在一个新的更高层次上结合起来。到1985年，全省机械田间作业标准化面积达5 000万亩，占机械田间作业面积70%。全省推广棚盘育秧和机械插秧水稻面积30万亩，平均亩产水稻400公斤，比旧耕作法增产30%～50%；全省普遍推广了用机械深施化肥的技术，比浅施提高肥效30%；用精量播种机播种，达到苗匀、苗全、苗壮，每亩节省种子1～1.5公斤。

1949～1985年，黑龙江地区累计开垦荒地面积达8 400万亩，相当于黑龙江地区解放前近百年垦荒面积的总和，比解放时全省耕地面积增加1倍。通过农业机械化与生物技术有机结合，使粮食产量大幅度增加。全省总产由1949年的50亿公斤，增至140亿公斤，增长近2倍。截止1985年，现代化的农业机械已经普及全省，农业机械已成为农村生产力中重要组成部分。

第六节　水　利

一、农田灌溉

据《新唐书》记载，渤海国中京一带培育出来的“卢城水稻”誉满海内。传说渤海国中京一带忽汗水流域（今牡丹江流域的宁安县东京城等地）已有水利灌溉工程。清同治六年（1867年），因连年干旱逃亡的朝鲜农民迁入瑷珲，在法别拉河口纳金口子，挖渠引水灌溉农田，试种水稻。19世纪末到20世纪初，随着朝鲜农民的自然流入，黑龙江地区水利灌溉事业有所发展。最初多是在山间溪谷，利用小溪小河的水灌溉。如《东三省政略》记载：“悉赖山间溪水，自然流入田中。”工程简陋，规模小，零星分散。此后，随着农田灌溉面积的增多，逐渐发展到用柳条草包拦河压坝，抬高水位，通过渠道输水入田。这些水利灌溉工程，主要分布在黑龙江地区的东南部和南部的东宁、密山、海林、牡丹江、一面坡、五常、阿城等地。

中华民国时期，随着当时世界稻米价格昂贵之机，流入黑龙江地区种植水稻的朝鲜农民日益增多。到黑龙江地区经营水稻生产，做稻米生意的日、俄等外国人也相继出现，当地政府和官吏、地主也设招垦局，创立稻田公司，招募农民修拦河坝和渠道等灌溉工程，开荒种稻。水利灌溉不仅在黑龙江地区东南部和南部逐渐扩大，还延伸到黑龙江地区的中部、东部和北部。1930年黑龙江地区已有46个县有灌溉工程，灌溉面积达1.6万公顷（合今24.4万亩）。

1931年东北沦陷后，1932年黑龙江地区发生大水，使原本数量不多的农田灌溉工程，大部分被冲毁，黑龙江地区农田灌溉面积下降到5 580公顷（合今8.4万亩）。日本帝国主义侵略中国东北以后，为巩固其统治，达到长期侵占的目的，实行“移民拓殖”，把沿江河大部分土地掠夺为“开拓团”用地。通过抓劳工和强征“勤劳奉仕队”，修灌溉堤防和除涝工程，并开始修水库和电力抽水站等工程。1945年抗日战争胜利前夕，黑龙江地区已有形成雏形的中型灌区89处，水库3座，灌溉面积12.4万公顷（合今185.8万亩）。这些水利工程，标准低、质量差，在1945年8月发生的大水中，多数被冲毁，有的遭到人为的破坏。1945年“九三”抗日战争胜利后，黑龙江地区的各级人民政府，在恢复和发展农业生产中，积极组织农民修复水利工程，特别是首先注意修复朝鲜族集居地方的水利工程。在短短的两三年内，使原有灌溉工程大部分修复和扩建，灌溉面积达到186万亩，恢复到东北沦陷时期的最高水平。

中华人民共和国成立后，黑龙江地区的农田灌溉建设步入新的发展时期。1950～1955年黑龙江地区积极续建配套原有灌溉工程，并有计划地新建一些灌溉工程，黑龙江地区农田灌溉面积稳步上升。1956年，随着农业合作化高潮的到来，全省各地掀起“水田热”，纷纷兴修灌溉工程，进一步推动水利灌溉的发展。由于一度盲目地推广外地经验，号召打土井，当年打10万眼土井，群众称之为“满地钻窟窿”，结果是有井无楸，有楸无水，不能发挥灌溉效益，造成一些损失浪费。截至1957年，全省灌溉工程有效面积300.9万亩，比1949年增长52%；实灌水田382.7万亩，增长105.7%。

1958～1960年，在“全党全民大办水利”“大搞群众运动”“男女老少齐上阵，各行各业都支援”等盲动的口号下，全省投入大量的人力、物力和财力，到处修水利工程。在贯彻中共中央提出的“以蓄为主、小型为主、群众自办”为主的“三主”方针中，过分片面强调以蓄为主，各地一哄而起，有山沟就筑坝修库，甚至在平原地区也修水库，而忽视了治涝。加上当时受“左”的思想影响，不切实际地提出“三年实现水利化”“要使全省水田和水浇地面积达到占全省耕地面积70%左右；控制水土流失面积3万平方公里，基本上消灭水旱灾害，做到一次降雨120毫米不受涝，百日无雨保丰收”。后来又改为“大干一冬春，实现水利化”。在这些不切实际的要求下，全省各地不顾主客观条件，不考虑需要与可能，不讲究科学，急于求成，盲目乱干，上大水库、挖大运河、修大抽水站、搞河网化等等。由于战线过长，摊子过大，超越了当时的经济基础和生产力发展水平，结果事与愿违，留下许多“半截工程”。

全省水利灌溉由于三年“大跃进”时期发展的水田灌溉面积有一定的盲目性，基础不牢，从1961年开始大幅度下降，1965年与1960年相比，减少了50%，从此，全省水利灌溉工程建设重点转向现有工程的续建配套和恢复整顿老灌区工程。由于城市蔬菜需求量的不断增加，为提高蔬菜产量和早上市，全省在城市郊区发展了蔬菜灌溉，同时进行了旱田灌溉的试点工作。

1966～1976年，全省水利建设在“农业学大寨”运动影响下，大搞以水土为中心，以抗旱灌溉为重点的农田基本建设，主要是对灌溉工程进行整顿配套，改建渠首，健全排灌渠系，平整土地，建设方条田等等。1976年，水田灌溉工程有效面积与1965年相比增加35%，实灌面积上升到395.8万亩，增加70%。1970年以后，机电井建设有较快发展，1976年旱田灌溉面积比1965年增长14.7倍。

1978年中共第十一届三中全会以后，全省认真贯彻“调整、改革、整顿、提高”的方针，缩短了水利基本建设战线，重点转移到加强管理、狠抓经济效益上来。从1983年开始，全省新增除涝面积400万亩。在西部干旱地区重点进行了抗旱灌溉工程建设。全省2万个无抗旱水源村屯，通过打机电井和其他工程措施，解决了一半以上，其中40个重点干旱县基本解决，全省坐滤水种能力达到2 000万亩。黑龙江省中、东部地区水稻灌溉面积增长迅速，全省再次兴起“水田热”，旱田和菜田灌溉面积也有所增加。1985年全省灌溉工程有效面积比1975年增长69%，实灌面积增长60%。

二、区域水利建设

（一）三江平原水利建设

“三江平原”位于黑龙江省的东部，因系黑龙江、松花江、乌苏里江汇流的自然冲淤所形成的广阔平原而得名。包括佳木斯、鹤岗、双鸭山、鸡西、七台河5个省辖市及所属的富锦、桦川、桦南、集贤、宝清、依兰、汤原、勃利、萝北、绥滨、同江、抚远、饶河、友谊、鸡东和牡丹江市所属的穆棱、虎林、密山18个县，以及建三江、红兴隆、宝泉岭、牡丹江等4个国营农场管理局所属的51个国营农场，此外，在山区还有8个林业局，总面积为10.35万平方公里。其中，山区占34.3%，丘陵区占8.7%，平原区占57%。

历史上，“三江平原”经常发生洪涝灾害，由此形成了开发较晚、人烟稀少、荒原连片的地区。清朝和中华民国时期曾颁布“移民奖励政令”招民开垦。东北沦陷时期，在“三江平原”出现了为日本侵略者建立的“开拓团”种植水稻修了一部分灌溉工程和相应的防洪除涝工程，但数量少，标准低，没有总体规划，特别是对“三江平原”的排水问题没有得到根本解决。

中华人民共和国成立后，“三江平原”的水利建设，随着国营农场的垦荒建场而兴起。1955年，在集贤县境内（今友谊县境内）建立由苏联援助机械设备的国营“友谊农场”时，为保护开垦的耕地不受水害，兴修了七星河部分堤防和3条排水干渠。此后，随着垦荒建场规模的不断扩大，在“三江平原”兴修了一些水利工程。但这些水利工程各自围垦，没有规划，缺少协调。进入20世纪70年代，三江平原洪涝灾害仍不断发生。

1974年，为从根本上解决“三江平原”的洪涝问题，中共黑龙江省委和省革命委员会责成省水利局、生产建设兵团和中共合江地委制定治理“三江平原”洪涝灾害的措施。同时，为加强“三江平原”治理工作的领导，黑龙江省革命委员会成立黑龙江省“三江平原”治理领导小组。领导小组于9月和11月先后召开两次会议，讨论和研究了“三江平原”治理规划的指导思想、方针、原则和规划范围等问题。从1974年冬到1975年9月，完成了“三江平原”治理规划工作。1976年，“三江平原”治理领导小组办公室根据各规划区和各专业规划，进行了全区规划汇总，提出《三江平原综合治理规划》共12册。此后，本着先治小河，后治大河，先易后难的原则，先行开展别拉洪河治理工程。别拉洪河治理工程经过18个月的施工，于1978年末完成河道开挖110公里，达到了通水要求。

“三江平原”开发治理中，1975～1979年连续出现大面积的干旱。这个突然的变化，引起省内外各方面专家的争论。1979年3月，邀请全国16家科研单位21名专家和科学工作者座谈“三江平原”的干旱问题，经过座谈讨论，认为1975年以来“三江平原”连续出现的大面积干旱，并非由于开荒所致，而是大气环流运动规律的结果。同时还认为在开荒的同时，如不进行综合治理，会给小区域气候造成不利的影响。1981年6～9月，“三江平原”降雨量达505～880毫米，发生了大涝。受灾面积达2 500万亩，其中绝产面积1 500万亩，比1980年减产粮食20亿公斤，损失7亿元。这次大涝使各方面对“三江平原”的旱涝变化有了进一步的认识，同时也澄清了一些模糊观念。

1982年3月，国家计委把“三江平原”列入国家基本建设规划，要求“六五”期间完成别拉洪河、蜿蜒河、安邦河的骨干工程配套，治理七虎林河和七星河，安排总投资7 000万元，列为水利电力部的直供项目，每年投资1 500万元。当年6月份，别拉洪河、蜿蜒河（1974年主河道开挖，1978年基本完成）、安邦河（1976年主河道开挖，1978年基本完成）主河道遗留工程和骨干配套工程开始施工。至1985年，基本完成别拉洪河、蜿蜒河、安邦河骨干和部分配套工程，共开挖主河道116公里；开挖支河和干沟67条、总长700公里；修建桥、涵、闸、跌水等大型建筑物100座；排水支斗农沟1 600条，总长400公里；小型桥涵720座，共完成土方5 910万立方米。使用国家基本建设投资4 418万元，各农场和县农田水利费3 953万元，合计8 871万元（不包括劳务积累）。

（二）松嫩平原水利建设

松嫩平原是黑龙江省西部、松花江和嫩江干流左右岸的平原地区，总面积7.3万平方公里。包括甘南、龙江、泰来、大庆、齐齐哈尔、北安、克山、克东、依安、拜泉、富裕、林甸、杜尔伯特、安达、肇源、肇州、肇东、明水、青冈19个县、市和19个国营农场，以及讷河、兰西、哈尔滨、呼兰4个县、市的一部分，共有耕地3 300万亩，草原3 100万亩，水面400万亩，芦苇200万亩，是黑龙江省农牧渔业生产主要基地之一。嫩江左岸南部河网稀少，历史上为一个闭流区，境内有乌裕尔、双阳两条无尾河川，又多闭流洼地，洪水无正常出路。平原南部年降水量仅400毫米左右，气候干燥，存在着干旱、洪涝、盐碱三大灾害，粮食亩产低于全省平均水平；芦苇缺水，产量逐年减少；草原退化，泡沼干涸；大水年洪水泛滥，积涝难排。此外，随着大庆油田生产的发展，需水量增多，地下水过量开采，形成大面积的地下水“漏斗区”，给石油生产带来严重的威胁。富裕、林甸等县由于饮水水质不好，成为地方病区。因此，国家投资于20世纪60年代在东部修建了肇兰新河，在中部修建了安肇新河，在西部修建了东吐莫泄洪道等3个排水工程。20世纪70年代，又先后修建了北部、南部和中部3个引嫩工程（通称“三引”）引嫩江水进入“松嫩平原”，以解决大庆油田和农田灌溉、养鱼、育苇等用水问题。

三、水土保持

19世纪以前，黑龙江地区山地和丘陵区多为森林和草原所覆盖，未发现明显的水土流失现象。清康熙六十年（1721年）成书的《宁古塔纪略》中称“树木参天，绵绵延延，横亘千里，不知记极”，“松林千里，一望无际”。清咸丰八年（1858年）成书的《艮维窝集考》称“东北曰艮维，吉林黑龙江二省实居艮维之地，窝集或宽或窄，丛林密树”，“林中落叶数尺许，泉水雨水至此，皆不能流”。清光绪二十三至二十九年（1897～1903年），沙皇俄国政府修筑“中东铁路”时，设伐木场几十处，在铁路沿线两侧，乱砍滥伐林木，形成了大面积的残破过伐林和荒山秃岭。与此同时，清朝政府又大肆移民垦荒，使大片森林和草原被破坏。中华民国政府为了“实边兴垦”，大力向黑龙江地区移民，并采取催垦、抢垦，免除荒价“自由垦边”等各种措施，大量开垦土地。清宣统三年至中华民国二十年（1911～1931年），共开垦土地400多万垧，人口增加到600多万，比清朝末年增加一倍多。森林的乱砍滥伐和大量开垦对草原植被的破坏，致使黑龙江地区森林水土流失加剧。东北沦陷时期，日本帝国主义者对森林实行掠夺式的“官营”采伐，在林区修筑十几条铁路，抢运抢伐，破坏森林面积达600万公倾，形成大量荒山秃岭，进一步加剧了水土流失。中华人民共和国成立后，虽然注意控制水土流失，但由于对森林重采轻造，采育失调和乱砍滥伐，以及开山采石，破土取沙，毁草开荒，水土仍继续流失。20世纪50年代黑龙江省开展水土保持工作调查时，全省已见千沟万壑。

1956年，为在全省开展水土保持工作，黑龙江省人民委员会决定增设省水土保持委员会，下设办公室为常设办事机构（设在省水利厅内），负责全省的水土保持工作。当时，省水土保持委员会没有正式成立，但组成了办公室，并对阿城、克山、龙江、望奎、宾县、尚志6个县的水土流失情况进行了调查，第一次系统地阐述和分析了水土流失情况、类型、危害和成因等，并提出了治理措施。1957年，省水土保持委员会办公室改为省水利厅水土保持处，负责全省的水土保持工作。这个时期，宾县英杰乡吉兴村群众，在党支部书记李秉富带领下开始防治水土流失活动，县委副书记姜方为支持和培养典型，在吉兴村蹲点，总结经验在全县推广。绥化县民吉乡的“七一”农业合作社也为绥化县树立了水土保持样板。

1958年，中共黑龙江省委先后批转了《宾县吉兴社党支部领导水土保持工作的经验》、绥化县委《关于“七一”农业社水土保持工作的报告》、克山县委《关于克山镇西大沟水土保持情况的报告》，要求各地像吉兴、“七一”农业社和克山镇那样领导群众搞好水土保持工作。同年10月，省水利厅召开第一次全省水土保持工作会议，总结了“沟坡兼治，以治坡为主；上下兼治，先上后下，先支沟后干沟；工程措施、生物措施和农业耕作措施相结合”的经验。并推广宾县英杰公社吉兴作业区的改垄和修地埂的经验；克山县西大沟分水岭上营造林带，坡上植树种草和挖截流沟，坡耕地改横坡垅，修地边埂，路旁挖蓄水池，侵蚀沟修沟头埂，沟内修谷坊，干沟修塘坝等办法。为总结群众经验，研究不同的侵蚀类型的治理措施，1956～1959年，全省先后在克山、泰来、尚志、宾县建立了水土保持实验站，进行科学实验工作。通过典型示范和科学实验，全省水土保持工作有了初步进展，至1959年年底共治理水土流失面积179.63万亩。

1960年，省人民委员会根据国务院1957年发布的《中华人民共和国水土保持暂行纲要》精神，于7月份发布了《关于加强水土保持工作的命令》，1961年又根据当时有些人民公社和机关、企业办农场，以及群众搞“小开荒”，忽视水土保持，在坡地上不按规定进行开荒，造成水土流失的严重后果的现象，发布了《关于严格控制坡地开荒进一步加强水土保持工作的通知》，对坡地开荒提出了严格的具体要求。并发布了《关于保护山林，保持水土的规定》，对山林采伐和保护山林作了具体规定。还发出《关于在林场、林业站增加水土保持工作任务的通知》，要求：公社以下的林场、林业站，除担负原有林业任务，协助社队搞好水土保持工作，并积极参加社队水土保持的样板工作。之后，中共黑龙江省委、省人民委员会联合发布了《关于加强水土保持工作的规定》（试行草案），对森林采伐、更新，陡坡开荒，荒坡荒沟管理，开山打石，保持草原等作了具体规定。

为了加强全省水土保持工作的领导，1963年8月成立黑龙江省水土保持委员会。1964年，中共黑龙江省委、省人民委员会发出《关于水土保持工作的指示》，要求各地广泛深入地进行宣传教育，动员群众自觉地搞好水土保持工作。省人民委员会又针对在山坡上乱开荒和陡坡开荒的严重情况，颁发了《关于退耕还林的几项规定》。紧随其后，又发布了《关于加强水土保持工作的布告》，积极宣传水土保持工作的重要意义，制止破坏水土保持的行为。同年8月，省人民委员会在哈尔滨市召开全省水土保持工作会议，会议要求，为进一步加强全省水土保持工作，全省各地、市、县均单独设立水土保持委员会办公室，负责水土保持工作。通过加强对水土保持工作领导，建立机构，发布命令、指示，制定法规等一系列的工作措施，全省的水土保持工作全面开展起来。宾县、阿城、尚志、克山、拜泉、讷河、绥化、望奎、海伦、穆棱、密山、林口、依兰、桦南等水土流失较严重的县，治理水土流失面积有大幅度的增加，1965年，全省治理水土流失面积达到509.22万亩，比1959年增加1.8倍。

1966年，全省各级水土保持委员会被撤销，办公室也随之撤销，全省水土保持工作放任自流，已开展的重点治理区和典型遭到破坏，一些地方毁林、毁草开荒，乱砍滥伐，破坏林木和植被的现象不断发生。全省不仅已治理的地方又回到原有流失面貌，而且还造成了新的水土流失。1968年，将省水土保持科学研究所下放给宾县领导，3个实验站也随之下放。不久，又撤销了水土保持科学研究所的机构，拆散了人员，使刚刚建立起来的科研机构夭折。

1969年，随着“农业学大寨”运动的开展，省革命委员会水利局成立后，全省水土保持工作重新划归水利局领导。1972年5月，省革命委员会生产指挥部决定在水利局内设水土保持办公室。这个时期，正是“农业学大寨”的高潮，全省水土保持工作也以大寨为榜样，以改造坡耕地为主攻方向，掀起修梯田的热潮。开始时，全省每年以3万亩的速度发展。1975年，省农机研究所试制了铲抛机，在拜泉县新生公社兴安大队搞修梯田的试验；绥化县出现用改制的五铧犁修梯田；林口县中兴公社利用改制的筑埂犁、分土器修梯田。而后全省出现了利用拖拉机、推土机和改制的机具修梯田，以及机械、人力结合修梯田的局面。同年10月，省革命委员会召开中共黑龙江省各地、市、县委书记和革命委员会主任参加的全省梯田建设现场经验交流会。会议以后，在原有梯田建设高潮的基础上，进一步掀起高潮，全省梯田面积猛增39万亩，达到78万亩，比过去几年的累计面积增长一倍。1976年，全省已有梯田92万亩。但是由于受政治运动的影响，当时只讲“政治”，不讲科学，不从实际情况出发，生搬硬套大寨经验，搞一刀切，在没有规划的情况下，一哄而上，有些梯田质量差，达不到保水、保土、保肥的要求，有的由于打乱了土层，反而减了产。但是，在这个时期出现了海伦县东风公社和望奎县海丰公社恭头一大队在修梯田的同时，进行植树造林和修谷坊、塘坝等实行山、水、田、林、路综合治理水土流失的典型。1966～1976年，全省累计治理水土流面积1 314.95万亩。

1977年后，全省各地的梯田建设停止，梯田面积逐年减少，开始走因地制宜、综合治理的道路。1979～1980年，进行了全省水土保持区划工作。根据全省土壤侵蚀分区情况，将全省水土流失地区，区划为北部大、小兴安岭森林石质山地、东部森林石质低山丘陵2个防治区和中部漫川漫岗治理区、三江平原局部风水蚀治理区、西部风沙治理区等3个治理区。

1983年，随着农村家庭联产承包责任制的落实，全省水土流失地区出现了小流域承包治理的新局面。小流域承包治理的政策是：谁承包、谁治理、谁管护、谁受益，长期承包，允许继承和折价转让。通过政策的落实，调动了农民的积极性，全省部分农民通过承包小流域面积土地，治理水土流失。

1984年，阿城、拜泉、望奎、穆棱等县人民政府和海伦县东风公社、依兰县涌泉公社因治理水土流失效果显著，被评为全国水土保持先进集体，受到全国水土保持工作协调小组的奖励和通报表彰。同年5月，恢复黑龙江省水土保持委员会，省水土保持委员会办公室设在省水利厅。省水利厅受省人民政府的委托起草《黑龙江省水土保持工作实施细则》（以下简称《细则》）。几经修改后，《细则》于1985年3月8日，经黑龙江省第六届人民代表大会常务委员会第12次会议批准，黑龙江省人民政府于4月4日发布，《细则》共8章48条，自1985年5月1日起施行。

1977～1985年，全省治理水土流失面积880.05万亩，平均每年治理水土流失面积近百万亩，是历史上治理速度最快的时期。1985年年末统计，全省治理水土流失面积累计达2 194万亩，仅占水土流失面积的29%，仍有71%的水土流失面积没有得到治理。

四、水质改良

黑龙江地区由于饮用的地下水水质不良，历史上即成为全国北方地方病的重病区。早在清宣统二年（1910年）省谘议员吕佐臣提出《请在余庆县（现庆安县）境凿机器井以卫民生而资招徕议案》。内称："昂邦河（安邦河）以东，八道岗以北之地，创设防营时放荒招垦，清光绪十七年（1891年）在铁山包（现铁力县）创设防营时放荒招垦，曾经阡陌毗连，村庄错落，因水性恶劣久居者男生节骨，不良于行，女多阴症，动至夭折，实因水井太浅之故。近数年来，大户因折伤人口而成小户，小户因折伤人口而成单丁，荒田成野，旷室无人。"但在历史档案中未见改良水质和防治的记载。中华人民共和国成立后，黑龙江省人民委员会于1965年设置了水质改良办公室（以下简称水改办），开展饮水水质改良，预防地方病工作。黑龙江省1965年在省人民委员会内设立水质改良办公室（以下简称"水改办"），开始在地方病区搞饮水水质改良，采取打深井，饮用深层地下水和用药物改良水质、井上过滤，以及药物防治等综合治理措施进行水质改良。1965～1973年，全省共修大型井上过滤池1 500处，手压机井1 300眼，改水深井900眼，引泉工程50处，药物改水和其他方法改水1 000处。

1975年后，全省利用水利部门打井的人力、资金和技术优势，把抗旱打井和地方病区的饮水水质改良结合起来进行。1975年黑龙江省革命委员会把防病改水工作任务交给水利部门，各地、市、县水利和卫生部门办理防病改水工作交接手续。1975年省水利局设防病改水办公室，全省水利系统配备编制150人，建立了从省到县的防病改水机构。据1976年普查，在全省农村3.5万个自然屯中，因饮水水质不好而产生地方病的就有1.69万个，人口近1 500万人，约占全省总人口44%。在地方病多发区，由于受地方病的折磨，有的人丧失了劳动能力；有的人卧床不起，生活不能自理；有的人甚至被夺去了生命，给农业生产造成困难，给人民生活带来痛苦，地方病区遂成为贫困落后的地方。1976年4月，在北安县召开第一次全省防病改水工作座谈会，研究了防病改水工作任务，制订了改水规划。会议明确提出：打防病改水井同打灌溉井结合起来，在地方病区实行"先饮水，后灌溉，饮灌结合，兴利防害"的方针。同年11月在延寿县召开全省性的防病改水工作经验交流现场会，交流了防病改水同发展灌溉结合起来抓的经验。从1977年开始，省水利局为地方病区装备了钻机40台、汽车30辆和空压机、发电机组等打井专用设备40台（件）。1977～1978年，集中力量在重病区村屯打了改水井，但由于重病区经济基础差，油、煤、电供应不上，再加上管理不好，有些地方虽然有了改水井，不能经常供水。改水效益没有充分发挥出来。1979年，采取搞高井房的办法，在井房内设距地面3米高的贮水箱，通过管道把水送到屯内供水点，为群众吃水创造了方便条件。同时，在改水工程建设方面，提出井、机、泵、房、池五配套的要求。高氟水地区的人吃上低氟水后，重患者逐渐减轻，轻患者恢复健康。通过改良饮水水质和药物防治等综合措施，在地甲病、大骨节病和克山病方面也有不同程度的效果。桦川县集贤村是地甲病和克山病重病区。全村1 113口人中，患地甲病的859人、患克山病的150人，是出名的"傻子屯"。1979年9月8日，这个村打成了第一眼改水深井，全村人开始吃含碘量高的深层地下水，地甲病得到控制。

1976～1980年，黑龙江省地方病区的深井和引泉、引河等改水水源工程的供水方式，虽然有了供水点，但不能送水到户，主要靠车拉人挑。由于运水距离远，出现了近处坚持吃，远处不坚持吃，晴天坚持吃，雨天不坚持吃，车闲时坚持吃，农忙时不坚持吃，夏天坚持吃，冬天不坚持吃的现象。再加上农村供电不足和管理不善等原因，全省改水工程常年利用的只有1/3，还有2/3不能充分发挥作用，影响了防病改水的效果，个别地方还存在虽然打了改水井，克山病和大骨节病仍然发生的现象。

1981年8月，黑龙江省水利局向省人民政府呈报《关于防病改水工作情况和意见的报告》，提出根据国家对改水工程的投资补助和社队自筹能力，拟重点抓好氟病区的打井改水，同时抓好各种地方病区现有改水工程的配套受益和管理工作。黑龙江省人民政府于11月批转了这个报告，同意今后防病改水工作重点放在氟中毒病区，要求各行署和市、县人民政府，“本着先重后轻和注重实效的原则，在搞好氟中毒病区防病改水工作的同时，抓紧各种地方病区现有改水井的效果观察和工程配套工作，不断提高利用率。”从此，黑龙江省的改水工作重点转向氟病区，采取自来水供水方式以后，全省已有1 181个自然屯，67万人吃上了含氟量低的水。在重氟病区一般吃上低氟水半年以后，重患者病势逐渐减轻，轻患者病情消失，不再发病。

黑龙江省的改水工程配上自来水设置，用水方便，深受农民的欢迎，不仅病区搞，非病区也兴起了“自来水热”，纷纷配建自来水工程。1985年年末，全省已有农村自来水设置4 208处（包括病区），受益人口达347万。农村自来水工程多的牡丹江市所属各县（市）普及率达到60%。虎林、穆棱、林口、东宁、绥芬河和牡丹江市郊区受益人口达70%以上，全省有近百个乡（镇）实现自来水化。农村有了自来水，改变了农民长时期靠扁担挑水吃和饮水不卫生的状况。同时为发展“庭院经济”和乡办企业、加工业、养殖业提供了方便的水源条件。1985年统计，全省有8 200户农民在院内搞塑料薄膜大棚，利用自来水浇灌蔬菜、黄烟和培育黑木耳，出现了用水致富的专业户。全省利用自来水的方便水源，办起了380个工、副业厂（点）。牡丹江市各地农民称赞农村自来水是继农村有电灯以后的第二件大喜事。

五、小型水力发电

黑龙江省境内的河流，蕴藏着丰富的可供建设水力发电站的水能资源。但中华人民共和国成立前，仅有1938～1943年在牡丹江上游镜泊湖出口处修建的“镜泊湖水电站”，装机容量3.6万千瓦（中华人民共和国成立后扩建到9.6万千瓦）。在小型水力发电站（总装机容量1.2万千瓦以下）建设上，1937年，伪满洲国铁道株式会社经济调查委员会曾提出绥芬河东宁县上游20公里处装机容量5 900千瓦，穆棱河穆棱水位站上游4公里处，装机容量1 750千瓦，穆棱河犁树镇下游3公里处装机容量9 750千瓦的3处小型水力发电站建设地址，但只是纸上谈兵，留下了小型水力发电站建设的历史空白。

中华人民共和国成立后，黑龙江地区于1950年建成了第一座小型水力发电站（以下简称小水电站）。此后经过35年的建设，1985年全省共有小水电站52处，装机156台，容量51 180千瓦，年发电量11 336.7万千瓦小时。这些小水电站多数分布在偏僻乡村，有26个县（市）的86个乡（镇）891个村屯，从生活照明和农业生产非田间作业（脱谷、制米、磨面、铡草、饲料粉碎），到乡镇办工业，以及广播、电视等文化生活方面，用上了小水电站的供电。

六、防洪

（一）江河堤防

黑龙江地区的江河堤防始建于18世纪90年代。最早的堤防是清乾隆六十年（1795年）在齐齐哈尔城南大民屯和昂昂溪附近额尔苏修筑的两段嫩江江堤。之后，清嘉庆十三年（1808年）

在齐齐哈尔城南三家子修筑了嫩江堤防。清嘉庆二十年（1815年），为防松花江洪水顶托逆灌，修筑了呼兰城堤防。清光绪四年（1878年）和清光绪二十四年（1898年），修筑了嫩江齐齐哈尔城南船套子、齐齐哈尔以北齐富、昂昂溪北部龙坑和松花江哈尔滨埠头区（今道里区）等堤防。清宣统二年至三年（1910～1911年），修筑了松花江依兰县城和哈尔滨道外区堤防。

中华民国时期，施行“实边兴垦”“奖励开荒”等政策，随着沿江河两岸土地的开垦，为防水患，在松花江沿岸的肇州（今肇源）、肇东、呼兰、哈尔滨江北松浦区和木兰、富锦等地修筑了堤防。在嫩江沿岸修筑了西三家子（今泰来县境内）、俄界（指当时沙皇俄国侵占之租界地。包括昂昂溪镇在内，南北宽1里，东西长20里之范围，为中东铁路附属地）以南（今昂昂溪附近）、额尔苏屯东等堤防，并整修了原有堤防。在嫩江支流绰尔河、讷漠尔河和呼尔达河沿岸修筑了堤防。

清朝和中华民国时期的堤防是由当地民众按地均摊筹款自修，标准低，质量差，大水年多数被冲毁。

东北沦陷后，日本帝国主义为实行其掠夺政策，在沿江河两岸平原地区设“开拓团”，强占土地，开发水田，种植水稻。为防洪水，在松花江、嫩江、牡丹江、呼兰河、穆棱河、拉林河、雅鲁河、诺敏河、阿什河、音河、阿伦河、乌裕尔河、双阳河沿岸修了堤防，同时整修了嫩江、绰尔河堤防。1945年，黑龙江地区已有33个市县有江河堤防，总长1 148公里。但堤防的防洪标准低、质量差，1945年黑龙江地区遭遇大水，这些堤防多数被冲毁。

解放战争时期，为防御洪水，保护沿江河两岸的城镇和农田，黑龙江地区各地民主政府组织群众整修了松花江、嫩江、牡丹江、雅鲁河、绰尔河、乌裕尔河、双阳河堤防，并新修了松花江和嫩江部分堤防、洮儿河堤防（今划归吉林省）、绰尔河堤防（今划归内蒙古自治区）、呼兰河堤防。1949年，黑龙江地区已有37个市县有江河堤防，总长1 171.1公里。

中华人民共和国成立后，由于原有江河堤防年久失修，又于1951年、1953年、1956年、1957年连续受大水的冲击，溃堤决口，破坏严重。1950～1957年，黑龙江地区除继续完成洮儿河堤防（1949年动工，1951年完工）的修筑，并新修部分嫩江堤防和拉林河、汤旺河堤防外，主要是整修了松花江、嫩江、牡丹江、雅鲁河、绰尔河、穆棱河、呼兰河、拉林河、倭肯河、双阳河等江河沿岸的原有堤防。1957年年末，全省江河堤防总长2 037公里。与1949年相比，增加74%。用于修筑堤防的经费达5 693万元，占同期全省水利建设总投资9 964万元的57%。

1958年，在大搞水利建设中，全省整修了松花江“三肇大堤”和哈尔滨市堤防，并新修了牡丹江、穆棱河等堤防。接着又整修了呼兰河堤防和依兰县城堤防。通过这次整修，在堤防高程上，“三肇大堤”和依兰县城堤防的防御能力提高到近二十年一遇防御标准；哈尔滨市堤防提高到近三十年一遇的防御标准。1965年，全省已有江河堤防4 383公里，比1957年增长1.1倍。

1966年“文化大革命”以后，黑龙江省的堤防建设处于停滞状态。1969年嫩江发生特大洪水，堤防工程遭到严重的冲击，部分堤防漫堤决口。1971年，省防汛指挥部提出主要江河堤防的堤顶高程超过历史最高洪水1.5米的要求。各有关市、县对嫩江沿岸堤防、松花江“三肇大堤”和呼兰河、拉林河、穆棱河等堤防，进行了加高培厚。此后又陆续在松花江、黑龙江、呼兰河、拉林河、安邦河、七星河等江河沿岸增修了一些堤防。1985年，全省境内不仅大江大河和主要河流有堤防，一般河流也有了堤防。全省76个市县中除绥芬河市和境内无河流的安达、肇州两县外，都有江河堤防，总长9 669.79公里，比1965年增长1.2倍。其中达到超高历史最高洪水位1.5米标准的4 786.57公里，占堤防总长的49.5%。保护耕地2 887.82万亩，人口941.88万人。

（二）河道整治

黑龙江地区河道整治的记载始见于中华民国时期的档案中。1914年，木兰县知事马六舟，向黑龙江省行政公署呈请修浚木兰达河。1915年，青冈县知事兆麟，向黑龙江省行政公署呈请修浚通肯河。1921年，交通部顾问兼电话局监督田雨霖，向黑龙江省省长孙烈臣呈“疏通呼兰河河道”的建议。这些整治河道所需资金拟向百姓摊派解决。但各县知事皆称：“民力凋敝达于极点，诚有不易筹措之苦”，所以未见实施的记载。

东北沦陷时期，在主要江河沿岸修了部分城镇和码头护岸工程。伪满国务院总务厅情报处编纂的《省政汇览》中记载，1934～1935年，黑龙江地区修建了黑龙江抚远县城护岸、黑河市护岸、乌苏里江虎头护岸、松花江通河县城护岸、方正县的伊汉通护岸、巴彦县嘀达咀子护岸、汤原县城东护岸、绥滨县城护岸、同江县城护岸、牡丹江依兰县城护岸、呼兰河呼兰县城护岸。这些护岸多属临时性和半永久性工程，除虎头护岸部分混凝土挡土墙尚存在外，其他护岸已无遗迹。中华人民共和国成立后，原松江省水利局于1949年冬到1950年春，曾在鸡西市境内的穆棱河上搞裁弯取直工程的一个区的施工试点。由于堵口处是冰上筑土坝，春季融化解冻，冰面下部涌水逐渐冲刷，坝体下沉而决口，被迫停止施工。以后认为没有继续兴修之必要而终止，共挖土方5万立方米。此后，1958年开始搞边境河流的护岸工程，1965年开始搞松花江干流肇源县境内的黄土崖子裁弯取直工程。此外，于1983和1985年兴建了松花江干流的绥滨和横江口护岸工程等。

（三）防汛

黑龙江地区的主要江河缺少防洪控制工程，只靠堤防防御洪水，黑龙江地区在清朝和中华民国时期，以及东北沦陷期间，均未有防汛机构和组织领导人民防汛抢险的记载。从已查到的资料看，限于查灾、赈济、免赋者居多。清朝后期多由查灾委员、知县、知府，中华民国时期多由设治员、市政局长、县长等“会同各该地方官详细查勘灾情”“请拨款急赈”“祈免税捐以示矜恤……”等。东北沦陷期间，1932年松花江发生大洪水，江堤溃决，哈尔滨被淹，日伪当局才临时拼凑“哈尔滨水灾非常委员会”。但对洪水已束手无策，只能是处理“善后”。

中华人民共和国成立后，黑龙江地区才开始有组织地进行防汛工作。黑龙江省的防汛工作本着“以防为主，防重于抢，有备无患”的指导方针，以保证主要江河堤防和大、中型水库不出问题，保护沿江河的重要城镇、工矿、铁路、公路和大面积农田的安全为主要目标，做到全面防守，确保重点，立足于防。具体任务与要求，依据各时期的情况有所不同。从1950年开始，根据第一届全国防汛工作会议关于《各地防汛工作以地方行政机构为主体，建立统一的防汛机构》的规定，历年都组成省防汛指挥部。由主管农业的中共黑龙江省委书记或省长、副省长担任指挥，军区和驻军首长，分管农业的政府副秘书长、农委（或农办）主任和水利厅（未成立水利厅前为农业厅）长担任副指挥。指挥部领导成员由省直民政、财政、交通、气象、商业、供销、卫生、公安、建委、石油、农业、水利、民航、航运、邮电、铁路、物资等有关部门负责人组成。指挥部下设办公室，设在水利厅（局），负责日常工作。1956年、1957年松花江干流发生大洪水时，为适应防汛抢险的需要，省防汛指挥部充实领导力量，增设职能处和分指挥部。1956年，省防汛指挥部增设秘书、水情、组织动员、物资材料、交通运输、安置救济、监察、工程技术8个处，由各有关部门负责人担任处长。并在佳木斯设合江防汛分指挥部，

“三肇”地区设临时统一指挥部。1957年，省防汛指挥部设秘书、汛情、物资供应、交通运输、组织动员、工程、生产救灾、治安保卫、监察9个处；佳木斯设合江地区分指挥部，副省长于天放担任指挥。20世纪50年代末期，由于兴修了大量的水库工程，进入20世纪60年代以后，全省防汛任务中增加了水库防汛的内容。1960年，提出防汛工作的基本任务和要求是：继续贯彻“全面防守，确保重点”的方针，大、中型水库和松花江、嫩江干流堤防作为防汛重点，确保在特大洪水情况下不倒坝、不决口，不发生严重灾害。1965年，提出“全面防守，保证重点，以防为主，几套准备”的要求。全省以大江大河堤防与大、中型水库为防汛重点，要求发生最大洪水时有对策、有安排，力争不受损失或少受损失。20世纪70年代，又把国家重要石油基地大庆油田列为全省的防汛重点。

1981年以后，防汛指挥部办公室改为常设专职机构，设在省水利厅。全省各地、市、县也根据省防汛指挥部的组成原则，成立防汛指挥部，在省防汛指挥部的指挥下，进行防汛工作。针对全省防洪工程现状，提出更加明确的任务和要求：发生常遇洪水时，要确保各类水库、堤防的安全，工程保护范围内的耕地不受淹，已治理的涝区内耕地不受涝；发生解放以来最大洪水时，要确保主体工程安全；未建成的水库在遭遇现状标准洪水时，也要确保主体工程安全。发生特大洪水时，要采取妥善的非常措施和应急对策，确保哈尔滨、齐齐哈尔、佳木斯、牡丹江、鸡西等重要城市和大庆油田，以及大型水库的安全，努力把损失减少到最低限度。

黑龙江省防汛抢险的人力，来自农村、部队和城市机关、工矿、学校等单位。人民解放军和人民武装警察部队是防汛的主力军，哪里需要就到哪里去，哪里险情最大、最危险，就战斗在哪里。每逢发生大洪水，出现险情，都有人民解放军和武警部队参加防汛抢险。

第七节　国营农场

1945年抗战胜利，在中共中央“建立巩固的东北根据地”的号召下，黑龙江地区驻省机关、部队、人民团体，利用早年弃耕的荒地，用人力畜力试办了一批小型农场。1947年，黑龙江地区的合江、松江、牡丹江、黑龙江、嫩江诸省，均试办省营“机械农场”，用机械开垦荒地，为全国最早创建机械化国营农场的地区。1947～1949年，正在人民解放战争进行的艰难时刻创建了宁安、通北、赵光、平阳（查哈阳）、永安、香坊、鹤山、八一五等15个公营机械农场。这些农场是在缺乏经营管理经验和简陋的物质条件下创建的，具有试点性质。据有关资料统计，1947～1949年年末，黑龙江地区农场共开垦荒地40.6万亩。

1949年4月，在东北人民政府农业部领导下，成立了公营农场管理处（后改称东北机械农场管理局、东北国营农场管理局），这是黑龙江地区第一个国营农场管理机构。它先后召开4次国营机械农场场长会议，总结办场经验，制定规章制度，由供给制向独立核算的企业化过渡，试行“三定三包”（土地、机械、人力）责任制，培养农机人员，摸索农艺技术，逐步提高经营管理水平。1949～1952年，东北荣军复员工作委员会的荣军学校和“解放团”，分别在松嫩平原和三江平原上建立机械农场。1950年，伊拉哈荣军农场开荒3万余亩。至1950年，共创建农场19个，掀起垦区第一次开荒高潮，当年开荒49.7万亩。

1953～1955年，黑龙江省内建立一批劳改农场，大都以人畜力开荒为主，逐步发展到以机械开垦为主，机、马、牛相结合的耕作体系。1955年创建劳改农场23个，占当时全省38个劳改农场总数的60%。当年开垦荒地100万亩。

1956年，1.7万名铁道兵转复官兵开赴三江平原，建立了一批军垦农场。1958年，10万转业官兵中有81 500人奔赴北大荒，大规模建场、扩场，形成军垦高潮。当时，西部农场群由省国营农场管理局管辖；东部农场群归农垦部领导，分设牡丹江、合江两个农垦局，为农垦部直属垦区。农场数增至103个，耕地面积达1 750万亩，职工增加到31.7万人。由于大面积扩场建点，实行“五边”方针（边开荒、边生产、边建设、边积累、边扩大），进一步开发了三江平原，增加了耕地面积，安置了大批复转军人。当时在“大跃进”、人民公社化运动和“左”的政策影响下，省属农场下放地、县，农垦部直属垦区农场的“场社合一”“高指标”“瞎指挥”“共产风”兴起，造成人力、物力的严重浪费。经过三年困难时期，开始贯彻中共中央关于“调整、巩固、充实、提高”的八字方针，省成立农垦厅，收回原来下放的农场，国务院决定撤销牡丹江、中共合江农垦局，成立东北农垦总局，统一领导黑龙江省的中央直属垦区。1964年，垦区认真落实了中共中央关于改革国营农场经营管理制度的批示（即《五条》、《十六条》），改善了经营管理和生产面貌，武装了100个机械化生产队（省属30个，中央直属70个），并把一切工作纳入“面向生产队”的轨道，使生产出现了转机，经营由亏损转为盈利。1966年，粮豆总产14.5亿公斤，工农业总产值7.6亿元（1980年不变价），盈利1 213万元，基本上实现了国家提出的建立商品粮基地的要求。

受“文化大革命”的干扰破坏，国营农场经济濒临危机。1968年，东北农垦总局与大部分省属农场合并，组成黑龙江生产建设兵团，归沈阳军区、黑龙江省军区领导。兵团管辖5个师、58个团（场）；1969年，在抚远、同江地区新建第六师、7个团（场）。省属其他农场再次下放地、县。由于“左”倾思潮泛滥，农场各种规章制度遭到彻底否定，干部靠边，科技人员下放，生产水平下降，亏损严重。从1969年起，垦区接收城市知识青年45万人，大量知青的到来给垦区增添新生力量，但超出了生产发展的需要，带来经济负担过重的压力。1973年，黑龙江省成立国营农场管理局，收回下放的农场和部分劳改农场。至此，黑龙江省国营农场基本上归属于生产建设兵团和省国营农场管理局两大系统。1975年，邓小平主持中共中央日常工作，提出：“一定要把国民经济搞上去”。垦区开始从各方面加强经济工作的领导，进一步起用了“靠边站”的农场干部和下放的科技人员，逐步恢复了各种规章制度，并重点抓了农业机械化和经营管理。1975年，垦区生产有了回升，尽管未达到1967年水平，但由于耕地面积扩大，粮豆总产突破历史最高水平，达到23.8亿公斤，上交12.8亿公斤。这一时期，垦区农场数由原来103个增至118个，耕地面积增至2 498万亩，职工增至76.5万人。为适应国防急需，兵团发展了交通、通信、建筑等事业，兴办一批工厂和“五小”（即小钢铁、小化肥、小水泥、小煤窑、小农机）工业，为垦区建设奠定了物质基础。

随着“文化大革命”的结束，中国共产党和国家重新部署了对黑龙江垦区的进一步开发和建设。1976年，为克服省内两个农垦系统并存的弊病，中共中央决定撤销黑龙江生产建设兵团和黑龙江省国营农场管理局，成立黑龙江省国营农场总局，统一管理全省国营农场。1976～1978年，垦区经济经历了三年徘徊，平均粮豆总产量23.5亿公斤，工农业总产值增长较快，但经营亏损增大，平均年亏损1.6亿元。中共第十一届三中全会后，垦区开始把工作重点转到经济建设上来，进入清除“左”的影响，由传统农业向现代农业，由产品经济向商品经济转变的新时期。1979年，垦区实行“调整、改革、整顿、提高”的方针，从上层建筑到经济基础进行了一系列的调整和改革；形成多层次所有制结构；开展多种经营，建立合理的生产结构；实行财务包干制；建立多种形式的生产责任制；积极开展对外贸易和科技交流等。同时，国家对垦区进行了农业现代化试点。1979年，友谊农场五分场二队引进国外先进农机技术，1980年利用日本补偿贸易贷款建立现代化农场（洪河农场），1983年利用世界银行贷款、引进先进技术实施300万亩开荒项目（其中包括新建二道河、鸭绿河农场）。这一时期，呼伦贝尔盟和大兴安岭管理局共27个农场随着行政区划的变更，划归内蒙古自治区。1984年，16个劳改农场划归省公安厅劳改局，1985年年末，又划归省国营农场总局。与此同时，垦区新建农场4个，经调整、合并，截至1985年，垦区所属农场总数达101个，耕地总面积达2 924万亩，总人口160.1万人，职工70.8万人。1979～1985年，垦区生产经营4年盈利，3年亏损，盈亏相抵，净盈利3.92亿元。其中1983年，垦区生产经营取得好成绩，粮豆总产33.25亿公斤，上交19.7亿公斤，工农业总产值25.43亿元（1980年不变价），净盈利2.93亿元。

经过多年的开发和建设，截至1985年，垦区建成一大批良田连片、林带交织、公路成网、城镇棋布的大型机械化农场。垦区田间机械化程度达到90%以上，为全国农业机械化程度最高的地区。同时，垦区建立了比较完整的生产、生活、社会服务体系和政法体系，产品和商品购销体系（商业、粮食、外贸），各类工程建筑设计施工体系，农业科研体系，交通运输体系，文化教育体系，卫生防疫体系，工商物价体系，土地环保体系等等。垦区被称为“农垦小社会”。

经多年开发建设，荒原生巨变，“北大荒”成为“北大仓”。1947～1985年，垦区累计生产粮豆512.4亿公斤，上交国家243亿公斤，商品率为47.4%。截至1985年，黑龙江省国营农场总局已拥有9个国营农场管理局，101个国营农牧场。垦区拥有固定资产原值33.2亿元，净值24.5亿元，工农业总产值为356.4亿元（1980年不变价，工业、农业产值在总产值的比重为四六开）。

第八节 乡镇企业

1946年6月，黑龙江地区的黑龙江、松江、嫩江等省部分地区开始进行土地改革。中共中央东北局发出《关于开展生产运动的指示》，提倡和鼓励农民合作互助。松江省出现插犋换工的农业互助合作组织，在开展农业生产的同时，组织副业生产。1948年，黑龙江地区土地改革完成后，农民分得了土地，发展生产的积极性空前高涨，农村副业、手工业同时得到发展，为黑龙江地区社队企业的发展奠定了基础。

1949年10月中华人民共和国成立后，黑龙江地区的人民政府积极贯彻中共中央和中央人民政府扶持农村副业、农村手工业发展的政策。松江省和黑龙江省农村已经实行农副结合，发挥充分调配合理使用劳动力的作用，有条件的互助组开始分工分业。1951年，黑龙江地区的农村副业收入占农民收入的30%左右，开始改变了农民的单一收入结构和经营结构，农村副业和手工业得到全面发展。1952年，中共松江省委和中共黑龙江省委在试办农业生产合作社的决定中，强调农业社要农副结合，既可增加收入又可支持农业扩大再生产，给农闲的劳力找到生产门路，以促进农村经济的发展。1953年，随着农业合作化的发展和开始对农业和手工业的社会主义改造，分散在农村乡镇的手工业者组织起手工业小组或合作社，加入农业社的手工业者和兼营手工业的农民成为农业合作社发展副业生产的骨干。黑龙江地区农业社依靠这批力量组成铁木、编织、农副产品加工组（队）或手工业工场、作坊，从属于农业社，作为集体副业。1955年4月，黑龙江省人民委员会提出农业为主，多种经营的农村工作方针，农村家庭、集体副业呈现一片繁荣景象。1956年春，全省实现农业合作社和完成手工业合作化，农业社出现强调粮食生产而放松副业生产的现象。有的地方把发展副业生产同农业生产对立起来，禁止社员家庭经营副业。粮食、林业、运输、税务等部门过严过死地限制农业社副业生产，使农业社多种经营和社员家庭副业严重萎缩；对于农业手工业者，实行盲目集中统一经营，由于要求过急，工作过于简单，随后全省出现了农业社社员、手工业者加入手工业合作社后个人收入减少的问题，群众有意见。1957年，中共黑龙江省委分别批转防止手工业盲目集中现象和农业社经营副业生产权利下放的意见。但是，全省农村集体副业生产和家庭经营，手工业者自产自销，农民自由交易等问题，没有得到真正解决。

1958年的“大跃进”运动，在全省农村掀起人民公社化高潮。农村经济出现了加快发展的新形势，社队企业也得到了迅猛的发展，中共黑龙江省委连续发出关于农村各项副业生产的指示，将农业社办的工副业和手工业组（社）平转为公社工业；乡镇手工业合作社下放给公社经营；地方财政或城市工商企业扶持一批公社企业，平调社员的人、财、物新建一批公社企业。农村社队企业从依附于农业而成为相对独立的产业脱颖而出，遍地开花。一年中全省公社企业发展到1万多个，比1957年增长4倍，从业人员近20万人，总产值达11.3亿元。但是由于盲目追求高指标、工作上存在浮夸风和瞎指挥，全省各地竞相大放“卫星”，纷纷争报建成“万厂县”“千厂乡”“百厂社”“千头猪厂”“万鸡山”“万鸭湾”。当时几天就建成一个厂，有的把家家户户积肥变成户户办工厂，甚至一个工厂的几道工序就可以变成几个工厂。

1959年初，全省贯彻中共第八届六中全会精神“人民公社必须大办工业”，随后，在贯彻上海手工业生产会议时，中共黑龙江省委对农村公社工业提出“整顿、巩固、提高、发展”的方针，针对农村出现的“共产风”“一平二调”高指标、瞎指挥现象进行制止和整顿。然而，中共中央庐山政治局扩大会议之后，各种大办发展继续。10月，中共黑龙江省委提出农业生产已进入以粮为纲，农林牧副渔全面大发展阶段，加速实现农业机械化、水利化、化肥化、电器化和公社工业化，全省社队办企业发展到近10万个，其中社办企业56 946人，产值15.4亿元。1960年年初，中共黑龙江省委讨论发展公社工业问题，提出实行“高大精尖新、农轻小洋群”两条腿走路的方针，掀起几次发展公社工业的高潮。随后召开省委农业二级干部会议，提出“农业和社办工业并举”，召开鸡西现场会，要求全省再掀起一个大办县、社工业、大办小洋群高潮。1月，中共中央提出“调整、巩固、充实、提高”的八字方针。中共黑龙江省委发出《关于制止一平二调现象的通知》，全省农村开始纠正“一平二调”的“共产风”和调整社办工业的管理体制。公社工业一部分退给生产队或社员，一部分退给手工业生产合作社（组），经过国民经济的调整，农村人民公社工业纷纷下马，关停并转。1962年，全省公社企业只剩3 000多个，从业人员5.3万名，总产值5亿多元，比1958年企业减少70%，人员减少73.5%，总产值减少55.7%，撤销了刚成立一年的黑龙江省公社工业管理厅。1963年，贯彻中共中央、国务院《关于发展农村副业生产的决定》，公社和生产大队一般不办企业，不设专业副业生产队。全省乡镇企业经过调整、退赔、限制，社队工业经过分解，又退回到附属于农业的副业地位。

1964年，随着全省国民经济形势的好转，农村社队重新开展工副业生产。“四清运动”给农村工副业定格为“抓钱丢钢”，农村家庭副业被当作资本主义尾巴，必须割掉。1965年，中共中央放宽农村副业生产政策，为发展社办企业提供了契机，社队企业的中小农具生产得到重视，砖、瓦、沙、石、灰等建筑材料工业和农副产品加工业得到发展。全省社队企业的生产恢复到1957年的水平。

1966年“文化大革命”开始以后，社队企业被视为资本主义不断受到批判。城市一些国营和大集体工业受到“以阶级斗争为纲”左的错误影响，停产闹革命，使生产受到严重干扰，造成市场生产资料和生活资料短缺。1967年，农村干部和社员响应毛泽东主席“公社农民以农为主（包括林、牧、副、渔）……在有条件的地方，也要由集体办些小工厂”的号召，借助城市上山下乡知识青年和下放劳动锻炼干部的力量，立足当地优势，从市场需求出发，城乡串连，厂社（队）挂钩，求亲靠友，兴办一批社队企业。1970年，省革命委员会提出“三就四为”（三就：是就地采购、就地生产、就地销售；四为：是为农业生产服务，为人民生活服务，为大工业服务，为出口服务。）方针，大办五小企业，下发《高举毛泽东思想伟大红旗，多快好省发展县、社、队三级农机修造网，发展地方五小工业（五小企业即五小工业：小钢铁厂、小煤矿、小机械厂、小化肥厂、小水泥厂、小水电站等统称）》的通知。随后，国务院召开北方农业会议和全国农机会议，提出加快农业合作化的步伐，改变六亿农民搞饭吃和管理好社队企业建立县、社、队等一系列方针，黑龙江省农村社队以农村修造业为首的工业企业有了较大发展，成为石头缝中生存发展的社队企业骨干。1975年，全国农业学大寨会议后，黑龙江省对农业提出“抓两翼，保主体”的方针（两翼是农村副业和社队企业，主体是农业），全省各市县相继成立社队企业管理机构，促进了社队企业的发展，到1977年，社队企业发展到1.7万个，从业人员34万人，总产值7.9万元，比1970年增长7倍。同年，成立黑龙江省社队工业管理局（与二轻合署办公）。

1978年，黑龙江省革命委员会召开全省社队工业工作会议。总结1958年以来全省社队工业发展的经验教训，贯彻中共黑龙江省委常委会议 “各级党委一定要下决心把社队企业办好”的要求。将黑龙江省社队工业局单设为黑龙江省社队企业管理局，对全省乡镇企业通过指导协调监督服务，来进行宏观管理。1978年12月，中共第十一届三中全会肯定了社队企业的地位和作用，提出“社队企业要有一个大发展”的方针，黑龙江省革命委员会将城镇农村原二轻工业所属手工业企业一律移交人民公社领导和管理。国务院颁布《关于发展社队企业若干问题的规定（试行草案）》后，中共黑龙江省委制定“十八条”贯彻办法，省革命委员会颁布《黑龙江省发展社队企业若干问题的暂行规定》，召开全省社队企业工作会议，举办全省社队企业产品展览会，有力地促进了全省社队企业的健康发展。1979年，全省社队企业2.3万个，从业人员54万人，占农村劳动力总数的13.3%，总产值14亿元，比1977年增长1倍。1980年，黑龙江省召开社队企业经营管理工作会议，推广以“五定一奖”（五定一奖：定人员、定任务、定费用、定质量、定报酬，超额受奖，达不到受罚）为核心的经济承包责任制，全省社队企业经营管理开始走上改革之路。随后，全国刮起一股对社队企业非议和责难风，说发展乡镇企业是“以小挤大”“以落后挤先进”“和国营大工业争原料、争能源、争市场”。这年社队企业发展受到较大影响，1980年企业数比1979年下降9.4个百分点。

1981年5月，国务院颁布文件进一步肯定“社队企业已成为农村经济的重要组成部分，符合农村经济综合发展的方向”，才平息这股“砍小风”。1982年，中共中央批转《全国农村工作会议纪要》，文件肯定了中国农村经济必须走农工商综合发展的新路子，大力发展商品生产，根据国务院和省政府的部署，对全省社队企业开始有计划的整顿和改革，促进了产业结构的合理调整。随着农村家庭联产承包责任制的落实，在社队企业中也相应实行各种承包责任制，企业的规模效益明显地提高。1983年，全省社队企业2.1万个，比1981年减少4.4%；从业人员63.3万人，比1981年增加8.4%；总产值21.7亿元，比1981年增长29.8%。为社队企业的全面发展奠定了基础。

1984年，中共中央《关于一九八四年农村工作通知》和中共中央、国务院转发农牧渔业部《关于开创社队企业新局面的报告》的通知，对发展乡镇企业作出纲领性指示，强调“疏通流通渠道，发展商品生产，开创乡镇企业新局面”。中共黑龙江省委、省政府颁布《关于发展乡镇企业若干问题的规定》等文件，举行各种会议，放宽政策，优惠乡镇企业。全省乡镇企业普遍推行“一包五改”（一包五改：即实行各种形式的承包责任制。改官办为民办；改干部委任制为民主选举或公开招聘，改固定工资制为计件，浮动工资和承包利润分成制；改固定工为合同工；改单纯生产型为经营生产型）。促进了政企之间在一定程度上的分离，扩大了企业的自主权，改革了平均分配制度，调动了企业、干部、工人生产经营的积极性。乡镇办、村办、联办、户办企业四轮齐转，使全省乡镇企业进入了一个全面发展的新阶段。1985年，全省乡镇、村办企业发展到23 383个，占企业总数的9%，户办企业占86.2%，吸收农村剩余劳动力1 107 796名，占全省农村劳动力总数的22.7%，完成总产值45.3亿元，实现纯利润38 080万元。

第二章　工　业

黑龙江地区工业萌生于18世纪末，最早的手工业作坊是清乾隆三十八年（1773年）开办的双城国家油坊。之后除清政府在漠河、呼玛、黑河一带开设金矿外，再无现代工业。直至20世纪初中东铁路通车后，随着外国资本的流入，才陆续在哈尔滨一带建立了一些工厂，开发了鹤岗、鸡西、双鸭山煤矿。“九一八”事变后，日本帝国主义在很短时间内即占领东北全境，其后为了侵略战争的需要，在黑龙江地区各地兴办工厂，逐步形成了现代工业比较集中的哈尔滨、齐齐哈尔、牡丹江、佳木斯4个中心城市和鹤岗、鸡西、双鸭山矿区和伊春林区。抗美援朝期间 “南厂北迁”的从辽宁地区迁来一些规模较大的企业，像国内知名的哈尔滨电机厂（前身为东北工业部电器管理局五厂）、哈尔滨轴承厂（前身为辽宁瓦房店滚珠轴承厂）、齐齐哈尔第一和第二机床厂（前身分别为沈阳东北第一机械厂和沈阳东北机器五厂）、桦林橡胶厂（前身为沈阳橡胶一厂、二厂，辽阳橡胶九厂）等工厂均为当时迁入。这些企业迁入后，大都进行了扩建，成为黑龙江省骨干企业。国民经济第一个五年计划实施期间，黑龙江省被列为国家重点建设省份，工业基本建设投资占全国的1／10。苏联援建中国的156项重点建设项目有22项在黑龙江省兴建。包括哈尔滨汽轮机厂、哈尔滨锅炉厂、哈尔滨电表仪器厂、齐齐哈尔第一重型机器厂、富拉尔基热电厂以及佳木斯造纸厂在内的工业项目的建成投产，为黑龙江省工业发展奠定了坚实基础。

中华人民共和国成立后，黑龙江地区电力、煤炭、森工、建材、造纸、纺织、食品等原有工业部门有很大发展，并从无到有地建立了钢铁、有色金属开采和冶炼、石油开采和加工、基础化学、化肥农药、日用化学、塑料加工、农业机械、冶金设备、发电设备、矿山设备、交通设备、轻工机械、轴承、工具、电子及通讯设备、精密仪器仪表、家用电器、木材综合利用、合成纤维、亚麻纺织等一系列新的工业部门。至1985年，全省工业围绕资源优势布局，逐步建成了以煤炭、石油、木材、机械、食品工业为主体的、门类比较齐全的国家重要工业基地。

第一节　石油工业

一、勘探开发

中国大部分沉积盆地属陆相地层。19世纪初曾有几个国家派地质学家到中国就陆相地层能不能发现油田进行调查，最终确定中国东北地区的陆相地层贫油。

1941年，地质学家潘忠祥教授首先提出陆相生油学说：“石油不仅来自海相地层，也能够来自淡水沉积物”。杰出的地质学家李四光以陆相生油学说为基础，发展了石油地质理论。他全面系统地论证了新华夏体系沉降带有良好的生油、储油条件，指出了中国找寻天然气、石油的广阔远景，并提出在松辽平原、华北平原等地开展石油普查的意见（李四光：《从大地构造看我国石油勘探的远景》，1954年）。许多专家和学者也都从分析中国的地质情况出发，认为陆相地层可以生油。对东北、华北等地区陆相沉积的含油远景，提出了新的学说和论证，推断广阔的松辽陆相沉积盆地，就是含油的有利远景地区。

在李四光等地质学家科学论断的指导下，1955年8月，地质部松辽石油普查大队开始了松辽盆地的石油地质普查。1957年3月，石油工业部派出116地质队，到松辽盆地进行地质调查。地质部和石油工业部的地质勘探人员经过共同努力，对松辽盆地地质特征有了比较明确和一致的认识。

1958年2月27～28日，中央主管石油工业的邓小平在听取了石油部部长李聚奎等人的汇报后指出：“石油勘探工作应当从战略方面来考虑问题，战略、战役、战术总是要三者结合的。第一个问题是选准突击方向，不要十个指头一般齐。就经济价值来说，华北和松辽都是一样的，主要是看哪个地方先搞出油来。”

遵照邓小平的指示，石油部、地质部互相协作，在松辽地域展开了大规模的石油勘探工作，勘探重点开始从西北转向华北、东北地区。

1958年7月，提出钻探松基三井的设想。是年9月3日，由松辽石油勘探局的地质工作者张文昭、杨继良、钟其权和地质部的韩景行、朱大绶分析研究，一致同意将松基三井井位定在大同镇高台子隆起上。9月9日，松辽石油勘探局正式确定井位。11月24日石油工业部经反复核实论证，正式批准松基三井设计方案，并决定由32118钻井队负责钻井施工。1959年4月11日，具有历史意义的松基三井正式开钻，在井深1 050米处开始取岩芯，取出的油砂含油饱满。

根据松基三井良好的油、气显示，石油工业部副部长康世恩在广泛听取意见后，为争取时间，提前发现工业油流，决定在井深1 461米处提前完钻，转入试油。要求试油人员坚持提捞井筒中的水，一定要捞个“水落油出”。经过20天的不懈努力，1959年9月26日上午，松基三井终于喷出了油流。松基三井出油是发现大庆油田的基本标志。

为纪念在国庆十周年的前夕松基三井出油这个喜庆日子，中共黑龙江省委第一书记欧阳钦亲临现场祝贺，并提议将肇州大同镇改为大庆镇，油田命名为大庆油田。随后，黑龙江省人民委员会发出《关于成立大庆区和将大同镇改为大庆镇的决定》。松基三井出油后，中共石油部党组立即组织地质人员进一步分析勘探形势，从当时的地震勘探成果中，清晰地显示出大庆长垣的总体是个完整的大型二级构造带。

1960年1月，中共石油部党组召开扩大会议，分析了松辽地区勘探形势和远景，于2月13日向中共中央提出了《关于东北松辽地区石油勘探情况和今后工作部署问题的报告》，建议集中优势兵力，开展一场声势浩大的勘探开发大庆油田的石油会战。中共中央于1960年2月22日批准了石油部的报告，一场标志着中华人民共和国石油工业崛起的石油大会战开始了。

1960年2月24日，中共石油部党组在哈尔滨召开会议，决定全国石油系统37个厂、矿、院、校由主要领导带队，组织精兵强将，自带设备奔赴会战现场。当年退伍的万名解放军战士和3 000名转业军官也分别从沈阳部队、南京部队和济南部队开赴大庆。中央机关部门和黑龙江省支援会战的干部和工人也陆续赶赴大庆。到4月底，参加会战的队伍达3万人，设备40万吨。

1960年4月10日会战前夕，石油工业部党组以部机关党委的名义作出了石油会战的第一个决定——《关于学习毛泽东同志〈实践论〉和〈矛盾论〉的决定》，发表在大庆会战机关报《大庆战报》的创刊号上。通过学习，振奋了广大石油工人战胜困难的革命精神，他们发出了“有条件要上，没有条件创造条件也要上”，为了甩掉中国石油落后帽子，“宁肯少活20年，拼命也要拿下大油田”等豪迈誓言。率先喊出和带头实践这些誓言的是“铁人”王进喜。王进喜是来自玉门油矿的钻井队长、全国著名劳动模范。1960年3月，他奉命带领钻井队千里迢迢赶到大庆，一下火车，不问吃，不问住，先问井场在哪里，然后组织职工用人拉肩杠的方式把五、六十吨重的钻机部件卸下火车，运到场。供水困难，就发动职工用脸盆从水泡子取水。为了避免井喷，在没有泥浆搅拌设备的情况下，他奋不顾身地跳进泥浆池，用身体搅拌泥浆，一直坚持了两个小时。井喷避免了，他的全身却被强碱烧起了大泡。饿了，啃几口随身带的凉馍，渴了，喝几口凉水，困了，就倒在成排的钻杆上休息一会儿。从安装钻机到第一口井完钻，他一连七天七夜没离开会战现场。当地群众看到石油工人这种拼命的劲头，感动地说：“王队长可真是个铁人啊！”从此，“铁人”这个响亮的名字传遍了整个油田。在1960年4月26日召开的会战誓师大会上，“铁人”王进喜作为会战中涌现出的第一个标兵，披红戴花，骑着高头大马，被职工拥上主席台。石油工业部部长余秋里在会上高呼：“向铁人学习！”“人人争做铁人！”

“学铁人、做铁人”活动的开展，推动着会战职工迎难而上，勇往直前。来自新疆石油管理局的钻井队长马德仁，在钻机泥浆泵水管线冻结的情况下，破冰跳进浆池清理管线，棉衣被泥浆渗透，成了冰的铠甲。来自四川石油管理局的钻井队长段兴枝，利用钻机的自身动力，创造了“钻机自走”的方法，在吊车和拖拉机不足的情况下，解决了钻机搬家的困难。来自玉门石油管理局的大庆油田第一个采油队队长薛国帮，自制绞车为第一批油井清蜡，并手持蒸气管下到土油池里化开凝结的原油，保证了大庆油田首列原油列车顺利外运。来自石油部第一工程局的工程队长朱洪昌，发现供水管线裂缝时，用手捂着裂缝堵住漏水，忍着灼烧的疼痛，让焊工操枪焊接。

1960年7月，石油工业部机关党委发出通知，号召在全油田开展学习“王、马、段、薛、朱”的活动，他们被誉为会战中的“五面红旗”。

学习“两论”和学习“铁人”的热潮，激励着会战职工的革命干劲。

会战的主战场——萨尔图，青天一顶，草原一片，人烟稀少。几万人的会战队伍一下子拥到这片草原上，困难重重。特别是冬季，条件更加严酷。会战领导小组一方面号召职工坚持会战，一方面着手解决职工吃住困难。没有房住，就向当地群众学习，用碱土和茅草打“干打垒”土房子；没有衣服，中共黑龙江省委做出决定，于入冬前，把棉工作服、狗皮帽子和大头鞋及时运到大庆。面对零下40度的严寒，石油工人喊出了“不怕地冻九尺雪成山，石油工人无冬天”的战斗口号，坚持石油会战。1960年大庆油田第一次政治工作会议上，石油工业部党组高度赞扬会战队伍这种艰苦创业的革命精神，并概括为“三要十不”精神。“三要”就是：要甩掉中国石油落后的帽子；要高速度、高水平拿下大油田；要赶超世界先进水平，为国争光：“十不”就是：不怕苦、不怕死、不为名、不为利、不讲工作条件好坏、不计工作时间长短、不讲报酬多少、不分职位高低、不分份内份外、不分前线后方，一心为会战胜利。

1960年6月1日，第一列火车满载原油开出萨尔图车站。到8月底，会战仅4个月，原油日产量达到3 000吨，当月产油10万吨，已相当于当时经过几十年开发的玉门油田的生产水平。

大庆油田1960年生产原油97万吨。1963年产量达到439万吨，占全国原油产量的67.8%。同年12月，中国政府庄严宣告：中国石油已经基本自给了，中国人使用“洋油”的时代将一去不复返了。

二、采油生产

从1964年开始，大庆油田进入全面开发阶段。1964年年初，毛泽东主席提出了“工业学大庆”的号召，同年2月5日，中共中央发出通知，要求全国工交、财贸、文教系统和各级机关、团体、部队普遍传达石油会战情况的报告，4月19日，《人民日报》在头版头条发表了长篇通讯《大庆精神大庆人》。在荣誉面前，大庆工作委员会号召和组织油田干部、群众学习两分法，一分为二看自己，对照先进找差距，订出措施攀高峰，在队伍建设、生产建设和科学技术等方面都坚持高标准，继续大踏步前进。

同时，大庆工作委员会还组织学习代表团，走出油田，到解放军部队和全国30个城市、280个先进企业学习先进经验，找出大庆的18条主要差距，印发给全体职工讨论。同时邀请全国著名劳动模范苏广铭、马恒昌和倪志福等到油田传授经验、技术。

按油田发展规律，石油会战后，大庆油田正处于产量上升时期。到1966年，油田年产油能力达到1 300万吨。

1966～1975年，林彪、江青反革命集团给油田带来了全面的干扰和破坏。大庆工作委员会17名成员有16人被揪斗，12人被戴上“走资派”的帽子遭关押，“铁人”王进喜等一大批劳动模范被诬蔑为“黑标兵”受到摧残；一大批有贡献的工程技术干部被诬蔑为“资产阶级反动学术权威”被迫下放劳动；生产指挥机关被冲击，油田科研部门被解散，岗位责任制被视为“管卡压”“三老四严”的好作风被批为“精神枷锁”；正在全面开发的大庆油田被打成“唯生产力论”的典型……其结果造成油田地下形势恶化，原油生产被动，工程质量下降，井喷、爆炸等恶性事故不断发生。1969年年底，周恩来总理发出“恢复两论起家基本功”的指示，中共中央、国务院、中央军委也对大庆油田采取了特殊保护措施，这一切给大庆职工带来了支持和力量。他们顶住林彪、江青反革命集团的压力，在极端困难的条件下，顽强地进行了斗争。在1974年9月的劳动模范大会上，中共大庆油田党委、大庆油田革命委员会反映广大职工的意愿，提出了“大干社会主义有理，大干社会主义有功，大干社会主义光荣，大干了还要大干”的口号。这个口号鼓舞和激励着广大油田职工坚持原油生产、奋发建设油田，保持了原油产量的逐年增长。至1975年，喇嘛甸油田建成1 120万吨年产油能力，当年生产原油1 099万吨，全油田年产油能力达到4 443万吨。

1975年，中共大庆油田党委从长期稳定高产着眼，提出了从1976年起，“高产上5 000（万吨），稳产10年”的奋斗目标。1976年1月，油田召开开发技术座谈会，对大庆油田10年稳产高产规划进行深入论证。在广泛听取群众意见的基础上，经油田党委讨论通过，并报请石油工业部正式批准。从此，油田进入了高产稳产阶段。

1976年以后，随着油田含水上升和总产量不断增长，老区地面流程的许多方面已不适应稳产高产的需要。为解决这个矛盾，对老区采取了全面改造与局部改造相结合的措施，钻加密井，打调整井，在“大庆底下找大庆”，为油田正常生产创造了条件。

为增加老油区的接替产能，在老区调整的同时，还加速开发建设新油区，陆续将葡萄花、太平屯等10个小油田投入生产，以弥补老油田的产量递减，确保总产量的长期稳定。1973～1985年，大庆油田完成探井486口，新增地质储量15 892万吨，已探明和基本探明的油田有21个，含油面积达到2 300平方公里，地质储量为45.8亿吨。喇嘛甸、萨尔图、杏树岗、太平屯、高台子、葡萄花、杏西7个油田全部投入开发，龙虎泡油田正在开发建设，宋芳屯、朝阳沟油田开辟了生产试验区。

到1985年，大庆油田胜利实现了“高产上5 000（万吨），稳产10年”的规划目标，年产量达到5 528万吨，占全国石油总产量的一半，成为世界上年产量达5 000万吨的少数几个特大油田之一。国家原油年产量在世界上的排名从中华人民共和国成立初期的第29位，跃居到第6位。

1976年，大庆油田恢复和健全了会战以来传统的岗位责任制和岗位责任制大检查。1977年1月21日，大庆革命委员会颁布了重新修订的《岗位责任制度》，包括岗位负责制、交接班制、巡回检查制、设备维修保养制、质量负责制、岗位练兵制、安全生产制、班组经济核算制等8项内容。1979年，对所属单位试行“五定一奖”（即定生产任务、定机构和人员、定固定资产和流动资金、定成本指标和费用定额、定银行存款和库存现金，按五定完成任务有奖）。1980年制订了《大庆市、局经济管理改革试行方案》。1981年，大庆石油管理局结合原油产量包干全面推行经济责任制，当年获中国企业管理协会颁发的企业管理优秀奖牌。1982年，油田全面推行经济责任制，1984年，又发展为经济承包责任制。1985年，油田深入贯彻执行《中共中央关于经济体制改革的决定》，进一步增强了企业的自身活力，促进了油田生产建设的发展。

中共第十一届三中全会以后，油田广大科技工作者面对油田含水、产量自然递减的挑战，大力加强科学研究工作，组织科技攻关，采用先进技术，加强技术改造，不断解决稳产高产中的技术难题，为延长油田稳产期，提高企业经济效益做出了重大贡献。1976～1985年共取得获奖科研成果624项。其中获国家发明奖、自然科学奖和科技进步奖11项，获全国科技大会奖36项，获省、部奖146项。“大庆油田长期高产稳产注水开发技术”，获得1985年“国家科学技术进步特等奖”。

截至1985年，大庆油田累计生产原油7.92亿吨，累计完成财政上缴623亿元，等于国家投资总额的20.3倍，是全国上缴利税最高的企业。

三、油田建设

大庆油田经过5年勘探找油、26年开发建设，截至1985年，大庆油田已建成喇嘛甸、萨尔图、杏树岗、葡萄花、太平屯、高台子、杏西等7个油田，总面积1 437.6平方公里，开发动用地质储量43.17亿吨，占总探明储量的93.9%。全油田累计钻井进尺1 793.4万米，等于钻穿一个地球还要多。钻井总数14 425口，其中已建成投产采油井8 438口，注水井3 342口，供水井355口，气井29口。建成各类油、水、气泵站1 424座，铺设输油、水、气管线23 180公里。架设输电线路9 123公里。建成油库6座，储油能力43.7万吨。建成年外输油能力4 000万吨管道输油系统。完成基建总投资147.3亿元。全油田拥有固定资产总值76.7亿元。拥有主要设备37 110台，其中钻机245部，井下作业和试井固井特种设备1 620台，注采设备6 821台，地球物理仪器410台，内燃机240台，起重机649台，运输车辆8 689台，发电机组367台，变压器4 917台，机床2 431台，锻铸设备271台，焊接设备3 039台，锅炉1 794台，施工机械3 662台。

在油田开发建设中，从事辅助生产的单位也完成了大量工作。供电360.2亿度；供水27.9亿立方米；机械加工69 073吨；机械维修45 704台；货运量596万吨公里；新建路面1 809公里；建筑房屋1 274万平方米，其中工业厂房166万平方米、民用房屋1 108万平方米：架设通信明线12 215公里、安装通信电缆1 107公里；建材生产完成金属构件预制117 108吨、土木构件预制605 342立方米、原木加工802 540立方米、防腐管线预制19 564.4公里。

随着油田的开发建设，石油冶炼和石油化工工业迅猛发展。1963年建成投产了大庆炼油厂第1期工程——常减压、热裂化两套炼油装置和6个辅助生产车间，原油年处理能力100万吨。1966年建成投产了炼油厂第2期工程——第2套常减压、催化裂化铂重整、延迟焦化和加氢5套炼油装置，时称“五朵金花”，使原油年处理能力增加到250万吨。1967～1970年，炼油职工对已投产的炼油装置进行技术改造，使原油加工能力提高到500万吨。1970年后，先后建成投产了合成氨、硝酸铵、丙烯腈纶抽丝，气体分馏、分子筛脱蜡等6套化工装置。1976年后，建成了国外引进的年产30万吨合成氨和48万吨尿素的装置，发展了化肥生产。

随着大庆油田的开发建设，黑龙江省的石油化学工业也迅速发展起来，先后建成喇嘛甸石油化工试验厂、大庆石油化工总厂、林源炼油厂、哈尔滨炼油厂、牡丹江炼油厂、大庆30万吨乙烯厂等大、中型油气加工厂。到1985年，全省加工原油能力达到845万吨，生产石化产品60多种，形成了以大庆石油化工总厂为主体的燃料油、润滑油、化肥、化纤、塑料、有机化工原料综合生产的石油化工生产基地，成为黑龙江省主要经济支柱之一。

第二节　煤炭工业

一、煤矿勘探

据史料记载，黑龙江地区煤田地质勘探，始于清咸丰九年（1859年）俄人施密特首次发现乌云煤田。清咸丰九年至中华民国三十四年（1859～1945年），黑龙江地区境内共发现煤点68处。伪满煤质煤量调查委员会1943年掌握的探明煤炭储量为32.3亿吨，推定储量73.2亿吨。

1945年抗日战争胜利后，黑龙江地区各级人民政府接收煤矿。为了尽快恢复煤矿生产，黑龙江地区各矿区及时组建勘探队伍，充实技术装备，大力组织勘探。保证了煤矿生产恢复建设需要。中华人民共和国成立后，由于矿井建设规模日趋扩大，地质勘探跟不上生产建设需要。第一个五年计划初期，黑龙江地区煤矿出现了建井等待地质资料或建井与勘探平行作业以及地质资料不齐、不全就盲目施工等情况，给新矿井建设造成不少经济损失。为了达到地质先行、超前服务、适应生产建设需要，国家强调要把煤田地质勘探放在煤矿基本建设首位。1954年，中央燃料工业部决定成立东北煤田第二地质勘探局（以下简称东北二局），担负吉林省长春以北、黑龙江省和内蒙古呼伦贝尔盟地区的煤炭资源勘探任务。从此，黑龙江省新区煤炭资源勘探由“东北二局”所属 一〇八、一〇九、一一〇、二〇四钻探队和物测大队承担。全省各矿区生产地质补充勘探由矿务局地质队自行负责，很快扭转了地质勘探落后于生产建设发展的被动局面。

随着煤田地质勘探技术获得显著进步，技术装备不断更新。勘探手段由解放战争初期单纯靠打钻发展到采用地质测量、山地工程、重磁、电法、地震、测井、抽水试验及分析测试等多种手段，并获得了丰硕的勘探成果。查明了省内成煤时期、含煤地层、地质构造、资源分布。截至1985年年底，全省煤田勘探队伍共施工钻探工作量4 552 132米，提出各类地质报告234件，累计探明煤炭储量1 259 796.0万吨，比1943年推定储量增加78%。同时还为大兴安岭西坡呼伦贝尔盟地区提交扎赉诺尔、大雁、伊敏、大杨树等矿区最终地质报告15件；提交拉布达林、宝日希勒、免渡河、陈巴尔虎旗等煤田详查、普查、找煤报告11件，提供保有储量283亿吨，为呼盟地区的褐煤和部分长焰煤的开发提供了依据。全省各矿区的生产补充勘探为生产矿井局部地层、煤层构造，可采煤层变化，临时遇到的疑难问题等补充了大量地质资料，保证了各矿区煤炭生产稳步发展。

二、开发建设

由于清廷实行禁矿政策，直到清光绪初年，黑龙江地区丰富的煤炭资源，仍未获开采。清光绪廿八年（1902年），中东铁路在胪膑府（今满洲里市）开发扎赉诺尔煤矿。继而金纯德等筹款开发西布特哈（今内蒙古莫力达瓦达斡尔族自治旗）甘河煤矿。当时矿井建设较简单，多数是沿着煤层露头掏洞挖煤，深者不足百米，浅者两丈有余，建设过程即生产过程。

中华民国初期，中央政府放宽办矿条件，鼓励私人办矿，私人申请办矿者剧增。黑龙江地区先后开煤井37处。1931年“九一八”事变前，黑龙江地区多数煤矿因资本不足，设备不够，技术落后，产量很少。有的不堪亏赔，中途停办。唯有扎赉诺尔煤矿、鹤岗煤矿、穆棱煤矿获得发展。

东北沦陷时期，扎赉诺尔煤矿由伪兴安北省管辖。满洲炭矿株式会社（简称满炭），为掠夺煤炭资源，加速了黑龙江地区煤矿的开发。1934年，鹤岗煤矿公司归属满炭经营，先后建成33对斜井。同年，满炭开发滴道煤矿。1938年，开发城子河煤矿、恒山煤矿和东宁煤矿、三姓煤矿，调查与开发宝清煤田。日本侵略者投降时矿井遭到严重破坏。

1950～1952年，国家累计向黑龙江地区煤矿建设投资3 048万元，黑龙江地区共有矿井开工7处，生产能力达420万吨。竣工移交矿井一对，能力18万吨。平均每年投资1 016万元。

国民经济第一个五年计划实施期间，黑龙江省煤矿是国家建设的重点。5年共投资35 239.7万元。全省矿井开工15处，生产能力达319万吨，移交矿井13对，能力531万吨。平均每年投资上升到7 046万元。比三年恢复时期增加5.9倍。

“大跃进”期间，全省煤矿建设贯彻执行“两条腿走路”的方针，省直属煤矿（鸡西、鹤岗、双鸭山）与地方煤矿同时并举。1958～1960年的3年，对省直属煤矿投资41 600万元，全省共有矿井开工62处，生产能力1 345万吨，移交矿井47对，生产能力956万吨，平均每年投资猛增至13 866万元。在此期间，全省各地、市、县贯彻全民办煤矿，小（型）土（法）群（发动群众）遍地开花的方针，自筹资金发展地方小煤窑。截至1958年末，全省共开发小煤窑256处。比

1957年增长23倍。但由于违反基本建设客观规律，投资效果很差。移交的矿井多是低标准简易投产，其中一部分经过补套，装备升级，另一部分资源条件差的陆续报废。

1961～1962年，国家缩短基本建设战线，同时因中苏关系恶化国家建设重点转向西南，黑龙江省煤矿建设投资减少，2年共投资12 757.7万元。没有新开工的矿井，移交矿井3对，能力45万吨。平均每年投资下降到6 378.5万元，相当于“大跃进”期间的50%，相当于第一个五年计划期间的90%。地方小煤窑，因缺乏技术改造的资金和设备，大部下马。1963～1965年国家加强大三线建设，继续削减黑龙江省煤矿建设投资。3年共投资16 627.9万元，矿井开工4处，能力105万吨。移交矿井4对，能力99万吨。平均每年投资减少至5 524万元。

国民经济第三个五年计划实施期间，国家进一步削减省内煤矿建设投资。5年共投资9 514.4万元，矿井开工10处，能力216万吨，移交矿井4对，能力141万吨。平均每年投资1 902万元，其中1967年，投资仅为1 318万元。由于建设投资大幅度削减，煤矿建设规模缩小，原煤产量下降，供需矛盾加大。为了弥补报废矿井的生产能力，缩小供需差距，在此期间，双鸭山矿务局曾利用自筹资金上马建设集贤竖井和七星煤矿，鸡西矿务局曾自筹资金上马建设平岗煤矿。

与此同时，全省各地（市）县自筹资金开发小煤窑，地方煤矿获得了较快发展。

1971年开始，国家逐年增加黑龙江省煤矿建设投资。1971～1975年，共投资31 764.8万元，矿井开工15处，能力473万吨，移交矿井14对，能力264万吨。平均每年投资6 532万元。增加了对地方煤矿的投资，扩大了地方煤矿的建设规模。但是由于前期基本建设投资过少，原煤产量增长幅度不大，仍满足不了需要。

1976年开始，国家为了充分利用黑龙江省丰富的煤炭资源，大幅度增加煤矿开发建设投资。1976～1985年，共投资23.95亿元，矿井开工32处，能力1 626万吨，移交矿井25对，能力575万吨。平均每年投资达23 950万元。

中华人民共和国成立以来，黑龙江省煤矿建设投资虽一度削减，但总的来看，建设速度是很快的。除扩建了原有的鸡西、鹤岗、双鸭山3个矿区以外，还开发了七台河新矿区，建成26个新煤矿，建成矿井111对。此外，还有25个市县办起地方国营、企业、城镇、农村集体和个人多种体制的小煤矿，使全省原煤产量由1949年的459.9万吨，增长到1985年的6 246万吨。

三、原煤生产

清末民初，黑龙江地区煤矿处在手工操作、土法开采时期，全靠煤层露头，开挖井硐，冬采夏停。年产煤量仅为几百吨到几千吨之间不等。清光绪二十九年至中华民国四年（1903～1915年），东宁县商办佛爷沟煤矿，开小斜井挖煤。1926年后，鹤岗煤矿公司改掏硐为小露天。穆棱煤矿开凿小斜井、小竖井，修筑专用铁路，使用蒸汽机械，生产发展较快。1926年的原煤产量为10多万吨，1931年最高达到59.6万吨。

东北沦陷后，自1935年开始，黑龙江地区煤矿装备电力机械，东宁大肚川、老黑山、依兰（三姓）、瑷珲西岗子等矿点陆续开发。原煤产量由1935年的64.1万吨，增加到1940年的303.7万吨。1941年后，日本侵略者为了满足侵略战争需要，进行广开井口、多设工作面、延长劳动时间等掠夺式开采。到1944年，鹤岗发展到33处斜井、4处露天、近500个采掘工作面，鸡西发展到50多个井口。当年黑龙江地区生产原煤658.8万吨。

1946年黑龙江地区解放后，矿山由人民政权接管，大力恢复生产。到1949年年末，鸡西、鹤岗、双鸭山矿区恢复矿井70余处，生产能力为661万吨／年。当年，黑龙江地区生产原煤459.2

万吨。

1949年中华人民共和国成立后，黑龙江地区矿区贯彻全国第一次煤矿会议决议。黑龙江地区各矿试行新式采煤方法，组建快速掘进队，进行生产改革，停采20多处非正规小井，合并一大批采掘工作面，一改过去分散生产、靠掘进出煤为主的落后局面。到1952年，鸡西、鹤岗、双鸭山矿务局生产矿井减为60处，生产能力为635万吨／年。原煤产量提高到609.2万吨／年。1953～1957年，推行全部陷落顶板管理，普及新式采煤方法，发展采掘机械化。全面学习推广辽宁省阜新矿务局“一米层”生产管理经验（“一米层”生产管理经验，是辽宁省阜新矿务局平安煤矿一井一昼夜一循环经验。其主要标准是：有健全的区域管理制和全面正常的生产管理制度，必须按技术作业规程作业，达到规定的循环次数与规格质量，并全面完成任务）。1954～1955年，贯彻全面生产改革方针，伪满遗留下来，光复后曾一度恢复而又停采的10多处矿井，重新恢复生产。投产13处新井，合并改造一批老井。到1957年，在鸡西、鹤岗、双鸭山三个矿务局形成15个矿、66处生产矿井，生产能力1 657万吨/年的规模。当年生产原煤1 305.3万吨。

1958～1960年，全省各中直煤矿动员群众大开小井、小露天，并采用一些非正规采煤法。全省中直煤矿，1960年产煤高达2 974.9万吨，比1957年增长1.3倍。全省各市县贯彻全党全民办煤矿的方针，大搞小土群煤窑，地方煤矿发展迅速，1959年原煤产量曾达到168.6万吨，比1957年增长7倍。但因重采轻掘，忽视维修和安全，造成严重的比例失调。新井简易投产，没有后劲，以致生产骤然下降。1961年，贯彻煤炭工业部《严格执行开采政策的指示》停止开采大井安全煤柱及在正规井田开的小井、小露天200处左右，同时开展了“十查九定”工作［实际只对每个矿井（露天）的生产能力、产量、设备、工程、投资进行了查定，对主要材料消耗、劳动、成本、流动资金、煤质未查定］，对将近50处设计标准偏低、储量备用系数偏小和地质构造复杂、长期达不到设计能力的老井（露天）进行了核定。并经煤炭工业部批准，报废老井15处，设计能力180万吨。到1962年年末，全省四个矿务局，有24个煤矿、生产矿井124处，生产能力1965万吨/年，当年生产原煤1 790.9万吨；地方煤矿生产原煤124.3万吨。

1963～1965年，全省煤矿贯彻“调整、巩固、充实、提高”的八字方针，大力加强开拓掘进（剥岩），纠正前进式采煤法，扭转“采厚留薄”“吃肥丢瘦”的不正当开采程序；进行了“三防”（防水、防火、防爆）“两修”（设备维修、巷道维修）大会战；对简易投产的新井进行了填平补齐，较快地补足了“三个煤量”（开拓煤量、准备煤量、回采煤量），完善了生产系统，生产逐步回升。1963～1965年，全省各矿务局投产新井设计能力99万吨／年，报废老井16处，设计能力162万吨/年。到1965年年末，保有生产矿井107处，生产能力1 902万吨／年，当年生产原煤1 924.3万吨；地方煤矿生产原煤86.9万吨。

1966～1975年，由于“文化大革命”的冲击，全省煤矿刚刚恢复的正常生产秩序又被打乱，重新陷入无政府状态，1967～1968年，鸡西、鹤岗两局生产下降。1969～1974年，全省投产一批新井，生产水平处于徘徊状态，生产矿井的开拓延深工程和集中改造工程进度滞缓。1974～1975年煤炭工业部在开滦和大同矿务局，连续召开学大庆赶开滦会议，贯彻挖潜、革新、改造方针。从此，全省煤矿生产开始好转。1966～1975年的10年当中，全省各矿务局投产新井设计能力405万吨/年，报废老井19处，设计能力273万吨/年。到1975年，保有生产矿井102处，生产能力2 235万吨/年。当年原煤产量提高到2 383.5万吨。地方煤矿1975年达到542.4万吨。

1976～1980年，贯彻老矿挖潜、革新、改造方针，以提高单产、单进、资源回收率为主攻方向，全省各矿务局上了一批花钱少、见效快的环节改造工程，完善一批普通采煤机械化的采区生产系统，开始引进综合采煤机械化装备。同时，对一些煤炭资源较多，浅部井小分散的斜井群，进行了技术改造，实行集中生产；对一些煤炭储量较多的大中型矿井，结合开拓延深进行了局部或主要生产系统的改造，适当扩大生产能力，使原煤产量大幅度上升。鸡西、鹤岗矿务局先后在1975年、1978年突破千万吨，1979年，双鸭山、七台河矿务局年产量分别突破了500万吨和300万吨。全省四个矿务局五年投产新井和改建井设计能力270万吨／年，报废老井8处，减少能力87万吨。到1980年年末，全省生产矿井集中为72处，全省原煤总产量达到3 395.2万吨。全省地方煤矿原煤产量达到820万吨。

1980～1985年，全省煤矿继续贯彻老矿挖潜、革新、改造方针，大力发展采煤综合机械化和掘进综合机械化，采掘工作面的单产、单进达到新的水平；多数煤矿实现了集中生产，由一矿多井变成了一矿一井；少数矿井开始步入现代化矿井建设的新阶段。五年当中，全省各矿务局投产新井能力402万吨／年。技术改造矿井经过核定，增加生产能力526万吨。到1985年年末，全省四个矿务局形成33个生产煤矿，56处生产矿井，生产能力3 312万吨／年。当年原煤产量达到4 298.8万吨；地方煤矿1983年贯彻有水快流方针，乡镇小煤矿迅速发展，当年原煤产量突破千万吨。1985年猛增到1 962万吨。

第三节 电力工业

一、电力建设

清光绪二十九年（1903年）开始建设，清光绪三十一年（1905年）投产的沙俄中东铁路哈尔滨总工厂中心发电厂，是黑龙江地区建设的首座发电厂。中东铁路总工厂发电厂是外资自备电厂，除自用电外，还向工厂附近、南岗铁路住宅和火车站等地供电，因而建设了相应的供电线路。但当时电压只有500伏，而且是单电源供电，因此实际上只能算作配电线路。清末黑龙江地区建设的营业性对外供电的电厂都建了低电压的供电线路。黑龙江地区的变电设施与送电线路建设同步发展，也始于1905年。当时负荷很小，因而变压器电压低，容量小。变压器最高电压等级只有500伏。至清宣统三年（1911年），黑龙江地区共建设发电厂14座，装机容量2 483千瓦。黑龙江地区各营业性电厂和自用电厂建设的变压器总容量只有2 000多千伏安，而其中多数只是配电变压器。1912～1931年，黑龙江地区民族资产阶级大力发展电力工业，在此期间新建和扩建发电厂55座，装机容量为24 048.6千瓦。此时，黑龙江地区发电厂仍为一厂一网，没有形成电源间的电力网。随着电压等级升高，黑龙江地区供电线路和变电设施的建设亦相应加快，1920年，中东铁路总工厂中心发电厂已开始使用6.6千伏电压供电。1927年，由中国商人在哈尔滨市傅家甸（道外区北十二道街）创建的耀滨电灯厂已建成了6条供电线路，向道外地区供电，电厂输出电压为2 300伏，供电电压为110～220伏。1927年哈尔滨发电厂建成，同时还建成至马家沟、南岗及道里部分地区的供电线路，电压等级6.6千伏。1929年齐齐哈尔省城电灯厂建成了黑龙江地区第一条11千伏送电线路。1930年11月，哈尔滨发电厂建成6 000千瓦大机组，同时建设了哈尔滨发电厂至道外耀滨变电所2条6.6千伏供电线路。哈尔滨发电厂6.6千伏供电线达到65.5公里。与发电、供电相适应，至1930年，哈尔滨电业局已有了6.6千伏电压等级的变电所，此时，黑龙江地区的变电总容量达到近3万千伏安。

1931年东北沦陷以后，日本侵略者出于军事侵略和经济掠夺的目的，在黑龙江地区大力发展电力工业，到1945年，新建和扩建电厂36座，其中较大型发电厂10座，新装机容量为18.32万千瓦。在大力建设发电厂的同时，建设了相应的送电线路，向黑龙江地区各军事据点及政治、经济中心区送电。到1945年，先后建成22千伏及以上送电线路53条，总长2 203.4公里。其中1941年电压等级已发展到110千伏。日本侵略者在大力建设发电厂、送电线路的同时，也在其军事据点、主要工农业经济区及政治统治中心的城镇建设了一批变电所，1931～1945年，黑龙江地区共建设变电所64座，容量20.2万千伏安。到1945年，黑龙江地区66千伏变电所发展到5座，容量2.51万千伏安，22千伏变电所64座，容量7.69万千伏安。与此同时，日本侵略者由电源间小型电力网起步，逐步在黑龙江地区建成6个小型电力网，即哈尔滨、齐齐哈尔、牡丹江（包括延吉）、佳木斯、鸡西、北安地区电力网。

黑龙江地区解放前夕，日本侵略者疯狂地破坏发电和供电设备。当时牡丹江、鹤岗、镜泊湖、鸡西等发电厂均遭受严重的破坏；哈尔滨、齐齐哈尔、佳木斯、北安等地的发电厂以及各地区的供电设备也都遭到不同程度的破坏。1945～1950年，黑龙江地区集中力量对原有发电设备进行修复，抓紧建设变电所，在此期间没有新建和扩建发电厂。到1949年中华人民共和国成立前，黑龙江地区主要发电厂基本上恢复生产。黑龙江地区多数县、镇小型电厂经过抢修也都陆续开始发电。1945～1950年，黑龙江地区建设和改造8条总长73.6公里的送电线路。与此同时，黑龙江地区新建、扩建和重建变电所6座，容量4 000千伏安，修复变电设备容量7万多千伏安。保证了向解放区供电，支援了解放战争。

1951年，黑龙江地区开始进行中华人民共和国成立后自己国家的电力建设，扩建了齐齐哈尔发电厂，以后陆续新建和扩建一批发电厂，1955年，黑龙江省建成了全国第一座高温高压电厂——富拉尔基热电厂。1959年建成全国第一座由国家自行设计、制造设备、自行安装的电厂——哈尔滨热电厂。到1959年，全省共新建和扩建发电厂（500千瓦以上）23座，新装机容量31.7万千瓦。配合发电工程的建设，全省开始大量建设送电线路。1949～1959年，黑龙江地区新建和升压改造22千伏及以上送电线路26条，总长1 400.5公里，使50年代送电延伸到当时全省经济建设的各重点地区。20世纪60年代初，配合大庆油田的开发和建设，黑龙江省的发电工程主要建设了全部烧油的大庆安达（即龙凤）热电厂，同时扩建了鸡西、佳木斯发电厂和哈尔滨热电厂等主要发电厂。全省共新建和扩建发电厂（500千瓦以上）36座，新装机容量40.2万千瓦。20世纪60年代由于全省供电范围进一步扩大，随之进行了大规模输电线路建设。1960～1969年，全省共建设送电线路89条，总长2 601.7公里。与此同时，全省同步开展了以110千伏和66千伏为主体的变电所建设，并在勃利、鸡西等地建设少量154千伏变电所。1968年配合丰满至哈尔滨输电线路升压，将哈尔滨和阿城2个一次变电所改造为当时电压等级最高的220千伏变电所。这一时期全省单台变压器最大容量达到3.15万千伏安。

1966年开始的“文化大革命”，使黑龙江省电力工业受到很大干扰和冲击，但由于广大电力职工以主人翁的负责精神，坚持进行电力建设，全省电力建设仍得到一定发展。1970～1979年，全省农村发展小火、水电形成高潮，10年中全省农村相继建起水、火、风、柴油等小型发电厂443座。国家骨干发电厂单机容量越来越大，向大机组发展十分迅速。1970～1979年，全省共建设发电厂493座，其中500千瓦以上的79座，容量143.1万千瓦，全省电力工业系统增加发电容量近120万千瓦。同时与之相配套，全省共建设送电线路128条，总长3 629.9公里，比20世纪60年代增加39.5%。其中110千伏及以上送电线路2 276.4公里，比20世纪60年代多建了1.48倍。这期间还先后投产了全省第一台中温中压5万千瓦机组和高温高压5万千瓦、10万千瓦机组。1972年，鸡西和佳木斯实现联网，黑龙江省电力网发展成东部（鸡西、牡丹江、佳木斯），西部（齐齐哈尔、大庆），哈尔滨和北安4个电力网。尽管如此，在“左”的思想干扰下，“文化大革命”期间，黑龙江省电力建设还是受到很大损失，发展速度受到很大影响。20世纪70年代全省投产的主要发电工程，多数是在1966年“文化大革命”开始后规划、选厂、定点和开始建设的。受“文化大革命”的干扰，特别是贯彻电力建设“靠山、分散、进洞”的战备方针，“靠山”“分散”的工程远离城市，给生产和生活带来很多困难；“进洞”的工程建成后不能使用，只好报废，不仅造成浪费，而且影响了电力工业发展速度。

1979年后，黑龙江省的电力建设全面进入了建设10万千瓦、20万千瓦高温高压机组的新时期。1981～1985年，黑龙江省共建设发电厂57座，新装机容量117.6万千瓦。与发电厂建设同步，1980～1985年，全省共建设改造送电线路104条，总长为3 130.7公里。其中110千伏以上送电线路42条2 369.4公里。1980～1985年，是黑龙江省220千伏主网架形成时期。全省新建的骨干变电所，基本上是220千伏变电所。到1985年，全省220千伏变电所达到124个，容量338.1万千伏安（其中主变压器容量326.3万千伏安）。除了国家电网建设的变电所以外，用户、企业和地方还建设了相当数量的变电所。其中企业和用户自建的变电所418座，容量达367.6万千伏安；地方建设变电所246座，容量64.9万千伏安。1981～1985年，随着110千伏线路在全省全面普及，全省4个电力网分立局面逐渐被打破。1981年8月，齐齐哈尔、大庆地区组成的西部电力网和哈尔滨电力网联网，从而使西部电力网和东北主电力网联成一体；1983年12月实现了北安电力网和西部电力网的联结，从而结束了北安电力网从20世纪30年代起就孤立运行的历史。至此，全省形成了哈尔滨、大庆、齐齐哈尔、北安统一的环形电力网（称黑龙江省电力网）和鸡西、牡丹江、佳木斯统一的黑龙江省东部电力网。到1985年，哈尔滨和牡丹江之间的联网也做好了必要的准备。

二、发电

（一）安全运行

清末和中华民国时期，黑龙江地区发电生产在安全运行方面没有相应的工艺技术，没有成型的规章制度，基本是处于自然运行状态。经常出现运行故障，停机次数多、时间长，设备年利用率只有1 000～1 500小时。每千瓦设备容量年均发电量不足1 500千瓦时。

东北沦陷时期，采取当时先进的汽轮发电机组发电，配有相应的安全设施，有了比较系统的工艺技术规范和规章制度，安全运行有一定的保障，年设备利用率增至2 000～3 000小时，比中华民国时期提高近一倍。

黑龙江地区解放以后，基本是沿袭东北沦陷时期的安全技术措施组织安全运行。日本侵略者投降时，对发电设备进行破坏，多数发电设备是用代用材料修复的，所以设备运行不安全，火灾事故和设备事故时有发生，设备年利用小时低于东北沦陷时期，仅1 170小时。每千瓦设备年发电量只有1 200千瓦时。

从20世纪50年代开始，黑龙江省电力工业系统，把安全运行作为发电生产的中心，采取了多方面保障措施。因此，“文化大革命”以前全省发电企业安全运行状况不断好转，全省发电设备年利用小时提高到5 992小时；使设备出力比中华人民共和国成立初期提高4.1倍；每千瓦设备容量年增发电量4 800千瓦时。

1966年“文化大革命”开始以后，全省发电生产受到极“左”思想影响比较严重。虽然生产还照常进行，但一些重要的规章制度和行之有效的措施、办法遭到批判和破坏，运行人员的思想比较混乱，岗位练兵、安全教育被忽视，安全运行纪录在这一时期比较少。1970年全省电力企业违背发电生产的规律，错误地推广了石家庄热电厂“提高出力多发电”的所谓“经验”。黑龙江省为实现“一厂变一厂半”，提出了向“洋设备”开刀的口号，这就使本来就老、小、多病的发电机组又大大缩短了寿命，导致发电机烧损、汽轮机事故频发。1970～1971年，由于提高出力全省共发生发电机绝缘损坏事故12次，共损坏发电机总容量32.2万千瓦，占当时运行发电机总容量的38%。

1979年，全省电业系统开始拨乱反正，重新确立尊重科学，发电生产安全第一的思想，开始恢复以前行之有效的各项保障安全运行的措施，全面检修受损的发电设备，严格执行安全运行的各项规章和奖惩制度，使安全运行逐年好转。1980年，发电设备事故比1979年下降31.5%，全省电力系统发电厂安全运行天数达到300天左右，到1985年基本实现了稳定的安全运行。锅炉事故率仅0.22%，汽轮机事故率仅0.3%，发电机事故率仅0.21%。

（二）经济运行

清末，中东铁路哈尔滨总工厂中心发电厂等企业电厂，发电量以企业自用为主，不从发电中获取经济效益，所注重的是为本企业提供足够的动力和照明用电，不考虑经济运行；耀滨电灯公司等营业性电厂，处于刚刚建立阶段，生产技术问题较多，而且机组容量较小，用电户和用电量不稳定，忙于发电，对经济运行问题考虑不多。中华民国时期，黑龙江地区发电生产转化为以营业为主体，所发电能作为商品对用户销售。同时，黑龙江地区主要城市已有多家营业性电厂出现了竞争，各电厂为获取更多利润，开始注重经济运行。当时，主要从定时、定量发电上组织经济运行。即按用电户用电时间和每一时间里的用电量发电。虽然这只是实行大致的计算，没有达到按计划精确发电的程度，但却初步使发电、供电、用电达到大体平衡，大幅度减少了窝电，提高了发电机组的经济效益。这一时期，每千瓦时电量利润比清末高10%～30%。

东北地区沦陷以后，日本侵略者受长期霸占中国的野心支配，对东北地区的电力工业加强统治，调集日本国内有组织经济运行经验的发电厂管理者加强电力经营与管理，在残酷压榨，吸吮中国工人血汗的同时，改变了侵占初期只注重多发电，不太强调经营效益的管理方式。以中国工人的惨重牺牲为代价，实施了多用效益高的大机组发电，少用效益差的小机组发电以及降低煤耗，减少厂用电，按用电需求组织发电，减少窝电等经济措施。使这一时期黑龙江地区的发电比中华民国时期表现为经济目标低、基本消灭了窝电，发电标准煤耗每千瓦时电量降低20%～40%，厂用电也明显降低。这一时期，经济运行还表现在1943年建成了吉林丰满水电厂至哈尔滨的输电线路以后，把哈尔滨发电厂的发电机组置于备用状态，水电成本低，节约了大量燃料。1945～1949年，黑龙江地区将尽快修复被日本侵略者破坏的发电设备，多发电支援解放战争做为中心任务，无暇顾及经济发电，故未能组织经济运行。这一时期黑龙江地区发电生产煤耗和厂用电均高于东北沦陷时期的最低水平。

中华人民共和国成立初期，黑龙江地区继续对发电设备进行修整，无暇顾及经济运行问题。黑龙江地区发电生产特别是电力系统的发电生产统由国家管理，生产任务是指令性的，经济指标也只限于满足于国家制订的计划数。但这一时期鸡西发电厂在经济发电方面取得了重要成果。1950年，东北电管局在鸡西发电厂进行掺烧劣质煤发电试点，设计百分之百燃烧原煤的锅炉掺烧滴道2号、3号水洗煤发电。由开始掺烧10%，到1951年年底在全国首创百分之百燃烧劣质煤发电新技术。1952年，又进一步创造了掺烧矿山废弃的煤矸石发电成功，发电成本逐年降低并创全国最高水平。1953年，鸡西发电厂全面总结了掺烧劣质煤发电的经验，并将这一做法长期坚持下去。

1958年黑龙江省电业局成立后，有计划地更换大机组发电，采取制订发电煤耗和厂用电指标，实行计划发电等一些措施，开始有意识地组织经济运行工作。到1959年，全省电力系统发电煤耗比1949年降低了323克／千瓦时，厂用电率由11.01%降到了7.71%，下降了3.3%。

20世纪60年代初，国民经济遇到暂时困难，发电燃料紧缺，黑龙江省又从少用燃料多发电、降低厂用电对用户多供电出发，组织发电的经济运行工作。到1966年，发电标准煤耗率由1960年的567克／千瓦时，降低到446克／千瓦时；厂用电率由1960年的7.72%降低到7.48%。“文化大革命”开始后，在扫“四旧”的干扰下，把经济运行的一套有效措施都砸烂了，在“算政治账不算经济账”口号的影响下，全省电力生产经济运行工作被废止。1966～1976年，全省电力系统建起2座低煤耗的大机组发电厂，本应大幅度降低发电标准煤耗和厂用电，但发电标准煤耗却上升到454克/千瓦时；厂用电率也仍维持在7%以上，没有保持经济运行。

1978年中共第十一届三中全会决定以经济建设为中心以后，黑龙江省发电企业注重经济效益，把发电经济运行作为发电生产的中心任务，并以科学手段组织经济运行工作。全省发电企业发电煤耗和厂用电逐年下降。1980年，全省发电标准煤耗降到409克／千瓦时，到1985年下降到387克／千瓦时。发电厂用电虽然由于燃煤机组增多等多种原因增加了耗电量，但仍保持在7%左右。

三、供电

清末，黑龙江地区小型发电厂已达14座，分布于哈尔滨和齐齐哈尔等地区，供电量很小。年供电量为23万千瓦时，到1931年供电量为5 200万千瓦时。东北沦陷时期，黑龙江地区供电事业被日本侵略者强行垄断，并在哈尔滨、齐齐哈尔、牡丹江、鸡西、佳木斯等地设立了发供电机构，建设了牡丹江、镜泊湖发电厂、北安发电厂等中、小型火力、水力发电厂以及送变电设施，供电量不断增长。到1944年，镜泊湖电厂投产，松滨线建成，从小丰满水电站输入水电，年供电量增加到3.4亿千瓦时，为东北沦陷时期的最高水平。

黑龙江地区解放初期，由于发电和供电设备被日本侵略者破坏，供电量下降到1.21亿千瓦时。中华人民共和国成立初期，黑龙江地区电力工业经过初步恢复，供电量增加到2.65亿千瓦时。到1953年，黑龙江地区已经全部恢复并扩建了齐齐哈尔等发电厂，黑龙江地区供电量增加到6.39亿千瓦时。到1958年前，由于东北主电网向黑龙江省输入电量较多（最少时1亿千瓦时，最多时3.1亿千瓦时），因此，这一时期全省的供电量大于同期的发电量。

1958年“大跃进”开始，全省电力工业加快发展步伐，全省供电量猛增到16.18亿千瓦时。1959年，又增至21.41亿千瓦时。1960年达到27.73亿千瓦时。1961年全省对国民经济开始调整，一些工商企业关、停、并、转，黑龙江省的供电量有所下降，当年供电量为20.05亿千瓦时。1965年，发展国民经济第三个五年计划开始实施，全省供电量又开始增长，达到29.34亿千瓦时，比1968年增长近1倍。中共第十一届三中全会后，全省掀起经济建设高潮，供电量逐年递增。1980年，全省供电量达到121.3亿千瓦时；1984年突破了150亿千瓦时大关，达到165.7千瓦时；1985年，供电量为178.7千瓦时，比中华人民共和国成立初期增加63.43倍。

四、用电

（一）农村用电

黑龙江地区农村用电始于东北沦陷时期的1931年。日本帝国主义为掠夺黑龙江地区丰富的农业资源，将用电引入农村。当时，黑龙江地区农村用电仅限于城郊和有条件用电的重点产粮区。1934年，黑龙江地区用电量为80万千瓦时，仅占黑龙江地区用电总量的2%。1938年以后，为掠夺更多粮食，日本侵略者在佳木斯、牡丹江、黑河、嫩江、松花江等一些地区组织开拓团，大肆垦种可耕地掠夺粮食，增加对开拓团等农业用电，使农村用电有了较大增加。1940年，农村用电量上升到460多万千瓦时，1944年又上升到840万千瓦时，比1940年增长83.1%，占黑龙江地区用电量3%。

黑龙江地区解放以后，日本侵略者的开拓团解体，1946年，黑龙江地区农村用电量一度下降到190万千瓦时。1948年，又上升到340万千瓦时。

中华人民共和国成立后，黑龙江地区作为国家粮食基地，加强农业开发。从1950年开始，先后在黑河、佳木斯、牡丹江、嫩江等地区组建国营农场开垦可耕地，生产粮豆，农村用电逐年增多。1950年黑龙江地区农村用电量为497万千瓦时，比1946年增加4.46倍，占黑龙江地区用电总量的2.16%。1957年增加到1 109万千瓦时，占全省用电总量的1.11%。

1958年，国家加速实现农业机械化。黑龙江省是农业机械化重点省，随着农业机械化的发展，农村用电大幅度增加，当年用电量增加到1 673万千瓦时，比1957年增加50.8%，占全省用电总量的1.19%。到1967年，随着全省农业机械化和水利化的发展，全省农村用电量增长到2.49亿千瓦时，比1958年增加13.89倍，占全省用电量的8.19%。

1969年以后，国家动员城镇知识青年上山下乡运动达到高潮，全国先后有数百万青年下乡到黑龙江省开发农业，全省城镇机关、企业等也有相当数量的人员到农村下放劳动，全省农村用电又有较大增长。当年用电量达到3.2亿千瓦时，比1967年增长28.51%。到1977年，又增加到12.4亿千瓦时，10年增长2.87倍。

1978年中共第十一届三中全会以后，全省农业和农副业有了较大发展，全省农村用电上升到14.66亿千瓦时，比1977年增加18.1%，占全省用电总量的15.75%。

1980年以后，随着农村改革、乡镇工业发展，全省农业用电量又有增加。1980年达到16.1亿千瓦时，占全省用电总量的14.7%。1985年又增加到17.4亿千瓦时，占全省用电总量的10.4%。

（二）工业用电

黑龙江地区的工业用电始于清光绪三十一年（1905年），中东铁路哈尔滨总工厂建自备电厂，发电的绝大多数用于总工厂的工业生产，年用电约13万千瓦时。到清宣统三年（1911年），黑龙江地区工业用电除铁路总工厂外，尚有多家油酒米面和木材厂用上了电，年工业用电量约25万千瓦时，占黑龙江地区用电总量的67%。

中华民国时期，黑龙江地区的经济有所发展，工业用电逐年增加。到1930年，工业年用电量增加到2 800多万千瓦时，占黑龙江地区总用电量的近80%。

东北沦陷时期，日本帝国主义加紧掠夺黑龙江的矿产资源，在鸡西、鹤岗、双鸭山、密山等地大肆开发煤矿，掠夺煤炭。在牡丹江、伊春等地区大肆掠伐林木。1934年，工业用电量增加到3 900多万千瓦时，占黑龙江地区用电总量的75%。1935年以后，在其推行“以战养战”政策之下，在黑龙江地区发展了一批支持其侵略战争的工业，使殖民地工业又得到更大发展。到1944年，工业用电量发展到2.1亿千瓦时。

黑龙江地区解放初期，由于工业遭到日本侵略者破坏，工业用电量下降到8 200万千瓦时左右。1948年增加到1.3亿千瓦时。

中华人民共和国成立后，黑龙江地区被破坏的工业逐渐恢复，工业用电量逐年上升，1949年发展到1.19亿千瓦时，占黑龙江地区用电总量的63.9%。1952年又增加到2.67亿千瓦时，占黑龙江地区用电总量的74.78%。

1953年，发展国民经济第一个五年计划开始实施，工业用电量大幅度增加。当年用电量增加到3.59亿千瓦时，占黑龙江地区用电总量的79%。1957年又增加到8.4亿千瓦时，占全省用电总量的84.7%。

1958年国民经济“大跃进”，全省搞“大办工业”“大炼钢铁”，工业用电量增长到12.38亿千瓦时，占全省用电总量的88.6%。1960年又增加到22.73亿千瓦时，占全省用电总量的89.66%。

1962年调整国民经济，“大办”“大炼”停止，工业搞“关、停、并、转”。用电量下降到15.85亿千瓦时，占全省用电总量的34.3%。

1966年，发展国民经济的“三五”计划开始实施，黑龙江省作为工业基地，工业经济有了更快发展，特别是大庆油田全面开发，用电量增加到26.25亿千瓦时，占全省用电总量的84.87%。

1967年黑龙江省工业经济受到“文化大革命”冲击，虽然大庆油田深入开发增加了用电量，工业用电量仍减少到24.94亿千瓦时，工业用电量占全省用电总量的81.82%。

1974年开始恢复经济，用电量又增加到45.24亿千瓦时，占全省用电总量的76.41%。1975年以后反击“右倾翻案风”，工业生产受到影响，用电量增长缓慢。

1978年，中共第十一届三中全会以后，黑龙江省工业发展加快，用电量逐年大幅度增长。1980年为88亿千瓦时，占全省年用电量的78.15%。1985年增加到136.5亿千瓦时，占全省用电总量的80.62%。

（三）交通运输动力用电

黑龙江地区交通运输动力用电始于1912年。当时，沙俄首先把电用于黑龙江地区的中东铁路，年用电量约1.5万千瓦时。

东北沦陷后，日本帝国主义为掠夺黑龙江地区资源，交通运输有了较大发展，用电量不断增加。1934年用电量为120万千瓦时，占黑龙江地区用电总量的2%。到1944年增长到560万千瓦时。

黑龙江地区解放初，由于交通运输设施遭到日本侵略者的严重毁坏，1946年，用电量下降到210万千瓦时。1948年后，被毁坏的交通运输设施大部分恢复，交通运输动力用电量又增加到

260万千瓦时。

1949年中华人民共和国成立后，黑龙江地区全面恢复国民经济，发展交通运输业，用电量增加到332万千瓦时，占黑龙江地区用电总量的1.78%。

1953年发展国民经济的“一五”计划开始实施，交通运输有了更大发展，用电量增加到837万千瓦时，占黑龙江地区用电总量的1.85%。1957年用电量又增加到976万千瓦时，占全省用电总量的0.98%。

1966年“文化大革命”开始，黑龙江省的工业交通虽受冲击，但是交通运输动力用电却没减少，仍保持2 288万千瓦时，占黑龙江省用电总量的0.73%。

1977年增长到1.78亿千瓦时，占黑龙江省用电总量78.13亿千瓦时的2.28%。

1978年中共第十一届三中全会以后，黑龙江省在发展国民经济中积极发展交通运输业，使交通运输动力用电也有了较大发展。1979年，交通运输动力用电变化统计口径，一些纳入工业用电，从统计上看用电量减少为4 947万千瓦时，占全省用电量的0.53%。1980年为7 508万千瓦时，占全省用电总量的0.67%。1985年增加到1.6亿千瓦时，占全省用电总量的0.94%。

（四）市政生活用电

黑龙江地区的市政生活用电始于清光绪三十三年（1907年）。当时，哈尔滨耀滨电灯公司首次售电用于市政生活，年用电量在2.5万千瓦时左右。

1912～1930年，黑龙江地区民族电业有很大发展。这些电厂多数为营业性电厂，所以市政生活用电也有了较大发展。年用电量在20～700万千瓦时。

1931年以后的东北沦陷时期，在哈尔滨、牡丹江、佳木斯、北安等地分省建设政治和经济中心，黑龙江地区市政生活用电又有增加，1934年，黑龙江地区市政生活用电量增至1 100万千瓦时，占黑龙江地区用电总量的21%。其后又在一些城镇建设政治和经济据点，市政生活用电又有较大增长。到1944年，黑龙江地区市政生活用电增加到5 600多万千瓦时，占黑龙江地区用电总量的20%。

黑龙江地区解放初期，由于电力工业遭到日本侵略者的破坏，1946年，市政生活用电量降至1 200万千瓦时，1948年恢复到3 400万千瓦时。

1949年中华人民共和国成立后，随着经济和市政建设的恢复，市政生活用电增加到5 924万千瓦时，占黑龙江地区用电总量的31.85%。

1953年“一五”建设计划实施后，黑龙江地区的市政生活建设有所发展，人民生活有所改善，用电量增加到8 023万千瓦时，占黑龙江地区用电总量的17.71%。1957年增加到1.31亿千瓦时，占全省用电总量的13.2%。

1958年搞国民经济“大跃进”，市政生活用电量增加到1.36亿千瓦时，占全省用电总量的9.67%。

1966年“文化大革命”开始，由于昼夜搞活动，市政生活用电增加到2.72亿千瓦时，占全省用电总量的8.74%。1975年增加到4.35亿千瓦时，占全省用电总量的6.65%。

1978年中共第十一届三中全会以后，在重点发展国民经济的同时国家提出“还生活欠账”。加强生活设施建设。1980年全省市政生活用电增加到7.7亿千瓦时，占全省用电量的6.8%。随着改革开放政策的实施，全省市政生活和服务性的事业得到迅速发展，全省市政生活用电量又有很大增长。1985年全省市政生活用电量增加到13.8亿千瓦时，占全省用电总量的8.1%。

第四节　冶金工业

黑龙江地区冶金业历史悠久。据考古发现，黑龙江地区在相当于中原地区的西周中期已进入青铜器时代，在战国至西汉时期已进入早期的铁器时代。

据《三国志·魏书·三少帝纪》载：魏元帝景元三年（262年），挹娄人向曹魏政权进贡“皮骨铁杂铠二十领”。唐代渤海国和辽、金朝（7～13世纪），黑龙江地区已进入较发达的铁器时代，铁器已广泛应用于生产和生活各个领域。至金代，黑龙江地区的炼铁技术已具较高水平，铁器已普遍应用于生产和生活各个方面，应用地域遍及黑龙江腹地。金代以后黑龙江地区冶金业未见记载，只有“铁匠炉”等手工作坊延续下来。

19世纪末20世纪初，沙皇俄国入侵中国修筑中东铁路后，在中东铁路哈尔滨总工厂（今哈尔滨车辆厂）建造了小电弧炉、小转炉、蒸汽锻锤和小型轧钢机，开始了近代炼钢和轧钢生产。中华民国时期，中国人、俄国人都曾对黑龙江地区地质矿产进行调查，发现一些金、银、铜、铁、铅、锌等矿床。东北沦陷时期，日本人对黑龙江地区进行了矿产调查，并对一些铁矿进行掠夺开采，还利用黑龙江地区的煤炭炼焦运往日本和朝鲜。1943年，日本侵略者在鸡宁县（现鸡西市）城子河建设1座73立方米的高炉，因其战败投降未能投产。

1947年，东北民主联军总军工部将吉林省通化军工厂的3吨电弧炉、锻锤和轧钢机搬迁到黑龙江兴山（今鹤岗），建立兴山炼钢厂，1948年11月东北全境解放后，又迁往沈阳。

中华人民共和国成立之前，黑龙江地区尚没有一个专业的冶金工厂，仅有由铁路、机械、军工等企业生产的一些冶金产品。1949年只生产钢300吨、钢材2 234吨、土焦2.3万吨。

中华人民共和国成立后，1950年经中央人民政府政务院批准，在黑龙江地区重点建设了中华人民共和国第一个特殊钢厂——北满钢厂（齐齐哈尔钢厂），经东北人民政府重工业部决定，在哈尔滨市重点建设了全国第一个大型铝加工厂——一〇一厂（东北轻合金加工厂）。这两个现代冶金企业，都是苏联援建的全国156项重点工程中的项目，由苏联设计并提供成套设备，严格按照基本建设程序正规建设的。经过工程设计、设备订货、施工组织、出国培训等前期准备工作，分别于1954年4月破土动工。北满钢厂投资2.63亿元，建有当时先进的炼钢、轧钢、锻压、冷拔和热处理设备，设计能力年产钢16.5万吨、钢材10.62万吨，历时三年半时间于1957年11月建成投产。哈尔滨一〇一厂第一期工程投资2.2亿元，只用两年半时间于1956年11月建成投产（第二期工程投资1.2亿元，于1958年开始建设，1962年投产，两期合计投资3.4亿元，设计能力年产铝镁加工材3.62万吨），建有先进的铝镁熔铸和板、带、箔、管、棒、型、线、粉等加工设备。在第一个五年计划时期重点建设的这两个冶金企业，工期短、质量好、见效快，投产后很快就达到了设计能力，为国家经济建设和国防军事工业生产出大批国产冶金新材料，许多产品填补了国内空白，并培养出大批冶金专业技术人才支援全国。

为了进行重点项目建设，东北人民政府重工业部于1951年在哈尔滨成立冶金建设公司，以后又分设为第一建筑工程、金属结构工程、第一机械安装、电气安装、工业管道、工业筑炉等6个分公司。1953年，在齐齐哈尔市富拉尔基区成立北满钢铁建设公司。这两支建设队伍于1956年均划归国家冶金工业部领导，哈尔滨的建设队伍在完成一〇一厂等工程建设任务后改编合并为第一冶金建设公司，调往湖北省参加武汉钢铁公司的建设，北满钢铁建设公司改为第四冶金建筑总公司，在完成北满钢厂建设任务后调往内蒙古自治区参加包头钢铁公司的建设。这两支建设队伍均是中华人民共和国成立后最早的冶金建设队伍。

第一个五年计划时期，国家还在黑龙江省建立了哈尔滨冶金测量学校；这一时期，黑龙江地区地方冶金工业只有牡丹江耐火材料厂。

1958年，全国掀起了“大跃进”高潮。黑龙江省为了解决工农业生产全面发展对钢铁及有色金属的迫切需要，发动群众上山找矿，建炉、炼铁。同年8月，中共中央北戴河会议通过了《中共中央政治局扩大会议号召全党全民为生产1 070万吨钢而奋斗》的决议。在“以钢为纲、全面跃进”的方针指引下，黑龙江省掀起了声势浩大的全党全民大办钢铁的群众运动。为保钢铁“元帅升帐”，全省成立了以党、政主要负责人为首的钢铁、机电、交通会战指挥部，同年9月6日，成立黑龙江省冶金工业厅，全省各专区、市、县、区、乡、镇，层层书记挂帅，全党全民总动员，共有60万人的钢铁大军，上山开矿、建炉炼铁。全省共有41万人次上山找矿探矿，找到铁矿点380处、有色金属矿点60处；开采铁矿点65处，有色金属矿点10余处；共建各种样式的小高炉6 000多座，其中8立方米以上的283座，容积3 779立方米；建土焦炉4万多个；建各种炼钢炉157座，752.6公称吨；建了一批小轧钢企业，在原松江五金厂的基础上成立了哈尔滨轧钢厂；在原再生铜冶炼社基础上成立了哈尔滨有色金属冶炼厂。1958年生产生铁5.58万吨，结束了黑龙江省“吨铁不产”的历史，生产钢34.5万吨，钢材22.35万吨，焦炭60.6万吨，铝镁加工材2.43万吨，比1957年增长3～10倍。全省冶金工业总产值达到4.48亿元，比1957年增长4倍。

1959年，重点建设地方骨干钢铁联合企业——牡丹江钢铁公司，第一期工程设计规模为年产钢30万吨，完成基建投资7 000万元，有100立方米高炉2座，400×1／250×5小型轧机1套、红旗3号焦炉2座，机修车间及林海铁矿先后建成投产。“大跃进”时期，有色金属工业建设了多宝山铜矿、宾县铜矿、西林铅锌矿、小裕丰锌矿及牡丹江、佳木斯铝厂等。

“大跃进”和“大办钢铁”运动持续3年多时间，全省共投入近5亿元（其中1958年建小矿山和小高炉费用15 398万元，1959～1961年基本建设投资14 744万元，技术改造等各项费用19 531万元），共建冶金企业167个，其中黑色冶金企业145个，有色冶金（包括黄金）企业22个。1958年全省冶金工业职工达111 275人。1958～1961年生产铁矿石209.7万吨，生铁49.25万吨，土焦370.7万吨，钢168万吨，钢材100.1万吨，铝镁加工材8.51万吨，以及一些铜、铅、锌、铝产品。

在“大跃进”和“大办钢铁”群众运动中，由于没有按科学规律办事，一哄而起，具有很大盲目性，以“高指标”“瞎指挥”“浮夸风”为标志的“左”倾错误严重泛滥，小高炉在全省“遍地开花”，不仅没炼出多少铁，浪费也极大。1958年，生铁合格率只有21.3%，每吨生铁消耗焦炭高达2 749公斤，生铁成本高达800元／吨。造成人力、物力的极大浪费。

1961年中共第八届九中全会决定，对国民经济实行“调整、巩固、充实、提高”的八字方针，同年6月下达小高炉停火令，1961年下半年黑龙江省小高炉全部停产。1961年，全省冶金工业总产值由上年的6.56亿元，减到1.8亿元。1962年，大批冶金企业实行“关、停、并、转”，对小高炉“限期拆除”。

1963～1965年，黑龙江省除了国家重点企业北满钢厂和哈尔滨一〇一厂外，有9个地方冶金企业陆续恢复生产。1964年，冶金工业部上收了黑龙江省有色金属和黄金企业，成立了冶金工业部直属黑龙江有色金属公司，代管仅有的3户地方钢铁企业。1965年又改为黑龙江黄金公司，隶属于设在长春的中国黄金矿产公司，主管黄金企业，代管地方钢铁企业，将有色金属企业划归冶金工业部设在沈阳的东北有色金属工业管理局。

1966年2月，根据“备战、备荒、为人民”的指导思想，为了解决准备打仗和实现农业机械化所需钢铁，中共黑龙江省委决定建设西林钢铁厂，以补上黑龙江省地方钢铁工业这一缺门。同年4月成立黑龙江省冶金工业公司，具体指挥西林钢铁厂的建设。建厂初期确定只建1座100立方米高炉（将原牡丹江钢铁公司的高炉搬迁过来），同时恢复大西林铁矿生产。1966年5月爆发了“文化大革命”，使西林钢铁厂的建设受到严重干扰。1967年10月31日高炉简易投产，只生产11天就停了下来。1967年经国家计委批准建设规模为年产铁矿石20万吨、生铁10万吨、钢8万吨、钢材6万吨、焦炭10万吨。根据当时“小三线”的建设方针，按照“靠山、分散、隐蔽”的原则，厂址选定在小兴安岭山区（伊春市西林区），给生产建设带来诸多不便。在“左”的思想指导下，采取“边设计、边施工、边生产”的三边方针，尽量利用旧设备“因陋就简”的原则，建厂初期没有总体设计，在建设过程中设计不断修改，资金、设备不足，使工期一拖再拖，采取简易投产，投产后又不断进行改造，直到“文化大革命”结束，西林钢铁厂仍未能全面建成投产。

1969年3月2日，发生了苏联军队入侵中国领土的珍宝岛事件，地处边陲的黑龙江省，从准备打仗的角度出发，突击抢建了一批小钢铁厂，当年有海林、林口、桦南、双鸭山、鸡西等市、县5座高炉建成投产。加上1967年建的西林钢铁厂1号高炉，全省共有6座高炉，容积237立方米，当年生产生铁1.45万吨。《人民日报》刊登了黑龙江省发展“五小”工业的报道。

1970年，在大搞“五小”企业（小钢铁、小化肥、小煤窑、小农机、小水泥）的热潮中，黑龙江省革命委员会主要负责人提出为了建设“吃、穿、用、打”“小而全”的工业体系，要县县建高炉，重复1958年“大跃进”的做法，组织了全省钢铁大会战，全省共开采小铁矿56处，建小高炉61座，容积1 288立方米，分布在全省13个地、市和林业、煤炭、铁路、农场、机械系统的41个钢铁厂中。

在建设小高炉的同时，又建设了一批小炼钢、轧钢和有色冶金企业，先后建设了哈尔滨钢厂、哈尔滨冷轧带钢厂、哈尔滨钢丝绳厂、哈尔滨钢管厂、富拉尔基钢厂、齐齐哈尔钢管厂等。东北有色金属工业管理局组织全东北18个有色金属矿山进行西林铅锌矿建矿大会战，并开始建设松江铜矿。黑龙江省扩建多宝山铜矿，建设秋皮沟铜矿、石发铅锌矿、恢复佳木斯铝厂生产。

“文化大革命”时期，黑龙江省冶金工业投资4.5亿元，全省冶金企业增至92个，1976年全省冶金企业职工队伍达到73 196人。这一时期全省建设的地方冶金企业，装备水平比“大跃进”时期有很大提高，但由于采取大会战方式突击抢建，工艺不完善，设备不配套，形不成综合生产能力，加上管理混乱，生产长期不正常，造成严重亏损，“文化大革命”时期黑龙江省冶金工业累计亏损近4亿元。齐齐哈尔钢厂、东北轻合金加工厂等老企业，也受“文化大革命”的严重干扰，生产徘徊不前，经济效益大幅度下降，这两个企业的利润分别由1966年的6 823万元和4 179万元，下降为1976年的301万元和36万元。到1974年，盈利企业的利润抵不上亏损企业的亏损，全行业盈亏相抵后还亏损901万元。1976年全行业亏损7 028万元。“文化大革命”结束的1976年，与1966年相比，全省冶金工业总产值由1966年的4.48亿元降为1976年的4.46亿元，利税总额由1966年的14 075万元，1976年降为－3 895万元。

1976年10月粉碎了江青反革命集团，结束了“文化大革命”。由于长期受“左”的思想影响，黑龙江省小铁厂出现增产增亏的局面。1977年产铁13.9万吨，亏损8 040.4万元。1978年产铁23.16万吨（加上不合格铁，号称30万吨），亏损9 475万元。为了改变钢铁工业小而分散的局面，集中发展，形成拳头，黑龙江省革命委员会决定，利用双鸭山铁矿的资源建设年采选180万吨规模的铁矿和年产钢30万吨的钢铁厂（定名会龙山钢铁厂），由于厂址选择用了两年之久，延误了工厂建设时间，在1979年的国民经济调整中被迫停缓建。

1978年12月，中共中央召开第十一届三中全会，端正了思想路线，把全党工作的着重点转移到社会主义现代化建设上来，从根本上纠正了“文化大革命”及以前“左”的错误。1979年中共中央确定对国民经济实行“调整、改革、整顿、提高”的方针，黑龙江省冶金工业经过坚决而慎重的调整，经济体制改革，全面整顿、综合治理，挖潜改造、完善配套，开始走上了稳步发展的新阶段。

1979年，集中进行调整，重点调整“文化大革命”中建的小矿山、小高炉。这次调整吸取了1961年“一刀砍”的教训，实行“有进有退、有上有下、在调整中前进”的正确方针，本着“经济合理、择优选留”的原则，经过认真调查和充分讨论，关停25个小铁厂，保留10个炼铁厂、19座高炉，容积492.5立方米，年生产能力25万吨。保留5个小铁矿。这次调整与改革同时进行，收到了明显效果。从1979年开始对调整后的小铁厂实行政策性亏损定额补贴包干办法，每吨生铁补贴230元，1980年降为180元，1981年降为90元，对铁矿石的亏损补贴1980年为每吨12元，1981年降为9元。实行定额补贴包干、节约归己、超亏自负的办法，促进了小铁厂、小矿山加强管理，大力降低成本，一些管理不善，经济效益不好的企业自行停产。到1981年，全省只有4个铁矿、7个铁厂、9座高炉坚持生产，年产生铁13.8万吨，亏损额降为2 411万元。

1979年，根据国务院发布的《关于扩大国营工业企业经营管理自主权的若干规定》，东北轻合金加工厂、齐齐哈尔钢厂、哈尔滨轧钢厂进行了扩大企业自主权试点。试点企业有计划外产品销售权、内部机构设置及中层以下干部任免权；把按工资总额提取企业基金的办法改为实行企业利润留成。扩权试点结果，使企业利润大幅度增加，企业的利润留成也按比例增加，有力地调动了企业和职工的积极性。1982年，加速了改革步伐，学习首都钢铁公司经验，全面推行了经济责任制，实行责、权、利相结合，国家、企业、职工三者利益相统一，改变了多年来“吃大锅饭”的分配方式。1983年以后，部分企业进行厂长负责制试点，确立了厂长在生产、经营、行政工作的中心地位和决策作用。1984年，黑龙江省冶金工业厅向直属企业下放22项权限，向事业单位下放10项权限，其中包括“组阁权”、中层干部任免权、职工调动和机构设置权、职工奖惩和奖金分配权、计划外产品生产经营自主权等。

在改革的同时，进行了企业的“全面整顿、综合治理”。从1982年起，根据中共中央、国务院《关于国营工业企业进行全面整顿的决定》，利用4年时间，对全省32户全民所有制冶金企业分期分批地进行了全面整顿，重点整顿了领导班子、劳动纪律、劳动组织、经济核算和经济责任制，到1985年全部整顿结束，经验收合格。东北轻合金加工厂、齐齐哈尔钢厂、哈尔滨轧钢厂、哈尔滨冷轧带钢厂、哈尔滨钢丝绳厂、永安焦化厂等6户冶金企业，被黑龙江省人民政府命名为“六好企业”。

在改革、整顿的同时，加速了技术改造的步伐。由于黑龙江省冶金工业大多数始建于“大跃进”和“文化大革命”时期，工艺不完善，设备不配套。针对这种情况，全省冶金行业进行了以“挖潜、改造、配套、扩建、充分发挥综合生产能力”为主要内容的技术改造。多年亏损的西林钢铁厂，从1980年起进行完善配套改造，解决了烧结、转炉、轧钢三个卡脖子环节，增建了第二炼钢车间。又在1983～1984年打了两年扭亏增盈“背水一战”，于1984年全面达到设计能力，实现了扭亏为盈。小铁厂综合生产能力有了提高，全部吃上了精料，解决了过冬生产问题，各项技术经济指标跃居全国先进行列，于1984年全部实现了扭亏为盈。有色金属企业扩建了松江铜矿、佳木斯铝厂，又新建了黑龙江铝箔厂。在改革开放方针指引下，齐齐哈尔钢厂从联邦德国引进10吨电渣炉、从瑞典引进S1钢包喷粉技术等国际先进水平的技术装备。东北轻合金加工厂利用国外新技术，系统改造了板材车间，从联邦德国、意大利、美国、日本引进5套国际先进水平的设备，建了铝箔、板带、建筑铝型材和预拉伸板生产线。通过引进国外先进技术设备，使老企业的部分装备赶上了国际先进水平，部分冶金产品开始向国外出口。

中共第十一届三中全会以后，黑龙江省冶金工业认真贯彻“调整、改革、整顿、提高”的方针，面貌发生了根本性的变化。1985年与1978年对比，产值、主要产品产量和利税总额显著增长，亏损大幅度下降。全省冶金工业总产值增长59%；钢、钢材、生铁、铝镁加工材产量分别增长38.7%、56.6%、25.6%、62.2%，铁合金和铜、铅、锌精矿含量分别增长2.3倍和2.1倍、1.06倍、1.16倍；利税总额由1978年的1 807万元，增加到1985年的21 282万元，增加10.8倍；亏损企业由1978年22户减少为1985年的6户，亏损总额由1978年的10 930万元下降到1985年的380万元，减亏96.5%。冶金工业成为缴纳利税较大的行业。

1985年，黑龙江省已经形成了钢铁和有色金属（铜、铅、锌、铝）从矿山采选，到冶炼加工，以及冶金辅助材料（焦化、耐火、铁合金、碳素制品、保护渣）等门类比较齐全、初具规模的冶金工业体系，并有一支冶金设计、研究、建设、生产、机修、教育、供销及进出口等冶金专业职工队伍。1985年，全省冶金职工达8万余人，有冶金企业、事业单位49个。拥有固定资产原值15.7亿元，设备总重11.6万吨。已形成铁矿年开采能力38万吨；选矿年处理原矿能力58.5万吨；炼铁高炉17座，容积494立方米，生铁年生产能力34.3万吨；各种炼钢炉（包括非冶金系统）92座，837.5公称吨，钢年生产能力93.4万吨；各种轧钢机41台套，钢材年生产能力93.6万吨；炼焦炉（包括非冶金系统）16座，316孔，焦炭年生产能力92万吨；铁合金年生产能力1.15万吨；耐火材料年生产能力5万吨；铜采选能力日处理原矿量750吨；铅、锌采选能力日处理原矿量800吨；再生电解铜年生产能力2 400吨；电解铝年生产能力5 000吨；铝镁加工材年生产能力55 070吨；铜材年生产能力2 000吨。还有稀土、钨钼材料等稀有金属的生产。形成了以齐齐哈尔钢厂、东北轻合金加工厂、西林铅锌矿为国家重点企业，以西林钢铁厂、哈尔滨轧钢厂、牡丹江耐火材料厂、小岭铁合金厂、松江铜矿、佳木斯铝厂等为地方骨干企业，辅以一批小型铁矿、炼铁厂、炼钢厂、轧钢厂、有色金属冶炼加工厂，以及冶金辅助材料、冶金机修企业等大、中、小并举的格局。1985年，黑龙江省冶金工业总产值为10.125亿元，铝镁加工材和焦炭自给有余。

至1985年，全省冶金工业与国民经济发展的需要及全国兄弟省市比较，还存在产量小、品种少、发展慢、结构不合理等问题，钢材自给率仅有29.4%，铁矿石自给率仅有30%。在全国29个省、市中，黑龙江省1985年生铁产量排第24位，钢和钢材产量排第16位，人均产钢量22.9公斤，为全国人均产钢量44.5公斤的一半。这种状况与黑龙江省五大（大农业、大林业、大机械、大煤炭、大石油）基地的地位很不相称，形成“五大一小”（小钢铁）的局面，有色金属的资源优势还没有变成经济优势。

第五节　黄金工业

黑龙江地区素以“三千里江山，金子镶边”著称。早在北魏正始年间（504～508年），位于今黑龙江省东南部宁安一带的东夫余人就开始采金活动。隋、唐时代，黑龙江地区黄金开采的范围及规模不断扩大，至辽、金时代，“兴冶采炼”，几遍南北。

清初至19世纪70年代以前，黑龙江地区黄金开采主要是群众性的自发采金活动，从业人员少、开采范围小、黄金产量低。沙皇俄国一直觊觎着中国宝贵的黄金资源，并不断遣人入境进行盗采中国黄金的非法活动。据史书记载，清咸丰十年（1860年），俄人越过黑龙江，到“漠河以东、阿尔罕河、奇乾河等处，纵横二三百里”的地方盗采黄金。至清光绪九年（1883年），仅漠河金矿盗采黄金者就达4 000余人。清光绪八年（1882年）和清光绪九年（1883年）两年，俄人盗采黄金即达26.4万余两，其中强行收走21.9万两。

对于沙俄的掠夺黄金活动，清朝政府多次通过外交途径同沙俄政府交涉，要求俄方唤回越界盗采黄金的俄人。由于俄国政府的蛮横无理，清朝政府不得不采用武力讨伐。至清光绪十二年（1886年），才将沙俄盗匪驱逐出境。为了防止沙俄再次入侵，巩固北部边防，爱国官吏提出了兴办民族采金业，“兴利实边”“以杜外人觊觎”的主张。于是，民族采金业在黑龙江地区始有兴办。

清光绪十四年十二月十三日（1889年1月14日），中国第一个“官督商办”（即由官府向商人募集资金办矿。当时由于办矿具有采金与戍边双重职能，商人只能出钱，不能参与矿务）金矿——漠河金矿祭山开工。李金镛任金矿总办。漠河金矿开工投产以后，又陆续在黑龙江地区开辟了奇乾河、观音山、库玛（呼玛）、胭脂沟、都鲁河、余庆沟等金矿，使这一地区的黄金业空前发展。至清光绪十七年（1891年），采金人员多达数万人以上，黄金产量居当时全国之首。

清朝末年，黑龙江地区的采金业逐渐萧条衰落，产量大幅度下降。清光绪二十六年（1900年），义和团运动爆发，清政府放松了对黑龙江地区黄金业的管理。沙俄军队又乘机占领吉拉林、乌玛、漠河、呼玛、观音山、太平沟等砂金矿区和东清铁路（中东路）沿线的穆棱凉水泉子等地金矿，进行掠夺性开采。黑龙江地区的黄金资源受到严重破坏。清光绪二十七年八月廿日（1901年10月2日），沙俄驻黑龙江外交官强迫黑龙江将军萨保订立了《采勘金苗草约》11条，强迫吉林将军长顺签订了《吉林开办金矿条约》14条，攫取了在黑龙江地区开采金矿的权利。后来，由于中国人民反对和一些爱国官吏的斗争，逐步收回了部分金厂。

中华民国初期，黑龙江地区的金矿开采一度得以恢复和发展。1912年9月15日，黑龙江沿岸金矿督查局在黑河成立。同年10月，颁布了《黑龙江沿岸矿务督查局试办章程》和《黑龙江勘采金矿暂行章程》法规，进一步促进了黄金开采，黄金产量逐年增加。1914年，黑龙江地区官办金矿产金达8.6万余两，比1912年提高40.4%，创中华民国前期黄金产量的最高纪录。之后因军阀战乱迭起，黑龙江地区黄金业又逐渐衰落下来，虽然局部地区出现了几次“淘金热”，但均维持时间不长。到1929年，黑龙江地区仅产金2万余两，比1912年下降60%以上。

中华民国初年，沙俄仍霸占着黑龙江地区的部分金矿的采掘权，继续进行盗采中国黄金的活动。1917年10月，中华民国北京政府曾准备以200万卢布赎回“所有从前俄商在黑龙江等处所得采矿权”，一直未果。直到俄国十月革命，沙俄政权垮台，被其长期霸占的中国金矿开采权才被收回。

在此期间，黑龙江地区的采金业由中央统一管理，有的金矿由北京政府财政部直接派人兼办。1918年12月6日，北京政府农商部呈准公布了《采金局章程》，黑龙江省省长公署正式设立管理黄金开采事务的行政机构——采金局。从此，黑龙江地区的金矿改为主要由地方管理。

1931年“九一八”事变以后，中国东北沦为日本侵略者的殖民地，黑龙江地区的黄金资源再一次被疯狂掠夺。

日本侵略者为了把持和垄断黄金生产，1934年5月颁布了《满洲采金株式会社法》。同时设立了伪满洲采金株式会社，作为日本帝国主义经营吉林、黑龙江两省黄金生产的机构。在伪满洲采金株式会社之下，又遍设作业所、出张所、矿冶所、探矿所等机构，形成对各金矿的垄断网络。1938年以后，黑龙江地区的金矿、金厂被全部收归采金会社统一经营，禁止任何私人开办金矿。与此同时，日本侵略者还在黑河、合江等地的金矿区内建立了各种军事、警察、特务组织，以保护其对金矿的开采和经营。强行收缴各金厂原中国护厂人员（时称护勇）的武装，并阻止中国人采金。

日本侵略者为了加速对黑龙江地区黄金的掠夺，一方面对境内黄金资源进行了全面普查和勘探，另一方面注重改进开采技术，实行机械化开采，重点是建造采金船，提高开采效率。自1936年第一只采金船在罕达气泥鳅河建成投产到1943年，日本侵略者先后在黑龙江境内建造采金船16只，加速了对黑龙江地区黄金资源的掠夺。为了尽快把开采的黄金运回日本，日本侵略者还在石头河南岗和驼腰子下桦建设了两个飞机场，空运黄金。据不完全统计，仅从黑河、乌拉嘎、桦川、穆棱4地掠走黄金就达53.51万两。

1932年6月，日本侵略者颁布了《产金收买法》，强令黄金持有者必须把黄金卖给伪满中央银行。他们还通过日伪“劳工协会”在各地骗招和拐卖中国矿工，推行“把头大柜”制，通过对工人的残酷压榨和商品垄断，进行盘剥和掠夺，金矿工人在非人的条件下过着奴隶式的生活。乌拉嘎在1940年有矿工4 120人，由于大量死亡，到了1942年只剩下1 250人。1942年2月统计，该矿每天都有矿工死亡，多时1天死亡达20余名。

对于日本帝国主义的强盗行径，中国人民进行了不屈不挠的反侵略、反掠夺斗争。1932年，日本警备队占领驼腰子金厂不久，以祁致中为首的淘金工人毅然拿起枪杆子，同侵略者进行了针锋相对的斗争。在中国共产党的领导和工人斗争精神的鼓舞下，一些金矿经理和矿警，不甘忍受日本侵略者的欺压，也参加起义，参加抗日联军，打击侵略者掠夺中国黄金资源的罪恶活动。

1941年12月太平洋战争爆发。由于军事、经济形势所迫，日本侵略者开始在许多地方封沟闭矿，把采金船拆卸运走，把剩余的矿工强行押走。还贴出布告：有入山者，格杀勿论。黑龙江地区的金矿开采处于停顿状态。

1945年抗日战争胜利后，东北民主联军西满军区和合江军区分别派部队进入矿区剿匪，同时协助人民政府建立金矿机构，组织金矿工人恢复生产。1947年3月，松江省政府、黑嫩省政府和合江省政府分别成立金矿管理局。金矿管理局成立以后，结合土地改革运动，取消把头制，取缔赌局、烟馆和妓院，清理了混在工人队伍中的特务分子和其他坏人。同时，建立工会组织，成立由工人自由结合的新采金班，恢复和发展了生产。

为了提高采金生产能力，各金矿大都成立了公垫探矿班，进行普查探矿，并大力“按碃”

（注：碃即采金坑或竖井。古代采金人认为“坑”字不吉利，故把采金坑或竖井称为碃，挖坑（井）称为按碃）、修建水道，以多种方式开采黄金。在经营方式上，主要是采取以货换金和征收矿山税的办法组织生产，同时，调整黄金收购价格，以较低的价格供应生产资料和生活用品，使生产成本下降，调动了工人采金的积极性。

由于金矿工人在政治上，经济上获得了解放，加之实行正确的方针政策，黄金产量不断提高。到1948年，黑龙江地区黄金产量已达67 968两，其中民主政府经营的矿山产金56 618两，群众采金11 350两。

中华人民共和国成立之初，黑龙江地区各国营金矿逐步实行企业化管理，自负盈亏，群众采金由原来的以货换金改为由金矿统一收购黄金，使黑龙江地区的黄金生产发展很快。1950年黑龙江地区黄金产量达80 352两，其中国营金矿58 883两，群众采金21 469两。1951年以后，国家为抵制国内外反动势力对国民经济的干扰破坏，对黄金实行压低价格、禁止流通政策，并把金矿下放给地方管理。结果造成大部分金矿相继停产。尚能维持生产的只有罕达气、乌拉嘎、呼玛、桦川、黑背（林口）、萝北等几个金矿，采金矿工逐年减少。1952年黑龙江地区有金矿职工5 700多人，到1956年仅剩2 500多人。当时生产设备简陋，仍以锹、镐为主要生产工具，生产方式落后，黄金产量大幅度下降。1956年，全省产金量只有18 726两，相当于1950年的23.3%；职工总数比1950年减少85%。

随着国民经济的恢复和发展，从1957年开始，国家决定采取有效措施，加快金矿资源的开发。同年9月，国务院发出《关于大力组织群众生产黄金的指示》，作出了促进黄金生产的12条规定，其中包括金矿生产用木材免缴育林费、提高黄金收购价格、增加采金人员的粮、油、棉布供应标准等。黑龙江省人民委员会专门召开了黄金生产会议，并根据实际情况作出了13条具体规定。此后，国家对黑龙江省黄金工业基本建设的投资逐年增加。

为了加强对黄金生产的组织领导，经黑龙江省人民委员会批准，1960年4月在省冶金工业厅内设立黄金处。当年，中国第一只自己设计、自己建造的采金船在黑河罕达气金矿建成投产。1962年，改变了黄金生产管理体制，将下放到各地区管理的金矿全部收归省管，并组建黑河、乌拉嘎、桦川3个金矿局，由省冶金工业厅直接领导。1963年黑龙江省第一个水枪采场在桦川金矿局建成投产，半机械化竖井也改进了生产工艺，提高了生产效率。1965年，国家冶金工业部设立黑龙江黄金公司，直接管理中直黄金企业。这些措施都为黑龙江省黄金生产的发展提供了重要保证。至1966年6月，黑龙江省共建成钢铁结构和木质结构的采金船4只，进一步提高了黄金生产的机械化程度，并为中国自行设计、建造和使用采金船积累了经验。当年，全省机械化、半机械化生产黄金1.5万余两，占全省总产量的62.5%。到1966年年底，全省金矿工人增加到4 000多人，比1961年增长37%。全年产金2.4万两，比1961年增加6倍。1970年、1971年，乌拉嘎金矿局团结沟岩金矿和黑河金矿局宽河岩金矿25吨／日选厂先后建成投产，从此改变了黑龙江省单一生产砂金的局面。

“文化大革命”开始以后，全省各级黄金管理机构被“造反派”夺权，生产秩序被打乱，规章制度被破坏，领导干部和科技人员被“揪斗”，黄金生产受到严重破坏。1970年，全省产金量由1966年的2.4万两下跌到1.1万两，减少54.2%。1975年5月和8月，国务院先后两次召开黄金生产座谈会，提出要加强领导，调整政策，发动群众，把黄金生产搞上去。同年8月，国务院副总理王震到黑龙江省视察，强调要加强黄金生产。8月，黑龙江省革命委员会在桦川县召开全省黄金工作会议。9月，中共黑龙江省委召开全省地（盟）、市委书记会议，专门研究黄金生产问题。提出要在抓好现有金矿生产的同时，大力组织群众采金。为了尽快打开黄金生产的新局面，省黄金公司总结推广了桦南县八虎力公社四方台大队“土法上马、自力更生”建竖井，发动群众采金的经验。到10月份，全省群众采金已遍及7个地区、26个县、旗和生产建设兵团及国营农牧场，参加采金群众达5 000余人。

1975年9月，中国人民解放军铁道兵某部奉命到达黑龙江省，参加乌拉嘎金矿局团结沟金矿会战，加快了该矿的建设速度。1976年，全省黄金生产建设投资为585万元，比1975年增加1.8倍多，年底，全省共有采金船11只，斗容总量650升，比1966年增加1.8倍。这些都为黑龙江省黄金生产稳定发展创造了有利的条件。

1979年3月，经国务院和中央军委批准，中国人民解放军00517部队进驻黑龙江省，从事黄金的勘探和开采。原由黑龙江省领导的黑龙江省黄金公司，经国务院批准于1980年1月改称“冶金工业部黑龙江黄金公司”，实行冶金工业部和黑龙江省双重领导、以部为主的管理体制。1981年12月，黑龙江黄金公司升格为厅（局）级单位，此后，黑龙江省人民政府又赋予省黄金公司以行政管理职能，对全省黄金生产统一进行领导和管理。在此期间，相继建立了黑河、牡丹江等8个地、市黄金公司和桦南、穆棱等28个县黄金公司，分别组织和管理各所在地区的黄金生产。这样，在黑龙江地区形成了有国营单位、地方单位、部队互相配合、协调一致的黄金生产管理体系，保证了全省黄金生产的不断发展。

自1982年开始，黑龙江省黄金系统认真贯彻“土洋结合”和“两条腿走路”的方针，在全省建立了专、群结合的地质队伍，不仅有省地质矿产局、省有色地质勘探公司等国家专业地质部门，全省各地、市、县以及武警黄金总队等还组建了21个小型地质队，并广泛发动群众找矿、报矿，加快了黄金资源的勘探进度。到1985年年末，全省在8个地（市）、34个县（区）境内累计探明金矿50处，金矿点700余个，全省探明黄金储量比“文化大革命”期间提高36%，保有储量提高61.8%。

在“六五”期间，全省黄金建设完成投资1.75亿元，平均每年投资3 500万元，为1949～1980年年平均投资的7.8倍，新增生产能力6.6万两，其中岩金（大型项目）1.9万两，砂金4.7万两。同时，地方和各行各业也千方百计集资，联营建设黄金生产项目。省黄金公司集中力量建设了乌拉嘎金矿局大型露天岩金矿。1983年，该矿选矿厂建成投产，年产黄金能力近3万两，成为当时全国唯一的一座露天开采岩金的大型矿山。黑龙江省砂金基地（呼玛、爱辉）建设和金矿现代化采金设备的建设同时进行，重点是采金船和溜槽建设。至1985年底，全省共有11种型号的采金船61只（其中从荷兰引进300升采金船3只），总斗容达7 335升，年产黄金68 427两，比1976年提高6.1倍。由黑龙江省自行设计、自行制造的新型选金设备——龙江—1型溜槽，自1984年开始建造并投产，到1985年末共建造了13只。1981～1985年，全省黄金产量以平均每年27%的速度递增，两次刷新中华人民共和国成立以来历史的最高纪录。

自1981年开始，黑龙江省黄金系统简政放权，全面推行经济责任制，通过省公司同各企业签订合同，明确各自的权利和义务，增强了企业活力；在所有制结构上，实行以国营企业为主，集体、联营、私营等多种经济成分并存，发挥各方面采金的积极性；在生产结构上，坚持因地制宜，多种生产方式并举；在分配制度上，把职工收入同经济效益挂钩，普遍实行工资含量包干。1984年6月，正式颁布了《黄金产量工资含量包干方案》，并推行了利润留成办法。企业普遍建立健全了目标责任制，加强了经济核算和定额管理制度；根据黄金生产的特点加强了专业管理，尤其是实行黄金资源统一管理制度，严厉打击盗窃、走私黄金活动；加强对职工的培训，注意做好劳动保护工作，使职工的劳动条件、生活福利得到明显改善。1982年，全省黄金企业第一次转亏为盈。之后，利润逐年增加，1985年，全省黄金企业共盈利346万元，比1982年提高8倍；总产值比1976年提高6.7倍，均创中华人民共和国成立以来历史最高水平。

自1981年开始，为了扶持、促进地方和群众采金。根据国家有关政策，省政府和黄金管理部门制定并实行了一系列联合采金的优惠规定和措施。其中包括增加对地方采金业的投资，促进地方企业更新改造；实行“黄金留成外汇额度分成”，允许各行各业采金等，在全省形成了多层次、多渠道、多方位联合办矿，国营、联营、部队、集体、个人一起上的局面，使分散、零星的矿产资源得到充分开发利用，促进了全省黄金生产。到1985年，在全省有黄金资源的41个县（区）中，已有28个县（区）进行黄金生产，黄金产量占全省年总产量的37%，比1976年提高40倍，出现了穆棱、漠河2个年产黄金万两的县，12个超千两的县（区），25个产金百两的大户。1985年，全省黄金产量创中华人民共和国成立以来最高水平，年产126 360两。

至1985年，黑龙江省累计探明黄金储量居全国第二位，其中砂金居全国之首。

第六节　机械工业

黑龙江地区的机械加工制造始于唐渤海国时期。据史料记载和出土文物考证，渤海国时期铸、锻技术开始在多方面得到应用，主要从事古代兵器、工具、生活器具、宗教和装饰物的制造，特别是车、船制造业比较发达。以后历经辽、金、元、明、清诸朝的变革，铸、锻技术继续在兵器、农牧业和渔猎等工具的制造中应用。 近代黑龙江地区机械工业始于清光绪二十九年（1903年），随着中东铁路的修建，中东铁路哈尔滨总工厂（哈尔滨车辆厂前身）的建立，主要承担全路的机车、客、货车厢的修理。清光绪三十一年（1905年），日俄战争之后，日、俄等列强重新在中国划定势力范围，加紧对东北地区进行军事侵略和经济掠夺，开埠通商，推动了手工业、工业和商业的发展。日本人和俄国人相继在黑龙江地区兴办起一批铁工厂，主要从事汽车修理和简易机械产品的制造。中华民国初期，黑龙江地区先后在哈尔滨、齐齐哈尔、讷河、克山、富锦等地办起一批中国私人铁工厂，到1930年已有121家，主要从事修理和小型机械设备制造。1931年“九一八”事变后，日本侵略者侵占了东北，为掠夺黑龙江地区的资源，日本人先后在哈尔滨、齐齐哈尔、牡丹江等地建立22家铁工厂，以生产木工机械、矿用机械、造船和维修机械设备为主。与此同时，英、美、德、意、捷克等国侨民也相继办起16家铁工厂。到1939年，黑龙江地区有中国私人铁工厂432家；日本人和俄国人办的铁工厂48家。1945年9月3日，日本帝国主义无条件投降后，黑龙江地区在中国共产党领导下，从1946年3月起，相继成立了由人民政权领导的合江铁工业（佳木斯联合收割机厂前身）、哈尔滨铁工厂（哈尔滨制氧机厂前身）、东北财政部物资局属哈尔滨制桶厂（哈尔滨拖拉机厂前身）、嫩江铁工业（黑龙江省农业机械厂前身）、嫩江实业铁工厂（齐齐哈尔第一机械厂前身）和牡丹江机械厂（牡丹江木工机械厂前身）。这些企业先后生产道钉、螺钉、抽水机、卷扬机、水泵、皮带车床、刨床等一批配件和设备，修复了被日本侵略者破坏的制氧机、轮船、矿山机械和林业小火车头等机械设备和部分军用品。1947～1949年，黑龙江地区私人铁工业有一定发展。到1949年末，已有私人铁工厂811家，设备近2 000台，职工5 000多人，其中有外国人办的铁工厂76家，雇佣职工

485人。此间，哈尔滨市组织56家私人工厂生产一批军用物资和织布机、袜子机、纺毛机、纺绳机、榨油机、印刷机、车床、钻床等机械设备，为支援解放战争和恢复发展生产做出了贡献。

中华人民共和国成立后，黑龙江地区机械工业又有一定发展，增加了哈尔滨松哈机械厂（哈尔滨空调机厂前身）、齐齐哈尔电配五金厂（后改薄铁社）等一批公营企业。1950年朝鲜战争爆发后，按照中共中央的决定，东北人民政府组织在辽宁的20个工厂北迁黑龙江、松江两省，即“南厂北迁”。其中属于机械工业系统的有瓦房店滚珠轴承厂（哈尔滨轴承厂前身）、沈阳工具厂（哈尔滨第一工具厂前身）、东北第十一机械厂（齐齐哈尔第一机床厂前身）、东北第十五机械厂（齐齐哈尔第二机床厂前身）、沈阳电工五厂（哈尔滨电机厂前身）、沈阳电工七厂（哈尔滨电缆厂前身）、沈阳电工一厂（阿城继电器厂前身）、东北电工六厂（佳木斯电机厂前身）、哈尔滨电池厂（哈尔滨蓄电池厂前身）9个企业。整个搬迁工作从同年9月开始部署，到10月上旬，“南厂北迁”的工厂迁到指定地点。“南厂北迁”的工厂在迁厂中坚持边建设边生产的要求，仅用1～3个月时间，就基本迁完厂并投入生产。1951年1月，为支援抗美援朝战争，从沈阳迁到齐齐哈尔的马恒昌小组向全国职工提出开展爱国主义劳动竞赛的倡议，得到全国职工的广泛响应。这一活动对当时建立生产秩序，提高劳动生产率起了推动作用。

1950年，国家确定在东北建设重型电机厂。1951年选定在东北电工四厂的基础上进行建设。同年6月破土动工，投资1亿元，历时5年，建成国内生产大中型电机、水轮发电机组以及绝缘材料的哈尔滨电机厂。按照政务院总理周恩来的指示，哈尔滨电机厂于1951年生产出国内首台800千瓦立轴混流式水轮发电机组，为修复被国民党撤退时炸毁的四川省下硐水电站，保证西南重镇重庆的用电做出了贡献。

1953～1957年国民经济第一个五年计划实施期间，黑龙江省是国家投资的重点，全省机械工业的总投资额为5.91亿元，占全国机械工业基建投资的18.12%，居全国第一位。在苏联援建的156项国家重点建设项目中，黑龙江省有22项，其中机械工业有：哈尔滨量具刃具厂（1952.4～1955.1）、哈尔滨电表仪器厂（1954.4～1956.5）、哈尔滨锅炉厂（一期工程1953.9～1957.7，二期工程1958.6～1960.12）、哈尔滨汽轮机厂（一、二期合并1955.5～1958.12）、哈尔滨电机厂汽轮发电机车间（1956.5～1959.7）、哈尔滨电碳厂（1956.3～1958.6）、第一重型机器厂（1956.6～1959.12）和哈尔滨轴承厂（1958～1960）8个厂10个项目，总投资为8.25亿元。这些重点项目的建立，为黑龙江省机械工业的发展奠定了雄厚的基础。

国民经济第一个五年计划实施期间，属于省市领导的松江机械厂、松哈机械厂、牡丹江机械厂、佳木斯机械厂、黑龙江省农机厂、哈尔滨理化仪器厂、哈尔滨电影机械厂等地方机械工业企业也都进行了基本建设，提高了生产能力。

在国营机械工业不断发展的同时，公私合营机械工业也有一定的发展。1955年7月，经哈尔滨市人民委员会批准，由17家小型私营铁工厂合并组成了公私合营机联机械厂。1956年，在对私人工商业社会主义改造的高潮中，一些私营铁工厂走上公私合营的道路，或直接并入国营企业，先后组建成公私合营哈尔滨水泵厂、公私合营哈尔滨印刷机械修造厂（哈尔滨印刷机械厂前身）、公私合营佳木斯祥德铁工厂（佳木斯鼓风机厂前身）、公私合营哈尔滨力研电机厂（哈尔滨第二电机厂前身）、公私合营哈尔滨电器制造修配厂（哈尔滨变压器厂前身）、公私合营祥泰内燃机厂（哈尔滨柴油机厂前身）、公私合营哈尔滨农具厂（哈尔滨农业机械厂前身）、公私合营哈尔滨大陆汽车零件制造厂（哈尔滨汽车齿轮厂前身）等。还成立一批生产合作社。到1957年末，全省共有全民所有制机械工业企业138个，职工68 369人，固定资产原值

44 884.8万元，完成工业总产值758亿元，占全省工业总产值的21.64%，开始成为省内的支柱产业之一。其中属于机械工业系统内企业［即由中央、省、市（地）、县级机械工业主管部门直接管理的企业］有57个，职工57 180人，固定资产原值38 118万元，完成工业总产值2.95亿元。与此同时，还有一批私人和外侨铁工厂从事维修和小型机械产品生产，哈尔滨市有私人铁工厂18个，167人，当年产值61.3万元；外侨私人铁工厂27个，289人，产值208.4万元。实施国民经济第一个五年计划末期，按照国家计划委员会的安排，第一机械工业部（以下简称一机部）对主要工厂生产的产品进行了分工，黑龙江省“南厂北迁”的机械企业和156项重点工程中已投产的项目，以及部分重点地方机械企业，都有了自己的定型产品。齐齐哈尔第一、二机床厂被分别定为重型车床和铣床的生产厂，哈尔滨轴承厂被定为中小型精密轴承和专用轴承的生产厂、哈尔滨电机厂、汽轮机厂、锅炉厂（以下简称哈尔滨“三大动力厂”）成为全国水力、火力发电设备的生产基地，佳木斯电机厂成为全国防爆和冶金起重电机的生产基地，哈尔滨电表仪器厂、哈尔滨电碳厂和1956年由哈尔滨电机厂绝缘材料车间分出组建的哈尔滨绝缘材料厂分别成为全国最大最早的同类产品生产基地。国民经济第一个五年计划实施期间，哈尔滨电机厂生产的水轮发电机组由800千瓦增加到16 000千瓦，佳木斯电机厂生产出中国第一台KMA型防爆电机，哈尔滨制氧机厂成功试制中国第一台30立方米/时制氧机，哈尔滨锅炉厂成功试制中国第一台中压130吨电站锅炉。全省地方机械工业也生产出中国第一台万能中耕机、大型脱谷机、扬场机以及工业电阻炉、水泵、风机等一批民用机械。

1958～1960年，国民经济第一个五年计划实施期间在黑龙江省建立起来的156项重点工程全部建成投产，使黑龙江省机械工业的实力大增。全省机械工业系统内企业从1957年的57个到1960年增加为71个，职工人数为1957年的208.5%，固定资产原值为1957年的330.7%，完成工业总值为1957年的515.6%。此间，齐齐哈尔第一重机厂承担了115毫米方板坯初轧机和1 053立方米高炉设备的研制任务，哈尔滨电机厂、汽轮机厂、锅炉厂从生产1万千瓦中压火电机组发展到2.5万和5万千瓦中压、高压火电机组，哈尔滨电机厂开始生产7.25万千瓦水轮发电机组，哈尔滨轴承厂开始生产超精密高速轴承，哈尔滨电表仪器厂成为全国最大的电工仪表生产企业，哈尔滨量具刃具厂建成全国第一条丝锥生产线。一批地方机械工业企业也有相应的发展。哈尔滨电影机厂试制出中国第一台宽银幕立体声电影放映机，哈尔滨机联机械厂用小机床加工大部件的经验被国家有关部门肯定，被誉为“蚂蚁啃骨头”精神，并召开现场会加以推广。

由于 “大跃进”运动和自然灾害的影响，以及苏联政府撕毁合同，撤退专家，使国民经济严重失调，国家遇到了中华人民共和国成立以来前所未有的困难。1961年，中共中央提出了“调整、巩固、充实、提高”的方针。从1961年起，黑龙江省机械工业开始进行调整。全省1958年成立的4 035个机械企业几乎全部解体，仅保留了哈尔滨龙江仪表厂、齐齐哈尔仪表厂、哈尔滨汽车白金厂、哈尔滨钢板弹簧厂，佳木斯筛片厂等极少数企业。黑龙江省机械工业部门在进行调整中，认真贯彻“以农业为基础”的方针，加大了对农机工业的投入。1959年年末，中共黑龙江省委、黑龙江省人民委员会决定将农机维修和生产企业划归农业机械厅领导。黑龙江省农业机械厂、佳木斯第二农机厂（佳木斯北方机械厂前身）、哈尔滨农业机械厂分别被定为全国万台犁、万台耙、万台播种机的生产企业，佳木斯农业机械厂成为全国大型脱谷机的唯一生产厂，松江拖拉机厂（哈尔滨拖拉机厂前身）被定为全国林业拖拉机的唯一生产厂，佳木斯拖拉机配件厂、齐齐哈尔齿轮厂、哈尔滨拖拉机配件厂成为农机定点专业配件生产厂。到1964年年末，全省共有农具、配件、半机械化农具生产厂23个，可生产28种机械化和半机械化农具和129种拖拉机内燃机配件。在对全省机械工业进行调整中，全省地市县属地方机械工业企业也得到充实提高。到1965年，全省市县属机械企业完成工业总产值18 962万元，比1964年提高32%，为全省机械工业系统的29.2%。

1960～1965年，黑龙江省机械工业部门，本着自力更生的精神，加强产品的开发和研究工作，生产出一批具有国际水平的机械设备。第一重机厂研制成12 500吨自由锻造水压机，3万吨模锻水压机，辊宽2 800毫米的热、冷轧铝板轧机。哈尔滨“三大动力厂”生产10万千瓦高压冷凝式火电机组，并开始研制20万千瓦超高压火电机组。哈尔滨电机厂生产10万千瓦以上水力发电机组，齐齐哈尔第一、第二机床厂研制成功数控机床，齐齐哈尔第二机床厂试制出自动锻压机。哈尔滨量具刃具厂研制生产出光学、电动、齿轮量仪。哈尔滨第一工具厂研制成滚刀、拉刀、齿轮刀具等精密复杂刃具。哈尔滨轴承厂试制成功军工专用轴承。哈尔滨拖拉机厂试制出全国首台集材拖拉机。一批地方机械工业企业也先后研制出具有当时国际水平的一吨真空自耗电弧炉、电子自动平衡电桥和为大庆油田的开发生产出一批石油钻采设备。

20世纪60年代，由于中苏（苏联）关系的紧张，黑龙江省战略地位的变化，国家对黑龙江省机械工业的投资逐渐减少，从国民经济第一个五年计划实施期间占全国机械工业总投资的18.12%下降到1965年的1.68%。生产发展速度减缓，从而使黑龙江省机械工业按工业总产值相比的位次后移，从1958年居全国机械工业的第四位到1965年降为第八位。

国家为建设“大三线”，从黑龙江省搬迁一批工厂和科研所，1965～1970年先后有齐齐哈尔第一机床厂、齐齐哈尔第二机床厂、第一重机厂、哈尔滨轴承厂、哈尔滨电机厂、哈尔滨汽轮机厂、哈尔滨锅炉厂、哈尔滨电碳厂、哈尔滨绝缘材料厂、哈尔滨电表仪器厂、哈尔滨量具刃具厂、哈尔滨第一工具厂、哈尔滨松江电炉厂、佳木斯电机厂、阿城继电器厂和哈尔滨电工仪表研究所、哈尔滨工具研究所、哈尔滨大电机研究所援建了河南、安徽、广西、山西、内蒙古、四川、贵州、陕西、甘肃、宁夏、青海等11个省区的26个厂点和3个科研设计单位，调去12 000多名技术工人、管理干部和工程技术人员，提供成套生产设备和成套产品技术资料，为内地11个省区“大三线”地区的机械工业发展和国民经济的平衡、发展做出贡献。同时也使黑龙江省这一老机械工业基地的实力受到一定削弱。

1966年 “文化大革命”开始以后，黑龙江省机械工业各部门的正常生产管理秩序被打乱，一些行之有效的规章制度被说成是对工人的“管、卡、压”，广大科技人员被当成“臭老九”和“技术权威”，下放到车间或农村劳动改造，生产停滞不前，产品质量下降，1968年全省机械工业系统总产值比1966年下降了29%。1970年，全省机械工业系统内企业的产品合格率仅为39.4%，在已经入库的产品中，经检查，也发现大量不合格品。

从1970年开始，黑龙江省机械工业系统，仍然按照中央和省关于建设“小三线”的要求，建设“小三线”。14个中央下放企业分别在五常、尚志、阿城、宾县、加格达奇、阿荣旗建立分厂，到1971年年末全省共投资2 208万元，搬去一批设备，调去工人、管理干部、技术人员1 514人。1972年，由于国际形势的变化，按照省革命委员会的决定，除哈尔滨锅炉厂、哈尔滨量具刃具厂、哈尔滨第一工具厂和齐齐哈尔第二机床厂4个厂在“小三线”的分厂继续建设，齐齐哈尔第一机床厂的厂点交由嫩江地区管理外，其余厂点全部下马，做为大厂的战备点。与此同时，黑龙江省机械工业系统还先后开展了柴油机、垅作中耕机具、机床、汽车和汽车配件等“大会战”。这些“大会战”是在“左”的思想指导下开展的，加之缺少科学论证，带有很大的盲目性，投资又分散，成为“胡子工程”，产品质量不过关，企业年年亏损，陆续下马合并。如在“机床会战”中新建的36个企业中的31个企业于1980年前后关停；“柴油机会战”中建设的牡丹江汽车发动机厂、木兰柴油机厂、桦川动力机厂、海伦柴油机厂也相继关停；“垅作中耕机械会战”中投资500多万元建成的呼兰农业机械厂也因产品滞销，于1979年转产，改名为呼兰纺织机械厂，划归纺织行业；“汽车会战”中一哄而上的10家生产130型轻型载重汽车的企业，因汽车质次价高，不受用户欢迎；投资900万元在36个企业中发展63种维修汽车配件的会战，也因投资分散，没有形成能力，使一部分投资没发挥应有的作用。

在“文化大革命”期间，黑龙江省机械战线广大职工，排除干扰破坏，坚持搞好生产，研制开发一批国内一流产品，为国民经济建设提供一批机电设备。齐齐哈尔第一重机厂为第二汽车制造厂和冶金矿山工业生产一批重型锻压设备和高炉、轧机、大型铸锻件等重型机械；哈尔滨“三大动力厂”在1971年研制生产出中国第一套20万千瓦超高压火力发电机组之后，从1974年起研制60万千瓦亚临界压力火电机组；哈尔滨电机厂生产出国内最大容量的30万千瓦混流式水轮发电机组；齐齐哈尔第一、第二机床厂，佳木斯电机厂、哈尔滨工程机械厂等12个企业为支援襄渝（湖北襄樊——四川重庆）和湘黔（湖南株洲——贵州贵定）铁路建设提供了包括机床、风机、汽车吊、皮带运输机、卷扬机、防爆电机等机电设备；为支援“八三”工程（大庆——山海关地下输油管线）建设，黑龙江省的15个机械工业企业承担了电动葫芦、电焊机、变压器、导线、电炉等机电设备的制造任务，确保了工程的按期完成。

1966～1976年，国家对黑龙江省机械工业的投入大大减少，除省内“会战”期间有少量投入，发展一批中小企业外，大中型国营企业基本没有投入。1966～1970年，仅投资0.71亿元，占全国机械工业总投资的1.67%。1971～1975年，投资为2 286亿元，占全国机械工业总投资的3.2%。1970年以后，全省机械工业的投资虽有所增加，但由于仍处于“文化大革命”期间，在“反击右倾翻案风”“批林批孔”等极“左”思想的影响下，发展迟缓，经济效益下降。1976年，全省机械工业企业总数比1966年增加1.47倍，职工人数增加82.9%，国家资产原值增加53.3%，但工业总产值仅提高22.6%。实现利润却下降45.4%。由于企业管理混乱，产品质量下降，建设进度缓慢，有些大型设备安装后不能正常运转，浪费了人力和大量物资，使原来已经与国外正在缩小的差距又拉大了，给全省机械工业的发展带来很多困难和问题。

粉碎江青反革命集团，特别是中共第十一届三中全会以后，经过拨乱反正，黑龙江省机械工业得到了全面发展。1979年起，在贯彻中共中央提出的“调整、改革、整顿、提高”方针中，为解决黑龙江省机械工业的产品结构不合理、服务面窄的问题，黑龙江省机械工业开始调整产品结构，扩大服务领域，先后开发了纺织机械、木材深加工机械、食品包装机械、制糖机械、奶制品加工设备、饲料加工设备、粮食深加工机械以及照相机、电度表、水表、家用电器等一批直接为人民生活服务的产品。1980年，全省开始开展以提高机械产品质量为中心的整顿工作，推行全面质量管理，开展了质量评优和TQC（英语Total Quality Control第一个单词的缩写，即全面质量管理）活动。同时开展了创“六好”（是指国家、集体、个人利益三者兼顾好，产品质量好，经济效益好，劳动纪律好，文明生产好，政治工作好）企业活动。到1985年年末，全省机械工业系统内232个国营机械工业企业通过了整顿验收，有28个机械工业企业被省政府授予“六好”企业称号，哈尔滨锅炉厂和哈尔滨轴承厂被授予全国企业整顿先进单位。全省机械工业系统有29种产品获国优，其中：金牌2块、银牌27块；机械部优质产品131种，省优质产品678种。1981～1985年，黑龙江省机械工业系统在开展以提高产品质量和调整生产结构为中心的调整基础上，积极开发新产品，5年里共开发新产品1 350种。

与此同时，全省机械工业开始了企业扩权的试点，扩大了企业的自主权。推行了各种形式的经济责任制。1984年8月，国务院下发了《关于改进机械工业管理体制的决定》，1985年4月黑龙江省政府下发了贯彻这一决定的《实施办法》，决定将一机部直属的第一重型机器厂、哈尔滨“三大动力厂”、哈尔滨拖拉机厂和佳木斯联合收割机厂等6户企业和省属的9户企业分别下放给哈尔滨、齐齐哈尔和佳木斯市，确定省机械厅的政府职能是由微观管理向宏观管理转变，由管理机械工业系统内企业转向在行业规划、政策法规、企业联合、信息情报、监督服务等方面面向全行业。

从中华人民共和国成立到1985年，黑龙江省机械工业从修配到制造，从制造一般产品到生产高精尖产品，逐步从小到大地发展成为全国机械工业的老基地之一和黑龙江省优势产业之一。到1985年年末，全省机械工业共有乡镇以上独立核算机械企业3 680个，占全省乡镇以上独立核算工业企业总数的26.2%，职工80.65万人，占全省乡镇以上独立核算企业的24.4%，全省机械工业系统内企业380个，占全省机械工业大行业的10.3%；职工27.62万人，占全省机械工业大行业的34.2%，其中工程技术人员18 979人，占全省机械大行业的45.8%；固定资产原值34.34亿元，占全省机械大行业的43.8%；定额流动资金平均占用19.68亿元，占全省机械大行业的33.5%；完成工业总产值27.96亿元，占全省机械大行业的39.2%；实现销售收入26.95亿元，占全省机械大行业的38.8%；实现利税总额3.93亿元，占全省机械大行业的43.5%。

黑龙江地区机械工业大行业工业总产值、主要产品产量完成情况表
（1949～1985年）

表3-2

	计量单位	1949	1952	1957	1962	1965	1970	1975	1978	1980	1985
全省工业总产值	亿元		17.88	35.03	49.69	88.54	136.84	176.06	212.14	244.17	391.95
全省机械工业总产值	亿元	0.78	2.39	7.58	12.50	19.66	26.64	31.96	41.41	40.71	76.29
在全省工业总产值中所占比重	%		13.36	21.64	25.15	22.2	19.46	18.15	19.52	16.67	19.46
与1949年比增长幅度	%		355.7	1 254	1 383.9	2 533.2	3 973.9	5 149.9	6 674.8	6 663.6	11 706.2
矿山设备	吨	30	2	1 123	2 261	1 518	1 736	5640	9434	1958	7 056
冶金设备	吨				5 000	4 200	13 000	8600	17200	7 100	6 700
化工设备	吨				375	724	696	1042	1632	571	2 235
发电设备	台/万千瓦			14/7.2	2/4.6	11/42.7	26/116.8	11/85.1	10/109.2	13/116.0	11/126.5
起重设备	吨	30	87	681	409	6 653	6 315	9 396	8 865	9 784	8 704
金切机床	台		826	1 473	860	1 227	3 333	4 547	4 005	3 669	3 022
轴　承	万套	14	80	605	581	941	2057	1812	1931	2390	3 775
汽　车	辆					71	124	305	411	633	9 508
大中型拖拉机	台					50	531	554	1 100	806	440
铁路货车	辆	410	2 192	3 452	770	1 294	6 787	6 652	6 153	2 842	7 597
变压器	万千伏安		1.6	2.2	8.8	14.8	51.1	97.5	104.5	101	185.4
交流电动机	万千瓦	0.35	10.33	43.16	47.24	35.45	79.26	120.6	144.9	124	137.6

第七节　建材工业

早在4.2万年前的旧石器时代晚期，黑龙江地区已有人类的活动，先民开始用其猎取的大型动物的骨骼和兽皮等做材料来建造住所。到了距今6 000多年前的新石器时代，居住在黑龙江地区的先民开始定居，用天然石筑洞穴、砌石壁、铺地面，并开始利用木材做建筑居所的材料。在黑龙江省宁安县莺歌岭发现了距今三四千年前的新石器时代村落遗址。据测定莺歌岭遗址上层为距今3 000年左右，其下层距今约4 000年左右。每座房屋呈方形或长方形的半地穴式建筑，以土为墙、以石砌壁、以木材为支柱、以桦树皮做屋面防水材料，由此可见当时已能利用天然建筑材料建造房舍。

汉代，居住在黑龙江流域的"北沃沮"人，在半地穴式住房内已可用泥土垒成火墙（穿地龙）以御严寒。

唐渤海国时期，随着社会经济的发展，建筑形式及对建筑材料的运用达到了较高水平。唐天宝十四年（755年）渤海国迁都上京忽汗城（今黑龙江省宁安县渤海镇），此后采石已较普遍，该城周围产火山熔岩（玄武岩）。仿唐长安城兴建的龙泉府，其宫殿的台基、望柱、石狮、门枢等，皆用玄武岩修筑。当时中原砖瓦技术已传入黑龙江地区。1980年，考古发掘的一处在东京城西南15公里处渤海国古窑址共10多座，窑的结构平面呈平底袋状，因其数座排在一起，相当于今所称的"串窑"，每座窑由烟囱、窑室、火膛与火口组成。不仅可以烧制砖瓦也可烧制日用陶器。渤海国时期的砖，一般呈长方形。有一种长方形花砖，正面饰有缠枝花、喇叭花和梅花。在渤海国上京宫殿内发现的铺地方砖，上面饰有唐代流行的纹饰。此时的瓦，主要有版瓦和筒瓦两种，一端略粗大，一端略小，另外还有一种鞍型瓦，称"轩瓦"。并在上京宫城内还发现过琉璃瓦残片。此时，石灰也开始大量使用，庙宇、墓藏、宫殿等都以石灰作黏合材料用于石块、砖瓦的砌筑。

金代，是黑龙江地区经济发展较为兴盛时期，建筑材料业有新的发展，筑城、修宫、建殿、盖屋盛行使用砖瓦。金代的五国头城（今黑龙江省依兰县城北5公里处）就有烧制青砖作坊，并留有古建筑遗迹。金上京（今黑龙江省阿城市白城子）发现过龙纹砖、文字砖。在蒲峪路城（今黑龙江省克东县金城乡）出土过牡丹花砖。金代对建筑石的采用也较为普遍。金上京建筑石材和蒲峪路一带的建筑用石材均就近采自张广才岭的花岗岩和二克山的火山熔岩。

元代，砖瓦业亦有所发展，考古发现有瓦滴、筒瓦、版瓦等建筑饰件。

清代中、后期，随着"京旗移垦"以及此后的"开禁放垦"，一些满族人特别是大量的汉族人流入黑龙江地区。由于人口的增加，加之边陲建设的需要，砖瓦业得到较快发展，较重要的埠镇均建有砖瓦窑。如道光年间在双城堡立窑烧造砖瓦。从清咸丰十年（1860年）开始在平房、三棵树（今哈尔滨市）等地相继建起砖瓦窑；在巴彦苏苏城北五里河先后建窑5处，每年5～9月产青砖百万块。

清光绪二十二年四月（1896年6月），沙俄政府迫清政府签订了《中俄密约》，获得"东清铁路"（后称中东铁路）的修筑权。沙俄为加快"东清铁路"的修筑，到矿产资源丰富的二层甸子（今黑龙江省阿城市玉泉镇）拓办生产建设材料工场，辟山源进行开探，经近2年的开探和修建，于清光绪十八年（1902年）建成的以枝柴为燃料5日一次产16吨石灰窑5座，开始了黑龙江地区较大量生产石灰的历史。俄国人为了修建楼房，还在宾州（今黑龙江省宾县）城西北老山头山用炸药采石，然后将石头运至哈尔滨。从清光绪二十六年（1900年）开始掠夺开采，清光绪二十八至二十九年（1902～1903年），每日雇用华工1万余人之多，每年至冬季不得不停工。阿城东南35里小城子砂矿这时也被大肆开采，据载日出砂200万布袋（普特）可装火车90节车厢，由阿什河站专修支线通往该矿。与此同时，由于俄国制砖工艺的传入，黑龙江地区出现了红砖瓦，并于清宣统元年（1909年）开始使用，当时一般民宅禁用，多用于官府衙门、寺庙等建筑。

东北沦陷后，日本帝国主义出于掠夺和统治的需要，竭立扩大建筑材料生产。在黑龙江地区，日本侵略者投资500万日元（当时日币），于1935年11月建成投产设于哈尔滨三棵树地区设计能力为15万吨的水泥工厂（今哈尔滨水泥厂）。又于1938年筹建牡丹江水泥厂，1941年建成投产。在开始水泥生产的同时，日本侵略者又在齐齐哈尔建立“新进混凝土出强所”，进行水泥下水管、水泥瓦等水泥制品的生产。日本帝国主义为了达到吞并中国民族窑业的目的，把砖瓦业分为“家内工业”和“工场工业”。“家内工业”主要是中国人小规模生产的青砖瓦，所谓“工场工业”则是日本侵略者开办的较大规模生产红砖瓦的工厂。到1937年，黑龙江地区砖瓦厂有100多个，主要埠镇有3～5家不等的砖瓦厂，大部分为“家内工业作坊”，少量较大规模生产厂主要集中在哈尔滨、齐齐哈尔、牡丹江、佳木斯等大中城市，为日本人所把持。1938年，日本侵略者发布法令禁止中国人独立开设窑地，成立“窑业组合”，进行垄断性生产，民族窑业遭受打击，举步维艰。

由于长期遭受帝国主义的掠夺，黑龙江地区的建材工业发展十分缓慢。砖瓦业，在东北沦陷时期虽然有了角窑、轮窑等较为先进的窑种，但都为日本侵略者所把持，民族窑业仍普遍采用古老落后的马蹄窑，始终没有摆脱手工小生产方式。石材虽有丰富的储量，但因交通不便和社会不稳定等原因，采掘量甚少，重要的建筑石料要从朝鲜和中国山东等地运进。建筑材料生产技术，除哈尔滨、牡丹江水泥厂和柳毛石墨矿有一些机械作业外，其余砖、瓦、砂石、灰的生产，全是手工作业。

1945年抗日战争胜利时，黑龙江地区仅有水泥、石灰、砖瓦、石墨和少量水泥制品的生产，且工厂大部毁坏，只存散落在各地的小窑业。从1946年开始，人民政权逐步使被破坏的建材工场恢复生产。到1949年年末，黑龙江地区的建材工业总产值为700万元，占全地区工业总产值的比重不足1%；从业人员仅3 000多人，164个企业，绝大多数是私人开办的小砖窑。

1950～1952年的国民经济恢复时期，黑龙江地区的建材工业进入重点建设的轨道，恢复和新建了一批重点企业。1951年东北人民政府重工业部组织恢复牡丹江水泥厂，新建齐齐哈尔油毡纸厂。同时对原有的建材企业进行技术改造，填平补齐了设备，扩大了生产能力。经过3年的经济恢复与起步建设，黑龙江地区建材业的面貌大为改观，并为以后的发展打下了基础。

1953～1957年国民经济第一个五年计划实施期间，黑龙江地区经济建设速度加快，为了适应大规模基本建设的需要，国家投入资金发展黑龙江地区的建材业，填补了一批建材产品的空白。藻土石棉粉、玻璃纤维、石棉水泥瓦、浮石混凝土、轻质砖等一批新型建材产品相继问世。第一个五年计划期间，建材工业发展速度平均达到26.3%，较好地保证了黑龙江地区基本建设的需要。

1958～1960年的“大跃进”期间，黑龙江省的建材工业经历了一个曲折发展过程。在“鼓足干劲、力争上游、多快好省地建设社会主义”总路线的号召下，全省建材行业掀起大办建材业的热潮。水泥生产除哈尔滨、牡丹江两个大型骨干企业外，全省采用土法和土洋结合法的小水泥厂到1958年年末已达88个，设计能力达到年产40万吨水泥的水平；制砖业在支援其他行业建设和在农村逐步实现“住房砖瓦化”的口号下，据对省内31个市县统计，至1958年，全省建成砖厂507个；生产玻璃钢、灰碴砖、菱苦土门窗等新型建材品种企业相继建成。“大跃进”期间，全省建材企业还广泛动员群众破除迷信、解放思想，大搞技术革新和技术革命，如牡丹江水泥厂改进操作方法，使水泥小时产量由33.9吨，提高到46.48吨。到1958年年末，全省系统内建材企业由1957年的97个增加到249个，增长156.7%，总产值达到9 881万元。1958～1960年，国家和地方投资1 070万元，先后兴建了哈尔滨玻璃纤维厂、哈尔滨玻璃厂、牡丹江市陶瓷厂、哈尔滨市土法平板玻璃厂、晨明石灰厂、牡丹江云母矿、牡丹江石棉矿，这些新厂、矿的建成，部分产品填补了黑龙江省建材产品品种的空白。到1960年年末，全省建材业总产值达3.81亿元，在全省工业总产值中的比重上升到3.3%。“大跃进”式的高速度发展，也给全省建材业带来许多隐患，由于受浮夸风和瞎指挥的影响，做了一些违背客观经济规律的事情。盲目上马新建项目，不顾生产条件重复建设了一大批小水泥企业和制砖企业，全省小水泥企业到1960年年末发展到148个，全省几乎所有的市县都建设了水泥厂，大都是土法上马，且技术不过关，产品很少能够达到质量标准；制砖业产品质量也极不稳定。由此造成极大的浪费。到实施国民经济第二个五年计划末期，黑龙江省建材业占全省工业产值比重下降到1.7%，生产企业由1 000多个减到124个，国民经济第二个五年计划实施期间全省建材工业年平均递减9.5%。

20世纪60年代初，国民经济出现暂时困难，根据中央“调整、巩固、充实、提高”的八字方针，全国紧缩基本建设战线。在调整期间，全省建材工业进行重大调整，关、停、并、转了一部分企业，精减下放了一批职工，缩小了建材业的生产规模。这期间，建材工业发展的重点是保重点项目的开发和重点企业的生产。1960年8月，国家建材工业部在哈尔滨成立玻璃钢研究所，开始玻璃钢的研制；同年，哈尔滨玻璃纤维厂和平板玻璃厂建成投产；1961年2月，哈尔滨水泥厂研制成功油井水泥，满足了大庆油田建设的需要。

通过调整，黑龙江省建材工业发展速度得到恢复。1963～1965年，全省建材工业增长速度达到24.9%，在此期间除一部分中小企业恢复生产外，全省建材工业工作的侧重点放到重点企业的新材料、新品种、新工艺的研制和开发上。1963年3月，哈尔滨玻璃纤维厂设计了多排、多孔铂漏板拉丝新工艺，提高了纤维产量；1964年4月，该厂又研制成功石油管道包扎布，用于大庆油田，每年可节约大量棉布，获得国家建材部新产品奖；同年5月，东宁县建筑陶瓷厂采用9吨压力机成型法，用倒焰窑烧制成功陶瓷锦砖；哈尔滨玻璃钢研究所研制成功“系列玻璃端头”获国家计委、经委、科委联合颁发的新产品一等奖。同时，其他一批新成果也相继面世，如保温用粉煤灰泡沫混凝土、压延建筑玻璃、采用离心工艺生产环型普通钢筋混凝土电柱等，填补了黑龙江省建材产品的空白。

1966年“文化大革命”开始后，建材业同其他行业一样，生产受到干扰。在一段时间内，部分企业停产半停产，企业管理处于混乱状态。在这种情况下，一些企业排除干扰，建材生产也取得一定的发展。其间先后研制成功一批新的建材产品：膨胀珍珠岩填补了黑龙江省新型保温材料的空白；利用煤矸石生产水泥获得成功；鸡西市水泥速凝剂厂生产的红星一型水泥速凝剂达到国际同类产品水平；哈尔滨玻璃钢研究所研制的玻璃钢地面雷达天线罩在空军某基地投入使用；砖瓦企业综合利用工作取得进一步成果，凡有条件的县以上和部分社队砖瓦企业，实现了内燃烧砖，一些砖瓦企业开始余热利用；散装水泥推广工作开始启动；特别是因战备形势的需要，恢复和新建一批中小水泥企业，使全省的水泥生产能力由“文化大革命”前1965年的65万吨，到1975年年末增加到157万吨。

1978年1月，根据建材工业发展客观形势的需要，成立黑龙江省建材工业局。不久，中共第十一届三中全会召开，全省建材行业认真清理工作中“左”的思想，把工作重心转移到社会主义现代化建设上来。在中共黑龙江省委、省政府的统一组织下，认真总结经验教训，从国情、省情出发确定建材行业要打好速度、水平、志气硬仗的方针，确立狠抓增长速度、提高产品质量、扭亏增盈发展黑龙江建材工业的指导思想，全省建材行业在科学研究、新产品开发、技术革新、质量和效益上稳步发展。

水泥工业依靠技术改造，在不建新厂的情况下，水泥产量由1978年的212.5万吨，增长到1985年的424万吨，增长近1倍，年平均递增速度达到9.6%；平板玻璃制造业已基本淘汰了落后的小平拉工艺生产线，引上和浮法生产的平板玻璃占1985年总产量的90%；砖瓦生产全部实现机械化生产，并普遍采用粉煤灰、煤矸石做内燃材料，外部焙烧与坯内燃料共燃制砖工艺，空心砖工艺也开始采用；砂石生产在工程砂主产地装备采砂船和挖掘机，变过去的冬季生产为常年生产。石材开发引进先进的开采与加工设备，大理石、花岗石已经开始出口；非金属矿产资源开发由过去单一的石墨开采，发展到石墨、人造金刚石、硅线石、铸石等矿产资源的开采加工；建材机械产品由单一制砖机生产，发展为系列配套制砖机械。可以生产挤出机、双轴搅拌机、切坯机、输送机、破煤机、破碎机等建材机械。

引进先进技术改变了全省建材工业落后面貌。1980～1985年，全省建材企业分别与美国、南斯拉夫、联邦德国、罗马尼亚、丹麦、法国、奥地利、芬兰、日本、比利时等13个国家洽谈引进生产设备和技术，用以改进技术装备、增加新品种。如花岗石板、水磨石板、矸石空心砖、粘土空心砖、岩棉、白水泥、石墨润滑添加剂等生产、加工设备。

1979～1985年，全省已有32家建材企业生产的43个品种成为部、省级优质产品。其中部优质产品6种、省优质产品37种。1985年建材系统内优质产品产值达到1.4亿元，占系统内工业产值的40%。

到1985年，全省建材工业企业发展到2 521个。全省县营以上建材企业，完成工业总产值57 670万元，占全省工业总产值比重为1.65%。生产包括建筑材料、非金属矿和无机非金属材料三大类，100多个品种，其中主要品种为59个，不仅有传统的水泥、平板玻璃、砖瓦、砂石、灰等，还开发了新型墙体材料、装饰装修材料，以及为军工、石化、电力、食品工业和尖端科技配套的耐摩擦、耐高温、耐腐蚀、保温、隔热、消音材料。

第八节 化学工业

一、无机化学工业

黑龙江地区无机化学工业始于清末民初。当时就有私人手工作坊进行土法熬碱的生产，但规模小，发展缓慢。1949年，在齐齐哈尔市建成了黑龙江碱厂。采用苛化法工艺生产烧碱。1950年，在哈尔滨市成立黑龙江地区最早的生产磷酸盐为主的无机化学工业企业—— 哈尔滨松江制胶总厂（后改为哈尔滨化工总厂）。1952年以后投产的六偏磷酸钠和磷酸氢二钠都是当时国内首创产品。从1958年开始的“大跃进”，全省各地、市都集中了一批技术人才，并从上海聘请了一批化工专家，统筹、规划并积极上了一批项目。但由于盲目建设，“土洋并举、遍地开花”，在全省各地、市建了“土烧碱、土法硫酸”等一批“小土群”项目。这一时期发展的重点是制碱工业，为全省工农业生产提供了一些原材料。由于设备简陋，技术不过关，经济规模小，因而在以后的三年国民经济调整时期纷纷下马。20世纪60年代，全省无机盐工业得到较快发展，先后制成了硫酸盐、磷酸盐、硝酸盐、碳酸盐、硼化物、氧化物等10多个系列，40多个品种，并陆续投产。1966～1976年“文化大革命”期间，全省无机化学工业受到干扰，影响了无机盐行业发展。20世纪70年代后期，在开展“工业学大庆”活动中，省化学工业公司作为行业主管部门，组织企业开展了目标管理，加强原始记录、计量、定额、档案、信息预测等基础工作及比速度、比节能、比管理、比环境的竞赛活动，推动了技术进步和管理水平的提高。20世纪70年代末开展的群众性全面质量管理活动，一批无机化工产品先后被评为省优质产品。中共第十一届三中全会后，全省氯碱行业为满足工农业生产的需要，加快了技术改造的步伐。哈、齐、牡、佳等市的氯碱企业都进行了扩建改造，引进国内外先进技术，扩大了生产规模，使氯碱工业的技术水平、装备水平基本赶上了国内先进水平。20世纪80年代以后，全省无机化工企业运用ABC管理法、价值工程、网络分析等现代管理办法，将企业管理水平推向一个新阶段。到1985年末，全省烧碱产量已达42 154吨。由于烧碱工业的副产品氯气是制盐酸的重要原料之一，烧碱工业的发展，又相应地推动了盐酸工业的发展。到1985年全省盐酸产量达29 453吨。

1985年，黑龙江省无机化学工业，除化学肥料已成为独立行业外，主要有制酸、制碱和无机盐工业。产品达40多个品种，大都分布在哈尔滨、齐齐哈尔、牡丹江、佳木斯和鸡西等地。全省无机化工工业总产值为10 519万元，总生产能力达30万吨／年，实际产量为25万吨／年。

二、有机化学工业

黑龙江地区的有机化学工业最早从生产酒精开始。清光绪三十二年（1906年），由俄国人在哈尔滨市建立酒精工厂（后改为哈尔滨酒精一厂）。1918年，由俄国人和日本人在哈尔滨兴建第二座酒精厂（后改为哈尔滨酒精二厂），以及此后在哈尔滨市、阿城、一面坡、东宁县、黑河镇、宁安县等地建立的一批酒精厂。到1937年，黑龙江地区年产量为205万升。

20世纪50年代初期，为适应抗美援朝战争和地方生产的需要，哈尔滨市先后开办了10多家机器油（润滑油脂等）工厂，1956年合并为公私合营哈尔滨机器油厂（后改为哈尔滨化工五厂）。1950年哈尔滨市企业公司买下了犹太人经营的克拉斯诺夫涂料厂，并在1956年创建了公私合营哈尔滨油漆化工厂（后改为哈尔滨油漆厂）。这一时期，黑龙江地区酒精生产发展较快，产量由1949年的1 684吨上升到11 503吨。20世纪50年代，苏联帮助建设了南岔木材水解厂，年产酒精能力为4 000吨。

1958年“大跃进”后，全省新增了一批有机化学工业产品生产项目，主要有电石、聚氯乙烯、糠醛、丙酮、丁醇。1958年6月，化工部黑龙江省工作组制定了化工发展规划，其中有年生产电石2万吨、烧碱1.5万吨、聚氯乙烯6 000吨、氯丁橡胶5 000吨，以及增塑剂等项目。牡丹江市工业局也在建聚氯乙烯、电石、增塑剂等项目，但由于盲目建设，致使一些项目被迫停产。当时主要以煤和农副产品为原料发展有机化工生产。牡丹江化工一厂于1958年首先在省内投产了500千伏安小电石炉。鸡西电石厂、齐齐哈尔电石厂、哈尔滨化工二厂等相继在1965年和1969

年投产。电石生产主要是为省内机械工业服务，小部分用作化工企业生产聚氯乙烯树脂。1958年，省化工研究所以糠醛为原料研制尼龙66成功，并建成一套中试装置，为省内开创了第一条尼龙制品生产线。为适应省内制药、塑料行业的需要，1958年齐齐哈尔榆树屯化工厂年产500吨的糠醛车间建成投产。同年哈尔滨酒精一厂用粮食发酵生产丙酮，建成投产，日产量为1吨。佳木斯糖厂以糖渣为原料，牡丹江溶剂厂以橡子为原料，也都生产过丙酮、丁酮。

大庆油田的开发和炼油工业的发展，为黑龙江省提供了一批有机化工基础原料，促进了全省有机化学工业进一步发展。佳木斯石油化工厂年处理原油1万吨的砂子炉原油裂解水冷分离装置于1977年9月试车成功，成为黑龙江省第一个小型石油化工企业，填补了乙烯、丙烯生产的空白。省内最大的煤化工企业黑龙江化工厂1958年开始建设，以后的十几年，受国民经济调整和“文化大革命”的影响，于20世纪70年代末期才开始续建。中共第十一届三中全会后，黑龙江省利用大庆石油资源丰富的条件，大力发展石油化工。1979年黑龙江省化工厂粗苯投入生产，1983年化产回收部分全面投产。这是除大庆石油化工总厂外，省内仅有的苯、萘生产企业。1983年8月，焦油精制全面开发，投产了沥青、蒽油、粗酚、工业萘、轻油、精苯、甲苯、二甲苯等。

1985年，黑龙江省有机化工产品产值3.2亿元，国家认可的品种有80种（不包括新品种）。其产品包括农药、基本有机原料、塑料、树脂、有机溶剂、油漆涂料、橡胶促进剂、防老剂、增塑剂、油田化学品、石油添加剂和各种精细化工产品。1985年为社会提供的产品计17.6万吨。

三、橡胶加工工业

黑龙江省最早的橡胶加工企业是1926年建于哈尔滨市的“城记工厂”，从事轮胎修补和橡胶杂品生产，当时工厂只有7人，其中资方3人，工人4名。1947年登记的现金为1 135.9万元（伪满洲国币）。最早胶鞋生产企业于1935年建在牡丹江市，主要生产朝鲜族全胶鞋。到1945年，黑龙江地区手工作坊式的小型橡胶加工企业共发展到10户，这些工厂人员少，设备简陋，工作环境差，采用火烧压力加工热硫化生产。

抗日战争胜利后，由于支援解放战争和发展生产需要，黑龙江地区公营橡胶企业得到很快发展。1946年初，哈尔滨驻军某部委派腾玉彬、张殿华、于静波和商人所向忱、高慎言合作创办为解放军生产胶鞋的国光橡胶厂，有30名工人，由私方负责经营。日产胶鞋（长五眼鞋）70双，全部供给军队需要。1946年7月，东北军区军需部在哈尔滨市道外区南马路创建了强华橡胶厂，职工120人。日产胶鞋（长五眼鞋）100双。至1949年末，黑龙江地区私营橡胶厂共87户。

1947年4月，腾玉彬和张殿华在中共哈尔滨市委支持下，利用日伪遗留下来的正阳河铁钉厂，创建了惠利橡胶厂，东北军区军需部投资70万元（东北流通券），职工200人，日产胶鞋200双。1947年10月，由东北军区军需部和东北军政大学出资，在哈尔滨南岗区巴陵街85号创办了军政大学橡胶厂（又称精华橡胶厂），投资11.6万元（东北流通券），当时共有职工48人。日产胶鞋70双。强华、国光、惠利、精华等橡胶厂是黑龙江地区最早生产胶鞋的公营橡胶企业，所生产的胶鞋全部为军用品，支援前线。1947年12月，4个橡胶厂全部移交给东北军区军需部管理。于1949年年初，对4个厂进行合并，清退了私方投资，移交给东北财政部被服局管理，改名为被服局胶鞋厂。1947～1949年，胶鞋年产量依次为12万双、40万双、96万双。

1948年年初，松江省人民政府购买了哈尔滨私营建业橡胶厂，划归松江省工业厅管理，主要生产布袋和橡胶杂品。1949年，改产胶鞋，年产量2.2万双。1948年，松江区政治部在哈尔滨道外区太古街创建政新橡胶厂，生产胶鞋全部军用，厂职工290人。日产胶鞋220双。此外，还有由东北公安处于1947年建立的金祥胶皮鞋厂、哈尔滨市人民政府于1947年10月建立的哈尔滨橡胶厂、民裕胶皮鞋工厂等。至1949年，哈尔滨市共有7户公营橡胶企业。

1950年7月，轻工业部召开首次全国橡胶工业会议，根据会议精神，黑龙江地区多数公营橡胶企业都积极发动职工，努力提高产品质量，千方百计地节约原材料，使生产得到不同程度地发展。橡胶企业的主管部门对企业实行了定额管理，下达了原材料消耗定额，控制了生胶消耗。同时建立了主要橡胶制品按国家计划组织生产的制度，将轮胎、胶带和胶鞋纳入了国家计划的轨道。对私营橡胶厂进行扶植、改造，发挥其作用。

抗美援朝战争期间，按照中共中央东北局的指示，于1950年将沈阳橡胶厂第一、第二分厂和辽阳第九橡胶厂迁到牡丹江市桦林镇，合并组建国营第一橡胶厂；将沈阳橡胶六厂迁到哈尔滨市，与东北财政部被服局胶鞋厂合并，组建哈尔滨松江橡胶厂。国营第一橡胶厂在日伪遗留的残破纸浆厂厂址上，仅用100天时间，于1951年1月就生产出了汽车轮胎，日产量由40条很快增加到400条。为了提高轮胎产量，1952年又增加了一些新设备，并开展了群众性的增产节约运动，取得了比较显著的成绩。1952年的轮胎产量达到16.9万条（9个品种），比搬迁前的原3个厂总计最高年产12.9万条增长了33%。特别是完成了军工海绵胎6个规格和实心胎7个规格的生产任务，满足了抗美援朝战争的急需。

1953～1957年国民经济第一个五年计划实施期间，黑龙江地区主要进行了橡胶骨干企业的技术改造和私营橡胶企业的社会主义改造，取得了显著效果。

国营第一橡胶厂（桦林）首先根据“生产力求专业化”的精神，先后将非轮胎产品全部停产。1953年年底，将帘子线生产交给了牡丹江纺织厂；1955年年底将胶管生产交给了沈阳橡胶厂；1956年将三角带设备交给了哈尔滨北方橡胶厂；1957年2月将帆布带生产交给了青岛橡胶六厂。自此，第一橡胶厂专门从事轮胎生产。生产能力由年产6万套扩大到了45万套。1957年7月15日开始产出9.00－20汽车胎，成为长春第一汽车制造厂的主要配套厂家。第一橡胶厂在技术改造中，工人王海德将水压切胶机由单刀改为多刀，每小时切胶能力达到40块，提高效率7倍；将手工成型棒改为机械成型棒，每班成型能力由7条提高到15条；半成品输送由人工变成机械化。国营第六橡胶厂在技术改造中，增加炼胶机等主要设备7台，年产胶鞋能力由160万双增加到350万双。1957年生产胶鞋348.9万双，比1952年增长4.2倍。

按照中共中央“一化（社会主义工业化）三改（对农业、手工业和资本主义工商业的社会主义改造）”的政策，引导私营橡胶企业自愿地接受了社会主义改造。当时，黑龙江地区共有117家私营橡胶企业，多数自愿组织起来，实行了公私合营。在国民经济第一个五年计划实施期间，经过对骨干企业进行技术改造和实行公私合营，橡胶工业有国营厂2户、地方国营厂1户、公私合营厂5户、合作社4户。这些企业的发展很快，1957年职工人数由实施国民经济第一个五年计划初期2 300人增加到4 500人，固定资产（原值）由2 630万元增至3 595万元，工业总产值达到2 693万元，利润增长了3倍，共生产轮胎21.5万套，运输带79万平方米，胶鞋588万双。

国民经济第二个五年计划实施期间，由于“大跃进”和自然灾害的影响，导致了黑龙江地区橡胶工业生产大起大落。1960年工业总产值2.89亿元，而1961年仅完成1.52亿元，下降了47%；1957年轮胎为21.5万套，1958年上升到39万套，1959年上升到42万套，1960年上升到56万套，而1961年急剧下降到29万套，比1960年下降了48%。

三年调整期间，黑龙江省橡胶工业认真贯彻了中共中央关于对国民经济进行“调整、巩固、充实、提高”的方针。全省橡胶企业实行“五定”，即定生产计划、定原材料供应、定生产能力、定人员、定产品质量。同时按照“减少省内重复生产”等原则，在保留质量好、消耗低、经济效益高的骨干企业前提下，对一些重复生产，争原料、争销路的争嘴企业实行关、停、并、转。当时经省政府批准保留了部分主要橡胶产品生产企业。经过调整，在计划、产、供、销等方面保护了骨干企业。保留的企业经过整顿和充实，生产都有不同程度的发展。关停的企业却遇到了很大困难，由于关停企业人员难以安置和设备难以处理，多数在计划外恢复了生产。

1966～1976年“文化大革命”期间，黑龙江省橡胶工业受到严重破坏，特别是为了“备战”而搞的“小三线”建设给橡胶工业造成很大损失。

中共第十一届三中全会后，黑龙江省橡胶工业通过治理整顿、开展学大庆活动、拨乱反正和推行各种形式经济责任制，出现了大发展的势头，生产规模不断壮大，经济效益明显提高。企业数由原来的63户增加到105户，固定资产由6 800万元增加到1.1亿元，工业总产值由三年调整期末的1965年的3.3亿元增加到1978年的4.9亿元。到1980年，产值达5.3亿元，实现利润1.23亿元，轮胎合格率达到99.78%，超过国家规定的标准。

到1985年，黑龙江省橡胶加工工业形成了从原料生产到产品制造、科学研究、设备加工等门类齐全、基本配套的工业体系。黑龙江省列入化工部和省计划内的橡胶企业91户，计划外的企业200多户（小型）。工业总产值完成6.79亿元，利税14 582万元，实现利润61 887万元，占黑龙江省化工系统利润总数的66.7%。

四、化学肥料工业

黑龙江地区的化学肥料工业始于1952年，生产化学肥料主要是普通过磷酸钙（简称普钙，下同）。1952年7月，哈尔滨松江化学厂采用骨胶生产的副产品脱骨胶为原料，经粉碎后与硫酸按一定比例搅拌，试验成功首批化学磷肥——普通过磷酸钙。1953年投入批量生产，产量为755吨，填补了中国磷肥生产的空白，开创了黑龙江地区化学肥料工业生产的历史。至1957年，黑龙江省先后在尚志、阿城、克山、绥化、五常、安达、佳木斯等县市建立了化肥厂，普钙产量达32 485吨。1957年4月，哈尔滨化工总厂还试制成功磷细菌肥料、抗生素肥料等细菌肥料，并投入批量生产，当年总产量达7 500吨。

在1958年开始的“大跃进”高潮中，黑龙江省化肥工业加快了发展，先后建设了一座中型氮肥厂，两座小氮肥厂，还建了一批钙镁磷肥厂，并试制和生产了化学细菌肥料。1958年全省化肥产量达到普钙肥料55 143吨，细菌肥料150 000吨。20世纪60年代初，国民经济进行了调整。黑龙江省一些在“大跃进”活动中仓促上马的化肥企业由于产品不对路，肥效发挥不好，于1960～1961年陆续停产、转产。全省化肥工业生产能力明显下降。

国民经济调整之后，黑龙江省化肥工业又获得发展，这一时期充分发挥省和地市、县的积极性，共投资1.9亿元，先后安排定点建设了28座小氮肥厂，合成氨生产能力达9.6万吨/年，碳酸氢铵为38.4万吨／年，化肥工业生产形成了星罗棋布的格局。其中1966年定点6个，1970年定点7个，到1976年建成投产18个。以后各厂逐步转入调整和技术改造阶段。小普钙肥厂的发展，奠定了黑龙江省磷肥工业的基础，并与小氮肥形成了化肥工业的两翼。

进入20世纪70年代，大庆炼油厂龙凤化肥厂、浩良河化肥厂、大庆石油化工总厂卧里屯化肥厂等大中型化肥厂相继建成投产，成为全省化肥工业骨干企业。1979年全省化肥工业经过整顿，化肥生产单位共有18个。其中氮肥厂8座，磷肥厂10座。生产化肥品种有合成氨、尿素、硝酸铵、碳酸氢铵、硫酸铵（副产品回收制得）、氨水（副产品回收制得）、普通过磷酸钙、粒状过磷酸钙、粒状氮磷复合肥、作物专用肥、微量元素肥料系列等。

1985年，全省化肥行业共有职工19 652人。全省合成氨总生产能力达51万吨，氮肥生产能力达41.82万吨，过磷酸钙年实物生产能力36万吨，粒状过磷酸钙及复混肥生产能力28万吨。共生产磷肥（折100%五氧化二磷）43.8万吨。

第九节　电子工业

清光绪十一年十一月（1885年12月），北洋大臣李鸿章，为防御沙俄侵略，加强边务联系，会同吉林将军希元，奏准将奉天到吉林的电报线路，经宁古塔延长至珲春；清光绪十三年（1887年），又建起了吉林经齐齐哈尔到大黑河的电报线路。清光绪三十三年（1907年）后，黑龙江地区陆续建立了电报、电话通信设施。1926年，东三省联省无线电电台副台长刘瀚，在用马可尼双工野战电话单机改装成的50瓦无线电发射机基础上，经过改进，装成100瓦发射机，建立了第一家中国人自己安装的发射机。黑龙江地区在20世纪30年代以前，只有外国人开设的无线电修理行（社）。20世纪40年代由中国人经营的维修业务行（社）在黑龙江地区面市。

1945年9月，日本帝国主义无条件投降。东北民主联军总司令部为向部队提供通信装备，于1946年8月在合江省东安市建立了通信联络处后方工厂，后改为东北军区军工部直属第二厂，对外称东安电器厂，生产通信设备。全厂职工最多时有912人，下设6个分厂。工厂在极其艰苦的条件下组织生产，干部、工人（外籍工人除外）都过供给制生活，实行军队管理方式，为东北和全国解放战争作出了贡献。

1948年11月，东北全境解放。1949年5月东北人民政府和东北军区决定将东安电器厂迁往沈阳。1950年6月25日，朝鲜战争爆发。同年10月，中共中央东北局决定将南满部分军工厂北迁，坚持生产，支援抗美援朝战争。电工一厂（原东安电器厂三分厂），部分迁到阿城县，1951年1月恢复生产通信设备，为抗美援朝作出了贡献。1953年7月朝鲜停战后，改为阿城仪表厂，1957年10月改为阿城继电器厂。

根据第二机械工业部十局《关于私营电信工业改造意见的报告》精神，1956年，哈尔滨市新华电器社、明明电器社、承德电器社、百花无线电社、工艺电社、中通电器社、松群电社、鸿兴电料行、万龙电器社、新山电社、精工无线电社等47户个体手工业劳动者，和以协龙电社、精华无线电社为基础组织起来的哈尔滨第一电器生产修配小组为主体，组成哈尔滨市电器生产合作社。当时有从业人员228人。1958年7月经哈尔滨市第一工业局批准，哈尔滨第一电器生产合作社改为哈尔滨电信器材厂，并转为地方国营，全厂职工520人。

1957年底，黑龙江人民广播电台从服务部抽调20名职工，和南京技工学校10名学员，组建了哈尔滨广播器材厂。

1958年，第二机械工业部十局局长刘寅带工作组到黑龙江省指导制定无线电工业发展规划。初步确定，国家计划，拟在哈尔滨市阎家岗附近投资建设一批无线电企业，以形成一个电子城。第一个建设项目黑龙江无线电仪器厂（前卫无线电仪器厂前身）于当年12月破土兴建。

黑龙江省拟投资3 000万元，在庆安县兴建以电子管厂为中心的电子工业基地。与此同时哈尔滨广播器材厂开始生产交直流电子管子母收音机、扩音机；哈尔滨新生开关厂，试制成功中国第一部全部用国产（自制）晶体管和小型元件的袖珍式半导体收音机；公安部十二局所属八二九厂（哈尔滨电子敏感技术研究所前身）生产铝电解电容器；齐齐哈尔市公安局办的609厂（齐齐哈尔北方无线电一厂前身）生产晶体管；牡丹江市电器厂开始生产电话增音机；佳木斯合江公安研究所试制晶体管收音机。1959年4月，哈尔滨电信器材厂更名为哈尔滨电子仪器厂，开始试制生产5兆赫以内的示波器。

进入20世纪60年代，国家紧缩基本建设战线。黑龙江省规划建设中的庆安电子工业基地全部停建下马，部属前卫无线电仪器厂缩小规模。多数刚起步的地方小厂相继关、停、并、转。

1962年底，全省只有5户电子工业企业，职工1 669人，工业总产值309.1万元（1957年不变价）。

1963年2月，第四机械工业部（以下简称四机部）成立，刘寅副部长率工作组到东北三省考察，协助规划和发展东北三省无线电工业。同年11月23日，工作组就东北地区无线电工业近期规划和安排，向东北局提出初步建议。针对当时有的企业有“神”无“庙”，有的企业有“庙”无“神”的实际情况（“神”指产品，“庙”指厂房）。分别提出了解决厂房和产品方向，以及在主产品没上来前，生产过渡性产品，解决职工“吃饭”问题的意见。提出“以粗养细，以副养主，以修理养制造”的办法发展无线电工业。明确了“无线电工业必须军民结合，以军为主，军民兼顾，以军带民，以民养军，努力为四个现代化和国民经济服务”的方针。当时由于国际环境的变化，黑龙江省由大后方变为反对霸权主义前哨，没有安排新建项目。地方工业只对哈尔滨广播器材厂、哈尔滨电子仪器厂、哈尔滨无线电工具厂、哈尔滨灯泡厂4个企业的近期产品、临时过渡性产品和长远发展方向以及小型土建投资提出具体规划意见。

自1964年开始，全省各地根据社会需要，逐步办起了一批电子企业。在电子工业不断发展的形势下，1964年4月省机械工业厅在原电工处的基础上，成立了黑龙江省无线电工业公司。在无线电工业公司成立后，全省电子工业有了新的进步，技术水平有明显提高，哈尔滨广播器材厂1964年开始生产15千瓦短波报话发射机，大部分出口援外。哈尔滨电子仪器厂已能生产60兆赫宽带示波器，在全国地方示波器行业中名列前茅。收音机年产量由千部增长到几万部。牡丹江电器厂开始试制 J –18型磁带机。同时，黑龙江省无线电研究所于1966年5月成立。到1966年“文化大革命”开始时，全省电子工业企业共有25户，职工3 690人，完成工业总产值2 486.6万元（1957年不变价）。

1966年“文化大革命”开始后，省无线电工业公司工作受到严重冲击，1967年，工作人员全部进工交学习班，生产无人管理。1967年省革命委员会成立，1968年电子工业归重工业公司管理，1969年1月省成立国防工业办公室，内设电子处管理电子工业。“文化大革命”期间，根据解放军装备规划需要和四机部安排，1966年起，国家投资陆续新建3户小三线军工电子企业。1967年在延寿县山区建了伟华机械厂（代号822厂）和卫力机械厂（代号8221厂）（在四机部未授代号前，为对外“保密”，因是1967年建厂的，故称671厂，672厂）。分别生产军用磁石电话机单机、交换机。1969年在五常县背荫河建立半导体器件厂，为解放军师以下单位通信装备配套。1971年，四机部授予代号为8233厂，对外厂名为曙光无线电厂。1967年12月，国防科委和四机部召开全国无线电工业会议。此后，黑龙江省先后承接了311甲炮瞄雷达、441 C 指挥仪、8千瓦单边带电台、771机载导航雷达等军工动员任务（民品企业安排生产军工产品谓“军工动员”）。到1969年年底，全省共有42户电子专业厂，职工7 738人，已能生产电子测量仪器、计算机外部设备、通信广播设备等。1969年完成工业总产值3 078万元，比1958年增长2.73倍，年均递增率11.7%。

1969年10月，中央电信工业领导小组召开了全国电信工业工作会议，会议提出“全民大办”“破除电子工业神秘论”“电子中心论”等口号。1970年2月省革命委员会召开有各地、市、县革命委员会领导人参加的全省电子工业会议，提出要高速发展黑龙江省电子工业。同年3月，省革委会主要负责人提出要搞单晶硅大会战，达到年产30吨。由此全省一哄而起，大厂一厂一角办小厂，街道办厂，学校办厂，因陋就简，土法上马，兼行跨业，“遍地开花”。但绝大部分技术、设备、材料不配套，不能生产。

1970年5月8日，根据电子工业发展的客观形势，省革命委员会决定成立黑龙江省电子工业局。到年底调查统计，全省有344个厂点，职工人数2.2万人，遍布全省45个市、县。其中晶体管厂118个，电子元件厂132个。“大办”违背了电子工业具有技术密集、知识密集、投资密集的特点。省电子工业局成立后，一边抓发展，一边抓整顿。省电子工业局针对战线过长，厂点分散、设备简陋、产品重复、质量低劣的局面，在调查研究的基础上，进行了艰巨的调整工作。采取“并、撤、转”的方针，将当地产品重复的厂点合并，兼行跨业不出产品、长期形不成生产能力的厂点被撤销或转行。初步调整后保留176户企业，职工减为1.6万多人。经过几年实践，仍有部分企业不具备生产电子产品能力，因此，1977～1978年又进行一次较大的调整。调整后全省尚有137户企业，职工队伍达到近3万人。省电子工业局在调整企业厂点的同时，根据需要和可能，统筹规划，调整产品结构，加快重点产品发展。产品由移植仿制逐步转向自行设计开发。广播电视、计算机、电子测量仪器、半导体器件、电子敏感技术、电子应用产品都有了较大发展。

黑龙江省1972年开始研制电子敏感技术，1975年研制成中国第一只锗磁敏二极管。随后相继研制成气敏、力敏、光敏、湿敏、温敏等敏感元器件，并初步形成敏感元器件、传感器、应用整机相配套的发展优势。

1979年以后，随着中共第十一届三中全会精神的深入贯彻，全省电子工业在科研、新品试制、生产、技术、质量和效益方面稳步发展。根据“调整、改革、整顿、提高”八字方针，全省电子工业确定以哈尔滨、齐齐哈尔、牡丹江、佳木斯4个大中城市为依托的工业布局，于1982年针对厂点分散、产品重复、质量差、成本高、缺乏竞争力等问题进行了第三次调整。将38个基础条件差和长期无力扭转亏损的县镇企业予以转向，脱离电子行业；对长期亏损，主产品没有销路的伟华机械厂停产。至此比较彻底地解决了1970年盲目发展带来的后遗症。调整后，省内4个大中城市的电子工业企业户数占全省的61.9%，产值占全省的80.4%。按照国家统一部署，1982年起，集中3年时间，分3批进行企业整顿，1984年年底验收合格41户企业，占应整顿企业的76%。

在整顿企业的同时，逐步开展了经济体制改革，实行经营承包、产品开发承包、销售承包等措施。1979年底，在少数企业进行扩大企业自主权试点，收到了明显的经济效益。1981年起，全省省、市两级电子工业主管部门和部分企业实行了盈亏包干，有些企业内部实行经济责任承包。1982年省电子工业局召开了全省电子企业经济改革座谈会，介绍了一些厂的情况。在经济体制改革中，对34户全民所有制小企业实行独立核算，自负盈亏，照章纳税，放开经营。在政企分开，简政放权中，省属黑龙江无线电一厂、曙光无线电一厂，与部属前卫无线电仪器厂分别于1984年11月、1985年9月，先后下放给哈尔滨市领导。通过经济体制改革，企业初步从计划经济体制下的单纯生产型向生产经营型转化，增强了市场观念、效益观念和质量观念。

在全省电子工业进行经济体制改革的同时，在国家计划指导下，黑龙江省有步骤、有重点地对全省电子工业开展技术引进和技术改造。在第六个五年计划期间（1981～1985年），先后对38户企业58个项目进行技术引进和技术改造。有3个项目列入国家机电工业550项重点引进规划。截至1985年底，已竣工37项，新增产值5 774万元，新增利税1 000万元。“六五”技术引进、技术改造，注意适应市场消费需要，引进了彩色电视机、投影电视机、收录机的生产装配线及部分配套产品和配套工艺、生产技术设备，其中有塑料机壳加工设备、装潢工艺设备、印制线路板加工设备等。通过引进，使电视机、录音机生产企业，形成了一定规模的生产能力，成为黑龙江省电子工业的骨干企业。广播电视行业1985年产值占全省电子工业总产值的70.8%。在消费类产品引进改造的同时，重视有特色的投资类产品及基础产品的引进和改造。计算机外部设备磁带机、数字磁头和可控硅、大功率半导体器件、敏感元器件、扬声器纸盆、计算机应用开发、电子焊接机等项目的引进，投资类产品和基础产品的引进和改造，为电子工业的进一步发展奠定了基础。

黑龙江省电子工业长期承担为国防重点工程、核试验、运载火箭试验、卫星发射提供关键配套元器件、仪器，先后9次收到中共中央、国务院、中央军委的贺电、贺信和嘉奖。1984年中国成功地发射第一颗试验通信卫星，黑龙江省电子工业总公司因为作出重要贡献，被电子工业部授予“一星高挂，万里传声”锦旗。

截至1985年，全省电子工业拥有企业84户、部属研究所1所、地方研究所4所、中等专业学校1所、技工学校4所、电子产品监督检验所1所。固定资产原值1.45亿元（净值1.1亿元），职工总数24 993人，完成工业总产值38 823.2万元，比1970年增长20倍，平均年递增22.7%。产品具有一定的特色，计算机工业门类较齐，有计算机主机、外存储设备大小磁带机、输入输出设备有宽行和窄行打印机，以及为磁带机配套的数字磁头；广播电视行业能生产中小功率广播发射机和各种配套设备，并多年出口援外。电视机、收录机有较好的质量保障体系；电子测量仪器品种较多，有较强的开发能力；应用产品门类较多；敏感技术品种较全，敏感元器件、传感器、应用整机协调发展，有较强的开发队伍。敏感技术产品，磁带机用数字磁头，半导体大功率开关器件等，在国内有较高的水平，较强的竞争力，较高的市场占有率。

第十节　食品工业

一、制糖

黑龙江地区甜菜机械制糖工厂的建立先于全国各省区。清光绪三十一年（1905年），俄籍波兰人柴瓦德夫开始创办“阿什河精制糖股份公司”（黑龙江省阿城糖厂前身），清光绪三十四年（1908年）正式投产。

由中国民族资本集股创办的黑龙江省第一家机制甜菜糖厂始于清光绪三十四年（1908年），是清朝奉天候补道李席珍和长春候选知府王沛霖呈请东三省总督在呼兰府境内兴办的“富华制糖有限公司”。清宣统元年（1909年）动工兴建，因资本不足，1912年10月东三省总督决定收归官营，改名为“东三省呼兰制糖厂”。投资元银160万两由东北三省分摊。1913年基本建成，1914年试机，1915年正式投产。

上述两座糖厂，从建设至中华人民共和国成立前，几易其主，惨淡经营，生产规模均无扩大。

中华人民共和国成立后，黑龙江地区把发展甜菜制糖工业作为全地区轻工业的重点。黑龙江地区按照先建成骨干企业，后发展中小企业，再通过挖潜改造与扩建，向大型化发展的路径进行糖厂建设。建设时间比较集中。在国民经济恢复时期，对阿城、哈尔滨两座老糖厂采取边生产、边改造的措施，逐步更新设备、扩大生产能力。在改造、扩建老厂的同时，红光糖厂于1951年动工兴建，1953年12月投产；和平糖厂于1952年开工建设，1954年1月正式投产。同时，第一个五年计划期间，列入国家694项限额以上项目进行重点建设的佳木斯友谊糖厂和齐齐哈尔糖厂亦开始建设。1957年末，全省六座大型甜菜糖厂相继形成规模投入生产，全省制糖工业建成了一批骨干企业，黑龙江省成为全国甜菜制糖的重要基地。

1958年“大跃进”时期，在“全民办工业”、大搞“小土群”的思潮影响下，全省遍地开花地建起了一大批土糖厂；在宁安县建成了日加工甜菜能力200吨的小型糖厂；在鹤岗建起了日加工甜菜能力500吨的中型糖厂。这批土糖厂和两座中、小型糖厂，都因技术、经济、产品质量等不过关，陆续被淘汰或重新建设。

1966～1976年“文化大革命”时期，全省掀起了大办小型企业的浪潮，轻工业部在黑龙江省试办日加工甜菜能力100吨和200吨的小糖厂。1966～1976年，全省新建成投产的小糖厂6座（不包括1977年投产的赵光糖厂），共增加日加工甜菜能力1 600吨。由于“文化大革命”的干扰，有的糖厂规模过小，管理工作不严，致使全省制糖工业未能摆脱长期徘徊不前的局面。

进入国民经济第五、第六个五年计划实施时期，黑龙江省集中发展中型糖厂和扩建大型糖厂，黑龙江省机制甜菜糖厂向大型化、现代化发展。国家、轻工业部、省及以下各级政府多方筹措资金，展开了大规模的甜菜糖业生产基地建设。1977～1985年，全省投入新建糖厂和技术改造资金达57 938万元，新建12座500吨以上规模中型糖厂。自1980年起全省制糖业集中财力、物力，对阿城、和平、哈尔滨、齐齐哈尔、红光、友谊6座大型骨干糖厂进行规模改造。通过改造与扩建，这6座糖厂不仅扩大了生产规模，技术装备更加趋于现代化。至1985年末，全省新建和扩建投入生产的机制糖厂共26座，日加工甜菜总能力27 600吨，年产糖能力55.2万吨。

1985年，全省21座糖厂共加工甜菜372万吨，产糖量达42.03万吨，居全国甜菜糖产量第一位。

二、乳品

黑龙江地区地域辽阔，土质肥沃，盛产粮谷，水草丰美，适宜奶牛生长繁衍，是全国奶牛和乳制品生产重要基地之一。

早在汉代居住在黑龙江地区的先民就以牛乳造酒；南北朝中期居住在嫩江流域的塔子城、泰来、景星和素称三蒙之地的扎赉特旗（今内蒙古管辖）、郭尔罗后旗（今肇源县）杜尔伯特旗的蒙古族人向以游牧为业，用牛乳制作奶饼、奶干等类乳制品；中华民国初年，朱庆澜任黑龙江巡按使期间，执行招垦富边政策，于省城（今齐齐哈尔市）东九道子地方及城南关家店、西江奇克奈、西北二站和索伦山等处设立牧场，发展畜牧业，各牧场均制牛乳酪销售；清光绪二十二年（1896年），沙皇俄国政府诱逼清政府签订《中俄密约》，强行修筑中东铁路，俄籍员工及眷属带入黑龙江地区一些黑白花奶牛，从此，奶牛就在俄侨集中居住的哈尔滨及铁路沿线饲养、繁殖、发展起来。由于牛奶自食有余，1920～1936年，俄籍人先后在哈尔滨地区建起21家乳品厂。日本侵略者侵占东北后，于1935年收买了中东铁路，加强控制，一些俄籍人纷纷回国或移居澳大利亚、巴西等国谋生，哈尔滨地区的奶牛业和乳品加工业每况愈下，乳制品生产寥寥无几，基本处于停顿或半停顿状态。

黑龙江地区乳品工业真正形成工厂规模，是在中华人民共和国成立后发展起来的。1951年，黑龙江地区第一座国营小型奶粉厂建成，发展用平锅生产奶粉，1952年又出现了18个同等规模的小型乳品厂。1952年有私人乳品加工厂11家，1953年私人工厂减少到10家，1956年，在国家对私人资本主义工商业进行社会主义改造过程中，除少数乳品加工厂转入公私合营外，一些私人工厂全部停止了生产。1957年和1958年，全省各地市、县建起一批小型平锅奶粉厂，全部取代了手工作坊，哈尔滨、齐齐哈尔、安达、肇东、杜蒙自治县等草原好奶牛多的地方，由国家投资相继建设一些机械喷雾法和半机械化生产的乳品厂，生产技术前进了一大步。至1958年全省具有一定规模的乳品企业发展到55家，全省共有乳制品生产厂点162处，乳制品产量创黑龙江乳品工业生产史上第一个高峰年。

由于受1958年“大跃进”和“人民公社化”运动刮起的高指标、瞎指挥、浮夸风和“共产风”的影响，奶牛饲养业和乳品加工业遭受极大破坏。当时，在全省范围内把个体饲养的奶牛统统归到集体和国营牧场去饲养。由于喂养不精心，管理不善，造成奶牛体质瘦弱、死亡，奶源减少，工厂开工不足。1959年，一批乳品厂被迫停产关闭，乳制品产量连年下跌，至1961年，全省乳制品产量下降到不足1958年乳制品产量的1／4，出现市场奶粉断档。1962年，全国各行各业深入贯彻“调整、巩固、充实、提高”的八字方针和农业六十条，纠正了“左”的错误，整个国民经济呈现出全面好转的局面，黑龙江省奶牛饲养业和乳品工业生产开始复苏和发展，国营牧场、农村社队和个体奶牛头数回升到6万头，乳制品产量成倍增长，1963年比1961年增长19倍。随着全省经济形势的好转，奶源增加，从1964年开始各地方乳品企业纷纷对老设备进行技术改造，扩大生产能力，这一年，省人民委员会拨给乳品工业技术改造资金1 700多万元，把双城、嫩江、杜蒙、绥化、富裕、北安、一面坡、海伦等地10个手工操作平锅生产奶粉的乳品厂和阿城县滚筒法生产奶粉的乳品厂，全部改造成压力喷雾或离心喷雾的机械化生产的乳品厂。同时对安达、肇东两个乳品厂和哈尔滨松江罐头厂乳品车间进行了扩建，1965年这批改、扩建工程全部投入生产。这次在全省范围内第一次大面积地技术改造，使全省乳品工业日加工能力由108吨提高到210吨，生产方式由手工操作转入机械化生产，实现了生产设备第一次升级换代，乳制品质量发生一次飞跃，乳制品产量上升到高于第一个高峰年1958年的水平。这一阶段从跌落到复苏、发展，整整经历了七个年头。

1966年“文化大革命”开始后，在极“左”思潮干扰破坏下，个体养奶牛被当做资本主义尾巴割掉，一些地方又把个人饲养的奶牛一律交给人民公社或生产队集体饲养，奶牛越养越瘦，母牛成年空怀，产奶甚少，造成乳品厂长时间奶源不足，生产一度停滞不前。1966～1976年“文化大革命”期间，奶牛头数由5.4万头增加到6.2万头，全省平均每年只增加606头。10年增长幅度仅有14.8％，低于正常年景繁殖率水平。由于奶源不足，工厂设备能力闲置，生产发展缓慢，乳制品产量平均每年只增加200吨。

1978年12月，中共第十一届三中全会决定，把党的工作重点转移到以经济建设为中心的轨道上来，制定和调整了一系列经济政策。中共黑龙江省委、省政府把发展乳品工业列为发展轻工业的四大重点行业之一，并制定一系列的优惠政策和措施，大力扶持乳品工业的大发展。在此期间，国家和省投资、贷款1.5亿元对老乳品厂进行挖潜改造，并建设一批新厂，不断扩大生产能力。至1985年年底，全省有大、中、小不等规模的乳品厂113家，当时生产能力最大的黑龙江乳品厂日加工鲜奶能力200吨，最小的原日加工5吨鲜奶的小乳品厂已被日加工10吨以上的乳品厂所取代。全省乳制品日加工能力达1 980吨，乳制品年产量达4.7万吨，比1978年增长4.4倍，1977～1985年，全省乳制品产量总和超过中共第十一届三中全会前29年累计产量，乳品工业开始步入历史上从未有过的大发展的黄金时代，呈现出高速腾飞的崭新局面。同时，适应不同层次消费需要的新品种不断涌现，并形成系列化，乳制品产量雄居全国之冠；在全国历次行业评比中，黑龙江省乳制品获国优、部优奖牌数居榜首；1979年后，黑龙江省乳品工业生产、科研、教育、机械制造配套发展，先后建起了全国第一座大型现代化的乳品工业新技术样板厂和全国第一家乳品工业技术开发中心，黑龙江乳品工业技术已经跨入了自动化、现代化的道路。

至1985年，中华人民共和国成立后的36年中，黑龙江乳品工业向省内外轻工市场提供乳制品商品量达30多万吨，向阿尔巴尼亚、罗马尼亚等东欧国家和新加坡、越南等东南亚国家出口奶粉、炼乳等2.6万多吨，向国家上缴税利1.58亿元，为国家社会主义建设做出了重要贡献。

三、酿酒

（一）白酒

黑龙江地区在唐代就已经出现极似现代的蒸馏白酒（或称烧酒）。渤海国时期，当地人们开始以粮食加工成酒出售。辽、金年间，宁安地方已有大小规模烧锅10余家。清光绪六年（1880年），双城地方一个叫金富海的绅士，从吉林扶余请来一个糟腿子（制酒匠人），雇五六名农民挖几个土窖，用土办法制烧酒，取名“花园土酒”，酒的品味极佳。后被地方豪绅霸占，以红高粱为原料烧甑回醅，蒸馏制酒，产量日增，畅销货市，曾用木箱标有“中国花园烧酒”字样远销日本。在中华人民共和国成立前黑龙江地区生产白酒很普遍，黑龙江地区每个县都有白酒厂生产50度或60度白酒，但基本还都是手工作坊的生产方式，零星分散，自产自营。到1949年，黑龙江地区白酒总产量仅1万多吨。

中华人民共和国成立后，黑龙江地区人民政府对所有的酒厂进行整顿，组织恢复生产。1949～1955年，黑龙江地区白酒总产量由10 128吨增加到17 267吨，平均每年增长11.5%。这个时期的白酒质量低劣，品种也只是50度、60度两种白酒，90%以上散装销售，只有几个酒厂装瓶销售，也只是一些二锅头、老白干、烧酒之类的普通白酒。1955年全国第一次酿酒工作会议以后，黑龙江省在规模较大的酒厂中开展优质名牌白酒的研制工作。黑龙江省第一家试制优质白酒的哈尔滨第四酒厂（即哈尔滨龙滨酒厂），从1957年派技术人员去贵州学习茅台酒厂酿制国家名酒的经验，历经两年多的时间，搞出了全国屈指可数的酱香型优质白酒，驰名酒坛。

齐齐哈尔制酒厂派工程技术人员和有实践经验的工人去茅台酒厂学习酿制名酒的经验后，基本按茅台酒生产工艺进行仿制，酿制酱香浓郁的“北大仓酒”，当时为省内第二家研制出优质白酒。1959年，在阿城玉泉镇建起了一座专一生产名酒的白酒厂，投产后酿制出具有浓香型酒风格的玉泉大曲酒，因用方型瓶包装俗称“方瓶”酒，驰名省内外。继龙滨酒、北大仓酒、玉泉大曲酒称雄省内市场后，全省各地竞相酿制出地方名酒，至1985年全省已有生产优质酒的酒厂13家，优质酒总产量达13 548吨。

黑龙江省的白酒工业生产，从中华人民共和国成立至1972年，一直奉行着禁止用粮酿酒的政策。酿酒原料供不应求，致使市场白酒供应紧张。为了缓解这种局面，1971年黑龙江省革命委员会决定，供应酒厂粮食酿酒。1972年国家又从进口粮中拨出部分粮食给各省、市、自治区生产白酒，增加产量，保证市场，扩大财源。由于有了粮食原料，白酒工业全行业的面貌发生了显著变化，特别是中共第十一届三中全会确定把全党的工作重点转移到经济建设轨道上来，白酒工业生产进入了一个高速发展的新时期。同时取得了显著经济效益。1979～1985年，全省白酒工业实现工业总产值14.9亿元，比1949～1978年的总和增长57.6%。1981～1985年，实现利税共4.15亿元，比前5年增长65.4%。

（二）啤酒

中国人最初饮用的啤酒系外来品，中国啤酒工业历史较国外少较长时间，直到19世纪中国才开始建设啤酒厂。黑龙江地区啤酒工业始于清光绪二十六年（1900年），1945年抗日战争胜利后，黑龙江地区啤酒工业逐步恢复生产。1945年，苏联红军接管哈尔滨啤酒厂后，只灌酒，不制酒，处于半停产状态。1946年移交哈尔滨秋林公司管理。改称“秋林股份有限公司哈尔滨第一啤酒厂”，生产红星牌啤酒，产量不多。1949年，黑龙江地区只有哈尔滨啤酒厂、尚志一面坡啤酒厂、阿城玉泉啤酒厂、绥芬河啤酒厂等4个啤酒厂，共生产啤酒234吨。全省啤酒工业基本处于维持生产状态。

国民经济第一个五年计划期间，1953年，佳木斯啤酒厂建成投产，当年产量181吨。1954年，海林横道河子果酒厂的啤酒车间恢复生产。至1957年，全省啤酒工业开工生产的有哈尔滨啤酒厂、佳木斯啤酒厂、阿城玉泉啤酒厂、绥芬河啤酒厂共4个啤酒厂，啤酒总产量8 918吨。第二个五年计划期间，啤酒生产曾一度盲目追求产量，不讲质量，采取降低浓度，缩短酒龄，原料“瓜菜代”（瘪高粱、玉米瓤子、土豆等）等手段，增加产量。1958年全省啤酒产量超过万吨，比1957年增长32.4%。1959年达19 894吨，1960年猛增到26 505吨，平均每年增长1.8倍，产量大幅度增长，但劣质啤酒比重较大。这期间，新建的齐齐哈尔、牡丹江、鸡西、鹤岗4个啤酒厂，均于1959年正式投入生产。

从1963年开始，经过三年调整时期，啤酒工业全行业纠正了不讲质量，追求产量，粗制滥造的错误做法，普遍生产11度、12度标准啤酒，恢复了啤酒工业的正常秩序。到1965年，全省啤酒产量回落到12 910吨，发展速度比较稳定，质量符合标准。

1970～1978年，全省有20个市县新建了22个啤酒厂或车间，改造扩建了10个大中型重点啤酒厂，使啤酒产量逐年增加。以1970年啤酒产量32 963吨为基数，1975年增加到54 498吨，平均每年递增11.06%。到1978年全省列入计划的啤酒生产企业40个，总产量达69 249吨，居全国第一位。

中共第十一届三中全会后，纠正了“左”的错误，打破了禁锢，解放了思想，全省各级轻工业主管部门从满足人们的消费需求和增加经济效益出发，大力发展啤酒工业。1979～1985年，新建投产23个啤酒厂，改造扩建的21个大中型啤酒厂的生产能力都达到万吨以上，啤酒工业总生产能力增加42万吨。1985年，全省啤酒总产量达36.58万吨，比1978年增长4.3倍，平均每年增长61.4%。产品品种形成浓缩型、淡爽型两大类别，瓶装、听装、散装和11度、12度等高低浓度的系列结构，质量稳定提高。啤酒工业成为全省轻工业支柱产业，在全省国民经济和地方财政收入中占据着重要的地位。

（三）果露酒

黑龙江地区山产野生浆果资源比较丰富。居住在山野果生长地带的人们每年在8、9月浆果成熟期采摘鲜果，剩余时拿到街市出卖。有人用山葡萄压汁酿酒，销路极畅，一些盛产浆果地方的住户开始建立山葡萄酒坊。黑龙江果露酒工业化生产是在20世纪初伴随着酒精工厂的建立逐步发展起来的，先是哈尔滨，后是东宁的绥阳镇。到20世纪30年代中期，果露酒生产厂家发展到51家，绝大多数是手工作坊，主要分布在哈尔滨、牡丹江、绥芬河、富拉尔基、横道河子、齐齐哈尔和阿城、双城、呼兰县等地方。

东北沦陷时期，由于日本帝国主义侵略势力进行严酷的经济垄断和盘剥，供酒精生产用粮减少，酒精生产迟滞不前，甚至停产歇业，果露酒生产厂家也随之陆续倒闭。至1946年，果露酒厂家所存无几。1949年仅有哈尔滨马家沟酒精厂杂酒车间和秋林公司酒厂恢复果露酒生产，佳木斯市政府没收了逃亡大地主经营的清酒厂，改名新华酒厂，生产清酒。

中华人民共和国成立后，果露酒工业经过恢复建设、新建扩建、技术改造、发展生产等起伏兴衰的历程，获得了新的发展，形成了原料、加工、生产、销售等成龙配套的果露酒工业体系，为丰富市场和适应消费需求做出了贡献。

（四）黄酒

黑龙江地区黄酒生产历史可上溯至三国时期，据《魏书·勿吉传》中记载："勿吉国，有粟及麦穄""嚼米酝酒，饮能至醉"。以粟和穄，即用谷子和糜子为原料酿酒，多为黄酒。勿吉人酿酒已有千余年之久。1920年前，黑龙江地区仅有黄酒生产作坊6处（不包括药酒），多在哈尔滨地区。1920～1930年，新建黄酒生产厂21家，其中哈尔滨市14家，东宁县3家，桦川县、富锦县、宾县各1家，黑河1家。1930年以后，又有52家黄酒生产厂家相继开工。这些黄酒生产厂，基本是家庭式手工作坊，大部分是前店后厂，边产边卖，产量不大。据1933年统计，黄酒总产量为247 753公斤（合247.7吨）。

中华人民共和国成立后，随着黑龙江地区城市对资本主义工商业的利用、限制、改造政策的实施，人民政府加强对酒类产品管理，实行专卖制度，黄酒税率高达60%，生产黄酒利润微薄，甚至无利，加之省内禁止用粮酿酒，黄酒原料得不到保证，一些私人经营的小黄酒作坊纷纷关闭。

1960～1981年，全省只有两个黄酒车间，1982年，海林县酿酒总厂建设一个年产千吨能力的米酒车间，装有联动生产线。选用响水大米为原料，综合日本清酒、绍兴老酒、朝鲜浊酒工艺的精华，汲取黑龙江省朝鲜族传统手工酿造米酒配方的优点，采用国内黄酒生产的多种优良曲霉，酵母制糖化发酵剂，经过浸米、蒸饭、发酵、压榨、贮藏、勾调、杀菌等多道工序精制成在黄酒家族中独树一帜的响水米酒，填补了国内空白。

1985年，全省生产黄酒的厂家有宾县啤酒厂（1957年从酿酒厂分出）、海伦白酒厂、桦川白酒厂3个黄酒车间，年产黄酒百吨左右；海林县酿酒总厂内1个米酒车间，年产响水米酒800吨。由于人们饮用黄酒还未形成习惯，黄酒多限于药用。中华人民共和国成立后至1985年，全省黄酒生产发展不大。

（五）酒精

黑龙江地区酒精工业是从沙俄修筑中东铁路，传入酒精生产技术起步的。清光绪二十六年

（1900年），俄籍工程师柴可夫斯基在哈尔滨建起黑龙江地区第一家酒精厂，即“柴可夫斯基酒精厂”。到1927年黑龙江省酒精工厂增加到15家，酒精年产能力6 720维得罗（俄国液量单位，1维得罗等于12.3升）。

1931年“九一八”事变后，日本帝国主义强行垄断了酒精工业。于1933年11月在哈尔滨成立了大同酒精公司，统管哈尔滨酒精一、二厂，一面坡酒精厂和吉林延吉、内蒙古牙克石酒精厂，酒精年产量共约200万升左右。

1945年日本投降后，大同酒精公司所属的哈尔滨酒精一、二厂由苏联红军接管，委托哈尔滨秋林公司管理，其他三个酒精厂由当地政府接管。1949年，只有哈尔滨酒精一、二厂和一面坡酒精厂、阿城糖厂酒精车间生产酒精，总生产能力8 058吨，年产量1 684吨。

1949～1957年，酒精工业主要是进行恢复与建设，有一定的发展。

1958～1978年，酒精工业同全省其它行业一样，逐步走上了正常发展的轨道。

中共第十一届三中全会以来，经过拨乱反正，调整经济政策，酒精工业生产进入了快速发展时期，全行业面貌发生了巨大变化。截至1985年底，全省酒精工业企业发展到34家，其中专业工厂2个，甜菜糖厂酒精车间23个，白酒厂酒精车间8个，南岔水解厂酒精车间1座，酒精总生产能力7万吨，专业酒精厂饮料酒生产能力3万吨以上。固定资产原值5 000万元，职工13 000多人。酒精工业由多年只有两个专业厂发展到形成行业的规模。

四、其他

黑龙江省归口一轻工业部门管理的其他食品工业，包括糖果、糕点、饼干、面包、罐头、味精、腐乳等工业。这里重点记述食品工业中的罐头、味精、腐乳工业。至1985年，全省已有罐头工业企业（包括车间）13个，总生产能力26 716吨；味精工业企业（包括车间）9个，总生产能力3 130吨；腐乳生产企业只克东腐乳厂1家，年生产能力2 500吨。除罐头工业受季节性影响外，生产均较稳定。

（一）罐头

黑龙江地区最早生产罐藏食品的工厂始于哈尔滨市。最早建立的工厂有两家：一是1913年英商在哈尔滨建立的“滨江物产英国进出口有限公司”（今哈尔滨肉类联合加工厂址），以屠宰家畜、冷藏及冻肉、蛋类输出为主业，兼生产罐头、灌肠、腊肉、压缩大米饭等食品；另一家是1935年由南满铁道株式会社总裁松岗洋佑主持筹建的罐头工厂（今哈尔滨松江罐头厂），1938年建成投产，由日本铁路畜产株式会社经营，主要生产普通罐头。太平洋战争爆发后，日本侵略势力强占了滨江物产英国进出口有限公司，改名为“满洲畜产株式会社鸡鸭公司”，屠宰猪、牛、羊生产肉制品，为侵华战争提供军需。1945年日本投降后，一度由苏联红军接管。1946年苏联红军回国，1947年，东北行政委员会财政委员会对这家公司军事征用，改名为“东北鸡鸭公司”，由东北贸易公司派李镇任经理。为了支援解放战争，积极组织恢复生产，当年屠宰牛11 565头、猪33 510头、羊3 000多只，生产以猪、牛、羊等肉类罐藏制品和各种灌肠为主的军需食品，源源不断地运往前线，为解放战争做出了贡献。

中华人民共和国成立后，省内较大的城市和县镇先后建起了一批罐头工厂或车间。中共第十一届三中全会以后，在企业恢复整顿期间关、停、并、转了部分罐头厂和车间。与此同时，省内一些骨干厂和有定型产品的罐头车间进行了一系列的技术改造与扩建。1985年末统计，全省专业罐头厂有哈尔滨松江罐头厂、肇源县罐头厂、双城市罐头厂、海伦县罐头厂、宁安县罐头厂等5家和8个罐头生产车间，共有职工3 811人，总生产能力26 716吨，年产量1.92万吨。主要品种有肉类、禽类、蔬菜、水果、水产五大类，成品合格率稳定地保持99%以上。松江罐头厂、肇源罐头厂的产品均被列入国家出口计划，远销中东、东南亚、东欧等20多个国家和地区。

（二）味精

中华人民共和国成立前，黑龙江地区不产味精，食用味精全部依赖外进。20世纪50年代，黑龙江省才有松花江食品化学厂、北安酱菜厂、肇源食品厂、肇东味精厂、拜泉食品加工厂、齐齐哈尔市酱菜厂、友谊公社管理区等利用厂内一块地方或车间，以粮食为原料开始生产味精，生产工艺比较简单，产量不多，质量也不稳定。当时产品质量比较好的有松花江食品化学厂、北安酱菜厂、肇源食品厂。这三家工厂生产的味精，色泽比较白，颗粒较均匀，有味精的芳香，无异味，含麸酸钠在80%以上。其他厂生产味精，多数脱色不好，含盐分比重大，含麸酸钠低，有的味精含麸酸钠还不到50%。这些厂或车间已于20世纪60年代初大部分转产或关停。

黑龙江省味精工业具有一定规模的发展，是从20世纪70年代开始的。最早是勃利县味精厂，利用日伪时期遗留下来的一座旧营房和一座水塔改造建设起来的，1974年5月开始建厂，1975年6月投产，年产味精能力120吨，当年生产味精43吨。1974年哈尔滨糖厂与省轻工业研究所合作进行甜菜糖蜜制味精的扩大试验，产酸率稳定在5%以上，在中国味精生产历史上首家以甜菜糖蜜为原料制取味精获得成功。龙江县也于1974年建设味精厂，但未形成生产能力。1975年先后有哈尔滨松花江味精厂，讷河、肇州、双城县味精厂，兵团五十四团味精厂等5个厂和牡丹江市食品厂、阿城县酱菜厂、哈尔滨糖厂等3个味精车间投产。哈尔滨糖厂于1977年把制酒车间改建成年产80吨的味精车间，形成一定规模。至1978年年末，全省共有10家味精厂（包括车间），总生产能力达1 000吨，年产量352.8吨。这批味精厂投产后，又在1980～1985年期间进行了扩建与技术改造。勃利县味精厂投产后，几经扩建，生产能力逐步扩大，1984年利用原淀粉车间翻建成三层楼房，对原有味精生产设备进行了彻底改造，形成年产味精240吨的能力；讷河县味精厂，原为酱菜厂的一个车间，1978年分出为味精厂，1984年兴建一座1 260平方米的实验中心，开展产品质量升级活动，产品合格率达100%，年产味精能力达到500吨；哈尔滨糖厂味精车间，1981年扩建到240吨，1982年国家贷款2 000万元，新建一座年产味精2 000吨的味精分厂，1984年7月正式投入生产，但由于设备、技术等原因，始终未能达到设计能力。1981～1985年共生产以甜菜糖蜜为原料的味精产品1 651吨。这期间，味精生产厂家基本稳定，生产能力得到扩大，产量逐年增加，基本形成了一门独立的新兴行业。截至1985年，全省共有9家味精厂（包括车间），年总生产能力3 130吨，味精总产量2 197吨。产品除供应省内市场外，还销往吉林、辽宁、北京、四川等地城乡市场，部分出口新加坡等国际市场。

（三）腐乳

黑龙江地区腐乳定型产品生产厂，唯有克东县腐乳厂一家，尚未形成行业。克东腐乳，以克东县的别名“二克山”注册商标，系黑龙江地区的传统食品。

克东腐乳厂，始建于1915年。原由地主兼资本家关乃生与任晋益合伙经营的“人和春”酱园，除生产酱油、醋外，兼做腐乳，当时生产腐乳只三四名工人，每年生产30～40坛（每坛10公斤），生产最盛时有三四十人，年产几百坛，销路极畅，远近闻名。

克东腐乳的配方和生产工艺独特，同国内市场上常见的采用根菌和长毛霉菌的腐乳相比，别具特色。独树一帜。腐乳自然芬香扑鼻，柔软适口，产品几乎是一年压一年的出厂销售。

中华人民共和国成立后，随着产量逐年增加，科技人员经过较长时间的探索，终于从克东腐乳前期发酵微生物区系中成功地分离、筛选出单一菌株，即小球菌。1958年国家扶持克东腐乳发展扩建了厂房，增加了设备，年产量增加到300吨。1960年国家投资新建一座年产1 000吨的腐乳厂。1980年以后，黑龙江省又几次投资对工厂的生产设备进行系统地技术改造与扩建，至1985年工厂占地面积扩大到4.5万平方米，建筑面积1.3万平方米，豆腐加工实现了机械化，进料、筛选、浸泡、冲洗全部半自动化，腐乳年生产能力扩大到2 500吨，年产量达1 700多吨。在技术改造中，特别注重完善和充实检测手段，生产腐乳过程中的22道工序全部使用仪器检测，严把质量关，产品质量稳定提高，一级品率达95%以上。1978～1985年，“二克山”牌腐乳连续获地区、省和轻工业部优质产品称号，在省内市场上畅销不衰，且远销北京、天津、广东等省市和香港地区。

第十一节　医药工业

一、药材利用

（一）药材开发

黑龙江地区有文字可证的使用药物一词的朝代为汉代。据《后汉书·东夷传》记载：挹娄人（汉代肃慎人）所用弓“长四尺，力如弩，矢用楛，长一尺八寸，青石为镞，镞皆施毒，中人皆死”。毒即毒药，施毒即用毒药。药材作为贡品或礼品始于盛唐时期的渤海国。《渤海国史稿》记载，长白山人参已作为珍贵的药材和补品而闻名于唐廷和日本。金灭北宋后，从中原掠往金的内地人口不下10万人，金人在抢掠人口时，不仅非常重视包括医药人员在内有专门制作技艺的匠人，而且直接掠取药物。从此金朝的医药有了发展，部分中药材资源得到开发利用。但只限于皇室贵族、达官显贵等社会上层人物使用，尚未普及到民众，开发利用的品种和数量都很少。

清代内府设御药房，外省各府设正科，州设典科，县设训科，掌管药事，虽名称改变，然所事依旧。黑龙江地区所产人参，这一时期多有开发，多为朝廷高官显贵享用；或用以去内地交换工业品；或供当地官民医疗处方所需。清廷于清康熙二十三年（1684年）下令开采乌苏里、绥芬河以东之大山，即今老爷岭。此山开采后每年来采参者不下万人。在清朝后期，齐齐哈尔、宁安、阿城、巴彦等地的药局增多，其他各地先后成立药店，既经营外地产中药材，又经营黑龙江地区产中药材。有的品种就地配方使用，有的品种销往外地换回外地产的中药材，不仅开发利用的品种增加，而且开发利用的数量也随之增多。据《黑龙江志稿》《吉林通志》及部分县志记载，黑龙江地区有药材140余种。

（二）药材生产

黑龙江地区人工种植养殖药材历史可追溯到清朝初期，但中华民国以前药材生产品种少、数量小。中华人民共和国成立初期，黑龙江地区药材生产有一定发展，但速度缓慢，远远满足不了人民群众防病治病、康复保健需要。1955年以后，全省各级药材公司相继成立，药材走上发展轨道。1956年，《全国农业发展纲要》指出，要"根据可能条件逐步进行部分人工栽培"。1958年，国务院下发"关于发展中药材生产问题的指示"后，全省药材生产有了较快发展。但在当时"生产到哪里，收购到哪里，生产多少，收购多少"的口号下，部分品种生产过多，销不出去，造成积压。于是，此后几年减少生产，使全省药材供需之间出现不平衡。为了发展生产，满足需要，1961年8月，省卫生厅发出通知，要求各级药材经营部门大力发展生产，重点安排山参、鹿茸、党参、黄芪、防风、平贝、细辛、五味子、甘草、牛蒡子、柴胡、桔梗、黄柏、黄芩等药材生产，同时，适当有计划引种试种一些南方生长的药材，并积极发展野生动物、植物药材为家种家殖，使全省药材生产趋于稳定发展。1966～1976年"文化大革命"期间，全省药材生产遭到破坏。中共第十一届三中全会以后，中共中央为发展中药业制定了一系列具体政策，在药材生产收购上，提出了"因地制宜，适当集中，以销定产，择优安排"的原则，使一些紧缺药材生产有不同程度的增长。1982年以后，在"对外开放，对内搞活"方针指导下，根据农村经济体制改革和调整农业生产结构的部署，放宽了药材购销政策，调整了药材生产布局，调动了广大药农的生产积极性，全省药材生产逐步走上稳步协调发展轨道。1985年，全省种植药材达到4万亩。

二、医药生产

黑龙江地区中药加工始于金代，金设"惠民司"，"掌修合发卖汤药"事宜。及至清初，黑龙江地区始有中成药加工，卜奎城（今齐齐哈尔市）的历史名店鼎恒升药店，即为黑龙江地区最早进行中成药加工的药店。该药店始建于清朝初年，距今已有300余年历史。至清代后期各地中药店多有成立，中药饮片加工炮制业迅速发展起来。中东铁路通车后，哈尔滨成为新兴的商埠日益繁盛，随之一些医院、外侨药房相继建立。清宣统二年（1910年）哈尔滨发生鼠疫之后，"西医"和化学药品（当时称"西药"）有了发展。

1911～1949年，黑龙江地区长期受俄、日等帝国主义的侵略，民族医药工业十分落后。在此期间，黑龙江地区中药生产为前店后场手工作坊式的加工；黑龙江地区化学药品生产基础薄弱，设备简陋，只能生产简单的酊水油膏；并且医疗生产方式粗放，医药生产力低下。

中华人民共和国成立后，在中国共产党和人民政府的领导下，黑龙江地区医药工业战线广大职工经过多年奋斗，大力建设，通过企业挖潜，建成一批医药工业企业，逐步形成现代化医药工业体系。随着医药生产力的发展，医药科学技术的进步，国内外医药技术的引进，医药科技信息的交流，研制生产的新药不断涌现。在国际国内市场竞争激烈的情况下，全省医药工业不断向高投入、高科技、高产出、高效益的现代化方向推进。1978年成立了黑龙江省医药管理局，将分散管理的中药、化学药品、医疗器械等部门的产供销纳入统一管理体制，使全省医药事业有了长足的发展。中共第十一届三中全会以后，中共黑龙江省委、省政府认真贯彻"对外实行开放，对内搞活经济"的方针，极大地促进了全省医药工业的发展，为全省医药工业的腾飞，打下了坚实的基础。全省医药工业生产规模、品种、产量、产值、净产值逐年提高。

至1985年，黑龙江省化学制药工业已发展到一定规模，共有企业45个，固定资产原值17 866万元，职工18 710人，已发展成为全省工业系统中的支柱行业之一。1985年，全省78个中药饮片加工厂（组）除少数几种贵重药材仍由手工切制外，其余药材都采用机械切片。部分饮片在洗药、炒药、筛药、烘干等环节都用机械化代替了手工操作，大大减轻了劳动强度，促进了饮片生产向机械化方向发展。各中药厂从小生产粗放模式逐步向现代化工业生产过渡。中成药产值完成7 344万元，生产品种由原来不足200种发展到450种；剂型15种；产品产量4 330吨；利润实现1 031万元；固定资产原值达3 154万元；职工达4 863人。1985年全省医疗器械工业企业归口管理的企业12处，比1976年减少14处，总产值达1 520.1万元，比1976年增长46.9%。

三、医药科研

（一）中药科研

唐代时期已经有渤海国以人参、昆布、白附子等药材进贡的记载。品尝草药药性等原始科学研究，在生产和使用药材的实践中也有所发展。

明代，以大兴安岭、嫩江流域为活动中心的黑水部达斡尔族也有“猎鹿取胎、茸，猎虎取虎骨以为药用”的记述。可见，当时对鹿产品、虎骨的药用有了一定程度的研究和认识。

清代，在黑龙江将军的辖区内，中医中药事业有较快的发展。随着中药店的出现，无论是加工炮制饮片，还是配制中成药，都在不断地研究新的加工方法和新的处方配伍。到清朝末年，遍布黑龙江地区各地的中药店在制药方法和炮制技术上都各具特色。

中华人民共和国成立前，黑龙江地区的医药大致形成两个体系，即传统医药（中药）和现代医药（化学药品）。由于反动统治阶级崇洋媚外，对祖国医药遗产采取虚无主义态度，多方摧残中药事业，阻碍了传统医药的发展，使中药生产渐趋衰落，科学研究也止步不前。1931年“九一八”事变，日本帝国主义侵占东北。东北沦陷时期，在日伪14年暗无天日的血醒统治和日本帝国主义野蛮掠夺下，黑龙江地区的中药科研事业惨遭扼杀。

1949年中华人民共和国成立后，在中国共产党和人民政府的重视下，黑龙江地区的医药事业开始复兴。黑龙江地区的中药科研20世纪50年代开始起步，1956年研制出中成药素片，打破了几千年来中成药只局限于丸、散、膏、丹剂型的旧模式。至1983年末，全省初步建成具有一定规模，生产布局较为合理的中药生产与科研体系。其中：中药厂14家，中药饮片加工厂8家，分布在哈尔滨、齐齐哈尔、牡丹江、佳木斯等中心城市和几个大的市县。1979～1983年，全省在中药生产上用于设备更新、技术改造的投资达1 900万元。

经过36年的医药科研实践，到1985年全省研制成功中药针剂、冲剂、胶囊、片剂、丸剂、滴丸、口服液等新剂型达170多种，其中双黄连针、柴胡针、安宫牛黄针、刺五加针等品种的生产技术水平处于国内领先地位。

（二）化学制药科研

清道光二十年（1840年），鸦片战争以后，随着帝国主义势力的渗入，化学药品和医疗器械开始从西方输入黑龙江地区。由于当时黑龙江地区尚无化学药品和医疗器械的生产，所以关于这两类医疗产品的科学研究还是空白。1947年5月，牡丹江市医药研究所在牡丹江市七星街成立，这是黑龙江地区有史以来的第一个化学制药研究所，该研究所边研究边生产合成药物磺胺制剂，为解放战争战场救护提供了消炎药物，这是首次用化学原料药研制成的新剂型。

经过多年的科研实践，到1966年底黑龙江省已能生产技术难度较大的土霉素碱、咖啡因、四环素碱、皂素、长效磺胺等原料药，此外还生产制剂145种。1975年以后，是化学药品科学研究全面起步时期，1976～1978年，治疗常见病、多发病等用药量较大的10种原料药重点项目陆续建成投产，使全省医药工业技术跨入新阶段，初步形成了具有一定规模的、大中小相结合的医药工业体系。到1978年底，已能生产48种原料药、300多个制剂品种。

1979年以后，是化学制药工业技术发展较快时期，科技人员不断增加，科技水平不断提高，已能承担技术水平较高、工艺路线较长、反应过程较复杂的研究课题和生产项目。先后研制生产了青霉素高单位新菌种（137、339），丁醇水共沸结晶新工艺，用加氢还原法制非那西丁，环氧乙烷与芦丁反应一步合成维脑路通，烟浪丁等品种；研制的新产品有12.5%维生素C注射液、青霉素钠粉针等获国家优质产品银牌奖。部分品种在发酵单位、收率、工艺流程、质量标准等方面达到和超过了国内先进水平。

（三）医疗器械科研

黑龙江省的医疗器械和制药机械工业就全国而言，是起步较晚，发展较慢的。1961年，省医疗器械厂在国内首先研制成功并生产出200毫安X线机。经过10多年的研究，先后又研制出医用救护车、防疫车、100毫安X线机、各种固定阳极X线管、血库冰箱、手提式高压蒸气消毒器、立式圆形高压蒸气消毒器、储槽系列产品以及具有国内先进水平的恒温输液器、电子听诊器、脉管炎治疗机、分娩监护仪、电镝针、对数视力表等。

（四）制药机械科研

制药机械是随着医药工业的发展而兴起的行业。1980年哈尔滨制药厂首先研究设计并制造了第一条粉针自动生产线，是黑龙江省第一家按GMP自行设计、加工、施工及安装建成的车间生产线，使粉针分装技术向国际先进水平靠近。1981～1985年，哈尔滨制药机械厂和佳木斯制药机械厂先后研制成功中药自动小丸机、粉针分装机、HNY—14中药密丸机、中药饮片干燥机、西林瓶压盖机、大输液生产自动线、滴丸机、蒸参柜等；还引进消化吸收铝塑包装机、直口瓶生产机、胶囊分装机等，使全省医药生产技术装备水平有了明显的提高，向中药生产机械化、化学药品生产自动化迈进了一大步。

第十二节　纺织工业

黑龙江地区最早出现的纺织品为麻布。据史书记载，夫余国有“白布大袂、袍、袴”，挹娄国“有五谷、牛马、麻布”（《三国志·夫余传·挹娄传》）；魏晋南北朝之际“肃慎绩毛以为布”（《晋书·肃慎传》）；勿吉“妇人则步裙，男子猪犬皮裘”（《魏书·勿吉传》）；唐代渤海国纺织业有很大进步，出现丝绵类纺织品。所谓“俗所贵者”“显州之布，沃州之绵，龙州之紬”（《新唐书·北狄传·渤海》），其中龙州即今黑龙江省宁安县，所生产的“紬”（绸）就很著名。但是当时纺织品数量极少，仅为显贵者所用，绝大多数人的衣着仍是皮衣。有的民族以豕、鹿、鱼皮为主。如《通典》记载“流鬼妇人冬衣豕、鹿皮，夏衣鱼皮”。在辽代，女真族与辽的诸多交易品中，布是其中之一（《辽史·食货志》）。金建国时，纺织业大有发展：“土产无桑蚕，唯多织布，贵贱以布之粗细为别”（《大金国志》卷三十九）。元、明两代，由于战争和民族的迁徙，黑龙江地区生产遭到破坏，纺织业也日趋衰落。明清时有的少数民族如赫哲族，以鱼皮为衣，奇勒尔族竟有“鱼皮鞑子”之称。

清朝建立之后，东北地区被视为“国家肇兴之地”。为了“务守满洲本习（射猎为务）”，清康熙七年至咸丰十年（1668～1860年），清朝统治者对黑龙江地区实行“封禁”政策，严禁汉族人出关，致使黑龙江流域的生产发展缓慢。清顺治初年宁古塔尚“不知有布帛”（《柳边纪略》）。

19世纪下半叶，清朝“封禁”政策逐步解除，山东、河北一带的汉人大量进入黑龙江地区，除从事农耕之外，兼做纺织。由此形成黑龙江地区早期的家庭手工纺织业，主要为制麻、棉织，也有染坊等，但产量甚微。至清末，黑龙江地区所需的大宗纺织品主要从京津内地和满洲里、绥芬河口岸运进。

清光绪三十年（1904年）日俄战争爆发，关内货源输入受阻。俄国乘机将本国及欧洲各国的产品运抵哈尔滨，把哈尔滨变成东北北部日用百货和纺织品供应地，客观上为哈尔滨纺织工业的形成创造了条件。1912年，民族资本家张明善创办义增福针织厂。

自1914年6月第一次世界大战爆发后，欧美各国先后投入战争，无暇东顾，向东北地区输入纺织品的数量急剧减少；与此同时，中国国内开展抵制洋货运动，使黑龙江地区民族纺织工业的发展获得良好的机遇。1917～1930年，黑龙江地区纺织工业获得较快发展，棉纺织厂，织袜厂、毛巾厂、毛织厂和印染厂相继创立，纺织业成为黑龙江地区仅次于榨油、制粉，而居于第三位的手工业。据哈尔滨统计，有纺织工厂176家，其中织布厂74家、针织厂91家、毛织厂1家、印染厂等10家。

1931年“九一八”事变后，日伪统治者为掠夺黑龙江地区亚麻资源，将打成的亚麻纤维原料全部运往日本。同时加紧对省内纺织业的“统制”。1939年，日伪统治者公布《原棉及棉制品统制法》，控制纺织品的生产与销售。1941年公布《价格临时措置法》和《暴利取缔令》。违者以“经济犯”“国事犯”论罪。实际形成战时体制，力求控制甚至取消中国民族纺织业。1942年，哈尔滨同记工厂因为卖帽子原料，经理赵胜轩就被以“经济犯”罪名逮捕入狱，工厂随之倒闭。同年，日伪为强化经济统制，又在哈尔滨成立市织布组合（日伪垄断经济的代理机构），统一销售纺织产品，所得利润30%归工厂，其余为组合所有。凡不参加组合的不供给棉纱，工厂只能倒闭。到1945年日本投降前夕，中国民族纺织厂所存无几，基本上陷于瘫痪境地。

1945年抗日战争胜利后，康德毛织厂（今哈尔滨毛织厂）和克山、巴彦、依兰等8个亚麻原料厂被人民政府接管。同年，为保卫抗日战争的胜利果实，建设东北根据地，中共中央东北局决定，陆续将辽宁省开原县和瓦房店的两个纺织厂的棉纺设备，计棉纺锭34 020枚、布机426台，分别北迁到齐齐哈尔、佳木斯和牡丹江市。这些设备成为黑龙江地区机械纺织工业的基础，为支援解放战争前线作出了贡献。

1950年东北纺织管理局决定，将受到美国侵朝战争威胁和破坏的辽宁省安东（今丹东市）的3.7万锭棉纺织设备搬迁到佳木斯市。同时由苏联援助，筹建了中华人民共和国成立后国家第一座大型亚麻纺织厂——哈尔滨亚麻纺织厂，为黑龙江地区的亚麻纺织工业奠定了基础。在此期间，黑龙江省和松江省政府还投资建成一些机械化的染整厂和针织厂。至1952年底，黑龙江地区已有纺织企业30个，比1949年增加16个。纺织工业总产值（1952年不变价）6 086万元，比1949年增长2.4倍。

1953～1957年第一个五年计划时期，黑龙江地区的纺织工业获得较快发展。这时期的重点是发展在国计民生中起重要作用的棉纺织行业和为亚麻纺织配套的亚麻原料行业。佳木斯和牡丹江的两个棉纺织骨干企业扩建了7万锭，增加了棉帘子布等工业用品的生产；新建呼兰、阿城、双城3个亚麻原料厂，改造了克山、兰西等8个亚麻原料厂；此外，哈尔滨毛织厂等也进行了扩建和改造。1957年底，全省纺织企业达到43个；棉纺锭13万枚，毛纺锭3 058枚，亚麻纤维产量13 500吨，比1952年分别增长1.17倍、79.9%和2.7倍；纺织工业总产值（1952年不变价）1.87亿元。在这一时期，由于强调优先发展重工业，轻纺工业的发展相对说来仍然缓慢，纺织品生产呈现供不应求的局面。

1958年纺织品供求矛盾更加突出。中共黑龙江省委和省人民政府在1959年和1960年曾两次提出补偿轻纺工业“短腿”的指导方针。但在1958年“大跃进”的气氛下，也出现了不顾客观条件和经济规律，急于求成的倾向。一大批小型的针织、毛线、蚕丝绸、人造纤维和麻袋企业仓猝上马。1958～1960年，全省纺织工业产值猛增1.2倍，平均每年递增32%。1960年产值达4.0亿元。但许多企业并不具备生产条件，产品质次价高，经济效益很差。1960年后，由于发生自然灾害，农业歉收，棉花产量骤减，迫使部分纺织企业停产。1961年全省纺织工业产值陡降到1.95亿元（1957年不变价）。

1962年开始，全省纺织工业进行了三年调整。停止盲目建设纺织企业，关停并转了一批企业，并精简了一部分职工。1962年全省国营纺织企业总数由最高年份1960年的79户减到43户，与1957年相同，工业总产值仅为1.66亿元（1957年不变价），在调整期间，虽然发展速度减缓，但是由于战线缩短，使得全省便于集中人力、物力、财力投向一批纺织重点项目，为纺织工业的长远发展奠定了基础。1963年以后，棉花增产，纺织开工增加，生产逐步回升。1965年纺织生产进入正常发展轨道，当年年底全省纺织工业总产值达到2.76亿元（1957年不变价），创历史最好水平。

1966～1976年“文化大革命”期间，全省纺织工业的生产秩序和规章制度受到严重破坏，生产极不稳定，这期间全省纺织工业经历了“三升三降”。1966年纺织工业生产一度上升，产值达到3.06亿元，1967～1968年由于停产“闹革命”，纺织工业产值连续两年下降。1969～1970年，由于一批新建企业投产，纺织工业又呈上升局面。1970年产值达到4.52亿元，1971年产值又下降3.2%。之后是三年徘徊，1975年全国工业开始整顿，生产秩序有所好转，纺织工业增长17.9%，产值达到5.31亿元。1976年春，受“反击右倾翻案风”影响，生产再度陷入混乱，全省纺织工业又下降5.3%。

1976年，江青反革命集团被粉碎后，1977年全省新增棉纺锭5万枚，印染线3条（年产印染布1亿米）和1.6万吨涤纶短丝的生产能力。1978年纺织工业总产值达到7.21亿元（1970年不变价格），两年平均增长幅度为20%。由于当时对全省经济建设的指导思想没有根本转变，在工业布局上仍然强调“小型、分散”，以致1977年纺织部批准的5万锭棉纺能力（适合建1个中型棉纺企业），被分散到5个市、县，没有充分发挥应有的规模效益。1979年5月，中共黑龙江省委召开常委扩大会议，强调要从省内条件出发，充分发挥自己的优势，搞具有地方特色的工业，加快轻纺工业的发展速度。自此，全省纺织工业突出抓了麻纺、毛纺和化纤行业的发展。1979

年之后的3年，全省亚麻织机增加213台；毛纺锭增加4 172锭；化纤能力增加1.7万吨，从而使全省纺织产品结构发生了重大变化。化纤织物的比重由1978年的3%提高到1981年的21%；麻毛化产品在全部纺织品中的产值比重上升到26%，比1978年增长了1.6倍。对于关系国计民生、在出口创汇中起主导作用的传统的棉纺织工业，主要是以改造为主，突出增加印染和后整理能力。1979～1981年，全省棉纺织印染行业新增4条印染线（能力为年产染布1.2亿米），其中印花生产线、化纤染整线填补了省内空白。1981年全省纺织工业产值达到13.61亿元（1980年不变价），是1978年的1倍，实现利润1.15亿元，比1978年增长1.9倍。

1982年全国纺织品市场发生重大变化，纺织品在总量上已基本满足国内市场的需要，中华人民共和国成立以来纺织品凭票供应的时代已告结束。为此，国家也采取了相应的调整政策，如提高纺织能源和原料价格，降低化纤纺织品的价格等，使纺织工业的发展速度受到抑制，经济效益也有所下降。1982～1983年，全省纺织工业效益平均下降42%。其中税金下降17%，利润下降67%。1983年全省纺织工业产值完成14.15亿元（1980年不变价格），国营预算内企业实现利润仅为3 824万元。

为了迅速适应纺织品市场变化的新形势，从1982年底全省纺织工业企业按照国务院和纺织工业部的部署，认真进行企业全面整顿。通过整顿加速企业的"转轨变型"，即把企业的工作重心转到提高经济效益的轨道上来，由过去单纯生产型转变为生产经营型。在此基础上，全省纺织企业广泛开展了学上海、学沿海、学先进的活动，有8个省内排头企业同上海对口企业结成帮学对子，对提高全省纺织企业的产品质量、技术和管理水平起到了较大的推动作用。尤其是在开发新产品、开拓外销市场等方面，有了长足的进步。1983年全省共开发新产品129种，其中有16种参加了全国的新产品展览会，纺织品出口额1.88亿元，创汇5 872万美元。

1984年，全国棉花大丰收，达到历史最高水平1.2亿担。同年，国家实行以"简政放权"为主要内容的经济体制改革，中心是要搞活企业。同年6月，黑龙江省纺织总公司向各全省各地市纺织部门和省直企事业单位做出了8项43条，包括人事管理权、劳动工资管理权、生产基建和物资计划管理和审批权、企业产品销售权、物价管理权、企业资金使用权、生产经营和联合经营权等方面的放权决定。同时全面推行了厂长负责制，为企业搞活进一步创造了条件。当年全省纺织工业产值完成17.5亿元（1980年不变价），比上年增长24%；实现利税2.28亿元，比1983年增长66%。

1981～1985年，黑龙江省纺织工业呈现高速发展状态。在此期间，全省纺织工业共完成固定资产投资额8.11亿元，安排重点项目285项。其中引进项目96项，引进各种先进的技术设备1 063台（套），用汇7 330万美元。全省棉、毛、麻、丝绸、化纤和针织等6个主要行业的95个企业，得到了不同程度的改造。黑龙江纺织印染厂、哈尔滨纺织印染厂等13个企业相继建成投产。由于全省纺织工业大批技术改造项目相继投产，1985年全省纺织工业产值达到20亿元（1980年不变价），成为中华人民共和国成立以来全省纺织工业产值增长最快的一年。

至1985年底，全省已有纺织企业217户（全民139户，集体78户），职工16.68万人，固定资产原值10.37亿元。当年完成产值20亿元，占全省工业总产值的5.69%，完成出口收购值1.8亿元，占全省出口总额的5%。初步形成了包括棉、毛、麻、丝绸、化纤、针织、复制和纺织机械（器材）等9大行业以及纺织科研设计，门类比较齐全的纺织工业体系。1985年，在全国的纺织工业中，黑龙江省亚麻纺织居第一位，其他纺织工业均处于中下游水平。1985年全省纺织工业产值占全国纺织工业总产值的2.1%，利税2.27亿元，占全国的1.5%，出口收购值1.82亿元，这3

项指标均居全国第16位。

第十三节　烟草工业

一、专卖管理

中华民国时期，北京政府于1915年颁布了《全国烟酒公卖暂行章程》，对全国烟草行业实行公卖制度。这是中国实行烟草专卖之始。黑龙江省于同年成立烟酒公卖局，颁布了《烟酒公卖章程施行细则》。在北京政府烟酒公卖局统一管辖下，负责全省烟酒公卖业务。后来此机构改名全省烟酒事务局，职责不变。

1931年日本侵略者占领东北后，对烟草实行了“一体化”统制。东北解放区时期，由烟酒专卖总局管理。1963年后，黑龙江省烟草业务与全国一样，由国家烟草工业公司统一管理，时间只有3年。

1982年初，国家决定成立中国烟草总公司，对烟草行业实行产供销、内外贸、人财物高度集中的统一管理体制。同年7月12日，根据黑龙江省政府〔1982〕第105号文件通知，正式成立黑龙江省烟草公司。之后相继成立了市、县各级烟草公司。

国家制定的烟草专卖体制，给黑龙江省烟草行业带来了生机和活力。1983年国家颁布《烟草专卖条例》，黑龙江省各级烟草部门认真贯彻实施，加强专卖市场管理，彻底扭转了盲目生产、多头批发、价格混乱的局面。对全省13家计划外烟厂，按照专卖条例坚决予以关停；对计划内的6家烟厂，实行以销定产，严格计划管理。从整顿卷烟流通渠道和加强市场管理入手，撤销了系统外200多个批发单位。对允许经营的企业和个体零售商贩，发放许可证，实行有证经营。积极配合工商、公安、物价、铁路、邮电等部门，集中力量严厉打击投机倒把、非法贩运、地下手工卷制、出售假冒牌卷烟等违法活动。截至1985年末，共查处各种违章案件7 400多起，巩固了烟草专卖体制，保护了合法经营，维护了国家和消费者的利益。全行业实现了产量、产值、税利同步增长的局面。

二、烟叶生产

（一）晒烟

明万历年间晒烟由日本传入朝鲜，约明末再传到中国东北。清顺治年间颁布《辽东招民开垦例》，随之山东、直隶（今河北）移民进入东北，亦带入一些烟籽，在今宁安、五常县一带种植晒烟。清朝，宁古塔（今宁安）产的湖头烟和齐齐哈尔产的伊布气椭烟，作为贡品进献朝廷。中华人民共和国成立后，晒烟作为经济作物一直被重视。1962年，黑龙江省烟草生产遭受严重自然灾害，加之机构隶属关系变动频繁，管理不善，致使烟草生产大幅度减产。与1956年相比，烟叶种植面积缩减23%，产量缩减58%；

1972年晒烟生产被正式纳入计划管理，至1980年随卷烟原料供应形势好转才放开经营。1984年国家颁布的《烟草专卖条例施行细则》中规定黑龙江省的亚布力晒烟、林口刁翎晒烟、穆棱晒烟列为国家名晒烟管理。晒烟随着种植品种、技术改进，质量有明显提高，已成为混合型、雪茄型卷烟的重要原料。

（二）烤烟

烤烟引入黑龙江地区种植是从20世纪初开始的。中华人民共和国成立以来，黑龙江地区经历了由“烤烟种植不适宜区、次适宜区（中国农业科学院烟草研究所主编的《中国烟草栽培学》一书，关于烟草种植区的划分类中，对黑龙江的烤烟种植区划做了具体的分类。黑龙江省的西部、北部被划为国家北部西部烟区，此区因受热量、水分及土壤盐渍化等多种因素的限制以牧业、林业为主，不适于种植普通烟草，较适宜种植苴烟即耐寒晒烟品种；黑龙江省中部被划为国家东北部烟区的松嫩、三江平原晒烟区，此区因热量条件差，不适于发展烤烟，仅部分地区可种植晒烟；黑龙江省东南部被划为国家东北部烟区的长白山山地烤烟晒烟区，此区历史上为名晒烟产地，但在烤烟种植方面为次适宜区，要压缩烤烟种植面积）”到国家商品烤烟生产基地的不断探索过程。烤烟是喜热作物，生长期一般为180天左右。国内外学者认为地处北纬35度以南为烤烟种植适宜区。黑龙江省大部地处北纬45度以北，无霜期130天左右，难以满足烤烟大田生长期需要。种植烤烟一开始，就受到黑龙江省气候特点的制约，加之烤烟烘烤技术难度大，不易掌握，所以早期烤烟种植发展缓慢。20世纪60年代初，列入国家计划后，国内烤烟种植专家、学者在相当长的一段时间内，视黑龙江省绝大部分地区为国家“烤烟种植的不适宜区”。自20世纪70年代开始，省供销社、省烟草公司等烤烟生产主管部门，相继在改变“不适宜区”方面采取积极措施，不断探索适合黑龙江省气候特点的烤烟科学栽培技术，取得了相当进展，基本避免了生长后期霜冻对烤烟的危害。特别是经过省烟草公司提出“主攻质量、优质适产”的方针，烤烟生产实行“良种化、规范化、科学化”管理后，烤烟品质有显著的改进和提高，从而扭转了专家、学者视黑龙江省为“不适宜区”的观点。1985年黑龙江省已成为国家商品烟生产基地省之一，年调出量41 550吨，占总收获量的67.5%。

三、卷烟生产

黑龙江地区卷烟工业于20世纪初兴起，当时主要有波兰籍犹太人老巴夺兄弟开办的制烟丝作坊，俄国人的秋林商行开办的烟厂及日本东亚烟草株式会社分部开办的小型卷烟厂。英美烟公司在黑龙江地区只设卷烟推销机构，销售其产品。卷烟市场以老巴夺制作的俄式大白杆烟和烟丝为主。

1914年英美烟公司正式吞并了老巴夺“葛万那烟庄”后，控制了黑龙江地区卷烟工业，英美烟公司的卷烟产品逐渐占据了卷烟市场。在此期间，民族卷烟业虽有发展，但规模较小。

1931年“九一八”事变后，日本侵略者对东北烟草业实行“统制”，逐渐将黑龙江地区7个具有独立法人资格的卷烟企业改为伪满法人。1941年太平洋战争爆发后，日伪接管了英美烟公司在东北的烟草企业全部资产。1945年“八一五”日本侵略者投降后，老巴夺烟草株式会社重新归英美烟公司所有，恢复老巴夺父子烟草公司称号。其余烟厂多数倒闭。

中华人民共和国成立初期，人民政府正式接管老巴夺父子烟草公司，改名哈尔滨卷烟厂（国营）。此后，哈尔滨卷烟厂始终是黑龙江地区卷烟骨干企业，逐渐开发出适合黑龙江地区吃味的卷烟新牌号。在国家计划经济指导下，1953～1970年，黑龙江地区只有哈尔滨卷烟厂1个生产企业。为适应黑龙江地区对卷烟的消费需求，1970年经中共黑龙江省委、黑龙江省革命委员会批准，在省内新建海林、绥化2个卷烟厂。之后，全省各地相继自办一些小烟厂，卷烟工业处于无计划发展阶段。1977年，省政府根据国家规定，限令关停了省内部分小烟厂，但全省仍有19个卷烟生产企业。1982年国家实行烟草专卖制度后，合理规划，关停了全省计划外13个小烟厂，将哈尔滨卷烟厂等6个企业纳入国家计划。

1982年后，黑龙江省卷烟企业坚持“抓质量、上水平、改进提高吃味”的指导方针，严格以销定产，调整产品结构，发展适销对路产品，满足不同消费层次需要。以美化包装、高档化、少品种、多规格、成系列、安全型为发展方向，将1982年全省6家烟厂的200多个卷烟牌号调减到45个，从根本上制止了盲目开发，低价竞销的局面。1985年先后从国外引进卷烟联合机组、包装机组和检测仪器等先进生产设备，改变了卷烟工业设备落后的局面。1985年末，卷烟工业年产量稳定在36万箱，单箱税金由1983年的369元增加到483元，增长了31%。产品质量有所提高，一级品率有较大幅度增长。1985年末，就全省烟草行业的基础和潜力，制定了“七五”规划，提出了烟叶生产、卷烟工业、卷烟销售的总的奋斗目标，即“优质、低耗、安全、高效益”，烤烟继续向主料烟迈进，卷烟工业力争生产出适销对路的优质“拳头”产品，以更好地满足人民日益增长的消费需要。1985年全省卷烟工业企业经营利润，由1983年亏损722万元转为1985年全部盈利，总额达1 372万元，增长了290%。

1985年，黑龙江省烟草行业全面推行厂长（经理）负责制，进一步端正经营思想，努力提高产品质量，降低消耗。在烟叶面临绝产9万亩（占总种植面积1／6）的情况下，全行业仍然取得好效益，卷烟、烤烟两税比1984年增长38%，企业经营利润实现2 506万元，比1984年增长35.8%。

四、卷烟销售

卷烟作为商品流入黑龙江地区以来，很长一段时期内，其流通渠道主要为英美烟公司控制下的销售系统。在黑龙江地区卷烟市场形成不久，英美烟公司就通过雇佣买办等手段逐渐向这里卷烟市场渗透。在吞并“老巴夺”以后，则完全垄断了黑龙江卷烟市场。在卷烟流通领域，主要以永泰合烟草公司为主体，负责向厂方订货，进行销售，下设严密的卷烟推销网。在此期间，除英美烟公司控制下的销售系统外，其他烟商主要是黑龙江地区和外省一些卷烟厂家在此设立的一些经销店，销售自己卷烟产品，根据经营实力的强弱，开展销售业务，基本上没有固定销售渠道。此时，黑龙江地区卷烟消费量极低，所需主要是以低级无嘴卷烟为主。20世纪30年代中期，黑龙江卷烟年消费量在2.2万～2.8万箱之间，人均消费平均年不超过0.5条。

东北沦陷后期，日伪对卷烟销售实行“统制”，从伪兴农部、各省及特别市、市县旗，到所谓统制组，由烟草制造厂、批发商、零售商到消费者，均按一定比例实行配给，整个卷烟流通渠道被日伪牢牢控制在手。

东北解放初期，黑龙江地区卷烟流通渠道基本上掌握在大小私营企业手里，他们为追逐最大利润，盲目竞争，使卷烟流通渠道异常混乱。东北解放区实行烟酒专卖以后，对卷烟流通渠道实行全面的控制和监督。这一时期，社会主义的卷烟流通体制逐步建立起来，1950年原松、黑两省成立总推销部，实行卷烟统一推销（这种统一推销具有后来包销的早期雏型性质）。黑龙江地区各市、县专卖局直营批发部改为推销部，隶属省局推销部，推销部向烟厂订购卷烟按推销价售与批发商，然后由批发商再批给零售商。

1953年2月，卷烟归省商业系统管理。卷烟流通渠道划归商业部门经营。采取逐步扩大卷烟包销的措施，到1954年全部实现了包销，私营批发被取消。全省的销售业务由黑龙江省专卖事业公司下设的烟酒采购供应站负责经营，在哈尔滨、齐齐哈尔、牡丹江、佳木斯4市设采购供应二级站，由各市、县专卖公司所属的批发部负责三级批发业务。至1954年合省前，原黑龙江省有直营批发部58个，原松江省有62个。1954年8月合省后由黑龙江省专卖事业公司负责全省的烟酒采购和供应。全省共有三级批发部78个。商业部门控制了卷烟的全部货源，彻底消除了私商在批发渠道中的势力和影响。商业系统建立了比较完备的批发网，城市卷烟市场由国营商业负责，农村卷烟市场由供销合作社负责，实行城乡分工，批发网点进一步延伸，1957年全省已有111个三级批发部。批发部门实行计划供应，将所有的卷烟零售商分街分片划入当地或就近的批发部，作为固定的供应关系，实行计划供应。在零售环节，城乡个体零售商、消费合作社及国营零售商店都经营卷烟。零售商按时向批发商提供要货计划，批发则根据要货计划，结合货源情况合理分配。三大改造完成后，国家对卷烟的生产和销售都取得了控制权，开始对卷烟实行严格的计划管理。工业实行统一生产，商业实行统一收购。中华人民共和国成立初期，全省卷烟人均消费水平每年不超过2条。“一五”时期，消费水平开始上升到2.1～2.2条之间。

1958～1960年“大跃进”时期，全省各级烟草专卖机构被撤销，业务统归省商业厅下属食杂处即食杂采购供应站经营。哈、齐、牡、佳4市烟酒采购批发二级站被并入当地食杂站，其余缩并为烟酒专业商店或合入食品、蔬菜等经营部门。1959年，按照国务院批准实行的商品分级管理办法，把卷烟列为“对国计民生有重大影响的二类商品”，属于国家计划统一平衡的品种，由商业部门实行统一收购，统一安排市场，统一的差额调拨管理的原则。哈尔滨卷烟厂产品由省商业厅所属食品采购站统购包销，货源充足时，由商业部门按季召开订货会，全省各市、县批发部根据要货品种、数量由商业部门与烟厂衔接、接需发货。在货源不足时，由省制定各地销售计划掌握供应。“大跃进”年代，由于全省卷烟生产的超前发展，1959年全省人均卷烟消费水平高达3条以上，之后，便急剧下降，到1961年全省人均消费水平仅1.06条，在三年困难时期和“文化大革命”时期。全省卷烟仍由商业部门统一收购、包销，合理分配。1962年6月，黑龙江省糖业烟酒公司及所属各市县糖业烟酒公司相继成立起来。为了减少流通环节和资金占用，自1962年以后，全省卷烟调拨业务由省糖酒公司哈尔滨采购供应站负责。下设齐、牡、佳及扎兰屯二级站，全省各市县公司负责三级批发业务。对卷烟统购包销体制一直持续到1981年。1962～1968年，全省人均卷烟消费水平徘徊在1～1.85条之间。1969～1983年，全省人均卷烟消费水平在2～3条之间。

1981年后，卷烟流通渠道曾一度出现混乱，卷烟生产盲目发展，除烟酒系统批发卷烟的单位以外，尚有近400个系统外单位经营卷烟批发业务，它们中的一部分还无视国家计划，擅自从外省滥进卷烟，在省内降价竞销，严重扰乱了市场，损害了国家整体利益。零售环节相应也出现了混乱。1982年，国家对烟草实行专卖管理。同年，黑龙江省烟草公司成立，卷烟的流通渠道由省商业部门转入了省烟草公司的经济实体系统内。1983年1月，省烟草公司设立烟草专营站，作为全省唯一的卷烟二级批发站，负责经营全省卷烟的调拨购销业务。随后全省各市、县烟草公司成立了三级批发环节，并在省内农、林、铁的县级以上单位的供应部门，履行专卖手续，建立了三级批发环节。上述批发部门对全省零售商店和个体商户从事卷烟批发业务。当时，省外烟由省烟草专营站按计划调入分拨，省内产的卷烟由生产厂自销。在省公司计划指导下，市、县卷烟批发站、农、林、铁三级批发企业可直接到烟厂进货，就厂直接，就厂直运，与烟厂结算。除必要的调剂储存外，一般不经过二级站仓库。这样，专营体制下的卷烟流通渠道基本建立起来。

1983年下半年开始，省烟草专营站与哈尔滨卷烟厂实行联营，厂、站的销售科合署办公，经营哈尔滨卷烟厂产品。厂站之间以经济合同和合理奖罚方式调动产销双方积极性。1984年开始，省烟草公司每季召开1次全省卷烟产销计划平衡会议（暨订货会），全省各市、县及农、林、铁系统烟草公司与各烟厂在会上签订购销合同，根据订货数量和品种，确定各烟厂的生产量和生产牌号。1985年开始，在卷烟产销的衔接上推行滚动计划，形成“三级站订货——省公司调整——工业订生产计划的体系，保证了全省产销大体平衡。至1985年联营经销哈尔滨卷烟厂产品共27万箱。

1984年1月1日，省公司通知终止各卷烟厂自销卷烟，其产品由省烟草专营站统一经营、收购。省烟草专营站在各卷烟厂设驻厂调拨组，负责就地收购、调拨、发运卷烟和代结货款。形成生产——二级站——三级站——零售4个环节、两级批发的流通体制。零售环节从1985年开始实行渠道通开、打破封锁，基层零售部门可以就近跨区进货，打破三级站之间的区域限制，鼓励各三级批发企业之间开展业务竞争。为扩大销售，全省各市、县批发站开展优质服务，密切批零关系，及时组织货源，增加供应，使城乡货畅其流，市场进一步扩大，出现了市场繁荣的新局面。这种流通体制直至1985年末。从1984年开始，全省卷烟消费水平迅速提高，1984年人均消费达到3.08条，1985年进一步发展到3.73条，使消费市场呈现出新的面貌。截至1985年，全省大约有1 000万左右的吸烟人口，占总人口的30%以上。

第十四节　手工业

古代，黑龙江地区的手工业是与渔牧业、农业相伴随而产生的。经过多次朝代的更迭，随着社会进步和生产力的发展，在漫长的时间里手工业逐步从渔牧业、农业中分离出来。黑龙江地区古代手工业最早的产品主要是陶器、石器以及用骨、角、牙加工的器具。从商周到战国，黑龙江古代先民分别由原始社会后期向文明时期过渡，手工业技术随之发展起来。居住在黑龙江中下游的肃慎人，最早用桦木做箭杆，用木化石做箭头，制成的“砮矢石弩”就是一种著名的手工业制品。

战国以后，黑龙江地区夫余人的手工业如制革、纺织、兵器制造、金银首饰加工、制陶、城建与建筑都有一定的水平。

到了唐代，渤海国在黑龙江地区兴起。渤海国定都上京龙泉府（今宁安县渤海镇），成为唐朝的少数民族地方政权，一直和内地保持密切的联系。由于中原地区的先进生产技术不断传入，渤海国时期黑龙江地区有发达的手工业。有铜、铁等金属开采、冶炼和加工技术，能够制造铁制武器、小农具、小工具、车马佩饰、生活器皿等产品。10世纪契丹（辽）灭渤海国，于其地建东丹国。此时，黑龙江地区纺织业能够生产麻布和丝绸，制革业也很发达。东丹国成立不久，渤海国遗民被迫南迁，上京等地的宫殿和民宅尽被毁弃，黑龙江地区社会经济遭受严重破坏。但是处于松花江、乌苏里江的女真族却十分活跃。他们以冶炼、纺织、酿酒为主，出现了以冶炼为主业的家族和铁工、锻造等手工业者。炼铜、炼铁和制陶等手工业已发展到一定水平。

辽天庆五年（1115年），完颜阿骨打建立了金国。金伐北宋，将中原“工技之民”（耕田者和手工业者）大批迁往黑龙江地区，中原地区的传统手工业生产技术亦随之传入黑龙江地区。金代手工业中以冶铁业发展最快，阿城五道岭有炼铁遗址50多处，铁矿井10多处，据估算年产矿石在50万吨左右，能制做农用和日用铁制品数十种，并能生产铜佛、铜钱、铜镜及多种技术精巧的金银制品。纺织业如丝织品、刺绣品亦有较高水平。

南宋绍定六年（1233年），元灭东夏，次年灭金，统一了黑龙江地区。元朝自平乃颜之乱后，黑龙江地区农业生产获得一定的恢复和发展，但大部分地区仍以渔猎经济为主。当时黑龙江地区手工业亦有所发展，在造船、纺织、金属冶炼等方面均有进步。

明朝自永乐元年（1403年）以后开始在松花江、黑龙江、嫩江和乌苏里江流域设置卫所。后因兵灾战乱，加上女真族大批南迁，造成黑龙江地区的荒凉，但手工业仍有所发展，其中以制铁业、造船业较为发达。

自清康熙七年（1668年）开始，清朝对黑龙江地区实行长达近二百年的封禁政策，使黑龙江地区生产发展缓慢。清咸丰十年（1860年），部分撤销封禁，清光绪三十年（1904年）全部开禁，清政府在黑龙江地区逐渐实行招民开垦政策，加之内地土地兼并以及连年水旱灾荒，迫使失去土地的农民背井离乡“闯关东”，大批涌入黑龙江地区，推动了黑龙江地区经济的发展。黑龙江地区各地以农业、渔牧业、商业、手工业为主的城镇相继出现，手工业专业生产行业和手工业作坊不断发展，手工业产品大量进入市场。

中华民国期间，黑龙江地区手工业仍有所发展。较大的城镇都有铁匠炉、木匠铺、皮铺、成衣铺、鞋帽庄、麻绳铺等手工业作坊和烧锅、染房等，在农村和集镇也有为农业生产服务的制作铁制小农具、车马挽具的生产作坊以及麻绳铺和挂马掌的小烘炉，手工业已遍及黑龙江地区城乡。

1931年“九一八”事变后，黑龙江地区沦为殖民地。黑龙江地区的手工业仅有铁木皮麻、草柳编织。据1940年伪满国经济部工业司编的《满洲国工场名簿》统计，黑龙江地区共有大小企业4 154个，其中铁匠炉、木匠铺、皮革作坊435家，油坊586家，烧锅260家、粉坊95家，从业人员65 782人，其中大部分是分散的个体手工业者，合伙经营者规模也很小，一般两三人，多者10人左右。生产技术比较落后，产品量少，而且发展缓慢。到第二次世界大战后期，日本帝国主义为了应付军需，加紧压榨掠夺，黑龙江地区手工业日趋衰落，生产奄奄一息，许多手工业者饥寒交迫，挣扎在死亡线上。

1945年8月抗日战争胜利后，黑龙江地区回到人民手中，手工业绝处逢生，在中国共产党和民主政府的领导下，开始走上新的发展道路。

当时，黑龙江地区的手工业仍是分散落后的个体经济，大部分是个体手工业劳动者和农民兼手工业者，合作业组成的店铺和小作坊仅占整个户数的10%，仅有一少部分私营的手工业小工厂。1946年，黑龙江地区开始试办手工业生产合作社。到1953年，黑龙江地区有手工业合作社、组193家、社员9 253人，有固定资产100.6万元，当年完成产值3 347.7万元。

1954年8月，合并后的黑龙江省曾组织大批干部深入全省工业系统进行普查，发现全省参加合作组织的人员仅占手工业人员总数的20%。根据普查情况，黑龙江省有计划地、循序渐进地、从低级向高级发展逐步对手工业进行社会主义改造。

1955年，黑龙江省对手工业的改造提出“认真整顿，巩固和提高现有合作组织，积极稳步发展”的方针。到1956年2月底，全省已建立1 345个手工业生产合作社，236个手工业生产小组，92.4%的手工业者已加入各种形式的手工业合作组织，并先后在全省各市县成立手工业生产合作社联合社。在此期间，渔业、运输业和小商贩等个体经济也基本上实现了合作化。至此，黑龙江省对手工业的社会主义改造基本完成。

手工业合作化以后，黑龙江省的手工业和全国一样，走过一段曲折艰难的发展历程。1956年的手工业合作化使广大手工业工人和独立劳动者成为企业的主人，之后，广大手工业工人和独立劳动者积极发展生产，使全省手工业再次得到高速发展。到1956年末，企业由1955年的1 171个增加到2 350个，职工由27 399人增加到100 299人，其中社员增加到88 943人，工业总产值由5 782万元提高到31 115万元。1958年，由于大刮“共产风”，搞了过多过早的转厂过渡，把相当多的手工业生产合作社转为全民所有制企业和合作工厂。据1959年年报统计，这一年在全省手工业4 166个企业中，有地方国营企业244个，合作工厂422个，而手工业生产合作社却减少到137个，其余改为公社工业。以生产合作社为主体的手工业，合作社只占企业总数的3.4%。又因为手工业社会主义改造任务已经完成，全省各地相继撤销手工业管理机构，各级手工业联社也停止活动。大部分手工业干部改行转业，各部门和国营企业乘机平调手工业的资财，使手工业集体经济受很大损害。由于手工业企业过多过早地转厂过渡，产生了“吃大锅饭”的现象，滋长了“铁饭碗”的思想，日用小商品的品种被大量挤掉、产量下降。当时小商品的“五子”（发卡子、裤别子、领勾子、钮扣子、学生本子）不见了，许多种小商品脱销，人民生活受到严重影响。

1961年，中共中央及时颁发《关于城乡手工业若干政策问题的规定（试行草案）》（即《手工业三十五条》），黑龙江省据此调整了企业生产资料所有制，把过多过早改为国营企业和合作工厂的退回来，恢复了各级手工业管理机构和各级手工业联社，组织改行转业的手工业干部归队，退赔过去平调手工业的资财1 200多万元，同时加强对手工业生产的领导和管理，狠抓小商品生产，丢掉的小商品重新恢复了生产，使全省手工业得到恢复和发展。

1962～1966年，由于认真贯彻中共中央对手工业的方针、政策，全省手工业出现第二次发展高潮。1964年全省手工业完成的工业总产值比1963年增长9%、1965年又比1964年增长30%。

“文化大革命”期间，黑龙江省手工业遭受到严重破坏。手工业管理机构被砸烂，管理体制被搞乱，中国共产党对集体经济的政策被破坏，手工业的民主办社、勤俭办社的优良传统被丢掉，各种行之有效的规章制度和企业管理章程被废除，手工业合作社的理事会、监事会被撤销，还退还了社员的股金，取消了劳动分红，无政府主义开始抬头，生产管理一片混乱，生产下降，市场上日用小商品严重不足。出现了做饭没有锅、烧水没有壶、铲地没有锄的怪现象。黑龙江省革委会在1971年10月于哈尔滨市召开全省日用工业品会议。这次会议要求：各级中共党委要抓日用工业品生产，要轻重工业同时并举，切实解决日用工业品生产的原材料问题。还要求生产日用工业品的企业不能随意转产，加强工商之间的协作等。会后，全省各地按会议精神狠抓日用工业品生产，市场供应逐渐好转。1973年，全省陆续恢复了各级手工业管理机构和手工业联社。1974年10月，经省政府同意将省各级手工业局改为第二轻工业局，各地、市、县设第二轻工业局或科，省和各地的手工业联社名称未变。手工业改称二轻工业。

1977年，按照国务院批转农林部、轻工业部的文件精神，将1 117个农村手工业合作企业划给乡镇企业局，划走手工业联社资产6 000多万元。1977～1978年，又将70多个二轻骨干企业和盈利大户划走，带走固定资产净值3 400多万元，流动资金179.5万元。使全省二轻工业利润减少，经济实力削弱，资金严重不足。1979年1季度，出现了历史上前所未有的生产大下降。

1979年9月，中共黑龙江省委、省政府制定《关于发展城镇集体所有制经济若干问题的决定

（试行草案）》，文件中对城镇集体经济的发展方针与经营范围、管理体制、物资供应、产品销售、以及投资、贷款、税收等方面做了明确的规定。

1983年4月，国务院下发《关于城镇集体所有制经济若干政策问题的暂行规定》，同年又批转轻工业部、全国手工业合作总社《关于轻工业集体企业若干问题的暂行规定》，开始进行经济改革。1983年5月，省人民政府为了加快城镇集体经济的发展，批转由省经委、省计委等12个部门联合制订的《关于发展二轻集体经济若干政策的规定》。1984年12月，省人民政府又下发《关于加快发展城镇集体经济的决定》。积极扶持二轻工业的发展。

按照上述文件精神，黑龙江省第二轻工业厅结合调整工业结构、产品结构和企业整顿，改革企业管理、干部人事制度、工资奖励办法，推行各种形式的经济责任制、承包经营责任制、厂长负责制和厂长任期目标责任制，坚持按照集体经济的性质和特点办集体企业。同时，对二轻系统内的全民所有制企业实行放开经营，促进企业由生产型向生产经营型转变。

在此期间，恢复了“文化大革命”期间取消的职工入股集资、劳动分红、民主选举厂长等制度，实行“自主经营、自负盈亏、民主管理、按劳分配”的经营原则，把过去官办、半官办的集体企业变为民办、民有、民管、民营，发挥集体经济的优越性，促进了生产的发展。到1984年末，全省已有48个市县恢复手工业联社的活动。

1984～1985年，全省二轻工业加快技术改造的步伐，完成技术改造和引进项目345项，累计新增产值5.3亿元，新增利润8 707万元，其中引进国外先进生产线60条，引进塑料加工、制革、制鞋、服装、家具、五金、家电等行业的专用设备1 500多台套，重点发展塑料工业和皮革工业。增加塑料包装材料、建筑材料、各种轻包装、编织袋、各类容器、周转箱、地膜、铺地材料和重革、轻革的产量。1985年生产各种编织袋1.2亿条，基本上满足了全省食糖、化肥和部分水泥包装的需要，塑料上下水管和管件、塑料门窗、各种铺地材料、包装材料的产量占全省塑料制品总产量的57.5%。

1985年，全省二轻工业开发新产品305种，产品质量有明显提高。到1985年末，全省二轻工业共有企业3 703个，完成工业总产值271 257万元，实现利润15 736万元。同合作化初期的1957年相比，企业数增加1 074个，上升40.8%；职工人数增加268 188人，上升382.3%，增长3倍多；产值增长235 983万元，增长了6.6倍；利润增加12 762万元，增长了4.2倍。

第十五节 造纸工业 印刷工业 日用品工业

一、造纸工业

（一）纸浆生产

黑龙江地区的造纸工业起步较晚，清代中后期黑龙江地区始有生产土纸的手工业作坊。1931年“九一八”事变后，日本帝国主义侵入东北。1936年，日本人在牡丹江建起了黑龙江地区第一座使用机器生产的造纸厂，即“日满木浆株式会社”，在佳木斯建立了“满洲造纸株式会社”。之后，黑龙江地区共建起造纸厂7家，有工人921人。1945年抗日战争胜利后，苏联红军把日本人建立的造纸厂视为战利品，拆走纸厂全部设备运回苏联。其他造纸厂，有的遭到了战争破坏，有的虽然被保留下来，但因原材料缺乏，也不能正常生产。1945年日本投降后，新建立起来的各级人民政府积极组织恢复与发展生产，保证军用民需，支援全国解放战争。1947年在依安县建立依安县先锋造纸厂，在北安县建立北安造纸厂。1948年，在牡丹江由松江省政府投资兴建了牡丹江解放造纸厂。

1949年，由人民政府投资在绥化县建立绥化造纸厂，在齐齐哈尔开始筹建黑龙江省第一造纸厂（后来的齐齐哈尔造纸厂）。

1949年，黑龙江地区机制纸浆产量仅有1 245吨。第一个五年计划期间，由于1957年大型的综合制浆造纸企业佳木斯造纸厂及其他新建厂的投产和老企业进行浆纸平衡的技术改造，纸浆产量迅速增长，到1957年，全省机制纸浆产量增加到24 769吨，比1949年增长18.9倍。之后，随同各企业多次技术改造进行浆纸平衡，逐步扩大自制浆能力，纸浆产量屡有增长。1978年，全省纸浆产量达21.5万吨，比1957年增长7.7倍，平均每年以38.4%的速度增长。

到1985年，全省除佳木斯造纸厂、黑龙江造纸厂、通河纸浆厂生产商品纸浆外，齐齐哈尔、牡丹江、哈尔滨、依兰、集贤、桦川、汤原、宁安、密山、虎林、鹤岗新华造纸厂等大、中、小造纸企业都自制纸浆。纸浆品种有生打纸浆、机制木浆、化纤浆、漂白及半漂白浆等，全省纸浆总产量38.67万吨，其中机制纸浆34.25万吨，居全国第8位，生打纸浆4.42万吨，居全国第17位。

（二）抄纸生产

1949年，黑龙江地区纸张总产量只有1 416吨，不能满足需要。

中华人民共和国成立后，从安东（今辽宁省丹东市）迁入纸机和人员，分别在齐齐哈尔和牡丹江建起了机制纸厂，中华人民共和国成立前遗留下来的7家造纸厂经过整顿恢复生产，纸产量快速增长。1952年，机制纸产量增加到10 323吨，比1949年增长6.3倍，平均每年增加2 969吨，其中文化用道林纸、有光纸和工业用卷烟纸，供应省内外。

第一个五年计划时期，黑龙江地区造纸工业进入了高速发展阶段。这期间，建成佳木斯、齐齐哈尔两座大型骨干造纸厂，生产的新闻纸填补了省内空白，造纸用铜网填补了国内空白。全省造纸工业已初步形成了工业技术用纸、新闻用纸、文化用纸、普通包装用纸基本配套的产品系列，1957年机制纸及纸板总产量猛增到41 509吨。

1958～1985年，全省造纸工业生产虽多挫折和干扰，但由于佳木斯造纸厂第一次扩建安装200吨大型纸机投产，产纸能力增加到13万吨；牡丹江、齐齐哈尔、哈尔滨几个较大的纸厂进行浆纸平衡的技术改造竣工投产，扩大了生产能力；新建一批中小型纸厂，以及在老企业的改、扩建中都增加了长网抄纸机，加大了抄纸量。全国的纸产量仍然是继续增长，1978年机制纸及纸板总产量增加到24.6万吨，占全国纸张总产量的5.7%，居全国第7位。

中共第十一届三中全会以后，黑龙江省造纸工业生产飞速发展。1985年完成工业总产值50 268万元，比1980年增长54.2%，平均每年以10.84%的速度增长。机制纸及纸板总产量达44.9%万吨，比1980年增长49.4%，平均每年增加29 762吨，增长比率为9.88%。其中纸袋纸产量居全国第1位，新闻纸居第4位，凸版纸居第15位。产品品种由中华人民共和国成立前不足10个品种增加到100多个品种，其中长年大批量正常生产的有51种，并已形成了工业技术用纸、出版印刷用纸、书写办公用纸、商品包装用纸、人民生活用纸五大系列产品。

（三）制网生产

造纸用网，是佳木斯造纸厂生产的省内独家产品。

佳木斯造纸厂建厂时，金属制网项目是苏联援建的国家156项重点工程之一，原制网分场称金属网场。原设计年产造纸用网6万平方米，采用机械化、半自动化设备。1954年8月9日动工兴建，1955年11月建成，临时试生产，当年生产造纸工业用网7 276平方米，从而结束了中国造纸工业用无端长网长期全部依赖进口的历史。投产后改为制网车间，1959年开始扩建平网厂房3 490平方米，特种网厂房600平方米。1975年从民主德国引进4米、6米织网机各1台，6米平网机1台，购置国产2米平网机1台。1984年从上海购置2.6米织网机2台，年产造纸网能力15万平方米。1985年生产造纸网151 653平方米，比建厂初期增长19.8倍。产品品种由建厂初期的1个品种（铜网）8种规格，增加到三织铜网、单织无端网、单织有端网、捻织网、锰奈网、不锈钢网、特种网、塑料网等8个品种29种规格，供应全国300多个厂家。

为了提高造纸用网质量，对制阈金属合金成分进行改革，将原来经线QSn6.5—0.4、纬线H—80改成经线QSn8—0.3、纬线H—80—5n05，改革后接近国外同类铜网质量水平。1979年，26/78目三织铜网获轻工业部优质产品称号，34/102目三织铜网评为黑龙江省优质产品；1981年，全国铜网行业评比，26目单织网评为全国质量第一；1982年，26/78目、34/102目三织铜网均评为省优质产品；1983年，长寿牌三织铜网再次被评为轻工业部优质产品，长寿牌65目平织网被评为省优质产品。

（四）回收碱

1957年，首先由佳木斯造纸厂碱回收分场试生产回收碱，当年回收碱产量5 072吨。1969年，柴河纸板厂开始建厂，配有25平方米碱回收炉1座和一整套污水处理设施，年回收碱生产能力3 000吨。1976年，齐齐哈尔造纸厂开始进行大规模的技术改造，新增硫酸盐化学木浆系统，设计能力年产化学木浆1.5万吨，碱回收能力为日处理纸浆黑液的90％以上。黑龙江造纸厂，1982年扩建时，将酸回收改为碱回收，年回收碱能力3 000吨。其他造纸企业尚没有碱回收能力，污水也只能简单处理后排放。

这几个厂碱回收能力最大的是佳木斯造纸厂。这个厂，经过几次的技术改造与扩建，淘汰了苏联设计的20世纪40年代水平的碱回收回转燃烧炉机组，采用国内设计，制造了1、2、3、4号日处理100吨、200吨纸浆黑液的碱回收喷射炉，年回收碱综合能力与日产纸500吨纸浆相配套，年回收碱能力7.2万吨。并配有高压静电除尘装置，对环境治理起了显著作用，废水排放达到了国家规定排放标准，从1983年起免缴排污费。

二、印刷工业

中华人民共和国成立前，黑龙江地区的印刷企业多为私营企业，或由资本家投资创办、或由手工业劳动者合资兴办。企业规模不大，设备简陋，大部分为手工操作。

清光绪十年至十六年（1884～1890年），宁安县有商号“庆祥号”印刷作坊。商号主人从吉林买回印刷版，在宁安开始木版印刷，当时主要印《三字经》《百家姓》门神、灶王和汉族家谱等。清光绪十九年至二十年（1893～1894年），齐齐哈尔、牡丹江等地出现了印刷作坊和印刷局。清宣统二年（1910年），宾县游民习艺所购置两台石印机，开始石版印刷。中华民国初年，宁安县成立了“国民印刷局”，后改为“三民印刷局”，进行石版印刷。1916年，依兰县成立古雅书庄，用木版印刷账簿。1922年，宁安县成立游民习艺所，由犯人搞石版印刷，1924年，宁安游民习艺所，又购进一台日本产的脚踏式铅印机。从此，宁安县开始了铅字排版印刷。

1929年，肇州县建有印刷工厂一家，资本哈大洋1 000元，年产铅印印刷品7.5万件。1930年《青冈县工业统计表》记载：当时青冈县内有印刷业一户，资本哈大洋100元，年产铅印印刷品10万件。1935年，勃利县由高树槐出资700元建立“文业书局”，年铅印印刷能力5 000印。同年，孙吴县由困常彬投资1 000元兴办了“同兴书局”，从事铅印印刷，从业人员6人。

1945年以后，人民政府将官僚资本兴办的印刷企业接收为国家所有；民族资本的印刷厂转为公私合营。由手工业独立劳动者创办的小印刷厂和手工业印刷作坊，经过合作化运动，均改组为手工业印刷生产合作社。据东北区公私合营企业调查资料统计：到1953年，黑龙江地区有公私合营印刷企业46家，1956年以后逐步转为全民所有制企业。

1956～1985年，哈尔滨印刷一厂、印刷二厂、齐齐哈尔市第一印刷厂、牡丹江印刷厂、佳木斯印刷厂和黑龙江新华印刷厂等全民所有制印刷企业，由国家或地方财政投资，进行企业的基本建设和技术改造，或由主管部门筹措资金扩大生产经营，发展生产；手工业（二轻）系统、区街工业、乡镇企业等集体所有制印刷企业，则靠主管部门扶持和企业自身集体积累进行工厂建设，发展生产。

到1985年，黑龙江省共有印刷企业501家，职工25 510人，固定资产总值30 460万元，年创产值2.36亿元。其中：一轻工业系统印刷企业109家，占企业总数的21.8%，职工20 628人，占企业总人数的80.8%，其中工程技术人员221人。印刷企业的技术装备，经过历次技术改造进行设备更新，具有一定规模的印刷企业已基本接近或实现了现代化生产。

三、日用品工业

（一）制笔工业

1947年，黑龙江地区开始生产铅笔。当时在哈尔滨、牡丹江两地相继出现了一些铅笔作坊，用手工生产木杆铅笔，产量较小，质量也较低。用机械生产的铅笔和自来水笔厂则是中华人民共和国成立后建立和发展起来的。1949年秋，上海中国标准铅笔公司将部分设备迁至哈尔滨，与哈尔滨市企业公司合作，创办公私合营哈尔滨中国标准铅笔公司，1950年1月正式开工生产。1950年5月，上海关勒铭金笔厂与哈尔滨市企业公司合作，创办哈尔滨友联金笔有限公司。1953年，在齐齐哈尔建立黑龙江金笔厂，同年6月投产。1974年，哈尔滨文具厂开始转产圆珠笔，1976年正式改名为哈尔滨圆珠笔厂。

到1985年，哈尔滨中国标准铅笔公司、哈尔滨市友联金笔厂、哈尔滨圆珠笔厂、齐齐哈尔黑龙江金笔厂、齐齐哈尔市钢笔零件厂5个制笔企业，共有职工3 239人，其中工程技术人员124人。拥有固定资产原值1 598万元，净值935.9万元。年生产能力：铅笔4亿支，自来水笔800万支，圆珠笔1 000万支，圆珠笔芯1 500万支，脉动铅笔100万支。1985年，制笔工业生产铅笔3.4亿支，自来水笔495.7万支，圆珠笔700万支，圆珠笔芯1 545万支，脉动铅笔101.5万支；完成工业总产值2 527.4万元；实现税利526.5万元。

（二）日用机械制造

黑龙江省轻工业厅管理的日用机械工业，主要包括钟表工业、缝纫机工业、自行车工业以及与之相关的零配件工业。

黑龙江省的钟表工业，是中华人民共和国成立后在钟表修理合作社的基础上逐步发展起来的。到1985年，全省有钟表企业9个。全行业拥有固定资产4 128万元，手表和时钟的年产能力分别达60万只和46万只。

黑龙江省自行车工业，是1958年以后逐步发展起来的。1958年9月，哈尔滨市生明昌机械厂与4家自行车修配合作社合并，成立了省内第一家地方国营哈尔滨自行车制造厂。当时生产工艺落后，加之设备不配套，单机作业，产量很低。生产的品种单一，基本是标定、轻便两种式样，黑、绿两种花色，质量也不高。1985年末，全省有哈尔滨自行车工业公司、哈尔滨龙江电工厂、牡丹江保健特需车厂等自行车生产企业，11家自行车零部件生产厂。主要生产孔雀牌28、26自行车，飞龙牌26吋铝合金自行车，金凤牌电动三轮车和儿童车。形成普通、轻便、载重3大类，26型两种规格，6种型号，近20种花色款式，年总生产能力41万辆，1985年，因自行车销路不畅，计划限产，只生产9.14万辆，居全国第22位，完成工业总产值2 406万元，上缴税金197万元，亏损240万元。自行车零部件，省内已能生产车架、前叉、车把、车圈、三轴、轮盘曲柄、前触闸、脚闸、脚蹬、鞍座、前后泥板、链罩、支架、衣架、车铃等，自配率达84%以上，年产达633.6万元，居全国第15位。

黑龙江省唯一生产缝纫机整机的只有哈尔滨缝纫机厂一家，是1958年由哈尔滨太记铁工厂的一个车间与几家缝纫机修理社合并成立的。建厂之初，生产设备大部分是20世纪30、40年代的非标准设备，单机作业，手工操作，技术落后。铸造机架等工序，基本是原始的生产方式，在地面上造砂型，人工浇铸，品质粗糙，生产效率低，铸件废品率高达50%以上。1959年开始生产缝纫机整机，当年产量2 432架，1960年开始定型产品JA1—1型缝纫机。1982年末统计，全省缝纫机整机厂有哈尔滨缝纫机厂、哈尔滨机床配件厂（转产缝纫机）2家，缝纫机台板厂2家，缝纫机零件厂7家，共11家，职工4 000余人。年生产整机能力：两班生产31万架，三班生产42万架。1982年缝纫机产量18万架，台板产量29.8万块，零部件产量249万元。哈尔滨缝纫机厂，在市场竞争激烈的形势下，终因技术、经济不过关，产品缺乏竞争力，企业经营性亏损，于1983年停产关闭，其余10家也转产其他产品。

（三）硅酸盐工业

硅酸盐工业，包括日用陶瓷、日用搪瓷、日用玻璃以及保温瓶、灯泡等工业。

黑龙江地区陶瓷器的出现虽晚于中原地区，但也有很长久的历史。据考古发现，距今约6 000年前，黑龙江地区即有陶瓷器出现。渤海国期间，陶瓷生产又有很大进步。在出土的许多瓷片中已有碗、盘、罐、瓶等多种，色彩有白、淡白、蓝、黑、深蓝、褐色等，这些瓷器大部分是里外挂釉，器壁较薄，质地坚硬，釉色光洁，已是趋于成熟的瓷器。在上京遗址出土的舍利函中的舍利瓶，是由淡绿色的琉璃制成，推测当时人们已能烧制琉璃器物。

近代黑龙江地区的日用硅酸盐工业是从20世纪初开始的，清光绪三十三年（1907年），哈尔滨元吉玻璃厂建立，开始生产小醋瓶、酱油瓶和灯具等玻璃制品。1926年，讷河县老莱黄土矿正式开采生产瓷器的陶土。中华人民共和国成立前，黑龙江地区陶瓷器的制作虽较普遍，但发展十分缓慢。

1949年，黑龙江日用硅酸盐工业只有为数不多的手工作坊或小工厂，采用手工压坯，火炕干燥，圆窑烧制粗加工产品，效率低，耗煤多，成本高，产量少。中华人民共和国成立后，黑龙江日用硅酸盐工业有较快的发展。

中共第十一届三中全会后，硅酸盐工业进入了新的发展时期。到1985年，省内共有日用硅酸盐企业50个，生产日用搪瓷制品5 795吨，其中面盆523.1万个，口杯248.9万个；日用陶瓷制品1 322.5万件，其中饭碗959.5万件，民用缸111.4万口；保温瓶123.7万个；日用玻璃制品69 268吨，灯泡3 256.8万只。共实现工业总产值9 900万元。硅酸盐工业已发展成为省内轻工业的重要产业组成部分。

（四）日用化学工业

1949年以前，黑龙江地区许多日用化学工业产品依靠省外进货。中华人民共和国成立后，随着国民经济的发展和人民生活水平的提高，黑龙江地区日用化学工业有了较大的发展。1985年，全省日用化学工业有企业23个，主要生产火柴、肥皂、香皂、合成洗涤剂、合成脂肪酸、洗衣粉、牙膏、鞋油、化妆品、香精、干电池、三胶和工业用甘油等13种产品，产品牌号和花色品种140多个。其中哈尔滨日用化学厂生产的笑笑牌三棵针药物牙膏，以黑龙江野生的植物三棵针为主要原料加工制成，具有一定的药物疗效。1985年获轻工业部优秀新产品称号，并在全国同行业产品质量评比中，获第一名；哈尔滨日用化学四厂生产的太阳岛牌黑又亮高级鞋油，突破了传统生产工艺和配方，创造国内独树一帜的产品特点，1984年在轻工业部举行的全国同行业产品质量评比中夺魁，被评为国家优质产品，获银质奖牌。

黑龙江地区日化企业数产值产量统计表

（1949～1985年）

表3-3

年度	企业（个）	产值（万元）	火柴（千件）	合成洗涤剂（吨）	合成脂肪酸（吨）	鞋油（千支）	肥香皂（吨）	牙膏（千支）	干电池（千只）	三胶（吨）	香精（吨）
1949	7	173	257				76		140	231	
1950	8	248	295				162		712	431	
1951	7	257	515				304		897	238	
1952	8	600	395				1 315		2 906	328	
1953	4	535	167				1 780		10 448	429	
1954	4	936	162				967		14 875	428	
1955	4	1 326	176				1 640		17 113	388	
1956	3	762	190				2 335		9 330	109	
1957	3	585	205				3 770		11 881	211	
1958	3	1 187	250				4 419	327	24 238	401	
1959	5	5 989	412				10 478	2170	23 599		

续表3-3

年 度	企 业（个）	产 值（万元）	火 柴（千件）	合成洗涤剂（吨）	合成脂肪酸（吨）	鞋 油（千支）	肥香皂（吨）	牙 膏（千支）	干电池（千只）	三 胶（吨）	香 精（吨）
1960	7	3 330	248				13 813	2 400	16 303	216	
1961	8	2 311	269				10 946	2 589	8 908	260	
1962	11	2 163	267				6 467	2 551	11 793	156	
1963	7	2 601	330				8 447	2 547	13 260	199	
1964	6	3 409	380				10 090	1 090	9 768	275	
1965	6	2 574	350				10 333	2 478	10 880	362	
1966	6	2 799	350				11 300	3 022	12 106	659	
1967	6	2 635	375				11 417	3 548	11 637	518	
1968	6	3 905	397				15 977	4 538	13 342	110	
1969	5	5 180	408				19 281	4 521	17 996	568	
1970	8	6 368	522	160			18 089	6 146	25 252	595	97
1971	9	4 369	454	1 048			18 035	8 871	15 085	860	143
1972	10	4 791	349	1 512			22 178	6 097	20 833	883	155
1973	11	5 047	231	3 330			22 249	7 875	26 205	715	124
1974	12	5 626	388	4 015			22 379	9 126	32 797	643	50
1975	13	6 002	480	4 605		2 412	19 566	14 052	30 350	405	103
1976	16	6 070	530	2 514		3 010	18 782	14 232	37 812	955	94
1977	16	6 860	585	2 797	272	3 477	19 815	15 091	44 880	921	120
1978	18	8 046	576	6 460	1 057	2 816	19 164	16 279	58 419	1 103	134
1979	19	9 776	675	9 164	1 562	4 059	25 257	17 002	79 815	1 344	79
1980	19	11 203	673	6 238	3 023	6 462	31 963	18 015	91 460	1 222	120
1981	17	11 029	736	8 100	3 323	8 446	35 442	21 244	97 894	1 488	329
1982	21	11 052	767	10 465	2 839	6 851	31 979	21 105	104 460	1 579	399
1983	23	11 708	821	13 402	2 321	11 863	31 128	18 387	94 254	1 170	314
1984	25	11 592	934	13 325	2 169	21 4513	26 597	21 936	98 234	1 012	208
1985	23	12 790	933	16 443	3 166	26 927	333 413	27 105	91 510	842	340

第三章　交通　邮电

黑龙江地区交通历史久远，最早源自道路交通。它伴随着人类活动及其社会嬗变而不断开拓和发展。邮电成为一个独立的产业部门，是经济发展和社会进一步分工的结果。黑龙江地区近代邮电事业始于19世纪末。随着交通的发展，邮电事业也不断取得进步。至1985年，黑龙江省逐步形成了较为健全的立体交通运输体系。同时，全省邮电通信能力显著增强，黑龙江省邮电事业进入了一个崭新的阶段。

第一节　航　运

大量的考古发现和历史文献记载表明，黑龙江流域很早就是满、蒙古、达斡尔、鄂温克、鄂伦春、赫哲、汉族人民的祖先劳动、生息的地方。他们靠山围猎，近水捕鱼，利用河网密布这一自然条件，开始了早期的水运活动。

战国至秦汉时期，黑龙江水运活动的基本特点，是以原始的渔猎生活、生产及朝贡为主要活动而展开的。东汉建武元年至建安二十五年（25～220年），挹娄人（肃慎的后裔）的水运活动比较广泛，除牡丹江、松花江的干流以外，还活动在库页岛以南的沿海地区（苏联滨海省）。

从魏黄初元年到明洪武元年（220～1368年），在这一千余年的历史进程中，黑龙江水运和历代的政治、经济、军事及文化交往息息相关。水运从原始的生产、朝贡之中脱颖而出，逐渐进入带有浓厚政治色彩的通聘往来和部族战争当中；水运活动的范围，也从黑龙江水系的内河，发展到堪察加半岛、库页岛、日本海及山东半岛以北的沿海地区；与此同时，还成为与中原贸易往来的水路通道，开辟了通聘日本的海上交通。

周圣历元年至后唐同光四年（698～926年）即唐渤海国时期的水运，是古代黑龙江水运的一个高峰。在其存在的229年中。向唐朝进贡多达143次；开辟了一条从京都（上京龙泉府，位于牡丹江流域，即今黑龙江省东宁县渤海镇）到长安的水陆道路，史称“鸭渌朝贡道”，亦称“鸭渌——登洲道”。这条朝贡通道全长约3 000余公里，其中的江、海水路部分长约1 065公里（史载旧程）。当时，日本的使臣也通过此路中转渤海，达于本国。

唐渤海国同日本通聘舆易达37次，首次开辟了横越日本海的“龙原——日本道”，从渤海国的盐州（清代称毛口崴，今苏联克拉斯基诺）横跨日本海直达日本的越前、能登、加贺。通过这条航线，中日两国人民进行了频繁的文化、经济贸易往来，并结下了深厚的友谊。这条海路，通航达两个多世纪。

辽代，黑龙江下游和松花江干流的水运是专门为辽统治者服务的“鹰路”（朝贡海东青）。这条2 000多公里长的水路，一直延用到清代，并成为金、元、明、清各王朝经营黑龙江下游（包括库页岛地区）及与中原联系的重要水陆交通干线。

金代水运活动的主要特点是漕运。在大规模的漕运当中，自然形成了一些水运古港，如金上京会宁港（今黑龙江省阿城县白城，南距哈尔滨市30公里）、蒲峪港、肇州港、隆州港、胡里改港等等。同时，开凿了古代黑龙江地区的第一条人工运河——“金兀术运粮河”。至今，这条人工运河仍作为哈尔滨市区与阿城县的自然分界线，横卧在松嫩平原上。

在成吉思汗、忽必烈统一黑龙江流域及骨嵬（苏联库页岛）的过程中，不仅沿用了金代的水路，同时，还完善了驿路交通，建立了许多“站赤”（即驿站），构成了四通八达的水陆交通网络。

实际上，辽、金、元时期的水运，已从渤海国大规模水运活动的峰巅滑落下来，水运形式的单一和相对集中是这一时期航运的基本特点。

明洪武元年至清顺治元年（1368～1644年），黑龙江水运日渐复苏。在郑和七下西洋的同时，黑龙江上出现了大规模航运活动——太监亦失哈在20余年中，以钦差大臣的身份率巨舡（大船）50艘，官兵3 000人巡视黑龙江下游的奴儿干及海外苦夷（即库页岛）地区达10次之多。此时，松花江、黑龙江2 000多公里的水运航线空前活跃，并在松花江上游的大乌拉村（今吉林市附近）建立了造船厂，派匠卒数千人兴造漕舟。许多中外学者潜心研究了亦失哈航运活动的历史见证——永宁寺及两座永宁寺碑，他们的论著证明了亦失哈航运活动的规模及影响之深广。

清朝黑龙江地区的水运活动是以著名的雅克萨反击战为背景展开的。

明万历年间（16世纪末～17世纪初），沙皇俄国不断派遣船只，几十次武装入侵中国的黑龙江、乌苏里江、松花江流域，在中国的领土上非法建筑阿尔巴津（即雅克萨）、尼布楚等城堡多处，置兵屯守，妄图久占。清政府为反击沙俄的侵扰，在东北七镇驻扎军队，组建黑龙江水师营。其军粮、装备的补给主要靠松花江、嫩江、黑龙江的水路运输。清康熙帝曾两次出巡东北视察水师防务。当时，清军拥有各种大小船只500余艘，仅在雅克萨反击清战中，就出动由3 000人组成的水路大军和150余艘舰船参加战斗。这个时期，水运在战争中发挥着独特的作用，战争也推动着水运向前发展。

由于战争进一步完善了水陆交通，因而，雅克萨反击战之后，黑龙江地区的商旅日益增多，水路航运更为活跃——出现了区域性的商运。嫩江齐齐哈尔江畔的“楚勒罕”（水运集市名称）、牡丹江宁古塔地区的进贡水集以及黑龙江下游的贡貂和赏“乌绫”活动，都集中反映了战后水运的繁荣。

《中俄尼布楚条约》签订以后，清政府实行“巡边”（即巡逻中俄边界）制度，以防止俄人越境。这种以水路为主的巡边活动一直持续了近两个世纪。

19世纪中叶，沙俄用武力迫使清政府签订了不平等的《中俄瑷珲和约》和《中俄续增条约》（即《中俄北京条约》），把黑龙江以北、乌苏里江以东100多万平方公里的中国领土并入俄国版图，把原属于中国内河的黑龙江、乌苏里江、变为中俄两国界河。

黑龙江水系早期的轮船运输业，是从俄轮的入侵开始的。清光绪二十一年（1895年）沙俄即成立阿穆尔商船公司，中东铁路建成后更成立船舶部，肆意侵犯中国内河航权。

到清宣统三年（1911年），俄国在松花江、嫩江、乌苏里江、黑龙江上营运的轮船增至262艘，驳船289只，年货运量达133万吨，掠夺松花江流域腹地的粮食、木材、煤炭等资源。至此，沙俄完全独霸了黑龙江水系的航运。

黑龙江水系的中国民族航运业始于清朝末年，兴于中华民国初年，大体经历了由创立到中兴两个阶段，走过了分散、竞争、联合的曲折道路。

清光绪三十二年至中华民国七年（1906～1918年）是民族航运业创立阶段。这一阶段资金短缺，运力薄弱，规模较小，经营困难。

1917年，俄国“十月革命”。之后，苏联政府执行“船舶收归国有”的政策，旧俄船主争相卖船，这就为黑龙江地区民族航运业的大规模兴起开了方便之门。其后陆续成立了哈尔滨戊通航业股份有限公司、东北海军江运部、东北航务局等大小官商航运企业50余个。其中比较有影响的航运企业即为哈尔滨戊通航业股份有限公司（简称戊通公司）。

戊通公司创建于1919年3月1日，拥有轮、驳船49艘，股本200万元。除在哈尔滨设立总公司外，还在黑河，海兰泡（布拉戈维申斯克）、伯力（哈巴罗夫斯克）、庙街（尼古拉耶夫斯克）设有分公司。开辟黑龙江、松花江、乌苏里江、嫩江主要营运航线8条，计5 500多公里。戊通公司曾以黑龙江地区民族航运业第一个大型、正规的水运企业而盛极一时。它的成立标志着黑龙江水系的民族航运业已经步入中兴时期。

随着民族航运企业的增加以及外轮源源拥入松花江，围绕航线、运价展开的竞争日益激化，出现了民族航运业内部、中外轮运之间、外轮之间的激烈角逐。在这场复杂的竞争当中，黑龙江水系的各民族航运企业，越来越意识到水运管理和联合起来的重要性。东北联合航务局，就是在这种形势下诞生的。它以东北航务局（由戊通公司改组而成）为核心，联合东北海军江运部、奉天航业公司、东亚轮船账房、沪滨航业处、滨江储金会、双合盛，组成官商7家航业的联合实体。拥有股本603万元（银元），船舶118艘（机动船53艘），占民族航运业总动力的60%左右。在其最初两年的营运中，获利达410多万元。年水运量由戊通公司时期的50万吨左右，增至70～80万吨。

1931年年初，57家官商船主将310艘船联合在一起，创立了哈尔滨官商航业总联合局，实现航运业大联合。1931年“九一八”事变后，侵华日军很快占领了东北全境，黑龙江航运业随之沦为日本帝国主义的统治工具。

1933～1938年，日本帝国主义全部控制了东北三省的水运，并对原有的民族航运企业进行大规模地改组。日伪当局首先组建了哈尔滨航业联合局，统一管理船舶运输及码头营业，而后又改组了哈尔滨造船所，解散了东北水道局，成立了哈尔滨航政局和松黑运输公司等机构。

1939年4月，日本统治者又以低价强行收买了全部私人船舶，并入航业联合局，组成北满江运局。同时，成立松花江帆船航业公会（在依兰、富锦设立分会），把木帆船也牢牢地控制在自己手里。据日文版《支那水系概论》记载：当时在松花江、黑龙江、乌苏里江、嫩江上航行的轮船、驳船计243艘（3.7万马力、11万吨位），帆船3 000多只，利用10条航线从事长短途客货运输。年客货运量的最高峰曾达到71.2万人和88.4万吨［（1934～1938年）统计，不含军运］。据当时在北满江运局供职的老船员证实，日本统治者经水路运输的军用物资，其年运量约在公开运量的一半以上。

1945年8月15日日本侵略者投降。黑龙江地区人民航运事业随之诞生，开始踏上了崭新的航程。然而，经历了战争摧残和浩劫的黑龙江地区航运，却面临着十分严重的困境：码头坍塌，航标毁坏，航道淤塞，船舶所剩无几，航运完全陷于瘫痪的境地。在中国共产党和人民政府的领导下，黑龙江水系的广大船员一面打捞沉船，修复港口，整治航道，一面承担支援解放战争的重任。由于当时的机动船舶异常短缺，木帆船在支前运输中发挥了巨大的作用。

解放战争时期，黑龙江地区航运得到初步的恢复和统一，为中华人民共和国成立后的稳步发展赢得了时间，奠定了基础。

中华人民共和国成立后，黑龙江地区恢复了沿江各航运站，建立了哈尔滨、佳木斯两个港务局（以下简称哈、佳两港）。这一时期，造船工业兴起。哈尔滨船舶修造厂增加设备，扩建厂房，造船能力提高较快，在短短的几年里，就能承造各种大型机动船舶。

随着航运事业发展，全省加速了航标、航道建设。1957年，全省各航运航线航标灯全部实现了电气化。同时改木质航标为铁质航标，应用荧光漆涂面、塑料灯具、空气干电池、半导体光敏控制开关，提高了标灯、标质和发光率。

1957～1966年，适应航运事业的发展，全省扩建新港口20处，增设中小航运站35个，增加千吨级泊位24个，扩大了港口通过能力。哈、佳两大港口的机械操作量达到234万吨，黑龙江水系各港站的装卸逐步从挑、抬、扛的繁重体力劳动中解放出来，加快了船舶周转。

1966～1976年10年“文化大革命”使黑龙江省航运事业遭到严重破坏。航运生产连年亏损。1974年省直营水运的货运量降到1954年水平，倒退了20年。1966～1976年，累计亏损3 522万元。

1976年10月，粉碎江青反革命集团后，黑龙江省航运出现了转机。翌年，战胜了枯水威胁，实现了“三突破一扭转”，即货运量突破200万吨，货运周转量突破5亿吨公里，运输收入突破1 000万元，扭转了企业亏损。从而，结束了水运生产10年萧条倒退的被动局面。“文化大革命”以后9年中，通过拨款、贷款、自筹资金等渠道，港建投资增加到4 062万元，充实哈、佳两大港，扩建新建了沙河子港、绥滨港、肇源港和富拉尔基港。对界江的黑河、嘉荫、奇克、抚远、饶河等航运站码头进行修建，增加机械设备，促进了黑龙江水系港口生产迅速发展，吞吐量不断上升。

1977～1985年，全省加强了航道疏浚工作。从1977年起，开始着手解决影响松花江航运生产发展的航道淤塞问题。逐年加强了疏浚力量和水工建设，先后修筑导坝、丁坝、锁坝和护坡岸10 000多延米，引进6艘大功率挖泥船，使疏浚能力增加9倍；整治了严重碍航浅滩5处，使松花江干线航道水深在设计水位上平均增加20厘米，提高了船舶满载航行率。特别是历史上被称为“三块石”“满天星”和“鬼门关”的三姓浅滩，是中华人民共和国建立以前松花江干线航道始终未能解决的“不治之症”，经过3年的全面“手术”，第一期整治工程于1985年完成，使这个“咽喉”要道的水深增加了40厘米，航宽增加了10米，保证了600吨级船舶从内河到界江满载航行，畅通无阻。

1985年，在遭受黑龙江凌汛（冰灾）、松花江春季枯水和秋季洪水等严重自然灾害的情况下，中共黑龙江省航运局党委领导全线万名职工艰苦奋战，使全省水运生产和利润指标再创历史最高纪录：客运量和客运周转量分别为153万人、8 914万人公里，为年计划的129.4％和119.7％。货运量和货运周转量完成399.6万吨、13.8亿吨公里，创利润1 349万元。比历史最高水平的1984年分别增长2.1％，11.6％和17.9％，分别为1949年的18.5倍、37.1倍和98.5倍。

第二节　铁　路

清光绪二十三年至中华民国二十年（1897～1931年），沙俄在中国东北修建了中东铁路（俄文名为К н т а й к а я В о с т о н а я Ж е л в з н а я Д н р о г а，简.В.Ж.Д）［中东铁路俄文名称始终未变，而中文称谓随历史时期不同和翻译的差异有所变化。在条约中有称“中国东方铁路”“中国东省铁路”，在三岔口铁路开工典礼的徽章上称作是“大清东省铁路”，简称“东省铁路”“东清铁路”。清宣统三年（1911年）后改称“中东铁路”。］黑龙江地区中国自建的铁路也相继兴起。沙俄为扩张在中国东北的侵略势力，从19世纪80年代开始，即酝酿把拟建连接莫斯科和海参崴的西伯利亚铁路东段穿过中国东北。清光绪廿年至廿一年（1894～1895年），沙皇政府即着手制定有关计划。清光绪廿二年四月（1896年6月），沙俄诱逼清政府签订《中俄密约》。以后又陆续签订《中俄合办东省铁路公司合同》《中俄会订旅顺大连湾租地条约》（简称《旅大租地条约》）。清光绪二十三年八月初一（1897年8月28日）于东宁县境内的三岔口举行了中东铁路开工典礼。后因变更线路走向，铁路改在绥芬河出境。清光绪二十四年四月（1898年6月），中东铁路全线正式动工。清光绪二十九年闰五月廿日（1903年7月14日），中东铁路总工程师阿·依·尤戈维奇宣布全线竣工正式通车，是为黑龙江地区铁路运输之始。对于这条铁路的建成，沙俄的财政大臣斯·尤·维特直言不讳地说："它使俄国能在任何时间内在最短的路程上把自己的军事力量运到海参崴，集中于满洲、黄海海岸及离中国首都的近距离处。相当数目的俄国军队在上述据点的出现，大大增强俄国在中国、并在远东的威信和影响（《红档杂志有关中国交涉史料选择》第169页）。"由于清政府对外屈辱退让，致使沙俄的蓄谋得逞。中东铁路干线西起满洲里，东至绥芬河，南支线北自哈尔滨，南抵大连湾，全长2 489.2公里。沙俄投资近3亿卢布（其中70%攫取自清政府的两次赔款，还有中国投入华俄道胜银行的股银500万两）。招募筑路工人由开始时的1万人，3年后迅速增加到20万人。铁路建成后有职工约3万人（1922年中国铁路只有12.5万人）。与列强在中国修筑的各条铁路相比，其规模最大。沙俄企图利用中东铁路控制东北、攫取资源。但清光绪三十一年（1905年）日俄战争后，南支线即被肢解，宽城子（今长春）以南割与日本。中东铁路只以干线为主进行运营。1917年俄国十月革命后中东铁路又被白俄分子控制达7年之久。直到1924年中苏（苏联）签约，双方委派官员共管为止。

中东铁路的建筑和营运，给东三省人民带来深重的苦难，也对东三省的政治、经济、文化产生了深远而复杂的影响。沙俄在铁路沿线共侵占中国官、民土地达20.0894万垧（清末为小垧，1垧为10市亩，约合0.667公顷），造成大批农民倾家荡产。而其中真正用于筑路所必需的土地只有29%。他们野蛮地砍伐沿线两侧和松花江两岸的森林，除作枕木和建筑用材外，运往俄国或高价出售。沙俄的肆虐欺诈，引起民情激愤，群起反抗。清光绪三十六年（1900年）义和团对沙俄侵略者发动围攻。他们提出"练会义和拳，打跑洋毛子"等战斗口号，在广大筑路工人的配合下，扒铁路、拆桥梁、砍电线、毁教堂。中东铁路建成后，铁路工人的罢工时起时伏。仅全线大罢工就有3次。先后驱逐了白俄中东铁路管理局长德·勒·霍尔瓦特和波·佛·沃斯特罗乌莫夫。

1925年10月，中共北方区执行委员会派吴丽石到哈尔滨，在中东铁路哈尔滨总工厂和地包（机务段）等处组织"东铁青年协进会"，作为共产党的外围组织。翌年建立中东铁路工人最早的党支部和中共哈尔滨特别支部，吴丽石任书记。1926年，在中共北满地区委员会领导下，中东铁路沿线站区陆续建立中共绥芬河、穆棱、磨刀石、双城、安达、横道河子、牡丹江等支部。共有党员50余人，占当时全北满党员人数的50%左右。1929年刘少奇任中共满洲省委书记期间，曾深入中东铁路哈尔滨总工厂活动。1930年3月刘少奇给中共中央写了《关于中东铁路工人斗争总报告》。中东铁路成为中国共产党领导黑龙江地区工人运动的重要基地。

中东铁路通车之后，黑龙江地区地方当局，为"便商民运输之利，且杜外人干预之谋"，于清宣统元年八月（1909年9月）建成齐昂（齐齐哈尔至昂昂溪）轻便铁路，全长29公里。中华民国建立后，穆棱煤矿公司于1925年建成穆棱铁路，全长59.4公里。鹤岗煤矿公司于1926年修建了鹤岗铁路，全长55.8公里。1927～1930年，黑龙江地区地方当局又陆续建成：洮昂（洮南〈今洮安镇〉至昂昂溪）铁路，全长250.6公里；呼海（呼兰至海伦）铁路，全长215.2公里；齐克（齐齐哈尔至克山）铁路，全长142.8公里。上述6条铁路共计752.8公里，为清末民初在黑龙江地区中国自建的民族铁路。截至1931年"九一八"事变，黑龙江地区境内的铁路有：中东铁路999公里，中国民族铁路752.8公里，合计1 751.8公里。

“九一八”事变后日本侵占黑龙江地区，同时派遣大批满铁人员控制黑龙江地区各铁路（除中东铁路外）。1932年，伪满洲国成立。南满洲铁道株式会社（以下简称满铁）控制的铁路名义上改归伪满交通部管辖，但在1933年2月又同满铁订立委托经营契约，将东北铁路的管理与建设权交给满铁。这些“托管”的线路称之为“国线”（又称“国铁”），由同年3月满铁在奉天（今沈阳）成立的“铁路总局”统辖管理。中东铁路在日本势力的全面包围之中，货源枯竭。苏联此时无力与日本竞争，经过几年的洽商，于1935年单方面将中东铁路卖给日伪。从此结束了中东铁路33年的历史。日伪买下了中东铁路以后，即将宽轨改成准轨（宽轨轨距为1.524毫米，准轨轨距为1.445毫米）。翌年10月，满铁把它总部的“铁道部”“铁路总局”和“铁道建设局”合建成“铁道总局”，从而实现日本对东北铁路殖民主义的“一元化”统治。铁道总局下设7个铁道局有3个在黑龙江地区；8个铁道工场，有4个在黑龙江地区；4个铁道建设事务所，有2个在黑龙江地区。1941年年底太平洋战争爆发，东北成为日本的重要军事补给基地，对东北铁路实行“战时体制”，完全置于军事管理的“强力统治”之下。

满铁一方面对原有铁路进行殖民主义的经营，一方面大力修建新铁路。日本为了实现霸占东北、吞并中国的侵略野心，在“东方会议”上就确立了“开发满蒙铁路计划”，企图在20年内建筑35条总长达8 800公里的“满蒙铁路网”。日本侵占东北期间，建成通车的铁路共有5 700公里，日本投降时尚在施工的有1 000公里。在黑龙江地区建成的新线有2 914公里。

日本控制铁路，除了军事运输，就是掠夺东北丰富的农林矿产资源。在伪满的出口贸易总值中，1937年输往日本的占49.9%，1940年增加到95.98%（含日本占领关内地区的出口贸易）。从东北输出到日本的主要是大豆、豆饼和其他农产品，还有煤、铁矿石和生铁，以及食盐和木材。哈尔滨、齐齐哈尔、牡丹江3个铁道局的总货运量，从1937年的1 518.5万吨，增至1943年的3 968.4万吨；客运量从1937年的1 303.4万人，增至1943年的5 475.1万人。日本占领者利用铁路加紧侵略，激起了中国人民的强烈反抗。哈尔滨铁路总工厂等处工人则经常采取怠工、罢工、破坏生产等方式进行反抗。在多次抗日战斗中，铁路工人起了重要的配合作用。

1945年8月15日日本侵略者投降后，黑龙江地区铁路也随之进入一个新的历史时期。在苏联红军进入中国东北的同时，中共领导的10余万抗日部队迅速在东北广大地区展开工作，首要的目标之一是接管铁路。但是，日本投降前夕，中华民国政府与苏联政府签订条约，规定中国长春铁路（以下简称中长铁路，即最初中东铁路所建线路）为中苏共有共营的商业铁路。日本投降后两国政府着手接管经营，成立了中国国民党政府与苏联政府共管的中国长春铁路管理局，国民党势力插入黑龙江地区铁路。根据当时的国际国内形势，1945年9月28日中共中央军委在给中共东北局的指示中明确指出：“我党现时在东北的任务，是建立根据地，是在东满、北满、西满建立巩固的军事、政治的根据地。”人民铁路的接管大体是按上述区域分别进行的。1946年1月，于郑家屯成立西满铁路管理局，后迁齐齐哈尔。同月于梅河口建立东满铁路管理局。是年5月于哈尔滨成立北满铁路管理局。这个时期，尽管东北时局变化起伏，但以哈尔滨为中心的4 000多公里铁路始终为人民政权所掌握。3个铁路管理局，除管理各自的线路外，还协助中长铁路维持通车。为加强统一指挥，1946年7月25日，根据中共东北局决定，成立东北铁路总局，统辖东北解放区各铁路，并向中长铁路派出军事代表。直至1950年5月1日，新的中长铁路管理局成立，同时东北铁路总局撤销。

日本侵略者投降时，东北铁路已遭严重破坏，进入东北的苏联红军又把部分通往苏联边境的铁路拆除。在现哈局管界内共计被苏联红军拆除的铁路线达824.5公里。一些机车、车辆、通信信号和给水、上煤设备也都被拆走或毁坏。为了支援解放战争，铁路员工提出“解放军打到哪里，铁路就修到哪里”的口号，开展立功运动，积极修复铁路设备，广泛搜集和献纳器材，努力完成运输任务。1947年5月～1949年2月，哈局有3 807人立功，占职工总数的11.3%，齐局有1 517人立功，占职工总数的7.1%。到1948年年底，哈、齐、牡3个铁路管理局和哈尔滨、牡丹江2个铁路工厂共修复机车213台。“毛泽东号”和“朱德号”就是其中修复最早的机车。1949年5～9月，齐局组织1 200名职工在被拆除的北黑线沿线搜集机车25台、客货车431辆、起重机16台、起道机431台，钢轨39 124根，以及其他各种铁路器材2 200车，大部分运往关内修复线路。毛泽东主席肯定了东北铁路工人在解放战争中的贡献，1949年4月在西柏坡接见3005次英雄列车司机长范永时说：“向铁路工人致敬！”

中华人民共和国建立后，经中苏两国政府商定，于1950年5月1日在哈尔滨成立新的中苏共管的中国长春铁路管理局，管辖原中长铁路线路。1952年12月31日，该铁路全部无偿移交中国。新中长铁路成立虽然只有2年8个月，但它的经验对中华人民共和国的铁路事业有着广泛而深远的影响。中长铁路把苏联铁路管理的经验运用于中国实际，创造出一套当时中国铁路的管理经验和先进工作（生产）方法。郑锡坤的超轴牵引、王吉奎的机车平均日行500公里以上、杨茂林的装车法、李锡奎的调车法、孙士贵的焚火法，都是在这一时期出现的。群众的学习创造和领导的总结推广，逐渐形成全路推广的“满载、超轴、五百公里运动”和“铁牛运动”。为巩固中长铁路的成果，推广“中长经验”，1953年1月1日成立的哈尔滨铁路管理局，除保持中长铁路管理局的管辖范围外，还划入了安东（今辽宁省丹东市）铁路分局，并为全国铁路培训和输送了大批干部。

为适应国民经济发展，从1956年1月1日起，将哈尔滨铁路局划分为哈尔滨和沈阳两个铁路管理局。此时哈尔滨铁路局的管辖范围较原来缩小一半，基本上以黑龙江省境内铁路为主。1958年“大跃进”开始以后，全民大炼钢铁，人民公社化运动兴起，铁路运量也随之剧增。由于“大跃进”中高指标严重脱离实际，铁路废除了必要的规章制度，新职人员大量增加，致使从1960年冬起，哈局运输出现严重困难。1961年初贯彻中央对铁路工作的指示，经过近1年的努力，全省铁路逐步改变了运输生产的混乱被动状况。1963年开始回升，到1965年恢复到1957年水平。

1966～1976年“文化大革命”，使经过调整稳步发展的全省铁路运输再次遭到了严重破坏。10年间，黑龙江省铁路运输生产三起三落：1966年上半年铁路运输在1965年的基础上呈上升趋势，下半年则开始逆转。上海“一月风暴”扩展到黑龙江省，“红卫兵”开始无票乘车大串连，企业生产停顿，运输生产无法完成任务，出现第一次下降。1969～1973年的“斗（争）、批（判）、改（革）”阶段，运输生产略有好转，1971年林彪反革命集团覆没后运输生产不断上升。但1974年开始“批林（彪）批孔（子）”后，全省铁路运输生产第二次下降。1975年邓小平主持中央日常工作，开始整顿各条战线。同年3月5日中共中央发出《关于铁路工作的决定》后，铁路运输生产较大幅度上升。同年底受江青反革命集团掀起的“反击右倾翻案风”的破坏，运输秩序再次混乱，运输生产出现第三次下降。1966～1976年“文化大革命”期间，省内新线建设有所成就，但整个运输生产遭到严重破坏。

1976年，粉碎江青反革命集团后，全省铁路开始走向改革之路。经过两年的整顿，扭转了混乱被动局面，恢复了正常运输秩序。从1978年中共第十一届三中全会后，到1985年，全省铁路在改革的道路上走出了两大步。1979～1981年，贯彻以调整为中心的“调整、改革、整顿、提高”的方针，对铁路运输进行挖潜、革新、改造，不仅利用现有设备全面完成运输生产任务，而且通过全面质量管理，为铁路的现代化建设打下基础。1982～1985年，全省铁路进行全面整顿，实施以经济责任制为中心的各项改革，使铁路进入新的发展阶段，实现由单纯的生产型向生产经营服务型转变。

至1985年，全省国有铁路营业里程［营业里程，又称营业公里或营业长度，是为铁路管辖范围内线路两端分界站（处）中心点间正线的实际长度。复线或多线时，按最短的一条计量］共有4 874.8公里，占全国铁路的9.55%。路网密度为每百平方公里1.08公里，超过全国平均密度的一倍。全省国有铁路延展里程［铁路线路延展里程，又称延展长度或延展公里，是指正线（含复线）、站线、岔线、段管线及特别用途线长度的总和］有6 095.5公里。黑龙江省境内铁路为哈尔滨铁路局管辖。至1985年，哈局为全国5个较大铁路局之一。全局职工已达249 613人，占全国铁路（以下简称全路）职工的8%。

至1985年，中华人民共和国成立37年来，哈尔滨铁路局共发送货物25.2亿吨，占全路的11.2%；到达货物19.3亿吨。发送旅客21.6亿人，占全路的10.3%；运输旅客22.9亿人。黑龙江省加上内蒙古自治区呼伦贝尔盟，每亿元工农业生产总值产生的铁路货运量，37年平均为36万吨。哈尔滨铁路局铁路运输对黑龙江省以至邻近的内蒙古自治区和吉林省的经济发展、城乡交流、巩固国防、国际贸易诸方面都发挥着重要作用。

第三节　公　路

一、公路建设

考古发现的大量文化遗存证明，黑龙江地区从旧石器晚期至新石器时期即有原始人类活动。人们多栖息在山岭脚下，江河之滨，以采集、捕鱼、狩猎、游牧为生，并兼有少量农耕，通过生产劳动和相互交往，遂踏出了若干小径，逐渐变成了道路。这便是黑龙江地区原始自然道路之发端。

历史文献记载，黑龙江地区于夏商时期，就居住着三大古老民族，即东部的肃慎（或称息慎、稷慎），中部的濊貊（或称秽貉），西部的东胡。这些民族是黑龙江地区古代道路交通开辟之先驱。

《竹书纪年·五帝篇》载："帝舜二十五年，息慎氏来朝，贡弓矢"。西周期间，黑龙江地区的肃慎、濊貊、东胡族，均与中原王朝建立了臣属关系，贡使往来不绝。肃慎人遣使向西周朝贡"楛矢石砮（楛矢石砮，即弓之矢。楛矢是以楛木（桦木）制成的箭杆；石砮，是用石材制成的箭镞。）；濊貊人向西周朝贡貔皮、赤豹、黄罴；东胡人也曾向西周朝贡方物。

汉代之后，黑龙江地区各民族及其后裔继续向中原王朝朝贡。《汉书》载：王莽始建国元年（公元9年），汉廷遣使东至"玄菟乐浪、高句丽、夫余"，汉光武帝建武二十五年（公元49年），夫余王遣使奉献，于是使命岁通；汉安帝永宁元年（120年）、汉顺帝永和元年（136年）、汉桓帝延熹四年（161年）、汉灵帝熹平三年（174年），夫余多次遣使朝贡。直至三国、南北朝时期，夫余与中原的联系仍为密切。《三国志》载：魏明帝青龙四年（236年）、魏元帝景元三年（262年）和《晋书》载：晋武帝咸宁五年（279年）、晋元帝大兴二年（319年），肃慎先后向魏、晋朝贡。此后，肃慎及其后裔勿吉、靺鞨又向北魏、北齐朝贡；室韦也曾向北魏、北齐朝贡（在《魏书》《北齐书》《北史》中，均较多记载了勿吉、靺鞨、室韦向北魏、北齐朝贡史实）。上述史实，说明黑龙江地区早已形成通往中原的朝贡道路。唐代，在黑龙江地区的渤海、黑水靺鞨、室韦等民族聚居地设立都督府。渤海国先后遣使赴唐130余次。并开辟了通往中原的长岭营州道、鸭绿朝贡道，通往毗邻的南海新罗道夫余契丹道，以及通往日本的交通路线和上京通往州、府、县的道路。据考，在牡丹江畔至今仍保存着渤海国时期修建的5座石桥墩遗迹，分布于上官地、平安、胜利（下马河）、红星（牛场）、江西5地，其中上官地石桥为7墩8孔，全长160米。可见当时已具有建造大型石桥的技术能力。黑水靺鞨、室韦、乌丸、豆末娄等民族亦加强了与唐朝的联系，开辟了民族区域的道路。辽代，黑龙江地区各民族实现了区域性的统一，道路交通发生了较大变化。此时，开辟了临潢府至奴尔干城（临潢府至奴尔干城交通路线，史称“鹰路”）、泰州至通化州、长春州至鸭子河泺、鸭子河泺至宁江州、安出虎水完颜部居地至宁江州等交通路线。随着车辆制造业兴起，交通运输的状况得以显著改变。《辽史纪事本末》载：“契丹集兵百万多作大舟，安四轮，陆行以辎重，过拽水潢河则脱轮以渡人马。” 金朝，以黑龙江地区为肇兴之地。开辟了上京至雄州、上京至泰州两条驿道，为黑龙江地区设驿之始；同时，开辟了上京至蒲与路、上京至肇州、上京至胡里改路、上京至恤品路、上京至合懒路、上京至曲江、上京至五道岭、肇州至胡里改路、肇州至蒲与路等道路。而在交通管理方面比以往朝代有所进步。《金史·百官志》载：兵部掌铺驿，工部管道路、桥梁；各路、府、州设都水监，掌川驿、津梁、舟楫、河渠。 元、明时期，黑龙江地区道路交通又有了发展。元代，开辟了西祥州至失宝赤万户府、吉答至阿母哥、韦口铺至奴尔干城、西祥州至永明城、肇州至甫丹迷等驿道，并开辟了肇州、蒲与路、剌怜等屯田道路。明代，又增设了海西（海西，即在今阿什河、拉林河流域及三肇地区一带。）西陆路和由纳丹府至毛怜卫两条驿道，还开辟了嫩江、黑龙江、牡丹江、乌苏里江、松花江、海拉尔河等流域卫所道路。

墨尔根至雅克萨驿道古今地名
（1985年）

表3-4

古　地　名	今　地　名
头站（墨尔根站）	黑龙江省嫩江县嫩江镇北门里
二站	黑龙江省嫩江县联兴乡哈什太村
三站	黑龙江省嫩江县门鲁河种畜场
四站（固巴河站）	黑龙江省嫩江县门鲁河乡四站林场附近
五站（雅鲁萨台河站）	黑龙江省嫩江县建边农场附近
六站（库凌河站）	黑龙江省嫩江县星火乡库凌河与嫩江正合处
七站（古龙河站）	黑龙江省嫩江县星火乡龙山农场附近
八站（三松河站）	黑龙江省嫩江县卧都河乡嫩江左岸
九站（鄂多河站）	黑龙江省嫩江县卧都河乡鄂多河与嫩江汇合处
十站（阿鲁河站）	黑龙江省嫩江县卧都河乡新建农场附近
十一站（嘎鲁河站）	黑龙江省呼玛县北疆乡嘎鲁河与嫩江汇合址
十二站（庆兰站）	黑龙江省呼玛县北疆乡十二站林场附近
十三站（二根河站）	黑龙江省呼玛县北疆乡二根河左岸
十四站（兴安岭站）	黑龙江省呼玛县兴隆乡绰纳河左岸

续表3-4

古　地　名	今　地　名
十五站（北实黑站）	黑龙江省呼玛县兴隆乡
十六站（会宝沟站）	黑龙江省呼玛县东方红乡韩家同子附近
十七站（选拉罕站）	黑龙江省呼玛县东方红乡十七站村
十八站（谭宝山站）	黑龙江省塔河县十八站乡政府驻地
十九站（依沙溪站）	黑龙江省塔河县十八站乡十九站村
二十站（依西肯站）	黑龙江省塔河县依西肯乡
二十一站（卜拉格站）	黑龙江省塔县河十八站养路道班驻地
二十二站（斡路站）	黑龙江省塔河县开库康乡
二十三站（盘古河站）	黑龙江省塔河县开库康乡林场附近
二十四站（安盖站）	黑龙江省漠河县兴安乡
二十五站（额木尔河口站）	黑龙江省漠河县兴安乡二十五站村
二十六站（卧龙河站）	黑龙江省漠河县兴安乡
二十七站（吉龙河站）	黑龙江省漠河县兴安乡额木尔河大桥附近
二十八站（吉牛河站）	黑龙江省漠河县漠河乡北红村牧场附近
二十九站（永和站）	黑龙江省漠河县漠河乡北红村
三十站（漠河站）	黑龙江省漠河县漠河乡北极村
三十一站（老金沟站）	黑龙江省漠河县漠河乡老金沟矿旧址
三十二站	黑龙江省漠河县漠河乡洛古河村
三十三站（八道卡站）	内蒙古自治区呼盟额尔古纳右旗恩和哈达附近

清代，黑龙江地区道路交通发生了明显的变化。道路交通不仅在沿袭以前驿运制度的基础上加以完善，而且已构成了道路网的框架。清初，开辟了宁古塔通往鹦哥关、吉林乌拉通往宁古塔两条驿道。之后，清朝为反击沙俄占据雅克萨、尼布楚等中国边境城镇，开辟了墨尔根通往雅克萨、吉林乌拉通往瑷珲两条驿道。又开辟了齐齐哈尔通往呼伦贝尔、乌兰诺尔通往呼兰、吉林乌拉通往三姓、宁古塔通往三姓、宁古塔通往珲春、宁古塔通往三岔口驿道，以及瑷珲、齐齐哈尔、珠克特依、茂兴等地通往京师5条驿道。清咸丰十年（1860年）以后，由于黑龙江地区全面解除汉人移居之禁，境内人口激增，新建了大量城镇和村屯，进而开辟了以城镇为中心的民间大道。随之形成了以驿道为干线，民间道和边防道为支线纵横交错的道路网。

中华民国初期，黑龙江地区受帝国主义侵扰和国内战乱的影响，人民生活极为困难。中东铁路通车后，汽车陆续传入黑龙江地区，并始建公路。这些公路，绝大部分是在驿道和大车道的基础上辟建的。此时全地区有大车道128条。

黑龙江地区自1931年"九一八"事变后，沦为日本帝国主义的殖民地。1934年12月1日，日伪当局将黑龙江地区划分为龙江、黑河、三江、滨江、牡丹江、东安、北安等七个省。日本侵略者为长期霸占东北，掠夺资源，在黑龙江地区抓中国人当劳工，修建了较多的公路。这些公路一部分是利用中华民国时期修筑的公路加以改建，一部分是在原有大车道基础上修建的。路基很低，大部分为土路，有一少部分铺有砂石路面。据伪满洲国道路建设资料统计，到1945年8月，黑龙江地区约有各种公路15 300公里。

1945年8月15日，日本帝国主义宣布无条件投降，在中国共产党的领导下，黑龙江地区开始全力恢复生产与城乡交通，支援解放战争。据统计，1945年末，黑龙江地区有公路15 300余公里，且多为土路木桥。

至1948年，黑龙江地区政权建置逐步趋于完备，开始设有公路机构和人员。当时，松江省政府建设厅内设有交通科，后改为公路局；黑龙江省政府工业厅内设有公路科，后改为公路局；嫩江省政府水利局内设有公路科。1949年4月，黑龙江、嫩江两省合并为黑龙江省，设有公路管理局。黑龙江地区各市、县级政府民政科内设有专人管理公路，解放战争期间，由于财力所限，对公路、桥梁只是组织当地群众进行修复，维持通车。

1949～1952年，黑龙江、松江两省所辖市、县、旗人民政府都设有公路机构和人员。对公路主要是组织群众，利用农闲，进行春秋季整修，以保障路面平坦，便利行车。在部分干线公路上，建立养路段，配备专业道班工人修路、护路。松江省在密山至虎林公路设密虎养路段，黑龙江省在肇东至肇源公路设三肇养路段，是黑龙江地区首先建立的公路养护专业机构。同时，建立群众养路组织，以辅助专业力量的不足。并对部分干线公路、桥梁进行了改建。

1950年12月，黑龙江、松江两省公路部门，有近40名工程技术人员赴朝鲜前线参加抗美援朝战争，抢修公路，架设桥梁，确保军需运输。

1945～1952年，黑龙江、松江两省贯彻执行政务院制定的民工建勤政策，采取依靠地方、动员群众、因地制宜、就地取材修路筑桥。当时人员少，特别是技术力量严重不足，较大工程由省派技术人员测设，配合各市县施工；一般工程则由市、县自行设计施工。筑路施工机械奇缺，全地区仅有日伪时期留下来的几台旧压道机，其他完全使用铣、镐、扁担、土篮子等工具。对参加整修公路的民工、民车，实行补贴粮食（高粮、玉米），以减轻民工负担。这种整修公路方式，投资少，收益大，适应了解放战争时期和国民经济恢复时期的要求。

第一个五年计划时期，黑龙江省（1954年8月，黑龙江、松江两省合并）被列为国家重点建设省份。工业基本建设投资占全国工业基本建设总投资的10.3%，全国156项重点建设项目，在黑龙江省兴建的就有22项。加之国家对生产资料私有制的社会主义改造已基本完成，工农业生产发展较快，城乡物资交流和人们往来增多。这些因素为发展公路提供了有利条件。在国家诸项事业并举、资金不足的情况下，黑龙江省把公路建设重点放在重要工业区、重点产粮区和大型农场、矿区，对全省大部分地区的公路，则依靠当地组织群众进行维修、养护和管理，以维持正常通车。

1953～1957年，黑龙江地区先后改建了齐齐哈尔至富拉尔基、鹤岗至萝北、林口至鸡西、克山至拜泉、肇东至肇源、鸡西至密山等公路。首次修建了齐齐哈尔至富拉尔基全长33公里的砾石级配路面公路和龙江县第一座80米的石拱桥。为解决在无砂石地区铺装路面材料，黑龙江省交通厅于1956年组织技术人员在安达县进行白灰土拌合黄土作为基础材料，以稳定土壤代替石料的试验，取得了初步成果，为以后大面积铺装渣油路面提供了科学依据。同年，在明水至安达公路上试铺5公里渣油路面，是黑龙江省修建渣油路面之始。同时，专业养路道班有所增多，养路队伍不断壮大，公路养护逐渐走向专业化。截至1957年末，黑龙江省公路通车里程16 892公里，是1949年5 912公里的1.8倍，晴雨通车里程1 747公里，比1949年107公里增长15倍。有道班工人618名，群众代表工1 690名。

1958年，国家开始实施第二个国民经济五年计划，交通部提出了依靠地方、依靠群众、普及与提高相结合以普及为主的发展公路交通的方针。黑龙江省总结推广了明水县组织民工建勤实现全县地方道路网的经验，加快了地方道路的发展。拜泉、依安、克山、龙江、林口、鸡西、密山、宾县等市县都充分组织民工建勤修建地方道路，成果显著，掀起了修建地方道路的热潮。在此期间，黑龙江省公路状况有明显改善，增加了砂石路面，开始有了渣油路面和沥青路面，以石拱桥为主的永久性桥梁有较快增长。

至1966年，黑龙江省共修建黑色（沥青、渣油）路面471.2公里，碎石路面6 354公里。计有永久性桥梁482座，152 788米，为1960年的7.9倍和3.1倍。但是在“大跃进”中，公路建设曾出现过不顾实际可能，盲目追求数量，忽视质量的倾向。

1967～1976年“文化大革命”时期，黑龙江省公路建设受到了干扰、破坏。由于黑龙江省地处东北前哨，为适应战备形势需要，黑龙江省革命委员会把公路建设纳入主要议事日程，加强了领导。省、地、县分别建立国防公路建设指挥部，具体组织公路建设的实施，并采取军队建制的团、营、连、排形式。这一时期，新建改建了嫩江至漠河、二龙山至抚远、海青至四合等边境公路。这些公路有利于发展边境地区的政治、经济与沟通内地之间的联系。特别是对促进少数民族地区的经济发展具有重要意义。修建小三线（“小三线”建设，是国家为适应战备形势而采取的一项措施。由省统一安排，将一些工厂由城市迁往山区，这些地区称为“小三线”）公路，也是这个时期公路建设的重要项目。在省、地、县交通部门的组织下，修建了方正至依兰、五常至尚志、通河至凤阳等公路和冲河、向阳等永久性桥梁。这些工程，多修建在隐蔽角落，离居民点较远，交通量不大。1977年之后，黑龙江省公路建设进入以提高为主的时期。黑龙江省交通厅把提高公路技术状况作为主攻方向，主要改造了干线公路，修建了一、二级公路，打通了部分断头路，初步解决了哈尔滨、齐齐哈尔、牡丹江、佳木斯、大庆等大中城市出口路车辆拥挤现象。并有重点地发展高级、次高级路面，不仅增加了沥青路面，而且铺装了一部分水泥混凝土路面。公路干线基本实现了桥梁永久化，修建了一些技术先进、结构新颖的大型桥梁。

至1985年，黑龙江省的公路技术等级和晴雨通车里程都有较大的提高和增长。全省计有公路65 171.3公里。已初步构成以国、省干线公路为骨架，大中城市为中心，干支相通，城乡相连，与邻省相接的纵横交错、四通八达的公路网。

二、旅客运输

中华民国成立之前，黑龙江地区公路旅客运输，靠民营畜力车和爬犁。

清光绪三十二年（1906年），一外国侨民在哈尔滨道里中国大街（今中央大街）开办第一家国际汽车公司，以2辆小型汽车从事市内旅客营运。1912～1931年，黑龙江地区又陆续出现了长途汽车从事城镇间旅客营运。但由于公路路况不佳，无一条四季畅通的营运路线，汽车运输发展缓慢。

东北沦陷期间，黑龙江地区的公路汽车旅客运输，大多由南满铁道株式会社和日商国际运输株式会社把持，对其他民营汽车旅客运输逐年扩大统制，至1945年日本侵略军投降前，多数被兼并或淘汰。

解放战争时期，黑龙江地区的公路运输逐渐得到恢复。当时，汽车甚少，旅客运输多由畜力车承运。

中华人民共和国成立后，黑龙江地区的公路旅客运输，逐步建立起以公路交通部门国营运输企业为骨干的公路客运体系，并不断增加车辆，开辟客运路线，设立站点，完善服务设施，提高服务质量。国家实行改革开放后，黑龙江省的公路旅客运输发生了深刻变化，改变了由公路交通部门国营客运企业独家经营的局面，出现了国营、集体、个体客运三者一起上的格局，构成了以哈尔滨、齐齐哈尔、牡丹江、佳木斯、绥化、黑河、大庆、集贤（福利屯）等7市1县国营公路客运站为中心，辐射全省公路干线和支线，连接城乡的四通八达的旅客运输网络。旅客乘车难的现象得到改变，除春节、学校放寒暑假外，做到客流畅通。1950～1985年，全省公路旅客运输量累计111 802.2万人。

三、货物运输

清末民初，黑龙江地区以畜力车为主的货物运输日渐增多。主要集中在铁路、航运沿线的哈尔滨、齐齐哈尔、安达、黑河、富锦等城镇，并成为铁路、港口货物中转枢纽，其中运量较大的是哈尔滨。

清光绪二十九年至宣统二年（1903～1910年），哈尔滨人力车、畜力车年均为铁路车站和港口码头集散货物运量多达数10万吨：其中，运出各类货物有食盐27.7万吨，石碱5 456吨，木材及建筑用品1.8万吨，木炭12.5吨，牛1 100头，猪4 000头，蜡烛12.6万箱，烟草292.5吨，石灰2 700吨，肉类130吨，羊350头。输入各类货物有谷类2.4万吨，砂糖8 000吨，食盐3 642.5吨，蜡烛4 400箱，烟草500吨，蔬菜322.5吨，木材及建筑用品1.7万吨，织物1.5万吨，茶叶7 000吨，火柴500吨，石碱10.5吨，麻袋1 000万条，铁及铁制品9 000吨，石灰15.5万吨，木炭83吨，肉类109吨，羊1.54万头，牛4.65万头，猪1万头。

1912～1915年，黑龙江地区每年冬季参加运输的畜力车5万余辆，年均运往长春的粮食25.4万余吨，输入黑龙江的杂货13万多吨。1916～1923年年均运往长春的粮食46.4万吨，输入黑龙江的杂货14.5万吨。在此期间，参加运粮的马车最多达15万辆。1924年后长途货物运输多由铁路承担，公路长途货物运输相对减少。1927～1931年“九一八”事变前，年均运往长春的粮食11.2万吨，比前期年运量减少3.1倍。

东北沦陷期间，公路货物运输主要由日本国际株式会社垄断。日本侵略军为大肆掠夺黑龙江资源，不断扩展汽车和畜力车运输。据《满洲开发四十年（上卷）》记载，1935～1938年，汽车和畜力车为哈尔滨、依兰、莲江口、佳木斯、桦川、富锦、黑河等航运码头集散货物453万公路余吨。1938～1942年汽车和畜力车为哈尔滨、三棵树、八区、齐齐哈尔、牡丹江、林121等铁路车站集散货物1 165万吨。1944年，黑龙江地区的火车、汽车集中运军用物资。日伪政权强迫动用城乡畜力车21万辆，占全区总车数的91.3%，运输粮食380万吨。

1946～1948年，黑龙江地区公路运输部门在各级人民政府领导下，主要承担支援解放战争、恢复工农业生产及保障人民供给等物资运输。仅运输粮食一项共170.4万吨。

中华人民共和国成立后，随着国民经济的迅速恢复，货运量与日俱增。1950～1952年，松江、黑龙江两省公路运输部门组织国营、私营及机关企事业各种车辆完成货运量2 443万吨。1953年，国家实施发展国民经济第一个五年计划。为保证工程建设物资运输任务，每年组织大批农村马车参加运输。

1953～1957年，黑龙江省完成货运量15 968万吨，比国民经济恢复时期增长2.9倍。1958～1960年“大跃进”期间，由于大炼钢铁，黑龙江省公路货运量急剧上升，运力严重紧缺，公路运输以保钢保粮为重点。3年共完成货运量21 005万吨，比“一五”计划时期增长1.2倍，1961年，贯彻“调整、巩固、充实、提高”的方针，黑龙江省大批基本建设工程下马，公路货运量大幅度减少。1961~1965年，黑龙江省共完成货运量13 658万吨，比前3年下降61%。

1966~1976年“文化大革命”期间，黑龙江省公路运输生产虽然遭受干扰破坏，但由于广大职工坚守岗位，保证了运输生产任务的完成。同时，运力结构发生了新的变化，汽车运输已取代了大批畜力车运输。10年间黑龙江省共完成货运量48 050万吨，比前5年年均增长76%。

1978年后，随着改革开放方针的深入贯彻，黑龙江省公路运输出现了多层次、多渠道、多种形式的格局，各种机动车辆迅猛发展，基本实现了机械化运输。运输经营方式灵活多样，货运站点遍及城乡，加速了货物周转。至1985年，黑龙江省完成货运量7 412万吨，比1979年增长1.1倍。

第四节 民 航

一、航空客运

1931年“九一八”事变后，日本侵占中国东北三省，在日本关东军的策划下，于1932年9月26日在奉天（今沈阳）成立满洲航空株式会社（以下简称“满航”）。同年底，“满航”在黑龙江地区开辟航空运输航线1条。1941年，“满航”在黑龙江地区的运输航线发展到12条。“满航”名义上是商用航空，实际是在日本关东军的严密控制下，已被日本侵略者用来为残酷镇压中国人民的反抗服务，成为运送日伪军政人员和军用急需物资的工具。“满航”在黑龙江地区的航空运输主要任务是运送日本军事邮件、日本官员、伪满官员，在载量有余的情况下，才搭乘一般旅客。1945年日本投降，“满航”在黑龙江地区的商用航空随之停止。

中华人民共和国成立后，1950年3月27日，中苏两国政府签订《关于创办中苏民用航空股份公司的协定》；同年7月1日，在北京创立中苏民用航空股份公司（以下简称中苏民航公司），并开辟北京至苏联的伊尔库茨克、阿拉木图、赤塔3条国际航线。北京至赤塔国际航线途经沈阳、哈尔滨、齐齐哈尔、海拉尔，1951~1954年，中苏民航哈尔滨站旅客总发运量为1 045人次，平均每年运送旅客261人次。其中1952年，出港旅客仅99人次，航班经常缺载。

1956年略有上升，但由于全国开展增产节约运动，许多单位把利用航空视为浪费，因此1957~1958两年客运量大幅度下跌。1958年，国家为了促进航空事业的发展，将国内航线客票价平均下调40%。同时，在“大跃进”形势下，黑龙江省开始开办地方航空，两年间连续开辟4条地方航线。1959~1961年，民航哈尔滨站旅客发运量直线上长。1961年，旅客发运量是3 146人，为1955年的13.47倍。1962~1965年，旅客发运量又开始逐年下降。“文化大革命”初期，由于全国地面交通受阻等客观原因，黑龙江省的航空运输客运量增长较快，1967年，旅客发运量是1965年的3.49倍。1970年旅客年发运量达到3 500人以上。从1971年起，旅客发运量呈逐年上升趋势。1974年开始，民航黑龙江省局为了解决大、中型飞机降落场地，暂借哈尔滨伟建机器制造厂的平房机场降落伊尔一18型客机。当年黑龙江省航空运输旅客年发运量首次突破1.5万人次。同年国家决定修建民航哈尔滨阎家岗机场。

1979年12月，哈尔滨阎家岗机场建成投产，为黑龙江省航空事业的迅速发展奠定了基础。

同年，哈尔滨一北京航线班机更换大型客机，以后航班逐年增加，同时，哈尔滨一上海、哈尔滨——广州航线也相继开通。从1980年起，哈尔滨——北京，哈尔滨——上海，哈尔滨——广州3条航线，尽管航班不断增加班次，但仍然满足不了客流量激增的需要，“买票难”现象突出，购买机票需要提前一周预订，在民航哈尔滨售票处门前经常有人通宵排队等候买票。同年7月13日，民航局批准哈尔滨售票处可以直接办理国际客运业务，即凡购买有国际客运联运国家和地区的旅客客票，在哈尔滨售票处都可直接购买联程客票，不必再到北京购票。从1982年春节黑龙江国际旅行社组织四架包机运送港澳同胞到哈尔滨市观赏冰灯后，乘飞机到哈尔滨观赏冰灯的国内外旅客逐年增多。1983年“5·5”劫机事件（1983年5月5日，民航沈阳管理局296号班机从沈阳东塔机场起飞后被劫持到韩国事件）发生后，黑龙江省的航空客流量出现低潮，5月份旅客发动量与1982年同期相比降低50%左右，同年9月以后逐渐恢复正常。

1984年旅客成分构成：机关系统占10.9%、工交系统占21.8%、部队系统占4.5%、外籍旅客占10.2%、其他系统占52.6%。哈尔滨——北京、哈尔滨——上海、哈尔滨——广州3条航线，是黑龙江省航空运输“黄金航线”。据1985年统计，3条航线全年共飞行731班，占全省年航班总数的50.1%，运送旅客81 000人，占全省年运送旅客总数的88.2%，其中哈尔滨一北京427班，运送旅客46 000人，客座利用率94.3%；哈尔滨——广州159班，运送旅客18 000人，客座利用率96%；哈尔滨——上海145班，运送旅客17 000人，客座利用率96.3%。

二、航空货运

1950～1954年中苏民航公司经营期间，国家处于国民经济恢复时期，社会对航空货运需求量不大。中苏民航哈尔滨航空站，1951～1954年4年货运量分别为36.12吨、82.5吨、103吨、220.92吨。1955年航空发运货物国营企业占59.4%，私营企业占40.1%，其他占0.5%。1957年，国营企业为了压缩开支，哈尔滨航空站航空货物发运量有所减少。1958年后货物发运量上升，1960年达到761吨。这一时期，哈尔滨航空站承运的货物品种主要有发电机、仪器仪表、轴承、医药等，其中仪器仪表占48.6%。经济困难时期货物发运量又有下降。1966～1976年，全省航空货运量最高年份为1976年，全年货运量为894.9吨，最低年份为1972年，454.5吨。其余8年都在700～800吨之间徘徊。1979年7月，组织波音707型飞机货运包机，飞哈尔滨——香港航线，承运哈尔滨出口服装110吨。同年8月，国家民航局批准民航黑龙江省局直接承办黑龙江省至世界各地的航空货运业务。当年货运量首次突破千吨，达到1 038.3吨。1983年，受“5·5劫机事件”的影响，航班出现客源不足现象，民航黑龙江省局提出：“客源不足，用货源补”的口号。改进货源组织办法，实行组织货源承包到人，分片包干，超额有奖，完不成任务扣发奖金等措施，效果较好。当年货运量比1982年度增加163.13吨。1984年，国家经委在大连市召开了“全国用户座谈会”，民航黑龙江省局运输科，代表民航系统在会上介绍了“取货上门，送货到家”的服务经验。1985年，哈尔滨阎家岗机场接待来自美国、罗马尼亚、荷兰、伊朗等国航空公司大型货机包机25架次，为中国种畜进出口公司从美国、丹麦运进良种牛1 492头，种羊643头，其他物资102吨。

三、专业航空

专业航空指除定期和不定期的运输航空之外的民用航空飞行活动，是民用航空的重要组成部分。

根据敌伪档案记载，从1933年起，“满航”便经营专业航空，经营项目有铁道测线、治安飞行、盐田调查、砂金运输、航空摄影等。

中华人民共和国成立后，黑龙江地区的专业航空是从1952年开始的。

1952～1958年，由林业、农业主管部门与民航总局签订协议，由民航北京专业农林飞行队派出飞机，到黑龙江省执行任务。从1959年开始，全国专业航空改为三级管理——民航总局、地区管理局、省（区）局。1964年以前由民航北京专业大队派出飞机，1965年以后，由民航沈阳管理局派出飞机，到黑龙江省执行专业航空生产任务。1959年后，黑龙江省常年驻有3～6架安-2型飞机（后逐步由国产运-5型飞机所代替），专业航空生产业务开始由民航黑龙江省局负责管理。1966年5月，民航总局决定，将驻天津的民航第十二飞行大队搬迁到黑龙江省哈尔滨马家沟机场，以适应黑龙江省专业航空日益发展的需要。

1978年民航总局批准组建民航第二十五飞行大队，以从事专业航空为主，兼营航空运输。当时大队拥有里-2、运-5、米-8、贝尔-212共4种机型，22架飞机。至1985年，黑龙江省专业航空项目主要有农业航空、工业航空、林业航空、特种航空4种。

第五节　邮　政

据史料记载，公元8世纪唐渤海国的“长岭营州道”“鸭渌朝贡道”“龙原日本道”和“扶余契丹道”为黑龙江地区有组织的通信——古代邮驿之始。渤海国通过这些驿道，先后建立了同唐朝及本国南部各府、州、县，以及日本、高丽等国的交通与信息往来。这种邮驿制度历经唐、辽、金、元、明、清各代，共1 200多年。清光绪三十二年（1906年），黑龙江地区变通驿务，改设文报局，于1915年6月业务为邮局代替。

黑龙江地区近代邮政于清光绪二十六年（1900年）开始于呼兰府、北团林子（今黑龙江省绥化市）、双城厅和阿什河（今黑龙江省阿城县）等地；清光绪二十八年（1902年），哈尔滨、齐齐哈尔两地设立邮局，后逐步扩展到各较大城镇。到1931年“九一八”事变时，黑龙江地区已有各等邮局和邮寄代办所339处，铁路邮路2 371.8公里。

东北沦陷时期，日本帝国主义把邮政作为侵略工具，与伪满洲国缔结“满日邮便条约”，并颁布各项邮政法规。此后，日伪政权出于统治和掠夺的需要，在军事、政治中心、交通枢纽、铁路沿线及煤炭等经济资源丰富的地区和开拓团所在地大量增设邮政局（所）。到1937年，黑龙江地区共设有邮政局（所）592处。1945年8月日本侵略者投降时，邮政、电信设施遭到严重破坏，通信陷于瘫痪。

1945年“九三”抗日战争胜利后，黑龙江地区各级人民政权相继建立，邮政回到人民手中。邮电职工开展修旧利废活动，迅速恢复并发展邮政事业。同时抽调大批干部随军南下，接管新解放地区的邮政工作。截至1949年底，全省邮电局（所）恢复到623处，邮路9 256公里，为支援全国人民解放战争和建立巩固的东北革命根据地作出了重要贡献。

中华人民共和国建立后，黑龙江地区邮电部门坚持“人民邮电为人民”的方针，邮电通信建设和邮电服务工作进入了一个新的发展阶段。

国民经济恢复时期，为迅速扭转当时设备短缺、服务水平不高的落后局面，适应社会主义革命和社会主义建设的需要，黑龙江地区广大邮电职工在中国共产党和人民政府的领导下，忘我劳动，进一步恢复和发展邮政工作。到1952年，黑龙江地区邮电局（所）达到636处，邮路（含农村投递线路）达到42 281公里。

国民经济第一个五年计划实施时期，黑龙江地区邮电部门合理利用有限资金，坚持挖潜、革新和技术改造，千方百计增加邮电服务网点，主动深入工矿企业、工地服务，为各行各业提供用邮的方便条件。1954年6月中央决定黑龙江、松花江两省合并后，同年7月1日起，新的黑龙江邮电管理局在哈尔滨成立，并建立了以哈尔滨为中心的省内邮电通信网。到1957年，全省邮电局（所）达到906处，比中华人民共和国成立时增长45.4%。在农业合作化高潮的推动下，全省近9 000个农业合作社通了邮路。其间，黑龙江地区各级邮电部门根据中共中央的指示，于1953开始纠正业务经营上片面追求盈利的错误观点和强迫摊派的做法，认真贯彻迅速、准确、安全、方便的方针，改善服务，提高质量。

国民经济第二个五年计划实施时期和国民经济调整时期，全省邮政网路在稳定的基础上略有增长。

“文化大革命”期间，全省邮政规章制度遭到破坏。1975～1978年，根据邮电部提出的奋战二三年，改变通信落后面貌的部署和实现“四化”（县以上电报通信传真化、市内电话自动化、农村电话载波化、农村投递摩托化）的要求，全省农村投递摩托化，由于未从实际出发，后来大部分“下马”。

中共第十一届三中全会后，邮电进入大发展时期。全省邮电部门坚持改革开放，打破独家经营和单纯依赖国家的旧框框，在邮电通信建设上实行国家、地方、集体、个人一起上的方针，充分发挥社会各方面的积极性，多渠道、多层次、多途径地发展邮电；同时，充分利用国家为促进邮电事业发展而在建设资金筹集、行业利税上缴等方面所给予的一系列优惠政策，加快了邮电通信建设步伐。1979～1985年，全省邮电局（所）发展到1 586处，比1949年增长1.5倍；邮路总长度44 264公里，比1949年增长3.78倍。同时，全省邮政服务水平显著提高：省报次日内传递到县（市）的比重达到87.5%。全省设有邮电局（所）的乡镇达到88.6%，通邮的行政村达到99.1%，插箱投递方式的推行和农村信报传递站的普遍建立，实现了报刊邮件传递到户。

在经济体制改革中，省邮电管理局于1984年制订并自当年7月1日起施行了《关于改革邮电管理体制，扩大企业自主权的暂行规定》，实行简政放权，增强基层邮政企业的活力。从1985年1月1日起，省邮电管理局又进一步下放财权，并在全省邮电通信企业试行全面经济核算制，将收支差额管理改为利润管理，实行利润留成和业务收入增长分成及专项资金留成，调动了企业经营的积极性。全省邮电职工主动搞好市场预测和社会调查，深入开展邮政业务宣传，在发展邮政传统业务的同时，积极开拓国际、国内特快专递等新业务，努力改善城乡邮政服务工作，提高服务质量和企业经济效益。1985年，全省邮电部门有自备邮运汽车283辆，自备火车邮厢51辆，包裹收寄、邮件分拣、装卸升降等机械设备178台；全省完成邮电业务总量11 193.2万元，实现利润2 586万元，上缴税金435.1万元。

第六节　电　信

一、电报

黑龙江地区电报始于清光绪十一年（1885年）宁古塔（今黑龙江省宁安县）设立电报分局。清光绪十二年（1886年），奉天（今辽宁省沈阳市）——吉林的电报线延至珲春，途经宁古塔，为黑龙江地区第一条电报线；清光绪十三年（1887年），黑龙江地区又架设吉林——齐齐哈尔——大黑河（今黑龙江省黑河市）电报线。

清光绪二十三年（1897年），沙俄在建设中东铁路的同时，开始在铁路沿线架设电报线，但又违背条约规定，在铁路境外架设电报线路和办理公众电报业务，侵犯中国的电信主权。此后，沙俄借清光绪二十六年（1900年）镇压义和团运动和清光绪三十年（1904年）日俄战争之机，先后两次入侵中国，黑龙江地区的电报线路大部被毁或被俄军强占，俄军还架设了拉哈苏苏（今黑龙江省同江县）——哈尔滨的电报线。日俄战争结束后，清光绪三十三年（1907年），清政府先后修复被俄军破坏的线路，并购回俄军架设的拉哈苏苏——哈尔滨的电报线路。辛亥革命后，随着工商业的发展和边防及城乡治安的需要，电报在黑龙江地区得到进一步推广，在此期间黑龙江地区电报采取官办、商（民）办和官商（民）合办等形式。截至1931年"九一八"事变前，黑龙江地区共有电报局、报房45处。黑龙江地区已形成较完整的电报通信网，业务种类也增加了商报、新闻电报和普通电报等。

东北沦陷时期，日本帝国主义把邮政、电信通信作为侵略工具，与伪满洲国（以下简称伪满）缔结"满日邮便条约"，并颁布各项邮政法规，建立伪满洲电信电话株式会社（以下简称伪"电电会社"），兼并、收买商营电话，实行垄断经营。此后，日伪政权出于统治和掠夺的需要，在军事、政治中心、交通枢纽、铁路沿线及煤炭等经济资源丰富的地区和开拓团所在地大量增设电报局（所），添架电报线路。并开始应用自动电报机等先进设备。1941年，黑龙江地区电报电路达到126条，1943年，黑龙江地区电报局（所）达到168处。1945年8月日本侵略者投降时，电报设施遭到严重破坏。

1945年"九三"抗日战争胜利后，黑龙江地区各级人民政权相继建立，邮电回到人民手中。邮电职工开展收缴通信器材和修旧利废活动，迅速恢复并发展电报通信。为了支援人民解放战争，邮电部门抽调人员组成架线工程队，军队打到哪里线路就架设到哪里，保证了长春以南地区新解放城市间的通信线路畅通。截至1949年底，黑龙江地区电报电路恢复112条。中华人民共和国成立后，为适应人民政权建设和国民经济发展的需要，黑龙江地区电报通信有较大发展，并相继开办气象、公益、传真、用户电报等新业务。至1985年，全省办理电报业务的局（所）达到1 208处，电报电路增加到393条。

二、长途电话

黑龙江地区长途电话始于清光绪三十三年（1907年）齐齐哈尔——昂昂溪间开通第一条人工长途电话电路。20世纪20年代，长途电话电路、局（所）和业务发展较快。1928年，开始办理通达苏联的国际电话业务。1931年"九一八"事变时，黑龙江地区办理长途电话业务的局（所）已增至44处。东北沦陷时期，伪“电电会社”对长途电话实行垄断经营，并于1936～1938年在哈尔滨、齐齐哈尔、牡丹江、佳木斯等处安装了载波电话设备。至1941年，通达长途电话的局（所）达到143处。中华人民共和国成立后，随着国民经济的发展和通信技术的进步，长途电话不断发展，至20世纪80年代初期，黑龙江省已基本建成以哈尔滨为中心的长途电话通信网。1983年11月，哈尔滨市电信局360路长途自动电话交换机投产使用。1985年全省长途电话电路达1 658条，其中省内二级电路1 081条，市郊电话155条。

三、市内电话

清光绪三十三年（1907年），齐齐哈尔设黑龙江省城电话局，为黑龙江地区市内电话之始。中华民国初期，黑龙江地区的市内电话发展较快，分官办、商办、官商合办，经营无统一定章，交换和终端设备主要为磁石式，线路为架空明线。哈尔滨滨江电话股份有限公司于清宣统二年（1910年）装设小容量自动式交换机。东北沦陷时期，黑龙江地区各城市市内电话业务由伪“电电会社”垄断经营，并先后在哈尔滨、齐齐哈尔、佳木斯、牡丹江等地设自动电话局。至1945年，上述4城市市内电话用户达16 267户，线路也开始使用通信电缆。

中华人民共和国成立后，黑龙江地区的市内电话进入全面发展时期，业务量逐年增加。20世纪70年代，全省邮电部门发扬自力更生精神，自己动手研制并使用了大量准电子自动电话交换机，亦开始使用纵横制自动电话交换机。20世纪80年代，贯彻国家、地方、集体、个人一起上的方针，全省市内电话迅速发展，经过更新、改造，市内电话自动交换设备所占比重不断提高。至1985年，全省市内电话交换机总容量达到163 750门，用户达到108 578户，资费收入达到3 164万元。光纤中继线路亦投入使用。

四、农村电话

农村电话即县城以下乡镇的电话（简称农话，也称地方电话和四乡电话）。黑龙江地区的农村电话始于中华民国初期，是为适应农村治安和农村乡镇兴办商业的需要而发展起来的。东北沦陷时期，黑龙江地区普遍建立的农村警备电话，成为日伪政权奴役和镇压人民的工具。抗日战争胜利后，黑龙江地区农村电话和警备电话先后由人民政府和人民邮电接管。中华人民共和国成立后，随着农业合作化高潮的到来，从1956年起，黑龙江省出现了农话大发展的局面，技术装备水平也不断提高。1958年，东宁——绥阳开通了全省第一套单路农话载波机。1974年，安达——大同建成了全省第一趟农话水泥杆路，并开通了全省第一套12路农话载波机。同年，青冈——芦河埋设了全省第一条塑料农话电缆。1975年，龙江县龙兴邮电支局在省内第一个实现了农话自动化。截至1985年底，全省农话交换机总容量达到58 336门，其中自动交换机容量4 050门。

第四章　城建　测绘　环保

黑龙江地区的城镇建设从最初的原始村落，到现代的村镇，从古代的城堡到现在的城市，经历了漫长的历史发展过程。城镇建设离不开建筑。伴随着城镇建设的兴衰，建筑业发展亦跌宕起伏。测绘事业兴衰起伏，与同期国家的政治、军事、经济形势密切相关，总是伴随社会进步而向前发展。至1985年，黑龙江城镇建设有很大发展。黑龙江地区建筑业取得重大成就，为发展黑龙江经济、改善人民物质文化生活做出了重要贡献。测绘事业同样有了巨大的发展和长足的进步，为黑龙江经济发展提供了大量的前期性和基础性服务，保证了众多重大建设项目和开发任务的完成。随着黑龙江地区经济的发展，土地、森林、煤炭、石油等资源的开发利用以及伴随着城市化的进程，人口的增加，同时造成环境的污染和生态环境的破坏。环境保护是在社会经济的发展过程中逐步形成和发展起来的新兴事业。黑龙江省的环境保护事业经历了曲折的发展历程。到1985年底，全省环境管理和监测人员已经发展到2 000人的专业队伍，已经初步适应了形势发展的需要。

第一节 城乡建设

一、城市规划

黑龙江地区，在历史上是少数民族聚居的区域，历代都与中原王朝保持政治、经济、文化的联系。早期的城市规划主要受汉族的影响。公元7世纪，唐朝隶属下的地方政权——渤海国，即仿唐都长安的规划模式，筑造了上京龙泉府（又称忽汗城），这是当时唐朝北部边疆最大的城市，为渤海国的首都（遗址在今牡丹江地区宁安县境内）。金朝初期（公元12世纪），金代仿宋朝首都汴梁（今河南省开封）的城市规划，建造其首都上京会宁府城（今阿城县白城遗址）。元、明两朝，在黑龙江地区，规划建造肇州城、桃温万户府城（在今汤原县境内）。到清康熙年间（公元17世纪）在黑龙江地区又规划建造宁古塔、卜奎、阿城、双城等城堡。这些城池以城堡为中心，以防御为目的。城堡多规划为方形，设4 门，高筑城墙，深挖城壕，城的长度和宽度规划为3里3、4里4。城内街道规划沿用方格式，城镇功能和布局除满足政治、军事需要外，还适应工商业店铺、学校和官宦深宅大院的需要。

到19世纪末20世纪初，沙俄修建中东铁路，确定哈尔滨为其铁路管理中心，由中东铁路局对哈尔滨进行3次城市规划。规划吸取欧洲近代城市规划的理论和手法，城市建筑具有西方及俄罗斯的文化特点。规划不设城墙和城壕，城市道路采取放射形和小格网络，配以圆形广场。在道里（埠头区）规划了码头、铁路专用线、铁路工厂和仓库用地，以及通向香坊（旧哈尔滨）、南岗（新市区）的道路，并确定南岗为居住区。哈尔滨火车站至尼古拉教堂（喇嘛台）为纵轴，东西大直街为横轴，主干道两侧修建机关、商店和庭院式住宅，在城市制高点修建尼古拉教堂。

1931年黑龙江地区沦陷以后，日本侵略者除对哈尔滨编制与实施“都邑计划”外，1934～1938年，还先后对齐齐哈尔、牡丹江、佳木斯、黑河、北安、东安（密山）6个市和绥芬河、依兰、双城、讷河、虎林、昂昂溪、一面坡等县镇制定“都邑计划”。佳木斯市的“都邑计划”，市区占地面积由15.5平方公里扩展到90平方公里。1938年，佳木斯市已成为水陆空交通枢纽，市区畸形发展，大部分为日本军事用地。市东西郊建两座机场，市内到处是日伪兵营，军政特务机关大楼占据了主要市面。市区房屋建筑、市政设施，建在日伪机关和日本人、伪官吏居住区，与民族工商业区、中国人居住区形成鲜明对照，充分暴露了殖民地的“都邑计划”

的本来面目。

中华人民共和国成立后，黑龙江地区的城市规划进入新的历史时期。在三年恢复时期和国民经济第一个五年计划期间，配合重点工业建设，现代城市规划作为一项重要事业逐步建立和发展起来。在省级和黑龙江地区重点城市逐步建立起规划设计单位和管理机构，在国家主管部门的指导下，在学习苏联社会主义城市建设经验基础上，开展大中城市的初步规划和总体规划工作。国家把哈尔滨市和齐齐哈尔市的富拉尔基区列为城市规划建设的甲类重点城市。城市规划方案由国家审批，使这一时期新建和扩建的地区，布局基本合理，市政设施基本配套，规划起到综合指导作用。

1958年8月，召开全省城市规划座谈会。贯彻国家在青岛、桂林召开的城市规划座谈会精神，总结国民经济第一个五年计划实施期间全省城市规划工作，提出全省今后城市规划的任务是“面向全省城市，面向农村，搞好新工业基地规划为主，加强大中城市规划的领导，积极开展县城和农村规划，创造条件，开展区域规划，为工农业大跃进和城乡劳动者服务”。随后，根据国家建筑工程部的要求，开展区域规划，但在“大跃进”的形势下，出现“规模过大、标准过高、用地过多、求新过急”的偏向。后来，“文化大革命”中，一些城市出现乱建、乱占、乱拆、乱倒（垃圾）、乱砍（树）的“五乱”现象，城市规划和管理受到严重挫折。

粉碎江青反革命集团以后，贯彻国务院召开的全国第三次城市工作会议和全国第一次城市规划工作座谈会精神，在全省各市、县普遍编制城市总体规划。到1985年底，全省16个市的城市总体规划全部完成，除哈尔滨市上级国家待批外，其他均由省政府先后批准实施；63个县城的总体规划，除塔河、漠河、呼玛3个县外也都编审完毕；有的市、县还编制近期建设的城市详细规划，发挥了城市规划对城市建设的综合指导作用。

二、市政基础设施

（一）城市道路

黑龙江地区很早就有人类活动，上古时期的先民，在生产和生活中自然踩踏出道路。城市出现后，黑龙江地区古先民在一些屋舍之间往来行走，形成了胡同道路。随着自然经济的发展，这些胡同道路逐渐形成胡同道路网。这些胡同道路网就是后来城市道路的基础，如黑龙江地区历史最久的齐齐哈尔市惠民街和北大街等，就是在古老胡同道路的基础上经过多年改造修建而形成的。辛亥革命后，当时的军阀、士绅和城区商人等先后设法募捐集资，修建道路，兴办运输业。清光绪七年（1881年），哈尔滨市修建第一条土砂道路，即道外太古街道路，全长1 955米，宽20米。1922年3月10日，哈尔滨独立教区创立，专营土木建筑业。同年5月，哈尔滨电业公司着手修建电车轨道。1924年，道里中国大街（今中央大街）铺修石头道。1929年，齐齐哈尔修建市区第一条混凝土路面道路，即由砖城南门起至东车站道路，共1 188丈（折合3 960米）。这也是黑龙江地区城市最早出现的一条混凝土路面道路。1931年日本帝国主义侵占东北后，按照《都市建设概要》，在黑龙江地区曾修建一些城市道路，但大部分是碎石路面。高级和次高级路面虽有所增加，但标准低，质量差，且没有排水设施，每到雨季，污水泛滥。这些道路到1945年东北光复时，大部分已严重破坏。

1946年黑龙江地区解放后，黑龙江地区各城市的人民政府，为了恢复生产，支援全国解放战争，全面开展道路修复工作，使断头的道路接通，狭窄的道路扩宽，不平的道路修平，方便了交通，改变了城市面貌。到1949年，哈尔滨、齐齐哈尔、牡丹江和佳木斯4市，共有城市道路长度769.6公里，其中高级路面道路长度122公里；城市道路面积798.8万平方米，其中高级路面道路面积143.2万平方米。

中华人民共和国成立后至1952年，主要对黑龙江地区城市原有道路进行扩宽和整修。新建的道路以碎石路为主，维修的道路则以沥青路为主。但是，由于当时缺少施工机械，工艺落后，再加上材料质量差，维修后的沥青路面曾出现龟裂现象。

1953～1965年，黑龙江地区将道路建设列为城市建设的重要项目之一，城市高级和次高级道路数量显著增加。黑龙江省建设厅于1961～1963年对城市道路和桥梁进行了全面调查，并根据调查的情况，城市道路和桥梁建设作了全面规划。据1962年统计，全省共完成城市道路维修工作量43万元，维修道路69.7万平方米。1963年，全省维修城市道路104.9万平方米，其中维修高级道路65.5万平方米。这一时期的道路面层以沥青表面处治及沥青灌入式为主，其基础则以干砌碎石和三合土为主，道路面层厚度一般2～3厘米，基础厚度一般为15～30厘米不等；道路修建以人工为主，但已使用部分施工机械，如履带式拖拉机带铁滚和外燃式轮式压路机等。

1966～1976年“文化大革命”时期，全省城市建设规划被打乱，中断了有计划地进行城市道路建设进程。但是，随着城市规模的扩大，城市道路也有一定发展。这一时期修建的道路，大城市多为混凝土高级路面，如牡丹江市的解放路和日照街等高级道路就是这一时期修建的。而中小城市修建的道路，则多为沥青表面处治及沥青灌入式面层等次高级路面。

1978年黑龙江省基本建设委员会在全省城市建设会议中，认真研究和讨论了城市道路的建设方针、政策，提出在城市道路建设上要广开财源，要把全省的城市道路建设成为高速、安全、美观、提高社会效益的城市基础设施。会后，全省各市均把城市道路建设列为城市建设重要内容之一。有的城市提出每年要办几件好事的口号，其中就包括修建道路的内容。为了提高市政工程质量，黑龙江省建委于1982年开始组织全省市政工程质量全优评比活动。评比的内容包括工程质量、施工工期、材料消耗、经济效益和内业资料等5个方面。通过评比，促进了工程质量和社会效益的提高，增加了企业的竞争能力，仅1983年，全省就评出全优道路工程15项。

截至1985年，全省共修建城市道路2 419公里，其中高级道路1 068公里，分别是1949年的3倍和8.7倍。城市道路面积2 113万平方米，其中高级道路面积1 121万平方米，分别是1949年的2.6倍和8倍。

（二）城市桥梁

黑龙江地区最早的城市桥梁出现在清代。齐齐哈尔市的西泊之桥（即西大桥，后改名西虹桥），最初为石桥，后改建为木桥。这座桥始建于清代。中华民国时期和东北沦陷时期，黑龙江地区城市也曾建了一些桥梁，但大部分属于临时性的木桥。1926年兴建的哈尔滨市西大桥、齐齐哈尔市的平定桥和孔定桥、牡丹江市的东地明桥和光明桥等原都是木桥。为数极少的永久性桥梁，不但桥面窄小，而且设计荷载也低。到1949年，黑龙江地区共有城市桥梁65座，其中永久性桥梁9座。

中华人民共和国成立以后，随着城市道路的兴建，黑龙江地区城市桥梁有了很大发展。中华人民共和国成立初期，因财力限制，采取因地制宜的办法，修建多为木桥。哈尔滨市1949～1952年共修建桥梁28座，其中木桥26座，木铁混合桥2座。1952年以后，城市兴起修建石拱桥。佳木斯市于1954年修建第一座两孔石拱桥——中山桥。鹤岗市于1969年修建第一座五孔悬砌花岗岩拱式桥——曙光桥。

哈尔滨市于1954年修建的康庄桥，是中华人民共和国成立后全省修建的第一座钢筋混凝土结构的桥梁。鹤岗市1959年修建的富力铁索桥，是全省唯一的一座吊桥。1974年，将该桥木桥墩更换为钢铁桥架，并增设桥栏。

1978年中共十一届三中全会以后，全省桥梁建设出现崭新的局面。不但城市桥梁数量增加，而且结构形式变化多样。预应力混凝土桥、多层次立体交叉桥、人行天桥、地道桥等在全省各地普遍出现。1960年修建的哈尔滨市东直桥是黑龙江省第一座预应力混凝土桥。1984年修建的哈尔滨市和平立交桥，是全省第一座分流立交桥。1985年修建的哈尔滨市尚志大街人行天桥，是全省第一座人行天桥。到1985年底，全省共修建城市桥梁196座，其中永久性桥梁156座。这些桥梁不仅方便城市交通，促进城市的经济发展，而且美化了城市。

（三）城市排水

中华人民共和国成立前，黑龙江地区只有哈尔滨、齐齐哈尔、牡丹江和佳木斯市有城市排水设施。哈尔滨市于清光绪三十年（1904年）在道里区东盛堂浴池（现江虹旅社）门前的“洋沟”内铺设水泥排水管，成为黑龙江地区最早的一条排水管道。以后外商经营的鸡鸭公司（现肉类联合加工厂）修建一条下水道，将生产废水排入厂区附近的泡子。随着铁路编组站的形成，在哈尔滨火车站建成“大瓦拉站”。后来又在侨民集居区内建一些排水设施。到1931年，全市共建成排水管道31.3公里。1932年秋，哈尔滨遭受严重水灾。伪满政府1933年开始筹划排水设施，佳木斯市1937年以前只有正大街两侧有阴阳排水沟，其他街道均无排水设施。牡丹江市的排水设施始建于1937年，到1940年，哈尔滨市先后建成道里、道外和南岗中心区的排水干道173公里，沿江建成排水泵站6座（新正阳街、高谊街、井街、五道街、十八道街、二十道街），形成近11立方米/秒的排水能力。从而奠定了哈尔滨市合流制排水系统的基础。1940～1944年，齐齐哈尔市在城区开凿3条排水明渠，全长约10公里；并在城西南葫芦头修建排水泵站1座。城内污水和雨水通过明渠流入泵站，经提升后再排入嫩江。1944年开始修建下水管道。到1945年东北光复时，齐齐哈尔市共有排水管道6.42公里，排水泵站2座。牡丹江市共建排水管道48.8公里。这些管道主要分布在日本人居住地区和日伪政府机关所在地。长安街以南中国人居住地区则靠明沟排水。佳木斯市共有地下排水管道18公里。1946年4月28日哈尔滨解放时，哈尔滨市共有排水管网204公里，排水泵站6座，机械排水能力近11立方米/秒。

截至1949年中华人民共和国成立以前，黑龙江地区共建成城市排水管道278.4公里，其中哈尔滨市204公里、齐齐哈尔市6.4公里、牡丹江市40公里、佳木斯市28公里。

中华人民共和国成立后，在国民经济恢复时期，黑龙江地区重点改造原有的城市排水设施。“一五”计划以后，黑龙江省城市排水设施建设全面展开。通过实施计划建设，全省城市排水设施有很大改观。1957年松花江发生特大洪水后，哈尔滨市扩建了道里井街、道外五道街和十八道街排水泵站，新建了“三不管”泵站和江北排水站。1961年前后，由重点建设单位出资修建一部分排水设施，并更换了田地街、共乐街和安国街的排水管道。1963年，对道外区南北十六道街的排水管道进行了改造。到1965年,齐齐哈尔共铺设管道6公里，修建明渠1.49公里。“文化大革命”期间，全省城市建设遭到严重破坏，建设计划被迫中断。直到1978年中共第十一届三中全会以后，黑龙江省城市排水设施建设才有重大发展。在此期间，哈尔滨市先后建成10项重点排水工程。在此期间，牡丹江市重点治理了泄洪排涝的主要场地——南泡子。1984年4

月，牡丹江市政府动员全市人民利用义务劳动治理南泡子。治理工程分二期，至1985年10月治理工程告竣。工程先后动员8万职工，动用各种机械5 737台班，共挖填运土方29.9万立方米。南泡子治理工程竣工后，不仅完善了牡丹江市的排水系统，改善了南部市区的环境面貌，而且为建设江滨公园奠定了基础。到1985年底，黑龙江省城市排水设施建设渐趋完善。至1985年底，哈尔滨市共拥有排水管网497公里，泵站17座，装机81台套，机械排水能力达54.85立方米/秒。齐齐哈尔市城市排水管网密度达到4.23公里/平方公里。污水管道服务面积为32.48平方公里，普及率为28.3%，排水能力为25万吨/日。雨水管道服务面积为23.17平方公里，普及率为20.5%。佳木斯市建成排水管道107公里，服务面积12.15平方公里，占建成区面积的27.4%。

（四）城市路灯

黑龙江地区城市设路灯最早的是哈尔滨市，其能源是植物油和煤油。清光绪三十年（1904年），上号（今哈尔滨市香坊区）出现民间采用的方形和三角形以植物油为燃料的玻璃灯，挂在路口、街门前或庭院内照明。这是哈尔滨市较早出现的原始性路灯。清光绪三十一年（1905年），俄国人兴办的中东铁路总工厂的电灯厂发电后，首先在厂门口装设了3盏马路电灯。这是哈尔滨市第一次以电为光源的道路照明灯。齐齐哈尔市以电为光源的路灯是在清宣统元年（1909年）卜奎电灯厂投产以后出现的。这时以电为光源的路灯仅限哈尔滨和齐齐哈尔两市，其他城市的路灯仍以植物油或煤油为光源。直到1935年以后，各市才逐步出现以电为光源的路灯。1945年前后，黑龙江地区各县城也相继出现了以电为光源的路灯。这时路灯主要以普通钨丝灯炮为主，样式简单。电灯杆全部用木杆，路灯仅架在主要街道上，而且光度甚小。中华人民共和国成立后，城市路灯有很大发展，光源和灯具也有很大变化。1953～1964年，黑龙江地区各城市普遍推广使用白炽灯；灯具以弯把伞式灯罩为主；灯杆排列大部分采用单侧式，间距50～100米不等。1964年以后，哈尔滨市城市路灯部分改装为三管一组的单臂日光灯，但因有不易点燃等缺点，逐步由汞灯代替了日光灯和白炽灯；灯具以单悬长臂式取代了原弯把伞式，并采用部分混凝土灯柱。1978年，高压钠灯开始试用，从1980年起全省各城市逐步推广使用。牡丹江市1981年在虹云桥上第一次装设钠灯照明。1985年，全省各城市路灯光源的分布形式是：巷道使用白炽灯，一般街道和次干道上普及汞灯，主要干道采用高压钠灯。灯具形式多样，造型美观，起到了美化城市的作用。全省各大城市的广场、立交桥和主要干道大都装有棉桃灯、玉兰花灯、云雾灯、波纹灯等。路灯排列方式有单臂的，也有双臂的；以混凝土灯柱为主，并出现了具有民族色彩的新型装饰灯柱。佳木斯市杏林路采用双臂长杆式灯具，街心广场上设有组合花灯。

三、公用事业

（一）城市供水

黑龙江地区城市居民的早期用水大体上有两种：居住在江河一带的用水桶挑江河水饮用；其他居民则以大口井（辘轳井）、泉水井和手压井（唧筒井）取水饮用。清光绪二十九年五月（1903年7月）中东铁路建成通车后，为保证机车用水，在哈尔滨、牡丹江等主要车站建立供水点，备有水井、水塔和抽水设备，在满足机车用水有余的前提下，也供给铁路职工和当地居民饮用。1924年，中俄官商合办的鸡西市穆棱煤矿公司也打了3眼深井，用蒸汽抽水机抽水，供采煤工人饮用。据1932年伪哈尔滨市卫生技术厂对市内5个区416口井的水质调查分析，由于水中含有过量的铁、锰等矿物质，对人的身体有害，其中只有118口井水可直接饮用，有45口水过滤后可饮用，有153口井水煮沸后可饮用，有100口井水不可饮用。

从1933年起，日伪统治者出于自身健康和侵华战争的需要，陆续在哈尔滨、齐齐哈尔、牡丹江、佳木斯等城建机构内设立水道股，专门规划修建供水工程。

1933年在哈尔滨动工修建了第一期供水工程，1936年建成高区供水系统，在永发河两岸打深井4眼，配套建成了顾乡配水厂，日供水能力2 000吨。此后，齐齐哈尔、牡丹江、佳木斯也相继建起城市供水工程。

东北沦陷时期，城市自来水供应对象主要是日本人，其次是日本人经营的机关、学校、商店、医院，中国人能吃上自来水的是极少数。1939年，哈尔滨市中国人吃上自来水的仅占总人数的6.92%，而日本人占67.7%，俄国人占27.03%。

1945年“八·一五”日本帝国主义投降时，哈尔滨、齐齐哈尔、牡丹江、佳木斯等4市和北安、黑河、密山、穆棱、东宁、富锦、宁安、孙吴8县的供水设施遭到日军的破坏。哈尔滨市的顾乡屯、王兆屯、马家沟各水厂全部停产。半截工程的四方台地上水源地和沙曼屯净水厂98%以上的工程被破坏，供水陷于半瘫痪状态。

抗日战争胜利后，在中国共产党和民主政府领导下，黑龙江地区各市城建部门积极组织修复各种供水设备，加强自来水的管理，逐步恢复正常供水。到1949年，黑龙江地区城市自来水厂恢复到7座，日供水能力35 700吨，年供水总量766.5万吨，供水管道354公里，基本保证了解放战争期间黑龙江地区城市生产和生活用水。

中华人民共和国成立后，国家开始对黑龙江地区投资，恢复和改造城市原有的供水设施，有计划地兴建新的供水工程，并提出为工业生产、为人民生活服务的建设方针。在三年恢复和国民经济第一个五年计划实施时期，重点恢复和建设哈尔滨四方台水源及其配套的沙曼屯净水厂。国民经济第二个五年计划实施和三年调整时期，重点扩建哈尔滨朱顺屯水源和新建齐齐哈尔第五水源（现龙沙水厂）。“文化大革命”时期，重点建设哈尔滨三棵树水源和齐齐哈尔北市区东、北两水源。中共十一届三中全会以后，重点扩建改建哈尔滨一、三水厂和新建营草岭水源以及牡丹江供水工程、佳木斯西郊水源等。到1985年，全省16个市除五大连池外，其他15个市都建立了城市供水设施，共有水厂35座，比1949年增加28座；日供水能力达到148.3万吨，比1949年增加40.5倍；全年供水总量达到48 180万吨，比1949年增加61.8倍；城市用水人口达到415.5万，生活用水普及率为53.9%；供水管道长度2 342公里，比1949年增加5.6倍。

（二）城市公共交通

黑龙江地区城市公共交通最早出现的是人力铁轮车、马拉铁轮车、马爬犁、狗爬犁。爬犁是当时中国东北地区特有的交通工具之一。清光绪二十九年（1903年），胶轮车开始出现并逐步代替了铁轮车。清光绪三十年（1904年），齐齐哈尔出现专为运客的马拉双轮斗子车，即快马车。清光绪三十三年（1907年），出现四轮快马车。中华民国初期，又出现人力车。1926年，齐齐哈尔有人力车60辆，1943年增加到217辆，快马车增加到1 000多辆。1926年黑龙江地区解放后，人力车逐步被淘汰，变为脚踏三轮车，马车改为货运的交通工具。

清光绪三十二年六月至清三十三年八月（1906年8月～1907年9月），齐齐哈尔修建一条至昂昂溪轻便铁路，全长29公里，1938年拆除。

城市现代公共交通出现最早的是于1918年由哈尔滨商人傅巨川等人成立的汽车公司，从道里至道外载运客人。每座收车费2卢布。之后，哈尔滨安泰汽车行、飞龙汽车公司、兴亚汽车公司相继成立。1923年，由车主发起成立大汽车公会，1934年9月，大汽车公会由伪市公署接收。1935年1月20日，市营汽车正式运行。1927年10月10日，哈尔滨有轨电车有两条线路建成通车，计8公里许，配车14辆。1931年年底，齐齐哈尔市王同文开办平安汽车行，购进大客车8辆，专跑南门（今解放门）至东车站、龙江县（今第一百货商店原址）至东车站等线路。1939年，伪牡丹江市公署设立市营公共汽车公司，开辟5条线路。1940年，佳木斯开辟由西门至南岗的市内第一条公共汽车线路。1945年"八一五"日本侵略者投降时，这些城市公共交通遭到严重破坏。

黑龙江地区解放后，中国共产党和人民政府抓紧城市公共交通的恢复和建设。哈尔滨接收过来的汽车厂仅有残缺破车30余辆，每日能参加运行的只不过三五辆，仅能勉强维持1条线路；到1950年，发展到48辆，营运线路6条，线路长度46公里，年运客总量1 067万人次。1948年4月，牡丹江市在市政府机关车队基础上组建牡丹江市汽车公司。齐齐哈尔市于1951年11月组建了公共汽车厂（后改汽车公司）。1949～1957年4月，佳木斯市市内公共交通由长途客运站经营，1957年5月市政府决定成立市汽车公司，承担市内公共汽车客运业务。1958年以后，哈、齐两市又新增了无轨电车，但公共汽车、电车的发展仍然满足不了城市经济和社会需求日益增长的要求，全省各地凡有条件的机关、企事业单位普遍设有内部通勤车。哈尔滨市还开展通勤捎脚车、联运车等社会客运。1979年以后，城市出租汽车、哈尔滨的松花江轮渡也有较大发展。到1985年，全省16个市中，已有11个市有公共汽车，1个市有有轨电车，2个市有无轨电车，7个市有国营出租汽车，1个市有轮渡船只，形成了有汽车、电车、出租汽车和轮渡船只（有的矿区城市还有铁路客车）多类型的城市公共交通结构。

（三）城市煤气

黑龙江地区是全国最早使用人工煤气和液化石油气的地区之一。

1941年6月，哈尔滨开始建设小型煤气实验厂；到1949年，人工煤气生产能力日产3 300立方米，仅供1 211户居民用气。中华人民共和国成立后，经过改造和建设，到1985年底，发展到日产8.7万立方米，其中煤制气5.7万立方米，增热煤气3万立方米，比中华人民共和国成立初期增长25.4倍。

1965年以后，随着大庆油田的开发建设，哈尔滨首先向城市居民和工厂供应液化石油气。到1970年，发展用户10 488户，其中工业108户（1970年以前没有数字统计）。到1985年，全省液化石油气储气能力9 684吨（31个储罐），钢瓶563 951个，外购气量15 640吨，销售总量43 995吨（含大庆自产自销19 130吨）。其中工业用量49吨，生活用量43 946吨，用气人口达120.5万人（不包括城建系统以外自备小型储配站）。

（四）城市集中供热

黑龙江地区是全国拥有集中供热设施最早的地区之一。早在1955年，齐齐哈尔市富拉尔基区的富拉尔基电厂、第一重型机器厂、齐齐哈尔钢厂便开始利用电厂余热实行联片集中供热。到1956年，就解决了9万多人，55万平方米建筑的取暖问题。

1964年，哈尔滨动力区集中供热工程动工，1966年正式投产使用，满足了哈尔滨市动力区部分企业生产和家属区生活采暖用热的需要。后来，由于“文化大革命”破坏和宏观管理不善，城市集中供热几乎没有发展。

1980年，由于国家单列了节约能源资金，积极支持城市集中供热节能工程建设，制定了“开发与节约并重，近期把节约能源放在优先地位”的能源发展方针，把实现城市集中供热作为节约能源的一项重要措施，纳入了国民经济与社会发展计划，促进了全省城市集中供热事业的发展。“六五”期间，在哈尔滨、齐齐哈尔、牡丹江、佳木斯、鸡西、七台河、黑河、安达、绥滨、通河、庆安、富锦、呼兰等市县，分别安排了10项热电结合的工程项目和9项集中供热项目、3项余热利用项目。

1984年7月，佳木斯市成立热力公司，同年11月第一期供热工程投产使用。

1985年，鸡西市集中供热工程和伊春市河西第一小区集中供热工程、七台河市区域集中供热工程建成投产。

四、城镇房地产

在中华人民共和国成立前，黑龙江地区的房地产大多数被封建官僚、资产阶级所控制。城镇各阶层居民居住条件相差悬殊，少数大房主住的是宽敞明亮的青砖大瓦房，而广大劳动人民则栖息于棚屋板房之中。齐齐哈尔市的赵仲仁一家就拥有地号49处，房屋700余间。人称“赵半城”。哈尔滨市的姚锡九、李九鹏也拥有大量房产。

1946年黑龙江地区解放后，通过接管、没收、反封建斗争、三反五反运动退赃、私营房产的社会主义改造等，作为剥削工具的房地产逐步被消灭，只有少量占有者在自用有余条件下可以出租，调剂余缺，出租的价格也要接受政府的控制与监督。据1956年统计，全省城镇房产共有2 966万平方米，其中公有房产1 793.3万平方米，私有房产1 172.7万平方米。

1957～1978年，由于低租制和“文化大革命”的影响，以及贯彻“先生产，后生活”的方针，全省房地产以租不能养房，城市的生产和生活建设投资失衡，房地产业发展十分缓慢。在1979年以后，贯彻改革、开放、搞活的方针，城镇各项建设事业突飞猛进，房地产开发建设速度加快，住宅与日俱增，开始改变福利住宅和包下来的做法。鼓励个人建房，推行住宅商品化。到1985年，全省城镇房屋面积已达23 839.2万平方米，其中住宅12 628.4万平方米，人均居住面积为5.11平方米；按产权分，公有房产18 364.7万平方米，私人房产5 471.1万平方米，外侨房产0.8万平方米，其他（含宗教房产）2.6万平方米。从此，全省房地产事业逐步走上统一经营，综合开发的道路。

五、园林绿化

（一）城市公园

黑龙江地区最早的公园是齐齐哈尔市龙沙公园，建于清光绪二十三年（1897年），占地面积64公顷。其次是牡丹江人民公园（原牡丹公园），建于清光绪三十年（1904年），占地面积48公顷。哈尔滨兆麟公园（原道里公园），建于清光绪三十二年（1906年），占地面积7.4公顷。绥化公园，建于1915年，占地14公顷。到1985年，全省各城市共有公园49个，其中中华人民共和国成立前7个。在中华人民共和国成立后所建的42个公园中，1978年中共第十一届三中全会以后建成有25个，占新建公园的57%。全省城市公园占地面积1 403.5公顷，年游人总量达

3 587万人次。

（二）城市绿化

中华人民共和国成立前，哈尔滨、齐齐哈尔、牡丹江和佳木斯4城市共有苗圃43.47公顷，城市绿化面积702公顷，城市树木近20万株。中华人民共和国成立后，黑龙江地区城市树木逐年增加。全省植树1960年达到高峰，年植树1 006万株。当时，全省城市绿化面积已增加到2 181公顷，相当于1949年702公顷的3.1倍。城市苗圃发展到242.2公顷，比1949年增加4.6倍。城市树木达到1 000万株，相当于解放初期的50倍。城市绿化覆盖率由解放初期的0.4%提高到4%左右。1960年以后，城市绿化面积继续逐年发展。“文化大革命”期间，全省城市绿化遭到严重破坏，搞大指标，把苗木出空；搞“园林结合生产”，用苗圃地种粮菜。在园林是“封资修”的错误思想指导下，撤销园林机构，随意占用园林用地。1966～1971年全省城市绿地面积净减少366.8公顷。1978年中共第十一届三中全会后全省城市绿化出现新的局面。1982年，开展全民义务植树活动，植树数量增大，质量逐年提高。到1985年，植树又出现高峰，全省年植树达到1 003万株，城市绿化面积达到9 328公顷，相当于中华人民共和国初期的13.3倍；城市绿化覆盖率达到10.3%，苗圃1 114公顷，相当于中华人民共和国成立初期的25.6倍。

（三）冰雪园林

黑龙江地区冰灯起源于民间。起初，农民用冰坨空心罩，以烛光做马灯，以防风吹雪打。后来，农民在春节期间设冰灯，以增加节日气氛。传入城市后，一些店铺将冰灯放在门前，以招徕顾客。清嘉庆六年至二十五年（1796～1820年），冰灯又有发展。据《黑龙江外记》记载：“上元，城（齐齐哈尔）中张灯五夜，有镂五六尺冰为寿星灯者，中燃双炬，望之如水晶人，此为难得。”但此种镂冰造灯长期没有进展。

中华人民共和国成立后，黑龙江地区冰灯有了新发展。1963年2月7日（农历正月十四），哈尔滨市“冰灯游园会”的出现，开创了中国的“冰雪园林艺术”新领域。这届游园会轰动全城，原定开放三天，后延到六天，共接待游人25万人次。

从1964年起，齐齐哈尔、牡丹江、佳木斯、大庆、鸡西、鹤岗、双鸭山、黑河、五大连池等城市也先后举办不同规模的冰灯游园会。1964～1966年，哈尔滨连续举办三届冰灯游园会。冰灯游园会在内容、形式、数量和思想艺术水平上逐年提高和发展。1967～1978年，由于“文化大革命”的影响，全省各地冰灯游园会一度停办。1979年，哈尔滨举办第五届冰灯游园会。此后每年举办一次，1982年，哈尔滨举办的第八届冰灯游园会盛况空前，活动历时54天，游人达180万人次，其中包括外宾和港澳同胞8 000多人次；国内外40多个新闻单位来此拍片；日本录制的冰灯片在东京放映时观众达3 000多万。到1985年哈尔滨共举办11届。1985年，哈尔滨举办以冰灯游园为中心，包括文艺、体育、商品交易等多方面内容的“冰雪节活动月”，使冰灯游园会由单纯的游览功能发展到与社会文化、经济生活挂钩，使其更具生命力。

六、村镇建设

在20世纪50年代农业互助合作运动高潮中，为分期分批地建设新型的、园林式的集镇和村屯，农村住宅建设出现高潮，住宅结构开始由草泥结构向砖瓦化结构过渡。全省1960～1962年共建新房714万平方米。1963年对23个市县进行调查新建住房519.1万平方米。“文化大革命”

的10年，农村建房受挫。1979年开始，贯彻国家两次农村建房会议精神，农村住宅建设由自发建设状态进入有领导有计划建设的新阶段，农村住宅建设发展迅速。到1985年底，全省共有新建农村住宅4 536万平方米，有75.6万农民搬进新居，占农村总户数的18.9%。新建农房中砖瓦混合结构约占一半，其中还有楼房。

第二节　建　筑

一、工程

黑龙江地区建筑活动源远流长。考古发现，距今22 300多年的旧石器时代晚期，哈尔滨西郊阎家岗的“哈尔滨人”有“营盘式”建筑。它是利用第四纪晚期猛犸象、披毛犀、东北野牛等动物骨骼，垒成圆形的围墙，蒙上兽皮，组成帐篷式的夏季临时住宅。

距今约4 000年左右，牡丹江下游北沃沮先人已开始构筑“半地穴式”建筑。

公元7世纪，以粟末族为主体建立渤海国，其都城上京龙泉府旧址就位于黑龙江省宁安县东京城附近。上京城的建筑和建筑风格基本上是仿唐长安城兴建的。

金收国元年（1115年），金太祖建都上京会宁府，位于今阿城县城南2公里处。据《大金国志》说，“国初无城郭，星散而居”。金天会二年（1124年），金太宗始筑南城内的皇城。金天会三年（1125年）夏，太宗大修宫室建筑。其后，熙宗、海陵王、世宗亦修筑许多宫室。这些宫殿规模宏大，如乾元殿，“木建殿七间甚壮，未结盖，以瓦仰铺及泥补之，以木为鸱吻，及屋脊用墨，下铺帷幕”。光德殿，金大定二十五年（1185年）正月，世宗“宴妃嫔、亲王、公主、文武从官于光德殿，宗室宗妇及五品以上命妇与坐者千七百余人”。

至清朝，黑龙江地区开始修建寺庙。清康熙二十三年（1684年），于今齐齐哈尔市建华区建卜奎清真东寺。清咸丰八年（1858年），建卜奎清真西寺。清光绪二十年（1894年），东西两寺翻新扩建。卜奎清真寺建筑面积为2 000平方米，占地面积4 000平方米，至1985年，卜奎清真寺是黑龙江省留存最早的地面建筑。

清雍正元年至十三年（1723～1735年），于今虎林县虎头区建的关帝庙，经清嘉庆元年至二十五年（1796～1820年）、1927年两次重修，至1985年保存比较完好。

清光绪二十二年（1896年），清政府与沙皇俄国签订《中俄密约》，俄国取得在中国东北修筑中东铁路特权。清光绪二十四年四月（1898年6月），沙俄政府确定将哈尔滨作为修建经营中东铁路的中心。同年四月（6月），中东铁路建设局由海参崴迁到哈尔滨。此后，修建了一批功能不同、风格各异的近代建筑。清光绪二十五年（1899年），在南岗修建俄国东正教尼古拉中央教堂（“文化大革命”中被毁）。清光绪二十八年（1902年），在南岗建造中东铁路管理局办公楼，现为哈尔滨铁路局办公楼，建筑面积2.33万平方米。清光绪二十九年（1903年），于道里与南岗交界处建造哈尔滨火车站站舍（1959年拆除）；于道里松花江南岸边修筑了中东铁路的中国民工宿舍。清光绪三十年（1904年），在南岗建造了哈尔滨秋林公司。清光绪三十二年（1906年），在南岗尼古拉教堂广场西侧建造了莫斯科商场，现为黑龙江省博物馆。1923年，波兰商人于南岗颐园街1号建成一幢高级别墅。与此同时，相继建起了一批东正教教堂、犹太中心教堂和伊斯兰教清真寺，分散于南岗、道里、香坊、松花江北岸等处。

中华民国期间，哈尔滨的建筑业继续发展，先后建成马迭尔宾馆、哈尔滨工业大学、兆麟小学、同记商场等。1931年日本侵占东北后，日本人在哈尔滨、齐齐哈尔、佳木斯、牡丹江等地建设了一批公馆、舞厅、跑马场、兵营、仓库、军火工厂等日本式建筑和飞机场等军事设施。1945年日本投降前夕，对工厂和城市设施滥加破坏，许多建筑物变成废墟。佳木斯市有近1/3的建筑物被毁，总面积达40万平方米。齐齐哈尔、牡丹江等市在东北沦陷时期修建的工业建筑亦被严重破坏，黑龙江省保存下来的工厂、矿山屈指可数。

黑龙江地区解放后，各级民主政府组织恢复生产，医治战争创伤，支援前线，修复了一些被日伪破坏的工业建筑。

1949年10月1日，中华人民共和国成立后，由于黑龙江地区解放较早，政治稳定，经济恢复工作进展较快；加之1950年美国发动侵朝战争，从毗邻朝鲜的辽宁省迁入黑龙江地区20多个大中型工厂企业，建设资金增加，建筑项目增多，黑龙江地区的建筑业逐渐发展起来。1950～1952年，完成新建工业与民用建筑230万平方米。其中工业建筑66万平方米，建设了一批国防军工、农机具、煤炭、森工和轻纺等工业项目。

黑龙江省是国民经济第一个五年计划重点开发省份，苏联援建的156项重点工程，在黑龙江省有22项。国民经济第一个五年计划期间全省安排大中型建设项目75个，国民经济第二个五年计划期间增至146个。1953～1962年，全省累计完成建安工作量56.44亿元，房屋竣工面积3 558万平方米，全部建成投产项目62个。国民经济第一个五年计划时期，全省建设了一大批优质工程，22项重点工程之一的哈尔滨锅炉厂，1954年9月开工，1957年7月竣工，两年零10个月建成投产，完成基建投资7 383万元，完成土建施工面积13万平方米。22项重点工程之一的齐齐哈尔钢厂，是中华人民共和国成立后的第一座特种钢厂，1954年4月开工，1957年11月竣工，3年零7个月建成投产，完成投资26 333万元，完成建筑面积19万平方米。

1963年国家进入三年调整时期，实行“调整、巩固、充实、提高”的八字方针，国家经济形势迅速好转，黑龙江省基本建设投资逐渐回升，1963年比1962年上升46.2%，1964年又比1963年上升29%。至1965年，3年全省完成建安工作量18.04亿元，房屋竣工面积669万平方米，全省建成投产的大中型项目4个，其中有年加工原油500万吨的大庆龙凤炼油厂、安达电厂等。

1966～1976年，全省建筑业受到“文化大革命”的严重冲击，但全省仍完成建筑安装工作量82.49亿元，竣工房屋面积4 397.1万平方米，有28个大中型项目建成投产，主要有大庆至辽宁的两条输油管线，年产30万吨合成氨、48万吨尿素的大庆化肥厂，总长245公里、138座水闸和泵站的北部引嫩工程，安达硫酸厂，黑龙江省涤纶厂，省展览馆，黑龙江省电视台和新建扩建的新华电厂、亮子河电厂、佳木斯电厂、哈尔滨热电厂、镜泊湖水电站等。

1976年10月粉碎江青反革命集团后，全省基本建设和建筑业形势开始好转。特别是1978年中共第十一届三中全会决定把全党工作着重点转移到社会主义现代化建设上来以后，黑龙江省建筑业进入一个新的发展时期。1978～1985年，全省全部建成的大中型项目96个，主要有新华电厂二期工程、牡丹江电厂一期工程、富拉尔基二电厂一期工程、佳木斯电厂、哈尔滨制药厂、哈尔滨民航机场、黑龙江省滑冰馆、北方剧场、天鹅饭店、省外贸营业楼、省商业服务大楼、省电力调度大楼、哈尔滨市和平立交桥等。大庆三十万吨乙烯联合化工厂，1979年开工兴建，至1985年第一期土建工程基本完成，设备安装工程完成90%以上。1978～1985年全省完成各类房屋建筑面积5 505万平方米，为1953～1977年的25年完成量的38.25%。其中：住宅建筑面积为2 971.3万平方米，为前25年完成量的46%。1977～1985年，先后对缅甸、扎伊尔两国援建6

个建设项目，完成土建面积10.2万平方米，比1956～1976年增加72.7%。派出劳务和承包工程，为国家创汇258万美元，收入人民币1 020万元。援建的缅甸国家第一体育馆，达到了国际一流水平。1985年3月4日国家主席李先念访问缅甸时，接见了援建项目技术组的领导。

二、设计

黑龙江地区早期建筑是由建筑匠师或能工巧匠按使用者的要求构思而营造的，无专业设计人员，亦无施工图纸。随着社会的发展，生产、生活对建筑物功能的要求越来越高，随之出现了专业设计人员，有了施工图纸。随着中东铁路的修筑，黑龙江地区出现了哈尔滨、齐齐哈尔铁路设计事务所，哈尔滨以侨民为主的拉保保尔特、巴吉赤设计事务所等。他们只有少数技术人员，当对外承包设计任务力量不足时，临时聘用社会零散的技术人员。

1935年，伪黑龙江省公署民政厅土木科兼办土木建筑设计。伪哈尔滨市公署建设科既负责设计的管理工作，又负责市营工程的设计，有技术人员20余人，曾设计了现哈尔滨市南岗区文昌街东北林学院职工住宅和马家沟小学等工程。1938年，齐齐哈尔市伪军管区的技术员牛柏青从事设计工作，先后设计了齐齐哈尔监狱2栋监舍、日本高炮部队兵营、日本自动车队战车库等工程。此外，日伪时期，哈尔滨市的福田、大昌土木建筑株式会社，齐齐哈尔市的大北、裕大、兴北建筑公司，佳木斯市的玉记、礼太、大陆公司等，不仅承包工程施工，亦承担设计。礼太公司设计了日本空军司令部二层办公楼（现佳木斯工学院西侧）。大陆公司设计了大陆旅馆（现佳木斯市政府西楼）。1945年黑龙江地区光复后成立的地方国营黑龙江省工程器材公司、东北贸易工程公司、齐齐哈尔市联合建筑公司，先后完成了贵宾招待所（现齐齐哈尔市第二医院）、齐齐哈尔市第二医院门诊及病房等工程设计。在中华人民共和国成立前，黑龙江地区建筑勘察设计单位仅10余家，设计人员约百人。

中华人民共和国成立初期，黑龙江地区建筑施工任务主要以恢复和改建工程为主，新建工程设计任务很少，既无独立的国营设计机构，又无设计主管部门，完成设计任务量无从查考。

1952年后，独立的设计机构相继组建，设计任务不断增多。1953年底，黑龙江地区6个国营设计单位，完成设计面积31.5万平方米。50年代初、中期设计的民用建筑受哈尔滨早期建筑风格的影响，设计构图恪守对称，壁柱的形式和窗池、檐口的装饰大多是古典式样，代表作品有黑龙江省政府办公楼、中共黑龙江省委办公楼、哈尔滨南岗邮电大楼、嫩江地委办公楼等。同时，受民族形式的影响，设计出一批像哈尔滨工程力学研究所、哈尔滨军事工程学院、哈尔滨友谊宫、哈尔滨市委办公楼、齐齐哈尔市第五百货商店和齐齐哈尔市建筑公司办公楼等中国古典民族形式的公共建筑。民用住宅建筑一般采用住宅标准设计，平面形式多为“老五二”（五开间、二室户），砖混结构，坡屋顶，立面局部有些装饰。1955年，国家提出降低非生产性建筑标准的要求，纠正了设计上的“复古主义”倾向，建筑造价得到控制。三层宿舍单方造价由1953年的120元，降为1957年的70元；学校单方造价由1953年的180元，降为1957年的70元；商店单方造价由1953年130元，降为1957年的85元。但在执行中片面强调降低造价，既不注意适用，更不考虑美观。这一时期兴建的建筑物，不仅功能严重不合理，而且造型呆板、简陋。哈尔滨华侨饭店（原黑龙江旅社）位于火车站前红军街主要干道，修建时将走廊和卫生间取消，门厅缩小，层高降低，外墙为清水墙，单方造价由90元降为69元，后来不得不进行改建。1958年“大跃进”开始后，建设规模扩大，设计任务增加，仅黑龙江省建筑设计院和哈尔滨市设计院就完成建筑设计面积102.2万平方米，占第一个五年计划期间全省完成设计任务总数的

78.9%。1959年全省6个设计单位，完成建筑设计面积150.9万平方米，比1958年增长47.6%，其中工业建筑占62.6%。设计质量不断提高，黑龙江省建筑设计院和哈尔滨市设计院的设计优良品率达95%以上，基本消灭劣等品。1960年末，10个设计单位完成建筑设计面积290.6万平方米。1961年，国家实行“调整、巩固、充实、提高”的方针，设计项目削减，设计人员相应减少。1964年，又开始增加。1965年，全省6个建筑勘察设计单位，完成设计面积44.2万平方米，设计项目民用建筑居多。

20世纪50年代末期到60年代中期，建筑创作思想活跃，设计水平有所提高。这个时期已能承担功能要求较高的工业建筑和公共建筑，设计出生产工艺比较复杂的哈尔滨水泥厂、哈尔滨拖拉机配件厂、哈尔滨轧钢厂等工业建筑，结束了建筑勘察设计单位不能搞工业设计的历史。民用建筑设计开始探索北方建筑新风格，齐齐哈尔湖宾饭店为当时北方新风格的代表作，扩大南向采光窗面积，自由灵活的非对称布局，砖混结构的平屋顶代替木屋架粘土瓦的坡屋顶。还有哈尔滨青年宫、北方大厦、哈尔滨工业大学、哈尔滨防洪胜利纪念塔、牡丹江市的北山宾馆、镜泊山庄等公共建筑。虽然这些设计中还有些带有古典创作手法的痕迹，但大部分则完全脱离了古典建筑的影响，表现出明显的灵活、简洁、新颖、大方的创作手法。采用和推广了砂垫层、灌注短桩、爆扩桩基础等新结构、新技术，为寒冷地区深基础的改革闯出一条新路。还采用了钢筋混凝土双曲薄壳结构、振动砖墙板、悬索结构、硅酸盐箱形结构和砖拱薄壳结构等新技术。1964年，设计革命运动开始后，把一些较好的设计当做“高大洋”“封资修”的典型，进行批判。继而1966年“文化大革命”开始，设计出的工程多数标准偏低，造型千篇一律。“文化大革命”后期，设计人员顶着压力，完成了一些好的设计，如第一次采用跨度为30米的门式刚架新结构的绥化胶合板厂厂房；全省第一个高层建筑、采用滑模施工新技术的黑龙江省广播电视大楼；采用了人工制冷新技术的哈尔滨冰上训练基地人工速滑冰场等。

1976年粉碎江青反革命集团后，特别是中共十一届三中全会后，建筑勘察设计事业得到振兴，建筑创作有了新的突破，设计出哈尔滨机杨候机楼、哈尔滨工人体育馆、齐齐哈尔工人体育馆、牡丹江镜泊湖宾馆、黑龙江省物资局疗养院、北方剧场、哈尔滨和平邨宾馆、太阳岛风景区水阁云天、哈尔滨动物园河马馆等平面布局合理，造型新颖大方，建筑个性鲜明的建筑工程，并在设计中广泛采用新技术、新结构。一些设计单位已能独立承担技术比较复杂、又有特殊功能要求的制冷、超净、抗微震、隔震等建筑设计任务。省建筑设计院1979年在黑龙江省标准局计量测试所综合楼工程设计中，采用一级天平微震和恒温（±0.1℃、±0.3℃）、恒湿技术；1983年，在天津第四半导体厂单管电路车间工程设计中，采用超净技术（4级）。

三、施工

在黑龙江地区漫长的建筑历史中，历代封建王朝统治阶级所兴建的建筑都是强役民夫修建。经过不断总结施工经验，逐渐确定了古代建筑施工的模式和标准。及至近代，由于中东铁路大兴土木，一批建筑包工商应运而生。他们承包工程后，按瓦、木工程等分包给小把头。他们从关内山东、河北招募大批农民当建筑工人，春来冬去。此时，黑龙江地区近代建筑业已初具雏形。

随着建筑业的兴起，黑龙江地区开始设立建筑业管理机构，对建筑施工进行管理。1914年8月，黑龙江省城兼商埠警察厅制定《建筑规则》31条，对有关申请建筑和建筑中的具体事项做了明确规定。1926年，东省特别区（哈尔滨市）行政管理局设工务处，管理建筑业，制定了《建筑规则》56条、《建筑临街房屋规则》11条和《工程师注册规定》等。1930年，黑龙江省城兼商埠市政局改订《管理承办建筑营业暂行章程》16条，规定了承办建筑营业者应遵守事项。此时黑龙江地区建筑业初具规模。但建筑施工长期处于手工作业状态，木工用的是锛、凿、斧、锯、刨，瓦工用的是瓦刀、泥抹子，力工用的是扁担、锹、镐。1931年日本侵占东北后，日本人通过伪满洲土木建筑协会"管理与承包工程，转达政府法令、规章制度"，对土木建筑业进行登记审查，合格者发给许可证，加入满洲土木建筑协会。黑龙江地区原有建筑公司绝大部分倒闭。东北沦陷时期，黑龙江地区建筑规模一度较大，但建筑施工仍主要是手工作业，只是瓦工改用了刨锛、大铲，木工破板截料改用了火锯，建筑高二、三层的建筑工程，上料亦人工挑、抬、扛。建筑高三层以上的建筑工程才使用简单的机械。

1945年日本投降后不久，为恢复生产、支援前线、解决工人就业，哈尔滨、齐齐哈尔、牡丹江、佳木斯等地先后组织了建筑工人生产合作社，成立了一批私人建筑企业和国营建筑公司。1949年中华人民共和国成立前夕，黑龙江省已有5个国营建筑公司和近百个建筑生产合作社、私人建筑企业，共有1.5万人。在此期间，在民主政府领导下，黑龙江地区施工企业积极改善建筑工人的劳动条件，但施工作业方法仍无改变。

中华人民共和国成立后，黑龙江地区国营建筑公司发展到15个，施工队伍7万人，黑龙江地区省、市两级设置了建筑业的管理部门，建立了管理机构。

国民经济第一个五年计划实施期间，黑龙江地区为国家重点建设地区，为完成国家在黑龙江地区开发建设项目，黑龙江地区各省政府对经济恢复时期组建的国营建筑企业进行整顿，将分散在工业、商业等部门的小型建筑公司、工程队集中起来，组建新的省属建筑安装公司。哈尔滨、齐齐哈尔、牡丹江、佳木斯等大中城市，也组建了市属建安企业。中共黑龙江省委为提高建筑施工队伍的素质，从省内的工厂、矿山、机关、学校、农村等部门抽调领导干部、技术人员和生产工人充实施工企业。同时，黑龙江地区建筑队伍开始装备施工机械，建筑工人开展群众性的技术革新活动。1957年，黑龙江省建筑施工机械化实现了零的突破：吊装垂直运输机械化程度为21.6%，混凝土搅拌机械化程度为39.1%。中央各部为完成在黑龙江省的重点建设任务，也先后组建了一批建筑安装公司。哈尔滨市是省内建设项目集中的地方，22项重点工程有10项建于哈尔滨。中央各部在哈尔滨的建筑公司相应增多，1953年有重工业部、第一机械工业部等5个公司，1954年有重工业部、一机部、铁道部、建筑工程部等的10个公司。其后冶金部、电机部、电力部等也都在哈尔滨市组建有建筑安装公司。1960年，黑龙江省国营施工企业职工达到33.56万人；地区和市以上设计单位10个，职工954人；石油、林业、煤炭、机械等大中型工矿企业也发展了建筑施工力量；当年完成建筑安装工作量7.26亿元。在此期间，黑龙江地区建筑施工企业学习和推广先进经验，涌现出一大批先进人物，影响面波及全国。1953年冬，于哈尔滨量具刃具厂工地上，在苏联专家指导下，第一次打破常规在寒冷地区进行冬期施工。东北工业部建设公司哈尔滨工程处苏长有瓦工班在学习苏联"三段砌砖法"经验基础上，又创造了"分段砌砖法"，改进了操作技术，砌砖效率大幅度提高。东北工业部做出《在建筑企业中推行新砌砖法与改进劳动组织》的决定。苏长有带领他的小组在省内外和首都北京，多次进行现场技术表演。苏长有被选为全国人大代表、劳动模范，出访波兰、苏联等国家。黑龙江省第二建筑工程公司李学义混凝土工作队，虚心学习先进经验，不断革新技术，1953～1959年共实现754项合理化建设，学习和推广了压力灌浆、预应力混凝土等24项先进经验和技术，改进和制作了20多种机械和工具。从1953年起，这个队一直被评为先进集体，出席了沈阳市、哈尔滨市、黑龙江省劳动模范代表会，全国建筑系统先进生产者代表会和全国先进生产者代表会。李学义被评为全国劳动模范、工人工程师，被选为沈阳市、哈尔滨市和黑龙江省人民代表。1958年“大跃进”运动开始，全省建筑工人深入开展技术革新运动，提出了许多合理化建议，完成了许多革新工具，虽然存在较严重的浮夸风，但在这一年里，具有历史意义的是施工现场的水平运输实现了车子化，放下了扁担杠、棒。在此前后，黑龙江省的建筑机械生产也开创了历史先河，1957年，哈尔滨工程机械厂试制成功黑龙江省第一台塔式起重机；1958年，牡丹江建筑机械厂试制成功黑龙江省第一台建筑用卷扬机；1959年，齐齐哈尔工程机械厂生产出卷扬机和搅拌机。1958～1960年“大跃进”时期，省内一些建筑施工单位片面追求完成工作量指标和形象进度，忽视工程质量，削弱技术监督力量，不按科学方法评价和鉴定工程质量，仅凭目测心估判别质量优劣，导致工程质量大幅度下降，恶性事故不断发生。据不完全统计，全省“大跃进”期间建成建筑物先后有17幢倒塌，倒塌建筑物总面积达27 489平方米，死亡37人，造成经济损失645万元。为扭转“大跃进”后期工程质量的滑坡现象，1961年，省建设厅在双鸭山市召开全省建筑工程质量现场会，贯彻全国杭州工程质量现场会议精神，整顿纪律，建立制度，制定和颁发了钢筋混凝土结构、砖石结构、木结构的《设计与施工的若干技术规定》。省建设厅制定了《黑龙江省建筑安装工程质量评分办法》，全面开展工程质量检查、评比、竞赛、奖惩等活动，掀起了比学赶帮超高潮，涌现出一批砌筑、抹灰质量好的先进小组，建成一批优质工程。在“二五”计划的后两年，黑龙江省大力压缩基本建设规模，1961年基建投资比1960年减少2/3，1962年又比1961年减少20%，1962年的投资只有1960年的26.57%，全省建筑业也随之进入低潮。1962年末，施工企业职工只有13.34万人，比1960年减少了60.3%，近8万名固定职工回乡务农或转业。许多没有施工任务的企业，转向伐木、采煤或搞其他商品生产。1961年，全员劳动生产率下降到人均1 549元，全省建工系统国营建筑安装企业亏损1 287.2万元。

1963年，随着基建投资的增加全省建筑业也逐渐回升。1964年末，全省国营施工企业职工人数增加到15万人（其中固定职工12万人），集体所有制施工企业职工4万人，共19万人。

1966年“文化大革命”开始后，全省建筑业经过三年调整已见回升的势头被遏制，全省建筑业刚刚恢复和完善的管理制度、办法被砸烂。1967年1月，省建筑业的主管领导机关——黑龙江省建设厅被造反派夺了权，建筑业受到严重破坏，不少施工企业停工停产，损失重大；生产无人管，劳动无定额，效率无考核，平均主义代替了按劳分配，职工的劳动报酬与劳动成果脱节，劳动生产率下降，1967年全员劳动生产率下降到人均2 272元，比1965年下降45.2%。“三五”时期完成的建筑安装工作量比“二五”时期少12.74亿元，下降33.9%。安全生产的正常秩序被打乱，一些劳动保护用具被用作武斗工具，频频发生安全事故。1966～1968年的千人死亡率均为0.31，比1964年、1965年的千人死亡率0.18高出0.13。工程质量基本处于无人要求、无人管理、无人检查、无人验收状态，重大的恶性事故不断发生。海伦县食品厂新建高28米的砖烟囱，1969年10月开工，由一个从未搞过建筑施工的人指挥，没有冬季施工措施，搅拌的混凝土和砂浆很不均匀，砌烟囱的砂浆没有掺盐，掺入大量淹咸菜的废汤，水泥作用受到破坏，致使烟囱于1970年3月21日解冻时倒塌，当场砸死4人。

1966～1970年，全省建筑经营管理废除承发包制，取消施工取费办法，批判“利润挂帅”和“物质刺激”，一些必要的财经纪律受到冲击，施工生产和企业管理混乱，经济效益大幅度下降。

1970年，黑龙江省基本建设投资又开始回升，总额达10.48亿元。1971～1976年，投资总额仍保持着增长势头，年平均投资总额为14.06亿元。为完成国家和省安排的建设项目，繁荣黑龙江省经济，黑龙江省建筑施工企业广大工人、干部和工程技术人员，顶住来自“江青反革命集团”的压力，努力排除各种干扰，克服困难，开展工作。不少基本建设项目边设计、边准备、边施工。为保重点，加快重点项目建设速度，本着“先中央后地方，先重点后一般，先投产后续建，先预算内后预算外”等四先四后的原则，对基本建设项目实行全面排队，在资金、材料、设备、设计和施工力量的投放上，按照项目排队计划保证需要，分期分批的集中力量打歼灭战。为保证砂石土方材料的供应，每到冬季，利用农民的畜力，组织砂石大会战，对重点工程实行专列供应，直达施工现场，确保重点工程项目的完成。为扭转工程质量普遍下降的局面，1973年开始在全省范围内全面深入宣传贯彻全国统一的建筑安装工程质量检验评定标准《TJ301—74》，分期分批组织学习、消化、试点和普及，各行业的建筑施工队伍很快熟悉和掌握了国家的质量标准。同年，开始了每年一次的全省工程质量检查和评比活动，选出了7个工种的质量标兵和样板工程，全省的工程质量出现了稳中有升的局面。为提高施工机械设备的完好程度，提高设备的利用率，1973年省建委积极组织建筑安装企业认真贯彻国家建委在天津召开的全国施工机械设备管理工作会议精神，开展学习大庆油田设备管理工作经验，建立健全管理机构，制定规章制度，组织干部、工人业务技术学习，组织设备冬修会战，开展红旗设备、红旗手竞赛，搞设备检查和设备升级，设备的完好率、利用率逐年提高，步入国内先进行列。施工技术亦有发展。1974年，省建四公司在大庆化肥厂60米跨钢结构落地拱吊装中，三机抬吊一次成功，备受国外专家赞扬。此外，还掌握了大型沉箱工程施工、光面爆破、定向爆破、岩塞爆破等新技术。与此同时，全省建筑施工机械化程度显著提高。至1985年，黑龙江省建工系统地市以上全民所有制建筑安装企业6大工种工程（土石方工程、桩基工程、垂直吊装工程、场内装卸运输工程、预制现浇混凝土工程、抹灰工程）的综合机械化程度达69%。

第三节　测　绘

辽天显七年即后唐长兴三年（932年），契丹东丹王突欲向后唐进送的《契丹地图》，即辽国舆地图，绘制了黑龙江地区，这是始见于文字记载最早的地图。南宋建炎元年至祥兴二年（1127～1279年），绘成的中国《舆地图》，黑龙江地区北至外兴安岭，东至海，绘有河流、山脉、森林，是始见于表示黑龙江地区较为完整版图的地图。明嘉靖五年（1526年），彩色绢底摹绘的《杨子器跋舆地图》，表示了明朝奴儿干都司所辖黑龙江地区内的河流、居民地和山脉。

15世纪末，俄罗斯建国后，向东扩张。明崇祯十六年（1643年）沙俄雅库次克当局派遣132人的“远征队”，向中国黑龙江方向窜来。清顺治七年（1650年）春，俄军侵入黑龙江沿岸，测绘了黑龙江上游略图。清康熙二十年六月（1681年7月），俄军侵入精奇里江（今苏联结雅河，黑龙江北岸的最大支流）测绘地图。从清顺治元年（1652年）起，俄军受到中国军队的多次阻击后，于清康熙二十八年七月（1689年9月），中俄签订了《中俄尼布楚条约》，以法律条文形式划定了中俄东段边界。

清康熙四十八至四十九年（1709～1710年），清廷聘用西方传教士，在黑龙江地区测量经纬度，作为测绘地图的起始数据，并按《中俄尼布楚条约》确定的边界，测绘了约为1：140万比例尺。黑龙江地区地图，于清康熙五十七年（1718年）统一编制在《皇舆全览图》等地图集之中。这一测绘成果对巩固和维护清初中国东北部疆域具有重要的意义，也是其后清朝编绘黑龙江地区小比例尺地图的基础。

清乾隆二年六月（1737年7月），沙俄白令“勘察队”在俄军护送下，由尼布楚（今苏联涅尔琴斯克）启程后，偷越国境，深入黑龙江上游到达雅克萨（今额木尔河口对岸），沿途搜集情况，测量地形，绘制地图。清乾隆六年五月（1741年6月），该队又测量乌第河到黑龙江口的海岸。清乾隆五十二年（1787年），沙俄政府下令向远东地区派遣一支规模巨大的“探险队”，“巡视”库页岛，搜集情况，测绘黑龙江口。清道光二十年（1840年），中英鸦片战争爆发，中国进入半殖民地半封建社会后，沙俄加紧了侵占中国领土的准备工作。清咸丰五年（1855年），俄人在黑龙江上、中游多处测定经纬度。清咸丰八年四月（1858年5月），沙俄乘英法联军攻陷大沽，威胁北京之机，用武力强迫清廷代表签订了《中俄瑷珲条约》，霸占了黑龙江以北60多万平方公里的中国领土。紧接着，沙俄又以测绘为先行，武力作后盾，为侵占中国更多的领土作准备。清咸丰八年六月（1858年7月），沙俄西伯利亚总督穆拉维约夫又率俄军100余人，乘船闯入松花江，上溯60多里，测绘两岸地形。清咸丰九年三月（1859年4月），沙俄“勘察队”沿乌苏里江、兴凯湖至绥芬河、图们江口进行勘测，绘制地图。同年夏，穆拉维约夫亲自乘舰将所绘地图送到天津北塘，成为俄使伊格纳切夫在北京进行外交讹诈中的一个重要砝码。清咸丰十年十月（1860年11月），沙俄乘英法联军进攻北京的军事压力，利用穆拉维约夫提供的测绘资料，强逼清廷又签订了《中俄北京条约》，强占了乌苏里江以东40多万平方公里的中国领土。

清光绪十五年（1889年），清廷为编绘《大清会典图》，通知各省测绘地图。黑龙江将军衙门设立黑龙江舆图局，以测绘《黑龙江舆图》（舆图为古代地图的总称）。以崔祥奎为总测的测绘人员用实测经纬度和计里画方的方法，不畏艰难险阻，历尽千辛万苦，历时9载，耗银4万余两，对黑龙江地区全境进行了悉心测绘。由屠寄总纂成黑龙江地区最早的地图集——《黑龙江舆图》74幅，并撰写了《黑龙江舆图说》一卷，列入全国地图集——《大清会典图》。

《黑龙江舆图》测绘质量为全国之最，受清廷奖励，堪称黑龙江测绘史上宏篇巨作。但由于当时测绘仪器发展水平的限制，表示地形起伏的方法仍是“笔架式”（山形线），只描绘主要山脉的走向和位置，不能科学地反映整体地貌的变化规律。此时，黑龙江舆图局的成立，标志着黑龙江测绘业及其管理机构正式从其他行业和部门中分化出来，逐步发展成一个专业，独立于社会大分工的各行各业之列。

清光绪二十六年（1900年），沙俄在参加八国联军进攻中国的同时，又单独出兵侵占了东北。为了军事占领和资源掠夺的需要，清光绪二十七年（1901年），俄军测量团进入黑龙江地区，至清光绪三十二年（1906年），在松嫩平原和牡丹江流域，用平板仪实测1：8.4万比例尺地形图168幅，约15万平方公里。这是黑龙江地区首次用等高线表示地形起伏的地形图。俄军测图时，把这些地方视同已地，如入无人之境，为所欲为，并迫使黑龙江将军衙门派员“照料画图”，黑龙江测绘已无主权可言。

20世纪初，东三省开始了近代测绘。从清光绪三十三年（1907年）始，测绘事业主要以军事需要而兴起。当年，在东三省督练处参谋处内设测量科。清宣统元年（1909年）正式成立东三省陆地测量总局，开展军事测绘（指具有军事内容或者为军队作战、训练、军事工程、战略准备等而实施的测绘的总称），进行三角测量、水准测量和1：2.5万比例尺地形图测绘。中华民国建立后，北洋政府为巩固政权和进行战争服务而统一部署对东北地区进行测绘。东三省驻黑龙江陆军测量分局在黑龙江地区南部布测三、四等三角点1 000余个；用平板仪测绘1：5万比例尺地形图202幅，约8.3万平方公里；完成1：10万比例尺调查图，还编绘了1：20万、1：30万、1：100万比例尺地形图，这4种图均覆盖全地区。但由于中华民国建立初期，军阀混战，国家不统一，政令不通行，没有统一的测绘基准，造成地形图质量低劣，地区与地区之间的成图不能拼接。在此期间，黑龙江地区专题地图的编制有较大发展，如1915年黑龙江巡按使公署就编制了航路图、金矿图、清丈图、铁路图等8种专题地图。

1912～1917年，俄国十月革命前，为了继续侵占黑龙江地区，沙俄不断派出测绘人员，对黑龙江地区进行地形图的续测和修测。

与此同时，日本帝国主义亦为发动侵略战争开始准备作战地图。1912年日本陆地测量部编制了《东北地图》，满铁调查课编制了《东三省地图》；1917年前后，翻印了上述俄军测量团编制的1：50万比例尺地形图；1926年，日本南满铁道株式会社编制了《哈尔滨市街图》；1929年7月前，公然对东北地区进行航空摄影。1929年7月～1930年5月，日本参谋本部和关东军组织了有作战、测绘参谋为主体的4次“参谋旅行”，到东北各战略要地实地核查，进行航空像片调绘。于1931年4月完成航测的1：20万比例尺东北地区作战地图的编绘。

中国爱国军人为了维护国家安全，对日本盗测分子进行了惩罚。1931年6月26日，东北兴安屯垦军第三团关玉衡部队，在当时黑龙江、吉林、辽宁交界区域，即洮（安）索（伦）铁路沿线军事要塞区，抓获日本参谋本部派遣的现役军事测绘参谋、间谍中村震太郎大尉及其随从骑兵曹长井杉延太郎、白俄人西罗可夫、蒙古向导共4人。中国兴安、洮安方面是禁止外人进出的地区，中村等人偷入，带有“农学士”假护照，携带该地区俄文军用地图、测绘仪器，调查笔记中多记军事各项，采用调查兵要地志，校正军用地图等手段，非法窃取军事情报。间谍罪证，确凿无疑。翌日，关玉衡下令将中村等4人处死。此事件史称“中村事件”。日本利用此事件煽动所谓“满蒙危机”，成为日本发动1931年“九一八”事变的重要借口之一。

“九一八”事变后，黑龙江地区沦为日本帝国主义的殖民地。1931年9月26日，日本侵略军把原东三省陆地测量局库存的全部地图和测绘资料掠去，用于侵华战争。并从1933年起，有计划地进行了大量的测绘工作。黑龙江地区测绘事业完全操纵在日本侵略者手中。同时，伪满洲国傀儡政权也进行了若干测绘工作。到1945年日本侵略者投降，日本人在黑龙江地区进行了大量的大地测量和地形图测绘工作，编制了覆盖全地区的1：50万比例尺地形图。日本侵略者在优先满足军事测绘需要的同时，也注重了工程测量，为其掠夺资源服务。

1945年8月，苏联出兵东北后，苏军总参测绘局利用日本和伪满测绘资料，编制黑龙江地区1：10万、1：20万、1：50万、1：100万等4种比例尺地形图（1：50万、1：100万于1952年完成）；此间，创办于勃利县的东北民主联军总司令部测绘学校也在同期测绘，该校是中国共产党领导下的第一所培养测绘人才，直接为解放战争服务的测绘学校，从开始搜集保管地图发展到进行复制、编绘和印刷。测绘事业在极其困难条件下兴起，并逐步发展壮大，提供了东北解放战争的全部军用地图，为革命军队作战提供了测绘保障，做出了突出的贡献，也为中华人民共和国的测绘事业奠定了基础。

中华人民共和国成立初期，黑龙江地区测绘基础薄弱。中华人民共和国成立前保留下来的测绘人员不过200人。随着工农业生产建设的发展，农业、煤炭、冶金、交通、林业、水利、城建、地质、石油等部门，在20世纪50年代先后组建测绘队伍，主要从事局部地区的独立控制测量和大比例尺地形图及各种工程建设用图测绘，为本部门经济建设服务。地质、石油、冶金、城市、交通测绘队伍均进行了大规模的资源勘察和规划设计、施工测量。黑龙江地区专业测绘（指产业部门为保证本部门业务需要所进行的具有专业内容的测绘的总称）出现了蓬勃发展的局面。

从1958年起，黑龙江省的基础测绘（指为国民经济和社会发展以及国家各部门和各项专业测绘提供基础地理信息而实施的测绘的总称。或指国家四等以上大地测量和国家基本比例尺系列的测图与编图及其制印工作）工作，主要由国家测绘总局和总参测绘局共同规划和分工组织实施，采用国际上先进的国家大地控制网（水平控制网和高程控制网的总称）布网技术方案和用航空摄影测量方法测制地形图。1959年3月，国家测绘总局在哈尔滨正式设立哈尔滨分局（后改称国家测绘总局第二分局，简称国测二分局），负责对东北和内蒙古东部地区的基础测绘工作的领导，形成一支政治素质和技术力量以及仪器装备都较好的队伍。自此，东北地区的测绘基地由清末、中华民国前期设在沈阳，沦陷时期设在长春，移至哈尔滨，使黑龙江省境内测绘力量得到了加强。1959年6月，省人民委员会设立了省测绘管理处，作为政府职能部门管理全省测绘行业。通过法规政策、规划设计、组织协调、监督服务等手段，开展了测绘技术管理、资料管理、测量标志管理和地图编制出版管理，以发挥测绘行业的整体经济效益和社会效益。

1960年前后，国民经济发生严重困难，在中共中央“调整、巩固、充实、提高”方针指引下，1961～1962年，全省测绘单位都进行了调整，压缩编制，下放人员，但均保留了技术骨干。因此，1963年国民经济形势好转后，测绘生产迅速回升，并在1964年广泛开展了狠抓成果质量活动，使测绘成图质量达到了历史上最高水平。

20世纪60年代，测绘技术进步很快，光学经纬仪完全代替了旧式游标经纬仪，大平板仪代替了小平板仪，航空摄影测量广泛用于基本比例尺地形图测绘。从60年代开始应用电磁波测距、电子计算机和薄膜刻图等新技术、新方法、新工艺，国测二分局还将航测原图编绘与制图清绘一次成图和光学镶嵌法制作像片平面图试验成功，从而加快了全省基础测绘工作的进展。

1959～1966年，完成了全省天文大地网和精密水准网的布测，并与国家大地控制网联为一体，形成省内大地控制网的全面基础；此外，还使用波茨坦国际重力基准，布测基本重力点1个和一、二等重力点17个。在此期间，完成中华人民共和国成立后黑河、松花江、牡丹江、合江、嫩江地区第一代1：5万比例尺880幅，约26.4万平方公里；松嫩平原、黑龙江南岸第一代1：2.5万比例尺1 550幅，约13.3万平方公里。从1964年起，根据农业、水利等部门急需，开始以1：1万比例尺地形图为主的测图工作，其等高距一般采用1米或2.5米，使微型地貌的表示更为逼真，地形图立体感增强。1965年首先完成三江平原的萝北测区184幅图，近4 000平方公里，并很快取得了经济效益。东北农垦总局勘测设计院曾于1963年采用该地区1：2.5万比例尺地形图设计了35公里长的干渠，但由于比例尺过小，不能显示地貌的微小坡降，建设后的渠向错位100多米，水不能全部自流，未达到预期效果。该院利用这批1：1万图重新设计后，工程质量好，进度块，使200万亩耕地基本上排除了洪涝灾害。全省各专业测绘单位以三、四等三角网和三、四等水准网为基础的控制网普遍建立起来，并与国家网联测，还进行了大量的1：2.5万、1：1万、1：5 000大比例尺地形图和1：2 000、1：1 000、1：500等各种工程建设用图的专业测绘。在此期间，编制了覆盖全省的第一代1：100万图9幅，编制了1：100万比例尺《黑龙江省地图》挂图和省地图集《黑龙江省分县地图》72幅及18个市、县地图挂图；编制了自然、社会经济地图21种，基本上满足了各方面对地图的需求。

1966～1976年“文化大革命”期间，黑龙江省测绘事业遭到中华人民共和国成立以来最严重的挫折和损失。1966～1968年，全省测绘系统领导干部普遍受到批判和斗争；一些技术骨干被当成“反动学术权威”遭到批判；规章制度被破坏，生产和管理工作秩序陷入混乱，使许多工作停顿。1969～1970年，国测二分局等多数测绘单位被撤销，人员流散改行。测绘力量元气大伤，全省测绘行业处于低潮。

1972年后，全省各专业部门的测绘队伍随着经济建设需要而逐步得到恢复。哈尔滨冶金测量学校在停止招生达6年之久后，恢复招生。1974年，以原国测二分局人员为主与省测绘管理处合并成立黑龙省测绘局，迅速组建测绘队伍，由国家测绘总局与省双重领导，承担黑龙江省和全国性测绘任务，行使全省测绘行业管理职能，黑龙江省测绘事业得到恢复和重新发展起来。

“文化大革命”期间，全省测绘事业虽然遭到严重破坏，仍然取得了一定进展。用雷达航空测量方法完成了小兴安岭、大兴安岭第一代1：5万比例尺地形图248幅测绘，约7.4万平方公里；为三江平原治理与开发完成了1 269幅1：1万比例尺测图，为哈尔滨、齐齐哈尔等主要城市完成254幅1：1万比例尺测图，测量面积共约3.4万平方公里；为大庆油田开发与建设完成1：5 000比例尺892幅，约5 000余平方公里。为北部引嫩工程、三江平原综合治理规划、大庆至大连、秦皇岛港口输油管道、大庆化肥厂建厂和双鸭山煤矿的集贤矿主井与北风井3 000米长贯通施工等重点工程建设提供了测绘服务。“文化大革命”期间用第一代1：2.5万比例尺地形图编制了松嫩平原、黑龙江南岸1：5万比例尺地形图405幅，用第一代实测图编制了覆盖全省的1：10万图423幅、1：20万图120幅、1：50万图23幅等3种地形图；配合全省农村农田基本建设的开展，编制了1：100万、1：200万《黑龙江省地图》挂图和30个地、市、县地图挂图；此外，还编制了18种专题地图。

1976年粉碎江青反革命集团以后，结束了“文化大革命”。特别是1978年中共第十一届三中全会以后，全党工作重点转移到经济建设上来，全面纠正“文化大革命”及其以前“左”的错误，平反冤假错案，黑龙江省测绘事业开始稳步发展，进入改革和提高的新阶段。

通过管理体制改革，省测绘局加强了全行业的宏观管理，切实履行归口管理测绘业务的政府职能，改变了建局初期抓本系统多、抓行业不足，抓基础测绘多、抓专业测绘不足的状况。增设了测绘管理处，并在地市一级开展了设立测绘管理机构的试点工作。通过经济体制改革，测绘局所属各测绘单位实行经济核算，推行经济承包责任制和干部任期目标责任制，从而调动了职工的生产积极性，提高了经济效益。同时，通过改革，拓宽服务领域，扩大服务项目，使测绘单位由单纯生产性向生产经营性转变，改变单纯依靠上级下达计划任务和全靠“吃”事业费的局面。实行指令性和调节性计划相结合的测绘生产，积极增产创收，以解决事业经费不足的问题。至1985年，黑龙江省测绘已经具有相当的规模和物质技术基础，建立有天文大地测量、航空摄影测量、工程测量、地图编制印刷、教学、科研和测绘管理、成果供应、仪器检定等门类齐全的较为完整的体系。

第四节 环 保

一、环境污染与治理

中华人民共和国成立初期，国家还没有明确的环境保护政策和目标，随着经济建设的发展和人口的增长，环境问题逐渐显现。第一个五年计划期间，全国156项重点工程建设项目，在黑龙江省兴建的就有22项。哈尔滨、齐齐哈尔等城市发展了机械、冶金、电力等先行工业和造纸、制糖、纺织等大中型企业。由于环境意识淡薄，这一时期建设的工业企业，没能做到环境保护与生产同步进行，环保工程没有同时实施。废气、废水、废渣、废料的排放，造成空气、江河和地下水等污染。20世纪50年代末、60年代初连续发生死鱼污染事件，哈尔滨市的饮用水水质逐渐变差，齐齐哈尔市嫩江江段出现黄黏絮状物（江水有机污染所致）。工业“三废”和城市生活废弃物和污水的排放量不断增加。每天排放废水、污水约500多万吨。这些废水中含有酚、氰、汞、铬、砷、镉、铅、锌、铍、放射性物质和病菌等多种有害物质，未经处理就直接排入江河或渗入地下水层，使全省水域受到严重污染。有些城市居民用“天天吸浊气、天天喝污水”形容环境污染的严重程度。还有大气的污染造，全省每日排入空气的废气约4.6亿立方米，其中含二氧化硫、一氧化碳、氮氧化物等有害气体2.1亿立方米，毒化了环境，给生产和生活以及人民的健康带来极大危害。特别是1958年“大炼钢铁”、“大跃进”期间，全省森林和矿产资源被乱砍滥伐、任意开采。森林采伐量超过林业资源生长量，采育比例失调，引起林业资源日益减少，造成环境污染的加重和自然生态环境的破坏。据统计，1962～1976年，全省森林面积从2 957万公顷，下降为2 399万公顷，减少358万公顷。木材蓄积从24.4亿立方米，下降为20.7亿立方米，减少了3.6亿立方米，14年减少了14.5%。由于森林过伐和减少，降低了调节气候的能力，全省降雨量已由过去年平均600毫米下降为400毫米，干旱增多，草原沙化，草质降低，平原和山区水土流失严重。

面对生态不平衡和环境污染的严重情况，中共黑龙江省委、省政府高度重视。1959年，在黑龙江省建设厅内设立污水处理利用办公室，1963年省政府成立“三废”处理利用领导小组，并在建设厅内设置“三废”处理利用办公室。全国第一次环境保护大会以后，1974年成立了省环境保护办公室。1979年又将环境保护办公室升格为环境保护局。全省各地、市先后设立了环境保护办公室（科）。全省共建立了23个环境保护监测站，环保工作人员有700多人，并装备了监测仪器。1984年2月省政府成立了以安振东副省长为主任的省环境保护委员会，领导和组织协调全省的环境保护工作。各市（地）县也相继建立了环境保护委员会，各级环境保护管理机构和监测机构得到普遍的加强。到1985年末，全省20个地、市（其中包括6个县级市）64个县除两个边远县外，全部成立了环保（局）办公室。环保工作人员增加到947人。监测站由原来23个发展到79个，监测人员已达779人，较大的工业部门建立了60多个监测站。各监测站除装备监测仪器外，还购置了监测车或监测船。全省环境管理和监测人员已经发展到2 000人。初步形成了全省的环保工作管理体系和环境监测网络。

《中华人民共和国环境保护法（试行）》颁发之后，黑龙江省陆续制定和颁发了《黑龙江省松花江水系污染物排放标准》《黑龙江省征收排污费实施办法》《黑龙江省环境影响评价管理办法》《黑龙江乡镇企业环境管理办法》等项法规、条例、标准和规范。各市（地）也因地制宜地制定一些具有地方特色的法规条例。据统计，1980年以来，全省14个市（地）及所属各县，共制定发布各种地方性法规、条例119个，改变了环境保护无法可依的局面。

与此同时，对全省沿松花江水系38个主要工矿企业提出了限期解决污染的具体要求。一些市（地）对本地区的重点污染源也做出了限期治理的规定。经过几年治理，松花江水系污染限期治理的项目，共99个企业、146个单项工程，截至1985年年末已完成92项，占63%。各市、县先后提出300余项限期治理项目，截至1985年年末，完成了250余项，占限期治理项目的80%以上。

在调整企业中，全省关、停、并、转了一批生产工艺落后、产品质次价高、亏损严重、污染又不易治理的小化肥厂、小柴油机厂、小钢铁厂、小矿山等。牡丹江市就关停12个、部分停12个、合并1个、转产39个、搬迁9个，有效地减轻了小区范围内环境污染。

省轻工系统8家污染严重的企业，每天排放废水34万吨。“六五”期间，国家、地方和环保部门先后投资7 287万元，建设了41项环保工程。到1985年末，8家企业日处理废水量已达28万吨，占其排放废水的82.3%；处理废渣能力已达12 800吨，占排渣总量的95%，对减缓松花江水系的污染和大气污染起了积极的作用。

省环保局成立了监督管理排污收费站，利用经济手段，实行排污超标收费，以促使企业主动治理污染。1981～1985年，5年中共收排污费13 305万元。收费取之于排污用之于治污。前4年，用于污染治理补助7 806万元，用于综合防治88万元，共支出7 894万元，占收费的59.4%。前4年安排治理项目3 868个，当年竣工3 000个，占安排项目的77.6%。1985年，绥化地区投入排污补助费125万元用于治理，又由企业自筹860万元，上了134个治理项目，完成了124项，占治理项目92.5%。

对新建、改建、扩建项目严格执行“三同时”。即防止污染和其他公害的设施，必须与主体工程同时设计、同时施工、同时投产，以控制产生新的污染源。据检查统计，1979年以前全省“三同时”执行情况很不好。计划建设的30个大中型项目，执行“三同时”的只有11个，有哈尔滨民航机场燃煤锅炉、哈尔滨水泥厂四号窑、阿城涤纶厂合成纤维、哈尔滨轴承厂电镀车间、大庆炼油厂、牡丹江桦林橡胶厂、牡丹江柴河厚纸板车间、富拉尔基二号焦炉等，占36.6%。执行较差的有8个，有哈尔滨拖拉机配件厂模锻热处理车间、哈尔滨电碳厂煤气站、鸡西城子河沸腾炉等，占26.6%。没有执行的有10个，有哈尔滨东北轻合金铝坯轧机、哈尔滨制药一厂氯霉素、富拉尔基第一重型130及09工程等，占33.3%。

1980年7月，由省政府颁发了《黑龙江省新建、改建和扩建工程项目必须执行“三同时”的暂行规定》，对执行“三同时”的要求、审批制度、责任划分以及违法处理等都进一步作了详尽的规定。1980年“三同时”的执行情况比1979年好。1980年6个大中型项目，5项执行了“三同时”，占72%，环境工程投资2 700万元；1981年9个大中型项目，有8项执行“三同时”，占83.3%，环境工程投资5 780万元；1982年7个大中型项目，都执行了“三同时”，环境工程投资6 500万元；1983年16个大中型项目，15项执行了“三同时”，占94.3%，环境工程投资5 495万元；1984年24个中型项目，其中有污染源的21项，有20项执行了“三同时”，占 94%，环境工程投资7 269.4万元；1985年13个大中型项目，有12项执行了“三同时”，占93%，环境工程投资3 811万元。小型项目执行“三同时”情况也有一定进展，从“六五”初的65%增加到“六五”末的75%。

从1979年开始，黑龙江省建设项目实行环境影响报告书审批制度。对报告内容和审批程序等，都作了规定。当时每年的审批量约400多件。实践证明，建立健全“三同时”管理办法，是建设项目认真执行环保法、控制或杜绝新污染源产生的一个重要手段，也是改善环境的重要措施。

二、自然生态环境保护

（一）自然保护区

黑龙江省为保护自然资源和生态环境，于1963年建立了全省第一个丰林自然保护区。到

1985年末，共建立各种不同类型的自然保护区17个，总面积967 554公顷，占全省总面积的2.13%。草原约有7 000万亩。17个自然保护区分别是：天然原始红松林丰林自然保护区；原始林、次生林、人造林混交林相的红松林带凉水自然保护区，原始森林、火山口森林和高山堰塞湖为自然景观的镜泊湖自然保护区，保护火山地质地貌和矿泉资源的五大连池自然保护区；保护东北虎、马鹿、东北豹、猞猁等珍贵动物为主的七星砬子自然保护区，保护野生稀有植物和野生珍贵动物的牡丹峰自然保护区，保护林蛙为主的黑龙宫自然保护区，保护自然沼泽和丹顶鹤、大天鹅等珍稀鸟类的扎龙自然保护区，保护水禽和自然沼泽为主的洪河自然保护区，保护原始落叶松林的呼中自然保护区，保护天然次生林为主要景观的松峰山自然保护区，保护林蛙和泉水资源的山河自然保护区，保护大马哈、鳇鱼等特产鱼类的呼玛自然保护区和逊别拉河自然保护区，保护水曲柳、核桃楸、樟子松等针阔叶混交林和东北虎、水獭、雪兔等野生动物的桃山野生动物狩猎自然保护区，饶河、虎林、宝清县东北黑蜂自然保护区，野生都柿大平台自然保护区。这些自然保护区为人类提供了生态系统的天然“本底”。保留下一定面积的自然生态区，保存了各种生物及其赖以生存的天然贮存场。有效保护了鸟类繁殖栖息地和迁徙停歇地的安全，维护了湿地的生态功能。

（二）草场资源保护

由于盲目毁草开荒，过度放牧，不合理利用，以及鼠害、虫害等原因，使草原面积大大减少，草原严重退化、沙化和碱化。黑龙江省松嫩平原草原面积4 000万亩，到1985年只有宜牧草原2 600万亩，减少了25%。优良牧草大幅度减少，干草产量下降，草原有益动物因栖息环境受到破坏也大量减少，鼠害、虫害日趋严重。过去人们以“天苍苍、野茫茫，风吹草低见牛羊”来形容黑龙江省牧区牧草的繁茂景象，现在群众以“黄沙滚滚漫天来，一半草场沙里埋”来形容草场的破坏情况。为了维持利用草原，更好地开展畜牧业和保护草原上的野生动物，黑龙江省认真贯彻了以牧为主的方针，建立了合理的放牧制度，根据草场的生产力，合理确定载畜量，防止超载放牧。同时，在宜林的地方，有计划地营造了基本草场防护林，以林护草，草林结合。贯彻了农业部草拟的《中华人民共和国草原管理法（试行草案）》，加强了草原管理。

（三）鱼类资源保护

鱼类资源与其他动物资源一样，容易受到外界因素的影响，在比较短的时间内，发生数量变动。这些外界因素主要是鱼类栖息的环境条件和人类活动的影响。鱼类在繁殖季节溯江河寻找适宜场所产卵繁殖，在生长季节进入育肥场索饵成长，秋季降河寻找越冬场越冬，而产卵场、育肥场、越冬场之间又是通过洄游通道联结着，这是鱼类休养生息的客观规律。抑制不利因素，鱼类就可按照客观的发展规律得到繁殖；相反，如果有害的影响不断出现，鱼类数量就会锐减以致资源枯竭。江河污染是水产资源遭到破坏的主要原因。为此，国家颁布了《渔业水质标准》，全国淡水鱼类有500多种，列为大型鱼或产量高而具重要经济价值的有43种，其中黑龙江省占28种，而且组成成分又比较复杂。如鲟、鳇鱼、大麻哈鱼、滩头鱼、哲罗鱼、细鳞鱼、鳌花鱼、大白鱼、草、鲢、鲤、鲫、鳊鱼等，这些特产名贵、经济鱼类中除温水鱼类外，还有冷水性鱼类和回归性鱼类。由于鱼的生态性不同，而需要的产卵、育肥、越冬条件也不一样。凡水草丛生的地方都是产黏性卵的鱼类的产卵场，但也有产到河底石砾上的。江河干流湍急的地方是产漂浮卵的鱼类的产卵场。大麻哈鱼、滩头鱼产卵场和上述条件又不一样。鱼类的越冬场则要求水比较深、水流缓慢的江段，溶解氧充足的地方，而冷水性鱼类越冬对溶解氧要求比较高，黑龙江省江河湖泡等水域都有渔业价值，虽不能全部按《渔业水质标准》来保护水体，但对待特产鱼类和需要长距离洄游产漂浮卵的鱼类的产卵场、越冬场的洄游通道的水体，皆采取按《渔业水质标准》进行保护。长距离洄游产漂浮性卵的草、鲢鱼越冬场在黑龙江中游和松花江中游有产卵场，但主要产卵场在松花江上游、第二松花江下游、嫩江中下游、整个松花江干流都是洄游通道。而松花江与黑龙江汇合口——三江口、嫩江与松花江汇合口——三岔河，则是鱼类洄游通道的咽喉，它决定黑、松、嫩三江之间的鱼类是否能溯河产卵和降河越冬问题。为保护与增殖水产资源，黑龙江省渔业管理部门在鱼类产卵繁殖季节规定了禁渔期，还划定了若干常年和季节性的禁渔区。在禁渔期间和在禁渔区内，禁止一切捕捞作业。

第五章　商贸　旅游

唐朝渤海国时期，黑龙江地区始有商贸活动。伴随着经济发展的兴衰起伏，黑龙江地区的商品（物资、粮食）流通、对外贸易也不断发生变化。既有繁荣的鼎盛阶段，也有衰败的萧条时期。黑龙江地区得天独厚的地理位置和生态环境、自然资源，十分有利于开展旅游。由于历史原因，直至清末，黑龙江地区旅游业方具雏形。中华人民共和国成立后，黑龙江地区商品（物资、粮食）流通、对外贸易呈现一派欣欣向荣景象。特别是中共第十一届三中全会后，全省商品流通体制进行了改革，集体、个体商业迅速发展，全省出现了多种经济成分，多条流通渠道，多种经营形式并存发展的局面。以国营商业为主，多种经济成分并存的开放式社会主义商品（物资、粮食）市场在全省逐渐形成，城乡消费品市场呈现出繁荣活跃景象。同时，黑龙江省的对外经济贸易得到迅速全面发展。全省的旅游业开始“转轨、变型”，成为方兴未艾的产业。

第一节　商　业

一、经营行业

（一）百货业

黑龙江地区的百货业，早期是日杂货业分离出来专营日用百货的商铺。清末此类商铺日益增多，形成了独立行业。随后，便成为市场上经营品种最多、大商店也最多的行业。清宣统元年（1909年），由于中外商人争相经营百货业，哈尔滨经营上杂货（清末黑龙江地区杂货业划分为上杂货、下杂货业）的店铺有100多户，一般县城也有十几户。中华民国初期，哈尔滨、齐齐哈尔、佳木斯等城市又兴起了一批大型百货商店。东北沦陷后，1938年，哈尔滨的百货店有200多户，齐齐哈尔、佳木斯各有70多户，牡丹江有50多户。大的百货店经营品种约五六百种。同时，还出现了专营绸布呢绒、鞋帽、文化用品、钟表眼镜的各类店铺。1938年12月～1939年

2月，日伪开始对生活必需品实行配售统制。到1941年以后，欧美货源断绝，日本货源锐减，关内商品又极少，黑龙江地区百货、文化用品奇缺，多数店铺陷于困境，有些因难以维持而倒闭。抗日战争胜利后，黑龙江地区私营百货业，在各级政府和国公营商业部门扶持下，得到了恢复和发展。各地还保留了一大批老字号，在资金、货源上给予照顾，并通过经销或代销形式，扶持了私营百货业的经营。1954年末，全省有百货批发商59户，192人；零售商2 958户，5 579人；年销售额5 156万元，占私营商业总销售额的22.2%。1955年全省私营百货业中有1 168户。从业人员4 655人，组成公私合营。1980年后，黑龙江省经营百货、文化用品类的个体商业，以前所未有的速度迅猛增加。1985年末全省个体百货业达8 000多户，从业人员近万人。

（二）纺织品业

史料记载，渤海国时就曾由中原输入帛、锦等纺织品，还从日本输入绢、帛、布等。通过官方、贵族商人从中原或辽宁贩运纺织品、绸缎的渠道一直延续到明朝。清初，黑龙江地区城市渐兴，出现了经营布匹、绸缎的私人贩运商和商户。最初贩运商和商户多由杂货店兼营各种布匹及衣着商品。清康熙十五年（1676年），宁古塔（今宁安县）36户商铺中，经营布帛杂货的有10户之多。清道光元年（1821年），齐齐哈尔开设的鼎恒升杂货店，既经营绫罗绸缎，也经营油酒米面。清光绪二十五年至宣统三年（1899～1911年），哈尔滨先后开设的同盛隆、同发隆、天丰涌、同记等10多家杂货店和百货店，都经营机织布、手纺布和手工印花布。中华民国初期，哈尔滨经营纺织品的商户日渐增多，不仅百货店大量经营纺织品，而且出现日升恒人绢棉布批发商店、同义庆绸缎庄和麟阜祥布匹店等专业经营纺织品店。齐齐哈尔已有专业布庄24户，衣庄44户。黑龙江地区各县镇经营纺织品和针织品的店铺以及兼营的商户逐渐增多，纺织品行业始从百货业、杂货业中分离出来，形成一个独立的行业。与此同时，日、俄等外国商人在哈尔滨等城市开设的各类商店和洋行，也多数兼营输入的纺织品，洋货充斥市场。东北沦陷后，欧美等外商输入受到限制，日本商人大批进入黑龙江地区，既在大中城市设洋行、商铺，又在县城市场建分支机构，大量倾销日本的纺织品，市场为日货所占领。1937年后，生产资料和消费资料在市场上日渐匮乏，日本侵略者通过伪满政权于1937年9月发布《棉花统制法》《原棉、棉制品统制津》对棉布、棉花等生活必需品实行配给制，衣着商品市场交易几近中断，纺织品行业极度萧条。抗日战争胜利后，市场纺织品原料和制成品依然紧缺，于是曾出现一批专门往来于国民党统治区贩运纱、布的行商。各地政府还用粮食与苏联换回一些棉花、纱、布，并组织妇女和工厂纺纱织布，解决群众穿衣和供应军需。中华人民共和国成立后经营纺织品的坐商有了恢复与发展。

中华人民共和国成立前后，黑龙江地区纺织品由国营百货公司经营，此后直至1983年末，黑龙江地区纺织品较长时期实行统购统销政策，随着生产的发展，销售量大幅度上升。1983年末，纺织品全部敞开，实行多渠道经营。1985年全省国营纺织品销售额达8.8亿元。

（三）五金交电化工业

黑龙江地区五金交电化工商品形成商业的一个行业，是在清末时，先由外商开始的。清光绪二十四年（1898年），法、英、沙俄等外国商人相继在哈尔滨开设五金行，运销各种机器、染料和建筑五金材料。清光绪二十六年（1900年）沙俄秋林公司在哈尔滨开办油漆厂和五金器皿商店，专营五金、油漆、染料商品。清光绪三十三年至清宣统元年（1907～1909年），又有丹麦、日本、德国、西班牙等国商人，开设经营五金、化工原料的商店，有的也兼营一些日用工业品。

清宣统三年（1911年），第一家民族资本福兴成油漆五金商店在哈尔滨开业，1912年，又有连升永、义顺兴、德兴昌等五金行相继开业。电料的经营，比五金化工原料晚七八年。清光绪三十一年（1905年）中东铁路哈尔滨总工厂建起发电厂，始有经营灯泡及小电料的店铺。1914年第一次世界大战后，民族资本的五金、电料、化工原料商业发展较快。哈尔滨经营各种大小五金、铁丝、铁器、油漆、涂料、染料、香料、电灯泡的商店，资金在大洋万元以上者有20余户。

1921年，齐齐哈尔民族资本也办起了五金行。当时，黑龙江地区各县城的火磨、油坊、制米厂等所需的机器及零件；碱庄所需碱料（纯碱）；制革业所需血料（烤胶）等一般是直接到哈尔滨、齐齐哈尔两地购买。各县镇只是在杂货业中兼营一小部分民用五金和染料。至1931年，黑龙江地区五金交电化工商品市场日渐兴盛，哈尔滨民族商业经营此类商品的已达280余户，各县镇也从杂货业分离出专营此类商品的店铺。但货源多为舶来品，市场基本为欧美货占领。东北沦陷初期，欧美洋行进口受到限制，而日商凭借其特权迅速发展，经营网点扩展到黑龙江地区各市县，占据了市场。这时，五金交电化工商业的行业逐渐划细，哈尔滨、齐齐哈尔等大城市中有五金业、染料业、自行车、电气、建筑五金、工具等行业。其经营方式多为批零一体，售货兼修理与安装。对需要量多的铁路及大的建筑部门，一般是用投标形式推销。经营电料水暖器材的商店，一般皆有安装人员，为顾客安装电灯、暖气。经营制米机、电动机的实行“三保”，保证机器使用效能，保证有零件供应，保证修理。经营收音机、电风扇等的商店，均附带修理和装配。1937年以后，以钢铁为原料的产品大量减少，五交化商品异常缺乏，价格不断上涨，资本雄厚能存货的商铺，无不利市数倍。到东北沦陷后期，对一切金属旧物强行回收，五金商铺主要靠卖货底维持营业，或改行或兼营大缸、陶瓷等。

解放战争时期，黑龙江地区市场上的五金交电化工商品，基本上由私营商业经营。货源主要靠收购旧货，再经过简单加工、修理、油刷后销售，获利甚厚。1948年年底，哈尔滨市私营五交化商业870户，其中，五金行667户（经营旧金属的460户），交电行140户，化工行63户；资金在500万元（东北流通券）以上的有147户。经营进一步划细，分为建筑五金，砂轮、滚珠，石棉制品，机器零件，木工工具，电料，化工油漆染料等，均有单独经营的专业商店。

解放战争后期，铁路运输恢复正常后，货源渠道增多，私营五金交电化工行业又有新发展。1949年底，黑龙江地区五金交电化工行业由解放初期470户增加到2 017户。到1951年私营五金交电化工行业发展至13 050户，年销售额占社会同行业销售额74%。营业兴隆，利润丰厚。曾流传 “上有天堂，下有五金行”之说。之后，随着国营商业的建设与发展，国家不断强化对金属及其制品的计划管理，私营五金行业经营日趋困难。1956年全行业公私合营，随之全行业改为国营商业。

中华人民共和国成立后，黑龙江地区五交化商品，由国营百货公司经营。1950年，东北区五金电料公司在哈尔滨设驻在组。销售工业器材（即五金交电化工）商品，国营商业五金交电化工行业开始建立。同年7月，东北区五金电料公司接收哈尔滨百货公司五金部，在驻在组的基础上，成立了东北区五金电料公司哈尔滨分公司。之后，在黑龙江地区相继建立起系统的专业公司。

国营五金交电化工商业建立初期，经营范围很广。包括黑色金属、有色金属、机械、仪器仪表、建筑五金、工具、水暖器材、各种汽车配件、电机、绝缘材料、化工原料、染料、油漆等。而后经营范围曾多次变动，从以经营进口的生产资料为主。逐步发展成为主要经营国内产品；从经营大型、精密、专用生产资料为主，逐步转为经营小型、通用、民用生产资料和生活资料为主。国营五交化商业，在经营品种不断减少，经营范围日益缩小的情况下，根据生产发展和市场需要，又设法开拓了一些新品种的经营，如家用电器、装潢五金、食品添加剂、粘胶剂等。到1985年底，全省五交化商业，经营五金、交电、家电、化工4大类，29小类，2 330个品种，11 492个规格的商品。

（四）石油业

黑龙江地区石油市场，是从清光绪十五年（1889年）俄商向哈尔滨输入煤油开始的。当时由代理商转卖给周围各县镇商户，再由当地商户销售给居民点灯照明。清宣统二年（1910年）后，英、美等外商相继在哈尔滨设销售机构，并在齐齐哈尔、绥芬河等地设销售分店和经营点。还在各地广招代理商。东北沦陷初期，黑龙江地区石油市场，仍被美、英、苏三国油商所控制（美商占55%、英商占25%、苏商占10%）。1932～1935年，日伪满政府先后公布了“日满经济一体”的经济政策和《石油专卖法》。1935年4月，对石油实行配售统制。

美、英、苏石油商的经营由盛转衰。同时，伪满政府在哈尔滨和齐齐哈尔设专卖署和总批发公司；在哈尔滨、齐齐哈尔、牡丹江、佳木斯设石油贩卖会社在县城设营业点。仅哈尔滨和齐齐哈尔两个专卖区，就设有65个营业点。石油专卖和销售机构逐渐下伸。1938年，伪满统治者又将黑龙江地区石油专卖的批发业，组成专卖组合，进一步加强了控制。1941年以后，黑龙江地区对石油采取更为严格的配给。1942年，黑龙江地区对民用汽车已基本停止配油，改用木拌子、煤炭、酒精等代燃品。1943年，黑龙江地区民用照明灯油也基本停止配给，在城乡无电源地区，居民只好用豆油或麻籽油点灯。

解放战争时期，石油的供销除军需外，多由私营石油商户经营。1949年5月，原黑龙江、松江两省商业厅根据东北贸易部决定，由省百货公司兼营石油。省公司设石油科，负责石油调拨工作；各市、县百货公司经营成品油的批发和零售业务。对农村居民灯用煤油，由当地百货公司批发给农村供销社经营。1952年5月，两省商业厅又根据东北贸易部通知，将百货公司经营的石油业务转交给煤业建筑器材公司（以下简称煤建公司）经营。

1954年，省煤建公司下设哈尔滨、齐齐哈尔、牡丹江、佳木斯、绥化等43个市、县公司和经营部。同年10月，石油业务从省煤建公司划出，成立省石油公司，下设哈尔滨、齐齐哈尔、牡丹江、佳木斯4个市石油公司。其他市、县仍由煤建公司兼营石油业务。

1957年3月，黑龙江省石油公司被撤销，业务交回省煤建公司。哈、齐、牡、佳4个市石油公司分别移交当地煤建公司，所属企业改为石油商店或营业部。

1958年1月，省煤建公司与省木材公司合并，改为省商业厅煤建处。市、县煤建公司下放给当地商业行政部门领导。并在哈尔滨、齐齐哈尔、牡丹江、佳木斯、安达、黑河设立6个煤木二级站。1962年5月，在省商业厅煤建处的基础上复建省煤建公司，市、县煤建公司也相继恢复。并撤销了6个煤木二级站，保留了佳木斯江运中转组。

1969年2月，省煤建公司业务并入省生产资料公司。同年9月，生产资料公司改为生产资料局。1970年3月，生产资料局撤销，将煤炭、石油经营业务交回省商业局，成立省商业局燃料站。之后，又相继成立松花江、合江、伊春、牡丹江、大兴安岭、嫩江、黑河、绥化地区燃料站。1972年9月，省燃料站改为省燃料公司，地区燃料站改为燃料公司，恢复了省公司对地、市、县公司的业务领导关系。

1978年3月，省燃料公司更名为省煤炭石油公司。同年5月，煤炭商品移交省物资局，省煤炭石油公司易名省石油公司，市、县公司亦随之改名。1979～1984年间，先后将地区石油公司与所在地市石油公司合并，分别成立了哈尔滨、齐齐哈尔、牡丹江、佳木斯、黑河、肇东等6个分公司。另外，将伊春地区石油公司改为伊春市公司；大兴安岭地区石油公司与加格达奇区公司合并，仍称大兴安岭地区石油公司。

1985年，根据商业部、中国石化总公司通知，从1月1日起，将黑龙江省石油公司及其所属分支机构，从省商业厅系统划出，单独成立垂直领导的石油公司体系，受中国石化总公司销售公司和省政府双重领导。到1985年末，省石油公司系统有6个分公司，13个市公司，63个县公司，21个石油商店，定型加油站57座，汽车运输队52个，油库148个，废油加工厂5个，油船运输队1个，集体企业88个，其他机构8个，共有职工12 230人。

（五）糖酒业

糖、酒、茶、糖果、糕点的生产、贩运，在黑龙江地区有较长的历史。唐代南北方之间曾有茶叶贸易，南唐与契丹曾进行官方的茶、马交易。茶业与糖可能在唐代传入黑龙江地区。金时，实行“榷酒酤（官府控制酒的生产和流通，独占酒利，不许私人自由酿酤）”制度，清代实行酒公卖制，出现产销合一的“烧锅”。但是，糖酒业作为商业的一个行业，则是在清朝乾隆年间随着城镇的兴起才逐渐形成。开始时，多是由杂货业一揽子经营。清末民初随着行业划细，从杂货业中分离出综合经营这些商品的批发和零售的山海杂货业、食品杂货业、货栈业；形成亦工亦商的烧锅、糖坊及糕点糖果业；随后，齐齐哈尔、哈尔滨、宁安等地，有了专业茶庄和专门运销南糖的糖庄。清光绪三十四年（1908年），俄国人建立了第一座机制甜菜糖厂——阿什河糖厂（现阿城糖厂）。同年奉吉官绅在肇州厅五站筹设创办富华制糖有限公司，后在清宣统二年（1910年）建成呼兰糖厂（现哈尔滨糖厂）。该厂既生产又销售，使黑龙江地区食糖的产运销有了较快发展。

糖、酒、茶、糕点、糖果行业，一直是规模小，网点多，遍布城乡。除专业店外，多兼营干鲜果品、食品蔬菜，有的还兼营水产品和日用小工业品。同时，其他行业也大量经营这类商品。特别是大中型百货店，对这类商品都摆在重要的位置上着意经营。20世纪30年代，经营这类商品的行业，开始出现以批发为主的大中型商店。东北沦陷后期，糖酒行业经营的商品绝大部分货源奇缺，大中型商店纷纷倒闭，小店铺经营也不景气。

抗日战争胜利后，糖酒食杂行业有了较大发展。1947年，哈尔滨市有烟酒糖茶及食品杂货业2 450户，占全市商业服务业户数的23.4 %；1948年增至2 734户，1949年发展到3 053户。1956年对私营商业进行社会主义改造时，极少部分转为公私合营，多数改组为合作商店（小组）。1980年改革开放后，个体烟酒食杂网点再次迅猛发展。1985年末，全省达到76 425户，占个体商业总户数的34%。

（六）肉蛋食品业

肉蛋食品行业是黑龙江地区形成较早的行业之一。早在7世纪，渤海国就与中原的唐王朝进行马、羊的易货贸易。到清朝中叶，形成专门经营肉蛋食品的商业。据《黑龙江外记》载：齐齐哈尔每年五月的“楚勒罕”“牛马市于日中，羊群散于原野”。而且“屠沽亦皆载道”，并有官员征收牛、马、羊、猪的交易税。到清咸丰十一年（1861年），黑龙江地区一些城镇贩卖猪、牛的猪客、牛客，陆续开设起猪店、牛店，同时出现了蛋庄、肉店、肉床子、酱肉铺和下水房子等。清光绪二十六年（1900年），沙俄铁路工程局在哈尔滨修建两处大型屠宰场。1915年，英商鸡鸭公司在哈尔滨修建了冷库，储存冻肉、冻禽。1926年，哈尔滨已有肉店100多家。至此，活畜贩运、屠宰、肉制品加工、冷藏、批发、零售等经营环节逐渐齐全，开废业、税收、检疫、输出入管理办法渐成规范，肉蛋禽市场日渐活跃。东北沦陷后，日本侵略者通过伪满政权先后成立了牲畜交易市场、屠宰场、畜产株式会社、同业组合等组织，对猪、牛、羊的收购、加工、销售进行全面垄断。东北沦陷后期，肉蛋禽市场陷于死滞状态。

抗日战争胜利后，黑龙江地区肉蛋食品商业得到恢复和发展，市场供应主要由私人商业经营。1949年私营肉商的经营比重占社会总销量的90%以上。

1952年黑龙江地区共有私营肉商768户，其中批发商163户、零售商605户，仍占市场经营比重50%。之后，随着国营商业、供销社不断壮大，肉蛋批发业务逐步由国营商业所代替，肉蛋禽商品基本上处于国营商业单一渠道经营。1979年开始，陆续放开了肉蛋禽市场。到1985年末，全省个体肉商增加到近6 000户。卖鸡蛋、家禽的个体摊贩遍及城乡农贸市场。同时，全省又兴起一批经营肉蛋禽为主兼营其他副食品的集体所有制企业，1985年达到270户，从业人员12 089人。

（七）蔬菜业

17世纪末，从中原流放到黑龙江地区的汉人，开始种植蔬菜，先是自食，继而自产自销，之后其中部分汉人或转为专业菜贩，或于居民区开设季节性摊床。随着蔬菜商贩的集聚，在城镇自然形成一处或几处的露天菜市场。清光绪二十四年（1898年），哈尔滨荒山嘴子集有肉菜摊床百余个。清末，产销一体的豆腐坊、酱园子、豆芽铺、粉坊等也发展起来。清光绪二十七年（1901年）齐齐哈尔开办了陆合居酱园；清光绪三十年（1904年）宁安县已有醋坊（制醋兼酱菜）9户，豆芽铺4户、豆腐坊1户。清光绪三十一年（1905年）前后，哈尔滨太古菜市场初见雏形。1924年，齐齐哈尔设立“大鱼市”蔬菜市场。随着蔬菜市场的发展，出现了蔬菜交易的中间人——“行帮”和一批蔬菜批发代理商，为菜农卖菜和流动菜贩的进货，提供一些便利条件。1930年，黑龙江地区蔬菜业已有相当规模，哈、齐、牡、佳等大中城市，均有几处较大的菜市场，各县镇也都有了菜市，生产者进城卖菜是“半夜登程，拂晓上市”，消费者买菜任意挑选。同时在城市也出现了专业菜店。东北沦陷后期，伪满政权加紧对蔬菜业的统制，成立了青菜组合，控制了菜源，而且城郊农民的蔬菜生产也遭到破坏，批发商、代理商纷纷倒闭，零售商大量减少，蔬菜市场日趋萧条。

抗日战争胜利后，蔬菜市场逐渐复兴。私营蔬菜批发商、零售商及商贩经营活跃。中华人民共和国成立初期，黑龙江地区大中城市的供销合作社，先后成立蔬菜经营机构，以批发为主，批零兼营蔬菜。到1954年全省各城市的私营蔬菜批发商，逐渐被供销社所属的蔬菜采购供应站所代替。1956年私营蔬菜零售商在社会主义改造后，组成合作商店或联销小组。同年全省城市、矿区的蔬菜购销由供销社移交国营商业，统一经营。1980年改革开放后，全省城乡的农贸市场蓬勃发展，蔬菜商贩大量增加，蔬菜经营量迅猛增长。1981年为29 790吨，占市场供应量的2.59%，1983年为53 150吨，占4.62%，1985年增加到10.5万吨，比重上升到11%。

二、商品经营

（一）省外进货

黑龙江地区长期以来，大量日用工业品靠从省外进货。中华人民共和国成立后，随着消费的急剧增长，农副产品也由自给转为从省外进货进行补充。进货渠道和进货方式不断变化，清末民初，私营商业多渠道从省外自由进货，20世纪20～30年代，外商洋货一度占领市场。东北沦陷后，省外进货多由日商和伪满官商所垄断。中华人民共和国成立后，逐步形成以国营商业为主渠道，对大部分商品实行计划调拨。20世纪80年代，改革开放后，实行多渠道，多种经济成分，多种方式进货，市场上省外商品日益丰富多彩。

（二）地方产品收购

黑龙江地区的农副产品收购，除东北沦陷时期采取过强制性收购外，都是多渠道多种方式的自由采购。中华人民共和国成立后，黑龙江地区国营商业采取了一系列既能保护生产者的积极性，又有利于安排市场的政策和措施。黑龙江地区对地方工业品收购，在中华人民共和国成立前，商业收购的品种和数量很少。中华人民共和国成立后，黑龙江地区国营商业从多方面扶植和促进地方工业生产，不断调整工商关系，改进收购形式，扩大了对工业品的收购，提高了自给比重。国家实行改革开放后，黑龙江省对省内农副产品及地方工业品逐步实行了多渠道收购，多种经营方式，进一步促进了生产发展，地方产品的收购和经营进入了一个新阶段。

（三）商品销售

清末以前，黑龙江地区商业的商品销售，基本上是小规模零售为主。到清末民初，出现了批零兼营的销售形式。20世纪20～30年代，黑龙江地区现代大型商业群体逐渐分成代理、批发和零售3个环节，扩大商品销售。东北沦陷时期，尤其是后期，黑龙江地区主要商品由伪满政府和日商所垄断，对绝大多数商品实行统制，商品的销售活动，基本上为配给制所代替。中华人民共和国成立后，黑龙江地区国营商业不断扩大商品销售，稳定市场，稳定物价，供应人民生活需要。社会主义改造完成后，全省国营商业对主要商品全面担负起市场供应任务。为了平衡供求，保证人民生活的基本需要，对一些商品采取了各种形式的计划供应政策和措施。20世纪80年代国家实行改革开放政策后，商品销售出现多种经济成分，多条流通渠道，多种经营方式，竞相发展的新局面。

（四）商品储存

在中华人民共和国成立前，黑龙江地区各类商业对一般商品的经营是以销量进，勤进快销，除了待价出售的特殊情况外，多是尽量少储存，快周转。中华人民共和国成立后，在计划经济体制下，加上市场商品长期处于供不应求，国营商业担负着调节供需、稳定市场的任务。商品储存，不仅是为了供应正常商品流通的需要，而且要起生产和消费之间的“蓄水池”作用，有时还为国家应付自然灾害等情况进行专项储备。

中华人民共和国成立后，黑龙江地区国营商业部门的商品库存，随着商品流通量的扩大而不断增加，这对于保证商品流通的正常运行，保证人民生活的需要及繁荣与稳定市场等方面，都发挥了积极作用。但有的年度，由于省内外货源、政策调控措施以及商业自身经营管理水平诸因素的影响，出现过偏多偏少的情况。20世纪50年代初期，商品库存总值稳步上升，1954年为51 830万元，占当年销售额的49.5%。1955～1956年，销大于进，库存减少2亿元。1958～1959年，“大购大销”，增大了商品库存。20世纪50年代（1958、1959年除外），商品库存与市场货币流通量的比例是1：2.43元（即市场上有1元钱的现钞，国营商业有2.43元的库存商品）。20世纪60年代初，经济困难，货源不足，不得不挖掘库存，维持市场供应。1962年库存比1961年减少18 786万元，下降11.3%。1965年，经过“三清”，库存落实到88 1 69万元，占商品销售总额的41.5%。“文化大革命”初期，商品库存再度下降，1967年全省国营商业库存总值为62 141万元，占销售总额的25.1%，比“文化大革命”前的1965年减少26 020万元。1968年开始回升。1969年承担战备储备任务，库存上升到91 505万元。20世纪60年代库存总值的增长幅度低于销售额的增长幅度，与市场货币流通量的比例为1∶1.64元，下降较大。1970年，按行政区增设二级站，库存连续两年大幅度增长。1972年底，库存总值达到119　985万元。1973～1976年间，商品库存总值保持在15～16亿元之间。1977年以后，国营商业购销业务不断扩大，商品库存亦随之增加。1979年，对包销、订货的地方工业产品，由二级站超储10 500万元，同年末库存总值达到227 568万元，占销售总额的41.6%。1980年，黑龙江省开始进行商业体制改革。全省国营二、三级站，随着经营机制的转变，除了指定代国家储备和政策性超储任务外，一般不再强调“蓄水池”作用。1980～1982年，虽然连续3年以年均1亿元的速度增长，但占销售额的比例已下降到38%左右。1983～1984年商品库存又有所下降，1985年再度回升，达到271　852万元。占当年销售总额的33.5%。国营商业库存商品与市场货币流通量的比例下降为1:0.59元。

三、饮食服务业

黑龙江地区的饮食服务业中以旅店、饮食业出现较早。清顺治年间黑龙江地区城镇出现后，饮食服务业即渐具雏形。清末民初形成较为完整的行业，当时的饮食服务业以中小型店铺和摊贩居多，只有哈尔滨、齐齐哈尔有少数大型饭店、旅馆。清宣统元年（1909年），哈尔滨饮食服务业店铺达378户。中华民国初期，齐齐哈尔饮食服务业店铺为285户。其后，外商兴办的旅馆、饭店等有所增加。1913～1914年，犹太人和日本人在哈尔滨开设了旅馆、饭店和西餐茶食店等。1914年，黑河有外商开办的饮食服务业24户，其中日商和俄商经营的各11户。县城的饮食服务业也发展到一定规模。1926年，双城县有179户，呼兰县有169户。

东北沦陷后，黑龙江地区饮食服务业一度发展较快。1937年，哈尔滨市饮食服务业达1 753户。1936年，齐齐哈尔市饮食服务业有340户，1939年，齐齐哈尔市饮食服务业达461户。

1939年，佳木斯市饮食服务业达487户。1931～1935年，克山县城新增饮食网点89户，其中各种小食铺43户。在此期间，日商开设的饮食服务业户数大量增加。1937年，齐齐哈尔市日商经营的饮食服务业41户；1939年增至91户。1937年，哈尔滨市日商经营饮食服务业273户，其中饮食业143户，服务业130户。1941年以后，日伪加紧经济统制，物资匮乏，市场萧条，黑龙江地区饮食服务业陷入困境。1944年，佳木斯市饮食服务业减少到297户，比1939年下降39%。到1945年8月，齐齐哈尔市饮食服务业只有147户，比1939年减少69%。

1946年黑龙江地区解放以后，饮食服务业得到恢复和发展。1947年，哈尔滨市饮食业 3 084户，比1937年增加75.9%。1947年，齐齐哈尔市饮食服务业恢复发展到412户。黑龙江地区县镇饮食服务业也逐渐繁荣。1948年，讷河县的讷河、拉哈两镇，饮食服务业144户，其中饭店83户，服务业61户。

中华人民共和国成立后，黑龙江地区各级政府加强了领导与管理，饮食服务业得到进一步发展。1949年，黑龙江地区饮食服务业11 386户，1953年增加到13 807户，1955年达15 482户，分别比1949年和1953年增加36%和12.1%。饮食服务业的营业额，1947年为1 947万元，1953年为6 675万元，1955年为5 744万元。

1956年1月，全省省、市、县各级国营饮食、福利公司先后成立，并接管了原由各部门分别领导的饮食服务业企业，实现了饮食服务业的行业统一领导与管理。全省各级管理机构成立后，在发展国营饮食服务业的同时，加强了对私营饮食服务业的社会主义改造。到1956年末，黑龙江省组成公私合营饮食服务业2 087户，合作饮食服务店组3 033户，私营饮食服务业仍有2 290户。1957年末，全省私营饮食服务业锐减至984户，到1958年末只剩下197户。由于网点撤并过多，群众生活不便。旅店经常挂“客满”牌子，许多旅客找不到店住。饭店顾客排队，十分拥挤。1958年“大跃进”，社会就业人口增多，饮食服务市场供需矛盾更加紧张，“吃饭难、住店难、理发难、洗澡难”等问题日益突出。国营饮食服务业也出现品种减少，质量下降，技术力量不足，职工劳动强度过大、不安心工作等问题。

1959年6月，中共黑龙江省委财贸部召开全省服务人员代表座谈会，专门研究如何做好饮食服务工作。15个市县35名厨师、摄影师、理发师以及饭店、旅店、浴池、洗染等行业的服务员、技工等出席座谈会。会后，各地进一步加强了饮食服务业工作，服务工作出现了新的起色。

1959年12月，国务院总理周恩来在哈尔滨视察了道外国营三八饭店。周总理同饭店人员亲切握手，问寒问暖，观看了饭店女厨师的烹调操作和饭店的技术革新成果，勉励大家：“服务工作是崇高的事业，是很光荣的，要好好为人民服务”。消息传出，极大地鼓舞了全省饮食服务业广大职工的劳动热情。

国民经济第二个五年计划实施期间，国家和省投资4 371万元，用于国营饮食服务业的网点建设。全省各市县均新建了一批国营饮食服务企业。城市和大的县城建起了规模较大、房间宽敞、吃住两便、接待会议与旅客住宿兼用的综合服务楼，饮食服务市场的供求矛盾有所缓解。

“文化大革命”期间，国营饮食服务业受到严重冲击，“服务好会出修正主义”的左的思想，使饮食服务业深受其害。当时，硬要顾客“自我服务”，老字号牌匾被砸，传统风味饭菜遭批判，服务流行简单化，促成饮食服务业单一经济形式、国营独家经营的局面。在极其困难的条件下，全省国营饮食服务业职工，坚持正常营业，各项服务工作始终未间断，努力保证社会和广大消费者的基本需要。

1978年国家实行改革开放以来，国营、集体和个体三者一起上，全省饮食服务业，特别是集体和个体饮食服务业发展迅速，并很快形成了以国营为主的多种经济成分并存的新格局。1979年国营饮食服务业占市场销售额比重为87%。1985年，全省城镇以上饮食服务业发展到57 026户，从业人员298 691人，分别为1957年的6.1倍和7.5倍，为1977年的23.5倍和4.1倍。其中，国营网点3 136个，占5.5%，从业人员65 850人，占22%；集体网点10 548个，占18.5%，从业人员155 902人，占52.2%；个体网点43 342个，占76%，从业人员76 939人，占25.8 %。各种经济成分饮食服务业的销售比重也有明显变化。1985年基本上形成三分天下局面：国营饮食服务业占32.9%，集体饮食服务业占25.7%，个体饮食服务业占41.4%。

四、市场

黑龙江地区在古代曾出现过以地方政权或王朝的都城为中心的商品交易市场，如渤海国的上京忽汗城（今宁安县渤海镇）、金代的上京会宁府（今阿城县白城），后来或因战争破坏、部族迁徙，或者政治中心转移而衰落。辽代曾在宁江州设有榷场，供生女真来此进行产品交易。元、明时期，黑龙江地区境内没有形成商工城镇和市场。明代民间产品交换，除通过“贡市”外，多须到吉林开原所设的马市中进行。

清初，在一些交通方便之地，又渐形成商品交换性聚落，一般称“集”。最突出的是齐齐哈尔城外因沁屯一年一度的“楚勒罕”，贡貂之外，各族人民还进行商品交换。后来，松花江下游、黑龙江下游的少数民族在贡貂后，也有类似的市场交易。清代中叶，齐齐哈尔、三姓、宁古塔、阿勒楚喀、双城、墨尔根、呼兰等一批城镇陆续发展起来。以这些城镇为中心，形成不同类型的商品交易市场，有定期或不定期的庙会、集市，市场交易也逐渐活跃。齐齐哈尔的“楚勒罕”也移至城内，称为“北关集”，后发展为有定期的集市。同时，城镇内开起了商业店铺，商品交易范围逐渐扩大。但也仅限于地方特产和一般生活必需品。品种少，交易量不大。

清末民初，黑龙江地区筑铁路，开商埠，不仅国内民族资本纷纷来此经商，而且以俄、日为主的外资商业亦大量涌入。由于城乡物资交流扩大，加速了城乡市场的发育和壮大，形成了两个大的商品集散中心市场。哈尔滨发展为国际贸易都市，进出口贸易日益活跃。齐齐哈尔发展成为西部地区的商品集散中心。同时，联结中心城市和广大农村的县城市场，也随之普遍地发展起来。此外，瑷珲、绥芬河等边境城镇的口岸市场也应运而生。这一时期黑龙江地区的市场，总体上是以出口农副产品和进口各国工业品为主。民族商业虽然也有发展，但进出口贸易和批发市场大多为外商所控制。

东北沦陷时期，又有牡丹江、佳木斯两个城市形成并逐渐成为黑龙江地区东南、东北商品集散中心市场。这一时期，日资垄断了内外贸，日本侵略者通过伪满政权不断强化经济统制，整个市场沦为殖民地市场。至东北沦陷后期黑龙江地区物资日益匮乏，人民生活贫困，购买力低下，市场一片萧条。

抗日战争胜利后，黑龙江地区市场一度流通滞塞，秩序紊乱，亟待复兴。之后人民政府一方面致力于发展私营经济，一方面着手建立国公营经济和农村供销社经济，使城乡市场逐渐得到恢复和发展。

中华人民共和国建立后，黑龙江地区市场发生了根本性变化。黑龙江省市场结构在1956年完成了生产资料所有制的社会主义改造后，逐步形成了以国营经济为主体的社会主义统一市场。后来因受“左”的思想支配，集体商业向全民“过渡”，个体商贩向集体“升级”，并关闭了集市贸易，实际上形成社会主义公有制商业独家经营的消费品市场。与此同时，随着国家经济建设的发展，人口迅速增加，市场规模日益扩大。黑龙江地区社会商品购买力1952年仅11.8亿元，1958年增至27.1亿元。1968年增至36.8亿元。至1978年达到76.6亿元。全省逐渐形成了从批发到零售，从城市到农村的市场体系。不仅哈尔滨、齐齐哈尔、牡丹江、佳木斯四大城市市场较为繁荣，发挥着商品集散中心作用。并随着煤矿、林木、石油的开发，发展了新兴的矿林油区市场。全省县城和口岸市场也渐增多并得到相应的发展。由于市场体制上高度集中，全省商品流通基本上按国家制订的指令性计划进行。由国营商业建立二、三级批发站和各大专业公司，统筹管理和经营全省的商品批发和零售业务。国际和国内市场、城市和乡村市场，分别由国营内外贸、商业、供销合作社等部门分头负责领导和管理。市场的发育受到制约。

中共第十一届三中全会以后，全省流通领域进行了一系列改革，逐步形成和建立以中心城市为依托，开放式和城乡一体化的新型流通体制，公有化的单一经营机制向多元化的社会主义经济结构转变。全省城乡市场充满了生机和活力，出现了中华人民共和国成立以来少有的繁荣兴旺景象。1985年，全省社会零售商品货源总额达179.1亿元，比1978年增长1.28倍，平均每年递增速度达12.5%，远远超过1978年前26年平均递增6.2%的速度。全省社会购买力达到194亿元，比1978年增长1.5倍，平均每年递增14.2%。

第二节　供销合作社

一、农业生产资料供应

20世纪50年代初，黑龙江、松江两省县以上联合社相继建立贸易（供应）机构，加强对农业生产资料需求的调查研究，并以中小铁木农具供应、籽种（含麦种、豆种等）调剂为重点，组织指导基层合作社及时、对路地供应农业生产资料。随着农村互助合作运动的发展，农民购买力的提高，合作（供销）社对农业生产资料的供应任务日益繁重，各级联合社适时调整了供应机构，增设供应批发站，按两条线抓农业生产资料供应工作：一方面调查研究农业生产资料的供求规律及其发展变化，贯彻落实有关农业生产资料方面的方针、政策，协调与地方国营、手工业之间的关系，通过合同衔接产、供、销，检查指导合作（供销）社对农业生产资料的安排与供应情况，总结推广先进经验。另一方面组织业务经营，开展新式畜力农具、耕畜、化学肥料（简称“化肥”，下同）、农药、农药械、农具材、杂肥、籽种等项业务（包括组织业务的自营业务），并对化肥、农药的新式畜力农具的供用进行技术指导。

进入20世纪60年代，根据中共中央、国务院《关于国营商业的供销合作社分工的决定》精神，全省各级供销合作社分别成立农业生产资料经营部门，全省形成三级农业生产资料供应体系，既经营农业生产资料业务，又开展农业生产资料（主要是化肥、农药及动力机械的拆、卸、装等）售后的技术指导。1963年开始，各级供销合作社根据全省农业工作会议确定的大力推行农业技术改革，优先发展粮食的任务，把肥（肥料）、畜（耕畜）、具（农具）、种（籽种）作为农业生产资料供应的重点，坚持调查研究，统筹安排，合理分配，提前下摆、保证了社以及农民对农业生产资料的基本需要。

20世纪70年代，全省各级供销合作社主要围绕“农业学大寨”，加强粮食商品基地建设的要求，突出肥、药（农药）、膜（农用塑料薄膜）、具等4个主要品种，在提前下摆、适时供应的同时，积极开展售后技术指导，千方百计提高肥效、药效，努力降低农业生产成本。

中共第十一届三中全会以后，按照农业推行联产承包责任制带来的新变化、新需要，除继续以肥、药、膜、具为重点，搞好供应外，恢复一些原有的经营品种，并打破过去的分工界限，经营一些从来没有经营的品种。到1985年末，全省供销合作社先后经营的农业生产资料有16个品类、1 500多种，供应总额累计为78.37亿元，其中供应化肥2 060万标准吨（化肥计量单位，以硫酸铵含氮16%～20%为1标准吨，下同），农药35.3万吨，主要中小铁木农具2.5亿件，对促进农业生产发展，提高粮食单产，增加农业收入，支援国家经济建设，加速实现农业现代化建设，起了重要作用。

二、生活资料供应

黑龙江地区供销合作社组建后，即按办社宗旨，担负农村生活资料供应任务，以减除私商的中间剥削，为农民生活服务。1949～1950年，黑龙江地区合作社得到大力发展，逐步成为农村生活资料供应的主渠道，黑龙江地区省、市县合作总（联）社相继开展主要生活资料批发业务，为下级合作社和零售服务。1953年以后，根据国营商业与合作社实行商品分工和城乡分工相结合的原则，黑龙江地区县以上联合社先后撤销主要生活资料批发业务，转向组织工业品下乡，指导基层合作社开展生活资料零售业务，活跃城乡物资交流。1955年，为了安排农村私商，促进其社会主义改造，集镇和较大的供销合作社按照"统筹兼顾，全面安排"的方针，对全省农村私商开展了工业品批发业务。此后，遵照国营商业与合作社的经营分工，对以国营商业为主营的工业品一直坚持零售业务，积极组织工业品下乡，在某些商品供应不足的情况下，贯彻政策，认真搞好分配，确保广大农民的基本需要。中共第十一届三中全会以后，在农村多头经商，相互竞争的形势下，全省各级供销合作社通过开拓搞活零售业务，扩大服务范围，开展工业品联购分销和基层供销合作社的"小批发"，继续发挥农村生活资料供应的主渠道作用。

到1985年末，全省各级供销合作社经营的生产资料，有20多个品类，1 500～15 000种，累计零售额329.1亿元，其中供销合作社主营的日用杂品23亿元，果品、干菜、调味品12.7亿元，分别占零售额的7%和3.9%。

三、农副产品生产扶持

东北解放战争时期，黑龙江地区合作社逐步建立后，根据1947年10月中共中央东北局发布的《东北解放区1948年经济建设计划大纲》确定的组织农民利用农闲季节进行各种副业生产的精神，主动承担扶持农民发展农副产品生产的历史任务，组织广大农民开展以编织、打草苇、狩猎、捕鱼、熬碱（盐、硝）、采集药材、山货等为主要内容的农副产品生产。1950年黑龙江地区农副产品生产总值折合粮食92万吨，为当年粮食总产137万吨的67.2%。1955～1956年，由于大宗农副产品交由国营商业经营，加上农业合作化后，许多高级农业生产合作社注重抓粮食生产，忽视农副产品生产，供销合作社部分干部职工存在单纯买卖观点，对农副产品生产重视不够，指导不力，致使农副产品生产显著下降，1956年末，全省供销合作社的农副产品收购额从1955年的1.5亿元下降到0.74亿元。

1958年3月，通过尚志县苇河公社采购跃进、促进生产现场会，贯彻中共黑龙江省委提出的为生产服务的"一个公式三个方法"，即"从生产出发，通过流通和分配，促进生产发展，保证日益增长的消费需要""通过购销活动，价格政策来支援和促进生产；对商品性大的牧副渔和轻工业产品，要配合有关部门进行规划，安排生产，签订合同，发展商品生产基地；根据补助不足，示范指导，带动群众的原则，举办一些和业务有直接关系的生产企业，出技术、出经验、出品种、出干部"，总结推广肇东县李家、尚志县苇河、杜尔伯特蒙古族自治县烟筒屯3个供销合作社从生产入手，扩大采购，为农民增加收入的经验，为平原区、山区和草原区开展农副产品生产树立了样板，推动全省农副产品生产的发展，初步形成养、种、编、采、熬的生产格局，由过去单纯索取自然财富，进入有计划地培育资源，发展生产的新阶段。但事隔不久，在“左”的错误影响下，刮起浮夸风、瞎指挥风，片面追求高指标，搞一些不切合实际的项目，使农副产品生产遭到严重破坏。1958～1961年，供销合作社的农副产品平均收购额达3.2亿元，比1957年增长3.2倍，但水分甚大，有许多虚假，仅“三清”处理损失就达0.8亿元。1962年，全省各级供销合作社认真纠正“大跃进”期间的一些“左”的做法，坚持“三大观点”，进一步加强农副产品生产需要的原料、材料、工具、劳保用品等供应和产品的收购推销工作，并在各级党委和人民政府的领导下，在全省开展“小秋收”活动，促进了农副产品生产的恢复和发展。截至1964年年末，农副产品平均收购额达163亿元，比1957年增长1.2倍。1965年，全省各级供销合作社根据中共中央、国务院《关于大力发展农村副业生产的指示》，普遍加强对农副产品生产的扶持指导，并针对当时发展农副产品生产中的问题，通过总结推广尚志县苇河供销合作社扶持农副产品生产的经验，“正确处理五对矛盾，坚持五个结合”，实行产销结合，既抓生产，又抓购销。1966年5月26日，《黑龙江日报》以“我省全面发展农副业的一面旗帜”为题，发表中共黑龙江省委批转苇河人民公社党委的报告，肯定实行“五个结合”，大力发展副业生产的做法，指出：尚志县苇河人民公社是一个农副业生产全面发展的典型，是全省的一面旗帜，为发展农副产品生产提供了方向。“文化大革命”期间，在“左”的错误干扰破坏下，把集体副业生产诬蔑为“不务正业”。社员家庭副业被当作“资本主义尾巴”砍掉，全省农副产品生产再次遭到摧残，造成农业单一，高产低收入的严重后果。供销合作社的农副产品收购额一直徘徊在1.3～1.6亿元之间。1973年，供销合作社体制恢复后，建立扶持农副产品生产服务体系，逐步扩大支农服务队伍，并通过开展骨干品种，建设生产基地，发放扶持副业生产资金，加强技术培训和技术指导，大力开展收购等系列化服务，推动了农副产品生产的发展。

粉碎江青反革命集团以后，进一步肃清“左”的影响，农副产品生产有了迅速发展。1976年，全省供销合作社农副产品收购额达1.9亿元，1977年上升到2.55亿元，1978年又增长到3.1亿元。3年迈了三大步，平均为全省农民增加收入0.5亿元，创历史最高水平。1981～1985年，根据中共中央要把供销合作社办成农村商品生产综合服务中心的要求，进一步强化系列化服务，产前为农民提供市场信息，帮助解决生产必需的物资供应和资金；产中进行生产指导，开展技术服务；产后为农民出售产品提供方便，开展代购、代销、代储、代运业务，推销产品，组织兴办加工业等，成为农民发展农副产品生产的依托。在多渠道经营的竞争中，农副产品收购额没有出现大的回落，平均仍达2.99亿元，保持较高水平。特别是1985年，在烤烟交由烟草公司经营，供销合作社收购额减少近亿元的情况下，全省各级供销合作社坚持减少一个骨干品种，再开发新的骨干品种补上的精神，积极扶持和指导农副产品生产，收购额增长到3.8亿元，比1981～1985年平均收购额提高27%。

四、农副产品收购

抗日战争胜利后，黑龙江地区的农副产品均由私营工商业和个体商贩经营贩运。合作社成立后，与国营商业密切配合，承担起推销农村农副产品的任务，并逐步形成自下而上的经营体系。

1953年以前，国家对农副产品（猪鬃除外）实行自由购销，多渠道经营的政策。合作社收购的农副产品，既有为国家代购业务，又有自营业务。随着国营商业、合作社的发展壮大，收购农副产品的比重日益扩大，最高达90%以上。

1954～1955年，根据国营商业与合作化经营分工的精神，合作（供销）社相继将粮食、油料、猪、蛋等大宗农副产品收购业务移交国营商业，转向分散、零星的农产品、农产原料及野生动植物经营，农副产品收购额大幅度下降。

1958年春，全省苇河采购跃进、促进生产现场会议以后，从生产出发，积极扶持高级农业生产合作社发展养、种、编、熬、采等农副产品生产，供销合作社的农副产品采购跃上一个新的台阶，但受浮夸风、生产瞎指挥风的影响，出现严重的虚假现象，造成重大经济损失。

1961～1965年，根据中共中央、中共黑龙江省委的指示，经过调整购销政策，贯彻等价交换原则，推行合同制，对部分农副产品实行奖售政策，开展物资交流会的"小秋收"活动，按照土产、果品两条线加强生产指导，并以猪、蛋、禽、菜、烟、麻、皮、毛、蜜、碱、草、苇、药、编等14个品类为重点，坚持按季节、分品种、划阶段、内外结合的群众性收购、交售运动等经济措施，推动农副产品收购业务的开展，年均采购额比1957年有很大增幅。

1966～1975年，由于"文化大革命"的干扰，片面强调"以粮为纲"，致使农业单一，农副产品生产长期徘徊不前。供销合作社虽经不懈努力，大力发展羊、蜂、麻、烟、草袋、席子、黑木耳、白瓜子等骨干品种，建立商品生产基地，开展农副产品攻坚战等，但农副产品的收购额始终没有大的突破。

粉碎江青反革命集团以后，在中国共产党制定的改革开放政策的指引下，全省供销合作社通过产前、产中、产后系列化服务，以猪、马、牛、羊、蜂、黑木耳、黑（白）瓜子、烤烟等为骨干的农副产品生产得到长足发展。在农副产品收购业务上打破过去的分工界限，拓宽经营范围，开展议价粮食、油料、猪、蛋、禽及政策允许的农副产品经营，增加代购、代销、代储、代运等服务项目。在多渠道经营，市场竞争激烈的条件下，供销合作社继续发挥农副产品收购的主渠道作用，其收购额呈日益增长的好势头。

截至1985年末，全省合作（供销）社和各级联合（供销）社先后经营粮豆薯、油料、猪蛋禽、畜产品、土产品、山产品、林产品、草产品等10多个品类，约1 000多个品种，累计收购额达78亿元，对沟通城乡物资交流，活跃繁荣市场，为农业积累资金，增加农民收入，为工业提供原料，为国家出口提供货源，支持经济建设，作出积极贡献。

五、废旧物资回收和利用

1945年，抗日战争胜利后，黑龙江地区的旧物市场得到迅速恢复和发展，并呈日益活跃之趋势。从事废旧物资经营的多为个体商贩，走街串乡，流动收购，少数经营废旧物资的私营店铺，专门收售旧铁器、古旧物（古玩、珠宝等）、旧服装、旧家具器皿、旧小五金等。

合作社经营废旧物资始于1950年，为国家代购杂铜，随后逐步扩展到经营废钢铁、废铅、废铝、废锡、废橡胶、破布、破麻袋片、兽骨、废麻、废麻绳头、废纸等。1952年回收额达250万元。

1956年7月，省人民委员会针对手工业生产合作社、重工业部门、信托公司等单位设点抬价抢购废旧物资，造成市场混乱的问题，下发《关于收购废品问题的规定》。全省各级供销合作社通过贯彻执行《关于收购废品问题的规定》，加强废旧物资的市场管理，积极开展回收工作，回收额增长到2 122万元，比1952年回收额增长7.5倍。

1957年3月，省人民委员会将废铜、废锡、废铅、废钢铁列为国家二类物资，实行计划管理，重申由供销合作社统一收购和分配的政策。全年废旧物资回收额上升到2 848万元，比1956年增长34.2%。

1958年，全省供销合作社按照国务院《关于加强对废弃物品收购和利用的指示》精神，在加强回收工作的同时，开展了废旧物资的综合利用。但由于“大跃进”、浮夸风的影响，也出现许多虚假现象，造成一定经济损失。

1961年，为激发城乡居民积攒和交售废旧物资的积极性，扩大回收量，增加工业原料来源，省人民委员会决定，对破布、废麻绳头、人发、杂骨、铜、锡、铅、铝等实行奖售政策，即按售价20%～30%选购袋色、呈文纸（窗户纸）、手帕、香皂、锅、铝勺等12种工业品。1962年，调整为杂铜、废铝、废铅、废锡，按收购额发给10%综合奖售券，任选34种工业品。供销合作社两年回收废旧物资7 145万元。平均回收额3 572.5万元，比1957年回收额增长25.4%。

1965年，中共中央、国务院批转全国供销合作总社《关于废旧物资工作情况的报告》，确定收购范围为：城乡居民和机关、团体、学校出售的废旧物资，凡能设法利用的都要积极收购；厂矿企业在生产过程中所产生的废弃物资（包括垃圾、废液、废弃的机具、废旧包装物料等）、边角下料，厂矿不利用的，凡经过加工挑选仍有使用价值的，要主动联系，积极收购；厂矿企业生产的残、次品和呆滞的原材料，原则不收，同时强调积极开展收购，充分挖掘废旧物资的潜力；大力开展加工，扩大利用；开拓销路，强化推销工作。全省供销合作社通过贯彻落实《报告》精神，排除“文化大革命”的干扰，推动了废旧物资回收利用工作的开展。截至1971年，7年年均回收额仍达3 375.7万元，仅比1961～1962年年均回收额回落5.5%。

1972年，省农副产品供销局对废旧物资回收利用工作进行全面摸底调查，并向省革命委员会生产指挥部呈报《关于废旧物资回收利用的汇报》。针对全省废旧物资回收利用工作存在的回收率低、收购力量薄弱、有些品种收购价格偏低等问题，采取七项改进措施。同年11月，省革命委员会生产指挥部召开全省废旧物资回收利用工作会议，统一认识，加强领导，健全机构，充实人员，增加设备、场地和运输工具，推行鹤岗市废旧物资回收公司帮助工矿建立收（购）、管（理）、用（利用）制度，在居民中建立“积攒箱”，哈尔滨市道里区废旧物资回收分公司常年坚持“三条线、两结合、三服务”等经验，进一步促进废旧物资回收利用工作的开展。全年回收额回升到4 285万元，比1965～1971年平均回收额增长26.9%。1973年，省供销合作社与省商业局、省工商行政管理局等部门联合下发《关于加强废旧物资收购管理工作的通知》，对有关政策作出明确规定：取缔无证商贩；认真追查严肃处理勾结犯罪分子买赃卖赃活动；生产性的金属材料，不准从个人手中收购，企业出售必须持出售单位介绍信。同年，省废旧物资回收部门总结推广双城县金城供销合作社“三变”（变无用为有用，变一用为多用，变废旧为崭新）、“五有”（部有收购样品台、回收价格表、支农服务台，队有积攒库，家有积攒箱），绥化县绥化镇对居民代购组实行“三包”（包宣传、包积攒、包收购）、“四定”（人员、地点、时间、任务）等经验，使废旧物资的回收额逐年稳步增长。1973～1976年，全省供销合作社回收废旧物资20 671万元，年均回收购5 167.8万元，比1972年回收额增长20.6%。

1977年，经中共中央批准，公开发表周恩来1958年7月7日参观广东省新会县废旧物资利用展览的亲笔题词（简称“题词”，下同）。省供销合作社在牡丹江市召开全省废旧物资回收利用工作会议，学习贯彻“题词”精神，印发“题词”2.5万份，掀起宣传贯彻“题词”，开展废旧物资回收利用的热潮。全年废旧物资回收实现6 797万元，比1973～1976年年均回收额增长31.5%。

1978年6月，省革命委员会根据国务院［1978］16号文件精神，召开全省废旧物资回收利用工作会议，对照“题词”检查工作，总结交流经验，表彰先进，部署工作任务。63名先进单位和先进个人代表向全省废旧物资回收部门和职工发出“积攒、回收、利用废旧物资”的联合倡议。会后，全省各级供销合作社按照省革命委员会提出的“战6月、迎7月，开展城乡大会战”的要求，迅速行动起来，深入机关、学校、农村、街道，开展大规模的宣传“题词”活动，印发“题词6万份，宣传画11万张，张贴标语1.5万份，在城乡造成强大声势，使“题词”家喻户晓，深入人心，迅速掀起交售和回收废旧物资的高潮。7月6日，省革命委员会召开全省纪念“题词”20周年和公开发表一周年有线广播大会，号召全省人民以实际行动纪念“题词”。中共黑龙江省委书记陈雷、哈尔滨市委副书记王观潮、省财贸办主任王玉和省供销合作社领导，带头向哈尔滨市道里区废旧物资回收分公司交售废旧物资。绥化行署副专员惠长寿，合江地委书记刘宝元，佳木斯市委书记余弘达、市长刘华等领导亲自拉车走街串巷收购废旧物资，把已形成的群众性的交售回收活动推向新的高潮。截至1978年年末，全省供销合作社的废旧物资回收额达8 514万元，比1977年回收额增长25.3%。

1979年，全省废旧物资回收部门贯彻执行全国供销合作总社制定的《关于废旧物资经营范围的试行规定》，对厂矿企业的残次品、呆滞原材料、超储物资以及由于转产、改产的剩余物和清仓物资，进行选购或代购；确属个人和集体拣拾的工厂企业金属器材和机器配件，凭证明由指定专业网点收购，进一步扩大经营范围，增加废旧物资回收来源。1979～1985，全省供销合作（联合）社年均回收额达9 533.3万元。比1978年回收额增长12%，其中1985年创历史最高水平，回收额高达13 630万元，增长60%。至此，全省有废旧物资回收网点5 880个。其中集体网点1 984个，街道、村屯代购组3 896个，从事废旧物资回收和利用工作的人员2.5万多人，成为社会主义制度下的新兴行业。累计回收额18.55亿元，通过回收、加工和供应，对支援工农业生产，增加城乡居民收入，移风易俗，净化环境，改善生产、生活条件，保护文物，都起到重要作用。

第三节　粮　食

一、粮食收购

唐代渤海国时期，官府统一按农户收征粮。唐代渤海国市场上的粮食主要是官易，私营粮食贸易数量较少。

辽灭渤海国后，普遍实行官地收取租粮。黑龙江地区市场粮食收购和交易遭到破坏。金灭辽后，朝廷注重农业生产的恢复和发展，收取牛具税粮和租粮。还实行了“和籴法”。即官府将需要的粮食数额摊派到各地以至到农户，进行统一收购粮食。统一收购后仍有余粮的农户允许到市场出卖，由私营粮商收购或消费者直接购买。黑龙江地区粮食市场得到恢复和发展。

元代初期，由于蒙古族统治者不重视农业生产，黑龙江地区已开垦的耕地大部分荒芜，变成草原，市场粮食收购交易又遭到破坏，粮食生产和经营又有很大退步。元代后期，开始重视农业生产，为方便收取租粮和税粮，先后在黑龙江地区建立蒲峪、胡里改、上京、恤品等路屯田，人居万户，收取征粮。

明灭元之后，统一政权，社会经济以农业为主，以畜牧和狩猎为辅。但在明朝建立初期，黑龙江地区被元朝统治者破坏的农业经济还没有得到恢复和发展。粮食征收数量少，市场交易还不兴旺。

清朝于康熙七年（1668年）在黑龙江地区实行土地“封禁”政策，粮食生产发展缓慢。清康熙二十一年清咸丰十年（1683～1860年）为黑龙江地区屯垦时期，官府主要接收丁粮；清咸丰十年年底（1860年12月），解除封禁后，清咸丰十一年至清光绪三十年（1861～1904年），黑龙江地区逐步开放，官庄、屯庄耕种并举，官府同时接收丁粮和租粮；清光绪三十一年至清宣统三年（1905～1911年），黑龙江地区全面开放积极垦荒，官府除接收征粮外，还积极组织粮食收购。私人粮商购粮业开始发展，特别是中东铁路营运后，方便粮食运输，官营、私营粮食收购数量逐年增多。同时，外商购粮行业也在不断渗透，收购量不断增加。

中华民国初期，黑龙江地区政局动荡，政令不一。官府取消清代的租粮和丁粮，统一征收税、捐粮。编造收粮底册，由官府派出的催粮人员，按户计收。市场粮食收购已由私营粮商控制，交易量较大，市场比较活跃。东北沦陷时期，日本侵略者从1940年普遍实施“粮谷出荷”统制政策后，以强制手段，低价从农民手中购买粮食，严重地破坏了农业生产。直接影响了黑龙江地区粮食业的发展。

解放战争时期，黑龙江地区各级政府采取接收公粮和购粮相结合的方针，尽量掌握粮源。这一时期是在政府控制下，公营、合作社营、私营等多种经济成分并存，多渠道收购粮食。1953年，国民经济第一个五年计划开始，在全国经济建设项目纷纷“上马”，城市人口增加。粮食生产赶不上消费增长，供需矛盾比较突出的情况下，国家实行粮食计划收购（简称“统购”）政策，由国家粮食部门统一收购，只允许农村合作社为粮食部门代购粮食，其他部门不准自行经营粮食，从而保证了国家对粮食的需要。

1983年，黑龙江省根据中共中央、国务院规定，放宽了粮食收购政策。完成国家包干任务后，实行多渠道经营。1984年，根据国家规定进一步放宽政策，搞活流通。小杂粮、小杂豆全部退出统购，实行多渠道经营。还规定在国家征购粮食的同时，全面开放粮油市场。粮食统购政策顺利地执行到1984年末。

1985年，随着全国进行经济体制改革和农村联产承包责任制的进一步实施，黑龙江省的粮食流通体制也发生了根本变化，即由国家统购改为合同定购，由粮食部门的独家经营改为在完成合同定购任务后实行多渠道经营，在购销价格上实行了“双轨制”。完成合同定购任务后，粮油市场全面放开，允许供销社、其他合作商业和农民个人收购和运销粮食，也可以出县、出省进行合法经营。

二、粮食调运

黑龙江地区早在渤海国时期就有粮油调运，但调运范围只限于黑龙江地区东部府、州、县。调拨对象主要用于军需、官府薪饷和赈济。品种主要有黍、粟等。辽代政治经济中心转移到西部泰州（今泰来县塔子城），粮食调运也随之向西部发展。金代的政治经济中心转移到中部，调运粮食较辽代有所增加，调运范围遍及黑龙江地区全境。运输路线有公路、水路和公路、水路联运。运输工具主要是车船。多系短途调运，最长不超过30公里。元代同历代粮食调运不同的是由设在奴儿干（今苏联境内特林）东征元帅府，负责调拨黑龙江地区粮食。每年都通过较长的水路、陆路将粮食调运给戍边的防守部队。明代对黑龙江地区实行军事管制，调运军粮较多，调运的数量和品种都有所增加。清代初期，为了统一管辖黑龙江地区，从清顺治十年（1653年）开始实行征讨和招抚政策，粮食调运范围和数量又比明代有了扩展和增加。中东铁路建成后，黑龙江地区粮油调运范围有了明显扩大，数量和品种有了显著增加。除大批调运军粮和赈灾粮外，中国民族商业和外商还从事长途贩运和出口粮食。中华民国时期，由于城镇增加，粮食运量扩大。大豆、豆饼、豆油和面粉出口量逐渐增多，主要出口日本、东南亚和西欧等国家和地区。当时粮油运出量占黑龙江地区运出物资总量的70%左右。此间，黑龙江地区已形成公路、水路连接铁路的粮食调运网络。私营粮商长途贩运粮油也很兴旺。哈尔滨、齐齐哈尔、安达、满沟、依兰、呼兰，因有铁路、水路、公路交通之便，成为黑龙江地区吞吐量比较大的粮食集散地。调运的面粉延伸到辽宁、天津和北京等地。

东北沦陷时期，日本侵略者为了实施经济统制，将粮食调运全部垄断起来，除军需特种产业侨民和少数城市用粮外，剩下的运往日本、朝鲜。

抗日战争胜利后，1946年，黑龙江地区在中国共产党领导下，粮食调运完全为解放战争服务，全力以赴支援前线。当时粮油调运由两个系统管理，征收的公粮由省政府财政厅所属粮食局管理，其调运由东北区粮食总局下达“支拨令”，按令调运公粮。主要用于军需和地方政府工作人员伙食和薪饷，剩余部分交当地贸易局作一般商品粮经营。收购商品粮调运由东北贸易总局所属东兴公司安排。主要用于市场调剂或对苏联出口兑换工业品支援解放战争以及用于民需。出口品种有大豆、玉米、豆饼、豆油。调运路线以滨绥线、绥芬河和滨州线满洲里为出口口岸，境内城市和工矿区的粮油调剂由省贸易局安排调运，主要解决城镇居民口粮。1948年10月以后，东北全境解放，特别是1949年新解放区不断扩大。黑龙江地区负责对京、津、沪和辽宁的工矿城市提供粮食，并对华北地区提供救灾粮。这些粮食由东北区粮食公司同各省粮食公司协商调运。

中华人民共和国成立后，黑龙江地区粮食调运工作，由为解放战争服务转移到为国家经济建设服务。1950年朝鲜战争爆发，黑龙江地区在抗美援朝斗争中，对军粮、出口粮和调往辽宁及进关的粮食都是在全国一盘棋的思想指导下，遵令调拨或协商调拨。

1952年末，黑龙江省、松江省粮食局分别与本省粮食公司合并，军需、民用、出口的粮食由粮食部自上而下统一调度。调拨粮油的权力集中在中央。实行粮食统购统销后，公粮和商品粮油的调运都由粮食部统筹安排，统一调运。库存粮油由各级粮食部门代为中央保管。

全省从1953年起，粮食形势越来越紧，为了强化粮油调运，支援国家经济建设，中共黑龙江省委在1954年就明确提出粮油调运工作要本着“顾全大局，服从整体，厉行节约，分担困难”的精神，积极进行。从这时起，从中共黑龙江省委到中共地方各级党委和政府实行全党抓粮食调运。粮食、铁路、交通、航运等部门把粮食调运工作列为重点，紧密配合，全力以赴完成任务。20世纪50年代公路集运粮食，都是依靠各级党委和政府动员社会运力，集中时间，集中运力完成的。三年国民经济困难时期，粮食形势紧张，中共黑龙省委、省人委根据中央的要求，在1960年5月成立了粮食调运指挥部，下设办公室，统一指挥粮食调运工作。全省各地、市、县也成立了相应组织。到1961年粮食形势更加紧张时，中共黑龙江省委、省人委主要负责人都亲自抓过粮食调运工作。后来不论是中苏边境紧张进行备战，支援对越自卫反击战，还是全省农业遭灾减产，粮油收支出现较大逆差，粮食形势紧张时，都是组织粮油调运大会战抢运粮食。在省外调入和接收进口粮油，都成立粮油运输指挥部，统一指挥调入，组织铁路部门专列抢运粮食，保证了军需民用和灾区粮油调拨。同时，在粮食调运中，坚持执行“先中央后地方，先出口后内销，先省外后省内，先重点后一般”的原则，安排粮油调运，服从中央和省统一调拨。从1958年开始粮油调运体制改为购销调包干，一定三年。从1965年开始，将中央和省二级管理改为中央、省、行署（市）三级管理。1954～1985年，国家和省先后制定和修改了粮油调运规则、调拨作价办法、合理运输、粮油运输损耗、铁路、公路散装运输等粮油调运一套完整的规章制度。使粮食调运制度不断完善。

中华人民共和国成立后，黑龙江地区粮食调运量大。黑龙江地区粮食调运范围也比较大，除西藏、新疆、台湾没吃过黑龙江地区的粮食外，其余省、市、区均吃过黑龙江省的粮食。1949～1985年，黑龙江地区共调运粮食25 469.6万吨，平均每年688.3万吨，最高1983年为1 492万吨。

三、粮食储存

黑龙江地区官办建仓储粮始于唐渤海国时期，到1985年已有1 270多年历史。历代储粮仓库分为两种：一种是官府为巩固政权、掌握官饷、军粮及防荒备战而设置的官办粮仓；另一种是依靠社会义捐或特别课税征集储存米谷而设置的义仓，储粮主要用于灾年赈济，属民间粮仓。

黑龙江地区人民在长期的生产和生活实践中为防粮食霉烂变质和虫害，确保储粮安全，摸索出许多储存粮食的方法和措施。清代以前，主要采取“推陈储新”的方法，在储粮形态上分仓内分品种散积堆放和露天囤（用高粱秆或芦苇等的篾编制的狭而长的粗席子围起来囤粮食）保管两种。中华民国时期，储粮形态有库内散积、袋积和露天囤积以及与其他物资混合堆放保管等方法。东北沦陷时期，黑龙江地区粮食储存在春夏季利用空气干燥，冬季利用气温寒冷的自然条件保管粮食。在保管形态上采取堆积、垛积、囤积3种方式，作业简单，费用较少。抗日战争胜利后，各地公粮仓库为防止高水分粮食霉变，利用日光进行晾晒降水，达到安全水分后再入仓或坐囤常年保管。在储存保管期间建立定期检温、检查制度。

中华人民共和国成立后，随着国家对粮食需要增多，特别是实行统购统销集中统一管理以后，黑龙江省粮食征购量不断增加，储存量越来越大。20世纪60年代粮食储存量比50年代增加56.51%；70年代比60年代增加53.07%；80年代初又比70年代增加62.39%。全省粮库（点）和仓库建设也随之不断扩大，从单一接收库发展到综合经营库，已基本形成了从产区到销区，适合接收、中转、调运、加工、储存等多功能性的粮库网络，实现了区域合理布局，促进了粮食商品流通，方便了群众送粮。在仓型上由民俗式简易仓发展到房式仓、土圆仓、砖圆仓，到20世纪70年代末，开始兴建机械化配套的钢筋混凝土立筒仓以及钢板仓等新型储粮仓，还修建了一大批露天储粮货场、晒场。粮库机械设备也有很大发展，从单机作业发展到多机连续作业，机型已基本达到标准化，使库内主要作业环节基本上实现了机械化。在粮食保管技术上坚持“以防为主，防治并举”的保粮方针，全面开展了无虫、无霉、无鼠雀、无事故的“四无”粮仓活动。根据黑龙江省秋粮入库时间集中、接收量大、水分高和天气寒冷的特点，粮食堆放已由自然冷冻、自然风干发展到机械通风、径向通风干燥；成品粮保管由自然低温储存发展到利用制冷空调的方法储存，在70年代的缺氧密闭储藏的基础上，到80年代开始试验低氧、低药剂量的“双低”密闭储存。

到1985年末，全省共有粮库（点）569个，占地面积5 686.57万平方米，最大储存能力1 460

万吨（实际库存为529.7万吨），其中粮库仓容量617.45万吨，露天储存能力842.55万吨。加上粮油加工厂和饲料厂仓库仓容量，全省共有仓容量为633.84万吨。有晒场2 010万平方米，水泥晒台670万平方米，罩棚14.84万平方米，有装卸输送机械6 281台（件），塔式烘干机180座，每小时烘干处理量950.5吨。称重设备（包括地中衡）4 080台；有铁路专用线214条，总长130多公里（包括粮油加工厂和饲料厂部分），固定资产72 992万元。

四、粮食加工

（一）粮油加工

黑龙江地区早在唐代渤海国以前，即以石臼加工米面，以后发展为用石磨、石碾加工米面，用蒸煮法、捩取法加工植物油。

唐天宝十四年（755年），渤海国迁都上京龙泉府（今宁安县渤海镇）后，黑龙江地区粮油加工随着城镇的建立和发展，也由村寨转向城镇。历经辽、金、元、明、清各代，随着政治、经济形势的变化，粮油加工所在地域和规模等也在不断演变。到清乾隆三十八年（1773年），黑龙江地区出现用楔式榨榨油的双城周家油坊。城镇粮油加工已发展到具有手工业特点的石磨磨面、石碾碾米、楔式榨榨油作坊。

清光绪二十六年（1900年），在哈尔滨出现机器制粉。1908年（清光绪三十四年），在哈尔滨又有了机器制米。1912年，在哈尔滨开始有了机器榨油。此后沿中东铁路和产粮区的城镇也先后有了机器粮油加工业。当时机器制粉、制油、酿造已成为黑龙江地区的三大工业。1912～1931年，黑龙江地区机器制粉、机器制油发展较快，机器制米发展缓慢。东北沦陷时期，中国民族资本粮油加工业逐渐被日商垄断和吞并。中国民族资本粮油加工业遭受严重破坏，多数被迫倒闭。城镇手工粮油加工作坊已被取缔。

抗日战争胜利后，黑龙江地区各级人民政府为了保证军需民用，稳定市场，发展经济，支援前线，积极组织粮油加工业恢复发展生产。将伪满官僚资本和汉奸的粮油加工厂没收归国有。组建军粮和公营粮食加工厂44处，年加工能力（原粮下同）为66.6万吨；地方公营粮油加工厂202处，年加工能力为123.4万吨，供销社营粮油加工厂55处，年加工能力为11.6万吨。

中华人民共和国成立后，黑龙江地区对私营粮油加工业实行“公私兼顾，劳资两利”和“利用、限制、改造”政策。对57处、年加工能力42.3万吨的设备和生产条件较好的火磨和油坊，确定由国家委托加工。各级人民政府帮助解决恢复生产所需的资金和原料问题。黑龙江地区共为私营粮油加工业解决银行贷款达139亿元（东北地方流通券），使私营粮油加工业得到迅速发展，遍布城乡。同时对私营粮油加工业实行了保护和优惠政策。在税收上普遍实行了轻税、减税政策，延长计征时间，缓解资金困难。粮食部门委托私营粮油加工业加工粮油签订合同，派驻厂员协调工作，对资金不足的提前预付加工费。据1948年统计，人民政府委托加工的57家私营粮油加工业，年加工能力42.3万吨。其中制粉年加工原粮能力为18.3万吨，实际接受委托加工量占35.8%；制米年加工原粮能力为7.4万吨，实际接受委托加工量占49.3%；制油年加工能力为16.6万吨，实际接受委托加工量占40.1%。

私营粮油加工业对支援解放战争发挥了重要作用，但也暴露了投机钻营消极落后的一面。在1952年开展“三反”（反贪污、反浪费、反官僚主义）和“五反”（反行贿、反偷税漏税、反盗窃国家资材、反偷工减料、反盗窃国家经济情报）运动中，发现一些资本家拉拢干部、请客送礼、行贿和入身份股、偷漏国税、偷工减料、降低出品率、多报成本、挪用加工成品投机倒把，牟取非法暴利。仅哈尔滨市从1950年到1951年少数不法资本家非法所得100多亿元，盗窃国家粮食11 935吨，为被拉下水的干部入身份股50多亿元。

1953年，全国实行粮食统购统销后，黑龙江地区地方国营、合作社营粮食加工厂移交粮食部门统一管理。私营粮油加工业一律禁止自营，接受国家委托加工。剩余小型的未满10名工人和分布在乡镇的小型粮油加工厂或作坊，由工商管理部门协助转产或组织起来走合作化道路。农村的小手工油坊在秋、冬季节允许为农民代加工油、饼，收加工费。

1954年，省粮食厅根据粮食部转发中共中央批转中财委《关于1954年扩展公私合营工业计划会议的报告》和中共黑龙江省委、省政府要求精神，在哈尔滨义昌泰火磨、永生和油坊、天兴福二粉厂已实现公私合营的基础上，又在齐齐哈尔德增盛、哈尔滨兴东（协昌仁）和元聚祥等3家私营粮油加工厂进行公私合营试点，并拟定了《公私合营章程》和《公私合营工厂管理办法草案》，对有关问题都作了明确规定。1956年初，全省57家私营粮油加工厂全部完成了公私合营。同年，省粮食厅根据国务院和中共黑龙江省委指示精神，对公私合营企业进行了清产核资。其中将私营股份年息又统一改为5厘。早期公私合营的哈尔滨天兴福二粉厂、义昌泰火磨、永生和油坊等3家的私营股份，亦由“四马分肥”（包括公、私股股息红利、企业公积金、企业奖励金）改为定息。同年7月省粮食厅又根据粮食部《关于私营粮油加工业在社会主义改造中并入国营粮食工业后管理问题的通知》精神，对实现公私合营的粮油加工厂进行了经济改组。一部分并入国营企业；一部分并入老合营企业；一部分新合营的企业单独存在。公私合营后本地不需要的企业将设备调给其他市、县。同时对公私合营企业由国家选派了干部，对私方在职人员按照量才使用，各得其所的原则安排了工作。

1960年，根据粮食部通知精神，经中共黑龙江省委、省人民委员会批准，将地方国营、供销社营的油厂统一划归粮食部门管理。从此，全省粮油加工企业形成了由国家粮食部门集中归口管理，统一安排粮油加工计划的新的粮油加工格局。并根据国家经济建设需要，1958～1965年进行了两次布局调整，形成了以产粮区为主的粮食加工布局。到1970年全省形成小麦加工能力96.5万吨，杂粮（包括稻谷）加工能力154.9万吨，大豆及小油料加工能力67万吨。

1971年以后，随着经济建设的发展，大中城市和工矿林油区人口不断增加，粮油销量不断扩大，调运的粮油成品数量过大，加上煤电紧张，产粮区粮油加工所需煤电与地方工业矛盾，往往挤掉外调粮油加工用的煤电，致使粮油加工计划经常落空，造成销区市场粮油供应脱销，经常向省告急，逢年过节更为突出。销区没有粮油向省要，存在依赖思想。省粮食局为了解决这些问题，从1971年开始改变了在产粮区加工向销区调运成品的做法，实行在销区按照市场需要建立粮油加工厂，省里给调运原粮由销区自行加工。省粮食局从1972年开始集中资金在大中城市、工矿林油区建立粮油加工工厂和车间。粮油加工由产粮区转向销区布局以后，粮油加工企业分布更加合理。不仅保证了销区市场供应，还促使销区增强了工作责任感，没粮自己主动找米下锅，把过去省粮食局管的一个积极性变成两个积极性，争得了工作主动权。

中共第十一届三中全会以后，1980～1985年，省粮食局又集中资金新建、扩建、改建了浸油厂、大型面粉厂及稻谷车间，使全省销区粮油加工能力不足和调运不及时等问题得到解决。形成了产销区粮油加工能力比较平衡，布局比较合理的新格局。到1985年，全省粮食部门共有制粉厂和车间82处，年加工能力为217.3万吨，比1949年增加了6.5倍。有制米厂和车间168处。其中大米车间36处，年加工能力41.3万吨，比1949年增加了2.8倍；杂粮车间132处，年加工能力

148.2万吨（其中玉米年加工能力占77.9%），比1949年增加了3.7倍；有制油厂和车间212处，年加工大豆、小油料能力160.1万吨，比1949年增加4.52倍，浸出油厂29处，年加工能力67.1万吨，占总加工能力的41.9%。挂面厂和车间149处，年加工能力13.2万吨。食品厂和车间20处，年加工能力15 621吨。全省到1985年粮油加工厂固定资产总值为39 926万元，年工业总产值145 101万元，实现利润8 294万元。上缴利税在全国同行业名列榜首。

到1985年底，全省国营农场系统有制粉厂和车间112处，年加工能力75.3万吨；有米厂和车间10处，年加工能力2万吨；有油厂和车间90处，年加工能力39.5万吨，其中浸出油厂5处，年加工能力5.7万吨。省劳改局农场有面粉厂和车间8处，年加工能力3万吨；有米厂和车间13处，年加工能力2.2万吨；有制油厂和车间17处，年加工能力2.2万吨。省供销社系统有制粉厂和车间72处，年加工能力9万吨；有制油厂和车间40处，年加工能力12万吨，其中浸出油厂1处，年加工能力2万吨。省乡镇企业系统有粮食（粉、米）加工厂和车间144处，年加工能力为121万吨；有制油厂和车间336处（其中浸出油厂和车间25处）年加工能力30万吨。省外贸部门有浸出油厂53处，年加工能力3万吨。省化工系统有浸出油厂1处，年加工能力1万吨。上述国营农场、省劳改、供销、乡镇等系统粮油加工厂加工能力都大于实际加工量、设备利用率较低，除国营农场外，其他部门大部分为季节性加工。

（二）饲料加工

黑龙江地区在中华民国成立以前还没有形成饲料加工行业，畜、禽饲养者将自产原粮粉碎后饲喂畜、禽。供应城镇肉、蛋、奶的广大农村养殖户有余粮的则靠余粮喂养畜、禽；在受灾地区，主要依靠市场调剂解决畜、禽饲料。到了中华民国时期，由于松嫩平原的进一步开发放垦，耕畜不断增加，开始出现饲料加工点。由过去的加工粗饲料发展到加工混合搅拌饲料。东北沦陷时期，伪地方政权在哈尔滨市开办两处饲料加工企业，自行收购原粮，销售混合饲料。

中华人民共和国成立后，为了恢复和发展畜、禽业，黑龙江地区城镇居民、单位饲养畜、禽可以到市场上或粮食部门购买饲料，这种形式一直持续到1952年。在政府的扶持下，农村畜、禽业得到很大的发展。1953年粮食实行统购统销后，军需和城镇居民所用役畜饲料开始由粮食部门统一经营和管理，实行定量供应。

1958年，中共黑龙江省委在1月16～19日的全省粮食工作会议上，确定挖掘农村粮食潜力，大力搜集代用饲料。省粮食厅根据中共黑龙江省委部署，决定增加甜菜丝、糖渣、酒糟、豆腐渣等代用饲料的管理业务。

1978年中共第十一届三中全会以后，随着改革开放方针的深入贯彻，中共黑龙江省委和省人民政府十分重视全省饲料行业的发展。省粮食局根据中共省委、省政府的要求，在认真做好为畜、禽业发展服务工作的同时，积极发展饲料工业，提高混、配合饲料的质量，增加产量。为了加快饲料工业的发展步伐，全省进一步充实和加强了饲料机构。1981年5月，中共黑龙江省委、省政府领导杨易辰、陈雷、解云清在粮食部门召开的全省饲料工作会议期间，视察了哈尔滨市平房饲料加工厂，提出配、混合饲料的生产要很好地为畜、禽养殖户服务，并对发展饲料工业问题又作了重要指示。10月16日，黑龙江省人民政府颁发了《黑龙江省城市畜、禽生产若干规定》，提出城市郊区发展禽蛋生产时，要坚持国营、集体、个体同时并举，以户养为主的方针，郊区畜、禽生产以养禽为主，积极发展奶牛和生猪生产，逐步做到大、中城市居民需求鲜蛋、鲜奶的自给，不断提高猪肉自给水平。加强畜、禽饲料的供应和产品的管理。省粮食局贯彻执行了“从实际出发，因地制宜，广辟饲料资源，积极发展配、混合饲料生产，搞好饲料供应，为畜禽生产服务”的方针。重点抓了建设饲料加工厂工作，并且有计划地分配饲料粮和糠麸、糟渣等代用饲料，开辟饲料资源，组织饲料生产，开展饲料科研等五项工作。

到1985年底，全省除建三江、五大连池市外，全省各市、县粮食部门均建立了饲料机构。共建饲料公司79处、饲料站39个。还分三批建成饲料加工厂75处，共投资5 391万元，年单班生产混、配合饲料能力为90.1万吨。并以粮食部门为骨干，与国营农场、畜牧、水产等系统为主体的逐步建成大、中、小相结合的，多种经济成分并存的饲料加工厂522个。全省共建科研所（室）7个，国民经济第六个五年计划实施期间完成科研课题16项，研制推广的饲料配方213个，在实践中筛选出最佳配方31个。粮食部门销售配、混合饲料43万吨，在全省初步形成饲料资源开发、加工、销售网络，适应了畜、禽、渔业全面发展的需要。全省饲养畜、禽的专业户、重点户已达到39.6万户，占全省农户的11%。其饲养的畜、禽数量，占全省饲养量的14.2%。专业化的饲养促进了全省畜、禽业和水产业的发展，特别是促进了大中城市郊区养殖业的发展。1985年底，全省供料奶牛达到25.76万头，生猪年末存栏达到592.5万头，国家和个体户饲养家禽6 425万只。由于畜、禽养殖业的发展，畜、禽产品不断增多，猪肉年上市量达到29.84万吨，牛肉1.05万吨，鲜奶42.96万吨，禽蛋产量20.55万吨。县城和大中城市鸡蛋、鲜奶已基本达到自给，结束了依靠吃外省调入鸡蛋的历史。

五、粮食销售

黑龙江地区历代官府（国家）对市场粮食销售通过制定政策和采取必要措施进行控制。同时，官府（国家）还参与市场粮食销售，防止私营粮商抬高粮价，扰乱市场，造成社会不安定。

唐渤海国建立后，黑龙江地区粮食市场交易，主要是官易，私营贸易较少，但粮食生产者和消费者也直接进行交易。辽灭渤海国后，由于粮食生产遭到破坏，部分城镇被毁，粮食销售市场衰退，交易量减少。有些地方已无市场，粮食生产者和消费者直接以物易物或以现钱进行买卖。金灭辽以后，随着粮食生产得到恢复和发展，加上城镇人口增加，粮食销售市场又兴旺起来。特别是由于官府实行了“和籴法”，直接参与市场粮食销售，使粮食销售市场规模不断扩大，胜于前两代。元灭金之后，由于农业生产遭受破坏，大部分耕地变成蒙古贵族的牧场，使黑龙江地区粮食销售市场日渐衰落。到了中后期才有所恢复和发展。到了明代，虽然粮食生产发展缓慢，但粮食交易市场在少数地方又兴起，已发展为通市、马市，进一步扩大了交易范围。清代，粮食商业有了较大发展，黑龙江地区的粮食市场已普遍建立，并已形成粮食销售行业。中东铁路营运后，外商大批涌入黑龙江地区，使私营粮商有很大发展。到了中华民国时期，市场粮油销售主要被私营粮商所掌握。1940年～1945年8月，伪满政府强制推行粮油“配给”政策，取缔私人自由销售粮食和市场粮食交易，对粮油实行全面统制。抗日战争胜利后，从建立人民民主政权到实行粮油统销前，黑龙江地区公营、合作社营、私营等多种经济成分经营粮油。销售粮油来源主要依靠国家粮食部门和地方公营、合作社、私营等经营的粮油，少部分由消费者到市场直接购买。1953年冬，国家为了解决粮食供求矛盾，稳定局势，实行了粮食统销。把粮食流通严格控制在国家计划之下。明令取消粮食自由市场，禁止私人经营粮食，粮食由国家粮食部门统一销售。从此供销社、私营粮业全部停止自行销售粮油。只在国家粮食销售网点比较少的偏僻地方委托供销社代销粮油。1980年根据国家规定，开展了比较大宗的议价粮油经销业务，并已形成了议价粮油销售市场。1983年黑龙江省根据国家规定，小杂粮、小杂豆退出统销，实行多渠道经营。1984年7月，将制造白酒、名酒、啤酒、黄酒等项工业用粮改供议价粮。

1985年铁路客车、客轮、客机等项旅客用粮由统销改为议销，其他各项用粮仍继续实行统销。通过实行粮食统销办法，使粮食在不充裕的情况下，较好地平衡了粮食供求关系，保证工农业生产和人民生活的需要，保证了粮油市场稳定。

六、盐业专卖

黑龙江地区盐政管理开展较晚，自清光绪十一年（1885年）起，黑龙江副都统文绪请求朝廷准予试办常平盐囤。当时规定：凡来卓尔博特盐池扫盐者，须向都统衙门领取准票，交纳盐税，所扫之盐，以官价收买；凡来卓尔博特买官盐者，须交纳盐捐，实行官盐官卖办法。清光绪二十八年（1902年），黑龙江将军达桂会同吉林将军奏请朝廷批准，曾于吉、黑两省交界地征收过盐厘（税）。

清光绪二十九年（1903年），沙俄在东北修筑的中东铁路通车后，滨海地区的俄商利用铁路运输的方便条件，向黑龙江边境各地大量倾销俄盐，偷漏盐税，乘机渔利。为整治私盐运销，防止沙俄盐商逃税，于清光绪三十一年十二月（1906年1月），黑龙江将军程德全奏请朝廷批准征收盐税，每50公斤征京钱400文。同年6月9日起，在滨江傅家店设立了黑龙江盐捐局，对私人运销的食盐实行课税。是年，清政府在奉天（今沈阳）设立东三省盐务总局。

清光绪三十四年（1908年），黑龙江巡抚周树模，针对俄盐不断运销黑龙江地区，奉（天）盐滞销，官府税收减少的状况，为"外保国权，内增岁入"，呈请东三省总督徐世昌准予兴办官盐。是年8月创立了黑龙江官运局，初设于呼兰府，承办官盐运销和缉私事宜。清宣统元年（1909年），黑龙江官运局移到齐齐哈尔，并在哈尔滨、齐齐哈尔、昂昂溪、呼兰、绥化、巴彦、海伦、余庆（今庆安）、木兰、兰西、青冈、瑷珲、拜泉、肇州、大通（今通河）、汤原、布特哈（今讷河）、嫩江、上集厂（今绥棱）、西集厂（今巴彦西集）等地设立官盐分销局，另设驻奉（天）采运局。为顺利推行官盐运销办法，黑龙江官运局在创立之初，会同东三省盐务总局督办陆宗舆、总办杨毓璋、吉林省度支司陈玉麟、黑龙江道员徐鼎霖共同议定了《黑龙江官运章程》，其中规定：黑龙江每年认销奉盐10万石（每石为300公斤），由东三省盐务总局随时发给官盐运票（即：准运证明，包括运输数量、地点等），一律禁止私商贩运；官盐运出每石课税奉天小洋4.6元，照数缴东三省盐务总局；黑龙江官运盐每石比照奉天省（今辽宁省）商销办法加配卤耗20公斤外，另准每石加配卤耗40公斤，因黑龙江路途遥远，运费多，又外加30公斤，加配盐不纳税，一律随同正额票盐装运；买盐滩价（即盐滩出厂价）先由东三省盐务总局议定后，通知黑龙江派员会同东三省盐务总局局员赴盐滩办理买盐手续；在盐滩装运时，所有监秤、监斗事宜由黑龙江官运局派员会同盐滩分局委员互相监督，以防私弊；黑龙江运盐要在东三省转运重要地点派人设局、建仓，办理采运寄存事宜，不准就地转卖盐斤；由东三省盐务总局制成特别运票，供专运官盐使用，此运票用于自产盐地运至黑龙江官盐总仓即行缴销；黑龙江区内官盐由总政仓转运至各分仓、分销局之运票由黑龙江官运局制发；黑龙江境内盐的缉私，由省官运局派人办理；对吉、黑两省交界地点由两省各派缉私人员查缉，发现偷运私贩障碍官盐者应缉拿惩办；海参崴为私盐大宗贩入口，由东三省盐务总局在五站（今绥芬河）设缉私局，由吉、黑两省派人参加堵缉；黑龙江官运盐须经吉林地界，按照东三省盐务总局发给江省的运票验票放行，发现途中卸卖，以私运论处，将盐全数没收，对运卸之人按律惩办。黑龙江官运局对盐实行官运、官销、商铺代销的政策后，抵制了外盐输入和私贩，挽回了盐利，稳定了盐的市场。

1913年，国民政府为统一全国盐政，令黑龙江官运局改名为黑龙江榷运局。同时，分设哈尔滨榷运局。1914年12月奉国民政府财政部令，将黑龙江榷运局与吉林省榷运局合并成立吉黑榷运局，下设总务、征榷、缉私、运销4科，承担吉、黑两省的官盐运销和缉私事宜，并管辖设在各地的官盐仓和缉私队。

东北沦陷后，黑龙江地区的盐务仍隶属吉黑榷运局管辖。1932年9月，改名为吉黑榷运署（伪满的盐务统治机关），下设总务、经理、运销、缉私、监察等五科，并设有驻营口采运局和间岛（今延吉）缉私局以及负责管辖各地官盐仓、缉私队，承担官盐采购、运输、储存、贩卖（配给）、盐仓管理和对私盐查缉事宜。同时，在黑龙江地区内设有19处官盐仓，其中有7处官盐仓下设10个缉私队，负有查禁私盐的职能。具体设置的名称是：滨江盐仓缉私队、富锦盐仓缉私队、黑河盐仓缉私队、泰来盐仓缉私队和塔子城盐仓缉私队、安达盐仓所设小蒿子（今杜蒙自治县）缉私队、五站（今绥芬河）盐仓缉私队和东宁缉私队、梨树镇盐仓设半截河缉私队和密山缉私队。1936年4月23日，伪满当局公布了《盐业株式会社法》；28日在新京（今长春）建立了伪“满洲盐业株式会社”。同年12月24日，伪满当局又颁布了《食盐专卖法》。其中规定，从1937年4月1日起由伪满专卖总局对食盐实行专卖；黑龙江地区各市、县也成立了伪专卖局，并指定所属盐仓（栈）批发给各零售单位经销。1939年，伪满当局加紧实行经济统制，对食盐仍由各省伪专卖署和市、县伪专卖局、分局进行统制，负责管理配给。在各地城镇设有食盐专卖所和食盐配给店。食盐由各地伪专卖局统一定价，控制销售。

抗日战争胜利后，黑龙江地区各地相继建立了人民政府并接管了敌伪盐仓，由各省贸易局主管盐政和经营食盐业务。

中华人民共和国成立后，黑龙江省和松江省由商业厅主管盐政，所属粮食公司经营食盐业务。1958年1月，国务院批转了国家食品工业部“盐业运销体制问题的报告”，明确规定：原盐属于部管的国家统一分配物资。凡需要盐的部门都以国务院所属各部或省、市、自治区为单位提出需要盐计划，由食品工业部综合平衡，统一分配，调拨计划由国家计委核定下达执行。黑龙江省为加强食盐管理，于1961年4月在黑龙江省粮食厅下设盐务处，7月由黑龙江省粮食厅颁发了《黑龙江省食盐管理暂行办法》，其中规定：凡城乡居民食用盐（包括做酱、腌菜用盐）、畜牧用盐、农业用盐、商业酿造和食品行业用盐以及其他零星用盐，由粮食部门统一经营。工业和腌鱼用盐，分别由轻工业、商业部门经营。1964年，根据国务院批转轻工业部、商业部“关于加强盐业运销管理的报告”精神，黑龙江省于8月间，经省人民委员会批准，成立了黑龙江省盐业公司（对内为盐务处），隶属黑龙江省粮食厅领导，业务上受中国盐业公司领导。负责全省食盐运销和对各种用盐实行统一归口管理，单独经营核算，监督检查食盐价格，实施盐政管理。在各市、县成立了盐业站，全省共73个，由各站直接办理食盐批发业务；实行单独财务收支，对外结算；负责食盐调拨运输、储存、加碘、销售等项工作。当时有些县城因食盐经营量很小，不具备建站条件也建了，不利于改善经营管理。因此，1966年8月31日经省人民委员会批准，撤销了37个县的盐业站。1968年9月由于受“文化大革命”的冲击，在砸烂旧机构中省盐业公司也被撤销，削弱了全省的盐业工作。“文化大革命”结束后，黑龙江省革命委员会为加强盐的运销工作，1978年8月又恢复了省盐业公司，并重新在哈尔滨、齐齐哈尔、牡丹江、佳木斯等市、县建立了44个盐业站，承担着贯彻执行盐务政策，安排用盐计划，组织食盐采购、调拨、储存、销售、食盐加碘、监督检查等项业务，保证了全省城乡居民生活和各项用盐的需要以及盐的市场稳定。

第四节 物 资

黑龙江地区资源比较丰富，商品流通包括生产资料的流通有久远的历史。

从唐朝开始，渤海国与唐朝之间就有商品交换。渤海国以朝贡、通聘等方式与唐朝进行生产资料和生活资料的物资交换。渤海国输出的有名马、毛皮、药材、金、银、铜等，输入的有丝织品、粮食、金银器等。

到辽金时期，黑龙江地区的采矿、冶炼业有了一定的发展。考古工作者发现金上京（今阿城）东南的五道岭一带有金代的铁矿井10多处，冶铁遗址50多处。金代黑龙江地区已能生产30多个品种的铁制农具，远销东北北部各地。

清朝，统治者对东北地区长期实行封禁政策，不准任意采伐森林、开矿和农耕，使许多物资保留着原始状态。但黑龙江部分地区生产、商品流通仍有所发展。如清初宁古塔（今宁安县）商贩大集，街市货物充溢，客商络绎不绝，东关即有店铺32家。卜奎（今齐齐哈尔市）“商贾夹衢而居”（见方式济《龙沙纪略》），清代中期，“其木由嫩江运下，积城西北，两人合抱之材，价银数钱”（见西清《黑龙江外记》卷八、卷五）。“城东有碱厂，流人相聚煎晒，通行吉林”（见西清《黑龙江外记》卷八、卷五）。

清光绪二十二年（1896年），沙皇俄国胁迫清朝政府签订了《中俄密约》，取得修建中东铁路的特权。修建铁路需要大量木材和其他物资，扩大了商品流通。但是，主要商品的生产和经营，大部分掌握在外国人手中。清光绪二十八年（1902年），沙俄在哈尔滨首先办起满洲矿业公司，随之在扎赉诺尔开采煤炭。俄国人修建中东铁路，随意采伐中国森林，清光绪二十六年（1900年）沙俄侵略东北，掠夺采伐森林更甚。据记载，通过修铁路沙俄掠夺中国森林采伐权的森林面积约24.5万平方公里，大部分在黑龙江地区。沙俄采伐的林木，还由俄商销售。清光绪三十二年（1906年），俄商葛瓦理斯基成立木材公司专门经营，俄商波波夫兄弟商会、沃伦佐夫商会等也参与木材的采伐和销售。据史料记载，当时俄人此项采伐收入，每年约1亿银元。

20世纪初，黑龙江地区的商品流通开始出现多国参与的局面，哈尔滨市逐步向国际贸易城市的方向发展，殖民地半殖民地的色彩更加深厚。自清光绪三十一年十一月（1905年12月）在日俄战争中获胜的日本，强迫清政府签订《中日会议东三省事宜条约》，在东北开16个城市为商埠，其中黑龙江地区有哈尔滨、齐齐哈尔、三姓（今依兰）、宁古塔（今宁安）、瑷珲5个城市。日本的势力迅速扩大，在黑龙江地区设有三和木材公司哈尔滨制材株式会社、中东海林采木公司、近藤林业公司等经营木材；三井物产会社、竹内商店、松茂泽行等经营煤炭。1914年，根据英俄签订的协定，规定英国侨民在东北享受同等特权。此后，法国、美国、意大利、波兰等国也先后取得同行特权，纷纷到哈尔滨市设厂开店。据1929年统计，哈尔滨市共有商店6 702家，其中外商2 449家（俄国2 100家、日本240家、英国18家、美国33家、德国25家、法国3家，其他国家30家）；生产厂家279家，其中外商129家（俄国110家、日本10家、英国2家、美国1家、德国1家、法国2家，其他国家3家）；煤炭、木材的经营量，外资占90%左右。

这一时期，黑龙江地区的商品流通得到了一定的发展。但是，煤炭供不应求，要从南满调入。1929年，黑龙江地区调入煤炭28.4万吨。当年黑龙江地区煤炭消耗量55万吨，其中中东铁路消耗31万吨，占56.4%；居民和生产需用的煤炭消耗24万吨，占43.6%。同年黑龙江地区民需消耗木材13.3万立方米、木炭1.54万吨，表明黑龙江地区居民的燃料构成从20世纪30年代起由以木炭、柴草为主开始转向煤炭为主。

东北沦陷后，东北的铁路、矿山、海关、银行和大型工厂都被直接掌握在日本垄断资本家和伪政权手中。他们出于维护其反动统治和扩大侵略战争的需要，对重要物资实施统制。根据日本人吉次检竹等著的《满洲重要物资统制》读本和《满洲经济产业大观》等资料记载，1935年8月，对煤炭实行统制；1938年9月对水泥实行统制；同年12月对橡胶制品实行统制；1939年7月对有色金属实行统制。

东北沦陷时期，日商急剧增多，取代俄商在黑龙江地区占据了支配地位。1939年，在哈尔滨的日商为1 148家，其中经营生产资料的300多家。日本出于侵略战争的需要，对黑龙江地区的煤炭、木材等资料加紧掠夺，生产数量有较大的增长。1944年，黑龙江地区煤炭产量上升到685万吨。森林全部属于“国有”，木材生产和经营均由伪实业部林野局负责，由其直接管理或株式会社经营，只有小径木材和薪炭材归地方营林局，允许民间伐木者经营，而且规定其中60%必须按林野局制定的收购价交林野局收购，其余40%按公定价格自由购卖。由于市政建设和开办工矿企业，特别是出口的需要，木材产量增加很快，1945年，黑龙江地区木材产量超过500多万立方米。其中出口日本的木材约占全部木材产量的1/3，且多为优质木材。黑龙江地区所需的水泥主要靠从辽宁调入。1935年、1941年，哈尔滨水泥厂和牡丹江水泥厂先后投产后，形成生产能力21万吨，20世纪40年代后即已满足黑龙江地区水泥需要。黑龙江地区钢铁当时销售量不大，年消耗量1万余吨，主要从鞍山和本溪调进。

日本帝国主义对重要商品以立法的形式，使掠夺重要商品合法化。伪满洲国先后颁布《满洲经济统制根本方策案》《重要产业统制法》《钢铁统制法》等，对各类重要物资从生产到消费实行全面的统治和配给制度，限制民用，确保军需。还以各种会社的名义，对物资进行全面垄断。会社本应是公司或商行，是经营性企业。但日伪实行“一产业一会社主义”，1种行业均由1个会社掌握，使会社变成了物资垄断统治的组织。伪满洲国共有40个特殊会社和24个准特殊会社，在各地设有分支机构或贩卖店，形成了严密的配给网。在哈尔滨先后建有“日满商事株式会社”“同和自动车株式会社”“满洲计量株式会社”“满铁哈尔滨铁路局”“满铁北满航运局”等20个特殊会社和准特殊会社。这些会社的资本，伪满政府占19%，日本政府占23.6%，日本私人资本占58.1%，中国民族资本仅0.3%。重要物资被日本垄断并严格控制销售和消费，把物资配售对象分成7类区别对待。第一类是军需，保证日本帝国主义的直接需要。第二类是准军需，如交通、通讯等，也属必保之列。第三类是官需。第四类是特需，即重点部门和公司的需要。第五类是准特需，即与第四类直接相关的部门的需要。第六类是重要民需。第七类是一般民需，属抑制配售对象。

这种强制性的流通方式，是为日本的军事侵略服务的，极大地限制了中国民族资本主义生产企业的发展和人民生活的需要。

1945年抗日战争胜利后，黑龙江地区人民政府为平抑物价，安定民生，恢复生产，在没收日伪官僚资本的同时，设立国营企业。生活资料和生产资料由国营商业、合作社和私营企业共同经营，竞相发展。1946年8月以后，黑龙江地区各省相继普遍成立了贸易公司和木材公司，松江省贸易公司于8月份成立，是中华人民共和国成立前解放区最先成立的国营流通企业。总号设于哈尔滨，以供应必需品为主，经营范围包括粮食、煤炭、五金器材和木材等。1947年5月，松江省政府决定成立松江省林业公司经营木材，该公司为单独核算企业，经济收入除本公司开支外，统一上交省财政。1947年7月，东北燃料总公司在哈尔滨成立，有代销处6家，并在黑龙江地区各市、县建立合作社和国营煤炭商业网点，控制和掌握了煤炭市场。

除国营企业外，从事流通的还有公营与合作社。在哈尔滨市有哈尔滨市中苏友好协会开办的中苏燃料公司，经营木材、木、煤炭。哈尔滨市政府机关委托亚洲贸易公司经营木材。各地都建立了一些公营与合作企业的网点经营煤炭、木材和建筑材料。私营企业数量也比较多。1949年1月黑龙江省有木材工业户50户，木商23户。哈尔滨市有投票同业会、炭柴同业会等，政府鼓励开展经营业务，因而燃料、木材以及建筑材料的贸易十分兴隆，保证了生产和人民生活基本需要。

1950年10月，为了适应国民经济恢复的需要，黑龙江地区的黑龙江省和松江省在省财经委员会内设立物资科，负责物资的计划调拨。计划调拨的品种有关系国计民生的钢材、煤炭、木材、水泥、纯碱、杂铜、机床、麻袋8种物资。其后，有色金属、废钢铁、烧碱、硫酸、橡胶汽车、机床、锅炉、电线、电缆等产品也逐步纳入分配调拨计划，由东北大区统一平衡，中央差额调拨。其他生产资料由商业部门的煤业建筑器材公司、工业器材公司、五金机械公司、交通电工器材公司、化工原料公司等通过市场向企业和用户供应。

黑龙江地区在第一个五年计划时期是全国重点建设地区之一，国家156项重点项目，在黑龙江省有22项。为适应大规模经济建设的需要，对物资计划分配实行分级分工管理。各类生产资料商品，按其在国民经济中的重要程度与产销特点，分为中央统一分配物资、生产主管部门分配物资和地方分配物资，简称统配物资、部管物资和三类物资。统配物资实行“统筹统支”的管理办法。按规定纳入统一分配的物资资源，均由主管分配部门统筹分配，主管生产的工业主管部门根据分配计划统一组织产品订货，供需双方签订供货合同。生产企业及其主管部门和地方政府都无权支配。计划分配的统配物资在分配供应上，存在两种计划方式，两个供应体系。根据企事业单位的不同所有制性质、规模与耗用物资批量大小及储运条件的差异划分为申请单位和非申请单位，分别对它们所需的物资采取直接计划和间接计划两种方式。对国营企业、实行定息的公私合营企业及国家重点建设项目，凡物资消耗量较大、具备供销运输条件的，采取直接计划法，所需物资按隶属关系进行申请和分配，由工业主管部门按分配计划组织供需双方签订合同并组织供应。其他都作为非申请单位通过商业环节，以加工订货、收购包销、市场供应等间接形式纳入统一计划。

1954年8月，黑龙江省财政经济委员会物资供应局成立，负责分配供应112种统配物资、115种部管物资。1955年2月改为黑龙江省物资供应局，成为省人民委员会的直属局。1957年，负责分配供应统配物资231种、部管物资301种。

随着社会主义改造任务逐步完成，全省物资申请单位的范围逐年缩小。到第一个五年计划末期，计划与市场相结合的供应体系演变成单一的直接计划供应体系，物资集中统一分配调拨模式从此形成。由于物资管理集中过多，国家给予地方机动权很少。物资按企事业单位的行政隶属关系组织供应后，开始出现条块分割、流通不畅的问题。

“大跃进”和人民公社化运动时期，物资管理工作变动频繁。1958年8月，中央决定改革经济管理体制，扩大地方权限，除一些重要的特殊的企业外，所有国务院各部门直属企业一律下放地方管理。在物资管理上，实行“在全国统一计划下，以地区管理和地区平衡为主的物资调拨制度”（简称地区平衡的办法）。中央只统一分配少数主要的原材料和设备。1959年时为67种，其余下放给省、市、自治区平衡调度。1959年第一季度开始实行后，中央各部门下放给黑龙江省的企业有110个，原有地方企业2 500个，当年全省新建工业生产单位10万个左右，物资供应范围成倍增加，供需矛盾尖锐。作出上述决定时已临近下达全年物资计划，思想上和组织上准备不足，同当时的生产力水平亦不相适应，故仓促下放物资造成了很大的混乱。全国订货会议改为分大区组织订货，会上各省、市、自治区普遍要求多留用、少调入，这样不但数量落实不下来，品种、规格、供货时间也有很大矛盾，打乱了正常的供需关系。因此，从1959年第二季度开始，仍改由中央各主管部门组织集中订货，恢复并增加统配物资品种。在这种情况下，在物资管理上，不得不采取比下放前更为集中的办法来解决已经出现的混乱和困难。针对暴露出集中过多，管得过死，调拨不灵，采购人员满天飞等种种缺陷，1960年5月18日中共中央批转了中共国家经委党组提出的《关于加强物资管理机构的请求报告》，开始建立和健全全国各级统一的物资管理机构和经营网点，集中统一管理生产资料的销售和供应。当年8月25日，黑龙江省物资局改为黑龙江省物资厅。根据中共中央关于各省、市、自治区物资厅对本地区各工业部门及其所属企业的销售业务、销售机构、人员和仓库应当统一管理起来的指示，省冶金、机械、轻化工、建设、林业等部门的供销业务移交省物资厅管理。到1960年10月31日，全省物资部门接收136个企业的销售机构。其中在哈尔滨的56个供应销售机构由省物资厅直接接收，并分别成立了物资收购站或派出了驻厂员。根据国家的统一规定，黑龙江省的物资体制进行了一些变革。对地方小企业生产的水泥、钢材、有色金属，不纳入国家统一计划，归地方自行支配；实行钢材、铜、铝、木材、水泥的分成办法，分别给地方以不同比例的全额分成或超产分成；对中央24个非工业部门直属单位生产经营和基本建设用的国家统一分配物资，由省物资部门直接分配供应。

在国民经济调整时期，黑龙江省的物资工作也作了相应的改进。根据国家有关文件精神，加强了业务和机构建设。省物资厅分别建立金属、机电、木材、建材、化工等专业公司，统一管理产品的销售工作。在加强销售管理的同时，还在重点厂矿建立了驻厂代表和调运员制度，监督检查销售合同执行情况。试行了统一供应的办法。地方企业所需主要物资，由物资部门统一组织订货、催货和组织供应。对部分中央直属企事业单位，采取划转分配指标，由物资部门就地就近供应。改进订货工作，组织定点直达供应，固定产需关系。有的产品还试行了通讯订货办法。物资部门从上到下实行人权、财权、物权的三垂直管理。省物资部门在接管各部门仓库的基础上成立储运公司统一管理。同时，统一收费标准，原则是以收抵支，收支平衡。物资系统内部不论经过多少次调拨，对供货厂矿只准收取1次管理费。建立生产资料服务公司，开展依托服务业务。加强对三类物资的经营管理，物资部门不但要管好统配、部管物资，还要管好三类物资。根据从生产出发，为生产服务的宗旨，建立了物资供应站、服务队，深入厂矿企业以方便用户。这些措施有利于克服“大跃进”后造成的物资流通散乱现象。省物资部门推广了一些好经验和具体做法，如建立下厂下乡服务队和企业物资供应档案、物资调剂与清仓利库、三类物资的产需衔接等对生产发展起了一定的作用。但这些作法只持续了两三年的时间，即在随之而来的“文化大革命”中受到了批判和破坏，使物资工作走了一段弯路。

“文化大革命”使物资工作遭到很大的破坏，物资流通陷入了严重的无政府状态。1966年10月，物资管理部被拆散，国家金属、化工、建材、木材和机电5个总公司的销售机构交回各工业部，各地金属、机电等一级站也改为各主管工业部领导的产品管理处。全国有24个省、市、自治区的物资部门被撤并，销售工作大多交由各工业部门分头管理。黑龙江省的物资工作虽然受到干扰，省物资部门的机构和队伍基本保存下来，从而避免了更大的损失。

从1970年开始，物资体制又一次进行改革，统配、部管物资的种类比1965年时减少了2/3。1972年统配物资减少到49种，部管物资减少到168种。物资分配办法改为“在国家统一计划下，实行地区平衡、差额调拨、品种调剂、保证上交”的方针。由于整个计划体制并未转向以地区为主，仍旧“条条”即主管部门进行统筹安排，因此这个方针实际上并没有得到认真地贯彻。当时，物资供需矛盾突出，物资缺口越来越大，由于生产指标过高，许多生产企业和建设项目停工待料。当时形象地说法是“三八式”的物资供应，即物资分配量是需要量的80%，物资订货量是分配量的80%，物资到货量是订货量的80%。物资缺口在基本建设上表现得更加突出。“文化大革命”期间，规定地方安排的基本建设项目，国家不负责物资分配，需自筹解决。国家预算内的基建项目，由于基本建设战线拉长，万元投资的物资分配水平逐年下降，到1974年，钢材660公斤、木材2.2立方米、水泥1.88吨，只能满足需要的50%～60%.

为了弥补缺口，省物资部门大力开展地区之间、企业之间物资协作，互通有无，同时开展清仓利库等工作，挖掘物资的潜力，缓解了物资供应的困难。

粉碎江青反革命集团以后，黑龙江省克服物资管理上的散乱局面，物资分配供应强调集中管理。1978年统配物资增加到210种，部管物资增加到581种。对统配物资的资源，实行中央与地方两级管理制度，并明确了各自管理和使用的范围。在供应工作上，进行统一供两级库存的试点工作。燃料实行凭证定量供应；轮胎收旧翻新，按需要核实供应；木材统一加工成品、半成品供应以及实行基建物资承包配套供应等。在物资部门开展学大庆、企业整顿、六好企业活动，加强物资企业管理。物资经营机构得到了充实加强。

中共第十一届三中全会后，物资工作在理论上突破了生产资料不是商品的束缚，物资流通不再是单一的分配调拨，实行计划分配和市场调节相结合的办法。计划分配物资的范围和数量逐步缩小，生产企业有了一定的自销权，地方生产和支配的物资数量增加，地区间物资协作扩大，物资流通的结构规模和购销方式发生了很大的变化，推进了生产资料市场建设，提高了物资流通的社会效益和企业经济效益。

1979年底根据中共黑龙江省委关于开展经济问题调查研究的部署，省物资局组织省物资体制调查小组在哈尔滨市对物资体制的演变和存在问题进行了全面调查，提出相应的改革意见。从当时的具体情况出发，着手进行10个方面的改革工作，主要有：扩大生产企业的物资自主权；逐步扩大地方在物资供应上的自主权；坚持实行统一供应，两级库存，加速周转，增加物资供应网点；物资部门同生产企业逐步做到按合同组织供应；按经济区划组织物资供应；改革供应方式，推广方便用户、有利生产的一些供应办法。

1980年1月，经与省物价局商量，并经省领导同意，实行计划外物资高来高走、保本供应的物资作价办法，是全国继广东省后第二个实行此办法的省市，改变了物资部门经营计划外物资赔钱的局面。全省各级物资部门不再单纯经营计划内物资，开始积极组织计划外物资。全年省物资部门通过各种途径组织计划外的煤炭173万吨，钢材20万吨，木材30多万立方米，水泥26万吨，补充了计划内物资分配的不足。同年10月，黑龙江省物资局提出了“关于实行两个调节，按商品原则组织生产资料流通”的14条意见，把单一的分配调拨改为计划订货、优先订购、自由购销3种形式，并在全省物资局长会议上作了贯彻。104种统配物资中纳入计划分配的缩小到24种；积极扩大供应范围和销售对象，改变物资部门只对国营、不对集体和个人的做法，积极组织生产资料下乡；打破地区、行业界限，扩大省内外物资交流，召开全省生产资料交易大会；适当调整物资部门不合理的收费标准和价格，从省外购进的地方产品，执行地方价，对进口和计划外物资价格保本销售，对门市零售的物资实行零售价；扩大物资企业自主权，实行利润留成办法。由于放宽了政策，全省物资系统1980年首次盈利，实现利润1 686万元（不包括燃料的政策性亏损）。

1981年，黑龙江省物资部门根据国家提出的发挥优势，保护竞争，推动联合的方针，积极组织了物资系统内外的联营工作，开展了物资企业间全系统的联购、联进、联销、联合小额中转供应，联合包供建设项目，与外省市物资部门联营。物资企业和工业企业的联营形式有组织流通加工、经销、代销、联合订货，从国外引进零部件联合组织生产等。联合经营拓宽了物资部门的经营范围，开发了资源，增强了物资部门的实力。全省物资部门1981年由于联合经营，取得的利润占利润总额的12.85%，达160万元。省金属公司通过和地、市金属公司合资联营，发挥了物资部门的经营优势，地、市金属公司增加供应能力2.3万吨钢材。哈尔滨市机电公司与全国10大城市机电公司联营，引进了国内的名优产品，同时把黑龙江省生产的工具、轴承等产品打了出去，支持了地方工业的发展。

1982年，在全省物资系统推行了经营责任制。齐齐哈尔市化工建材公司在全省物资部门率先实行了经营责任制后，购销额和利润成倍增加，各项经济指标在全国同行业中居领先地位。省物资局及时总结齐齐哈尔市物资部门的经验，于当年8月召开了千人参加的现场会议进行推广。到1982年底，全省438个县以上物资企业，普遍实行了不同形式的经营责任制，使物资企业管理水平不断提高，资金周转加快，物资流转费用水平下降。1982年全省物资部门比1980年节约费用1 763万元，占同年全省物资部门利润增长额的55.72%。

1983年，全省物资部门重点在供应方式方法上进行了改革。根据物资供求情况，对钢材、水泥、木材、机电产品等物资分别实行敞开供应、凭证凭票、核实供应、成品半成品供应、择优供应、门市供应等灵活办法，还重点推广了配套承包供应、合同供应、定点供应等办法。对全省重点建设项目实行配套承包供应，省物资部门和国家物资总局联合承包大庆三十万吨乙烯工程，并直接承包兰西亚麻厂、安达毛纺厂、安达乳品厂等3个项目。为发展生产资料交易提供场所，开始兴建高二十五层、面积3.3万平方米的黑龙江省物资贸易中心。

1984年，省物资部门发出《关于改进物资管理办法的规定》和《开拓农村生产资料市场的几项规定》，使物资工作取得了新的进展。在物资计划分配上进一步发挥市场机制的作用，明确国家和省计划分配的物资，只安排国家和省指令性计划产品和重点基本建设、更新改造的需要，其余方面的需要，保持上年分配基数，新增加的需要一律靠市场调节解决。对全省农村乡镇物资供应站全部放开经营。对外工作开始起步，黑龙江省物资局利用日元贷款，从日本进口钢材17万吨，通过边贸进口水泥4.7万吨、纯碱1.3万吨，利用外汇进口橡胶1 500吨，对弥补全省物资缺口起了很大作用。在物资系统内部进行了一系列配套改革，简政放权，物资局对各公司开展经营承包。省燃料公司实行承包后，煤炭全年进货比年初承包指标多进105万吨。

1985年，以城市为中心的经济体制改革全面展开。省物资部门进一步改进了物资分配办法，对指令性计划分配的物资实行目标管理，提高合同兑现率，以确保重点生产建设的需要。全年供应农业钢材4.7万吨、木材10.3万立方米、水泥13.4万吨、玻璃20多万标箱，基本上满足了开荒、打井抗旱、农机具修造、农民建房等方面的需要。积极安排了轻工市场，除了安排好轻工计划产品和轻工机械生产外，还重点解决居民取暖用的炉筒料、少数民族特需商品、市场小商品的需要。特别是城乡居民过冬取暖的必需品炉筒，全省需要五千吨，而生产炉筒子的镀锌薄板是短缺物资，国家分配数量少，而且订不上货，通过串换协作解决了这个困难。基本建设需要的物资，贯彻集中力量打歼灭战的原则。全年承包重点项目8个，当年投资8.73亿元，其中4个提前竣工投产。生产资料市场进一步发展，全省城乡物资供应网点达到2 128个，其中物资贸易中心和综合性物资商场22个，全年通过物资中心成交的钢材有2.14万吨，煤炭4.7万吨，各种汽车1 031辆。放开工业生产资料超产自销产品的价格，允许实行随行就市，形成了生产资料双轨制的格局。

到1985年末，全省物资部门有全民所有制职工44 098人，其中省物资厅直属单位1 685人。全省物资部门从上到下有一套比较完整的经营体系和管理机构。省厅设有金属、机电、木材、化轻、建材、燃料、生产资料服务、金属回收、基建物资承包配套、进口设备配件联营等10个专业公司。全省物资流通设施得到进一步加强，仓库总面积达到1 489万平方米，库房面积838万平方米，铁路专用线247条，11.4万延长米，拥有移动式起重设备149台、933吨，固定起重设备84台、502吨，铲车157台、560吨。全年主要物资供应数量有钢材57.2万吨、木材62.8万立方米、水泥31.9万吨、煤炭2 311万吨等，销售额33.17亿元，盈利1.24亿元，为保证供应，调节市场，发挥了物资部门的主渠道作用。

第五节　对外贸易

一、边境贸易

黑龙江地区地处中国的东北部，与苏联远东地区的阿穆尔州、哈巴罗夫斯克边疆区、滨海边疆区接壤。陆地、水面边界有3 045公里。

黑龙江地区与沙俄的边境贸易可追溯到17世纪中叶。清康熙二十八年（1689年）中俄签订《尼布楚条约》，当时边境贸易尚属一定范围的民间贸易活动，具有相当规模、固定地点、经常性的边境贸易。清末，特别是中东铁路通车后，直至中华民国时期，中俄双方的贸易往来比较频繁。

1931年日本侵占东北后，黑龙江地区边境贸易停止。1945年“九·三”抗日战争胜利后，黑龙江地区成为东北最早的解放区。1946年开始恢复中苏边境贸易。1949年中华人民共和国成立后，边境贸易进一步发展，并由民间的、临时性的边境贸易，转为政府间有计划的贸易。1957～1966年，黑龙江省的边境贸易工作归商业部门领导。黑河、合江、牡丹江3个沿中苏边境地区的商业局先后开展起边境贸易业务。随后，省商业厅成立黑龙江省贸易公司，主管全省边境贸易工作。后因中苏关系恶化和国内连续三年的自然灾害等原因，边境贸易中断了十几年。中共第十一届三中全会以后，国家实行改革开放政策，中苏两国间的关系逐步缓和，黑龙江省对苏联远东地区的边境贸易又得以恢复，并出现迅速发展的势头。1982年，成立了由黑龙江省外贸局主管的黑龙江省贸易公司，不久与苏联边境州、边区对应的中方边境地（市）也相继成立了边贸公司。至1985年，全省边境贸易进出口总额达1 305.8万美元，其中出口661.3万美元，进口644.5万美元。

二、进出口贸易往来

黑龙江地区的出口贸易发端于边境贸易。清康熙二十八年七月廿四日（1689年9月7日）签订的《中俄尼布楚条约》，主要规定中俄边界，并允许“两国人民有护照者可过边界往来贸易”。清咸丰八年四月十六日（1858年5月28日），沙俄胁迫清王朝签订不平等的《瑷珲条约》，侵占中国100多万平方公里土地。条约规定，黑龙江、乌苏里江沿江地区两国居民可以进行边界贸易。并于同年六月十四日（7月24日）在瑷珲签订了《龙江通商条规》，进一步确定边界贸易的具体原则，维护了双方边境贸易秩序。

清光绪二十二年（1896年），沙俄通过《中俄密约》攫取了在哈尔滨开设华俄道胜银行和在黑龙江境内修筑中东铁路的特权，并且在铁路沿线享有驻军、行政、司法、垦殖、采伐、开矿、航运等方面的特权。沙俄还开办了一批企业，以低廉的价格从黑龙江地区掠购粮食等农副产品，供应俄远东地区。当时，黑龙江地区同沙皇俄国的不平等贸易额每年达1 700多万卢布。出口农副产品等原料性商品大豆、小麦、皮张等。其中大豆平均每年出口150多万吨。

清光绪二十九年（1903年），中东铁路全线通车，俄、日、美、英、法、德、意等10几个国家也以哈尔滨为中心竞相角逐。他们的投资遍及制粉、制酒、制革、卷烟、毛纺及机械制造各业，在一定程度上刺激了黑龙江地区的民族工业的发展。

清光绪三十四年（1908年）以后，黑龙江地区逐步开展了对欧洲的贸易交往。主要以出口大豆、小麦、豆油、豆粕、皮张、猪鬃、马尾等农副产品为主，以后又把这些商品的推销范围扩展到美、日等国。这一时期，哈尔滨成为闻名中外的国际贸易都市。1929～1932年，黑龙江地区共出口大豆748万吨、豆粕195万吨、豆油15万吨、小麦9万吨、麸子12万吨。东北沦陷后，日本侵略者控制黑龙江地区的经济命脉，并从黑龙江地区掠走大量的面粉、豆油、木材、煤炭、黄金等物资，影响和阻碍了黑龙江地区民族工业发展。1945年“九三”抗日战争胜利后，黑龙江地区成为全国最早的解放区，中苏两国间的贸易、两国民间的边境贸易，逐步得到恢复和发展。特别是中华人民共和国成立后，黑龙江地区的出口贸易在国家总的贸易政策指导下，大力发展了与苏联以及东欧、亚洲各国的对外贸易。在当时的国际形势下，形成了“一边倒”的格局。贸易对象单一，贸易方式基本上是在政府贸易协定项下的记账贸易，双方都不动用现汇。20世纪60年代后，由于中苏政治和国家关系的恶化，黑龙江省的出口贸易由记账贸易转为调拨供货，由有出口经营权的口岸对外出口。黑龙江省与口岸省仅仅是调拨供货关系。这种情况一直持续到70年代末。1981年1月，黑龙江省获得自营出口权后，出口贸易发展很快，当年出口贸易额突破1亿美元，到1985年突破4亿美元。1983年在全国排列为15位，1984年上升到13位，1985年仍保持在13位。

三、进出口贸易管理

黑龙江省1980年以前的对外贸易业务，主要是组织出口商品货源，调拨给有关进出口总公司或有进出口经营权的口岸公司，1981年1月才获准有进出口自营权。为适应对外贸易发展的需要，由省外贸局国外业务处负责配额、许可证、商标、广告、驻外机构、外商驻省机构审批、进口经营权审批、出国人员审批等项业务管理。

（一）配额管理

配额管理是国家在对外贸易业务活动中，对某些受限商品实行数量限制的一种管理手段。中国在1985年以前，仅对纺织品类的商品实行配额管理。即依据中国与“欧洲共同体”（即欧洲经济共同体，它是欧洲煤钢联营和欧洲原子能联营的总称，简称“欧洲共同体”或“欧共体”。1952年8月包括比利时、法国、德意志联邦共和国、意大利、卢森堡和荷兰6国；1973年1月增加英国、爱尔兰、丹麦3国，1981年1月又增加了希腊）以及美国、加拿大、芬兰、瑞典、挪威、奥地利等缔结的双边纺织品贸易协定，就中国向这些国家出口棉、毛、化纤及部分麻类纺织品实行数量限制，并承担义务，进行配额管理，亦称被动配额管理。

中华人民共和国纺织品配额管理工作，始于1979年7月与“欧洲共同体”缔结纺织品贸易协定以后。1979年7月～1985年底，中国与“欧洲共同体”、加拿大、美国、芬兰、瑞典、挪威、奥地利等国家签订了7个纺织品贸易协定。中国向这些签协定国家出口纺织品，都要受到协定国的限制，并共同承担配额的管理义务。为此国家相应地制定了新的管理制度。明确规定纺织品配额的管理原则、目的、范围、机构、任务以及配额的分配、调用、计算、价格等事项。

黑龙江省的纺织品配额管理工作，始于1981年国家批准享有自营进出口权后。1981～1983年国家分配的纺织品配额较少，故未正常开展工作。1984年后，是按照经贸部的有关规定正常开展起来的。主要负责经贸部下达的分配方案，签发出口许可证和其他出口证书；确保不超限额，并检查督促各地的出口单位用足、用好纺织品配额，同时按期向经贸部报送统计资料。为完成此项任务，根据经贸部的要求，在经贸厅进出口业务处配专人负责管理。并设立台账，对签发的每一笔证书，都核对配额数量、金额、国别等内容，然后汇总统计资料，及时报送经贸部。

（二）进出口许可证

在对外贸易业务活动中，大多数国家普遍采用进出口许可证制度。它是从每个国家的经济利益和内外政策的实际出发，管理对外贸易的行政手段。

中华人民共和国成立之初，国家即全面实行对外贸易管理。1950年12月8日中央人民政府政务院第62次会议通过的《对外贸易管理暂行条例》，明确规定了所有进出口商品全面实行许可证制度（主要是出口），并将进出口商品划分为四类实行管理，即准许进（出）口类、统购（销）进（出）口类（国家专营货品）、禁进（出）口类、特许进（出）口类。1957年1月23日，公布了《进出口货物许可证签发办法》，进出口许可证管理制度更加完善。

1980年以前，黑龙江省没有对外自营出口权，为货源省份，主要要按国家下达的收购计划组织货源，调拨到省外有对外经营权的口岸公司或总公司出口。1981年，经国家批准黑龙江省成为自营进出口口岸，开始行使签发出口许可证权力。黑龙江省从1984年开始签发进口许可证。

四、商品检验

伴随着商品的交换逐渐由国内贸易发展为跨国界、跨海洋的国际贸易，世界各国商人为追求利润和维护自身的经济利益，扩大销售市场，增加出口，防止不合格商品出口后引起国外索赔、退货，防止质量低劣的设备和物资进口而造成重大经济损失，纷纷要求政府采取相应的质量管理政策和“奖出限入”政策。

中华人民共和国成立前的进出口商品检验伴随着帝国主义对中国的侵略、掠夺和倾销剩余产品而发展起来。清光绪二十六年（1900年）前后，帝国主义列强在中国先后设置200多家洋商公证行，检验机构设在中国沿海各大口岸，享有检验中国进出口商品的一切特权。中国的商人团体为维护自身利益，于清光绪二十八年（1902年）在上海等地陆续自发地建立民间检验组织，与帝国主义洋商公证行抗争。直到1920年，国民党政府才在上海、广州、青岛、天津、汉口、重庆等地设置官方的商品检验机构。1928年12月31日，国民党政府工商部公布《商品出口检验暂行规则》，并于1929年6月10日公布《商品出口检验局暂行章程》，1932年12月修订颁布《商品检验法》。但是，那时的商品检验业务大部分被帝国主义洋商公证行所控制，实行垄断检验。国民党政府设立的检验局虽然在维护国家主权方面有一定的积极作用，但由于检验业务极少，而且所签发的证书只是形式上的报关凭证，不能作为对外交接货物的依据，成为一种半殖民地性质的商品检验。相反，帝国主义洋商公证行、检验机构所签发的证书，成为中国对外贸易中交接、结算、结汇、索赔的唯一有效证件。帝国主义洋商公证行、检验机构攫取中华人民共和国成立前的商品检验权，利用它为帝国主义和官僚资本主义的利益服务。

1945年“九三”抗日战争胜利后，随着解放战争的节节胜利和国内建设的发展，中苏易货贸易不断扩大，为维护国家主权和经济利益，经中共中央东北局批准，1947年11月和1948年1月先后建立了满洲里、绥芬河中苏联合化验室，这是中国共产党领导下的人民政权建立最早的一个进出口商品检验机构。中华人民共和国成立后，黑龙江省商检事业进入一个崭新的发展阶段。中共十一届三中全会以来，商检法规日趋完善，先后颁布了《输出输人商品检验暂行条例》《中华人民共和国进出口商品检验条例》。随着改革开放的不断深人，1985年全省进出口商品检验批量和总值是20世纪60年代年均检验批量和总值的数十倍；检测手段从20世纪50年代初的普通常规天平、烘箱等初级物理、化学方法检验，发展到目前拥有原子吸收分光光度计、气象色谱、液相色谱、紫外分光光度仪、自动蛋白脂测定仪、自动脂肪测定仪等现代先进的检测手段和门类多种的专业实验室；全省进出口商品检验固定资产从建立机构时的几十万元，到1985年已达近千万元；检验效率和工作质量都有很大提高，检验机构在全省初步形成了布局合理的网络。

五、海关监管

黑龙江地区设关始于清光绪三十三年（1907年），关址设在哈尔滨，史称滨江关，先后由俄、英、意、法、丹、德、荷等国人员任税务司（关长）。

哈尔滨建关后，通过监管、征税、缉私等方式，对江运、陆运、空运的进出口货物、行李物品、邮递物品等各类货物、物品实行监督管理。1914～1930年，滨江关所辖各分关卡，主要监管中俄贸易、出口货物，按税则专章、专条规定征收关税。关税制度不断变更，征稽关税曾发生三次大的起落。与此同时，各关口严禁走私，防止毒品流人。

东北沦陷后，“滨江关”改为“哈尔滨税关”，其业务、政策、法令均由伪满洲国财政部统管，从此，英、意、德、丹、荷等国在哈尔滨税关中的权力地位由日本人取而代之。日本侵略者窃据东北海关大权，监管进出境商品，监管区域扩大，并修改了东北关税税率，实行两种政策查缉走私。对老百姓从南方运进日用品视为“走私”严惩；而对借战争需要，通过日本官方出具特许证明运出黄金、文物等视为“合法”，不予查缉处理。从1933年起，哈尔滨税关关长由中国人担任。

中华人民共和国成立前，黑龙江地区开放口岸设立海关机构，虽然促进了贸易往来和黑龙江地区的生产发展，但因海关的管理权掌握在外国人手中，对外商外贸管理过宽，禁榷物资范围过大，对黑龙江地区经济发展带来不利影响。

中华人民共和国成立后，人民掌握了海关自主权。1950年黑龙江地区设立哈尔滨支关，受沈阳关和东北海关管理局领导，依据国家法律、法规监管经此关进出的运输工具、货物、行李物品以及其他物品，征稽关税，查缉走私，编制海关统计。1953年哈尔滨支关改建为哈尔滨分关，仍受沈阳关和东北海关管理局领导。同年海关总署并入外贸部。1955年黑龙江省人民委员会委托省外贸局领导哈尔滨分关。1958年，哈尔滨分关改建为独立关，称“中华人民共和国哈尔滨关”，受对外贸易部海关管理局和黑龙江省对外贸易局双重领导。20世纪60年代初，在国民经济困难、生活日用品紧张的情况下，走私活动再度兴起，哈尔滨海关严加查缉。1966～1978年，哈尔滨关只监管来自朝鲜、日本、美国、新加坡、苏联等国家和香港、澳门地区的邮递物品，其他各项工作受“文化大革命”干扰不能正常进行，处于停顿状态。

1978年后，哈尔滨海关的各项业务迅速发展，监管进出口货物、行李物品及邮件，制止走私违法，保证进出口货物正常出入境，维护国家的开放政策，方便国际交流和友好往来，促进黑龙江省经济建设。

1980年2月，国务院正式决定改革海关管理体制。将全国海关建制收归中央，成立海关总署，直属国务院，统一管理全国海关及其业务。哈尔滨关直接受海关总署领导，并受黑龙江省人民政府监督指导。同年9月，哈尔滨关改称中华人民共和国哈尔滨海关。1984年6月，经国务院批准，哈尔滨海关升格为局级海关，管辖绥芬河海关、黑河海关和同江海关。

第六节　旅　游

一、旅游景区

19世纪末，中东铁路开通以前，清政府虽已对黑龙江地区开禁，准予关内移民进入，但黑龙江地区大部分区域仍处于封闭状态。清光绪二十九年（1903年）中东铁路通车以后，黑龙江地区较为发达地区处于俄国人势力范围，清光绪三十三年（1907年）后，日本势力率先进入黑龙江地区，此后，英、美、德、法、意等西方列强的势力，也逐渐进入以哈尔滨为中心的中东铁路地区，在外国商人和各国外交人员之后，外国的旅游者开始在哈尔滨、绥芬河、满洲里等地出现，而哈尔滨便逐渐成为外国人到黑龙江地区的主要目的地。随着私人资本向旅游设施业投资的增加，哈尔滨的旅游设施，更进一步推进了旅游业的发展。由于哈尔滨的铁路枢纽地位，并可辐射到玉泉、亚布力等地，哈尔滨便逐渐成为一个旅游中心。黑龙江地区内经清政府批准对外开放的绥芬河、海拉尔、满洲里等地，因种种原因，始终未能形成旅游城市。

1931年“九一八”事变后，黑龙江地区沦陷，西方各国势力受到日本帝国主义的排挤逐渐削弱，除日本人以外的外国旅游者逐渐减少，太平洋战争爆发后，便几乎绝迹。另一方面，日本帝国主义者为达到永久霸占东北的目的，即开始有目的、有计划地向日本国内人民及侨居东北南部的日本人，宣传黑龙江，号召日本人大批向黑龙江地区移民，并鼓励官私资本，发展旅游业，因此，黑龙江地区内，除哈尔滨外，陆续出现了齐齐哈尔、牡丹江、佳木斯等旅游观光城市，只是尚未形成一定规模，后因太平洋战争爆发而停顿。

中华人民共和国成立初期，因国民经济处于恢复时期，加之处于西方帝国主义封锁之下，除苏联人外，西方零散旅游者均不能任意到黑龙江地区旅游。因此，黑龙江地区只有哈尔滨市可供苏联旅游者及官方邀请的西方国家的知名人士、友好人士观览，其他城市均未对外开放，所以始终未能形成以一个城市为中心、辐射周围其他游览地的旅游地区。

1978年以后，国家实行开放政策，为黑龙江省的旅游业注入了生机和活力。到黑龙江省旅游观光的外国游客逐年增加，地方政府也开始认识到旅游业的发展，会给国民经济带来的巨大效益。开始重视旅游资源的开发、旅游服务设施的建设。稍后，随着黑龙江省对外开放城市、旅游点以及观光项目的增加，到1985年末，全省已初步形成了以大中城市为中心，辐射周围地带并有自己的特色旅游景点和项目的7个旅游区，即：哈尔滨旅游区、齐齐哈尔旅游区、牡丹江旅游区、佳木斯旅游区，伊春旅游区、黑河旅游区、大兴安岭旅游区。到1985年，全省旅游景点共111处，其中自然旅游景点82处，人文旅游景点29处。在自然旅游景点中，山水风光景点21处，特殊生态景点6处，园林景观11处，渔猎景点33 处，天文气象景点8处。

黑龙江省冰雪资源堪称全国之最，滑雪期长达5个月，山区冬季雪量大，雪期长（120天左右），雪质好、降雪多。加之雪场坡度适中，非常适合滑雪旅游。全省拥有以亚布力、二龙山、吉华长寿山、乌吉密、铁力日月峡、黑河远东为代表的高、中、初级滑雪场70多家，滑雪已经成为冬季家喻户晓的休闲旅游项目，黑龙江省也因此成为中国冬季滑雪首选胜地。黑龙江省冰雕、雪雕、冬泳、冬钓资源也十分丰富，冰雕、雪塑无论从规模上、艺术品位上，还是从参与人数上，都名列世界前茅。哈尔滨冰雪大世界、哈尔滨冰灯游园会、太阳岛雪雕艺术博览会已经成为中外闻名的冰雪艺术盛会。冰雪旅游已经成为黑龙江，乃至中国冬季旅游的一个品牌， 在国内外享有盛誉。

黑龙江省的森林资源分布广阔。有连绵起伏的大、小兴安岭、张广才岭和完达山脉等山系，莽莽苍苍的丰林原始森林自然保护区，林地面积19万平方公里，居全国第一，森林覆盖率达41.9%，有中国最大“森林氧吧”之称。水资源居北方各省之首，江河湖泊纵横，有奔流不息的黑龙江、乌苏里江、松花江、嫩江、牡丹江和绥芬河。还有中国最大的高山区堰塞湖——镜泊湖，浩渺无际的兴凯湖。位于界江黑龙江萝北段内的龙江三峡其雄奇不亚于长江三峡，有“北方三峡”之称。著名的五大连池，被联合国评定为“世界地质公园”。五大连池冷泉矿泉水含有40多种人体必需的微量元素，是世界三大冷泉之一，对多种疾病有神奇的功效。拥有全国面积最大的三江平原湿地达200万公顷，沃野千里的松嫩平原湿地达123万公顷，还有面积超过20 万公顷的迎春湿地和扎龙湿地，面积超10万公顷的有兴凯湖湿地和镜泊湖湿地。黑龙江的野生动植物繁多。有陆栖脊椎动物、两栖类、水栖类科动物上百种，植被类型丰富。东北虎、梅花鹿、人参、貂皮、兴凯湖大白鱼、“三花五罗”、林蛙、红松等著名的物产不胜枚举。绿如毡毯的草原面积达7 600万亩，占全省土地总面积11.2%，草种1 000多种。人文资源丰富多彩，黑龙江省是北魏和辽、金、清朝的发祥地。在大兴安岭发现4.2万年前的先民遗址——嘎仙洞，拓拔鲜卑祖先最初居住的旧墟石室。还有古生物化石出土点88处，远古人类遗址12处，唐代渤海国，辽代、金代、清代“龙兴之地”遗址，现代历史纪念地近50处。民族文化风情浓郁，满、朝鲜、回、蒙古、达斡尔、锡伯、鄂伦春、赫哲、鄂温克、柯尔克孜等少数民族在这里世代繁衍生息。

二、旅游设施

（一）旅游住宿设施

黑龙江地区早在唐代渤海国时期就已出现了为长途旅行者提供食宿设施的“驿站”，在京师则有“驿馆”。这些“驿站”与“驿馆”主要是为来往的官员、使节及传递公文的信使服务的。其后，渤海国的商业、手工业逐渐繁荣，与中原地区的经贸往来、文化交流等也日渐活跃，使团频繁，商贾增多，在驿站周围，出现了各种店肆，其中即有供人食宿的旅店。至清代，驿站更加完善。由于黑龙江地区与中原地区的交往更加密切，可起票进出，因此旅店业也随之发展，并逐渐成为一种专门行业。

清光绪二十九年（1903年）前后，随着中东铁路建成通车，大批外国侨民相继涌入黑龙江地区，哈尔滨市遂发展成为国际都会，开始出现了较现代化的旅馆和饭店等设施。哈尔滨道外中国旧式客栈、酒店、饭庄林立。

1913年，哈尔滨市出现了第一家高级宾馆，即法籍犹太人约瑟·开普斯开设的马迭尔旅馆，服务对象是外国富有阶层、到黑龙江旅游的外国资本家、大商人及国内外到哈尔滨的高级官员等。1919年，哈尔滨市建起“新世界旅馆”，亦为当时的高级宾馆之一，服务设施齐全，装饰豪华，屋顶还设有休息场所、花园等。1933年，哈尔滨市建成了亚细亚旅馆，亦为当时有名的大旅馆。

同年，齐齐哈尔市也出现了一家规模较大、较为高级的宾馆——卜奎大旅社。服务对象也

黑龙江省山水风光旅游资源概况表

表3-5

名称	位置	交通	特点
镜泊湖	宁安县	距牡丹江公路120公里	国家重点风景名胜区之一
五营	伊春	距哈尔滨铁路513公里	丰林原始红松林自然保护区
带岭	伊春	距哈尔滨铁路321公里	凉水原始红松林自然保护区
名称	位置	交通	特点
郎乡	铁力县	距哈尔滨铁路300公里	原始森林风光
二龙山水库	宾　县	距哈尔滨公路56公里	山、水、林相结合自然风光
红星水库	阿城县	距哈尔滨公路40公里	群山环抱，有浴场和钓鱼区
松峰山	阿城县	距县城50公里	景色优美，有建于清嘉庆年间的古庙遗址
四丰山水库	佳木斯市	距市区5公里	山水风景
额尼河水库	黑河市	距市区16公里	山水风景
牡丹峰	牡丹江市	距市区15公里	天然次生林自然保护区
兴凯湖	密山县	距县城40公里	中苏界湖，湖面宽阔壮观，水产丰富
青山旅游区	双鸭山市	距市区15公里	山区风光，有面积15公顷的青山湖森林公园
龙凤山水库	五常县	距县城55公里	大型水库，水面大，山景好

续表3-5

名称	位置	交通	特点
黑河——呼玛界江风光	黑河地区		中俄界江，可参观爱辉古城
呼玛——漠河界江风光	大兴安岭		中俄界江，有“小三峡”之称
帽儿山	尚志县	距哈尔滨公路56公里	山型好，可爬山野营
老山头	宾县	距哈尔滨60公里	位于松花江畔，可水陆并进
大顶子山	宾县	距哈尔滨70公里	位于松花江畔，可水陆并进
喀尔喀山	富锦县		山势奇特，怪石兀立
孟家岗林场	桦南县	距县城30公里	人工林海风光
七星砬子	集贤县	距县城40公里	山势险峻，有7个拔地而起的石砬子

黑龙江省特殊生态旅游资源概况表

表3-6

名称	位置	交通	特点
五大连池	五大连池市	距哈尔滨413公里	火山地貌，冷水矿泉疗养
名称	位置	交通	特点
扎龙	齐齐哈尔市	距市区35公里	以丹顶鹤为主的鸟类自然保护区
火山口森林	宁安县	距牡丹江150公里	火山口低陷原始森林
火山熔岩隧道	宁安县	距牡丹江163公里	大型火山熔岩洞
呼中自然保护区探险旅游	大兴安岭	距加格达奇250公里	省大型自然保护区
林甸温泉	林甸县	离县城9公里	

主要是过往富商、军政要员等。

1935年，苏联当局单方面将中东铁路出让给日伪当局后，将原中东路理事会公署办公地改为大和旅馆（现为哈尔滨铁路招待所），共耗资52万元伪币装修，于1936年2月开业。这是当时哈尔滨市最豪华的宾馆之一。1937年10月，又由日本近藤林业株式会社投资，在哈尔滨市修建了一所高级宾馆——新哈尔滨旅馆（今哈尔滨国际饭店旧楼），房间格局，多为日本式的，服务对象也多是日本人。

1937年，牡丹江地区日本人建造的几家旅馆也相继开业，较好的有“军人会馆”，接待对象为日本高级军官。“芙蓉旅馆”，设施较为完善，既有日式房间，也有欧式房间，1940年，伪康德皇帝溥仪抵牡丹江“视察”时，曾在此下榻。福家旅馆也是当时牡丹江地区建立较早、档次较高的宾馆之一。

这一时期，日伪在佳木斯建立的较好的旅馆有佳木斯市第一旅社、协租旅馆等，均为欧式建筑布局，接待过往富有的旅客。

中华人民共和国建立初期，为了适应当时众多的苏联专家和苏联旅游者的需要，黑龙江省内的大中城市，由政府投资陆续兴建了一批高档宾馆。如1955年，哈尔滨建成了友谊宫，佳木斯修建了佳木斯宾馆。1959年，哈尔滨建成了北方大厦、花园邨宾馆，齐齐哈尔市修建了湖滨饭店。此后，由于三年困难时期及“文化大革命”的影响，旅游业发展受阻，很少有新的大型宾馆建成。

1978年以后，旅游业大发展，新的旅馆不断出现。1979年，哈尔滨建成了国际饭店新楼，1983年12月31日，黑龙江省第一家旅游涉外宾馆——天鹅饭店试营业，但仍不能满足蓬勃兴起的旅游业的需要。20世纪80年代初起，黑龙江省内陆续兴建了一些大中型的宾馆。如哈尔滨的蓝天宾馆、中山宾馆、绿海宾馆、银河宾馆、飞龙宾馆、北苑饭店、北华饭店.天竹宾馆、珠江宾馆等。其他城市则有齐齐哈尔的红岸宾馆、嫩江宾馆，伊春的朗乡宾馆、带岭宾馆，黑河地区的五大连池宾馆，牡丹江地区的镜泊山庄宾馆、抱月湾宾馆、牡丹江宾馆，方正县政府招待所及重新改建装修的大庆宾馆等。此外，一些原为企事业单位的大型高档招待所也对外开放，接待能力大大增强，为到黑龙江省旅游的国内外宾客，提供了舒适的食宿条件。

（二）旅游餐饮设施

黑龙江地区随城镇的逐渐增多，到19世纪末，在齐齐哈尔城、三姓（今依兰）、呼兰、阿勒楚喀（今阿城）、北林子（今绥化）、双城堡（今双城）等地，餐饮业已逐步形成为一种专门行业。

清光绪二十九年（1903年），中东铁路通车。在中东铁路通车前后，黑龙江地区的餐饮业有了较大的发展。当时，规模较大的专营饭店多集中于哈尔滨。清光绪二十八年（1902年），天津北塘人张仁在哈尔滨道外区开设了张包铺，这是黑龙江地区开设最早的专营餐馆。此后10年，哈尔滨市的几个重要人口居住区段，专营餐馆迅速增加，尤以道外为最，并出现了行业公会。

清光绪三十一年（1905年）哈尔滨开埠以后，外国侨民大量涌入哈尔滨，其中最多为俄国人，因此在哈尔滨的香坊、道里、南岗出现了许多由俄侨开办经营的餐馆。如1917年11月23日，哈尔滨市内的各俄国餐馆的中国工人，因“地位低下”、“薪水微薄”，要求增加工资，实行同盟罢工（《哈尔滨历史编年》李述笑编著，哈尔滨市政府地方志办公室1986年版第65页），可见俄人餐馆之多。第一次世界大战至日本侵略东北止，黑龙江地区经贸有了较快的发展，旅游业又随之兴盛。哈尔滨闹市区餐馆林立，先后有许多较有名气的大餐馆开业，如1919年，朱安东在哈尔滨市道外区开设新世界旅馆饭店。此饭店档次较高，不仅餐饮经营在当时数一流，还可住宿并设有配套服务设施。此外如瀛洲大饭店（1918年）、异香饭店（1918年）（《哈尔滨历史编年》李述笑编著哈尔滨市政府地方志办公室1986年版第71页）、原德福饭店（1919年）及福泰楼、兴滨楼、五芳斋、新华楼等，这些餐馆接待对象多为外侨和旅行富商、达官显贵。此时期黑龙江地区其他城市也陆续出现了一些较有规模的餐馆，如齐齐哈尔的同兴园饭店、龙江饭店、厚德福饭店等；牡丹江、佳木斯地区的大餐馆多为日本人开办，中国人开办的较少。

1931年“九一八”事变后，大批日本人涌入哈尔滨，当时的哈尔滨成为日伪统治下的北满商业经贸中心，据1937年调查资料显示，全市尚有中餐馆610多户，西餐馆260多户，另外有可供应炒菜的酒馆400多户。在此时期开业的一些较大的中餐馆有道外晏海楼饭店（1932年）、道里宴宾楼饭店（1932年）、会宾楼、致美楼、泰华楼等，但不少新餐馆多为日本人投资的日式餐馆，牡丹江、佳木斯等地尤其明显。后来随着日本侵华战争的扩大，经济萎缩，市场萧条，物价暴涨，一切生活必需品均实行配给制，各餐馆原料供应不足，许多大餐馆纷纷倒闭。

1945年日本投降后，黑龙江地区城乡物资交流恢复，流动人口大增，市场繁荣，餐饮业又逐渐趋于活跃。据哈尔滨市工商局1947年的统计，全市共有中餐馆442户、西餐馆69户、回族餐馆87户，其他类型饮食店铺尚有1 571户。哈尔滨市当时曾出现了20多条餐馆集中的街道，人们称之为饭馆街，如道外区的张包铺胡同、富锦街、天一街、纯化街；道里区的中国八道街、中国十三道街等。

道外区的张包铺胡同，是黑龙江地区最早形成的一条有特色、档次较高的饭馆街。在不足100米的街面上竟开设了10家餐馆，均以独特的风味小吃而驰名，如清香阁的山东包子、范记永水饺、清真饶的烧麦、魁元阁的排骨包子、三合春的馅饼、福宴春的蒸饺、馥香春的锅烙、顺香斋的馄饨、肉火烧等。而道里区中国十三道街不足200米的街面则集中了20家餐馆，中餐、西餐、红幌、蓝幌，从高档到低档，一应俱全。这些饭店从路南到路北有老都一处、兴寄楼、天福楼、洪庆楼、同兴楼、巴黎饭店（西餐）、文华香浆汁馆，南江春、新华春、五芳斋、广珍粤菜馆、五味香、福泰楼、北江村、松江园、义和馆、德胜园、东海春、王记馄饨馆、东亚菜馆（西餐、俄国大菜）等，这些饭店有的竟能从日伪统治时期挣扎过来，一直延续到中华人民共和国成立以后仍生意兴隆。

1949年中华人民共和国成立后至1956年全面公私合营以前，黑龙江地区餐饮业中，仍以私营企业为主，国家投资经营的规模大、设施高档的企业数目较少。1956年餐饮业全面公私合营以后，经过多次调整，许多小餐饮企业陆续合并，使饭店规模增大。数目大大减少，在县乡小城镇中尤为明显。

1978年中共第十一届三中全会以后，随着对外开放的不断扩大及国民经济的飞速发展，黑龙江省的餐饮业中，又出现了多种所有制、多种档次竞相发展的局面，大大小小餐馆遍布城乡各地，为城乡居民，特别是来往于全省各地的国内外旅游者，带来了极大的方便。

（三）旅游购物设施

黑龙江地区的旅游购物场所，最初出现在19世纪末，且集中在哈尔滨。但并无旅游专店，仅由一般商店供应旅游商品，这些商店的发展过程极为迅速，初期多为外国资本。清光绪二十四年（1898年）8月，中东铁路开工仅三个月，在哈尔滨的香坊，俄人即开设了销售化妆品兼理发的"鲁西阿"商铺。次年，道里出现俄人的阿盖耶夫商行，中国人开设的同盛隆百货店。清光绪二十六年（1900年），秋林公司在香坊开业，道外也开设了几家中国商号。此后，哈尔滨每年都有许多新商号出现。但严格说起来，这些商店都是为修筑中东铁路的中俄工人、职员、技术人员服务的，直到清光绪三十四年（1908年），俄商秋林公司南岗新大楼落成并开业、才算出现了真正的可满足旅行者需要的购物商店，加上清光绪三十二年（1906年）创建的南岗莫斯科商场、道里同发隆百货店，现代意义上的商店才具雏形。到1920年，道外同记商场在新址营业，加上道里秋林开业，使哈尔滨的购物场所形成一定规模。这一时期，齐齐哈尔、佳木斯、绥芬河、黑河等也相继开设了一些购物场所，如齐齐哈尔的公和厚百货店、佳木斯的义兴东环球和同兴合商店等。

日伪统治期间，由于受到日资的排挤，20世纪30年代后期，中国人的商店均一蹶不振，一些外国资本企业如秋林公司等均转入日资控制之下。日资还在道里开设了当时营业面积最大的丸商百货店（哈尔滨第一百货商店旧址），牡丹江、佳木斯等市尤甚。如牡丹江的高冈号、丸宫号、奇尾百货店等均为日资开设。

中华人民共和国成立后，为了方便外国来宾及外国旅游者，除在各大宾馆内设有零售服务点外，还指定一些大商店为旅游购物商场，为了加强外汇管理，开设了专门供外国旅游者选购商品的商店，如：友谊商店。20世纪80年代以后，由于市场的繁荣，物资丰富，商品供应状况改善，原有商店之间差别已不大，但省旅游局仍指定一些较大、设施较好的商场为外国旅游者的购物场所，旅行社的导游人员，也经常带游客、旅游团到这些商场购物。这些购物场所，多集中在哈尔滨市，主要有：秋林公司、保康药店、哈尔滨第一百货商店、哈尔滨工艺美术厂、友谊商店、黑龙江省文物商店、旅游毛皮商店，黑龙江省冰城画廊等。

（四）旅游娱乐设施

自20世纪初至中华人民共和国成立，黑龙江省境内大多数城镇可供旅游者消遣的娱乐场所，以中国旧式戏院为主。个别有电的城镇或有电影院，只有较大的城市才有赛马场、游乐场、高尔夫球场等娱乐场所。中华人民共和国成立后，取消了一些非正当的娱乐场所，此时电影院已普及，国家还陆续建立了一些剧院，各大企业或行业也建立了自己的俱乐部、文化宫等。20世纪80年代后各地出现了台球室、歌舞厅、卡拉OK厅、游戏厅等，娱乐活动种类迅速增加。

（五）旅游交通设施

黑龙江地区公路出现始于20世纪初，中华人民共和国成立以后，到1985年全省已有公路45 487公里，为1950年的7.8倍，自1978年起，先后修筑哈黑、哈同、哈大、呼绥、哈双、哈北等6条公路干线，并以哈尔滨市为中心，向全省各地辐射延伸，以各大中城市，各县城为中心向小区域内延伸的省、地（市）、县、乡公路。这些公路的建设，为改革开放后全省旅游业的发展，提供了中短途旅行的方便。

与公路建设发展相适应，黑龙江省内汽车客运事业，也有了迅猛发展，除满足国内居民一般旅行的需要外，也为国内外旅游者提供了方便。省内中小城市，虽尚未创办旅游专业汽车公司，但中心城市至重要旅游景点之间，如牡丹江至镜泊湖、齐齐哈尔至扎龙自然保护区、黑河市至五大连池市，均有旅游宾馆的自备车辆，为旅游团（者）服务。

黑龙江地区航运在20世纪以前，向无从事专营水上远程客运的船舶，除军用木船外，其余多为当地居民渔猎或简易摆渡用木船，与旅游运输要求相去甚远。

中华人民共和国成立后，黑龙江省航运事业，发展迅速。到1985年，全省有4条主要通航河流和呼兰河、牡丹江等部分次要通航河流，共有直营客运航线9条，29个客运站，130个简易站。1985年直营企业完成客运量77.6万人次，主要为国内旅客。由于水运航速低，沿途缺少景点，尚不足以吸引国外游人。

为了满足哈尔滨、佳木斯、齐齐哈尔、牡丹江等旅游中心城市的旅游者和前来观光的外国旅游者的需要，航运业每年在旅游旺季，都临时开辟专游航线，增发客轮，或提供包租船只，去城市附近风景区参加旅游度假活动，平均每年运载近3万人次。

黑龙江地区铁路最早的一条铁路是“中东铁路”，建成于清光绪二十九年（1903年）。到1985年底，全省共有铁路线路8 562公里，干、支线26条。滨洲、滨绥两线，经绥纷河、满洲里与苏联的西伯利亚大铁路相连，牡图线、拉滨线，经图们可与朝鲜铁路相连，哈长、拉滨、齐平、通让、牡图5条线又经吉林、辽宁两省与全国铁路网相通。此外，还有森林、煤矿专业铁路6 651公里，亦可部分载运旅客，缓解林区内旅行的紧张状况。到1985年，全省拥有蒸汽机车823台，内燃机车223台，铁路客车1 938辆。

由于省内民用航空运输尚未普及，因此省内各大中城市间旅行交通，仍以铁路为主，因此，每到旅游旺季，客运状况仍十分紧张，尤以通往内地各大城市和近郊为甚。

黑龙江地区民用航空业务始于20世纪20年代。1924年，哈尔滨市建了简易机场。1925年，东北当局在哈尔滨设立了航空分处，配备6架飞机，开展航空业务。

1984年8月，国家正式批准哈尔滨机场为国际空港。到1985年末，黑龙江省以哈尔滨市为始发站的地方航线共有了3条，即哈尔滨——佳木斯，哈尔滨——黑河，哈尔滨——牡丹江。省际航线有6条，即哈尔滨——沈阳，哈尔滨——北京，哈尔滨——上海，哈尔滨——广州，哈尔滨——西安，哈尔滨——大连。1985年全年各条航线共运送中外旅客近9.2万人次。是1974年的8倍多。

三、旅游经营

早在清光绪二十三年（1897年）成立的黑龙江交涉处，即负责外国人入境游历事项的管理。20世纪初中东铁路通车后，到黑龙江地区特别是哈尔滨的旅游者日渐增多。有20多个国家的侨民进入哈尔滨，接着便是一些零散的个人旅游者，到哈尔滨游历。当时，由于旅游市场尚未形成，地方当局对旅游的管理，仅限于对旅游者的入境管理。由于当时并无专门企业来经营旅游事宜，地方有关当局如黑龙江交涉总局、吉林交涉总局仅负责这部分旅游者的入境签证或换照事宜，入境前后一切有关旅行安排，均由旅游者自己负责。随着到黑龙江地区旅游者日盛，哈尔滨市出现了外国旅游企业设立的分支机构。

日伪统治时期，黑龙江地区出现了一些较为正规的专门经营旅游事宜的机构或企业，但均为日本人所垄断，禁止中国资本涉足。他们出于政治和经济的需要，在扩大旅游经营方面采取了一些措施，增设了机构，增建了旅游设施，推出了一些新的旅游项目，大肆在日本国内招徕日本旅游者。欧美等地的旅游机构，也极力组织旅游者来黑龙江地区观光。因此在日伪统治的初期，来黑龙江地区的旅游者较多，最多的一年，来黑龙江地区以日本人为主的外国旅行者高达6万人。这些机构组织富有的中国人去外国旅游的人数，每年都在千人以上。1937年，日本侵略者在黑龙江地区旅游业较为发达的哈尔滨、齐齐哈尔、牡丹江等地成立了观光协会，以统一协调与旅游有关的部门与行业。20世纪40年代起，日本统治者加紧了经济统治与掠夺，市场萧条，旅游业也一蹶不振。

中华人民共和国成立初期，在旅游业方面，是以政治挂帅为宗旨，不以赢利为目的。随黑龙江地区与国际往来与交流的扩大，以及旅游业的发展，黑龙江省曾相继设立一些机构，以协调各有关部门和行业，对内外宾和旅游者的管理与接待等，但这些均属于政府的外事工作范围，黑龙江省的旅游资源、旅游设施、旅游商品的销售，乃至旅行社、涉外旅游饭店的经营等，尚未形成系统、独立的管理门类，一直分散在林业、服务业、交通业、商业等经济管理部门和各级政府的交际、接待、外事等部门。 1977年全省只有5家旅行社，接待海外旅游者859人，1978年中共第十一届三中全会以后，黑龙江省的旅游事业有了飞速发展。1978年6月，黑龙江省旅行游览事业管理局成立。之后，全省加强了特色旅游资源的规划与开发，加快了旅游基础设施的建设，并积极开发旅游客源市场，对旅游行业进行有效的管理。随着旅游企业经营管理体制改革的不断深化，旅游业的管理开始从接待任务为中心的接待型管理向面向国内外旅游市场的经营管理型转变。为了加强国际旅游与国内旅游的合作经营，从1981年开始，黑龙江、吉林、辽宁、天津等三省一市，成立了国际旅游协作区（以后又增加了呼伦贝尔盟）。

1985年全省旅行社已发展到32家。全省各地、市、县共成立了10个旅游局。黑龙江省旅游业开始形成系统、独立的经济事业，并有了专门行政管理机构。从1985年起，北方的10个城市：哈尔滨、齐齐哈尔、佳木斯、牡丹江、伊春、黑河、鸡西、双鸭山、密山及海拉尔，建立了国内旅游的联营关系，以加强协作，使旅游业逐步走向规模化、现代化产业的道路。1985年接待游客35 809人，8年中增长40倍。1985年，在黑龙江省境内各风景旅游区的国内旅游者，已超过1 000万人次。

第六章　金　融

汉代货币自西汉流入黑龙江地区后，受多种历史原因影响，直至近代，黑龙江地区的金融业才开始兴起。之后，因沙俄染指中国和东北沦陷，黑龙江地区金融行业长期为沙俄等外国金融势力所控制，民族金融业发展受到限制，货币一度多元化发行，给人民带来了无穷的灾难。黑龙江地区解放后，开始建立人民金融事业。从解放初期的地方银行最终统一于中国人民银行。中共第十一届三中全会后，全省金融体制改革逐步深入，金融事业进入新的历史时期，至1985年，金融机构业已遍布全省城乡，金融业务深入到工农商等各个领域。

第一节　货　币

西汉，汉代货币流入黑龙江地区。至金贞元二年（1154年）金朝设交钞库，复钞引法，发行“交钞”（纸币），黑龙江地区自此开始纸币、铸币兼用。元、明两代，黑龙江地区继续执行全国统一货币制度。元代以强制发行不兑换纸币为基本货币制度；明初虽然恢复铜钱制，但不久便以“大明宝钞”为主币流通。两代纸币均以毛荒壅塞，物价腾踊告终。至明洪武三十年（1397年），黑龙江地区不论货物贵贱，多以金银定价。从而贵金属白银逐渐发展为通用货币，并排除不兑换纸币，形成以银为主，以铜为辅的银钱并行的货币制度。及至清初，黑龙江地区市面仍以银为本，以钱为末，大数动银，小额用钱。明末清初因白银匮乏致供需矛盾突出。由于市场的扩大，使货币需要量增加，银钱日益供不应求，致使私铸铜钱泛起。为缓解钱币需求矛盾，清廷设局铸“顺治通宝”后，各省亦效仿中央政府办法，纷纷开局自铸钱币。黑龙江地区多有流入。清乾隆元年（1736年），银贵质重，制钱奇缺，民间有纸帖发行，称之“私帖”。呼兰、依兰、五常等县烧锅、商号、作坊均有私帖行市。鸦片战争后，中国沦为半殖民地，黑龙江地区也不例外，19世纪50～60年代直接受害于外国侵略者。《中日东三省善后条约》签订后，黑龙江地区的哈尔滨等10余个城镇被辟为商埠，外商银行纷纷来哈埠开设分号，强行发行钞票，经营存款、放款，控制外汇，输入外国银元、羌帖（沙俄卢布的俗称）、金票、银券，垄断金融市场，使民族金融货币制度受到严重冲击。

清光绪三十年（1904年），黑龙江将军达桂、副都统程德全等人成立黑龙江广信公司，为半官半商有限股份制，是黑龙江地区具有新式银行性质最早的华资金融机构。清光绪三十四年（1908年），奉天官银号在哈尔滨成立分号。清宣统元年（1909年），吉林官帖局与官钱局合并，成立吉林永衡官银钱号，并在哈尔滨成立分号。这3个金融机构分别发行以制钱为本位的纸币“官帖”。此时，外地发行的纸币和铸造的银货流入日多，羌帖、官帖、私帖、奉票、铜元券、宝银、银元、制钱等一体通用。羌帖在哈尔滨及中东铁路附属地强行流通，客货运费、铁路员工工资、征税、电费以及商品交易，均用羌帖。至清末，其流通额达1亿卢布。

1911年中华民国成立后，由于军阀间相互征伐，连年混战。为筹军饷，扩大军备，封建军阀利用手中控制的官银号、公司、银行等金融机构，滥发官帖、大洋票、铜元票，铸造铜元和银元，在东北三省强行流通。沙俄卷入世界大战后，军费增加，国力难支，在中国东北北部地区卢布发行泛滥，罗曼诺夫票、克林斯基票、鄂木斯克票、霍尔瓦特票等发行无度，使多元化的货币矛盾更加尖锐。各种通货起伏变换，互相冲击，时而有信，时而毛荒，币制紊乱，商民深受其害。由此而破产、倒闭者时有发生。与此同时，日本朝鲜银行、横滨正金银行趁机扩大金票、银券的流通范围，几达黑龙江地区全境。

正当日本金票、银券向北满扩张的时候，深受卢布跌价之苦的中国商民，有所觉醒，改革币制的呼声日强，哈尔滨各界人士遂有挽回币权的倡议。于是，在滨江道尹傅强主持下，决定发行国币“哈尔滨大洋券”。交通银行哈尔滨分行和中国银行哈尔滨分行于1919年10月和11月先后发行带有“哈尔滨”字样的大洋券（通称“哈大洋”），与现大洋同价通用，和日本金票、银券相抗衡，信誉颇著。伴随着金票、银券地位的动摇和中国派兵进驻中东铁路，解除沙俄军警武装，中东铁路护路军总司令霍尔瓦特被赶下台，凡铁路运费、海关纳税和市面交易，均废除卢布、金票的金本位制，代之以哈大洋为主宰货币，形成银本位的优势。国人花国币，民族精神为之一振。可是，哈尔滨币制不一已年深月久，有以银为本位者，有以铜为本位者，有以金为本位者，有以个人信用为本位者；有国家银行发行者，有地方官银号发行者，有外资银行发行者，也有商号发行者，纷然杂陈，莫衷一是。外资银行发行货币，目的在于掠夺，而官银号发行货币则多为军阀用于扩充军备，筹备军饷。华俄道胜银行在国内的分支机构虽然被收归苏维埃政府所有，而在国外的机构却仍然以巴黎为总行继续指挥活动，插手中东路事务，扰乱金融。由于各行号竞相发行纸币，使之价格一跌再跌。在银贵钱贱的形势下，受京、津地区挤兑现银风潮和不法商人私运现银至俄蒙境内做投机生意的影响，哈尔滨也连续发生现银挤兑风潮。至1924年，金融形势日趋恶化，纸币价格继续下跌，且传言四起，外资银行也借机抢兑现银，商民惶恐不安。虽经东三省当局、东省特别区行政长官公署及吉林、黑龙江两省省长、滨江道尹等数次密令和紧急会议，多方采取措施，制订“整顿”“维持”“查禁”“取缔”等多项办法，又于1929年，采取增设监理官制并加盖监理官印的办法，控制哈大洋的发行，但终因时局动荡，军阀混战，多头发行，哈大洋信誉难以再振。

“九一八”事变后，东北沦陷为日本帝国主义的殖民地。在日军抢占东三省官银号、吉林永衡官银钱号、黑龙江省官银号和边业银行（简称“四行号”）的同时，也强占了这些金融机构在黑龙江地区的分支机构，并把这些机构合并，利用“四行号”的资金、财产、设备和人员，成立伪满洲中央银行。伪满洲中央银行是一个彻头彻尾的依附日本军国主义的殖民地银行。从成立时起，它经营的主要目的是向日本关东军提供侵华作战军费。成立之初，即发行伪

"满洲中央银行券"，强行收兑"四行号"和中国银行、交通银行在黑龙江地区发行的各种货币，兑换日本金票、银券，把货币发行权控制在手，实行统制。除对金票、银券等价兑换外，对中国各行号发行的货币均压价收缴，实行公开掠夺。

1945年"九三"抗战胜利后，伪满洲国和日本金融机构也全部停业关闭。黑龙江地区民主政权为适应政治、经济形势的需要，先后成立合江省银行、洮南吉江银行（后改为嫩江省银行，并由洮南迁往齐齐哈尔）和部分市、县银行等多处解放区地方银行，并分别发行地方货币，与红军票、伪满币等同时流通。1946年6月以后，东北银行黑龙江省分行、嫩江省分行、合江省分行、绥宁省分行（后改为牡丹江省分行）、东安分行和哈尔滨分行相继建立。东北银行在黑龙江地区城市和主要县城设支行或办事处。原有解放区地方银行，除个别行撤销外，大部分并入东北银行建制。东北银行建立初期，主要工作是建立统一的东北流通券货币体系，发行"东北银行地方流通券"，从解放区驱逐伪满币，对国民党占领区开展货币斗争，清理收兑红军票和解放区各银行发行的地方流通券；建立省级金库和发行库制度，统一财政金库和发行管理。

1951年4月，根据中央人民政府政务院决定，东北银行改为中国人民银行，同时以1元人民币合东北币9.50元的比价收兑东北币，发行人民币，统一全国币制。1955年3月，中国人民银行发行新版人民币。黑龙江省自3月1日开始以新版人民币1元合旧版人民币1万元的比价收兑。新人民币的发行，消除了过去遗留下来的通货膨胀痕迹，方便生产、流通，进一步健全了统一、独立、自主的货币制度。至1957年，全省货币投放量为2.4亿元。此后，1959年"大跃进"活动，使全省市场货币流通量猛增。到1961年末，全省货币流通量总额达7.1亿元。同时受三年困难时期的影响，反映在市场上，人们手中持币过多，商品严重不足，部分商品物价上涨。当年冬，遵照中共中央决定，全省对某些商品实行高物价，组织货币回笼。1966～1976年"文化大革命"期间，全省企业流动资金占用水平又重新膨胀起来，到1976年末，国营工业生产企业产值资金率一下上升至60.12元，到1978年末为55.60元，比全国同期百元产值占用额多22元。10年间，全省货币流通量增长1倍多，市场流通量总额达11亿元。随着国民经济的发展和人民生活水平的提高，货币投放也不断增加，市场货币投放量增大。1985年末，全省市场货币流通量达49.3亿元。

第二节 存 款

黑龙江地区的存款业务，始于19世纪末20世纪初金融业出现时。不论是中国的、外国的、官办的、商办的金融机构，均将吸收存款列为主要业务，借以扩大放款、投资的资金来源。

东北沦陷时期，金融业被伪满洲国官办银行及日资银行垄断，实行"资金统制"，强制积聚资金，支持侵略战争。

中华人民共和国成立后，随着现金管理和结算业务的开展，黑龙江地区各公营企业、机关、团体、合作社相继在银行建立存款账户，把暂时闲置的资金存入银行，存款迅速增加。到1952年末，黑龙江地区各项存款增加到43 329亿元（旧人民币）（根据《黑龙江省金融统计年报》。此数不含信用社存款数，下同）。国家进入大规模经济建设后，在生产建设资金需求不断扩大的形势下，银行多方组织存款，开展储蓄，为国家工业化筹集资金。到1957年末，全省各项存款余额为48 952万元（新人民币，下同），按同币种计算，比1952年增长12.9%，占同期各项贷款额的34.88%。

1958～1960年“大跃进”期间，在“左”倾错误影响下，高指标、浮夸风盛行，银行存款也出现“水分”。到1960年末，全省各项存款额为160 971万元，比1957年末增长2.3倍。清除存款中“水分”后，存款额大为下降。到1962年末，全省各项存款额为135 201万元，比1960年下降16%。随着国民经济调整和银行工作加强，存款开始回升并逐步增加。到1965年末，各项存款额达173 590万元，比1962年增长28.4%。

“文化大革命”中，银行存款工作也遭到严重的干扰，存款升降很不稳定。但因这一时期，信贷投放增加，企业间歇资金增多，就业人数猛增，工资性现金投放增加，银行存款仍呈上升趋势。到1976年末，全省各项存款额达737 793万元，比1965年末增长3.2倍。

中共第十一届三中全会以后，全党工作着重点转移到社会主义现代化建设上来。经济搞活，企业自主权扩大，资金渠道增多，为增加存款提供了有利条件。银行广开筹集资金渠道，使存款额迅速增加。到1985年末，全省各项存款增至1 450 710万元，比1976年末增长96.6%。银行存款的稳定增长，成为扩大信贷投放的重要的资金来源，对国民经济持续、稳定、健康发展做出积极贡献。

第三节 贷 款

一、工商信贷

中华人民共和国成立前，黑龙江地区的贷庄、官办银行、私人银行、外商银行等金融机构，是以自有资本、借入资金、存款和在大银行透支作为资金来源，并按一定比例向外贷放。中华人民共和国成立后，国家银行对工商信贷资金管理，1949～1985年的30多年间，曾实行过指标管理、差额控制、实贷实存3种办法。

黑龙江地区从1950年起，对国营工商企业流动资金实行财政、银行分别供应和管理的“双轨制”办法。银行按企业流动资金定额的15%～30%发放贷款。1959年，实行“全额信贷”办法，企业流动资金由银行包下来，企业原来的财政拨款转为银行贷款计收利息。这种“单轨制”的资金供应方式，扩大了信贷差额，1962年7月又改为“双轨制”。1983年7月，银行吸收的资金增加，信用投放能力增强，企业流动资金改由银行统一供应和管理，相应建立企业自补流动资金制度，仍坚持资金分口管理和分别使用的原则。

二、农村信贷

黑龙江地区的贷庄于清朝末期，曾发放以小农户为对象的农村贷款。贷款以衣、物和耕地作抵押，以短期高利率为多。此后，哈尔滨交通银行、伪满金融合作社和伪满兴农金库等金融机构，对农民、农副产品经销店和经办农村水利、造林、土地等组织发放过抵押、保证和信用放款。

黑龙江地区解放初期，由国家银行办理农村信贷业务后，贷款范围不断扩大，贷款数额不断增加，对扶助贫下中农恢复和发展生产，打击和限制高利贷活动，帮助农业生产合作社发展，曾发挥过重要作用。但在国家大规模经济建设开始后，农村金融工作在当时的政治经济环境下，走过一条曲折的道路。“大跃进”中，农村金融体制和信贷资金体制变动较大，人员、资金管理权下放，行之有效的制度被废除，贷款管理松弛，信贷工作也出现高指标、浮夸风，收款时紧时松，贷款损失不少。在国民经济调整方针和“银行六条”决定的指导下，银行工作中的“左”倾错误得到纠正，重申和明确了农村信贷政策，使贷款的发放与物资运动相结合，对国民经济调整发挥了重要作用。

“文化大革命”中，“左”倾错误又一次给农村信贷带来冲击。机构、人员动荡，贷款管理偏松，监督不力，损失巨大。

中共第十一届三中全会后，为适应农村经济体制改革的需要，农村信贷规模扩大，改变信贷投向，调整信贷结构，使信贷渗入农村经济各个领域，渗入农民生活中去，支持农村经济的全面发展。

三、基建拨款、信贷

中华人民共和国成立前，不论官办银行，还是商业银行，均无基本建设拨款监督职能，有的银行间或发放少量的基本建设拨款性质的贷款或投资，也仅按贷款掌握，而不实行拨款监督。中华人民共和国成立后，实行有计划的经济建设，在国家授权下，银行才具有基本建设拨款监督职能。

黑龙江省各级建设银行（含投资银行）在国家授权下，根据国民经济各时期方针、政策，管理国家财政预算内外基本建设、地质勘探、更新改造资金拨款、贷款与结算，实行基建支出预算、财务和信贷监督。坚持按国家计划、财政预算、基建程序、工程进度拨款原则，核实拨付资金，参与计划，落实投资，监督实施财务收支，组织审查建设预算，监督检查各项基建支出，为国家“守计划、把口子”。为适应各个时期经济管理的要求，对基建财务拨款、贷款的管理章则进行相应改革，及时供应建设资金，促进发挥投资效益。

中共第十一届三中全会后，建设银行由发挥财政职能为主向发挥银行职能转变，由管理基本建设投资为主向全面管理固定资产投资发展，由注重基建财务拨款向开拓银行信贷转化，继国家预算内基本建设投资实行拨款改贷款之后，陆续举办基本建设、更改措施、短期周转贷款业务。并把基本建设、更新改造资金的拨、贷款管理延伸到项目前期和后期，开始干预项目，参与计划，干预决策，参与落实等项工作，发挥财政和银行双重职能作用。

第四节　利　率

一、存款利率

清末民初，黑龙江地区金融货币紊乱，无统一的银行存款利率。东北沦陷时期，伪满洲中央银行几度降低利率。唯1935年由于银价变动，利率亦随之提高。其后又逐步降低。1946～1948年，黑龙江地区银行存款利率由不统一到逐步统一，并随着物价变动频繁调整。1949～1952年，黑龙江地区在物价渐趋稳定的情况下，东北银行于1949年4次下调存款利率，并增办工薪储蓄存款。1953～1957年，黑龙江地区银行统一利率政策，简化利率种类档次，降低利率水平，利率的经济杠杆作用得到较好的发挥。1958～1965年，在“左”倾错误影响下，银行利率管理出现反复，其作用受到一定程度的削弱。在“左”倾错误影响下，1965年第一季度起，全省银行停止对企业主管部门存款计付利息。同年7月，全省各门、各企业在银行的专户存款停止计付利息。“文化大革命”中，全省银行利率管理受“左”的错误思潮影响，以为利率越低越能体现社会主义的优越性，银行存款利率进一步降低。中共第十一届三中全会后，全省利率管理拨乱反正，逐步改革，发生转折性变化。1979年1月，对发还“文化大革命”期间被查抄的存款计付利息。同年4月，调高储蓄存款利率，恢复到“文化大革命”前1965年的水平。并增加3年、5年长期储蓄利率档次。1980年4月再次调高储蓄存款利率。同年9月，恢复“文化大革命”期间一度停止的对企业专户、企业主管部门存款计息，执行对公存款利率。1982年1月新设对公单位定期存款。同年4月和8月，先后两次调高城乡居民定期储蓄存款利率与华侨人民币定期存款利率。与此同时，为搞活经济，开展信托存款业务，省人民银行规定信托存款利率。

二、贷款利率

清末民初时期，虽有银行最高利率得经度支部或财政部核准的规定，但因黑龙江地区的金融市场为沙俄等外国银行操纵，地方当局控制下的官银号也自行其是，规定形同虚设，无一执行。各银行号放款形成的实际利率，乃由各行号依据工商业平均利润率及市面资金供需情况自行厘定。利率水平高于关内各省。

东北沦陷时期，由伪满洲中央银行掌管利率，出于资金统制的宗旨，实行低利率政策，经几度调整，利率水平逐步降低。

中华人民共和国成立初期，在生产凋敝、通货膨胀的形势下，东北银行与人民银行逐步统一贷款利率，对稳定金融物价，打击高利贷起到重要作用。进入经济建设时期后，银行利率服务于当时政治经济任务，各种货款利率虽有差别，但悬殊不大，而且多年一贯制，没有灵活性，利率的杠杆作用长期没得到发挥。尤其是“大跃进”和“文化大革命”中，对利率管理“左”的干扰更大。全省银行利率管理受到严重干扰破坏，贷款利率种类大大简化，利率的经济杠杆作用得不到正常发挥。

中共第十一届三中全会后，利率管理逐步改革，在按照行业、期限实行差别利率的同时，先后实行浮动利率、优惠利率和加息制度，奖优罚劣，利率的经济杠杆作用得到进一步发挥。

第五节　外　汇

一、外汇信用

中华人民共和国成立前，黑龙江地区外国银行的存、贷款业务，具有浓郁的政治色彩，除全力支持其来华外商进行不平等的贸易活动外，对中国政府或商人贷款，亦都附带一定的政治条件。同时，各外国银行以及中国、交通银行的存、贷款业务，均以当地流通的货币为手段，故无实际的外汇信用业务。

黑龙江地区的银行外汇信用业务，始于20世纪60年代黑龙江省人民银行开办的外汇存款，当时主要吸收侨胞、归侨、侨眷、侨生的外币资金，当时数量不多，利用外币存款发放贷款，始于1973年。哈尔滨中国银行成立后，外汇存、贷款业务由该行继续承办，并开办外汇信托、咨询业务。外汇贷款的对象主要是生产出口商品和能为国家直接或间接创造外汇收入的单位。贷款的重点是能源、交通建设和中小型企业的技术改造。通过外汇贷款，支持企业从国外引进技术设备和国内短缺的物资，促进生产发展，扩大外贸出口，增加外汇收入和财政收入。外汇贷款原则上借外汇还外汇。外汇存、贷款利率均以外币计算，统一执行国家规定的利率。贷款除正常利率外，还实行优惠利率和浮动利率。

二、外汇管理

（一） 进口贸易外汇管理

中华人民共和国成立到1957年，黑龙江地区进口贸易，由国家对外贸易部各专业总公司和口岸公司统一办理。1958年，国家对外贸易部驻黑龙江省特派员办事处改为黑龙江省对外贸易局后，全省每年使用地方外汇和黄金分成外汇进口钢材、科研和医疗器械、成药等，年进口额3 000万美元左右，其中钢材占70%以上。当时，国家外汇管理体系尚不完善，省人民银行未参与外汇管理。地方外汇由大连口岸中国银行代办审批和管理。这种办法一直持续到“文化大革命”结束。

中共第十一届三中全会以后，在“改革、开放”方针指引下，随着黑龙江省进口贸易体制的变化，黑龙江省对外贸易进口公司成立，承办全省的进口业务，原由大连口岸中国银行代管的黑龙江省地方外汇和留成外汇额度，调回省内，在哈尔滨中国银行开立外汇额度账户，并由该行掌握审批。迄至1985年，国家分配给黑龙江省地方外汇和各种留成外汇达5亿多美元，这期间，通过黑龙江省外贸进口公司进口物资成交额为3亿多美元。

（二）出口贸易外汇管理

黑龙江地区出口贸易外汇管理，随着出口贸易体制的变化，分为3个阶段。

1953～1960年为记账贸易阶段。在此期间，松江、黑龙江两省对外贸易以记帐贸易的方式进行。这期间，1953年出口商品结算总值人民币2.3亿元；1959年，全省对外贸易发展达到自1953年以来最好水平，全年出口商品清算总值达3.9亿元。其中对苏联出口清算额占出口清算总值的90%左右。1960年，中苏关系发生变化，当年，对苏出口贸易清算额比1959年减少40%；1961年比1959年减少90%。

1961～1980年，以商品调拨为主阶段。这期间的前10年，黑龙江省出口商品收购额在3亿元上下徘徊，出口额比1959年下降87.8%。出口大幅度下降的原因，除对苏联的出口贸易锐减外，主要是调往辽宁、河北、广东等口岸的出口商品猛增，由1959年的0.99亿元，增到2.37亿元。1973年，黑龙江省同港澳地区建立直接贸易往来关系。此后，又同日本、西德、美国等10个国家建立贸易往来关系。至1980年，同黑龙江省有直接贸易往来的国家和地区发展到35个，现汇贸易额达到3 807万美元，占出口贸易总额的38.8%。但是这一部分对资本主义国家和地区的出口贸易外汇，由于当时哈尔滨中国银行尚不具备直接办理结汇条件，而由大连、天津、广州等口岸中国银行代办收汇后，以原币划给中国银行哈尔滨分行，有关出口创汇的管理工作，亦由各口岸中国银行一并处理。1980年，黑龙江省对苏联等国家记账贸易额为5 993万美元，占出口收汇总额的61.2%。其中对朝鲜出口，占96.3%；对苏联出口，占3%；对匈牙利、东德等国出口占0.7%。

1981年以后，黑龙江省进入自营出口贸易较快发展阶段。这期间，黑龙江省成为内地口岸省，自营出口贸易额大幅度增长。到1985年，全省出口贸易总额达4.13亿美元，比1980年增长321%。其中除记账贸易外汇占出口贸易总额40.02%外，直接出口现汇结算占总额59.03%；以出顶进占0.95%。这个阶段，哈尔滨中国银行在直接开办对资本主义国家和地区的出口结汇（1984年4月起，黑龙江省外汇分局从哈尔滨中国银行划分出来，统一管理国家外汇）同时，开展对资本主义国家和地区出口的收汇管理工作。

（三）华侨投资管理

1963年9月，黑龙江省成立华侨投资公司筹备委员会，简称“侨资筹委会”。同年11月，侨资筹委会举行第一次会议，听取省人民银行关于《黑龙江省华侨投资公司章程》（草案）制订经过介绍。确定1964年募股任务为1 000股，合人民币5万元。股金投放由省财政厅根据国家和地方建设需要统筹安排，保本付息。

华侨投资公司根据财政厅的安排向企业办理拨款、收回和计收股息等手续。投资公司向企业投放的资金为月息6‰，按季收息。对投资人的优惠是：投资的股金，到投资项目建成后，仍为投资人所有；投资满12年，可以收回股金，以人民币支付；股息为年息8%，以人民币支付；所得股息的50%，经外汇主管机关批准，可汇往国外，投资人如要求工作，可根据投资公司有关企业需要和投资人的具体情况，优先录用。

华侨投资公司成立后，华侨向公司投资者共28户，857股，每股人民币50元，共吸收股金42 850元。此项股金在1964年7月前全部存入银行，按年息6%计息。此后由黑龙江省财政厅将其中的2.7万元拨给哈尔滨中国标准铅笔公司使用，投资公司按月息6‰逐季向哈尔滨中国标准铅笔公司计收利息。其余部分，未安排用途。

1966年4月，黑龙江省人民委员会鉴于投资公司投资者不多，业务量又小，决定撤销，不再受理新的投资业务。对现有投资者分别发函通知：愿意退股的可退股；不愿退股的可按原定投资期到12年期满为止；投放哈尔滨中国标准铅笔公司的投资，由投资公司抽回；善后工作委托中国人民银行黑龙江省分行办理。

到1985年末，投资公司原募股金及股息全部偿付完毕。善后工作至此全部结束。

（四）合资、合作企业外汇管理

1984年5月，国家外汇管理局黑龙江分局建立，从中国银行接过外汇管理任务，把国家外汇管理局制订的《对侨资企业、外资企业、中外合资企业外汇管理施行细则》和《关于对“三资”企业外汇管理若干问题的综合答复》等文件规定编印《外汇管理文件汇编》，发给全省各经济部门和银行。在对利用外资的方针、政策做深入宣传的同时，多次培训干部，为用好、管好外资，进行工作上、思想上的各种准备。

是年，黑龙江省开始有中外合资企业，投资总额907万美元。其中，外商投资219.45万美元。投资对象是出租汽车、室内建筑装修、彩照扩印和食品加工等非生产型投资居多。单项投资最多的为200万美元，最少的为4万美元。当年引进当年经营的有3项。

1985年初，陈雷省长在北京举行新闻发布会，公布黑龙江省吸引外商投资的22条优惠政策。同年4月，省外汇管理分局组成考察小组，赴北京、天津、湖南3省市，考察学习利用外资经验和优惠政策后，草拟了《黑龙江省中外合资企业外汇管理办法》，报经国家外汇管理局批准，纳入黑龙江省人民政府《关于对客商投资兴办企业实行优惠办法的若干规定》，对合资企业外汇管理实行若干优惠政策。

1985年，全省开办中外合资企业34家，合同总金额为5 556万美元。引进外资项目开始由非生产型向生产型转化，在亚麻棉、亚麻纱、木器制造、家具制造等项目的外资引进中，充分考虑黑龙江省自然资源优势。但在新办的中外合资项目中，截至1985年末，服务型项目仍占总数的52%，能出口创汇的项目仅占总数的23.5%。

（五）外汇调剂

1979年8月，国务院下达《关于大力发展对外贸易增加外汇收入若干问题的规定》，恢复贸易和非贸易外汇留成办法后，随着黑龙江省对外经济贸易的不断发展，外汇留成逐年增加。

实行外汇留成制度后，一些有留成外汇的单位，有时要求把多余的外汇出售，以换取人民币使用；而有些企、事业单位，经国家批准可以进口设备、原材料、零配件等，但所需外汇，国家在计划内无法安排。为调剂外汇资金余缺，1980年10月，国家外汇管理总局、中国银行联合发出《关于试办外汇调剂工作的通知》，允许由中国银行在一些地区办理外汇调剂。1981年9月，中国银行哈尔滨分行信托部开始试办外汇调剂业务，1982年11月中国银行哈尔滨分行信托部更名为中国银行哈尔滨国际信托投资公司（简称信托投资公司），继续办理外汇调剂业务。同年11月25日，该公司根据国家外汇总局和中国银行《关于外汇额度调剂工作暂行办法》，向省直各委、办、局，各企、事业单位，各地、市人民银行、中国银行发出《关于开展调剂外汇业务的通知》。通知规定：国营企、事业参加调剂外汇买卖，经主管部门和外汇管理部门批准，填具“调剂买入外汇登记表”登记购买；调剂外汇，主要用于引进先进技术和进口国内不能生产、先进而适用的机器设备进行技术改造和增加轻纺产品所需的原料，以及进口用于科技、文教、医药卫生需要的仪器、仪表等；在特殊情况下，经国家批准也可进口一些国内市场供不应求的紧缺物资。

外汇调剂工作，及时解决了供需双方的困难。但在工作中，也曾出现了个别违反调剂外汇成交价规定的事例。1985年信托投资公司对1981年以来的外汇调剂业务进行检查。查出5笔调剂外汇超过国家规定的价格，总金额为47万美元，分别占调剂外汇总笔数和总金额的1.5%和1.1%。同年12月，经国家外汇管理局黑龙江分局核查后，根据国务院有关“金融机构违反外汇管理从严惩处”的精神和国家外汇管理总局、中国银行《关于对违反外汇管理规定进行惩处的若干意见》的规定，没收其全部非法收入人民币32万元，并按外汇的1%，罚等值人民币为1.5万元。

第六节 保 险

一、国内保险

清光绪年间，中外保险业进入黑龙江地区之初，保险业主要是办理财产水火保险、运输保险和人寿保险等国内保险，且多集中于哈尔滨一埠。中华民国初期，在激烈的业务竞争中，哈埠保险业务大部分为外商保险业所控制，迫使华商保险业务向黑龙江地区内其他市县伸展。东北沦陷时期，黑龙江地区的国内保险业务逐步被日商保险业和伪满洲国保险业所垄断。

黑龙江地区解放后，在创办人民保险事业和对私营保险业社会主义改造的基础上，国内保险业务得到发展，社会经济补偿制度初步建立。但是，由于“左”倾错误的影响，在“大跃进”中，人民群众误以为人民公社化后，从吃、穿、病、死，到灾害事故，不是国家包下来，就是集体包下来，再搞保险已失去实际意义。1958年10月根据国务院停办国内保险业务的决定，除哈尔滨市继续开办外，黑龙江省其他地区均同时停办。“文化大革命”中，把保险事业当作“封、资、修”的产物批判，仅有的哈尔滨市保险业务也停止运行。

中共第十一届三中全会后，于1980年始重新恢复保险业务，险种增加，承保面扩大，保险额成番论倍增长。至1985年，6年间收入保费2.96亿元，为停办前9年保费收入总和的3.6倍，对社会经济补偿达2.06亿元。

二、涉外保险

中华民国初期和东北沦陷时期，外国保险业利用其操纵黑龙江地区对外贸易结算的便利，把涉外保险业务也操纵在手。中华人民共和国成立后，直至1958年，黑龙江地区各保险公司未独立开展涉外保险业务。只限于接受保险总公司和口岸保险公司的委托，代办进口货物检验工作。1977年8月，中国人民保险公司哈尔滨分公司成立。开始由保险公司直接办理省内进出口货物运输保险。1979年，外贸体制改革，黑龙江省自营业务开始后，哈尔滨保险公司正式开办涉外保险业务。当年，收取进出口货物运输保险费4.1万元。1980年2月，黑龙江省保险公司重新组建后，原哈尔滨保险公司的涉外业务交由省保险公司办理。自此之后，黑龙江省保险公司先后办理远洋及港澳地区的进出口货物保险，对苏联及东欧、西欧国家陆上货物运输保险（通称“大陆桥”），经朝鲜清津港的进出口货物运输保险（通称“小陆桥”）和进口货物非水险（系国际保险市场的习惯用语。其主要险种除海上运输货物保险和船舶保险外，其他各种杂险合称为“非水险”）。对保额较大的保险责任，采取分保办法，把所承担的风险分散或转移到有关国家的保险业，以分担风险，保证保险业务的稳定性，促进涉外保险的发展。1980～1985年，全省进出口货物保险逐年增长，共收入保险费292.4万美元。处理赔案464件，支付赔款69.8万美元。至1985年末，全省办理“大陆桥”业务351笔，共承保金额63.7万瑞士法郎，核赔7.8万瑞士法郎。同时，保险公司对由“小陆桥”运往日本的羊草、蜂蜜、甜菜粕、花岗岩、石墨等货物的运输保险业务得到开展。1984～1985年全省非水险业务共出单748份，承保金额8.98亿元，收入保险费205万美元；支出赔款16笔，18.4万美元，赔付率为9%。

三、经济补偿

中华民国初期和东北沦陷时期的中外保险业，对被保险人在其保险标的发生保险责任范围内的事故而蒙受损失给予经济补偿时，以攫取最大利润为目的，往往对险情明显的标的也推辞不保；在赔偿时，条件也十分苛刻，被保险人很难得到应有的补偿。

中华人民共和国成立以来的人民保险事业，以人民的利益为重，以防为主，防患于未然；出险后又把抢险救灾作为工作的重点，力争把损失减少到最低限度；同时对保险责任范围内的损失合理地给予经济补偿，使生产、生活恢复正常，从而使社会经济补偿制度逐步完善起来。1949～1958年和1980～1985年这两段时间内，全省支付保险赔款占保费收入的比重分别为33.14%和66%。

第七节 国库代理

一、金库

清光绪三十年十一月（1904年12月），黑龙江广信公司成立后，即经办官款收付，当时虽尚无代理省库之名，实际上起省库的作用。清宣统元年（1909年），吉林永衡官银号在宁安、密山、滨江、依兰等地设分号后，开始代理省库。当地赋税，均摊由其收纳汇解省库。清宣统二年八月（1910年9月），大清银行在哈尔滨设分号。按《大清银行则例》，该行有代理国库之责，但哈尔滨分号是否开展此项业务未见记载。

辛亥革命后，中国银行被赋予代理国库之责。该行于1914年在齐齐哈尔、哈尔滨设机构后，据财政部命令，于9月将应交中央政府之税款由广信公司移交中国银行接办。同年，省署在广信公司库款内提取现银40万两，运往奉天鼓铸小洋，交收帖处备兑换官帖。东北沦陷后，黑龙江地区官银号被强行改组为伪满洲中央银行的分支机构，开始代理“国库”，办理预算出纳，为日本侵略者效劳，直至1945年日本投降。

1946年黑龙江地区解放后，各省政府为克服财政预算收支管理紊乱现象，相继决定建立省财政金库，委托东北银行代理。凡地方财政收入，均缴纳金库；预算支出款项，均经由金库支拨。当时，合江省金库制度比较健全，省设金库，县设分金库；收、付、解款按级负责；财政厅长、县财政科长分别兼任省库和分库主任；制定办事细则；金库收入任何人不得擅自动用。1947年12月东北行政委员会为对东北一级财政收支加强管理，颁布《东北金库条例》，决定建立统一的东北金库系统。1952年1月，贯彻执行《中央金库条例》，东北总金库改为中央金库东北区库，松江、黑龙江两省人民银行分行及各县（市）支行分别设分库和支库。1953～1957年，黑龙江地区金库制度逐步健全，管理逐步加强。1953年7月1日起，黑龙江地区企业利润由主管部门汇缴改为在当地就近预算缴款，保证省级财政收入及时入库。1957年11月，开始办理中央级预算经费限额拨款。银行给中央行政事业单位设立限额用款账户，按照财政核批的季度经费限额掌握支付，年终企业对账，银行签证。“大跃进”中黑龙江省金库制度受到破坏，管理松弛。1962年以后制度方有所恢复。1966～1977年，由于“文化大革命”的干扰，执行制度被批判为“管理卡压”，金库制度也受到冲击。报表错乱，库款积压现象不断发生，并出现将中央金库的收入划给地方的差错。1978～1985年，随着《中央金库条例施行细则（第八次修订）》的实施和1984年9月全省国库工作会议精神的贯彻，金库充实人员，严密制度，经办的收纳、支付额增加，每年收纳中央、地方收入在60～70亿元。“促进收入，监督退付，严格管理，搞好服务”的工作方针在全省各级金库得到较好的贯彻。1985年7月，国务院发布《中华人民共和国国家金库条例》，对国库的组织机构、职责权限等做了明确规定。到年末，全省共有分、支库83个，其中县支库68个，地、市中心支库14个。

二、国债

1927年，黑龙江地区发行“东三省整顿金融公债”，以奉大洋票2元作银元1元核收，付息还本支付银元，规定自第4年起至第8年分期偿付。

东北沦陷时期，伪满洲中央银行包销公债，弥补财政赤字，支持日本侵略战争。公债名目繁多，1932～1945年，共发行伪币公债56种。偿还期一般为10～20年，最长50年。硬性规定各企业、公司都得保有一定比例的公债券，并以发放公债抵押贷款为诱饵，对人民群众也强行摊派。劳动人民被迫认购的公债，在物价暴涨、货币贬值的情况下蒙受极大损失。黑龙江地区解放后，人民政府为发展生产，进行经济建设，委托银行代理发行公债国库券。银行具体负责债券印制、调拨、收款、发券、还本、付息、付奖和债券销毁等事宜。

第七章　经济管理

黑龙江地区自设置以来，历朝历代政府均担负一定的经济管理职能。中华人民共和国成立后，黑龙江地区建立了人民政权。政府担负的经济管理职能是负责本行政区域内的生产、流通、市场、消费、城乡建设事业、人民生活和财政、税收及金融等协调工作。1949～1953年，黑龙江地区设有松江、黑龙江两个省。两省人民政府直属于东北人民政府领导。当时两省的工业企业基本上是由东北行政区管理。1954年，原松江省、黑龙江省合并，成立新的黑龙江省。从此，黑龙江省的经济管理进入高度统一的历史时期。在经济管理上，实行高度集中统一的计划管理体制。随着经济的不断发展，计划管理体制的弊端越来越显露出来。经济发展的客观规律要求必须改革经济体制的旧模式，经济体制改革也要求政府机构转变管理经济的职能。对此，1984年10月，中共第十二届三中全会通过的《中共中央关于经济体制改革的决定》，明确指出了政府机构管理经济的主要职能。根据经济体制改革的需要和中央的有关规定，黑龙江省行政管理经济的职能进行了相应转变。

第一节　计　划

一、机构

1947年，黑龙江地区各省就曾编制下达了带有纲要性质的国民经济发展计划。中华人民共和国成立后，黑龙江地区同全国一样，进入了国民经济全面恢复的时期。为迅速医治战争创伤，克服财政经济困难，1950年3月3日，政务院颁布了《关于统一财政经济工作的决定》。同年6月6日，东北人民政府颁发了经政务院批准的《人民经济计划委员会组织条例》，10月6日，又经政务院批准下发了东北地区《各省、区人民经济计划委员会组织条例》。从此，统一的计划管理，首先在东北地区实行。

1950年3月1日，松江省人民政府决定撤销财政经济委员会，成立省人民计划局。这是中华人民共和国建立以后黑龙江地区内第一个计划管理机构。同年，黑龙江省人民政府成立省人民经济计划委员会，下设经济计划局。1951年3月8日，松江省人民政府撤销了人民计划局，也组建了省人民经济计划委员会。两个省的计划机构于1953年和1954年先后改为财政经济委员会。在这一时期，人民经济计划委员会为两省人民政府的计划职能机构，受两省人民政府领导，在业务上受到东北人民经济计划委员会指导。

1954年8月，松江省与黑龙江省合并以后，新的黑龙江省人民政府在机构调整中，于同年9月1日成立了省计划委员会。新的计划委员会除继续承担原来人民经济计划委员会的任务外，进行了补充和完善。1954年以后，随着省级计划机构的完善，以及大规模经济建设的展开，省内县以上人民政府普遍建立起了计划机构，做为各级政府的职能部门。在省直属的各个厅局也陆续建立了专职的计划处或室。

1961年，中共黑龙江省委决定，省有关部门的负责人作为委员参加省计划委员会，实行委员会制。同时确定省计划委员会的基本性质与任务。明确计划委员会是省委领导全省经济建设的重要部门之一，是安排和管理全省国民经济计划的综合性机构。确定计划委员会在省委的领导和国家统一计划的指导下，经常注意加强综合平衡工作，根据党的总路线和发展国民经济以农业为基础，按照轻重的次序，生产第一、市场第二、建设第三的原则，以及“依靠党、依靠群众，有中心、有骨干、全面规划、全面跃进”的方针，安排好全省的国民经济计划。并组织、检查、监督各部门、各地区对国民经济计划的具体安排的贯彻执行。

1966年，文化大革命开始以后，1967年1月31日，黑龙江省红色造反者革命委员会，取代了中共黑龙江省委和黑龙江省人民委员会。同年3月9日，革命委员会发出通知，省计划委员会被撤销。原计划委员会的一少部分人员被吸收到省革委会中的生产指挥部，组成了生产指挥部的计统组，基本行使原计划委员会和统计局的职责。

1973年5月，重新建立的中共黑龙江省委发出《关于省直机构编制调整的通知》决定，为了进一步加强党的一元化领导，达到精简、统一、效能、节约和反对官僚主义的目标，对省直机构进行调整。在原生产指挥部计统组的基础上，恢复了省计划委员会。其主要职能和任务均按1966年以前的规定。

1985年1月4日，根据中共黑龙江省委、省政府《关于改革政府综合部门的通知》，将省计划委员会、省经济委员会和省政府办公厅的第二办公室、第三办公室合并，组成了省计划经济委员会。新的计划经济委员会的职能有了较大的加强，成为省政府领导下负责全省计划经济管理的综合部门，省委、省政府经济决策的主要参谋机构，以及掌握重大决策实施和督促检查的办事机构。

二、计划编制与实施

（一）计划编制

计划编制，一般采用自上而下、自下而上、上下结合的程序。这是民主集中制原则在编制计划过程中的具体运用，也是提高计划科学性的要求。

在计划编制工作开始前，计划部门要进行各项准备工作，主要有：组织调查研究，检查报告期计划执行情况，核算预计数额和综合生产能力，研究计划期国民经济发展中的重大问题和政策措施，修订计划定额，制定和颁发计划编制方法、计划表格、计划产品目录等有关文件。

计划的编制，首先由省计委按照国务院颁发的控制数字（或建议数字），编制省里的控制数字，然后下达到各地市县，由各地市县自下向上地编制计划草案，上报到省里进行综合汇总，制定出省里的计划草案上报到国务院，最后由国务院自上而下地下达正式计划，分解到各基层单位。10年以上的长期计划，一般由国家和省拟定，不再逐级下达到基层。

计划的编制过程中，在时间上要相互衔接。中期计划最迟在计划期开始的半年前下达到有关单位，年度计划最迟于上年第四季度下达到有关单位。

（二）计划实施

中华人民共和国成立后，黑龙江地区在不同的时期曾采取过不同的形式实施计划。国民经济第一个五年计划期间，与各种经济成分并存的情况相适应，计划的贯彻实施基本上采取直接计划与间接计划相结合的形式。对于国营企业、大型基本建设项目以及实行定息的公私合营企业，采取直接计划形式，由国家下达计划指标，相应地对一些关系国计民生的重要物资实行统一分配。对于集体和个体所有制的农业、手工业以及私营工商业和低级形式的公私合营企业，实行间接计划，主要通过制定经济政策，运用经济杠杆，采取经济措施使其经济活动纳入国家计划的轨道。这种计划制度体现了行政办法与经济办法相结合的原则，既保证了国家计划的实现，又给基层单位的一定的机动权，取得了比较好的效果。

国民经济第二个五年计划实施以后，逐步由基本单一的指令性计划取代了直接计划与间接计划相结合的计划制度，无论对全民所有制经济还是对集体所有制经济均实行了指令性计划，经济办法的使用越来越少。

改革开放以来，为了克服单一的指令性计划的弊端，在计划的贯彻实施中，实行了指令性计划与指导性计划相结合，并辅之以市场调节的计划管理制度。自1984年起，全省计划管理形式、内容等方面发生了深刻的变化，根据建立有计划商品经济的要求，适应简政放权、搞活经济、搞活企业的需要，开始改变过去单一的指令性计划管理形式。同时在计划管理上列入市场机制，逐步把计划建立在等价交换、尊重价值规律的基础上。对关系国计民生的产品生产和分配，关系经济全局的骨干企业和关系国民经济全局的任务实行指令性计划；对经济和社会发展中比较重要的任务，实行指导性计划；对不影响全局的其他经济和社会活动，国家不再下达计划，由企事业单位根据社会需要及市场的状况自行安排。指导性计划不再具有强制性，各级计划执行单位可以根据自己的情况，适当调整。1985年国家对计划管理体制做了进一步调整。农业生产计划改为指导性计划，计划指标由40种减少为20种，工业生产计划品种由100多种减至70种，全省指令性产品27种。其他计划多数都由指令性转为指导性。

各时期为了保证计划的实现，全省各级计划部门都根据国家要求，对计划执行情况按月按季进行检查。检查的内容，主要是检查国家计划的贯彻落实情况，计划执行单位是否真正将国家计划规定的任务作为本单位实现的目标，是否制定了执行计划的相应技术、经济和组织措施；通过检查，及时发现计划执行中存在的问题，以便采取措施，消除薄弱环节，挖掘和动员新的潜力，投入生产建设。通过检查，及时发现和总结执行计划的好经验，并予以推广。检查计划执行情况的结果还要经中共黑龙江省委、省政府讨论通过，并上报国家。1952年4月26日，中共黑龙江省委向中共东北局呈报了《关于国、公营工厂企业基本建设情况的检查报告》，1960年3月，中共黑龙江省委第二届代表大会一次会议讨论并通过了黑龙江省1959年计划完成情况的报告，并与“一五”时期进行了比较；1964年1月，省人委第47次会议听取省计委《关于我省1963年国民经济计划执行情况和1964年国民经济计划安排情况的汇报》；1966年10月，省人委批转省外贸局《关于当前外贸计划执行情况的报告》；1976年4月，省革委针对农业生产中出现的问题，发出《关于严格执行种植计划，种足种好经济作物的通知》等。

三、计划监督

中华人民共和国建立初期，黑龙江地区各级人民政府没收了官僚资本，建立和壮大了国营经济，掌握了国家经济命脉，为实行计划监督创造了条件。计划监督主要是参照苏联计划管理的模式，通过集中统一的计划管理体制，对经济和社会事业的各个方面，分门别类，建立计划指标体系，根据统一规定的表式，编制年度和中长期计划，并通过行政指令，层层分解下达执行。编制计划分为省级计划、部门计划，地方计划和企业计划，要求相互衔接，协调一致。计划就是命令，必须坚决执行，保证完成。在计划执行中，需要部分修改或调整时，必须按照管理权限逐级上报批准，任何单位都不得擅自修改和变动。

1953年，中共中央批准了编制国民经济年度计划暂行办法规定：中央各部及各大区、省（市、自治区）接到中央批准的计划后，要分别按管理系统、按不同企业和事业及规定的时间，以最迅速办法下达至各基层计划单位，同时规定：未曾预料的重大变化、企业领导系统改变等情况，计划执行发生变化，要经过一定的批准手续，方可调整或修改原计划。这种指令性的计划管理形式，所依靠的手段是行政命令，所起到的监督作用是强有力的。计划的监督对经济发展起了一定的作用，但也显露了不能充分调动各方积极性和“大锅饭”的弊端，这种状况基本延续至1983年。

随着经济的发展，对单一的指令性计划进行了改革。1984～1985年，全省指令性计划逐步缩减，实行指令性计划与指导性计划相结合，并辅之以市场调节的计划管理制度。计划体制的改革，相应地改变了计划监督范围和手段。计划监督范围逐步扩大，不再是单纯的生产领域，进而扩展到流通等领域，由单纯国有经济向多种经济成分转变；计划监督的手段由直接的行政手段监督，开始向运用经济手段、法律手段转变。计划监督转变，有利于放开市场，搞活经济，繁荣地区发展。

四、经济调节

（一）行政手段

中共十一届三中全会以前，在传统的计划经济体制下，行政手段调节经济的作用很强，黑龙江省作为一个资源性省份，行政手段调节的作用就更强。

对农业的调节。农业生产实行指令性计划。农业计划自上而下，一直下到生产队，各级层层加码，都具有指令性，农业基层生产单位缺乏经营自主权。农产品采购，实行统购、派购制。政府确定限额派购，只有在完成派购任务之后，才能在集市上出售多余部分，农民自己无权支配产品，挫伤了生产积极性。中共十一届三中全会后，对农业计划管理作了改进，农业生产计划指标由指令性改为指导性，计划指标由40种减少至20种，缩小了统购、派购的品种范围。与此同时，通过减少农业税收、提高农产品价格等经济手段，调动了农民商品经济的积极性。

对工业的调节。全民所有制企业基本实行指令性计划，必要时对少数集体企业下达指令性指标。属于指令性计划的产品价格，除国家另有规定外，一律执行国家统一定价。企业在确保完成国家指令性计划和供货合同的前提下，可以组织超产；完不成计划，要按国家分配的原材料和能源相应部分在下一年度计划指标中扣回，并要罚款。省内国有大中型企业执行指令性计划生产任务，平均达70%，企业生产经营缺乏活力。近年来，指令性计划生产任务逐渐减少，到1985年，工业生产计划指标由100多种减少以70种，其中，27种产品执行指令性生产任务。另外，自1985年起部分企业实行投入产出总承包，一定程度上调动了企业的生产积极性。行政手段对经济的调节，渗透到各个地区、部门，对不同经济领域起着不同程度的作用。但是，行政手段的调节都在不同程度的弱化，如交通运输业，由集中领导下的分级管理体制逐步向改变独家经营的分散经营体制转变；基本建设的管理由国家集中控制向全民、集体、个人投资决策分散化转变；商业管理由国营单一渠道变为国家、集体、个人一起上。总之，为适应经济发展需要，经济调节的作用在逐步强化，由直接的行政性的干预，转向间接的政策性导向。

（二）经济手段

经济体制改革，使政府对经济的调节由过去以行政手段为主，逐渐转向经济手段调节为主。1984年，省政府决定，由省计划委员会牵头，会同省经委、财政厅、劳动局、人民银行、物价局、税务局等有关部门，围绕计划目标，有计划地及时调节价格、税收、利率，使其成为国家计划的有效手段。同时要求，各地、市、县也应由各自的计划委员会牵头，会同有关部门协调经济杠杆的运用工作，并建立研究和运用经济杠杆的机构。

价格政策。1949～1952年国民经济恢复时期，物价波动大，采取了统一货币，打击非法活动。1953～1957年，提高农产品收购价格，对粮食、食油、油料统购统销，对私营工业进行改造。“大跃进”期间，物价全面上涨，采取了稳定生活必需品价格，紧缩社会集团购买力等政策。“文化大革命”期间，全省的物价机构被砸烂，物价处于无人管理的状态。1978～1985年，恢复了物价机构，加强了价格调控力度，并对价格管理进行了改革，主要是提高农副产品收购价格、调整消费品价格、开展物价大检查、实行部分商品浮动价格，以适应社会主义商品经济需要。

税收调节。“大跃进”以前，实行高度集中的管理。1956年，黑龙江省对国营、合作社企业，实行按行业对口，分工负责，各税统管。1958～1978年，税权适当分散。财政部下放税收管理权限，省对工业、农业、个体经济、地方税收等拥有更大的减免税权，地方政府对经济调节能力增强，但管理出现混乱局面。从1983年起，开始将国营企业上交利润的办法改为征收所得税的办法，增强了税收的职能作用。

综合信贷计划调节。从1953年起，黑龙江省开始编制综合信贷计划，开始对经济进行调节。1980年以前，信贷计划主要是指标、基金管理、差额控制和差额包干，保证了重点建设项目的资金需要，同时还支持了其他各行业的发展。1981年后，实行多存多贷。贷款以销定贷，扩大了信贷业务。并加强对外汇资金管理，鼓励引进外资，试办用股票、债券的直接融资来筹措资金，举办信托投资业务，金融业务全面繁荣。1985年，各专业银行的信贷资金全部纳入人民银行综合信贷计划，改变敞口供应资金的办法，控制信贷规模，调整信贷结构和存贷款利率，为国民经济协调发展创造了条件。

财政收支调节。1949～1957年，实行划分收支、分级管理，确立省、县、村三级财政。1958～1970年，实行以收定支，总额分成管理，对市县财政划分了收支范围。1971～1979年，实行比例分成，收支包干管理。1980年以后，实行划分税种、核定收支、分级包干管理，收支基级逐级核定，地方超收可以多支，有利于调动各级政府当家理财的积极性，促进了各地区社会发展。

工资管理调节。1978年以前，工资管理以行政手段为主，对工资、奖金进行严格控制，企业缺乏灵活性。中共第十一届三中全会后，工资管理同整个经济改革联系在一起，克服了高度集中、统得过死，工资分配吃"大锅饭"等弊端。由过去以管劳动力计划为主，开始转向以管工资总额为主的工资管理，对调动生产积极性，繁荣经济，提高生活水平起到了积极作用。

（三）法律手段

法律对经济的调节作用在中华人民共和国成立初期是比较弱的，但随着经济的发展，法律逐步完善，对经济调节的作用越来越显著，并趋于系统化。法律手段对经济的调节，主要是通过经济领域的法律、法规，监督经济运行。1951～1985年，黑龙江省政府先后颁布了《黑龙江省草甸子、苇塘管理条例》、《黑龙江省城市建设费稽征办法》《关于林权划分及森林木材管理暂行办法》《农业税减免办法》《黑龙江地方物资资源管理试行办法》《农村经济政策若干问题的暂行补充规定》《关于对外商投资兴办企业实行优惠办法的若干规定》《关于增强大中型国营企业活力的暂行规定》《关于开发山区若干政策的规定》等多部地方法规，并制定了相应的奖惩办法，对违法者追究行政责任，使政府对经济的管理纳入法制化轨道。

法律对财政的调节，是国家财政行政管理部门依据宪法和法律对经济活动实行的调节。对于违反财政、金融法规的财务收支，财政部门有权检查，并责令补交或予以收回、没收。1951～1984年，黑龙江省政府制定了《黑龙江省地方金库暂行条例》《关于改进银行信贷管理体制的规定》《工业企业成本管理的若干规定》等法律、法规。

对税务的调节，是国家税务行政管理部门依照宪法和法律对经济活动实行的调节。税务机关有权对任何纳税单位进行纳税检查和财务监督，凡是拖欠税款、偷税、漏税者，除责令其补交以外，还要按照税法规定处以罚金。1952～1962年，黑龙江省政府先后颁布了《黑龙江省契税暂行条例施行细则》《黑龙江省试行工商税征收办法》《集市交易税试行办法》等法律、法规。

对物价的调节，是国家物价行政管理部门，依照宪法和法律对经济活动实行的调节。各级物价部门设物价检查机构，负责对物价进行检查、监督。凡是非法抬价压价、变相涨价，责令其退还非法收入，并处以罚款。1960～1983年，省政府颁发了《物价分级管理的若干规定》《关于做好物价改革和加强市场物价管理的报告》《关于放宽物价政策和价格管理权限的通知》等。

对市场的调节，是国家行政管理部门依照宪法和法律对经济活动实行的调节。市场经济并不是"自由化"的经济。市场经济越发展，越需要依法进行规范。凡是扰乱市场、牟取暴利者，用非法手段进行竞争者，都要依法给予没收、罚款、吊销执照等行政处罚。1951～1980年，黑龙江省政府先后颁布了《黑龙江省工商管理暂行办法》《市场管理组织章程》《黑龙江省城乡集市贸易管理试行办法》等法律、法规。

（四）思想政治工作

黑龙江地区各级人民政府建立后，各经济部门和企业，继承中国共产党的优良传统，在经济调节中注意做好思想政治工作，有效地改进和加强经济战线的思想政治工作，对经济调节起到了一定的作用。

中华人民共和国成立后，黑龙江地区在企业和农村中，进行了各种政治思想方面的教育。

先后发出《关于开展群众性检查浪费与经济核算制的决定》《关于厉行节约严禁铺张浪费的通知》《关于节约非生产性开支，反对浪费的补充规定》等文件，提倡节约，反对浪费。还进行反对资产阶级思想腐蚀教育，先后发出了《打击农村高利贷活动的报告》《关于反对浪费开展节约运动情况的报告》《关于我省当前打击投机倒把情况的报告》《制止商品流通中不正之风的通知》等文件。结合国民经济计划，进行了社会主义劳动竞赛的教育。1950年12月，《黑龙江日报》发表进一步开展爱国主义生产竞赛的社论，对马恒昌小组和铁人王进喜等模范事迹进行了报道。通过一系列思想教育，树立了工农群众主人翁的责任感，激发了劳动热情和创造精神，涌现了一大批劳动英雄和先进模范人物，对经济建设起到了保证作用。

中共第十一届三中全会后，全省各经济部门和各企业思想政治工作服从、服务于中国共产党的总目标、总任务，为发展生产力服务。结合新时期的新情况，思想政治工作渗透到生产技术和经济管理的各个环节之中，开展了许多活动，把思想政治工作同增强职工的主人翁责任感和贯彻物质利益紧密结合，使思想政治工作有了新的活力，走上了新的发展阶段。

第二节　财　政

早在4 000多年前，生活在黑龙江地区的各部族，先后同中原王朝有了密切来往，并建立了“朝贡”关系。商、周时期各部落都曾多次派遣使者向中原王朝贡献土产、珍宝和财物。汉唐以来，贡物的范围越来越广，数量也越来越大。魏、晋时期一次贡豹皮达数百张，马百余匹。

唐朝，渤海、黑水及室韦诸部朝贡为历史上极盛时期，不但岁岁朝贡，而且一年多次。唐朝对贡使赏以官职，赐以锦袍、玉带、绢和帛等。宋辽以后，贡期和贡物数量逐渐固定。辽开泰七年（1018年）辽廷命令黑龙江中下游和松花江下游女真族的五个部落每年进献貂皮65 000张，马300匹，并且规定上年未交的下年要补贡。明正统四年（1439年）明廷规定，“辽东境外，女真诸卫，地处边远，不拘时日，听其来朝，其它各卫进贡袭职等事，准其一年一朝或三年一朝”。明正统十三年十二月初（1448年12月底）的8天里，在奴尔干都司的184个卫中就有166个卫入朝进贡，“朝贡”的普遍程度超过了历史上的任何时代。清世祖入主中原之后，直至康熙、雍正、乾隆年间，仍有进贡貂皮的记载。古代的这种“朝贡”，经过历代演变，形成藩属向君主贡献的义务，也是黑龙江地区原始的赋税形式。

金代的猛安谋克制，清代的八旗制，是一种军事、生产和民政相结合的组织形式，平时管理生产及婚丧嫁娶等民政事宜，组织生产并收缴旗民为旗主代种土地的产品。

清康熙七年（1668年）清廷对东北实行“封禁”政策。这一时期，由于八旗兵入关屯驻，妻子随行，致使黑龙江地区大量已垦土地荒废，收入减少。清康熙二十一年（1682年），清廷为防止沙俄入侵，收复被占失地，在黑龙江地区增派驻军，设置驿站，开支大量增加。

清朝是封建君主制国家，清廷设户部主管财政事务，一切财权归中央政府掌管。从清康熙二十二年（1683年）开始，黑龙江地区驻军官兵的俸饷，都在盛京（今沈阳）户部请领。清乾隆年间每年领银26万余两，制钱1 600余串，分发给驻黑龙江地区官兵。清康熙二十五年（1686年）开始实行赋税制度。当时的地方财政收入，仅有少数牛马税和官房租。清咸丰三年（1853

年），经户部奏准，黑龙江地区驻军俸饷改户部拨款为各省协款。清咸丰十年（1860年）黑龙江因军费不足，奏准招民试垦，先交押租（亦称荒价），限期升科，按垧征租。从此有了荒价和地租收入。到清同治年间，每年收入白银10万多两，支出45.3万余两，收入占支出不足1/4。清光绪元年至二十年（1875～1894年）期间收入最多的年份，白银288 552两，米37 948石，支出白银337 888两，米19 789石，白银收入仍不抵出。

清光绪二十一年（1895年），大臣延茂创办屯垦事务，奏准开放通肯（今海伦县）一带，从此民垦兴旺，荒价、地租成为财政的主要收入，牲畜、酒房、当铺等各税也随之增加。财政支出的不足部分，仍由他省协济。但各省的协款，无年不欠，自清咸丰四年（1854年）到清光绪二十五年（1899年）各省欠解银高达286万多两，所以官兵的俸饷，只能发给10%，财政开支十分困难。清光绪三十三年（1907年）黑龙江改将军辖区为行省制。程德全任黑龙江巡抚，推行新政，全部解禁，开放荒地，创办实业，更订税率，剔出积弊，因此各种产业勃兴，田赋、税收和实业收入都有显著增长。清宣统三年（1911年）黑龙江地区的财政收入已达银349万多两，比清光绪三十三年（1907年）增长了3倍。支出421万多两，仍然支大于收。

1912年黑龙江地区预算安排年收入大洋579万元，支出大洋460万元，结余119万元。这是黑龙江地区财政第一次有了盈余。1913年开始，由于军阀割据，战祸连年，军费逐年增加，赤字不断扩大。到1919年，经国会议决，大总统明令公布，黑龙江地区财政预算收入大洋557万元，支出大洋601万元，赤字44万元。1921年收入673万多元，比1919年核定预算增加20%，支出增至900余万元，比预算超过50%。1925年，收入848万元，支出增至1 206万元，其中军费占81.7%，赤字为358万元，比预算赤字增加了8倍。1930年收入激增，而支出增加尤巨。收入1 523万元，支出2 181万元。赤字658万元，军费支出占70%以上。从1913年以后，战祸连年不断，内战、外患致使军费不断增加，连年入不抵出。军阀为了筹措军费，横征暴敛，不断增加捐税，沉重的负担压在黑龙江地区广大劳动人民身上。

1931年“九一八”事变后，日本帝国主义侵入东北，从此，东北三省沦为日本帝国主义的殖民地，黑龙江地区的财政沦为殖民地财政。日本侵略者为攫取财政权，以配合其政治统治，首先撤销了省财政厅，跨省设置了税务监督署，直辖于伪中央政府财政部。1937年改为经济部，征税权统归中央政府。撤销省财政厅后，省级财政预决算，由省公署总务厅办理，县、市财政预决算及其财政事项由省公署民政厅掌握。

东北沦陷时期的财政预算，是为日本帝国主义推行殖民统治与掠夺政策服务的，他们大肆征收捐税，并将大部分收入集中在中央政府，用以扩大侵略战争。用于地方的支出，只是公署费和警察费，以镇压群众，维持统治。1932年，龙江省、黑河省、三江省、滨江省、哈尔滨市收入计为790万元，支出988万元，超支198万元。到1936年收支各为1 813万元。1939年第二次世界大战爆发，日本帝国主义者为应付军事需要，进一步加紧了对黑龙江地区人民的压榨，在收入上实行了3次大增税，在省、县税和国税附加上都有大幅度增加。1941年第一次增税，比1940年增加59.8%。1942年第二次增税，比1940年增加87.7%。1943年第三次增税，仅省税就比1942年增加3.4倍。在支出上除公署费、警察费外，从1941年又增加了所谓“北边振兴经济”费，实际是用于国境防务建设和修筑军事工程，充分证明了伪满财政的侵略性和掠夺性。

1945年“九三”抗战胜利后，中共中央不失时机地做出决定，进军东北，建立“巩固的东北根据地”。1945年11月～1946年年末，由于根据地刚刚创建，财政工作的中心任务就是保证建立政权，支援战争和发展地方武装的资金需要。因此，黑龙江地区各省、县财政只能自筹自给，除少量税收外，主要依靠没收敌伪财产和物资，清算敌伪和汉奸经营的粮食组合、配给店等，筹粮、筹款、筹集物资供给部队和地方行政开支。黑龙江地区各省实行财政自筹自给阶段，发挥了省、县两级的积极性，在解决财政困难，保障供给，支援前线方面取得很大成绩。

随着政权逐步巩固，要求财经工作必须统一筹划，发展生产。1946年夏，黑龙江地区各省先后成立了财政经济委员会，加强了对财政经济工作的领导。1947年1月，东北行政委员会在哈尔滨市召开了北满各省财经工作会议，确定“长期打算，发展生产，增进贸易，厉行节约，保障供给，支援战争”的财经工作基本方针，并确定对财政工作进行整顿，首先在黑龙江地区各省实现以省为单位的财政统一。1947年8月东北行政委员会在哈尔滨市又召开了东北解放区财经会议，在“发展经济，支援战争；依靠群众，军民兼顾；统一筹划，分工负责；精密计算，结成整体”的财经方针的要求下，黑龙江地区各省都认真贯彻了这两次会议精神，对财经工作进行了整顿。整顿财政税收，实行统筹统支，作到地方自给。粮食、被服由省统筹统支；成立省税务总局，各县成立税务分局，统一税制，加强征收管理，税款一律缴入省库；县的开支主要依靠生产收入，不足者，由省补助，剩余留县；区的收支统一于县，并整顿建立了村财政。建立各级财经委员会和对财经工作的领导、监督、审核的制度。凡有关财经政策方针问题，必须经过各级财经委员会讨论通过方能执行。同时，整顿财经工作作风，纠正本位主义。

1948年11月东北全境解放，黑龙江地区成为战争的大后方。黑龙江地区财政工作的任务，一方面要大力支援关内，争取全国解放战争的胜利；一方面要集中财力、物力投入经济建设，因而要求财政工作必须进一步统一。为此，各省都决定改变过去划分省、县收支范围的办法，实行省、县一体，统一筹划，分工负责，发展生产，统一开支的办法。统一了财政开支标准和现金管理制度，县的收入全部入省库，县、区开支一律经省批准。统一现金收入，减少现金开支，增加实物支付，以解决现金不足的困难。

解放战争时期，黑龙江地区的财政由分散自给到逐步统一，加强了管理，统一了制度，促进了生产发展，增加了财政收入，既保证了黑龙江地区各省的政权建设和经济建设资金的需要，也对支援与保证全国解放战争胜利做出了贡献。

中华人民共和国建立后，根据毛泽东主席提出的“为争取国家经济状况根本好转而斗争”的指示，1950～1952年，黑龙江地区认真贯彻执行全国统一的财政收支、物资调度和现金管理的决定，在黑龙江地区统一了预算管理；按《全国税政实施要则》，统一了税制，开展了国营企业清产核资工作，建立了工业管理体制。在生产发展的基础上，完成了财政收支任务。同全国一样，很快取得了财政经济的根本好转，扭转了中华人民共和国成立前的通货膨胀的局面，促进了国民经济的恢复和发展。财政管理制度由供给财政转为建设财政，初步形成了社会主义的财政管理体系。

根据中共中央在财政上实行统一领导，分级管理的方针，1953～1957年，黑龙江地区财政划分了中央和地方预算的收支范围，建立了市县级财政。贯彻“区别对待，繁简不同”的原则，运用税收工具，对资本主义工商业进行利用、限制、改造。在农业税收上贯彻“平衡负担”的政策，促进了农业社会主义改造。开展增产节约运动，开辟了财源，增加了收入。1957年全省财政收入完成4.28亿元，比1951年增长3.3倍，平均每年递增15.1%。财政收入结构发生了根本变化。来自国营经济和集体经济的税利占财政收入的比重大幅度增长。农业税收入的比重，由1951年的45.3%下降到1957年的14.3%，大大减轻了农民的负担。在财政支出上，1957年支出4.28亿元，比1951年增长3.4倍，其中经济建设支出占财政支出的比重，由1951年的40.9%增到1957年的61.1%。而行政管理支出则由1951年的27.6%下降到1957年的14.8%。黑龙江省农业人口较多，农业生产比重较大，财政在支持社会主义工业化的同时，还在财政支出中保持一定比例的资金用于农业生产的建设，主要是兴修水利，推广良种和新式农机具等。1957年支农和农、林、水利事业支出0.79亿元，占财政支出的18.4%，比1951年增长47倍。

1953～1957年，中国共产党和国家在恢复经济和进行社会主义建设过程中十分注意按照客观经济规律办事，各项事业发展很快。财政工作，从实际出发进行各项规章制度建设。在继承革命根据地理财经验基础上，同时学习了苏联的经验，逐步建立起自己的财政管理制度。不仅适时地建立了预算、决算制度，而且还建立了财政、税收和各种会计制度，加强了财政税收管理，取得了显著效果。

1958年中共中央提出“鼓足干劲、力争上游、多快好省地建设社会主义”的总路线，号召全国各族人民进行大规模的经济建设。黑龙江省财政在工农业生产发展的基础上，收支都有很大增长，保证了各项事业发展的资金需要。但“大跃进”和农村人民公社化运动的兴起，使得以高指标、瞎指挥、浮夸风和“共产风”为主要标志的“左”倾错误严重地泛滥开来。全省财政工作也同样提出“多收入、多支出、多建设”和“建立千万县”“百万乡”（指县财政收入达千万，乡财政收入达百万）等不切实际的口号，在收入上有的地方收了“过头钱”，出现了虚假收入。特别是1959年财政收入猛增到20.81亿元，比1957年的4.28亿元增长3.9倍，1960年收入22.23亿元，又比1959年增长6.8%。

在财政收入虚收的情况下，大搞基本建设，财政支出增长过猛，造成投资比例失调，给财政工作造成很大困难。1958年财政支出10.38亿元，比1957年支出的4.28亿元增长1.4倍。特别是1960年支出高达16.94亿元，又比1958年增长63.2%。其中基本建设等生产性支出占财政支出的比重，由1957年已经过高的61.1%，上升到1960年的82.2%，文教、科学、卫生支出则由19.8%，下降到9.8%，行政管理支出由14.8%，下降到7.0%。在“左”倾错误的影响下，一些规章制度被废除，财政资金和信贷资金渠道被打乱，财政工作只讲服务，不讲监督，在资金使用上只管供应不管效果，致使大量财政支出占用了银行资金。当时中央决定实行财政包干，在农村推行放人员、放资金，统一政策、统一计划、统一流动资金，包财政任务的“两放、三统、一包”的财贸管理体制，同时合并了财政、税务、建设银行机构，撤销基层税务单位，调走大部分干部，削弱了财政和税务管理。由于财政管理体制的改变和权力过分下放，基层权力过大，机动财力过多，加上贯彻执行制度不严等情况，助长了某些地区和单位的分散主义和本位主义。有的化大公为小公，化预算内为预算外，乱挤乱摊成本，任意提高企业留成比例，乱搞计划外基本建设，损失浪费严重。一些生产部门单纯追求产值、粗制滥造，生产了许多废品。商业部门提出“生产什么就收购什么，生产多少就收购多少”的办法，把一些质量低劣，不适销对路的产品也收购上来，甚至出现了指山卖矿，买空卖空，弄虚作假的现象。由于上述种种因素，造成遗留债务总额达21.8亿元，给财政经济造成很大困难。

1960年冬，中共中央决定纠正“左”的错误，提出了对国家经济实行“调整、巩固、充实、提高”的方针。根据中共中央的方针，改进了财政管理体制，将下放过多的财权上收到中央、中央局和省三级。同时从1961年起，大力压缩基本建设投资，充分发挥财政分配、监督、调节的作用。经过调整，基本建设等生产性支出占财政支出的比重由1960年的82.2%，下降到1962年的51.2%，文教、科学、卫生事业支出占财政支出的比重从1960年9.8%，上升到1962年的24.3%，行政经费支出从1960年7.0%，上升到1962年16.2%，以后几年又不断调整，全省财政支出结构基本趋于合理。

1962年3月，中共中央、国务院又发出了《关于切实加强银行工作的集中统一，严格控制货币发行的决定》和《关于严格控制财政管理的决定》（即两个六条），以及压缩社会集团购买力、冻结存款、开展增产节约运动等重大决定。黑龙江省财政认真贯彻执行上述决定，恢复了税务、建设银行机构，充实了人员，加强了管理，积极配合银行部门，整顿了财政金融制度，严肃了财经纪律。经过清理，划清了财政资金与信贷资金、建设资金与流动资金、全民所有制资金与集体所有制资金的界限，加强了资金管理。同时，根据中共中央提出的清产核资和清理遗留问题的决定，采取了清账目、清物资、清资金的“三清”措施，处理了1961年以前的各种遗留问题21.8亿元，给企业卸掉了包袱，扭转了大批企业亏损的局面。1963年末企业亏损面由1961年的38.6%下降到26%，亏损额由2.16亿元降到1.3亿元。经过3年调整，扭转了“大跃进”给财政经济造成的困难局面，生产发展，财政稳步回升。1965年财政收入又上升到9.47亿元，扭转了自1961年以来连续4年下降的局面。

“文化大革命”初期，由于全省各级领导干部被批斗，靠边站，机关工作陷于瘫痪。1967年春财政机构被砸烂，一批领导干部被关进“牛棚”进行批判和斗争，机关除留少数干部外，绝大多数干部被送进“学习班”或“五七干校”搞斗、批、改，进行所谓“改造世界观”。这期间，税务、建设银行并入财政，财政与银行合并。在农村实行税务所与银行营业所、信用合作社、供销合作社四合一，有的税务所被撤销，大批干部被调走，严重削弱了财政税收工作，以致造成财政没人管，税收无人抓，损失严重。1966年财政收入12亿元，1967年就降到10.92亿元，1968年又降到10.87亿元，从1969年开始逐步回升。但由于1974年的“批林批孔”和1976年的“反击右倾翻案风”，把合理的规章制度诬蔑为“管、卡、压”，把广大群众的生产积极性攻击为“唯生产力论”，把企业的合理积累批判为“利润挂帅”，致使生产、财政再度遭到破坏。到1976年全省工业企业1 895户中就有842户发生亏损，亏损面上升到44.4%，亏损额高达4.05亿元，比1966年实际亏损0.52亿元增加7倍。在此期间，在财政支出上，也片面强调“先生产后生活、先治坡后治窝”，把改善人民生活斥之为“福利主义”。在经济建设速度上急躁冒进，因而造成基本建设等生产性支出急剧上升。1975年的财政支出比1966年增长1.5倍。其中基本建设投资，增拨流动资金等生产性支出占财政支出的比重，由1966年60.7%上升到1975年的66.5%。由于对文教、科学、卫生等支出挤占过多，导致了国民经济比例再度失调，给以后的各项事业发展带来了严重困难。

1976年10月，粉碎了江青反革命集团，结束了“文化大革命”。在中共第十一届三中全会精神的指导下，黑龙江省财政积极进行调整、改革，促进了经济体制改革和国民经济协调发展。1980年中共中央对黑龙江省实行了“划分收支，分级包干”的财政管理体制。省对地、市、县（除绥棱、庆安县外）相应地实行了这一体制，1985年又改为“划分税种，分级包干”的管理体制，从而调动了各级政府理财的积极性。这个新的财政管理体制，在中央财政比较紧张，连续几年向地方借款达9.1亿多元的情况下，仍然对平衡全省财政预算起到了积极的作用。财政还积极支持扩大企业自主权，在国营企业中先后推行了企业基金，利润留成，盈亏包干和两步利改税的改革措施，增强了企业活力，调整了国家同企业的分配关系。1981～1985年，全省地方国营工业企业提取留成17.9亿元，占同期企业实现利润的49.3%。企业留利水平的提高，为企业进行自我改造、自我发展创造了有利条件。在进行利改税的同时，还全面地进行了税制改革，调整和增加一些新的税种，初步形成多种税多次征的复税制的社会主义税收体系，充分发挥了税收的经济杠杆作用。与此同时，还对部分基本建设单位试行了拨改贷办法，对行政事业单位实行预算包干办法，对集体和个体经济纳税也采取了一些放宽的措施。所有这些，都为深入改革开放和国民经济发展改革创造了条件。由于坚持党的四项基本原则，坚持改革开放的方针，全省工农业生产不断发展。在生产发展的基础上，财政收入也实现了稳定增长，1979～1985年平均每年递增13.9%，不仅实现了财政收入与工农业总产值同步增长，而且做到了年年超收，收支平衡，略有结余。1979～1985年，黑龙江省调整了财政支出结构，有步骤地解决10年“文化大革命”在人民生活方面的许多欠账。基本建设投资占财政支出的比重，由1979年的25.3%，下降到1985年的12.5%，文教、科学、卫生支出由1979年16.1%上升到1985年的23.8%。与此同时，积极调整了积累和消费的比例关系，使城乡人民生活得到不断改善。1979年大幅度地提高农副产品收购价格，为了不影响人民生活，提高部分的差价由财政补贴。1979～1985年由省财政负担的差价补贴总额（包括国家负担的超购价格在内）共达42.4亿元。财政还大力支持了工资调整和实行奖金制度。1979～1985年，全省广大工人、农民和其他劳动者收入普遍增加，人民生活得到了明显改善。

从1980年起，在国家实行“划分收支，分级包干”的财政管理体制的同时，国家还把大庆油田等重点企业上收，使黑龙江省每年减少财政收入40亿元，从此，黑龙江省由上解省份变为补贴省份。至1985年，全省财政收入37.42亿元，比1951年增长36.2倍，平均每年递增9.3%。在财政收入逐步增长的前提下，1985年财政支出44.63亿元（1985年财政收入37.42亿元，由于大庆油田上收，国家每年定额给黑龙江补贴8.86亿元），比1951年增长44.7倍，平均每年递增11.9%。

第三节　审　计

清朝末年，清政府把清理财政作为宪政的重要内容之一。通过清理财政，为实行预、决算做准备，统一全国财政。这是一项具有审计性质的工作，为建立审计组织创造了条件。

黑龙江地区清理财政工作，以“稽核出入确数，调查一切沿革利弊，改良收支方法，为编制全省预决算做准备”为宗旨，清理上报清光绪三十四年（1908年）前黑龙江地区的财政旧案，调查核实清光绪三十四年（1908年）和清宣统元年（1909年）全省财政的出入确数。在此基础上，编制清宣统二年（1910年）的财政预算。清理财政，不只在于清理旧案，核实收支，还在于调查沿革利弊，改良方法，开辟财源，增进收入。黑龙江省巡抚周树模在《江省近年整理财政之大概情形奏折》中写道：“无论办一国之事，办一方之事，均视财政之盈虚，以为设施之大小。故理财为圣哲恒言，经济为近今专学。”并指出：“一年来，通过对财政的清理，订立新章，剔除宿弊，开拓财路，已粗著成效。”

通过一年来对财政的清理整顿，黑龙江地区提前于清宣统二年正月廿日（1910年3月1日）开始试办财政预算。黑龙江地区财政管理的统一已初见端倪。试办预算也为建立审计机关创造了条件。清宣统三年四月（1911年5月）东三省财政审计处成立，并拟组建黑龙江等三省审计局。当年八月（1911年10月）辛亥革命爆发，清王朝覆没，拟组织的三省审计局遂告终止。

辛亥革命推翻清王朝统治建立中华民国之后，由于袁世凯反动专制统治，军阀连年混战，东三省实行区域自治。中华民国初期黑龙江地区审计监督则具军阀割据、复杂多变的特征。

1912年北京政府为建立财政管理上的纲纪，节约费用，维持其善后借款的偿付能力，在国务院设立审计处。随之，黑龙江审计分处于次年7月建立，掌理原黑龙江省会计检查事务。它的成立及其监督活动，标志着黑龙江地区审计的兴起。

根据《审计暂行章程》规定，审计分处重点对各官署、官业的月支付预算进行事前审计，并与审计预算相衔接，对月、年决算进行事后审计。这是审计分处经常的大量的工作。在审计预决算的同时，还定期或不定期的审计盘查国库存储公款和国税存款，检查官有财产、公债以及各官署的簿记等。审计分处还把监督官吏接交视为“清理财政之要著”，实施了官吏交接的经济责任审计。

以上这些审计活动初步反映了审计监督广泛性的特点，开始建立起以稽核支出、审查决算为重点的审计制度。

黑龙江审计分处制定了黑龙江审计分处《暂行审计章程》和《黑龙江审计分处办事细则》，初步建立了以审查预决算为主的审计规则和办法，为实行常规性审计提供了条件和依据。审计分处在审计活动中，对遇到的一些实际问题，还能从黑龙江地区地处边远的实际情况出发，变通解决偏辟机关领款难的问题，方便了公务。

1914年6月，北京政府成立了审计院，替代原审计处，黑龙江审计分处裁撤，这是黑龙江省审计初兴之后，从审计体制，审计重点到审计方式发生的一个大变化。

在审计体制上，由派驻黑龙江省审计分处以块块为主的就地审计，变为集权于中央政府，以条条为主，向审计院的报送审计；在被审单位与审计部门的关系上，由就地直接的审计关系变为转送的间接市计关系；在审计内容和审计方式上，则由以稽核支出为重点的事前审计和事后连续审计，变为以审查决算为重点的单一的事后审计。这个变化，对各官署、官业财政收支执行中问题的发现和处理，则不如审计分处就地审计直接和及时。

黑龙江省改为报送审计之后，据已查到的资料记载，内务、财政、外交、农商等部在黑龙江所属机关、厂、矿，报送审计的主要是月份支出决算。审计院审计发现的问题多是无概算和超概算支出。对审计出的问题区分情况，视情节的轻重，给予处理。黑龙江审计分处撤销之后，对于官吏交接之监督仍由财政厅执行。

黑龙江省实行的报送审计，自1918年起，各官署、官业不如期报送或不报送者日多。特别是1922年第一次直奉战争之后，黑龙江省各官署、官业向审计院报送审计自行终止。

1927年国民党南京政府审计院接收北京政府审计院之后，重新颁布了《审计法》和《审计法实施细则》。《审计法》及其《实施细则》规定：“凡主管财政机关之支付命令，需先经审计院核准，未经核准之支付命令，国库不得付款。”又规定，“各省审计分院未成立前，审计院所定之审计程序，对地方政府财政收入和支出的审计暂不实行。”由于东三省实行区域自治，黑龙江地区县、乡（镇）在财政管理机构之外，曾建有财政监察委员会，负责审核地方各项预算、决算，监察财政局收支款项，办理县乡政府委托监察财政之事项，实行具有审计性质的对地方财政的监督。

东北沦陷后，成立伪满洲国。省级财政机构被撤销，财权、金库管理、征税权利统归伪中央政府。各省经费支出直报伪中央政府批准。有关财政预决算编制、资金计划运用、国库钱款管理等，均由伪国务院总务厅直接掌握。作为以监督检查官署财务预算执行和决算为主要内容的审计，完全控制在伪中央，直接掌握在日本人把持的伪中央政府监察院审计部（后改为国务院审计局），各省均不设审计机构，充分反映出殖民地审计的特征。

由于财政收支的审计监督权直接控制在伪中央政府，其主要审计方式则是向审计部（局）直接送达审计。对黑龙江地区各省上报的月、年岁入岁出计算书，各种现金出纳计算书，国债国有财产增减计算书，政府有价证券收付计算书等，进行书面审计。审计部或审计局在实行经常的大量的书面审计的同时，还实行委托审计和派员检查。

1945年“九三”抗日战争胜利后，为了适应解放战争形势的需要，节约每一个铜板支援前线，争取解放战争的胜利，黑龙江地区各级政府财政机构，建立了战时财务支出预决算制度和首长负责的供给性财政的审计制度。

1947年8月，东北财经会议之后，随着解放战争的节节胜利，经济建设的展开，东北财政由分散管理逐步转向统一管理。新的形势，对加强财政监督的要求日益迫切。东北行政委员会在统一修订各省政府机构编制的基础上，黑龙江、松江、嫩江、合江、牡丹江等省在财政厅内部建立了审计科或审计处。各市县财政局、科也逐步建立了审计机构或配备了专职审计员。审计的主要内容是对各级政府的经费和粮秣的预决算、临时追加的预算，以及人员编制等。

根据审计任务要求，黑龙江地区各省明确规定了审计部门和审计人员的主要职权，以及与其任务、职权相适应的审计程序和制度，并严明审计纪律。

尽管这一时期的审计工作从属于财政部门，审计制度还不够完善，但在战争期间的困难条件下，对严肃财经纪律，厉行节约，反对浪费，集中一切财力物力支援解放战争，发挥了很大的作用。

中华人民共和国成立后，直至1983年，30多年来，黑龙江省一直是通过财政、银行、税务等部门各自的专业管理，对财经活动进行监督，没有设立独立的审计机关。

“文化大革命”结束后，随着党和国家工作重点的转移，改革开放的深入，社会主义有计划商品经济的发展，迫切要求建立一个独立的，有权威性的专门审计机关，加强对财政经济的监督。

根据国务院《关于地方各级审计机关设置和人员编制的通知》和《关于地方各级审计机关负责人职务名称的通知》规定，中共黑龙江省委和省人民政府于1983年4月18日决定成立黑龙江省审计局。中共黑龙江省委1983年6月1日常委会议决定建立中共黑龙江省审计局党组，并与之相适应组建了内部处室机构。黑龙江省审计局于7月1日开始对外办公。省审计局组建后，各行署、市、县审计机构相继组建。

1983年7月～1984年12月，在边组建、边工作、边摸索经验的基础上，以整党为动力，以食品公司系统和制糖工业系统效益审计为重点，兼顾财政财务决算、基本建设投资、“科技三项费用”、教育经费、罚没收入等多项审计，在全省有计划地全面开展，收到了初步效果。

1985年，紧紧围绕经济体制改革，提高经济效益这个中心，以粮食企业、水利资金和轻纺工业技术改造投资的经济效益审计为重点，使全省审计工作向纵深发展。全省财务收支审计的覆盖面进一步扩大；经济效益审计由食品、制糖企业，向粮食、轻纺和水利等行业扩展；围绕压缩和控制基本建设规模，基本建设审计由一般项目向重点项目扩展；财政金融审计，由重点审计财政、税务，向银行扩展。随着改革开放的深入，开展了世界银行贷款项目审计和厂长（经理）离任审计。并继续对教育经费、科技费用、罚没收入等进行审计。进一步打开审计工作局面，以实际工作成果树立了审计的权威，扩大了工作的影响。

在边组建边试审和全面开展审计监督的过程中，逐步建立审计法规，完善审计程序，摸索改善审计方法，使全省审计工作开始向经常化、制度化和规范化方向迈进，并以提高审计效应为目标，逐步向更深层次发展，使审计监督工作迈出新的一步。

至1985年，黑龙江省审计局成立虽然只有两年半的时间，由于紧紧依靠中共全省各级组织和全省各级政府领导，主动争取各部门的支持配合，广泛开展审计宣传，提高人们对审计重要性的认识，发扬勇于实践、学习探索的精神，坚持实事求是，客观公正，依法审计的原则，两年多来，共审计7 900多个单位，查出违反财经纪律金额25 000多万元，上缴财政3 300多万元。初步探索了审计工作路子，锻炼和培养了干部，为维护国家和人民的利益，加速社会主义建设，发挥了应有的作用，为开创黑龙江省审计工作打下了良好的基础。

在国家审计监督工作深入开展的同时，部门、单位内部审计和社会审计也逐步开展起来，并取得初步成效。

第四节　工商行政管理

一、集贸市场管理

明代的黑龙江地区，当地一些女真人持朝廷发给各部酋长的特许证，称为“勘合”，可在每年的集期至辽宁的开源和抚顺进行交易。清康熙七年（1668年），清廷对东北地区实行封禁政策，这时黑龙江地区的集市交易冷落萧条。清康熙三十年（1691年）后，清廷弛禁，集市渐趋活跃。清代中期，清嘉庆元年至二十五年 （1796～1820年），三姓副都统每年都在庙街（苏联尼古拉耶夫斯克）附近的德楞收纳贡品并组织集市交易。黑龙江地区将军、副都统、府、道衙门的所在地以及大的县镇都设有集市。清末时期，黑龙江省下设劝业司，主管集市交易。黑龙江行省劝业司对集贸市场还制定了管理政策和处罚规定。

中华民国初期，黑龙江地区城乡集市有了新的发展。城市一般有六七处，县镇多者有四五处，少则也有两三处。除综合市场外，还有菜市、鱼市、肉市、粮市、工夫市（出卖劳动力）以及柴草、旧物、牲畜等专业集市。黑龙江地区省级设实业厅、市级设市政管理局、县级设实业科（股），为集市贸易管理部门。

东北沦陷时期，对集市贸易采取了严厉的管理措施。规定一些重要物资和生活必需品实行专卖和“配给制”，对主要粮谷实行统制。城乡集市只允许蔬菜、水果、水产品、小杂粮、旧物、柴草、大牲畜等上市交易，严禁粮食、油料登市。黑龙江地区各伪省公署实业厅（或建设厅）下设的商工科负责管理城乡集市，伪省公署警察厅（局）配合。各市、县则由伪市、县实业科（股）管理，伪市、县警察署配合。

1945年抗日战争胜利后，黑龙江地区的城乡集市贸易有了新发展。1947年，东北行政委员会颁发了《东北解放区境内贸易自由》的布告，允许物资自由流通，允许贩运商品，允许私商下乡收购农副产品和销售工业品。到1950年末，黑龙江地区城乡集贸市场达到550处，成交额达5 500万元。

1956年全省社会主义改造基本完成后，在流通领域逐步形成了以公有制为主体的社会主义统一市场，城乡间、地区间商品流通主要靠国营商业和供销合作社两条渠道，城乡集市贸易受到一定的限制，商品流通出现了“大通小塞”的现象。为了梳理商品流通阻滞问题，黑龙江省人民委员会决定于1956年秋开放农村小土特产品自由市场；1957年2月开放在国家领导下的大中城市自由市场。实施后，农副产品的上市量增加，城乡物资交流趋于活跃，促进了农副产品生产的发展，改善了国营商业和合作商业的经营管理。1958年下半年，全省实行“人民公社化”，自留地和家庭副业被取消，城乡集市贸易失去了存在的基础，陷于停滞萎缩。1959年9月中共黑龙江省委和省人民委员会贯彻中共中央、国务院发出的《关于组织农村集市贸易的指示》，对集市贸易的作用予以肯定，认真执行对集市贸易“活而不乱、管而不死”的方针，并有组织有领导地扶植集市贸易。在1959年末，全省恢复和建立农村集贸市场390处，1963年3月，黑龙江省人民委员会贯彻执行中共中央、国务院《关于严格管理大中城市集市贸易和坚决打击投机倒把的指示》，对大中城市的集市贸易提出了加强管理、缩小范围、逐步代替、区别对待、因地制宜的方针。对城乡集市管理强调“管理宜紧不宜松、范围宜小不宜大”的原则。致使集市贸易日益萎缩。到1965年全省城乡集贸市场已减少到230处。1966～1976年，受“文化大革命”“左”倾错误的干扰和破坏，全省城市集贸市场被强行关闭，农村集市贸易受到严格限制。1976年全省城乡集贸市场下降到204处。1978年，全省恢复和发展了农村集市贸易，开放了城市农副产品市场，同时放宽了贩运政策，城乡集市贸易日趋繁荣活跃。伴随着经济的发展，出现了一批轻工、家具、农副产品批发等专业市场。1980年，黑龙江省人民政府颁发了《黑龙江省城乡集市贸易管理试行办法》。1983年黑龙江省工商行政管理局制定了《黑龙江省城乡集市贸易管理细则》。1985年末，全省城乡集贸市场已发展到1 406处，比1976年增加6.8倍。集市贸易成交额达168 974万元，比1976年增长5倍。

二、个体工商业管理

黑龙江地区地处边陲，特别是清朝实行了近200年的“封禁”政策，商品经济一直发展缓慢。清朝后期，黑龙江地区解除“封禁”后，随着内地移民的增多，农业的发展，以家庭手工业作坊、店铺为主要形式的私营工商业始趋兴旺。清光绪三十年（1904年）宁古塔已有商业、手工业695家。清宣统元年（1909年），仅阿城县县城内店铺就达46个行业、1 103户。中华民国时期，呼海、洮昂、齐克铁路修通后，促进了私营工商业的发展。到1931年，齐齐哈尔市有工商业1 864户，除外商180户和较大有名望的商号215户外，其余均为家庭手工业作坊与家眷铺。

东北沦陷初期，黑龙江地区私营工商业损失极大，珠河县（今尚志县）歇业逃避者十之七八；哈尔滨市仅道外荒闭的商店就达340余户。从1934年起，私营工商业虽然得到一定程度的恢复，但“七七”事变后，日本帝国主义为了全面侵华战争的需要，日伪政权开始在伪满洲国强化经济统制，先后实施了“暴利取缔法”、“生活必需品价格并配给统制要纲”、“物价及物资统制法”等强制法令，使民族工商业遭到沉重打击。仅1942年上半年，伪三江省就有258户工商业者废业。海伦县原有17户日杂商，最后仅剩7户。到1945年日本帝国主义投降时，齐齐哈尔市工商业户仅剩1 311户，比“九一八”事变前减少553户。

解放战争时期，随着黑龙江地区各级民主政权的建立，为了减少失业，繁荣经济，各地相继实行了保护私营工商业的政策及措施，采取了贸易自由方针和一系列鼓励私营工商业发展的办法，从而促进了私营工商业的迅速恢复与发展。齐齐哈尔市私营工商业户到1947年6月，已猛增至3 157户。同年7月，黑龙江地区农村开始的“土地改革”运动，曾波及扩大到一部分工商业者。1948年年初，黑龙江地区各省、市民主政府相继发出在“土改”运动中保护城镇工商业的

“指示”和“通知”，从而保证了私营工商业的进一步发展。到1949年末，黑龙江地区私营商业中属个体范畴的工商业户总计13.5万户。

1950年上半年，黑龙江地区国营与合作社营（简称国合）零售商业发展较快，同时对私营商业在货源供应、经营品种和商品贩运等方面采取了某些限制措施，致使私营商业一度下滑。1950年下半年，根据中共中央关于“五种经济成分统筹兼顾、各得其所，分工合作，一视同仁”调整工商业的原则，黑龙江地区对工商业进行了调整。国营商业对私营商业开展批发业务，实行批发价供货，并放宽了棉布等重要商品的批发限制。鼓励私营商业扩大土特产品的经营，适当扩大了商品的批零差价和地区差价。1951年5月29日，黑龙江省人民政府在《黑龙江省工商管理暂行办法（草案）》中，对私营商业在政策上放宽和扶持，扭转了私商下降的趋势，而且还促进了全省私营商业新的发展。对于手工业，全省各地政府始终采取积极扶持的政策，所以手工业的户数、从业人员及产值呈全面增长；饮食服务业随国民经济的发展，也呈全面增长。截至1951年年底，黑龙江地区个体经济范畴的工商业户总计136 466户。

1952年初，根据中央精神，在黑龙江地区私营工商业中开展的“五反”（反对行贿、反对偷税漏税、反对盗窃国家财产、反对偷工减料、反对盗窃国家经济情报）运动，严厉打击了资本家的不法行为，取缔了一些严重违法经营者。但由于一些地方出现了运动扩大化问题，加上对私营工商业者进行政策教育不够，致使一些人对“五反”运动认识不清，存在抵触情绪。在“五反”运动后，一些私营工商业者纷纷要求废业，私营工商业呈急剧下滑局面。1952年末，黑龙江地区私营工商业中的个体工商业总计118 289户，比1951年末下降了13.3%。

1953年初，黑龙江地区根据中共中央调整公私营商业的指示，对私营商业的经营范围，批零差价和地区差价等进行了调整，除行商外，其他个体工商业均开始回升。

1953年，黑龙江地区私营工商业社会主义改造开始加快。1953年私营商业为国营商业经代销额3 061万元，一些小商已开始挂经代销的牌子。行商作为批发商开始被逐步代替。1953年，个体手工业为国家加工订货产值占其总产值的比重，松江省为19.4%，黑龙江省为15.8%。1953年底，黑龙江地区已有手工业合作社189个。

1954年，由于逐步割断私营零售商向私营批发商及外地进货的渠道，加上国合零售商业发展较快和贯彻中共中央关于维持私营零售商经营比重“踏步”方针的措施不力，致使私营零售商，特别是小商出现了户数减少和销售额下降现象，与1953年相比小商户数减少17.3%。截至1954年年末，黑龙江省个体工商业总计119 700户。1955年，对私商加大了经、代销比重。同年4月，黑龙江省在海伦县组织小商小贩走合作化道路试点，试办了建华、中兴两个合作商店。年底，在哈尔滨市山海杂货和医药两个行业进行了全行业公私合营试点。1956年1月15日，北京市私营工商业全部实现合营的消息传来后，黑龙江省采取群众运动的方式，对私营工商业者和私营企业职工进行发动，很快在全省形成了轰轰烈烈的社会主义改造高潮。同年11月，全省小商小贩纳入各种改造形式的达42 959人，占全省小商小贩总数的72.7%。尚未进行社会主义改造的小商小贩仅剩16 073人（含个体饮食服务业户）。1956年末，全省个体手工业户的84%被改造为手工业生产合作社，未改造的个体手工业户只剩4 851户，11 070人。由于改造过急过快，出现了一些商业和手工业网点过分集中的现象。肇东县将饮食业25户并成7户。农民到城里下饭馆得排队。依兰县把41户服装店并成4户，群众拿布找不到做衣服的；把16户修理钟表业者集中在一个房间里，炕上地下全挤满了，以致顾客与业者两不方便。针对上述问题，一些市、县在改造运动后期，对商业服务业网点进行了适当的调整。1958年“大跃进”开始后，在“一大二公”思想影响下，一些市、县又开始对残存的个体工商业进行改造。有的将本不适于集中经营的小商小贩进行集中合并升级为合作商店；有的把个体工商业户转向街道工业和街道服务站。据1958年末统计，全省从事商业、饮食、服务业的个体经营户只剩1 056户，而且都是无法再改造而又无其他生活出路的老弱病残人员，只能经营一些零星小食品和小杂货。

1961年随着城乡集市贸易的恢复，自发个体工商业者大量出现。1962年，根据中央“调整”精神，为恢复“大跃进”时期被撤并的商业网点，开始将“大跃进”时期进入到国合商业的小商小贩向外调整，在重新组织合作商店和合作小组的同时，也允许其中一些人搞个体经营。合作商店中的老弱残人员，如果家中有辅助劳力也可以退出去单干。到1962年底，有证与无证个体工商业户，都有了显著的增长。全省仅自发个体工商业者就达3.8万人，其中商贩2.8万人，手工业者1万人。在城市集贸市场上，商贩已占商品贩卖者总人数的80%。

在国民经济困难时期，自发个体工商业户在为城乡商品流通，缓解商品供应困难方面起到了一定的作用。同时他们中许多人也赚了“大钱”，致使一些合作商店的职工纷纷要求出去搞单干。随着国民经济趋于好转，根据中央关于在城镇市场上国合商业逐步代替私营商业指示精神，黑龙江省于1962年12月起，陆续在哈尔滨、齐齐哈尔、牡丹江、佳木斯等62个市、县以及9个较大的工、矿、林区和铁路沿线、江运码头、集镇开展了代替私商业务。全省代替私商工作是以肉食、熟食两个行业为重点，并较普遍地开展了蛋、水产和鲜果的议价供应，部分市、县还对经营禽类和粮米加工的私商开展了代替工作。据对全省9个市及北安县的统计，1963年，经营熟食和肉食两个行业的私商已由年初的7 138人减少到210人；卖钱额由1962年12月份占这两个行业社会零售总额的32%下降到0.2%。以经济手段代替私商的同时，结合全省工商企业登记对自发个体工商业户进行了清理整顿。对于一贯投机倒把分子、批发商和行商（长途贩运户）以及有雇工剥削行为的坚决取缔；对于在职职工、在校学生、弃农经商的农民、私自离职和下放倒流人员不予发证，令其停业；对于社会闲散人员，通过各种措施加以安置。但对无其他生活出路，确需靠工商活动谋生的，经当地公社介绍和行业归口部门审查，根据市场和货源情况适当承认一批并发给营业执照。截至1963年末，全省共有个体工商业10 258户（不含临时摊贩）。1964年，根据《中共中央、国务院关于进一步代替私商工作的指示》，黑龙江省代替私商工作范围扩大到所有县城和集镇以及所有工矿、林区和铁路沿线、江运码头。除继续在肉食、熟食两个行业代替私商外，还在哈尔滨、齐齐哈尔等9个城市开展了议价粮油供应，由粮食部门代替私人粮米加工、作坊以及由国合寄卖商店占领旧物市场，代替私商经营。随着城乡市场代替私商工作的深入，无证商贩进一步减少，据1964年6月份统计，全省无证商贩约剩4 300人，其中城市2 000人，农村2 300人。与此同时，全省各地继续开展对无证工商业者的清理整顿，特别对经营粮油和粮米加工业户进行了重点清理。一些地区还对有证个体商业户进行了复查，对不适于个体经营的收回了证照。1964年底，全省有证个体工商业户为7 432户，加上季节性摊贩，全省个体工商者达28 655人。1965年，根据《中央财贸座谈会纪要》精神，黑龙江省以有证商业户为重点，对个体工商业户进行了一次全面清理整顿：对已有其他生活依靠的和属于下放（农村）对象的个体户收回了营业执照；对于干部和职工家属从事个体经营的，一般也都收回了证照。为了“让他们有饭吃，又不能吃得过多”，规定个体商业户不准批发，不准超经营范围，不准超过规定的活动地区，不准任意增加网点，不准任意增加人员，不准违价，不准到集市和外地采购商品。只允许其经营一些小商品，搞零星购销和走街串巷销售业务。经过整顿，全省个体工商业者（含临时摊贩）明显减少，到1965年末，个体工商业者为16 658人，比1964年同期下降了42%。“文化大革命”期间，对个体工商业贯彻执行“只能减少，不能增加”的方针。至1978年末，全省有证个体工商业仅剩5 200户。

中共第十一届三中全会后，重新确认个体经济是公有制经济必要的、有益的补充，个体工商业得到了迅速的恢复和发展。1979年，黑龙江省在开始恢复个体工商业户时，确定从修理服务、小手工及工艺、小食品、商业服务4个行业、40余个项目起步，发展对象主要是城镇待业人员。当年全省新增个体户5 000余户。1980年9月8日，黑龙江省人民政府制定颁印《关于适当发展城镇个体工商业户若干问题的规定（试行）》，对个体工商业的政策作了明显的放宽。

在经营范围方面，由原来的4个行业40余个项目放宽到8个行业90余个项目。在经营方式上，由以前的一证一人放宽到一证一户，既允许一家一户经营，又允许二三家合伙经营。既允许走街串巷游动服务，又允许自设门市，搞“夫妻店”“家眷铺”，同时还允许一部分人搞城乡间鲜活商品贩运。在货源供应与价格政策上，既允许在国营商店进货，也允许从贸易货栈、集贸市场、工厂企业和社队企业自行采购。议价购进的商品，允许议价销售。对有技术专长的退休职工和长期由政府救济的职工家属，也适当掌握批准从事个体工商业。另外，为方便经营，还允许个体工商业户在银行开设账户。这些措施积极地推动了个体工商业的恢复和发展。1981年8月7日，省工商行政管理局、商业局、粮食局、供销合作社、物资局、劳动局在转发工商行政管理总局等6个部、社、局《关于对城镇个体工商业户货源供应等问题的通知》中规定：城镇个体户允许请2个帮手和5个学徒；可以在规定的经营范围内从事城乡间允许自由购销的鲜活商品和农副土特产品的运销（但不准从事批发）；资金周转有困难的可以向银行申请贷款；个体户从事社会急需而又紧缺的修理、加工、饮食和服务业，在税收上可酌情减免；广大群众需要但经营确有困难和盈利微薄的，可以免税。同时经黑龙江省人民政府批准，农村也可发展个体工商业。到1981年末，全省农村有个体工商业3 764户。1983年后，根据《国务院〈关于城镇非农业个体经济若干政策性规定〉的补充规定》，个体户经批准可以出县、出省进行长途贩运；可以批量销售完成国家计划任务后允许上市的农副产品以及工业品中的三类小商品；可以使用机动车、船从事客货运输；允许城市待业青年和社会闲散人员，持当地的户籍证明到外地集镇从事个体经营；允许农村个体工商业者进入集镇经营；允许在职职工停薪留职从事个体经营；退休职工如能带徒传艺或经营经验以及有传统技艺能恢复发展名、特产品的，从事个体经营后其退休待遇不变。由于全省还有2/3左右的农村自然屯没有商服网点，农村仍存在严重的买难卖难问题，同时随着农村家庭联产承包制带来的生产力水平的提高，农村出现大量的剩余劳动力。为此，黑龙江省人民政府将发展农村个体工商业作为解决农村买难卖难与解决农村剩余劳动力就业，使其同时勤劳致富的一条途径，并作为1983年和1984年全省个体工商业发展的重点。取消了过去对农民个体经营“四坊”（油坊、粉坊、磨坊、豆腐坊）的限制。随着政策逐年放宽，个体工商业有了飞速发展，截至1985年年末，全省城乡个体工商业总计325 975户，从业人员445 203人，资金63 413万元，营业额246 345万元，商品零售额占全省社会商品零售总额的10.7%。

三、企业登记管理

中华人民共和国成立前，黑龙江地区企业登记管理部门不统一。根据史料记载，清道光元年（1821年），商民开设店、铺，实行请“贴”开业，由将军衙门“钤印颁发”执照。清光绪二十九年（1903年），清政府颁布了有关注册的《公司律》《商人通例》等法规，分别规定：

“凡凑集资本共营贸易者名为公司”“凡经营商务贸易买卖贩运货物者均为商人”。商人设立公司向商部注册局呈请注册，由商部发给执照。当地政府对开办的工商企业名称、注册资本、股份、股东及营业人等进行管理。清光绪三十三年（1907年）黑龙江将军衙门改为黑龙江行省，下设劝业司管理工商企业。由于哈尔滨、齐齐哈尔、满洲里辟为商埠，注册登记的公司、厂、行、号、店逐年增多。到清宣统元年（1909年），齐齐哈尔开办的大商户近百户。哈尔滨开办中外商工业1 553户。在宁古塔华商设裕顺火磨，在一面坡、富拉尔基俄商建啤酒公司和广记火磨。

1912年，中华民国政府陆续公布了《商人通例》《矿业注册条例》《公司法》《工厂登记规则》《商业注册规则》等工商业登记注册法规。黑龙江省先后由省民政长公署的实业司、巡按使公署的政务厅实业科、省长公署的实业厅、省政府农矿厅（后改为实业厅）依据上述法规对工商企业实施管理。1924年，设立公司由当地政府报经农商部注册核准发给执照。1927年，按发布的《注册条例》规定，开办公司、矿业，向国民政府注册局呈请注册，领取执照。商号注册由注册局派员到商号所在地限期办理。小额资本的工商业注册，呈请当地该管警察官署核准后发给营业执照，准予营业。这个时期注册的工商企业多集中在较大城市和农业较发达的县镇。

东北沦陷时期，伪满政府制定了《矿业法》《重要产业统制法》《商业登记法》及《物品贩卖业统治法》等一系列工商企业注册登记法规。这些为日本帝国主义侵略战争和掠夺服务的经济法规的实施，使黑龙江地区的民族工商业受到摧残，大批店铺工厂破产倒闭。

1945～1946年，黑龙江地区各级民主政府都把保护和发展工商业作为《施政纲领》之一，彻底废除伪满洲国的经济统制制度，实行买卖自由，促进经济恢复与发展。

中华人民共和国成立后，对企业登记管理工作做了明确规定。1950年国家发布的《私营企业暂行条例》和1951年公布的《私营企业暂行条例施行办法》，对企业的登记机关做了明确规定。

黑龙江地区各级政府，为扶助、指导与发展工商业，繁荣经济，按公布的有关工商企业登记管理的《条例》《布告》《训令》《通知》等法规，要求各类公营、私营、公私合营及合作社营工商企业，按规定进行登记。至1951年3月末，黑龙江省登记的工业企业13 653户，从业人员35 706人；商业企业12 980户，从业人员26 071人。1951年，松江省登记的工业企业10 763户，从业人员28 728人；商业企业16 425户，从业人员31 218人。

1956年5月，黑龙江省商业厅部署了对公私合营、合作商店（组）换发《营业执照》工作，登记范围只限于公私合营、合作商店。对原为私营，后经过改造过渡为国营、合作社门市部的企业，暂不列入登记范围。

1962年4月，省市场物价局向各市、县部署加强对工商企业登记管理工作时，提出按业务归口，由主管部门负责对企业进行登记。登记范围包括：合作商店、小组，手工业社、组，公私合营工商企业，社、街（队）办工商企业，机关、企业、团体、学校等单位办的附属企业，均按业务归口对其进行了登记审核。

1962年12月，国务院颁布的《工商企业登记管理试行办法》规定，国家登记主管机关是中央工商行政管理局，在地方是省和市、县工商行政管理部门。未专设工商行政管理部门的地区，由当地人民委员会指定其主管机关。工商企业一律在所在县、市规定的主管机关登记。国务院发布的《工商企业登记管理试行办法》，将工业、手工业、交通运输业、建筑业、商业、饮食业、服务业的生产经营单位列为登记范围。即国营、地方国营、公私合营的工商企业；合作社经营和其他集体所有制的工商企业；外地的工商企业派驻的推销、采购机构；工商企业的附属工厂、门市部等，都应依照《试行办法》的规定办理登记。但国防工业、国营交通运输业和公用事业不进行登记。

黑龙江省人民委员会根据《试行办法》的要求，于1963年3月5日指定省市场物价管理局为省的登记主管机关。各专署、市、县设工商行政管理局的，指定其为登记主管机关，没设工商行政管理局的由指定部门主管登记工作。同时要求将指定的登记部门向省市场物价管理局备案。全省工商企业登记开展后，中直企业、省和专署管的企业及其他各类企业，都在当地的市、县登记主管机关进行了登记，并发放了营业执照。

1973年商业部向国务院提出"工商企业登记管理工作应继续进行"。登记主管机关，在中央是商业部；在地方是省、市、县商业局或工商行政管理部门。

1979年1月，黑龙江省工商行政管理局恢复了机构。同年6月，由黑龙江省革命委员会发出的《对全省工业企业进行普查的通知》规定：除国防工业、国营交通运输业和公用事业外，对国营、地方国营工业企业，机关、部队、学校、民政、劳改及其他事业单位投资办的工业企业，铁路、矿山、农场、林场、商业、饮食、物资等部门及其他企业附设的工业企业，各种类型的集体所有制工业企业，印刷、制酒、计量器具和社队企业进行登记。1979年下半年，黑龙江省开展了工业企业普查登记，《工业企业普查登记表》直接报送所在市、县工商行政管理部门。由市、县工商行政管理局办理核准发照。到1979年末，全省登记的工业企业28 935户。其中：全民所有制企业5 136户，集体所有制企业10 764户，农村社队企业13 035户。

1981年1月，黑龙江省人民政府对各类商业企业提出了登记要求，通过登记坚决取缔无证经营，切实加强管理。确定"一切国营和集体商业、饮食、服务业、工业部门设立的展销、试销、自销门市部等，在6月末以前，向当地工商行政管理机关申请登记，办理《营业执照》。过期未办理《营业执照》的，一律责令停业。" 通过对登记的结果统计，至1981年底，全省商业、饮食、服务业共21 638户，从业人数767 679人，注册资金4 415 207 000元。

1981年6月20日，工商行政管理总局发出了"关于开展商业饮食业服务业交通运输业全面登记工作的通知"，其中规定：商业和供销社系统的商业企业，粮食系统的商业企业及粮油商店，外贸、水产、医药、物资部门所属的商业企业，机关、团体、部队、学校、街道、社队及其他部门办的商业，工、矿、农、林、牧、渔厂（场）及各部门办的自销门市部（包括试销、展销门市部），各部门所属的贸易货栈、信托服务部、供销经理部、物资服务部、交易所，书店、文物、字画、工艺美术、广告服务业，地方国营、城镇集体、农村社队的运输业和对外营业的装卸搬运业，均须登记。

1981年11月，黑龙江省工商局、交通局、航运局联合发出了《关于开展交通运输业登记的通知》，要求所有国营、城镇集体、农村社队、机关、团体、厂矿企业以及其他部门兴办的对外营业的公路、水路运输企业和装卸搬运企业、包装托运企业，都须登记。这次登记发照的各类交通运输企业共1 574户，从业人员136 661人。

1982年国务院发布的《工商企业登记管理条例》，仍规定工商企业登记主管机关，在中央是国家工商行政管理局，在地方是省、市、自治区、直辖市和县的工商行政管理局。为贯彻《条例》，国家工商局公布了《工商企业登记管理条例施行细则》，并具体规定了登记机关。

黑龙江省工商行政管理局为了认真贯彻《工商企业登记管理条例》，从1983年4月1日起，将原省工商局审批的煤炭开采、制药（包括兽药、医疗器材厂和制药设备厂）、锅炉制造（包括安装和修理）、消防器材制造（包括修理）、水泥、酿酒、卷烟、印刷、鞭炮、农药、录音、录像制品（包括复录）、国画、古玩、军人服务社等14类企业，改由市、县工商行政管理局直接审批登记。商业批发企业和贸易货栈仍由省工商局审批。

同年，国务院为了便于《中外合资经营企业登记管理办法》的顺利实施，又发布了《中外合资经营企业法实施条例》，对外资企业实行登记管理。黑龙江省工商行政管理部门据此办理了中外合资企业的登记工作。1983年底，黑龙江省的工商企业总数103 168户，从业人员5 864 424人。1984年底，全省新核准了中外合资企业6户。外国企业常驻代表机构1户。

1985年1月21日，黑龙江省省长陈雷代表省政府在北京举行了新闻发布会，向一些国家和地区的新闻界、经济界人士和海外侨胞、港澳同胞介绍了黑龙江省发展经济和开展对外经济技术合作的优越条件、优惠政策。同时黑龙江省人民政府还制定了关于对外商投资兴办企业实行优惠办法的若干规定。促进了中外合资企业的进一步发展。至此黑龙江省登记的中外合资企业39户，合作企业1户，外国公司承包工程3户，外国企业常驻代表机构3户。在39户中外合资企业中，合资对方有美国、法国、澳大利亚、日本等国及香港地区的企业。投资总额5 379万美元，注册资本3 089万美元，认缴出资额1 224万美元。按行业分类有建筑装修业、纺织工业、轻工业及其他行业。这些企业分布在哈尔滨市、齐齐哈尔市、牡丹江市、佳木斯市、伊春市、鹤岗市、延寿县、铁力县。

同年5月，国务院颁发了《国务院关于开办民用航空运输企业审批权限的暂行规定》，把从事民用航空企业也列入了登记范围，并具体规定了审批权限，其中规定：经营国际航线业务的，由中国民用航空局审查，报国务院批准；经营省际航线业务的，由民航局审查批准；经营省、自治区、直辖市境内航线业务的，由各该省级人民政府批准，报民航局备案。航空运输企业持民航局发的经营许可证，按照《工商企业登记管理条例》的规定，到省工商行政管理部门办理登记手续，领取营业执照。

1985年8月3日，黑龙江省工商行政管理局印发了《黑龙江省公司企业登记管理暂行条例》，规定全国性公司在黑龙江省开设的分公司、经营进出口及有对外业务的公司、军队开办的各类商业性公司，由省工商行政管理局登记发照，其他公司一律由所在地工商行政管理局登记发照。

到1985年底，黑龙江省各级工商行政管理部门，根据规定的登记范围，依法进行企业登记。全省企业共有111 535户，从业人员6 896 576人。

四、经济合同管理

黑龙江地区经济合同（契约）的管理，始见于清朝光绪年间。清光绪二十九年（1903年），清政府颁布的《商会简明章程》规定："契约到商会注册，以杜绝诳诈欺伪之弊。"清光绪三十三年（1907年），齐齐哈尔市（当时的黑龙江省会）设立商务总会，商务总会设总董1人，协董2人，五行议董各2人，人选由商界投票公举，经费在各行店卖钱项下酌收。同年设立商会的还有五常、绥化。此后，哈尔滨、阿城、双城、海伦、宾县、黑河、望奎、兰西等地，也都相继设了商会组织，经济合同（契约）由商会进行管理。

中华民国时期，1913年1月28日，政府颁布《商事公断处章程》，规定在商会中设置商事公断处，专门调解和仲裁商事纠纷。据资料记载，黑龙江地区已设有商会及商会分会108家。

东北沦陷初期，一般经济合同仍由商会沿用以前的习惯进行管理。对于民间与政府部门订立的经济合同（契约），1933年7月12日，伪满洲国专门制定了《政府契约规则》，就买卖、借贷、承包以及其他契约的内容与程序作了详细规定。而且凡同政府订立契约者都要缴纳保证金，契约书还须由负责官吏签字盖章。1937年，日本帝国主义为加强在伪满洲国的经济统制，将各地原有商会与日本人的商工会议所合并组成商工公会。商工公会同样负有经济合同（契约）的管理责任。

解放战争时期，作为解放区，黑龙江地区的一些城市加强了对某些经济合同的管理。1942年9月1日，哈尔滨市政府颁布的《哈尔滨市加工条例》规定："加工与委托加工双方签定合同，必须经市政府工商局备案始为有效"，"如发现掺假，成品变质，委托者有权解雇外，并可提请政府予以罚款，停止其营业或课以徒刑之处分"。1948年12月5日，黑龙江省商业厅《第一届工商科长联席会议总结》要求，合作社与贸易公司一切往来要有明确的合同，经过县长批准，约束彼此认真对待工作。这些规定和要求，为保证军需和减少商品流通领域中的纠纷起到了积极作用。

中华人民共和国成立初期，为了恢复和发展国民经济，对于经济合同制的推行和经济合同的管理非常重视。1950年3月27日，东北人民政府贸易部下发了《本部所属各专业公司间业务往来均须迅速订立合同的通知》。1950年4月8日，东北人民政府下发《严格执行公营企业之间的订货合同制度》的通令。同年4月10日，东北人民政府贸易部又下发了《关于认真订立与严格执行契约合同的决定》。1950年9月27日，政务院财政经济委员会公布的《机关、国营企业、合作社签订合同契约暂行办法》规定：经济业务往来必须订立合同，合同要呈报上级机关及领导的财政经济委员会备案，并抄至同级财政部门存查；各级财政经济委员会负责处理上述部门之间的经济合同纠纷，处理无效时由法院裁决。对于公私间的加工订货，本着正确处理公私关系，保证双方的权利与义务，达到公私兼顾、发展生产的目的，东北人民政府于同年10月26日颁布了《东北区公私间加工订货管理暂行办法》，要求公私间加工、订货必须签订合同；合同金额较大的应报请当地人民政府工商主管机关审核备案，经备案后，双方应严格执行合同；由人民政府经济计划委员会、工商管理局（科），总工会及产业公会，国、公营企业代表，合作总社，工商联合会或工商会组成的加工、订货委员会，负责讨论加工订货计划、分配原则和调解重大争议事项。牡丹江市于1952年10月21日成立了由市工商科长等11人组成的加工、订货委员会；1953年委员会成员增至17人。副市长任主任委员，工商科长任副主任委员。1954年3月24日，黑龙江省人民政府批复齐齐哈尔市人民政府关于《加强公私间加工订货管理的决定》，同意加工订货委员会设常设办事机构。同年10月，铁道部颁布《关于签订运输合同的基本规定》。1956年4月13日，商业部、地方工业部下发了《对目前有关工商计划衔接，贯彻经济合同的若干问题规定的联合通知》。同年，重工业部还颁布了《产品供应合同暂行基本条款》。这些法规对签订合同的要求，保证合同履行的办法，经济责任的承担及违约处理等都作了原则规定。

随着资本主义工商业的社会主义改造基本完成，私有制转化为公有制，许多地方的合同管理机构被相继撤销。那时，商业部门委托工业、手工业部门加工、订货、包销产品等，多是口头订货，"君子"协议，只有半数签订合同。尤其是"大跃进"时期，提出许多不实际，违背客观经济发展规律的高指标，在这样的经济环境中，使得合同纠纷增多，造成工商关系紧张。

1961年9月～1963年8月，中共中央、国务院、国家经济委员会在《工业七十条》《关于严格基本建设程序、严格执行经济合同的通知》《关于工矿产品订货合同基本条款的暂行规定》中要求，国民经济各部门必须严格执行经济合同；各生产企业必须按合同要求进行生产，保证产品质量和交货日期；并明确由各级经济委员会仲裁经济合同纠纷。同年，黑龙江省的物价工作会议上提出“推行工商合同制度，仲裁合同纠纷是工商行政管理的任务之一，……有条件的地方要对工商合同进行监督管理和检查执行情况”。自1962年下半年起，黑龙江省许多地方的工商行政管理部门相继恢复了合同管理职能。积极开展经济合同的备案审查；合同执行情况的监督检查；合同纠纷的调解仲裁和经济合同方面的宣传教育工作。哈尔滨市工商行政管理局，在恢复了工商合同管理后，1963～1965年共审查备案合同7 230份，合同纠纷逐年减少。到1966年，黑龙江省的经济合同制已基本恢复。

“文化大革命”期间，经济合同制受到严重破坏，合同管理已无人问津。1978年，中共中央在《关于加强工业发展若干问题的决策草案》中指出：“合同一经签订，必须严格执行。破坏协作，破坏合同，就是破坏社会主义经济。不按规定执行合同和随意中断协作关系的，要追究责任并赔偿损失”。1979年，黑龙江省工商行政管理局先后下发《关于试行（工商、农商企业经济合同管理暂行办法）的通知》、《工商企业经济合同基本条款暂行规定》和《关于试行农商企业经济合同条款暂行规定》，并在哈尔滨、牡丹江等13个市、县开展了工商、农商合同管理的试点工作。

1980年6月26日，黑龙江省人民政府颁布的《黑龙江省经济合同管理暂行规定》要求：工商、农商、商商合同由工商行政管理部门负责管理；各系统内经济合同由各主管部门负责管理；其余的经济合同由各级经济委员会管理。同年7月，省工商行政管理局转发了工商行政管理总局制订的《关于工商、农商企业经济合同基本条款的试行规定》和《关于工商行政管理部门合同仲裁程序的试行办法》。至1980年末，黑龙江省的工商合同管理除个别边远县外，已全面展开。农商合同中，大中城市的蔬菜已全部实现了合同制，并且在37个县进行了农副产品合同管理的试点。1981年和1982年，黑龙江省重点抓了工商合同中国家指令性产品和轻、纺工业产品和农商合同中统购统销、计划收购、派购产品及政府指定品种的签约、鉴证、监督检查等。随着合同制的推广，1982年，全省各级工商行政管理部门专职合同管理人员已由1979年的150余人，增加到300人，截至1982年年底，4年中全省各级工商行政管理部门共鉴证经济合同41.4万份，总金额66.9亿元。工商合同履约率达95%以上，农商合同履约率在90%左右。调解合同纠纷501起，仲裁合同纠纷49起，确认无效合同25份，查处违法案件30起。

1982年，《中华人民共和国经济合同法》（以下简称《经济合同法》）实施后，全省各地工商行政管理部门在各级人民政府领导下，利用报刊、广播以及举办报告会等形式，广泛地开展了《经济合同法》的宣传活动。同时，工商行政管理部门还配合业务主管部门，举办《经济合同法》讲座，使企事业单位领导干部和一线合同管理人员约15万人受到了教育。

为完善经济合同管理，根据《经济合同法》的总原则，国务院于1983年和1984年相继颁布了《建设工程勘察设计合同条例》《建筑安装工程承包合同条例》《工矿产品购销合同条例》《农副产品购销合同条例》《加工承揽合同条例》《借款合同条例》《技术引进合同管理条例》和《中华人民共和国经济合同仲裁条例》等法规。1984年3月19日，黑龙江省人民政府下发了《关于认真贯彻执行经济合同法规的通知》，对各级人民政府、工商行政管理部门和各行业主管部门如何贯彻执行国务院颁布的经济合同法规，提出了具体要求。

随着《经济合同法》的实施，黑龙江省经济合同的管理，由以前的多头管理转由工商行政管理部门统一管理。各级工商行政管理部门由主抓签约、鉴证的合同管理方式，转向监督检查合同的执行、合同纠纷的调解与仲裁、无效经济合同的确认和查处利用合同的违法行为。为发挥各部门和企业在合同管理方面的作用，自1983年起，全省开始了经济合同管理网的建设，工商行政管理部门协助各系统、企业组织建立合同管理委员会和合同管理小组，制订合同管理章程，配备专、兼职合同管理员。到1985年，全省已建立合同管理组织2万余个，配备专、兼职管理人员5万余人，基本形成了工商行政管理部门统管、业务主管部门分管、企业本身自管的经济合同管理机制。随着经济合同的统一管理，工商行政管理部门也加强了自身建设，建立健全了合同管理机构及各级经济合同仲裁委员会。到1985年年底，全省工商行政管理部门已配备专职合同管理人员592人，其中仲裁人员315人。

1983～1985年，全省各级工商行政管理部门共鉴证各类合同148万份，金额58.8亿元，调解合同纠纷2 830起，仲裁合同纠纷439起，确认无效合同1 523份.查处违法案件672起。

五、商标管理

黑龙江地区古代就有商标。1963年在阿城县杨树公社镶白屯出土的银镯，镯身扁薄，重83克，内侧铸有“上京翟家”戳记。经国家工商行政管理局商标局认定，“上京翟家”是黑龙江地区古代商标，距今有800多年历史。在阿城县出土的铸有“上京香家”标记的金镯，经黑龙江省博物馆认定，也是黑龙江地区古代商标。

清光绪三十年（1904年）清政府颁布了《商标注册试办章程》。此后，又颁发了《商标注册试办章程细目》和《改订商标条例》，并在商部设注册局，专办商标注册事务。黑龙江地区直接向注册局申办商标。最早注册的是宾州府（今宾县）蚕桑公司生产的大小练绸，于清宣统二年（1910年）注册商标为“云龙”牌。

中华民国时期，黑龙江地区较早注册的商标是绥芬河东方啤酒作坊生产的熊牌啤酒。东方啤酒作坊是俄籍捷克人乌洛班在绥芬河投资8万大洋开办的。1913年作坊投入生产，啤酒为瓶装，酒标是“熊”，瓶贴是一只粗壮胖拙、侧身站立的棕熊（瓶贴附后）。随着工业的逐渐发展，国内工商业渐知商标的重要，国货注册商标逐渐增多。1923年5月4日国务院提交国会公布施行国家正式《商标法》。对商标的申请注册及保护商标专用权做了法律规定。1927年，全国注册局成立，1928年12月注册局改为商标局，办理商标注册事宜。黑龙江地区当时归实业厅办理商标。实业厅曾发布训令，令各商会转饬各公司、厂、号从速依法呈请商标局核办商标。同年，宾县新甸裕宾火磨生产的面粉（资本金哈大洋10万元、日产700袋面粉），申请注册“火车头”牌商标。1930年5月6日，中华民国政府公布了新的《商标法》，同年12月30日实业部公布了《商标法实施细则》。这年克东县宏大制粉厂生产的面粉，呈请核准“松柏”商标；巴彦县东升和火磨生产的面粉，注册“玉麒麟”商标。据统计，这一时期黑龙江地区经商标局核准注册的商标44件，其中外国商人注册的商标7件。

东北沦陷时期，商标注册工作归伪满洲国实业部管理。1933年伪满洲国参议府制定商标局官制，商标局内改评定员、审查员，具体办理商标注册事宜。商标局由实业部领导。同年，实业部公布了《商标法》和《商标注册令》。黑龙江地区当时由实业厅管理商标事项。申请注册商标，申请人可直接申报，也可委托代理人申报，或通过官厅向商标局呈请注册。至1936年7月，黑龙江地区受理的商标申清共307件。其中经代理人申办的商标为301件，商民直接呈请的6件。1932～1945年，黑龙江地区经商标局审核注册的商标共295件。其中外国商人注册的51件。

外国人在黑龙江地区办企业并注册商标除苏联的煤油公司生产煤油注册“孔雀”牌商标外，主要是日商开办的股份有限公司、株式会社、洋行、商行等，较多为日酒类和麦粉类。生产酒类有厂家12户，注册有“哈尔滨麦酒”“双星”“大华”等商标；生产麦粉、谷类的6户，注册有“松花”“发财”等商标。内商比较出名的武百祥开设的同记商场及工厂共注册商标43件，其中有“白熊”牌袜子、“狮球”牌靴鞋及“玫瑰”牌被服等。

中华人民共和国成立后，1950年政务院公布了《商标注册暂行条例》和《商标注册暂行条例实行细则》，商体注册工作由中央私营企业局办理。国家对商标采取“注册与否，听其自便”的方针，因此，许多商标未经注册。1956年国家对资本主义工商业社会主义改造后，从1957年起，中央决定对商标实行“全面注册”的方针。1957年1月17日国务院批转了中央工商行政管理局《关于实行全面注册的意见》。要求企业无论经济性质，凡使用商标的一律注册。黑龙江省人民委员会立即转发了国务院批转的中央工商行政管理局“关于实行商标全面注册的意见的通知”，要求全省各级工商行政管理机关认真贯彻执行。

1963年4月10日国务院颁布了《商标管理条例》。同年4月25日中央工商行政管理局公布了《商标管理条例实行细则》。黑龙江省工商行政管理局根据《细则》，对商标的申请注册做了具体规定。到1965年，黑龙江省注册的商标达1 398件。

“文化大革命”期间，在扫“四旧”的浪潮下，商标被列入“资产阶级标志”而禁用，商标管理工作也遭到严重破坏，商标管理混乱，混同、仿冒、伪造、滥用商标现象大量出现。

1978年后，全省商标管理工作得到恢复和发展。从1978年9月25日开始，对全省商标进行了清理整顿。到1979年10月末，全省过去已注册的商标，经工商行政管理总局审查，允许继续使用的有1 336件。1979～1985年，全省共查处商标侵权、违法案件538起。从中华人民共和国成立到1985年末，黑龙江省累计注册商标4 232件。其中，被评为国家金质奖产品118种，银质奖产品127种，部优质奖产品476种，省优质奖产品2 602种。颁发《黑龙江省著名商标证书》433件。

六、广告登记与管理

中华人民共和国成立初，随着国民经济的不断发展，城乡市场的日趋活跃，黑龙江地区的广告事业也有了新的发展，特别是在一些较大城市，广告逐渐增多。当时还没有统一管理部门管理广告，有些城市设立的路牌广告是做为市容观瞻而进行管理的。1950年7月，齐齐哈尔市公布的《市容管理办法》规定：“工商业界经本府建设局指定适当地点设立广告牌，以便张贴广告、战报等。”1959年，哈尔滨市人民委员会在《关于公布〈哈尔滨市街头宣传品管理暂行办法〉的通告》中指出，街头的路牌广告由建设局进行管理。此后，中央与地方均无关于广告管理的规定，直至1981年4月，黑龙江省工商行政管理局向省人民政府汇报工商行政管理工作时，省政府领导指出：广告，统一归工商行政管理局管理，管理上要分清允许与不允许的范围。按此精神，黑龙江省工商行政管理局在4月28日召开的全省工商行政管理局长会议上提出，各级工商行政管理部门要“开展广告管理工作”，“先把经营广告的企业登记起来”。同年11月16日，经省人民政府批准，黑龙江省工商行政管理局发布了《关于加强经济广告管理的暂行规定》。

1982年2月6日国务院发布《广告管理暂行条例》。同年6月5日工商行政管理总局下发了《广告管理暂行条例实施细则》。黑龙江省工商行政管理局为切实贯彻执行《条例》和《细则》，于1982年8月4日制定下发了《黑龙江省广告管理若干具体问题的规定》，要求各地工商行政管理局加强对广告的管理，充分发挥广告在促进生产、扩大流通、指导消费、活跃经济、方便人民生活以及发展国家经济贸易等方面的媒介作用。随着《条例》和《细则》的贯彻和实施，黑龙江省的广告业有了明显的发展。1982年，黑龙江省工商行政管理部门核准广告经营单位36户，1985年底，发展到199户。在全省79个市、县中，60个市、县有广告经营单位，占79个市、县的75%。广告经营人员1 267人，其中业务人员44人，美工人员226人，制作人员283人，管理人员253人，其他人员62人。广告经营额不断增长，1983年全省广告经营额为410.9万元，1984年为684.7万元，1985年为1 078.4万元。1985年的广告经营额中，生产资料类广告占22.6%，日用品类广告占38.9%，食品类广告占 4.8%，医药类广告占12.9%，文化类广告占9.3%，其他广告占11.5%。

第五节　物　价

黑龙江地区从19世纪中叶起遭受外国侵略者政治上的奴役和经济上的掠夺，金融、物价直接受国际形势影响。在世界普遍以金为本位的货币制度下，中国货币以银为本位，铸币用银主要靠进口，国际市场银价随时影响中国金融、物价的波动。1927～1929年，资本主义世界处于经济繁荣时期，银价平稳，中国的金融、物价相应稳定。1929年后资本主义世界发生空前的经济危机，国际市场银价跌落，中国的货币贬值，物价上涨。1931年“九一八”事变后，东北地区沦为日本帝国主义的殖民地，黑龙江地区成为日本国倾销过剩商品的市场，致使1932～1934年期间的物价下跌。1935～1937年，日本国内经济转入备战状态，向黑龙江地区倾销的日用工业品减少，加之中国的民族工商业受到严重破坏，市场物资紧缺，价格上涨。太平洋战争爆发后，国际局势日趋恶化，日本帝国主义加紧掠夺黑龙江地区的粮食和工业原料，物资匮乏，价格迭涨。1939年、1940年、1941年，黑龙江地区物价分别比1936年上涨1.8倍、2.15倍、2.8倍。尽管伪满洲国当局从中央到地方建立物价委员会，并发布《价格停止令大纲》《价格等统制令》，对物价施加统制，终因物资奇缺而控制不了价格暴涨的局面。黑龙江地区物价，1942～1945年4年平均比1941年上涨11.4倍。惨遭日本帝国主义奴役的黑龙江地区广大劳动人民，又饱受着物价暴涨之苦。

1945年抗日战争胜利后，黑龙江地区生产萎缩、通货膨胀，市场物价波动不稳。陈云主持东北的财经工作后，统一了东北地区的财经管理，1947年8月建立以“东北银行地方流通券”（简称“东北币”）（当时黑龙江地区除黑河因交通多阻暂时流通本地的地方币外，其余各地以“东北币”为货币本位）为本位的东北统一货币体系，对稳定黑龙江地区的经济和市场物价起了重要作用。

随着解放战争的进展，财政开支加大，货币发行增加，币值下跌，物价上涨。1948年12月与1945年12月相比，东北地区物价上涨422倍。东北解放区的物价尽管大幅度上涨，但与同期国民党统治区的物价上涨5.8万倍相比，形成了鲜明对照。1949年辽沈、平津、淮海战役后，为取得全国解放战争的胜利，财政开支迅速增加，大量发行货币，致使货币贬值，物价上涨。当年10月关内大中城市的批发物价比1948年12月上涨20.8倍。东北地区因战争已经结束，并实行以“东北币”为本位的统一货币体系，市场物价相对稳定。1949年10月东北10个城市的批发物价比1948年12月仅上涨62%。

中华人民共和国成立后，人民政府采取措施恢复国民经济，平抑物价，制止物价上涨。开展了打击以民族资产阶级中的投机势力为主要对象的稳定物价的斗争。在投机资本家对粮食和纱布等主要物资的囤积居奇的情况下，黑龙江地区根据中央财经委员会的统一部署，积极筹措掌控物资，加强现金管理，收紧银根。从1949年11月20日起，国营商业借市场物价上涨之机提高了国营商品牌价，到11月25日，各大城市趁市场价高之机一齐抛售物资。投机势力以为物价继续上涨，以高息借款继续吃进。掌握着雄厚物资实力的国营商业继续大量抛售，价格逐渐下降，平抑物价的斗争取得胜利。

1950年3月3日，中央人民政府政务院颁布《关于统一国家财政经济工作的决定》，在全国范围内统一财政收支，控制货币投放；统一物资调度，集中优势物资稳定市场物价；统一现金管理，使资金有计划地注入市场。市场物价迅速趋向稳定。不久，美帝国主义发动了侵略朝鲜战争。为支援抗美援朝战争，国家耗用大量财力、物力，市场物资供应紧缺。加上美帝国主义侵占台湾省，对中国大陆实行封锁，使部分商品进出口受到限制。投机势力乘机囤积以纱布为主的重要物资。引起从东北地区开始的、以纱布带动的全国物价波动。在中央人民政府提出的“边抗、边稳、边建”的方针指导下，采取冻结资金，紧缩投放，加强市场物价管理，减少收购，大量出售物资等措施，使物价逐渐回落，保持基本稳定。1951年1月中央财经委员会发布《关于统购棉纱的决定》后，为配合关内与东北的货币统一，当年4月1日起在东北地区实行人民币（旧人民币）（1948年12月中国人民银行开始发行中国法定货币“人民币”，在关内流通，至1951年4月1日起才在东北地区流通。以“旧人民币”1元收兑“东北币”9.5元）的同时，将棉纱和棉布牌价分别提高15%和9.8%，市场物价随之上涨。不法资本家乘抗美援朝战争中物资紧张之机，采取行贿、偷漏税、偷工减料、盗窃国家资财、盗窃国家经济情报的手段，牟取非法利润，加剧了物价的涨势。黑龙江地区零售物价总指数以1950年为100，1951年为110。为制止物价上涨，1951年9月24日中央财经委员会发布《坚决稳定物价的决定》，国营商业陆续降低商品牌价。自当年11月起，在国家机关中开展反对贪污、反对浪费、反对官僚主义的“三反”运动；自1952年1月起在私营工商业者中开展反对行贿、反对偷税漏税、反对盗窃国家资财、反对偷工减料、反对盗窃国家经济情报的“五反”运动。通过“三反”“五反”运动，使黑龙江地区的经济秩序稳定，物价涨势得到控制。

1952年11月15日中央发布调整商业的指示，对国营、合作商业的经营范围作了调整，取消对私商的不必要限制，扩大批零差价，调整地区差价，调整地区和季节差价，活跃了商品流通，市场物价保持基本稳定，黑龙江地区零售物价总指数以1951年为100，1952年为111.7。

国民经济恢复时期，为促进农业生产发展，提高了粮食、经济作物和畜产品收购价格，工农业品交换比价明显缩小。黑龙江地区农产品收购价格总指数和销往农村的工业品零售价格总指数均以1950年为100，1952年分别为131.6和122.86。

在中共中央制定的“逐步实现国家的社会主义工业化，逐步实现国家对农业、对手工业和对资本主义工商业的社会主义改造”的过渡时期总路线的指引下，从1953年开始执行发展国民经济的第一个五年计划。随着第一个五年计划经济建设的开展，货币投放增加，社会购买力增长，市场供应不足，物价趋涨。加强物价管理，稳定市场物价，是这一时期物价工作的基本方针。为适应经济建设，对突出不合理的价格进行了适当调整。全国统一制定国营工业的煤炭、钢铁、水泥、木材、汽油、轮胎、机床等200多种产品的出厂价格；统一了东北与关内的铁路货物运价。1953年11月23日，中央人民政府政务院颁布《关于实行粮食计划收购和计划供应的命令》，对粮食和植物油料、油脂实行统购统销；1954年9月15日对棉花和棉布实行统购统销；1957年3月调整了生猪收购价格，对烤烟等经济作物的收购价格作了适当提高。在提高农产品收购价格同时，对销往农村的工业品零售价格保持基本稳定，工农业零售价格总指数均以1952年为100，1957年分别为137.76和107.48。轻工业品方面，重点对私营工业产品制定加工费和订货价格（二者全称为“工缴货价”），出厂价格呈下降趋势，市场零售价格保持基本稳定。

这个时期曾先后两次冻结市场物价。1955年3月1日起发行“新人民币”收回“旧人民币”（1955年3月1日起，中国人民银行改造新人民币，收回旧人民币。以新人民币1元收兑旧人民币1万元。）期间，商品价格一律不作变动，国营、合作零售商业商品零售价格产生“分”以下尾数的不作下舍上入，采取用糖果等零星商品代替找零。1956年7月23日国务院发出《关于调整工资期间停止调整物价的通知》规定，从7月份起除鲜活商品的季节差价，残损变质商品的降价处理，原来没有价格的新产品和进口商品可制定价格外，暂时冻结市场物价。

国民经济第一个五年计划实施期间，全国零售物价总指数和黑龙江省零售物价总指数均以1952年为100，1957年分别为108.5和112.29，平均每年分别递增1.7%和2.34%。市场繁荣。物价稳定。人民生活有明显改善。

1958年5月中共第八届二次会议通过“鼓足干劲、力争上游、多快好省地建设社会主义”的总路线，在全国范围开展了“大跃进”运动。以高指标、瞎指挥、浮夸风和“共产风”为标志的“左”倾错误严重泛滥。加上连续三年的困难时期和苏联政府撕毁援助中国经济建设的合同等因素，使国民经济比例失调，生产萎缩，通货膨胀，引起物价上涨。全国和黑龙江省的零售物价总指数均以1957年为100，1961年分别为121.2和121。

通过总结经验教训，中共第八届九中全会制定了“调整、巩固、充实、提高”的方针，对国民经济进行调整。一面压缩基本建设战绩和社会集团购买力，减少社会需求；一面发展生产，提高产品质量，组织集市贸易，增加商品供应。为加强物价工作，1962年国务院设全国物价委员会，各省、市、自治区相应建立物价委员会，地、市、县建立相应的物价机构；对物价实行“统一领导，分级管理”；为稳定市场物价，保障广大职工生活，对占职工生活开支60%~70%的粮食、食油、棉布、煤炭、房租、水电等18类商品和服务项目的价格和收费标准采取稳定政策。对最主要的生活必需品实行平价定量供应；为回笼货币和满足部分消费者的需求，从1961年起先后对糖果、糕点、酒类、自行车、钟表、针棉织品、部分卷烟等，在平价限量供应（自行车、钟表除外）以外，实行高价敞开销售；在大中城市和重要工矿区开设高价餐馆。1962年后随着经济形势的逐步好转，高价商品陆续降低价格，至1965年恢复平价。

在采取措施稳定市场物价的同时，配送有利于发展生产，扩大商品流通，既照顾国家积累，又照顾人民消费的原则，对不适当的价格作了调整，较大幅度地提高了农产品收购价格。黑龙江省农产品收购价格总指数以1957年为100，1965年为133.03。1958年提高了煤炭出厂价格，扩大了煤炭的地区差价和质量差价。先后提高铁矿石、焦炭等工业原料价格。对“大跃进”中小钢铁企业的产品，一是执行国家统一定价，企业的亏损财政予以补贴；二是执行高于国家统一定价的临时价格。对农业生产资料实行“保本微利”的价格政策，降低了农业机械、农药和农业生产用电等价格。对消费品零售价格作了有升有降的调整。1965年4月起提高了供应城镇的粮食统销价格和煤炭的市场销售价格，并按规定发给工资收入低的职工粮煤价格补贴。这一时期全省零售物价总指数以1957年为100，1965年为110.35；以1962年为100，1965年为

88.62。1965年是中华人民共和国成立后经济形势较好的年份之一，市场繁荣，物价稳定。

1966年“文化大革命”开始后，国家计划的价格调整除于1966年8月提高了粮食统购统销价格并给职工增加了粮价补贴外，其他的价格调整计划均未实现。1967年1月31日，中共黑龙江省委和黑龙江省人民委员会的领导权被“黑龙江省红色造反者革命委员会”“接管”后，黑龙江省各级物价委员会及其办事机构也被冲散。绝大多数的物价工作人员被调离或下放，各级物价工作普遍由计统部门代管，使物价管理工作受到严重削弱。随着无政府主义和经济主义的泛滥，擅自变动价格，自发涨价、变相涨价的问题时有发生。为了稳定经济秩序，避免市场物价发生大的波动，1967年8月20日中共中央、国务院、中央军委、中央文化革命领导小组联合发出《关于进一步实行节约闹革命，控制“社会集团购买力”和加强资金、物资和物价管理的若干规定》。其中规定：对不合理的价格和地区差价、城乡差价一律放到“文化大革命”后期处理。

1970年全省农业生产获得丰收，工业生产也有所增长。但因基建投资增加，积累与消费的比例关系失调，致使1971年市场供应紧张，尤其以农、畜产品为原料的商品供不应求。为改善市场供应，根据国务院和国家计委、商业部的部署，黑龙江省于1971～1976年对工农业品价格作了适当调整。1971年提高大豆、葵花籽等植物油料和菜牛、中药材价格，1972年提高甜菜、菜牛、菜羊、山羊板皮价格，1973年提高生猪、耕牛、耕马、淡水鱼、大麻等价格，1974年提高稻谷、活羊、羊皮、羊毛价格，1975年再次提高耕牛、菜牛价格和羊毛、羊绒、马皮等三类畜产品价格，1976年提高黄芪、防风等部分中药材价格。为稳定市场物价，安定人民生活，除1975年提高菜牛和1976年提高中药材收购价格的同时适当提高了牛肉和中药材销售价格外，其他几次提高农、畜产品收购价格时，销价未作变动。在此期间降低了部分农业机械、民用机械、电子工业基础产品出厂价格和石油产品、化肥、农药的厂销价格，增加了农业生产用柴油优待价格金额，调整了特种木材出厂价格；提高了进口手表、怀表销售价格和乳制品的厂销价格，较大幅度地调低了化学药品和半导体收音机厂销价格；调整了百货、文化商品的地区差价。全省农产品收购价格、农业生产资料价格和零售物价的总指数均以1965年为100，1976年分别为120.68、95.76和102.97。提高农产品收购价格和降低农业生产资料价格，对促进农业生产起了积极作用。零售物价的稳定，对当时安定人心，稳定人民生活起了一定作用。但是，这种稳定是在商品紧缺，对一些重要生活必需品实行定量供应，压低了生活消费的情况下的稳定，所以，人民生活并没有得到改善。同时，由于长期冻结物价，使一些商品价格背离价值的问题得不到及时解决。

1977年后，根据国家统一部署，结合全省实际情况，有计划地调整了价格，开始对价格体系进行改革。1978年1月21日国务院又在《关于当前市场物价问题的通知》中，针对存在的随意提价、变相涨价等问题，对坚决刹住涨价风作出部署。要求全国各地、各有关部门加强物价工作领导，建立相应的物价机构，充实物价人员。经中共黑龙江省委批准，1978年4月成立黑龙江省物价局。1979年以后，通过放宽政策，下放管价权限等，对价格管理体制进行了探索性的改革。通过提高农产品收购价格，初步解决了农产品收购价格偏低的问题，进一步改变了全省工农业品交换比价不合理的状况，增加了农民的收入，促进了农业生产的发展。在进行价格体系改革的同时，中共黑龙江省委、黑龙江省革命委员会根据国务院《关于当前市场物价问题的通知》精神，结合全省市场物价中存在的问题，于1979年5月7日联合发出《关于严格控制市场物价上涨的紧急通知》，部署全省各地立即开展物价大检查。1979年11月黑龙江省提高8种主要副食品销售价格后，全省市场物价上涨，有些企业和个体商贩乘机乱涨价、乱收费，引起群众不满。黑龙江省革命委员会于11月6日及时转发国务院《关于开展市场物价大检查的通知》，组织全省各有关部门，并邀请全省各级人大常委会、政协委员会和工会、共青团、妇联等部门参加的物价检查团，在全省开展了物价大检查。为使物价检查工作经常化、群众化，1980年3月起在全省实行《黑龙江省物价检查证》和义务物价检查员制度，全省各地陆续建立起职工物价监督站等群众性物价监督检查组织，开展市场物价监督检查工作。同年4月23日，中共黑龙江省委、黑龙江省人民政府为全省切实贯彻4月8日中共中央、国务院《关于加强物价管理，坚决制止乱涨价和变相涨价的通知》，部署由中共各级组织和各级政府组织有关部门，并邀请人大代表、政协委员和工会、共青团、妇联等部门参加的检查团，进一步在全省开展了物价大检查。与此同时，为正确执行物价政策，恢复在“文化大革命”中被废止的物价管理的规章制度，进一步完善物价管理工作的法规，1980年8月黑龙江省人民政府颁布了中华人民共和国成立后第一部《黑龙江省物价管理暂行条例》。1981年11月国家提高部分烟、酒价格后，一些企业和个体商业乘机乱涨价的现象又有发生，群众反映强烈。1982年1月8日国务院发出《关于坚决稳定市场物价的通知》后，黑龙江省再次开展了物价大检查。1983年4月，黑龙江省物价局改为省人民政府的直属机构。从此，全省各地、市、县的物价局普遍成立，各级业务主管部门的物价机构也陆续建立健全起来，物价干部队伍逐步扩大和加强。为使物价检查工作经常化、专业化，根据国家统一部署，1983年11月成立黑龙江省物价检查所，全省各地、市、县（区）的物价检查所也陆续普遍建立起来。从此，全省的物价检查工作不断深入，对违反物价政策的案件进行了认真处理。

国务院发布全国《物价管理暂行条例》后，黑龙江省人民政府于1983年发布《〈黑龙江省物价管理暂行条例〉补充规定》，使物价工作法制化、规范化、秩序化。与此同时进行的价格管理体制改革，使黑龙江省逐步形成了国家定价、国家指导价、市场调节价同时并存的，统一性与灵活性相结合的价格体制。国家定价、国家指导价和市场调节价，1985年所占的比重分别为40%、20%和40%。1985年与1978年相比，全省工农业品交换差价缩小32.6%。按国家规定的农产品收购价格计算，提高农产品收购价格，1985年全省农民比1978年增加收入47亿元。工业品同类产品之间的比价趋向合理。

第六节　统　计

黑龙江地区的古代先民濊貊族系，曾于战国末期建立地方民族政权夫余国，“其国殷富，丁口滋盛”，统计受到相当的重视，不仅有了人口、户籍、土地、粮食、畜产等方面的统计调查，而且朝廷还把农业收成的好坏作为决定对各部族首领进行奖惩的重要依据。夫余国历经秦、汉、魏、晋各朝在走向衰败的过程中，东胡后裔拓跋鲜卑于东晋太元十一年（386年）统一黄河流域，建立了北魏政权。北魏吸收汉族管理国家的经验，创造一些统计管理方法，文成帝应用派员调查法，派遣使者20余批巡行天下，根据调查结果确定地方官员的政绩，进行奖惩。

北方各部族在推进中国多民族国家的形成、融合和发展的过程中，在中原文化的影响下，也促进了统计事业的发展。唐代渤海国全面学习唐朝的典章制度和科技文化，统计方面推行唐代“团貌”（“察其形貌以为定籍”）和村坊邻里户籍法，统一了赋税计量标准，完善了上计制度（统计报告）和“手实法”（自填法），广泛应用统计分组法，开始计算商品比价和进行统计分析等，使统计成为管理国家的一项重要工具。契丹灭渤海后，后晋开运四年（947年）改国号为辽。辽兴宗针对当时豪强地主纳税很少，贫苦农民大量逃亡的情况，为了平均赋役，下诏通括（普遍检查核对）户口。还采用派员调查法，“遣使阅诸道禾稼”。由于采取这些措施，20年后辽道宗时，农业开始走向振兴。这说明统计已在国家管理中发挥了必不可少的作用。

女真族完颜部起兵反辽后，北宋政和五年（1115年）在黑龙江流域建立大金国，定都上京会宁府（今阿城），疆域逐步扩大到淮河北岸广大地区。金廷特别重视人口统计，除推行唐代村坊邻里户籍法，每三年编报一次户籍外，金世宗还实行通检推排（调查评定），即在清查户口，按照各户实际占有的财力、物力确定户等的基础上，按户等征赋税、派差役，在很大程度上克服了以往征派不均的现象，这是针对时弊的一项重大改革。金代举行过多次户口调查。金明昌元年（1190年）金廷尚书省奏报今黑龙江境内上京及蒲峪、胡里改、恤品各路猛安谋克有12.6万户，约130万人。由于金廷移民充实内地，加上释放奴婢，实行土地私有制和租佃制，促进了人口的繁衍增殖和土地开发。据史料估算，金代末期黑龙江地区总人口达210万人，超过辽代中期130万人，比渤海末期还多30万人。

世居黑龙江上游一带的蒙兀室韦于南宋端平元年（1234年）联合南宋灭金，改国号为元，元至元十六年（1279年）灭南宋统一了全国，疆域超过汉唐盛世。今东北地区属辽阳行中书省管辖，黑龙江地区设开元路和水达达路。元代的人口统计，以及土地、粮食、仓储、驿传等统计都有所加强。人口统计实行三等九甲户籍制，民户除依贫富程度分为三等九级外，还按职业、种族、宗教、赋役差别和阶级地位分组。其复杂的诸多分组，是历代所没有的。明洪武元年（1368年）明灭元以后，于明永乐七年（1409年），在黑龙江入海口特林（今属俄罗斯）设努尔干都指挥史司。明初实行户贴制度，派员按户调查询问，被誉为世界上“最早试行全面人口普查的历史证据。”（梁方钟：《中国历代户口、田地、田赋统计》，上海人民出版社1980年第1版，第17页）为征派赋役，编造黄册和白册，还实行保甲制和关津制，居民不得隐瞒户口和随意迁徙，并在“冲要去处”设立关津盘查行人。然而，这些措施并未阻止住黑龙江地区女真族人口200多年的大举南迁。按现在疆域计算，黑龙江地区人口明洪武十四年（1381年）比辽宁多17万人，200多年后，明天启六年（1626年）则比辽宁少17.4万人，为150.9万人。明初各州、县经过清丈土地，编造鱼鳞册（地籍），详细登载每块土地的面积、地形四至及土地所有者姓名，作为征税依据。明中叶起施行“一条鞭法”，即把各种赋役合并为一，并以州、县为单位编订《赋役全书》，开列地丁原额、逃亡人丁和抛荒田亩数、实征数、起运和存留数、开垦地亩和招徕人丁数等。建立钱粮收支统计报告，全面反映内管、新收、开除、实在（岁征、岁收、岁支、岁储）的变化过程，逐级上报到户部审核，审核无误后书写回批，加盖印鉴，准予报销，否则予以驳回。实行财物盘点法，一般委派专门官吏盘查，对金银珠宝等贵重物品逐一称盘；对柴草等粗重物品抽查盘点，以盘点单作为稽考钱帛在库数量的依据。明代晚期，明廷逐渐失去对黑龙江地区的控制能力，各项统计制度也难以有效地推行。

清顺治元年（1644年）清朝统一全国后，黑龙江地区归盛京总管统辖。清康熙二十二年（1683年）增设黑龙江将军（驻守瑷珲城），这是黑龙江地区自成一个军事、行政区域并以“黑龙江”命名的开端。清廷特别重视人口统计与管理。远在清兵入关前，努尔哈赤和皇太极就曾多次派兵征讨或收抚黑龙江边境地区的少数民族人口，经过编查后设立村、屯，进行管理。在此期间，大批满洲人应征从军，以致清兵入关后黑龙江地区人口减少到84.4万人，不到700多年前渤海盛世的一半。清廷把东北地区视作“龙兴之地”。清顺治十年（1653年）发布“招民开垦令”仅施行15年，即于清康熙七年（1668年）废止，以致人口增长缓慢，土地大量撂荒。清乾隆二十七年（1762年）全面施行封禁政策时，黑龙江地区只有耕地30多万公顷，而且绝大部分是旗地、官庄地和站丁地，民地很少。清廷继续推行明朝的保甲制度，颁发了脱漏户口律，实行户口编审制。为了解决丁口不实的问题，清康熙五十一年（1712年），实行“摊丁入亩”，即将丁税合并到田赋中征收，从此，隐匿人口的情况大为减少；人口计量单位也由“丁口”（能赋役的成年男子）改为“名口”，即有一人算一人。但人们为了逃避税赋，垦田数字的准确性又受到影响。清道光二十年（1840年）鸦片战争后，土地封禁政策逐渐解冻，尤其是光绪四年（1878年）解除汉族妇女移居东北的禁令后，黑龙江地区人口激增，宣统三年（1911年）达到324.4万人。在此期间放荒土地764万公顷，开垦300多万公顷，耕地面积增加到390万公顷，超过封禁初期的十几倍。

鸦片战争后，西方统计理论和方法开始传人中国。清廷于光绪三十二年（1906年）在宪政编查馆内设立统计局，黑龙江行省公署于次年设立调查局，一些道、府、州、县也相继设立了统计处。清廷为“筹备立宪”，于清光绪三十四年（1908年）颁布《清查户口条例》，要求对户数、人口分两次调查。黑龙江省为了节省经费和时间，一次完成调查任务，于次年上报民政部，是全国较早上报的省份之一。全省调查局成立后，制定了《黑龙江调查局章程》等法规和制度，除组织各道、府、州、县填报外交、民政、财政、教育、军事、司法、实业、交通、边垦、蒙务等统计报表外，还派员进行了土地面积（分生地、熟地及不同所有者）和农作物产量调查，民情风俗调查，市场物价调查，以及疆界、丧失领土、俄国移民、边境人口等边务情况调查。清同治六年（1867年）建立了海关统计，清光绪二十四年（1898年）建立了气象统计。

中华民国初期的统计组织远不如清代“筹备立宪”时完备。1913年，黑龙江省行政公署秘书处设统计科，财政、实业、教育三司设统计科。统计工作缺乏统筹规划，零星分散，不成系统，统计资料的准确性、完整性和科学性较差，但统计应用范围扩大，统计活动增多。

1912年内务部举行人口清查，黑龙江地区总人口（按现区划进行了调整，下同）324.4万人，占全国的0.8%。16年后，1928年，内政部组织的户口调查，黑龙江地区总人口663.1万人，比中华民国初期增长1.04倍，占全国的1.4%。1913年，农商部制发《第一次农商统计表》，农业方面包括耕地面积、农作物产量、农田受害面积、荒地面积等。黑龙江省巡按使公署针对清末以来黑龙江省人口激增，土地开发较多的情况，从1914年起，组织各县（设治局）进行土地清丈清赋，历经9年，于1923年完成。1927年，哈尔滨市按月进行8种农产品及其加工产品的价格调查。1928年按照工商部颁发的《全国工商统计暂行规划》，对工商企业的生产经营状况、外贸进出口额、外汇等进行了统计。1929年，为给“二五减租”提供基础资料，黑龙江地区各县对农民家庭收支情况进行了典型调查。1930年，工商部派员对全国包括哈尔滨、齐齐哈尔在内的34个城市的工人生活及工业生产情况进行了调查。此外，交通、邮电、文化、教育、卫生、司法等统计也有所开展。

东北沦陷期间，日伪政权以掠夺资源、发动战争和进行殖民统治为目的，进行了大量的统计调查活动，窃取了大量的经济情报。伪满洲国成立后，伪国务院法制局下设由日本人掌管的统计处（1932年改为总务厅统计处），为伪满洲国最高统计机关。当时黑龙江地区各省，在伪省公署总务厅内设调查科，或由庶务科掌管统计工作。伪国务院颁发了《资源调查法》《土地调查令》《统计报告规程》《统计事务规程》等统计法规，各项统计调查均按照伪国务院的训令进行。统计报种类表繁多，如1941年共有统计年报73种，月、季报81种，不定期报表177种。（《满洲主要统计资料要览》，伪国务院总务厅统计处编，1941年3月）。统计内容涉及气象、土地、人口、劳动、矿业、工业、农业、畜产、林业、水利、水产、盐业、土木、交通、通讯、财政、金融、商业、贸易、物价、专卖、海关、文化、教育、卫生、民政、宗教、警务、司法等20多个方面，带有浓厚的殖民地特色。人口方面除有年报外，1933年进行了以村落、人口为主要内容的"部落调查"；1935年、1937年分两批进行了第一次临时人口调查；从1938年起，每年10月1日进行常住人口登记，年底进行人口变动登记；1940年进行大规模的临时国势调查（即人口普查），调查项目达15项之多，据伪国务院总务厅临时国势调查局公布的调查结果，1940年，黑龙江地区7省总人口为1 142万人，性比例（男性对女性的百分比）为137.2。从1941年起建立人口月报，按月掌握人口变动情况。1943年又组织了一次人口调查。从1937年起，每年调查一次劳动资源、在业者及劳务进出情况。插手土地、森林、矿产资源调查的部门不下30个。调查内容不厌其详。伪民政部临时土地调查局、兴农合作社等20多个部门进行了多次土地资源调查。日本山林会、伪林野局等对森林资源进行了航空调查和现场调查。伪满矿山会社等组织400多人的调查队伍，历时7年半，对黑龙江地区的5 000多种矿产资源的矿床及储量进行了详细调查。伪煤质煤量调查委员会不仅多次调查黑龙江地区的煤炭储量，还对煤炭产量、生产成本、劳动效率进行经常统计。伪满采金会社对黑龙江沿江一带的黄金储量、井采量、收购量及收购价格均有详细统计。南满洲铁道株式会社和伪兴农部等还以"考察"农民生产、生活情况为名，于1936～1940年，对部分县进行了"农家经济调查"。1935年和1936年对哈尔滨市的85户官公吏和教员进行了家计调查。1937年和1941年又调查了哈尔滨、齐齐哈尔、牡丹江、佳木斯等市县近千户城镇居民的家庭生活状况。日伪统治的14年，黑龙江地区各省、市编辑出版了种类繁多的统计资料书刊，既反映了日伪时期的社会经济状况，也为日本帝国主义的侵略行为留下了大量的历史罪证。

抗日战争胜利后，黑龙江地区作为与国民党军队进行长期武装斗争的根据地，在中共中央东北局北满分局、西满分局的领导下，各级民主政府适应土改、剿匪和支援解放战争的需要，进行了大量的统计调查工作，统计内容涉及剿匪、土改、建党、建政、人口、军需、战勤、优抚、兵源、公粮、财政等方面。东北局组织力量对黑龙江等地农村进行了广泛的调查，写出《东北农村调查》一书，对指导土地改革和农业生产起了很大作用。1948年，根据东北局关于土改运动中纠偏工作的指示，按照中央规定剥削不超过25%应定为中农的划分标准，依据当时的统计资料进行了纠偏，地主，富农由原来占农村总户数的20%缩小到10%左右，人口由25%缩小到15%左右。在土改过程中，各地既有平分土地的进度统计，也有"砍挖运动"（砍"大树"、挖财宝运动）的战果统计。在建党工作中，从个别发展党员到公开建党，都有党员发展情况的统计。在兵源、战勤统计方面，从1946年东北解放战争到1948年11月东北全境解放，黑龙江地区直接补充人民解放军主力部队的新兵41万人，参加地方部队后升为主力部队的30万人，共计71万人，占总人口的6.4%；三年解放战争期间直接参加战勤的民工（包括担架队和车夫）130万人次，出担架2.5万副，大车3万辆，马13万匹。解放战争时期，各项统计由有关部门分散进行，统计制度方法不统一，有些资料难以综合汇总和分析对比，完整性、系统性较差。解放战争后期，黑龙江地区改设黑龙江、松江两省，两省政府都成立了由秘书长直接领导的调查研究室，为中华人民共和国成立后建立正规的统计工作提供了准备。

中华人民共和国成立后，黑龙江、松江两省均于1950年成立了人民经济计划委员会统计处，各专署、市、县也相继成立了计划统计科或统计科，配备了相应的统计人员。按照1950年东北人民政府《关于加强统计工作的决定》和《严禁滥发统计表格的命令》，对各部门制发的统计报表进行了审查清理，把由各部门分散进行的统计调查纳入集中统一的轨道。1950年按照政务院财政经济委员会（以下简称中财委）的部署，进行了第一次全国工业普查。1952年按照毛泽东主席的指示，进行了工农业总产值和劳动就业调查。这一时期贯彻实施中财委和东北统计局布置的工业、基本建设和国营贸易定期统计报表以及包括农业在内的年度总结报表。组织开展了农产量调查、畜产调查等专项调查。铁路、邮电、金融、卫生等部门也建立了相应的统计报表制度，从此取得了认识中国国情，总结经济恢复工作成就和制定第一个五年计划的重要依据。为了提高统计报表的准确性和及时性，1950年在全国率先推行了农户台账；从1951年开始，首先在工业企业，然后在贸易企业和基本建设单位整顿原始记录。有不少企业在完成统计报表的基础上，运用统计资料编写文字说明，开展经济分析，一定程度上发挥了统计工作的检查监督作用，成为企业领导的得力助手。

进入国民经济第一个五年计划时期，根据1953年政务院《关于充实统计机构加强统计工作的决定》，黑龙江省、松江省和哈尔滨市，分别在财政经济委员会统计处的基础上成立了统计局，各专署、市、县和各级业务主管部门、企事业单位，也都建立了统计机构，配备了统计人员。到1957年，全省县以上政府统计部门已有统计人员530人，包括业务主管部门和企事业单位在内，全省共有专职统计人员6 230人。这一时期以国营经济为重点，逐步建立健全了全国统一的工业、农业、运输邮电、基本建设、建筑业、商业、物价统计报表制度；物资统计从工业、基本建设等专业统计中分离出来；主要由业务主管部门组织实施的地质勘查、城市建设、文化、教育、广播、体育、民政、司法等统计报表制度也相继建立起来。开展了第一次全国人口普查、私营工商业和手工业普查、农业生产合作社收益分配调查、农民家庭收支调查、城市职工家庭收支调查、高级知识分子调查、工程技术人员调查、全国职工调查、全国工资调查、工农业商品比价调查以及一系列的物资普查。其中职工、农民家庭收支调查已列为经常性的调查制度。在完善统计指标体系、健全统计制度方法、扩大统计调查范围的同时，按照1954年第三届、1955年第四届全国统计工作会议的部署，加强了统计资料的加工整理和分析研究工作，试算了国民收入；按月、按季检查国民经济计划执行情况，年度发表统计公报，对属于“156项”的国家重点工程，按月提出施工进度报告，按季全面检查计划执行情况；在进度统计分析的基础上，对经济发展中的若干热点问题进行了专题分析，发挥了统计的检查监督作用。这一时期的统计工作，是在学习苏联经验的基础上，按照集中统一的原则建立的，调查方法比较单一，兼顾地方需要不够。这种情况，在实施国民经济第一个五年计划后期已有所察觉，并开始注意克服。

1958～1960年“大跃进”时期，黑龙江省于1958年6月18日召开了全省统计工作克山现场会议，提出统计工作要为党的中心工作服务，实行全党全民办统计。从此建立了种类繁多的日报、五日报、旬报和月报，广泛开展了统计评比活动。同时按照国家统计局的部署，开展了多项普查、快速调查、重点调查和典型调查。建立了劳动工资统计制度。比较系统地加工整理了实施国民经济第一个五年计划时期的统计资料，撰写了一批统计分析报告，通过各种形式，向党政领导提供了大量的统计信息。但是，统计工作“大跃进”是在批判教条主义的口号下发动起来的，否定了实施国民经济第一个五年计划时期以来的统计工作成绩，夸大了工作中的缺点，错误地处理了政治与业务的关系，党的领导与统计专业机关负责的关系，集中统一与因地制宜的关系，在高指标、浮夸风的影响下，造成统计数字严重不实。由于号召破除统计制度方法上的所谓“神秘观点”，使统计调查制度的科学性、集中统一性遭到破坏，统计报表大肆泛滥，统计机构和统计队伍遭到削弱，全省有60%的县统计科在1958年精简机构中与计委合并，只保留2～3名统计人员。未合并的也缩减了编制，并抽调领导人员常年参加中心工作，对完成国家统计任务受到很大影响。

针对统计工作“大跃进”造成的后果，从1960年开始认真贯彻毛泽东、刘少奇、周恩来、邓小平、李先念、李富春等中央领导关于统计工作的重要指示，以及1962年4月4日中共中央、国务院《关于加强统计工作的决定》（简称“四四”决定）和1963年3月16日国务院颁发的《统计工作试行条例》（简称《统计条例》），确立了集中统一的统计工作领导体制，大力精简了统计报表，特别是“大跃进”以来围绕中心工作建立的各种进度统计报表，党政领导干预统计资料上报，随意修改统计数字的现象减少了，“数出多门”的混乱现象有所克服。1963年成立由国家统计局垂直领导的省农产量调查分队，按照全国统一规定的调查方案，采用抽样调查方法取得农产量数字。开展了第二次全国人口普查，农产品成本和劳动生产率调查，停建、缓建项目处理情况调查和征用土地利用情况调查，调整职工工资情况调查等。突破了地区综合平衡统计中的若干难点，建立了物质产品平衡表体系。核实并调整了“大跃进”以来不实的统计数字，加工、整理、分析、提供了大量的统计资料。围绕国民经济“调整、巩固、充实、提高”方针的贯彻，进行了比较系统的分析研究。统计机构和统计力量得到充实和加强，各专署、市、县统计机构已恢复单设。1965年县以上政府统计部门的人员达到977名，比1960年增加近一倍。各业务部门和基层单位也大都恢复了统计机构，充实了统计力量，调离统计岗位的业务骨干纷纷归队。但从1964年下半年开始，抽调大批统计干部参加“四清”运动，加上统计部门内部“主辅”争论（围绕统计部门是否应“以调查研究为主，而以必要的统计报表为辅”所展开的争论）激化，对“四四”决定和《统计条例》的贯彻形成干扰，“一垂”（统计业务垂直领导）是初步解决了，但“三统”（各级统计部门的编制、干部、经费统一管理，分级负责）问题，除干部下管一级外，编制、经费的统一管理未能解决。

“文化大革命”中，统计机构被撤销，统计队伍被拆散。在省革命委员会生产指挥部计划统计组，最少时只有两人搞统计。1970年全省县以上政府统计部门的人员由1965年的1 061名减少到152名，减少85.7%（包括1969年划归黑龙江省管辖的呼伦贝尔盟，1965年也按相同口径作了调整），有相当一部分县无人做统计工作。林彪、江青一伙煽动无政府主义，鼓吹停产闹革命，制造了一批生产无记录、消耗无定额、成本无核算、出勤无考核的“四无”企业，破坏了企业管理，也破坏了统计工作的基础，出现了“劳动统计固定化、基建统计计划化、物资统计自由化”的不正常局面。1970年，根据周恩来总理“统计工作不能取消，统计机构还要有，基本统计还是要搞的”指示，当时主管全国统计工作的国家计划革命委员会（简称国家计委）发出《关于建立统计报表制度的通知》和《关于认真做好国民经济基本统计年报工作的通知》。1971年全国统计工作会议要求“充实必要的统计工作人员，迅速把统计机构健全起来”。黑龙江省革命委员会按照上述要求，于1973年6月首先恢复了省统计局。当年9月下发《关于加强统计工作的指示》，要求各地区、各部门重视和加强统计工作，恢复统计机构，充实统计人员。到1973年底，全省9个地（盟）当中有8个恢复了统计局，在12个市当中有9个恢复了统计局，在76个县（旗）当中有59个恢复了统计科。业务主管部门和基层单位也都程度不同地恢复了统计机构，充实了统计人员。为了在逆境中推动全省统计工作的开展，在国家计委统计组的支持下，先后总结推广了大庆统计人员坚持“两论”起家的基本功，发扬“三老四严”和“四不怕”的革命精神，取全取准第一性资料为油田开发建设服务的经验；鸡西市统计局认真贯彻1971年《全国统计工作会议纪要》，改革基层原始记录，健全统计核算制度，实现工业、基建、贸易月后一日报表的经验；喜桂图旗（现为牙克石市，属内蒙古自治区）统计科坚持基本统计与调查研究相结合，大力开展统计分析研究的经验。这些经验，对抵制江青反革命集团的干扰破坏，加快全省统计工作的恢复，起到积极的推动作用。1975年邓小平主持中央工作后，统计工作形势明显好转，各专业统计报表基本恢复，提前完成了年报上报任务，补充整理了“文化大革命”以来一度中断的统计资料。但在当时还很难运用统计数据对经济形势进行正确的分析，不能正常发挥统计监督作用。

粉碎江青反革命集团后，经过整顿，逐步澄清了一些思想和理论上的是非，充实了统计机构，建立了一些行之有效的统计制度。1978年中共第十一届三中全会后，1979年3月召开全国统计局长会议，提出把统计工作的重心转移到为社会主义现代化建设服务上来。1979年10月国务院发布《关于加强统计工作充实统计机构的决定》。1981年9月国务院批转国家统计局《关于加强和改革统计工作的报告》。为督促各地尽快落实上述文件精神，省政府于1982年4月1日发出《关于加强统计工作的决定》，要求各级统计部门凡没有达到1965年实有人数的，要迅速达到；少数单位超过1965年实有人数的，应予以保留；凡经过专门训练或长期做统计工作的业务骨干，“文化大革命”以来调离统计工作岗位的，应尽可能归队。农村人民公社要在现有人员中选派一名符合条件的担任专职统计助理；各级业务主管部门和企事业单位也要充实必要的统计力量。至此，全省统计工作逐步得到恢复，并有新的发展。1983年8月全国统计工作会议，根据中共第十二次全国代表大会精神，提出开创统计工作新局面，逐步实现统计工作现代化（统计工作现代化建设的目标是：统计指标体系完整化，统计分类标准化，统计调查工作科学化，统计基础工作规范化，统计计算技术和数据传输技术现代化，统计服务优质化。简称“六化”），更好地为社会主义现代化建设服务。为了保证统计工作现代化建设的顺利进行，全国人大六届三次会议于1983年12月8日通过了《中华人民共和国统计法》，国务院于1984年1月6日发布《关于加强统计工作的决定》。依据《统计法》和国务院决定，1984年9月在天津召开的全国统计工作会议，提出有计划、有步骤地改革统计制度、统计方法、统计体制和统计信息技术，大办“开放式”统计，实行“五个转变”即：统计服务方向，由“封闭式”转变为“开放式”；统计服务方式，由单纯的无偿服务转变为无偿服务与有偿服务相结合；统计信息来源，由狭窄的信息渠道转变为多渠道；统计调查方法，由过去主要依靠报表转变为各种调查方法灵活运用；统计信息技术，由过去主要依靠手工操作，转变为主要依靠电子计算机操作，努力把统计部门建设成为社会经济信息的主体部门，充分发挥统计的服务和监督作用。从此揭开了统计改革与发展的新篇章。黑龙江省统计部门适应改革开放和国家宏观管理的需要，扩大了统计范围，充实了统计内容，改进了调查方法。从1984年起，全省县以上各级统计部门普遍开始了1982年以来各年国民收入生产额、使用额的计算，综合反映了各个地、市、县的经济发展水平和经济实力，也为编制地区国民收入计划提供了依据。黑龙江省是继山西省之后，全国第二个成功地编制投入产出表的省份，运用投入产出表及有关资料，建立了黑龙江省宏观经济模型，开展了经济预测，为深入分析地区经济结构和部门间的经济联系，制定长远计划和进行战略决策，提供了重要依据。为了全面反映经济、社会发展情况和进行国际对比，遵照国务院领导的指示，从1985年开始计算了1980年以来各年的国民生产总值。会同有关部门进行了财政预算外资金调查，试编了综合财政平衡表，为指导预算外资金的合理使用和搞好财政信贷的综合平衡提供了依据。此外还编制了能源平衡表和劳动平衡表。

截至1985年末，全省14个地市、69个县（市），除新成立的绥芬河、五大连池市外，普遍设立了独立的统计机构，68个市辖区大部分设立了统计局。1 179个乡镇中分别有43.6%和42.6%配备了专、兼职统计助理。组建了城乡两支抽样调查队。各级业务主管部门和企事业单位也都根据统计工作的需要，设置了综合统计机构或配备了专兼职统计人员。全省县以上政府统计部门的编制达到2 080名。包括乡镇、部门和企事业在内，全省专兼职统计人员达4.95万人。

第七节　标准计量与质量监督

一、标准计量

（一）标准化

黑龙江地区标准化始于19世纪末。清光绪二十四年（1898年）修筑中东铁路，即采用了沙皇俄国的铁路技术标准。1932年伪满洲国成立后，日本帝国主义为了统治和掠夺的需要，开始推行日本的标准化。1941～1945年，伪国务院以训令、布告等形式公布建筑、金属材料、棉制品和家具等近百余种标准规格，生产上也制定了一些管理标准。1945～1949年，黑龙江地区经济基础比较薄弱，标准化工作基本上没有开展。

1949年，中华人民共和国成立后，黑龙江地区的标准化工作进入了一个新的发展阶段。中华人民共和国成立初期，尤其是在国民经济第一个五年计划实施期间，黑龙江地区的工业标准化工作，随着国民经济的发展而逐步开展起来。在这一时期，黑龙江地区新建和扩建的一些国营企业按照苏联模式，设立了标准化机构或配备了标准化人员，在采用苏联国家标准进行生产的同时，自行制定了一些企业产品标准。与此同时，黑龙江地区农业标准化工作在各个专业范围逐步开展起来。50年代开始了粮食标准化和种子标准化，结合贯彻国家“统购统销”政策，逐步制定了重要粮食、油料和经济作物收购标准，贯彻了农业部颁布的《主要农作物种子分级标准》《全国农作物种子检验标准》。

1959年11月，黑龙江省人民委员会在计量管理处的基础上，成立黑龙江省标准计量局，归黑龙江省科学技术委员会领导。在全省大部分市、县建立了标准计量机构，标准化工作开始由政府职能部门统一管理。1960～1962年，黑龙江省标准计量局围绕提高企业产品质量，督促检查企业贯彻执行标准，有组织地进行了一些调查研究，摸索了开展标准化工作的方法和途径。

1962年12月，国务院颁布了《工农业产品和工程建设技术标准管理办法》。黑龙江省人民委员会颁布了《黑龙江省计量管理暂行办法（草案）》。1963年1月，国务院批准将黑龙江省科学技术委员会所属的省标准计量局改为黑龙江省人民委员会直属局。此后，一些大中型工业企业标准化工作由分散管理逐步走向统一管理。黑龙江省标准计量局对省管的529种主要工业产品在调查研究基础上，首次编制出制定标准、修订标准、贯彻标准的两年规划，并协助企业主管部门组织落实，把全省标准化工作向前推进了一步。与此同时，黑龙江省会同辽宁、吉林、内蒙古等省（区）共同制定了《东北细毛羊》《中国黑白花奶牛》等国家标准，以及《鲜牛奶》《绵羊毛》等收购标准，促进了全省畜牧业发展。

“文化大革命”期间，黑龙江省标准化工作遭到了严重破坏。全省工农业产品质量失去控制，国民经济建设受到严重影响。1973年5月，国家标准计量局在唐山召开了“全国计量工作经验交流会”。为贯彻这次会议精神，黑龙江省开展了标准制定工作。

1976年粉碎江青反革命集团后， 1978年2月，黑龙江省革命委员会根据国务院颁布的《中华人民共和国计量管理条例（试行）》的规定，决定在黑龙江省革命委员会计量管理处的基础上，建立了黑龙江省标准计量管理局。全省各市（地）、县及企事业单位标准计量机构也相继恢复和加强。随着全省标准计量机构的逐步健全，各级标准计量部门积极开展标准化工作的整顿。通过整顿，标准制定、修订的速度不断加快，地方标准的数量大幅度增加，产品标准覆盖面逐步扩大。在制定、修订地方标准的同时，积极开展了标准贯彻工作。至1985年底，全省主要工业产品工业产品覆盖率达到97%；全省实行综合标准化种田面积近164万亩（11万公顷）。

（二）计量

唐代渤海国上京龙泉府遗址（今黑龙江省宁安县渤海镇）出土了三种不同规格的“铁权”，汤原县发现了元代的“铜权”。这些都是当时的衡器标准，其形制与中原的铁权相似。清康熙四十三年（1704年），清朝廷为征收赋税，下令停用金斗、关东斗，而铸铁斗、铁升发往各地。从此，黑龙江地区开始推行铁斗、铁升为标准器，度量衡器具趋向与全国一致。清道光二十年（1840年）鸦片战争后，外国一些计量制度相继传入中国，使黑龙江地区的计量打上了殖民地的烙印。自此之后，黑龙江地区民间交易，除使用清朝的计量单位以外，还有俄制和日制等。清光绪三十四年（1908年），清朝廷颁发了《推行划一度量权衡制度暂行章程四十条》，在全国推行“营造尺库平制”。但黑龙江地区推行不力，黑龙江地区各府、县旧制、中外制混用，投机商人乘机盘剥百姓。

中华民国初期，黑龙江地区继续沿用清朝的度量衡制度。1915年，北洋政府公布《权度法》，但黑龙江行省并未推行。1928年，国民政府颁发《中华民国权度标准方案》。据此，黑龙江省实业厅设权度局，开始统一掌管全省度量衡事务。在全省推行“标准制”和“市用制”，颁布了《黑龙江省划一量器暂行章程》及《划一量器暂行章程施行细则》。1930年，黑龙江省政府委员会第82次会议决定：“本省度量衡划一完成期间，拟仿照吉省规定，于民国二十年内实行，以归一律”。部分县从国家购领了标准器具，开始推行度量衡划一工作。

1931年“九一八”事变后，原黑龙江省权度局解体。黑龙江地区制造、经销度量衡器的企业被迫倒闭或被吞并。1932年伪满洲国成立后，日本帝国主义为了统治和掠夺的需要，开始推行日本的计量制度。1934年伪国务院实业厅设立权度局（后改为检定所），并先后在哈尔滨、齐齐哈尔设权度分局（后改为权度分所）。

1934年和1935年，伪国务院公布了《度量衡法》《度量衡法实施细则》《计量法》《计量法实施细则》，强制实施“米突法”和“尺斤法”。黑龙江地区除僻远县和农村尚沿用旧杂制外，计量制度基本趋于统一。有关计量器具的普及、制造、修理、销售和进口等业务统由伪满洲计器股份有限公司（后改称株式会社）管理，在哈尔滨设支店，在齐齐哈尔设营业处，实行独家经营。

1945年“九三”抗日战争胜利后，黑龙江地区各地先后建立起各级民主政府。1947年在开展土地改革中，为落实土地改革政策，解决土地丈量问题，东北行政委员会制定了《关于划一度量衡和丈量土地标准》。规定土地面积以垧为主单位，丈量土地实行大亩制，废除中亩和小亩丈量标准，从而统一了黑龙江地区土地丈量标准，有效地保证了全省土地改革胜利完成，并为以后统一计量制度奠定了基础。

1949年中华人民共和国建立后，黑龙江地区的企业中一般均设有计量机构，对计量器具实行统一管理和周期检定。同时，黑龙江地区计量器具制造业得到发展，建立了哈尔滨量具刃具厂、哈尔滨电表仪器厂等一批专门生产计量器具的工厂；1956年，国家有关部门还在黑龙江省建立了区域计量站（室），管理所属企业的计量工作。

为了加强全省计量管理，1957年7月，黑龙江省人民委员会根据国务院下发的《关于核定省、市、自治区计量机构和编制问题》的文件精神，批准成立了黑龙江省人民委员会计量管理处，对全省计量工作实行统一管理。并批准在齐齐哈尔、佳木斯、牡丹江市和绥化县建立了计量检定所。从此计量工作开始纳入政府管理职能。黑龙江省人民委员会计量管理处着手组织建设和必要的基础设施建设，进行人员培训，筹建全省社会公用计量标准器具。计量工作超出了度量衡范围。

1959年6月，国务院发布了《关于统一计量制度的命令》。按照贯彻《命令》要求，黑龙江省采取了积极推行公制，保留市制，限制英制，淘汰旧杂制的措施，促进了计量事业的发展。1959年11月，黑龙江省人民委员会在计量管理处的基础上，成立黑龙江省标准计量局，归黑龙江省科学技术委员会领导。在大部分市、县建立了标准计量机构，计量工作也得到进一步加强。1960～1962年，为贯彻落实“以工业为主，为生产服务”的方针，走计量与生产相结合道路，拓宽计量工作领域，各级标准计量部门普遍开展了量值传递工作。对计量技术薄弱的一些中小型企业，组织国营大厂中心试验室与地方中小型工厂建立协作网，用以大帮小的办法解决企业计量器具检定问题。

1962年12月，黑龙江省人民委员会颁布了《黑龙江省计量管理暂行办法（草案）》。1963年1月，国务院批准将黑龙江省科学技术委员会所属的省标准计量局改为黑龙江省人民委员会直属局。省标准计量局本着自力更生、艰苦创业的精神，建立了恒温室，改善了工作条件，集中力量抓了全省社会公用计量标准器具的建立，1965年底，省级的社会公用计量标准器具由1961年的5类14项增加到5类20项；全省各市县的计量标准器具也相应有所增加，为开展计量检定工作打下了物质基础。并且提高了检定的准确度，扩大了检定范围，仅1965年，全省共检定各种计量器具865 954件，基本上满足了当时经济建设和科学研究的需要。同时，还开展了计量科学研究工作。有的计量科学研究项目具有国内先进水平，填补了国内空白。

“文化大革命”期间，黑龙江省计量事业遭到了严重破坏。一些工矿企业也取消了标准计量机构和专（兼）职人员。以致全省量值传递中断，社会上计量器具失准失修，国民经济建设受到严重影响。1973年5月，国家标准计量局在唐山召开了“全国计量工作经验交流会”，要求各地区各部门恢复标准计量机构，加强计量工作。为贯彻这次会议精神，全省计量工作逐步恢复。开展了计量检定、计量科研、人员培训等工作。但在当时历史条件下，计量事业的发展依旧困难重重，处境艰难。

1978年2月，黑龙江省革命委员会根据国务院颁布的《中华人民共和国计量管理条例（试行）》的规定，决定在黑龙江省革命委员会计量管理处的基础上，建立了黑龙江省标准计量管理局。全省各市（地）、县及企事业单位标准计量机构也相继恢复和加强。

随着全省计量机构的逐步健全，各级计量部门积极开展计量工作的整顿。与此同时，黑龙江省各级标准计量部门根据经济建设和科学技术发展的需要，认真贯彻《中华人民共和国计量管理条例（试行）》，加强了计量事业建设，建立健全了一些急需的计量标准。

到1985年底，全省各市（地）、县也在国家和省的统一规划下，增加了一些检测手段，开展了量值传递。至1985年，黑龙江省先后制定有关标准计量管理的条例、办法、规定、细则等共14个。全省各市（地）、县也结合当地实际情况相应的制定了一些实施细则或补充规定，使计量工作步入有法可依、依法管理的正常轨道，保证了计量工作的顺利进行。

二、质量监督

（一）监督检验

中华人民共和国建立后，黑龙江地区有关部门根据国家要求，建立了一些专业性检验机构，对药品、进出口商品、计量器具、锅炉、压力容器、食品卫生等具有特殊要求的产品进行了监督检验。1979年国务院颁发《中华人民共和国标准化管理条例》后，省标准计量管理部门负责产品质量监督和监督检验管理工作，建立健全了全省产品质量监督检验网，开展了对有关人身安全和健康的产品，关系国计民生的重要产品，获得优质产品称号的产品，量大面广的日用消费品以及人民群众反映质量问题较多的产品的质量监督检验。到1985年底，全省受监督检验产品达3 755种，对促进黑龙江省工农业产品质量的提高起到了积极作用。黑龙江省的产品质量监督检验工作发展较快，在促进黑龙江省经济发展中起到了一定作用。但由于投资不足，监督检验能力还不强，受监督检验的产品覆盖面较小，满足不了生产发展和市场竞争的需要。

（二）监督管理

1978年以前，黑龙江地区的质量监督和监督检验工作仅在部分专业中进行，分别由有关主管部门负责管理。1979年，黑龙江省贯彻国务院颁发的《中华人民共和国标准化管理条例》，由省标准计量管理局负责管理全省产品质量监督和检验，统一组织和指导有关专业检验机构开展监督检验工作。1979～1983年，全省标准计量部门建立健全了质量监督管理机构，并按照国家标准局的要求，遵循“勤俭创业、打好基础、全面规划、积极开展”的方针，积极组建全省质量监督检验网。1983年3月，《黑龙江省产品质量监督检验管理办法（试行）》经省人民政府同意颁布实施后，使黑龙江省的产品质量监督和检验工作逐步走上法制管理的轨道。全省标准计量管理部门在各级政府的支持帮助下，在继续抓好质量监督检验网建设的同时，不断完善质量监督管理的规章制度，加强对质量监督检验工作的管理，使黑龙江省的质量监督事业不断发展。

第四篇　文　化

◇第一章　教育　科技

◇第二章　文学　艺术

◇第三章　文物　档案　地方志

◇第四章　广播电视　出版　报业

◇第五章　科学文化团体

◇第六章　卫生　体育

第一章　教育　科技

黑龙江地区的教育，始于8世纪初的唐属地方政权渤海国。自渤海国后，千余年间，各族人民进行了多种形式的教育活动，在中国古代教育史上谱写了独具特色的重要篇章。进入近代以后，由于帝国主义列强的侵略和国内反动势力的腐朽统治，严重阻碍了黑龙江地区教育的发展。1945年抗日战争胜利后，人民成了教育的主人。中华人民共和国成立后至1985年的36年间，黑龙江地区的社会主义教育事业取得了重大成就，特别是中共第十一届三中全会以后，在建设有中国特色社会主义理论的指导下，黑龙江省的教育在调整改革中不断开拓前进，出现了前所未有的好形势，为黑龙江省的经济发展做出了新的贡献。

黑龙江地区古代科学技术萌芽于旧石器时代晚期，至唐代渤海国时已有了长足发展。近代科学技术始于清末民初，随着中东铁路的修建，西方科学技术随之传入黑龙江地区。东北沦陷期间，科学技术控制在日本帝国主义者手中，成为其进行政治侵略和经济掠夺的手段。中华人民共和国成立后，尤其进入20世纪80年代，黑龙江省的科学技术有了飞速发展，研究队伍日益壮大，研究基地在省内高等院校、研究院所内逐步形成，重大研究成果相继涌现，成为地方国民经济发展和社会进步的强大动力。

第一节　教　育

一、古代教育

居住在黑龙江地区的肃慎、东胡、濊貊等古老民族，远在4 000多年前就已经与中原王朝和华夏各族人民建立了联系。随着华夏各民族交往日臻密切，中原的先进生产技术和文化逐步传入黑龙江地区，促进了黑龙江地区的经济发展和文化进步，为学校教育的产生和发展创造了条件。据史书记载和考古证实，黑龙江地区的学校教育是从唐属地方政权渤海国开始的。

渤海国以唐朝教育制度为模式，在京城设“胄子监”，地方设府、州、县学，推行儒学教育，并派留学生赴唐学习儒家文化，有的参加唐朝科举，史称宾贡。渤海国在200多年间创造了灿烂的文化，赢得“海东盛国”的美誉。

契丹天显元年（926年），渤海国被契丹（后称辽）所灭。征服者对渤海国采取民族灭绝政策，使一度兴起的渤海国教育毁于一旦。但渤海国的重教传统，对辽、金教育的发展产生过重要影响。辽代曾在铁利部（今依兰至通河间）和北边重镇泰州设学。

北宋政和五年（1115年）金朝建立，黑龙江地区为金朝的肇兴之地，学校教育进入繁荣时期。金初创制女真字，设女真学，接受儒学并实行科举。在都城设国子监，各府设女真学，各州县也均有设学。到世宗、章宗朝出现了“儒风丕变，庠序日盛”（《金史·列传文艺上》）的局面，学校教育得到了长足的发展。

金初即开始实行科举，黑龙江地区中进士者共7人。其中金大定十三年（1173年），上京路人徒单镒，中女真策论进士科第一名。金天光三年（1234年）金亡后，历经元明两代到清咸丰年间，黑龙江地区科举中断长达620多年。至清同治、清光绪年间，虽然一度正式开科取士，但中举人、进士人数极少。

元初，黑龙江地区实行军事、屯田、学校三位一体的军屯教育制度。在桃温（今汤原）、胡里改（今依兰）、斡朵怜（今依兰马大屯）、脱斡怜（今桦川）、孛苦江里（今富锦）等地设学，称五军民万户府官学。在今三肇一带设学，称肇州屯田万户府官学。

明朝建立后，统治者视黑龙江地区为“蛮夷”地区，对女真和其他各少数民族归服者的经济和文化生活不加任何干涉，因此，明朝黑龙江地区没有官学设置的记载。至努尔哈赤建立后金，创制了满文，才为清朝满族教育奠定了基础。

清朝建立后，清政府把包括黑龙江地区在内的东北地区视为“龙兴”之地，长期加以封禁，禁止汉民移入，限制了经济、文化的发展，形成地广人稀、文化落后的局面。但是，由于黑龙江地区地处东北边疆，是抵制沙俄侵略的前哨，清政府不断采取措施，加强黑龙江地区的军事和经济力量，又在一定程度上为黑龙江地区教育的发展创造了有利条件。

清初，一些被流放到宁古塔、卜奎、墨尔根等地的文士，有的为维持生计而设馆授徒，成为清代黑龙江地区教育的先驱。清康熙三十二年 （1693年），宁古塔满官学的设立，是清代黑龙江地区创办的第一所官学。之后依兰、墨尔根、齐齐哈尔、呼兰等地也纷纷创办官学。清乾隆、清嘉庆时期移旗民至拉林、双城、呼兰、齐齐哈尔等地，设旗屯官庄，进行土地开发。黑龙江地区人口渐多，城市商业开始发展，满汉官学、义学、私塾等各类学校相继出现，教育日趋发展。

二、近现代教育

（一）基础教育

幼儿教育。清宣统三年（1911年），黑龙江行省公署提学使司总务科科长林传甲之母刘胜创办省城私立奎垣蒙养园，招收3～7岁幼儿。这是清末黑龙江地区唯一的幼儿教育场所。1916年，创建黑龙江地区有史以来第一所省立蒙养院——省立第一女子师范学校蒙养院。1922年，黑龙江省开始于中小学校内附设幼稚园。据统计，中华民国时期黑龙江地区先后成立省、市、县蒙养院、幼稚园9所，私立保育室1所，基督教会办的幼稚园1所，另有日、俄、德等外侨办的幼稚园4所。

1931年东北沦陷后，伪满学校体系中没有列入幼儿教育。但在一些大城市均设有幼稚园。大部分是为日本人设立的，归日本当局管理，分为公立、私立和基督教会办的3种。

黑龙江地区解放后，1948年，黑龙江地区第一所保育院于齐齐哈尔市建成。此后一些大中城市和系统也相继建起了保育院。截至1949年底，黑龙江地区各类保育院和托幼园所共有20余处。

中华人民共和国成立初期，黑龙江地区的幼儿教育事业逐步走上正轨。但在1958年“大跃进”的形势下，幼教机构盲目发展，各类幼儿园扩大招生，办园条件较差，使教育质量有所下降。1961年，黑龙江省开始对幼教机构进行调整，使各级各类条件较好的幼儿园得以巩固，民办幼儿园大量减少，盲目发展的势头得到控制，基本恢复了正常局面。

1966年“文化大革命”开始后，全省的幼教事业受到严重摧残，中华人民共和国成立后形成的比较完整的幼教体系横遭破坏。全省幼儿园总数由1965年的361所下降到1971年的59所。1975年，中央加强各方面工作的整顿，全省的幼教事业得以逐步恢复。

1978年中共第十一届三中全会后，中共黑龙江省委成立了儿童少年工作委员会，恢复幼儿师范学校，发展幼儿专业班，组建了一批幼教研究会，开展幼教学校研究工作，幼教事业得到了恢复和发展。1984年，全省教养员年龄在35岁以下的占90%，文化程度初中以上的占82.3%，幼教队伍逐步向知识化、专业化和年轻化发展。

小学教育。19世纪，黑龙江地区的小学教育基本以旧式教育私塾为主。19世纪70年代，英法等国传教士开始在黑龙江创办新式学堂教会小学。清光绪三十一年（1905年），双城厅通判阮忠植创办初、高等小学堂各一处。这是有史料记载的黑龙江地区创办最早的官办小学堂。到中华民国时期，虽然私塾数量始终占相当比例，但官办小学已明显占主导地位。东北沦陷时期，1934～1936年,伪满洲国对私塾进行改编和整顿，对其中优秀的私塾改为公立的国民学舍或私立的国民义塾，个别私塾虽有残留，但数量已微不足道。

从1948年起，全地区的小学教育，开展了新型正规化建设。加强了文化课教学，建立了各项学校工作制度，小学教育步入了正常发展轨道。当年，全地区4省（黑龙江、松江、合江、嫩江）和1市（哈尔滨）有小学校9 832所，学生753 054人，教师19 085人。

中华人民共和国成立后，小学教育有了突飞猛进的发展。1958年9月，中共中央、国务院发布《关于教育工作的指示》，要求“全党全民办学”。中共黑龙江省委提出了五年普及初等义务教育的要求，小学教育开始了大发展时期。随着解放军10万官兵开发“北大荒”、开发大兴安岭，使全省农场、林区和矿区的企办小学得到大幅度的发展。其他企业系统的小学也有相应的发展。

1966～1976年“文化大革命”期间，全省小学教育也是重灾区之一。前4年，全省小学一直呈下降趋势， 1970年后又趋上升形势。1974年，全省小学在校生第一次突破500万人，创历史最高纪录。

1976年粉碎江青反革命集团后，小学教育发展进入历史新时期。经过拨乱反正，落实知识分子政策，加强教师培训，增加教育经费，扩建和新建学校等一系列发展小学教育措施，全省小学教育出现了事业发展的最好时期。到1985年，全省有小学18 157所，在校生4 677 937人，教师207 256人。

中学教育。清光绪三十一年（1905年），黑龙江地区首创官办中学堂——双城中学堂。清光绪三十二年（1906年），黑龙江地区又在齐齐哈尔创办了黑水中学堂。清光绪三十四年正月（1908年2月），黑水中学堂和清光绪三十三年（1907年）始办的绥化高小附设的中学预备班合并， 成立全省中学堂。清宣统三年五月（1911年6月），在宾州府创建了宾州府立中学堂。

中华民国时期的中学发展速度比清末时期快，但与全国其他省份相比仍居下游。据《第一次中国教育年鉴》记载，1930年在黑龙江地区400万人口中，受中等教育的人数（包括中等师范和中等职业学校）共2 366人，占全省人口比例为6.35/10 000，低于全国34个省市平均11.071/10 000的比例，居全国第22位。

1931～1945年东北沦陷时期，日本帝国主义全面推行殖民地奴化教育，改中学为国民高等学校；变普通中学教育为普通教育与职业教育相结合的教育，并具有初级技术教育性质。黑龙江地区中等教育事业发展极为缓慢。到1945年抗日战争胜利，黑龙江地区共有国民高等学校62所，在校生19 102人。

1945～1949年解放战争时期，民主政权接管了各国民高等学校工作。至中华人民共和国成立前夕，黑龙江地区有中学54所，在校学生22 096人。这一时期，存在着初中和高中在校生数比例不合理问题。高中生的奇缺，给中华人民共和国成立初期高等教育的发展和各条战线对高中程度的人才需求带来困难。

中华人民共和国成立初期，黑龙江地区普通中学发展迅猛，至1957年，黑龙江地区中学校数由1949年末的54所发展到1957年末的211所，增长了38倍多；在校学生数由1949年末的22 096人发展到1957年末的173 082人，增长了77倍。1958年大跃进中，由于受“左”的错误思想影响，贪多冒进，也造成了事业发展比例失调。1958年与1957年相比，一年间学校数由211所猛增到592所，增长1.8倍。为了纠正上述偏差，黑龙江省从1961年开始进行全面调整整顿工作，到1963年结束。调整后学生的年均增长速度已由1958～1960年的21.7%，下降到1963～1965年的10%。

“文化大革命”时期，以“两种教育制度、两种劳动制度”是修正主义黑货为名，将半工半读中学和农职业中学全部改为普通中学，造成中等教育结构单一的弊病。同时提出城镇高小毕业生全部升入初中，农村的70%～80%的高小毕业生升入初中，初中毕业生免试转入高中，初高中实行二二制，四年毕业。全省普通中学膨胀发展，特别是高中生剧增。

1976年粉碎江青反革命集团后，特别是1978年中共第十一届三中会后，教育事业又走上了健康发展的轨道。经过几年的调整改革，全省中等教育发生了结构性变化，至1985年，与改革前的1978年相比，中等职业技术学校大发展，中等职业技术学校在校生占整个高中阶段学生总数的40%，普通中学锐减。全省普通中学的校数和在校生数分别为2 904所和2 017 774人。

少数民族教育。黑龙江省是多民族居住的省份，除汉族外，主要有朝鲜、蒙古、回、满、柯尔克孜、达斡尔、鄂伦春、赫哲和鄂温克等少数民族。

清末“废科举、兴学堂”后，达斡尔、回、满、蒙古、赫哲、鄂伦春等少数民族开办了新式学堂。中华民国时期，少数民族学校有较大发展。蒙古族教育，在省城创办初等、高等小学校、黑龙江地区蒙旗中学校和蒙旗私立师范学校。蒙古族教育迈入了中等教育阶段。各蒙旗大都设立了数量不等的蒙旗小学校。达斡尔族、鄂伦春族、赫哲族都出现了大学生和留学生。东北沦陷时期，各少数民族教育惨遭破坏。尤其对生活在中苏边境的鄂伦春族教育，更是摧残殆尽。朝鲜族教育，进入了历史上最黑暗时期。日本帝国主义对朝鲜族教育，实行日本臣民化政策。强迫朝鲜人改用日本姓氏，取消朝鲜语，把日语定为国语。

中华人民共和国成立后，各少数民族教育实现了历史性的飞跃，先后普及了小学教育，1957年朝鲜族第一个普及了小学教育。中学教育发展迅速，规模可观。1980年，朝鲜族又提前基本普及了初中教育。少数民族大学毕业生成倍增长，少数民族的科技、文教和党政干部队伍正在健康发展，不断扩大。满族虽然是全省人口最多的少数民族，在长期各民族文化交流和融合过程中，满族教育和汉族教育已经没有明显差别，绝大多数满族学生在汉族学校接受教育。

到1985年，全省有少数民族中小学（含师范）630所，在校生77 350人。中华人民共和国已培养了成千上万名民族干部、教师、医生、新闻工作者、科学家和艺术家。

盲聋哑教育。1939年，哈尔滨市的白卍（万字）会（慈善团体）开办黑龙江地区第一所聋哑学校。东北解放后由哈尔滨市人民政府于1948年接管。1957年，中央教育部发布《办好盲童学校、聋哑学校的几点指示》之后，全省各市县陆续兴办聋哑学校。1960年全省聋哑学校已达60所，在校生2 747 人，教职工404人，其中专任教师有283人，学校数和学生数均居全国之冠。“文化大革命”时期，有的学校停课，有的学校被迫停办。1970年开始，学校有所恢复和发展，到1985年，全省有聋哑学校61所（其中，盲聋哑学校1所），占全省79个市、县建制的77.2%。学校均设在市和县城，以市、县为单位，基本上解决了聋哑儿童的就学问题。学校设备，教学质量，生活条件有了初步的改善和提高。开始形成了一支热爱聋哑教育事业，有一定专业教学能力的教职员队伍。1949～1985年，全省聋哑学校毕业生累计有5 500余人，绝大部分成长为残而不废、自食其力的劳动者。

工读教育。1979年，黑龙江省传达贯彻教育部、共青团中央转发的《北京市9所工读学校初步总结》的文件之后，在部分市县兴办起工读学校。1979年8月20日，大庆市首先办起了工读学校。1980 年，佳木斯市、哈尔滨市道外区、双鸭山市、牡丹江市、鸡西市、齐齐哈尔市也相继办起工读学校。在此期间五常、宝清、阿城等县也办了工读学校。1983～1984年，佳木斯和双鸭山的工读学校相继停办。到1985年，牡丹江、齐齐哈尔、鸡西等市的工读学校停办，只剩下哈尔滨市香坊区等3所工读学校。共有5个班，学生为132名（当年离校学生为55名），教职工为76名。

（二）职业技术教育

职业（实业）学校。清光绪三十三年（1907年），省城齐齐哈尔首办初等实业学堂3所。呼兰、海伦等9府县相继创办初等农业学堂9所，呼兰等4府县创办初等工业学堂4所。清宣统三年（1911年），黑龙江提学使遵照学部通令各省“限两年内每府设中等实业学堂1所”的指示，创办南路中等农业学堂和北路中等工业学堂。中华民国时期，职业学堂改称职业学校，1921年黑龙江地区的职业学校共有26所，其中中级职业学校21 所，高级职业学校5所。此外，俄侨还在哈尔滨及绥芬河等地兴办了不少职业学校。

东北沦陷时期，黑龙江地区的职业学校，最多的时候共有56所。其中公立的44所，私立的12所。公立职业学校以农科为最多，24所；其次是工科职业学校，5所；商科最少，仅有2所。私立职业学校多为医科，有4所；其次是商科，有3所。各县的农科职业学校也陆续改为国民高等学校。

解放战争时期，为了根据地的建设和支援新解放区的需要，黑龙江地区成立了许多职业学校，并在社会上公开招生。据报载招生简章等有关资料的统计，先后共开办了42所职业学校。以医药卫生为多，其他技术学校次之。学习时间最长的四年，大多为短期培训，一般只有几个月，毕业后即行分配工作，带有突击培养干部的性质。

职业中学。1958年3月，第四次全国教育行政会议后，黑龙江省兴办了首批农业中学，年终达到838所（班），在校生达65 673人，教职工1 763人。农业中学适应农村经济发展和小学毕业生迫切要求升学的需要，学生实行半农半读。少数教师实行半农半教，是一种教育与生产劳动结合的完全新型的学校。但是，因为创办初期缺乏经验，发展过快，学生中年龄大的人很多，过多地占用了农村劳动力。同时，教育质量没有保证，学生流动大，学校在校学生数量不稳定。从1959年4月起，及时总结了经验，对农业中学进行了整顿。

1964年，黑龙江省贯彻中共中央和刘少奇关于实行“两种教育制度”的指示精神，主要在城市发展了半工半读职业学校。1965年全省有城市半工半读学校299所，在校生65 135人。

1966年“文化大革命”开始后，农业中学和半工半读城镇职业学校被全部砍光，盲目发展普通中学，造成了中等教育结构单一、普通高中畸形发展的状况。

1976年粉碎江青反革命集团以后，全省各级党委和政府，认真贯彻执行党中央、国务院关于改革中等教育结构的一系列重要指示和“调整、改革、整顿、提高”的方针，1979年开始了试点工作。首先在佳木斯、哈尔滨和国营农场总局的龙镇农场试点，办了9所农业中学、2所职业中学；在农村普通中学附设农业中学班40个。1980年成立了省中等教育结构改革领导小组，加强了对这项工作的领导。

到1985年，全省城乡职业中学有400所，其中，农村地区的农业技术高级中学78所，在校生17 892人；试办四年制农村初级职业中学1所（桦南县柳毛河农村初级职业中学）。全省城乡职业中学在校生141 245人，其中，高中生139 490人（不含中专、师范、技工学校的在校生），为普通中学高中在校生335 914人的41.5%。在普通中学附设农、职业初中班16个，高中班1 171个。

中等专业（技术）学校。1949年中华人民共和国成立时，黑龙江地区只有中等技术学校5所，当年招生434人，在校生共731人。教职工总数79人，其中专任教师22人。

为适应经济发展对中等技术人才的大量需求，50年代开始陆续创建中等技术学校。1954年11月24日高等教育部颁发《中等专业学校章程》后，中等技术学校、中等专业技术学校、中等专业学校统一称为中等专业学校。

1958年开始，全省中等专业教育因受到“大跃进”形势的影响，出现了各行各业大办中等专业教育的局面。到1960年全省中等专业学校增加到132所，在校生达到38 909人，教职工人数也激增到8 346人。1961年开始进行整顿。调整后的全省中等专业学校，布局基本合理，学校数量虽然减少，但有的规模扩大，设备得到充实，教学秩序普遍趋于稳定，教学质量提高。

1964年，全省中等专业学校开始了教育制度的改革工作。8所农（林）科学校进行了“半工半读”（社来社去）的试点，在教学组织、教学计划、教学内容和教学方式方法等方面进行了一系列改革的探索。

1966年“文化大革命”开始后，“半工半读”制度受到冲击而终止，全省中等专业教育受到极大的破坏，有的校舍被占，教学仪器设备和图书资料严重损坏和丢失，教学不能正常进行。

1976年粉碎江青反革命集团后，全省中等专业教育开始恢复和发展。中共第十一届三中全会以后，全省中等专业教育基本建立起科类比较齐全，行业配套并有黑龙江省特色的中等专业教育体系。至1985年，全省73所中等专业学校在校生31 529人，毕业生为10 620人，招生14 729人（其中高中生10 573人，初中生4 156人），职工总数13 067人。

技工学校。黑龙江地区最早的一所技工学校是铁道部哈尔滨车辆工厂技工学校，始建于1948年4月1日，开设机车、车辆、机械、电气、冶金5个工种（专业），学制二年，招生对象为高小毕业生。从1951年开始，省内较大的企业陆续创建了一批技工学校。1958年，省技工学校在“大跃进”的形势下，脱离了正常的发展轨道。各地厂矿企业掀起一股大办技工学校的热潮，不顾办学条件，盲目大量招生，打乱了技工学校的正常教学秩序，降低了培养目标。经过1962年的大规模整顿后，到1963年底，全省只保留了11所规模较大、条件较好、质量较高的技工学校。1964 年，按照刘少奇关于“两种劳动制度、两种教育制度”的指示精神，技工学校陆续都改为半工半读技术学校。到1965年底，全省半工半读技术学校发展到120所（不包括农村的半工半读学校），在校学生29 124人，教职员工3 432人。

1966年“文化大革命”开始后，全省95%的技工学校校舍被占，实习工厂被没收，教职工队伍被拆散，教学实验设备和图书资料损失殆尽。1972年以后逐步复办和新建技工学校。

1978年，技工学校的综合管理工作由教育部门划归劳动部门。不仅大中型企业办起了技工学校，许多地方市县劳动部门和产业局、公司也办起了技工学校。到1985年底，全省技工学校有202 所，在校生59 257人，教职员工12 902人。共设置工种（专业）162个，每年招生2万人左右。

中等师范学校。清光绪三十二年（1906年），黑龙江地区首创师范学堂3所，至清宣统三年（1911年），共建有师范学堂9所，学生722人。中华民国时期，师范学堂改称师范学校。中华民国建立初期，为了改善私立学校和私塾的办学，各县利用寒暑假期间开办了师范传习所（后改为师范讲习所），作为长期性的培养小学师资的机构继续办下去。

东北沦陷时期，师范教育仍沿用民国旧制。1938年实行“新学制”，改师范学校为师道学校。1939年设立初等教育教师养成所，附设于师道学校；没有师道学校的则单独设立。至1945年6月伪满政府垮台前，黑龙江地区共有师道学校8所，总计45班，学生2 216人。

解放战争时期，政府将师范教育排在中等教育最优先的位置上，黑龙江地区各省先后通过新建、重建和接管师道学校等方式，纷纷建立师范学校。同时，在省、市、县办的中学里附设了大量的师范班。在黑龙江省德都县创办萌芽学校，以“生活教育”“实践教育”作为教学的指导方针。

中华人民共和国成立初期，由于中等师范学校发展过快，特别是在“大跃进”形势的推动下，全省出现师范学校设置过多，学校规模偏小，办学条件差，质量下降等问题。1961年开始，全省各类教育事业进行大规模压缩和整顿，初师班停止招生。到1963年，全省师范学校减少到11所。

“文化大革命”中，全省师范教育遭到极大破坏。粉碎江青反革命集团后，到1979年，全省师范学校恢复和发展到26所，在校生17 310人，教职工2 970人，其中，专任教师1 318人。

截至1985年，全省共培养78 346名中师毕业生，32 801名初师毕业生，计111 147 人。其中大部分中师毕业生到中学任教，约占全省中学教师总数的60%左右；从事小学教育工作的各类师范毕业生占全省小学教师总数的70%以上，其中，绝大部分从事农村小学教育工作。

（三）高等教育

清朝末年，清政府推行“新政”后，黑龙江地区在省城齐齐哈尔创办法政、优级师范两所高等学堂；至民国时期还建立了东北讲武堂黑龙江分校。从此，黑龙江省开始设立具有现代高等教育性质的学校。与此同时，随着帝俄的入侵，在中东铁路中心哈尔滨出现了为沙俄侵略服务的高等学校，哈尔滨中俄工业学校（哈尔滨工业大学前身）、东省特别区法政大学、哈尔滨医学专门学校（哈尔滨医科大学前身）等高等学校相继建立。从此，现代高等教育便在黑龙江地区逐步建立，但发展速度非常缓慢，省城齐齐哈尔的高等学校还时办时停。及至辛亥革命后，地方军阀为培植和巩固地方势力，又相继创办了一些高等学校。

1931年“九一八”事变后，黑龙江地区高等教育逐步沦为殖民地教育。伪满洲国成立后，对高等学校实行“整肃”政策，先后封闭了当时设在哈尔滨的一些高等学校。强行改组一些高等学校董事会，校长逐步由日本人担任，所有高等学校的大权完全由日本人把持。大量日籍学生涌入各高校。据1943年《满洲帝国学事要览》刊载，当时哈尔滨工大、哈尔滨医大、哈尔滨农大等8所大学的在校生共2 702人，其中日籍学生达1 513人，其他国籍的307人，中国学生只有822人。

1945年日本帝国主义无条件投降后，黑龙江地区开始创建人民自己的高等教育事业。由延安老解放区迁来一批院校，作为创建东北根据地高等教育的骨干；建立一部分新院校，接管、清理、改造日伪统治时期的高等学校。到1947年4月，基本上完成了黑龙江地区人民高等教育初创阶段的任务。截至中华人民共和国成立前，经过整顿后，黑龙江地区共设置哈尔滨工业大学、哈尔滨医科大学、哈尔滨农学院、哈尔滨外国语专门学校、东北铁路学院和黑龙江农业专科学校6所高校，成为中华人民共和国成立后黑龙江地区发展新型正规化高等教育事业的基础。

中华人民共和国建立初期，受1958年“大跃进”影响，高校数量盲目冒进，仅几个月高校数量便由1957年的7所猛增至38所，到1960年又增至66所，基础理论教学严重削弱，教学质量不断下降。1961年开始，全省高等学校根据国家精神进行了4次大的调整。至1965年，全省高校调整为19所，基本形成专业门类较齐全、结构趋于合理的高教体系。

1966～1976年“文化大革命”期间，全省高等教育遭到空前破坏，校舍被占，仪器设备和图书资料严重受损，大都停止招生长达6～7年之久，广大干部和教师备受摧残和迫害。“文化大革命”后期，各高校相继复课，但教学工作无章可循，教学秩序异常混乱，并经常受到政治运动冲击，师生处于动荡不安之中。

1976年粉碎江青反革命集团之后，尤其是中共第十一届三中会后，全省高等教育事业获得前所未有的发展。学校数量不断增加，办学规模逐年扩大。国际合作和交流日益频繁，办学条件明显改善。截至1985年，全日制普通高校增加到40所，其中本科22所，专科18所，招生数增至24 701人，毕业生数增至11 772人，在校生数增至65 940人，教职工数增至36 949人，在校研究生数已达3 487人。

黑龙江省全日制普通高等院校一览表
（1985年）

表4-1

序号	学校名称	校址	创办时间（年、月）	隶属	性质类别	办学类型	备注
1	黑龙江大学	哈尔滨	1958.5	省属	综合性大学	本科	
2	哈尔滨工业大学	哈尔滨	1920.10	部属	工科院校	本科	初称哈尔滨中俄工业学校，1922年4月2日更名为哈尔滨中俄工业大学校，1928年2月东省特别区接管并改名为东省特别区工业大学校，同年10月更为现名，1950年回归中国政府主权管理，1954年被确定为全国6所重点大学之一。
3	哈尔滨科技大学	哈尔滨	1958.7	部属	工科院校	本科	1958年建立黑龙江工学院，1978年在黑龙江工学院基础上建立。
4	哈尔滨船舶工程学院	哈尔滨	1953.9	部属	工科院校	本科	初称中国人民解放军哈尔滨军事工程学院，由中央军委直接主管。1966年4月，哈尔滨军事工程学院退出军队序列，改名为哈尔滨工程学院。1975年8月，在原哈尔滨工程学院海军工程系基础上建立，1978年被确定为全国重点高等院校。

续表4-1

序号	学校名称	校址	创办时间（年、月）	隶属	性质类别	办学类型	备注
5	东北重型机械学院	齐齐哈尔	1958	部属	工科院校	本科	1978年被确定为全国重点高等院校。1985年整体迁至秦皇岛市。
6	大庆石油学院	安达	1960.5	部属	工科院校	本科	初称东北石油学院，1975年更为现名，1978年被确定为全国重点高等院校。
7	哈尔滨电工学院	哈尔滨	1958	部属	工科院校	本科	1970年并入哈尔滨工业大学，1974年复校。
8	哈尔滨建筑工程学院	哈尔滨	1959	部属	工科院校	本科	
9	黑龙江矿业学院	鸡西	1958	部属	工科院校	本科	初称鸡西矿业学院，1964年迁并到阜新煤矿学院。1978年12月，以鸡西煤矿学校为基础建立。
10	齐齐哈尔轻工学院	齐齐哈尔	1963	省属	工科院校	本科	初称齐齐哈尔轻化工学校，1978年3月，以齐齐哈尔轻化工学校为基础建立。
11	佳木斯工学院	佳木斯	1958	省属	工科院校	本科	1983年，佳木斯农业机械化学院改为佳木斯工学院。是黑龙江省第一所以农机专业为主的工科本科院校。
12	哈尔滨机电专科学校	哈尔滨	1950	部属	工科院校	专科	初称东北人民政府工业部电器工业管理局技工学校，1958年更名为哈尔滨电机制造学校。1983年，哈尔滨电机制造学校升格为哈尔滨机电专科学校。
13	哈尔滨冶金测量专科学校	哈尔滨	1953	部属	工科院校	专科	初称哈尔滨冶金测量学校，1958年改为哈尔滨冶金测量专科学校。1963年改为哈尔滨冶金测量高校。1985年10月，在哈尔滨冶金测量高校的基础上改建为哈尔滨冶金测量专科学校。
14	黑龙江水利专科学校	哈尔滨	1956	省属	工科院校	专科	初称黑龙江水利工程学校，1983年8月，以黑龙江水利工程学校为基础建立，是黑龙江省唯一一所培养水利水电类高级工程技术应用人才的学校。
15	东北农学院	哈尔滨	1948.8	省属	农林院校	本科	1950年改名为哈尔滨农学院，同年10月，沈阳农学院迁来哈尔滨，与哈尔滨农学院合并，恢复东北农学院校名。
16	黑龙江八一农垦大学	密山	1958.8	省属	农林院校	本科	初为农垦部主管，1971年学校撤销。1973年恢复建校，并改为黑龙江建设兵团农垦大学，1978年校名恢复为黑龙江八一农垦大学。
17	东北林业大学	哈尔滨	1952.7	部属	农林院校	本科	初称东北林学院，1985年更为现名。
18	哈尔滨医科大学	哈尔滨	1923.9	省属	医科院校	本科	初称滨江医学专门学校，1928年改称哈尔滨医学专门学校，1939年改为“财团法人”哈尔滨医科大学，1941年改为国立哈尔滨医科大学，1949年，中国医大在哈第二分校与设在龙井的第一分校合并重建哈尔滨医科大学。
19	黑龙江中医学院	哈尔滨	1959.9	省属	医学院校	本科	
20	佳木斯医学院	佳木斯	1947	省属	医学院校	本科	初为合江军区卫生干部学校，1949年2月改称合江省卫生干部学校。1949年5月改称松江省卫生学校。1952年改名为松江省医士学校。1954年改称黑龙江省佳木斯医士学校。1958年以佳木斯医士学校为基础建立。

续表4-1

序号	学校名称	校址	创办时间（年、月）	隶属	性质类别	办学类型	备注
21	牡丹江医学专科学校	牡丹江	1958	省属	医学院校	专科	初为牡丹江卫生学校，1978年在此基础上建立。
22	齐齐哈尔医学专科学校	齐齐哈尔	1946.2	省属	医学院校	专科	初为齐齐哈尔医士学校，1960年在此基础上成立。
23	哈尔滨师范大学	哈尔滨	1951.6	省属	师范院校	本科	初称松江师范专科学校，同年哈尔滨师范专科学校在哈尔滨市建立。1952年哈尔滨师范专科学校与松江师范专科学校合并。1956年5月，哈尔滨师范专科学校改建为黑龙江师范学院。7月，黑龙江师范学院改名为哈尔滨师范学院。1980年扩建为哈尔滨师范大学。
24	齐齐哈尔师范学院	齐齐哈尔	1958	省属	师范院校	本科	初称齐齐哈尔师范专科学校，1970年扩建为齐齐哈尔师范学院
25	牡丹江师范学院	牡丹江	1958.9	省属	师范院校	本科	初称牡丹江师范专科学校，1964年并入齐齐哈尔师范专科学校。同年9月，成立北安师范专科学校。1965年改名为宁安师范专科学校。1970年改名为牡丹江师范学院。
26	哈尔滨师范专科学校	哈尔滨	1978	省属	师范院校	专科	以哈尔滨市师范学校为基础建立
27	佳木斯师范专科学校	佳木斯	1978	省属	师范院校	专科	以佳木斯师范学校为基础建立
28	绥化师范专科学校	绥化	1978	省属	师范院校	专科	以绥化师范学校为基础建立
29	大庆师范专科学校	大庆	1980	省属	师范院校	专科	以大庆师范学校为基础建立
30	呼兰师范专科学校	呼兰	1981	省属	师范院校	专科	以呼兰师范学校为基础建立
31	克山师范专科学校	克山	1981	省属	师范院校	专科	以克山师范学校为基础建立
32	黑龙江省农垦师范专科学校	阿城	1983	省属	师范院校	专科	以黑龙江省农垦师范学校为基础建立
33	黑龙江商学院	哈尔滨	1952	部属	财经院校	本科	初为哈尔滨工业商品学校，1958年在此基础上建立，是中华人民共和国创办的第一所商科高等院校。
34	黑龙江财政专科学校	哈尔滨	1956	省属	财经院校	专科	初为省财政学校，1981年在此基础上建立。
35	哈尔滨金融专科学校	哈尔滨	1950	部属	财经院校	专科	初称东北银行黑龙江省分行干部培训班，1954年改为中国人民银行齐齐哈尔干部学校。1972年创办黑龙江省银行学校，1980年改称黑龙江银行学校。1983年在此基础上建立哈尔滨金融专科学校。是国务院批准的中国第一所金融高等专科学校。
36	哈尔滨体育学院	哈尔滨	1958.6	省属	体育院校	本科	初为哈尔滨体育学校，1958年在此基础建立，是黑龙江省唯一一所普通高等体育院校。
37	哈尔滨大学	哈尔滨	1983.5	省属	短期职业大学	专科	
38	牡丹江大学	牡丹江	1983.7	省属	短期职业大学	专科	
39	佳木斯大学	佳木斯	1985.4	省属	短期职业大学	专科	
40	鸡西大学	鸡西	1984.8	省属	短期职业大学	专科	

（四）成人教育

清末时期，相继成立的省县两级通俗教育社（科），是领导省县社会教育事业的行政机关，其领导下的宣讲所的兴办，是全省历史上官办成人教育事业的开端。1913年之后，相继成立的省县两级通俗教育社（科），是领导省县社会教育事业的行政机关。其领导下的社会教育事业有宣讲所、通俗图书馆、通俗教育报、公众补习学校、体操补习学校、露天学校等。1929年，通俗教育社陆续改称民众教育馆。1930年，兴办民众学校，同年提出识字运动规划，未及正式实施，因“九一八”事变发生，被迫中途停办。

东北沦陷初期仍沿用民众教育馆、民众学校的旧有名称，不久即名存实亡。日伪相继举办的日语学校、青年训练所等社会教育设施，是日伪推行殖民地奴化教育的重要工具。

抗日战争胜利后，社会教育方面，重点抓了干部教育、农民冬学运动和城市中的职工和市民的政治启蒙教育。

中华人民共和国成立后，经过36年的努力，全省成人教育事业有了空前的发展。到1985年，全省总计扫除文盲3 415 682人，文盲率由1949年的80%下降到13.3%。已经初步形成了从成人初等教育到高等教育（包括文化、教育和职业技术教育）的初具规模的成人教育体系。各级各类成人教育学校，遍布全省城乡，成为全省教育事业的重要组成部分。

第二节　科　技

一、基础科技

（一）数学

中华人民共和国成立前，黑龙江地区数学科学研究力量十分薄弱，成果无几。中华人民共和国成立后，数学科学研究开始迅速发展，逐步形成学术气氛活跃、地理分布广泛的数学科研队伍。哈尔滨工业大学、哈尔滨船舶工程学院（今哈尔滨工程大学）、黑龙江大学、哈尔滨科技大学（今哈尔滨理工大学）、哈尔滨师范学院（今哈尔滨师范大学）、东北林学院（今东北林业大学）、齐齐哈尔师范学院、大庆石油学院等高等院校及部分科研单位都有重要的研究活动。30多年来，取得一批重要成果，对于提高数学科学水平、推动生产发展起到了重要作用。

基础研究方面，在泛函分析、拓扑与代数、函数论、模糊数学等领域，具有代表性的成果有：吴从炘、王廷辅合著的《奥尔里奇空间及其应用》，受到国内外同行赞誉，获国防科工委二等奖；傅沛仁关于函数空间上点态收敛所给出的邻近概念的定义及等价条件，刘礼泉关于单叶函数的极值的研究，刘春和提出的模糊逻辑函数最小化时产生全部本原模糊蕴含项的新方法等，都达到较高学术水平。

应用研究方面，在最优化及其应用、概率统计及其应用、几何学及其应用等领域，罗声政解决了最优分批问题，并给出全部解；曹彬应用逐步回归分析，解决了制定中模数齿轮国标中遇到的问题，提高了编定效率，减少了模型误差；吴从炘、唐余勇的《微分几何讲义》，为若干工程应用提供了简例。

（二）物理学

考古发现，宁安县出土的太平窑址，阿城县小岭、五道岭冶铁、冶铜遗址，清康熙十五年（1676年）制造的“神威无敌大将军”铜炮等，都反映黑龙江地区在古代就开始学会运用物理知识进行金属冶炼。但现代物理学的系统研究是从20世纪20年代开始的。

1920年俄国人出于修筑中东铁路的需要，与中国当局合办哈尔滨中俄工业学校（哈尔滨工业大学前身），开始了物理学的教学和研究工作。

中华人民共和国成立后，哈尔滨工业大学进行重建，同时，还新建了哈尔滨军事工程学院、黑龙江大学、哈尔滨师范学院等高等院校，培养和壮大了物理学的教学和研究队伍，增添了实验设备，加强了实验室建设。哈尔滨工业大学于1958年成立了数理力学系（下设技术物理专业和固体物理研究室等）和工程物理系（下设核物理、反应堆工程、电物理等三个专业），后来辟出分校哈尔滨建筑工程学院、富拉尔基重型机械学院，更加壮大了物理学的研究力量。

哈尔滨军事工程学院（及后来重新组建的哈尔滨船舶工程学院）的军事工程教学科目带动了航天、水声学的发展，拓宽了物理学的领域。

物理学在省内的发展还得益于国家在哈尔滨设立的研究机构。1961年成立的中国科学院东北技术物理研究所，承接了第二机械工业部下达的“受控热核反应”重大研究项目，从而带动了国家核物理学发展。南迁后遗留人员组建的黑龙江省科学院技术物理研究所，在核物理以及同核物理有关的核技术研究方面继续发挥作用。

1978年国家颁布《中华人民共和国学位条例暂行实施办法》，开始招收硕士、博士研究生。哈尔滨工业大学被批准设立光学硕士点，哈尔滨船舶工程学院设立声学硕士点，并开始招收首批硕士研究生10余人；1981年全国批准设立首批博士点，黑龙江省有哈尔滨工业大学的光学博士点和哈尔滨船舶工程学院的声学博士点，并于1983年招收了第一名博士生（光学博士生）；到1985年全省共设立物理学领域的博士点2个，硕士点5个。

到20世纪80年代，省内物理学研究工作相当活跃，推动了计算机、遥感、激光、航天等高新技术的发展。到1985年末，全省物理学工作者约11 000人，其中具有高级技术职称的1 700人左右，承担着国家和省下达的基础研究和重大的技术项目。

（三）化学

黑龙江地区考古发现的炼金、炼铁、炼铜等涉及化学的生产活动，可追溯到金、元时代或更远。1939年，哈尔滨、齐齐哈尔、牡丹江、佳木斯出现化学工厂，但基础很薄弱。1949年中华人民共和国成立后，人民政府努力发展科学事业。哈尔滨师范学院、东北农学院、哈尔滨工业大学、哈尔滨医科大学等高等院校，相继设立化学专业，研究能力逐渐增强。1959年1月，在齐齐哈尔市组建全省第一家化学研究所——黑龙江省化学研究所。1962年12月，省化学研究所同辽宁、吉林两省化学研究所合并，在哈尔滨市组建中国科学院东北石油化学研究所。1970年改为黑龙江省科学院石油化学研究所。

进入20世纪80年代，全省化学研究普遍开展。黑龙江大学、哈尔滨工业大学、哈尔滨师范学院、齐齐哈尔轻工学院、东北农学院、东北林学院、哈尔滨船舶工程学院，以及省科学院石油化学研究所（下称石油化学研究所）、省科学院技术物理研究所、省市化工科研院所等，化学科研的力量相当雄厚，每年都承担国家和省市重点科研项目，取得很多科研成果。其中，石油化学研究所的胶粘剂和芳烃氧化，技术物理研究所的辐射法生产聚丙烯酰胺研究，自成体系，在国内有一定的影响。仅石油化学研究所的胶粘剂研究，王致禄、陆企亭、张恩天等先后获四项国家发明奖、两项全国科学大会奖以及部委、省市多项奖励。王致禄、张恩天、傅春明先后荣获国家级专家称号。

到1985年，全省的化学基础理论、应用化学、有机化学、高分子化学、环境化学、分析化学、计算化学等研究，已奠定良好的基础。

（四）生物学

随着中东铁路的铺设，俄国、日本、美国等东西方生物学家，开始进入黑龙江地区。1915～1917年，俄国人在乌云县（今嘉荫县）克骨山挖出一具4.5米高、8米长的恐龙化石，命名阿穆尔满洲龙，运往彼得堡研究供展，后来仍陈列在彼得堡中心地质博物馆。

20世纪30年代，日本帝国主义侵占东北后，在哈尔滨设立大陆科学院哈尔滨分院，研究植物学、动物学、微生物学。此后，日军七三一细菌部队秘密基地设在哈尔滨平房，分支机构分别设在林口、孙吴、海林等地，研究细菌武器，为其侵略服务。

抗日战争胜利后，有一些日本籍和俄籍生物学家滞留下来，从事研究工作。中华人民共和国成立后，随着科学文化事业的发展，大学的数量相应增多。黑龙江大学、哈尔滨师范学院都设置了生物系，有计划、有重点地培养生物工作者和进行生物科学研究。东北林学院、东北农学院、齐齐哈尔师范学院、黑龙江八一农垦大学、省农业科学院、省林业科学院、省科学院，都进行以自己的专长为特征的生物学方面的研究。

至1985年底，全省专业生物学工作者约1 100人，其中高级技术职务者160人。

二、应用科技

（一）能源科技

黑龙江省能源资源丰富，石油、煤炭的储量、产量在全国均占重要地位，是国家主要能源生产基地之一。

据史料记载，清末已有商人集资进行人力采煤。清光绪三十一年（1905年），沙皇俄国出于侵略中国东北的目的，修筑中东铁路，在哈尔滨市建成中东铁路总工厂中心发电厂，开始火力发电。1931年“九一八”事变后，在长达14年之久的日伪统治期间，日本帝国主义侵略者抓来大批中国劳工，对煤炭资源进行疯狂的掠夺性开采，最高年产量达到517万吨，9万多名矿工惨死在矿山，伤残者不计其数。此外，还在佳木斯、北安、镜泊湖等地修建了电厂，总装机容量17.1万千瓦。1945年8月，日本帝国主义投降前，矿井、电厂均被破坏，技术资料亦被敌伪销毁。

1945年8月日本投降后，特别是中华人民共和国成立后，为适应国民经济建设发展的需要，国家有计划地应用先进科学技术改建、新建矿井、电厂，逐步实现机械化、半机械化生产，技术水平和产量均有大幅度提高。到1985年，全省煤炭年产6 264万吨。在电力方面，全省组成东部、西部电网以及与东北主网相连的哈尔滨电网等三大电力网，总装机容量331.6万千瓦，年发电量187亿千瓦小时。

在中华人民共和国成立十周年之际，在黑龙江省发现并开发成功世界上特大油田之一的大庆油田，从此，摘掉了中国人贫油的帽子。并且在油田勘探、开发、钻井、采油等方面都取得了一批重大的科技成果，为原油的高产、稳产做出了贡献。1985年生产出原油5 529万吨，是全国产量的一半。

在新能源开发及利用方面，自1974年开始在农村推广沼气技术。由于受高寒地区气温低的制约，沼气利用率低，未能广泛发展。太阳能和风能的开发利用仍处于试点、示范阶段，取得了一定成效。核能于1959年开始在医疗上应用，此后，在核仪表、辐射加工、保鲜、杀菌、育种、放射卫生防护等方面都得到应用和发展。

到1985年，全省从事煤炭、电力、石油、新能源和核能利用工作的科技人员达到15 943人，获国家、部、省、市奖励的科技成果1 292项。

（二）工业科技

关于黑龙江地区古代工业，《隋书靺鞨传》有“嚼米为酒，饮亦醉”的记载，《黑龙江通志纲要》有“矿业始于辽，采金始于魏”的记载。然而，此后历经一千多年，工业方面的科学技术发展不快。

清乾隆三十八年（1773年），双城最早出现周家油坊，系手工作坊。此后，陆续兴起造纸、制碱、火柴、肥皂以及铸造、锻造等手工工场、作坊，设备简单，技术落后。

清光绪二十四年（1898年），沙皇俄国为了掠夺黑龙江地区的物质资源，对东清铁路沿线，松花江、嫩江流域进行资源考察。随之，国外资本流入，兴起啤酒、烟草、纺织、机械修理等工业。但民族工业遭到压抑，科学技术得不到发展。

1931年“九一八”事变，日本帝国主义入侵，对黑龙江地区的物质资源进行疯狂地掠夺，垄断75%以上的造纸、啤酒、机械修理等工业，使民族工业遭到摧残。到1945年日本帝国主义投降时，全黑龙江地区270家10人以上的工厂，只能生产犁、铧、镰刀等小农具和修理一些机械、车辆等，机器制造业仍属空白。

1945年到1949年中华人民共和国成立，人民政府从敌伪手中接管了工厂，为了适应解放东北和全国的需要，发展军需产品、机械、纺织、橡胶等生产技术，为赢得解放战争胜利作出了重要贡献。

在国民经济恢复时期（1949～1952年），苏联援建的哈尔滨亚麻纺织厂投产，又从沈阳、丹东、营口、瓦房店等地迁入一些工厂，新建和扩建了一批大中型企业，为黑龙江地区的机电、军工、化工、纺织以及造纸等生产技术和科研、设计的发展奠定了良好的基础。

第一个五年计划时期（1953～1957年），苏联援助的156项重点建设项目有机械、炼钢、锅炉、汽轮机、电机、量具刃具、仪器仪表、造纸等19项在黑龙江省建成投产，加快了工业生产技术的发展和提高。

在1958年“大跃进”中，由于急于求成，片面追求高速度，忽视科学技术，造成大量无效劳动，导致产品质量严重下降。1963年开始，中共黑龙江省委、黑龙江省政府认真贯彻执行国民经济“调整、巩固、充实、提高”的八字方针，到1965年，在地质矿产、机械、冶金、轻工、化工、纺织和电子等行业和部门中，在大、小三线建设时，迁、卖有关单位各种精密技术设备3 800多台，并分散了上万名技术人员和熟练技术工人，大伤科技元气。1976年粉碎江青反革命集团后，科学技术逐渐得到恢复。

中共第十一届三中全会后，1979年清理了科技工作中极“左”思想的影响，在改革开放路线指引下，工业生产技术工作步入持续、迅速、稳定、健康发展的轨道。

（三）农业科技

早在商、周时期，黑龙江地区的农业生产开始从以渔猎为主向养殖业和种植业过渡，出现了原始农业的雏形。据史书记载和考古发现，当时的契丹族懂得“逐水草畜牧”，唐朝渤海国时期已培育出了名马“率宾之马”，铸造铁制犁铧。清朝末年，齐齐哈尔创办农事试验场，后改为黑龙江农事试验场，进行引种和播种试验，选择适地农作物品种，开创了黑龙江地区农业科学试验的先河。

沙俄侵入和东北沦陷时期，先后在黑龙江地区20多个市、县成立农事试验场，进行种植、林木、水产、畜牧、农机、园艺诸方面实验研究工作，取得一些成果，客观上促进了农业综合技术的发展。

东北解放后，人民政府对日伪时期残留的农事试验场进行了调整和恢复，并于1949年先后建立了呼兰、齐齐哈尔农事试验场。这个时期的农业科技工作主要是以总结和推广先进技术为主，同时进行部分研究试验工作。

中华人民共和国成立后，农业科技工作得到迅猛发展。种植业、林业、畜牧业、水产业科研机构齐全，专业门类齐备；科研队伍不断壮大，科研水平不断提高，取得一大批在生产上效果显著和达到国际水平的科研成果。至1985年，全省共有农业科研人员5 044人（其中，高级职称136人，中级职称977人），农业科研机构79所，重大科研成果507项。如，大豆新品种“黑农26”、哈尔滨白鸡的选育、瘦肉型三江白猪新品种、深松耕法、培育黑白花奶牛群的结合技术、中国樟科植物志、鲤鱼冬季繁育及当年养成食用鱼的研究、季节冻土区桩基抗冻技术、农业气候调查及区划、龙江1号播种中耕通用机等分别获得国家、省、部级奖励。这批科研成果对于促进农业发展，提高农业科技水平发挥了重要作用。

（四）交通运输科技

中华人民共和国成立以前，黑龙江地区的交通运输科学技术十分落后。陆路运输靠人背、驴驮、马拉。水运始于“刳木为舟，并木以渡”，直至渤海国时期才出现木船。清康熙年间加强了东北边疆地区的交通建设，但仍限于台站、驿道，进行陆路运输。虽有船于松花江、嫩江等河流水道航行，但只用风帆木船，且通航里程有限。沙皇俄国入侵后，于清光绪二十三年（1897年）开始修建黑龙江地区的第一条铁路——中东铁路，清光绪二十四年（1898年）中东铁路全线动工修筑。从1931年“九一八”日本帝国主义入侵至1945年投降时止，共修铁路30余条，长5 663.2公里，而能通车的只有3 588公里。从1914年开始官办公路到1945年，黑龙江地区公路增至211条，总营运里程5 912公里，但公路多为土路面，质量差，晴雨皆可通车的只有107公里。交通运输科学技术虽然输入中国，但全都为外国势力所掌握，成为帝国主义侵略与掠夺中国资源的工具。解放前夕，铁路和公路遭到破坏，水运码头坍塌，航道淤塞。

中华人民共和国成立后，公路、铁路、桥梁、水运建设迅速发展。1954年，改建了全省第一条沙石路面公路。1955年，哈尔滨市运输公司在香坊区建立省内第一个柴油机汽车队。1958年，国产机车“人民”、“建设”型出厂，相继投入运行。1959年广泛开展群众性的技术革新和技术革命，在“土洋结合、因地制宜、重点研究、全面开展”的方针指引下，掀起修建高站台、低货位、土驼峰和机车整备、检修、装卸、养路、施工机械化的群众运动，使铁路主要作业机械化、半机械化、半自动化的水平有了很大提高。

到1985年末，哈尔滨铁路局在线的国产内燃机车已占运用机车总台数的20.3%，国产货运机车则占总台数86%。60吨全钢结构货车已成为主型车辆，客车全部实现轴承化。修车机械化和半机械化程度达50%以上。线路养护机械捣固占正线综合维修延长的96.9%。桥梁墩台病害测定准确率达95%。建成管内通信电缆2 701.75公里，与铁道部、铁路局、各分局及管内主要区段和较大的站区之间已建成全部自动电话网。行车系统增开高速传真电报机。传真电报机、电传打字电报机、电报交换机、自动发报机、译码机、复印机及凿孔机等大量投入使用，电报传递进入电传化时期。主要干线开通自动和半自动闭塞设备，各车站的信号设备采用集中和非集中联锁，机车安装了机车信号、自动停车装置、报警器装置和无线列车调度电话设备。截至1985年末，省交通厅直属单位共有工程技术人员1 005名，其中高级工程师9名，工程师174名。在公路、桥梁和运输方面完成60余项科研课题，其中获国家和省奖励的有8项。全省有52个市、县修筑渣油式沥青路面4 376公里，占公路总里程的9.5%。在公路建设施工中的推铺、碾压、混凝土搅拌等工序都实现了机械化作业，筑、养路材料的运输，也全部采用汽车。到1985年，全省共有水运科技人员1 291人，占职工总人数ll%，其中有高级职称的5人，中级职称159人。取得科研成果48项，获国家、省、部级奖励15项。全省总计开通航道4 228公里，设有电气化航标的3 516公里，组建大型挖泥船队7个；设计建造大马力的蒸汽机明轮船、大功率分节驳顶推船队、大功率柴油机；新建扩建码头36个，共有各种装卸机械设备269台组，装卸船采用门吊、浮吊、联合装卸机，并向集装箱、成组化发展；研究成功顶推运输法，船舶装有测深仪、雷达导航和无线电通讯设备，货船向大型化、客船向高速化发展。

（五）邮电科技

据典籍记载，早在3 000多年以前商、周时期，生活在黑龙江流域中下游的肃慎族就与中原地区有了通信往来。到了唐代渤海国时期，仿照唐朝的驿站，建立了名为“递乘”的传递信件机构。到了辽、金、元、明时期已有完整的驿站组织。清代光绪年间，开始办近代邮政。清光绪十二年（1886年），黑龙江地区在宁古塔（今宁安市）设电报分局，应用电报通信技术。清光绪二十四年（1898年），随着中东铁路的建设，首先应用电话技术。清光绪三十二年（1906年），齐齐哈尔自办省内第一个电话局——黑龙江省城电话局，清光绪三十三年七月（1907年8月）投产。当时采用人工电报交换、人工电话交换和架空明线传输技术。沙俄和日本帝国主义侵占黑龙江时期，曾小范围采用电话自动交换、载波传输、自动发报等电信技术。1903年（清光绪二十九年），随着中东铁路通车，开始利用火车运输邮件。1922年开始委办汽车运输邮件。

1949年中华人民共和国成立后至1985年，黑龙江省邮政运输普遍采用火车、汽车、飞机等现代交通工具，加快邮件传递。省辖市邮电局邮件、包裹、印刷品转运也逐步实现了机械化流水作业，并应用电子计算机进行汇兑和报刊数据处理。电信技术由人工交换转向自动交换，单路实线传输向多路载波、电缆载波、微波多功能传输，从机械化向电子化方向发展，形成用现代通信技术联结首都和全国大中城市及全省城乡的电信网。截至1985年，全省共有邮电科技人员3 563人，其中有高级职称的5人，中级职称265人。全省共有124项科技成果通过技术鉴定，其中9项获国家和邮电部奖，15项获省政府奖，65项获省邮电管理局奖。

（六）广播电视科技

黑龙江地区广播电视科研工作始于1923年。同年，哈尔滨建成国内第一台无线广播电台。此后，主要围绕技术维护和广播电视技术的发展，开展科学研究。1958年末，黑龙江省广播事业局成立了广播科学研究所。当时确定了一些高水平科研项目，如磁带携带录音机、录音磁带、电真空器件等，但进展不快。1961年9月，该所由于科研机构调整被撤消，只有电视小微波项目，在中央广播事业局科研所协助下完成了试制任务，为电视转播车配上了微波设备。其中较大的项目有：农村有线广播紧急通话装置，大功率发射天线避雷拉线，磁带录音机改速，黑白电视设备，发条驱动携带录音机等。为适应广播电视事业发展，1978年5月，黑龙江省广播事业局恢复广播科研所。1979年成立科技处，实行处、所合署办公。在科研工作上贯彻以应用技术为主，实行专业研究和群众科研相结合的方针。到1985年底，黑龙江省广播电视厅系统共有科技人员311人，其中高级工程师21人，工程师46人，科研专业人员13人。科技人员占职工人数的42%（不包括工人）。

（七）建筑科技

新石器时代，黑龙江地区古先民的居所是半地穴式的。自渤海国时期（公元8世纪）到清初，黑龙江地区仿中原建筑有宫殿和寺院等，建筑遗址和遗物留存至今。到沙俄和日本入侵后，传入一些东欧和日本的建筑技术。中华人民共和国建立后，随着国民经济的发展，建筑科学技术才得到迅速发展。如土石方、桩基、现场运输、混凝土、沙浆搅拌、预制现浇混凝土等逐步实现机械化，摆脱了手工作业。在施工技术上掌握了高层建筑和冬季施工的一整套科学方法；在材料上，由使用秦砖汉瓦，发展到使用钢筋混凝土及其预制构件煤灰硅酸盐等各种大块，浮石混凝土墙板砌筑等；高层建筑还采用了液压“滑模法”施工新技术；内装饰由单纯的刷石灰水，发展到美术油漆、刷涂料、喷漆、滚漆、弹涂、贴壁纸、大理石、板饰等；外装饰发展到干贴石、贴瓷砖、马赛克、玻璃马赛克、大理石、涂料等；设计由中华人民共和国成立初期的修复、改建、照抄、模仿，发展到创新，重视环境、建筑物个性、平面布局、总体造型、外观处理、结构设计等。

截至1985年末，全省建筑科研单位有黑龙江省低温建筑科学研究所、哈尔滨市建筑工程技术研究所、牡丹江市建筑科学技术研究所、齐齐哈尔市建筑科学研究所等。建筑勘察设计机构共有341个（包括中直各部驻省单位85个），建筑施工企业有1 252家（其中，全民所有制企业405个，集体所有制企业847个）。建筑机械生产工厂27家，厂办研究所23个。共有建筑科技人员26 892人，占职工总人数5.02%，其中有高级职称的145人，共完成科技成果141项。其中，获国家级奖16项，省、部级奖34项，省有关部门及市级奖13项，向全国推广应用的84项。

（八）环保科技

中华人民共和国成立后，为解决工业废水处理与利用问题，1958年，省建设厅成立污水处理利用办公室，与城建处合署办公。此为黑龙江省环境保护工作的发端。1959年开始，逐步在哈尔滨、齐齐哈尔、牡丹江、佳木斯4市建立污水化验室，对工矿企业排放的废水进行分析化验及协助工厂开展防治污染的研究工作。当时由于人员少、设备简陋，工作只限于了解地面水污染后发生事故的原因及其污染范围、程度而进行临时性的有限项目的监测，只能做些定性和半定量的描述。此后逐步建立管理监测和科研机构，制订《黑龙江省环境监测工作暂行条例》和《黑龙江省环境监测工作细则》；对黑龙江省地表水、大气、噪声、农药、污染源等进行考察、监测、分析、研究；治理嫩江和松花江的污染；处理含重金属、油、酚、造纸等废水；随时掌握全省环境质量的状况。

1983年，省政府批准环境监测事业编制775名，建设地、市、县环境监测站67个。随着国家经济建设的发展，从环境监测、预测、规划、标准、容量、背景值、质量评价、综合整治技术、自然资源开发利用与保护、区域综合防治及三废治理技术与利用、监测分析方法、监测仪器等方面广泛地开展科学研究。截止到1985年，黑龙江省共完成科研课题150多项，并通过技术鉴定100多项，其中获部级环境科技进步奖的有4项，省级科技成果和科技进步奖的有23项。

（九）地震科技

黑龙江省的地震，集中分布在绥化、萝北、鹤岗、牡丹江及与其地质构造密切相关的地区。1955～1985年全省共建测震台10个，形成测震台网。各测震台都配有各种仪器，对全省的地震进行测震、地面观测、重力测量、流动地磁测量、大地形变测量、地顷斜观测、地震地质考察、地下水化学和水位观测等。此外，对震情进行中强地震背景值的长期预报，中强地震的中短期预报和地震设防。同时，进行地震工程的研究，取得了较好的成果。截至1985年末，黑龙江省地震系统共有科技人员150人。其中中级职称40人、初级职称45人。全省地震科技人员在有关杂志和会刊上发表论文61篇；测震资料全国评比获优秀优良奖17台次；受到各种奖励5项，其中获国家地震局科技进步三等奖2项；纪念奖2项；地震预测预防科普三等奖l项。

（十）测绘科技

黑龙江地区测绘始于清康熙四十九年（1710年）。清光绪十六年（1890年）设立黑龙江舆图局，开始对黑龙江地区进行全面测绘。中华人民共和国建立后，黑龙江地区的测绘科学技术得到飞速发展。除建成大地测量、地形测量、摄影测量、资源勘察、工程测量、航空摄影、地图制图等常规技术体系外，还应用和发展了现代先进的红外测距，激光测距，遥感，立体坐标量测等技术。省测绘局成为全国三大重点测绘局之一。截至1985年底，全省共有测绘人员8 776人，其中高级工程师45人，工程师和助理工程师2 284人，专业科研人员31人。取得科研成果25项，其中1项通过航天工业部和国家测绘总局技术鉴定；2项分别获地质矿产部及国家测绘总局科技成果奖；2项获全国科学大会奖；1项获国家科技进步奖；4项分别获省科学大会奖和省优秀科技成果奖。

（十一）医药卫生科技

黑龙江地区早在先秦时期就开始利用动植物入药治病。唐代渤海国已有关于采集鹿茸、人参等动植物药用的记载。明代达斡尔族“猎鹿取胎、茸，猎虎取骨以为药用。至清代，中医药已形成行业。清宣统二年十一月（1910年12月），清政府任命天津陆军军医学监督伍连德到哈尔滨主持肺鼠疫灭病工作。伍连德进行实地考察研究，相继发表多篇调查研究报告。这是黑龙江地区最早的、有组织的医学研究记载。1935年秋，黑龙江地区克山县发生“北满之奇病”（即克山病），急重型病死率达80%以上。当时伪民生部组成专门机构进行调查研究和防治，但收效甚微。

东北地区解放后，1949年组建哈尔滨医科大学，开展基础、临床和预防医学的研究工作。

20世纪50年代，医药科学研究的主要内容是苏联学新疗法和巴甫洛夫学说在临床医学中的应用。与此同时，结合全省情况，开展了公共卫生、地方病防治、中西医结合等方面科研工作，取得了“角膜移植术”“狗头移植术”“心脏二尖瓣扩张分离术”“肺切除术”等重大医学科研成果。

1979年，黑龙江省医药卫生科技工作会议召开，确立了医药科研队伍、机构建设、加强科学院实验手段、增加科研经费等方面发展规划。从此，在疾病防治、医药、医疗器械、计划生育等方面科研工作获得了更快发展。截至1985年，全省有医药科研人员1 071人（其中，高级职称87人，中级职称318人），科研机构16所，获得国家、省、部级成果205项。如，克山病病理学研究、流行性出血热相关因子分离研究、HNY-14中药蜜丸制丸机、双黄连注射液、熊胆仁生产工艺医药科技成果，对于提高医疗临床效果，促进医药技术发展起了重要推动作用。

三、科技服务

（一）对外科技交流与合作

黑龙江地区早在唐朝渤海国时就同日本有过科技交流活动。唐大中十三年（859年），渤海国乌孝慎大使访问日本时，曾把渤海国运用《宣明历》的科技成果传给日本。

清朝末期，随中东铁路的修建，一批俄国工程技术人员到黑龙江地区进行地质勘探和铁路工程建设。清宣统三年三月（1911年4月），哈尔滨东三省防疫事务总处处长、医学博士伍连德代表中国出席在奉天（今沈阳）举行的有俄国、美国、日本、德国、英国、意大利、印度等11个国家34名代表参加的国际鼠疫研究大会。1912年黑龙江省都督府曾资送20余名留学生到日本学习农业、工业、商业各科，回国后在传播国外近代科学技术方面起了先导作用。1924年美国农商部农学博士莫斯到哈尔滨学习大豆种植技术，并选择优良大豆品种带回国试种成功，数年后，黑龙江地区大豆即输入欧洲市场。

中华人民共和国成立后，在国民经济第一个和第二个五年计划期间，随苏援建项目，有300多名苏联和波兰专家在黑龙江省各重点厂矿和大专院校从事技术指导和讲学，对黑龙江省的科学技术发展起了一定作用。但1960年以后，因中苏联系破裂，苏联、波兰等国家专家撤走，直至“文化大革命”期间，全省对外科技交流基本上处于封闭停顿状态。1978年以后，恢复了对外科技交流活动。1979～1985年，全省已同日本、美国、英国、民主德国、加拿大、西德、瑞典、荷兰、意大利、丹麦、肯尼亚、芬兰、泰国、马来西亚、朝鲜等30多个国家和地区建立了科技交流关系，其中有3个政府间的长期科技合作项目。对外科技交流涉及广泛的生产和技术领域，包括农、工、医等各个方面。

（二）软科学研究与应用

黑龙江省从20世纪50年代末和60年代初，开始进行软科学的理论研究与实际应用，即以当前为主，远近结合，着重综合性、长期性、战略性的研究，以结合中共黑龙江省委、省政府的中心工作确定研究课题。研究范围包括科技、经济、社会协调发展方面；地区、部门、行业的技术经济发展战略和技术政策；各类专业技术研究的规划、管理及应用计算机软件技术；科技攻关及重大推广、引进、新建、改造项目的可行性论证等。70年代初，在全省推广应用“优选法”和“统筹法”，解决宏观经济中按比例发展，统筹规划等问题，并开始了系统工程学和管理科学的研究与应用。70年代末和80年代初期，软科学的研究领域逐步拓宽，开展了战略学、未来学、科学学、领导科学、人才学、行为科学等学科及其分支的研究，取得了一批成果，促进了全省在发展战略、对策、政策预测评价、规划和管理科学等方面研究工作的发展。尤其是1983年至1985年间，省委、省政府及有关厅局建立了一批从事软科学研究的机构，一些省级学会、大专院校和科研单位相继成立了科技咨询服务机构，形成了为省委、省政府决策咨询服务的网络。至1985年，省级从事软科学研究的机构有10个，大专院校及科研单位中从事软科学研究的机构17个，省级学会科技咨询服务机构37个。共有专业研究人员422人，完成研究课题122个。

（三）科技成果推广

1949～1985年，全省获国家级奖励的科技成果485项，其中国家发明奖26项，全国科学大会奖401项，国家科技进步奖58项；获省级奖励的科技成果2 086项，其中省科学大会奖1 082项，优秀成果奖和科技进步奖1 004项。

长期以来，黑龙江省对科技成果的推广应用无得力措施，致使一些重要的科技成果未能迅速转化为生产力。省科委从1980年开始会同省有关业务部门编制全省年度科技成果推广计划，并以省政府名义在全省计划会议上公布，把成果推广计划同国民经济发展计划协调一致。1982年经省政府批准，建立了科技成果推广基金，由省财政从1983年开始，每年拨款200万元,作为全省科技成果推广应用所需的专项经费。为建立全省科技成果推广体系，于1983年成立了省科技开发交流中心，具体负责全省科技成果推广应用工作；并由省直有关部门的领导与工程技术人员参加组建了科技成果推广领导小组，集科技、生产、金融于一体，负责科技成果推广计划的协调、技术指导、验收等项工作，使成果推广具有一定的指导性和权威性。1980～1985年，全省计划推广的成果403项，已完成的293项，占计划项目的72.7%。在403项计划推广的项目中，有64项使用科技成果推广基金贷款，投入贷款金额688万元，创产值12 735.92万元，获利1 766.19万元。投入产出比为1：13.6；投入利润比为1：1.9。

第二章　文学 艺术

在大约距今3 000年左右的青铜器时代，在黑龙江地区的一些古老民族中开始并陆续出现一些神话、传说、故事、歌谣等民间口头文学样式。到唐代的渤海国开始有了关于文学活动的少量的文字记载。中华人民共和国成立以后，黑龙江地区的文学同全国其他地区一样发生了革命性的变化，获得了全面、快速的发展。到1985年，诗歌作品从渤海国时代算起不下几十万首。其中约有50%以上是中华人民共和国成立后的作品；小说从清末开始计算共有690余部，其中有300多部是解放战争时期和中华人民共和国成立后创作的；散文不下万余篇，其中多数是新时代的文章；戏剧从中华民国有戏剧创作算起共有300余出，其中绝大多数是中华人民共和国成立后的作品；电影文学剧本百余部，基本上是新的历史时期的著作。这些文学形式具有黑龙江地方特色、民族特色、时代特色，形成了黑龙江人所乐道的黑土文学。

早在远古时代，黑龙江地区的先民就创造了具有民族特色和地方特色的民间舞蹈、工艺美术品等艺术形式。随着历朝历代的统治者积极倡导学习吸收中原文化，黑龙江地区文学艺术有了很大发展。近代以来，特别是清代，随着一批汉族文人墨客流放到黑龙江，创作了大量诗词、散文、戏剧、音乐、舞蹈、绘画、书法等作品，为黑龙江地区文学艺术的创建和发展，起了先声作用。之后，二人转、评剧、京剧、河北梆子等戏曲形式，秧歌、高跷、狮子舞等形式的民间舞蹈，以及杂耍、民歌、鼓吹乐，西洋音乐、绘画、摄影、电影艺术等陆续传入，丰富了黑龙江地区的艺术样式。日伪统治时期，东北广大人民群众在中国共产党领导下，展开了轰轰烈烈的抗日救国运动，在话剧、音乐、舞蹈等艺术领域展开了抗日救国艺术与殖民地艺术之间的尖锐斗争。解放战争时期，大批革命文艺工作者被派来黑龙江地区，黑龙江地区出现了一个以职业文艺工作者为骨干的群众性的文艺运动高潮。中华人民共和国成立后，黑龙江地区的文学艺术出现了空前繁荣的景象，创作了大量的曲艺、音乐、舞蹈、美术、摄影、书法等作品，龙江剧、北大荒版画、海伦剪纸、东宁文学、肇东国画等名扬国内外。

第一节　文　学

一、诗歌

黑龙江地区诗歌始于公元6世纪的渤海国，但在长期的历史变革下，极少流传下来。现今所能见到的，几乎都是保留在日本、朝鲜史书中的渤海国使臣们与日本、朝鲜王公大臣们互相交往唱和的诗作。

从辽、金时期到清代初期的数百年间，黑龙江地区诗人诗作越来越少，以至出现了文学断层。清廷入关后，对汉族地主阶级实行软硬兼施、既利用又打击的两手政策。对那些不满清朝统治的汉族地主阶级分子实行残酷打击，把那些所谓的罪臣犯民流放到气候寒冷，经济落后，人烟稀少，满目荒凉的黑龙江地区戍边。清顺治十四年至嘉庆二十五年（1657～1820年）的百余年间，被流放到黑龙江地区各地的汉族臣民及其家属数以千计。在流人中大多是“名卿硕彦”的汉族地主阶级知识分子。他们在政治上、生活上遭到残酷打击，精神痛苦，无以排遣胸中的郁闷，便“凭柔翰以消忧愁，托长歌而申幽恨”，后人把他们在流放期间写作的诗文称作“流人文学”。“流人文学”的出现，使黑龙江地区重现文学的曙光，为黑龙江文学的发展奠定了坚实的基础。

清末民初，随着黑龙江地区土地的大量开发，人口不断增加，经济迅速发展，教育、文化事业的兴起，尤其是报纸的产生，文学也随之兴盛起来。诗歌作者不断增多，作品一般都描写黑龙江地区的自然风光、人文景观与风土民情，以抒发他们热爱黑龙江的情感。

“五四”新文学运动兴起后，很快席卷中原大地，将旧文学扫荡殆尽，青年进步作家安怀音接连发表了《文学与时势》《文学家与革命家》等评论文章，反对封建腐朽的旧文学，提倡革命的新文学，并扶植青年写作新诗。从此，揭开了黑龙江地区新诗创作的历史。

东北沦陷期间，黑龙江地区的文学现象比较复杂。其中的诗歌，大致可以分为四类。第一类，在中国共产党领导下抗日爱国作家创作的诗歌。第二类，抗日军民创作的发表在抗联油印小报、传单上或口头留传的抗日诗歌。第三类，为日伪歌功颂德与为日本发动太平洋战争摇旗呐喊的反动诗歌。第四类，在日伪的“慰安娱乐”文艺政策指导下创作的歌咏四季变化、风花雪月、男女情爱和表现自我的诗歌。

抗日战争胜利后，中共中央派了大批文艺工作者进入黑龙江地区。这些文艺工作者坚决贯彻执行毛主席《在延安文艺座谈会上的讲话》精神，走与工农兵相结合的道路，努力为工农兵服务，在黑龙江地区掀起了一场轰轰烈烈的文艺大众化运动，在诗歌方面，涌现出《忘掉它，这屈辱的形象》（公木）、《人民武装起来》（蓝天）、《蒋管区的学生运动》（侯唯动）、《八月速描》（刘畅园）等优秀作品。在广大战士中还产生了很多顺口溜、快板诗和枪杆诗等。

中华人民共和国成立后，由于中共黑龙江地区各级党组织和黑龙江地区各级政府对文艺工作的重视和大力培养，到20世纪50年代末期，黑龙江省已涌现出鲁琪、王书怀、韩统良、李可、李军、中流、刘畅园、陶耶、满锐、陈国屏、陆伟然、鲁丁、钱英球、聂振邦、苗欣等一大批有成就有影响的诗人。1958年“大跃进”前后，一些党政领导干部，为了带头歌颂社会主义建设成就，纷纷写作诗歌，创作了不少优秀的诗篇。

“文化大革命”期间，文艺受到严重的摧残和破坏，很少有真正的诗歌作品问世。

1976年10月粉碎江青反革命集团后，特别是中共第十一届三中全会以后，创作环境逐渐宽松，创作思想日益解放，创作“禁区”一个个被突破。诗歌首领风气之先，呈现出一派欣欣向荣的新景象。老诗人精神焕发，中青年诗人辈出；创作题材广阔，现实生活、古代事物、政治经济、科学文化、自然景物、民俗民情、生老病死、喜怒哀乐，吟咏的内容无所不包；表现方法和艺术形式多种多样，新体诗、旧体诗、叙事诗、抒情诗、哲理诗、象征诗、散文诗、朦胧诗，各种体裁样式无所不有。而且思想水平、艺术水平都有很大提高。有些诗歌深受群众喜爱，获得了国家和省的奖励。

二、散文

黑龙江地区散文兴起很晚，发展滞后。20世纪初报纸产生之后，开始只设“文苑”（或曰“艺圃”）“小说”（或曰“说部”）两个栏目，前者发表诗歌，后者发表叙事文学作品。直到20世纪40年代之后，散文才从小说中分离出来，成为独立文体。

黑龙江地区的散文创作有着鲜明的时代性和浓郁的地方性。20世纪20年代黑龙江地区的散文作品受消遣娱乐文学思潮的影响，多是供人消遣娱乐的幽默小品、谐文、中外奇闻轶事、闲话和文字游戏等，纯正的散文很少。

1931年“九一八”事变至哈尔滨沦陷前的短短几个月时间里，黑龙江地区广大军民不顾国民党政府不准抵抗的命令，纷纷组织起来抗击日本侵略者。黑龙江地区的报纸都纷纷发表诗歌和散文，揭露日本发动“九一八”事变、武装侵略东北的罪行，号召并激励军民奋起抗击日本侵略者。由于日伪反动派的破坏，绝大多数当时的报纸被焚毁。从保存下来的极少数散文看，不仅战斗性强，而且内容广泛，有抨击国民党政府不准抵抗的，有呼吁国共合作共同抗日的，有暴露日本侵略罪行的，反映了东北人民抗日爱国的心声。

东北沦陷时期，尤其是“七七”全民抗战之后，人民的言论受到严格的限制，多数报纸被废刊。一些作者因日伪反动派的血腥统治，不敢反映现实，只写些人们司空见惯的日常生活琐事或者虚无缥缈的东西。

抗日战争胜利后至中华人民共和国成立前，散文作者为了迅速反映解放区日新月异的变化，翻身人民的喜悦心情和革命积极性，创作了大量散文。其中成就最大、最受读者欢迎的是报告文学和战地通讯。很多作家、随军记者都不辞辛苦地及时创作反映东北抗日联军抗日英雄事迹的报告文学与战地通讯。

中华人民共和国成立后，由于散文形式多种多样，短小精悍，便于反映现实生活，广大作家和业余作者几乎都喜爱写作散文，各家报纸副刊、杂志也都发表散文，散文的数量空前增多。但因当时过分强调散文是阶级斗争的“轻骑兵”，致使出现了较为严重的公式化、模式化现象，影响了散文的发展与提高。

“文化大革命”期间，由于林彪、江青反革命集团把文艺当作篡党夺权、制造反革命舆论的工具，散文和其他文学种类一样，也丧失了文学的本性。

1976年粉碎江青反革命集团之后，尤其是中共第十一届三中全会之后，文艺创作得到了解放，散文创作题材日趋扩大，艺术形式与表现方法也开始多种多样，涌现出许多思想性、艺术性相统一的优秀篇章。其中以报告文学的成绩最大，在全国连续获奖，成为黑龙江省散文创作一个亮点。

三、小说

黑龙江地区的小说创作，起步很晚，20世纪初期报纸诞生之后才逐渐发展起来，改变了旧体诗词一花独放的局面。起初的小说，都是报纸专职编辑所为，没有作者自然来稿，粗制滥造的现象非常严重。辛亥革命以后，反现实主义的文学思潮冲击到黑龙江地区，报纸上出现了种类繁多的市井小说。“五四”新文化运动之后，由于黑龙江地区处于塞北边疆，新文学发展缓慢， 特别是小说，发展更为迟缓。直到20世纪20年代中期，新小说才逐渐发展起来。但传统小说仍占相当大的比重。

1932年2月哈尔滨被日本侵略军占领之后，随着活跃在黑龙江地区文坛上的一些新文学作家的相继逃离，黑龙江地区文坛变得一片荒芜。1933年，罗烽、舒群、金剑啸、姜椿芳等中国共产党地下党员团结白朗、萧军、萧红、金人、达秋等爱国进步文学青年，发表了许多具有鲜明时代特征、浓郁地方色彩、充满革命思想和战斗力的优秀小说，受到广大读者的欢迎和好评，有力地配合了抗日爱国军民的武装斗争。由于日伪反动当局的血腥镇压，舒群、萧红、萧军、白朗、罗烽、金人、达秋、姜椿芳等作家，相继去上海等地，继续从事抗日文学活动。萧军出版著名长篇小说《八月的乡村》、萧红出版著名中篇小说《死生场》等，在中国文坛上产生了重大的影响。1937年“七七”抗战爆发后，他们与哈尔滨沦陷后先期流亡在北京、天津、武汉等地的赵惜梦、陈凝秋（入关后改笔名塞克）、于浣非（入关后改名于宇飞）、孔罗荪、陈纪滢等一道投身于抗日救亡运动，写出很多在读者中有影响的文学作品，并以他们为中坚，形成著名的“东北作家群”。

1945年抗日战争胜利后，文学创作获得了新生。大批革命文艺工作者响应中国共产党的号召，从延安及陕甘宁、晋冀鲁豫老革命根据地来到东北，云集到黑龙江地区。东北沦陷初期被迫逃离哈尔滨的抗日爱国作家，除萧红病故于香港，姜椿芳在上海从事党的地下工作外，其他作家都返回哈尔滨、佳木斯。他们深入工厂、农村、部队，辛勤笔耕，积极创作，涌现出大量的各种体裁的优秀革命作品，为黑龙江文学的发展繁荣做出了重大贡献。

从1949年10月1日中华人民共和国成立到1966年“文化大革命”开始前的17年间，黑龙江文学，尤其是小说，较前有了很大的发展，小说创作数量比中华人民共和国成立前的总和还要多。随着创作题材的大大开阔，小说质量也有了很大提高。真实地表现了中华人民共和国建立初期的社会主义革命与社会主义建设的火热生活，塑造出很多具有时代精神、血肉丰满、个性鲜明的人物形象。但因思想不解放，存在着较为严重的公式化、概念化现象，妨碍了小说内容与形式的多样化。

“文化大革命”期间，文艺事业受到严重的破坏。“文化大革命”后期，《黑龙江文艺》《哈尔滨文艺》相继复刊，但刊载了一些为江青反革命集团阴谋政治服务的短篇小说和几部长篇小说。

1976年粉碎江青反革命集团后，特别是中共第十一届三中全会后，文艺界开始复苏，小说创作一马当先，发展最快。广大作家，特别是青年作家，敢于冲破“禁区”，不但描写爱情的小说大量涌现，就连过去被严禁涉足的政治、社会问题，也成了小说创作的题材，描写的对象。出现一批伤痕小说、反思小说、知青小说、改革小说，题材越来越多。小说的艺术形式也日趋多样化，现代小说、传统章回体小说、侦探小说、武侠小说、科幻小说等等异彩纷呈，呈现出欣欣向荣的新气象。

四、剧本文学

黑龙江地区话剧文学剧本产生于“五四”新文学运动初期。1919年8～11月，哈尔滨《远东报》接连发表了该报小说编辑玉冰的“新剧小说”《庙市》《美人心》《婚宴》《贾人俊之家庭》等。这些新剧小说实际上就是现代话剧的雏形，只用两三个人物的对话，表现一个生活侧面。

到20世纪20年代中期，随着话剧舞台表演艺术的兴起，话剧文学剧本日益增多，并出现了供演出使用的剧本。

东北沦陷期间，由于作家没有言论、写作自由，缺少发表的园地，剧本文学一直很不景气，写作剧本的人极少。

抗日战争胜利后，一大批革命文艺工作者从延安等地进入东北地区。解放战争开始之前，因为国民党反动军队的进攻，大多数文艺工作者和东北文艺工作团都撤到黑龙江各地。他们一面参加土地改革运动，一面编排剧本演出，对群众进行政治思想教育。

为了满足各地剧团对剧本的需求，1946年2月《人民戏剧》在哈尔滨创刊，东北文工团各分团都创作、编辑、出版一些剧本选，《东北日报》《东北文艺》《文学战线》等报纸杂志也积极发表剧本，使黑龙江剧本文学呈现出一派欣欣向荣的景象，取得了空前的大丰收。

中华人民共和国成立后，随着社会主义戏剧事业的繁荣发展，戏剧文学创作队伍的壮大，写作戏剧文学剧本的人越来越多，除了广大戏剧文学爱好者外，各剧团都有专职编剧。他们创作了很多深受读者欢迎和好评的戏剧、电影文学剧本。1958～1965年共创作15部电影文学剧本。其中《徐秋影案件》《马戏团的新节目》《边寨烽火》《万木春》《流水欢歌》《北大荒人》《冰山上的来客》《千万不要忘记》8部剧本，先后由长春电影制片厂和北京电影制片厂拍成电影。

“文化大革命”期间，由于林彪、江青反革命集团的破坏，社会主义戏剧事业遭到严重的摧残，广大戏剧创作者受到残酷的迫害，没有产生一部好的戏剧剧本。

1978年中共第十一届三中全会之后，戏剧、影视文学在中国共产党“双百”“双为”方针的指引下，创作题材、艺术形式、表现方法日趋多样化，重新步上繁荣发展的前路。

五、民间文学

早在原始时代，黑龙江地区的先民就创造了最早的叙事体民间文学样式——神话。在图腾祭祀和萨满活动中创造了一种礼仪性的吟诵歌唱，因而有了韵文体民间文学样式——歌谣。随着历史的发展和社会的进步，黑龙江地区民间文学的内容逐渐摆脱了对大自然幻想的束缚，开始向社会生活靠拢，于是便产生了新的叙事体民间文学样式——传说。各民族在其民族共同体形成之后，都产生了一些对本民族族源进行解释的有趣传说，对本民族某些共同心理的形成产生了一定的稳固作用。

在唐代渤海国建立之前，由于一系列重大历史事件的发生，在民间产生了许多关于帝王将相列祖列宗业绩轶闻的历史传说。在唐、宋时期还产生了一些称颂历史人物的歌谣。

明代以后，汉族人口大量移入黑龙江地区，除带来属于中原的汉族民间文学外，又创造了许多新的属于黑龙江地区的汉族民间文学。如风物传说《秃尾巴老李》、歌谣《东三省风情》《夸哈尔滨》等，都具有浓烈的黑龙江地方气息，流传省内外，并在少数民族中产生了影响。满族的《金镜子》《红罗女》《黑妃》等和达斡尔族《老君炼海》《风刮卜奎》等风物传说，以及满族的《织布格格》等民俗和社会生活传说，也相继大量涌现。

清代，少数民族中兴起一种说唱结合的民间文学样式——民间说唱，内容丰富，情节曲折，具有相当的艺术魅力。如赫哲族的伊玛堪《满斗莫日根》，鄂伦春族的摩苏昆《英雄格帕欠》，达斡尔族乌钦《绰凯莫日根》等，都受到众多族人的喜爱。

在渔猎经济有了相当发展的年代，便开始有了寓言故事，如赫哲族的《渔夫和狐狸》，鄂伦春族的《雄灰鼠的悔恨》《山羊和小老虎》，满族的《人参和松树》等，情趣盎然，富有哲理。

童话故事多姿多彩，汉族的《狗耕田》《九头鸟》《王小砍柴》和《十兄弟》，满族的《桦皮篓》，鄂伦春族的《金刚圈》，达斡尔族的《宝铃铛》，鄂温克族《宝马斗魔鬼》，朝鲜族《装歌的葫芦》等，突出表现善与恶的斗争；也有一些娱乐性、充满童稚情趣的故事，有些则给人以人生哲理的启迪。

随着社会生产力的发展，在某些集体形式的体力劳动中产生了最早的劳动歌谣，即各种劳动号子，深沉雄浑，充满力量，成为集体劳动中不可缺少的歌唱。

在反抗沙俄帝国主义侵略的斗争中，产生了《江东六十四屯惨案》《义和团抗俄》等大量传说和歌谣，控诉了沙俄侵略者野蛮霸占中国领土屠杀中国人民的血腥罪行，歌颂了中国军民团结御侮奋起抗敌的英雄壮举。

1930年，民族学家凌纯声对赫哲族的民间说唱伊玛堪进行了广泛采录，并用汉文整理成散文体故事，于1934年在《松花江下游的赫哲族》一书中发表。自此，黑龙江地区的民间文学有了文字的记录和书面的传播。

东北沦陷时期，群众中产生了大量在真实人物、真实事件基础上加工创作的反映黑龙江人民同仇敌忾开展抗日斗争的传说和歌谣。其中突出的是讲述抗日联军将士英雄事迹的故事。

解放战争时期，有侦察英雄杨子荣等传说，在海林等地流传。编辑了《民间故事》一书，内容多为长工斗地主的故事。这是黑龙江地区第一次结集出版的民间故事书。

中华人民共和国成立后，特别是中共第十一届三中全会以后，黑龙江省民间文学工作进入了一个全面发展的新的历史时期。相继编辑出版了《黑龙江民间文学》（16集），《镜泊湖民间故事选》《满族民间故事选》《黑龙江民间故事选》等一批有价值的作品，产生了较大影响，有的引起了外国专家学者的注意。1984年，根据国家有关要求，黑龙江省开始开展民间文学的全面普查和编辑出版中国民间文学三套《集成》工作。1985年7月，黑龙江省民间文学集成工作领导小组和省民间文学集成总编委会宣告成立。

六、文学评论

黑龙江地区文学评论产生于20世纪20年代初期。1923年，革命进步作家安怀音在《大北新报》副刊《杂俎》上接连发表《文学与时势》《文学家与革命家》，倡导革命文学，号召作文应先做革命人，首开黑龙江地区文学评论的先河。后来裴文中、楚图南、孔罗荪、冯文蔚等人又接连在《哈尔滨晨光》《哈尔滨日报》《国际协报》上陆续发表文章，提倡平民文学和民族文学，主张文学要反映人民的疾苦，为民族解放、抗日爱国服务。

东北沦陷后，日伪竭力推行“慰安娱乐”文艺方针，积极倡导汉奸文学、粉饰文学。作家的创作受到种种限制，文学评论流于形式，大多是些从个人好恶出发，对作品进行好坏的简单决断，真正的评论很少。

1945年抗日战争胜利后，广大文艺工作者积极贯彻文艺为工农兵服务的方针，宣传无产阶级革命文艺理论。但在文艺评论中，由于机械地理解“政治标准第一，艺术标准第二”的文艺批评原则，在文学评论中也出现了一些偏差，把本来并无思想错误的作品进行了错误的批判。1948年东北文艺界对萧军及其《文化报》的错误批判和处理，就是最突出的一例。

中华人民共和国成立后，文学评论工作有了长足的进展，评论的质量日益提高，既有创作思想、创作方法的研究，也有对作品思想、艺术方面的评论。但在评论工作中也出现了极左的偏向，如把本来是文艺创作中的问题当作阶级斗争的现象进行批判，使一些作家和读者对文学评论产生厌烦情绪，称文学评论是“阶级斗争的风雨表”，并在一些读者中产生一种逆反心理。

“文化大革命”时期，林彪、江青反革命集团利用所谓的评论，对广大文艺领导干部和作家进行迫害，推行“根本任务”论、“三突出”创作原则，大造“文艺黑线专政”的舆论，倡导“写斗走资派”的作品，实施法西斯文化统治。

1978年中共第十一届三中全会以后，文学评论积极贯彻思想解放、拨乱反正的原则，深入批判林彪、江青反革命集团推行的一系列反革命文艺理论，坚决宣传贯彻党的“双百”“双为”方针，按照文学创作规律对作家作品进行多层次多侧面的研究评论，使文学评论步入正常的轨道。

第二节 艺 术

一、戏剧

（一）龙江剧

龙江剧是在二人转、拉场戏基础上发展起来的黑龙江省新兴的地方戏曲剧种。

1956年，省民间艺术剧院开始在二人转、拉场戏基础上进行创造新剧种的尝试，得到中共黑龙江省委、省文化局领导的支持。1959年12月8日，在省民间艺术剧院地方戏队的基础上建立了新剧种队，隶属省评剧团领导。1960年8月，在新剧种队的基础上成立了黑龙江省龙江剧实验剧院。

1966年5月“文化大革命”开始，新剧种实验工作停止。1970年，撤销了黑龙江省龙江剧实验剧院。1972年3月，经中共黑龙江省委批准，恢复重建了黑龙江省龙江剧实验剧院。1976年粉碎江青反革命集团后，特别是1978年中共第十一届三中全会后，落实了干部政策，恢复了剧种实验工作。中华人民共和国成立三十周年前夕赶排了传统戏《双锁山》和现代戏《俩新媳妇》。在《双锁山》中第一次比较成功地实验了龙江剧刀马花旦和武丑两个行当。

进入20世纪80年代后，龙江剧实验工作有了新的进展。龙江剧实验团体增加了富裕县龙江剧实验剧团和德都县龙江剧实验剧团，加上原有的省龙江剧实验剧院和五常县龙滨剧团，已有四个专业实验团体。全省从事龙江剧实验工作的专业人员达350人。

1982年4月，省龙江剧实验剧院携《皇亲国戚》《双锁山》《张飞审瓜》三出剧目赴北京汇报演出，连续公演23场，观众达3万多人次。演出期间，文化部、中国戏剧家协会、中国艺术研究院等单位先后召开五次专题座谈会，肯定了龙江剧的实验创造，中共中央有关领导和首都新闻界、文艺界专家盛赞龙江剧“誉满京华”。

1983年，龙江剧《皇亲国戚》由龙江电影制片厂拍摄成彩色艺术影片，于1984年在全国发行，拷贝发行量在同类影片中名列前茅，并出口东南亚国家。这期间，龙江剧《皇亲国戚》先后被汉剧、越剧等五个剧种移植演出。

1985年，省龙江剧实验剧院演出了一台地方戏实验剧目：单出头《武大郎娶嫦娥》、二人转《酸甜苦辣》、二人戏《画中人》和拉场戏《棉裤腰》。这台戏参加黑龙江省文化厅直属艺术表演团体会演，获剧本、编曲、导演、表演、服装设计等多项奖励。

（二）二人转（包括拉场戏、单出头）

二人转约于19世纪30年代传入黑龙江地区。清同治以后到黑龙江地区的二人转艺人逐渐多了起来。清光绪年间后期到中华民国初期，以傅金财为代表的蹦蹦艺人创立了具有黑龙江地方特点的北路蹦蹦，改冀东语言为黑龙江地方语言，以唱取胜。清光绪年间后期，出现了一种拉着唱的形式，当时叫拉场玩艺儿，有了拉场戏的雏形。拉场戏的剧目主要来源于莲花落和蹦蹦及其他戏曲、曲艺节目。

1933年，黑龙江地区第一次出现了二人转称谓。1935年以后，哈尔滨、佳木斯相继开设了很多演唱蹦蹦的茶社。日伪当局经常以“有伤风化”“影响治安”，甚至以“悬灯匪”为罪名，对二人转的演出加以限制、禁止和破坏。

抗日战争胜利后，从延安来的一批革命文艺工作者，陆续到达哈尔滨、佳木斯、齐齐哈尔、北安、牡丹江等地，向民间艺术学习，与二人转艺人合作，改进和发展二人转艺术。解放战争期间，在哈尔滨、齐齐哈尔、佳木斯、绥化等地有许多二人转班社除上演传统节目外，还创作演出了一些现代题材的节目；新的文艺团体也相继创作演出了一些反映土地改革、支援解放战争、发展生产等蹦蹦戏，受到广大观众的欢迎。出现了抗日战争胜利后二人转第一个兴盛时期。

中华人民共和国成立后，各市、县开始相继建立集体所有制和全民所有制的民间艺术团（队），以演唱二人转为主的业余剧团及零散二人转艺人遍及多数市县城乡，二人转又出现了一个较前更为兴盛的时期。

“文化大革命”期间，二人转遭到严重破坏。全省58个市、县的民间艺术团（队）全部被解散。但在广大农村，二人转仍在演出。

1976年粉碎江青反革命集团后，二人转事业迅速恢复，并获得发展，出现了又一个兴盛时期。自1980年以来，中共黑龙江省委第一书记杨易辰、第二书记李力安每到海伦、安达、德都、呼兰、富锦、双城等地视察工作或参加会议，都首先观看二人转演出并鼓励二人转工作者为发展二人转多做贡献。伴随着二人转事业的发展，涌现出黄启山、李明珍、刘劲松、刘相和、李国兰、程艳玲等许多新秀，出现了《凤凰进村》《半夜叫门》等许多优秀剧目。在其他剧种都不景气的情况下，二人转仍然红红火火。

（三）评剧

清光绪二十八年（1902年），冀东莲花落艺人金菊花、夏天雷数人到哈尔滨演唱莲花落，把评剧的前身——莲花落传入黑龙江地区。20世纪20年代，由于评剧艺术不断吸收姊妹艺术的精华来丰富自己，使评剧步入了空前繁荣发展的新时期，涌现出了倪俊声、李金顺等著名评剧演员。

1931年“九一八”事变后，日本侵略者极力摧残中华民族的戏曲艺术，大批评剧艺人不得不南下进关演出，留在黑龙江地区的演员也不得不走向中小城市寻求生路,这反而使评剧争得了更多的观众，得到了普及。1940年后，日伪当局对戏曲艺术进一步进行摧残，颁布了种种限制戏曲演出的规定，评剧艺术日趋零落。

抗日战争胜利后，中国共产党派遣大批干部进入东北。从延安到黑龙江地区的大批文艺工作者深入各戏曲班社，积极开展工作。配合解放战争和土地改革运动，演出了《血泪仇》《改邪归正》《白毛女》《王贵与李香香》《刘胡兰》《小二黑结婚》等现代戏，使评剧舞台出现了新的面貌。

从1950年起，黑龙江地区相继开展了挖掘、抢救、继承优秀遗产工作，并且涌现出一批优秀的艺术人材。这时期内，黑龙江地区的评剧艺术影响逐渐地扩大到地区外和国外。哈尔滨市评剧团曾应邀赴越南民主共和国和朝鲜民主主义人民共和国进行访问演出。

1966年“文化大革命”开始后，全省评剧团全受到严重冲击。大部分剧团被砍掉或合并，成立了毛泽东思想宣传队。大部分人员被送往“五七”干校参加劳动，一部分人员送往农村插队落户或到工厂做工。

1978年中共第十一届三中全会后，评剧艺术得到了复苏。被砍掉的评剧团体陆续恢复，被长期禁锢的优秀传统剧目重新上演。广大评剧工作者破除迷信、解放思想，创作演出了一批优秀剧目，其中《民警家的“贼”》于1980年被调进京汇报演出，受到文化部的奖励，1981年和1982年龙江电影制片厂根据这一故事题材改编拍摄成电影《她从雾中来》。1983年起，全省大部分评剧团体实行了承包制，到1985年，又陆续结束了承包制，开始探索新的改革道路。

（四）京剧

清光绪二十二年（1896年），以京剧、梆子两下锅形式演出的肖长祥、肖翠红、万福林戏班自吉林省到佳木斯唱野台戏，这是京剧首次进入黑龙江地区。清光绪二十九年（1903年）东清铁路全线通车后，“闯关东”到黑龙江地区落脚谋生者日益增多，其中多为山东与河北移民，喜听皮黄，使京剧有了群众基础。京剧武生杨小楼应海参崴远东大戏院之邀，途经哈尔滨演出，轰动一时。嗣后，京剧名角纷至沓来，黑龙江地区相继建起了简陋的戏园。

20年代中期，落子兴起，有李金顺等名伶在哈埠演出评剧，红极一时，皮黄呈低落趋势。

1931年“九一八”事变，市井萧条，戏院停演，名角纷纷南去，留驻的艺人陷入困境。30年代中期，关内京剧名角为谋生计，交替往来于黑龙江地区演出。这时，各戏班除上演脍炙人口的流派剧目外，常以连台本戏取胜，使冷落了的京剧舞台又趋于兴旺。

抗日战争胜利后，京剧艺术获得新生。1946年、1947年先后成立了哈尔滨民生国剧研究社和哈尔滨社协业余京剧团。1947年7月1日成立了东北文艺工作者协会评（京）剧工作团。

中华人民共和国成立后，进行了戏曲改革，加强了艺术交流，京剧的综合艺术面目一新，黑龙江省京剧水平得到提高。1953年8月东北区第一届戏剧、音乐、舞蹈观摩演出大会，1956年1月黑龙江省第一届戏曲观摩演出大会，黑龙江省京剧团体参加了演出，参演剧目及主要演员均获得不同奖励。1964年7月，哈尔滨市京剧团编排演出的《千万不要忘记》和《革命自有后来人》两剧，在北京参加了全国京剧现代戏会演。

1966年“文化大革命”开始后，黑龙江省京剧界受到严重摧残，许多著名京剧演员和剧团领导干部被打成“反动艺术权威”“走资本主义道路的当权派”，关进“牛棚”，接受批斗。戏装被烧毁，机构被砸烂，不少人被下放到农村劳动改造。1972年4月，在黑龙江省革命样板戏学习班的基础上，建立了黑龙江省京剧团。哈尔滨、齐齐哈尔、佳木斯、牡丹江、鹤岗等市也先后恢复了京剧团建制。

1976年粉碎江青反革命集团后，京剧逐渐复兴，特别是1978年中共第十一届三中全会以后，京剧舞台呈现出一派繁荣景象，全省各京剧团恢复上演了一批为观众喜闻乐见的传统剧目，广大观众争相欣赏，出现了京剧热。1982年，哈尔滨市京剧团由云燕铭领衔赴上海、北京、沈阳等大城市巡回演出，引起很大反响。1983～1985年，京剧观众日趋减少，出现不景气形势。

（五）话剧

中华民国初期，哈尔滨东华学校师生组织了业余剧团，曾演出根据莎士比亚的《威尼斯商人》改编的话剧《一磅肉》等剧，这是最早见于黑龙江地区戏剧舞台的话剧。

20年代，在“五四”运动的影响和推动下，为激发广大群众的爱国热情，哈尔滨、齐齐哈尔等地的一些教师、学生和店员，自发组织编排话剧演出。1929年，左翼戏剧在黑龙江地区开始了演剧活动，相继编排了表现工人罢工斗争、宣传抗日斗争等内容的话剧。

1931年“九一八”事变后，为了挽救民族的危亡，哈尔滨许多学校上演话剧。在演出中出现了群众手执大刀、红缨枪，高呼反满抗日口号的场面。因此一些师生被反动当局逮捕，演剧活动被迫停止。

抗日战争胜利后，从老解放区来的文艺工作者给黑龙江地区的文艺舞台带来了新的气象，把文艺纳入了为工农兵服务、为新民主主义服务的轨道。当时活跃在黑龙江地区的30多个文艺团体，创作演出了许多反映土地改革和解放战争的话剧。

1949年5月，合江省与松江省合并，合江鲁迅文艺工作团随之调入哈尔滨，改称松江鲁迅文艺工作团。黑龙江省与嫩江省合并，嫩江省实验剧团与北安西满军区一分区政治部宣传队合并，改称黑龙江省人民文艺工作团。这一时期哈尔滨市业余剧团也比较活跃，中学组织了学联演艺团，小学教员组织了教联文艺工作团，工人店员联合组成了店员文艺工作团及手工业文艺工作团。

1954年8月，黑龙江省和松江省合并，两省的话剧团也随之合并，改称黑龙江省话剧团。演出的剧目题材更加广泛，艺术水平进一步提高。1957年，黑龙江省和哈尔滨市两个话剧团体合并，组建哈尔滨话剧院。1963年，哈尔滨话剧院公演丛深创作的《千万不要忘记》，中共和国家领导人刘少奇、周恩来、邓小平等观看了演出，并接见了全体演职人员。这个戏轰动了首都，并很快在全国掀起了各剧种移植演出《千万不要忘记》的高潮。

1966年“文化大革命”开始后，全省各话剧团体陆续被砸烂，多年的话剧工作成绩被全盘否定，正常的艺术生产程序被当成修正主义艺术圣殿砸烂了。

1976年粉碎江青反革命集团后，特别是1978年中共第十一届三中全会以后，话剧艺术同其他艺术一样获得了新生，冲破“文化大革命”十年禁锢，创作演出了许多优秀剧目。全省话剧舞台又重新出现了题材广泛、形式多样的繁荣景象。80年代，黑龙江省的话剧艺术在题材和体裁方面进行不断的多侧面探索与创新，将话剧艺术推向一个崭新的阶梯，出现了新的面貌。

（六）歌剧

在黑龙江地区的历史资料中，没有关于土生土长的歌剧记载。1924年春，哈尔滨白俄罗斯协会隶属的业余剧团在哈尔滨市上演法国著名歌剧《茶花女》。这是最早流入黑龙江地区的外国歌剧，也是黑龙江地区最早演出的歌剧。

20世纪30年代，观看歌剧演出的观众基本上是外国侨民，中国人只限于极少数知识分子偶尔观看，对发展黑龙江地区的歌剧事业影响颇小。

抗日战争胜利后，1945年8月21日，齐齐哈尔市民主大同盟宣传科组建民主乐剧团，在齐齐哈尔市光复剧场演出了反映东北抗日联军战斗题材的歌剧《寻兄》。这是东北解放后最早演出的歌剧。1946年6月，延安的一些文艺工作团到黑龙江地区，带来了秧歌剧和歌剧。其中鲁迅艺术文学院实验剧团演出的歌剧《白毛女》影响最大，为黑龙江地区歌剧的发展起到了火种和启蒙作用。

中华人民共和国成立后，由于大批文艺工作团（队）南下支援新解放区，黑龙江省只留下地方建立的文艺工作团（队），歌剧创作力量呈现下降趋势。1951年6月，东北鲁迅艺术文学院实验剧团在哈尔滨公演大型歌剧《星星之火》，影响很大，为哈尔滨市的歌剧创作、发展起到了示范与推动的作用；并在综合艺术方面，为其他剧种提供了经验。1957年2月，哈尔滨歌舞剧团组建（是黑龙江省唯一的专业歌舞剧团，后改为歌舞剧院），并排演了第一个大型歌剧《小二黑结婚》。从此歌剧又开始走向繁荣。1966年初，中国音乐家协会主席吕骥在总结音协工作时说，哈尔滨歌剧院在上演剧目和观众人数上居全国歌剧院（团）的首位。这一时期是黑龙江省歌剧演出的高峰时期。

“文化大革命”中，全省唯一的专业歌剧团体哈尔滨歌剧院于1970年被解散，歌剧演出基本处于停顿状态。1972年恢复哈尔滨歌剧院建制，开始小型歌剧演出。

1976年粉碎江青反革命集团之后，特别是1978年中共第十一届三中全会以后，激发了歌剧工作者的工作热情，歌剧获得了新生。哈尔滨歌剧院和省内一些文艺团体创作演出了一大批具有地方性特色和民族特点的新歌剧，并且培养了大批歌剧人才，呈现出繁荣景象。

（七）皮影戏

黑龙江皮影戏，亦称此地影、东北影、驴皮影，艺人自称照条儿。

清末民初，黑龙江地区的皮影戏活动进入了兴旺时期。从事营业性演出的影箱，仅绥化地区就有40多个，艺人250多名，有许多略通文墨的年轻人到处拜师学艺，以此谋生。

1931年“九一八”事变后，日伪当局为防止人民群众起来反抗，在农村实行并屯联防，严禁结伙集会，明令禁止皮影戏演出活动，对违反者以“悬灯匪”的罪名加以惩治。

抗日战争胜利后，皮影艺术走上了革命的道路，进入一个新的发展时期。1947年夏，双城县皮影艺人温长淮配合革命斗争，创作现代剧目，受到广大农村干部和群众的热烈欢迎。

中华人民共和国成立后，于1951年5月8日成立松江省皮影戏实验工作队，新文艺工作者与艺人合作，大力进行皮影戏剧本的改编、创作和皮影戏的音乐、表演与舞台美术方面的革新，使皮影戏面貌焕然一新。1959年11月赴北京参加国庆十周年献礼演出，演出了黑龙江民间故事《秃尾巴老李》、寓言故事《东郭先生遇险记》、儿童剧《喜庆丰收》，受到国家领导和首都各界的热烈欢迎。

1960年，黑龙江省民间艺术队改为黑龙江省木偶皮影艺术剧院。坚持上山下乡、深入工厂、部队演出。活跃在全省各地、市、县的皮影队，特别是半农半艺的皮影队几乎常年活动在农村。“文化大革命”中，皮影戏遭到空前的浩劫，影箱被砸烂，剧目被禁演，机构被撤销，皮影艺人被下放到农村插队落户。省皮影剧团下放到哈尔滨市。

1976年粉碎江青反革命集团以后，特别是1978年中共第十一届三中全会后，全省各地专业和业余皮影队有所恢复，群众喜爱的传统皮影剧目相继上演。1985年，哈尔滨市皮影剧团走出国门，赴日本、德国演出。由于电影、电视、广播在全省农村乡镇的普及，群众文化生活的日益丰富，皮影戏活动到20世纪80年代逐年减少。能够坚持常年活动，并不断进行皮影艺术革新的专业艺术表演团体只有哈尔滨市儿童艺术剧院皮影剧团。

（八）木偶戏

20世纪20年代前后，有些关内流动的木偶艺人将木偶戏带入黑龙江，走街串巷演出，即人们常说的扁担戏（布袋木偶戏）。

1956年，在哈尔滨市东北农学院剧场，由苏联国立木偶剧院木偶大师奥布拉兹佐夫演出了木偶戏《醉鬼》等剧。这是黑龙江省出现的第一次有文字记载的木偶戏艺术。

1960年10月1日，黑龙江省木偶皮影艺术剧院成立。同时成立了黑龙江省木偶皮影艺术剧院木偶剧团。同年秋到绥棱县首次进行试验性演出，获得成功。为响应大演革命现代戏号召，1963～1964年初先后改编了《宋恩珍》《迎春花》《三丑会》《二块六》和创作了《最高奖赏》等现代节目。

“文化大革命”开始后，1966年7月，省木偶剧团停止演出。于1967年下放到哈尔滨市，为哈尔滨市木偶剧团。1970年9月并入哈尔滨市文艺工作团，只保留一个木偶小组。1972年10月，哈尔滨市文艺工作团撤销，哈尔滨市木偶剧团重新组建，隶属于哈尔滨市民间艺术剧院。

1980年，哈尔滨市木偶剧团两个演出队，全部投入以儿童题材为主的木偶戏的排练。1982年底，从中国儿童艺术剧院移植了儿童剧《好伙伴之歌》，以人偶同台的形式演出，打破了木偶剧常规表现形式，受到哈尔滨小观众的欢迎。1983年春，哈尔滨市木偶剧团与黑龙江电视台少儿部联合录制了根据《好伙伴之歌》改编的木偶电视剧《小乐乐》，参加全国优秀电视专栏节目比赛，荣获优秀二等奖。

1984年春，哈尔滨市木偶剧团再次上演经过加工的《匹诺曹历险记》。演出时将木偶角色全部剔除，变偶为人，成了儿童话剧。由此剧团开始分化，能登前台演出的演员组成了儿童剧队，不能登前台演出的演员仍搞木偶剧。

1984年10月29日，哈尔滨市民间艺术剧院改为哈尔滨儿童艺术剧院。从此，原木偶剧团仅保留了一个13人的小队伍。

二、电影

清光绪二十九年（1903年），中东铁路建成通车，俄国人考布切夫于哈尔滨道里中央大街南十二道街交角处创建黑龙江地区第一座电影院。影片由影片商从国外购买或租用，均为无声电影。

中华民国时期，中国人开始兴办电影院。1915年，王佩萱电影园于哈尔滨开业。继之，哈尔滨又建有北三电影园、吉江电影园、臧星齐电影园。1916年，于汉卿在齐齐哈尔西花园建一板棚，临时放映电影。

1924年，美国影片商在哈尔滨建立了两处影片发行机构。还有俄人办的满洲商工会社和中国人办的松江电影公司。

从中华民国初期到1931年"九一八"事变前，哈尔滨共放映456部影片。其中1916～1925年间上映的主要是欧洲影片。1926年以后上映的影片大部分为国产影片。

1931年"九一八"事变后，日本帝国主义侵占黑龙江地区。日本商人先后在齐齐哈尔、哈尔滨、佳木斯、牡丹江、北安等城市修建了供日本侵略者及其家属放映电影的共乐馆、映画所、满映馆。有些县城也相继有了电影放映活动。从1935年起到抗日战争胜利，相继有绥化、拜泉、克山、依安、双城、海伦、龙江、阿城等一些县城建立了电影院。这期间放映的影片既有国产影片，也有日本、美国、英国、德国、法国等外国影片。还有"满映"摄制的影片。到1945年，黑龙江地区有40余处电影院。

抗日战争胜利后，由人民政府有关部门及苏联影片输出公司哈尔滨公司、齐齐哈尔分公司接收了日伪遗留的电影放映场所。1946年10月，在兴山（今鹤岗市）成立了东北电影制片厂。先后拍摄了第一部新闻纪录片《民主东北》，第一部短故事片《留下他打老蒋》，第一部木偶片《皇帝梦》，第一部动画片《瓮中捉鳖》，第一部苏联译制片《普通一兵》。1946年底，东北电影制片厂在佳木斯设立东影驻佳木斯办事处，承担影片发行任务。翌年又对哈尔滨、齐齐哈尔等地发行影片。

1949年，东北影片经理公司在哈尔滨、齐齐哈尔设立办事处，在佳木斯设立电影发行站。这期间，影片来源短缺，大部电影院无片上映。1949年开始发行苏联原版片，有《青年近卫军》《钢铁是怎样炼成的》《玛丽黛》《卓娅》等。

中华人民共和国成立后，电影事业获得蓬勃发展。1954年黑龙江、松江两省合并，成立黑龙江省电影发行公司。同年建立黑龙江省女子放映队。1955年，省农村放映队固定到县，实行省、县（市）双重领导，并开始采取放映收费办法。翌年，放映队的管理权限全部下放到县。密山县鸡林乡还办起乡办放映队。1958年，先后在齐齐哈尔市梅里斯达斡尔族自治区和合江地区朝鲜族聚居的倭肯镇建立了第一座集镇电影院，在哈尔滨建立了第一座宽银幕电影院——哈尔滨电影院。

三年困难时期（1959～1961年），大部分社办电影队停止活动，农民看不到电影，反映强烈。省文化局请示省政府拨款30万元，将卖给公社的国办电影队买回交市县管理。到1959年，相继在合江、嫩江、牡丹江、松花江、黑河等地建立了地区电影公司，黑龙江省文化局电影科改为电影处。

1963年，全省各地的电影公司改为黑龙江省电影公司的分公司。1965年，全省各市、县先后建立起电影管理站或电影总队，承担全省市、县范围内的16毫米放映单位的串片、换片、结算片租等发行业务。到1965年底，全省电影院达到129座，电影职工俱乐部由1950年的7座发展到248座；农村电影放映队329个，平均每个人民公社有一个放映队。

中华人民共和国成立后到“文化大革命”前，发行上映的中国影片有《无形战线》《百万雄师下江南》《钢铁战士》《南征北战》《国庆十点钟》《上甘岭》《红霞》《五朵金花》《青春之歌》等；外国影片有《幸福的生活》《金星英雄》《明朗的夏天》《秘密档案》《流浪者》等。还举办了苏联、捷克斯洛伐克、匈牙利、保加利亚、波兰、朝鲜民主主义人民共和国、印度、民主德国、法国、南斯拉夫、日本、越南等国的电影周，接待了苏联、越南电影代表团。

“文化大革命”期间，从省到部分市、县的电影院、放映队被群众造反组织夺权，有些领导干部被打成“走资本主义道路的当权派”“牛鬼蛇神”“反动艺术权威”“反革命修正主义分子”，被揪斗、批判，关进“牛棚”或下放劳动，有的被投入监狱。中华人民共和国成立后的17年间拍摄的影片被视为毒草，全部被禁止发行放映。只有8个“样板戏”和一些新闻纪录片准许发行放映。

1976年粉碎江青反革命集团后，城乡观众迫切要求看电影，大城市的电影院一天连演四五场也满足不了观众的需要。为了改进电影放映管理，省文化局在肇源县召开现场会议，推广“闭门入场，无人收票，对号入座，严格清场”的经验。1977年、1978年两次恢复上演“文化大革命”期间禁演的影片，并发行放映了新摄制的影片《高山下的花环》《牧马人》等。

1980年，黑龙江省电影公司的领导关系，改为在业务上由省、市、自治区文化局（电影局）和中国电影发行放映公司双重领导，以地方为主。由此，黑龙江省电影公司改为黑龙江省电影发行放映公司。市、县级电影管理站相继改为市、县电影发行放映公司。同年成立龙江电影制片厂，开始拍摄彩色故事片和纪录片。

到1985年底，全省地、市级电影发行放映公司有15个，县、旗级公司有71个，还有100多个乡级电影管理站。对外开放的俱乐部达到226座。社办电影队达到5 508个。每个县城都有了电影院，达到201座。还发展了集镇简易电影院，达到274座。工矿俱乐部、工矿电影队也有发展，分别达到823座和1 096个。放映单位由1949年的57个发展到8 969个；放映场次由1953年的65 810场达到839 443场。城镇平均放映电影由1953年的14.2次增加到18.7次；农村平均放映电影由1953年的0.84次增加到21.6次。电影发行放映公司（站）由1950年4个发展到地、市、县电影公司87个。

三、音乐

周武则天圣历元年（698年），渤海国建立后，积极吸收和学习唐王朝的先进音乐艺术，创造了独具特色的渤海乐。唐开元二十八年（740年），渤海国已珍蒙等出访日本，在日本宫廷演奏渤海乐。随后日本派专人到渤海国学习“音声”，而后渤海乐被日本收入宫廷乐舞之中。渤海乐也作为辽、金宫廷音乐而经久不衰。后来，在金对宋的战争中，把中原地区的许多乐工、乐器带入黑龙江地区，促进了黑龙江地区音乐艺术的发展。

明、清时，黑龙江地区少数民族的萨满音乐很兴盛。同时，关内诸省大批官员、文人士子和商贾、艺人进入黑龙江地区，带来了汉族民歌、秧歌和鼓吹乐等音乐形式，丰富了黑龙江地区的音乐艺术。

中华民国初期，黑龙江地区已成为中国北方一个外国音乐传入的窗口。清光绪二十四年（1898年），清俄东清铁路修建协定签订后，俄国音乐家逐渐流入哈尔滨，兴办交响乐团、哥萨克合唱团和白俄喜歌剧团等音乐团体，定期举办音乐会，广泛演奏欧洲及俄罗斯著名音乐家的作品。其他一些国家的音乐家和音乐团体也经常到哈尔滨等地演出。西洋音乐的传入，推动了黑龙江地区音乐艺术事业的发展。

1931年日本帝国主义者侵占东北地区后，限制中华民族优秀、进步的音乐流传，给黑龙江地区的音乐事业笼上一层阴影。但在中国共产党领导下，黑龙江地区进步的革命的音乐活动依然有所发展。如音乐家侯小古、袁亚成、刘忠、叶长春、王昭麒等人，组织哈尔滨口琴社、古风音乐会等音乐团体，团结进步青年，开展革命的音乐活动，启发和鼓舞人民的爱国思想和革命斗志，起到了振奋民族精神的作用。同时，转战于白山黑水之间的东北抗日联军，创编了《露营之歌》等大量的抗日歌曲，成为黑龙江地区抗日军民战斗的精神武器。

抗日战争胜利后，大批老一辈音乐家和革命音乐工作者从延安到黑龙江地区，团结当地的文艺工作者，深入城乡，配合民主建政、反奸清算和土地改革运动，组建东北音乐工作团等革命音乐团体，创作了《东北风》《咱们工人有力量》等许多歌曲，并广泛开展群众性的歌咏活动，使黑龙江地区的音乐事业发生了革命性的变化。

中华人民共和国成立后，黑龙江地区的音乐艺术事业又有了很大发展。1954～1956年，黑龙江省歌舞团管弦乐队、民族乐队、合唱队、哈尔滨歌舞剧院管弦乐队等专业队伍相继建立。黑龙江地区音乐团体走向专业化。1957年农业合作化高潮中，一批音乐家深入生活，创作出《新货郎》等大量具有地方特色和民族风格的音乐作品。1961年哈尔滨市举办首届哈尔滨之夏音乐会，至1966年共举办了六届。每次音乐会都坚持社会主义文艺方向和“双百”方针，贯彻普及与提高、专业与业余相结合的原则。既有群众业余音乐爱好者参加，又有专业音乐工作者参与；既题材广泛，又体裁、风格多样。

“文化大革命”期间，一些专业音乐团体被撤销，大批音乐工作者受到摧残，音乐事业遭到严重破坏。省内城乡各地只准唱《大海航行靠舵手》和所谓的革命歌曲《造反有理》等。

1978年中共第十一届三中全会以后，黑龙江省音乐事业呈现出空前繁荣景象。1979年恢复了哈尔滨之夏音乐会活动，至1985年又举办了七届；同时还举办了省、市一级的各类音乐作品评比和新人、新秀声乐、器乐比赛会，涌现出不少优秀音乐作品和音乐人才。出版了《北方音乐》《音乐舞蹈通讯》《紫丁香词刊》等音乐刊物。创作了《乌苏里船歌》《太阳岛上》《我爱你・塞北的雪》和《东山魁夷画音》等优秀音乐作品，流传国内外。多次组织音乐团体和音乐家出访日本、加拿大、英国、法国、苏联、朝鲜、几内亚、菲律宾等国家，很多外国音乐家和音乐团体也曾到黑龙江省进行访问演出。

四、舞蹈

黑龙江地区各民族在开发边疆的长期生产劳动中，不仅创造了物质文明，也创造了独具特色的民族民间舞蹈。最早见于文献记载的是《后汉书》。到了隋朝，则有了关于靺鞨舞的记载。及至唐代，粟末靺鞨族在黑龙江境内建立了地方政权渤海国，舞蹈趋于兴盛。粟末靺鞨族乐舞继承靺鞨民族乐及高丽乐传统，吸收中原乐舞成分，创造了渤海乐舞。辽金时期，女真族舞蹈广泛流行。伊春金山屯出土的文物八面柱体“乐舞浮雕石幢”，刻有金代优人舞姿，乐工操汉族乐器，反映了汉族和女真族乐舞文化的交融。

清代，黑龙江地区各民族民间舞蹈更加兴盛，杨宾的《柳边纪略》、吴桭臣的《宁古塔纪略》中均有关于满族人家歌舞的记载。有关资料还记有黑龙江地区其他少数民族的乐舞，如蒙古族的火不思舞、达斡尔族的哈库麦勒舞、鄂伦春族和赫哲族的萨满舞和狩猎舞等等。

清代及中华民国时期，汉族大量北徙，将关内的汉族舞蹈传入黑龙江地区。秧歌、高跷、龙舞、狮子舞、霸王鞭、小车舞、旱船等多种形式的民间舞蹈广泛流传。

20世纪30年代，日本帝国主义侵占中国东北后，出现了反动的“五族亲善舞”“日满亲善舞”。同时也出现了反抗日本帝国主义侵略的革命舞蹈《“九一八”事变之夜》等。东北抗日联军在密林深处，经常点起篝火，跳“打鬼子舞”等舞蹈。黎锦辉领导的上海明月歌舞团到哈尔滨演出，曾在舞蹈中高高举起中华民国的旗帜。40年代初，哈尔滨市酒吧舞厅交谊舞亦很盛行。

抗日战争胜利后，黑龙江地区的舞蹈艺术发生了革命性的变化。东北民主联军进入哈尔滨后，从延安根据地来了大批文艺干部和文艺团体，深入工厂、学校开展新秧歌运动，出现了高举镰刀斧头的工农兵秧歌、翻身秧歌、解放腰鼓、霸王鞭等舞蹈，使黑龙江地区的舞蹈艺术朝着为工农兵服务、为解放战争服务的方向发展。

1946年，中长铁路管理局组建了哈尔滨市交响乐芭蕾舞团。

中华人民共和国成立后到“文化大革命”前的17年间，黑龙江地区舞蹈有了巨大发展。先后建立了松江鲁艺文工团、黑河民族歌舞团、黑龙江省歌舞团、伊春林业文工团歌舞队、中国铁路文工团歌舞队、北大荒歌舞团、大庆歌舞团等专业歌舞表演团体。各歌舞团（队）积极学习古今中外舞蹈和民族民间舞蹈，创作演出了大量具有民族风格和地方特色的舞蹈节目。

“文化大革命”期间，出现了造反文艺。“红卫兵舞”“忠字舞”遍及城乡。文艺团体也只能演江青反革命集团规定的芭蕾舞剧《白毛女》《红色娘子军》《沂蒙颂》等少数舞剧及反映“文化大革命”的舞蹈。这期间，黑龙江省还编创了歌颂革命委员会的大型歌舞剧《东北的新曙光》。使舞蹈同其他文艺一样完全成了“文化大革命”的宣传工具，遭受了一场厄运。

1978年中共第十一届三中全会以后，黑龙江省舞蹈艺术又重新出现了繁荣景象。省艺术学校开办了舞蹈专科，全省各地市举办了各类专业的和业余的舞蹈培训班和学术研讨会，积极培养新的舞蹈人才，开展学术研究。中国舞蹈家协会黑龙江分会恢复了正常工作，编辑出版了《舞蹈通讯》《舞蹈小辞典》《舞蹈·舞剧》文学剧本；省群众艺术馆编辑出版了《东北民间舞教材》及《文艺辅导》专辑，交流舞蹈经验，探讨舞蹈理论。省文化厅和省舞协于1981年和1985年先后两次举办全省舞蹈比赛，涌现出一批优秀的舞蹈作品和优秀舞蹈演员。

五、曲艺

宋金时代，出现了赫哲族先人的伊玛堪说唱艺术和满族先人的连厢歌舞说唱艺术。北宋末年，由中原传来了汉族的“说话”“小说”“嘌唱”等艺术。金末或元初，出现了蒙古族的好来宝说唱艺术和乌力格尔说唱艺术，并且很快兴盛起来。同时期，还出现了达斡尔族的说唱艺术乌钦（又称舞春）。

明末和清代，有单鼓（又称太平鼓）歌舞说唱艺术，出现于满族民间。八角鼓演唱艺术在满族旗籍中流传，后来被子弟书所取代。在鄂伦春族中流传有摩苏昆说唱艺术。在锡伯族中有念说和依兰古伦舞春两种说唱艺术，曾流传一个时期。清乾隆二十二年（1757年），柯尔克孜族从新疆迁到富裕县境内，带来了库木孜弹唱，但没有流传开来。达斡尔族的乌钦说唱艺术，到清代中叶走向繁荣。清代中叶、末叶，二人转、东北大鼓、单鼓、莲花落、评书等曲艺艺术传入黑龙江地区。

中华民国时期，鄂伦春族的摩苏昆说唱艺术在鄂伦春聚居地区流传甚广，到日伪统治时期，日渐衰退，趋于消亡。乌力格尔说唱活动更加兴旺。好来宝继续活动，但无新的起色。伊玛堪，到日伪统治时期逐渐衰落，连厢消亡。单鼓艺术出现了繁荣景象。表演者由原来二人持鼓对唱发展到有领唱、伴唱、群唱、合唱、哈苏（帮腔）等多种演唱形式，还形成了一种边祭祀、边说唱、边舞蹈的民间歌舞说唱艺术。彩扮莲花落演变为二人转。乌钦在前代艺术成就的基础上，取得了新成果。创作了一些新的曲目，出现了一些新的作者和演唱者。其中有代表性的曲目是《少郎和岱夫》，流传甚广。评书活动进入黄金时代。黑龙江地区城乡茶社几乎都有评书艺人卖艺。农村遇有红白喜事，也请评书艺人说讲。东北大鼓更为兴盛。大约在20年代至30年代间，北京相声艺人把相声带入哈尔滨、齐齐哈尔等地，相声艺术在黑龙江地区逐渐传播开来。在中华民国中期，西河大鼓、河南坠子传入黑龙江，在城镇的茶社演唱。

解放战争时期，黑龙江地区许多市、县建立了艺曲改进会、书曲协会、曲艺艺员工会等组织；帮助曲艺艺人树立为人民服务思想，开展创作演出活动，并组织曲艺艺人从事建立革命政权的宣传工作。一些文艺团体配合解放战争和土地改革运动，编演了许多新的曲艺节目。

中华人民共和国成立后，黑龙江地区的曲艺活动逐渐纳入了有组织、有领导的轨道。50年代，各地继续建立曲艺团体，并对一些曲艺团体进行组织与制度改革。一些曲种也有新的发展。乌钦，搜集整理出传统曲目40余首，创作了一些反映时代生活的新作品，其中《歌颂祖国》和《我爱我的家乡》，由中央人民广播电台译成多种语言向国内外播放。伊玛堪，搜集整理出《安徒莫日根》《什尔达鲁莫日根》和《满格木莫日根》等10余部传统节目，创作出《赫哲人的新生》《八月十五月光明》和《歌唱恩人共产党》等反映新生活的作品。乌力格尔继续在民间流传，每逢那达慕大会和其他庆典活动，都有乌力格尔演出。不仅有传统节目的演出，还创作演出《黄继光》《草原红花》和《红岩》等许多新节目。摩苏昆活动有了新内容。在1963年9月10日鄂伦春族定居庆祝典礼上，唱出了歌颂祖国新面貌、歌颂毛主席和中国共产党、赞美下山定居过上新生活的新歌声。还挖掘出一些摩苏昆的传统节目。好来宝也出现了《歌颂党和毛主席》《歌唱蒙古族新生活》这类的新作品。莲花落，在《松江文艺》《黑龙江文艺》和《黑龙江艺术》等刊物上发表了《纸老虎不可怕》《塞北胜江南》和《红旗歌》等很多新作品。一些文艺团体也经常演出莲花落。相声进一步繁荣。京、津、沈等地的相声演员纷纷来哈尔滨、齐齐哈尔等城市演出，带动了黑龙江相声的繁荣发展。创作和演出新相声，成了这个时期的主流。评书，是各曲艺团体、电台、茶社、书馆经常演出的主要节目。在60年代出现了说新书运动，《地道战》《地雷战》《江姐上船》《平原游击队》和《烈火金刚》等新书，成为当时脍炙人口的书目。东北大鼓也参加了说新书运动，西河大鼓等曲种也很兴盛。

1966年“文化大革命”开始后，全省曲艺事业遭到摧残。曲艺作品绝大多数被视为“封、资、修”的大毒草，历年来挖掘整理的曲艺资料全部被废毁，全省各曲艺团体均被砸烂，曲艺工作领导干部和艺术骨干绝大多数被打成“走资本主义道路的当权派”“牛鬼蛇神”“反动艺术权威”，遭到残酷批斗。

1976年粉碎江青反革命集团后，有的曲种得到恢复，继续流传；有的曲种更加繁荣，步上了新台阶；有的曲种走向衰落，乃至消亡。评书呈现出繁荣景象，《白楼春晓》等一批较好的评书和说唱作品广受欢迎。相声更加繁荣，无论创作或表演都步上了新台阶，出现了《郝市长》等许多反映时代生活的优秀新作品。1984年，原建邦、师胜杰创作，师胜杰、冯永志表演的相声《肝胆相照》和原建邦、陈庆创作，宗成滨、徐宝库表演的相声《四角风波》，参加全国相声评比，分别获创作、表演一等奖和创作、 表演二等奖。不仅有单口相声、二人相声，还出现了群口相声、化妆相声。创作队伍和表演队伍，有了新的提高，涌现许多新秀和拔尖人才。相声阵地进一步扩大，全省所有的曲艺团体、文艺工作团（队）、广播、电视、茶社、书馆都经常演出相声节目。相声成了人们喜爱的艺术品种之一。

六、杂技

黑龙江地区于金代即有关于杂技艺术活动的记载。清末有俄国马戏团到哈尔滨演出。中华民国期间，哈尔滨、齐齐哈尔、双城及有些城乡均有零散艺人演出跟头、杂耍、戏法和魔术。这期间，要猴戏者甚多。还有日本、俄国、波兰、丹麦、瑞典马戏、英国国王大马戏在哈尔滨演出。

解放战争期间有解放马戏团、兴盛马戏团等私人团体流动演出于哈尔滨、齐齐哈尔、拜泉等地。这期间，杂技节目开始进入剧场演出。

中华人民共和国成立后，于1952年先后组建了黑龙江省马戏团、哈尔滨市杂技团和齐齐哈尔市马戏团。建团后节目不断丰富发展，开始只有《钻圈》《水火流星》《小吊子》《顶板凳》《马术》等节目，后来逐渐增加了《大飞人》《空中转人》《大绳》等大型高空节目和《驯虎》《驯狮》《驯水牛》《驯驴》以及《马术》《飞车走壁》等节目，出现了第一个驯虎女郎。哈尔滨市杂技团与齐齐哈尔市马戏团还相继制成容两千余人的大篷。随着大型高空节目的出现，为了保证演员的安全，开始使用网子和保险绳。

1956～1958年，牡丹江市、佳木斯市、肇东县、呼兰县、双城县相继建立了杂技、马戏团、队。

1960年,齐齐哈尔市马戏团出席全国群英会，并获先进单位奖状。到1966年4月，齐齐哈尔马戏团流动演出于全省的大部分市、县、镇；还先后巡回演出于北京、上海、西安、重庆、广州等大中城市和乡镇。

哈尔滨杂技团的蔡春波、姚成波、齐齐哈尔市马戏团的黄德禄曾分别赴朝鲜、拉丁美洲演出；齐齐哈尔市马戏团还曾赴朝鲜、越南进行访问演出。在越南演出时，荣获胡志明主席亲自授予一枚一级劳动勋章。长春电影制片厂为齐齐哈尔市马戏团拍摄了《马戏团的新节目》。

1967年10月，哈尔滨市杂技团与齐齐哈尔市马戏团少数演员组成中国东方红杂技团赴日本访问演出。演出13个节目，当时称为改革节目，回国后，演职人员有的被打成“走资本主义道路的当权派”“牛鬼蛇神”，有的被关进“牛棚”，有些演职人员下放农村插队落户。有些节目被批判停演。

1970年4月，在哈尔滨市杂技团基础上，组建黑龙江省东方红杂技团。当时经常演的节目只有《智擒美国狼》等12个节目。1970年春，齐齐哈尔市马戏团被撤销，少数演员被调入黑龙江省东方红杂技团，大部分演职人员分配到工厂、商店等单位工作。同年8月，恢复重建齐齐哈尔市马戏团。

黑龙江省东方红杂技团自1972年下半年开始恢复上演传统杂技节目。1976年4月，黑龙江省东方红杂技团改称黑龙江省杂技团；同时与齐齐哈尔市马戏团联合组织一台节目赴北京参加全国第一届杂技调演。

1979年后，省杂技团相继成立了魔术队，组建了与哈尔滨市动物园联合演出承包队，还排练了滑稽专场。1981年开始，省杂技团、齐齐哈尔市马戏团曾分别赴世界各地进行访问演出和商业性演出。

1983～1985年，省杂技团的王虹、赵士魁、丁洪，齐齐哈尔市马戏团的王辉、马勇分别获国际金奖、文化部奖和黑龙江省人民政府奖。王虹表演的《蹬技》、齐齐哈尔市马戏团的《驯熊》等节目分别参加了电影和录像的摄制工作。

1984年10月，中国杂技艺术家协会黑龙江分会成立，有182名杂技工作者入会，其中53人为中国杂技艺术家协会会员。

七、美术

早在新石器时代，黑龙江地区的先民即在陶器上刻有鱼鳞纹、网纹、水波纹，都是先民捕鱼生活在艺术上的反映。还有陶塑和角、骨、牙雕艺术，是黑龙江地区发现的最早的陶塑艺术品。

公元7世纪，渤海国曾多次派学生到京太学学习中原绘画，并带回中原作品摹习，使渤海国涌现出大简之等一批画家。这一时期的工艺品制作亦很发达，有玛瑙柜、紫瓷盆、玳瑁杯等。还有金银耳环、带跨，铜镜、铜马、铜独角兽，石佛、石狮、石牛、石灯幢等。

金国于北宋宣和七年（1125年）伐宋开始后，特别是“靖康之变”，不少内地画家被俘虏或流落到黑龙江地区，对黑龙江地区绘画的发展产生了重要影响。出土的金代工艺品铜镜，常见有双龙、双虎、双鱼、双雀、人物故事、海马葡萄等图案。

清代，剪纸艺术在双城、阿城、卜奎（齐齐哈尔）一带及一些少数民族聚居区兴盛起来。清顺治后，随戍边军人、放逐流人的增多，遂有中原、江南画家羁留黑龙江地区，传统的中国画创作有了进一步发展。

19世纪末期，黑龙江地区的漫画、插图、报刊美术开始发展起来。雕塑、油画、水彩画、素描等，也随着一批以俄籍为主的外籍画家、雕刻家相继到哈尔滨，在黑龙江地区开始兴起。

20世纪20年代初期，黑龙江地区开始兴办现代美术教育。1930年创办的东省特区师范专科学校的美术科，便是黑龙江地区的第一个正规美术专科。

东北沦陷后，黑龙江地区的美术又较大地受到日本美术的影响，特别是日本油画的影响。

抗日战争胜利后，1946年、1947年，《东北日报》《东北画报》先后迁到哈尔滨。随报刊由老解放区到黑龙江地区的革命美术家们，创作了大量的木刻、年画等作品，并开展了多种美术活动，为黑龙江地区的美术创作、美术工作打下了基础，树立了风范，产生了深远的影响。

中华人民共和国成立后，群众性、普及性的美术活动获得了重大发展。为配合抗美援朝、镇压反革命、农业合作化，创作、绘制了大量漫画、连环画、宣传画、年画、剪纸等作品。这时油画创作力量也开始活跃。但这一时期黑龙江省的美术创作，少力作，与全国兄弟省市比较尚处低谷阶段。

1958年在屯垦戍边的中国人民解放军十万转复官兵中，产生了以反映垦荒劳动、生活为内容的北大荒版画艺术，在全国美术界引起强烈的反响，并作为社会主义美术流派得到充分肯定。嗣后，反映垦区、牧区、林区、油田生活的力作不断涌现。

1966年“文化大革命”开始后，全省美术创作组织遭到破坏，很多美术家受到残酷打击，被迫停止了美术创作，很多美术作品被污蔑为“黑画”，美术工作处于停顿状态。

1976年粉碎江青反革命集团后，全省的美术工作、美术创作开始复苏。不仅老一代画家焕发了创作青春，而且涌现出了大批中青年画家。在历次全国重要美展中都有黑龙江省的美术作品入选、获奖，并有一批作品入选国际性重要美展。形成了版画、油画、国画、雕塑、连环画、漫画等全面发展的局面。在北大荒版画扎根黑龙江地域生活的创造道路和成功经验的影响下，国画、油画的创作也开始以地区地域生活为基础，努力探索、创造北疆的艺术风格，逐渐结束了黑龙江省当代地域性艺术空白的历史。

八、书法

黑龙江地区的书法艺术源远流长。早在金代，在上京会宁府（今阿城市）就有刻制的《曹道清碑》《宝胜寺前管内都僧宝严大师塔墓志》。

清初满人入主中原后，流徙、贬谪到宁古塔的“流人”，为黑龙江地区的文化发展建设作出了杰出贡献。其中，方拱乾为江南著名书法家，流放期间，传授书艺多年；祁班孙以狂草著称当时；张缙彦工诗文，善书法绘画、金石篆刻，现存有“泼雪泉”刻石及“勒马第一峰”石碑。

清康熙三十八年（1699年），黑龙江将军自墨尔根移驻齐齐哈尔后，许多“获罪”的博学之士和书法家被流徙、贬谪于此。其中英和、刘凤浩的书法最受推崇。

清末民初之际，宁古塔、卜奎城内的一些官府大员也多为著名书法家，如吴大徵、成多禄、宋小濂、张朝墉、张延厚、张伯英等。其中吴大徵为江南大书法家。所书真、行、草乃至篆刻，均为世人推重，于东北地区广为流传。张朝墉楷宗锺繇、行法李北海，也偶为篆书。墨迹在黑龙江地区流传颇广。现藏于齐齐哈尔市图书馆的《金刚经》《柏庐先生治家格言》等均为张朝墉的精美手迹。

哈尔滨自开发以后，很快就成为黑龙江地区的经济文化中心，出现了一些书法家。其中的代表人物，20世纪20年代有金权升，30年代有韩光甸，40年代以后有刘忠，都造诣颇深，名重一时。

中华人民共和国成立到“文化大革命”这一时期，也出现了一些书法家和很多书法爱好者，但由于没有积极提倡和加以组织，书法活动多是自发的、零散的、小范围的活动，没有形成一种时尚和潮流。

1978年中共第十一届三中全会精神唤醒了沉睡的书法艺术园地，在陈雷等一些老、中年书法家的倡导和带动下，1979年成立了黑龙江省书法篆刻研究会，从此，书法活动开始有组织地开展起来。1982年3月，在黑龙江省书法篆刻研究会的基础上成立了中国书法家协会黑龙江分会，很快把蕴藏于书法爱好者中的书法兴趣与活动潜力调动了起来。

在书法活动中，老书法家书意更浓，笔力更健，如陈雷的颜体楷书、行书，游寿的汉隶，刘快红的篆书，杨角、边健如、周齐、沈重的行书，范培鉴的楷书，王田的楷书、行书，利化的行书，张连俊的楷书、隶书、魏碑等等，根深势稳，雄秀兼备，对当代黑龙江省书法艺术的发展，起了领头和示范的作用。中青年书法家勇于创新，风格多样，流派纷呈，如张天民的隶书、篆书，王文斌、李克民的草书，崔学路的楷书，魏天雪、洪铁军、张戈的行书，赵隽明、王兆卿、谢榴宝、邢衍的篆刻等等，都具有时代风范。

到1985年，省书协会员已达到500人，其中中国书协会员20余人。全省各市、县的书协会员则有数千人之多。

九、摄影

20世纪初，摄影艺术活动开始出现在黑龙江地区，主要方式是社会纪实摄影、野外风光摄影以及照相馆人像摄影。清光绪二十七年（1901年）至1931年，黑龙江地区的摄影艺术发展受到沙俄、日本文化侵略的影响，同时也逐步形成一定的民族风格。由于报刊出版印刷的渐次普及，摄影纪实图片成为重要的社会传媒，一些重要而优秀的纪实作品产生了较大的社会影响。室内人像摄影，始终有“俄国派”“日本派”“北京派”三派并存，且以“俄国派”的古典式人像略占优势。

东北沦陷时期，新闻出版业中的摄影采访多被日本人占据，社会纪实摄影创作受到严格控制。照相馆人像摄影虽保留着一定数量的中国摄影师，但在艺术风格上以“日本派”占据优势。

解放战争时期，大批革命摄影工作者从延安、晋察冀解放区来到黑龙江地区，革命摄影事业十分活跃。革命现实主义的摄影传统得到充分发挥，出现了一大批珍贵的历史文献性摄影作品和其他优秀作品。1945～1949年，黑龙江地区的摄影事业，不仅是黑龙江地区从未有过的发达时期，在全国摄影史上也占有重要地位。

中华人民共和国成立后，由于中共中央东北局及有关宣传、出版、新闻、文化机构的南迁，黑龙江地区的摄影又经历了一次从小到大、从少到多的发展过程。至20世纪50年代中期，已初步形成规模。20世纪60年代初，中国摄影学会黑龙江分会成立，对全省摄影艺术活动起到了重要的推动作用。

“文化大革命”时期，全省摄影艺术的发展受到了很大的冲击，多种风格、多种手法的摄影艺术实践几乎全面停止，江青反革命集团强迫摄影工作者按照江青所鼓吹的摄影艺术模式拍摄照片，完全背离了摄影艺术的特色和本质，受到群众的抵制。

1978年中共第十一届三中全会后，全省摄影艺术事业获得空前发展。摄影创作人员比“文化大革命”前增加20倍，一些独具特色创作风格的群体受到全国摄影界的重视，一批优秀摄影家在国内、国外产生影响，大量优秀作品在国际、国内及跨省区摄影展览、比赛中获奖。

第三章　文物　档案　地方志

黑龙江地区的各族人民，在漫长的岁月中，创造了灿烂的历史文化，遗留下丰富的文物宝藏。中华人民共和国成立后，通过考古调查、发掘和文物普查，到1985年底，全省共发现各时期各类文化遗迹2 500余处，其中34处被评为第一批省级文物保护单位；各文物、博物馆机构，共收藏各类文物、标本13万余件。这些遗迹和文物，显示了黑龙江地区的历史面貌和同中原文化的密切联系。

黑龙江地区现存最早的历史档案，是清康熙二十三年（1684年）以后逐渐形成的黑龙江将军衙门档案。至1985 年，黑龙江省已经形成了大量的文书档案、科学技术档案和专门档案，包括工业、农业、林业、石油、煤炭、城市建设、科学技术研究等各个方面，包括文字、图像、图纸、声音等各种形式、各种载体。档案的内容不仅记述了黑龙江地区政治、经济、文化等各方面发展变化和社会主义建设的伟大成就，而且反映了黑龙江省的地方特点，是研究黑龙江地方历史的珍贵资料。

黑龙江地区古无地方志，明正统《辽东志》为东北现存最早的区域志，明弘治《辽东志》、明嘉靖《辽东志》《全辽志》，清康熙《盛京通志》、清乾隆《盛京通志》等，均载有黑龙江地区内容，是为黑龙江地区地方志之滥觞。黑龙江地区相对独立的地方志产生于清代，主要是流人撰写的侧重于舆地和风俗的地方志。此后方志渐多，据不完全统计，黑龙江地区现存清代、中华民国时期地方志包括志料、清册、舆地图志等共计约83种。1979年，黑龙江省开始启动首轮修志工作，全省各县、市（地）普遍成立了地方志编纂委员会和地方志办公室。

第一节　文　物

一、历史遗迹

（一）遗址、史迹

古代遗址中，青铜时代和铁器时代遗址占大多数，主要分布在黑龙江、松花江、嫩江、乌苏里江、牡丹江、绥芬河等江河流域和镜泊湖、兴凯湖周围地区。近现代革命遗址中，抗日战争时期的遗址占多数，分布在全省平原和崇山密林之中。截至1985年，黑龙江省有各类遗址1 434处。分别为：古生物化石出土地点88处；古代遗址1 254处；近现代革命遗址92处。这些遗址、史迹中，有省级文物保护单位10处。

（二）墓葬

古代墓葬揭示了黑龙江地区不同时代的民族和地区的葬制、葬式特点。新石器时代有附葬制，葬式中分一次葬与二次葬，仰身直肢葬与屈肢葬并存，还有洞穴墓中的蹲坐式屈肢葬等。青铜时代有了复面和以桦树皮为葬具的墓葬出现，并有殉牲的习俗，将马、狗头和牛、羊角等随葬。唐代渤海国多以石块或条石垒砌筑成石室墓。辽、金时代土圹竖穴墓居多，也有砖室墓、石棺墓和火葬墓等。这些都反映了黑龙江地区各历史时代的丧葬风俗和葬制的演化。烈士陵园、烈士墓是黑龙江省革命史迹的组成部分，已成为缅怀先烈英雄业绩，激励和教育人民的重要场所。据1985年统计资料，黑龙江省共有古墓群193处，近现代名人墓和抗日战争、解放战争时期的烈士陵园、烈士墓130余处。这些墓葬中，有省级文物保护单位2处。

（三）城址

铁器时代城址多为山城，少数为平原城，主要分布在松花江下游地区。城址规模不等，周长大者数千米，小者数百米，呈不规则的椭圆形、方形或多边形等。城内外多分布着密集的半地穴式房址。年代当于东周至隋唐以前。唐渤海国时期除继续使用和修筑山城外，出现了具有多功能的平原城，多数分布在牡丹江及绥芬河流域。辽代城址多在松嫩平原和三江平原上。金代城址遍及全省，以松花江支流阿什河、拉林河、呼兰河两岸最为密集，多达190余处。金代为防御蒙古族侵犯还在黑龙江西部修筑了东北路界壕边堡。元、明时代多沿用辽、金古城。清代为保卫和管理东北边疆，先后修建的宁古塔旧城、新城，黑龙江城旧城、新城，墨尔根城，卜奎城等，成为宁古塔将军及黑龙江将军驻地，对保卫和开发东北边疆做出了重要贡献。至1985年，黑龙江省共发现古代城址249处。其中，铁器时代和金代古城占绝大多数。这些城址中，有国家重点文物保护单位2处，省级文物保护单位13处。

（四）建筑、石刻

黑龙江省现存古建筑、石刻为数不多，寺、庙多为清代及中华民国的建筑。哈尔滨极乐寺、哈尔滨文庙为省内最大的仿古建筑群。古代碑、塔、坊多为辽、金、明、清时代的遗存，近现代碑、塔多为解放战争和中华人民共和国初期建立的革命历史、革命烈士的纪念建筑。古桥、石刻则为渤海、辽、金和清代遗存。旧址主要为抗日战争、解放战争时期中国共产党领导黑龙江人民进行革命斗争的重要机关、团体、学校和军事指挥部所在地及重要会议的旧址等。教堂则是随着中东铁路的修筑而出现在沿线城市中的。这些建筑、石刻有省级文物保护单位9处。

二、重要藏品

（一）历史文物

黑龙江省文物、标本大部分收藏在省博物馆，其余收藏在省文物考古研究所及各地、市、县文物、博物馆机构，包括古生物化石标本、石器、玉器、陶器、骨器、瓷器、铜器、铁器、金银器、铜镜、印鉴、货币、古画及善本等。铜器和铜镜多为金代文物。铜镜种类繁多，而且多出土和征集在金上京所在地阿城周围市、县。印鉴亦多为金代文物，出土、征集则遍及全省各地，反映了金代军政机构设置和管辖黑龙江广大地区的重要史实。至1985年底，黑龙江省共收藏各类历史文物37 805件，其中一级品69件。

（二）革命文物

黑龙江省共收藏从清道光二十年（1840年）至1966年“文化大革命”开始前百余年间的革命文物13 877件，其中一级品41件。主要收藏于东北烈士纪念馆和黑龙江省革命博物馆。这些文物包括武器、机具、印鉴、旗帜、文告、宣传品、题词、手稿和烈士遗物等。这些革命文物既有抗日战争时期留下的，如：东北抗日联军第二路军总指挥部印、赵一曼给儿子的遗书等；也有反映解放战争时期支援前线和根据地建设的，如“苦奔千里参战灭蒋”锦旗、朱瑞家信等；还有反映社会主义革命和建设事业的，如朱德给大庆油田的题词、刘少奇给伊春林区的题词等。

（三）民族、民俗文物

黑龙江省民族、民俗文物主要收藏于省博物馆和省民族博物馆。在黑龙江的少数民族中，人数较多的有蒙古族、回族、朝鲜族、满族、柯尔克孜族、达斡尔族、锡伯族、鄂温克族、鄂伦春族、赫哲族等。在长期的历史发展中，各族人民创造了丰富多彩的民族文化，留下许多珍贵民族文物和民俗资料，成为民族历史发展的见证。这些文物包括生产工具、生活用具、交通工具、服装饰物、神佛、祭物、祭器、印鉴、家谱和手稿等。这些民族、民俗文物，蕴藏着各族人民的智慧和创造，体现了北方民族浓郁的文化特色，记录了各族人民开发、建设和保卫黑龙江的光荣历史。截至1985年，黑龙江省收藏民族、民俗文物2 258件。

三、考古调查与发掘

黑龙江地区最早考察文物古迹的，为清初遣戍到宁古塔的流人及其后代。方拱乾的《绝域纪略》、吴兆赛的《秋茄集》、张络彦的《宁古塔山水记》、张贵的《白云集》、杨宾的《柳边纪略》、吴桭臣的《宁古塔纪略》中，均有关于宁安渤海上京龙泉府故城遗址的记载。但当时都误认东京为金上京会宁府故城。其后，嘉庆年间，满洲镶蓝旗人西清所著《黑龙江外记》中，记载了古城遗址15处及康熙年间“平定罗刹故物”——“神威无敌大将军炮”。清嘉庆十三年（1808年），日本人间宫林藏在《东鞑纪行》中，记载了所见黑龙江口特林地方（今俄罗斯界内）明代永宁寺碑。

在近代，清咸丰七年（1857年），美国人考林斯在《黑龙江下行记》中，记载了永宁寺碑。1864年（清同治三年），黑龙江将军衙门上报总理各国事务衙门的《黑龙江通省舆图总说》中，记载了古城遗址20处。清光绪十一年（1885年），清朝官员、学者曹廷杰考察了永宁寺碑，并拓成了拓片。在《西伯利东偏纪要》中作了记载。清光绪十三年（1887年），曹廷杰在《东三省舆地图说》中的《金上京会宁府考》《渤海建国地名考》，第一次考定金上京会宁府为“今阿勒楚喀城南四里的白城故址”；考定宁古塔的东京为渤海上京龙泉府故城。清光绪二十五年（1899年），由屠寄主持绘制的《黑龙江舆地图》中，标出了古城、古堡、边堡的位置近30处。清光绪二十六年（1900年），《吉林通志》记载了永宁寺碑和宾州厅松峰山（今阿城县界内）曹道士碑。中华民国时期，1925年金梁的《黑龙江通志纲要》和1932年张伯英总纂的《黑龙江志稿》中，记载了永宁寺碑及明代朵颜卫左千户所百户印。1942年，金毓黻的《东北古印钩沉》收录了“囊哈尔卫指挥使司印”等文物。

近代，最早在黑龙江地区进行考古调查和发掘的是觊觎中国东北的俄国人和日本人。清光绪二十年（1894年）沙俄斯特列里比柴基中校非法调查了第二条“成吉思汗边墙”（即金东北路界壕边堡）。清宣统二年（1910年），日本鼓吹“满蒙独立论”的“满蒙学派”创始人白鸟库吉，非法调查了渤海上京和金上京遗址。

中东铁路全线通车后，俄国军界和知识界一些人士进入黑龙江地区。20世纪初，他们在哈尔滨成立俄国人的学术团体，有的人开始进行北满的考古工作。其后，沙俄地质委员会于1916～1917年，曾非法派遣地质人员在黑龙江右岸（今嘉荫县境）进行了大规模盗掘古生物化石的活动。

1917年“十月革命”后，大批俄国流亡者云集哈尔滨。20年代初，以俄国侨民为主成立了东省文物研究会，有一部分人从事历史和考古学研究。

20世纪30年代初，中国民族学家凌纯声，于1930年调查了松花江下游的赫哲族，将所得民族民俗文物资料写入《松花江下游的赫哲族》一书中。同年9月，中国著名考古学家梁思永发掘了昂昂溪五福新石器时代墓葬；1931年7～8月，尹赞勋发掘了哈尔滨顾乡屯遗址。这是由中国人自己在黑龙江地区主持考古发掘之始。1931年9月～1932年初，东省特别区文物研究所组织科学考察团，进行大规模考古调查，并发掘了东京城。

东北沦陷时期，日本人频繁地在黑龙江地区进行考古调查、发掘。1931～1933年，以东京帝国大学原田淑人为首的日本人发掘了渤海上京宫殿址。1933～1934年，日本早稻田大学德永重康、直良信夫等在哈尔滨顾乡屯进行了发掘。1934～1935年，伪北满特别区文物研究所，组织了呼伦贝尔和呼兰考古调查。1937～1938年，伪满洲铁路教育研究所远藤隆次等，再次对顾乡屯进行了大规模发掘。1937年，日本人在哈尔滨成立了伪满大陆科学院哈尔滨分院，加强了考古活动，并把大量文物掠往日本。

中华人民共和国成立后，黑龙江地区的考古调查、发掘工作进入了一个新的历史时期。考古发掘工作从清理试掘、抢救发掘发展到有计划地为学术研究而进行一些田野发掘，并获得了重要成果。20世纪50年代，主要是对嫩江、牡丹江流域进行了调查，并对一些遗址、墓葬进行了清理试掘。60年代，在"文化大革命"前，对松花江中游、嫩江下游和镜泊湖地区开展了调查，重点抢救发掘了属于新石器时代和铁器时代的遗址。"文化大革命"开始后到20世纪60年代末，除抢救发掘了海林山嘴子渤海墓群外，调查、发掘工作基本停止。70年代，根据国家关于加强边疆考古的要求，工作重点转移到边境地带。先后调查了绥芬河上游、瑚布图河左岸、兴凯湖北岸、松阿察河左岸、乌苏里江左岸、松花江下游、黑龙江上中游右岸，并对黑河地区进行了文物普查。同时在松嫩平原、三江平原、牡丹江及绥芬河流域进行了一些重要遗址、城址、墓葬的发掘工作。

进入20世纪80年代，在国家统一部署下，1981～1984年，开展了全省文物普查工作。其间，对宁安县和牡丹江莲花水库淹没区的文物遗存进行了重点调查，同时抢救发掘了哈尔滨阎家岗等重要遗址。

四、文物征集与陈列展览

黑龙江地区由政府主持开展文物征集工作，始于中华民国初年。1913年，黑龙江省行政公署发出"训令"，要求各县、旗"征集古物"。1914年2月，行政公署又"训令"在省图书馆大厅添置陈列所，将征集的古物进行陈列。1914年6月，省旗务处再次行文催办。但除瑷珲县、漠河设治局、黑河观察使公署等交送少量文物外，其余各县、旗纷纷呈报当地无古物可送。省图书馆内的陈列所也因此而未能开设。至20世纪20年代初，东省文物研究会及其陈列所成立后，文物征集和陈列展览工作才开展起来。20世纪30、40年代，东省特别区文物研究会及文物研究所，伪北满特别区文物研究所、伪滨江省立哈尔滨文物研究所、伪大陆科学院哈尔滨分院及它们所属的博物馆，均继续进行了文物征集，并用来充实陈列和举办展览。

中华人民共和国成立前后，东北烈士纪念馆、省博物馆成为黑龙江地区革命文物、历史文物、民族文物征集和陈列展览的中心。征集了大量文物，举办了多种基本陈列、临时展览和流动展览；接待了大量观众；广泛地进行了历史唯物主义、爱国主义、社会主义和革命传统教育。

五、文物保护管理

黑龙江地区由政府保护管理文物古迹始自中华民国初年。20世纪30年代，曾先后执行中华民国、伪满洲国的古物、古迹保存法。20世纪40年代末贯彻执行了东北解放区文物古迹保管办法。中华人民共和国成立后，从20世纪50年代起，贯彻执行中央人民政府公布的一系列文物政策、法令、条例和全国人大常委会公布的法律，从依据政策、法令、法规管理，走上了依据法律管理的轨道。结合黑龙江省实际制定和发布了文物保护的规定、布告和条例，分批公布了省级和市、县级文物保护单位，加强了文物古迹、馆藏文物和流散文物的保护管理。

第二节 档 案

一、档案管理

（一）文书档案

全省馆藏文书档案，最早为清代档案。清代档案主要馆藏于黑龙江省档案馆和双城、东宁、虎林、黑河、桦川等市、县档案馆，共31个全宗，140 150卷。这些档案是清康熙二十三年至清宣统三年（1684～1911年）期间形成的。包括康熙、雍正、乾隆、嘉庆、道光、咸丰、同治、光绪、宣统各朝。黑龙江省档案馆馆藏的清代档案有22个全宗。其中最珍贵的是黑龙江将军衙门、黑龙江行省公署等全宗的档案，反映了黑龙江地区的军事、旗务、民政、司法、财政经济、商贾往来、朝贡、气象、邮驿、中外关系、民俗、社会风情以及各族人民反抗外来侵略势力等方面的情况，对于研究清代黑龙江历史有着极其重要的史料价值。

中华民国时期档案在全省各级综合档案馆馆藏273 433卷，形成时间是1912～1932年。民国时期档案不仅数量浩繁，而且内容丰富，比较珍贵的有黑龙江都督府、黑龙江行政公署、巡按使公署、省长公署、省政府及所属民政、财政、教育、实业各厅以及滨江、龙江、黑河各道的档案。

东北沦陷时期形成的档案，由于日本投降前夕被其大批销毁，所保存下来的档案、资料极为有限，共有18个全宗，19 146卷。主要是伪龙江、滨江、三江等省公署、省警务厅、关东军特务机关、第三军管区、宪兵团（队）、警务统治委员会、国境警察队以及北满特区文物研究所等部门形成的档案。这些档案记录了日本帝国主义的滔天罪行，是揭露日本帝国主义侵略中国东北，实行殖民统治的历史佐证。

黑龙江省档案馆及部分市、县档案馆馆藏革命历史档案32 823卷，形成时间是1923～1949年。1923年10月～1931年8月时期的档案，包括中国共产党、社会主义青年团及其领导的革命群众组织，在黑龙江地区组建与发展，进行革命宣传与组织工作，领导人民进行反帝爱国斗争等有关材料。1931年“九一八”事变后至1945年时期的档案，包括中共满洲省委领导东北人民、东北军爱国官兵进行抗日救国武装斗争等方面的材料。1945年抗战胜利后至中华人民共和国成立前， 这一时期所形成的档案，记载了建立巩固的北满根据地的全过程，尤其是土地改革运动的档案， 比较完整、系统，其史料研究价值极大，是黑龙江地区各级综合档案馆馆藏的特殊优势。

1949年10月中华人民共和国成立至1985年间，黑龙江地区形成的文书档案数量浩瀚，内容丰富，反映了全省人民在中共中央、国务院的领导下，进行社会主义革命和社会主义建设等方面的历史情况，对了解和研究黑龙江的历史有着重要价值。除文字档案外，全省各级档案馆、室收藏的声像档案，包括录音、录像带、电影胶片、幻灯片、照片等，记录了一些重大的政治、经济、文化等方面活动的情况。

黑龙江省是少数民族聚居较多的省份之一，各少数民族在长期的生产与生活中形成一定数量的档案。到1985年末统计，全省共保存满、蒙古、鄂伦春、朝鲜、赫哲等少数民族档案26 500余卷。省档案馆和双城县档案馆保存满族档案23 700余卷，其中绝大部分是用满文书写的，少部分属于满汉文合璧。

（二）科技档案

黑龙江地区科技档案（1980年前称技术档案），早在清光绪十四年（1888年）开发漠河金矿就开始有了。到清光绪二十三年（1897年）沙皇俄国修建中东铁路时，勘测、筑路、建设铁路工厂和开发煤矿以及城市建设等，形成一些基本建设档案和生产技术档案。

中华人民共和国成立后，随着社会主义经济建设和科学技术研究事业的发展，黑龙江省科技档案工作逐步建立和发展起来。20世纪50年代初，国家开始进行大规模的经济建设，一些大型骨干企业在黑龙江省陆续建设，从建厂开始就注重科技档案的收集、积累和管理。与此同时，开始在全省大、中城市建立城建档案工作。到1966年初，全省大中型企业和科研、设计单位以及部分小型企业的科技档案工作都有很大的发展。林业、水利和农机等系统，也都加强对科技档案管理工作的领导。“文化大革命”期间，全省科技档案工作遭受严重破坏，国家蒙受难以估量的损失。1980年10月，省政府贯彻落实全国科技档案工作会议精神，开始科技档案的恢复整顿工作。到1985年末基本完成。全省科技档案工作进入全面发展时期。无论是工矿企业、科研及设计部门，还是农林、水利、气象、大专院校，乃至城建档案工作都得到全面提高和迅速的发展。

（三）专门档案

海关档案。清末至中华民国时期，黑龙江地区设有滨江关、绥芬河关、瑷珲关等，开始形成海关档案。这些档案大部分是英文书写的，也有少量是用俄文书写的。仅3个海关和1个海关监督署统计，有档案998卷。1945年解放以后，特别是1949年中华人民共和国成立后，随着社会主义建设和对外贸易的发展，海关业务以及监管范围逐年扩大，以江、陆、空运输方式进出口货物不断增加。在各项业务活动中，形成了一定数量的海关档案。仅滨江、绥芬河两关统计，从1946～1985年形成档案1 369卷。

商标档案。1930年5月制定《中华民国商标法》后，开始形成有商标档案。1949年中华人民共和国成立后，先后制定《商标注册暂行条例》《中华人民共和国商标法》并加以实施。全省各级档案馆以及工商行政管理部门的档案机构都保存一定数量的商标档案，以及有关的商标资料。仅据哈尔滨市统计，从1951～1985年末，申请注册商标的企业有1 611家，形成的商标档案2 053卷。

家谱。据省档案馆和齐齐哈尔、绥化、庆安、五常、依兰等市、县档案馆统计，馆藏家谱档案30余部。家谱一般记述有谱序、谱图、源流考、年谱、世系、姓源、先祖遗训、家训、家规、居地茔图、碑文、志传、礼俗以及山川、古桧图等。在一些宗谱的家规中提倡尊谱、孝悌、勤俭、力耕、忠恕，还提倡孝顺父母、尊敬长上、友爱兄弟、慎重教育、戒除奢侈、戒禁早婚、同族禁婚、戒除烟酒等，各个家谱所记载的内容繁简不一，详略有别，而家族世系、人口、行辈逢谱必书，直接或间接地反映人口繁衍、变化情况。

会计档案。清康熙二十二年（1683年）黑龙江将军设置后，黑龙江地区开始形成有会计档案。中华民国时期到解放战争时期，黑龙江省和各县财政管理机构及外国在哈尔滨设立的银行机构，在管理和金融活动中都形成了一定数量的会计档案。中华人民共和国成立后，随着国民经济的恢复和发展，各机关、团体、企事业单位以及各经济组织形成的会计档案的数量逐年增加。至1985年末，全省共清理会计档案28 151 200卷（册）。

地名档案。黑龙江省地名档案工作始于1980年7月召开的全省地名工作会议，会议提出建立地名档案的要求。9月，在宁安县进行地名普查试点后，地名普查工作在全省逐步开展起来，对地名普查成果进行了初步收集和整理。到1985年底，全省共收藏地名档案、文书档案705卷，综合类874 卷，地名卷25 674卷，各种地名图3 544幅，重要地物照片2 155张。

教学档案。黑龙江地区的教学档案工作，早在中华人民共和国成立前就在一些学校建立起来。哈尔滨市第一中学、第三中学在1946年就已建立教学档案工作，至1949年共积累教学档案97卷。50年代，全省教学档案工作初步建立起来,后在“文化大革命”中遭到严重破坏。进入80年代，随着全省档案工作的恢复与整顿，教学档案工作也逐步恢复。至1985年，全省各类学校普遍建立教学档案工作，共有教学档案1 090 639卷。

艺术档案。中华人民共和国成立后，随着文化艺术事业的发展，各艺术单位在艺术生产、教学、研究和交流活动中直接形成大量的艺术档案（以前称艺术资料）。由于未建立艺术档案管理制度，实行集中统一管理，艺术档案多存于个人手中。由于艺术人员流动，有的档案散失，有的被带走， 有的单位虽建立艺术资料室，也只是收集保管着残缺不全的资料（档案）。“文化大革命”中，许多珍贵的艺术档案资料被当做“毒草”销毁，使艺术档案遭到严重的损失。1978年中共第十一届三中全会以后，黑龙江省文化艺术事业发展到一个新的阶段，出现一大批优秀剧目，形成大量珍贵的艺术档案。

公安档案。黑龙江地区公安档案工作是解放战争时期建立起来的。据哈尔滨市公安局统计，1946～1949年，全市形成公安档案24 159卷。到1954年8月，黑龙江、松花江两省公安厅形成的公安档案共723卷。“文化大革命”中，公安档案工作遭到很大破坏。1972年全省公安档案工作开始得到恢复，并在全省范围内对公安档案进行一次普遍清理、鉴定。1980年后，省公安厅根据国家有关精神，对1 268卷档案进行了整理。哈尔滨市公安局对各类公安档案进一步加强管理和统计工作，据统计，全市共保管公安档案172 194卷。

诉讼档案。诉讼档案是法院、检察机关依照法律程序办理刑事、民事、经济等案件，进行审理、诉讼、审判等活动中形成的，并经过归档立卷集中保管起来的诉讼文书以及声像材料。东北沦陷时期，伪满洲国高等法院在办理案件完结后，依照具体案件组成文卷。日本帝国主义投降后， 黑龙江地区建立了民主政权，人民司法机关和司法制度也随之建立。随着全省各级人民法院、检察院和公安机关办案活动的开展，诉讼档案的数量不断增加。全省各级人民法院1950～1985 年形成的一审刑事案件的诉讼档案452 535卷；1950～1985年形成的一审民事案件的诉讼档案711 350卷；1980～1985年形成的一审经济案件的诉讼档案23 462卷。

干部档案。黑龙江地区的干部档案工作，是根据1945年10月中共中央关于“为每位国家干部建立干部档案的规定”开始着手建立的。由于环境和条件限制，当时的干部档案十分简单。中华人民共和国成立后，各地区各部门把一些零散的干部材料集中整理，形成了简单的干部档案材料。1956年以后，中共黑龙江省各级党委加强对干部档案工作的领导，建立一些必要的规章制度，干部档案的内容日趋完善。“文化大革命”中，干部档案工作遭到严重破坏，有的干部档案材料被抢、被烧，有的丢失、霉烂，损失严重，有的利用档案整人，给干部档案材料造成严重混乱，使许多材料不能真实地反映干部的本来面貌。1972年全省档案工作恢复后，在全省范围内对“文化大革命”以来形成的干部档案进行认真的清理和整顿，使干部档案工作基本上恢复正常秩序。到1985年，全省共清理干部档案1 291 678卷，清理冤假错案和诬陷不实之词的材料379 085份，不属归档内容的材料6 458 390份。

病案档案。黑龙江省病案档案工作，早在50年代有的医院就已建立。佳木斯中心医院、哈尔滨医科大学附属二院、省林业肿瘤结核医院、齐齐哈尔医学院附属医院等在建院时就建立病案室或病案统计室。病案档案室多数条件简陋，设备极缺，有不少医院的病案档案在“文化大革命”时期无人管理，由于虫蛀、鼠咬、潮湿、霉烂等原因而销毁。省、市较大医院的病案档案，在“文化大革命”中未遭损失的有哈尔滨医科大学附属二院30万卷左右，哈尔滨市第五医院有8万卷，哈尔滨市传染病院有9万多卷。

自然保护区档案。黑龙江省境内自然保护区是1958年建立的，到1985年底已有30个。中国政府十分重视对自然生态环境、风景名胜区的保护工作，发布各项法规性文件。黑龙江省自然保护区事业迅速发展，在自然保护区规划、建设、管理、科研等工作方面，形成并积累一批很有价值的档案。这些档案对如何保护好自然生态环境，进行科学研究，合理开发利用自然资源，都有重要的参考价值。

二、档案室建设

清朝黑龙江将军衙门及所辖的各衙门建立之初，就设有兼职人员管理各衙门的文书档案。清末改制后，在黑龙江行省公署设有管卷处，专门负责行省公署文书档案管理，并建立档案管理制度。民国时期，在黑龙江都督府、黑龙江省行政公署以及后来成立的东省特别区行政长官公署等，都先后建立文件保管室和管卷室，并制定文件和档案的保管、整理、利用、销毁等制度。

东北沦陷时期，日本帝国主义出于殖民统治的需要，从省到市、县对文件管理、档案的整理、保管等都做出比较详细的规定，加强对文书档案控制。在日本投降前夕，大量的档案被其销毁，造成严重的损失。1945年“九三”抗日战争胜利后，县以上各级机关文书档案工作逐步建立，但档案管理制度不够健全，保管下来的档案亦不很齐全。

中华人民共和国成立以后，在省级党政机关的秘书部门设立机关档案室。1954年以后，黑龙江省机关文书档案工作进入新的发展阶段。县以上党政机关和直属部门普遍建立机关档案室，各项制度逐步健全。1958年以后，农村人民公社、管理区（作业区）、生产队档案室工作也逐步建立起来。1966年“文化大革命”开始后，机关和社队档案工作遭到严重破坏，各项制度被废止，有的档案被销毁或散失。1972年全省档案工作开始恢复，到1982年，基本完成档案工作恢复整顿的任务，机关档案工作步入健康发展的阶段。据1985年底统计，全省有150 246个单位建立档案室或开展档案工作。

三、档案馆工作

黑龙江省各级档案馆从1957年7月黑龙江省档案馆筹备处成立，开始陆续建立起来。1958年7月，建立第一个县级档案馆。至1959年，全省建立市、县档案馆62个。1964年2月，黑龙江省档案馆正式成立，标志着全省档案馆网初具规模。全省各级档案馆贯彻《省档案馆工作暂行通则》和《县档案馆工作暂行通则》，开展档案的收集、整理、鉴定、保管及利用等各项工作，为社会主义革命和建设积极提供利用档案，发挥了一定的作用。

“文化大革命”中，全省档案馆工作遭到严重破坏，给档案工作造成了不可弥补的损失。

1978年中共第十一届三中全会以后，全省档案馆工作进入恢复和发展时期。1980年7月，全省档案馆工作会议贯彻开放历史档案的方针，推动了档案馆工作的全面发展。到1985年末，全省已建立县以上国家地方综合档案馆92个，形成了全省相当规模的档案馆网络。档案馆的业务建设取得显著成效。档案的接收范围不断扩大，进一步丰富了馆藏。档案保管条件得到不断改善，档案管理标准化、现代化的程度有了相应的提高。特别是各级档案馆根据开放历史档案的方针，面向社会积极开发档案信息资源，大批档案被社会各方面广泛利用，取得显著的经济效益和社会效益，提高了档案馆的社会知名度。

四、档案利用

1958年7月以后，全省县级档案馆陆续建立起来，在当时“大跃进”的形势下，贯彻“以利用为纲”的方针，迅速掀起一个“大收、大编、大用”档案资料的高潮。但由于受“大跃进”的影响，在工作中也出现一些虚假、浮夸和形式主义的问题。60年代初，随着《黑龙江省县档案馆工作细则》（修正稿）的贯彻实施，档案利用工作逐步进入正规化、制度化的阶段。1964年省档案馆正式成立后，对利用档案方式、手续和范围等作了明确规定。

“文化大革命”开始后，档案利用工作陷于停顿。1968年2月，黑龙江省革命委员会发出《关于贯彻执行中共中央关于查阅档案材料的规定的意见》，提出在保证党和国家机密安全原则下，可以适当利用档案材料。这一时期，档案利用主要是为当时政治斗争服务。1976年粉碎江青反革命集团后，档案利用工作出现新的局面。在解决历次政治运动遗留问题、平反冤假错案、改正错划右派、地富摘帽和落实各项政策工作中，各级档案馆都提供了大批档案，发挥了很好的作用。

从1980年开始，在贯彻开放历史档案方针的指引下，档案利用工作快速发展。利用档案的重点由过去为政治斗争服务转向为生产建设、科学研究、编史修志等各项事业服务；由过去小批量、分散利用转到大量地系统地利用。利用的范围由档案扩展到资料、照片、影片等多方面内容。随着档案利用工作的开展，一些档案馆出现对利用档案审批手续掌握不严等情况。与此同时，在开放历史档案工作中出现档案重复摘抄、重复编纂的现象，使档案原件受到一定程度的损害。

1983年，国家把开放历史档案扩大到县以上综合档案馆。但由于绝大多数档案馆馆藏历史档案数量少，开放历史档案的步子迈得并不大。随着社会主义现代化建设、科学研究、编修史志工作的展开，档案利用工作向着广度和深度发展，出现查档面广、难度大和查档量增加的情况。除落实中国共产党的各项政策、编史修志利用档案外，在历史档案教学、科研单位评定技术职称查考学历，离退休人员查阅资历以及工资福利待遇等方面，利用档案显著增多。据统计，1985年全省档案馆（含专业档案馆）接待查档58 874人次，查阅利用档案204 169卷次，利用资料28 552 册次，复制档案、资料360 745页。其中省档案馆共接待4 258人次，利用档案31 269卷次，资料3 889 册次，复印164 610页。地、市档案馆接待16 136人次，利用档案52 588卷次，资料13 986册次，复制47 281页。县级档案馆接待37 507人次，利用档案118 653卷次、资料10 499册次，复制148 854页。

第三节　地方志

一、通志（省志）编纂

《黑龙江通志》编纂始于《黑龙江舆图》的编纂。清光绪十六年二月廿二日（1890年3月12日），黑龙江将军衙门为编纂《清会典》，设立黑龙江舆图局，照会呼兰副都统、呼伦贝尔副都统、署黑龙江副都统、署墨尔根副都统、布特哈总管、署兴安城总管、呼兰厅同知、绥化厅通判等拣派妥员，重新对山川大小、高矮、相距远近里数，江河湖泡深浅、大小、度数及起止源流、分汇处所，逐项测绘详图，并列具详细说明，万不可以用旧图塞责。清光绪二十二年五月十六日（1896年6月26日），黑龙江将军恩泽奏准将工部主事屠寄暂留黑龙江省总纂《黑龙江舆图》。十月廿七日（12月1日），黑龙江舆图局兼通志局启用关防，命佐领迎福为通志局提调。十一月初七日（12月11日），恩泽鉴于《黑龙江舆图》既未绘成，纂校人员坐待图成、旷废岁月的实际，饬令一面纂修舆图，一面将黑龙江地区古今建置沿革翔实考订，凡近数十年中疆域之盈缩、官司之废置、练军防勇之变更、旗屯民田之垦辟，一切地方政治，以类编纂，冀得汇成通志。

清光绪二十三年二月廿九日（1897年3月31日），黑龙江将军恩泽奏请创议纂修《黑龙江通志》并仿造《承德府志》拟定了《黑龙江通志条目》。《条目》分诏谕、天章（巡典附后）、图说、晷度表、建置、沿革、疆域、界约、山脉、水道、关隘、桥梁、公署、学校、坛庙、古迹、冢墓、田赋、蠲恤、兵防、部族、蕃卫、风土、物产、职官（表）、名宦、爵秩（表）、人物等28门或目，其中正表有三，图说一，共37卷。这是黑龙江地区最早的通志篇目。清光绪二十五年四月（1899年5月），《黑龙江舆图》告成。四月初五日（5月14日），黑龙江将军恩泽、齐齐哈尔副都统萨保咨请吏部、兵部、户部、会典馆，为节省经费，通省志书暂请停办。清光绪二十六年（1900年）“庚子事变”，俄军压境，省城沦陷，将军寿山殉职，屠寄等离开黑龙江地区，通志局亦宣告暂停。

清光绪三十三年（1907年），虽然张国淦在黑龙江地区期间曾出任黑龙江通志局总纂，但黑龙江通志的编纂工作实质并没有真正地开展起来，张国淦只是个人利用业余时间完成了一部简略的《黑龙江志略》。

中华民国改元，黑龙江地区复修通志。1913年，黑龙江民政长朱庆澜专门向大总统呈报了《呈大总统创修黑龙江通志谨陈筹办情形文》。在呈文中指出创修《黑龙江通志》的重要性，同时也指出编修《黑龙江通志》存在的困难，决定在民政长公署附设黑龙江通志局，制定《黑龙江通志局章程》。1914年8月20日，通志局重新成立，由涂凤书任局长。内设采辑、编纂、庶务三股。采辑股负责翻译档案、资料采辑和社会调查，编纂股负责修志条例制订、分门类进行志书编辑和校勘事宜，庶务股负责预决算、局中设备购置管理、志书印刷事宜。通志局设局长1员，总理局中一切事务。提调1员，佐理局长支配局中一切事务。采辑股设股员2～8人，采辑股员以巡按使署科长、科员及各县知事、县佐、各总管、协领兼任。编纂股设总纂1员，并延聘分纂4～8员，委任校勘员4～8员。庶务股设股员1员。通志局还设书记长1员，并雇用书记2～12人。黑龙江巡按使公署于1915年11月4日拟定了《黑龙江通志目录》，共分为舆地、建置、经政、礼志、武备、职官、选举、人物、艺文、蒙旗、外交、志余等，共12志。不及二年，因事中止。继之史锡永、陈福龄、郑谦、钟广生、赵仲仁、王赤卿等先后任通志局长或名誉局长，连文澂、史锡永先后总纂，赵仲仁、王赤卿曾分别任提调。此间，成稿15巨册，后亦散失。1919年11月17日，通志局再次暂行停办。不久，省长孙烈臣重新嘱请金梁继续修《黑龙江通志》。金梁根据旧稿，又经过5年的志料搜集，编成长篇，约150巨册，脱稿后题曰《黑龙江备志》。因卷帙过多，复录其纲要为二卷，于1925年先行付印，即《黑龙江通志纲要》。后请张延厚补订金梁旧稿，数年未成。

1929年，万福麟任黑龙江省政府主席，重新开局修志。11月张伯英任总纂，先后聘请孙公达、黄申甫、孙师郑、谭篆青、谢刚主（谢国桢）等，商定凡例，分任纂辑。黄申甫任地理志、孙公达任交涉志、张云生任人物志、魏馨若任职官志、韩毅甫任武备志、谭篆青任经政志、谢刚主任艺文志编纂。1931年“九一八”事变后通志局分纂室书牍及所成稿被焚无遗，加之万福麟卸任省政府主席，有关总纂、纂修或病或去，通志局已无法再支持下去。后经张云生、惠伯汇成全稿。1933年10月，万福麟自己出资在北平付梓，翌年6月印成，是为《黑龙江志稿》。

从黑龙江通志局设立起到通志最后成书屡办屡停，几起几落，足见修志之难。由于时局、人力、财力等诸多因素，此书虽成，但仍有很多遗憾。张伯英认为“此不敢居通志之名也，曰《黑龙江省志汇稿》，方副其实”，故定名为《黑龙江志稿》。全书62卷，另又辑黑龙江省大事志4卷，共140万字。分为地理志、经政志、物产志、财赋志、学校志、武备志、交涉志、交通志、职官志、选举志、人物志、艺文志诸门。《志稿》仿《盛京通志》《吉林通志》体例，门类齐全，体例严谨，重文献、重掌故、重考证，颇具史家笔法。叙事上自古代，下迄“九一八”事变之前，千年史迹，灿然具备，是黑龙江地区第一部比较完整的省志。

中华民国时期，是黑龙江地区方志发展较快时期。省级志书，除《黑龙江通志》编纂以外，主要有《黑龙江通志纲要》《黑龙江乡土录》。

1919年，孙占尧（孙烈臣）督黑龙江，嘱金梁修纂通志。金梁经过五年广事搜罗，採风问俗，以定制作，先集资料作长编，得稿三五百万言，装百五十册，全书脱稿。以后，省长于振甫（驷兴）命其利用一个月时间进行补辑缮正，题曰《黑龙江志略》，又以全书卷帙过多，复录其纲要为二卷。1925年梓刊。门类皆以志名，纲要曰大事志，仿《临安志》，提纲挈领，分代编年。余下分沿革志、疆域志、山川志、建置志（列六目）、官制志、风俗志（列十四目）、财政志、户籍志、田制志、教育志、物产志、实业志（特创兹编）、选举志、交涉志、交通志、武备志、人物志、艺文志、金石志等，共20卷。除金石志外，皆有子目，约2万字。金氏修志，能以见及新政而列入门类，颇可取。修志记述有法，受到读者赞誉。

在此期间，《黑龙江乡土录》问世。《黑龙江乡土录》为郭克兴编撰。作者一生致力于学，博览群书，精研史地，搜集了黑龙江省政治、军事、经济、官制、民族、宗教、部落、户口、文化、风俗等大量资料，尤其对本氏族——郭博勒氏有精深的研究。1925年写成《黑水郭氏家乘》，其中《乡土录》为全书之精华，后被单独出版，取名《黑龙江乡土录》，又名《黑水方舆氏族沿革志》。全书分方舆志、郭旗志两篇二十五章，着重论述了黑龙江方舆沿革与民族源流。该书辑录众家之说，然后附以按语。是黑龙江地区第一部民族史著述，为民族史学者所推重。

1979年黑龙江省首轮修志工作启动前，全省地方志编纂工作由黑龙江省地方史研究会和省档案学会负责业务指导。1980年7月23日，中共黑龙江省委第五十次常委会议听取了省社会科学院和省档案局关于开展《黑龙江省志》编写工作的汇报，确定由李剑白、陈元直、高鲁负责组建省志编审委员会和黑龙江省地方志研究所。1982年，《黑龙江省志》编纂工作正式启动。1982年1月7日，中共黑龙江省委决定成立黑龙江省志编审委员会。委员由57人组成，陈雷任主任，李剑白、王一伦、王光伟任副主任。2月24日，中共黑龙江省委批准成立省地方志研究所（即省地方志办公室），负责《黑龙江省志》编纂工作，确定编制20人。6月8日，省志编审委员会制定了《编纂〈黑龙江省志〉初步方案征求意见稿》。1983年1月26日，省志编审委员会发出《关于进一步加强省直单位史志工作的通知》，要求进一步建立健全修志机构，选调充实史志工作人员，解决有关待遇和一些实际问题及所需经费。11月4日，省编制委员会批准省地方志研究所内设文秘资料室、省志编辑室、市县志调查研究室，为处级机构。省志编辑室（后改为省志指导处，或称省直指导处）负责省志的编纂指导、调查研究、组织协调工作。1984年省地方志研究所（省地方志办公室）编制增至25人。1984年1月14日，黑龙江省省长、省志编审委员会主任陈雷主持召开省志编审委员会第三次会议，通过了《黑龙江省志编纂方案》。1985年8月29日，省志编审委员会拟定了《〈黑龙江省志〉行文规定》（试行稿）及《〈黑龙江省志〉编纂工作意见》。

1985年9月13日，黑龙江省志总编室成立，由陈雷任总编，张向凌、陈冰岩、王荫田、陈守芳、李景和、韩化夫、蒋惠群、汪洋、马放任副总编。1985年11月21～27日，省志总编室召开会议，讨论《黑龙江省志》的总体规划。初步确定省志由63部分志组成，每部分志平均20万字，全志不超过1 500万字。由各位副总编负责各分志篇目的审定。总述、大事记、人物志要自己组成编写组负责编定。对《大事记》要按编年体写至1985年；对《人物志》的入志人物要坚持生不入传的原则，主要写正面人物，反面人物不超过5%。不久，省地方志办公室印发了《关于征集〈黑龙江省志·人物志〉入志人物名单的通知》。

为了推动省志工作的深入开展，1985年4月11～12日，省地方志办公室在省航运局召开了省志资料工作现场会，将1985年定为省志“资料年”。9月27日～10月17日，省地方志办公室召开了黑龙江省首次专业志试写稿讨论会。12月25日，省志编审委员会召开了省直机关修志工作会议，承担修志任务的130多个厅局的领导和史志办主任参加了会议。省顾问委员会主任、省志编审委员会主任兼总编陈雷作了报告，对省志编纂工作作出了部署。到1985年末，全省地方志编纂工作全面启动。

二、府、州、县志编纂

清末黑龙江地区共设有3道、7府、6厅、1州、7县，在今黑龙江省松花江以东地区原为吉林行省所辖共设有2道、7府、3厅、1州、7县。仅有府志两部，县志一部，即清宣统《呼兰府志》《宾州府政书》，清光绪《巴彦州志略》《长寿乡土志》，但却填补了黑龙江地区府州县志的空白。

清光绪三十三年（1907年），黄维翰任呼兰知府，纂修《呼兰府志》十二卷。分为地理略、政治略、财赋略、交通略、外交略、祠祀略、学务略、武事略、人物略、礼俗略、物产略、艺文略。府志资料“得之于父老传说者十之三四，得之实地调查者十之四五，得之于旧记者十之二三”（黄维翰：《呼兰府志·例言》）。全志详政治、财赋、武事、礼俗，考证翔实，资料丰赡，内容丰富完整，堪称一方之全史。叙述“有如太史记事，典雅可爱”。实为黑龙江府志之权舆，又开郡邑志之先河，对其后黑龙江地区及东北地方志编纂产生较大影响。特别是1920年《瑷珲县志》除另设《库路志》两卷以外，体例几乎与《呼兰府志》完全相同，其中礼俗志基本全部照录于《呼兰府志》的《礼俗志》。其资治作用亦十分明显。正如东三省总督徐世昌在序言中所说："留心边事者，观余与黄君之所述，倘有恢廓其规而为国防之至计者乎，盖不独一州一域之所利赖也已。"（徐世昌：《呼兰府志·序》）当地人果荣纶指出："呼兰自有清雍乾间始设军府，草莱初辟，文献无征，昏暗如长夜，今之白日昭昭，伊谁之力欤！东海相国其积年所规画者，名之曰《东三省政略》，公之书虽囿于呼兰一府，其所论著则治江省者莫能外焉。盖固圉实边之伟著也。"（果荣纶：《呼兰府志·跋》）

由李澍恩编纂、清宣统二年（1910年）由商务印书馆出版的《宾州府政书》，是黑龙江第一部政书体志书。全书分为甲、乙、丙、丁4编，分别为写真绘图、公牍辑要、风土调查、统计年报等。由陈元慎纂修于清宣统二年（1910年）成书《巴彦州志略》（以下简称《志略》），是黑龙江省目前所知唯一的一本州志，现已佚失。1916年编修《巴彦县志》（以下简称《县志》）时就已残佚七八，当时仅存不完整的第二卷，嗣后全佚。中华民国《巴彦县志》"所录资料却多出自其中"（《巴彦县志·例言》），而且还收录了陈元慎的《巴彦州志略跋》，甚至有的则全文抄录于《志略》，这样不但能"令人于断简残篇中摭其一二""据为典实"（《巴彦县志·职官志》），而且在《志略》早已无影无踪的情况下，从《县志》所录的资料中还可窥见《志略》之一斑。《志略》为中华民国《巴彦县志》编纂提供了重要资料。《巴彦县志·兵事志》就是一字不漏地录自陈元慎《志略》中的《巴彦战事纪略》。《县志》艺文志所录的《骁骑校延顺事略》《柴氏二节妇事略》《节妇郑刘氏事略》等都是《志略》中的内容。另外《县志》舆地志中形胜所记的"巴彦十景"也是在《志略》中"巴彦八景"基础上发展的。

由刘清书、王炳辰等监修、编纂于清光绪三十三年（1907年）成书的《长寿县乡土志》，是清代黑龙江地区唯一的一部县志。全志分为历史、政绩、兵事、人物、人类、地理、山水、道路、物产、商务等10卷。原稿本现藏吉林省档案馆。

中华民国时期是黑龙江地区县志编纂蓬勃发展时期。中华民国初期黑龙江地区的县志多数分为总论、地志、政治、教育、实业、财政、兵制7章。如1913年《瑷珲县志》、1914年《拜泉县志》、中华民国《大赉县志》《海伦县志》《安达县志》《嫩江县志》《肇州县志略》《大通县志》《绥化县图志》《兰西县志》等。1915年11月4日，黑龙江巡按使公署拟定了《黑龙江通志目录》，目录分为舆地、建置、经政、礼志、武备、职官、选举、人物、艺文、蒙旗、外交、志余12个门类。嗣后的县志大多都按照这一目录进行编纂。如中华民国《巴彦县志》《兰西县志书》《绥化县志》，以及1918年《拜泉县志》、1920年《瑷珲县志》、中华民国《泰来设治局志书》《通北设治局志书》《林甸县志》《汤原县志略》。虽然仍有一部分志书篇目设置比较简略，如中华民国《望奎县志》仅设地理、交通、政治、财政、学务、武事、礼俗、人物、艺文、物产10个门类，但总体看门类则日趋繁复，篇目设置也愈加周详。这一时期黑龙江地区体例比较完备、资料比较翔实的县志有1920年《瑷珲县志》《宁安县志》《呼兰县志》《绥化县志》《龙江县志》《依兰县志》《珠河县志》《讷河县志》《延寿县志》《宾县县志》等。

中华人民共和国成立后，特别是20世纪50～70年代末，黑龙江地区一些县市曾开展了地方志编纂工作，但由于思想路线不端正，缺少实事求是的指导思想，在"左"的思想干扰下，浮夸风作怪， 加之时间紧，修志经验不足，缺少实践和理论指导，因此，几乎所编县市志没有一部是成功的，也没有一部编纂成书，基本上是虎头蛇尾，不了了之。所成志稿皆为草稿、初稿，但却为黑龙江省首轮修志提供了宝贵经验，也为今后志书的编写保存了部分史料。

1954～1979年，全省先后有兰西、延寿、穆棱、宾县、木兰、齐齐哈尔、绥化、龙江、宝清、巴彦、虎林、漠河、嫩江、呼玛等县市进行县（市）志编纂工作。其中《呼玛县志》编纂始于1977年，至1980年《呼玛县志》率先在全省内部出版。《呼玛县志》是中华人民共和国成立后全国第一部成书，并内部出版的新编县志，也是全国首轮修志出版的第一部新编县志。因此，它有着承前启后，继往开来的历史意义。

1979年12月11日，中共黑龙江省委书记李力安在全省文秘档案工作会议上的讲话中提出，“要开展编史修志工作，各市、县都要把这项工作抓起来，指定一名领导负责。编写省志工作也要抓紧进行”同时提出拟成立黑龙江省志编审委员会。这次会议标志着黑龙江省首轮修志工作正式启动。

1979～1983年，全省各县、市（地）普遍成立了地方志编纂委员会和地方志办公室。

1981年4月5～15日，黑龙江省地方史研究会和省档案学会在庆安县召开了地方志编纂研究会，讨论了地方志编纂体例和县志篇目的设计。1983年11月，省志编审委员会拟订并印发了《县志基本篇目》。1984年2月18日，省地方志办公室印发《关于边境县志审查定稿的通知》，要求边境15个县（市）志稿必须报送省志编审委员会审查批准方可出版。1984年6月1日，省地方志办公室印发了《县志行文规定》（试行稿）。1985年2月11日，省志编审委员会发出《关于县志审查、出版的规定》，要求县志出版要实行由县志编审委员会、县委审查，市（地）委批准和报省志办备案的三级审查制度，由省志办统一办理书刊号。1985年9月3日，省志编审委员会印发了《关于黑龙江省市、县志统一版式出版的通知》。同年12月28日，省地方志办公室又印发了《关于县志审查、出版的补充通知》，要求凡经市、地委批准定稿的县志，须报省志办进行复审。

为了推动县（市）志的编纂工作深入开展，提高志书质量，省志编审委员会、省志办分别召开了一系列县志稿评议会。1982年12月21～26日，省志办在双城县召开了全省部分县县志稿讨论会。1984年7月16～23日，受中国地方志指导小组、中国地方史志协会委托，省志编审委员会在黑河市召开了“全国北片十三省市县志稿评议会”。通过对爱辉等五部县志的评审，对提高全省县志编纂质量起到了很大的推动作用。与此同时，省地方志办公室、省地方史志协会还分别在1985年3月于延寿县举办了有17个县参加的县志农业志和商业志稿评议会，分别评议了《延寿县志·农业志》和《肇东县志·商业志》稿；5月，又在五常县召开了有18个县参加的全省县志教育志和人物志稿评议会，分别评议了《龙江县志·教育志》和《五常县志》《讷河县志》人物志稿。1985年6月9～24日，省地方志办公室在北戴河召开了《爱辉县志》审稿会。8月2～10日，省地方志办公室在镜泊湖举办了地理志研讨会。重点对黑龙江省志，哈尔滨、齐齐哈尔市志的地理志篇目和嘉荫、饶河县志《地理志稿》进行了评议，并请中国科学院地理研究所、北京大学地理系历史地理教研室的专家学者作专题学术报告，使与会者获益匪浅，从而提高了县市志地理志的编纂水平。

截至1985年末，除《呼玛县志》出版外，已有肇东、肇源、集贤三部县志交付出版，爱辉、绥化、肇州、青冈等县志完稿，陆续送审。

三、城市志编纂

清代黑龙江地区曾设有六城，即齐齐哈尔、黑龙江（瑷珲）、墨尔根（嫩江）、布特哈

（讷河博尔多）、呼兰、呼伦贝尔（海拉尔）。清末再加上通肯（海伦）城则为七城。由吉林将军管辖的有宁古塔（宁安）、三姓（依兰）、阿勒楚喀（阿城），每城以副都统或副都统衔总管治之。有志书的有清光绪《墨尔根志》《三姓志》和《阿勒楚喀副都统衙门上报〈图说清册〉》，由宁古塔副都统上报的《宁古塔地方采访志书清册》。

《墨尔根志》（清）佚名纂。约清光绪三十年（1904年）成书。它是按照清光绪二十三年（1897年）颁布的《黑龙江通志条目》编纂的城志。全书分为建置沿革、疆域、山脉、水道、桥梁、公署、学校、坛庙、田赋、兵坊、部族、风土、物产、职官、爵秩、表、烈女等17 卷。原抄本现藏日本东洋文库。

《三姓志》与《阿勒楚喀副都统衙门上报〈图说清册〉》《宁古塔地方采访志书清册》均为光绪十七年为编纂《吉林通志》上报吉林将军衙门所成。

《三姓志》（清）富魁纂修。该书共分地表、学校、疆域、山川、村落、卡汛、建置沿革、公署、衙门、库款、田赋、户口、贡品、官兵、防营、炮台、军器、职官、名宦、科名、物产、庙寺、旌表、属站等28卷。

《阿勒楚喀副都统衙门上报〈图说清册〉》内容包括阿勒楚喀疆域图说、阿勒楚喀城说、城内桥说、庙说、牌楼说、副都统衙署各处官房说、堆拨房说、围场境说、八旗官房说、渡口说、白城说、京城屯说、四站说、宾州厅说、旗屯游牧界说、阿勒楚喀额设官兵事宜说。

《宁古塔地方采访志书清册》又称《宁古塔地方乡土志》，由宁古塔副都统富尔丹主持采访成稿上报吉林将军衙门。《清册》共分本朝建置沿革、宁古塔城池、驿站、仕宦、官署、田赋、坛庙、渡口、疆域、桥梁、古迹、山川、物产、宁古塔户口等14部分内容。

中华民国时期，黑龙江地区编纂了两部市志。一部是《龙城旧闻》，一部是《牡丹江风土记》。

《龙城旧闻》四卷，又名《龙城外史》，魏毓兰编。魏毓兰是著名报人，也是一位方志学家。他在埋头报务之余，将他“或得诸故老传闻，或参以私家著述，或网罗散佚，旁挹群言”的资料进行了详细整理，约6年时间，计稿得百万言，统名曰《龙塞丛编》。因报务忙碌，无暇修纂，尚待付梓。于是在1919年3月《黑龙江报》出版千号之际，抽摘旧闻数十种，作为增刊纪念，这便是著名的《龙城旧闻》。该书断限上限从齐齐哈尔建城开始，迄于清季。记述范围以齐齐哈尔为限，其有关于全省者，亦连类及之。全书共分四卷，八万余字。卷一建置，录载沿革大要、建置始末，附齐齐哈尔城考及卜魁（齐齐哈尔）神话，卜魁音义，古迹、古器；卷二人物，附记名宦和民族，卷三礼俗；卷四艺文，附诗、赋。为地方历史、民族历史研究，提供了重要资料。

《牡丹江风土志》，颜公权著。1943年8月成书。颜公权利用公余之暇，集采遗闻，详考牡丹江市地理，辑录文献，调查风土、人情，更多得之于传闻 。究及户口、商业、经济、交通、教育、吏治等诸要政，以篇章节目体例编排。全书分为三篇，上篇为历史之部，设总论、古代满洲。中编为省之概况，设总说、教育、礼俗、文学、交通、社会事业、市之全貌。下篇为概说，设机关、文化事业、礼俗、其他等。志末附古今神话及传说。

《呼伦贝尔志略》程廷恒、张家璠编。全志分为经纬度、山水、方舆沿革、沿边形势、全境疆域、各县区道里、建制、官制、边务、外交、兵事、军备、司法、警察、清乡、市政、防疫、交通、财政、宦绩、民族、户口、宗教、礼俗、人物、烈女、选举、教育、商业、垦殖、畜牧、森林、渔狩、物产、古迹、艺文、蒙旗复治始末等32个门类。该志详军事，详外交，详蒙旗，地方特点突出，边塞风情浓郁。

四、道志编纂

黑龙江地区自清末设道，中华民国因之。现在的黑龙江境内至1929年废道止，曾设龙江道、绥兰道、黑河道、呼伦道、滨江道、依兰道、延吉道等。编有道志的唯黑河道编有《黑河观察使筹办政务志略》《黑河道尹政务志略》。这两部志书都是纂辑类政书体的政务志，即将任内案牍分门别类地编辑在一起，有较强的文献价值。两部志书均由黑河观察使（道尹）张寿增纂辑。

《黑河观察使筹办政务志略》全书分为上下两编，叙张寿增观察使任内（1913年1月～1914年7月）事。"上编说明专叙事由，以详沿革之情形；下编抄案摘录文牍，备载办理之手续"。

《黑河道尹政务志略》全书共分5卷，叙事自1914年7月张寿增改任道尹起，至1915年9月卸任止，14个月内历办成案分为边务、内务、外交、财政4项，按目编为4 卷。卷五为巡阅所属报告，内含黑河道疆域、职官沿革、种族、建置、经政、物产及瑷珲、呼玛、萝北3县及漠河设治局之内务、交通、人民生计、风俗人情、宗教、自治、司法、实业、财政、警察、卫生、教育、征收等内容。

五、采集实录、志料、清册

中华民国时期，一些县份在向黑龙江省通志局报送采集实录、志料、清册的同时，自己单独形成了志书，如龙江、巴彦、绥化、安达、肇州、望奎、瑷珲等县。未单独形成志书的有景星、大赉、绥楞（棱）、木兰、肇东、肇州、萝北等县。这些采集实录、清册、志料连同一部分可以独立存在的部分志书已由黑龙江省档案馆、黑龙江省地方志研究所联合编辑成《黑龙江通志采辑资料》，分为上中下三册，于1985年结集内部出版。其中辑有龙江、景星、泰来、扎赉特、拜泉、绥化、巴彦、绥楞、安达、望奎、木兰、铁力、肇州、郭尔罗斯后旗、瑷珲、汤原、萝北17县（旗）的采集实录、志料、清册、表50种。

六、舆地图志编纂

清代黑龙江地区舆地图志有两部，一为清同治《黑龙江通省舆图总册》，一为清光绪《黑龙江舆图说》。

《黑龙江通省舆图总册》（以下简称《总册》），（清）佚名纂。《总册》是黑龙江将军衙门于清同治三年（1864年）呈报给清政府总理各国事务衙门的通省舆图总册。《总册》以黑龙江六城，即齐齐哈尔、黑龙江（瑷珲）、墨尔根（嫩江）、呼伦贝尔（海拉尔）、呼兰、布特哈（今黑龙江省讷河市城西老站即原博尔多驿站）为地理坐标，以条目的形式记述各城所辖境域沿边四至并各城以内山川形势、城村方向道里、远近防易及居人住牧、台卡、营汛、驻扎处所、官兵数目以及各城的台站、卡伦、渡口地点、名称、相距里数，同时对各城现存的古城遗址、封堆、较大的窝集林、松树林等亦记述颇详。《总册》融自然地理与人文地理于一炉，对研究黑龙江的历史地理、古今地名、民族人口、军事制度，历史古迹、水路交通以及黑龙江的政治、经济、文化发展史均有重要参考价值。为黑龙江最早的舆图文献——舆图志。原抄本现藏黑龙江省档案馆《黑龙江将军衙门档案》中。

《黑龙江舆图说》 系为编纂《清会典》所编辑黑龙江舆图所成的图说，（清）屠寄纂修。

清光绪二十二年（1896年），屠寄任黑龙江舆图局总纂，主持黑龙江舆图测绘。清光绪二十五年（1899年）图成，共61幅，并成《黑龙江舆图说》，约5万字。该书分为黑龙江省总图说、齐齐哈尔城图说、黑龙江城（瑷珲）图说、墨而根城（嫩江）图说、布特哈城（讷河、莫力达瓦旗）图说、呼伦贝尔城（海拉尔）图说、呼兰城图说。呼兰厅（巴彦）、绥化厅则以表的形式为说。该书为黑龙江省山川地形等地理情况最早的一次科学测绘成果。对境内山河择《大清一统志》所有山河涉及黑龙江者悉数列入外，又将新查出者添入，以备查考。该书以山为地理坐标，以水为经，分别详述各城建置沿革、辖境四至、山川地理、水路交通，其中一些山脉、水道则根据史地专著记载，详列其异同及演变，对满语、蒙古语的名称进行了翻译。该书博采旧籍，核以实地考察，考证记述较精审。对清咸丰八年（1858年）以前黑龙江以北、外兴安岭以南失去的旧地，依据典籍进行绘制，以示不忘本，尤见其爱国精神。

《黑龙江全图附说》，缪学贤编。该书是《黑龙江省全图》的说明。记事止于1913年。全书平列篇目二十一：黑龙江水道图说、记黑龙江界务、记黑龙江省民族、记呼伦贝尔民族、记呼伦、胪宾、室韦三属近事，记华人入俄境起票事、记瑷珲人民渡江起票事、记中俄违界百华里商货免税事、记黑龙江航权、记黑龙江省垦务附全省农产物类表、记讷谟尔河垦务、记黑龙江省现办各矿附全省矿产表、记黑龙江省探伐森林附记全省大森林、记东省铁路、记黑齐交通事、记兰海齐昂铁路、记黑龙江省应修道路、记黑龙江左岸铁路、记俄在远东最近之军备垦殖、记阿穆尔省民国二年赛会。为使韩紫石等编绘的《黑龙江省全图》更具资治、适用特点，在章太炎的指导和精心策划下，缪学贤广泛搜集黑龙江省实业材料，加以记号，附之说明，以便流通。缪学贤深入实地详细调查，参考邹代钧、屠寄、林传甲等人的著作，历时4个月，编成了《黑龙江省全图附说》。章太炎亲自进行了审阅。1913年6月由东三省筹边公署出版。

七、流人撰写的地方志

清代的宁古塔、齐齐哈尔等地是流人流放的重要区域。这些流人到达戍地之后，即被这片陌生而又充满神话色彩的塞外沃土所吸引，深深地热爱上了这片土地。即使是有幸被赦归返籍之后，也依然怀念这片热土，或在流戍地奋笔耕耘，或在故乡追忆往事。于是，一篇篇、一部部纪略性质的地方志便相继诞生。如《绝域纪略》《柳边纪略》《宁古塔纪略》《龙沙纪略》《卜魁风土记》《卜魁纪略》等便是其中最具代表的作品。这些作品不仅是研究宁古塔、齐齐哈尔地区历史的重要文献，也是研究黑龙江省和东北历史的珍贵历史资料，是清代黑龙江地区文化典籍的重要组成部分，同时也为清代黑龙江地区方志文化书写了绚丽篇章。

《绝域纪略》又名《宁古塔志》，（清）方拱乾撰。清顺治十六年（1659年），方拱乾因受南闱科场案株连被流放至宁古塔（今黑龙江省海林市）。清顺治十八年（1661年）冬，被赎罪赦还。清康熙元年七月（1662年8月），方拱乾根据在宁古塔的见闻，写成《绝域纪略》一卷。全书分流传、天时、土地、宫室、树畜、风俗、饮食等部分。是黑龙江省现存最早的一部风土记，是有关宁古塔记载的第一部志书。

《柳边纪略》四卷附《塞外草》一卷，（清）杨宾撰。该书是作者根据父亲杨越流放宁古塔时经年累积的资料以及他在宁古塔探望父亲时采集资料基础上撰成。成书于清康熙三十五至四十六年（1696～1707年）之间或稍后。书名中“柳边”者，即“插柳为边”，是从清初顺治年间开始分段修筑，至清康熙陆续完成的一条柳条篱笆，用来禁止边内居民越过篱笆打猎，采参和放牧之用。正如《纪略》书中所云：“柳边者，插柳条为边，犹古之种榆为塞。”柳条边又称盛京边墙、条子边，西自长城，东至船厂止；北自威远堡门起，南至凤凰山止。设边门21座。该书详细记述了清初盛京、宁古塔、瑷珲三将军所辖地区即柳条边外的形势、山川、道里、卫所、官制、兵额、城堡、驿站、部落、寺庙、贡赋、物产、民情、风俗等。是第一部比较全面系统记述黑龙江乃至东北历史地理之作，被梁启超誉为开边徼地理研究风气的名著，也是宁古塔地区有关历史的重要地方志。《纪略》一般版本大多著录为五卷，铁岭杨霈为合编一册，抄之成书，将其著录为四卷，《塞外草》一卷，合计亦为五卷。此即�石山房抄本。《清史列传》云："其书网罗巨细，足以订史书之谬，而补版图之缺。"

《宁古塔纪略》一卷，（清）吴桭臣撰。该书系作者于清康熙六十年追忆青少年时代于其父吴兆骞被遣戍宁古塔之见闻而成。对于宁古塔地区的物产、气候、流人生活，尤其是风土人情、山川名胜等均有记述。由于所记多为亲身见闻，因此"信而有征"，但由于此书系作者晚年追忆之作，因此所记之事在时间上每多舛误。但作为第一手史料，仍不失为研究清初宁古塔地区乃至东北史、黑龙江地方史的重要文献。

《龙沙纪略》一卷，（清）方式济撰。清康熙五十二年（1713年），方式济随双亲流戍齐齐哈尔。困境中依然"笃志经学"，通过调查研究，写成《龙沙纪略》。《四库全书总目提要》对《龙沙纪略》的命名说得非常清楚："始误以龙沙为一地，而诗家遂沿为塞外之通称。方式济记东北事，而以龙沙为书名，盖沿用旧文之故。"全书分方隅、山川、经制、时令、风俗、饮食、贡赋、物产、屋宇等九门，记述了清初黑龙江行政区划，黑龙江两岸水系，边地官制、兵制、人口、赋税、边防以及物产、风土人情等重要史实。《四库全书提要》称此书对某些江河水系之考辨，"即足以订辽金诸史之讹，并可补《盛京通志》之阙……乃舆地家不可少之书也"。有人更谓此书"单词只字皆可宝贵"。故有人认为，《龙沙纪略》"实为黑龙江文化之祖，千载以下，万里以外，考兹土之物产风俗者，孰不珍重之"。虽然有些过誉，但《龙沙纪略》作为黑龙江地区少数几种古代史志之一，实属极为重要的一种。

《卜魁风土纪》，（清）方观承撰。方观承祖父方登峄及父方式济谪居卜魁城（今齐齐哈尔）二十年，期间他往来多次探望，后将亲身经历，耳闻目睹，调查研究之情状，撰写成《卜魁风土纪》一书。全书设有方隅、山川、气候、物产、民族、风俗、贸易、边防等目。全书约千字，用笔简朴，民族目记载较详，其他诸目简略。为齐齐哈尔最早的地方志乘。

《卜魁纪略》，（清）英和撰。清道光七年十月（1827年12月），英和以承办华峪地宫浸水案，谪戍黑龙江。居齐齐哈尔三年，至清道光十一年（1831年）释归。著有《卜魁城赋》、《恩福堂诗集》等。谪戍间，以亲身经历，调查探访，搜集考证，撰成《卜魁纪略》，约二千字。全书列有城池、建置、山川、交界、古迹、官制、兵防、交通、人物、户口、官学、气候、物产等目。取材广博，典雅翔实。记述清前期黑龙江官制、兵防甚详。

八、流寓人士撰写的地方志

黑龙江地区由于开发较晚，文化相对落后于关内诸省。文化除流人文化以外主要是流寓文化。黑龙江地区包括方志在内的文化典籍除了流人以外，主要是流寓人士完成的。其中较重要的方志主要是《黑龙江外记》《黑龙江述略》《黑龙江志略》《黑龙江乡土志》等。

《黑龙江外记》，（清）西清撰。清嘉庆十一年（1806年），西清任黑龙江将军衙门银库主事，旋兼管义学之职，后复受命兼管税课。公暇之余经常检署中典籍、公牍、舆图，或出遇村民野老讲地方风土掌故，必驻足细听，回去后一一记录。最后综理所得，条分缕叙，写成

《黑龙江外记》八卷。该书对齐齐哈尔并黑龙江地区山川、建置、城堡、台站、天时、职官、兵防、贡赋、风俗、物产与流徙、谪籍、人物等籍可考见。该书将《黑龙江舆图略》列于卷首，该图纳六城、二岭、三江、二池以及道路、台站于尺幅，并记注入关出塞里程，使阅者一目了然。评者谓其“善择政暇，博搜土风”“抚燕山旧卫之舆图，本辽东三省之地志”“判不妄下，语岂徒作”“体务见大，事取传信”。是黑龙江一部重要的地方志。

《黑龙江述略》，（清）徐宗亮撰。清光绪十三年（1887年），黑龙江将军恭镗上任后，“锐意筹边”，为了网罗人才，聘请徐宗亮为幕僚。徐宗亮居黑龙江三年，亲自考察当地山川、风俗、政治利弊，将调查研究的材料与档案材料相印证，于清光绪十五年（1889年）著成《黑龙江述略》一书。该书共分6卷，依次为疆域、建置、职官、贡赋、兵防、丛录。其中对于边疆之沿革、分界之得失、兵屯之缓急、财政之实耗及施政之利弊，记述尤为详细。又引古筹今，力主屯田开矿，发展边疆经济，建立水师，巩固边疆国防。书成后，备受当时人推崇，或谓“切当世之文”，或谓“此经世实用之书也”（李鸿章：《黑龙江述略·序》）。清光绪十五年（1889年）刊行后，“人士争购取之，几盈海内矣”。甚至风行海外，日本报刊也征引了此书。姚永概有“书生筹国托空文，岂备东邻乘异闻”之叹，足见其影响之大。

《黑龙江乡土志》，（清）林传甲撰。林传甲于清光绪三十一年（1905年）拣选广西知县。同年，经署黑龙江将军程德全奏调，林传甲夫妇从广西赴黑龙江，先后被委任为文案处帮办、学务处提调、学务公所总务科长、教育司科长兼教育行政会议长、通俗教育社社长等职。著有《黑龙江教育日记》。此外，还著有《龙江旧闻录》《龙江进化录》《龙江史论》《黑龙江教育状况》等著作。林传甲特别注重地方历史的研究与普及。在清宣统年间编著的《黑龙江乡土志》，分为地理、历史、格致三部分。每部分80课，共240课，后附以《讲堂规则歌》10首儿童歌谣。它既是一部通俗的历史读物，又是一部启蒙教材和供少年儿童学习的乡土教材。

《黑龙江志略》，张国淦撰。清光绪三十三年（1907年），张国淦经黑龙江将军程德全奏调到黑龙江，委派为抚院秘书官，帮办对外交涉事宜，并出任黑龙江通志局总纂。在黑龙江供职三年，虽公务繁忙，但他仍挤出时间，潜心著述，积极为筹备和参加黑龙江地区各项建设事业进行研究考察，提供服务。他将平时所收集的资料按照方志体例编纂成了黑龙江地区的第一部通志《黑龙江志略》。全书分为地理、人种、官制、谘议局、地方自治、财政、军政、外交、教育、巡警、实业、交通、边务、宗教14卷。书中采用了“只载事实，不羼论议”，略于沿革而今世独详的方法，突出财政、实业等内容，体现了“经世致用”的思想，为黑龙江地区保存了十分重要的史料。同时也是张国淦第一次参加修志实践。原稿本现藏中国科学院图书馆。

九、佚失及未成地方志

中华民国《富锦县志》，李海春修，孙桂岩纂。《富锦县志》创修始于1930年。最初县长薛翘如聘请芦龙阁为县志馆馆长，王世昌为总纂，教育局长赵文祥、中学校长孙桂岩为编纂。12月1日富锦县志局正式成立。因人事变动，新任县长李海春聘请赵文祥为县志局长，孙桂岩为总纂，徐科（秘书科长）、满福为分纂。由于官方重视，人员配备得力，分工明确，至1931年末《富锦县志》便编纂完毕，形成县志稿件只待县长审核修改后付梓，但遗憾的是此书未能付印。同年6月日军便占领了富锦，该书的佚失当与之有关。全志分为编首、地理、人物、政治、人事、物产、文艺7编，共42卷。卷首分为大事记、建置沿革2卷；地理分疆域、晷刻、山川、城镇、各机关、区村、庙宇、古迹8卷；人物分党员、名宦、乡宦、选举、孝义、义举、文字、节烈、流寓9卷；政治分党务、行政、职官、教育、财赋、兵事、公安、保卫团、自治9卷；人事分人类、礼俗、宗教、赈恤、实业5卷；物产分植物、动物、矿产、古物4卷；艺文为序记、论辩、碑碣、诗赋、轶闻5卷。篇目排列有序，注重逻辑关系和内在联系，对今日志书篇目拟订，仍有参考价值。

中华民国时期哈尔滨曾两次设过专门修志工作机构，广泛征集资料的修志活动。

第一次修志活动始于1917年9月，当年10月15日滨江县编纂县志事务局开局，同时发布了《滨江县编纂县志事物所章程》。《章程》规定了县志征集内容包括风土、沿革、疆域、地势、气候、交通、商埠、乡区、职官、政纲、人物、宦绩、物产、实业、教育、古迹、章程等。由于限期六个月完稿时间过短，资料征集困难，中俄两国政局动荡，中东铁路处于混乱时期，加之张曾矩离任，届期不果。总裁虽“酌量展长之”，但终至无期，不了了之。

第二次修志始于1929年秋。滨江县政府委任刁荫堂为滨江县志局局长，拟订了县志采访目录，共设有天文、地理、交通、实业、物产、建置、行政、司法、军政、警政、市政、外交、田赋、经济、教育、祀典、礼俗、人物、选举、自治、宗教、种族、户口、慈善、古迹、金石、艺文、方技、新闻、梨园等32门，120余目。门类齐全，排列有序。但由于缺少资料，加之不久发生”九一八”事变，哈尔滨沦陷，政局动荡，滨江县志终究未能修成，而成为历史的遗憾。

第四章 广播电视 出版 报业

黑龙江地区广播电视事业从20世纪20年代起步，到1985年底，全省有无线广播电台12座（省级台1座、市地级台11座），县调频台4座，广播发射台、转播台42座。广播发射机总功率1 277千瓦。省广播电台第一套节目人口覆盖率为73%，第二套节目为37%。收音机社会拥有量527.1万台。全省有电视台23座（省级台1座、市地级台12座，县级台10座），电视发射台、转播台388座（其中1千瓦以上的发射台和转播台75座），省电视台人口覆盖率为70%。电视机社会拥有量472.7万台。全省县以上有线广播台、站106座，乡镇放大站1 076座；全省有线广播喇叭237.1万只，入户率62%。黑龙江省以省广播电视大楼为中心的无线广播、有线广播、调频广播、电视、微波5网相结合的广播电视宣传网已经形成。

从唐天宝十四年（755年）渤海国出现黑龙江地区最早图书，到19世纪末现代印刷术传入黑龙江地区，黑龙江现代图书、期刊的出版应运而生，至中华人民共和国建立后黑龙江出版业的快速发展，黑龙江地区现代出版业经历了从无到有、从小到大的发展历程。据1985年末统计，黑龙江省12家出版社共编辑出版各种图书8 323种，累计发行252 550万册，在图书结构上适应了广大读者多样化、多层次、多方面的需求。共有在办期刊335种，其数量之多、范围之广在当时是空前的，很多期刊办得有个性，有特色，可读性强，拥有广泛的读者群。全省书刊印刷形成了以出版行政机关直属的专业印刷厂为主，轻工和企事业单位自办印刷厂为辅的三大系统，共有印刷厂800多家。形成了以黑龙江省新华书店系统及黑龙江省外文书店为主渠道，以国营商业、供销社系统批销网点和出版社自办发行、集体书店、个体书店（摊床）为辅助渠道的有多种经济成分、多种流通渠道、多种购销形式的发行网络。

黑龙江地区报业始于近代，从清光绪二十七年（1901年）~1985年，先后共出版各种文字、各种类型的报纸600多家。

第一节　广播电视

一、无线广播

黑龙江地区的无线广播事业是从20世纪20年代开始的。1922年2月初，在华盛顿会议上签订的《九国公约》，确定将各国在华无线电台全部设备移归中国接管。东三省保安军陆军整理处代表中国政府，于1922年9月28日接管了坐落在哈尔滨市马家沟中东铁路局苏俄节制的无线电台。由东三省保安军直辖，改名为东三省无线电台，纳入东北军事系统。1923年春，设在哈尔滨的东三省无线电台开始试办无线电通讯业务，把电报通讯从军用中分解出来。副台长刘瀚用军用马可尼野战电话机改装成广播发射机，自装话筒和收音机，进行无线广播实验，获得成功，并开办了临时广播。1925年8月开始进一步改装发射机，提高功率，准备正式建立广播无线电台。1926年10月1日，经东省特别区行政长官公署批准，由中国人创办的中国历史上第一座无线广播电台——哈尔滨广播无线电台正式播音。广播无线电台的创建者刘瀚被任命为哈尔滨广播无线电台台长。同时，成立了哈尔滨广播无线电台事务所，颁发了《广播无线电管理条例》《装设广播无线电收听器规则》《运销广播无线电收听器规则》，对无线广播事业实行有效的行政管理。

1931年“九一八”事变后，哈尔滨广播无线电台宣传抗日，播音员秦素（女）利用长途电话为中国共产党作情报工作，投身于抗日洪流之中。1932年2月5日哈尔滨沦陷，刚刚兴建不久的哈尔滨广播无线电台沦为日本侵略者的宣传工具。沦陷期间，在黑龙江地区先后建起了哈尔滨、牡丹江、佳木斯、齐齐哈尔、黑河、富锦、北安、东安8座放送局（广播电台）。这些放送局被日本帝国主义者用以宣扬他们的侵略企图和对中国广大群众实行奴化教育。到1945年8月日本投降时，除哈尔滨、齐齐哈尔2座广播电台外，都遭到了日本侵略者的彻底破坏。

1945年8月，苏联红军进入东北。随同苏联红军进入哈尔滨的中国共产党在苏联红军协同下接管了日伪哈尔滨中央放送局，将哈尔滨中央放送局改名为哈尔滨广播电台。这是中国共产党领导下的第一座地方广播电台。1946年，哈尔滨广播电台迁移到佳木斯市，改建成东北新华广播电台。此后，随着形势的发展和需要，又重建哈尔滨广播电台，并相继建立了齐齐哈尔广播电台、牡丹江广播电台。这样，在黑龙江地区建设了由中国共产党领导的4座广播电台。这些广播电台，在中国共产党领导下集中力量宣传马克思列宁主义、毛泽东思想和中国共产党的宗旨，宣传中国共产党对中国抗日战争胜利后对时局的主张，对东北解放区的反奸清算、剿灭土匪、土地改革、发展生产、建政建军、宣传战绩、揭露敌人、瓦解敌军等工作，都起到了强大的宣传作用。同时，也为人民广播事业建设和管理积累了经验，培养了一大批广播技术和编播人员。

1948年，东北新华广播电台从佳木斯迁回哈尔滨，与新建的哈尔滨广播电台合并。同年7月9日，中共中央东北局作出决定，规定全东北解放区各广播电台统一归东北新华广播电台领导和管理。东北新华广播电台成为东北地区广播事业的领导和管理机关，创建了人民广播事业管理体制的雏形。12月，东北新华广播电台分批从哈尔滨迁往沈阳，留在哈尔滨的部分仍称哈尔滨新华广播电台，并继续播音。

中华人民共和国成立后，黑龙江地区的广播事业进入新的历史时期。哈尔滨、齐齐哈尔2座广播电台，于1951年3月分别改称松江人民广播电台、黑龙江人民广播电台，安排了比较固定的时间播出节目。1954年，松江省与黑龙江省合并为黑龙江省，原黑龙江人民广播电台与原松江人民广播电台合并为新的黑龙江人民广播电台，台址设在哈尔滨（后称九○三台，现为哈尔滨人民广播电台发射台）。50年代末至60年代，黑龙江省无线广播发射中心——九○四台及省广播电台播音馆相继开始建设。在省的统一规划下，陆续建立起市（地）级人民广播电台，开设了朝鲜语广播。在经历了三年困难时期和“文化大革命”之后，随着1978年中共第十一届三中全会的召开，黑龙江省无线广播事业建设有了新的发展。省广播发射中心进一步加大了发射机功率，成为有5部发射机，播出5套广播节目的省级大功率的广播发射中心。省广播科学研究所研制成功了中国第一部调频立体声调制器，黑龙江人民广播电台开办起全国第一家立体声调频广播。为扩大黑龙江省广播覆盖，陆续在虎林、鹤岗、牡丹江、齐齐哈尔、富锦、黑河各广播电台、站办起转播中央人民广播电台第一套节目的广播。又先后在牡丹江、双鸭山、伊春、泰来、宝清、大兴安岭等地建设起一批转播省广播电台第一、二套节目的转播台。同时，把14座中波广播试验台改为转播省广播电台第二套节目。节目内容较前更加丰富多彩，并且逐步完整，形成了新闻类节目、专题类节目、文艺类节目、服务类节目（有的台设了教育类节目）等主要板块，基本适应了广播宣传任务的需要，满足了广大群众收听的要求。

二、有线广播

黑龙江地区有线广播事业在全国起步早、发展快。1947年，黑龙江地区首先在哈尔滨市开办有线广播，在主要街道架设了有线广播线路，安装了广播喇叭。1948年齐齐哈尔市开始建设有线广播，同年建立了黑龙江地区第一个有线广播站——肇东县广播站，中华人民共和国建立后，逐步扩大到中、小城镇，广大工厂企业、矿区、林区、农垦系统也纷纷建立了有线广播。当时的松江和黑龙江两省有线广播进入广播收音网建设时期。1950年6月，哈尔滨人民广播电台根据中央和松江省政府的决定，颁布了《收音员条例》。与此同时，黑龙江省也在全省各地机关、团体、学校、部队、工厂、矿区、街道等，建立起913个收音站，配备了913名收音员。到1951年底，在现在的黑龙江省区域内，共建起1 713个收音站。收音站的任务是抄收中央人民广播电台、黑龙江人民广播电台的《记录新闻》；编印《广播小报》、预告广播节目；组织听众收听重要广播节目。为使广播延伸到农村，1952年底，松江省建立起第一个深入农村的延寿县广播站，在黑龙江地区率先创办了农村有线广播，为宣传中国共产党的方针政策、传送新闻信息、活跃农村文化生活，起到了积极作用。在全国广播事业发展的推动下，黑龙江省有线广播有了很大发展。至1955年末，全省所有中等城市都建起市或区级广播站。到1959年，哈尔滨、齐齐哈尔、牡丹江、佳木斯、伊春、鸡西、鹤岗、双鸭山8个城市共建立公社广播站72 个，管理区（分社）广播站56个，广播喇叭增长到近17万只。全省在广大农村共建起有线广播站1 371个，占人民公社总数的90%。

进入60年代以后，电视广播迅速发展，在一定程度上冲击了有线广播。由于贯彻“调整、巩固、充实、提高”方针，黑龙江省有的市撤销了有线广播管理机构和刚刚建起的公社广播站。“文化大革命”中广播站忙于“政治大革命”，搞大喇叭在街上大喊大叫，自办节目单调无味，听众日益减少。电力部门还以确保安全供电为由，撤销低压电力线上的广播线，城市有线广播受到严重损失，大批听众听不到广播了。黑龙江省的城市有线广播建设出现了连年下滑的趋势。黑龙江省农村广播网由于物资短缺，资金困难，电源无保障，加上在广播网大发展时部分地区建设质量不高等原因，也一度出现了不同程度的滑坡。

1978年中共第十一届三中全会以后，黑龙江省根据中央对广播事业的要求，于1981年出台了《黑龙江省有线广播管理办法（试行）》，对全省有线广播机构、编制、人员、经费、宣传、管理等都作了规定，对有线广播工作起到了很大的推动作用。1984年全省农村有线广播会议召开之后，农村有线广播工作得到了极大提高。至1985年，各县（市）除均有广播台（站）外，有1 076个乡、镇广播站，占全省乡、镇总数的93%；村广播室9 502个，占村总数的65%；村通播率78.9%；广播喇叭237万只，入户率占总农户的62%，由1982年占全国第20位，提高到第7位。有19座县（市）有线广播站，建成县（市）级人民有线广播电台。与此同时，由于城市电视广播迅速发展，收音机越来越普及，人们存在“重电视，重无线广播，轻有线广播”的倾向，城市广播喇叭数量大幅下滑，由1980年的23.4万只，下降到1985年的7.1万只。全省有线广播从专线传送广播节目，发展到有线与无线调频相结合传送广播节目。

三、无线电视

（一）黑龙江电视台

黑龙江省1958年开始兴办电视事业，首先是从无线电视开始的。全省第一座电视台（无线电视台）——哈尔滨电视台（黑龙江电视台前身）于1958年12月20日建成，开始进行试验播出。成为继北京电视台（中央电视台前身）、上海电视台之后，全国第三座电视台。1959年10 月1日，哈尔滨电视台在市政府门前，利用自己装成的转播设备，成功地转播了黑龙江省暨哈尔滨市庆祝中华人民共和国成立10周年大会的盛况。实现了建台后的首次现场实况直播。1960～1962年，电视台每星期播出6次，开办过的节目或栏目有《跃进的黑龙江》《今日哈尔滨》《祖国各地》《人民公社好》《科学世界》《红孩子》《国际大事》《群众艺术》《戏曲欣赏》《音乐讲座》等。“文化大革命”初期哈尔滨电视台一度停播。后来恢复不定期的播出。这一时期的电视节目，有电视新闻、图片新闻、电视纪录片、新闻简报等。基本上都是播出新华社提供的稿件，自采稿件极少。“文化大革命”后期略有变化，开办了《黑龙江新闻》节目，播出地方新闻，先后开办了许多短时间的专题节目，逐渐增加了音乐、舞蹈、歌曲、曲艺等在文艺节目。

1976年6月，经中共黑龙江省委批准，“哈尔滨电视台”更名为“黑龙江电视台”。1979年黑龙江电视台迁入新建成的省广播电视大楼后，开始有了正规的机房和演播室，增加了新的先进的电视设备，购进了电子摄像机，自办节目由直播改为录像播出。进入80年代，黑龙江电视台先后安装了1部1千瓦彩色电视发射机、1部10千瓦彩色电视发射机，扩大了覆盖面积，节目由黑白节目全部改为彩色节目。到1985年，黑龙江电视台已经发展成全省的电视广播中心台。办有1套由新闻、专题、教育、文艺、服务5大类节目组成的综合节目。拥有供记者、编辑采访和制作节目的比较先进的技术设备，每星期播出7次自办节目，每次4小时30分钟。电视节目，通过微波线路等手段传送到黑龙江省各市（地）、县（市），人口覆盖率达到70%。黑龙江省电视中心已经具有现代化的节目制作和播出系统，并且成为全省电视节目的制作基地和电视传输覆盖的总枢纽。

（二）市（地）电视台

黑龙江省发展市（地）电视台开始于20世纪60年代。1960年1月，全省第一座市（地）级电视台——齐齐哈尔电视台开始试播。随后牡丹江电视台、佳木斯电视台、鹤岗电视台于1960年和1961年相继建立。不久，贯彻全国广播事业调整方针，上述4座电视台被调整下马。齐齐哈尔电视台于1970年恢复广播。新建的哈尔滨电视台1981年试播。1983年全国广播电视事业实行“四级办广播、四级办电视、四级混合覆盖”的方针，黑龙江省的市（地）级电视台建设迈出一大步。1984年和1985年，全省恢复和新建起的10座市（地）级电视台有：佳木斯电视台、双鸭山电视台、牡丹江电视台、大庆电视台、鹤岗电视台、加格达奇电视台、黑河电视台、伊春电视台、绥化电视台和鸡西电视台。到1985年末，全省的市（地）级电视台已达到12座。这些电视台主要任务是转播中央和省的电视节目。同时，各台根据自身条件，都开办1套包括新闻、专题、文艺、服务等的综合节目。

（三）县（市）电视台

1983年第十一次全国广播电视工作会议决定实行中央、省（市、自治区）、市（地、州）、县“四级办广播、四级办电视、四级混合覆盖”的方针。黑龙江省于1985年开始发展县（市）级电视台。从1月到9月，先后在密山、饶河、宝清、绥芬河、北安、庆安、宁安、同江、富锦、肇州建起10座县（市）级电视台。这10座县（市）级电视台都是在原来电视转播台的基础上建起来的。建台后都严格遵守广播电视部和省广播电视厅的规定，以完整地转播中央和省的电视节目（包括文艺节目）为主，利用空隙时间插播自办节目。自办节目以新闻为主，不准办文艺节目。多数台还开办了《专题》《广告》《天气预报》等节目。

（四）电视转播台差转台和卫星地面站

1958～1966年，是黑龙江省电视广播的创建阶段。由于各种原因，当时没有在全省建设电视转播台。先后建起的齐齐哈尔、鹤岗、佳木斯、牡丹江4座电视台，由于国民经济调整于1962年停播。被作为试验台保留下来的哈尔滨电视台（黑龙江电视台前身）只能对哈尔滨市进行覆盖，全省电视人口综合覆盖率只有9%。1966～1976年“文化大革命”期间，由于强调“广播电视是无产阶级专政的工具”，把电视放在大发展的位置上，黑龙江省依据“先布点、后联网”的总体构想，重点抓了八〇三台、八〇四台、八〇五台、八〇六台4座骨干电视转播台的建设。在建设上述4座骨干电视转播台的同时，鸡西、鹤岗、大庆、绥化（地区）、牡丹江、伊春、佳木斯、北安都建起了1千瓦的电视转播台，为电视节目覆盖本市（地）创造了条件。1980年全国第十次广播工作会议明确提出“把加速发展电视放在优先地位”以后，全省电视转播台、差转台大量增加。1980～1982年间，全省（除个别县外）都建起了电视转播台或差转台。农垦系统、大庆油田、林区、煤矿也相继建起了电视转播台或差转台。到1985年末，全省电视转播台，差转台达到365座，电视发射机总功率为232.8千瓦（含23座电视台发射机的功率），电视人口综合覆盖率达到70%。拥有3座电视卫星地面接收站设备，直接接收中央电视台的第一套电视节目。

第二节　出　版

一、图书

黑龙江地区的图书编辑出版活动，始自唐天宝十四年（755年）。唐渤海国时期的图书出版，属于卷轴制度的汉文手抄写本，分为誊抄本和传写本两种。这一时期是黑龙江地区古代图书出版的滥觞，也是黑龙江地区图书编辑出版的第一个高潮。这一时期的图书，一部分是渤海国派往唐朝留学的“诸生”从唐朝誊抄手写的经、史、子、集等典籍，一部分是渤海人的诗、文、赋、笺、书等著述，传写存世。北宋政和五年（1115年），黑龙江地区开始出现刊刻图书，宋人称为“北方版本”，属于册叶制度的雕版本书籍，主要可分为官刻与私刻两种，传世很少。这一时期刊刻的图书，有中国古代的经、史及诸子等典籍，有当时文人、学者的诗歌、曲词、文集、类书、字学，也有医药知识的书籍，还有很多道藏经版和佛书。是黑龙江地区古代印书业技术发展的鼎盛时期。金贞元元年（1153年）金迁都燕京（后改中都，今北京）后，黑龙江地区图书出版业逐渐衰退、消亡。从金国迁都到清初、中叶，黑龙江地区很长时间沦为边荒之地，再没能出现与金前期相媲美的书籍印刷业。因而黑龙江地区的学人或流人的著述，只能以稿本形式留存，这是黑龙江地区图书编辑发展史上一个十分重要的现象。直至清光绪三十二年（1906年）黑龙江地区现代出版业产生之后，稿本仍有相当大的社会影响。稿本书从内容上分，大体有流人著述稿本和学者著述稿本两种，其中比较有代表性的有《松漠纪闻》《柳边纪略》《黑龙江外记》《黑龙江述略》等。

1912～1931年，黑龙江地区的图书出版稳步发展，实务（相当于社会科学）、格致（相当于自然科学）类图书，基本取代了传统的经、史、子、集类图书。在日伪统治时期（1932～1945年），凡是具有民族意识的图书，甚至带有中国、中华民族字样的图书均不得出版，汉文图书受到限制。黑龙江地区出版的图书发展质的变化，是从解放战争时期开始的。这一时期黑龙江出版的图书先是以宣传小册子和翻印老解放区的出版物为主。随着东北革命根据地的建立，出版了一大批马克思列宁主义经典著作、毛泽东著作和政治理论、思想文化、经济建设、文学艺术等方面的图书以及教科书、工具书，既有适合一般群众需要的通俗读物，也有中级读物、高级读物。

中华人民共和国建立后至1985年末，黑龙江地区出版图书总的面貌可以概括为品种由少到多、门类日趋齐全、质量不断提高。按发展状况和图书特点，大体可分为1977年前和1978年后两个阶段。第一阶段是1951～1977年。这一阶段黑龙江地区出版的图书，通俗化、地方化是最突出的特点。以广大基层干部和工农群众为读者对象的通俗读物占出书总数的83.9%，文字使用简洁、通俗的群众化语言，力求深入浅出，使初通文字的人能看懂，不识字的人能听懂；形式上经常采用群众喜闻乐见的多种体裁，有说唱、有韵文、有画面、有问答、有讲解，生动活泼、容易接受。这一阶段也出版了为数不多的具有较高的学术价值和艺术价值的学术专著和文学作品，受到文化学术界的重视和好评。但是，这一阶段在“突出政治”“配合中心工作”的思想指导下，大批图书是配合政治运动的宣传品，每次政治运动过后都有大量图书报废，而真正有价值的图书严重匮乏。第二阶段是1978～1985年。这8年是中华人民共和国成立后36年间黑龙江省出版图书最富有特色的时期。这一阶段出版的图书品种齐全，质量大幅度提高，从马克思列宁主义、毛泽东思想、政治、哲学、社会科学、法律等门类的普及读物到学术著作，从科普读物到科学技术专著，从低幼读物到高等院校教材，从中国古典文学、现代文学、当代文学到世界文学，从一般应用工具书到大型辞书，从连环画册到大型画册应有尽有、丰富多样，满足了广大读者对图书日益增长的多学科、多层次需求。出版的图书不再跟着“运动”转，形成了自己的风格与体系。根据各出版社长期图书出版规划陆续出版的图书，显示了宏观连续性，其中还出现了大型丛书、套书。出版了一批哲学、经济学方面有价值的学术著作，不仅受到思想理论、哲学、经济学界的重视，也为改革开放提供了理论借鉴。出版了一批直接为“四个现代化”服务的科技图书。这些图书既有应用技术、科普读物，也有学术专著，在科研、教学、生产以及宣传科学知识方面发挥了积极作用。教育读物和少年儿童读物发展快、品种多、质量好，既有融思想性、知识性、趣味性为一体的普及类通俗读物，也有水平较高的学术理论著作；既有基础知识，也有高等教育教材，受到教师、家长、学生的好评和欢迎。“百花齐放、百家争鸣”和“古为今用、洋为中用”的方针真正得到了贯彻执行，出版了一批深受读者喜爱的文学艺术图书。很多文艺作品不仅一反“文化大革命”时那种“三突出”“假大空”的唯心主义恶劣习气，也同“文化大革命”前17年中那些公式化、概念化的作品大异其趣，无论在反映现实生活的深度上，还是艺术手法的创新上都有新的突破。

截至1985年末，全省先后成立12家出版社，正式出版图书累计8 323种，总印数252 550万册，为广大读者提供了大量政治理论、文化教育、文学艺术和科学技术读物，较好地满足了社会主义革命、建设和人民文化生活的需要。

二、期刊

（一）中文期刊

清朝末期，黑龙江地区期刊业开始起步。清光绪二十六年（1900年）沙皇俄国军队大批入侵黑龙江地区后，将齐齐哈尔、哈尔滨等地辟为商埠，使黑龙江地方官吏在“交涉殷繁”中认识到“开导民智、图挽利权” 已成为当务之急。“开导民智”的措施之一，就是“推广官报”。清光绪三十三年十二月（1908年1月），黑龙江地区第一家中文期刊《黑龙江公报》创刊。这一时期创办的期刊还有《黑龙江官报》和《滨江画报》。

中华民国成立至1931年末的20年间，是黑龙江地区期刊业形成及第一个发展较快时期。黑龙江地区先后约有89种期刊编辑出版，其中有18种期刊是中国共产党在地下活动时秘密编印、散发的，公开出版发行的期刊约在71种左右，多集中在齐齐哈尔、哈尔滨两地出版。齐齐哈尔出版的期刊， 以官厅创办的机关刊物为主，刊登的文章多为要政文牍、官府言论、调查报告、论说等。哈尔滨公开出版发行的期刊以民办期刊为多，多数代表民族资产阶级的利益，以拥护共和制度、提倡民主政治、提倡民权、改良商政等为宗旨，内容大体有论说、论著、专件、译件、工商界动态、市场行情调查及杂闻琐记、诗文杂俎、小说散文、照片图画、商业广告等门类。一些期刊带有自发的反帝、反封建倾向。

日伪统治时期，黑龙江地区先后出版有73种中文期刊。这一时期出版的期刊的特点，特别是伪公署编辑出版的期刊，就是不伦不类，从刊载内容到印装形式既像杂志又像书籍，有关各地的资源、物产、经济、人口构成、商工界情况及机关、学校、团体的统计报表占了很大篇幅，其余则是一些鼓吹“民心皇道顺化”的文章。这一时期中国共产党编辑出版的报刊有《满洲红旗》《东北民众报》《东北红旗》《哈东人民革命报》《反日报》《前哨》《寒流》《文艺》周刊、《大北画刊》等。

解放战争时期，黑龙江地区先后共出版有98种期刊。其中，在1945年末到1946年初苏联红军对城市实行军事管制和中国国民党接收黑龙江政权的半年左右时间里，出版有13种期刊（哈尔滨12种，齐齐哈尔1种）。以后陆续创办和迁移到黑龙江出版的85种期刊，全部是在中国共产党领导下、传播马克思列宁主义、毛泽东思想，宣传中国共产党的方针、政策、路线，用以教育群众、发动群众、武装群众，为建立巩固的东北革命根据地服务的革命进步刊物。

中华人民共和国建立后至1985年末，黑龙江地区先后共出版有417种期刊。分公开发行和内部发行两种出版方式。其中，哲学、社会科学、政治类期刊先后共有77种，到1985年12月仍继续出版的有36种，较有影响的期刊包括《奋斗》《党的生活》《学习与探索》等。自然科学及工程技术、医药卫生（包括兽医药）类期刊先后共有170种，到1985年12月全省继续出版的这类期刊共有121种。其中，较具影响的有《自然资源研究》《苏联科学与技术》《油田地面工程》《机械工程师》《大豆科学》《北大荒农业》《黑龙江林业》《乡村医学》等。文化教育、体育类期刊先后有63种，到1985年12月仍在继续出版的这类期刊共有40种，较具影响的有《北方文物》《黑龙江教育》《教学研究》《黑龙江高教研究》《北方棋艺》《当代体育》《冰雪运动》等。文学艺术类期刊有53种，至1985年12月仍在继续出版的有23种，在全国较有影响的有《北方文学》《小说林》《人间》《松花江》《诗林》《剧作家》《北方音乐》《银河》（朝鲜文）《文艺评论》《黑龙江画报》等。少年儿童期刊先后共有4种（实际是2种4个刊名），即《北方少年》和《花丛》。综合性期刊先后共有8种，至1985年12月仍在继续出版的有6种，影响较大的有《妇女之友》《新青年》《民族生活》《家庭生活指南》等。至1985年12月，黑龙江省26所高等院校编辑出版学报32种，大多数是公开发行，有的还发行到国外，较有影响的有《哈尔滨医科大学学报》《哈尔滨工业大学学报》哈尔滨师范大学编辑出版的《北方论丛》和《自然科学学报》、黑龙江大学编辑出版的《外语学刊》和《求是学刊》。

至1985年12月，黑龙江省仍在继续出版的期刊共有335种。其中，公开出版发行的期刊共有254种；内部出版发行的期刊有81种。

（二）其他文种期刊

在黑龙江地区出版业发展的历史中，还曾出版有品种、数量众多的外国文字（主要是俄文和日文）期刊，这主要是帝国主义殖民文化影响和渗透的结果。清光绪二十二年（1896年）沙皇俄国攫取了中东铁路的建筑、经营权后，特别是清光绪二十六年（1900年）沙皇俄国的军队侵入黑龙江后，黑龙江地区陆续出现了俄文及英文、波兰文、乌克兰文等欧洲文种的期刊。清光绪三十一年（1905年）日俄战争结束后，省城齐齐哈尔和当时属吉林省管辖的哈尔滨等地相继开辟为国际商埠，日文及朝鲜文等亚洲文种的期刊、图书也陆续在黑龙江地区出版发行。仅据目前搜集到的资料统计，自清末时期到解放战争时期（1905～1949年）的45年间，在黑龙江地区编辑出版的外国文种期刊有332种，其中俄文期刊230种，日文期刊95种，英文期刊4种，波兰文期刊1种，犹太文期刊1种，朝鲜文期刊1种。

三、书刊印刷

黑龙江地区的书籍印刷始于金代。金代初期，黑龙江地区开始出现书籍的雕版印刷，主要刊刻印装女真文书籍、译成女真文的汉文典籍和学宫、府学课本以及汉人学者的诗文著述等。黑龙江地区雕版书刊的刻印为时很短，随着金代迁都燕京（今北京市）渐趋凋零。元、明两朝和清初、中叶，黑龙江地区也基本未再发展雕版书生产。直到清光绪三十一年（1905年），才有了较有规模的雕版印书部门，但由于现代机器印刷技术的传入，只雕版刊刻了几种图书，就为石印、铅印所取代。这时的书刊印刷还只是印刷业的一项次要业务，只有学务公所图书科印刷部是印制图书的专厂，它与中东铁路印刷所一起，开了黑龙江地区使用现代机器印制书刊的先河。黑龙江地区的印刷设备和印刷技术曾一度在全国处于较先进地位。

清末、中华民国前期（1931年“九一八”事变前），黑龙江地区的印刷业随着政治、经济、文化教育事业发展的需要，有了较快的发展，承印书刊的品种、数量逐年增多。当时，承印书刊的印刷局均集中在齐齐哈尔、哈尔滨两地，但除清末的学务公所图书科印刷部和中华民国后建立的黑龙江省五教道德院经书印刷部外，其他都不是专门印刷书刊的专业厂，书刊印刷在整个印刷业中所占比重很小。这一时期，黑龙江地区书刊印刷占主导地位的是铅印，石印逐年缩减。这时，仍有少部分抄本书，这些抄本多为没有印刷能力的各县采辑上报的通志资料或撰编的志书雏形。

日伪统治时期，黑龙江地区的印刷业曾一度增加到120多家且遍布今黑龙江省的大部分市、县，但无印刷书刊的专厂。与中华民国初期相比，印刷技术没有大的进步；日本人开办的印刷业急剧增多。在日伪当局的摧残下，民族印刷业特别是其中的书刊印刷业逐渐萎缩。伪满洲国时期以铅印为主，但一度萎缩的石印却有回升，这是因为日伪统治当局强令各县都要编印资料图书，因此，一些大的县城开始兴办或发展石印作坊，而一些僻远小县只能抄写或复写、油印上呈，所以，这一时期除有大量铅印、部分石印外，还有抄写、油印、复写等制书形式。

抗日战争胜利后，黑龙江地区书刊印刷业迎来了一个迅速发展时期。从日伪手中接管的东北铁路印刷厂是东北解放区和全国解放区中印刷设备最先进、技术条件最好的印刷厂。哈尔滨新华印刷厂是这一时期哈尔滨市规模最大的私营印刷企业，也是东北解放区第一家自觉接受中国共产党领导，实行民主选举的私营企业。随着佳木斯印刷厂、东安印刷厂、东北日报哈尔滨印刷厂等专业书刊印刷厂的相继建立，黑龙江地区的书刊印刷业无论是印刷厂的规模、设备条件、技术能力还是书刊印制的品种、数量、内容，在全国各解放区都居于重要地位。

中华人民共和国成立后，由于解放战争时期建在黑龙江地区较具规模的印刷厂全部迁离，一度造成黑龙江地区印刷业设备能力、技术水平的下降和没有书刊印刷专业厂的局面，当时黑龙江地区出版的一部分书刊和中小学需要的大部分教科书不得不交由吉林、辽宁两省承印。国家文化部印制管理处在1956年6月调查东北三省书刊印刷情况时就指出：“全国书刊印刷业落后的是东北，东北最落后的是黑龙江。”为了彻底解决黑龙江省书刊印刷生产能力低，不适应出版事业发展需要的矛盾，中共黑龙江省委、黑龙江省人民委员会和黑龙江省文化局采取了一系列措施，在规模较大的印刷厂发展书刊能力的同时，筹建了第一家大型书刊印刷专业厂——黑龙江新华印刷厂。到1965年10月地方国营建设印刷厂并入后，形成了铅字拣排3 000万字、铅印书刊15万纸令、胶印书刊6万色令、书刊装订17万令纸的年生产能力。同时，报社印刷厂和机关、企事业印刷厂也形成了年印刷书刊2万令纸左右的生产能力，结束了中、小学统编教科书和黑龙江地区出版的书刊靠外省印刷的历史。随着书刊出版任务的增加，在黑龙江新华印刷厂的基础上，黑龙江又组建了黑龙江新华印刷二厂、黑龙江新华印刷三厂等3个书刊印制专业厂。全省书刊印刷形成了以出版行政机关直属的专业印刷厂为主，轻工和企事业单位自办印刷厂为辅的三大系统。在组建大型专业书刊印刷厂和鼓励其他印刷厂发展书刊生产能力的同时，大力发展书刊的胶印生产，积极引进各种先进印刷设备和技术。

进入20世纪80年代，随着工业技术的发展，书刊生产手段也由传统的铅字排版，铅活版、型版印刷发展到以胶版印刷为主，实现了激光照像排字、照像分色和电子分色制版、高速多色印刷及书刊装订联动化，印刷种类也发展到型版、平版、凸版、凹版印刷以及各项特种印刷，既能完成书刊的平装本生产，也能完成精装本和平装压塑本的生产。到黑龙江新华印刷二厂建成投产，印刷设备能力和技术条件已经完全能够满足黑龙江省书刊出版的印刷需要。据1985年统计， 全省共有印刷厂800多家，其中具有书刊印刷能力的150多家，仅全民所有制工人就有4万多人。1985年，黑龙江全省共完成黑龙江省出版总社直接安排的书刊印刷、装订任务60万令纸，是合省后的1955年所完成的书刊印刷任务的20倍。

四、发行

黑龙江地区的图书发行约兴起于唐代渤海国时期。唐开元二十六年（738年），渤海王大钦茂派贵族、世家子弟到长安抄回《唐礼》《三国志》《晋书》《三十六国春秋》。从此，唐代典籍图书以写本形式正式传入渤海国。这一时期的图书在黑龙江地区的传播主要是传抄誊写。辽代黑龙江地区的图书流传，在东丹王耶律倍浮海去后唐，大批藏书被焚之后，长期停滞。金代，中原典籍图书通过战争中的劫掠和民间交易等渠道传入，并逐步形成论值索价的图书交易，图书成为一种重要的文化商品，发行的活动方式主要是应用户需求组织抄写或刻印。进入清代，由于长期实行封禁，很长时期内黑龙江地区几无图书发行可言。在著述编辑上虽有若干稿本出现，但仅在很小范围内抄传，亦无索价交易的可能。

黑龙江地区近代图书发行产生于清光绪三十二年（1906年），黑龙江地区文案处在齐齐哈尔开设的图书馆发行教科书，齐齐哈尔、哈尔滨等地陆续有一些私营书店草创开业。至中华民国初年，“书业”已经有店铺、有作坊、有经纪人及本坊编印图书，集发行、印刷、编辑出版为一体。“九一八”事变前，黑龙江已形成中外文图书多渠道发行的局面，各种教科书、宗教书、咨情调查书、文艺及通俗书，发行量已相当大。黑龙江地区沦陷后，日伪当局全面垄断了图书发行业，在伪满洲国内设立了400处贩卖所（在今黑龙江地区有82处），并由300家地方书局组成贩卖网（在今黑龙江地区有80家），大力推销宣传“建国精神”“王道乐土”等侵略理论的图书和进行奴化教育的教科书。自清光绪末年至日伪统治黑龙江地区沦陷时期，图书发行业务的发展十分缓慢，而且各图书行销店铺间的差距十分悬殊，除少数较有规模的书局、书馆外，多数书店都是购入、零售的简单销售。

抗日战争胜利后，黑龙江地区诞生了在中国共产党领导下的人民图书发行事业，以东北书店发行系统为主的人民图书发行事业得到迅速发展，建立了总店领导分店、分店领导支店的图书发行系统，图书发行业务形成了严密体系，黑龙江地区成为革命图书的发行基地，如《毛泽东选集》等重要经典文献图书，从黑龙江地区发行至各个解放区，有力地支援了解放全中国的军事行动和政治工作，也极大地支援了新解放区的思想建设和文化建设。

中华人民共和国建立后，在解放战争时期形成的人民图书发行事业基础上，建立了国营新华书店系统和省、地、市、县以及乡镇图书销售网，成为图书发行的主渠道。各级书店均独立经营独立核算，实行企业化管理。1978年，中共第十一届三中全会后，全省国营书店经营体制进行改革， 普遍实行了以承包为主的经营责任制。随着改革开放的深入和图书发行体制的改革，黑龙江省在充分发挥新华书店主渠道作用的同时，逐步发展了一批集体书店、个体书店和个体书刊摊床，形成了主渠道与辅渠道共同发展的新局面。

图书发行的品种、数量有了大幅度的提高。黑龙江省新华书店及全省新华书店系统在发行重要的政治理论读物，配合党的各项中心工作，发行各级各类教科书，保证学校教育，以及发行各种图书，满足人民群众需要，促进社会主义物质文明和精神文明建设方面做了大量工作。

图书发行业务不断调整、改革、完善，形成一整套科学的运行体系。中华人民共和国成立初期，黑龙江省新华书店一直沿用征订包销的订货方式，20世纪80年代初，随着全国图书发行体制改革，黑龙江省图书发行工作出现了特约经销、寄销、计划分配等多种订货方式，但仍以征订包销为主。图书销售以零售、批发、征订发行三种方式为主。在服务方法上有门市销售、流动销售，在门市销售格局上有闭架售书和开架售书等。

至1985年，形成了以黑龙江省新华书店系统及黑龙江省外文书店为主渠道，以国营商业、供销社系统批销网点和出版社自办发行、集体书店、个体书店（摊床）为辅助渠道的有多种经济成分、多种流通渠道、多种购销形式的发行网络。据1985年末统计，黑龙江省新华书店领导的国营发行网点有县级以上书店95家、门市部104个、售书点179处，共有职工3 644人；同时，全省建有供销社系统批销网点5 400处、国营商业系统批销网点426处、集体和个体书店（摊床）590处、其他售书点11处，总计有职工和从业人员6 960人。按1985年全省3 311万人口核算，平均每5 012 人有1处售书点，每3 122人中有1名图书发行人员。1985年全省新华书店系统共销售图书24 489 万册、总码洋10 797万元，分别比1951年增长1.36倍和36.89倍。全省人均购书7.40册，超过全国人均购书6册的水平。全省图书销售的货币用量占社会商品销售货币总用量的5%左右。

第三节　报　业

一、近代报纸

黑龙江地区近代报纸的产生，是随着帝国主义入侵而发生和发展起来的。清光绪二十四年（1898年）沙俄帝国主义侵入中国东北，以哈尔滨为中枢修建中东铁路后，大批俄人拥入哈尔滨兴办工商业，使哈尔滨由分散的村落，迅速形成初具规模的国际商埠。为适应传播经济信息的需要，清光绪二十七年七月初一日（1901年8月14日），俄国人洛文斯基主办的俄文《哈尔滨每日电讯广告报》创刊。这是黑龙江地区报纸创办之始，但比全国最早的近代报纸晚了近半个世纪。清光绪二十九年（1903年）中东铁路建成通车，中东铁路公司又创刊俄文《哈尔滨日报》。清光绪三十二年二月廿日（1906年3月14日），由沙俄出资创办的中东铁路公司机关报——中文《远东报》在哈尔滨出版。这是黑龙江地区历史上第一家中文报纸，也是东北创刊最早的中文报纸之一。当时，俄国人办的4家俄文报纸和1家中文报纸，垄断了哈尔滨的新闻舆论。特别是中文《远东报》，对中国政治权限隐相干涉，颠倒是非，混淆黑白，成为沙俄侵略中国的喉舌。为抵制《远东报》，皖南人、原哈尔滨吉林省交涉局职员奚廷黻（字少卿）召集股资，于清光绪三十三年六月初十日（1907年7月19日）在哈尔滨创办中文《东方晓报》，并得到吉林、黑龙江两省官府的“提倡”，既投入官股，又为其派销报纸。由于经费来源和人事的变动，《东方晓报》先后更名为《滨江日报》《东陲公报》，但其抵制《远东报》的拒俄宗旨始终未变。《东陲公报》因揭露沙俄侵犯中国主权和痛斥《远东报》为此进行辩护的谬论，而被沙俄迫使中国政府派员于清宣统三年（1911年）查封。齐齐哈尔也于清光绪三十四（1908年）和清宣统二年（1910年）由黑龙江官报局先后出版了《黑龙江公报》《黑龙江官报》。前者是黑龙江地区创办最早的官报。到清宣统三年十一月初（1911年12月末），中国人在哈尔滨、齐齐哈尔、黑河相继创办7家民报、3家官报，打破了俄国人垄断报纸的局面，开创了中国人自己的报纸事业。

二、现代报纸

1919年“五四”运动以后，黑龙江地区报业进入现代报纸发展时期。关内一些报人纷纷来黑龙江办报，及新文化、新思想的传入，使报纸事业更加迅猛发展。特别是各种民办报纸，到1931年就创刊61家。这些民报多以拥护共和，改良风气，振兴实业，指导民生为宗旨， 多数代表民族资产阶级利益，有自发的反帝反封建倾向。在大型民报中，除《国际协报》外， 还有大力宣传反帝爱国的《哈尔滨晨光报》、坚持“反苏反共”的《滨江时报》、偏重“为官府宣传政令”的《哈尔滨公报》等。在小型民报中，有供人“膳毕茶香”之后消遣的《滨江午报》、自称“培植道德，挽救风俗”的《滨江挽风报》、专门刊载“秦楼楚馆、剧场梨园”之事的《松滨花报》等。各种民报虽然办得较多，但多数寿命不长，出版3年以上者很少。

这一时期，中国共产党地下组织也在哈尔滨创办了一些报纸，有些中共党员还参加了一些民报的办报活动。1923年3月，中国共产党早期党员陈为人（化名陈涛）、李震瀛（化名骆森）参加由几位进步青年办的《哈尔滨晨光报》，以新闻记者身分进行革命活动。同年9月，陈为人、李震瀛又同晨光报社长韩铁声创办了哈尔滨通讯社。他们以通讯社为据点，团结一批进步青年，并建立了东北地区第一个党组织——中国共产党哈尔滨组。陈为人、李震瀛离哈南下后，1925年6月，在哈坚持斗争的几名中共党员又创刊了《东北早报》，以民报面目公开出版，这是中国共产党在黑龙江地区创办的第一家党报。后因中国共产党哈尔滨组织遭到破坏，《东北早报》被迫停刊。1926年初， 时值第一次国共合作时期，中国共产党北满地委书记吴丽石同国民党合作，于同年6月创刊了《哈尔滨日报》，仍以民报面目公开出版。后被滨江警察厅以该报副刊“有宣传赤化性质”为名予以查封。1931年8月，中国共产党北满特委又以民报面目公开出版了《哈尔滨新报》。中国共产党地下组织除公开出版报纸，还秘密出版了一些油印报刊，在极其艰难的条件下同敌人进行斗争。

俄国十月革命胜利后，俄国一些革命组织和白俄在哈尔滨出版了许多俄文报纸。英美等国利用所享有的治外法权，不经中国地方当局批准，陆续用本国文字出版了许多报刊。在20世纪20年代和30年代初期，英文、德文、波兰文报刊总数达40多家。

东北沦陷时期，日本侵略者实行法西斯奴化统治，一再强化“新闻统制”，对报纸接连“整顿”。中国人办的大部分报纸被迫停刊，其他外文报纸也先后消失殆尽，只有少数日伪官报垄断了报业。到1936年末，中国人办的中文报纸由沦陷前的13家降为5家；俄国人办的俄文报纸，也由沦陷前的13家降为6家。

这一时期日伪虽然对报纸进行严密控制，但中国共产党地下组织领导的革命报刊仍在秘密出版。1932年初，中国共产党满洲省委迁到哈尔滨后，继续出版机关报《满洲红旗》，宣传中国共产党的主张，发表东北军民抗击日寇的消息。共青团满洲省委和满洲总工会，分别在哈尔滨出版了《东北青年》报、《东铁工人》报。在黑龙江地区各抗日游击根据地，也纷纷出版油印抗日小报，配合党的抗日工作，发挥了重要的宣传鼓动作用。1932～1940年，中国共产党地下组织创办和领导的各种革命报刊，先后共出版14种。在秘密出版革命报刊的同时，中国共产党地下组织还派人打入日伪控制的报纸内部，利用日伪当局对报纸副刊检查不严的有利条件，编发进步文艺作品，揭露日伪的黑暗统治。

抗日战争胜利后，苏联红军进驻哈尔滨后接管了伪满哈尔滨弘报会馆，并于9月由苏军哈尔滨卫戍司令部在该馆出版中文报纸《情报》，主要翻译刊登苏联塔斯社电讯稿。当时，分布在各地的伪满职员和报人，打着“国民党”的招牌，利用伪满报社的设备也出版了一些报纸。其中有齐齐哈尔的《嫩江日报》、佳木斯的《佳木斯民报》、牡丹江的《国民日报》等。同年10月，中共中央派来东北的大批干部，有一批到达了黑龙江地区，他们与原抗联干部一起在中国共产党中央东北局的领导下，分别在滨江、合江、黑龙江、嫩江、牡丹江5个省（地）成立了中国共产党工委（后全改为省委），并相继创办了自己的机关报。这是黑龙江地区历史上由中国共产党公开出版的第一批党委机关报，它们的诞生使黑龙江地区报业发生了根本性变化，从而进入了中国共产党和人民报业蓬勃发展的新时期。

1946年黑龙江地区全境解放后，各种类型的中共和人民的报纸在全省各地迅速发展起来。继5月中国共产党中央东北局机关报《东北日报》迁至哈尔滨出版后，中共中央东北局西满分局机关报《西满日报》在齐齐哈尔创刊，中国共产党齐齐哈尔市委也创刊了自己的机关报《齐市新闻》。全省最早的中共地委机关报《黑河报》《东安日报》，也分别在黑河、东安创刊。还有一批农民报、工人报、青年报、军队报和铁路报、煤矿报、厂报、县报，相继在各地创刊。在哈尔滨还有一批私营报纸纷纷复刊和创刊；曾被日伪扼杀的《哈尔滨公报》《午报》在这时也得到复刊。在此期间，中共中央东北局宣传部资助作家萧军创刊了《文化报》，随后自己又创刊了《生活报》。到1948年末，全省先后创刊和复刊的各种报纸已达45家，它们配合中共各级党委的工作，大力宣传了恢复和发展生产、支援解放战争、农村土地改革、城市民主改革和剿匪斗争等，对实际工作起到了重要的推动作用。沈阳解放后，《东北日报》于1948年末迁至沈阳出版。1949年1月15日，中共松江省委在《东北日报》旧址创刊了《松江日报》。同年6月，随着四省合并为两省，《合江日报》和《哈尔滨日报》并入《松江日报》，出版中共松江省委机关报《松江日报》；《嫩江新报》《齐市新闻》与《新黑龙江报》合并，在齐齐哈尔出版中共黑龙江省委机关报《黑龙江日报》。

从1919年“五四”运动时起，到1949年9月的30年间，黑龙江地区总计出版报纸350多家，其中中文报纸200多家，外文报纸140多家。

三、当代报纸

中华人民共和国成立后，黑龙江地区报业进入当代报纸发展时期。50年代初，报纸数量较解放战争时期为少。除《黑龙江日报》《松江日报》两家省报外，仅有地市报1家，特定对象报7家，企业报4家。这十几家报纸，以省报为主体，主要围绕经济建设进行宣传报道，贯彻地方性、群众性、通俗化的编辑方针。此外，哈尔滨有两家私营报纸，于50年代初期先后停刊。

1954年8月，黑龙江、松江两省合并为新的黑龙江省后，黑龙江日报社迁到哈尔滨，与松江日报社合并，组成新的黑龙江日报社，改刊出版了《黑龙江日报》，由4开4版扩大为对开4版。一批中共地、市委机关报也先后创刊。在齐齐哈尔出版了《齐齐哈尔日报》《嫩江日报》，在佳木斯出版了《合江日报》，在牡丹江出版了《牡丹江日报》，在伊春出版了《伊春日报》；鸡西、鹤岗、双鸭山3市也在原矿工报的基础上，先后出版了《鸡西日报》《鹤岗日报》《双鸭山日报》。同时，一批中共县委机关报也在原县委小报停刊之后，重新创办起来；一些原来没有机关报的中共县委，也开始创办了县报。到1958年末，除4个边远县份外，都出刊了报纸，共有53家。省、地（市）、县（市）三级党报，都以党的路线、方针政策和本省、本地区工作方针为中心，经常刊载国内外时事新闻和省内各地经济建设、政权建设、党的建设，以及理论教育、文体卫生等方面的新闻、言论和副刊。在推动社会主义建设和农业、手工业、私人资本主义工商业的社会主义改造方面，发挥了较为突出的作用。1959年后，由于纸张缺乏，报纸再次进行调整，大部分县报停办，只保留了《海伦报》等4家县报；《黑龙江青年》等报亦停刊。继续办的省报及地市报，在总结“大跃进”对于生产建设浮夸风等宣传报道失误基础上，充实内容，活跃版面，在改革新闻方面做了一些探索。1961年10月，由黑龙江日报社主办出版的《黑龙江日报（朝鲜文周报）》创刊。1963年，《黑龙江农村报》在停刊两年后复刊。

“文化大革命”期间，黑龙江省报业遭到很大破坏。全省各种报纸在“文化大革命”初期一度停刊，出版《新华社电讯稿》或《红色电讯》。《黑龙江日报》停刊6天后，在“造反组织”控制下复刊出版“新1号”，各市级报纸也相继复刊，出版“新1号”。省、地（市）革命委员会成立后，各报又成为“革委会机关报”。在此期间，哈尔滨、齐齐哈尔、佳木斯等市的一些“造反组织”，出版了《造反有理报》《长缨报》《红色造反报》等。《黑龙江青年报》《东北林业报》《科学周报》《海伦报》等被迫停刊。全省各报的一批新闻干部遭批斗、受迫害。这场灾难使社会主义报纸的党性原则，实事求是作风等优良传统遭到严重破坏。省报及各市报纸千报一腔，使报纸在人民心目中丧失了威信。

1976年粉碎江青反革命集团以后，特别是1978年中共第十一届三中全会以后，黑龙江省报业恢复了生机，进入一个新的发展时期。全省报纸在党的正确路线指引下，冲破“左”的思想束缚，拨乱反正，恢复和发扬了社会主义报纸的优良传统，使宣传报道迅速走上正确轨道。在贯彻三中全会以来的路线、方针和政策、揭批江青反革命集团、开展真理标准讨论、平反冤假错案、实现工作重点转移、推行农业联产承包、改革经济体制和坚持四项基本原则等方面，都作了突出、连续、深入的宣传。全省各报都解放思想，不断进行新闻改革，报纸增加了短新闻，扩大了信息量；开辟多种专栏，增加了花色品种；开展问题讨论，活跃了读者思想；突出改革报道，促进了改革、开放，搞活经济；增强开拓型人物报道，为改革者鸣锣开道；加强批评报道，发挥了舆论监督作用。经过新闻改革，报纸出现了空前活跃的局面。随着社会主义有计划商品经济的发展和信息交流日益增多，全省各种类型的报纸大量发展起来。在1979年6月哈尔滨《科学导报》复刊前后，《佳木斯科技报》《大庆科技报》《松花江科普报》等11家科技类报纸，和《黑龙江经济信息报》《农村金融报》《价格信息报》《致富信息报》等8家经济类报纸相继创刊；《哈尔滨法制报》《黑龙江法制报》《黑龙江武警报》等8家政法类报纸和《黑龙江卫生报》大庆《文化生活》报等11家文教、体卫类报纸也相继创刊。除了上述各类专业报外，还于1985年1月创刊了《黑龙江工人报》《老年报》。黑龙江日报社、哈尔滨日报社、齐齐哈尔日报社还分别出版了《生活报》《新晚报》《齐齐哈尔晚报》。同时，还有4家县报、8家厂报、4家大专院校报复刊；15家厂报、12家大专院校报创刊。这些报纸在宣传改革、开放，建设有中国特色的社会主义，振兴黑龙江等方面，都发挥了重要作用。

到1985年末，全省共有各类报纸152家。其中中共地方报纸17家、特定对象报纸和晚报型报纸7家、专业报纸54家、企业报纸50家、大专院校报纸24家。这是黑龙江省报业历史上的兴盛时期，形成了以中共党报为核心的多层次、多种类、开放型的社会主义报业体系。

第五章　科学文化团体

至1985年，黑龙江省科学文化团体主要有黑龙江省科学技术协会、黑龙江省社会科学学会联合会、黑龙江省文学艺术界联合会。

第一节　科学技术协会

黑龙江地区科学技术团体，最早为清宣统二年（1910年）哈尔滨傅家甸自治公所成立的医学研究会。之后，相继于1912年在齐齐哈尔成立黑龙江农会，1918年4月肇东县、巴彦县先后成立医学研究会、医学会，1919年成立傅家甸医学公会，1920年4月哈尔滨成立医学研究会，1923年6月成立东省特别区农会等。这些在黑龙江地区早期出现的科技团体，主要是以研究防治时疫蔓延和改良种植方法、发展农业为宗旨。

东北沦陷时期，日本侵略者为了通过科学技术实现其经济掠夺的目的，相继在黑龙江地区建立一些科学技术团体的分支机构。如伪满科学技术联合部会在黑龙江地区设有哈尔滨、牡丹江、三江、龙江4个联络委员会，伪满农政研究会在哈尔滨和牡丹江市设有分会，伪社团法人满洲发明协会在哈尔滨设有支部。

抗日战争胜利后，1945年8月27日在长春成立中华民国东北科学技术学会。之后，哈尔滨建立了学会。成立不久，就随着国民党政权的垮台而解体。

随着中国人民解放事业的节节胜利，1948年4月，由李富春、王首道等中国共产党人及各界自然科学工作者在哈尔滨发起组建了东北自然科学研究会。

中华人民共和国成立后，随着经济建设和科学技术的发展，1954年成立中华全国自然科学专门协会联合会哈尔滨分会（简称哈尔滨科联）和哈尔滨市科学技术普及协会（简称哈尔滨市科普）。1958年，哈尔滨科联与黑龙江省暨哈尔滨市科普协会合并为黑龙江省科学技术协会（简称黑龙江省科协）。黑龙江省科协的成立，标志着黑龙江省有了一个统一的科学技术群众团体。之后，各地、市、县和一些城乡人民公社、厂矿企业、国营农场也先后建立了科协组织。截至1966年，省级学会发展到32个。

1966年“文化大革命”开始后，全省各级科协的干部被揪斗，组织被砸烂，人员被遣散。面对林彪、江青反革命集团的倒行逆施，全省广大科技工作者热爱党、热爱祖国、热爱社会主义、热爱科学事业，置个人安危于不顾，以顽强的毅力，忍受精神上和肉体上的折磨，在极其艰苦困难的条件下仍坚持科研、教学、生产等各项工作。

1978年1月，中共黑龙江省委决定省科协恢复工作，省级学会恢复活动。各地、市、县科协也相继恢复。1980年3月中国科协召开第二次全国代表大会，进一步明确了科协的性质、地位和作用，使科协工作出现了崭新的局面，各项工作不断深化，工作领域不断扩宽，科协事业不断发展，科协队伍不断壮大。

到1985年，全省县以上科协有专职干部914人，全省乡、镇和铁路、农场系统普遍建立了基层科协，科技人员比较集中的大型厂矿企业、部分大专院校、科研单位也建立了科协组织。学术团体建设开始突破了长期以来单一的自然科学专门学会组织，向多样化发展，成立了一批学会、协会、研究会。至1985年末，省级学会、协会、研究会发展到122个，会员发展到10万人，市（地）和县级学会、协会、研究会发展到2 386个，会员发展到16.5万人。

第二节　社会科学学会联合会

中华人民共和国成立之初，黑龙江地区还没有社会科学的专业学术团体，当时社会科学工作者人数不多，不能形成队伍。随着全国社会主义革命和社会主义建设事业的发展，黑龙江省逐步形成了一支主要由大专院校和党（干）校社会科学专业课、马克思列宁主义理论课教师和党政机关、企事业单位理论宣传干部及职工业余学习理论积极分子组成的社会科学工作者队伍。

1958年7月19日，黑龙江省哲学社会科学学会联合会正式成立。1959年2月，黑龙江省组建第一个社会科学类的专业科学会——省历史学会。此后相继组建了省自然辩证法学会、省外国语学会等。至1966年1月，全省共有9个社会科学学会。全省社会科学中主要的基础学科都建起了省级学会，通过这些学会组织，更广泛地团结全省社会科学工作者，在马克思列宁主义的指导下，贯彻理论与实际相结合的方针，开展了大量学术研究工作，为促进全省的社会主义建设做出了积极的贡献。

1966年“文化大革命”开始后，全省广大社会科学工作者遭到疯狂的迫害。与此同时，省社科联及其所属学会组织和市级社科联，也被“勒令”停止一切学术活动。1968年9月，省社科联被迫解体，社会科学战线遭到灾难性的破坏。

粉碎江青反革命集团后，1978年8月9～15日，省社科联联合召开第三次代表会议，恢复重建了组织机构。省社科联恢复建制之后，在社会各界的支持下，学会组织和地、市社科联组织得到了迅速的发展。新建了会计学、财政学、图书馆学、科学社会主义等65个学会，学会总数达到74个。省属学会会员人数由“文化大革命”前的1 400人发展到14 000余人。先后又建立起齐齐哈尔、双鸭山、黑河等9个市、地区级社科联组织。到1985年，省社科联已经成为全省社会科学学科门类众多、科研能力较强、人才集中、组织健全的社会科学学术性的群众团体。

第三节　文学艺术界联合会

黑龙江省文联的历史可以追溯到解放战争时期。1945年抗日战争胜利后，延安等老革命根据地的一大批文艺家和文艺领导干部，奉中共中央之命随军挺进东北，先后聚集哈尔滨、佳木斯、齐齐哈尔、牡丹江、北安等各大、中城市，协助党政军建立东北根据地，接收敌伪文化设施，发动群众，配合革命和建设事业开展群众的革命新文艺运动。先后到达黑龙江地区的有戏剧家张庚、张水华、塞克、王大化、李之华、王家乙、张守维等；音乐家吕骥、马可、李劫夫、白韦等；美术家王曼硕、华君武、古元等；作家、诗人和文学翻译家萧军、舒群、张松如、周立波、金人等；随军记者刘白羽、华山等，以及组织领导者共100余人。

1945年11月～1948年5月，老革命文艺家和文艺领导干部在黑龙江地区先后成立起中华全国文艺协会东北总分会和各地分会及哈尔滨市文艺工作者协会等文艺界专业性群众团体共14个；成立东北文艺工作团、东北鲁迅文艺工作团、东北民主联军总政治部文艺工作团等文艺演出团体共46个。这些群众团体和演出单位，创作、演出了大量的反映现实斗争的各种形式的新型文艺作品，向广大人民群众宣传了革命真理和共产党的主张，受到广大群众的热烈欢迎。各种文艺活动发挥"团结人民、教育人民、打击敌人、消灭敌人"的历史性作用，在黑龙江大地播下了革命文艺火种，培育了革命文艺人才，为中华人民共和国成立后黑龙江地区建立统一的群众文艺团体开辟了道路，奠定了基础。

中华人民共和国成立后，黑龙江省文联和松江省文联先后成立。几年时间内，即产生了一批为广大群众所喜闻乐见的反映现实生活的文艺作品。1954年8月，黑龙江省文联和松江省文联随着两省行政区划的合并而合并为新的黑龙江省文联。1958年12月，成立了中国作家协会黑龙江分会、中国戏剧家协会黑龙江分会、中国音乐家协会黑龙江分会、中国美术家协会黑龙江省分会。省文联组织系统和各艺术门类业务活动自此开始走向健全化和专业化。到1966年5月，省文联所属省文艺家协会达9个，拥有会员775人，其中中国各文艺家协会会员110人。

1966年"文化大革命"开始后，省文联机关、各协会停止工作。文艺工作被纳入为林彪、江青反革命政治路线服务的轨道。

1978年粉碎江青反革命集团后，省文联及各协会才恢复工作。作家艺术家积极响应中共黑龙江省委领导发出的关于"认识黑龙江、热爱黑龙江、宣传黑龙江、建设黑龙江"的号召，从长期封闭和半封闭状态中解放出来，纷纷走向社会，以各种方式深入基层，出现联系群众，深入反思， 大胆反映时代的创作热潮。黑龙江省文艺创作成果出现总体性的突破，各艺术门类优秀作品不断涌现，频频获奖。文学上程树榛的报告文学《励精图治》、短篇小说王毅、锦云的《笨人王老大》、张抗抗的《夏》、张林的《你是共产党员吗》、关沫南的《紫花与红叶》、中篇小说张抗抗的《淡淡的晨雾》，长篇小说刘亚舟的《男婚女嫁》、林子的爱情诗《给他》等；电影文学上鲁琪的《大渡河》，鲁琪、刘畅园的《勿忘我》等；戏剧上丛深等的话剧《间隙与奸细》、刘炎等的评剧《民警家的"贼"》、李超仁的评剧《结婚前后》、王毅的龙江剧《皇亲国戚》、陆正群评剧《婆婆媳妇》等；美术上陈宜明等的连环画《枫》、于志学的冰雪山水画、杨世昌等的冰雪雕塑，晁楣、张祯麒、杜鸿年、郝伯义等的版画；音乐上秀田、邢籁、王立平的歌曲《太阳岛上》，王德、刘锡津的《我爱你，塞北的雪》等；曲艺上原建邦、师胜杰的相声《郝市长》等，有的在本艺术门类获得全国最高奖励，有的在读者和观众中引起热烈反映，受到评论界广泛称誉。

到1985年，全省文艺事业迅速发展。黑龙江省文联所属专业性艺术家协会、学会、研究会达到12个。各协会会员总数达到5 175人。已建成市文联10个，地区文联4个，市（地）级企业文联2个，各市（地）级文联也都相应地建立了各文艺家（工作者）协会组织；县文联46个。

第六章　卫生　体育

黑龙江省地处祖国东北边陲，祖国医药学多由中原传入。唐代已有中原医药传入当时的渤海国。清代西医传入黑龙江地区。黑龙江地区医药卫生事业发展缓慢，医疗条件原始落后，有限的医疗资源只为少数统治者服务，一般平民根本得不到医疗卫生保障。抗日战争胜利后，才彻底改变了这种状况。1945～1985年，经过40年的发展，大大改变了旧社会遗留下来的不卫生、不健康的状况，全省医疗卫生保健事业进入了一个崭新的历史阶段。

黑龙江地区体育活动源远流长，约从新石器时代晚期始，从东部滨海到西部大兴安岭，先后出现了肃慎、扶余和鲜卑等狩猎、游牧民族，多于生产劳动之暇以及节日祭祀时举行骑马、射箭和滑冰雪等游乐活动。隋唐以后，引进了中原体育文化的养生、气功、打球、围棋、象棋等。19世纪末叶，西方体育文化传入中国，学校有了以体操为主的体育课，社会上开展了田径、球类、游泳等近代运动项目。中华人民共和国成立后，体育事业得到空前发展。群众体育蓬勃发展，运动技术水平大幅度提高，黑龙江省的体育事业步入了新的发展时期。

第一节　卫　生

一、爱国卫生运动

中华人民共和国成立前后，由于黑龙江地区有鼠疫、霍乱及地方病和其他传染病的发生和流行，城乡垃圾污物亟待清除，不卫生条件亟待改善。当时黑龙江省、松江省都建立了防疫委员会，领导黑龙江地区人民向疾病和不卫生状况进行斗争。

1952年4月4日，在黑龙江省甘南县的4个乡（45个村屯）中的31个村屯，发现了与季节、环境异常的、大量的昆虫、小田鼠和羽毛、树叶等。经鉴定，小田鼠和昆虫为非当地种属，并在小田鼠体内检出鼠疫菌。经“国际联合调查团”认定为美国在侵朝战争中空投所致。防疫委员会当即发动和领导群众，掀起了大规模的灭鼠、灭虫和改善环境卫生活动，防止了疾病传播，粉碎了敌人的细菌战争。同年，黑龙江地区在全地区发动了群众性的扑鼠、灭虫活动。到6月末，据34个市县的不完全统计，共扑鼠694万多只。从此，扑鼠、灭虫、搞好环境卫生的群众性卫生活动高潮迭起。

1954年，黑龙江、松江两省合并。合省后的黑龙江省爱卫会主任由中共黑龙江省委书记王一伦担任。办事机构设在省卫生厅内，从此爱卫会成为各级政府的常设机构，由国家定编并拨给专项活动经费。

1955年，黑龙江省结合实际，对城乡卫生工作提出具体要求，对农村强调结合积肥建立“五有三勤”（牛马有棚、猪羊有圈、鸡鸭有架、家家有厕所、户户有灰仓，勤起、勤垫、勤打扫）。城镇以彻底改变卫生面貌为主，整修道路、疏通沟渠、绿化环境。动员人力、车力之多，是历史上从来没有过的。通过群众性突击活动，全省城乡卫生面貌显著改观。

20世纪60年代初，由于暂时经济困难，未举行大规模地群众性卫生活动。“文化大革命”中，爱国卫生运动组织涣散，群众性爱国卫生活动陷于自流状态，城乡卫生出现“脏、乱、差”的局面。

1972年，全省各级爱国卫生运动组织得到了恢复。是年春节前在全省开展了以搞好环境卫生、食品卫生为重点的卫生突击活动。翌年5月又在全省开展了第二次卫生突击活动，仅哈尔滨、大庆、鸡西3市和绥化地区就出动380多万人次，7.3万多台车次，清除垃圾55万多吨，疏通沟渠46 万多延长米，维修厕所6万多个，组织城粪下乡78万多吨。

1978年，黑龙江省发动和领导广大群众开展争当样板活动，收效很大。哈尔滨、牡丹江、大庆市、肇东县进入全国卫生先进行列，受到中央爱卫会的表彰和奖励。

1985年，哈尔滨、牡丹江、齐齐哈尔、佳木斯、鸡西、鹤岗、双鸭山、大庆8个城市共修整街巷3 240条；新建和维修厕所3 020个；整顿垃圾站（场）3 000多处；新添和维修垃圾容器7 000多件。其中哈尔滨市新添铁制垃圾箱200多个。牡丹江市还建立了小游园900多处，修假山128座，建亭30多座、立雕塑200多座，为市民增添了游憩场所，美化了城市。

二、卫生防疫

黑龙江省在历史上曾是传染病和地方病十分猖獗的地区。清宣统元年至三年（1909～1911年）、1920～1921年，鼠疫有两次大流行；清光绪二十八年（1902年）～1947年，霍乱有4次大流行；清光绪三十三年（1907年）～1945年，克山病有3次爆发流行。疫病流行最高年份患者死亡都数以万计。至于天花、伤寒、麻疹等则是连年不断。中华人民共和国成立前，黑龙江地区每年罹患传染病人数都在20万人左右，病死率高达10%以上。急性传染病居当时人口死因的第一位。

中华人民共和国成立后，黑龙江地区全面贯彻“预防为主”的卫生工作方针，建立了省、市、县（区）各级卫生防疫站和其他卫生防疫专业机构，系统地开展了环境、食品、劳动、放射、学校卫生和急、慢性传染病、寄生虫病、地方病的防治工作，取得显著成果。到1955年先后消灭了人间传播的鼠疫、霍乱、天花。

1957～1965年全省各级卫生防疫站快速发展，由1957年的72所发展到1965年的87所。“文化大革命”中卫生防疫事业遭到了严重破坏，许多卫生防疫部门的工作处于瘫痪状态。

1978年以后，卫生防疫工作全面恢复并有所发展，大部分卫生防疫人员归队。全省各级卫生防疫站达126个，工作人员3 225人。

1983年1月，开始在全省范围内实行计划免疫。主要通过麻疹减毒活疫苗、脊髓灰质炎疫苗、百白破三联混合制剂、卡介苗4种疫（菌）苗计划按种来控制、消除危害儿童健康的白喉、百日咳、麻疹、脊髓灰质炎、新生儿破伤风和结核病6种传染病。同年1～6月，计划免疫覆盖面为全省的1/5，到1984年5月，其覆盖面为全省的4/5。1985年，计划免疫在全省基本推行开来。同年，将流脑多糖菌苗也纳入计划免疫。到1985年，全省共有各级卫生防疫站137所，工作人员4 922人。

三、中医

黑龙江地区随着中原地区的医术、本草及药物的传入，渤海国也逐步地培育了本民族的医师和药剂人员。辽代，女真人把松子、蜂蜜、白附子作为采集的重要经济作物。金代攻陷北宋汴京后，由内地掳来的有10 万人，其中便有汉医官，包括太医局官吏。当时，流传的中医药书籍有《内经素问》《本草》《圣济总录》等，从而带动了中医药在黑龙江地区的传播与发展。到了清代，中原与黑龙江地区交往日益密切，中医中药随着移民、经商、开矿、设立边防驿站、流放犯人等活动开始大量流入黑龙江地区，中医药人员亦随之增多，中医药事业渐次发展起来。开发较早的地区为齐齐哈尔、宁安一带。

清道光二十年（1840年）以后，由于西方医学的传入，中医的发展受到很大影响。清末时期的李鸿章、袁世凯曾制订过“尽仿洋式”和废止中医的政策。东北沦陷时期，由于中医的地位低下，中医药人员大幅减少，中医的辩证施治被曲解，疗效被否定，只有少数中医散在城市或乡村，行医于民间。

中华人民共和国成立初期，全省有中医2 749人，占医生总数的77.5%，大部分散在广大农村。由于受到人为的干扰和限制，中医事业发展缓慢。1954年，随着中医政策的落实，中医地位得以改变，黑龙江地区的中医事业很快发展起来。省卫生厅设立了中医科，成立了黑龙江省中医进修学校。1957年，建立了黑龙江省祖国医药研究所（简称祖研）。1959年4月，省卫生厅将省医院、省祖研、省第一卫生学校、省中医学校4个单位合并，成立了黑龙江省卫生干部进修学院。同年9月更名为黑龙江中医学院。1963年3月，建立黑龙江中医学院附属医院。随后一些市县的医科学校也都开设了中医专业。

1978年，中共黑龙江省委采取了一系列措施，为“文化大革命”中的冤假错案平反，许多被下放的中医回到了原来的工作岗位。1979年，为推动中医和中西医结合事业的发展，省医院成立了中西医结合科，作为中西医结合基地。哈尔滨医科大学附属第一、第二医院中医科建立了实验室。附属第二医院中医科开展的对肾本质的研究与结缔组织病的研究，居国内领先地位。1984 年9月，省卫生厅拟定了省中医、中西医结合的重点专科项目，并确定了重点专科牵头单位。同年11月，全国第一个非药物治疗研究机构“黑龙江省非药物治疗研究中心”成立，根据中医的特点和优势，开展了针灸、气功、推拿、体疗等多种非药物疗法。

至1985年，全省共有省级中医院2所，市级中医院10所、床位1 472张，县级中医院59所、床位3 110张，综合医院1 627所，全部设有中医科。全省共有中医11 159人，其中主任医师7人，副主任医师84人，主治医师937人，医师4 293人，医生5 321人，未定职称者517人。

四、西医

清光绪十八年（1892年），英国基督教派西医师到阿什河（今阿城县城）开办医院，从此西医开始传入黑龙江地区。清光绪二十六年（1900年），俄国人在哈尔滨建立东清铁路中央医院。清光绪三十年（1904年），英国基督教会在呼兰县城开设医院。清宣统三年（1911年），黑龙江督军府在卜奎（今齐齐哈尔市）开设官医院以及其后中外西医师在哈尔滨开设大批私人医院、诊所。1931～1945年东北沦陷期间，日本侵略者出于掠夺需要，在大量倾销东洋药品的同时，在城市和县城建立起公私各类医疗单位，主要为日伪统治者和有钱有势的人服务。1945年抗战胜利后，除少数城市医院被部队接收而保留下来之外，县以下医疗机构多数解体。日本医务人员都集中于大城市日侨收容所，部分被东北民主联军医院留用。同年末，全省只有地方城市医院47所，卫生技术人员1 457人，其中西医师（士）675人，床位1 632张。在此基础上，全省各地广泛组织和动员医药卫生人员开办各类医疗组织，积极为广大群众防治疾病。

中华人民共和国成立后，迅即在哈尔滨、齐齐哈尔、牡丹江、佳木斯等城市和大部分县建立健全医疗机构。全省卫生技术人员达5 904人，平均每千人口有医生0.39人。1965年，卫生事业进一步发展，各类医疗机构有5 921所、病床43 852张、卫生技术人员6.5万人。平均每千人口有医院床位2.05张，有医生1.5人。“文化大革命”期间，城乡医疗单位被扰乱，医疗规章制度被废除。以“资产阶级反动技术权威”罪名，把一些资深的老医务人员关进牛棚或下放劳动改造，有的被判刑监禁。造成管理混乱，医疗质量下降。

1978年中共第十一届三中全会后，全省各级医疗机构迅速恢复和发展，改善和更新了医疗设备。经过与国内外的业务技术交流，以及采取培训、进修等措施，卫生技术人员的政治素质和业务技术水平不断提高。到1985年，全省已建立起省、地、市、县综合医院、专科医院、医学院校附属医院、厂矿企业医院、少数民族医院、疗养院等多层次、多科别、多功用的纵横布局、互为联系的医疗网络。医院病床达95 439张，平均每千人口有2.88张；卫生技术人员15万余人，平均每千人口有医生1.7人。在医疗技术方面，到1985年，已从中华人民共和国成立初期的以物理诊断和常规化验为主的诊查手段，转换为以CT，B超、心动超声、自动生化、放射免疫和亚细胞水平的现代科学诊查手段，确诊疑难病症。治疗技术也从能做下腹部手术，发展到开胸、开颅、心内直视手术、断肢再植和部分脏器移植的现代治疗技术。

五、蒙医

清道光十三年（1833年），从卓索图土默特左旗（今辽宁省朝阳县）的喇嘛蒙医迁入，黑龙江地区开始有蒙医。到清宣统三年（1911年），蒙医药人员达50余人，仅杜尔伯特旗就有10名有名望的蒙医。东北沦陷时期，蒙医倍受歧视，蒙医人员逐渐减少。

1946年，杜尔伯特民主联合政府成立后，积极扶持蒙医药发展，组织蒙医在东吐莫努图克成立了以吴俊兴为所长的第一个蒙医诊所，少数蒙医进入诊所工作。20世纪50年代，相继成立了蒙医联合诊所。60年代，建立了蒙医院，大部蒙医在综合性医院的蒙医科、乡卫生院和蒙医诊所从事医疗工作。在蒙古族聚居的公社卫生院相继设立了蒙医科。

20世纪80年代，蒙医事业得到进一步发展，肇源、泰来和富裕县人民医院均设有蒙医科。在敖林西伯、巴彦查干、他拉哈、新屯、浩德、义顺、超等、街基和江桥9个乡（镇）卫生院中均设有蒙医诊室。到1985年末，全省共有蒙古族医院2所，蒙医药人员58人。其中，副主任蒙医师1 人，主治蒙医师2人，蒙医师17人，蒙医士30人，蒙药师（士）5人，其他人员3人。

六、医疗保健

抗日战争时期，黑龙江地区是东北抗日联军活动区域之一。抗联的医疗保健工作，主要依靠中医或指战员自学技术治疗伤病。在极端困难的境遇中，曾涌现出许多可歌可泣的医务人员为国捐躯的事迹。抗日战争胜利后，各地在动员组织医药卫生力量为群众防病治病的同时，还以人力物力支援东北民主联军，组建战勤医院为解放战争出力。

中华人民共和国成立后，黑龙江地区的医疗保健工作逐步走向正轨。1950年开始，为支援抗美援朝战争，黑龙江地区新建扩建战勤医院31所，设床位1.5万张，动员、培训医药卫生人员近万人，为支援战争，救治伤病员做出了贡献。

1951年以后，黑龙江地区先后对工人、干部实行了劳保医疗和公费医疗制度，使职工、干部医疗保健得到了充分保障。1955年开始实行少数民族医疗保健。黑龙江省组建了民族卫生工作队，深入到16个少数民族聚居的市、县，经过普查，免费治疗。到1958年末，基本消灭了在少数民族中长期流行的性病和结核病。全省还建有少数民族医院和民族乡卫生院。

1969年，开始在农村实行合作医疗制度。经过试点，推广经验，到1971年全省农村实行合作医疗的生产大队达71%，其中有些县、公社达到100%。其后，由于资金不足和管理不善等原因，逐年下滑，到1985年坚持合作医疗制度者已为数不多。

到1985年末，全省已建成乡（镇）卫生院870所，卫生技术人员15 257人，床位14 888张；全省有行政村14 357个，设置村卫生所、医疗点14 365个，民族乡卫生院34所，乡村医生和卫生员28 413 人，形成了完整的医疗、预防、保健体系，做到了应用中医、西医两法做预防、治疗、接生工作。

1985年，全省享受公费医疗人数为822 979人，经费支出6 203.6万元，人平均支出为77.72元。

七、妇幼卫生

在中华人民共和国成立前，黑龙江地区没有妇幼保健专业机构，妇女儿童卫生保健工作几乎是空白， 妇女儿童患病主要靠偏方、土法或求神拜佛求得精神上的安慰，实际是听天由命。产妇的产褥热和新生儿破伤风发病和死亡率极高。妇女和儿童的传染病、多发病更是连年不断，夺去了大批妇女儿童的生命。

清光绪九年（1883年），黑龙江将军衙门为给婴儿引种牛痘，每年拿出白银300两，作为预防天花的专项费用。中华民国和伪满时期，哈尔滨、齐齐哈尔的官立医院开始设有妇科和小儿科，并举办过助产士训练班，也有少数私人的产院和挂牌的助产士在大城市中开业，极少数人接受新法接生和对儿童预防天花推行的牛痘苗接种。

抗日战争胜利后，黑龙江地区各级民主政府都建立了卫生管理机构，妇幼卫生工作被提到管理日程， 原黑龙江、松江两省都分期分批地开办旧产婆培训班、改造旧产婆为新法接生的接生员，并装备了接产用具（产包）推行新法接生。

1950年，松江、黑龙江两省卫生厅都设有妇幼卫生科。1952年开始，黑龙江地区各市县陆续建起了妇幼保健站，开展了妇幼卫生宣传教育和健康检查；在女工集中的企业和农村开展了妇女劳动保护；在农村建立了难产抢救网和农忙托幼组织；在儿童中普遍推行了卡介苗、牛痘苗、白喉、百日咳、破伤风、麻疹、小儿麻痹等预防接种。在农村开展了妇女病（主要是对子宫脱垂、闭经）进行了普查普治。提高了妇女儿童的健康水平和免疫水平。

1966～1976年“文化大革命”中，全省妇幼卫生工作受到严重干扰，多数机构瘫痪，工作限于自流。1976年以后，全省各级妇幼卫生组织逐步得到恢复和发展，工作走上正轨。1983年，全省新法接生率达到98.3%，其中科学接生占40.3%。妇女儿童的传染病、多发病大幅度下降，有的传染病已被控制或消灭。

至1985年，全省有省妇幼保健所1所，市、县妇幼保健院、站发展到129所，集体站16所，个体站61所。全省工业及其他部门妇幼保健院、站26所。共有床位1 515张，卫生技术人员3 599人。

八、药品监管

清道光二年（1822年），宁古塔（今宁安）副都统衙门设医官杜奇源，管理中医中药。东北沦陷时期，药政管理工作由伪满省、市、县公署及警察署办理。中华人民共和国成立前黑龙江地区扎吸毒麻品者比较普遍。据1938年统计，哈尔滨市持有鸦片购买证的吸毒者32 450人，齐齐哈尔市有鸦片麻药所31所、管烟所10所。

抗日战争胜利后，从1945年11月起，黑龙江地区逐步建立了省、市、县各级民主政府。药政工作虽由政府主管，但因缺乏法制和有力措施，有执照的开业，无执照的也同样开业，巫医神汉贩卖假药坑害人民的事件屡有发生。为保护人民用药安全有效，各市、县在政府领导下，建立药品管理委员会、药品鉴定委员会，发布《药商管理暂行办法》，加强了对医药市场的管理。

中华人民共和国成立后，黑龙江地区各级人民政府逐步建立起药政及药检机构。各县增设专职药政干部，形成省、地（市）、县（市、自治县）3级药政药检监督检测网。

1950年，省政府发布《加强毒麻药品管理通令》，使药品生产、供应、使用、管理都有了法令依据。1958年“大跃进”时，全省办起了许多小药厂，医药市场活跃。同时也出现了产品质量低劣等问题。1961年，全省贯彻“调整、巩固、充实、提高”的方针，联合组成整顿医药工业调查组，对药厂进行整顿，除保留符合质量标准的一些厂家外，分别采取关、停、并、转等措施，扭转了混乱局面。

1966～1976年“文化大革命”时期，药政管理工作遭到严重破坏。

1976年后，药政药检工作开始恢复并逐步走向健康发展的新时期。建立健全了“省、地（市）、县（市、自治县）三级药品监督检查员制度”，加强了药政管理。全面整顿药厂、整顿药品品种、整顿医疗单位制剂室。对全省的制药企业进行了验收。合格的26家，限期整顿的2家。对全省2 200家医院制剂室进行了验收，合格的1 648家。1985年，全省核发有“药品经营企业许可证”的省级医药站8个、地（市）级医药公司28个、县（市、自治县）级医药公司138个、基层经营网点1 289个。1985年，全省有省、地（市）、县（市、自治县）药品检验所79所，专业技术人员500余人，全省3级药品质量监督网已经形成。1985年7月1日，《中华人民共和国药品管理法》在全省贯彻实施，全省的药政管理工作进入了依法管理的新阶段。

九、医学教育

黑龙江地区的医学教育，最早始于中医带徒及家传师授。学徒者在药铺坐堂或自家行医的医者那里，通过经营服务和技术服务的实践学习技术。出徒后，即开始自行行医。早期西医由大学或专科毕业的也为数不多，多是在医院或诊所通过实践掌握技术，出徒行医。省内以学校的形式进行医学教育始于清宣统三年（1911年），俄国侨民在哈尔滨成立了俄侨私立第一齿科学校。1926年，成立哈尔滨医学专科学校。1929年，成立哈尔滨市俄侨私立第二齿科学校、黑龙江省公立医学校。1932年，伪陆军军医学校在哈尔滨成立。1938年，哈尔滨医学专科学校更名为哈尔滨医科大学。这是黑龙江地区历史上第一所公立的高等医科学校。1940年，佳木斯医科大学、北安和齐齐哈尔开拓医学院相继创办。到1945年抗战胜利，黑龙江地区共有高等医科院校8所，有数可计共毕业2 211人。其中，中国学生831人，日本学生380人，俄国学生1 000人。

黑龙江地区中等医科学校最早始于中华民国初期。1918年，哈尔滨中东铁路中央医院高级医学校附设哈尔滨副医学校成立。1926年，哈尔滨俄侨私立药剂师传习所（合格药剂士）在哈尔滨成立。其后，还有公私立医院附设的护士学校、助产士学校等。到1945年，全地区共有中等医科学校13所，共毕业副医、药剂士、护士、助产士等1 678人。

1945～1949年，为适应解放战争的需要，先后创办了合江军区卫生干部学校，黑龙江省军区军医学校、东北卫生干部学校、松江省助产士学校、嫩江省立卫生学校等中级卫生学校。

1949年，哈尔滨医科大学正式诞生。1959年，黑龙江中医学院成立，从而结束了黑龙江省一直没有中医高等院校的历史。此间，佳木斯医学院、齐齐哈尔医科专科学校、牡丹江医科专科学校以及黑龙江省卫生管理干部学院相继成立。

1966～1976年“文化大革命”期间，全省的高、中级医药卫生院校严重受挫，大批教师、干部受到摧残迫害，教学设备、仪器、器械以及图书资料等受到严重破坏，有的学校停止招生或解体。

1978年中共第十一届三中全会后，医学教育工作得到全面恢复与整顿，健全了正常的教学秩序。在招生制度上采取定向招生，定向分配，为基层培养医药卫生人才。同时，恢复或重建了医学学术团体，广泛地开展了医学学术活动。到1985年，全省一个多层次，多种规格，多种形式，门类齐全的医学教育体系全面形成。共有高等医学院校6所；中等医药卫生学校14所（包括企办6所、医专附设中专部2所）；卫生职工中专31所（包括企办8所），分校9所。高等医学院校开设19个专业，中等医药卫生学校开设16个专业。

十、医学科研

黑龙江地区的医学科学技术研究起步较晚。清宣统二年（1910年），东北三省及内蒙古部分地区肺鼠疫流行。伍连德总医官曾进入疫区考察，研究鼠疫起因及流行规律。发表了《蒙古鼠疫与瘟疫的关系之考察》的科学论文。

解放战争时期，中国医科大学二分校附属医院石增荣博士，曹俊、王毅医师，于1948年3月为一位战士施行角膜移植手术并获得成功。其后，在3年多的时间里施行角膜移植105例。1949年中华人民共和国成立后，医药卫生事业迅速发展，各医药院校开展了大量的实验研究工作。1953年， 卫生部将这一成果拍成科学教育影片，在全国放映，推广这项新技术。

1963年2月，省卫生厅成立医学教育科研处。

1978年，全国科学大会在北京召开。哈尔滨医科大学于维汉、省医院申尊茂及黑龙江省的24项科研成果受到大会的表彰和奖励。同年9月，省卫生局在牡丹江市召开全省医药卫生工作会议，讨论制定了《1978～1985年黑龙江省医药卫生科学技术发展规划（重点项目）》。

1979年4月25日，黑龙江省医学科学院建立，下设11个研究室和1个编辑部。1985年与哈尔滨医科大学合并改称中国医学科学院黑龙江分院，实行教学、科研和医疗“三结合”。

1978～1985年，全省获得医学各科科技成果奖共314项。其中，获全国科学大会奖24项，全国医药卫生科学大会奖26项，省科学大会奖76项。

到1985年，全省有独立的医学研究所8所，附设科学研究所8所，共有工作人员1 386人。其中，卫生技术人员1 071人。

第二节 体 育

一、传统体育

新石器时代晚期，黑龙江地区先后出现了肃慎、扶余、鲜卑等民族。这些民族都生活于山林之中，无固定居处，有的以捕猎鹿、獐、野猪、鱼类为生，有的以养牧牛、羊、马为业，在生产闲暇和节日祭祀进行一些骑马、射箭、角力等游乐活动。直到两晋、南北朝时代，民族虽多兴替，而基本的生产生活方式、文化却无多大变化，人们的体育娱乐仍以射骑为主。

隋唐时期，黑龙江地区西部兴起了室韦族，冬季出现了"骑木而行"的滑雪活动。东部肃慎后裔发展成靺鞨族，建成渤海国，传统的骑射活动更为广泛，人们以驰骑为乐，良马、硬弓、雄鹰、猎犬成为喜爱之物。同时，引进唐代中原地区流行的打球（包括马球和步打）、蹴鞠、围棋、投壶等活动，形成中原体育文化和民族体育文化的合流。

公元10世纪，契丹族兴起，建立了辽王朝，骑射、角牴等娱乐、游戏活动有所发展。女真族灭辽，建立金国，围棋、象棋活动很受喜爱，端午节常于赛场举行射柳之戏。

元代，冬季出现了以狗拉雪橇作为交通工具，是中国雪橇之始。赫哲人也以狗拉雪橇为冬季娱乐器具。鄂温克人则在冬季用木马（滑雪板）打猎。明代，明朝政府对当地的生产、生活、经济、文化不加干预，各民族传统的游乐体育活动自行发展。

清代重武备，满官学以骑射为必修，八旗子弟也以骑射、摔跤为军事训练科目。清咸丰十一年（1861年），东北开禁，华北汉民大量涌入黑龙江地区，之后回族、朝鲜族也相继移入，汉族的武术、气功、举石担、举石锁，朝鲜族的秋千、跳板等活动传入城乡。满、鄂伦春、赫哲等民族的传统民俗体育游乐，愈见丰富多彩。滑冰、滑雪成为冬季普遍的游乐。

中华人民共和国成立后，黑龙江地区传统体育继续流传于民间，部分传统体育项目如武术、围棋、象棋被国家列为体育比赛项目。中华人民共和国成立初期，黑龙江地区传统体育活动群众广泛参与，传统体育活动水平呈明显上升态势。及至"文化大革命"时期，武术、气功被视为"封建余孽""封建迷信"，其习练者被视为"牛鬼蛇神"，武术、气功运动遭到严重摧残，趋于沉寂。其他传统体育活动亦处于消沉状态。"文化大革命"结束后，黑龙江省传统体育活动又活跃起来。

二、学校体育

清光绪三十一年（1905年），清政府按西方模式改革中国教育制度。确定体育作为小学教育的重要内容之一，初等小学的体操课以有益的运动及游戏为教学内容，高等小学则以有益的运动和普通徒手体操为内容。清宣统二年（1910年）又提出"小学堂寓兵于学，开设兵式体操"。黑龙江地区执行清政府的各项"章程""规定"，特别把兵式体操"作为边防之补助"。1912年中华民国教育部颁行《普通教育暂行办法》，提出"高等以上体操课，应注重兵式"，并规定体操课的种种要求。1916 年，小学校增设国术课。课外进行户外运动、游泳等。中华民国政府先后颁布规定，将体操课改为体育课，并列为必修课，规定了各年级体育课时。黑龙江地区多数学校虽均按规定上体育课，但因缺少师资及设备条件差，基本不能完成课堂教学。这一时期，黑龙江地区各级学校还开展有田径、球类等项目的训练和比赛活动。

东北沦陷时期，日本侵略者推行法西斯奴化教育，把体育作为奴化教育的一种手段。各级学校体育课均采用按照日本体育教材精神编写的《满洲体育教授要目》进行教学，以器械体操为主，田径、球类作为游戏和课外活动内容。中等以上学校每周有两节军事训练课，由日本军官或伪满军官任教官，按伪军步兵操典进行徒手和持枪教练，有时作实弹射击和小队实战演习。教官经常随意辱骂或殴打学生。

中华人民共和国建立伊始，松江省和黑龙江省即把体育作为中小学必修课，均编印有中小学试用体育教材。松江省根据国家"学习苏联，改革教学"的指示，多次举办体育教师学习班，聘请苏联专家给全省体育教师讲授苏联体育理论、体育制度和体育教材、教法，提高师资水平。1950年松江省制定《暂行体育锻炼标准》，1952年又制定试行办法和测验标准。并在宾县一中、阿城一中、牡丹江一中等10余所中等学校进行冬季项目试点。1954年6月统计，松江省参加《体育锻炼标准》的有中学28所、中等专业学校3所、师范学校2所，参加锻炼的学生18 358人，占学生总数73.1%。1954年国家体委公布试行《准备劳动与卫国体育制度》（简称“劳卫制”）。黑龙江省与松江省合省后，先后在哈尔滨工大、哈尔滨六中和牡丹江一中等11所学校试行“劳卫制预备级”。1956年国家体委取消了“劳卫制预备级”。“劳卫制”作为一项制度在黑龙江省城市的大、中、小学校普遍推行至1959年，参加“劳卫制”锻炼的合格人数累计达200万人。

“文化大革命”期间，学校体育课停止。1972年复课后，多数学校把军事操练纳入教学内容，实行军体结合。1978年，黑龙江省根据国家有关规定重新修订本省体育自编大纲和教材。1981年，省教育局编写了《黑龙江省高等学校体育教学大纲》，在全省高等院校中试行。同时提出有条件的学校三年级要开设体育课。1985年，黑龙江省教育学院编写出版了《体育课本》。

随着学校体育竞赛制度的建立，黑龙江地区各级学校经常举行田径、体操、篮球、排球、足球、乒乓球和冰上等小型多样的竞赛活动。每年春、秋两季均举行全校运动会。冬季，有些学校还举行冰上运动会。

截至1985年，省内共有普通高校23所、专科学校17所和9个体育院、科、系，共有体育教师798人，大部分是学过体育专业的本科毕业生。中学体育师资水平较低，小学体育教师奇缺。1985年，全省有普通中学2 903所、体育教师6 482人，平均每校2. 93人，如按每校平均4人，尚缺5 000多人。全省有小学18 773所、体育教师12 408人。有600～700所乡村学校没有体育教师。

三、社会体育

19世纪20年代，黑龙江地区的群众体育活动呈现活跃景象。哈尔滨的一些大工厂、企业先后开展了田径、篮球、足球等项活动，经常举办工商界联合运动会和单项球类比赛。当时开展的运动项目，除了田径、球类之外，还有滑冰、游泳和划船等。

东北沦陷时期，许多运动竞赛都带有殖民主义政治色彩。竞赛项目多按日本传统设置，如弓道、剑道、相扑、马术等，多为日本人参加。为点缀升平，也举行省、市、县运动会和单项比赛。除学生外，一些爱好体育的职员、教员、店员、工人等，也参加各级运动会和比赛。

1945年，抗日战争胜利。1946年，黑龙江地区全境解放，成为支援全国战争的根据地。中国共产党和各级人民政府在组织人民全力支援解放战争的同时，关心人民健康，提倡体育。由各级教育部门和青年团负责组织工、兵、学、商各界参加体育活动，许多机关、团体、学校、工矿、企业，平整场地，购置体育器材，开展了篮球、排球、足球、乒乓球、田径等活动。每逢“红五月”“九一八”“八一五”等纪念日，黑龙江地区各市、县和工矿、企业、机关、学校都举行运动会或球类比赛。

中华人民共和国成立后，各级机关、工矿、企业有组织地开展了以广播体操和〈劳卫制〉为中心的多种多样的体育活动。有的建立了各项目的运动队和 锻炼小组，并经常进行比赛。1955年，在全省厂矿、企业、机关普遍推行了“劳卫制”，开展了广播体操、球类、田径、武术和游泳、滑冰、滑雪等活动。1956年，省体委配合团省委，按照农闲多搞、农忙少搞的原则，结合民兵训练，在农村中开展了射击、地头操、投手榴弹和篮球、排球等活动。少数民族的摔跤、秋千、跳板、足球活动也很活跃。1958年，省体委和团省委两次召开农村体育现场会，出现了青冈县柞岗公社、嫩江县海江公社等一批省和国家的体育先进集体。1958年以后，老年人体育由个人自我锻炼，开始走向有组织的集体活动。很多市、县建立起群众体育辅导站，固定时间、固定地点、固定辅导员，组织老年人参加练功、打拳、做操等健身活动。城镇中的公园、广场等地是老年人进行体育活动的主要场所。这一时期，在全省幼儿中还广泛开展了小篮球、徒手操、掷沙袋、拍球、跳绳、跳皮筋、跑步等适合儿童特点的体育活动。1978 年，全省各地聋哑学校试开了体育课，组织一些徒手操、打球、跑步等适合残疾人学生特点的体育活动。

至1985年，全省参加体育活动职工达237万人，占职工总人数的39.1%，组建各种运动队和锻炼小组4.2万个，39万人参加，有1 185个单位推行《国家体育锻炼标准》。全省有200多万农民参加各种体育锻炼，举办乡镇和村屯两级体育比赛9 000多次，有150万人次参加竞赛。多数城市开展了老年门球活动。各地、市、县和企事业、机关、厂矿等公办幼儿园把幼儿体育视为对幼儿进行教育和培养幼儿全面发展的主要手段，坚持开展经常性的幼儿体育活动。1985年，经常参加体育活动的伤残人达60多万人，占全省110万伤残人的55%。

四、国防体育

1955年，哈尔滨市开始开展射击和摩托车等国防体育活动。1956年7月，省国防体育协会建立。哈尔滨、齐齐哈尔两市也先后建立起市国防体育协会和射击、摩托车、航空模型、伞塔跳伞和航海等单项俱乐部。牡丹江、合江、松花江和黑河地区各市、县共建42个国防体育俱乐部和146个国防体育活动点，各项国防体育活动在青年中广泛开展。1957年，省国防体育协会撤销，省体委设国防体育处，专司国防体育活动的指导工作。

1958年3月，省航空俱乐部建立，当年即开展滑翔训练活动。6月，第一次组织了全省军事野营活动。在哈尔滨、齐齐哈尔、牡丹江、佳木斯、鹤岗、鸡西、双鸭山、伊春等地划8个活动区，在暑假期间共组织20 540人（其中，学生13 003人，职工16 537人）参加了军事野营活动。8月，省体委为宣传国防体育，在哈尔滨市马家沟机场举行大规模的国防体育综合表演，观众达40万人。1965年，省滑翔学校在哈尔滨建立。至1966年，哈尔滨市国防体育俱乐部伞塔跳伞组，先后为空军第一航空学校飞行学员进行初级跳伞训练5 000人次，为飞机跳伞打下了基础。

“文化大革命”后，军事野营活动未再开展，伞塔跳伞活动终止，省滑翔学校也停止了教学和招生工作。1975年，省体委重新恢复组建了业余滑翔学校和航空运动学校（即原航空俱乐部），当年选调100名滑翔员。1976年7月，伞塔跳伞活动恢复。选出30人担任业余跳伞辅导员，在哈尔滨市11所中学开展普及活动。全年共有1 209人参加跳伞训练。1980年，根据国家有关精神撤销省滑翔学校，保留了航空运动学校，从而结束了选调滑翔员工作。黑龙江省从1958年开展滑翔运动，至1979年共训练三级滑翔员1 285人。其中，向空军和海军航空兵共输送飞行学员519人。

1985年，为保证冰雪重点运动项目，省体委将省体工三队的无线电测向队、航空模型队、舰船模型队和摩托车队被撤销，只保留射击队。

五、竞技体育

（一）冰雪运动

黑龙江地区速度滑冰、花样滑冰、冰球和滑雪运动最早出现于20世纪初的哈尔滨。清宣统元年（1909年），在哈尔滨道里自行车赛车场（今红星体育场）举行过小型简单的滑冰比赛。1920年，在哈尔滨市和齐齐哈尔市学校中出现花样滑冰运动，在哈尔滨俄国人组建“滑冰协会”，并有冰球活动。在玉泉滑雪场滑雪的多为俄国员工和白俄侨民。20世纪20年代后期，哈尔滨工业大学曾组建过“爱好者”冰球队。

东北沦陷时期，滑冰者以日本人居多，后来逐渐有中国人参加。花样滑冰运动、冰球运动、滑雪运动多为俄国人和日本人，中国人参加的甚少。这一时期，滑雪是抗联军事训练的内容和打击日本帝国主义的工具之一，不少战士成为滑雪能手，后来都成为黑龙江省滑雪运动骨干。

中华人民共和国成立后，黑龙江地区冰雪运动进一步广泛开展。从50年代初期开始，各级学校把开展冰上活动作为冬季体育课的主项，纳入体育教学计划。佳木斯、哈尔滨、齐齐哈尔、牡丹江等城市及部分有条件的县城中、小学校均先后开设了冰上课。黑龙江地区的冰球运动也主要在哈尔滨、齐齐哈尔、牡丹江和尚志等少数市、县中开展起来。自50年代中期以来，由于哈尔滨、齐齐哈尔两市参加冰上活动的人多、冰场多，被誉为“冰上运动之城”。1957年，哈尔滨、齐齐哈尔、牡丹江、佳木斯各市冰上运动队先后建立。在50～60年代举行的一系列国内、国外冰雪运动重大比赛中，黑龙江男女选手都占据绝对优势。特别是1963年在日本轻井泽举行的世界速滑锦标赛上，黑龙江运动员罗致焕夺得男子1 500米冠军，王淑媛获得女子1 000米亚军，在国际冰坛上升起了中国的五星红旗。王金玉和罗致焕还双双打破了男子速滑全能世界纪录。

1966年“文化大革命”开始后，黑龙江省体育事业遭到破坏并中断。1970年，群众性冰上活动开始恢复。1979年，黑龙江省提出在全省开展“百万青少年上冰雪”活动，从此，黑龙江省的群众性冰雪活动进入新的发展时期。1984年冬至1985年春，黑龙江省“百万青少年上冰雪”活动达历史高峰。参加冰雪活动的达150万人（其中冰上活动占95%）。全省有冰雪场地5 000 多处，冰刀雪具30多万件。

在冰雪项目竞赛方面，1972年，省速滑运动员重新代表国家参加了世界速滑锦标赛。1983年第五届全国冬季运动会上，黑龙江省运动员获速滑团体总分第一名。哈尔滨、齐齐哈尔、鸡西市先后组建起女子冰球队，开创了中国女子打冰球的先例，并在全国处于领先地位。1985年在意大利举行的第十二届世界大学生冬季运动会上，张述滨夺得男子花样滑冰单人滑冠军，展焕丽获得女子短道速滑3 000米第一名。在吉林通化举行的全国高山滑雪比赛和在内蒙古海拉尔举行的全国越野滑雪、冬季两项比赛中，黑龙江运动员共获得7项冠军。1953～1985年，国家体委共举办过36次全国花样滑冰比赛，黑龙江省运动员共获得成年男子单人滑全国冠军33人次，成年女子单人滑全国冠军30人次。1955～1985年，黑龙江省各冰球队参加全国冰上运动会、冬运会、甲级队比赛，共获得17次冠军。

（二）陆上及水上运动

19世纪末至20世纪初，自行车、举重、拳击、体操、游泳、马术、田径等近代体育运动相继传入黑龙江地区。清光绪二十九年（1903年）颁布的《奏定学堂章程》中规定各级学校的体育课做普通体操及兵式体操。清光绪三十一年（1905年）后，黑龙江地区各学堂举行的运动会开始设有举重和哑铃操比赛。20世纪初，马术运动传入，成立有赛马协会，哈尔滨建设有多处赛马场。清宣统二年（1910年），中东铁路当局在哈尔滨道里药铺街修建体育场，进行田径、自行车运动训练和比赛。1918年，俄侨在道里上游街俄侨俱乐部及道里三十六棚举办拳击训练班。20年代末期，中东铁路当局创立水上体育会，每年夏季，组织游泳、划船为主的水上运动会。中华民国末期，摔跤运动也随着山东、河北到哈尔滨闯江湖的艺人传入黑龙江地区。

30年代初期，黑龙江地区有符保卢、孙桂云、肖淑苓、刘静珍等优秀田径运动员，在各种国内田径比赛中取得优异成绩。曾入选在日本举行的第九届远东运动会的中国田径代表队。

东北沦陷时期，黑龙江地区的田径运动受到很大摧残，自行车运动也已少有人问津。日伪统治当局为了推行军国主义和奴化教育的需要，在学校中开展有体操运动。举重运动有了进一步引进和传播。柔道运动开始在哈尔滨开展，多为日本人，中国人很少参加。

中华人民共和国成立后，黑龙江地区的田径运动日益普及，走上新的发展道路。不但城镇的学校开展得较普遍，乡村中、小学和工矿、企业也普遍开展。学校中除体育课外，普遍建立田径队，经常进行训练和比赛。自行车运动逐渐普及，哈尔滨市在职工中开展自行车运动， 多次举办职工公路自行车比赛。体操运动在黑龙江地区逐渐开展，尤以哈尔滨市最为广泛。许多学校把体操运动列为体育课的内容之一，有些学校建有体操队，进行课余训练。游泳运动更加普及，特别是参加冬泳的人逐渐增多，成为黑龙江水上运动独特亮点。举重、摔跤、柔道、拳击和其他运动项目一样，逐步有了开展。

至1985年，黑龙江地区的陆上及水上运动，在国内、国外比赛上均取得过优异成绩，涌现出众多优秀运动员和教练员，为国家输送了大批体育人才。到1985年底，全省有田径高级教练员8名，一级教练员32名。国家级裁判员10名，一级裁判员238名。有体操高级教练员4名，国家级裁判员66名。有举重高级教练2名，一级教练3名，国家级裁判员3名，一级裁判员21名。有中国式摔跤高级教练1名，国际式摔跤一级教练6名，有摔跤国家级裁判4名，一级裁判员17名。有柔道高级教练、国家级裁判各1名。有游泳高级教练2名，一级教练3名，游泳国家级裁判3名，一级裁判38名。

（三）球类运动

20世纪20年代前后，近代篮球、排球、足球和乒乓球运动陆续传入黑龙江地区。并首先在哈尔滨学校中得到开展，后逐渐发展到社会团体和部分工厂、企业之中。1927年，哈尔滨举行中等以上学校冬季球术比赛大会，设有篮球、排球、足球比赛。

东北沦陷时期，依然举办了各种球类比赛，但多为日伪当局操纵。1935年，哈尔滨市出现小学男、女篮球、排球比赛，依兰县中学成立了历史上第一支女子篮球队。受日本人影响，1936年，在齐齐哈尔市几所中等学校还开展有棒球运动和女子垒球运动。

抗日战争胜利后，球类活动在黑龙江地区由学校发展到社会各阶层，参加人数逐渐增多。1946年8月，哈尔滨举行第一届人民体育运动大会，设有篮球、排球比赛项目。同年在经纬小学举行了第一次乒乓球赛。1947年，哈尔滨苏联侨民会先后组建了红星足球队、银鹰足球队、火车头队进行比赛。1949年，哈尔滨市体育分会举办红五月篮球、排球赛，篮球有175个队1 600

名运动员参加，排球有78个队参加。

中华人民共和国成立后，球类活动在黑龙江地区进一步普及，其中篮球运动在黑龙江地区成为普及面最广、参加人数最多、发展速度最快的一个球类项目。从1950年起，几乎每年均举行全市性职工和学生的篮球、排球比赛。各工厂、学校、各产业系统的篮球、排球比赛也经常举行。足球运动在哈尔滨、齐齐哈尔、牡丹江以及五常、绥化、宁安、海林、密山等朝鲜族聚居地区逐渐开展，大中学校、工矿、农村和部队常有各种类的足球比赛。乒乓球运动也在大城市广泛开展的同时，走向了农村。50年代中期，黑龙江省男子篮球队、足球队、排球队，女子篮球队、排球队相继成立。这一时期，手球运动也有所发展，在哈尔滨体育学院设有手球课。并于1959年举行了第一次全省手球比赛。

1966年“文化大革命”开始后，球类训练和比赛停止，教练员和队员下放劳动或安置转业。

1972年后，球类各队开始组队恢复训练。乒乓球运动在全省体育事业发展规划中被列为重点项目。1973年黑龙江体育学校重建，内设篮球、排球、乒乓球班。1979年，黑龙江省被国家体委定为全国篮球重点省、市之一。1980年，组建省青年足球队，并参加全国青年联赛沈阳赛区比赛获冠军，杭州决赛获第五名。当年，哈尔滨市举办第一届女子足球邀请赛。1981年，省体校男、女篮球队在全国业余体校篮球分区赛上分获第一名和第二名。1984年第23届奥林匹克运动会上，黑龙江省运动员柳青、陈静、翟纪新代表国家参加了女子篮球、女子手球和男子排球比赛。

1985年，省男篮参加全国联赛排名第二十位，省女篮获第七名，省男排参加全国乙级联赛获第五名，省女排获第二名，重新晋升甲级队。省女子手球队在全国手球锦标赛上获第四名。全省业余体校有篮球班的共计男队45个，女队40个，队员1 414人。1985年底，黑龙江省有篮球高级教练8名，一级教练21名。篮球国家级裁判11名，一级裁判员224名。有排球高级教练1名，一级教练13名。有排球国家级裁判员3名。一级裁判员81名。有足球一级教练员6名，国家级裁判员2名，一级裁判员68名。有棒球国家级裁判员1名、一级裁判员3名。有垒球国家级裁判员3名，一级裁判员5名。有曲棍球国家级裁判员1名，一级裁判员3名。

六、人才培训

（一）优秀运动员培训

1928年，为参加东北三省、东北四省学校联合运动会，齐齐哈尔黑龙江省立第一师范学校、女子师范学校和哈尔滨几所大、中学校，选拔部分运动员，进行赛前集中训练。这是黑龙江地区最早对运动员进行的培训。

中华人民共和国成立后，为取得好的成绩，在各种运动会召开之前，均组建有集中食宿的集训队。1954年，松江省和黑龙江省合并后，通过选调形成黑龙江省第一支集中训练的优秀运动员队伍。1956年，黑龙江省提出加强运动员的训练工作，在速度滑冰、花样滑冰、冰球、篮球、排球、足球、乒乓球、田径、体操、游泳、举重等主要项目中培养出等级运动员3 500～4 000人。为适应参加全国运动会的需要，1959年，省体委决定在省体训练班的基础上正式成立各项专业运动队。

1963年，优秀运动员编制由795人缩减为695人。其中，冰上三项199人，国防项目71人，其他项目425人。具体项目设有冰上三项、田径、体操、举重、自行车、游泳、棋类、篮球、排球、足球、乒乓球、射击、无线电、摩托车、摩托艇、跳伞、航空模型、航海模型。撤销马术队，精简许多小项，使队伍更加精悍。运动员平均年龄为21岁。

1966年"文化大革命"开始后，各优秀队训练中断。

1971年开始恢复重建冰上运动员队伍。1972年省体委重新恢复后，又陆续重建其他各项运动员队伍。1977年，对速滑、游泳、滑雪等项目运动队的管理体制进行改革。把地、市队的二线速滑队伍改为一线队伍，并确定在今后四年内省队不再从地方队拔尖子，省队自行组织10男、10女，作为二线队伍；游泳队下放给哈尔滨、齐齐哈尔两市代管；滑雪队从松花江地区收归省管。

1980年，为迎接第五届全国运动会，进一步突出国家交给黑龙江省的11个夏季重点项目（在原有10个项目基础上又增加摔跤），对运动队伍进行较大调整。在项目布局上，撤销非重点项目手球男队和男排二队，恢复自行车队，新建摔跤队。对运动员进行较大调整，充实一批新生力量，各个项目迎接第五届全运会的阵容初步形成。对调整下来的运动员做出妥善安置。

为发挥本省的冰雪运动优势，特别是确保国家重点项目速度滑冰的优势，省体委在增加冰雪项目运动员人数的同时，在夏季训练中，集中全省速滑、冰球、花样滑冰优秀运动员和少年运动员，利用人工制冷冰场，早期上冰训练。各队结合实际，学习挪威的短间歇、冰陆结合、有氧无氧混合等训练方法。各队还普遍使用滚动台训练，改进了弯道技术。

截至1985年，全省共有优秀运动队13个，31个项目，分布在省体工一队、省体工二队、省体工三队和绥化、黑河、哈尔滨、齐齐哈尔、牡丹江、佳木斯、大庆、伊春、鹤岗、鸡西10 个地、市。全省优秀运动员总数为1 326人。其中，冰雪项目为7项，包括速滑、短跑道速滑、花样、冰球、滑雪、跳台滑雪、冬季两项，共有运动员416人，接近运动员总人数的1／2。夏季项目为19项，包括篮、排、足、乒乓、女手球、田径、体操、举重、摔跤、柔道、击剑、棋类、射击、自行车、航模、海模、无线电测向、摩托车和游泳等项，22个运动队。

（二）后备人才培训

黑龙江省后备人才培训主要由体育基点校、业余体校和体育运动学校培训。1955年，黑龙江省第一所青少年业余体校——哈尔滨市冰上运动业余体育学校成立，设有花样、速度滑冰和冰球3个项目，后增设田径、排球、乒乓球和体操等项目。1961年，全省有重点业余体校31所，有学员4 651人，专兼职教练161人，设冰上、田径、球类、体操和滑雪18个项目。

黑龙江省体育基点校（后称体育传统项目学校）始建于20世纪60年代初期。当时，各市、县有部分中、小学校根据各自体育优势项目选拔部分学生进行较为系统的业余训练，由各级体育、教育部门对其中训练成绩突出的学校给予适当的经费补贴，称为体育基点校。1965年，黑龙江省体育运动学校成立，设有速度滑冰班。

1966年"文化大革命"开始后，黑龙江省各类体校训练停止。

1971年，省体委提出，各市、县、旗争取把3～5所中学和9～15所小学纳入业余训练规划，成为在统一布局下各有所侧重的基层训练的基点校。至1974年，省内绝大部分市、县、区都建立起体育基点校，成为全省三级训练网的重要基础。1976年，全省共建业余体校119所，有学生11 100名。

1981年，省、地（市）、县三级共建基点校694所，形成小学—中学基点校—业余体校一条龙、层层衔接的业余训练网。至1984年，省、地（市）、县体育传统项目学校向县业余体校输送3 595人，向地（市）重点业余体校（班）输送751人，向省体育运动学校输送180人，向各级优秀运动队输送310人。其中，有314人进入重点业余体校和省体校，121人成为各级各类优秀运动队的运动员，其中2人成为国家队队员，36人考入体育院校。

1985年，省体育传统项目学校进行调整，增加到154所。青少年业余体校160所，学员8 988人，教练员643人。黑龙江省体育运动学校设有篮球、排球、乒乓球、手球、田径、速滑、花样滑冰、旱冰、举重、摔跤和击剑等项目。

七、体育设施

清宣统二年（1910年）前后，俄国人在哈尔滨建有赛马场、自行车场各一处。东北沦陷时期建有一处“宣德体育馆”。中华人民共和国成立前，黑龙江地区各城镇的体育设施有大、小运动场10处，有各种篮、排、足球场345处。

1953年，哈尔滨市人民体育场建成。同年，又将地处八区广场的“宣德体育馆”改建成市人民体育馆。1953～1959年黑龙江地区各市及大部分县均修建起大小不等的体育场和运动场。齐齐哈尔及齐市铁路局、鹤岗和双鸭山均建起了体育馆。哈尔滨建起一座游泳馆。全省各大专院校，中小学及各大企业分别建起体育馆、游泳馆、体操房、篮球房、乒乓球房及各种规模的运动场、各类球场。

20世纪60年代，受三年困难时期和“文化大革命”影响，全省体育设施建设增加不多。

进入20世纪70年代，黑龙江省体育设施建设，除了各种运动场、篮球房、排球房、健身房成倍增加外，还建成了一大批灯光球场和旱冰场。一批具有现代水平的体育设施，先后在哈尔滨、大庆、齐齐哈尔、伊春市和尚志县建成。1979年建成哈尔滨工人体育馆、哈尔滨冰上训练基地。1982年，哈尔滨、齐齐哈尔相继建成人工制冷速滑场，哈尔滨冰上训练基地建成全国第一座专用滑冰馆，在尚志县建成国内设施最先进的亚布力高山滑雪场。

到1985年末，全省有各类体育设施27种，20 167处。其中，体育场9处、体育馆28处、游泳馆3处、室内游泳池4处、室外游泳池21处、天然游泳场9处、灯光球场72处、训练房210处、运动场65处、足球场772处、小运动场184处、篮球场15 880处、排球场2 850处、手球场2处、室外网球场11处、室内射击场2处、室外射击场10处、摩托车场1处、跳伞塔1处、自行车场1处、室外滑轮场13处、室内滑轮场1处、滑冰馆1处、人工制冷速滑场1处、人工制冷冰球场2处、滑雪场13处。

第五篇　社　会

第一章　疆域　建置

黑龙江地区的疆域、建置，与历代王朝的更换以及地方政权的变革直接相关。唐代，黑龙江地区正式纳入中国领土版图，唐王朝在黑龙江地区设行政机构都督府，册封其首领为都督。以后历代王朝都对黑龙江地区进行统治和管辖，黑龙江地区的疆域、建置也不断发生着变化。

第一节　疆　域

先秦以前黑龙江地区的古代民族主要有肃慎（息慎）、濊貊和东胡三大族系。肃慎族主要分布在黑龙江流域至苏联滨海地区，其活动中心在今牡丹江中游的宁安县一带。东胡族分布在今呼伦贝尔盟东部和大兴安岭山脉一带。濊貊族的活动地区，位于肃慎族和东胡族之间，即今东北地区的中部和南部。肃慎族是较早和中原部落联盟发生联系的部族，据《竹书纪年·五帝篇》载，帝舜有虞氏“二十五年，息慎氏来朝贡弓矢”。到了西周时，肃慎和濊貊族都从属于周王朝，他们生息的地方同被视为周朝的北方领地。

战国、秦、汉时期，濊貊族系中的北支之一夫余人，建立夫余国，据《后汉书·东夷列传》记载：“东汉时夫余国的疆域，在玄菟北千里，南与高句丽、东与挹娄、西与鲜卑接，北有弱水，地方二千里，本濊地也。”即位于今黑龙江地区中部的松嫩平原地区。夫余人与中原华夏人交往密切，深受中原的经济、文化的影响。黑龙江的西部地区是东胡后裔鲜卑族居住地区。东部和北部是肃慎族后裔挹娄族，其活动地区一直到东部日本海的广大地区。公元2世纪中叶以后，夫余国西部地区逐渐被鲜卑人占据，当时鲜卑人居住在大兴安岭、呼伦贝尔草原地区及嫩江流域一带。

魏晋时代，挹娄居地扩大，“东滨大海，西接寇漫汗国，北极弱水（即黑龙江），其土界广袤数千里”（《晋书》）。由于挹娄人摆脱了夫余人的奴役，于魏青龙四年（236年）直接同魏晋建立起贡属关系，从此挹娄与中原王朝来往频繁，中原的先进文化和经济影响到挹娄地区，促进了挹娄社会的发展。

濊貊族系的北沃沮人，活动在老爷岭以东地区，包括黑龙江省穆棱河中上游和绥芬河流域及苏联的滨海南部地区。据《三国志·魏书·东夷传》沃沮条中说“土地肥美，背山向海，宜五谷，善田种”。居民以农业为主，过着定居生活。先后役属于箕氏和卫氏朝鲜、两汉政权及高句丽人。

北朝时，挹娄称为勿吉，辖境扩大，夫余之地已尽为其所有，大体上是：东滨日本海，东北临鄂霍茨克海，西北与室韦为邻，西南抵北流松花江下段及洮儿河地区，南隔长白山与高丽相接。北朝末叶，勿吉称为靺鞨，当时发展为七大部落，其活动在黑龙江地区东达乌苏里江上游的松阿察河及兴凯湖一带，张广才岭以东的牡丹江中下游流域，松花江下游的三江平原一带，西南到拉林河、阿什河以及蚂蚁河流域，即松嫩平原的东南部分。由于靺鞨各部处于各自为政的状态，“不相总一”（《隋书·东夷传》高丽、靺鞨条）。终于被高句丽个个击破，沦为高丽的属部。唯有当时只占据着三江平原东北部及黑龙江下游地区的黑水部落联盟保持独立地位。

居住在西部嫩江上游及大兴安岭北段以及小兴安岭一带的北室韦人，在呼兰河以北，小兴安岭西南，嫩江以东一带的豆莫娄人，都与中原政权建立了贡属关系，为嫩江平原的开发作出了重要贡献。

唐朝时期，黑龙江地区受唐朝封建文明的影响，经济和文化都得到空前的发展，并在历史上首次正式设立地方行政机构。唐初黑龙江地区主要居住着靺鞨、室韦、乌罗护、达末娄、流鬼等部族，靺鞨居住在“东至于海，西接突厥，南界高丽，北邻室韦”（《旧唐书》）广大地区。室韦居住在西部和西北地区，“东至黑水靺鞨，西至突厥，南接契丹，北至于海”（《旧唐书》）；乌罗护、达末娄各部位于室韦西南地区；流鬼部居住在黑龙江口一带及库页岛。这些部落均和唐朝有朝贡关系。

隋、唐以前，黑龙江地区的社会经济西部较东部发达，隋唐时期东部地区则迅速发展起来。其中主要以粟末靺鞨为主体形成的渤海人所建立的渤海国为代表。渤海国这一隶属于唐朝的地方政权，其活动地区不断扩大，大抵南至今朝鲜咸镜南道的龙兴江（当时称泥河），东到日本海，东北至乌苏里江中下游地区与黑水靺鞨相接，西北隔东流松花江与室韦相接，西抵双辽（今吉林省双辽县），东部与契丹相接，西南抵辽河。今黑龙江省内东流松花江以南的全部及下游以北的部分地区，均为渤海国所辖。当时称渤海国为经济文化繁荣的海东盛国。

辽代时管辖黑龙江地区的范围：南起松嫩合流处以西，沿嫩江上溯，转向西北，顺大兴安岭向北直至今漠河镇为止，归上京道管辖。东北部和东部地区直至滨海（包括库页岛），均为东京道管辖。

黑水靺鞨后裔生女真建立金朝，金代所辖的范围甚广，在黑龙江及其附近地区，西抵嫩江流域，以东北路界壕边堡与乌古敌烈接壤。北到外兴安岭，东北达鄂霍茨克海及库页岛，东临日本海，南至信州（今吉林省怀德县）和咸平路交界。元朝在东北地区的范围远远超过汉唐。今黑龙江地区属于辽阳行省的开元路和水达达路管辖。辽阳行省管辖今黑龙江大部分地区，主要是大兴安岭以东，一直到日本海，包括苏联滨海边区和萨哈林岛（库页岛），北到外兴安岭的广大地区。开元路在今黑龙江省的松花江地区，哈尔滨市、牡丹江市以及绥化地区南部，均为其辖境。水达达路约为今日黑龙江省克山、明水以东，佳木斯、兴凯湖以北，包括苏联境内黑龙江下游及乌苏里江东岸地区。

明永乐七年（1409年），明朝在黑龙江地区设置相当于省一级具有军事性质的地方行政机构——奴儿干都指挥使司（简称奴儿干都司）。它的辖境西起斡难河，东至库页岛，北达外兴安岭，南濒日本海，包括黑龙江流域和乌苏里江以东的广大地区。

黑龙江流域是满族的故乡，是清朝“龙兴之地”。远在清入关之前，东起鄂霍茨克海，西至贝加尔湖之间广大地区的各民族，都已臣服清朝。清顺治元年（1644年），清世祖入关后，东北地区归盛京总管统辖。到了清康熙元年（1662年），黑龙江地区归宁古塔将军管辖，其范围包括整个黑龙江流域的广大地区。西起贝加尔湖以东鄂嫩河源，东部包括库页岛，北抵外兴安岭，东南到日本海。清康熙二十二年（1683年）在黑龙江中上游流域置黑龙江将军，黑龙江下游地区仍归宁古塔将军管辖。黑龙江将军具体管辖范围，松花江左岸以北，直到外兴安岭广大地区。

清康熙二十八年（1689年）清朝政府对沙俄作了重大让步，签订了中俄《尼布楚条约》，将贝加尔湖以东至尼布楚一带的中国领土，割让给俄国。从法律上肯定了中俄东段边界的走向，即从格尔必齐河和额尔古纳河、外兴安岭至海为界。清道光二十年至二十二年（1840～1842年）英国对中国发动第一次鸦片战争后，黑龙江地区同全国一样开始逐步沦为半殖民地半封建社会。清咸丰六年至十年（1856～1860年），英、法在俄、美的支持下，联合发动了“第二次鸦片战争”。沙俄乘这次侵略战争之机，强迫清政府签订了不平等的中俄《瑷珲条约》和《北京条约》，割占了中国黑龙江以北、乌苏里江以东共约有100万平方公里的领土。

中华民国初期，黑龙江地区的疆域与清末时期大致相同，原黑龙江省管辖的疆域都在松花江以北地区，今黑龙江省松花江以南地区归原吉林省管辖。当时在黑龙江省境内还有哲里木盟的杜尔伯特、札赉特、伊克明安3个蒙旗。

东北沦陷时期。1932年3月9日，伪满洲国成立以后，将中华民国黑龙江省原辖呼伦贝尔地区划归新设立的兴安省，1934年12月1日，日伪当局采取“分而治之”政策，实行“新省制”，黑龙江省建置被撤销，在黑龙江地区内划分：龙江、滨江、三江、黑河四省和哈尔滨特别市、北满特别区。所辖范围除洮辽七县及双城县以南区域，现归吉林省管辖外，都是今黑龙江省所辖范围。

1945年8月15日，日本无条件投降后，南京国民政府将东北三省分为9省2市，黑龙江地区有：松江省、合江省、黑龙江省和兴安省一部分及哈尔滨市。解放战争时期，在今黑龙江省疆域内，先后有原松江省、合江省、牡丹江省合并为松江省，其疆域包括松嫩平原东部、东部山地区、三江平原区和小兴安岭一部分。嫩江省在1949年合并到原黑龙江省，其疆域为松嫩平原西部地区和大小兴安岭地区。此外还包括洮南、白城、开通、瞻榆、大赉、镇赉、安广7县（今吉林省地区）。

中华人民共和国成立后，黑龙江地区设有松江和黑龙江两省，两省的疆域大体与解放战争时期相同。到1954年8月1日，松江省与原黑龙江省合并，并将洮南等7县划归吉林省管辖。到1969年，将内蒙古自治区的呼伦贝尔盟划归黑龙江省。1979年，将呼伦贝尔盟和大兴安岭地区所辖的鄂伦春自治旗、莫力达瓦达斡尔自治旗划归内蒙古自治区领导。至1985年，黑龙江省的疆域没有变动。

第二节 建 置

一、中华人共和国成立前建置

中华民族在黑龙江地区居住最早的先民是黑龙江地区西部的东胡（山戎）、中部的濊貊、东部的肃慎（息慎）。据文献记载：帝舜时期，居住在黑龙江东部的肃慎（满族的祖先）和中原地区就有了联系。西周时期，肃慎同其他诸侯国一样，从属于西周王朝，并有向朝廷缴纳“职贡”的义务。周景王时，曾明确宣布肃慎之地，为其北方领土。由于黑龙江地区地处祖国东北边陲，是少数民族部落长期游牧之地，因此，当时没有明确的行政建置。

战国之后，夫余人在东北平原中部地区建立了夫余国，它是黑龙江地区的第一个奴隶制政权。今日的黑龙江省中南部地区都属于夫余国管辖之地。汉时，夫余国已经成为相当发达的奴隶制国家。被称为“殷富之国”。自汉兴以后，东部挹娄臣属于夫余国，而夫余国臣属于汉王朝，归玄菟郡节制，其王所用的印玺由汉廷颁发。公元前2世纪西汉武帝时，黑龙江东部的宁安地区都属于真蕃郡统辖的范围。这是中原统治政权对黑龙江设制管辖的肇始。

魏晋南北朝时期，西部的鲜卑族演变为室韦族；中部以夫余为主演变为豆莫娄与乌洛侯；东部则为挹娄后裔勿吉。到北朝末期，勿吉逐渐形成7个部落，即粟末部、伯咄部、安居骨部、拂涅部、号室部、白山部、黑水部，这些部落都和中原统治政权建立了贡属关系。

隋朝建立后结束了中国数百年间长期分裂的局面，在全国实行了郡（州）、县两级建置。

唐朝时期，黑龙江地区正式纳入中国领土版图。唐武德年间在东北南部置慎州，唐载初元年（690年）改置黎州。后来在西部设室韦都督府，在东部设渤海都督府，在黑龙江与乌苏里江汇合地区设黑水都督府。

渤海国是第一个受唐朝册封的区域性地方民族政权，接受唐王朝的管辖，并负有一定的政治经济义务。渤海国拥有相当广泛的自治权。约在唐天宝十四年（755年）从显州（今吉林省敦化县浪河古城）迁都到上京龙泉府（今黑龙江省宁安县渤海镇）。渤海国政权机构是仿效唐朝的制度建立起来的，共辖有5京、15府、62州、130余县，居民10余万户，极盛时期拥有兵10余万人，被称为“海东盛国”。从周武则天圣历元年（698年）建立到契丹天显元年（926年）为契丹所灭，共传15世，历时229年。

继渤海国之后，管辖黑龙江地区的是辽朝。辽朝是由契丹贵族联合其他统治者，在北方建立的区域性政权，在黑龙江地区设治管辖。今黑龙江省嫩江以西属上京道管辖，东部地区至滨海（包括库页岛），均为东京道管辖。在今黑龙江地区南部的松嫩合流处以西的泰州起，沿东流松花江直至拉林河入松花江处设立投下州县。其余地区为部族及属国，设大王府和节度使。在黑龙江东部地区，即今依兰县以东的松花江下游和黑龙江、乌苏里江三江汇合处，所设属国有五国部，即剖阿里、奥里米、越里笃、盆奴里和越里吉。

北宋政和五年（1115年）女真族灭辽，建立金，金初首都在上京会宁府（今黑龙江省阿城白城）。会宁府是金初期的政治、经济、文化中心。自金建国至金贞元元年（1153年）迁都燕京（今北京），历经4世38年。迁都后，金上京仍是东北地区的政治、军事中心。金代建5京、14总管府、19路、7散府、36节镇、73刺史郡、13军、632县。其中“路”为地方最高行政区划，设在5京及总管府所在地，相当于今省一级建置。金代管辖黑龙江地区为上京路，其建置有：会宁府，为京城所在地，是上京路的政治中心，上京路下辖绥芬河流域恤品路，治所设在今苏联滨海地区的乌苏里斯克（汉名双城子）。胡里改路，治所设在依兰县。蒲与路，治所设在今克东县城附近。肇州治所设在今肇源县超等乡哈什吐村古城。

元朝时期，东北地区属于辽阳行中书省管辖，其辖境大体包括今东北三省与河北省的东北部以及黑龙江以北、乌苏里江以东的广大地区，下辖7路1府。今黑龙江省地区分属开元路和水达达路管辖。

明代在明永乐七年（1409年）于黑龙江口（今苏联境内的特林）设相当省一级具有军事性质的行政机构——奴尔干都指挥使司（简称奴儿干都司），取代了元代对整个黑龙江流域的统治。到万历时共辖384卫、24所（千户所）、7城站、7地面、1寨。统称为422卫所。都司和卫所的各级官吏都由明朝政府任命，并持有朝廷颁发的诰印、冠带、袭衣等。负有“管束人民，保障边境”的责任。

清朝是黑龙江地区历史发展的一个重要时期，于清顺治四年（1647年）设牛录章京驻防宁古塔地区。清顺治十年（1653年）设宁古塔昂邦章京进行管辖。清康熙二十二年（1683年）

又设立黑龙江将军，将军衙门驻黑龙江左岸旧瑷珲城。清康熙二十四年（1685年）黑龙江将军驻地从黑龙江左岸迁到黑龙江右岸新瑷珲城（今黑河市爱辉镇），统辖松花江左岸以北直至外兴安岭广大地区，松花江以东地区仍归宁古塔将军管辖。清康熙二十九年（1690年）黑龙江将军驻地移墨尔根（今嫩江），清康熙三十八年（1699年）又移卜奎（今齐齐哈尔）。清光绪三十三年（1907年），废除奉天、吉林、黑龙江将军，设行省定名为黑龙江省。“盛京将军著改为东三省总督，兼管三省将军事务，随时分驻三省行台。奉天、吉林、黑龙江各设巡抚一缺，以资治理”，总督为三省之长，巡抚为本省之长，这是黑龙江设省之始。行省公署下设道、府、厅、州、县。分别以道员、知府、知州、知县为行政长官。自行省建立到清朝灭亡，黑龙江省公署共辖3道、7府、6厅、1州、7县。此外当时吉林省所管辖地区属于今黑龙江省境内尚有7府、2厅、1州、8县。

1912年中华民国建立之初，仍沿用清末时东北三省的建置，地方政权机构仍沿袭清末的制度。当时黑龙江省设有3道、8府、5厅、1州、7县。当时吉林省所辖的属于今黑龙江省地区内设7府、3厅、1州、7县。1930年以前，地方政权机构，曾多次变动。到1930年时黑龙江省共辖42县、11设治局。此外，在黑龙江省境内，当时还有哲里木盟的杜尔伯特、扎赉特、依克明安3个蒙旗。

1931年“九一八”事变，日本帝国主义侵占了东北，黑龙江省也和东北其他地区一样沦为日本帝国主义的殖民地。日本侵略者炮制傀儡政权伪满洲国。在省一级行政区划上仍沿用东北三省的区划。1932年伪满洲国公布《省公署官制》，规定各省省公署长官改为省长，省长之下设总务厅，由日本官吏任厅长，总揽省政一切大权。日本帝国主义者为了加强对中国的统治，采取分而治之的政策。1934年12月1日，伪满洲国政府公布《地方行政改革制度》，将原东北4省划分为10省，同时又设兴安南、西、北、东4个内蒙省，实际上把东北地区分割为14个省，此外还有两个特别市和1个特别区。黑龙江省建置被撤销，在今黑龙江省境内的有龙江、滨江、三江、黑河4省和哈尔滨特别市、北满特别区，所辖的范围除洮辽7县和双城县以南的区域现归吉林省管辖外，其余全是今日黑龙江省管辖之地。1937年后，相继成立牡丹江省、北安省、东安省。此时在黑龙江地区共有7个省。各省的省会、行政区划及主要行政机构设置如下表：

伪满洲国在黑龙江地区建置区划表

表5-1

省名	设置时间（年月）	省会所在地	行政区划	机构设置	变动情况
龙江省	1934.10	齐齐哈尔	1市25县2旗	总务、民政、警务、实业、教育5厅	由原黑龙江省中部18县、2旗，与奉天省的洮辽7县合并
滨江省	1934.10	哈尔滨市	27县1旗	总务、民政、警务、实业、教育5厅18科室	由原黑龙江省呼兰等15县、1旗与原吉林省阿城等12县合并
三江省	1934.10	佳木斯	1市14县	总务、民政、警务、教育4厅13科室	原黑龙江省通河等5县与原吉林省宝清县等9县合并

续表5-1

省名	设置时间（年月）	省会所在地	行政区划	机构设置	变动情况
黑河省	1934.10	瑷珲（后改黑河街）	9县	总务、民政、警务、3厅10科室	由原黑龙江省北部瑷珲等8县组成
北满特别区	1933.7	哈尔滨市		总务、行政、警务、教育、地亩等5处	原东省特别区
哈尔滨特别市	1933.6	哈尔滨（市）			原哈尔滨特别市，东省特别区市政管理局所辖哈尔滨市、吉林省辖的滨江市及松花江以北黑龙江省松浦市政局辖区四合为一，并将呼兰县10屯、阿城县31屯划入
牡丹江省	1937.7	牡丹江市	1市	官房及民生、警务2厅12科	滨江省东部5县和牡丹江市组成
北安省	1939.6	北安街	15县	官房及民生、警务、开拓3厅14科	滨江省东地区6县和龙江省东北9县组成
东安省	1939.6	东安街（改称新密山）	5县	官房及警务、开拓2厅10科	牡丹江省密山、虎林两县和三江省宝清、饶河两县，以及林口县组成

1945年“九三”抗战胜利后，国民党政府于1945年8月31日颁布了《东北各省处理办法纲要》6条，规定“在长春设立军事委员长东北行营”，并明令将东北三省划分为辽宁、安东、辽北、吉林、松江、嫩江、合江、黑龙江、兴安9省和沈阳、大连、哈尔滨3市。以此取代伪满洲国的行政区划。与此同时，黑龙江地区的人民，在中国共产党领导下，在彻底粉碎日伪旧政权的基础上，建立起人民民主专政的政权，相继建立省级政府有松江、黑龙江、合江、嫩江、绥宁（牡丹江）和哈尔滨市政府。到1949年中华人民共和国成立之前，已逐渐合并为黑龙江省人民政府和松江省人民政府。（建置区划见表5-2）

解放战争时期黑龙江地区（民主政府）建置区划表

表5-2

省名	设置时间（年月日）	省会所在地	行政区划	机构设置	变动情况
松江省	1946.5.5	哈尔滨市	4市32县	6厅2处1院	1948年7月牡丹江省撤销合并 1949年11月合江省撤销合并

续表5-2

省名	设置时间（年月日）	省会所在地	行政区划	机构设置	变动情况
黑龙江省	1945.11.13	北安，后在齐齐哈尔市	1市42县	6厅2处1局1院1室	1947年2月与嫩江合并成立黑嫩省，9月又重新划分为黑龙江、嫩江两省，1949年5月与嫩江省合并
嫩江省	1945.11.4	齐齐哈尔市	1市27县、旗	6厅2处1院1室	1949年5月，嫩江省撤销与黑龙江省合并
合江省	1945.11.31	佳木斯市	3市27县	4厅2处1局1院	1949年4月与松江省合并
绥宁省	1946.4.15	牡丹江市	1市9县		1946年10月7日撤销，成立牡丹江专员公署，1947年8月20日牡丹江专区和合江省东安专区合并成立牡丹江省。1948年7月9日牡丹江省撤销
哈尔滨市	1945.8.31	哈尔滨市	11区	9局1处1院1会	1946年11月18日改为特别市，直属于东北行政委员会领导

二、中华人民共和国成立后建置

（一）松江省人民政府

中华人民共和国成立初期的松江省人民政府，是在解放战争时期建立的。其省会仍设在哈尔滨市。机构设置、管辖范围大体和解放战争后期相同。1950年3月25～29日，松江省首届各界人民代表大会在哈尔滨市召开，成立松江省人民政府委员会。松江省人民政府机构设置为：7厅、1处、1院、1室。松江省人民政府之下设立市、县人民政府。1949年，松江省管辖范围有3个地级市、1个县级市和32个县。1950年10月21日，哈尔滨市设立了6个县级市辖区。1952年5月21日，泰安县改为依安县。同年9月29日，设立伊春县。12月31日将佛山县（今嘉荫县）划归黑龙江省管辖。1953年7月18日，哈尔滨市由松江省辖市改为中央直辖市。1954年8月1日松江省建置撤销，与黑龙江省合并为黑龙江省。

（二）黑龙江省人民政府

1949年4月21日，嫩江省与黑龙江省合并成立黑龙江省人民政府，省会设在齐齐哈尔市。黑龙江省人民政府机构设置为6厅、2处、1院、1局、1室。1950年3月25～31日，黑龙江省第一届人民代表会议在齐齐哈尔市召开，会议选举产生了黑龙江省人民政府委员会。

黑龙江省行政区划，中华人民共和国成立前夕为1市42县、旗。1949年12月19日将佛山县（今嘉荫县）划归松江省管辖。1952年12月31日，佛山县（今嘉荫县）重归黑龙江省管辖。

1954年黑龙江省与松江省两省合并之前，黑龙江省共辖1市，1专区，41县、旗。如下表：

黑龙江省合并前行政区划表

表5-3

市	专　区	专区辖县	省直辖县、旗
齐齐哈尔	黑河	瑷珲 孙吴 逊克 呼玛 佛山	海伦　绥化　肇东　望奎　安达 青冈　兰西　肇州　庆安　明水 绥棱　铁骊　拜泉　龙江　讷河 克山　依安　泰来　甘南　富裕 克东　林甸　嫩江　北安　德都 景星　通北　镇赉　自城　洮南 安广　大赉　开通　瞻榆 杜尔伯特旗　郭尔罗斯后旗

1954年8月1日黑龙江省与松江省合并，成立黑龙江省。松、黑两省合并时，除将原黑龙江省管辖之洮南、白城子、开通、瞻榆、大赉、安广、镇赉7县划归吉林省管辖外，原两省所辖的其余市、县、旗均由合并后黑龙江省管辖。 合并后的黑龙江省行政区划为5个市，3个专区，66个县、旗（其中直属县、旗40个），1个矿区。（见表5-4）

1954年8月15日，东北行政委员会撤销后，将原为东北行政委员会领导的绥芬河军政委员会移交黑龙江省人民政府领导。

黑龙江省合并后行政区划表

表5-4

市	专　区	专区属县	省直属县	矿区
哈尔滨 齐齐哈尔 牡丹江 佳木斯 鹤岗 （县级）	黑河专区	瑷珲　逊克　孙吴 呼玛　佛山	海伦　拜泉　绥化　克山　克东　望奎 明水　德都　通北　北安　铁骊　庆安	
	嫩江专区 合江专区	嫩江　讷河　林甸　富裕 龙江　甘南　景星　泰来 杜尔伯特　依安　桦川 桦南　集贤　富锦　抚远 萝北　宝清　饶河　勃利 汤原　依兰	青冈　肇东　绥棱　兰西　肇州 郭尔罗斯后旗　安达　双城　拉林　五常 阿城　尚志　宾县　延寿　方正　呼兰 巴彦　木兰　通河　海林　宁安　穆棱 东宁　鸡西　密山　林口　虎林　伊春	双鸭山

（三）哈尔滨市人民政府

中华人民共和国成立初期，哈尔滨市归松江省管辖。1953年7月18日，政务院电令，从8月1日起哈尔滨市改为中央直辖市，由东北行政委员会代管。1955年又改为黑龙江省辖市。

哈尔滨市人民政府机构，1951年归松江省管辖时设有22个直属局处，市政府下设区政府。1952年设置道里、南岗、太平、东傅家、西傅家、新阳6个市辖区。1953年改为中央直辖市后，市区调整，机构增加，有道里、南岗、太平、东傅家、西傅家、香坊、平房、王岗、松浦、顾乡、天恒、朝阳12个市辖区。

黑龙江省第一届人民代表大会第二次会议于1955年1月29～31日在哈尔滨市召开。1955年1月～1958年9月第一届人民委员会期间的行政区划及其变动情况如下表：

第一届黑龙江省人民委员会行政区划表

（1955年1月～1958年9月）

表5-5

年度	行政区划	变动情况
1955	3个专区、4个地级市、1个县级市、64个县、2个旗、1个矿区	1月，佛山县改为嘉荫县
1956	5个专区、5个地级市、2个县级市、59个县、1个自治县	3月，成立绥化、牡丹江两个区，撤销景星、桦南、通北、海林、拉林5个县 4月，撤销郭尔罗斯后旗，设肇源县 5月，撤销双鸭山矿区、成立双鸭山市（县级） 12月，撤销鸡西县，设立鸡西市（地级）
1957	5个专区、6个地级市、2个县级市、58个县、1个自治县	7月，撤销伊春县，设立伊春市（地级）
1958	5个专区、6个地级市、2个县级市、56个县、1个自治县	8月，撤销绥化专区，成立松花江专区，专署驻哈尔滨市；将肇东、宾县、阿城、呼兰4县划归哈尔滨市 9月，撤销德都、铁力2县

黑龙江省第二届人民代表大会第一次会议于1958年8月28日～9月3日在哈尔滨市召开，大会选举产生了第二届黑龙江省人民委员会。（行政区划及其变动情况见表5-6）

第二届黑龙江省人民委员会期间行政区划表
（1958年9月～1960年9月）

表5-6

行政区划	变动情况
1.1959年无变动：全省5个专区，6个地级市、2个县级市、56个县、1个自治县	1.1960年1月7日，撤销北安县设置北安市（县级）；撤销虎林、饶河两县，设立虎饶县。4月29日，撤销集贤县设立友谊县。5月12日撤销嫩江专区，划归齐齐哈尔市领导，齐齐哈尔市直属于省；松花江专区所辖五常、巴彦、双城、木兰、通河划归哈尔滨市领导；哈尔滨市所辖肇东县划归松花江专区领导。5月26日，撤销安达县设安达市（地级）。12月10日，鹤岗市升为地级市
2.1960年，4个专区、8个地级市、2个县级市、53个县、1个自治县	
3.1961年，5个专区、8个地级市、2个县级市、53个县、1个自治区	2.1961年10月7日，恢复嫩江专区，将齐齐哈尔市领导的12个县、旗归嫩江专区领导
4.1962年，5个专区、8个地级市、2个县级市、55个县、1个自治区	3.1962年10月20日，撤销友谊县，恢复集贤县、海林县和铁力县
5.1963年，5个专区、8个地级市、2个县级市、58个县、1个自治区	4.1963年1月15日，将齐齐哈尔市、伊春市改为省直接领导。6月29日，撤销北安市，恢复北安县、德都县。11月28日，设绥滨县
6.1964年，5个专区、2个特区、7个地级市、1个县级市、62个县、1个自治区	5.1964年6月5日，撤销虎饶县，恢复虎林县、饶河县、桦南县、友谊县；设立鸡东县。6月23日，撤销伊春市，设立伊春特区（地级）。8月10日，设立大兴安岭特区

黑龙江省第三届人民代表大会第一次会议于1964年9月23～30日在哈尔宾市召开。大会选举产生了第三届黑龙江省人民委员会。这一时期黑龙江省共辖6个专区、2个特区、8个地级市、64个县、1个自治县、36个市辖区、18个特区辖区、4个县级镇、1个县级特区。（见表5-7）

第三届黑龙江省人民委员会行政区划表
（1964～1966年）

表5-7

年度	行政区划	变动情况
1964～1966	6个专区、2个特区、8个地级市、64个县、1个自治县、36个市辖区、18个特区辖区、4个县级镇、1个县级特区。	1965年2月2日，设立七台河特区（县级），归合江专区管辖。3月27日，恢复安达县，归绥化专区管辖。6月14日，松花江专区改名为绥化专区；同时，设立新的松花江专区，将哈尔滨市所属阿城等8县划归松花江专区管辖。8月30日，设立同江县，归合江专区管辖。12月28日，将安达市划归省直接领导。 1966年2月8日，将牡丹江专区所属的牡丹江市、鸡西市，合江专区所属的佳木斯市、鹤岗市、双鸭山市划归省直接领导。

（四）黑龙江省革命委员会

1967年1月31日，在哈尔滨市召开“黑龙江省红色造反者大联合大夺权誓师大会”，宣告成立“黑龙江红色造反者革命委员会”。1967年3月23日，黑龙江省红色造反者革命委员会改称黑龙江省革命委员会。

1967～1979年，黑龙江省革命委员会行政区划如下表：

黑龙江省革命委员会行政区划表

（1967～1979年）

表5-8

行政区划	政区变动
1.1967年，6个地区、1个特区、9个地级市、64个县、1个自治县	1.1968年先后将牡丹江市、佳木斯市分别划为牡丹江地区和合江地区领导 2.1969年内蒙古自治区呼伦贝尔盟划归黑龙江省领导
2.1969年，6个地区、1个盟、1个特区、9个地级市、2个县级市、64个县、1个自治县、9个旗、3个自治旗、51个市辖区、1个县级特区、4个特区辖区、3个县级镇	3.1970年设伊春地区，管辖伊春市、嘉荫县、铁力县。大兴安岭特区改为大兴安岭地区。撤销七台河特区，改为七台河市 4.1973年撤销友谊县 5.1975年设绥芬河市（县级） 6.1978年撤销绥化、松花江、合江、嫩江、黑河5个地区革命委员会，改为行政公署
3.1979年，7个地级市、7个地区、2个县级市、1个自治县、63个县	7.1979年呼伦贝尔盟及大兴安岭地区所辖鄂伦春自治旗、莫力达瓦达斡尔自治旗划归内蒙古自治区。撤销伊春地区，恢复伊春市。安达市改为大庆市

（五）黑龙江省人民政府

1979年12月21～26日，在哈尔滨市召开黑龙江省第五届人民代表大会第二次会议，会议决定将黑龙江省革命委员会改为黑龙江省人民政府。至此，黑龙江省共辖7个地区、9个地级市、2个县级市、63个县、1个自治县、55个市辖区。到1985年底，黑龙江省共辖4个地区、11个地级市、3个县级市、64个县、1个自治县、55个市辖区。

第二章　人口　城市

黑龙江地区在中华人民共和国成立前，人口稀少，经济落后，人民生活贫困，死亡率很高。中华人民共和国成立后，人口发展较快，由1945年的全省总人口1 000万，发展到1985年的全省总人口3 357万。

生活在黑龙江地区的古代先民们，在漫长的历史年代中，曾先后建立了许多城邑，有些城邑发展成为各个历史时期的政治、军事、经济、文化中心。唐朝时期的渤海国上京龙泉府（今宁安县渤海镇）和金国的上京会宁府（今阿城市郊白城）就是盛极一时的古代帝都大邑。辽、金时代，有依兰的五国城、泰来的塔子城、克东的蒲峪路城；元、明时代有肇东的八里城、汤原的桃温万户府城、双城的底矢卜城等；清代中期以后陆续出现卜奎、墨尔根（嫩江）、瑷珲、呼兰、宁古塔、三姓（依兰）、双城和阿勒楚喀（阿城）等城镇。随着土地开发、农业发展、铁路修建、矿山与森林开发以及外国资本的入侵，从清光绪三十一年（1905年）起哈尔滨、齐齐哈尔、瑷珲、宁安、三姓、东宁等先后开辟为对外开放的商埠，近代城镇陆续产生并逐渐发展。

1921年2月14日，中国政府在哈尔滨设立市政管理局，1926年11月1日建立哈尔滨市，这是黑龙江省内第一个建制市。此后，在1936年3月26日，日伪决定建立齐齐哈尔市，1937年12月1日，牡丹江市和佳木斯市也同时建立。至此全省有了4座中心城市，分别布局在东、南、西、北。1942年密山一度被设为东安市，但为期不长。日本投降后，人民民主政府于1945年12月在鹤岗矿区建立了兴山市，这是人民政权管辖下诞生的第一座城市。1949年11月，兴山市改为鹤岗市。

中华人民共和国成立后，黑龙江省是国家重点建设地区，随着社会经济发展，新城市不断产生。1956年5月25日建立双鸭山市，1957年1月22日建立鸡西市，1964年6月23日建立伊春市，1960年5月26日产生了中外瞩目的大庆市（当时称安达市）。至此全省有了9座城市。

进入20世纪70年代后，随着煤炭工业的发展，1970年4月1日建立了七台河市；在边境贸易的基础上，于1975年8月15日成立了绥芬河市；1980年11月15日设立了黑河市。在地方工业与地区经济发展基础上，1982年12月18日绥化县改设为市，1982年12月18日恢复北安市建制（该市1960年设置，1963年撤销），1983年10月18日新建五大连池市。1984年安达县改市（县级）。

到1985年末，全省有哈尔滨、齐齐哈尔、牡丹江、佳木斯、大庆、鸡西、鹤岗、双鸭山、七台河、伊春、绥化、安达、黑河、绥芬河、北安、五大连池等大、中、小城市16座。

第一节　人　口

一、人口增长

黑龙江地区的人口增长，经历了缓慢增长、急剧增长、高速增长和平稳增长的过程。早在距今4.2万年左右的旧石器时代晚期，黑龙江地区就有人类在此繁衍生息。那时的古代先民们主要以渔猎采集为生，共同抵御大自然的各种威胁以及猛兽的袭击，过着游猎不定的群居生活。由于劳动难度大，生活环境恶劣，流动频繁，死亡率高，人均寿命短，人口增长十分缓慢。据考古资料推算，在距今2.5万年前至1万年前，黑龙江地区的人口总量约为5 000～6 000人。距今6 000年前， 约2万～3万余人。到公元前4000年时，约4万人，到公元前2000年，逐渐增长到5万人。到公元前1500年（商初）时，黑龙江地区人口总数约为10万人。到周威烈王午二十一年（公元前405年），黑龙江地区人口至少达到13万人。到了战国和秦统一中国时，黑龙江地区也相继进入了早期铁器时代，人口也有了新的发展。当时黑龙江地区人口约达20万左右。

西汉中叶以后，总人口达40万人左右。魏晋、南北朝时期，总人口已发展到50多万。隋代黑龙江地区的人口总数大约有70万人。

唐朝时期，黑龙江地区兴旺发达。中原王朝在这一地区普遍设立了行政管理机构，西部有室韦都督府，东部有渤海都督府，东北部有黑水都督府。经济、文化和人口均有较大的发展。全境人口约达300万人左右。契丹天显元年（926年）契丹（后改国号为辽）灭渤海国，建立东丹国，后改为辽的直辖地区。辽为了削弱渤海人的反抗力量，以巩固自己的统治地位，不但承袭了唐在黑龙江地区的管辖制度，设节度使、统军司等统辖各族军民，还对渤海遗民进行大批南迁和西迁，迁移人数达110余万。留居原地的渤海人则多依附于女真族，使200多年发展起来的渤海盛国人口顿减，田园荒芜，黑龙江地区的人口下降到100万左右。

北宋政和五年（1115年），女真族兴起，灭辽建立金朝。金代的社会经济和文化发展很快，汉族地区先进农业技术传入，扩大了耕地面积，冶铁和制铁业规模扩大，使铁器普遍应用到社会生产和人民生活各个方面，女真人创造了自己的文字，并完成了从奴隶社会向早期封建社会的过渡。这个时期的人口也得到恢复和发展，大约达到200多万人。但由于完颜亮于金贞元三年（1153年）迁都燕京（今北京），大批官员、军队和猛安谋克户随迁，人数达20万～30万人。加之金末元初战乱频繁，人口锐减。

南宋端平元年（1234年），金为蒙古汗国所灭。南宋咸淳七年（1271年），元朝建立，黑龙江地区大部由开元路和水达达路管辖，下设万户府和千户所。由于元世祖忽必烈主张遵用汉法，推行以农桑为急务的政策，对促进各民族融合和松嫩平原一带的经济发展曾有一定作用。但元朝一直战乱不已，对整个黑龙江地区的经济破坏巨大，黑龙江地区人口大量减少，总数估计不超过100万人。

明洪武元年（1368年），朱元璋称帝，国号明。同年元朝灭亡。明朝在黑龙江地区设立奴儿干都指挥使司，下辖384卫、24所及7地面、7站、1寨共423卫所。并继承了元代驿站，建立了海西东水陆城站和海西西水陆城站，管辖各族人口和交通驿道。当时黑龙江地区居住的主要是蒙古族和女真族，人口虽有发展，但总数不过120万人。明正统七年（1442年），设立建州卫。建州女真起源于今依兰县马大屯，后持续百年，大批女真族南迁至新宾（今辽宁新宾西南），逐渐强大，统一女真各部，创建了军政合一的“八旗制”，形成了后来的满族主体。明万历四十四年（1616年）建国，定国号为大金，史称后金。明崇祯九年（1636年）改金为大清，改族名女真为满洲。清顺治元年（1644年）入关，定都北京，灭明，建立了中国历史上最后一个封建王朝。清初在东北管理的疆域很广，包括自贝加尔湖至鄂霍茨克海之间和南至渤海湾的广大地区，有蒙古、达斡尔、满族、鄂伦春、鄂温克、锡伯、赫哲、费雅喀、流鬼等民族。这时黑龙江地区人口不足90万。清朝初期，大批八旗兵及其亲属“随龙”进入中原，人口更加减少。清代实行八旗制，对推动黑龙江地区的经济发展和迅速向封建社会转化曾起过积极作用。但入关后，从清康熙七年至咸丰十年（1668～1860年）的近200年间，实行对东北地区的“封禁”政策，“限内外，禁出入”，以保其“龙兴之地”，实际上阻碍了黑龙江地区经济的发展，人口虽有发展但比较缓慢。在此期间，清廷为充实边防，实行屯垦政策，并动员京旗到黑龙江地区耕耘旗田，使人口有所增加。当时黑龙江地区约有130多万人。清咸丰十一年（1861年）后，随着封禁政策的逐步解体和以汉族为主体的各族人口大量迁入，社会经济有了较快的发展。由于帝国主义列强的入侵，清政府与沙俄签订了一系列不平等条约，特别是清光绪二十九年（1903年）中东铁路建成通车，大批外国侨民迁入黑龙江地区，移民国籍多达20多个国家，主要是俄国，其次为欧美各国，移民最多时达20万～30万人，对黑龙江地区的社会、经济、文化曾产生过重要影响。清宣统三年（1911年），除黑龙江以北、乌苏里江以东已为沙俄侵占，不再计算人口外，黑龙江地区人口总数已达324万人。

中华民国前期，山东、河北、河南、安徽等省贫苦人民流入与日俱增，黑龙江地区人口以空前的速度增长。1912～1931年，增加1倍多，总人口达到660多万。

1931年“九一八”事变以后，东北地区沦陷。起初，日本帝国主义者严格控制华北地区移民进入东北，而由日本本国向中国东北大量移民的侵略政策，计划在20年内向东北移入日本居民100万户，500万人，但这个计划并没有完成，10次移民只移来20多万人。到1936年，随着日伪所谓“北边振兴计划”的实施，华北流民的进入又重新增加。尤其在1941年太平洋战争爆发以后，出于补充劳动力需要，日伪当局推行了大规模的劳工计划，强行由华北各地抓来大批劳工，投入北部矿山、林业和铁路的开发以及军事工程的建设，黑龙江地区人口激增。到1945年，黑龙江地区总人口超过1 000万人。

1945年8月15日，日本帝国主义无条件投降，黑龙江地区在中国共产党领导下，建立了人民政权，完成了恢复生产、土地改革和支援解放战争的任务。到1949年中华人民共和国成立时，黑龙江地区人口达到1 014万。

中华人民共和国成立后，黑龙江地区进行了大规模经济建设。在国民经济迅速发展的同时，人口数量也急剧增长。为及时掌握人口变动情况，按国家规定，在黑龙江地区建立了系统的人口统计制度，并于1953年、1964年和1982年先后进行了3次人口普查，此后每年进行1次人口变动情况抽样调查。据1985年人口变动情况抽样调查统计，全省总人口数已达3 357万人，比中华人民共和国成立初增加2 345万人。36年间，平均每年增加65.1万人。占全国人口的比重，也由1949年的1.87%提高到3.21%，是全国人口增长最快的省份之一。

黑龙江省人口的增长是自然增长和机械增长共同作用的结果，其中自然增长1 600多万。自然增长速度最快的是1948～1973年，年均出生率在35‰以上，平均每年出生64.64万人。与此同时，随着中华人民共和国成立后人民生活和医疗卫生条件的改善，人口的死亡率迅速下降。中华人民共和国成立前本地区人口死亡率一般都在20‰以上，1955～1965年，全省人口死亡率分别降到11.4‰和8‰左右，到1970年以后，人口死亡率基本稳定在5‰左右。出生率高而死亡率低，使人口自然增长居高不下。直到1973年以后，全面实施了计划生育政策，才使人口自然增长过快的势头得到控制。1974年，人口出生率由上年的30.5%。降到25.82‰，到1985年，出生率进一步降到15.04‰，12年间人口出生率降低了15.52个千分点。这是黑龙江省自中华人民共和国成立以来人口出生率的最低水平。但全省人口仍处于持续增长状态。

二、人口构成

（一）年龄构成

中华民国以前黑龙江地区的人口年龄构成尚无资料，中华民国时期，有少量资料记载，但不完整。1914年黑龙江西部地区总人口中，0～15岁人口占26%，16～65岁人口占68.41%，66岁及以上人口占5.59%。1940年，黑龙江地区部分县的人口中，1～15岁人口占27.3%，16～60岁人口占64%，61岁及以上人口占8.7%。各年龄组人口所占比重大体相似。

中华人民共和国成立后的1953年、1964年、1982年的3次人口普查，为黑龙江省人口年龄结构状况提供了大量数据。

50～60年代，黑龙江省少年儿童比重很高。1953年0～14岁人口占总人口的38.3%，1964年上升到45.2%，同一时期人口的平均年龄由24.9岁降到22.9岁，这是两次生育高峰形成的结果。70年代开始，人口增长速度逐年减缓，到1982年，第三次人口普查时，人口平均年龄上升到25.4岁，老年人口由1964年的2.9%上升到3.4%，人口年龄类型开始向成年型人口转化。

（二）文化构成

1949年，黑龙江省平均每1万人口中只有大学在校生4.7人，中专在校生3.4人，中学在校生21.8人，小学在校生882人，文盲率约为62%，到1981年平均每万人中有大学在校生15.3人，中专在校生12人，中学在校生667人，小学在校生1 571人，文盲率降到22%。据1982年第三次人口普查资料，黑龙江省6岁以上人口平均文化程度为5.21年，高于全国平均4.44年的水平，在省、市、区中居第六位。

（三）性别构成

黑龙江地区随着总人口的增长变化，人口的性别比例呈现了起伏的发展变化。清代黑龙江地区的人口性别构成尚缺乏资料。清末民初，黑龙江西部地区人口的性别比比较大。清光绪三十三年（1907年）男性人口726 672人，女性人口546 719人，分别占总人口的57.07%和42.93%，性别比为132.9。清宣统二年（1910年），男女两性人口均有增长，人口性别比下降到123。清宣统三年（1911年）又上升到131。直至1914年，黑龙江西部地区人口性别比仍在123～132.9之间波动。清末至中华民国初期，黑龙江地区人口性别比呈较高水平，主要是移民性别比偏高影响所致。中东铁路修建前，黑龙江西部地区只有40.8万人。清光绪二十九年（1903年）中东铁路开始经营后，人口猛增，清光绪三十四年（1908年）即达145.6万人，清宣统三年（1911年）达206万人。新增的人口中男性远远多于女性。1922～1931年黑龙江西部地区人口继续较快增长，人口性别比在128～138之间波动。东部地区亦然，如1929年东部地区人口性别比为138.4。当时黑龙江东部地区地广人稀，未垦之地较多，吸引较多移民前往开垦，其中男性较多。据统计，1928年，关内向东北地区移民和流入人口93.8万人，男性占82.7%，女性占17.3%；1929年的移民和流入人口，男性占83.2%，女性占16.8%。1933年总人口中的性别比达136.5，1934年人口性别比为131.5。1938年为128.9，1942年为127.3。下降的原因是随着前期移民的定居和生活有了基础，陆续接来了家属，故人口性别比呈下降趋势。

1945年抗日战争胜利后，黑龙江地区成为中国人民解放战争的主要后方基地。大批男性青壮年参军南下，使黑龙江地区人口性别比有所下降，如1947年男性为5 871 191人，女性为5 621 073人，性别比为104.4。1949～1960年，黑龙江的人口性别比在116～119之间略有起伏，其性别比居高不下的原因，主要是受中华人民共和国成立前黑龙江地区人口高性别比和中华人民共和国成立后移民和流入人口性别比偏高的影响。1953～1957年第一个五年计划时期，净迁入黑龙江省的人口为185.97万人，其中男性约为115.22万人，女性只有70.75万人，移入人口的性别比为162.9。1958年近10万名转业官兵迁入黑龙江省兴办国营农场，先来的主要是单身男性。

1961年以来，黑龙江省人口性别比逐步下降，1961～1964年由115.9下降到111.1；1965～1968年由109.8降到108.4；1969～1979年由107.5降到105.8，1979～1985年人口性别比进一步降到104.8，已低于全国人口性别比106.9的平均水平。这期间人口性别比的下降，主要是人口自身发展调节的结果，中华人民共和国建国成立前造成高性别比的人口因死亡而陆续退出人口行列，长期影响黑龙江人口性别比偏高的迁入人口因素已基本消失或起的作用较小，大量新出生人口对人口性别比的下降起到了决定性作用。

（四）民族构成

黑龙江省是一个由多民族构成的边疆省份，除汉族人口占全省人口总数95%以外，还有45个少数民族。据1982年人口普查统计，少数民族人口共有161.4万人，主要是满、朝鲜、回、蒙古、达斡尔、锡伯、鄂伦春、赫哲、鄂温克、柯尔克孜等民族。

1953年第一次全国人口普查时，黑龙江地区共有24个民族，总人口为1 189.7万多人，其中汉族人口1 092.9万多人，占全地区总人口的比例为91.86。其他23个民族，人口96.8万多人，占全地区总人口的比例为8.14%。23个民族中分世居民族（自古就生活在黑龙江地区的先民）、居住在黑龙江地区数百年或近百年的民族和中华人民共和国成立前后移入的民族三种情况。世居民族有：满族、蒙古族、达斡尔族、鄂温克族、鄂伦春族、赫哲族、锡伯族；居住在黑龙江地区数百年或近百年的民族有：回族、柯尔克孜族、朝鲜族；中华人民共和国成立前后移入的民族有：壮族、苗族、彝族、哈萨克族、藏族、维吾尔族、瑶族、土家族、傣族、黎族、高山族、土族、俄罗斯族。

1964年第二次全国人口普查时，黑龙江省的民族增到36个，总人口为2 011.8万多人，其中汉族人口1 903万多人，占全省总人口比例为94.59%。其他35个民族人口108.8万多人，占全省总人口的比例为5.41%。这35个民族中，除第一次人口普查的23个民族外，新增的有布依族、侗族、白族、哈尼族、畲族、水族、纳西族、仫佬族、羌族、撒拉族、乌孜别克族、京族。

1982年第三次全国人口普查时，黑龙江省的民族增到46个，人口总数为3 266.6万多人，其中汉族为3 105万多人，占人口总数的比例为95.06%。其他45个民族人口164.4万多人，占全省人口总数的比例为4.94%。这45个民族中，在一次和二次人口普查所记35个民族中，减少了哈尼和撒拉两个民族，新增加傈僳族、景颇族、东乡族、崩龙族、保安族、裕固族、塔塔尔族、珞巴族、怒族、阿昌族、仡佬族、布朗族。

在全国三次人口普查期间，黑龙江省每年的人口增长仍在80万人以上。1973年以后，国家在汉族中推行计划生育，而在其他民族中则不实行，全省除汉族人口的增长率逐年下降外，其他民族的人口数量快速增长。赫哲族1953年时共有449人，1964年达到698人，增长率58%。1982年又达到1 397人，增长率为75%。满族1953年时人口63.03万人，1964年下降为61.73万人，1982年又增至91.35万人；锡伯族1953年只有41人（1958年一度降为2人），1964年增到229人，1982年又增至2 646人。出现这一情况原因是，满族与锡伯族长期和汉族杂居、通婚，有些人又存在“当汉人好”的偏见，因此在一、二次人口普查时误报了汉族，经过宣传中共的民族政策，在第三次人口普查时，满族和锡伯族中有约15万人左右做了改正。在此期间，壮族、苗族、侗族、土家族、瑶族，每年都有较多移民从外省迁入，因而少数民族人口增长较快。

三、人口分布

（一）地理区分布

黑龙江省分为大、小兴安岭、东部山地、松嫩平原、三江平原4个自然地理区。据1953年、

1964年、1982年的3次人口普查表明，黑龙江省的人口分布与自然地理环境的特点和人类对自然界开发程度的大小有密切关系。松嫩平原地区和铁路沿线，人口分布比较密集；偏僻地区和山区则人烟稀少。

1953年第一次人口普查，大、小兴安岭自然地理区人口为924 965人，占全省总人口的7.77%，全区人口密度为每平方公里5人；东部山地自然地理区人口为1 779 130人，占全省总人口的14.95%，人口密度为每平方公里27人；松嫩平原自然地理区人口为7 447 434人，占全省总人口的62.6%，人口密度为每平方公里70人，是全省平均人口密度的3.2倍；三江平原自然地理区人口为1 745 780人，占全省总人口的14.68%，人口密度为每平方公里17人。

1964年第二次人口普查时，大、小兴安岭自然地理区人口为205.7万人，比1953年增长122.48%，占全省总人口的10.22%，全区人口密度上升至每平方公里11人，比1953年增长220%；东部山地自然地理区人口为2 867 548人，比1953年增长61.18%，占全省总人口的14.24%，人口密度上升为每平方公里44人，比1953年增长162.96%；松嫩平原自然地理区人口为11 226 018人，比1953年增长50.74%，占全省总人口的55.76%，人口密度上升到每平方公里106人，比1953年增长151.43%；三江平原自然地理区人口为3 981 305人，比1953年增长128.05%，占全省总人口的19.78%。人口密度每平方公里上升到39人，比1953年增长229.41%。人口密度增长很快，是因为1958年10万转业官兵开赴“北大荒”开垦荒地以及外省的移民来垦荒、开煤矿等因素的影响所致。

1982年第三次人口普查时，大、小兴安岭自然地理区人口为3 994 874人，比1964年增长94.12%，占全省总人口的12.23%，人口密度为每平方公里20人，为1953年的4倍；东部山地自然地理区人口为4 718 163人，比1964年增长64.54%，占全省总人口的14.44%，人口密度上升到每平方公里72人，为1953年的2.7倍；松嫩平原自然地理区人口为16 948 347人，比1964年增长50.97%，占全省总人口的51.88%，人口密度上升为每平方公里160人，是全省人口最稠密的地区；三江平原自然地理区人口为7 004 128人，比1964年增长75.93%，占全省总人口的21.44%，人口密度为每平方公里68人，低于全省平均人口密度，仍是人口分布较稀疏的地区。

（二）政区分布

中华人民共和国成立后，黑龙江省的地、市、县行政区划变动较多。为了便于比较，以1982年全省各地、市、县的区划为准，将1953年、1964年和1985年的人口统一调整为1982年的区划人口。

1953年第一次人口普查时，哈尔滨市的人口有1 162 962人，占全省总人口的9.78%；松花江地区有2 567 150人，占全省总人口的21.58%；嫩江地区有1 977 842人，占全省人口的16.52%；绥化地区有2 716 266人，占全省人口的22.83%，是全省人口分布最多的地区；合江地区有1 226 392人，占全省人口的10.31；牡丹江地区有918 327人，占全省人口的7.72%；黑河地区有318 844人，占全省总人口的2.68%；大兴安岭地区的人口最少，仅13 527人，占全省总人口的0.11%。

1964年第二次人口普查时，全省各市县的人口都有较多的增长，人口的政区分布也发生了一些变化。哈尔滨市有1 968 627人，占全省总人口的9.78%；松花江地区有3 518 127人，占全省总人口的17.47%；嫩江地区有2 696 740人，占全省总人口的13.39%；绥化地区有3 880 544人，占全省总人19.27%。松花江、嫩江、绥化3个地区的人口占全省总人口的比重均有下降，而合江、牡丹江、黑河、大兴安岭4个地区的人口占全省总人口的比重均有上升。合江地区有2 248 482人，占全省总人口的11.17%；牡丹江地区有1 958 996人，占全省总人口的9.73%，黑河地区有747 399人，占全省总人口的3.71%；大兴安岭地区有37 819人，占全省总人口的0.19%。齐齐哈尔、鸡西、鹤岗、双鸭山、大庆、伊春等大中城市人口增长较快，其人口占全省总人口的14.16%。1953～1964年迁入黑龙江省的人口主要流向新兴的大中城市和荒地较多的合江、牡丹江地区以及以林木采伐与金矿开采为主的黑河、大兴安岭地区。1964年以后，黑龙江省的迁入人口逐渐减少，但省际迁移和省内迁移人口的流向仍是未垦土地较多的合江和牡丹江地区，以开采煤矿和石油为主的城市以及以林木采伐为主的黑河和大兴安岭地区、伊春市等地，上述地区的人口占全省总人口的比重有所上升。

1985年哈尔滨市人口有2 625 496人，占全省总人口的7.92%；松花江地区有5 434 880人，占全省总人口的16.41%；嫩江地区有4 407 362人，占全省总人口的13.31%；绥化地区有577 375人，占全省总人口的17.75%；合江地区有4 380 490人，占全省总人口的13.23；牡丹江地区有3 291 243人，占全省总人口的9.94%；黑河地区有1 502 877人，占全省总人口的4.45%；大兴安岭地区有422 823人，占全省总人口的1.28%；齐齐哈尔、鸡西、鹤岗、双鸭山、大庆、伊春等大中城市的人口占全省总人口的14.3%。

（三）城乡分布

中华人民共和国成立前，黑龙江地区工业十分落后，只有少数工厂和矿山，规模小，人口聚居不多。仅有哈尔滨、齐齐哈尔、牡丹江和佳木斯4个大城市和沿铁路线分布的一些小城镇。绝大多数人口分布在广大农村地区，城镇人口比较少。

中华人民共和国成立后，黑龙江省是国家经济建设的重点省份之一，1949～1952年国民经济恢复时期，由辽宁省迁入黑龙江省20多个大型企业，因而城市职工数量增加较快。从1949年中华人民共和国成立初期的39.4万人增加到1952年的83.3万人，市镇人口也相应从1949年的265.8万人，增加到1952年的319.8万人，市镇人口占全省总人口的比重由1949年的26.3%上升到1952年的28.8%。农村人口也在不断增长，由1949年的746.1万人增加到1952年的790.7万人，但占全省总人口的比重由1949年的73.7%，下降到1952年的71.2%。

第一个五年计划时期（1953～1957年），国家在黑龙江省相继建成了一批大型企业。黑龙江省职工人数随着工业的迅速发展和鸡西、鹤岗、双鸭山等新兴能源城市的建立而急剧增加，遍布全省的百余个小城镇也得以迅速的恢复和发展，市镇人口从1953年的378.9万人增至1957年的545.1万人，年平均递增率为9.5%，市镇人口比重升至36.9%，农村人口也在稳步增长，年平均递增率为3.6%，但农村人口比重降至63.1%。

第二个五年计划时期（1958～1962年），黑龙江省的工矿企业和城市建设突飞猛进，工业基本建投资额达45.1亿元，是“一五”时期的1.75倍，城市人口规模不断扩大，由1958年的587.1万人陡增至1961年的900.1万人，市镇人口比重由1958年的37.5%升至47.4%。市镇人口的过快发展，超越了国民经济特别是农业发展的水平。加之三年困难时期的影响，使城市无法承受过大的人口规模。中共中央和国务院采取了压缩城镇人口，缩小工业基建规模的措施，国民经济进入调整阶段。黑龙江省的城市人口由1961年的900.1万人，逐步下降到1963年的796万人，城市人口比重也降至40.4%。

从1964年开始，缩小了市镇人口的统计口径，居住在城市附近的农业人口不再统计在城市人口中。1964年城市人口为811.5万人，1965年为805.6万人，城市人口比重1964年和1965年分别降至39.5%和37.8%。

1966～1976年的十年“文化大革命”时期，全省的城市建设出现停滞。知识青年和干部“上山下乡”，使城市人口慢于农村人口的增长速度，1976年比1966年城市人口增加271.5万人，增长33.02%，农村人口增加559.3万人，增长40.93%，从而使城市人口比重下降，由1966年的37.5%下降到36.2%。

1978年，中共十一届三中全会以后，大批“上山下乡”的知识青年和干部陆续返城。农村实行联产承包责任制，农村的剩余劳动力逐步向城市转移，加快了城市人口的发展。至1982年全省已有12个城市和106个城镇，人口达1 309.4万人。1978～1982年乡村人口减少35.5万人，乡村人口比重由64.1%下降到60.1%。

1983～1985年，随着城市建置的变化和经济发展的需要，全省市政建设及人口进入一个快速发展阶段，大批农民到集镇落户，务工经商，城市人口由1983年的1 416.9万人，猛增至1985年的1 928.8万人，城市人口比重由1983年的43.2%，升至1985年的58.2%。乡村人口由1983年的1 861.3万人减少到1985年的1 382.6万人，比重由56.8%降至41.8%。

第二节　城　市

一、哈尔滨市

哈尔滨市位于黑龙江省西南部，松花江中游，松嫩平原东南部，是黑龙江省省会，全省政治、经济、文化中心，东北重要的工业城市和大型成套发电设备主要生产基地及交通枢纽。全市辖7区2县，土地总面积6 929平方公里，其中市区面积1 675平方公里。全市1985年末总人口380多万，其中市区人口262.5万。全市有汉族、满族、朝鲜族、回族、蒙古族、锡伯族等40个民族，早在旧石器时代晚期哈尔滨就有了人类活动，而有文字记载的历史也已近900年。据《金史》所载“阿勒锦村”即哈尔滨的古称。金、清两代王朝发祥并崛起于此，现存20余处史前文化遗址。800多年以前，女真族所建金朝的早期都邑上京会宁府建在阿城市境内，至今尚存遗迹。18世纪，现市区“哈尔滨”只是松花江畔的一个小渔村。19世纪末，这一带已形成秦家岗、马家沟、四家子、顾乡屯等近百个村屯，居民达5万余人。清光绪二十二至二十九年（1896～1903年），随着中东铁路的修筑开通，迅速发展成为近代大都市，并成为国际性商埠，曾被俄、日、美、英、法等列强占领，至19世纪20年代曾有33个国家的17万多侨民汇集此地，16个国家在此设立领事馆。20世纪30年代初，哈尔滨曾是中共满洲省委所在地。哈尔滨于1946年4月28日解放，是全国解放最早的大城市。中华人民共和国成立后，哈尔滨市的隶属关系未变。1953年7月18日，政务院将哈尔滨市改为中央直辖市，由东北行政委员会代管。1954年6月19日，中央人民政府委员会将哈尔滨市改为黑龙江省辖市并入黑龙江省建制。从8月1日起，哈尔滨市正式改为省辖市，并为黑龙江省省会。1983年9月3日，国务院将松花江地区所辖的阿城、呼兰2县划归哈尔滨市管辖，再次实行市领导县体制。1985年10月5日，国务院批准哈尔滨市实行计划单列，并赋予相当于省一级经济管理权限。1985年，哈尔滨市共辖道里、道外、南岗、太平、动力、香坊、平房7个区和呼兰、阿城两个县。

二、齐齐哈尔市

齐齐哈尔市位于黑龙江省西北部，嫩江中游，松嫩平原西部。东、北分别与省内绥化、黑河地区、西与内蒙古自治区呼伦贝尔盟、南与吉林省白城地区接壤。距省会哈尔滨市359公里，地势北高南低，北部和东部是小兴安岭南麓，中部和南部为嫩江冲积平原。齐齐哈尔市是黑龙江省第二大城市，是东北重工业城市之一，是黑龙江省西部地区的政治、经济、科技、文化、商贸中心和交通枢纽，也是闻名遐尔的“鹤乡”。1985年末，全市辖7区11县（自治县）。总面积5.26万平方公里，其中市区面积4 365平方公里。总人口570万，其中市区人口126万。市区面积人口密度每平方公里293人。齐齐哈尔市区有汉、满、回、达斡尔、朝鲜、鄂温克、柯尔克孜、苗、鄂伦春、锡伯等25个民族。少数民族人口7.47万人，占市区人口的6.1%。

齐齐哈尔，原名卜奎，别名龙沙，是黑龙江省的一座古老城市，有300余年的历史。齐齐哈尔曾是嫩江西岸的一个小村落。“齐齐哈尔”为达斡尔语“习齐尔克”音转，为“边疆”、“天然牧场”之意。清康熙十三年（1674年）吉林水师营部分兵丁移驻齐齐哈尔。清康熙二十二年（1683年）定齐齐哈尔水师营制，设总管及其衙署，隶于宁古塔将军，同年改隶于新设之黑龙江将军。清康熙二十三年（1684年）设火器营，清康熙三十年（1691年），黑龙江将军奏请建木城于齐齐哈尔，后勘定在卜奎驿站兴建，仍称齐齐哈尔城，是齐齐哈尔建城之始。清康熙三十一年（1692年）设城守尉，清康熙三十七年（1698年）后，黑龙江将军从墨尔根城移驻齐齐哈尔城。自此，齐齐哈尔城成为黑龙江的省城。清光绪二十一年（1895年）设黑水厅，清光绪三十三年（1907年），清廷裁撤将军，建立黑龙江行省。1912年中华民国成立后，齐齐哈尔仍为黑龙江省省会。1931年“九一八”事变后，齐齐哈尔沦陷。1934年12月，齐齐哈尔成为日伪新设的龙江省省会，后正式实行市制，成立伪齐齐哈尔市公署，自此齐齐哈尔开始设市。1945年8月，日本投降后直至中华人民共和国成立初期，齐齐哈尔市曾先后为嫩江省、黑嫩省、黑龙江省的省会。1954年8月，黑龙江省与松江省合并为新的黑龙江省，确立哈尔滨市为省会。从此，齐齐哈尔作为黑龙江省省会延续了270年的历史宣告结束。1964年1月，齐齐哈尔市改为黑龙江省直辖市。1984年12月，国务院批准，齐齐哈尔市再次实行市领导县的体制。同年，国务院批准齐齐哈尔为全国较大的市之一。这时，齐齐哈尔市共辖7区、11县（自治县）。

三、牡丹江市

牡丹江市位于黑龙江省东南部，牡丹江中游河谷盆地，张广才岭与老爷岭之间。是黑龙江省东南部政治、经济、文化中心和交通枢纽，是一个新兴的工业城市。市区辖东安、西安、爱民、向阳4个区和郊区8个乡，此外还辖宁安等7县1市。市区面积1 345平方公里，人口61.8万。其中非农业人口49.87万人。建成区面积38平方公里。

早在辽金时代，牡丹江江东的东村已开始建城堡，元代在这里建军民万户府，明代建驿站交通线，清代在此设立军营。清光绪二十一年（1895年）开始有少数关内移民到此开垦土地。清光绪二十九年（1903年）中东铁路通车后，逐渐发展起来。东北沦陷时期，由于图们至牡丹江、牡丹江至林口铁路的相继修通，牡丹江成了黑龙江地区东部的重要交通枢纽。1937年7月1日，伪满洲国曾设牡丹江省，并以牡丹江为省会。同年12月1日，正式设置牡丹江市，直隶于牡丹江省。1943年10月1日，伪满洲国将牡丹江省撤销，合并设立东满总省，牡丹江市为省会。1945年5月28日，东满总省撤销，将原牡丹江省与原东安省区域合并，设立东满省，省会仍设于牡丹江市。1945年10月，中国共产党领导的人民自卫军接管了牡丹江市政权，成立牡丹江市民主政府。1946年4月15日，设立绥宁省，省政府驻牡丹江市，由绥宁省直辖。同年10月8日，经东北行政委员会批准，绥宁省改为直属牡丹江专区，专员公署驻牡丹江市，牡丹江市为其管辖。1947年8月，牡丹江专区与合江省东安专区合并成立牡丹江省，牡丹江市为省会并由该省直辖。1948年7月，东北行政委员会决定撤销牡丹江省，牡丹江市改归松江省管辖。中华人民共和国成立后，牡丹江市隶属关系不变。1954年8月1日，松江省与黑龙江省合并为新的黑龙江省，牡丹江市为省辖市。1950年3月，设立牡丹江专区，专员公署驻牡丹江市。1958年8月，黑龙江省人民委员会批准，牡丹江市改由牡丹江专区管辖。1966年2月，中共黑龙江省委、省人民委员会决定，牡丹江市改由黑龙江省直辖。1968年2月，又改由牡丹江地区管辖。1973年2月，牡丹江地区革命委员会改为牡丹江地区行政公署，行政公署驻牡丹江市。1983年9月，牡丹江地、市合并，撤销牡丹江行政公署建制。牡丹江市为省辖市，实行市管县的领导体制，原牡丹江行署管辖的海林、宁安、林口、穆棱、东宁、密山、虎林 7 县和绥芬河市皆归属牡丹江市。

四、佳木斯市

佳木斯市位于黑龙江省东北部，三江平原西南部，松花江南岸。最东端位于黑龙江和乌苏里江交汇处的抚远三角洲（俗称黑瞎子岛），是祖国的最东方，又称为“中国东极”，所辖抚远县的乌苏镇是中国边境的“东方第一哨”，被誉为三江平原的明珠。佳木斯市是黑龙江省东北部地区政治、经济、文化中心和重要的交通枢纽，是一座新兴的工业城市。市区北、西隔松花江与汤原县相望，南与依兰、桦南县为邻，东与桦川县连接。辖原合江地区桦川等13个县，市区辖4个区9个乡。市区面积1 094平方公里，建成区面积46平方公里，市区人口55.77万人，其中非农业人口43万余人。

佳木斯地区原为清代吉林将军属下的三姓（依兰）副都统辖地。清光绪十四年（1888年）依兰旗署在此设东兴镇。清光绪三十一年（1905年）后，相继为依兰府和桦川县所辖。清宣统二年（1910年）佳木斯从依兰划出设置桦川县，县治就设在东兴镇。1926年鹤岗煤矿开发，东兴镇成了重要的煤炭转运地。1930年，佳木斯屯与东兴镇合并，定名为佳木斯镇。东北沦陷时期，佳木斯镇仍属桦川县。1934年12月1日，伪满建立三江省，伪省公署设在佳木斯镇。1937年9月，伪三江省公署设佳木斯市政筹备处，12月1日正式建立佳木斯市，由三江省直辖，这是佳木斯设市之始。1945年8月15日，日本投降后，伪三江省撤销，佳木斯成为新设置的合江省省会。1945年10月25日，中共设置吉合行政区，佳木斯归其管辖。1945年11月9日，吉合行政区撤销，佳木斯市归合江省管辖。1945年11月17日，中共合江省工作委员会成立，11月21日，成立合江省政府，驻佳木斯市。1945年11月25日，佳木斯地区专员公署成立，辖佳木斯市。1946年4月24日，佳木斯地区专员公署被撤销，佳木斯市由合江省政府直接领导。1949年5月11日，松江省与合江省合并，佳木斯归松江省管辖。1954年8月1日，松江省与黑龙江省合并为黑龙江省，佳木斯由黑龙江省管辖。1958年8月27日，佳木斯市改由合江专区管辖。1966年2月8日，佳木斯市改为黑龙江省直辖。1968年4月8日，又将佳木斯市改为合江地区领导，并实行地市合一。1983年10月8日，将合江地区所辖佳木斯市改为黑龙江省直接管辖。1984年12月15日，国务院批准，撤销合江地区，实行地市合并，将其原辖的依兰、汤原、桦南、桦川、萝北、绥滨、富锦、集贤、宝清、饶河、同江、抚远、友谊13县，于1985年1月1 日正式划归佳木斯市领导。

五、大庆市

大庆市位于黑龙江省西南部，松嫩平原中部。滨（哈尔滨）洲（满洲里）铁路横穿市境中北部，通（辽）让（让胡路）铁路纵贯市境南北。东南距哈尔滨市159公里，西北距齐齐哈尔市140公里，周边分别与安达、肇州、肇源、杜尔伯特蒙古族自治县、林甸等县接壤，土地面积为4 829.4平方公里，辖萨尔图区、龙凤区、让胡路区、红岗区、大同区和13个郊区乡。建成区面积65平方公里。总人口83.46万，非农业人口54.33万。

清代，大庆地区为蒙旗杜尔伯特的游猎地，一直没有定居村落。清光绪二十四年（1898年）沙俄修建中东铁路时，在此建立了萨尔图站。清光绪三十年（1904）年开始放荒招垦，村屯渐多。清光绪三十二年（1906年）在安达任民镇设置了安达抚民府，1913年改为安达县。伪满时萨尔图被改为兴仁镇。1946年又恢复萨尔图名字。中华人民共和国成立之初，大庆所在地区分属肇州、肇源和安达管辖。1955年开始进行石油勘探。1959年9月，在肇州县大同镇附近，发现了油田，10月，以大同镇为中心，将周围各乡组成大庆区，仍属肇州县领导，同时将大同镇改为大庆镇。1960年5月，撤销安达县，设立安达市（地级），隶属于黑龙江省松花江专区。1964年6月23日，撤销安达市，设立安达特区（对外仍称安达市），实行政企合一体制，由石油工业部与黑龙江省双重领导。1965年3月，国务院批准，将安达市（特区）东部地区划出，恢复安达县，县址在安达镇。安达市址在萨尔图。1979年12月14日，国务院批准，安达市（特区）更名为大庆市，由黑龙江省直辖。1983年12月，大庆实行政企分开，大庆市人民政府和大庆石油管理局机关分设，分别隶属于黑龙江省人民政府和石油部。

六、鸡西市

鸡西市位于黑龙江省东部完达山与老爷岭、太平岭结合部的穆棱河中游。东与俄罗斯相邻，边境线长631公里；西、南与牡丹江市接壤，北与七台河市相连。林（口）东（方红）铁路与城（下城子）鸡（西）铁路相交于此。是新兴的以煤炭工业为主体兼有机械、电力、化工、建材等门类的资源型城市。素有“煤城”之称。现辖鸡冠、恒山、滴道、城子河、梨树和麻山6个市区以及鸡东县。市区面积2 234平方公里，建成区面积60平方公里。市区人口80.68万，非农业人口63.47万。

鸡西地区自清光绪二十五年（1899年）放荒招垦，有少量关内移民到此，至1921年，在鸡冠山脚下、城子河、柳毛、梨树等地有了一些村屯。1924年后，在梨树建煤矿并修铁路至下城子。1934年，日伪修筑林口至密山、虎头铁路途经鸡冠山，于山下建车站，取名“鸡西驿”，意为鸡冠山以西的车站，鸡西由此得名。1939年梨树煤矿的铁路延伸鸡西，同林密铁路接轨，并修通了从鸡西站至鸡西煤矿的铁路，遂把鸡西煤矿改为横山煤矿，后又改称为恒山煤矿。这时期麻山矿、城子河矿也相继建成。1941年9月1日从密山县划出一部分地域，新设鸡宁县，县治驻鸡西驿镇，隶于东安省。1946年4月建立人民政权，1948年成立鸡西矿务局，1949年鸡宁县改为鸡西县，1956年正式建立鸡西市，由黑龙江省直接领导。1958年8月27日，鸡西市归牡丹江专区领导，1966年2月8日，又改为省直接领导。1970年10月2日增设城子河区，1983年9月3日，鸡东县划归鸡西市领导，至此鸡西市共辖6区1县。

七、鹤岗市

鹤岗市位于黑龙江省东北部，小兴安岭东南麓，三江平原西北边缘。东起梧桐河与萝北县为邻，西靠青黑山脉与伊春市相连，南至阿凌达河、鹤立河与汤原县接壤，北至嘉荫河与嘉荫毗连，是一座新兴的煤矿城市，是国内重要的煤炭生产基地。全市面积4 550平方公里。市区面积108平方公里，建成区面积28平方公里，市区人口58.83万人，非农业人口47.78万人。全市共辖工农、向阳、兴山、兴安、东山、南山6个区。

鹤岗，俗称鹤立岗，原为汤原县境内的一个小镇，因附近的松花江支流鹤立河而得名。鹤岗地区自古以来就是中华民族劳动生息和繁衍的地方。周为肃慎部活动区域。唐属河北道黑水都督府辖区。辽属东京道乌隈于厥部。金属上京胡里改路。元属辽阳行省女真水达达路。明属奴尔干都司辖区。清属黑龙江将军所属呼兰副都统辖地。清光绪三十一年（1905年）设汤原县，鹤岗地区属汤原县。中华民国年间，由于煤炭开发渐成集镇，初名兴山镇。1938年，改设兴山街公所。1939年6月，设置鹤立县，隶属于三江省。抗战胜利后，1945年12月20日，设立兴山市（县级），成立市政府，由合江省直辖。1949年5月，改由松江省直辖。1949年11月24日，兴山市更名为鹤岗市。1954年8月，改为黑龙江省直辖市。1958年，划归合江专区管辖，同年9月，鹤岗市实行政企合一体制，市人民委员会与矿务局合署办公。1960年12月10日，鹤岗市升为地级市。1961年，政企分开，恢复市人民委员会。1966年2月8日，鹤岗市改为黑龙江省直辖市。同年8月，鹤岗市人民委员会决定，将8个市辖区分别改称为向阳、工农、东风、红卫、红旗、跃进、群力、反修区。1980年4月，经黑龙江省人民政府批准，东风、跃进两区合并为南山区，群力、反修两区合并为东山区，红旗、红卫两区更名为兴安区和兴山区，是时，鹤岗市共辖6个区。

八、双鸭山市

双鸭山市位于黑龙江省东北部安邦河中上游，北抵集贤县，东接友谊县，东南邻宝清县，西南连桦南县，土地面积1 614平方公里，建成区面积49平方公里。是一座新兴的煤矿城市，是国内重要的煤炭生产基地。全市人口42.73万人，非农业人口36.12万人。辖尖山、岭西、岭东、四方台、宝山5个区和郊区3个乡。

清朝末年，双鸭山属富锦县管辖，因这里有一对形似卧鸭的山峰，故称双鸭山。中华民国初年发现煤炭资源。1928年建立富安矿和富华矿，1943年日伪将两矿合并为富锦矿业所，1945年日本投降后，双鸭山划归集贤县管辖。1947年7月，合江省政府接管双鸭山，成立了省属双鸭山矿务局。1949年5月改隶于松江省。1950年正式设置双鸭山矿区，由集贤县管辖，1953年12月19日，东北行政委员会批复“准设相当县级的矿区人民政府”。1954年7月1日，正式成立县级矿区人民政府，由松江省直接领导。1956年5月25日，中华人民共和国国务院决定，撤销双鸭山矿区，成立双鸭山市（县级），市人民委员会驻尖山镇，由黑龙江省人民委员会直接领导。1958年8月27日，黑龙江省人民委员会决定，双鸭山市改由合江专区管辖，1966年2月8日，黑龙江省人民委员会决定，将双鸭山市升为地级市，由省人民委员会直接领导。1980～1985年，双鸭山市设立尖山、岭东、岭西、四方台、密山5个市辖区。

九、七台河市

七台河市位于黑龙江省东部，完达山脉西端，倭肯河上游。北、东抵宝清县，南达鸡东县，东邻密山市，西、北与勃利县相连，是新兴的煤炭工业城市，是中国焦煤生产主要基地之一。辖新兴、桃山、茄子河等3个市区和郊区5个乡，并管辖勃利县。市区土地面积1 922平方公里，建成区面积26平方公里，人口31万，非农业人口16.64万人。

七台河有着悠久的历史。早在远古商周时代是满族先人肃慎族（汉代改称挹娄；南北朝称勿吉；隋唐称靺鞨；辽、金、元、明称女真）居住和生活的地区。在勃利县发现了平安原始部落遗址、马安辽金文化遗址，印证了七台河渊源的历史足迹。七台河原是勃利县管辖的一个山村。1948年4月，设立勃利县七台河区。1949年10月中华人民共和国成立后，相继设立七台河乡、七台河镇。1956年发现煤矿，1958年成立勃利矿务局开始采煤。1960年设立七台河镇，1965年2月2日成立七台河特区（县级），并建立矿务局，修建了通往勃利站的铁路，七台河特区由合江地区管辖。1970年4月1日，撤销七台河特区，设立七台河市（县级），仍隶属于合江地区。1983年10月8日，七台河市升格为地级市，改由省直辖；同时将勃利县和宝清县的红卫、岚峰公社划归七台河市领导。1984年1月20日，省政府批准，七台河市设立桃山、茄子河、新兴3个市辖区（县级建制）。至此，七台河市共辖3个区、1个县。

十、伊春市

伊春市位于黑龙江省东北部小兴安岭腹地、汤旺河中上游，北抵嘉荫、逊克县，南接铁力市和依兰县，东邻鹤岗市和汤原县，西连庆安、绥棱县。辖伊春、翠峦、乌马河、美溪、西林、金山屯、南岔、带岭、友好、上甘岭、五营、红星、新青、汤旺河和乌伊岭15个区以及朗乡、桃山、铁力、双丰4个林业局。并管辖铁力、嘉荫两个县。伊春市是个政企合一、新兴的林业城市，是国内重要的木材生产基地。有“林业之都”“红松故乡”之称。全市土地总面积3.74万平方公里，林业经营面积4.03万平方公里。市区面积2.38万平方公里，中心城区建成区面积13平方公里。总人口125.4万，其中市区人口81.87万，非农业人口62.3万。

“伊春”满语为“衣料毛皮”之意。清初，这里叫“伊春嘎山”， 没有定居村落，只有一些猎人到此打猎。1934年绥佳铁路经过伊春南部，后修建通往伊春、翠峦的铁路，于是人口渐多，铁路沿线以车站为中心开始出现较大居民集中区。1947年成立合江林务局汤原施业区。1949年在南岔设汤原林务局，同年9月林务局迁往伊春。伊春小街升为伊春镇。1950年6月，成立伊春森林工业管理局。1952年，成立伊春县，县政府设在伊春街，由松江省直辖。后改由黑龙江省直辖。1957年7月26日，国务院批准撤销伊春县，设立伊春市（地级），由省直辖。1958年8月27日，伊春市划归松花江专区管辖。1964年6月23日，撤销伊春市，设立伊春特区，实行政企合一体制，林业工作以林业部为主，地方工作以黑龙江省为主。同年9月，成立伊春特区人民委员会（同时挂森工局牌子）。1967年5月5日，成立伊春市革命委员会，撤销伊春特区。1970年4月1日，撤销伊春市，设立伊春地区，实行地市合一，同时将嘉荫县和铁力县划归伊春地区。伊春地区由省直辖。1979年12月，国务院批准，撤销伊春地区，恢复伊春市，由省直辖。全市共辖15区、1市、2县。

十一、绥化市

绥化市位于黑龙江省松嫩平原的呼兰河中游，北部由东向西依次与逊克县、北安市、拜泉县、依安县接壤；西部由北向南依次与林甸县、大庆市毗邻；南部由西向东依次与肇州县、肇源县、双城市相连；东部和东南部由北向南依次与伊春市、铁力市、通河县、木兰县、巴彦县、呼兰县和哈尔滨市交界。是黑龙江省中部综合性中心城市和铁路枢纽，全市除中心城区外，下辖12个镇、13个乡。中心城区辖6个街道办事处。全市土地面积2 743平方公里，市中心城区面积21.38平方公里。1985年全市人口73.21万人，其中城区人口19万人，城区非农业人口16.5万人。

“绥化”满语为“吉祥安顺”之意，或为“艾蒿”之意。绥化市古为游猎地，人烟稀少。清道光五年（1825年）有满人到市境西部永安开荒建屯。清同治元年（1862年）设置“北团林子”隶于呼兰城守尉，清光绪十一年四月初四（1885年5月17日）于北团林子添设绥化厅。清光绪三十一年（1905年）由厅升为府。1913年1月23日改为绥化县。1914年6月，改隶于绥兰道，1929年2月，由黑龙江省直辖，为一等县。1925年呼（兰）海（伦）铁路建成，绥化为该线重要车站。1932年5月27日，日本侵略者占领绥化，成立伪县公署，为甲等县，隶于伪黑龙江省。1934年12月，划属新设立伪滨江省。1939年6月再改设新增设立的伪北安省，1941年绥佳铁路建成通车，这里成为铁路交叉枢纽。1945年“九三”抗战胜利后，11月13日成立绥化县民主政府，并为龙南地区行政办事处驻地。1946年10月，绥化县东部地区设置绥东县，1947年6月19日，绥东县撤销，仍并入绥化县。1956年3月，绥化县划归新设立绥化专区，并为专署所在地。1958年8月，改由松花江专区管辖，1965年6月再归绥化专区管辖，1982年12月18日撤销绥化县，设立绥化市（县级），仍隶于绥化地区。绥化农场管理局、林业管理局也驻绥化市。

十二、安达市

安达市位于黑龙江省的西南部松嫩平原中部，周围分别与大庆、林甸、青冈、兰西、肇东、肇州等县、市为邻，滨（哈尔滨）洲（满洲里）铁路横越中部。全市土地面积3 525平方公里，建成区面积18平方公里。总人口42.55万人，中心城区人口13万人。中心城区辖6个街道办事处。其余地区分设8个镇、9个乡。是绥化地区管辖的县级市。

安达市在清代以前是荒芜草原。清初，安达为杜尔伯特族游猎之地，属哲里木盟。清光绪二十五年（1899年）中东铁路，在此建了车站，命名为安达站。从此以车站为中心，周围站舍、民房、旅店、饭店等逐渐增多。清光绪三十二年元月（1906年2月），在车站北面约30公里的正亚街（后改任民镇）设立了安达厅，开始放荒拓垦。清光绪三十四年（1908年）改为直隶厅，由黑龙江省直辖。1913年1月23日改设安达县，县治驻正亚街，即任民镇。此时依托铁路车站兴起的安达镇，其发展远远超过任民镇。周围各县运粮大车纷纷而来，国内客商，俄国商人大举拥入安达镇。这里成为北至拜泉，东至肇东，南至肇源，西至林甸等10余县粮食集散中心。1929年已拥有商号1 000余家、粮栈40多家、粮油加工作坊10多家，成为人口一度达3.5万人的大镇。1936年，日伪将安达镇由铁路附属地划归安达县管辖，1937年，伪县公署由任民镇迁至安达镇。1946年2月6日安达县获得解放。1960年由于油田开发，成立了安达市，安达镇改为天泉区，市政府驻于此。1964年撤市复县，原安达县所辖西半部各公社划归大庆管辖。1984年11月17日正式成立安达市，为绥化地区管辖的县级市。

十三、黑河市

黑河市位于黑龙江省北部，小兴安岭东北麓，黑龙江中游右岸。东南与伊春市、绥化市接壤，西南与齐齐哈尔市毗邻，西部与内蒙古自治区隔嫩江相望，北部与大兴安岭地区相连，东北与俄阿州隔黑龙江相望。是中国北部边陲重镇，重要的边境口岸城市，全市土地面积14 443平方公里，中心城区面积86.4平方公里。其中建成区面积8平方公里。全市总人口13.5万，中心城区人口8万余人。辖4个街道办事处，3个镇，9个乡。

黑河，历史上曾称“大黑河屯”“安巴萨哈连”和“海兰泡”。“大黑河屯”是区别于“小黑河屯”的汉语称呼。黑河市的建置由瑷珲演变而来。瑷珲是黑龙江地区设治较早的地方，清康熙二十二年（1683 年），为了抵抗沙俄侵略者，清政府在黑龙江左旧瑷珲城设置了黑龙江将军衙门，清康熙二十三年（1684年），黑龙江将军衙门移驻黑龙江右岸，在今黑河市爱辉镇修筑新瑷珲城。黑龙江副都统驻地瑷珲成为黑龙江地区政治、军事中心。清康熙二十四年（1685年），黑龙江将军衙门迁到黑龙江右新瑷珲，即今爱辉镇。清康熙二十九年（1690年），黑龙江将军衙门又移驻墨尔根（今嫩江县城），瑷珲副督统留守原城合并从属黑龙江将军。清康熙三十三年（1694年）黑龙江将军迁驻墨尔根城（今嫩江县城）后，瑷珲由黑龙江副都统镇守。管辖外兴安岭以南、黑龙江中上游两岸广大地区。清咸丰八年（1858年），沙俄通过不平等的《中俄瑷珲条约》，强占黑龙江以北60多万平方公里的中国领土，但江东六十四屯仍归瑷珲副都统管辖。清光绪二十六年（1900年），沙俄制造了骇人听闻的“海兰泡惨案”和“江东六十四屯惨案”，并攻占瑷珲，纵火焚城，瑷珲变成一片废墟。清光绪三十三年（1907年），瑷珲城得以重建。清光绪三十四年七月初九日（1908年8月5日），清政府裁瑷珲副都统，于其地设瑷珲兵备道和瑷珲直隶厅，同时，分瑷珲辖境之大黑河屯（今黑河市）地，设黑河府。厅、府同属瑷珲兵备道。1912年6月26日，裁里河府，瑷珲兵备道移驻大黑河屯，改称黑河道，瑷珲直隶厅仍为其所辖。1913年1月23日，将瑷珲直隶厅改为瑷珲县，仍治于瑷珲城（今黑河市爱辉镇），隶于黑河道。1929年2月15日，裁撤黑河道，设置黑河市政筹备处，瑷珲县属之。1931年“九一八”事变后，黑龙江省政府主席马占山于1932年4月7日在黑河重组黑龙江省政府，后于1932年12月15日宣布解散。1933年1月25日，日本侵略者占领黑河。于1934年成立伪黑河省。1945年8月黑河解放，11月19日，成立了第一个人民民主政权黑河地区行政办事处。1947年2月后改为黑河专区。1949年1月1日，瑷珲县政府正式成立，驻黑河镇，仍由黑河专署领导。1956年12月11日，瑷珲县更名为爱辉县。1967年4月，黑河专区改称黑河地区。1980年11月，黑河市隶属于黑河地区。1983年4月28日，撤销爱辉县建制，将其所辖行政区并入黑河市。

十四、绥芬河市

绥芬河市位于黑龙江省东部老爷岭东麓五花山下，绥芬河支流的上游谷地。北、西、南3面与东宁县为邻，东面与苏联山水相连，国境线长26公里（均为陆界）全市面积460平方公里，建成区面积3平方公里，人口2.7万人，其中非农业人口1.4万人。下辖1个街道办事处、3个乡。是牡丹江市代管的县级市。

绥芬河市开发较晚，清咸丰十年（1860年），部分居住在海参崴的华侨被迫流落到腰毛屯一带，但人数很少。清光绪七年（1881年）在此设富宁屯垦公司。清光绪二十三年（1897年）沙俄修建中东铁路时，原定铁路经东宁县城与三岔口进入俄境，同时拟定在绥芬河畔中方一侧建一车站，将车站命名为绥芬河站。后因地理条件不理想，铁路改由经绥阳沿小绥芬河东支流出境，并在边境建一车站，站名仍用计划中的绥芬河站。这就是绥芬河地名的由来。

清光绪二十四年（1898年）中东铁路修建时，绥芬河为重要的工程指挥基地。清光绪二十九年（1903年）铁路通车后，绥芬河即被辟为商埠。1914年富宁公司改为阜宁屯垦公司。1915年不仅土地开垦有了村屯，而且有许多外国商人到此经商。1921年这里已成为哈尔滨与海参崴之间商务繁忙的国际边境贸易中心。1923年，绥芬河归东省特别区管辖。4月1日，设立绥芬河市政公所，仍隶属东省特别区行政长官公署。

日伪统治时期，绥芬河为北满特别区第三区，1934年12月，划归伪滨江省东宁县。1939年6月，改归伪牡丹江省绥阳县（今东宁县绥阳镇）。1948年8月，绥阳县与东宁县合并，绥芬河为东宁县第一区并成为县政府所在地。1951年10月2日，成立军政委员会，1952年4月东宁县政府由绥芬河迁至东宁镇。1954年8月15日，绥芬河军政委员会由黑龙江省人民政府领导。1968年3月成立绥芬河区（县级），从东宁县划出，直属牡丹江地区。1973年6月，撤销绥芬河区，成立绥芬河镇，仍并入东宁县。1975年8月15日设置绥芬河市（县级），隶属牡丹江地区。1983年9月3日，牡丹江地区撤销，10月8日，绥芬河由牡丹江市代管。

十五、北安市

北安市位于小兴安岭西麓，松嫩平原东北部，滨北、齐北、北黑3条铁路汇合处，是黑河地区的南大门。周围分别与德都、逊克、绥棱、海伦、拜泉、克东等县为邻。全市土地面积7 194平方公里，中心城区面积20平方公里，下辖6个街道办事处、4个镇、9个乡。总人口44.05万人，中心城区人口12万余人。是黑河地区管辖的县级市。

北安市的前身为北安县。北安县原称龙门镇，后通北县并入北安县。北安市开发较晚，清宣统二年（1910年）在龙门设招垦局，由海伦府管辖。1912年5月29日龙门招垦局改为龙门设治局，翌年迁至龙门镇。1917年1月1日，龙门设治局升为龙门县。5月16日，改名为龙镇县，龙门镇亦改称龙镇。此前北安为龙门县辖小镇。1914年开始修筑铁路改为北安镇，1932年12月，龙镇县迁驻北安。1934年12月，龙镇县为伪龙江省所辖，1939年1月1日，龙镇县改称北安县，同年12月，北安县改隶新设立伪北安省。

1945年8月15日，日本投降后，11月13日，中国共产党领导的黑龙江省政府在北安成立。1949年5月，黑龙江省与嫩江省合并为黑龙江省，省会由北安迁至齐齐哈尔。1956年3月6日，通北县并入北安县，隶属绥化专区，1958年8月，改属嫩江专区。同年9月，德都县并入北安县。1960年1月7日，北安县撤销，设置北安市（县级），由黑河专区管辖，1963年6月29日，撤销北安市，恢复北安县和德都县，北安县隶属黑河地区。1969年10月～1971年7月，北安县为黑河地区革命委员会驻地。

1982年12月8日，再次撤北安县，设立北安市（县级），同时恢复通北县建制，北安县和通北县均由黑河地区管辖，1983年4月28日，撤销通北县，将其并入北安市。

十六、五大连池市

五大连池市位于黑龙江省北部小兴安岭西南麓，德都西部小白河两侧。北、东、南3面与德都县为邻，西面与讷河县、嫩江县接壤。全市面积720平方公里，市区面积约12平方公里，下辖市中心区和3个村民委员会。全市人口2.04万人，其中非农业人口只有0.59万人，是全国人口最少的城市。

五大连池市矿泉资源丰富，矿泉水早在明、清时代已被当做“神泉”“圣水”。1929年在药泉山下建“神灵寺”，设庙会，求水人络绎不绝。1949年10月中华人民共和国成立后在附近建立几个农场。1961年成立了矿泉疗养所，1965年后，黑龙江省内各部门相继在此建立疗养院、所，1976年正式建立五大连池镇，隶属于德都县。1982年被国家列为全国首批重点风景名胜区之一，1983年正式建立五大连池市，为黑河地区管辖的县级市。

五大连池市火山群集、保存完整，火山地质现象齐全，是举世罕见的火山胜景，被誉为“天然火山博物馆”。在五大连池市广阔的原野上，分布着14座火山爆发后形成的火山堆。有的是30万至60万年前的早期火山，也有清康熙五十八年至六十年（1719～1721年）形成的近期火山。有的火山口的内径有450米，深100多米，海拔355～597米，相对高度65～136米，各个火山中下部生长着茂密林木。在火山群之间分布着大面积熔岩流，形成各种火山地貌，极为壮观。

五大连池是由火山爆发的熔岩流阻挡了白河水流，从而形成5个大小不等的堰塞湖而形成的，从北往南叫五池、四池、三池、二池和头池。三池最大，面积为2.2平方公里，水深4米，头池只有0.77平方公里，水深2.2米。头池附近还有药泉湖、月牙湖等大小湖泡。各湖有地表、地下水补充，水量丰富，长年不断，水色清澈，水质良好。湖群东西两侧各点缀着7座挺拔青秀的火山群锥，湖光山色，山美水秀，构成胜不尽言的优美环境。

第三章 居民生活

中华人民共和国成立以前，黑龙江地区经济落后，民不聊生，人民生活贫困。1949年10月1日中华人民共和国成立后，中国共产党和人民政府为保证人民群众安居乐业，在恢复和发展生产的同时改善了城乡居民的收入、居住条件、福利设施等。

第一节 城镇居民

一、城镇居民收入

清朝后期及中华民国时期，特别在东北沦陷时期，黑龙江地区城镇居民遭受沙俄、日本等帝国主义的残酷剥削和压迫，加上物价暴涨，货币贬值，生活每况愈下，长年挣扎在死亡线上，过着饥寒交迫的生活。1945年“九三”抗日战争胜利后，黑龙江地区各级政府，从维持居民最低生活的需要出发，指导公营企业大多实行实物工薪制。留用的公教人员保留原薪，机关、学校和公营企业中原解放区干部及部分新参加工作的干部实行供给制。随着经济发展、逐步增加职工工资、改善职工生活。1949年中华人民共和国成立后，黑龙江地区按照国家的统一安排，在发展生产、提高劳动生产率、合理确定国民收入分配比例的基础上，历经3次工资制度改革、11次调整职工工资，使工资制度逐步健全。同时，针对低工资情况，又规定了各种福利补助，建立奖励、津贴制度等，使居民生活不断提高。

1952～1985年，黑龙江地区全民单位职工年平均工资由502元上升到1 116元，增加614元，增长1.22倍，年平均增长2.5%。在此期间，职工工资经历了较快增长—— 停滞—— 稳步增长的过程。

“一五”（1953～1957年）计划时期。职工年平均工资由1952年的502元上升到1957年

757元，增加265元，增长50.8%，平均年增长8.6%。这是职工工资增长较快且较为正常的时期。

“二五”（1958～1962年）计划时期。在“左”的思想指导下，劳动计划管理失控，盲目增加职工90.6万人，致使职工年平均工资收入由1957年的757元降到1962年的648元，下降了14.4%。

三年经济调整时期，职工年平均工资又由1962年的648元上升到1965年的767元，增长18%，平均年递增5.8%。

1966年5月“文化大革命”时期，国民经济受到严重的干扰和破坏，经济濒于崩溃的边缘，失去了增加职工工资物质基础。造成职工年平均工资由1965年的767元，下降到1970年的678元，减少89元，下降11.6%，平均下降0.4%。

“四五”（1971～1975年）计划时期，职工年平均工资由678元回升到712元，增加34元，增长5%，平均年增长1%。

“五五”（1976～1980年）计划时期。由于1977年、1979年连续两次大幅度给职工工资升级，加之先后恢复奖金、计件工资、提高工资地区类别、增加副食补贴等，职工年平均工资收入由1975年的712元上升到1980年的880元，增加168元，增长23.6%，年均增长4.3%。这一时期成为中华人民共和国成立以来职工平均工资增长较多的时期。

“六五”（1981～1985年）计划时期。结合工资改革，再次大幅度增加职工工资，提高奖金提取比例，增加副食价格补贴等，使职工年平均工资收入，由1980年的880元，上升到1985年的1 116元。增长26.8%，年均增长4.9%。1985年各部门职工平均工资水平，最高的是建筑业和资源勘探业为1 385元。其次是运输邮电为1 349元，以下依次科学研究为1 176元、工业为1 169元、金融保险为1 142元、机关团体为1 138元、文教卫生为1 117元、公用事业为1 105元、商饮服务为993元、农林水利为858元。

城镇集体单位职工年平均工资（1978年以前无统计资料）由1978年的518元上升到1985年的862元，增加344元，增长66.4%，年均增长7.5%，高于同期全民单位职工平均工资增长6%的速度。职工各种奖金和劳保福利性收入有明显的增加。据有关部门统计：1983年全省职工工资总额比1980年提高57.9%，其中全民单位奖金提高54.8%；集体单位职工奖金提高79.4%，1983年全省职工平均所得奖金69.6元，比1980年增长25.2%。国家连续制定提高职工福利性补贴标准。如上下班交通费补助标准、计划生育和独生子女保健费标准、探亲旅差费标准、洗澡理发费标准、副食品提价补贴标准等，这些都相应地增加职工个人的收入。1983年与1977年相比，职工劳保福利性补贴增长了1.2倍。此外，还有季节性的秋菜补贴和冬季取暖补贴和换季等特殊困难补助。其中，特殊困难补助，一种是对工资收入低，赡养人口多，处于最低生活费标准以下的职工给予定期补助；一种是对遇有意外事件和患病等造成临时困难的职工给予临时补助。“六五”计划期间（1981～1985年），全省累计补助困难职工226.2万人次，发放补助金13 690.5万元，年平均补助金额2 738.1万元。

二、城镇居民消费

黑龙江地区城镇居民消费水平由1952年的137元上升到1985年的667元，33年期间共增长530元，每年增长16元。扣除物价上涨因素，总的趋势也是增长的。

“一五”（1953～1957年）计划期间，城镇居民消费水平提高较快。1952～1957年，全省居民消费水平增长41元，平均每年增长8元。1958年以后，由于“大跃进”、三年困难时期和“文化大革命”，居民消费水平提高缓慢。1958～1978年，居民消费水平只增加72元，平均每年增加3.4元。1978年中共第十一届三中全会以后，居民消费水平有了迅速提高。1983年比1978年，全省居民消费水平增加143元，平均每年增加28.6元。

随着消费水平提高，消费结构也发生了重大的新变化。

食品结构的变化。城镇居民由吃粗粮为主转向大米白面。“苞米肚子、化纤布裤子”的时代结束了。城市居民的副食品消费量有较大增长，而且不仅要吃饱，还要讲究有味道，有营养。据统计，副食消费量80年代和70年代相比，植物油增加28%，猪肉、家禽分别增长1倍和3.4倍、鲜奶增加21%、啤酒增长2.8倍、茶叶增长6.6倍。吃猪肉过去是拣肥的，现在是挑瘦的。

衣着结构的变化，是职工生活提高又一标志。由过去的“新三年，旧三年”向多样化、成衣化的中高档转变。灰、黑、蓝的中山装已很少见了，西装、夹克成了流行服。1983年布料消费量大幅度下降，而呢绒绸缎大幅度增长。

家庭用品方面。过去的家庭老“四大件”（收音机、手表、自行车、缝纫机）已经被新“六大件”（电视机、洗衣机、电冰箱、录放机、照相机、电风扇）所取代。根据哈尔滨、齐齐哈尔、牡丹江、佳木斯、鹤岗5市1 000户居民的抽样调查统计：有电视机868台（其中彩电126台，黑白电视742台）、电冰箱17台、录放机374台、照相机82台、洗衣机625台、电风扇87台，而且呈增长趋势。

三、城镇居民储蓄

黑龙江地区城镇储蓄始于中华民国初期。当时储蓄存款的经营机构主要有银行、储蓄会与邮政储金局。1915～1921年，以经营储蓄业务为主的通济储蓄银行、呼兰地方储蓄银行、滨江储蓄银行，相继在黑河、呼兰、哈尔滨开设。在此期间，殖边银行、金城银行、浙江兴业银行、工商银行、益通银行等也兼营储蓄业务。殖边银行还在齐齐哈尔、双城、呼兰、绥化、宁安、富锦、庆城（今庆安）、海伦、依兰等地设有派办处或营业所。经办的储蓄种类分活期与定期两种。定期储蓄中又有整存整取、零存整取、整存零取、存本取息之分。1931年东北沦陷后，伪满洲国傀儡政府一方面以“整顿”为名，以伪满洲中央银行为首，垄断经营储蓄，用于支持侵略战争。随着侵略战争节节失败，经济情况恶化，其强制储蓄的活动更加变本加厉。这些“储蓄”，从不见偿付，形同废纸，使人民蒙受巨大损失。1946～1952年，是黑龙江地区解放后城镇储蓄处于从无到有的初创阶段。解放之初，物价不稳，人民生活不安定，加之伪满统治时期以摊派掠夺方式发动各种“储蓄”运动，使储蓄声名狼籍。银行采取多种方法，大力宣传。到1949年7月，黑龙江地区“定期实物储蓄”存款余额达143.3亿元（东北币），占同期东北银行同种类储蓄总额的91.8%。到1952年末，全地区城镇储蓄余额611亿元（旧人民币，下同），平均各城镇人口储蓄19 600元。1966年5月“文化大革命”中，受林彪、江青两个反革命集团干扰破坏，储蓄工作深受其害。1978年中共第十一届三中全会后，经过拨乱反正，储蓄工作恢复正常秩序。随着经济体制和金融体制改革，城镇储蓄工作又有新的进展。1977～1985年9年间纯增524 663万元，比1976年末增长10.67倍。到1985年末，储蓄存款余额达573 791万元，平均每一城镇人口存款297.46元，比1976年增长4.6倍。城镇居民人均储蓄存款月月持续上升，到11月上旬纯增12亿元，总余额达50.4亿多元。人均储蓄存款由1984年的293.69元，增加到385.38元。

四、城镇居民居住条件

黑龙江地区早在三、四万年前就有人类生息繁衍。先民们多栖息于江湖之畔，山谷丛林之中，冬居于洞穴，夏逐水草而迁徙，过着氏族社会的群居生活。进入部族社会，有了农耕，开始定居，形成部落，出现村屯。最早记载的居民点，是3 000年前居住在黑龙江地区东部（今宁安一带）的肃慎人的原始村落。

20世纪以来，由于俄、日的侵略和掠夺，黑龙江地区的地方经济和民族工商业发展十分缓慢。加之，黑龙江地区的行政区划和建制，每一历史时期都有较大的变动，影响到黑龙江地区城镇建设发展。1931年东北沦陷以后，劳动人民居住区的条件极差，住的贫民窟，走的是土路（所谓“无风三尺土，雨天一街泥”），家中无下水，晚上无路灯，街上明沟臭水，遍地垃圾。每到冬天时常横尸街头，夏季疫病不断发生。日本侵略者投降前夕，对城市进行大肆破坏，仅佳木斯市建筑物被破坏达40万平方米，占全市总建筑面积的1/3。在日本侵略者的铁蹄蹂躏下，当时黑龙江地区的城镇到处是贫穷、落后、衰败的景象。1945年抗日战争胜利后，黑龙江地区的军民在中国共产党领导下，建立政权，恢复生产，支援全国解放战争。1949年10月1日中华人民共和国成立后，国家把黑龙江地区作为重点进行开发建设。党和人民政府十分关心城镇建设事业的发展。但由于底子薄、基础差，工程造价比南方高近1倍，而建设投资未能相应增加，特别是由于1966年“文化大革命”的干扰破坏，使城市基础设施建设与工业生产建设未能同步进行，协调发展，城市的“住房难”“吃水难”“乘车难”等问题虽有一定缓解但并未彻底解决，同兄弟省市的发展水平相比较差距很大。1985年末，全省城市人均住宅面积在全国29个省市中列倒数第一，城市供水普及率列全国倒数第二，全省高级、次高级道路面积占全部道路的比例列全国倒数第一，城市公共交通车辆服务人数列全国倒数第三，城市绿化覆盖率国家要求达到30%，而黑龙江省只达到10.3%，垃圾清运车辆严重不足，煤气、集中供热发展缓慢。这些问题已经引起各级党政领导和城镇建设部门的重视。进入“七五”计划时期以来，各级人民政府都把城镇建设列入重要工作日程，主要领导亲自组织落实，使城镇建设出现欣欣向荣、日新月异的崭新局面。1953～1978年，黑龙江地区城镇全民所有制单位用于住宅建设资金26.06亿元，完成建筑面积3 829.6万平方米。1978年中共第十一届三中全会以后，由于发挥国家、地方、企业和个人的积极性，住宅投资逐年增加。1979～1985年，共投资46.66亿元，新建住宅2 380万平方米，每年平均新建住宅面积为前26年的2.3倍。到1985年末，全省城镇人均住宅面积为5.11平方米。其中城市为4.96平方米，县镇为5.3平方米。1949～1985年，国家和地方用于黑龙江省城市建设的各种资金达19.1亿元，其中城市建设基本建设投资7.3亿元；1963年开始，用于城市维修养护的资金10.6亿元。1979年开始由工商利润提取5%的城市建设资金（1985年开始全国统一实行城市维护建设税，同时取消城市维护费和从工商利润提取5%的资金），用于城市维修养护的资金1.2亿元。1979年以后，开始贯彻“人民城市人民建”的方针，1980年由中共黑龙江省委第一书记杨易辰总结的“四自一联”（自扫门前雪、自栽门前树、自搞下水道、自修门前路，受益单位自己联合起来集资搞城市建设）的经验，迅速在全省推广，使城市建设增加了新的活力。

第二节　农村居民

一、农村居民收入

黑龙江地区是解放战争时期较早建立人民政权的省份。广大农民在中国共产党领导下，经过土地改革，从封建剥削的生产关系中解放出来，生产积极性充分激发出来。1952年获得农业大丰收，粮豆总产量达到75.5亿公斤，比1949年增长39%；农业总产值达到19.50亿元，比1949年增长44%，农民人均收入达到93.80元。

“一五”计划期间，1953～1954年，农业在有灾的情况下粮食产量和农业产值有所下降，1955年和1956年恢复和超过了1952年的农业生产水平。1957年，全省遭受特大洪涝灾害，松花江水位超过历史上最高的1932年，农田遭灾面积2 000万亩以上，粮豆薯产量下降到64亿公斤，但由于林牧副业的发展，农业总产值仍达21.35亿元，由于农村人口的增加，农民人均收入只有53.9元。遭受洪涝灾害的黑龙江地区农民，在1958年春耕生产中扩大耕地，使当年的粮食播种面积达到6 960万亩，比1952年增加189万亩；当年粮豆产量达到创纪录的81.5亿公斤，超过1952年6亿多公斤。在增加粮食生产的同时，还积极发展经济作物和多种经营，使农业总产值达到新的历史高度26.6亿元，比1952年增加4.1亿元。但是由于几年来农村人口的大量增加，达到创纪录的1 107万人，比1952年增加304万人，再加上“大跃进”和人民公社化运动，出现无偿调用生产队财物，农民的人均收入，只达到71.7元，大大低于1952年的人均分配水平。

“大跃进”和公社化运动，使1959年的粮食产量和农业总产值下降。接下来三年困难时期，农村进入困难时期。1961年，粮食产量只有45.5亿斤，农民的人均收入也只有61.7元，是历史最低点。

1963年开始，进入经济调整阶段。党和政府调整了农村政策，注意了多种经营的发展，情况有所改变。1965年粮食总产量达到83.65亿公斤，超过丰收的1958年，农业总产值21.33亿元，农业生产和农民的生活都有很大好转。1966年“文化大革命”开始后，各种干扰和破坏主要集中在城市，农村受到一定影响，但在中央“抓革命、促生产”的号召下，农村的生产队还能自主地进行生产。因此，1966年全省粮食产量达到97.7亿公斤，农业总产值达到27.8亿元，农民人均收入达到94.87元。1967年，粮食生产又突破100亿公斤大关，达到116.2亿公斤；农业总产值也跃升至31.14亿元；农村人均收入创下113.84元的最高水平。1966年5月“文化大革命”开始后，林彪、江青两个反革命集团的“政治冲击一切”、批“唯生产力论”“割资本主义尾巴”和“宁要社会主义草，不要资本主义苗”等错误言论在农村散布，使基层干部受到冲击，农民群众产生思想混乱。大搞由集体向全民所有制的“穷过渡”，助长了无偿调用生产队财物的歪风，使农业生产受到严重干扰。在以后的各年中，除1969年和1972年，因遭受严重早霜，造成减产外，一直徘徊在100多亿公斤，1975年农业生产有较大回升。由于1975年农村人口达到1 904万人，比1958年增加800万人，因此人均分配一直停留在较低水平。

1978年中共第十一届三中全会以后，由于全面落实了党对农村的各项政策，特别自1979年开始提高农产品收购价格，极大的调动了农民生产致富的积极性，农业获得了较快的增长，多种经营和商品生产也有较大发展，农民的收入显著增加。1980年，粮食的总产量达到146.25亿公斤，农业总产值达到64.50亿元，农民人均收入达到115.8元。1981年，因灾粮食比1980年减产21亿公斤，但因粮价提高，多种经济发展，农业总产值仍达到63.88亿元，农民人均收入120元，是新的高峰。1983年开始，全省普遍推行家庭联产承包责任制，充分地调动和激发了农民生产积极性。当年粮豆总产量达到154.9亿公斤，农业总产值达111.98亿元，都创造了新的历史纪录。这一年，农民人均收入方式，改为以农民家庭收入为主（包括个人承包和家庭副业）达到394.1元，占农民人均总收入504元的78.2%，从集体统一经营分得的人均收入是80.5元，仅占人均总收入的16%。在这些收入中，除去必要的生产开支外，实际人均收入为292.2元，也是历史最高的。

1984年，黑龙江省农村经济取得突破性的发展。农业生产在1983年大幅度增长的基础上，又获得大丰收。粮食产量达到175.75亿公斤，农业总产值都再创历史新纪录，达到130.54亿元，农民人均收入增幅更大，达到400元左右，创人均收入的历史新纪录。全省参加分配的354.8万个农户人均收入水平分类的情况是：人均收入200元以下的占18.6%，人均200～300元的占16.5%，300～400元的占23.6%，人均400～500元的占21.1%，人均500元以上的占20.1%。可以看出低收入户在减少，而中高收入户大幅度增加。在先富起来的农民中，人均收入千元以上的有157 548户，占总户数的4.4%；人均收入万元以上的有20 619户，占总户数的0.57%；人均收入5万元上的有257户，10万元以上的有35户。

1985年因遭受严重自然灾害，粮食产量下降30多亿斤，农业总产值下降7亿多元，农民人均收入均比1984年下降12%。由于有了1983年和1984年两年大丰收的基础，农民的实际生活水平并没有下降。

二、农村居民消费

20世纪50年代农民与城镇居民消费水平为1∶1.6，60年代为1∶2，70年代为1∶2.4，1978年达到1∶3，农民与城镇居民生活水平差距有所扩大。1978年中共第十一届三中全会以后，落实党在农村各项政策，特别是实行联产承包责任制后，农民人均纯收入的增长速度超过城市居民收入的增长速度。1980年，农民与城镇居民消费水平降为1∶2.4，1983年又降为1∶2。农民消费水平增长，有明显的不同特点。广大农民用于生产消费的支出比生活消费支出增长近两倍多。生产消费支出出现了“三多”现象：购买农业机械特别是小型农机具增多，1983年小型拖拉机及手扶拖拉机拥有量达7.9万台，比1982年增长61.2%；化肥用量增多，1983年施用40.2万吨，比1982年增长12.3%；买马拉车的用户增多。1983年农民用于生产性固定资产的支出人均39.6元，占总支出的27.9%。广大农民用于文化生活服务的支出增长速度快于物质生活支出速度。1983年农民人均文化生活服务支出9.3元，比1982年增长52.5%，高于物质生活消费品支出增长速度（47.4%）。农民看电影特别是看科技电影的场次增多；订阅报纸杂志增多；购买书籍，尤其是农业科技书籍增多。这对农民扩大生产规模，提高经营管理水平和村镇文明建设，起到了重要促进作用。广大农民消费结构和城市一样也有明显的变化。食物方面，细粮消费水平大大提高。1984年人均细粮平均消费量已超过100公斤，粗粮消费量已下降到150公斤以下。油、肉、蛋、鱼的消费量有明显增长势头，这是农民生活水平提高的一个重要标志。1983年农民人均食油年消费量为5.05公斤，比1978年增长77.2%；肉类10.45公斤，增长46.9%；禽蛋3.25公斤，增长1.5倍；鱼虾1.45公斤，增长3.1倍。1984年，这些主要副食品的消费水平又有了提高。

三、农村居民储蓄

中华民国初期，黑龙江地区兴起的银行储蓄、储蓄会和邮政储金，主要在城镇办理，农村很少。东北沦陷时期，黑龙江地区农村伪政权于1933年开始，试办金融“合作”组织，除吸收社员股金外，还办理存款。伪满洲国傀儡政权为适应日本侵略战争的需要，1939年起强制开展“国民储蓄运动”，从城镇扩展到农村。这些“储蓄”均规定3年内不准动支，强行搜刮民财。黑龙江地区解放初期，农村在土地改革后，银行机构少，未及开展储蓄业务。直到1950年试办信用部后，始开办“实物存款”。黑龙江地区东北银行于1951年起在农村开展“定期有奖储蓄”。为配合国家实行粮食统购统销，增加货币回笼，黑龙江地区银行、信用社于1953年11月起，开展“优待售粮储蓄”。优待售粮储蓄为定期定额式，当年，农户储蓄存款达103亿元。到1957年末，发展到1 013万元（新人民币，下同），按同币种计算，比1953年增加8.8倍。平均每一农村人口存款1.07元。“大跃进”运动开始后，随着国家向农村投资增加，农民收入增多，1958年末农户储蓄存款达7 058万元，比1957年增长近6倍。为帮助农民逐步改善居住条件，于1959年在农村试办“农民房屋建设储蓄”。当年末，农户储蓄存款达12 708万元，出现高峰。1960～1962年，国民经济3年困难时期，物价不稳定，主副食品严重不足，存款大幅度下降。1962年末，农户储蓄存款余额为1 465万元，比1959年下降88.5%。1966年5月“文化大革命”开始后，在林彪、江青两个反革命集团干扰破坏下，1969年全省农户储蓄存款余额为2 419万元。1978年在中共第十一届三中全会的路线、方针、政策指引下，经全省农业银行和信用社干部的努力，1984年，全省农民储蓄纯增28 504万元，比1983年增长37.8%。到1985年末，全省农民储蓄存款达127 498万元，占信用社各项存款146 361万元的87.1%。其中定期储蓄占63.3%，在定期储蓄中3、5、8年期的长期大额储蓄占38%，储蓄的稳定性增强。全省农民每人平均储蓄92.25元，比1977年增加12.37倍。

四、农村居民居住条件

黑龙江地区村屯从松嫩平原、三江平原和兴凯湖平原兴起。这些地方是满族祖先生息繁衍的地方，他们以狩猎游牧为生，逐水草而迁徙。后有了农耕，开始定居。早在三千年前居住在黑龙江地区东部（今宁安一带）肃慎人生活遗址，往往靠近河湖岸边，一般由20到50个半地穴式的小屋组成。这是黑龙江地区早期的原始村落。

黑龙江官庄始于清康熙二十三年（1684年）黑龙江将军萨布素屯田额苏里，为防御沙俄入侵而设。后移瑷珲实行兵屯。至清乾隆年间，齐齐哈尔、黑龙江、墨尔根、呼兰等4城设旗屯官庄，总数达136个。清康熙年间，宁古塔（宁安）亦设有官庄。清雍正三年（1725年）以后，河北、山东以及辽河流域的灾民，不顾朝廷的封禁政策，冒险逃荒到黑龙江地区垦荒种地，由松嫩平原的木兰、铁力、绥化、海伦、青冈、巴彦、拜泉、依安、讷河等地，扩展到三江平原的汤原县等地，出现许多汉族聚居的“民屯”。清光绪二十二年（1896年），清政府在黑龙江地区设立拓垦总局，废除封禁政策，移民垦荒增多，又建起一批村屯。

中华民国时期，村屯在黑龙江地区平原和浅山区继续发展。据1934年统计，海伦、巴彦、明水和克山等县的17个村屯，其中有13个是在中华民国时期建成的。富裕县的七家户屯和李地房子屯也是在1917年和1929年建成的村屯。东北沦陷时期，伪满统治者强制推行“集团部落”，大搞归屯并户，过去长斯形成的村屯遭到空前的洗劫；同时，又建起日本武装移民村落

（开拓团），主要分布在五常、安达、肇州、宁安、林口、勃利、宝清、饶河等地。

1949年10月1日中华人民共和国成立以后，广大农村发生翻天覆地的变化，村镇建设一年比一年进步，全省村屯已发展到3.8万多个，开始走上有领导、有规划、合理发展的正确道路。在50年代农业互助合作运动高潮中，为分期分批地建设新型的、园林式的集镇和村屯，农村住宅建设出现高潮，住宅结构开始由草泥结构向砖瓦化结构过渡。全省1960年到1962年共建新房714万平方米。1963年，对23个市县进行调查新建住房519.1万平方米。1966～1976年“文化大革命”的10年，农村建房受挫。1979年开始，贯彻国家两次农村建房会议精神，农村住宅建设由自发建设状态进入有领导有计划建设的新阶段，农村住宅建设发展迅速。到1985年底，全省共有新建农村住宅4 536万平方米，有75.6万农民搬进新居，占农村总户数的18.9%。新建农房中砖瓦混合结构约占一半，其中还有楼房。

第三节　特殊群体

一、老年人生活

（一）城市社会福利院

清末和中华民国年间，黑龙江地区的社会性事业有官营和民营两种。望奎、双城、肇东等县从1916～1920年先后由镇绅举办设立养济所和庇寒所，收容残老。1924年8月，黑龙江省督军吴兴权为取悦于民，捐私款（大汇兑券2万元）在省城齐齐哈尔创办同善堂。内设教养工厂、栖流所、孤儿院等8个部分。收养孤老，抚育孤儿，赡养聋哑残疾人，收容改造游民。1925年，哈尔滨福儿院与慈善会合并，改为同善会。同年，桦川县经私人捐款创立惜字局，专收六七十岁无依无靠老人。1928年，齐齐哈尔同善堂又在丰恒胡同修建部分房舍，收养残老158人。到1931年，黑龙江地区境内有单纯救济机构（类似养老院）30处，有职员186人。东省特别区（含哈尔滨市）有单纯救济机构21处（其中有犹太养老院和俄侨难民救济会各1处）。但多数单位是私人举办的慈善救济性质的，主要靠社会捐助。

东北沦陷后，黑龙江地区多数市、县有私人举办的收养无依靠的残老收养院。据1933年伪滨江省27个县的统计，在11个县共有9处救济院和3处慈善分会设立的收容所。哈尔滨市除中国人举办的慈善团体残老部收养残老外，还有外侨经营的犹太养老院、俄难民救济会、波兰慈善会等收养机构，1934年收养残老100余人、白俄难民67人。

1945年“九三”抗日战争胜利后，哈尔滨市于1948年9月接收了慈善总会、白万字会、红万字会等慈善团体，依靠自筹经费，办起残老院、孤儿院、妇孺救济所等。1951年松江省共有生产教养院6处，收容所10处，收容残老849人，孤儿421人。黑龙江省除原有5处生产教养院、5处收容所外，1952年增设19处生产教养院，共收容残老2 195人，孤儿418人。院民供给标准按工薪分计算，每人每月60分（政府发40分、教养院生产解决20分）。生产教养院的经费，原由财政拨款补助和社会捐助，不足部分由生产收入中解决。

1954年4月，按新的供给标准，伙食费每人每月6万元（折新人民币6元），服装费每人每月3万元（折新人民币3元），全年统一使用。每人每年单衣、衬衣各1套、棉衣2～3套、棉鞋2

双、棉帽1顶，棉袜1双、单袜1双。各院设立医务室，负责日常医疗卫生工作。1954年8月，松江、黑龙江省两省合并。全省有生产教养院18处、收容所20处、在院（所）院民2 324人。1954年，经中苏两国政府协商，将哈尔滨苏联侨民会主办的苏联人养老院移交中国政府接管。当时在院老人400多人，男性占22.7%，女性占77.3%。外侨老人在院的生活标准，每人每月人民币25万元（折新人民币25元），其中伙食费14万元（折新人民币14元）。

1955年对教养院进行整顿，全省共有生产教养院13处，收容人员3 015人。1958年初，生产教养院改称养老院。4月，全省残老、儿童教养工作会议提出养老院“以养为主”的方针，要求在原来吃饱、穿暖、住好的基础上，每月增加一定数量的细粮，年节增加副食品。各养老院整修庭院，栽种了果树和花木。有的院设置澡堂、理发所，寝室安装了有线广播，有的院设置了游艺室和简易图书室，大大改善了老人的生活和居住条件。到1964年，全省养老院调整为15处，有职工231人，在院老人2 742人。其中外侨养老院在院外侨老人20多人。

1979年11月民政部召开了全国城市救济福利工作会议，重新明确养老院“以养为主”的工作方针。养老院生活费标准由1974年的每人每月9～11元，提高到13～15元，服装费由3元提高到5元、医药费由1.30元提高到2元，并增加0.3元文体费。外侨养老院的老人生活费调整为44.5元，其中伙食费30元。

自1985年1月1日起，将养老院（外侨养老院除外）改称社会福利院。全省共有社会福利院14处，在院人数2 558人（其中外侨老人14人）。各院实行了院长负责制。老人生活标准普遍提高。伙食标准由1979年每月15元提高到25元。并从生产收益中，每人每月提出1元，“五一”、新年、端午节、中秋节各提出0.5元，国庆节、春节各提出1元，用以改善集体伙食。根据农副业生产收入情况，发给老人津贴（零用钱）每人每月1～7元。外侨养老院老人生活费标准提高到58.35元，其中伙食费43.85元，年生活费达700元，高于普通养老院老人生活费54%。

（二）农村敬老院

黑龙江地区在实现农业合作化以后，一些地方开始兴办小型简易的“老人之家”“幸福之家”“晚年之家”。1957年在拜泉县兴国镇诞生了全省第一个农村敬老院（始称幸福院）。敬老院贯彻依靠集体、勤俭办院、民主管理、敬老养老的原则，是五保老人集中供养、安度晚年的生活场所。

1958年，在人民公社化的影响下，大多数人民公社都建立了敬老院。到年底，全省敬老院总数达到981处，入院五保户15 600余人。但是，由于敬老院发展过快，公社实行三级核算制后，敬老院的经费没有解决好，部分敬老院解散了。到1959年末，全省有敬老院623处，入院五保对象10 051人。1960年5月，省人民委员会发出《关于巩固提高和开展敬老院工作指示》，要求做到社社有敬老院。到1961年底，全省共有敬老院658处，入院“五保”对象达到164万人。农村敬老院在院老人的生活供给和经费开支，由生产大队或生产队的公益金解决，每年秋收分配时一次缴清；贯彻“以养为主”的方针，适当组织一些力所能及的劳动，以丰富老人生活。

1966年5月“文化大革命”时期，全省敬老院受到严重的冲击和破坏。1972年10月，全国民政工作会议确定，农村集体经济组织要办好敬老院。1978年中共第十一届三中全会以后，各地普遍地开展了创建“六好”敬老院的活动（院长领导好、思想政治工作好、环境卫生好、民主办院好、老人生活好、勤俭办院好），到1978年末全省有敬老院445处，收养“五保”对象10 066人。到1981年末全省敬老院发展到555处，入院“五保”对象12 715人，敬老院普遍配了专任院长、炊事员和服务员，有的院还配上了卫生员。有20多个市、县达到社社有敬老院。

农村实行家庭联产承包生产责任制以后，“五保”对象要求入敬老院的心情非常迫切。1982年，各级民政部门本着因地制宜、量力而行的原则，采取依靠集体经济筹集为主、国家适当资助、群众帮工以及社会各方面支持的办法，巩固现有敬老院，积极筹建、扩建了一批敬老院。1983年12月，召开了全省敬老院工作会议，确定“大力普及敬老院，争取两年内实现社社有敬老院”。1983～1985年，全省共筹集资金3 102万元，其中农村集体经济筹集2 308万元，国家资助（民政拨款）326万元，企业单位支援264万元，群众捐助（包括帮工折款）204万元。3年时间共新建敬老院388处，扩建120处。到1985年底，全省共有镇（镇）敬老院962处，占应建敬老院的镇（镇）总数的98.2%，基本实现了一镇（镇）一院的目标。黑龙江省成为全国第二个（继吉林省之后）实现一镇一院的省份。入院五保对象达到22 640人（其中老人19 993人、残疾人1 823人、孤儿824人）。大部分敬老院，在庭院中栽植树木、花草，实现了花园化；房舍基本砖瓦化；老人宿舍单间化；用餐食堂化，并增设了活动室，设有彩电、录音机；有一部分敬老院安装了暖气，修了洗澡间。有些敬老院为入院的孤老烈属设立了“光荣间”，为老夫妇设立了“夫妻间”。敬老院的经费，均由镇（镇）统筹，1985年全省共统筹供养金8 518万元。年人均供养费360元，最高达550元，普遍高于当地一般农民生活水平。敬老院的经济实力不断增强。

二、残疾人生活

在封建社会和殖民地时期，黑龙江地区的盲聋哑残疾人没有政治地位，深受歧视和压迫。1949年10月1日中华人民共和国成立后，人民政府尤为关注残疾人事业，从就医、就业到生活给予全面改善，盲聋哑残疾人同所有劳动人民一样，成为国家的主人。家居农村的盲人聋哑人和当地农民一样分得了土地、房屋和耕畜；家居城镇生活有困难的盲人聋哑人，有的组织起来参加生产自救，不能参加生产又无生活来源的政府给予生活救济。黑龙江省于1958年9月成立了黑龙江省盲人聋哑人协会筹备委员会和哈尔滨市盲人聋哑人协会筹备委员会，合署办公。到1961年底，全省有25个市、县成立了盲人聋哑人协会或筹委会。1963年11月5～10日，在哈尔滨召开了黑龙江省第一届盲人聋哑人代表会议。1966年5月“文化大革命”期间，省和市、县盲人聋哑人协会被解散，干部被下放劳动，协会工作被迫停止。1978年中共第十一届三中全会后，全省盲人聋哑人工作得到恢复与发展。省和部分市、县盲人聋哑人协会从1979年开始恢复。1980年2月24～27日，黑龙江省第二届盲人聋哑人代表会议在哈尔滨召开。1984年6月21～25日，召开了省第三届盲人聋哑人代表会议。会议修改通过了《黑龙江省盲人聋哑人协会章程》，选举产生了黑龙江省第三届盲人聋哑人协会委员会。1984年，19个市、县盲人聋哑人协会也都进行了改选换届工作，并建立了92个基层分会。1985年，全省共有各类残疾人员70万人，而盲人聋哑人仅占全省各类残疾人员的10%左右，许多残疾人要求有代表各类残疾人利益的组织。经省政府决定，1985年10月15～16日，在哈尔滨召开了黑龙江省盲人聋哑人协会三届二次委员会扩大会议暨黑龙江省残疾人协会成立会议，修改并通过《黑龙江省残疾人协会章程》。

在盲、聋哑人就业方面，清代、中华民国和东北伦陷时期，黑龙江地区的盲人、聋哑人无业可就。1945年抗日战争胜利后，结束了盲人、聋哑人受欺凌、遭虐待、当乞丐、讨饭吃的悲惨生活。1949年10月1日中华人民共和国成立后，随着工农业生产的发展，各级政府从盲人、聋哑人的生理特点和可能从事的劳动出发，大力组织城乡盲人、聋哑人和残疾人参加生产劳动。在农村，安排了绝大多数盲人、聋哑人参加力所能及的农副业生产劳动。1958年，大中城市和较大城镇创办了盲人工厂、聋哑人工厂和盲人按摩诊所等，安置一批盲人、聋哑人就业。1959年5月，全省盲人、聋哑人工作现场会在肇州县召开，会上，交流了就业安置工作经验。到1963年10月，除农村安排适合盲人、聋哑人生理特点的各项劳动生产外，在城镇全省共办起盲人、聋哑人占一定比例的社会福利生产单位56处，就业人员1 586人（其中盲人、聋哑人福利生产单位13处、317人；与健全人联合的生产单位43处、1 260人）。1966年“文化大革命”期间，盲人、聋哑人工作受到严重破坏，主管这项工作的民政部门被撤销，协会组织被解散，盲人、聋哑人就业安置一度受到影响。1978年中共第十一届三中全会以后，各地把安置盲、聋哑残疾人员就业作为一项重要任务。到1983年底，全省有32个市、县有劳动能力的盲人、聋哑人，已经基本安置完毕；有25个市、县安置了70%左右；其余市、的安置比例也在50%左右。据哈尔滨、齐齐哈尔、牡丹江、佳木斯4个城市统计，盲人按摩医院（所、部）有13处，盲医64名，占职工人数的61.3%。为给盲、聋哑、残疾人员创造就业条件，省和各地盲人、聋哑人协会配合民政等有关部门，举办家用电器修理、裁剪缝纫、钟表刻字等7个联合职业培训班，培训盲人、聋哑人学员300余名。到1985年底，全省共有残疾人70万人。其中盲人2.16万人，聋哑人4.34万人，其他各类残疾人63.5万人，有25个市、县成立了盲人、聋哑人协会，据10个地级市的调查统计，85%以上的残疾人都得到了就业安置。

第四章　社会保障

封建社会、半封建半殖民地社会中剥削者无偿占有劳动成果，劳动者被强制劳动。肉体与精神遭受折磨、摧残，没有任何保障。中华人民共和国成立后，建立起以生产资料公有制为主体的社会主义社会，确立了劳动者的国家主人翁地位，保障劳动者依法享有各项权益，通过劳动部门介绍就业、自愿组织起来就业和自谋职业等多种途径，创造劳动就业条件，不断加强劳动保护，在发展生产的基础上提高劳动报酬和保险福利待遇，标志着社会保障事业正发生着前所未有的历史性变革。

第一节　劳动就业

一、城镇劳动力

解放战争期间，黑龙江地区各级党委、政府领导工人和各族劳动人民全力医治战争创伤，迅速发展军需民用生产。同时采取有效措施，加强治理失业人员工作。1949年，黑龙江地区人口1 011.9万人，地广人稀，劳动力相对缺乏，后备土地资源占全国的1／10，有待开垦的宜农荒地数千万亩，独具诱人的开发魅力。这对实现农业优势进而转为工业优势、商贸优势也有巨大的潜力和极其有利的物质条件。1949年10月1日中华人民共和国成立后，松江、黑龙江两省从资源开发和经济发展全局的需要出发，有计划、有组织地引导、吸收和迁入大批移民，同时开展城镇劳动力资源调查与安置就业工作。随着国民经济的发展，黑龙江省大中城市规模逐步扩大，遍布各地的新兴工业城镇应运而生。1949～1985年，黑龙江省非农业人口由252万人上升到1 336.1万人，增加1 084.1万人，增长4.3倍，年均增加30.1万人，年递增4.7%；占全省总人口的比重由24.9%上升到40.3%；城镇劳动力资源由161.1万人上升到1 193.9万人，增加1 032.8万人，增长6.4倍，年均增加28.7万人，年递增5.7%，占非农业人口的比重由63.9%上升到89.4%。黑龙江省城镇劳动力资源增量大、增速快，为经济建设和社会发展提供雄厚的人力保证，同时也给劳动就业带来很大压力。对此，党和政府一向高度重视并采取有效措施，妥善解决这一重大经济与社会问题。

二、城镇劳动就业

清朝后期及中华民国时期，哈尔滨、齐齐哈尔等市进城的破产农民和手工业者及其他失业工人自谋生计，有的被沙俄、德国等帝国主义国家开办的制粉、酿造、油坊业雇用，所得工资微薄，苦不堪言。东北沦陷时期，日本帝国主义在黑龙江地区疯狂推行“勤劳奉仕”制度，繁重的苦役和恶劣的生活条件，造成大批劳工死亡。许多工厂、店铺倒闭，工人、店员大量失业，到处是疮痍满目、民不聊生的凄惨景象。1945年“九三”抗日战争胜利后，黑龙江地区城镇劳动就业工作开始进入新的历史时期。各级政府组织工人和各族劳动人民全力医治战争创伤，迅速发展军需民用生产。大中城市相继成立劳动就业管理组织，对旧公教人员实行“包下来”的政策，对失业人员负责安置就业。1949年10月1日中华人民共和国成立后，在国家高度集中的计划经济管理体制下，对大中专技校毕业生和复员转业军人等实行统包统配制度；1953年起，松江、黑龙江两省认真贯彻中共中央明确的“政府介绍就业与自行就业相结合”的方针，同时采取以工代赈、生产自救、居民下乡等政策措施，通过国营企业招工、私营企业雇用、自谋职业等多种途径安置失业人员。到1957年，黑龙江省安置失业人员就业累计23.1万人，大体解决东北沦陷时期遗留下来的严重失业问题。此后，脱离生产力发展水平，盲目追求“一大二公”，过快地改变生产关系，基本堵死集体与个体就业的门路。尤其1966年5月“文化大革命”开始，累积的大量城镇待业人员急切要求就业，上山下乡的大批知识青年陆续返城待业，酿成严重的劳动就业问题。1979年以来，中共黑龙江省委、省政府遵照中共中央在社会主义公有制经济占优势的前提下，实行多种经济形式和多种经营方式长期并存的战略决策，大力发展集体经济，扶持发展个体经济，积极落实中共中央确定的“在国家统筹规划和指导下，实行劳动部门介绍就业、自愿组织起来就业和自谋职业相合”的方针，全党动手，齐抓共管，广开门路，多方安置，劳动就业工作取得突破性进展。到1985年，全省城镇待业人员就业295万人，年均安置42.14万人（含临时性安置），待业率由5.8%下降为2.7%。劳动就业扭转以往多年的被动局面，开始走向健康发展的轨道。

三、移民

黑龙江地区移民包括省际移民和省内移民，省际移民是由外省农村迁入主要从农的居民；省内移民是城镇失业、半失业及浮闲人口下乡务农，即城镇部分下乡的居民。移民历来同社会的政治、经济等状况密切相关。黑龙江省位居祖国东北部边陲，地域辽阔，土质肥沃，物产丰富，自古人烟稀少，劳动力相对缺乏，农业开发较晚。这种特殊的自然地理环境，具有吸纳数以百万计移民的条件，历史上成为全国移民的主要省份。商周时期，黑龙江地区古代居民已与中原王朝发生联系。此后，历代均与内地保持政治、经济及文化往来。据考古资料证明，黑龙江地区移民始于辽代，至今历经千年的延续过程。各期移民同土著居民的演进和融合，逐渐形成汉、满及回、赫哲等民族，这些民族世代相互往来、学习、团结，劳动、生息、繁衍在广袤千里的“北大荒”沃土上，继承、丰富和发展华夏文化与优良传统。东北沦陷时期，日本帝国主义疯狂推行移民侵略扩张政策，致使黑龙江地区急剧增长的移民事业出现停滞局面。1945年“九三”抗战胜利后，中共中央确定发展生产、改善人民生活作为各解放区的中心任务。1947年起，黑龙江地区开始转入有组织、有计划地进行移民的新时期。1949年10月1日中华人民共和国成立后，黑龙江地区陆续安置外省移民，组织城镇居民下乡，数量之多、范围之广、规模之大，在黑龙江历史上空前，并在全国移民史上产生深远影响。1949～1960年，安置外省移民107.4万人，1947～1970年城镇居民下乡为122.5万人，适时调节地区之间、城乡之间的人口分布与劳动力配置，促进全省农林生产乃至国民经济的发展。长期以来，广大移民开发、建设黑龙江省的艰苦历程和辉煌业绩，永远彪炳在中华民族的史册上。

四、城镇知识青年上山下乡

1955年，在农业合作化运动迅猛发展和城市尚未完全解决就业问题的形势下，中共中央号召城市知识青年（下称知青）上山下乡。一批批有志青年怀着为使祖国繁荣富强的豪情壮志，相继离别家乡奔赴“北大荒”，积极参加边疆社会主义建设。9月，北京市青年杨华、庞淑英等5青年发起倡议，并组成全国第一支青年志愿垦荒队，在黑龙江省萝北县开荒建点，揭开全国知青上山下乡的序幕，随即有哈尔滨、天津等市青年垦荒队，去萝北县等地志愿垦荒，成为勇于开拓的建场尖兵。这种崇高的思想、英勇的行为和具有时代意义的创举，永载中国青年运动的光辉史册。

60年代，大规模动员和组织知青下乡，是在城市就业困难的历史条件下采取的重要措施。1961年1月，中共中央针对国民经济严重比例失调问题，决定实行“调整、巩固、充实、提高”的方针，压缩基本建设战线，停建缓建一批工程项目，大量精简职工，高校压缩招生人数，城市中不能升学的中学毕业生及闲散劳动力猛增，“就业难”已成为当时重大的社会问题。1964年4月，中共黑龙江省委、省人民委员会发出《关于动员和组织城镇知识青年参加社会主义建设的指示》，并成立“中共黑龙江省委精简安置领导小组”及其办事机构，各地、市、县委均设精简安置领导小组，负责精简职工、动员与安置下乡知青和闲散劳动力工作。为适应国民经济调整、恢复和发展农业生产、开发和建设边疆的需要，全省有领导有计划地组织开展知青下乡工作。下乡知青主要安置方向有建庄、插队、插场、建设兵团、知青场队等。1968年，毛泽东主席发出“知识青年到农村去，接受贫下中农再教育，很有必要”的号召，全省迅速掀起城镇知青下乡高潮。全年动员知青下乡29.04万人。同年成立省革命委员会生产指挥部知青工作办公室。1969年动员知青下乡高达33.2万人，为历史之最，这两年共动员知青下乡62.24万人，成为全省知青下乡的一个高峰。1970年改为省革命委员会知青上山下乡工作办公室。当年知青下乡11.46万人。1973年，根据中共中央指示，知青工作改由党委直接领导，中共黑龙江省委下设知青上山下乡办公室，县以上党委或革命委员会直至企事业单位均设知青办。当年全省下乡知青10.95万人，比1972年增加4.6万人。1974、1975年分别动员知青下乡20.14万人、24.94万人，计45.08万人，成为全省知青下乡的第二个高峰期。1976、1977、1978年动员知青下乡分别为

17.19万人、13.34万人、9.52万人，呈逐年减少趋势。1968～1978年，全省累计动员城镇知青下乡178.22万人，平均每年16.2万人。1979年始，中共黑龙江省委遵照中共中央召开的全国知青工作会议精神，从全省实际情况出发，决定调整知青政策，缩小上山下乡范围，彻底改变知青插队（场）的做法，知青上山下乡纳入统筹劳动就业的轨道，标志着知青工作发生历史性转变。年底全省共动员知青下乡5.38万人。此后各地不在动员知青下乡。1963～1965年，各地安置返城知青4.35万人。1966年5月"文化大革命"开始到1967年底，因家庭发生特殊困难知青陆续返城1.5万人。到1975年底，下乡知青返城累计38.12万人。1979年全省下乡知青返城高达56.26万人。1963～1978年全省下乡知青累计182.57万人。到1985年底绝大部分返回原动员城镇就业。下乡知青仍有4.99万人。经省人民政府批准，凡由市、县以上知青部门统一组织、动员到省内外插队、插场，仍然还在农村或农场工作的知青，根据本人申请，允许一名未婚、未就业的子女回原地城镇落户；知青本人已回省内城镇落户，其子女仍在农场或农村的允许一名未婚、未就业的子女到父母原在城镇落户；外省、市知青已在黑龙江省工作的其子女仍在农场、农村的同黑龙江省下乡知青同样对待。这些知青善后问题的处理，充分体现党和政府对广大知青的深切关怀。

第二节　工资福利

一、工资

清朝后期及中华民国时期，尤其是东北沦陷时期，黑龙江地区工人工资低微，加上物价暴涨，货币贬值，生活每况愈下，长年挣扎在死亡线上。1945年"九三"抗日战争胜利后，黑龙江地区各级政府，从维持职工最低生活的需要出发，指导公营企业大多实行实物工薪制，私营企业一般沿袭雇佣工薪制，留用的公教人员保留原薪，机关、学校和公营企业中原解放区干部及部分新参加工作的干部实行供给制。1949年10月1日中华人民共和国成立后，黑龙江地区迅速革除旧时代的工资制度，有计划、有步骤地建立新的工资制度，实现社会主义生产资料公有制，奠定按劳动者提供的劳动数量与质量进行工资分配的经济基础，积极贯彻社会主义的按劳分配原则，实行计时工资、计件工资等多种工资分配形式。1966年5月"文化大革命"的干扰破坏，导致国民经济濒于崩溃的边缘，职工正常的调资失去先决的物质基础，计件工资也被扣上"修正主义"罪名予以全盘否定，职工工资水平出现下降状况。粉碎江青反革命集团以后，尤其是1978年中共第十一届三中全会以来，城镇就业面不断扩大，职工赡养系数逐年减小，家庭人均收入增长速度快于职工年均工资增长速度，广大职工的生活水平和生活质量显著提高。黑龙江省1950～1985年中华人民共和国成立36年来，黑龙江省遵照国家统一安排，先后进行3次工资制度改革。

黑龙江地区工资制度改革情况表
（1950～1985年）

表5-9

序号	时间	文件名称	改革内容
1	1950年6月	东北人民政府下发的《关于调整公营产业工人、技术人员工薪及改行八级工资制的指示》	确定将“太多太细”的39级（等外五级）工资制进行改革。企业工人改行八级工资制，企业、事业、机关的行政管理人员、工程技术人员执行统一的职务等级制，简化工资标准，初步解决工资制度杂乱和工资标准不合理现象。同时较大幅度地提高职工工资水平
2	1956年7月	黑龙江省人民委员会依照国务院发布的《关于工资改革的决定》	取消工薪分制度和物价津贴制度，实行直接用货币规定工资标准的制度
3	1985年3月	黑龙江省根据国务院下发的《关于国营企业工资改革问题的通知》	这次改革显示出工效挂钩的生机和活力，使工资制度的这一重大改革渐趋完善

黑龙江地区工资调整情况表
（1951～1985年）

表5-10

序号	时间	文件名称	调整内容
1	1951年5月	东北人民政府颁布《关于调整工资的决定》	主要增加企业工程技术人员、技术工人及公教人员和职员的工资，职工平均工资提高15%
2	1952年4月	东北人民政府颁布《关于调整职工工资的决定》	职工平均工资比1951年提高9%
3	1959年8月	中共黑龙江省委遵照中共中央的决定，批转省计委、省劳动局党组《关于1959年职工升级问题的报告》	对工业、基本建设、交通运输、邮电和公用事业部门，1957年底以前参加工作的部分职工升级

续表5-10

序号	时间	文件名称	调整内容
4	1961年12月	黑龙江省人民委员会根据国务院《关于职工升级转正和定级的通知》规定	除煤矿按照劳动部、煤炭工业部当年8月联合通知办理职工升级外，林区、金属矿和石油矿的主要生产工人及基层干部升级面
5	1963年7月	中共中央、国务院批转劳动部《关于1963年工资工作安排意见的报告》	调整企业、事业和国家机关部分职工工资
6	1971年11月	黑龙江省革命委员会依照国务院下发的《关于调整部分工人和工作人员工资的通知》规定	在组织各地各部门实施改革临时工制度的同时，调整部分职工偏低工资
7	1977年10月	黑龙江省贯彻执行国务院下发的《关于调整部分职工工资的通知》规定	对全民企业、事业和国家机关的部分职工调整工资
8	1978年12月	黑龙江省落实国家劳动总局下发的《关于给工作成绩特别突出的职工升级的通知》规定	
9	1979年9月	中共中央、国务院批转《全国物价工资会议纪要》规定	自当年11月起，在提高主要副食品价格、发给职工补贴的同时，对全民单位部分职工升级
10	1979年11月	黑龙江省革命委员会执行国务院《关于调整工资区类别的几项具体规定》	调整各行业偏低的1级工资标准
11	1983年4月～1984年6月	按照国务院《批转劳动人事部〈关于1983年企业调整工资和改革工资制度问题的报告〉的通知》	调整全民企业单位和未列入1981年、1982年调资范围的事业单位职工工资，逐步建立健全奖励和津贴等项制度

1978～1985年，全民职工年均工资由763元上升到1 116元，增加353元，增长46.3%，年均增长5.6%。集体职工年均工资由518元上升到862元，增加344元，增长66.4%，年均增长7.5%。其间，成为中华人民共和国成立后职工工资较多增加的时期。

二、福利

中华民国时期，黑龙江地区的工业大都是一些手工业作坊，很少有福利设施。东北沦陷时期，日本帝国主义武力推行“日满经济一体”和“经济统制”，引致黑龙江地区经济陷入完全崩溃的境地，企业职工（含雇员）没有任何福利待遇，终年挣扎在死亡线上。抗日战争胜利后，黑龙江地区在建立各级人民民主政权后，制定扶持、发展工商业政策，有计划地组织工业生产，使机械、纺织、煤矿等行业得到较快的发展，为逐步改善职工福利创造条件。1948年1月，中共哈尔滨特别市委颁发《战时暂行劳动法（草案）》后，全市钢铁工业、木材业等公营、私营企业“实行社会保险制度”，并开始改善工人的生活福利。1949年10月1日中华人民共和国成立后，黑龙江省人民政府，遵照国家关于职工福利事业的法规、政策和原则，从经济建设的长远利益和保障职工的切身利益出发，在发展生产的基础上，逐步实行和改善职工福利待遇。通过国家和企业举办集体生活设施（如：职工食堂、职工住房、托幼事业）和建立福利补贴制度（取暖补贴、交通补贴、洗理费补贴、回族职工伙食补贴、生活困难补助）等多种方式，并依据1958年2月，国务院颁布《关于工人、职员回家探亲的假期和工资待遇的暂行规定》在职工探亲假上做了诸多规定。为职工生活提供方便，帮助职工解决生活困难，提高职工生活水平，也为生产发展和职工积极工作创造了必要条件，显示了社会主义制度的优越性。1978年，全省全民单位不包括职工的探亲、病假工资、各种生活补贴及用于职工住房的基建费用，职工保险福利费用总额为44 405.3万元，相当于职工工资总额的13.5%。1980年，增加到65 639.9万元，相当于职工工资总额的16.3%。1985年又上升到169 531.0万元，相当于职工工资总额的29.2%，比1978年增长2.82倍。

第三节　劳动保护

一、职业安全卫生

东北沦陷时期，黑龙江地区工人深受帝国主义、封建主义和官僚资本主义的残酷压迫和剥削，人身不得自由，生活极端贫困，被迫在恶劣的条件下每天劳动14个小时以上，生命朝不保夕，伤亡惊人。日本侵略者凭借军事力量实行残暴的法西斯统治和劳动“强制供出”，造成数以万计的劳工死亡。日本帝国主义者犯下残害中国工人和劳动人民的滔天罪行。工人阶级劳动保护的权利，只有在中国共产党领导下才得以实现。1949年9月、1950年4月，黑龙江省、松江省政府分别成立省劳动局。建立健全劳动保护制度。在改善了劳动条件上，黑龙江省、松江省1950～1952年先后组织开展5次大规模保安大检查，发现问题34 124件。1953～1962年，是全省劳动保护法规逐步建立并不断加强的时期，期间由中共黑龙江省委、省人民委员会和省劳动部门发布劳动保护法规、指示及办法等513项，其中省委、省人委颁布施行58项，有劳动保护法规12项，劳动部门还建立健全劳动安全监察制度，加强安全监察机构，充实安全监察干部。1978年12月，中共黑龙江省委发出《关于贯彻中共中央〈关于认真做好劳动保护工作〉的通知》，安全大检查作为一项制度坚持下来，每年定期组织开展春、冬两次检查。同时年底针对全省工伤事故和职业病、职业中毒上升的严重状况，将解决企业易燃易爆和严重职业危害，列为全省治理的重点项目，采取由国家补助、省安排专项经费、各地各部门及企业自筹三条渠道，落实治理经费，加强安全生产。1979年4月，国家劳动总局选定北方牡丹江市、南方苏州市为全国尘毒治理试点城市，结合企业技术改造和挖潜、革新、改组，综合治理尘毒危害。1980年5月～1985年全省先后进行了五次“安全月”活动，五年间共查出各类隐患451 856件，立即整改解决384 636件，平均整改率为78.9%。1985年1月，黑龙江省不再搞“安全月”活动，各地各部门针对各自情况转入经常性安全生产活动。黑龙江省职工伤亡事故监察管理是劳动保护工作建立最早、执行最广泛的一项监察制度。1949～1985年，全省县以上工业企业工伤事故死亡22 978人，重伤42 869人，轻伤1 096 528人，平均每年死亡657人、重伤1 191人、轻伤30 459人。发生一次死亡3人以上重大事故457起，死亡2 714人，其中非矿山企业发生238起，死亡1 329人。黑龙江对妇女权益实行特殊保护，根据女工的生理特点，采取组织、技术和卫生等措施，实施特殊的劳动保护。严禁使用童工，保护未成年工。同时，工时制度、休假制度做了相应的调整和安排。保障职工的安全与健康。到1985年，全省14市地及省劳动局已配专职劳动保护监察人员343人。

二、锅炉压力容器安全监察

清光绪二十六年（1900年），沙俄在哈尔滨开办第一家企业——满洲第一机器制粉公司后，随即建起哈尔滨啤酒厂、中东铁路发电厂等工厂，开始使用蒸气锅炉。中华民国时期，锅炉安全运行情况史无记载。东北沦陷后，黑龙江地区锅炉安全监察管理工作，由伪满各省、市、县长分别任命警察厅、署的警察官检查管理，对锅炉制造、使用和司炉操作等作出一些规定。中华人共和国成立后，松江、黑龙江两省人民政府十分重视锅炉压力容器安全管理，设专门机构进行安全监察，并一直列为劳动工作的重要组成部分和劳动安全监察工作的重点，实行国家监察和统一管理。1953年起，黑龙江地区随着大规模经济建设和工农业生产的发展，不断加强锅炉压力容器安全监察工作。1958年，在“以钢为纲”“全面跃进”的冲击下，有些工厂粗制滥造，锅炉质量下降，加之一些锅炉年久失修，爆炸事故时有发生。尤其1966年5月开始的“文化大革命”中，劳动安全监察机构瘫痪，废止锅炉安全规程，抛弃安全技术要求，锅炉、压力容器制造、使用管理相当混乱，安全监察管理工作受到严重破坏。1978年中共第十一届三中全会以后，特别是国务院颁发《锅炉压力容器安全监察条例》以来，黑龙江省各市、地加强锅炉压力容器安全监察机构建设，着力进行整顿、开展培训和检验等诸多工作，促使黑龙江省锅炉压力容器安全监察工作不断地加强和发展，开始步入有法可依、依法监察、规范管理的轨道。

三、矿山安全卫生监察

1916年，黑龙江地区始建密西（今鸡西）煤矿。1917年，成立兴华煤矿公司。1919年改为鹤岗煤矿股份公司。1924年，中俄官商合建穆棱煤矿。1928年，开发双鸭山煤矿。这些煤矿生产规模小，大多是浅部或露天开采，多靠自然通风，灾害较少，也未设专门安全机构，安全状况史无记载。东北地区沦陷后，大批开井建矿，陆续深井开采，劳动条件恶劣。1934年，伪满成立炭矿株式会社。日本帝国主义为了扩大侵华战争，强行“以人换煤”“要煤不要人”的“人肉开采”政策，强迫工人冒险作业，无视广大矿工的生命安全，致使事故迭出，伤亡惨重。1943年1月6日，鹤岗矿业所南岗三坑发生瓦斯爆炸事故，一次就夺去94名矿工的生命，成为鹤岗煤矿史上伤亡最惨重的一次事故。1936～1945年，仅鸡西滴道矿因各类生产事故流行瘟疫等死亡矿工达834人，充分暴露日本帝国主义奴役中国人民的罪行。1949年10月1日中华人民共和国成立后，党和政府十分重视矿山安全生产和职工劳动保护工作。1950年5月起，松江、黑龙江两省劳动部门按照政务院批准的《中央人民政府试行组织条例》中确定的各级劳动部门的任务，迅速革除东北沦陷时期野蛮落后的“高落式”“残柱式”采煤方法，监督矿山企业执行各项劳动政策、法令，检查工矿安全卫生，督导加强劳动保护设施，行使国家对矿山企业安全卫生监察的职权。同时，黑龙江省各级劳动部门继续会同产业主管部门、工会组织，坚持实行矿山安全卫生检查制度，不断改进矿山企业安全卫生设施，切实加强矿山安全卫生监察工作。

1978年中共第十一届三中全会以来，尤其是1982年以后，黑龙江省各级劳动部门组织矿山企业及其主管部门，认真贯彻国务院发布的《矿山安全条例》和《矿山安全监察条例》，从加快安全技术改造入手，全面加强安全生产和安全卫生监察、管理、培训及教育等项工作，建立健全各项规章制度，以矿山安全卫生监察为主的各项工作开始纳入法制化轨道，取得了明显成绩，促进全省经济发展和社会稳定。同时，由于部分企业领导生产的指导思想偏差，重生产、轻安全，基础设施差，人员素质低等原因，煤矿生产事故仍很严重，特别是一些乡镇煤矿事故所占比例较大，重特大事故没有得到有效的控制，直接危害职工的生命与健康，严重影响企业生产的发展和经济效益的提高，矿山安全卫生监察工作尚需进一步强化。

四、安全生产

1949年10月1日中华人民共和国成立后，黑龙江省工业生产劳动安全、消防安全及交通安全等工作，分别由劳动、公安、交通等政府部门管理。1958年5月起，在“左”倾错误的指导下，各地掀起以“大炼钢铁”为中心的“全面跃进”，大搞群众运动，各类重大事故屡有发生，给国民经济造成严重损失。1960年8月，中共黑龙江省委、黑龙江省人民委员会，领导全省人民及早着手对国民经济进行调整的同时，在全国率先成立黑龙江省安全工作领导小组，统筹、协调、组织开展安全工作，1975年4月成立省安全生产委员会后，各级安委会及其办公室将查处重大事故和监督检查结案工作列为一项重要任务。随着形势的发展和安全生产的需要。黑龙江省先后两次成立，二次调整安全工作领导小组或安全生产委员会，1984年5月，成立黑龙江省安全生产领导小组。1985年5月，省委、省政府决定在全省开展“百日安全无事故”活动，并组织开展安全大检查，省政府组成 3个检查团，14个市、地和各主管部门组成安全检查团（组）184个、1 752人参加检查，对65个市、县和3 752个企业进行检查，共查出隐患问题14 537件，当即整改11 497件，限期整改3 027件，停产整改13件，促使全省安全生产状况有所好转。当年哈尔滨铁路分局200天无职工死亡事故、200天无行车重大事故的“双百”安全生产局面，职工死亡事故由1977年死亡70人下降为12人，是1971年以来工伤事故死亡人数最低的一年。同年12月，成立黑龙江省安全领导小组。黑龙江省历届安全生产委员会及其安全办公室在统筹解决重大安全问题，部署落实全省安全工作，组织开展安全大检查，查处重大事故方面发挥统筹、综合、指导、协调作用。

第四节 劳动保险

一、保险制度

1945年8月以前，黑龙江地区是经济落后的殖民地半殖民地区。工业基础十分薄弱，生产力水平低下，广大工人深受沙俄、日本等帝国主义和官僚资本主义的剥削和压迫，长年累月地在恶劣环境和毫无生活保障的条件下劳动，过着极端悲惨的生活，每逢生、老、病、伤、残时便陷入绝境。劳动保险一片空白。1945年“九三”抗日战争胜利后，黑龙江地区各级政府接管敌伪退败后遗留的工厂、矿山及外资企业，并在全国率先实行部分企业职工劳动保险。12月，佳木斯市人民政府成立后，对近3 000名职工出现病伤时给予一定资助。1946年4月，哈尔滨市解放后，中共哈尔滨特别市委、市政府高度重视企业职工劳动保险工作。1948年1月市委颁布《哈尔滨特别市战时暂行劳动法（草案）》。同年12月东北行政委员会颁发《东北公营企业战时暂行劳动保险条例》（下称《东北条例》）。1949年9月底，松江、黑龙江两省实行劳动保险的企业职工达20余万人。1951年2月，中央人民政府政务院颁布《中华人民共和国劳动保险条例》（下称《条例》），这是中华人民共和国成立后全国实行的第一个劳动保险条例。松江、黑龙江两省采取"重点试行、逐步推广"的方法执行《条例》的规定。年底，黑龙江地区企业实行劳动保险的职工达到50余万人。1953年 1月，中华人民共和国政务院发布修改后的《中华人民共和国劳动保险条例》（下称《保险条例》）。同时劳动部公布《中华人民共和国劳动保险条例实施细则修正草案》（下称《保险细则》）。年末，松江、黑龙江两省（不含哈尔滨市和中央直属管理的产业）劳动保险金年总收入达549 625.1万元（旧人民币）。1958年3月，黑龙江省人民委员会转发国务院《关于工人、职员退休处理的暂行规定》和《关于工人、职员退职处理的暂行规定》，年底不完全统计，全省实行劳动保险制度的单位2 982个，职工107.36万人。

1966年5月"文化大革命"开始后，黑龙江省各级劳动保险机构瘫痪，保险制度受到严重破坏。1975年3月，黑龙江省劳动局下发《关于企业实行劳动保险登记审批和发证工作的通知》，解决"文化大革命"中企业自行决定实行或停止实行劳动保险问题。1976年10月，粉碎江青反革命集团后，特别是1978年中共第十一届三中全会以来，确立劳动保险的地位和作用，并对保险制度进行整顿和改善。1978年6月，国务院颁发《关于工人退休、退职的暂行办法》和《关于安置老弱病残干部的暂行办法》，这是1949～1985年国家首次较大幅度地提高"双退"职工的养老保险待遇。年底，全省"双退"职工达15.5万人。到1982年，共有双退职工50.5万人，形成黑龙江省自中华人民共和国成立以来职工双退工作历史上的骤增期和高峰期。1983年1月起，黑龙江省贯彻劳动部《关于建国前参加工作老工人退休待遇的通知》。1984年5月起，哈尔滨、佳木斯等市统筹试点。1985年后，试点工作有计划、有步骤地在全省展开，并取得一定成效。

二、保险待遇

1949年10月1日中华人民共和国成立后，黑龙江省企业职工保险待遇，主要在退休、退职待遇，医疗待遇，病、伤、残待遇，生育、死亡待遇和优异贡献待遇等方面遵照国家统一的政策法规，随着经济发展和形势的变化，多次进行相应的修改和提高，1978～1985年，全民职工退休人数由15.2万人增加到74.2万人，增长3.9倍，年均增长25.4%，占职工总数的比重由3.3%上升到13.9%；职工总数由460.1万人增加到532.2万人，增长15.7%，年均增长2.1%；同期职工退休费总额由72 932.7万元增加到764 954.8万元，增长9.5倍，年均增长39.9%；工资总额由32.92亿元增加到58.07亿元，增长76.4%，年均增长8.4%，出现退休人数增加明显快于职工人数增加、退休费用总额增长大大快于职工工资总额增长的态势。使广大职工在生、老、病、伤、残、死等特殊困难时，获得一定的物质帮助，充分表明社会主义制度的优越性。

三、保险管理体制

1949年10月1日中华人民共和国成立后，黑龙江省劳动保险管理体制，历经劳动部门与工会部门共同管理、工会部门统一管理、劳动部门集中管理的三次较大变化，基本适应劳动保险及有关各项工作的需要，确保国家劳动保险法规、政策的贯彻落实。1951年国家《条例》规定，中央人民政府政务院劳动部为全国劳动保险业务的最高监督机关，负责贯彻实施劳动保险条例，检查执行全国劳动保险业务等有关工作情况。与此同时，中华全国总工会为全国劳动保险事业的最高领导机关，统筹全国劳动保险事业。1954年5月，松江、黑龙江两省落实政务院旨在精简机构、紧缩机构编制下发的《关于劳动保险业务移交工会统一管理的通知》，及劳动部、全国总工会联合下发《关于劳动保险业务移交工会统一管理的联合通知》规定，劳动部门管理的劳动保险业务，连同有关文件、资料，于当年7月移交同级工会统一管理。1969年10月，黑龙江省革命委员会群众工作委员会，在向省革命委员会上报《关于劳动保险工作交由劳动部门管理的请示报告》。1970年2月，黑龙江省革命委员会为及时、正确的解决劳动保险工作问题，决定由民政劳动局负责管理劳动保险与职工福利工作。10月，各地市县劳动局根据省革委会《关于职工劳动保险业务划归劳动局负责的决定》，接管劳动保险工作。1981年10月，各地、市、县劳动局，贯彻国家人事局、国家劳动总局《关于业务工作分工问题的通知》，继续负责企业单位的保险福利工作。

四、医务劳动鉴定

1957年2月，黑龙江省根据卫生部、全国总工会发布的《重点试行批准工人、职员病伤、生育假期试行办法和医务劳动鉴定委员会组织通则》，在大中型企业及未设职工医院（所）的企业主管部门，先后成立医务劳动鉴定委员会或小组，开展医务劳动鉴定工作。1966年5月“文化大革命”的干扰破坏，使各级医务劳动鉴定工作大多处于停顿状态。1978年起，各市、地、省直各厅局及各铁路局、矿务局、林业局等先后建立医务劳动鉴定委员会，选调政策观念强、作风正派、业务熟练、有临床经验的医务人员，严格按照《黑龙江省职工因伤、病丧失劳动能力鉴定标准》，开展医务劳动鉴定工作。2月，成立由省卫生局、劳动局、人事局领导参加的黑龙江省医务劳动鉴定委员会。1981年2月，黑龙江省医务劳动鉴定委员会制定《黑龙江省外伤、职业中毒医疗终结鉴定标准（草案）》。1979～1984年，佳木斯市共组织12次医务劳动鉴定，参加鉴定的职工17 806人，确诊为完全丧失劳动能力的职工6 001人，占33.7%；对因工负伤的职工先后进行10次医疗终结鉴定，参加鉴定的职工45人，其中复工或调做轻便工作的40人，占88.9%，继续治疗的5人，占11.1%。1984年5月，在省直机关机构改革中，经省编制委员会核定，省委、省政府批准，撤销黑龙江省医务劳动鉴定委员会及其办事机构。

五、退休管理组织

50年代，黑龙江地区企业大都设劳动保险委员会。60年代起，由于一些老企业退休职工数逐年增多，退管组织应运而生，成为退管事业不可缺少的组成部分。1965年，哈尔滨机械工业局、轻工局等单位，相继成立由退休职工组成的退管委员会。1976年12月，牡丹江人民政府在全省率先成立退休职工领导小组，下设办公室，市、区、街道三级退管组织和135个企事业单位共配备专兼职干部976人，积极开展退管服务工作。1978年中共第十一届三中全会以后黑龙江省认真落实国务院颁发的《关于工人、职员退休退职的暂行规定》，双退职工人数大幅度增加。1981年10月，哈尔滨市人民政府成立退休职工管理委员会。全市分“两条线”建立退休职工管理组织，一条线是按照退休职工居住的区、街和居民委员会、居民小组建立机构，另一条线是按照市直各局及企业逐级建立机构。哈尔滨市退管服务工作，基本做到“三满意”，即工厂领导满意、退休职工满意、在职职工满意。1982年6月，劳动人事部、全国总工会向全国推广哈尔滨市的经验。全省基本形成统一领导、分级管理、条块结合、专群结合的职工退休管理服务工作网络。“老有所养、老有所为、老有所学、老有所依、老有所乐”，退休职工在社会稳定、改革开放和经济建设中发挥不可替代的作用。

第五节　拥军优属

一、拥军支前

抗日战争时期，黑龙江地区许多县（市）成为抗日联军活动的重要根据地。为打击日本侵略者及其所扶植的伪政权，根据地人民同抗日联军打成一片，为抗日联军运送粮食、弹药，掩护伤病员，通信联络，配合抗日武装沉重地打击了日本侵略者。

1945年抗日战争胜利后，东北解放战争和抗美援朝战争期间，黑龙江地区各级政府、各党派团体和广大人民群众，为了支援前线和慰问子弟兵，捐献了大量的物品送往前线，并派出慰问团赴前线慰问作战将士。动员战勤民工近90万人，配合前线作战部队完成了救护伤员和运送弹药、军粮任务；按时完成了后方国防工程建设任务。松江、黑龙江两省人民积极响应“抗美援朝，保家卫国”的伟大号召，掀起了轰轰烈烈的捐献飞机大炮的热潮。从1951年下半年至1952年底，共捐献人民币2 243亿元（折新人民币2 243万元），可购买作战飞机149架，为抗美援朝战争取得胜利做出了重大贡献。1954年以后，国家进入和平建设时期，全省各界人民拥军活动转向经常性工作。逢年遇节，各级政府组织慰问团对解放军进行慰问，帮助驻军部队解决营建方面的困难，组织人民群众进行拥军服务活动，加强了军政军民团结。1978年中共第十一届三中全会后，普遍开展“双拥”和军民共建共育活动，把拥军活动推向新的历史阶段。

二、优待补助

解放战争期间，黑龙江地区是东北解放战争的大后方，也是兵源的主要基地。到1948年底，军人家属和烈士家属达到40万户。做好烈军属的优待工作，已成为各级政府的一项政治任务。除积极组织有劳动能力的贫困烈军属进行生产自救外，每年为20万左右户缺乏劳动力的烈军属代耕了土地或给予实物补助。对于保证兵源，鼓舞前方将士英勇杀敌，教育人民群众努力生产支援前线，为夺取解放战争的彻底胜利，产生了极其重大的意义。1949年10月1日中华人民共和国建立后，全国统一了对优抚对象的优待政策。从1953年起，对城镇贫困烈军属的生活困难补助，由发实物改为发现金；对农村无劳动力或缺乏劳动力的烈军属继续搞好土地代耕。从1956年起，由于国家财政状况已经好转，对城镇无劳动力的烈军属由政府实行定期定量补助；由于全省农村已经实现农业合作化，广大烈军属已全部加入了农业合作社，在农村将代耕地土改为优待劳动日，并从1962年起对农村孤老优抚对象也给予了一定数量的定期定量补助。1982年农村实行家庭联产承包责任制后，将农村优待劳动日改为优待金，并对义务兵家属实行了普遍优待。随着国民经济的发展和人民生活水平的提高，多次调整提高城乡优抚对象的定期定量补助标准和农村优待金的优待标准。政府发给烈军属和带病复员军人的补助费，由1978年的395万元增加到1984年的804.5万元；农村集体经济为烈军属和带病复员军人统筹优待金，由1981年的978.2万元增加到1985年的2 086.9万元，户均由170元增加到210元。充分体现人民政府和广大人民群众对曾为祖国解放事业和保卫社会主义制度，做出重大贡献的优抚对象的关怀和照顾。

三、国家抚恤

清代，朝廷为安抚清军阵亡官兵遗族和伤残军人，由地方奏请核准，发给恤银；或先由地方从应缴银两中垫付，朝廷核准后再从应缴份额中扣除。中华民国时期，国民政府陆续完善了伤亡抚恤制度。先后颁布陆海空军、地方军以及警察、文官因战因公死亡和因伤致残之抚恤条例，按规定标准分别为死亡遗族和伤残人员进行抚恤。东北沦陷时期，伪满对伪军、警察、民团官兵死亡和致残者，发给所谓“救恤金”。1945年抗日战争胜利后，在解放战争期间，黑龙江地区各省市政府根据《东北解放区爱国自卫战争阵亡烈士抚恤暂行条例》《荣誉军人暂行抚恤条例》的规定，对革命烈士家属和革命残废军人及时予以抚恤。松江、黑龙江两省1949年共为1 612名革命烈士家属和3.1万多名革命残废军人，发放抚恤粮252万余公斤。不仅使革命烈士家属和革命残废军人得到安慰，及时解决生活困难和保养伤残身体的需要，而且极大地鼓舞了人民子弟兵英勇杀敌的革命精神和广大人民群众参军参战的革命热情。1949年10月1日中华人民共和国建立后，内务部公布了《革命军人牺牲、病故褒恤暂行条例》《革命工作人员伤亡褒恤暂行条例》《民兵民工伤亡抚恤暂行条例》《革命残废军人优待抚恤暂行条例》，全国统一抚恤标准。从1953年起，由发抚恤粮改发抚恤金。从1954～1957年，全省共为6 189名有直系亲属的牺牲、病故人员进行了抚恤，发给抚恤金113.4万元。需残废抚恤12.6万余人次，领取残废抚恤金883.8万元。其中1961年全省领取残废抚恤金的残废人员19 371人，领取残废抚恤金109.5万元。从1962～1966年，全省累计为1 421名牺牲、病故人员办理抚恤，共发抚恤金24.9万元。1956～1965年，全省为应抚恤的革命残废人员发出残废抚恤金1 173.5万元，平均每年发出117.3万元，从1972年到1978年，全省共为3 023名牺牲、病故人员直系亲属进行了抚恤，共发抚恤金77.1万元。1973～1976年，每年为3.2万～3.4万名革命残废人员发出残废抚恤金150余万元，4年累计发出残废抚恤金620.3万元。1978年，全省为16 093名在乡残废人员发出残废抚恤金202.8万元。1981年，根据中央民政部的通知，全省为29 517名革命残废人员换发了民政部制发的《残废抚恤证》。1982年，根据中央民政部的通知精神，省民政厅发文部署，开始为全省革命烈士家属换发《革命烈士证明书》。到1983年底，全省共有烈属22 848户，其中有直系的11 424户。1985年，全省共为750名牺牲、病故人员家属进行抚恤，共发一次性抚恤金41.2万元。同年，还根据民政部、财政部的规定，从1985年1月1日起，为全省革命烈士家属、因公牺牲军人家属、病故军人家属（以下简称三属，全省共有“三属”10 165人。）发抚恤金260万元。全省共有革命残废人员32 557人，全年发出残废抚恤金479.2万元。其中在职17 329人，发出抚恤金124.1万元，年人均71.6元；在乡15 228人，发出抚恤金355.1万元，年人均233元。1978～1985年，全省累计发残废金2 565.6万元，由1978年的251.6万元到1985年增加为479.2万元。随着国民经济的发展和人民生活水平的提高，从1953～1984年，近30年间国家5次调整提高了牺牲、病故抚恤标准和残废抚恤标准，充分体现了党和国家对为保卫祖国而牺牲的革命人员家属和因战、因公负伤致残革命人员的关怀和照顾。

四、抗联根据地优待

1931年“九一八”事变后，黑龙江地区各族人民群众纷纷拿起武器组织各种抗日队伍，抗击日本侵略者。1936年2月，东北各抗日武装组织统一为东北抗日联军。黑龙江地区是东北抗日联军活动的主要根据地。根据地人民以很大的人力、物力支援抗日联军，为取得抗日战争胜利做出了贡献。1949年10月1日，中华人民共和国建立后，中国共产党和人民政府非常关怀革命老根据地人民，积极帮助解决生产生活困难，并对在乡退伍抗联老战士，在生活困难补助、子女就业等方面给予照顾。1951年，中央派出中央人民政府北方老根据地访问团东北分团，访问了黑龙江地区抗联老根据地。1952年1月，中央人民政务院发出了《关于加强老根据地工作的批示》并先后拨出资金，扶助老根据地人民恢复与发展生产，据黑龙江省统计，共资助了1 226户，5 983人。1958年，中共黑龙江省委请示中央同意，成立了黑龙江省革命老根据地工作委员会及其办公室。主要负责抗联烈士家属、抗联军人、有功群众的资格确认，抗联历史资料的搜集，调查研究并提出解决老根据地人民生产生活困难的建议。到1962年，已查明全省共有抗联军人、抗日烈士家属和有功群众2 358户、9 894人（其中抗联军人618人及其家属973人；抗日地方工作人员207人及其家属723人；抗日烈士家属498户，2 040人；抗日有功群众1 035户，4 324人）。其中居住农村的1 986户，8 307人；居住城镇的372户，1 587人。各级党委和政府对抗联人员做到了政治上关怀、生活上照顾。据1962年统计，全省抗联人员安排市、县政协委员的21人，被选为人大代表的111人。有179名抗联人员被选为乡以上各级社会主义建设积极分子。同年下半年开始，实施了国家定期定量补助，平均每人每年补助30元。省委、省人委（革委）于1963年和1979年，两次召开在乡退伍红军老战士座谈会。1979年，根据解放军总政治部和民政部、财政部、商业部、卫生部关于解决退伍红军老战士待遇问题的通知精神，全省各地对1937年7月6日以前参加抗日联军的老战士，普遍提高了国家定期定量补助标准。全省平均每人每月补助40元，多者补助50元。到1982年2月，全省有在乡退伍红军老战士49人，其中老抗联39人，分布在21个市、县。1983年，根据民政部、财政部《关于调整部分孤老优抚对象定期定量补助标准的通知》精神，结合全省实际情况，将退伍红军老战士（包括老抗联）的定期定量补助标准进行了调整，在原标准的基础上，每人每月增加10元。1983～1985年，有些市、县经过核查，认定部分红军时期的抗联老战士资格，到1985年底，全省共有在乡退伍红军（抗联）老战士81人。

五、烈士褒扬及表彰先进

黑龙江地区各省、市、县，为了缅怀革命先烈，弘扬革命烈士的光辉事迹，教育人民群众，继承先烈遗志，发扬革命传统，从解放战争初期开始编写烈士名录和斗争史料，修建烈士纪念碑、塔、陵园，开展祭扫悼念活动。1949年10月1日，中华人民共和国建立后，各级人民政府加强了对烈士碑、塔、陵园、墓地的管理和保护，并重建和新建了一些烈士碑、塔。1978年，中共第十一届三中全会后，全省对烈士纪念碑、塔、陵园和墓地普遍进行了维修，编辑出版了《黑龙江省革命烈士英名录》，在抗日联军重要战迹地建立了永久性的纪念标志。到1985年，全省有烈士陵园、碑、塔、墓地、纪念馆（堂）和战迹地纪念标志200多处，成为缅怀先烈，激励后人，教育群众的重要阵地。另有苏联红军纪念碑、塔和墓地34处。

在解放战争和社会主义建设时期，黑龙江地区广大优抚对象在支援革命战争和建设社会主义当中，涌现了许多先进模范人物，城乡各级组织和广大人民群众在拥军优属和复员安置工作中做出了重要贡献。为了表彰先进，调动积极因素，推动优抚安置工作深入发展，省和市、县政府经常召开烈军属座谈会、庆功会、优抚对象和优抚安置先进集体和先进个人表彰奖励大会。激发了广大优抚对象"发扬革命传统，争取更大光荣"的革命热情，树立了全社会拥军优属的优良风尚。1952年，黑龙江省各市、县普遍召开了烈军属、荣复军人模范代表会议，共表彰奖励各种模范7 400余人。1979～1980年，合江、大兴安岭、哈尔滨、齐齐哈尔、牡丹江、讷河、尚志等22个地区、市、县与当地驻军一起先后召开“双拥”大会，共表彰拥军优属、拥政爱民先进集体1 075个，拥军优属先进个人1 704人。

第六节 复员安置

一、复员军人安置

清代至中华民国时期，军队退伍的兵丁，回到地方，主要是自谋职业。1945年抗日战争胜利后，人民政权对退伍军人安置发生了本质的变化。解放战争期间，黑龙江地区接收安置不适宜在部队参战复员回乡的荣病军人6万余人。解放战争结束后，1949年10月1日中华人民共和国建立后，从1950年起，人民解放军有计划地精简整编，开始了复员工作。国务院先后发布了《复员建设军人安置暂行办法》和《关于安置复员建设军人工作的决议》，强调指出：复员建设军人在革命战争中有过重大贡献，他们复员以后，将在生产战线上继续发扬革命军人的优良传统，成为国家社会主义建设和社会主义改造的强大力量。松江、黑龙江两省为了做好复员建设军人的接收安置工作，成立专门机构，按照党的政策，对回乡的复员建设军人做到了妥善安置。并随着形势的发展，集中在春季送交地方政府接收，任务大，时间急。为了切实做好复员安置工作，黑龙江地区从省到市、县普遍成立了复员（转业）建设委员会及其办公室，本着“原籍安置”的原则，做到了热情接待，妥善安置。1952年以后对荣军院校逐步进行了调整合并。到1957年志愿兵复员工作基本结束，从1950～1957年，共接收安置复员军人15.7万人。其中大部分复员建设军人回乡参加生产，少数家居城镇有工作能力或技术专长以及参军时是机关、团体、工矿企业职工的，安排就业或回原单位复工复职。广大复员建设军人走上工农业生产和其他建设工作岗位，继续发扬人民解放军的光荣传统，在社会主义改造和社会主义建设中发挥了骨干带头作用。全省70%左右的复员军人成为乡以上各级社会主义建设积极分子和民兵骨干。

二、退伍军人安置

1958年，人民解放军义务兵开始退伍，国务院于同年5月公布了《关于处理义务兵退伍的暂行规定》。黑龙江省各级人民委员会按照“从哪里来，回哪里去”的安置原则，对回到城镇和农村的退伍军人，做到了当年退伍当年安置。城镇安置70%，农村安置30%。“文化大革命”初期的1966年和1967年，人民解放军基本停止退伍工作。1968年以后，全省接收安置的退伍军人总数逐年增多。城乡安置比例，1968～1974年城大于乡，1975～1978年转为乡大于城。省革命委员会强调，既要搞好城镇退伍安置工作，更要注意搞好农村退伍安置工作。1975年成立了退伍军人安置工作领导小组，由省革委会副主任兼任组长，各有关部门负责人为领导小组成员，下设办公室，承办日常工作。1979年以后，全省退伍军人城乡安置比例又出现了城镇安置任务大于农村安置任务的新变化，加之厂矿企业人员饱和，城镇安置出现新的困难。各级革委会认真贯彻执行“按系统分配任务，包干安置”的办法，使回到城镇的退伍军人绝大多数得到了及时安置。从1958～1985年，全省城镇和农村接收安置退伍军人65万人，其中城镇安置40.5万人，农村24.5万余人。为了扶持退伍军人勤劳致富和充分发挥退伍军人的作用，全省普遍开展了

扶持退伍军人发展生产和军地两用人才的开发使用工作

三、残废军人安置

为了做好在解放战争中由部队转到地方的荣誉军人的安置工作，黑龙江地区根据东北行政委员会关于安置和处理荣誉军人的决定精神，从1946年开始建立荣军学校和荣军教养院，到1948年底达到20余处。从1946～1949年9月，黑龙江地区累计接收处理荣病军人9.3万余人。由于荣军院校内的大部分荣病军人已经分配工作和复员回乡生产，到1949年第四季度，松江、黑龙江两省的荣军学校和荣军教养院调整合并为9处，同时为安置荣病军人参加农业生产新建2处荣军农场。1951年，为了接收安置参加抗美援朝战争回到地方的荣病军人，松江、黑龙江两省新成立了8处荣军学校、荣军医院和慢性病疗养院。1952年将荣军学校、教养院、医院改为革命残废军人学校、教养院和医院，并逐步将荣军农场和革命残废军人学校移交农垦和农业部门；教养院和医院经过调整，到1956年各保留1处，1969年两院合并改为革命残废军人休养院（后改为疗养院），承担全省独身特等和一等革命残废军人长期疗养安置任务。为了改善休养员的疗养条件，从1970年开始扩建院舍，增添医疗设备和生活、文化设施，逐渐改善了疗养院的疗养条件。到1985年，省革命残废军人疗养院已初具规模，房舍总面积已达6 500平方米，建成了疗养、生活、服务区域。设X光机、化验等医疗设备，共有床位150张，工作人员98人。在院长期休养的特等、一等革命残废军人34人，其中特等19人，一等15人。参加革命的年限：红军时期3人，抗日战争时期2人，解放战争时期4人。抗美援朝战争时期6人，社会主义建设时期的19人。

四、军队离退休干部安置

黑龙江地区从1955年开始接收安置军队退出现役干部，由国家供养。1958年实行现役军官退休制度后，改按退休军官待遇。退休军官到地方安置后，由民政部门按月发给生活费。从1955～1965年，全省共接收安置军队退休军官171人。“文化大革命”期间，军队干部退休基本中断。中共第十一届三中全会后，为了解决大批军队退休干部滞留部队的问题，中央决定，从1981年开始，军队离休退休干部分批移交地方接收安置。为使移交地方的军队离退休干部尽快得到妥善安置，国家为军队离退休干部专项下拨建房补助经费，并拨给安置地区专项行政与事业编制和经费，做好军队离退休干部管理服务工作。黑龙江省按照中央下达的接收安置任务，分期安排修建住房和干休所、服务站等服务机构。1981～1985年，全省完成建房任务3.9万余平方米，安置军队离休退休干部146人。

第七节　救灾救济

一、自然灾害救济

清代、中华民国年间，黑龙江地区发生自然灾害，农业歉收，灾民口粮不足，官署主要是蠲免应缴银粮或由义仓贷放粮食。遇有大灾，五谷不收，清廷或民国政府偶有拨款，终因“为灾甚巨”，赈款不足，灾民采野菜、剥树皮充饥，甚至“四散逃生”，有的饿死或自杀身亡。抗日战争胜利，黑龙江地区县、区人民政权建立后，各级人民政府认真贯彻救灾工作方针。

1949年10月1日中华人民共和国建立后，在中国共产党的领导下，组织人民群众发展生产，妥善安排群众生活，积极组织灾民开展生产自救，普遍兴办义仓，积谷备荒。大灾之年，国家及时发放救济款物，并发动社会各界开展群众互助、组织社会募捐活动。1956～1957年发生的历史上罕见的大水灾，1960～1962年的三年困难时期，以及70年代后期和80年代初期几次较大的自然灾害，国家及时下拨救灾款2亿多元，帮助灾区群众胜利地渡过了灾荒。灾区群众情绪稳定，社会秩序正常，充分体现了社会主义社会的优越性。

二、社会救济

清末和中华民国年间，黑龙江地区官署为了安抚民心，维护统治阶级的利益，对社会鳏寡孤独和城镇贫民、难民日常生活困难给予临时救济。但救济数量少，也不及时。1945年抗日战争胜利后，在解放战争期间和中华人民共和国成立初期，人民政府对城镇贫困户主要组织他们生产自救，解决生活困难。民政部门根据民政事业费的安排原则和可能条件，每年适当安排城镇和农村救济费，对贫困户给予临时救济。对城镇无依无靠的鳏寡孤独、残废者和乞丐，由市、县民政部门进行收容救济。到1952年，基本上解决了城镇流浪乞讨现象，维护了社会秩序的安定。1956年以后，在城镇和农村社会救济工作中，各级民政部门坚持贯彻依靠群众，依靠集体，生产自救和辅以国家必要救济的方针，根据救济对象有无劳动力的具体情况，在城镇实行定期救济和临时救济，在农村主要依靠集体经济组织实行五保供给和困难补助，国家予以适当的临时救济，对1961年1月1日～1965年6月9日期间，精简退职的老弱残职工给予原标准工资40%救济。从1954～1985年，全省共发放城镇和农村社会救济费2.5亿多元，保证了社会孤老残幼和贫困户的基本生活需要，充分体现了中国共产党和人民政府对城乡广大人民群众的关怀。

三、扶贫

1949年中华人民共和国建立后，各级人民政府极为关怀广大农民群众特别是贫困户的生产生活。1955年，全省集中发放2 643万元优抚救济费和贫民合作基金，扶持缺少生产资料的烈军属和贫困户加入农业生产合作社发展生产。实现农业合作化以后，集体经济组织在劳动分工上给予体弱多病的贫困户适当照顾，有的还扶持贫困户养猪，发展家庭副业生产，使其增加收入。1978年，中共第十一届三中全会以后，改革了农村经济体制，调动了广大农民的积极性，促进了农村经济全面发展，部分农民开始富裕起来。为了帮助全省农村30多万户贫困户脱贫致富，普遍推广由集体经济安排和帮助贫困户发展家庭副业生产。从1981年起，省民政厅决定，每年从省级民政事业费中调剂安排300万元作为扶贫专款（包括扶持优抚对象困难户），投放到比较贫困的县开展扶贫工作。1981～1983年，全省民政部门共投入扶贫款1 700万元（其中省拨扶贫专款900万元），共投到49个县。从1977～1983年，全省累计由国家和集体扶持贫困户513 659户，其中脱贫的285 441户，占被扶持户数的55%；致富的3 7200户，占被扶持户数的7.2%。1984年全省各级民政部门支出扶贫专款590.8万元，扶贫周转金270万元，共扶持5.13万户。当年有26 950户脱贫，4 086户由穷变富，有7 750户成为专业户和重点户。1985年全省民政部门共计投放扶贫资金3 078.5万元，创办扶贫扶优服务中心160处、经济实体（从事运输、建筑、采矿、加工等）364个、经济联合体1 512个。1984年和1985年，全省普遍动员社会力量开展扶贫，采取群众互助，集体经济组织帮助，各有关部门和单位扶助、国家扶持相结合的办法，壮大了扶贫力量，出现了多渠道、多形式开展扶贫的好形势。全省各级组织把扶贫工作纳入当地经济和社会发展总体规划，放宽政策，扩大扶贫项目，动员社会力量扶持贫困户发展商品生产，加快了扶贫的步伐。1977～1985年，全省累计扶持贫困户（包括优抚对象）63.7万户次，脱贫率约占40%，致富率约占7%。

第八节　社会福利

清末和中华民国年间，黑龙江地区由官署或私人在城镇举办救济院、孤儿院、庇寒所和同善堂等单纯救济或收养与习艺综合性的社会事业，以养老、育幼和教授工艺为宗旨，多数单位属慈善团体，并具有浓厚的宗教色彩。遇有天灾战乱，进行临时性捐赠和施舍。东北沦陷时期，多数单位改为官营。半封建半殖民地和殖民地社会举办的慈善事业数量少，规模小，多数社会孤老残幼被拒之门外沦为乞丐，不得不自发组织“花子房”栖身。1945年，抗日战争胜利后，黑龙江地区人民政府逐步接收改造旧有的救济和慈善机构，相继设立了新的收容救济机构，收容城镇无依靠的流浪乞讨人员，并将城镇贫民组织起来，进行生产自救。1950年，朝鲜战争爆发后，松江、黑龙江两省共接收朝鲜战灾儿童8 807人。在各级党委和政府统一领导下，由民政、财政、教育、卫生等各部门分工负责，共同承担这一国际主义义务。由于中朝双方共同努力，为战灾孤儿创造了较好的生活和学习条件，使其受到了良好的文化品德和职业教育。1958年分批返回朝鲜民主主义人民共和国。同年开始建立精神病人疗养院和农村敬老院，收容安置城镇无家可归的精神病患者和农村五保对象，使孤寡老人安度晚年，社会孤儿健康成长，精神病人得到照管和治疗；在城镇组织烈军属、贫民生产的基础上，普遍兴办社会福利生产，安置城镇救济对象和盲聋哑残人员参加生产；陆续建立聋哑学校，普及聋哑儿童教育。到60年代初期经过整顿和巩固提高，全省城镇养老院、儿童福利院、精神病人疗养院、农村敬老院以及盲聋哑学校共有700多所，在院残老、孤儿、精神病人和五保户达2.3万多人，入学盲聋哑儿童1 000多人，盲聋哑残人员和贫民就业达到3 000多人。1966年5月，“文化大革命”期间，社会福利事业单位有的院舍被毁坏、管理干部被揪斗，甚至迫害致死，收容的儿童流散到社会，行之有效的精神病患者“四结合”疗法遭到破坏，社会福利生产单位管理混乱，有的被迫交出。1978年，中共第十一届三中全会以后，通过整顿和改革，全省社会福利事业和福利生产以及盲聋哑人事业进入了新的发展时期。城乡社会福利事业单位逐步改善居住条件和设施，提高了社会声誉，收养人员达到2.8万人；社会福利生产出现了多层次、多渠道、多形式兴办福利生产的新局面，社会效益和经济效益显著提高；城镇80%以上有劳动能力的盲人、聋哑人和肢体残疾人得到就业安置，残疾人文体活动广泛开展，全国和国际性比赛多次取得优异成绩。

第九节　婚姻登记

清代以前，黑龙江地区长期在封建制度的统治下，各族男女结婚听凭父母之命，媒妁之言，没有婚姻自由。许多妇女因包办强迫和买卖婚姻，遭受虐待，甚至被迫自杀。寡妇更无改嫁再婚的权利，而官僚和地主豪绅却可以重婚纳妾和任意“休妻”。随着文化教育、经济和社会的发展，黑龙江地区的婚姻制度开始发生变化。清末民初，黑龙江地区部分地方倡导文明结婚开始推行结婚申报登记。这种申报登记的做法带有改良的色彩，尚未完全脱离父母包办和买卖婚姻制度，但它已向改革旧婚姻制度的方向迈出了可喜的一步。东北沦陷时期，在城乡基层机关的官吏、职员和城镇商界、文化教育界中，青年男女一般实行自由结婚，举行结婚仪式，宣读婚书。一般城镇居民和广大农村男女结婚，仍沿袭旧俗，由父母包办“定亲”，选定“良辰吉日”“拜天地”成亲。1945年抗日战争胜利后，黑龙江地区建立了人民政权。在中国共产党的领导下，通过土地改革等革命运动，废除了封建制度，实行男女平等，婚姻自由，开始在城乡建立新的婚姻制度。1950年5月1日，中华人民共和国中央人民政府颁布实施《中华人民共和国婚姻法》。这是国家改革婚姻家庭制度的国家大法。从此，中华人民共和国成立前遗留的包办强迫、男尊女卑、漠视子女利益的封建主义婚姻制度被废除；实行婚姻自由，一夫一妻，男女权利平等，保护妇女和子女合法利益的新民主主义婚姻制度得以确立。黑龙江地区各市、县从1950年起，按照《婚姻法》的规定，男女结婚、离婚和复婚，均须到当地人民政府申请登记。经过婚姻登记机关审查，符合《婚姻法》规定的，准予结婚登记、恢复结婚登记和离婚登记，填发结婚证或离婚证，不符合《婚姻法》规定的，对申请结婚的当事人进行耐心解释，教育他们严格执行《婚姻法》；对离婚当事人则区别情节，或教育和好不离，或转人民法院处理。婚姻登记制度的建立，基本上防止了包办买卖婚姻和不够法定婚龄就结婚，以及草率结婚和轻率离婚等现象的发生，保证了《婚姻法》的正确贯彻执行，巩固和发展了社会主义和睦相爱的新型家庭关系。

1950年，《婚姻法》颁布以后，黑龙江地区各市县依照《婚姻法》的规定和省政府的要求，逐步建立健全了婚姻登记管理制度。松江、黑龙江两省政府确定，区人民政府或县（市）人民政府为结婚登记机关和离婚登记机关。各级民政部门为婚姻登记工作的主管部门，负责研究婚姻登记的有关政策，解决婚姻登记工作中出现的问题，印制和发送婚姻证书，管理婚姻档案，进行婚姻登记统计，配合有关部门宣传贯彻《婚姻法》。全省并村划乡和撤销农村区以后，按照内务部公布的《婚姻登记办法》的规定，从1957年起，在农村，乡（镇）人民委员会为婚姻登记机关；在城市，街道办事处或区人民委员会为婚姻登记机关。省民政厅统一印制结婚、离婚和恢复结婚证书。1984年，为了加强婚姻登记工作，省民政厅确定，全省婚姻登记机关统一由民政助理员办理婚姻登记，各县（市、市辖区）民政局开始建立婚姻档案和出证制。

第十节 殡葬改革

清代晚期，黑龙江地区由于废除封禁政策，人口急剧增加，自然形成民族杂居。各民族不仅在经济、文化方面互有影响，而且在风俗习惯上也互有影响。除汉族、满族死人实行土葬外，鄂伦春、达斡尔、蒙古、赫哲、鄂温克、柯尔克孜等民族一般也实行土葬。封建制度下的丧葬习俗，等级差别极为明显。一般群众的丧事逐渐从简。殷实富户自立茔地，重殓厚葬；贫苦人家，薄棺一口，埋在荒郊空地。几千年来的土葬旧俗束缚着人们的思想，甚至把富贵与贫穷也都归结为“坟茔地有无风水”，成为造成愚昧落后的重要因素。对于有的地方采用的风葬方法，因有碍环境卫生，清末官署明令禁止。中华民国时期，大中城市设立义地，由慈善团体、杠会和私人收费管理；小城镇周围逐渐自然形成墓地或“乱尸岗子”。1945年抗日战争胜利后，经过各项社会民主改革以及科学文化的发展，人民群众的政治觉悟不断提高，重殓厚葬的陈规陋习逐渐被废除。1949年10月1日中华人民共和国成立后，随着经济、文化的发展和社会民主改革，黑龙江地区的丧葬习俗有了重大改革，人民政府加强了对城镇墓地的管理。60年代初，黑龙江省在大中城市建立火葬场，倡导火葬，各县在县城也建立了火葬场。1974年以后全面推行火葬。火葬既经济又科学、卫生，逐渐被人们所接受。在广大党员、干部和职工的带动下，逐渐形成社会风气。1981年以后，把殡葬改革作为建设社会主义精神文明的一项重要内容，作为一项长期的重要政策，加强了宣传教育工作，并采取了相应措施，全省火化率大幅度提高，1985年的火化量比1981年增加两倍。到1985年，全省88.6%的市、县实行火葬，火化率达到80%以上。有火化条件的地区，已将耕地、路边、沟旁的零散坟包和城镇周围的墓地，就地平埋深葬。全面实行殡葬改革，不仅节省了大量的土地、木材，减轻了丧主的经济负担，便于农田基本建设和机耕作业，而且改变了旧的丧葬习俗，改善了城乡环境卫生，促进了社会主义精神文明建设。群众称赞殡葬改革是“破千年旧俗，树一代新风”。

第十一节　移民安置

清代晚期取消“封禁”，特别是在“放荒招垦”的影响下，外省自发流动人口流入黑龙江地区日渐增多。从清光绪三十三年（1907年）至1927年的20年间，黑龙江省的总人口由120多万人猛增至350万人，其中有相当大的比例是自发流入黑龙江地区的“流民”。中华民国时期，自发流动人口进入黑龙江地区主要有三个阶段。中华民国初期军阀混战，不得安生的农民纷纷逃往黑龙江地区，以求温饱；1921年，黑河道尹提出四项优惠政策，使流往黑龙江地区的人口日益增加，并且多数举家同迁；1928年，黑龙江省公布了免纳三年租赋的规定，致使流入人口出现了高峰。东北沦陷时期，由于伪满洲国对进入东北移民采取了许多限制措施，关内自由移民出现了倒流现象。同时，由于辽宁、吉林等省人口密度高，可耕地减少，有些灾民为谋求生计流入黑龙江地区，使多年形成的人口流出地区由关内的山东、河北等省变为东北的南部地区。1949年10月1日中华人民共和国成立后，特别是大规模经济建设开始以后，外省流入黑龙江地区的自流人口出现多次高峰。1955年流入22.8万人，比1954年增加1.28倍；1960～1962年流入158万人，其中1961年流入77万人；1970～1974年5年间流入146万人，平均每年流入29万人。黑龙江省本着顾全大局，替灾区分担困难的精神，在各级党委和政府领导下，区别不同情况进行遣送、安置和救济，克服了自流人口带来的不利因素。1978年中共第十一届三中全会以后，由于农村实行家庭联产承包责任制，解决了灾民、农民生活温饱问题，自流人口逐渐减少。1953～1985年共流入550万人，安置340万人，遣送与动员返籍140万人。使因灾流入的农民大部分安居下来，同黑龙江人民一道开发黑龙江，建设黑龙江。1961～1985年，国家为妥善安置和处理自流人口，共支出安置经费和收容遣送经费7 578万元。广大“流民”和移民，进入黑龙江定居和垦殖，为开发、建设黑龙江做出了应有贡献。但由政府有组织地进行移民，不仅接运安置任务重，费用高，而且有些移民不满意安置条件，曾发生移民集体返籍事件。因此，1958年以后，政府一般不再进行大规模地举家迁入的移民工作。由于普遍实行家庭联产承包责任制，1982年以后自流人口基本停止流动。

清代、中华民国时期，黑龙江地区迁入的移民，主要来自关内北方各省，有的是招垦散来的，有的是有关省与黑龙江协议有组织地移入。散来的移民主要是自行投奔招垦地区定居垦殖，有组织地迁入移民主要由官署指定地区接收安置。由于大量招垦和迁入移民开发建设，加快了黑龙江地区的经济和社会发展。清光绪十三年（1887年）至1929年的42年间，黑龙江省总人口净增320多万人，1929年比清光绪十三年（1887年）增长12.9倍；黑龙江地区（包括吉林省管辖的北部和东部地区）耕地面积由394万公顷增加到731万公顷，初步形成了松嫩平原、松花江中游、三江平原以及牡丹江流域等农业产区。为了加强行政管理，黑龙江地区新设置了70余个府、厅、州、县和设治局。1931年"九一八"事变后，日本侵略者为巩固其殖民统治，开始从日本国迁入武装移民，进而提出"百万移民计划"，关内移民因有种种限制基本停止。1937年以后，为加紧掠夺黑龙江地区的资源，推行所谓"北边振兴计划"，日本侵略者及其傀儡政权为解决劳动力不足，不断在华北地区采取招募、征集与强抓"浮浪"（旧指社会闲散人员）等办法，将一批批劳务移民送入黑龙江地区，补充北部边疆一带的军事工程、煤矿采掘和铁路修建等方面的劳动力，实行强制性劳动。这些所谓"劳务移民"实质上是在刺刀下抓的劳工，用以解决劳力之急需。同时，以军事用地和所谓"开拓用地"名义，强迫将当地农民移往边境或其他地区，建立开拓团或移民部落。造成许多农民背井离乡，过着朝不保夕的生活，有的被冻死饿死。1945年抗日战争胜利后，在解放战争期间，黑龙江地区为了减轻城市负担，从1947年开始，动员城镇无业贫民和失业工人"移民下乡"，参加农业生产。全国解放后，黑龙江地区为了解决关内灾民生活困难，发展农业生产，在政府扶助与群众互助相结合的方针指导下，从1949年冬和1950年春起，松江、黑龙江两省除继续动员城市浮闲人口移民下乡参加农业生产外，根据东北人民政府的统一安排，接收安置河北、平原、热河三省移民。从1955年开始按中央部署，大批接收安置山东省移民，采取分散插社和建立新村的形式，进行分散安置和集中安置。到1959年底，全省接收安置外省移民22.2万户，62.5万人。此后，黑龙江省接收安置移民与接收安置支边青年统一起来，由劳动部门管理。

第五章　民　族

黑龙江地区是个多民族居住的边疆省份。据1982年黑龙江省第三次人口普查统计，全省总人口中，汉族人33 224 103人，占94.35%，各少数民族人口为1 990 770人，占5.65%。同1982年相比，8年间汉族人口增加了2 167 395人，增长6.98%；少数民族人口增加381 932人，增长23.74%。在全省49个民族中，人口超过万人有6个民族，即汉族、蒙古族、回族、朝鲜族、达斡尔族；人口超过千人不足万人的有8个民族，即苗族、壮族、柯尔克孜族、锡伯族、鄂伦春族、赫哲族。在全省48个少数民族中，世居在黑龙江的有蒙古族、回族、朝鲜族、满族、柯尔克孜族、达斡尔族、锡伯族、鄂温克族、鄂伦春族、赫哲族。

第一节 满 族

满族是黑龙江地区世居民族，是女真人的后裔。金收国元年（1115年），以完颜部为核心的女真人完颜阿骨打建立政权，国号大金，建都于上京会宁府（今阿城县南白城子）。金天兴三年（1234年），被蒙古汗国灭亡。元朝，留在黑龙江地区的女真族又分散为部落。明崇祯九年（1636年），皇太极改女真为“满洲”，改国号为“清”。清顺治元年三月（1644年4月），明朝灭亡，清朝定都北京，以白山黑水为祖宗发祥之地。在宁古塔（今宁安）驻军。宁安县一带满族中土著居民较多，齐齐哈尔、嫩江一带满族多是清朝从吉林、宁古塔等地到此屯垦戍边的，清宣统三年（1911年），辛亥革命后“满洲”改称“满族”。

满族有本民族的语言文字，属阿尔泰语系满—通古斯语族满族支。满语同女真语有渊源关系，从发音、构词方法到语法结构都具有女真语的一些特点，是女真语的继续和发展。据专家们论证，满语吸取了许多地方话和兄弟民族特别是汉民族语言中的词汇，经历了由简到繁，由粗到精的发展过程。70%的语汇是女真语的固有词。满文从创制到发展，经历女真语文——老满文——新满文3个阶段。1949年10月1日中华人民共和国成立以后，党和政府十分重视满语、满文的研究工作。1983年建立了全国第一个满语满文研究机构——黑龙江省满语研究所。

满族多以居住地的名称或山川、河流名称为姓。也有的从图腾崇拜的动物、植物而得名。《皇朝通志氏族略》记载，满族有646姓，后又记谱外33姓，共679姓氏，以佟、关、马、索、齐、富、那、郎8姓居多。

满族的经济辽代以畜牧业为主，女真人饲养牲畜，农业次之。金代，逐渐转为以农业为主，农作物主要种植谷麦。狩猎也是早期满族社会经济的主要组成部分。宁古塔早期满族的狩猎是四季出围。古代满族还是一个渔猎民族，江河湖泡里有大量的“三花、五罗、七十二杂鱼”，是早期满族生活中的主要食品。19世纪中、后期，随着八旗工厂的出现，一些满族人进入工厂、矿山做工。1949年10月1日中华人民共和国成立后，满族大量进入工厂、矿山，成为产业工人。1978年中共第十一届三中全会以后，满族聚居的乡村办起了一批集体和个体工厂，乡镇企业蓬勃兴起。

自满族创制文字以后，开始在黑龙江地区广泛流传。满族的文化从教育开始，清代，皇太极即位后，提倡“忠君亲上”思想，满族居住的各地区设立官学或义学，学满、汉文，讲读“四书”《性理精义》《通鉴》等书。20世纪，黑龙江省出现了一批满族作家和艺术家。其中出生或工作在黑龙江地区的作家、艺术家主要有金剑啸、肖红、舒群、关沫南、关予素、关松军、中流、关守中、傅英仁等。满族喜唱民歌民谣，古代结婚时唱“阿察布莫乌春”，姑娘出嫁时唱“嘱咐”歌。满族乐器诸如台鼓、单鼓、扎板、腰铃、大铃、哈马力、轰务力等，主要在萨满跳神时使用。黑龙江省满族文物古迹，现在遗存下来的主要有城府、古城遗址、墓葬遗址、碑雕遗址、族谱、画像等。1949年10月1日中华人民共和国成立以后，一些重点的文物古迹已经受到国家保护。古城遗址有：上京龙泉府、金上京会宁府。其中“金上京会宁府遗址”在1982年2月23日被中华人民共和国国务院公布为国家重点文物保护单位。其他金初建的古城遗址，在黑龙江地区有多处，仅松花江地区就有44处。1982年，黑龙江省第三次人口普查统计，满族有1 184 490人，占全省少数民族人口总数的59.86%。杂居在哈尔滨、齐齐哈尔、双城、五常、阿城、宁安、望奎等城乡。

第二节　朝鲜族

黑龙江地区朝鲜族是陆续由朝鲜半岛迁入定居的。17世纪中叶朝鲜族已经来到宁安县东京城，到清乾隆二十二年（1757年）朝鲜族居民大约有4 000人左右。清光绪十一年（1885年），清政府实行移民实边政策，大批朝鲜族居民迁入黑龙江地区定居。清光绪十三年（1887年）建立了朝鲜族的居民点。清光绪十四年（1888年），东宁县三岔口已有朝鲜族聚居的（20余户）高安村。清光绪二十一年（1895年），由吉林省舒兰县朱其口迁来的朝鲜族人，在五常县沙河子乡小孤山一带定居垦荒种水稻。清光绪二十四年（1898年），在俄国沿海州、乌苏里等境内居住的朝鲜族人来到穆棱县定居。清光绪二十六年（1900年），从朝鲜和西伯利亚招来的大批朝鲜族劳动者参加修筑中东铁路。清光绪二十九年（1903年），铁路完工之后就地安家落户。从清宣统二年（1910年）“韩日合并”，不堪忍受奴役的朝鲜族人，离乡背井，迁入东北各地。迁至黑龙江地区的朝鲜族人数以万计，95%以上为贫苦农民。1930年，黑龙江地区朝鲜族已居54县，10 407户，48 326人。东北沦陷时期，日本侵略者控制了朝鲜和中国东北，大量朝鲜族难民从朝鲜半岛南部地区直接迁入黑龙江地区定居。1935年，黑龙江地区朝鲜族已居59县，19 049户，87 350人。1936年至1945年10年间，黑龙江地区朝鲜族人口逐年增加。1949年10月1日中华人民共和国成立后，1953年第一次人口普查，黑龙江省朝鲜族数为231 510人。1964年第二次人口普查数为307 594人。

朝鲜族有本民族语言和文字。朝鲜语属阿尔泰语系。朝鲜文是拼音文字。现代朝鲜族有250多个姓氏，还有南宫、皇甫、诸葛、司空、鲜于、西门、独孤、东方8个复姓。

黑龙江地区朝鲜族经济主要是种植水稻为主。从清同治六年（1867年），部分朝鲜族农民试种水稻（未成功）至1944年，黑龙江地区水田面积180余万亩。1949年10月1日中华人民共和国成立后，朝鲜族农民改变了水稻生产的基本条件。60年代后期，实行科学种田。70年代后期，朝鲜族老水田区，增加种稻面积，实行单灌单排，合理调节灌溉水层。1979～1985年，全省整顿了70个水田灌区，水稻生产得到很大发展。1985年，黑龙江全省560万亩水田，朝鲜族农民种植160万亩，占全省水田总面积29%。全省16个朝鲜族民族乡，499个民族村，村村均为“水稻之乡”。各地朝鲜族水田区，均为当地重要的商品粮基地。五常民乐、尚志河东、延寿加信、海林海南、宁安响水等朝鲜族乡村产的大米，是北方地区珍贵的高档主食品，被评为省优质大米。

抗日战争胜利后，1957年，全省朝鲜族基本普及小学教育。到1985年，全省中小学朝鲜族教师有6 086人，有朝鲜族小学400所。全省从事朝鲜族教育研究人员128人。

黑龙江省朝鲜族地区的科技事业是从农业技术开始的。1983年12月，黑龙江省朝鲜族科学技术创作研究会成立。黑龙江地区朝鲜族卫生体育事业活跃。从村、乡到县、市，从小学到中学，普遍举行田径、球类和秋千、跳板等民族体育运动大会。朝鲜族的体育项目主要有：秋千、跳板、摔跤、拔河、象棋、足球等。

1982年，黑龙江省第三次人口普查统计，黑龙江朝鲜族有452 398人，占全省少数民族人口总数的22.86%。分布在哈尔滨、牡丹江、五常、宁安、海林、鸡西、密山、东宁、延寿、汤原等市县。

第三节　回　族

黑龙江地区回族最早定居可追溯到清顺治年间。清初，为恢复东北农业生产和开发地方经济，少数穆斯林于清顺治十年（1653年）到黑龙江地区，在宁古塔（今宁安县）编旗定居。清顺治十二年（1655年），宁古塔地区就建成了清真寺。清康熙十五年（1676年），迁入黑龙江省龙江县内有回族40户，编入八旗，战时打仗，平时生产、生活由旗人负责。清道光七年（1827年），新疆宗教首领萨木克之子张格尔反清，成员被俘后被发配到黑龙江地区同当地回族通婚，纳入回族，现其部分后裔仍居齐齐哈尔等地。清道光元年至三十年（1821～1850年）阿城、齐齐哈尔两地共有回族280余户，至清末民初就达2 000余户。清光绪十年（1884年），少数回族到绥化赁房而居，清光绪二十五年（1899年）于城内西南隅修礼拜寺，约有800户以上居住在该寺附近，中东铁路通车后，于铁路沿线市镇谋生者增多。1949年10月1日中华人民共和国成立后，黑龙江省从全国各地不同部门或学校分配或支援、招工来的回族。1951～1958年招工145 780人，其中回族万余人，1982年，伊春市（包括铁力、嘉荫县）回族120 46人。鹤岗市回族人口已达7 313人，大庆油田回族已达2 597人。

黑龙江地区回族人多数聚居城镇，以经商为主，经营的行业大多是具有本民族特点、所用资金少的饮食业及各类小店铺，经济基础薄弱。回族经营糕点制作行业出现在清末。历史上回族没有大的土地占有者。由于喜欢经商，不善耕种，农业发展不快。中华人民共和国成立后，具有悠久历史的"老鼎丰"糕点厂，继续生产回族用糕点。回族的西药、酱菜、牛羊肉类加工厂也相继建成，到1985年7月，已形成具有屠宰加工、熟食加工、皮革加工和零售门市部的集体企业，活跃了市场。随着城市工业的发展，回族产业工人在回族各业中已占较大比重。据1982年统计，回族从事矿产、木材采运和建筑、交通运输、制造业的有35 149人，占回族各业职工59.23%。其中仅制造业就有21 959人，占37%，矿产、木材采运业5 722人，占9.64%。1985年全省回族129 675人，农业人口8 000余人，仅占回族人口6.17%。

黑龙江地区回族教育，清代由阿訇主持，在清真寺内办"经学""经堂教育"，以传授宗教常识、培养宗教职业者为宗旨。1945年"九三"抗战胜利后，黑龙江地区回族教育得以发展。期间主要学校有：齐齐哈尔市回民小学、宁安县清真初等小学、绥化县清真学校、哈尔滨市回民小学、阿城县回民小学、哈尔滨市回民保健所护士养成部等。

回族素有讲卫生传统，注意吃药治病。在医疗行业中，西医业者少，中医业者多，在发展祖国医药卫生事业中，起到了作用。比较著名的回族中医有哈尔滨市马羽宾"福德堂"（道外承德街）、左云亭中医诊所（道外靖宇北九道街）、金太民中医诊所（香坊区）、马步民中医诊所（太平区通河街）、阿城县马世杰中医诊所。1947年冬，创办哈尔滨市回民保健所（全民所有制）。1949年初，在哈尔滨市道外北九道街175号院内，开设回民产院。1956年3月，创办牡丹江市回民医院。

回族武术亦称“清真教门拳”。现回族会拳者少，学拳者更少，有的拳术已失传。回族喜耍龙灯、舞狮子、京剧清唱。每逢过年，同兄弟民族共庆节日，回族都以独特风格的耍龙灯、舞狮子活跃于文娱场合。

1982年，黑龙江省第三次人口普查统计，回族有126 372人，占全省少数民族人口总数的6.14%，主要分布在哈尔滨、齐齐哈尔、伊春、鹤岗、佳木斯、牡丹江、双鸭山、大庆等市及阿城等县。

第四节　蒙古族

蒙古族是黑龙江地区世居少数民族之一。黑龙江流域的额尔古涅一昆是蒙古族的发祥地，蒙古人从这里走向了辽阔的大草原。大约在12世纪初叶至明代嘉靖年间先后进行了三次迁徙。黑龙江省的蒙古族共分四部，即杜尔伯特部、郭尔罗斯部、扎赉特部、依克明安部。除此之外，还有少数巴尔虎人和外旗蒙古人。历史上黑龙江地区蒙古族地区实行王公制度，按所属蒙古族占有社会财产多寡分为孛斡勒（奴隶），阿拉巴图（平民），喇嘛，台吉（贵族）、塔布楞（驸马），王、公5个等级。爵号分和硕亲王、多罗郡王、多罗贝勒、固山贝子、镇国公、辅国公6等，均属皇封。授札萨克者为全旗最高官职，执掌全旗一切事务。清初黑龙江省蒙古族地区实行盟旗制度。旗的名称，根据皇封的爵位分别为和硕亲王旗、多罗郡王旗、多罗贝勒旗、固山贝子旗、镇国公旗和辅国公旗6个等级。公元10世纪，蒙古人游牧于呼伦贝尔及嫩江中下游一带，金代嫩江流域肇州辖境杜尔伯特、郭尔罗斯两部共有5 375户。辽金至中华民国年间，迁入黑龙江地区的蒙古族达9 000余户。黑龙江省蒙古族大部分聚居，聚居区多集中于嫩江中下游、乌裕尔河流域。有杜尔伯特蒙古族自治县，肇源县浩德、超等、义顺3个蒙古族乡，泰来县洪嘎尔硕、胜利、豆海、江桥4个乡镇，富裕县大泉子、伯音2个乡。德都县太平乡繁荣村（南泉子）等。1953年全国第一次人口普查，黑龙江省蒙古族为37 697人，1964年蒙古族为49 777人。

蒙古族有自己的语言和文字。属阿尔泰语系蒙古语族。蒙古文字始用于南宋嘉泰四年（1204年）。

黑龙江地区蒙古族经济在清朝、中华民国时期，各旗已开设皮铺、油房、烧锅、烘炉、木匠铺、毡铺等手工作坊。1949年10月1日中华人民共和国成立后至1955年杜尔伯特旗、郭尔罗斯后旗驻地，已建成发电厂，先后开办乳粉、油米、制酒、纺织、木制、皮革、草绳等厂，为发展民族工业提供了动力。1956～1965年，由国家投资和提供机械设备，又增加了机械、制糖、印刷、针织、农具、糕点、制砖、毛线、纸浆、酱菜等新型工业。1966～1979年，继续增加食品、化肥、糖果、童装、塑料、电器等工业。1980～1985年，新增毛毯、刃具、铸造、铆焊、锻造、锅炉、水温管、冷饮加工等厂。黑龙江省比较著名的有：杜尔伯特毛毯厂、杜尔伯特乳品厂、杜尔伯特毛线厂。蒙古族的外贸商业，也是其经济的一个支柱。据统计，1984年，杜尔伯特蒙古族自治县出口产品总额475.5万元，比1978年增长320%。其中出口活牛（黑白花公牛）433头、貉皮6 400张、大豆6 744吨、小红豆1 490吨、绿豆366吨、杏仁10吨、防风10吨。

蒙古族文艺形式有达古（民歌）、好来宝（说唱文艺）、呼古吉木（器乐）、乌力格尔（蒙古书）、布吉格（舞蹈）、珠吉格（歌剧或话剧）、叙律格（诗词）、怯热（哲理答辩）和玛格塔勒（赞词）等。工艺美术主要有：刺绣、木刻、剪纸。蒙医蒙药是中国医学宝库中的组成部分。其中有著名的杜尔伯特旗组建蒙医联合诊所，1957年扩大为县蒙医联合诊所，正式纳入国家卫生事业发展规划之内。开展蒙医学研究，实行中蒙西医结合医疗。1979年扩建为杜尔伯特蒙古族自治县蒙医院。总计各类医务人员247人。蒙古族体育活动丰富多彩，“那达慕”是蒙古族的传统体育盛会，意为娱乐或游戏。每逢七、八月间，举办“那达慕”大会。比赛项目除摔跤、赛马、射箭“三项技艺”，还有布鲁、沙塔拉、乌兰红等，同时开展一些其他蒙古族喜闻乐见的游艺活动。

1982年，黑龙江省第三次人口普查统计，蒙古族有140 148人，占全省少数民族人口总数的7.08%。主要分布在杜尔伯特蒙古族自治县、泰来、富裕等县。

第五节　达斡尔族

黑龙江地区达斡尔族自称“达斡尔”。清初，达斡尔族居黑龙江流域，称萨哈连部（满语，黑龙江流域的部落）、萨哈尔察部（满语，捕貂为生的部落）或与鄂温克等族泛称索伦部。清康熙初年，称“打虎儿”。达斡尔族的族源，有土著说、蒙古同源说、还有更多的学者专家主张契丹后裔说。历史上达斡尔人以蒙古族名称出现，是古代蒙古族的一个分支。吉林省境洮儿河流域乃古代契丹先世部族大贺氏的发祥地之一，后成为契丹众部族的公有牧场。辽金时代，皆属泰州辖区。大贺部族之称或得自居地洮儿河名。黑龙江流域的达斡尔族。17世纪中叶，居黑龙江上中游一带的是博穆博果尔为首领的索伦部，居精奇里江中下游两岸的是巴尔达齐为首领的萨哈尔察部。两部均以“莫昆”为单位聚居，建有多处城寨。后金建立初期，明崇祯六年（1633年），后金萨哈尔察部达斡尔贵族费扬古、满代率46人入朝，贡貂皮1 769张。明崇祯十一年（1638年）朝贡后，因赏赐对明廷产生不满，进而产生对抗。明崇祯十二年（1639年），清兵北征进攻达斡尔地区铎陈、阿萨律、雅克萨、多金、乌库尔等城。明崇祯十三年十一月（1640年12月），博穆博果尔等战败于黑龙江上游齐洛台，被俘余部编入满洲八旗。降附的达斡尔头目，册封为牛录章京（佐领），遣回居地管属旗丁。中华人民共和国成立后，1952年按本民族意愿确认为单一民族，定名为“达斡尔”。

达斡尔族语属阿尔泰语系蒙古语族。受环境和周围民族的影响，形成了3种方言。一是齐齐哈尔方言，二是布特哈方言，三是新疆方言。达斡尔族没有文字。

达斡尔族经营农业历史较悠久。清康熙年间，达斡尔族开始向汉族学习深耕细作，使用轻便的农具，逐步学会种植高粱、玉米等作物。1978年中共第十一届三中全会以来，落实党的民族政策。农业生产逐渐恢复和发展起来。在发展农业生产中，不仅重视改进农业生产技术，提高产量，而且也十分重视农业机械化的发展，提高机械化水平。农业，除种植粮食作物外，还十分重视发展庭院经济，园田栽培工艺特殊。达斡尔族迁徙嫩江流域后，以牛马为主的牧业仍占相当比重。春、夏、秋季在野外放牧，各户轮流看管。1978年中共第十一届三中全会以后，达斡尔族畜牧业又有了较快的恢复和发展。1985年，仅齐齐哈尔市郊莽格吐、卧牛吐、杜尔门沁3个达斡尔族乡牛已发展到7 283头。达斡尔族人依江河而居，从事渔业生产。达斡尔族捕获的大鱼成为商品畅销于集市。1949年10月1日中华人民共和国成立后，达斡尔族捕鱼方法更有改进，商品鱼有了增长。遇涨水农业歉收年份，捕鱼便成为生产自救门路。现有些乡村已人工养鱼。达斡尔族多用弓箭、双刃扎枪等工具，并采取设陷阱、下套夹、下地弓等方法猎取禽兽。随着土地开发，野生动物渐少。猎业生产，在中华人民共和国成立前就趋于消失。达斡尔族人民热爱生活，创造多姿多彩艺术文化。如：诗歌“乌钦”、民歌“扎恩达勒”、歌舞“哈肯麦”、刺绣、雕刻、绘画、装饰等。学术团体：1982年6月，齐齐哈尔市达斡尔族历史语言文学学会成立。达斡尔族居住地区盛行多种传统的民族体育活动。主要有打曲棍球、摔跤、拉棍、颈力、赛马、射箭、陶力棒、掷坑、游泳、滑冰、打枕头、马上战、下鹿棋。1949年10月1日中华人民共和国成立后，达斡尔族不仅保持多数传统体育项目，还广泛地开展了现代各类体育活动。如蓝球，田径等。其中曲棍球已纳入国家运动项目。

1982年，黑龙江省第三次人口普查统计达斡尔族有42 300人，占全省少数民族人口总数的2.14%，主要分布在齐齐哈尔市郊区、富裕、龙江、嫩江、黑河等地。

第六节　锡伯族

黑龙江地区清代将海拉尔迤南室韦山一带，称为锡伯。锡伯族源于古代鲜卑，也有说源于匈奴或室韦、或女真。最初游牧于大兴安岭东麓。西晋永安元年至南北朝宋元嘉十六年（304～439年），拓跋鲜卑部南迁至黄河流域，建立了北魏政权，后融于汉族。少数鲜卑仍居大兴安岭、嫩江和呼伦贝尔一带，即海拉尔东南、扎兰河、陀罗河流域（锡伯家庙《太平寺碑文》），保持原生产方式，是为锡伯族先民。元代，锡伯居地统属成吉思汗之弟帖木格斡赤斤。明代，锡伯称“女真野人”，锡伯参与九国之师，反抗努尔哈赤武力征服。失败后，随科尔沁等退回故地。清代，锡伯族繁衍生息于伯都讷（今吉林省扶余县）为中心的东自吉林，西至呼伦贝尔，北起嫩江，南抵辽河流域的广阔地区。明万历四十四年至清康熙三十一年（1616～1692年）期间，锡伯族兵丁编入牛录，统称锡伯24牛录。清康熙三十八年（1699年），清政府决定将黑龙江地区的锡伯族迁徙到归化地区。黑龙江将军萨布素按康熙皇帝令，将齐齐哈尔锡伯族24牛录分为两队先后迁徙至归化（呼和浩特市）。清乾隆七年（1742年），清政府又将居齐齐哈尔、伯都讷两城部分锡伯族迁至呼兰，分居邵家各窝堡。清乾隆二十九年（1764年），黑龙江地区迁至盛京各地驻防的锡伯族4 000余官兵及家属西迁至新疆伊犁，组建8个牛录，屯垦戍边、兴修水利、发展农业。1954年成立了察布查尔锡伯自治县。迁盛京、京师、复县、金县、岫岩、凤城、彰武、法库等部分锡伯族，由于诸种原因，又陆续北移黑龙江。现除呼兰县关、傅、何姓锡伯族外，其余各地、市、县多是北移故乡的锡伯族。

锡伯族语言属阿尔泰语系满——通古斯语族，满语支。锡伯族文字是1947年于满文字母基础上略作改动的锡伯文。呼兰县乐业乡尚有锡伯族老人能说些锡伯语。现黑龙江省锡伯族通用汉语、汉文。锡伯族姓氏，汉姓有关、傅、何3姓。

锡伯族早期分布在土地肥沃、水草丰美、宜耕宜牧的松嫩平原，加之锡伯族很早就和先进的汉、满等民族错居杂处，故较早地进入农业生产阶段。1978年中共第十一届三中全会以后，农村实行了家庭联产承包责任制，重视副业生产，提倡多种经营，鼓励劳动致富。锡伯族打破了单一经营方式，出现了专业户，生产有了提高。锡伯族地处大兴安岭、嫩江、松花江流域，水产、野生动物资源丰富，狩猎、捕鱼占有重要位置。锡伯族狩猎以秋、冬为旺季，用弓箭、大头木棒、长矛等工具，猎获獐、狍、狼、鹿、犴、野猪、野鸡、兔等野生动物。春、夏季，锡伯族用独木船、线网等工具捕鱼。松花江沿岸郭尔罗斯部（肇源）的锡伯族，清朝时期，每年定期向清皇帝和王公进贡鳇鱼。早期，锡伯族人多养马、牛，羊很少，也养猪。所养牲畜，除自家年节宰杀食用外，还换取生产和生活必需品。1949年10月1日中华人民共和国成立后，锡伯族受传统观念影响，经商人很少。1985年，锡伯族人口最多的双城县，仅2户经商。哈尔滨锡伯族200余人，仅1户经商。

锡伯族文学中民歌占有重要比重，现民间流传下来的最古老民歌有《萨满歌》《打猎歌》等。清代，锡伯族编入“八旗”后，崇尚武功，视强筋骨、壮体魄、慓悍勇烈为荣。爱好传统体育活动。除骑马、射箭、摔跤外还有一些具有民族特点的运动如：“打螃蟹”、踢“熊头”、打瓦、“嘎拉哈”。

1982年，黑龙江省第三次人口普查统计锡伯族有9 181人，占全省少数民族人口总数的1.46%。散居在哈尔滨、齐齐哈尔、杜尔伯特蒙古族自治县、双城、肇东、宝清等地。

第七节　鄂伦春族

黑龙江地区的鄂伦春族族源问题有两种观点：一种是主要以地理分布为依据，认为鄂伦春族源于东胡系的室韦，与其中的钵室韦有渊源关系；另一种主要以语言为依据，认为鄂伦春族源于肃慎系及其以后的挹娄、勿吉、靺鞨、女真等族。“鄂伦春”一名，始见于清初的文献记载。清康熙元年至六十一年（1662～1722年）的“上谕”和“奏折”中已称为“俄罗春”“俄乐春”“俄伦春”或“鄂伦春”。“鄂伦春”名称含有“使用驯鹿的人”的意思。鄂伦春族的先人虽曾生活于室韦地区，但仍属操通古斯语的肃慎系。唐武德八年（625年），于黑龙江中上游室韦人活动地区设置室韦都督府管辖。南宋端平二年（1235年），黑龙江地区这一带的少数民族笼统地称为“林中百姓”。明永乐七年（1409年），黑龙江、乌苏里江流域等地，设“奴儿干都司”，统管这一带鄂伦春等游猎民族。明崇祯十三年（1640年），皇太极改国号清的第五年，将黑龙江南岸的“索伦”部鄂伦春等族，分编为八牛录。清康熙八年（1669年），宁古塔将军负责统管鄂伦春等以渔猎为主的民族。中华民国时期，1914年，鄂伦春族地区推行“弃猎归农”政策失败后又“弃农归猎”。1933～1939年，伪满在鄂伦春族地区设立伪“满洲畜产株式会社”，对鄂伦春族的猎产品实行“统制”，垄断鄂伦春族地区经济命脉。1940年，日伪对鄂伦春族实行民族隔离政策，民族濒于灭亡的边缘。1946～1947年，受蒙骗的鄂伦春族的大部分先后站到了党和人民政府一边。到1949年，人民解放军在鄂伦春族人民的积极配合下，肃清了反动武装，鄂伦春族地区获得彻底解放。

鄂伦春族有语言无文字。过去曾用满文，现在通用汉语、汉文。鄂伦春族语言属阿尔泰语系满—通古斯语族通古斯语支。民族内部均用本族语言，无文字。

猎枪是鄂伦春族狩猎主要工具。马匹是鄂伦春族狩猎运载工具。具有狩猎传统的鄂伦春族人为了生活，从小就练枪法，掌握野兽习性和四季栖息之地，寻兽踪捕猎，常年按祖传习惯进行狩猎活动。鄂伦春族狩猎生产，中华民国初期，政府对鄂伦春族采取“弃猎归农”“收抚”政策同其他民族合伙种地，过着半农、半猎、半定居的生活。1958～1966年，国家为保护稀有动物，禁止猎鹿，有计划猎犴，国家用补贴、奖励办法鼓励社队发展养鹿事业。鄂伦春族由以猎为主转为以养为主，逊克县新鄂乡狩猎组，全年猎业收入1.4万元，每人平均近千元。1973年，鄂伦春族定居20周年，全省鄂伦春族耕面积已达37 918亩，是1963年鄂伦春族定居10周年的6倍。1978年中共第十一届三中全会以后，全省鄂伦春族5乡8村共耕51 836亩，是1963年的8.2倍，1973年的1.37倍，农业生产呈现新的局面。

鄂伦春族在漫长狩猎生产实践中，创造出许多神话故事、童话、歌谣、谜语、谚语等题材和内容各异的民间口头文学。如《三仙女》《毛意教训安达》《阿依吉伦和伦吉善》《火神》《喜勒特根》等。鄂伦春族乡村体育活动活跃。各乡村设置了篮球、排球、乒乓球场，每逢年节喜庆日子均组织赛马、射击、摔跤等传统体育项目比赛，举办篝火晚会，表演“罕贝舞”等。

1982年，黑龙江省第三次人口普查统计鄂伦春族有3 588人，占全省少数民族人口总数的0.18%。主要聚居在塔河县十八站呼玛县白银那、黑河市新生、逊克县新鄂和新乡及嘉荫县的乌拉乡胜利村。

第八节　赫哲族

黑龙江、松花江、乌苏里江三江流域是赫哲族先民自古生息繁衍的地方，其活动范围远至库页岛等地。“赫哲”为赫哲语，由“赫真”音变而来，原为方位名称，遂演为一部分人称呼另一部分人的专有名称，后转为民族名称，为“下游”“东方”之意。肃慎、挹娄、勿吉、黑水靺鞨、野人女真等古代民族，均与赫哲族先世有历史渊源。辽代，对其所属区域称为五国部，其族属大部为赫哲族先民。元朝，于松花江下游赫哲族先民较集中的地区设水达达路（砚达勒达），并分设5个军民万户府。清初，清太祖努尔哈赤南征中原之前，采取怀柔政策，对降附纳贡的赫哲族各部，封官赐爵，对有功的赐世袭官职实行联姻。清康熙五十三年（1714年），清朝加强对赫哲族地区的管辖，建立三姓城。清咸丰八年四月（1858年5月）和清咸丰十年八月（1860年10月），沙俄政府强迫清政府签订了不平等的《中俄瑷珲条约》和《中俄北京条约》，将黑龙江以北、乌苏里江以东100余万平方公里土地划归俄国版图，赫哲族生活地域发生了变化。中华民国初年，居住黑龙江下游的赫哲部落明格里氏，思念祖国，举部迁回松花江流域定居。中华民国年间，赫哲族居住区域疫病猖獗，造成乡村萧条冷落。东北沦陷时期，居住松花江、黑龙江沿岸的赫哲族人口减少。1942年，日本侵略者为阻止赫哲人民通往苏联或参加抗日联军，强制施行集村并屯。太平洋战争爆发后，日本侵略者强制黑龙江沿岸赫哲族青壮年组建“山林警察队”，监视并阻止赫哲族人民通往苏联。为摆脱日本侵略者控制，1943年5月23日，八岔村山林警察连同家眷共25人，冲破敌人堵截进入苏境，并多次被派回侦察敌情。1945年“九三”抗日战争胜利，被赶至勤得利、街津口一、二、三部落的赫哲族人返回家园，至富锦大屯投亲靠友的10余户，生活面临困境。1946年2月，经同江、富锦、饶河等县各赫哲部落头人和长辈协商。为谋求赫哲族生计，富锦县大屯、黑龙江沿岸街津口一、二、三部落89户300余人迁往饶河七里沁村。还有富锦大屯10余户40余人迁至桦川县苏苏屯，聚集饶河县七里沁村的赫哲族，按集体生产方式，保证居民的基本生活，解放战争时期，赫哲族人还参加了剿匪斗争。

赫哲族语言属阿尔泰语系、满——通古斯语族满语支。分为两大方言，松花江下游的赫哲人使用奇楞语，乌苏里江流域的赫哲人使用赫真语。赫哲族现无本民族文字，学校全用汉语、汉文教学。黑龙江地区赫哲族最古老的氏族有：特尔吉尔、卡尔特吉尔、巴亚吉尔、卡尔他吉尔、巴力卡吉尔、库奇吉尔、贝尔特吉尔7姓人。

捕鱼是赫哲渔民经济生活的主要来源。历史上，赫哲族捕鱼只限于自行消费。狩猎也是过去赫哲猎人维持生活的一项主要经济来源。而居住黑龙江沿岸的赫哲族，渔、猎兼有，渔业生产仍有发展。1978年中共第十一届三中全会以后，赫哲族地区"以渔业为主，粮食自给，多种经营"的方针得到恢复和发展。

赫哲族民间文学以"伊玛堪"（赫哲族古老的民间说唱文学、说唱故事之总称）为首，还有"说胡力"（口头相传比较完整的寓言、童话、神话、笑语等故事）、"特仑固"（早年真实的故事，男女均讲）、"嫁令阔"（类似南方少数民族民歌）、"白本初"（女人说唱的故事）、"博布力"（摇篮曲）等。赫哲族乐器大多失传，流传至今的敲打乐有"萨满"用的椭圆形鼓、腰铃和"阿哈玛发"用的圆鼓。赫哲族舞蹈早年有萨满舞"得13克衣得额伊""哈康布雷舞""批勒西雷舞"。"萨满舞"在萨满跳神时进行。迷信破除后，"萨满舞"已无人再跳，其他舞也已失传。至1985年，均跳新编现代舞蹈"天鹅舞""钓鱼舞"等等。赫哲族图案、剪纸艺术发达，早年衣、裤、鞋帽、被褥都绣有云纹、几何形和花朵、蝴蝶等各种图案。

赫哲族流传叉草球、射草把、截挡滚轮、划船、游泳、摔跤、扳腕、拔河、赛跑、射箭、猎枪射击、投掷激达枪、滑雪、溜冰、乘雪撬滑坡等多种体育活动。赫哲族还结合生产进行叉鱼、跑山、下伏弩（地箭）、骑马、划船、滑雪活动。现代步枪出现后，开展了射击比赛。1958年冬季，3名赫哲族运动员参加了在吉林举行的全国滑雪运动大会，1985年，佳木斯地区射击比赛饶河县女运动员纪美兰获第一名，省射击比赛饶河县葛忠良获第二名，佳木斯地区比赛同江县少年运动员尤延军获标枪冠军、110米低栏第三名、垒球第四名。

1982年，黑龙江省第三次人口普查统计有3 747人，占全省少数民族人口总数的0.19%，多数聚居在同江市街津口、八岔赫哲族乡以及饶河县四林子乡四排村。

第九节　鄂温克族

黑龙江地区的鄂温克族自称"鄂温克"，意思是"住在大山林中的人们"，或"住在南山坡的人们"。清初，鄂温克族同达斡尔族统称"索伦"，清康熙以后，"索伦"一般单指"鄂温克族"。鄂温克族是由古代多个部落融合而成的，它起源于贝加尔湖周围，外兴安岭南北。北魏时在今黑龙江上、中游的"室韦"以及唐代贝加尔湖东北维提姆河森林区使鹿的"鞠"部落等，当是鄂温克族先民。唐朝，居住于大兴安岭以北、贝加尔湖以东，黑龙江上、中游的人为"林中百姓"，这些人中有鄂温克人的先人。明朝时称贝加尔湖以东、外兴安岭南北一带"乘鹿出入"森林的鄂温克人为"北山野人"。明末清初，贝加尔湖周围，外兴安岭南北，黑龙江上、中游的鄂温克族共分3支。明崇祯十六年（1643年）沙俄入侵至清康熙二十八年（1689年），原居精奇里江的鄂温克人，由于屡遭沙俄匪帮的侵扰，被迫越过黑龙江向南搬迁。清顺治十年至十七年（1653～1660年），精奇里江鄂温克等族扶老携幼，渡江过岭，迁至嫩江流域讷莫尔河、诺敏河、阿伦河、音河、雅鲁河、甘河、济沁河沿岸居住，成为“布特哈打牲部”的主体之一，鄂温克族约4 900余人。后归黑龙江将军管辖。中华民国时期，鄂温克族处在东北军阀统治之下。张作霖沿袭清朝旧制，采取军事利用政策，强迫鄂温克人当“森林警察”。由于实行移民垦荒政策，汉族农民、商人、手工业者迁进鄂温克族地区，促进了当地的农业发展。鄂温克族居住地区不同，经济生活方式不同，称谓也不同。直至中华人民共和国成立前这部分鄂温克人仍处于原始社会末期阶段。1949年10月1日中华人民共和国成立后，按照党的民族政策，根据鄂温克族人民的意愿，于1957年统一称鄂温克族，正式确认鄂温克族为单一民族。

鄂温克有本民族的语言。属阿尔泰语系满——通古斯语族的北语支。无文字。

鄂温克族畜牧业在明末清初初具规模。在贝加尔湖以东根特木耳部落与布里亚特蒙古人为邻时，就开始养马。从黑龙江北迁徙到嫩江流域之后，布特哈打牲鄂温克人以狩猎为主要经济来源。牲畜主要有马、牛。辅以少量养畜、捕鱼、放木排、烧炭或者采集木耳、蘑菇、野果等。后随着社会的发展，以农牧为主兼营狩猎，开始种植荞麦、燕麦、稷子等。

鄂温克族的民间文学有民间传说、神话、故事、谚语、谜语等，在群众中广为流传。民间故事“乌聂勒”主要有“人类的来源”“火神的故事”“英雄莫日根”（猎人）“金鱼姑娘”“海兰察”等。摔跤、赛马、射箭是鄂温克族传统体育项目。

1982年，黑龙江省第三次人口普查统计鄂温克族有2 571人，占全省少数民族人品总数的0.13%。主要聚居在讷河县团结乡的鄂温克村和百露村。

第十节 柯尔克孜族

黑龙江地区的柯尔克孜族是从新疆迁入的。柯尔克孜族先民原居叶尼塞河上游，后迁至新疆天山地区。迁居黑龙江地区后，清政府将其分别编为八旗，并安排到富裕、黑河、巴彦、呼兰、海拉尔等地居住。只准在100里地内活动，不得超越这一范围到外地谋生，并指派巴尔虎蒙古官员监视其行动。柯尔克孜族只能在被圈定的范围内居住，既不能与分别在巴彦、呼兰、黑河等地的同族人往来，也不能与附近的索伦、达斡尔和汉族等民族通婚。直至清宣统三年（1911年）辛亥革命以后，随着八旗制度的废除，柯尔克孜人才走出圈定的活动范围，同邻近的兄弟民族接触和交往。1949年10月1日中华人民共和国成立后，于1952年认定为吉尔吉斯族，1960年改称“柯尔克孜”族。现黑龙江省柯尔克孜族是移居嫩江草原地带乌裕尔河流域的柯尔克孜族后裔。

柯尔克孜族有本民族的语言文字，属阿尔泰语系突厥语族。由于长期与其他民族杂居，一般通用汉语汉文。柯尔克孜族东迁黑龙江地区时，共有6姓：他本（吴）、额其格（常）、嘎博韩（韩）、蔡音德热（蔡）、博勒德热（郎）、害热格斯（司）。

黑龙江地区柯尔克孜族不耕种五谷，多是三五人自愿结成打猎组，黑龙江省柯尔克孜族聚居嫩江、乌裕尔河沿岸，水草丰盛，宜于饲养马、牛、驴、羊等牲畜。柯尔克孜族在饲养牲畜实践中，掌握了阉割技术，春季阉牛、马，防止夏阉溃烂、秋阉生蛆、冬阉冻伤。1958年，富裕县友谊人民公社成立，分配形式为公社、大队、生产队三级所有，队为基础。黑龙江省柯尔克孜族有打羊草、芦苇、养奶牛、猪、鸡等副业。

清代，黑龙江地区柯尔克孜族人多数不识字，没有学校。到1985年五家子民族学校在校学生90人，其中柯尔克孜族学生58人。适龄儿童入学率97%，巩固率96%，及格率82%，升学率81%。柯尔克孜族从新疆迫迁黑龙江地区后，民间流传许多民歌民谣，内容多是表现思念故乡，反抗压迫，对统治者不满，渴望美好未来。柯尔克孜族能歌善舞。乐器有横笛、箫、胡。

黑龙江地区柯尔克孜族传统体育有骑马、射箭、摔跤等。1982年，黑龙江省第三次人口普查统计柯尔克孜族有1 451人，占全省少数总人口数的0.07%。主要聚集在富裕县友谊达斡尔族满族柯尔克孜乡的五家子村。

第十一节　其他少数民族

黑龙江地区除汉族与世居少数民族，还有人口少、居黑龙江地区历史短、居住分散、来自祖国各地的其他少数民族。1953年全省第一次人口普查，其他少数民族共13个，540人。1964年，全省第二次人口普查，其他少数民族共24个，3 222人。1982年，全省第三次人口普查，其他少数民族共35个，6 523人。据1982年人口普查统计，黑龙江省世居民族以外的其他少数民族分布很广，散居于全省各地。哈尔滨市共20个，421人。齐齐哈尔市共14个，208人。鸡西市共9个，50人。鹤岗市共10个，91人。双鸭山市共3个，28人。伊春市共12个，106人。松花江地区共14个，379人。嫩江地区共16个，137人。绥化地区共14个，264人。合江地区共22个，2 824人。牡丹江地区共16个，1 111人。黑河地区共20个，420人。大兴安岭地区共11个，59人。

第六章　宗　教

在历史上自发的原始宗教、创立的宗教还有国外传入的宗教，在不同的民族和不同范围内存在着，历经漫长的历史演变过程。至今全省尚存佛教、道教、伊斯兰教、天主教、基督教、东正教6种主要宗教。

第一节　佛　教

黑龙江地区佛教是8世纪中叶，传入黑龙江境内。唐天宝十四年（755年），渤海国迁都于上京忽汗城（今黑龙江省宁安县渤海镇），随后建立五京，在周长约为16公里的上京忽汗府城内，至少有9座庙宇，寺庙结构形态与中原一脉相承。延至金代，金都上京会宁府（今阿城境内），城内建有多处佛教寺庙、佛塔。元代，黑龙江地区佛教寺庙情况不详。明代在黑龙江地区的佛寺曾修到北部边远地区，如建在特林（今俄罗斯境内阿穆尔河与阿姆贡河汇合口之东）的永宁寺便是。清代，清太祖努尔哈赤就极为推崇佛教，中华民国初期，黑龙江地区人口与年俱增。由于来自内地的移民多有信佛习俗，因而寺庙及信徒便相应有所发展。1931年“九一八”事变后至东北沦陷时期，因受政治势力挟制，佛教多有背离其自身宗旨教义的活动。哈尔滨极乐寺，曾受命于日伪行政当局指令，为阵亡日军将士诵经超度等。1949年10月1日中华人民共和国成立后，党和政府本着宗教信仰自由政策，国家于1954年曾拨款18万元维修极乐寺。但是，在执行党的宗教政策过程中，也曾一度出现某些失误。例如1957年，反右斗争中发生扩大化错误，在佛教僧侣中错划一些右派。1966年5月“文化大革命”期间，全省佛教寺院、庙宇中佛像器物、文物碑刻均遭不同程度的毁损。1976年，江青反革命集团被粉碎，佛教徒的宗教信仰和正常宗教生活受到尊重和保护，哈尔滨极乐寺得到修缮，修复后的极乐寺已被国家列为汉族地区全国重点寺庙和省重点文物保护单位，于1983年正式对外开放。它既是佛教四众弟子礼佛朝拜的宗教场所，又是供中外游人参观游览的地方名胜所在。黑龙江地区不仅汉传佛教在民间有一定影响，作为佛教的一个分支与独立体系的藏传佛教，自明代起便在今黑龙江西部蒙古族聚居地区广为传播。黑龙江地区尚存在过历史不长、为数不多的日本佛教及其不同宗派的寺院与僧侣。存在的时间也很短暂，随日侨的大批移入而兴起，又随日侨离境而自行消失。

黑龙江地区佛教庙宇大体有两种类型：一种是具有“十方丛林”规模的大型庙宇；一种是中小型的子孙庙宇。黑龙江地区佛教寺庙分布虽广，而知名者寥寥无几。从全国来看，知名度较大的仅有号称东北四大丛林之一的哈尔滨极乐寺和大乘寺、兴隆寺等几座大型著名寺庙。念佛堂是一种民间形式的简易佛教活动场所。黑龙江地区佛教文物比较丰富而且广泛，涉及建筑、雕塑、绘画、碑刻等各个方面。黑龙江地区现存佛教文物中，除少量古刹佛塔外，较多见的要推石佛石幢、舍利函等石制器物。黑龙江地区现今收藏佛教经籍最多，而且比较完整的寺院，首推哈尔滨极乐寺。其中涉及宋、清时代的珍稀版本，具有相当的文化价值。黑龙江地区佛教寺庙僧尼所从事的各项佛事活动，迄今依旧保持着千载相袭的传统模式与基本规范。各项佛事活动大都遵循固有的内容与形式。除衣着膳食因地制宜有所变通外，其他仍沿袭旧制。庙会在黑龙江地区均无固定模式，从古到今，逛庙会，赶庙会，就成为民间一种习俗与乐事。黑龙江地区佛教团体缘起，最早始于清末民初之际。清代末期一度提出兴教口号。在兴办教育的情势下，各地不得不征用部分庙宇暂作校舍之用，因而挤占了一些庙产房舍。在中华民国成立后，南方名僧寄禅和尚出面倡议成立中华佛教总会。一为挽救颓势，二为沙门护法，维护僧尼自身利益。全国各省相继建立起相应组织，隶属于中华佛教总会。1949年10月1日中华人民共和国成立后，1952年中国佛教协会发起人会议在北京召开，于1953年农历四月初八佛诞日正式成立并产生第一届佛协理事会。1966～1976年“文化大革命”期间，寺庙僧尼不与外界接触，全省寺庙与佛教活动完全陷于封闭停顿状态。1978年中共第十一届三中全会后，黑龙江省佛教界对外友好交往活动也随之出现生机。与中国佛教交流频繁的邻邦日本佛教僧侣或佛教信徒来访者达2 385人；港澳地区四众弟子和客人1 629人。

第二节 道 教

黑龙江地区的道教是在周武则天圣历元年（698年）震国（渤海国的前身）建立之后传入。

道教本身带有较强的汉民族文化特点，因为这一特点渤海国在大量吸收汉唐文化的历史背景中崇重道教，唐朝皇帝因与老子李聃同姓，故重道教甚于重佛教，道教亦得以盛传。从辽至金，道教又渐昌盛。元明两代也崇尚道教，但有关黑龙江地区的道观文物及其文献均不详。道教大量的北传，见于清代。清政府颁布《辽东招民开垦例》放宽了对东北地区的道教限制。黑龙江地区人口中的汉族比例上升，道士和道徒也随之增加，一些道士逐渐在境内积资兴建道庙。特别是在沈阳建起了东北道教第一个十方丛林道院——太清宫，其许多受戒弟子到黑龙江地区传播道教、兴建道观。黑龙江地区道教的昌盛与清王朝为维护其统治抵御沙俄入侵、安定边疆有着重要关系。中华民国年间黑龙江地区道观有约500处，道士约3 000人。东北沦陷时期，日伪当局对遍及城乡的道观和宗教活动较为关注，据1945年统计，全境内有道观94处，道士557人。1946～1947年，黑龙江地区的县乡农村已开展土地改革运动。道教被视为封建迷信，致使这里道观、神像大多数被捣毁。1958年开展社会主义教育运动，实行道观民主管理制度。但是，1966年5月“文化大革命”期间，党和政府的宗教信仰自由政策尽被践踏，庙中神像被毁，道众被揪斗。而且庙中的全部宗教用品和经书等均被抄走、毁坏。历史上所遗留道观均被废止。1978年中共第十一届三中全会以后，政府重申宗教信仰自由政策，道教得以恢复，但是省内道士已经极为罕见。截至1985年，全省遗有道士7名（乾道2，坤道5）。

黑龙江地区的道士都有着隶属于某种门派谱系的师承关系。各有自家的门派系谱。元时，全国道教已划分为明显的正一派和全真道两大派系。中华民国初年，黑龙江地区约有道士3 000余人，几乎全是全真道。黑龙江地区全真道龙门派道士无论住观或住庵，都奉行本派的出入。事师、听法、起立、坐卧、沐浴等等“威仪”规定，并沿袭至今。黑龙江地区道士多采用蓝色或青色袍服，已成习惯。其道观几乎全是子孙道观，道教文物也极为罕见。遗留保存至今的松峰山太虚洞内的曹道清道士碑可谓黑龙江省道教极为珍贵的金代文物。

道教活动内容繁多，主要有皈依、玄门日课、祀典、斋醮、开光、传戒等，泛称法事。自清代以来黑龙江地区尚无具备传戒条件的道观，唯双城县无量观被伪满洲国当局指定为“特殊寺庙”，成为唯一可以传戒的道观。黑龙江地区道教活动对社会民间影响较大的是每年农历四月十八、廿八和六月廿四日3个节日。1912年中国道教总会关东总分会成立，会址设于奉天（沈阳）十方丛林道观太清宫。会长为东北著名道士葛月潭。该会是管理东北地区道教事务的组织，下设省、市、县三级分会。1932年初，在上海成立了中华道教总会，此会为天师正一派与全真道联合性的全国组织。东北沦陷时期，日伪当局为维系其统治，于1938年伪满洲国民生部厚生司指令沈阳太清宫发起筹备伪满洲国道教总会，与全国性的中华道教总会分离。1939年重阳节，在伪新京特别市（今长春）正式成立。1945年8月15日，日本关东军无条件投降后，该会遂告解散。1949年10月1日中华人民共和国成立后，在宗教信仰自由政策保障之下，道教徒享有宗教信仰自由的权利，走上了爱国爱教的光明大道。

第三节 伊斯兰教

黑龙江地区的伊斯兰教信奉者在金末元初即有进入。目前在黑龙江地区尚未发现清以前的伊斯兰教文物遗存。清代，迁徙到黑龙江境内的穆斯林前后经历了清初的开禁、中期的封禁和后期的开禁放垦3个阶段。移入黑龙江地区的人员主要有2种类型，即“流人”、垦民和流民。清代黑龙江地区地处中国边陲，自清朝顺治中期始，便成了接纳 “流人”（即“罪犯”）流放之地。清顺治年间，“流人”多发遣宁古塔（今海林县旧街乡），其中有少数穆斯林。清顺治十五年（1658年），穆斯林起义被镇压后，人员多被流放到卜奎（今齐齐哈尔市）等地沦为旗人的奴隶。清康熙七年（1668年），清廷下令废除《辽东招民开垦例》，对东北实行封禁，仍有相当一批穆斯林人口流入黑龙江地区。清乾隆二十五年（1760年）黑龙江将军绰勒多为疏散回族穆斯林而奏请朝廷。清乾隆四十一年（1776年）十二月清政府为进一步禁止流民潜入，全面封禁吉林地方。清乾隆四十六年至清乾隆五十九年（1781～1794年），有12户近50多穆斯林被流放卜奎或给索伦、达呼尔为奴。清嘉庆二十年（1815年）中国伊斯兰教哲赫林耶第三世教主马达天等数十人被流谪卜奎。马达天于途中病逝吉林船厂（今吉林市）。清道光六年（1826年），又有新疆维吾尔族穆斯林18人被流放黑龙江地区。自清代中期起，穆斯林因生活习惯和宗教生活的需要，从散居状态逐渐向村落聚拢。回族穆斯林除多数人从事农业生产外，还有以商业、手工业谋生者，流入城镇定居后，便筹款建清真寺、购买墓地。这些回族穆斯林定居后，逐渐编入民籍，成为黑龙江地区人民的一部分。清末黑龙江地区信奉伊斯兰教者共14 786人。中华民国初年，伊斯兰教传入黑龙江地区达到鼎盛时期；人口发展到约2万人，成为黑龙江地区内一支引人瞩目的移民新军和宗教群体。据伪满1938年统计，黑龙江地区清真寺共计55座，宗教职业者121人；信教者22 456人；1940年，黑龙江地区共有清真寺64座，阿訇90人，男性穆斯林23 050人；女性穆斯林7 813人，总计为30 863人。1949年10月1日中华人民共和国成立初期，山东、河北等地穆斯林，应林业、煤矿等企业的招工，到黑龙江地区定居。穆斯林聚居的林区、煤矿等地，在政府的资助下都建立了清真寺。80年代初，大庆市创立清真寺1座，以满足来自全国各地大庆石油工人中的穆斯林宗教生活的需要。

伊斯兰教教派较多，黑龙江地区伊斯兰教主要有两个教派，格底目派和哲赫林耶派，黑龙江地区伊斯兰教绝大多数是属于格底目派，有12万人之多。迁徙到黑龙江地区的穆斯林，经历了由少到多的漫长历史过程，而今人口已遍布黑龙江省全境。1982年，黑龙江省穆斯林人口数为126 534人，其中回族穆斯林多达12万余人，还有其他少数民族穆斯林。总的分布情况是“大分散小集中”，许多古老的城镇都有回族穆斯林的聚居区。省城哈尔滨市的穆斯林就有2.5万多人。

伊斯兰教的活动场所清真寺亦称礼拜寺。清真寺在黑龙江地区的始建年代不详。据1956年统计，黑龙江省内清真寺共计89座。1958年，少数市县的几座清真寺合并1处，截至“文化大革命”前，全省共有70座清真寺。进入80年代，鸡西、双鸭山等地又新建几座清真寺。《古兰经》是伊斯兰教的根本经典，被认为是“安拉的言语”，是伊斯兰教最根本的权威依据。全省各寺都曾收藏过一些经典。为数最多的齐齐哈尔清真东寺，藏有几百册，其中有上百年的经典，不少是历任阿訇留下的手抄本。“文化大革命”时，红卫兵查抄并烧毁了各寺及阿訇家中的大部分经典。仅有少数经典经阿訇们辗转掩藏转移，才得以保存至今。黑龙江地区穆斯林也依照伊斯兰教历行事。每逢伊斯兰教节日和纪念日，届时都要举行宗教仪式活动。黑龙江省穆斯林除履行五功外，也和国内外穆斯林一样特别重视宗教节日。伊斯兰教重大节日有：即开斋节、古尔邦节和圣纪。黑龙江省伊斯兰教团体历史较久，1949年10月1日中华人民共和国成立以后，伊斯兰教社会地位日见提高，1964年6月5日，黑龙江省伊斯兰教第一次全省代表大会在哈尔滨召开，会上正式宣告成立黑龙江省伊斯兰教协会。黑龙江省伊斯兰教第二次代表会议于

1980年5月4日至10日在哈尔滨市举行。黑龙江地区伊斯兰教不断发展同各国间交往，扩大了黑龙江省的对外影响，几年来，接待20多个国家的来宾，约700人。其中哈尔滨清真寺的教职人员从1980年到1985年，就先后接待国外来宾335人次。

第四节　天主教

黑龙江地区天主教传入始于清代。清初，邻近的辽东、直隶、山东地区已有几代世传的天主教徒。在清政府一度容许内地省份向东北地区移民的背景下，移民中可能就有天主教徒也随之迁入。从清康熙到清嘉庆皇帝连续130年禁止传播天主教。19世纪后，天主教又开始向华传播。自清道光二十二年至同治十三年（1842～1874年），天主教徒已有582人。清光绪五年至三十四年（1879～1908年），已具有大小教堂14处，占地总面积2 800余垧，拥有教产700多间。1915年3月28日长春天主教堂蓝主教派人到齐齐哈尔，租赁振兴店作讲道场所。1920年3月19日罗马教皇谕令将北满教区中的延吉，依兰的两道割让给朝鲜元山教区。1928年，罗马教廷在滨江设立哈尔滨主教职务。1931年东北三省沦陷后，罗马教皇任命吉林教区主教高德惠（法国人）为驻伪满洲国的宗座代表。他极力为法西斯效劳，破坏抗日运动。1945年8月，苏联红军进兵哈尔滨，宗教活动停止。1946～1947年，黑龙江地区开展土地改革运动，有些外国神职人员远离了宗教信仰却煽动教徒攻击土改运动和解放战争。自1950年始，天主教界爱国人士在哈尔滨发起天主教反帝爱国运动，成立了天主教友爱国会。1954年，省内的外国主教、神父、修士、修女已全部陆续自动离境，天主教反帝爱国运动蔓及全省，1959年召开全省天主教徒代表大会。成立了黑龙江省天主教爱国会。1966年5月“文化大革命”时期，省内各地的天主教堂受到不同程度的损坏，正常宗教活动悉被停止。1978年中共第十一届三中全会后，党和国家重申宗教信仰自由政策，截至1985年统计，黑龙江省已恢复天主堂3处，公所和家庭活动点28处；有主教1名、神父9名、神修生8名，修女近20名，全省教徒约有3.5万人。

黑龙江地区的教堂多系哥特式。1938～1939年间，黑龙江地区共有天主堂41处（3处主教座堂除外），基本都是西式教堂建筑。1966年5月的“文化大革命”，省内几乎无一教堂幸存。1978年中共第十一届三中全会后，宗教信仰自由政策得以重新贯彻。天主教为培养传教职业人员专门设置了修道院，简称修院。有男修道院和女修道院两种。黑龙江地区的女修道院，是由外国女修会人员入境筹办的。修女会院于1950年前后自行解体，外籍修女于1956年前后陆续出境离华。目前遗有中国籍修女不足20名，多数散居于社会。天主教的教务活动有讲道理、做弥撒、施行等7件圣事。1980年主教府哈尔滨天主堂修复以来，每次重大节日前来望弥撒的教徒多达1 400余人。中华民国时期天主教在省内创办了一些学校、医疗院所、孤儿院、养老院等社会事业。20世纪30年代后，天主教在黑龙江地区创办的中、小学校达140多所，招收学员8 000余人。中华人民共和国成立前，天主教会在黑龙江地区创办的医院主要集中于哈尔滨和齐齐哈尔一带。1938年，统计吉林教区属下的哈尔滨设施医院2处、病院1处；齐齐哈尔代牧教区设施医院6处、病院3处。从业的医护人员都是修女。方济各修女会在哈尔滨道外区南勋六道街天主堂附近设一处善牧医院。天主教的救济事业在黑龙江地区较为少见，远不及文化教育、医疗卫生事业。1949年10月1日中华人民共和国成立后，天主教开始创办了自养事业。中华人民共和国成立前遗留的教会办学校，悉被人民政府教育部门接管。1978年中共第十一届三中全会后，宗教职业人员返回教堂后自养开办企事业。各地政府有关部门正在落实宗教房产政策，全教区每年收入房租两万余元。

第五节　基督教

基督教到中国最早的传教士是于清嘉庆十二年（1807年）来华的英国人马礼逊。基督教传入中国和帝国主义对华侵略密切相关。第一次鸦片战争后，清廷被迫和列强签订了一系列丧权辱国的不平等条约，被迫取消教禁。同意各国在各口岸建堂，自由传教。第二次鸦片战争后，清廷又被迫同意各国传教士可进一步往包括原本封禁的清王室“祖宗肇迹兴王之所”的东北地区在内的各地租买田地，建立教堂，自由传教。清同治二年（1863年），英国基督教传教士韦廉臣二次来华。这是目前所知最早见于记载的基督教在黑龙江地区的传教。清光绪十八年（1892年），苏格兰长老会在阿城租房建立教堂。到19世纪末，全省基督徒不足百人。义和团起义失败后，清光绪三十三年（1907年）在营口组织“黑龙江布道会”，选派华人牧师到黑龙江地区传教，这是华人在黑龙江地区布道的开端，也是全国各基督教会向边疆布道的“先河”。清宣统三年（1911年）~1912年间，中华民国成立前后，基督徒达到2万人，占当时黑龙江地区人口总数的4‰，大小教堂达200余所。1931年“九一八”事变以后，基督教事业发展受挫。1937年末，黑龙江地区境内有基督教堂135座，教牧人员349人，教徒总数降到14 557人，占当时人口总数2‰。1941年12月7日，珍珠港事件爆发。有的教会被禁止聚会或公开布道，教徒人数锐减。1945年“九三”抗日战争胜利后，各地教牧人员纷纷返回教会。1948年末黑龙江地区共有基督徒15 242人。1949年10月1日中华人民共和国成立后，黑龙江地区一些基督教会相继恢复建立。1950年6月，朝鲜战争爆发。9月中国基督教界发起基督教三自爱国运动。1958年3月，黑龙江省基督教第一次全省会议在哈尔滨市召开，选举成立第一届黑龙江省基督教三自爱国运动委员会。1965年黑龙江省共有基督徒7 451人，占当时人口总数的0.37‰。1966年5月在“文化大革命”中，在林彪、江青两个反革命集团干扰破坏下，基督教职业人员蒙受冤屈，造成冤假错案。1978年中共第十一届三中全会后，基督教职业人员遭受的不公正待遇开始得到纠正，中国共产党的宗教政策逐步得到落实。1981年1月，黑龙江省基督教第三次全省会议在哈尔滨市召开，到1985年末，黑龙江省有基督徒39 471人，约占当时全省人口总数的0.84‰，与总人口比虽还不及最高峰，但绝对数额已超过历史最高时期。

基督教是由原天主教陆续分化出来形成的，宗派林立，互不统属是其特色之一。各宗派传入中国和黑龙江地区后，代表各自宗主国的利益在中国乃至黑龙江地区，既互相争夺，又互相妥协，形成了错综复杂的局面。主要的宗派有：长老会、信义会、基督复临安息日会、浸信会属浸礼宗、监理会、北美基督教约老总会、神召会与“圣洁会”“使徒信心会”、路德会、真耶稣教会。到1985年末，全省共有牧师3人，长老9人，教师（士）24人，义工传道人174人，总计215人。20世纪20年代是黑龙江地区基督教会自由竞争的发展时期，当时黑龙江地区有几百座大小基督教堂，但自从1931年9月18日，日本军国主义发动侵略战争，占领中国东北以后，黑龙江地区的基督教堂就日见萎缩。到1948年全省剩下不到20座教堂。到1985年底，黑龙江省共有基督教堂24座，另外还有基督教简易聚会点83处，待批聚会点261处。广大基督徒的聚会要求基本得到满足。主要教堂有：双城教堂、阿城教堂、哈尔滨南岗大直街教堂、西门脸大教堂。其中西门脸大教堂不但是当时黑龙江地区最大的基督教堂，也是东北最大的基督教堂之一。基督教以《圣经》作为自己教义教规的最高权威。圣诞节是基督教为纪念耶稣诞生而规定的节日，是基督教最重要的定期节日。复活节是基督教为纪念耶稣复活而规定的节日，日期在每年春分月圆后第一个星期日，约在3月21日～4月25日之间，是基督教最主要的不定期节日。基督教的其他节日还有耶稣升天节、圣灵降临节、耶稣受割礼日、显现节等。黑龙江地区境内基督教团体主要有：1958年3月成立的“黑龙江省基督教三自爱国运动委员会”、1981年1月11日成立的“黑龙江省基督教协会”。

第六节　东正教

黑龙江地区东正教传入的年代始于清初。清顺治七年（1650年）春，沙俄侵入黑龙江流域。杀害中国人，强迫当地居民归顺沙皇和改信东正教。18世纪末叶，原居住在额尔古纳河左岸被迫改信东正教的一部分布里亚特、鄂温克、达斡尔人迁至呼伦贝尔大草原定居。这便是最早到达黑龙江境内的中国籍东正教徒。1919年，黑龙江地区的俄籍东正教徒骤增至30万。由于大量俄人拥入，哈尔滨和黑龙江各地东正教教堂都奉命接待安置。1931年“九一八”事变后，在满洲的东正教成为为日本人歌功颂德喉舌，利用东正教控制中国东北境内的俄人，并给予了东正教以大力支持。1945年8月，苏联出兵东北，进驻哈尔滨后，10月，东正教哈尔滨教会归属莫斯科全俄牧首管辖。1956年3月31日，中苏两国政府在北京签订了《关于交接中华人民共和国的俄罗斯东正教和莫斯科大主教区所属财产的议定书》。至此，在华60余年的俄罗斯东正教教会改称为中华东正教会，所有教产教务悉由中国神职人员接管并独立行使职权。1966年5月“文化大革命”开始，位于哈尔滨市南岗区东大直街的东正教堂被捣毁，宗教活动完全陷于停顿状态。“文化大革命”结束后，党的宗教政策也逐项得以落实。1981年，挤占的东正教堂被退还，并加以修建。1984年10月14日，在掌院司祭朱世朴与京沪特邀司祭共同主持下，举行开堂祝圣典礼，并将这一天定为中华东正教会哈尔滨教会座堂——圣母饼檬教堂命名日 。

俄罗斯东正教自传入黑龙江地区。在近半个世纪中，教区隶属关系先后经过4次变动，归属4个不同教区管辖。变革的原因，大抵与沙俄侵华的政治、军事形势以及中东铁路有关。在众多的东正教序列中，传入中国的东正教属于俄罗斯东正教。自1922年东正教哈尔滨教区成立后，其教徒分布囊括东北全境的中东铁路沿线。1923年，哈尔滨教区的东正教信徒达到历史最高峰，约有30万左右；1938年锐减到2.5万人，其中哈尔滨约有1万人；1966年“文化大革命”前哈尔滨尚有东正教徒约800人，至1984年粗略统计，哈尔滨市内仅余东正教徒120人左右。

东正教的神学教育具有一套由低到高的完整体系。就哈尔滨教区而言，大体有3个途径：其一是在由东正教会管辖的社会学校中开设具有神学内容的课程，向少年儿童灌输有神论的启蒙教育，这是神学教育的初级阶段。其二是在普通中学开设专门的神学班或神学系，进行专一的神学教育，这是东正教神学教育的中级阶段。其三是修道院教育，是专门培养东正教神职人员的高层次的神学教育阶段。大学办神学系，是东正教神学教育的高级阶段。1934年8月29日，哈尔滨传教——神学讲授班停办后，将其合并到哈尔滨弗拉基米尔学院（即工业学院）。该院设34个系，其中神学系是在原神学讲授班基础上办起来的。从此，在黑龙江地区便出现了东正教的高等神学教育体制。

16世纪中叶，俄罗斯东正教堂即在临近黑龙江边境的外兴安岭山脉以南及乌拉尔山脉以东的地带广泛分布。据统计，从清光绪二十四年（1898年）~1917年俄国十月革命的20年间，在黑龙江地区及铁路沿线所建的东正教堂共28座。而自1918~1931年日本入侵的13年间，新建和划归哈尔滨教区辖属的东正教教堂有43座。此后，自1932~1949年的17年间，在黑龙江地区新建和哈尔滨教区托管的东正教堂有36座。其后的1951和1958年，先后在滨洲线的乌鲁西和哈尔滨荒山墓地各迁建一座东正教堂。这两个教堂是迄今为止东正教在黑龙江地区建堂史上的最后记录。除此之外，先前在黑龙江境内隶属于哈尔滨教区管辖的修道院共有5所。其中设在哈尔滨市内的有2所：1924年8月17日（俄历8月4日）在哈尔滨动工修建，1924年12月20日，举行竣工祝圣仪式的“圣母喀山男子修道院”和1927年在哈尔滨建成的“圣母弗拉基米尔女子修道院”。

第七章 民俗 方言

黑龙江省地处中国东北偏远地区，是诸多少数民族发祥、聚居的地方，这里山林、水产资源丰富，自古以来，长期居住在这里的各民族创造了本民族的语言和带有民族和地方特色的方言，以及各个民族在与自然生态环境相适应的漫长历史发展过程中所传承的自然、实用的有着地域共性和民族个性的黑龙江民俗文化。

第一节 民 俗

一、生产

黑龙江地区的原始采集生产有着悠久的历史。原始采集生产以鄂伦春族最具特色。不同的季节中依据不同植物的生长规律分别采撷野菜、野果、菌蘑及块根状植物。采集可分春、夏、秋3个季节，主要为春、秋两季，而且春季多以采集野菜为主。人参的采集是与朝贡、交换密切联系的经济活动。早在唐代渤海国时期，满族先人即开始采参。金代以后，女真人采集人参更为普遍；清始祖努尔哈赤当年也曾带头进山挖宝。原始林业采伐除了解决一般的搭盖房屋、炊火用柴外，也通过集市交换方式换得其他生产和生活用品。“放排木”曾是达斡尔族的主要林业采伐生产方式。汉族林业采伐也有放排水运的传统做法。

狩猎生产，是黑龙江地区许多少数民族长期以来所从事的主要生产方式。狩猎活动以猎熊、猎鹿、打狍子、打獐及捕貂等为主要内容。最为壮观的则是集体围猎。女真族、蒙古族王公贵族都曾举行过盛大围猎活动。鄂伦春、鄂温克、达斡尔、赫哲族狩猎活动中也有集体打围的形式。围猎可分为出猎、围赶、行猎、收场、分配 5 个阶段。在长期的狩猎生产过程中，猎民通过驯养马、狗、鹰等做为打猎的助手，同时借助猎枪、弓箭、猎刀、扎枪、铁夹、网套及棍棒等猎取动物，形成了独具北方特色的狩猎生产工具。满、达斡尔、鄂伦春、赫哲等民族都有猎鹰、驯鹰以作狩猎工具的习俗，猎鹰之中尤以“海东青”为上品。1949年10月1日中华人民共和国成立后，在政府的积极疏导和支持下，珍稀兽类得到保护，狩猎生产得到了有效控制。鄂伦春族的鹿群驯养有效地保护了梅花鹿等物种的繁殖，鹿茸生产也取得了较好的经济效益。

黑龙江地区的渔业生产有着悠久的历史，特别是满、鄂伦春、赫哲等民族，渔业生产是狩猎生产密不可分的补充。满族先世肃慎人已开始捕渔生产。《黑龙江外记》中罗列了多种鱼类名称，并详细描述了凿冰捕鱼的方法，晾鱼胚的加工办法及鳇鱼、大马哈鱼的用途等等。素以渔业生产而负盛名的赫哲族，还有“三花”“五罗”等特产。三花，即鳌花（鳜鱼，赫哲语称“阿敖奇卡”）、鳊花（又称鳊鱼，赫哲语称“开林思”）、鲫花（又称虫虫鱼，赫哲语称“乌楞格”）；五罗指哲罗（鲑鳟鱼，赫哲语称“沙卡那”）、法罗（与哲罗相似，较小，赫哲语称“发哈”）及雅罗、铜罗、胡罗（均属小型鱼类）。在长期的生产过程中，形成了独特的捕鱼方法，如叉捕、钩捕、网捕、套捕及挡子、凿冰眼等辅助方法。最具特色的还是叉捕鳇鱼、网捕大马哈和冬季的凿冰捕鱼。叉鱼是鄂伦春、赫哲等民族早年极富技巧的捕鱼方式。在冬季，鄂伦春、赫哲、满、达斡尔等民族都有凿冰捕鱼的习俗。别鱼子，是用网捕鱼的一种辅助方法。此外，鄂伦春族还有枪击、箭射、绳套、推钩等独特的捕鱼方法。钩捕与网捕，是最常用的捕鱼方法。长期生产经验的积累也使渔民总结出许多科学的生产规律。春、秋、冬三季为鄂伦春、赫哲族捕鱼的主要季节。渔业生产最初也是以氏族内部组织为单位集体进行的，最后大家平均分配。在渔业生产过程中还有许多禁忌。鱼肉和鱼皮的加工，也是渔业生产派生出来的劳动。

黑龙江地区的畜牧业有悠久的历史，《后汉书·乌桓·鲜卑列传》等书都描述了北方原始民族早期的游牧生活。清代，在嫩江草原上几十里不见人烟，柯尔克孜等东迁民族采取散牧形式。到中华民国期间，柯尔克孜族才设木栏或土墙圈管牲畜以防丢失。蒙古族在定居以后，仍沿袭一种游牧方式。即在夏季为保留居家附近的草场，秋后再返回家园。马，是黑龙江地区主要的畜牧牲畜之一。畜养马匹，以蒙古族居多，素有“马背民族”之称。牛，也是黑龙江地区畜牧民族的主要畜养种类。蒙古族多在草原的高处或漫岗上圈养奶牛和肉牛。奶牛生产的牛奶是牧民的主要饮食来源，并形成畜牧民族高贵的白色奶食品。肉牛则做为红色食品或肉类加工品食用、出售。干牛粪，蒙古语称“阿日嘎勒”，是草原地区的主要燃料，有“草原上的煤”之称。达斡尔、蒙古等民族在治疗牲畜疾病方面积累了许多民间传统经验。

早在关于汉代的文献史籍中，就有黑龙江地区先人从事农业种植生产的记述。而黑龙江地区真正农耕开发的高潮则在唐渤海国、金代和清朝3个时期。一些以畜牧、渔猎为主的少数民族在清末、中华民国初期才广泛从事农耕生产。柯尔克孜、蒙古、达斡尔族最初由畜牧转向农业生产时，柯尔克孜族从汉族那里学会了犁耕。

1949年10月1日中华人民共和国成立以后，黑龙江地区原始的林业、渔业生产及畜牧、农耕生产，无论生产方式还是生产工具、技术等方面都有了明显的改善和提高。林业生产以群众性营林造林活动为主，严格实行《森林保护法》杜绝只采不种、只伐不护的林业生产方式。护林防火技术水平也有较大的提高。科学育苗、合理种植、果树开发、现代采伐设施等方面都发生了较大变化。渔业生产工具由原来的鱼钩、鱼叉、简陋的渔船发展到今天的大型渔网、机帆船联合作业。鱼类的繁殖、鱼产品的深加工等生产技术水平得到相应的提高，产品行销国内外，产生了广泛的经济效益。畜牧业生产及肉类、奶类食品加工产业也得到了长足发展。随着人民生活水平的提高，牛羊肉加工、奶油及奶粉的生产极大地丰富了市场。生产机械化带来了飞播牧草、机械排灌和畜牧产品深加工的新技术。农业生产在走过了“大帮哄”“吃大锅饭”的一段弯路，逐渐向机械化、个人与集体联产承包方向发展。十万官兵开发北大荒和知识青年“上山下乡”，极大地促进了黑龙江省农业生产的发展，使北大荒变成了千里沃野的“北大仓”。目前，黑龙江以小麦、大豆、玉米等粮食作物为主，成为全国重要的产粮基地。此外，蕨菜、木耳、蘑菇等山林土特产品的人工培植生产也得到了长足发展，人参种植等也取得了较好的经济效益。

二、服饰

黑龙江地区皮张制服是诸多民族服饰的突出特点。这与北方寒冷的自然环境和原始的渔、猎、牧、畜业生产有着必然的联系。赫哲族早年以渔猎生产为主，衣服、鞋帽、被褥多用鱼、兽皮张制成。赫哲族、鄂伦春族、达斡尔族、柯尔克孜族、鄂温克族都有狍皮大衣分单、厚两种，皮袍用狍筋或鹿筋掺麻线缝制。朝鲜族服装尚白色，洁净淡雅，素有“白衣民族”之称。马褂和箭衣是满族男子的传统服装，马褂长不抵脚，侧开气儿，因早年便于骑马穿用，故称“马褂”，形制有大襟、对襟、缺襟3种，旧时以黄色为贵，非特赐不能穿用。礼服多为天青色，常服为蓝、灰色，另有马夹儿（又称坎肩）套在褂外。箭衣为开衩袍服，也是传统的骑射服装。旗袍是满族别具特色的女式服装。锡伯族受满族影响很大，男子穿马褂，女子喜穿旗袍。达斡尔族早时穿皮衣，清代始穿布衣。蒙古族男女都穿较长布袍。蒙古族裤子（额莫德）高腰、肥腿，有单、棉、皮3种。柯尔克孜族老年人习惯穿着黑色“袷袢”；女性穿连衣裙，外套黑色背心坎肩；青年女性穿大袄，袖长一尺半，宽约一尺，袖头翻起，袖兜装烟袋、手巾。现已不多见。回族服饰与汉族大致相同。男性老人尚穿对襟深色或白色坎肩，上系襻扣。

清代至中华民国年间满族男子常戴的便帽，俗称“瓜皮帽”。满族妇女冬季多戴“马护”，即用布制成的围头一周、耳部较宽、上露发髻的箍形头戴，有夹、棉两类。蒙古族男子冬季戴“贝尔帽”或“四耳帽”，现则多戴“前进帽”。蒙古族女子冬季戴桃形羊皮“耳包”，扎皮围脖。回族男子习惯戴白色或黑色的圆顶无沿布帽也叫“礼拜帽”。女性在礼拜时，则戴上白色或黑色的“盖头”。朝鲜族男子多戴礼帽或鸭舌帽，夏天戴斗笠。年轻女子则普遍扎戴各种头巾。赫哲族的是尖顶、大遮沿，刻有花纹的桦树皮帽。柯尔克孜族老年人仍戴高顶卷沿帽或毡帽。达斡尔族妇女冬季戴皮制、里外皆毛的平顶圆帽或缎面双缨皮帽。满族的发式沿袭了先世女真的旧俗，民族特点鲜明；同时，在清代以强制的方式广为推行于汉族及其他少数民族。满族男子的发式是剃去周围的头发，只留颅后的部分，然后编成辫子垂于身后。未婚女子则为全发独辫或双辫，后也有梳散发不编的。达斡尔族女孩百天之内就扎耳朵眼，年长后饰以耳环、耳坠。蒙古族妇女未婚时，将头发从中分开，扎成两辫，发根饰以圆珠，发梢用碧玉、玛瑙等物装饰。赫哲族姑娘梳一个辫，婚后在头后挽“纂”，青年妇女头上饰花或顶簪，寡妇则梳两条长辫。鄂温克女子有束发习俗、戴耳环习惯。柯尔克孜族未婚妇女戴绣花帽，帽顶有穗。鄂伦春族年轻女子有的戴有圆箍首饰，男子在皮毡帽上也饰有珠、穗，堪称精美的手工艺品。蒙古族男女多以腰带作为服装的修饰，男子在腰带上佩挂精制的雕鞘猎刀、火镰袋及荷包。达斡尔族称腰带为“博斯”，已婚妇女一律在右侧大衣襟上佩挂缎面刺绣烟荷包和绸手帕；少女、少妇还以凤仙花染红指甲为美，有的佩戴银质指环。柯尔克孜族男子均扎宽皮带。在参加集会和典礼时，如不佩戴腰带，就会被视为不懂礼貌的人。鄂温克族儿童有挂锁以求平安的习俗，并戴手镯。锡伯等民族女子也有戴手镯、手环、戒指、怀牌、荷包的传统习俗。

靰鞡，是诸多民族普遍穿用的冬季足履。赫哲族多用哲罗、怀头等鱼皮制成，其他民族用狍皮、犴皮（后亦用帆布）制成。蒙古族男女冬季均穿着半筒式皮靴。达斡尔族皮靴是用狍子腿部的毛皮数张鞣好后毛朝外缝缀而成。再用狍子的颈皮做底，踝部系上软皮带，走在冰雪上软而不滑，轻而无声，极适于狩猎活动时穿着。鄂伦春族也有类似的皮靴，还有狍皮袜子用冬季猎获的狍子皮制成，多用于狍腿皮靴内防寒。朝鲜族女子多穿着鞋头尖而微翘的“船型鞋”。满族男子穿平口布鞋，冬季穿带褶皮靴。

从中华民国时期起，服饰民风始有变化在哈尔滨周边县城，受城市新风尚的影响，着装、修饰民俗有明显的不同。1949年10月1日中华人民共和国成立以来，少数民族服饰变化较大，渐与汉族相同，诸多民族装饰只在民族节日、聚会、庆典、祭祀等场合穿戴。平时则穿着普通制服，颜色以黑、蓝、灰色居多。60～70年代，一度盛行久经洗涤变白的黄色军装，是“文化大革命”运动在日常生活中的畸型反映。80年代，受上海、广州等南方服饰风尚的冲击和影响，在哈尔滨等大、中城市及周边地区，服饰渐趋丰富多彩，以至引导新潮。

三、饮食

黑龙江中部的松嫩平原，盛产水稻、小麦、玉米、谷子等粮食作物。汉、满、蒙古、朝鲜、回、达斡尔等民族，长期以来形成了米面为主的饮食习俗。稻米，主要用做米饭、大米粥；玉米，多做成饼子、窝头、煎饼、玉米粥；面粉做成馒头、花卷、油饼、面条等；小米则做成干饭或粥类，以大黄米、小黄米、糯米做成的黏米饭、黏豆包、黏糕，不仅是达斡尔族、满族、朝鲜族的传统食品，而且广得汉族及其他少数民族的喜欢。满族喜食黏食。达斡尔族以稷子米（高粱）、荞麦面为主食原料。蒙古族也有食炒米的习惯。朝鲜族以大米为主食，其附餐稀食也丰富多彩，“米肠”、冷面也是朝鲜族喜欢的食品之一。汉族有包子、饺子（俗称“扁食”）、馄饨、豆包、馅饼等。回族的油茶面、馅食食品更为丰富，如蒸饺、锅烙、馅饼、水煎包、烧麦等。回族的炸“油香”，亦称“香香锅”。朝鲜族的“打糕”、满族的黄米黏豆包是少数民族的独特食品。少数民族的面汤类食品也独具特色。以肉食、奶食为主的饮食习惯向以米面食品为主的饮食习惯过渡过程中多是以面为主，又辅以兽肉、野菜、奶类食品。

黑龙江地区以蒙古族的奶制品最为丰富。其饮食分肉制食品和形形色色的奶制食品。如牛奶、羊奶、马奶、奶豆腐、奶皮子、奶油、奶酪、奶干、甜奶、酸奶、奶茶、奶酒等。蒙古族有整套的奶制品餐具，此外，达斡尔、柯尔克孜等民族也有食用奶制品的习俗。达斡尔族将奶皮、奶油、奶酪等营养丰富的食品作为礼物，与亲友邻里相互赠送。汉族则有饮用牛奶、羊奶的习惯，但不属主要的、必备的食物。

黑龙江地区地域辽阔，河流众多。黑龙江、松花江、乌苏里江流域的赫哲等少数民族，形成了以鱼肉为主食的独特饮食风俗。如刹生鱼、鱼毛、大马哈鱼干等鱼类食品的制作、加工、储存方法，至今仍广为流行，别具特色。在以狩猎、畜牧为主的少数民族饮食习惯中，一度曾以野兽或家畜肉作为主食，从蒙古、达斡尔、鄂伦春等族的“手扒肉”，鄂伦春族的煮、烧、烤、熬、杂花、晒的不同餐食方法及满族的食肉大典，即可见传统食肉风俗之一斑。此外，“烤全羊”也是诸少数民族喜庆和待客的上等食品。鄂伦春族也曾以肉类为主要食品，如狍肉、狞肉、野猪肉、熊肉、鹿肉等。至今东北农村每逢年节杀猪时，必有请亲友同享猪肉、血肠的风俗。除蒙古、赫哲、鄂伦春等传统的以肉为主食的民族以外，汉、满、朝鲜、回族以肉、菜类食品为其副食。肉食尤以“火锅”为冬季佳肴；“酸菜”和山野菜，则是传统菜类副食。回族、朝鲜族的肉类副食较有特色。回族的菜肴以牛肉、羊为主，如酱牛肉、扒牛肉、爆羊肚、凉拌肚丝等。朝鲜族的狗肉以鲜嫩香辣而闻名，有凉拌狗肉丝、原汁狗肉汤等多种做法。另如拌牛肉丝、牛百叶、明太鱼片及桔梗、蕨菜、凉拌豆芽等，都是独具风味的民族食品。

北方可以种食的蔬菜主要有白菜、芹菜、菠菜、茄子、青椒、豆角、黄瓜、红萝卜、青萝卜等数种。此外，一些少数民族还采食野菜。咸菜、瓜果，也是饮食中不可缺少的佐餐。汉族较为普遍的咸菜有蒜茄子、糖蒜、咸黄瓜、咸萝卜、韭菜花等。朝鲜族的咸菜种类繁多，最常吃的是酸辣白菜。此外还有“英菜”、盖菜叶和萝卜咸菜等。锡伯族在每年秋末腌制“花花菜”。达斡尔族在秋季也腌制多种咸菜。汉、满等民族常以黄豆掺加未发酵的熟豆制成“盘酱”，配上小葱、豆腐等其他小菜佐餐，很有北方饮食特色。朝鲜族除食用辣椒酱以外，还常做大酱、豆瓣酱、淡水酱、汁儿酱、青苔酱、小豆酱等。锡伯族在每年的农历四月十八做面酱，用以做菜调味，或以黄瓜、青椒蘸食。黑龙江地区的瓜果之类食品不是很丰富，以山产野果较有特色。有黄瓜、南瓜、西葫芦、西瓜、香瓜、山药。山果类有高丽果、木都柿、榛子、松子、山茄子、紫梅、树梅、草莓、山葡萄、山里红、山丁子等。

受北方寒冷天气的直接影响，黑龙江地区多数民族都有饮酒的传统习俗。一直以肉食为主的少数民族还有饮茶的习惯。各民族独特的自制酒、茶饮品，诸如“黄酒”“马奶酒”“酸茶”“奶茶”“果子茶”等，各具特色。满族的“黄酒”。锡伯族、达斡尔族的米酒与满族相同。蒙古、鄂伦春族的马奶酒。满族在春季清明前后，做豆汁或“酸茶”。锡伯族也有饮茶习惯，喜欢喝“酸茶”。蒙古族的奶茶。达斡尔族独具风味的“果子茶”。赫哲族采集江岛上的野果，研碎后做成茶水饮用。回族老年人喜饮浓茶，以茉莉花茶及寿眉茶为好。茶叶还是回族串亲戚、纳聘礼时的必备礼品。

随着饮食结构的基本确立，特别是民族文化传统的形成和沿袭，伴随饮食的物质性逐渐派生出相应的饮食惯制、规矩、礼节、禁忌等习俗。因此，从饮食习俗中，同样可以看出一个民族文化传统的个性，体会一个民族精神文明在日常物质生活中的具体表现。满族通常每餐必有“压桌菜”。回族在家常便饭或待客时，都有吃“抱碗菜”的习俗。达斡尔族习惯将猪肉等按部位等次敬给老人或招待客人。汉族多在筵席上将最后一道菜—鱼的头部冲向长者或当桌的贵客，并有经被敬者喝酒、“剪彩”后再食用的习俗。蒙古族崇尚白色，常以“白食”敬献招待客人。表示良好的祝愿。蒙古、鄂伦春、赫哲等民族性情豪放，酒席之间更以歌舞助兴，情绪热烈。北方民族以酒、烟敬客，十分热情。敬烟，也是北方民族热情好客的独特习俗。

四、居住

在东北民间，人们建屋择地、修坟葬墓往往都要请“阴阳先生”测定风水、座向以求吉祥、平安。以游牧、游猎为生的鄂温克族为便于生产需要，春天多住在背风、水草繁盛的地方；夏天则住在地势高、通风好或接近河流的地方；秋天选择有二茬草、利于牲畜长膘的地方；冬季又迁居在猎场附近有饲草、有烧柴、背风向阳的地方。赫哲人选择沿江河地带的高坡处就地取材建筑房舍，便于渔捞生产。狩猎者往往在接近猎区的地方搭盖简陋的临时住房。与此不同的是蒙古族以牧业为主，往往选择水草丰美、有漫岗阳坡的平坦草原“安营扎寨”，建筑结构简易的蒙古包居住。达斡尔族选择后有山林、靠近江河、地势较高的山脚下或丘陵、山岗的南坡，以及河谷平原地带建立村舍，以利于农、林、牧、副、渔业的综合发展。汉族、满族及朝鲜族，长期以来以农耕为主要生产方式，其房舍多建筑在依山傍水的平地或洼地。

黑龙江地区土著民族依据自然条件所创造的原始、简陋的房舍建筑是地穴式房屋。赫哲族、鄂温克族、鄂伦春族早年渔猎时的简易住房。以“马架子”为简易居室。汉族也有类似的“马架子”住房，至今仍作为看护瓜果、蔬菜时的临时住处。鄂伦春族的“桦皮屋”也是别具特色的架式房屋。蒙古包，是蒙古、鄂温克、柯尔克孜等游牧民族的传统住房。由地穴式住房到木架式住房，再发展到土、瓦结构的房屋建筑格式，是生产、生活进步的必然结果，土、瓦结构的住房，多为汉、满、朝鲜及达斡尔族建筑。朝鲜族的住房多属木架结构。满族最初的土结构住房多是山墙开门，形成典型的“四合院”结构，也有在主房两边加盖房屋的，称做“耳房”。达斡尔族多用自脱的土坯或挖“塔头墩子”，掘“土堡子”砌墙，再以泥抹之。赫哲族称土、瓦式结构的二三间房舍为“正房”。

出于冬季御寒取暖的需要，“火炕”成为北方地区各民族房屋设置中不可或缺的一项。满族的居室格局，是汉、满民族居住民俗长期相互影响的结果。由于取暖和就寝的实际需要，火炕占据了相当的位置，家具设施比较简单，主要有炕柜、板柜、座柜、炕桌等。此外，在满族的炕上还随时备有烟笸箩和针线笸箩，一是用来招待客人的必备品，一是妇女缝补手工的方便用具。满族、蒙古、达斡尔、鄂伦春、赫哲等民族都有类似的摇车，民间谣谚所说：“养活孩子吊起来”，被视为“东北三大怪”之一。“东北三大怪”的另两怪，即是“窗户纸糊在外”“大姑娘叼着大烟袋”。

黑龙江地区的各民族在比较艰苦的自然生活条件下，风俗古朴，尤其注重衣食起居中尊卑长幼的礼节。汉、满、蒙古、达斡尔等民族都有尊老、敬客的起居习惯。关于租赁房屋及搬迁习俗有民谚称：“二、八月，乱搬家”。在房舍落成或迁居新舍时，街坊邻居多携什物或牌匾之类前来贺喜，称做“贺房”。乔迁的主人则设酒宴招待亲朋好友，俗称“燎锅底”。满族、达斡尔族、锡伯族、赫哲族等，都有“以西为贵”的信俗。

北方民族审美观念古朴、素雅，这一生活情趣和美的追求，也表现在对于居住环境——如院墙、房檐、窗棂及室内设置的美化、修饰上。汉族、满族等则多修有比较讲究的门楼，满族和汉族的老房舍的房屋顶盖也是十分讲究的。门窗的装饰以满族最具风格。早年的门窗均为木制雕刻而成。1949年10月1日中华人民共和国成立以后，少数民族的居住水平有了较大提高，多已择地定居。蒙古、鄂伦春等牧、猎民族也住进了“正房”。近些年来，农村的砖瓦房鳞次栉比，砖墙院落井然有序；室内家具焕然一新，农村住房由原来的两三间正房多扩大到四五间。城镇居室多向高层楼房建筑发展，一般愿意选择交通方便、靠近繁华街道和商业区的地方建房。

五、交通

黑龙江地区远离中原地带，寒冷的气候条件及地域的荒僻，使其交通、运输习俗也显现出较为原始的特征。明清以来，随着驿站、“御道”的开辟及“草道”的形成，才促使以陆路为主的交通运输发展起来。清代至中华民国时期，松花江北岸有两条陆路通道，均为官方运送粮草的交通要道。西部自双城堡经对青山、肇东、安达至卜奎（今齐齐哈尔），再到墨尔根

（今嫩江）、呼玛之间，称作“大御路”；东部自呼兰经康金、绥化、海伦至北安，俗称“草道”。现在，东、西两线均已兴建铁路，成为哈齐、哈北线的重要路段。在农村的村屯之间都有通行牛、马车的土道，田间、地头则有仅供人行的小道，俗称为“毛道”。

牛、马及其配套车辆，是黑龙江地区传统的交通、运输工具。迄今为止，在达斡尔及汉族的一些地区仍以牛、马车为其便利的运载工具。达斡尔族在狩猎和放鹰时都要骑马，其后则用马拉犁耕种或拉车运载。鄂温克族的“索伦马”是狩猎时的坐骑，也用来运载猎物、家具等。鄂伦春族几乎人人都会骑马，马是他们穿行于山林旷野之间的必备交通工具。蒙古族一直以马为游牧的代步工具，直至兼事农业生产之后才开始使用车辆。此外，鄂温克等民族早年还驯养“四不像”，作为交通、运载的工具。“四不像”实即驯鹿。在传统的简易车辆交通工具中，以达斡尔族发明的“勒勒车”最为著名。蒙古族后期还有木轴铁瓦或钢轴铁瓦的载重车。滑雪板，黑龙江地区人称之为“爬犁”，又记做“扒犁”是久居北方寒地的黑龙江地区先人生产、生活智慧的结晶。

黑龙江地区的水路交通工具以原始渔猎民族的木筏、桦皮和兽皮船最具特色。犴皮或鹿皮船，是鄂伦春族狩猎时制成的独特运载工具。桦皮船，则是赫哲、鄂伦春、鄂温克等民族早年普遍使用的轻便运载工具，人坐其中，前后用鳇鱼皮覆盖以防溅水，多用于叉鱼或稳水疾行。另有较大的桦皮船，称“吉拉”，载重大，速度快，远航时需十几人划桨。此外，赫哲族还有更古老的“敖拉沁”独木舟，用整棵杨树木干凿制而成现已不用。“快马子”船，赫哲语称“没迷”，用松木板做成。主要是下钩、拉网、运货、摆渡时使用。赫哲渔谚“三块板可以漂江过海”，概即指此。中华民国年间，从汉族传入了较笨重的“划鞋船”和“丝挂船”；现在则普遍使用机动船“马嘟噜”之类，提高了捕鱼、交通设施的水平。

伴随古朴的传统观念和原始的交通、运输活动，产生了一系列水、陆交通及运载的习惯和信仰民俗。汉、满等民族都有“毁道、拆桥双瞎眼”的禁忌信仰。蒙古人有着传统的崇马、爱马习俗，祭马的仪式十分隆重也来源于对凶煞的“道路神”的信仰习俗。满、达斡尔、鄂伦春、鄂温克等民族早年都有崇马、祭马的习俗。满族先人在渔捞、行船时有祭河神和船神的习俗。赫哲族认为河神是某一江河、鱼类的所有者，没有河神的允许是不能随意出船、捕捞的。因此，每次出船、捕鱼都要在河边祭祀河神，请求保佑。凡在江上经过的船只都要到庙里烧香、挂红布，以示敬意。

六、婚嫁

黑龙江地区早期婚姻形式有抢婚、表亲婚。许多民族有族外婚、姓氏婚、等辈婚等。满族曾明令满、汉不得通婚，达斡尔族仅限于与蒙古族、鄂温克族通婚。清朝末期至中华民国初期，许多少数民族开始相互通婚。但朝鲜族和回族，至今仍有不与他族结婚的传统习俗。早年，在黑龙江地区还有两种婚姻形式，俗称“搭伙”和“拉帮套”。指腹婚，黑龙江地区俗称“定胎亲”。一夫一妻制的婚姻形式确立以后，丈夫对妻子的贞操有十分严格的要求。达斡尔族在万不得已的情况不要离婚。鄂伦春族早年离婚的，需经氏族大会同意。汉、满、蒙古、达斡尔等民族早年也有纳妾之举。至今在偏远农村仍有遗存。汉、满、蒙古、达斡尔等民族一般少有寡妇再嫁者。鄂伦春、赫哲、柯尔克孜等民族则不限制寡妇再嫁。鄂伦春、赫哲等民族严禁歧视寡妇，在生产资料分配及生活方面得到氏族成员的平等待遇和照顾。

黑龙江地区的满、蒙古、达斡尔、赫哲等民族，受汉族的影响，其求婚、订亲及婚礼仪式大多遵循“问名”（通媒妁）、“纳吉”（合婚）、“纳采”（过小礼）、“纳征”（过大礼）、“请期”（议婚）、“亲迎”（成婚礼）等“古六礼”行事。婚前过礼，在古代并没有严格的限制。不同的民族又各有不同，满族受汉族影响，婚前聘礼比较讲究。达斡尔、赫哲、回族等民族的聘礼，都有小礼、大礼之分。蒙古族多以牛、马、羊等为聘礼，外加首饰、衣物。该族视九为吉数。鄂伦春族彩礼以马匹为主，即彩礼马。鄂温克族在过礼时也要送乳牛1头，同时还要格外送女方舅舅大畜1只。朝鲜族姑娘在婚前有为小伙做新衣的习俗。鄂伦春族女子在婚前也给未婚夫制作绣有南绰花的烟荷包和猎刀袋；有的岳父母还要赠上带花的桦皮盒“阿达玛勒”，并用红、黄、黑色云纹装饰。

婚礼之前，一般要由男家组成迎亲队伍，到女家接亲。汉族、满族在迎娶的前三四天即杀猪、备菜，鼓乐到齐后要吹奏一番，称做“响棚”或“亮轿”。娶亲由执宾人（满族多是萨满）主持，并选一子女双全的“全科人”做“迎亲太太”。蒙古族的迎亲队伍由“跟姑爷”、主婚人、亲友、歌手与新郎共同组成。达斡尔族在新郎迎亲到女家后，即请一位儿女双全的妇女陪两位新人吃奶油“拉勒”粘粥，象征婚后子女双全、亲密和睦。然后即安排新人同房。第二天，由女家选定男女傧相，组成送亲队伍由新郎带领于清晨赶路，不论路途远近，必须在男方屯外停车，生起篝火，以火祝愿新人未来生活兴旺。新郎此时先行返回男家送信，准备迎亲、典礼。赫哲族迎亲仪式与满族相似。回族的迎娶日多设在星期五“主麻日”，迎亲早年不动鼓乐，至中华民国时期，亦受满、汉族影响。锡伯族迎亲，去时为单数，返回时必为双数。朝鲜族早年的婚俗，多是“男家嫁儿，女家迎婿”。实行女嫁男家的新俗以后，接走新娘时，女家亲友设法拦住喜车，索要“路税”，留做新娘回门时的酒宴钱。

早年，黑龙江地区各民族的婚礼比较简约。至清代，在汉族的影响下，婚礼日渐铺排、奢侈。清末至中华民国时期，以汉族和满族为代表，婚礼仪式形成一整套固定的程式。送亲、迎亲队伍到达男家门外以后，新娘头披红盖布、怀抱万年柴（谐“财”）一束，宝瓶（谐“平”）一只下轿，由童男、童女以红毡铺路，跨过马鞍（谐“安”）、火盆，以此象征未来的生活发财、平安、红火。此后，新郎还须用弓箭向新娘虚射三箭，以示驱邪图吉。汉族还有向新房四角射箭的习俗，汉族和满族称婚礼为“拜堂”。行礼完毕后，新郎、新娘来到“洞房”，此时，由送亲和娶亲的“全科人”铺床，她们在新郎新娘的床上、被下撒上枣、栗子、花生等，以谐音“早立子”，象征“花搭着生”。蒙古族当迎亲的喜车到男家门口时，由男家的妯娌上前敬酒，新娘的嫂子接酒后向四方洒酒敬神。新婚夫妇跪拜火神、天地，新人入洞房时，歌手手执新娘亲手绣织的荷包大加赞美，然后将它抛向空中，围观者则奋力争抢这一吉祥物。与此相似，鄂温克族在婚礼上有争抢送给新娘的枕头及席间抢夺羊耳肉的习俗，鄂伦春族在席间兴起时，还举行激烈的赛马活动。朝鲜族早年在女家举行的“罕孔那得哩”婚礼。新郎、新娘互行跪拜礼，新郎抱木雁入洞房，随后上桌“受大席”。新郎须用筷子解开新娘衣带，方可同枕共寝。赫哲族婚礼称做“德日灰尼”，届时新郎、新娘先拜天地、祖先，婚宴开始时，新郎吃猪头，新娘吃猪尾，以示夫唱妇随。次日晨起，新娘拜见公婆，并用陪嫁斧子劈柴两捆，以示家务开始。回族旧时举行婚礼时“不用鼓乐、不拜天地”，婚宴上绝对禁酒，入洞房时新郎须背手闩门；男女傧相则由结过婚的人充当，以便传授夫妇间的规矩。此外，汉、满、达斡尔、鄂伦春等民族，都有婚礼后3天祭先祖祠（亦称“庙见”）或拜祭祖坟。蒙古族则在婚后第三日或第七日，由女方亲朋到男方家中送礼。朝鲜族旧俗，男方在女家举行婚礼后3天，新郎独自回家探亲；几个月或一年后，再接新娘回家，只受大席，不再举行仪式。

自中华民国时期以来，在大城市始兴“文明婚礼”，模仿西方礼节，男着西装，女披白纱，在教堂或礼堂举行婚礼。但乡镇、农村仍以传统婚俗为多。直至1949年10月1日中华人民共和国成立以后，随着新《婚姻法》的颁布，特别是80年代以后晚婚、“优生优育”的宣传教育深入人心，婚姻习俗有了很大改观。“新事新办”“移风易俗”，摒弃了庸杂和封建迷信色彩的仪式。少数民族婚俗更有了较大的变化，包办、买卖、等级婚姻基本废除，实现了男女平等，在不断受到汉族婚嫁习俗影响过程中，仍保留了具有民族特色的优良风俗——如蒙古族诵唱赞歌、蒙古书，回族进行信仰、行为劝诫；朝鲜族载歌载舞；鄂伦春族的比武、竞技活动等。在婚姻形式上，服役婚、转房婚、表亲婚、童养婚、包办婚、买卖婚、重婚等陋俗已基本取缔。离婚受到法律的保护，妇女权益有了社会保障。

七、丧葬

“野葬”，亦称“天葬”“风葬”“鸟葬”“树葬”，是黑龙江地区原住民族长期沿袭的一种较原始的丧葬形式。“火葬”，在黑龙江地区许多民族中早已实行，但多因死者属非正常亡故才施以火葬。满族先人则将火葬视为厚礼。只有回族伊斯兰教认为地狱是“火狱”，是罪人死后用刑的地方，在一般安葬亡人时不采用火葬。土葬，是汉族的主要丧葬形式，也是北方原住少数民族因受汉族影响实行的一种丧葬形式。赫哲族曾实行将死者两膝屈起、仰卧入葬的形式。鄂伦春族早年也有夫妻合葬的习俗。蒙古族定居后，活佛、葛根、喇嘛、尼姑及对神佛极虔诚者，除卧葬形式外还有“坐棺”形式入葬。回族葬式比较特殊，不用棺木。黑龙江地区诸民族丧葬仪式过程中所着的孝服，受中原汉族古代“斩衰”“齐衰”之礼的影响，略趋一致。

亡人的穿着，汉族俗称“装裹”，或“寿衣”“装老衣”，近、现代多为黄色绸缎衣袍，脚下登高底靴，衣、鞋多有图案绣饰，象征亡者到阴界的富贵、如意；丧服多为棉衣。蒙古族丧服一般为白衫、蓝裤，以象征纯洁的本色。鄂伦春族丧服则是蓝、黑色的绸缎或棉布长袍；回族的“寿衣”较为特殊，民族语称作“开凡”，实为“男三件、女五件”的白布制成的亡者的裹尸布。死者亡故之际，许多民族都有“招魂”“指路”的习俗。朝鲜族在人死之后要进行“招魂”。蒙古族也有请喇嘛为亡灵念经、指路的习俗，许多民族还有不可直言人死的忌讳。汉族在停灵、吊灵过程中，有“上床”“报庙”“开光”、设“灵头饭”、点“冥灯”及“开殃榜”“开明堂”“送三”“开吊”等仪式。满族在人死之后停于灵棚。灵前设素菜、供果、香炉、蜡台、清钱等。回族在人亡故之后，要“报寺”，请领“经匣”和“副木”（干溜子、水溜子）再由丧家“报孝”告丧。当夜守灵请教长念经“做讨白”，讲述积德行善、后世得见真主的道理。

出殡，汉族亡人出殡旧时有三七、五七直至七七四十九天才举行仪式的，后多改为三天。出殡多在清晨，前一夜祭灵、守灵之后，第二天家属、亲友聚齐，由长子手举“引魂幡”，上写“金童前引路，玉女送西方”等辞，在室内各角落呼唤亡灵随幡起身。待棺椁抬起，孝子跪在棺前将“丧盆”摔碎，送葬队伍起程。灵柩在途中不可着地，直到墓地。安葬时，将棺木缓缓落在事先挖好的墓穴土垄上，由亲人撒土3把，然后众人培土。培土时将幡插在坟当中，埋1尺拔1尺，埋3尺拔3次；埋毕于坟前奠酒设供。送殡后众人需回丧家，进门用酒漱口，同时净手，由丧家设席招待助忙人。满族出殡日多选在单日。回族在亡人出殡之前，由教长领男性送葬者环立在经匣周围，边念经文，边循环传递香炉，孝子则面西而跪。传毕香炉，教长又率男宾立经匣东西向，默诵经文，念毕启殡家属一般也不大声哭叫。朝鲜族旧时发引有三、五、七、九日之别。达斡尔族在送葬途中如遇河水，需要祭尊水灵，以求亡魂平安过河。下葬后，送葬队伍返回家中，需从大门外的火堆上跨过，以示“清洗”，然后由丧家将献祭的牛、马、猪肉煮成手把肉招待众人。拉过死人的车子则3天内不得使用，将车套卸下，将车翻过来放着。此外，赫哲族在出殡时还有请萨满跳神，以使死者到“伊木尔汗”（阎王）处不致受罪的信仰习俗；柯尔克孜族则请喇嘛念经，超度亡魂，并在早年不得于闰月年入土。

八、文学

黑龙江地区名山大川、江河湖泊、古城史迹、人物事件，直至草、木、虫、鱼、花、鸟、禽、兽等，几乎无不附有神奇的传说。广大人民群众世代相承，以此传承生活知识，激发朴素的乡土感情。民间口承文学中的人文神话，如弓矢、工具、技术的发明创造；祖先崇拜神话，如氏族、部落始祖功业的神异传述等。口承文学中的传说品类，浩如烟海。在北国名城齐齐哈尔流传的《风刮卜魁》的传说，与《狗咬沈阳》和《火烧船厂》齐名，被称作东北三大地方传说。史诗则是咏唱类长篇英雄传说，讲述了“莫日根”征城夺寨，寻亲复仇的英雄事迹。此类长篇讲唱有的连续长达数十昼夜。赫哲人最喜听的史诗篇章，称此类演唱为“大唱”，即民族语所说的“伊玛堪”（意为捕鱼人之歌）中的篇幅较长的作品。据30年代初，中国著名民族学者凌纯声在所撰《松花江下游的赫哲族•下卷》中记载有10余部。1949年10月1日中华人民共和国成立后，以今《小兴安岭》南部原毕拉尔部族（逊克县一带）孟、莫两姓家族保存最为完好。已记录的长篇史诗《摩苏昆》，计有《英雄格帕欠》《皮尔卡内莫日根》《布提哈莫日根》等，被看成是濒于消失的口承文学珍本。在满、蒙古、达斡尔、鄂温克等民族中，也有类似的长篇英雄讲唱作品在流传。

黑龙江地区广为传承的故事，有幻想故事、生活故事。少数民族故事，多结合渔、猎、畜牧、养殖、采集生产，富于传奇色彩和乐观的幽默感。各民族都广泛流传着鬼灵故事。汉族、满族称“鬼狐传”；蒙古族称“蟒古斯”（妖魔）故事；鄂伦春、鄂温克、达斡尔族称“犸逆”（魔鬼）；赫哲族称“乌鲁古力”（罴精）故事。情节古怪离奇，闻者毛骨悚然，惊惧中，欲罢不得。此类故事虽多荒诞不经，但仍展现出惩恶扬善，除奸驱邪，催人奋发的主题思想。

黑龙江地区的汉族及少数民族，能歌善舞，开口成吟。鄂伦春古谣称：“是歌把我们接到人间，又是歌把我们送上圣天”；“兴安岭有多少棵树，鄂家人就有多少只歌儿”。少数民族在生产、婚嫁、丧葬、节日、歌舞、竞技、祭祀等民俗活动中以歌应答，吟唱民歌。广为妇女、儿童和少年所传述，具有浓厚的趣味性和知识性。“合曲为歌，徒诵为谣”。歌谣往往节奏鲜明，简洁明快，讲求押韵，琅琅上口。秧歌，旧称“蹦蹦”，解放后称“二人转”，是一种载歌载舞的说唱文艺。广泛流传于东北三省，素有“南浪、北唱、中间两边晃”之说。

九、艺术

赫哲族民间乐曲多是固定的形式，歌词多是触景生情，即兴编出的。“嫁令阔”是纯朴、悠扬，歌颂自然风光的抒情曲调。鄂温克族民歌，大致可分为较短的抒情歌和较长的故事歌。朝鲜族歌曲则比较婉转悠扬，节奏感和抒情成分都比较突出。蒙古族歌曲则舒放强健。如较长的故事说唱《嘎达梅林》《陶特格》；较短的爱情歌曲《敖包相会》。达斡尔族能歌善舞，较为著名的民间歌曲如“扎恩达勒”等，曲调高亢，别具一格。柯尔克孜族的“库木孜”弹唱也很有名，给人一种别开生面之感。鄂伦春族的《高高的兴安岭》等民歌则表现出山林狩猎民族的独特风貌。汉族民间则广泛流行多种民歌小调。较有代表的如“五更调”的《寡妇五更》《绣楼五更》及“十二月”等，颇具北方浓郁的地方特色，直爽、真切地抒发了民众的情怀。

口弦琴，是几个民族民间绝无仅有的伴奏乐器，赫哲族称“木康吉”；鄂温克族称“崩龙刻”；达斡尔族则称“口胡”（民族语称“木库连”）。形似音叉，以铁片或木片做成外壳，中间嵌以细长的钢片，含在口唇之间，靠口腔颤动及手指拨动发音，奏出的曲调深郁幽远，适于独奏自娱。鼓，是民间乐曲歌舞中不可或缺的伴奏乐器，满族以前的击鼓乐器如台鼓、单鼓等，均来自传统萨满教的跳神伴奏器具。赫哲族亦有源于萨满的椭圆形鼓器及“阿哈玛发”用的圆形鼓。鄂温克族则有手鼓，称“温通”，多用于宗教舞蹈的伴奏。朝鲜族在歌舞中的鼓器伴奏尤为突出。独具特色的长鼓、法鼓、民鼓、小鼓等，朝鲜族乐器除鼓器外，尚有独具特色的伽椰琴、牙琴、筒箫、短箫、高音横笛、铜锣、唢呐等。柯尔克孜族所有乐器有胡琴、横笛、箫、五弦琴等。蒙古族马头琴，民族语称“绰尔”。

朝鲜族舞蹈最有特色。其舞蹈“柔如蜡焰，舞如鹤腿，动如垂柳。”其具代表的有农乐舞、帽带舞、道拉基、顶水舞。满族的蟒式舞，以其雄壮、矫健的气势和舞姿展示了满族舞蹈艺术的神采。蒙古族称舞蹈为“布吉格”。最为著名的“布吉格”当数“安岱”舞。鄂温克族舞蹈以集体性居多，步伐简单，生动活泼。主要有“阿罕拜舞”“爱达哈喜楞舞”“哲辉冷舞”等。鄂伦春族原始舞蹈的共同特点是边歌边舞，动作由慢而优美到快而粗犷，一直到紧张激烈的节奏呼和。如“黑熊搏斗舞”“依哈嫩”“群求嫩”（即“树鸡舞”），在喜庆的集会上，锡伯族青年喜唱“街舞春”（情歌），跳“贝伦舞”，柯尔克孜族的“阿古拉迪”舞，受到达斡尔族影响。具有赫哲族民族特色的“天鹅舞”和“姊妹舞”，在省和国家的文艺汇演中受到好评。每逢年节汉族的大秧歌是深受多民族欢迎的喜庆舞蹈。二人转是盛行于黑龙江地区城乡的群众娱乐活动。此外，在一些老县城中旧时盛行戏班演出京剧、河北梆子、评剧及“蹦蹦戏”、皮影戏等。

剪纸是民间妇女中比较普遍制作的手工艺品。传统的民间剪纸有“狮子滚绣球”“凤凰戏牡丹”“蛇盘兔”及“五毒图”等。“窗花”“挂钱”等也花色繁多，别具一格。“挂钱”即年彩。多在年节喜庆时悬挂在门楣上。以莲花、鲤鱼、麦穗、棉桃、花鸟、套环等构成基本图案，并在中间刻有“连年有余”“丰衣足食”“合家欢乐”“步步登高”及“福”“喜”等字样，下部刻有散穗。少数民族的剪纸，则更具有浓郁的地方和民族色彩。独特的渔猎、游牧生产，也渲染了其艺术作品中独特的生活异彩和魅力。如鄂伦春族剪纸《幸福鄂家》《拉网》《北国风情》等作品，令人耳目一新。庆安县在省里展出的百余幅作品，引起有关艺术工作者的关注。海伦县的剪纸活动更为普及，曾多次举办大型剪纸展览，受到好评。

民间雕刻以赫哲、鄂伦春、鄂温克等民族的桦皮器皿的雕刻最具特色。阴阳纹相间，点线纹混合；图案有云纹、花朵、鸟兽，甚至山水风景也尽现眼底，构图具有立体感、生动美观。汉族的冰雕雪塑，更具有北方冬季的生活特色。冰雪成为人们抒发艺术情怀的天然加工原料。绣编是多民族妇女手工的“拿手好戏”。鄂伦春人的刺绣有在各种皮制品上绣上花纹图案；有用皮板剪成各种图案花纹，再绣在皮制品上。赫哲族也多有类似的绣编图案。汉族传统刺绣，技巧和构图设计更为成熟。如“蝶恋花”“龙凤呈祥”“四蝠捧月”等图案，绣在案帘、枕顶等布面上，淡雅大方、工细精美。编织也是民间手工艺的普及形式。鄂伦春族早期用熊毛、犴毛及马鬃、马尾等编织衣物及马具。用各色丝线编织的“布日格也”，是围在帽沿上的装饰品。帽子后面的飘带“扎拉干”，也是用彩线编织的。随着对外开放和经济生产发展，各种款式图案和针法的钩编样式不下百种；毛线也粗细不同、色彩各异，如“马海毛”“开丝米”“棒针线”等，应有尽有，亲自钩编时兴毛衣外套，成为城镇妇女的时尚。

十、节日

春季岁时民俗正逢农历新年伊始，以春节及正月岁时节令最为丰富多彩。相传正月初一子时“新神下界”，汉族早年多在院中摆天地神位，烧香燃蜡，供奉祭品，并鸣放鞭炮，焚烧纸马等。全家老幼向神位叩拜。煮食水饺，称“元宝汤”、出外“拜年”，长辈多给晚辈“压岁钱”。届时家家张贴春联、满族旧时用白纸、满文书写对联，现习俗多与汉族相同。蒙古族称春节为“白节”，旧时有新年悬挂白旗的习惯。朝鲜族在春节期间有歌舞及跷板、秋千等娱乐活动。柯尔克孜族用十二生肖纪年。在春节时则拜祭“蛇神”。赫哲族在旧历年时用面做丸子供神。锡伯族在春节有“烧包袱”祭祀家祖亡灵的习俗。蒙古族在农历正月初四至十五，要举行“灭德尔”经会。汉族等则在正月初五后进行“破五”。正月初七、十七、二十七，俗称是孩童、中年、老年的“人日”。正月十五元宵节为朝鲜族的“五谷节”。二月初二，俗称“龙抬头”。农历三月清明时节，许多民族都有举行家祭，或到墓地祭扫、修坟的习俗。此日俗称“鬼节”。“月亮屋”是朝鲜族的节日习俗。

夏季岁时民俗从农历四月初八开始俗称“佛诞节”，即“浴佛节”，是佛祖释迦牟尼的生日。四月二十五，蒙古族于此日举行“祭成陵”活动，在四月二十五至二十六，要举行“玛尼”经会。四月二十八，俗称“药王节”。五月份无定日诵经7天，称“呼日乌苏”，即求雨经会。六月初四至初九则为“迈德尔”经会。农历五月初，部分满族人在宁古塔一带举行“五月节”活动。农历五月初五为端午节，各民族都有采蒿、吃黏食的风俗。锡伯族在过端午节时，用各种布条做成“猴子”，缝在儿童肩背上。达斡尔等民族则在端午节时赶往德都药泉山登山，并在山顶石堆上投放石头，表示扔掉病灾。现在，药泉会已变成观赏火山、药泉，集贸易、游园为一体的各民族盛大节日。六月初六为“虫王节”。六月二十三为“马王节”。蒙古族在农历六月间举行“敖包会”。鄂温克、达斡尔族亦有此俗。鄂温克族在农历六月牲畜膘壮时，供奉“吉雅其”，即牲畜之神，鄂伦春、达斡尔等民族亦供奉此神。“流头节”是朝鲜族的传统节日，每年夏历六月十五日举行。

黑龙江地区的朝鲜族农历六月二十日举行“老人节”活动。反映出尊老敬老的传统风俗。农历七月，赫哲族仍有携酒墓祭，培坟修土的习俗，谓之“七月清明”。七月初七，相传是牵牛星与织女星相会之日俗称“乞巧节”。此外，七月十五，称“中元节”，亦称“鬼节”。八月十五仲秋节，各民族早年都有当晚在院中摆瓜果、月饼，焚香祭拜月神的习俗。现则演变成吃用瓜果、月饼，评菊赏月。柯尔克孜族在八月二十八举行祭敖包活动。蒙古族亦有祭“鄂博”（即敖包）的活动。蒙古族每年举行的“那达慕”大会，即由此而来。满族则有在每年秋后进行祭祖活动的习俗。九月初九“重阳节”，许多民族都在此日登高望远。现已由政府将此日定为“老年节”。

冬季岁时活动，以十二月至春节前夕最为频繁丰富。进入农历十月，初一便是“鬼王节”，又称“下元节”。锡伯族尤注重此俗。旧时蒙古族还有在十月跳“查玛”舞，亦称做“跳鬼”。十一月中旬冬至，俗称“冬节”。用面粉、肉馅包馄饨食之，意在预祝来年日子丰盛红火。十二月初八，即“腊八”，诸多民族都有煮食“腊八粥”的习俗。十二月二十三，汉族称“过小年”。诸多少数民族则称此日为“火神节”。鄂伦春族称“火神”为“透欧博如坎”。不仅十二月二十三祭之，且过年拜年时要先拜火神再拜主人。一年后的最后一天，称作“除夕”，又称“年三十”。此日汉族家家张挂彩灯，贴饰春联、挂钱，天地神位、列祖列宗、灶神等都要设香供奉，合家围坐在一起“熬夜”“守岁”，包饺子。至半夜则鸣放鞭炮，接神吃饺子。满族早年在除夕之夜即行拜年之礼。锡伯族亦有此俗。蒙古族在年三十供祭佛龛。鄂伦春族在除夕要“熬夜”守岁，俗称“除夕不眠，精神一年”。达斡尔等族亦有此俗。赫哲、鄂伦春、鄂温克等民族亦在此日供奉山神、畜神、部落神等。

生产节日以柯尔克孜族的“诺劳孜节”“冬希曼节”及鄂温克族的“米阔鲁节”最有原始特色。“诺劳孜节”时在入春时，白羊星在正南升起的第二天。此日为柯尔克孜族太阳历的元月初一。“冬希曼节”，一般是在每年秋天初获丰收之时择日进行。“米阔鲁节”多在农历五月下旬举行。这是鄂温克牧民统计当年增加新畜的日子。鄂温克族在每年的农历四月，则要举行一次“萨满”的盛大集会。锡伯族的“抹黑节”，别具情趣。时在正月十六。达斡尔族亦有此俗，称“阔乌都日”，即“黑灰日”。其时遇有过路人也要骑马追上，抹上一脸黑。“圣纪节”“开斋节”“古尔邦节”，并称回族伊斯兰教三大节日。

娱乐节日最初往往都与信仰习俗相关，其后发展为综合经济、文娱形式的民族盛大节日。最有特色的是敖包会和那达慕大会。蒙古族、柯尔克孜族、达斡尔族及鄂温克族等，均有祭敖包习俗。在祭敖包活动的基础上，蒙古族形成了以体育活动为中心内容的“那达慕大会”。各地牧民不分男女老幼，从遥远的地方云集而来，盛装艳服，进行激烈精彩的赛马、摔跤、射箭、打布鲁（猎具）、踢乌兰红、下沙塔拉（蒙古象棋）、踢奔布格（球类）等体育竞技活动。

1949年10月1日中华人民共和国成立以后，在公历1月第一天欢度元旦；5月1日庆祝国际劳动节；5月4日共青团组织广大青年举行纪念青年节活动；6月1日少年儿童愉快地度过自己的节日；7月1日是中国共产党诞生纪念日；8月1日是中国人民解放军建军节；10月1日是中华人民共和国成立纪念日。哈尔滨在“文化大革命”前即举办了独具特色的“冰灯游园会”，在1966年5月“文化大革命”期间被迫中止。现又恢复，并在此基础上，发展成为集交易财贸、冰灯游园、各界联谊、交流文化等为一体的“冰雪节”。一年一度，在1月5日揭幕。

十一、竞技

满族是善于骑射的狩猎民族。直到现在仍在满族的盛大民族活动中进行。明末清初，满族踢“形头”的足球运动由原始的娱乐竞技方式发展为体育运动。蒙古族摔跤、赛马、射箭，并称“三勇绝技”，每年在“那达慕大会”上成为竞技的重要项目。摔跤比赛时要穿“招得格”摔跤服。优胜者受人尊崇称为“布克沁”“巴图鲁”英雄。柯尔克孜、达斡尔、朝鲜等民族也有这样的习俗。柯尔克孜族有马上摔跤项目。蒙古族的赛马也是一项精彩的竞技项目。鄂伦春族也有赛马竞技习俗。柯尔克孜族还有“叼羊”赛的习俗。鄂伦春族称射箭为“哥判耶嘎尔拍地仁”。

达斡尔族民族体育竞技活动是已有1 000多年历史酷似现代的曲棍球打法的打“贝阔”。朝鲜族的传统竞技项目有跳板、荡秋千、拔河和顶瓮竞走等。掷骰下棋是朝鲜族的民间博奕活动。蒙古族鹿棋，也是集中表现古老的民间博奕习俗的项目；民族语称“沙塔拉”。现也列为

“那达慕大会”的竞技项目。汉民族有打麻雀牌的习俗。在日常生活及运动会上，篮、排、羽毛、乒乓等球类活动，已成为广泛的群众性体育竞技项目。象棋和围棋、扑克等，在民间更受欢迎。

十二、信仰

黑龙江地区的蒙古、达斡尔族、满族、赫哲族、锡伯族有祭祀天神的习俗。赫哲族早年则以供奉形象特异的大树的形式祭天。锡伯族在举行婚礼时，先供奉在神位。它还有以西天为贵的观念，打赌起誓或预测天象都要面向西天。黑龙江地区许多民族的星辰信仰民俗中有一个突出的特点，就是太阳神的信仰比较淡漠，而月亮神、北斗星神的信仰却又与许多民族的生产、生活息息相关。满、蒙古、达斡尔、鄂伦春、鄂温克、赫哲、锡伯等民族都有在生产、丰收或年节时举行星祭仪式的传统习俗。

达斡尔、鄂伦春、鄂温克、赫哲等民族，都有信仰山神“白那恰”的习俗。蒙古族也有祭山的习俗。蒙古、达斡尔、鄂温克等民族还有祭祀“敖包”的信仰习俗。祭祀敖包的形式有火祭、酒祭、血祭。赫哲、鄂伦春等民族有河神、水神祭祀习俗。每年开江打鱼时都举行隆重的水神祭祀仪式。从古至今自然界中的火都受到人们的虔诚尊崇。在汉族中仍然流传的十二月二十三祭灶的习俗，就是火神信仰的变相反映。直至中华民国时期，黑龙江地区的汉族大多都在“小年”深夜向贴挂在厨灶旁的“灶王爷”神像祭供以此象征灶王爷回天界过年并带回新一年的吉祥、好运、人丁兴旺、五谷丰收。满、蒙古、达斡尔、鄂伦春、赫哲等民族的火神信仰和祭祀仪式更为古老、质朴。蒙古把火作为长生和兴旺的象征。特别是十二月二十三这天，必须举行隆重的“嘎嫩宝尔罕”——火神的祭拜仪式。鄂伦春族称火神为“托奥博日坎”。每年除夕之夜点上篝火，供奉酒肉。鄂温克族把每家每户的火种视为家族的保护神，象征种族的延续、繁衍。

黑龙江地区许多少数民族的先人都曾有过原始的动植物信仰观念。其中，以满族、蒙古族的鹰神信仰、鄂伦春、鄂温克、赫哲族的熊、虎、鹿神信仰和满、蒙古等民族的神树信仰最具代表性。

汉族在农历除夕之夜多在家中摆设供桌，将“年夜饭”供祭在3个祖灵的牌位前。然后由子孙晚辈到祖坟或十字路口烧纸、叩头，请祖灵回家过年。赫哲、锡伯及部分满族人也有在年三十晚上为祖灵送钱和日常用品的习俗。满族祭祖仪式中供奉“佛托妈妈”祖神。蒙古族的“土烈食连”烧饭祭祖习俗也相沿了1 000余年。达斡尔族的祖神“霍卓日巴日肯”在初一、十五烧香叩头，有病或年节时杀猪供奉。鄂伦春族早年也相信人死以后灵魂不灭，因此每个氏族都供奉自己的祖先神“阿娇儒”。赫哲族称祖宗三代神为“别欧本玛发”，从十二月三十到正月十五，都要在灵位前摆设猪头、馒头、米饭、酒茶，香火一直不断。鄂温克族供奉的“伊敖勒”神，又叫“霍卓热”，意即根、祖先。求其宽恕过失、驱鬼保平安。锡伯族的祖先神称为“喜利妈妈”，锡伯语为“延续”“老祖母”之意。

黑龙江地区的满、蒙古、朝鲜、达斡尔、鄂伦春、鄂温克、赫哲、锡伯等民族，都普遍信奉原始萨满教。萨满教信仰只是在宗族祭祀、占兆丰歉、婚嫁丧葬和祛病除灾的活动中表现出萨满巫师的作用。形成了以萨满祭神、比试本领高低为主要内容的“萨满大会”，成为宗族的重要聚会活动。鄂伦春族的萨满祭祀有春秋祭之分。赫哲族也有与鄂伦春族相类似的萨满春、秋祭礼。在盛大的萨满大会上，萨满之间还要相互比试技艺。跳神治病，是萨满日常进行的一种祭神、求神仪式。满、朝鲜、达斡尔、鄂伦春、赫哲等民族受到汉族的影响，也信仰道教、佛教和儒家思想。此外，蒙古族还普遍信奉喇嘛教，回族始终信仰伊斯兰教，朝鲜族信仰天道教、大倧教、基督教等。

十三、禁忌

汉族、满族在服饰、饮食、婚嫁、时辰、称谓的方面禁忌较多。如汉族有“男不露脐、女不露皮”的服饰禁忌；有“白马怕金牛”“鸡猴不到头”的婚姻属相禁忌；有请财神忌说“买”，添饭忌说“要”等语言禁忌；有“七不出门，八不回家”“正月不剃头”的时辰禁忌等等。清代的满族则有不戴狗皮帽子、不吃狗肉、不剪辫子、同族不通婚、不得直呼祖上名姓的禁忌习俗。蒙古族则禁食狗肉、驴肉和白马肉。出行时忌和别人换骑马匹；遇到婚嫁时须躲避，以为“娶亲鬼跟着，死人神跟着”。办喜事时忌用黑色、黄色，办丧事时忌用红色、白色。家有重病患者时，忌在日落以后来人探视。产房不得随意出入。女人不得坐在男人的帽子上，月经用过的东西须及时埋掉。不能直呼神灵、祖先、凶猛野兽、险峻山川的名字。不得向火中扔污物和锐器、石头等，不能迈跨火堆，不能向火堆泼水，不能向佛灯取火、点烟等等。回族早年的饮食禁忌也较多。如食用的牲畜中必须是牛、羊、骆驼、鹿、兔等偶蹄反刍动物。动物的筋、油、肝、肺、心、腰、肠、肚、头、蹄可以入菜，但耳、鼻、鞭、泡、脑、血、胰等均不得食用。食用的动物必须经阿訇奉安拉之命宰杀，自死或外族人宰杀的肉不能食用。猪、狗、驴、骡等牲畜的肉绝对禁止食用。此外，对于“叫鱼不像鱼、像鱼不叫鱼”的龟、鳖、蚌、蟹及无鳞、无脊刺和腹翅、形状怪异的鱼类，也在禁食之列。达斡尔族也有对熊、虎、狼等不得直呼其名的禁忌，这与鄂伦春、赫哲、鄂温克等民族的习俗十分相似。还有姑娘不得在偶数的年龄结婚。娶亲时喜车要在日落前到夫家，如果日落后赶到，需在大门西侧悬挂一镜子代表太阳。妇女怀孕时不能看灶坑、不能睡熊皮褥子。人之将死时，家人都不能睡觉，以免灵魂被亡灵带走。防止猫从死户上跳过，否则会“炸尸”。除夕之夜须在天黑前将窗户遮好，不能在屋外直呼室内人的名字。除夕到初五不往外倒垃圾，妇女不动针线。家狗不得上屋顶，否则要大难临头。不可用刀、剪、筷子等指点人。小孩出疹时不能炒菜、打猫狗、做针线活。小孩不得在牛棚、马圈、灰堆上大小便。不准砍伐祭祀用的神树，不得卖掉祭祀用的猪、羊等物。鼠日和灾日不能开犁播种等。鄂伦春、鄂温克、赫哲等民族的生产禁忌习俗更为严格。鄂伦春人在出猎或捕鱼之前不能作计划，预计打到多少野兽或捕到多少鱼，否则会触怒山神、河神。出猎的人路经“白那恰”山神时需下马敬酒、敬烟，不可无礼。打猎、捕鱼时禁止随意喧哗、吵闹，更不能咒骂野兽，否则会遭到报应。不得猎取正在交配的兽类，否则后世不得安宁，不得猎捕正在孵卵或哺乳的雌性禽兽。猎到鹿、犴、野猪、熊等动物时，心脏和舌头不得分开切割。用狍哨引来的狍子不能割下脖子，否则再难打到狍子。以上动物的心、肝、内脏等只能由自家人享用，不能送给或卖给外人。狩猎时不能把木棍横在经常走过的路上，忌烧长木头。捕鱼时忌往河里撒尿或吐唾沫。

第二节 方 言

一、方言形成

黑龙江地区约有99%的人口以北京话为基础，并吸收了其他方言的一些成分，这是因为清廷所遣的官员多来自北京以及满人也多使用北京话的缘故。随着山东、河北以及河南、辽宁等省的汉族移民不断增多，有0.9%的人口所说的话是在本地话、山东话、河北话、辽宁话的基础上形成的。如二屯话，通行于同江市的二屯、三屯一带。这里的老户大都是山东安丘人，也有少数是山东费县、巨野、诸城等县的人。至今已有70多年的历史。太平屯话，通行于嘉荫县的太平屯一带。这里的老户大都是从河北省的东光县和山东省的曹县、泰安等地迁来，至今已有40多年的历史。虎林话，通行于虎林县境内。虎林的居民大都由辽宁的丹东迁来，因此，虎林话是在丹东话的基础上形成的，历史也比较悠久。

由于中东铁路的兴建，大批俄国员工移居铁路沿线，有些俄语也渗入黑龙江省的方言，成为日常生活的用语。如列巴li ě ba（面包）、马神m ǎ sh é n（缝纫机）、布拉吉b ú lá ji（连衣裙）等。随着日本帝国主义侵入了东北，一些日语词也渗入了黑龙江省的方言。如：榻榻米t ǎ ta mi（床上的草垫子）、邮便y ó u bi à n（邮政、邮件）等。汉族在同其他民族的交往中也把其他民族的某些词吸收到汉语方言之中。如满语的埋汰m á i tai脏、肋忒l ē de不整洁，不利索等。黑龙江方言的特点是方言内部一致性较强，与普通话的语音、词汇、语法差别不大，但又有其独特的特点。

二、语音特点

北京话的零声母逢开口呼，如“挨矮爱熬袄安暗岸按案昂俄鹅蛾饿额恶恩摁欧偶藕呕怄沤”等字的读音黑龙江各地有差别，主要表现在声母上。读n声母，如“矮”读作n ǎ i，“袄”读作n ǎ o，“鹅”读作n é，象庆安、北安、五常、宾县、巴彦、木兰、方正、延寿、双城、安达、肇州、肇源等地就是这样。读零声母，与北京话相同，如“矮”读作 ǎ i，“袄”读作 ǎ o，“鹅”读作 é，象黑河、漠河、呼玛、逊克、孙吴、嘉荫、同江、抚远、饶河等地就是这样。读n声母或零声母不定，有的可以自由变读，如“矮”读n ǎ i或 ǎ i，“袄”读n ǎ o或 ǎ o，“鹅”读n é 或 é，象依兰等地就是如此。

北京话的翘舌音声母字（声母是zh、ch、sh的，即古知庄章3组字）黑龙江各地读音有差别。读作翘舌音，如“知”读作zh ī，“抄”读作ch ā o，“山”读作sh ā n。像哈尔滨、宁安等地即是如此。读作平舌音，如“知”读作z ī，与“资”同；“抄”读作c ā o，与“操”同；“山”读作s ā n，与“三”同。像密山、林口等地就是这样。读平舌音或翘舌音不定，同一字可以自由变读。如“知”读作zh ī 或z ī，“抄”读作ch ā o或c ā o，“山”读作sh ā n或s ā n，本地人认为没有区别。像佳木斯、富锦等地就是这样。

北京话的r声母字（古日母字）如“日人染让热软绕揉”等，多数地方读零声母。如“日读作义y ì，染 = 眼y ǎ n，让 = 样y à ng，热 = 夜y è，软 = 远yu ǎ n，绕 = 要y à o，揉 = 由y ó u，等等。少数地区仍读 r 声母。一般说来，满人或汉人比较集中的地区，读 r 声母的多，前者如宁安、依兰，后者如肇源的茂兴、新站等，而辽宁、吉林等地移民较集中的地区，读零声母的居多。此外，和文化程度也有很大关系，文化层次较高的，一般读 r 声母。

北京的b、p、m、f逢o，黑龙江省大都读e韵。如：波玻b ē 、坡p ē 、磨沫m è 、佛f é 等。

黑龙江地区方言没有入声，各地的声调是阴平、阳平、上声、去声四个。古今声调的沿革和北京话大致相同。

三、词汇特点

黑龙江方言有许多跟普通话相同的词，但读音和普通话有相近或较大的差异。有的表现为词的表现形式相同，但词义有别。如“笼火”：普通话泛指“点火”；黑龙江话却专指“在野外点火”。再如“棒子”：普通话指“棍子”，黑龙江话兼指“瓶子”（酒棒子、玻璃棒子）。

有的表现为词义相同，但词形有别。如普通话的“刚才”“耳屎”“肚脐儿”“手掌”黑龙江话则分别为“才刚”“耳残”“肚脐子”“手巴掌”（手巴掌有时还有手套之意）等。

有些词北京话不说，但在黑龙江省甚至整个东北地区则比较通行。如毛嗑儿m á o k è （葵花子儿）、老家贼l ǎ o ji ā z é i（麻雀，也说“家雀儿”）、淘登t á o deng（想办法弄到）、跑卵子p ā o l ā n zi（公猪）、闹了归齐n à o le gu ī q í （归根到底）、老蒯l ǎ o ku ǎ i（老婆的俗称）、打八刀d ǎ b ā d ā o（离婚）、勒大脖子l ē i d à b é zi（敲诈勒索）

四、语法特点

黑龙江地区方言语法的特点，既表现在构形、构词和词类上，也表现在词的组合、句子的构造和句子的类型上。

用附加式构成的形容词类型丰富，形式多种多样。有前附加：在实语素的前面，附加虚语素“鼻句、精、焦、死、稀、溜、黢、恶、瓦”等构成形容词，如“鼻句咸、精湿、稀酥、溜直、黢青、恶苦、瓦凉”等。后附加：在实语素的后面附加虚语素构成形容词。如“黑掺掺、扁得哈、嘴不唧叽、黄不即即、透亮什奔儿”等。中附加：在形容词中间加嵌音的构词方法。它不是普通话的A里A B式（马虎——马里马虎），而是A拉巴 B式，如坷碜——坷拉巴碜、憋屈——憋拉巴屈、埋汰——埋拉巴汰、胡涂——胡拉巴涂等。

普通话反复问是用肯定和否定相叠的方式提问。如：他愿意说不愿意？他愿意不愿意说？他愿不愿意说？黑龙江方言除了用这种方式提问外，还多用在肯定式后面加“不”或“没”以及“吗”的方式提问。如：他愿意说不？他愿意说吗？他敢去不？他敢去吗？还有饭没？还有饭吗？

大事记

◇上古　夏　商　周（含西周、春秋、战国）

◇秦　汉　三国　晋　南北朝　隋　唐（含渤海国）

◇五代　宋　辽　金　元

◇明

◇清

◇中华民国

◇中华人民共和国

上古 夏 商 周（含西周、春秋、战国）

约公元前四万年～秦始皇二十六年

（约公元前40000年～公元前221年）

约公元前400～前300世纪

在今黑龙江省五常县龙凤山乡学田村，考古发现了距今约4万～3万年的晚期智人人骨化石，从伴生的具有人工打击痕迹的石片及哺乳动物骨骼化石看，当时这里的人们已将狩猎作为谋生的重要手段，这是迄今所知黑龙江地区的最早居民。

Δ 在今哈尔滨市西郊阎家岗，考古发现了距今约3万年前的人类头枕骨化石，从伴生的哺乳动物化石，打制石器遗迹看，这里应是狩猎者的营地，当时这里的居民已经以狩猎作为谋取食物的重要手段。这块首次发现的人类头枕骨化石，已被命名为“哈尔滨人”。

约公元前50～前30世纪

在今齐齐哈尔市昂昂溪一带，居住着生活在新石器时代的母系氏族群体，主要以渔猎为生，妇女也参加狩猎活动。

Δ 在今密山县新开流发现的新石器遗址表明，距今6 000年前左右，兴凯湖滨生活着一支以渔猎为生、以捕鱼为主的先民。

帝舜二十五年（公元前2018年）

分布在今黑龙江东部地区的肃慎先民派使者前往中原地区，向华夏部落大联盟的首领帝舜贡献楛矢石砮。

夏帝芒三年（公元前1975年）

夏王朝的帝芒在位年间，东北的“九夷”派使者到中原，向帝芒朝拜并贡献土特产品。

商王汤时（公元前1711～前1698年）

夏自孔甲之后渐趋衰落，桀无道，“百姓弗堪”。商族首领汤率诸侯和诸夷灭桀，史称

“成汤革命”。肃慎先民使者向汤贡献楛矢石砮，确立了对商王朝的从属关系。东胡的先民和商王朝也有了贡属的关系。

周武王十一年（公元前1066年）

周武王姬发率诸侯灭商后不久，曾通道于九夷百蛮。肃慎的使者再次前往中原地区，向武王贡楛矢石砮。周武王将楛矢石砮分赠给诸侯珍藏。

周武王时（公元前1063年至前1057年）

周公佐成王，摄行政事，用兵3年，始定三监之乱，杀武庚、管叔，流放蔡叔。后又继续向东北面用兵，灭奄（今山东曲阜一带）等50余国，势力达于东海，影响及于当时的东北地区。肃慎人再派使者入贡，祝贺周王朝平定东夷，并以大麈为献。周成王因命大夫荣伯作“贿肃慎之命”，进一步确立了同肃慎人之间在政治上的隶属关系。

西周至战国时（公元前1000～前221年）

在今内蒙古呼伦贝尔草原至大兴安岭地区散居着东胡人及其先民，以畜牧射猎为业。呼伦湖、海拉尔河及额尔古纳河一带依山面水向阳坡地上的石棺墓群及出土的石镞、石锛等物，有可能是他们的物质文化遗存，而同时出土的玉璧、陶鬲等物则表明他们与中原华夏诸族的关系密切。

周景王十二年（公元前533年）

周大夫詹桓伯对晋人申明：“肃慎、燕、亳，吾北土也”，明确地把肃慎人所在地区（包括今黑龙江省的东部地区在内）列入周王朝的领土版图。

战国后期（公元前4至前3世纪）

索离首领之子东明南渡掩淲水（今松花江），建立了夫余政权。

战国末叶（公元前3世纪后期）

东胡势力复兴，建立了新的强大部落联盟，势力范围和影响达到今松辽平原的部分地区及今内蒙古东部一带。其中的一支即北部鲜卑的先民们自大鲜卑山（今大兴安岭北段）西迁于呼伦贝尔草原一带。

秦　汉　三国　晋　南北朝　隋　唐(含渤海国)

秦始皇二十六年至唐天祐四年

(公元前221年~公元907年)

秦始皇二十六年（公元前221年）

秦统一六国，分全国为36郡，建立了统一的多民族封建国家。不久，箕氏朝鲜王否臣服于秦，使秦的势力和影响深入到今东北地区南部一带。

汉高祖元年（公元前206年）

刘邦建立西汉王朝。不久，出兵平定今东北南部的割据势力，恢复辽东、辽西、右北平3郡的建置。

汉武帝后期（公元前100年前后）

在卫氏朝鲜灭亡后，夫余政权逐渐强大，辖域南达今长白山，东抵张广才岭并迫使岭东的肃慎人臣服，北越弱水（今松花江）进入嫩江草原，西至今嫩江一带。

西汉后期至西晋时期（公元前1世纪中叶至公元4世纪初）

肃慎后裔诸部被称为挹娄，分布在今张广才岭及小兴安岭以东到海之地，社会生产有了较大发展，但因诸部并立，未能统一，臣服于夫余政权。

Δ 位于今绥滨县新城镇附近的蜿蜒河遗址，被认为是挹娄人的文化遗存。其居址多为5×5米见方的半地穴式住屋。同类遗址分布于今黑龙江中下游及乌苏里江下游一带。从其物质文化的发展看，已进入了早期铁器时代。

Δ 在今双鸭山市与集贤县之间发现的滚兔岭遗址，其物质文化已进入了早期铁器时代，有大量的穴居坑即半地穴式居住址，筑有栅寨之类的防御设施，被认为是挹娄人的遗存，同类遗址分布在今三江平原南部一带。

公元前1世纪下半叶

匈奴势力中衰，部分鲜卑人走出大兴安岭山林，在推演率领下“南迁大泽”，进入呼伦贝尔草原。

东汉建武元年至建武六年（25～30年）

在农民大起义中，西汉宗室刘秀建立了东汉政权，逐渐加强对东北的管理。至建武六年（30年）出兵辽东，恢复了汉廷在东北地区的行政建置。

东汉初平元年（190年）

辽东太守公孙度利用中原地区纷乱之机，割据辽东、辽西一带，先后东伐高句丽，西击乌桓和鲜卑。夫余王尉仇台附属于公孙氏政权。今黑龙江南部逐渐成为公孙氏的势力范围，但由于鲜卑人方兴未艾，西部地区仍在鲜卑势力的控制之下。

魏景初二年（238年）

司马懿率魏军灭公孙氏政权，东北南部地区入魏。由是“海表谧然，东夷屈服”，夫余等改属于魏，遣使朝贡。今黑龙江地区成为魏的势力范围。

东晋大兴元年至北魏太和十八年（318～494年）

鲜卑拓跋郁律“西兼乌孙故地，东吞勿吉以西”“士马精强、雄于北方”。包括夫余在内的今黑龙江省中、西部地区均为拓跋部的势力范围。

Δ 这一时期，“挹娄”族名逐渐为“勿吉”取代。

Δ 在今三江平原中、南部一带特别是友谊、宝清、集贤、勃利县境内，发现了94处古城遗址，类似滚兔岭遗址的早期铁器时代遗址或遗物点。古城内外有近千个穴居坑及栅寨之类的防御设施。根据出土的石磨盘、陶猪、陶器、铁器，证明此处居民已开始定居生活，农业已发展到一定水平，被认为是勿吉人的文化遗存。

Δ 在今宝清县八五三农场雁窝岛上，发现一处早期铁器时代古城遗址。这座遗址占地近7万平方米，城墙周长约900米，呈方形，墙高1米，墙基宽13米，顶宽3米，系夯土建筑。墙外有护城壕，宽4米，深2米。墙北30米处有一墓群，从墓穴葬式和陶罐、骨标、铁刀、骨扣饰等随葬品考查，为早期铁器时代古城和墓群。

东晋太元十一年，北魏登国元年（386年）

拓跋鲜卑首领拓跋珪在代地复建代政权。不久改国号魏，建都于盛乐（今内蒙古和林格尔），史称北魏。

北魏太平真君四年（443年）

从4世纪末叶起，在今嫩江中游西及大兴安岭一带，居住着乌洛侯人，以畜牧为主，兼营农业，文明程度在室韦人之上，处于原始社会末期阶段，臣属于北魏政权。本年春夏之交，其使者朝贡北魏政权，报告了有关北魏祖庙情况。

七月（8月）　北魏派中书侍郎李敞等人至“祖庙石室”（遗址在今内蒙古鄂伦春自治旗阿里镇西北10公里的“嘎仙洞”）进行“告祭”，并在石室壁上刊刻祝文。于是，以“祖庙石室”为中心的今大兴安岭地区已置于北魏的统治范围之中。

北周大象二年（580年）

至本年，包括靺鞨、室韦、豆莫娄、乌洛侯、地豆于、流鬼诸部在内，当时黑龙江地区的人口总数约五六十万人。

隋开皇元年（581年）

七月　靺鞨酋长首次朝拜隋文帝，自言“臣等僻处一方，道路悠远，闻内国有圣人，故来朝拜，既蒙劳赐，亲奉圣颜，下情不胜欢喜，愿得长为奴仆”。靺鞨与隋王朝之间确立了政治上的从属关系。

唐贞观二年（628年）

二月初九日（3月19日）　靺鞨内附于唐。

唐贞观十四年（640年）

三月（4月）　分布在今库页岛一带的流鬼大首领孟蜯，遣其子可也余志（也称可也余莫）朝唐，太宗授予其骑都尉的职衔。

唐开元元年（713年）

二月（3月）　唐廷派遣郎将崔忻等人到震国，册封大祚荣为渤海郡王，加授忽汗州都督。从此，震国去靺鞨号，专称渤海，成为从属于唐朝的地方民族政权。

唐开元七年（719年）

三月（4月）　渤海郡王大祚荣病死，嫡子大武艺嗣立，年号“仁安”。

六月（7月）　唐玄宗派左监门率、上柱国吴思谦摄鸿胪卿，充使渤海，吊祭大祚荣，抚立其嫡子大武艺为骁卫大将军、渤海郡王、忽汗州都督，是为渤海武王。大武艺继位，开始出兵征服北部和东部的靺鞨各部及向周邻进攻。“斥大土宇，东北诸夷畏，臣之”。

唐开元八年（720年）

年初　日本元正天皇派遣“渡岛津轻津司、从七位上诸君鞍男等6人于靺鞨国，观其风俗”（是为日本、渤海双方友好交往之始）。

唐开元十七年至开元十九年（729～731年）

渤海连年朝唐，献鹰、鲻鱼、海豹皮、貂鼠皮、玛瑙杯、马等；黑水靺鞨、拂涅靺鞨、远蕃靺鞨和岭西室韦也朝唐，献方物。

唐开元二十六年（738年）

七月廿六日（8月16日）　渤海王大钦茂遣使到唐要求抄写《唐礼》及《三国志》《晋书》《三十六国春秋》，获得唐廷同意。从此唐礼传入渤海，对渤海政治制度建立产生重大影响。

唐天宝十四年（755年）

渤海文王大钦茂将都城由旧国迁到上京忽汗城（今黑龙江省宁安县渤海镇）。

唐宝应元年（762年）

唐廷下诏进封大钦茂为渤海国王，进一步确认了渤海王国的“自治”地位。鉴于唐在这年“以京兆为上都、河南为东都、凤翔为西都、江陵为南都、太原为北都，始有“五都”（即五京）之制，大钦茂在各方面以唐为模式，在其进封“国王”后不久，建立渤海五京，即上京龙泉府（今宁安县东京城附近）、中京显德府（在今吉林省和龙县西古城）、东京龙原府（今吉林省珲春县八连城）、南京海南府（今朝鲜咸兴一带）、西京鸭渌府（今吉林省浑江市临江）。

Δ 渤海王廷效仿唐王朝，确立了三省（政堂、宣诏、中台）、六部（忠、仁、义、礼、智、信）等一系列中枢机构。

唐大历八年至唐建中元年（773～780年）

在此期间，渤海14次朝唐，室韦8次朝唐；渤海4次派使出访日本，其中一次与铁利人同往，人数多达359人，目的在于“通使聘邻，永敦和好”，同时也进行文化交流和贸易。

唐贞元十三年（797年）

冬　渤海康王大嵩璘因唐朝只册封其为“郡王”而非为“国王”，派使者到长安进行“叙理”。次年三月唐廷加授渤海郡王兼左骁卫大将军、忽汗州都督大嵩璘为银青光禄大夫、检校司空并进封为渤海国王。

唐元和十四年至元和十五年（819～820年）

渤海王大仁秀开始了“南定新罗，北略诸部”的军事活动，并取得了“开大境宇”的战果，扩大了渤海的领土。

Δ 在渤海的大举进攻下，黑水靺鞨人连遭败北，不但南黑水靺鞨诸部完全沦为渤海的属部，就连北黑水靺鞨诸部也已失去自主地位，黑水都督府不复存在。

唐大和四年（830年）

冬　渤海王大仁秀去世，因其子新德早死，由孙彝震为权知国务，并遣使向唐告哀。次年正月，唐廷以权知渤海国务大彝震为银青光禄大夫、检校秘书监兼忽汗州都督，册为渤海国王。大仁秀在位时期，扩大了渤海的疆域，有15府、62州及上百个县，军事上置10卫，约有20万人以上的军队，被誉称为“海东盛国”。

唐朝末年（9世纪末）

当时在今黑龙江地区的人口估计至少在100万人以上，其中渤海在今黑龙江的部分约八九十万，室韦、流鬼及黑水靺鞨诸部约三四十万。

唐天复元年（901年）

契丹耶律阿保机为本部夷离堇（部落的军事首领），开始向外扩张，连破室韦、于厥诸部，势力达于今黑龙江省西部和内蒙古自治区东北部及石勒喀河流域一带，成为东北地区的强大力量之一。

五代　宋　辽　金　元

唐天祐四年至元至正二十八年

(907~1368年)

契丹神册四年至神册五年（919～920年）

十一月（919年12月）　渤海派裴璆为大使，率105人出访日本，在日本若狭（今日本福井县）一带登陆。次年四月（920年5月），裴璆向日廷递交国书。渤海前后36次派使访日，这是最后一次。

契丹天赞四年（925年）

二月（3月）　渤海西境遭到契丹的威胁。为密切同后唐之间的联系，渤海遣裴璆为使，向后唐进贡人参、松子、昆布、黄明细布、貂鼠皮被、褥、靴革等物及奴子2人。

九月　契丹进攻渤海。渤海统治集团分裂，将军申德率500人投奔高丽，礼部卿大和钧、老司政大元钧、工部卿大福谟、左右卫将军大审理等率100户逃到高丽。十二月，渤海左首卫小将冒豆干、检校开国男朴渔等率1 000户逃往高丽。

契丹天显元年（926年）

正月十七日（3月3日）　契丹主阿保机下诏招抚渤海各地州、县官员，晓以利害，要他们自动归降。十九日（3月5日），忽汗城内渤海士兵抗击入城搜索兵器的契丹士兵，杀死近侍康末恒等13人。廿日（3月6日），大諲譔重新举起反抗契丹旗帜。于是，战事重起。契丹军队大举攻城，忽汗城陷落。阿保机率军入城，大諲譔被俘并请罪于契丹主马前，渤海政权至是灭亡。自周武则天圣历元年（698年）大祚荣建国，至契丹天显元年（926年）大諲譔为契丹所灭，共历15个国王，229年。

契丹天显三年（928年）

十二月十三日（929年1月26日）　根据东丹右次相耶律羽之的建议，契丹主下诏强迁原渤海上京、中京、东京等地遗民到辽河流域。渤海遗民纷纷逃到女真地区和新罗境内，或躲避到山林深处。但在契丹人的武装驱逼下，仍有数十万以上的渤海遗民被迫西迁。这次大迁移，造成田园荒芜，宫殿、住宅被焚毁，多年积累的经济、文化建设成果遭到破坏，给该地区的发展造成严重的后果。

辽应历十一年，北宋建隆二年（961年）

八月（9月）　生活在黑龙江中下游和松花江下游的生女真经海路贡马于宋。“遣使贡马，自是不绝。”

辽天庆四年，北宋政和四年（1114年）

九月（10月）　阿骨打率军南下，在涞流水（今拉林河）誓师伐辽，随后向宁江州一带进军。辽廷不以为然，仅派海州刺史高仙寿率渤海军赴援宁江州。

十一月（12月）　辽都统萧纠里等率步骑10万止于鸭子河北。阿骨打亲自率军击之，先后在出河店、斡论泺等地大败辽军。辽人曾谓女真兵若满万则不可敌，此时女真军已发展到万人之众。

十二月（1115年1月）　女真贵族吴乞买、撒改等率官属诸将劝进，要求阿骨打于明年元旦即皇帝位。阿离合懑等进曰：“今大功已建，若不称号，无以系天下心。”阿骨打表示考虑。

金收国元年，辽天庆五年，北宋政和五年（1115年）

正月初一日（1月28日）　完颜阿骨打即皇帝位，国号大金，改元收国，建都会宁（今黑龙江省阿城市白城），是为金太祖。

金天辅三年，辽天庆九年，北宋宣和元年（1119年）

八月十五日（9月21日）　金廷颁行完颜希尹等创制的女真字，即女真大字。

金天会三年，辽保大五年，北宋宣和七年（1125年）

二月廿日（3月26日）　金将完颜娄室部俘获辽天祚帝于应州（今山西省应县）附近，辽朝灭亡。金太宗下诏将辽天祚帝解送京师，封海滨王，不久死去。

金天会四年至五年，北宋靖康元年至二年（1126～1127年）

金天会四年十一月廿五日（1127年1月9日）　金军攻克汴京。

金天会五年四月廿七日（1127年6月8日）　宗翰等自汴京班师，带宋徽、钦二帝及其宗族470多人以及各类物资北归。

金天会六年，南宋建炎二年（1128年）

六月初六日（7月5日）　金廷下诏访求祖宗遗事，开始编修国史。

八月廿五日（9月21日）　北宋两“庶人”以素服跪拜金太祖庙，并朝见金太宗于乾元殿。金主封赵佶为昏德公，赵桓为重昏候。不久又决定迁徙二人到韩州（今辽宁省昌图县八面城）居住，与宋宗室晋康郡王孝骞等904人同处，给田15顷，令种植作物以自养。

金天会八年，南宋建炎四年（1130年）

七月廿七日（9月1日）　金廷决定迁徙昏德公、重昏候于胡里改路（治所在今依兰县）。

金天会十二年，南宋绍兴四年（1134年）

正月十四日（2月9日）　金太宗决定以辽、宋制度为模式，改定制度，诏告天下。

金天会十五年，南宋绍兴七年（1137年）

十二月廿六日（2月7日）　金熙宗改元为天眷，大赦天下；命韩昳、耶律绍文等编修国史；以完颜勖为尚书左丞、同中书门下平章事。

金皇统元年，南宋绍兴十一年（1141年）

十二月廿九日（1月27日）　左丞完颜勖进先朝《实录》3卷于熙宗，是为金朝的“国史”。

金皇统五年，南宋绍兴十五年（1145年）

五月廿三日（6月15日）　金颁行熙宗所创制的女真小字。

本年　金廷颁布皇统新律。其法千余条，多仿效宋制，间有女真故俗，如殴妻致死，非用器刃者不加刑，他律类此；徒刑1～5年，杖120～200，仍拘役之，使之杂作；僧尼犯奸及强抢不论得财与否，并处死。

金皇统八年，南宋绍兴十八年（1148年）

二月廿四日（3月16日）　由耶律固、萧永棋修成《辽史》。
八月十三日（8月28日）　宗弼向金熙宗进《太祖实录》。

金大定十三年，南宋乾道九年（1173年）

三月十三日（4月26日）　金世宗对大臣们指出：会宁乃国家肇兴之地，自海陵南迁后，女真人渐忘旧俗，此非长久之计，表示要回会宁一望，以使子孙得见旧俗，便于仿效。8月31日，会宁恢复上京称号。

本年　金始设女真国子学，诸路设女真府学。上京、胡里改、恤频、合懒、蒲与、泰州、咸平、婆速等共22处府学，皆以新进士为教授，其学生来源是每谋克取2人，若宗室每20户内无愿学者，则取有钱家子弟年13～20岁者充之。

金大定二十三年，南宋淳熙十年（1183年）

七月（8月）　尚书省奏报各地猛安、谋克户口、田亩、牛具之数。计全国猛安202，谋克1 878，户615 624，口6 158 636。

金泰和元年至大安二年，南宋嘉泰元年至嘉定三年（1201～1210年）

在此期间，上京会宁府路所属州管辖下的人口为54 184户，如按每户平均6～7口计算，约为35万口有余。另据金明昌元年（1190年）开始的户口调查，至明昌四年（1193年）为止，“上京、蒲与、曷懒、胡里改等路猛安谋克户”为176 000户，按每户10口算，应为176万多口。除去其中曷懒路人口，至少还有130万左右，再加上吉烈迷、兀惹、汉人以及达靼、蒙古诸部的人口，当时在今黑龙江地区人口的总数将近200万。

蒙古成吉思汗元年，金泰和六年，南宋开禧二年（1206年）

十一月（12月）　蒙古诸部首领在斡难河召开“库里尔台”（全部落联盟首领大会），推选铁木真为蒙古大汗，即成吉思汗。成吉思汗任命大将木华黎为左手万户，统辖东边直到哈剌温山（今大兴安岭）一带的诸千户。其控制范围达到了今大兴安岭之地。

蒙古成吉思汗十四年，金兴定三年，南宋嘉定十二年（1219年）

夏　成吉思汗率军西征，命幼弟斡赤斤以本部兵留守漠北并负责东方事务，驻于沙河（今海拉尔河）之北。后其大帐设于今贝尔湖以东、哈拉哈河北不远处，封地包括今呼伦贝尔盟、大兴安岭东西地区，直到嫩江、松花江一带。

蒙古窝阔台汗六年，金天兴三年，南宋端平元年（1234年）

正月（2月）　金哀宗传位于宗室子承麟，不久自杀。蒙古军与南宋军联合攻占蔡州，金王朝灭亡。

元至元四年，南宋咸淳三年（1267年）

正月卅日（2月25日）　蒙古朝廷建置开元等路转运司（开元路治在今吉林农安，其辖区，东至日本海、南达图们江流域，北部辖嫩江流域直至黑龙江以北的外兴安岭）。

元元贞元年（1295年）

六月（7月）　据丞相完泽等奏报，哈尔分地界12所狗站中的役犬因缺食多有死亡，以致使者到站无狗可予替换，只好奔赴前站，进而加速了狗的死亡，站户叫苦不迭。元廷决定每户给钞10锭，闻其喜用青珠，特许兼与之（狗站冬季以狗驾雪橇，夏季行船，每站20户，狗200只，官府按定额给饷银）。

明

明洪武元年（元至正二十八年）至明崇祯十七年（清顺治元年）

(1368～1644年)

明洪武四年（1371年）

二月廿八日（3月15日）　元辽阳行省平章刘益遣右丞董遵等以辽东州郡地图并户籍、兵马、钱粮之册奉表降明。明派吴立招谕之，“置辽东卫于得利赢城，以益为指挥同知”。

七月初一日（8月11日）　明廷于辽阳置辽都卫指挥使司，以马云、叶旺为都指挥使，“总辖辽东诸卫军马，修治城池，以固边疆”。是为明王朝在东北直接派官施治之始。

明洪武十五年（1382年）

正月十二日（2月25日） 故元鲸海（今鄂霍茨克海）千户速哥帖木儿、木答哈千户完者帖木儿、牙兰（即雅兰，今海参崴以东雅兰河流域之地）千户皂化，自女真归明，言“自佛出浑（今珲春）至斡朵怜一千里，斡朵怜至托温（桃温）万户府一百八十里，托温至佛思木隘口（今桦川县的宛里霍通）一百八十里，佛思木至胡里改（今依兰县）一百九十里，胡里改至乐浪古隘口一百七十里，乐浪古隘口至乞列怜（今黑龙江省勤得利农场）一百九十里。自佛出浑至乞列怜，皆旧所部之地，愿往谕其民，使之来归”。

明洪武十八年（1385年）

故元斡朵里部万户猛哥帖木儿与胡里改部万户阿哈出等率部由今依兰一带迁居到今绥芬河、海兰江及图们江流域，是为建州女真的前身。

明洪武二十年至洪武二十一年（1387年～1388年）

六月 冯胜等克金山，至女真右屯，派蓝玉前往一秃河受降。时纳哈出余众尚有20余万，在松花江以北溃散。冯胜又派前降将观童往谕之，“于是其众亦降，凡四万余，并得其各爱马（蒙语，意为‘部落’）所部二十余万人，羊马驴驼辎重亘百余里。”还至亦迷河（今饮马河），“又招降其残卒二万四千二百二十九人，得其车辆四万九千九百六十二辆及马数千匹”。纳哈出降明军，九月被封为海西侯。

十二月廿四日（1388年2月2日） 明廷决定于斡朵里（今依兰以西对岸地方）置3万卫指挥使司，以管领兀者、乞列迷、女真地区，任命侯史家奴为指挥佥事。

四月十二日（5月18日） 大将军蓝玉率师15万于捕鱼儿海（贝尔湖）一带，大败元残部脱古思帖木儿俘获人口7万多，及牲畜15万头。脱古思帖木儿等数十骑逃至土拉河，不久被杀。同时被杀的还有其太子天保奴，北元统治嫡系至此断绝。今贝加尔湖以东，黑龙江上、中游归属明朝。

本年 北元灭亡后，蒙古分裂为鞑靼、瓦剌、兀良哈3部，其中鞑靼部在今鄂嫩河、克鲁伦河及贝加尔湖一带；瓦剌部在今科布多河、额尔齐斯河及其以南的准噶尔盆地；兀良哈部在今大兴安岭以东、松花江以西、呼伦湖以南、西拉木伦河以北之地。

明洪武二十二年（1389年）

五月廿三日（6月17日） 明廷于兀良哈之地置泰宁、朵颜、福余3卫指挥使司，其中泰宁卫在今洮儿河下游流域，朵颜卫在洮儿河上游及索岳尔济山西南一带，福余卫在今嫩江中游一带，分别以阿札失里、脱鲁忽察儿、海撒男答溪等为指挥使或指挥同知。其管辖范围在潢水（今西拉木伦河）之北，东至海西，西至开平，北至大兴安岭一带，是为兀良哈三卫，也称朵颜三卫，隶于大宁都司。

明洪武二十八年（1395年）

六月（6月）　明总兵官周兴等率军，进攻与故元关系密切的女真酋长西阳哈。水师由庄德率领，顺恼温江（今嫩江）而下，至忽喇温（今呼兰河）戳卢口，与周兴军会合后，分兵三路进攻。一路由西北同河至阿阳哈寨；一路由戳卢口（今呼兰以东的硕罗河入松花江处）至蒙古山寨（今木兰县西北70里城子山古城）；一路由忽喇温江至铜佛寨（今木兰县东北的钮勤城），者迷河（今呼兰河上源于吉密河）、黑松林等处。其中由刘真率军曾自斡朵里（今依兰附近）追至甫答迷旧城（今宾县西北松花江边的鸟河古城）一带。先后俘获女真镇抚官3人，男女650余人，马400余匹。至此，今东流松花江南北两岸地区皆处于明朝的管辖之下，女真诸部逐渐归服。

明永乐元年（1403年）

十一月廿七日（12月11日）　明置建州卫军民指挥使司（简称建州卫，治所一般认为在今东宁县大城子古城），以阿哈出为指挥使，同时置建州卫经历司署，设经历1员。

十二月初八日（1月20日）　因忽刺温（今呼兰河）等处“野人”女真头目西阳哈、锁失哈等朝贡，献马130匹，明置兀者卫（其辖地在今呼兰河中下游流域，东抵汤旺河以西，南至哈尔滨、阿城、宾县等地），以西阳哈为指挥使、锁失哈为指挥同知、吉里纳等6人为指挥佥事。

明永乐四年至永乐十三年（1406～1415年）

明廷在黑龙江地区除以前所建各卫和千户所外，至明末，明廷共在奴尔干都司辖区建384卫、24千户所、7城站，并分别以当地部落首领任卫的指挥同知、指挥和千户、百户等官职。

明永乐七年（1409年）

闰四月初七日（5月21日）　明廷设奴儿干都指挥使司（简称奴儿干都司）于黑龙江下游东岸特林地方。初，忽刺冬奴等来朝，已立卫，复奏其地冲要，宜立元帅府。鉴于当时在黑龙江流域已建置120多个卫所，需要统一的领导机构，明廷决定建立奴儿干都司，以辽东的东宁卫指挥康旺为都指挥同知，千户王肇舟、佟答拉哈等为都指挥佥事，统属其众。岁贡海东青等物，设狗站递送。驻军多时达到3 000人，少时也在500人左右。

明永乐九年至永乐十一年（1411年～1413年）

永乐九年（1411年）春　明廷内官亦失哈等率官军1 000多人乘巨船25艘，到黑龙江口一带的奴儿干地方巡视并开设奴儿干都司。

永乐十年（1412年）冬　亦失哈率众再次到奴儿干都司进行巡视，并带去大量的生活物资和生产资料以作“赏赉”。巡视期间，亦失哈还曾会同奴儿干都司的指挥同知康旺等官员抵达苦夷（今库页岛），赐男妇以衣服、器用，给以谷米，宴以酒食，苦夷之民皆踊跃欢欣，相率归服。

永乐十一年九月廿二日（1413年10月16日）　亦失哈等人在满泾站左侧附近山上，建立永宁寺。并立“永宁寺碑”，留下了明王朝经略黑龙江下游地区的历史见证。

明宣德七年至宣德十年（1432～1435年）

宣德七年（1433年）夏　亦失哈同都指挥康政等率官军2 000名，分乘巨船50艘，再至奴儿干巡视。见“民皆如故”，惟永宁寺被毁，乃对居民进行恤抚，并准备重建该寺。远近民众齐来表示臣服。当时随从亦失哈巡视的还有定辽右卫都指挥崔源，呕罕河卫头目阿不哈等人。

宣德七年三月初一日（1433年3月21日）　亦失哈等在奴儿于当地各族人的支持下，完成了永宁寺的重建工程，华丽典雅，犹胜于前，并立重修永宁寺碑。

宣德十年正月初二日（1435年1月30日）　明廷谕令辽东总兵官巫凯等，停止采捕、造船、运粮诸务，凡带去物件，皆于辽东官库内寄收。又谕：将停贮边库原准备赏赐奴儿干地区物品，就近赏予招徕夷人。此后，明廷对女真诸部的管辖逐渐松弛，但女真诸部仍朝贡不绝。

明正统十三年（1448年）

正统十三年十一月十九日至廿六日（12月14～21日）　在奴儿干都司所属的184个卫中，向明廷入贡者多达166个卫，其朝贡普遍的程度超过了历史上的任何时期。

明万历十一年（1583年）

五月（6月）　努尔哈赤以为父祖复仇为名，以遗甲13副起兵攻打图伦城主尼堪外兰。尼堪外兰逃至鄂勒欢（在齐齐哈尔城南）。从此，努尔哈赤开始统一女真各部。

明万历二十七年（1599年）

二月（3月）　努尔哈赤命额尔德尼等人用蒙古文字母编成女真语，创制满文。

明万历三十六年（1608年）

由于努尔哈赤逐渐取代了明廷对东北大部地区的统治，此后建州女真（今吉林省通化市至延吉市一带）、海西女真（今辽宁省开原市以北至松花江中游一带）及东海女真（今松花江中下游、黑龙江两岸、东至海一带）各卫对明廷的朝贡逐渐停顿下来。

明万历四十三年（1615年）

努尔哈赤始定八旗制度，这是政治、军事、生产合一的组织。以牛录为基层单位，每一牛录300丁，设牛录额真一；五牛录为一甲喇，设甲喇额真一；五甲喇为一固山（旗），设固山额真一，梅勒额真二。将原有的黄、白、蓝、红四色旗“镶之为八色，成为八固山（旗）”，分正黄、正白，正蓝、正红、镶黄、镶白、镶蓝、镶红八旗，正式确定了八旗制度。

明万历四十四年，后金天命元年（1616年）

正月初一日（2月17日）　努尔哈赤称“汗”，定国号曰金（史称后金），建元天命，都于兴京（赫图阿拉）。

明万历四十五年，后金天命二年（1617年）

二月（3月）　努尔哈赤派兵400名，攻取东部沿海地区散居的诸部落。对库页岛上负险不服的部落，则乘小舟渡过海峡攻取之。于是“库页岛内附，岁贡貂皮”。

明万历四十六年，后金天命三年（1618年）

二月（3月）　努尔哈赤以“七大恨”告天，誓师伐明，攻占抚顺等地。

明天启五年，后金天命十年（1625年）

三月（4月）　努尔哈赤迁都沈阳，定名盛京。

明天启六年，后金天命十一年（1626年）

正月（2月）　努尔哈赤在进攻宁远之战中受伤。

八月（10月）　努尔哈赤死。第八子皇太极于九月即位，改明年为天聪元年，是为后金太宗文皇帝。

明崇祯五年，后金天聪六年（1632年）

沙俄哥萨克百人长别克托夫等在勒拿河中游建立了雅库茨克堡。

明崇祯八年，后金天聪九年（1635年）

十月十三日（11月22日） 皇太极正式宣布废除珠申（即女真）族名，建号满洲。下令自今以后，一切人等不得仍前妄称。

本年 后金将原有的蒙古牛录和新附的蒙古部众统一编制，建立蒙古八旗。旗色和组织形式与满洲八旗一致。

明崇祯九年，清崇德元年（1636年）

二月初九日（3月15日） 皇太极称帝，改国号大清，改本年为崇德元年。

Δ 清军到达贝加尔湖以东地区，招服了当地的使鹿部。

Δ 沙皇俄国建立雅库次克后，在当地居民中逐渐得知“卡拉穆尔”（俄称阿穆尔，即黑龙江）的存在。又获悉在石勒喀河及结雅河一带住有从事农耕的民族。这是俄国人所知“关于黑龙江地区的最早消息”。其后，又了解到在外兴安岭以南地区有一条大河，居住着以农牧为业的达斡尔人，其中一个首领叫做拉夫凯。

明崇祯十一年，清崇德三年（1638年）

八月初四日（9月11日） 礼部承政甲喇章京祝世昌，因条奏“俘获敌人之妻，不可令其为娼妓”疏获罪，被认为庇护汉人，与奸细尤异，廷议免死，与弟世荫，俱流徙席北（此为清代遣戍犯人至席北之始）。

明崇祯十三年，清崇德五年（1640年）

十二月十三日（1641年1月23日） 博穆博果尔等80多人在齐洛台（今赤塔）一带被清兵捉获。至此，今黑龙江上游两岸到贝加尔湖以东，外兴安岭以南地已归属清朝管辖。

明崇祯十五年，清崇德七年（1642年）

六月初三日（6月29日） 皇太极在给明崇祯帝的回信中自言其版图：“自东北海滨（鄂霍茨克海和日本海）迄西北海滨（贝加尔湖），其间使犬、使鹿之邦，及产黑狐、黑貂之地，不事耕种，渔猎为生之俗，厄鲁特部落以至斡难河源，遐迩诸国，在在臣服。”

明崇祯十六年，清崇德八年（1643年）

沙俄雅库次克当局戈洛文派其文书官瓦西里·波雅科夫率132人的“远征”队，并携带铁炮1门及弹药、枪支等，向黑龙江方向窜来。10月底翻越外兴安岭，不久，侵入中国精奇里江（结雅河）的支流勃良塔河。11月下旬在另一支流乌姆列坎河筑营过冬。当地以多普蒂乌尔为首的达斡尔人曾对“远方来客”热情接待，但不久即识破“来客”的本性而拒绝提供食物。波雅科夫派50人长彼得罗夫率70人到西林木迪河口的达斡尔村绑架人质、勒索粮食和貂皮，但遭到达斡尔群众3昼夜的围困。本年冬及次年春，波雅科夫一伙匪徒缺粮之际，竟“吃掉50个异族人”，因而被附近的各族人民视为“吃人恶魔”。

清

清顺治元年至清宣统三年

(1644~1911年)

清顺治六年至顺治八年（1649~1651年）

沙俄哈巴罗夫自费组织“远征队”征服黑龙江，多次携带武器弹药，在黑龙江地区杀人抢劫，占领中国土地。

清顺治十年（1653年）

五月初九日（6月4日） 清廷命镶蓝旗梅勒章京沙尔虎达为昂邦章京，海塔、尼哈礼为梅勒章京，继续镇守宁古塔。宁古塔昂邦章京管辖松花江、黑龙江、乌苏里江流域，包括黑龙江上游的石勒喀河流域和库页岛在内的海中诸岛。至此，原属盛京昂邦章京管辖的东北地区开始分为盛京昂邦章京和宁古塔昂邦章京两个管辖区域。

本年 经过沙俄侵略军的轮番洗劫，黑龙江沿岸地区社会经济遭到严重破坏。沙俄历史学家E·B·冈索维奇：《阿穆尔边区史》记述：居民“一部分被俄国人的索贡和收粮弄得一贫如洗；一部分四散奔逃；一部分由（清）政府下令向满洲内迁。富饶的黑龙江沿岸变成一片废墟，俄国人足迹所至，到处都发现被烧毁的当地人的住宅”。

清顺治十一年（1654年）

四月十六日（5月31日） 斯捷潘诺夫在得到以卡申采夫为首的50名哥萨克增援后，率370名武装匪徒侵入松花江口，并窜扰到上溯松花江“三日之程”的地方。

五月初二日（6月16日） 宁古塔昂邦章京沙尔虎达率领600名清军，在朝鲜100名鸟枪手的配合下，在松花江口一带进剿斯捷潘诺夫为首的沙俄侵略军。激战3日，入侵者遭受重大伤亡后逃走。秋天，斯捷潘诺夫在呼玛尔河口修筑城堡，取名“库马拉堡”。

清顺治十三年（1656年）

二月（3月） 以巴伊科夫为首的俄国使团到达北京，清廷以其“不谙朝礼”而未接见。

本年 沙俄任命叶尼塞斯克督军帕什科夫为涅尔琴斯克边区督军，统辖贝加尔湖以东地区，并授权管理阿穆尔事务。帕什科夫于清顺治十五年（1658年）强占尼布楚，屯兵筑城，作为其在黑龙江上游的侵略据点。

清顺治十五年（1658年）

六月十一日（7月11日） 清军1 400人（内有朝鲜兵200人）在松花江口处与斯捷潘诺夫一伙的500俄军遭遇。在清军的猛烈攻击下，俄军不支，有180人驶出松花江口逃走，其余300多人弃船上岸。经过3天激战，毙、俘俄侵略军270名，其余逃脱，斯捷潘诺夫本人被击毙，取得抗俄斗争的重大胜利。清廷命将所俘获之物，分赏有功将士。

十一月廿八日（12月22日） 由于上一年南闱科场案之牵累，吴兆骞、方章钺、张明荐、伍成礼、姚其章、吴兰友、庄允堡、钱威等8人，被朝廷革去举人、责40板，家产籍没入官，并父母兄弟妻子，流徙宁古塔。

清顺治十六年（1659年）

清军收复雅克萨，拆除俄军城堡。“库马拉堡”也被当地各族人民付之一炬。

清康熙元年（1662年）

七月廿七日（9月9日） 方拱乾之《绝域纪略》（又名《宁古塔志》）成书。

Δ 清廷改宁古塔昂邦章京为镇守宁古塔等处将军，管理今吉林省及黑龙江流域广大地区。

Δ 杨越、祁班孙、李兼汝、钱虞仲、钱方叔、钱丹季等，以“通海案”被流徙宁古塔。

清康熙五年（1666年）

清廷始在黑龙江地区设立官屯。

本年 宁古塔将军治所自宁古塔旧城（今海林县旧街）移于新城（今宁安县城）。

清康熙七年（1668年）

清廷下令废除《辽东招民开垦例》，对东北地区实行封禁，禁止汉人流入东北。

Δ 张缙彦之《宁古塔山水记》成书于宁古塔。

清康熙十三年（1674年）

清廷派人在瑷珲（旧瑷珲，在精奇里江口以南的黑龙江东岸，系明代忽里平寨旧址）修建木城。清廷决定自吉林移水师分驻黑龙江地方，设水师营以统辖水师。

清康熙二十一年（1682年）

八月十五日（9月16日）　为收复失地、驱逐罗刹，康熙派副都统郎坦，都统彭春等率兵以捕鹿为名，到达斡尔、索伦地方了解敌情。同时，一面令毕力克图等5台吉率科尔沁兵100人，宁古塔副都统萨布素率乌喇、宁古塔兵80人沿黑龙江行围直至雅克萨城下，“勘其居址形势”，归时详视黑龙江至额苏里水路；一面派人去尼布楚，谕以捕鹿之故。去人沿途详察道路之远近。

Δ 清廷置伯都讷驿站，通卜奎（齐齐哈尔）和墨尔根。

Δ 清政府再次派使者到尼布楚，要求举行谈判。

清康熙二十二年（1683年）

十月廿六日（12月13日）　清廷为“永戍黑龙江”，添设镇守黑龙江等处将军（即黑龙江将军，也称瑷珲将军）。令宁古塔副都统萨布素为黑龙江将军，以礼部侍郎温岱、工科给事中雅齐为左、右翼副都统，驻守黑龙江东岸的黑龙江城。原宁古塔将军管辖的亨滚河上源支流哈达乌拉河、黑龙江北岸的毕占河以及东流松花江等河流以西分出，划归黑龙江将军辖区。松花江以东、乌苏里江、绥芬河、牡丹江、图们江流域，黑龙江下游亨滚河以南以及包括库页岛在内的海中诸岛仍归宁古塔将军管辖。从此，东北由盛京、宁古塔、黑龙江三将军镇守。

清康熙二十四年（1685年）

正月廿三日（2月25日）　康熙批准了瓦山与萨布素制订的四月出兵，水陆并进，至雅克萨后先招抚后进攻的进军方案。同时决定调福建藤牌兵500人，由投诚的台湾人左都督何佑等率领驰赴军前。并根据议政王大臣等的要求，对前敌指挥机构进行调整。派都统彭春担任主帅，副都统班达尔善偕佟宝参赞军务。户部侍郎萨海仍旧督耕。彭春等到黑龙江后，发往雅克萨的文书用黑龙江将军之印。

本年　清廷鉴于旧瑷珲与内地交通来往不便，于雅克萨之战后决定迁黑龙江将军衙门于江右岸的新瑷珲城。

清康熙二十五年（1686年）

五月廿八日（7月18日）　清军水陆会师于查干丹，进逼雅克萨城下，总兵力2 100人。致书谴责俄方，不守誓言，重犯中国疆土的罪行。要求俄军立即撤离雅克萨，否则将被消灭。九月廿五日（11月10日）沙俄信使文纽科夫等一行抵达北京。次日，向清政府递交国书，并说明俄方接受清政府的和谈建议，已派大使前来谈判，经过会商，康熙答应下令前线清军，撤除雅克萨之围。

清康熙二十八年至康熙二十九年（1689～1690年）

七月初八日（8月22日） 中俄双方代表在尼布楚开始谈判。七月廿四日（9月7日）签订《中俄尼布楚议界条约》，共6款，主要规定以额尔古纳河、格尔必齐河为界，再由格尔必齐河源顺外兴安岭至海，岭南属中国，岭北属俄国；乌第河和外兴安岭之间地方存放另议。两国严禁互侵与接纳逃人。两国人民有护照者可过边界往来贸易。

冬 杨越之子杨宾省亲宁古塔。次年二月（1690年3月）归乡，据其亲身考察见闻，著《柳边纪略》。

清康熙二十九年（1690年）

黑龙江将军自瑷珲城移驻墨尔根（今嫩江）城，并移驻副都统1员，佐领、骁骑校各8员，及水师营各员和满洲兵500名。墨尔根城增置协领4员，佐领、骁骑校各7员，索伦、达斡尔兵420名。瑷珲城保留副都统1员，统带官兵驻守。这时的黑龙江将军辖区，北达外兴安岭，西至额尔古纳河，东沿布列亚山、直至黑龙江与松花江汇合口以西，南到齐齐哈尔以南的温托珲和呼兰以南的松花江岸。在黑龙江将军辖区内，北部和黑龙江两岸为黑龙江副都统辖区，中部墨尔根、布特哈一带为墨尔根副都统辖区，南部为齐齐哈尔副都统辖区，西部为呼伦贝尔总管辖区。

清康熙三十年（1691年）

七月初一日（7月25日） 黑龙江将军奏请建齐齐哈尔城。七月三日（7月27日），康熙准奏。七月十九日（8月12日）黑龙江将军开始建齐齐哈尔城，分内外两城，外城为土城，周长10里，内城为木城。后因失火，木城俱焚，改建为砖城。

清康熙三十八年（1699年）

黑龙江将军自墨尔根城移驻齐齐哈尔城。

清康熙四十九年至康熙五十八年（1710～1719年）

上年至年底 康熙派人对东北各地（北至外兴安岭）全部山川地理进行了测绘，清康熙五十七年（1718年），东北详图作为《皇舆全览图》编成，清康熙五十八年三月（1719年5月）

呈于康熙。

清康熙五十二年（1713年）

二月初七日（3月3日） 因戴名世《南山集》文字狱一案的牵连，方登峄、方云旅、方世樵等俱从宽免死，连同妻子等发配到黑龙江。

清康熙五十三年（1714年）

正月廿六日（3月11日） 设三姓协领衙门，任阿米纳为三姓协领加副都统衔。以葛依克呼姓、努耶勒姓、胡什喀里姓、舒穆鲁姓为基础编为4佐领，设佐领、防御、骁骑校各4人，以捕貂“新满洲”200名充兵额，又从吉林拨来披甲80名，每佐领下各编70名。隶属宁古塔副都统，管理56姓赫哲、费雅喀，鄂伦春各族纳贡和回赏乌林。舒、穆、鲁姓旋被迁往宁古塔。

清康熙五十六年（1717年）

方式济死于齐齐哈尔，享年42岁。其所著《龙沙纪略》当成书于康熙五十三年至此年之间。

清康熙六十年至康熙六十一年（1721～1722年）

从清康熙五十八年至六十年（1719年～1721年）在小兴安岭南麓断层带上（今德都县北）火山连续喷发，熔岩阻塞讷漠尔河支流白河河道，成为相互连通的5个小湖，后称五大连池。西清《黑龙江外记》载：“墨尔根东南，一日地中出火，石块飞腾，声撼四野。”吴振臣《宁古塔记略》载：“于康熙五十九年六七月间，忽烟火冲天，其声如雷，昼夜不绝，声闻五六十里。其飞出者皆黑石硫磺之类；经年不断，竟成一山，热气逼人三十余里，只可登远山而望。今热气渐衰，然隔数里，人仍不能近。”

清雍正元年（1723年）

康熙六十一年十二月十二（1723年1月18日） 《古今图书集成》一书的编纂者陈梦雷父子被发遣到齐齐哈尔。

四月十三日（5月17日） 鉴于黑龙江生齿日繁，各处之人来此贸易者甚众，民事逐渐增多，清廷决定派满官1员，办理黑龙江民间事务，每年更换1次。

本年 原内阁学士、礼部侍郎杨宣以罪被流放黑龙江城，其2子随侍于戍所。

清雍正二年（1725年）

十二月廿七日（2月9日）　因副都统费雅思哈奏请黑龙江将军衙门移驻呼兰地方，雍正同意总理事务王大臣的复议，认为齐齐哈尔、船厂等处共有将军2员、副都统5员、兵丁9 500名，承担北捍沙俄、西护索伦、达斡尔的重任，不但不能后迁，反而应当前移。令黑龙江将军移驻黑龙江城，并增兵300以实之；将船厂之兵增200名，派1协领率之，驻于阿勒楚喀、拉林等处。（黑龙江将军北迁黑龙江城的决定未实现）

清雍正五年（1727年）

三月初十（4月1日）　中俄双方代表约定暂不在北京签订条约，但就原则问题达成初步协议10条。主要有蒙古地区北部的边界由双方商谈划定；允许俄商每3年来北京贸易1次，每次限200人，在边境地区设立2个贸易点；允许东正教3名教士常驻北京并建造1所教堂等。谈判期间，俄使萨瓦等同法国在华耶稣会教士巴多明（即巴雷宁）神父勾结，“建立了密码联系”，并通过他买通了深悉朝廷内情的大学士马齐，获得了清政府在中俄关系方面的有关政策和动向。

Δ 俄使萨瓦一行在到达布尔河后，“调集了军队”，凭借武力强硬要求谈判必须在这里举行，并拒绝中方改地议约的建议。最后中方让步，开始谈判。七月十五日（8月31日），中俄双方代表在布尔河畔，签订《布连斯奇条约》，规定了中俄的中段边界，东起额尔古纳河，中经恰克图和鄂尔怀图山之间的第1个鄂博，西到沙宾达巴哈（位于唐努乌梁海的西北端），其界线南、北分属中俄。

八月廿二日（10月6日）　清廷批准《布连斯奇条约》。决定立石定界，并晓喀尔喀各汗、王、公及黑龙江将军等，各约属人，不得越界滋事生非。确定在恰克图设立贸易口岸，由理藩院派司官管理，贸易人数照例不得超过200人。

清雍正六年（1728年）

五月十八日（6月25日）　中俄双方全权代表在恰克图正式签字互换《中俄恰克图条约》11款，重申《布连斯奇条约》，并互换边界地图及其说明，重申《尼布楚条约》所规定的乌第河暂不划界。

清雍正十一年（1733年）

吕留良文字狱一案了结后，其孙辈多人俱从宽免死，发遣宁古塔，给披甲人为奴。与吕留良“党恶共济”的严鸿逵被戮尸示众后，其孙也被发来宁古塔，给披甲之人为奴。

清雍正十三年至乾隆元年（1735～1736年）

雍正十三年十二月初一日（1735年1月13日） 清廷以护军统领吴扎布为黑龙江将军。

乾隆元年十一月初五（1736年12月6日） 清廷命墨尔根城副都统额尔图为黑龙江将军，齐齐哈尔镶白旗协领、宗室图纳为墨尔根副都统。

清乾隆三年（1738年）

五月廿日（7月6日） 清廷调黑龙江将军额尔图为盛京将军；盛京将军博第改为黑龙江将军。

清乾隆二十一年（1756年）

清廷设阿勒楚喀副都统。阿勒楚喀副都统下有3员专城驻防协领：阿勒楚喀、拉林、双城堡。

清乾隆二十二年（1757年）

正月廿日（3月9日） 根据和硕庄亲王允禄的奏请，乾隆下令对宁古塔、黑龙江及所属之伯都纳、三姓等处的节气时刻，一并查明推算，增载入《时宪书》。

四月六日（5月23日） 清廷下令将河南、山东、江南等地的“顺刀会”党羽发来黑龙江当苦差。此后，朝廷在多年内将内地起义失败的“天地会”“白莲教”“小刀会”等农民起义人员发往黑龙江地域。

清乾隆三十六年（1771年）

黑龙江地区开始编制户口，据统计在黑龙江将军辖区有丁35 284口，吉林将军辖区有丁56 673口。

清乾隆四十二年（1777年）

八月十九日（9月20日） 乾隆命大学士阿桂等编辑满洲源流沿革，并钦赐书名为《满洲源流考》。

清嘉庆六年（1801年）

沙俄西伯利亚总督斯特兰德曼向沙皇亚力山大一世奏称，为同日、美和东印度贸易，必须将黑龙江并入俄国，“如果中国人不同意谈判，就使用武力”。

清嘉庆十一年（1806年）

本年　齐齐哈尔城中大火，木城被焚。

Δ 满族学者西清到黑龙江，寄寓在齐齐哈尔城南的万寿寺内。

清嘉庆十五年（1810年）

二月（3月）　俄国伊尔库茨克省省长特列斯金奉命就派遣使团来华等问题，到恰克图与清政府代表举行商谈，并提出“黑龙江问题”。由于清政府代表坚持“在任何条件下都不容许俄国人在黑龙江岸立足”，特列斯金的试探没有取得任何结果。

满族学者西清所著《黑龙江外记》8卷成书。

清嘉庆二十五年（1820年）

八月廿六日（10月2日）　清廷决定停止再向黑龙江和吉林两地发遣人犯，载入例册，永远遵行。

清道光三年（1823年）

二月初五日（3月17日）　清廷准予修筑齐齐哈尔城基土坝。四月（5月），清廷决定重修齐齐哈尔木城。

清道光六年（1826年）

五月初八日（6月13日）　双城堡陆续安置移驻京旗270户。根据富俊奏请，清廷决定照吉林之例，在双城堡设置八旗，每旗5屯，各旗设总、副屯达各1员；总屯达赏戴金顶，月给工食银1两，由参余项下动支；副屯达赏戴虚金项，不给工食，一体稽查户口，呈报事件。

清道光二十一年（1841年）

正月十一日（2月2日）　为抵御英军的侵犯，清廷命黑龙江、吉林等将军各挑选1 000名士兵，听候调遣。

七月廿八日（9月13日）　为防备英国侵略军北扰沿海各地，道光调吉林兵1 000名赴盛京，交耆英派拨防守；调黑龙江兵1 000名暂留盛京候令。25日，道光调吉林兵，其中500名赴山海关，另500名驻扎于锦州。黑龙江兵1 000名由盛京将军耆英分派省城各要隘，加强防守。

九月初五（10月19日）　清廷命头侍卫富僧德以副都统衔驰往山海关，会同阿勒楚喀副都统倭克精额等办理防堵事宜。又命伯都纳副都统福勒洪额往山海关外，会同墨尔根城副都统乌凌额，管带黑龙江官兵，从事海防。

清道光二十九年至道光三十年（1849～1850年）

道光二十九年正月上旬（1849年2月上旬）　根据沙皇尼古拉一世的训令，沙俄政府主要军政头目组成了阿穆尔（黑龙江）问题特别委员会。正月廿八日（2月20日），尼古拉一世批准了该委员会的决定："通过海上探险、勘察阿穆尔河口"，并尽可能伺机占领黑龙江口北岸地区。派遣"陆上考察队"到外兴安岭南麓中国领土"勘界"。三月（4月），这支由24人组成的"考察队"由阿赫杰中校率领，从彼得堡出发。清道光三十年（1850年），涅维尔斯科伊上校又到黑龙江口。在江口附近海湾选定了冬营地址，建立"彼得冬营"。而后，涅维尔斯科依又率水兵侵入中国黑龙江口的庙街，强迫附近的费雅喀居民到该地集合，鸣放枪炮，升起俄国军旗，并在此建立了以沙皇尼古拉一世为名的军事哨所—"尼古拉耶夫斯克"。

清咸丰五年（1855年）

五月上旬（6月下旬）　沙俄武装船队到达黑龙江下游，随即屯兵占地，建筑房屋，安设炮位，并在阔吞屯至庙街的300多公里地带，建立哥萨克的"移民点"、仓库等。于是，"在还被认为是中国的土地上，出现了一个个的俄国村庄、粮仓和国家物资仓库"。至本年冬，侵略该地的俄军达7 000余名。

清咸丰六年（1856年）

在整个航期内，俄国船只在黑龙江上往来不绝，在左岸的一些重要地点如霍托玛、嘎努坎、奇牛山、霍尔托库和薛尔固等处"筑城安卡""搭棚存粮"，并派哥萨克驻守。在战略要地，还先后建立了呼玛拉哨所（呼玛尔河口对岸）、结雅哨所（海兰泡）、兴安哨所（今苏联帕什科夫北面）和松花江哨所（松花江口对面）。连同上年建立的库克曼达在内，在中国领土上新建立5个哨所。年末时，沙俄竟将霸占的中国三姓副都统所辖的黑龙江下游地区和库页库岛划为"滨海省"，设首府于庙街。

清咸丰七年至咸丰八年（1857～1858年）

咸丰七年（1857年）　俄国海军上将普提雅廷乘船到天津，向清廷政府提出以黑龙江和乌苏里江为界的要求。清政府答以中俄两国在康熙年间已经议定边界，无可再议。普提雅廷勒索未遂，径赴南方与英、法、美使会晤。

咸丰八年四月十六日（1858年5月28日）　中俄双方签订了不平等的《中俄瑷珲和约》（即《瑷珲条约》）。主要内容是：将黑龙江以北划归俄国，乌苏里江以东地区由中、俄"共管"；规定黑龙江左岸64屯一带原住之满洲人各在所住屯中永远居住，由中国派官管理；沿江地区的两国居民可进行边界贸易。按照这一条约，黑龙江以北、外兴安岭以南的60万平方公里土地被俄国鲸吞；乌苏里江以东40万平方公里土地，以"共管"名义，实际也将被俄国侵占。

咸丰八年四月廿一日（1858年6月2日）　穆拉维约夫在海兰泡召开“庆祝”大会，宣布将海兰泡改名为布拉戈维申斯克（俄语为“报喜城”之意）。当《瑷珲条约》签字消息传到彼得堡后，沙俄统治集团欢喜若狂，亚历山大二世在穆拉维约夫的报功奏稿上御批“感谢上帝”。八月初一日（9月7日），沙皇晋封穆拉维约夫为伯爵，赐号“阿穆尔斯基”，晋升为陆军大将。

咸丰八年四月廿二日（1858年6月3日）　穆拉维约夫率大批船只沿江下驶，以“充分利用《瑷珲条约》带来的好处”。12日驶抵伯力，将伯力改名为哈巴罗夫卡，同时下令在乌苏里江东岸图勒密地方建筑炮台，驻兵防守。

清咸丰十年（1860年）

五月（6月）　沙俄军队武装占领了海参崴，并改名为符拉迪沃斯托克（意为：“控制东方”）。

十月初二（11月14日）　中俄两国签订《中俄续增条约》（即《中俄北京条约》），共15条。承认《瑷珲条约》；将乌苏里江以东地区划归俄国；关于中俄东界，两国将派出代表，于咸丰十一年三月（1861年4月）在乌苏里江口会齐，前往乌苏里江地区勘界。俄国通过这一不平等条约，又并吞了中国40多万平方公里领土，并使俄国获得单方面的最惠国待遇。

本年　清廷批准黑龙江将军特普钦关于招民试垦呼兰所属蒙古尔山等处的奏折，从此以后，清廷的“封禁政策”宣告解体。

清咸丰十一年（1861年）

五月十一日（6月18日）　清廷以仓场侍郎成琦、吉林将军景淳为全权代表，俄国以滨海省省长卡札凯维奇为全权代表、布尔戈斯基为副代表，于兴凯湖会齐，双方开始谈判，是为“中俄兴凯湖勘界会议”。会上双方首先就白棱河的方位进行辩论，俄方强指被占领的兴凯湖西北的土尔河为白棱河。中国代表则以充分的根据认为，兴凯湖西南的白珍河即白棱河。俄方要求将距松阿察河甚远的穆棱河流域作为中俄“共管之地”，被中方严词拒绝。

五月廿一日（6月28日）　中俄勘界代表签订《中俄勘分东界约记》，作为中俄《北京条约》的补充条款。同时签订并交换了附件《乌苏里江至海交界记文》和《中俄勘分东界牌文》。条约规定自乌苏里江口至图们江口，共立：“耶”（Е）、“亦”（П）、“喀”（К）、“拉”（Л）、“那”（Н）、“倭”（О）、“帕”（П）、“土”（Т）8块界牌。

清同治元年至同治二年（1862～1863年）

同治元年十一月廿四日（1863年1月13日）　葛成隆领导的三姓金矿工人起义。分兵三路：一路进攻乌斯浑屯，一路攻打黑瞎子沟，一路逼进漂阳河。沿途农民、矿工群起响应，不久发展到万人左右。

同治二年正月初十（1863年2月27日）　清廷令吉林将军景纶调重兵剿除葛成隆。同时，命黑龙江将军特普钦派兵配合，勿使葛众闯入黑龙江地域。正月十二日（3月1日），葛成隆率200余人，在罗家窝棚同官军作战再次失利。正月廿七日（3月16日），葛成隆率残部百余人转移到兴凯湖一带。二月廿九日（4月16日），兵败被俘，三月十一日（4月28日），在吉林被杀害。

清光绪九年（1883年）

十一月初一日（11月30日） 黑龙江将军咨文军机处：自清道光二十三年至清光绪八年（1843～1882年），黑龙江共接收发遣人犯26 157名，脱逃未获遣犯518名，已故遭犯23 462名，调发遣犯1 808名，现存遣犯369名。

清光绪十年至光绪十一年（1884～1885年）

光绪十年（1884年） 沙俄冒险家谢列特金纠集俄人在中国漠河盗开金矿。招工达4 000多人，造房700多间，立窑500多所。谢列特金任总首领，成立“采金事务所”，下分5个区，统属700多个“作业组”，私设自己的“法律”“捐税”，建立150人的武装，还设有教堂。形成秘密的黄金殖民地，即所谓“热尔图加共和国”。

光绪十一年六月廿六日（1885年8月6日） 协领双福带领官兵，由呼伦贝尔官200人配合，进至漠河。在漠河口与俄方“办理金厂事务委员”瓦西里会晤，共撤出俄人4 000余名，华人100余名。但事后查知仍有1 300多俄人私留该处，继续盗采。七月上旬，清廷决定再次出兵驱逐。七月十九日（8月28日），委协领寿庆率各卡官兵前往漠河口。与先期到达的双福等会师，首先将盗采黄金者运粮和进出道路切断，并禁止俄船抵岸。

清光绪十二年（1886年）

十二月廿八日（1887年1月21日） 根据恭镗奏请，清廷下令开办漠河金矿，任命李金镛为会办，主持其事，以杜绝俄人觊觎之心。

清光绪二十年（1894年）

九月初十（10月8日） 据海参崴委员探报，图们江对岸有日兵4 000人，俄界也增兵5 000人，准备“相机行事”。

清光绪二十一年（1895年）

四月廿六日（5月20日） 沙俄为缩短路程，节省经费3 700万卢布，沙皇尼古拉二世批准了财政大臣维特提出的西伯利亚大铁路改道穿越中国东北境内的“满洲线”计划。

清光绪二十二年至光绪二十三年（1896～1897年）

光绪二十二年四月十七日（1896年5月29日） 李鸿章为参加俄国沙皇尼古拉二世的加冕典礼抵俄京彼得堡。四月廿二日（6月3日），李鸿章与沙俄代表维持洛巴诺夫签订了《中俄密约》。在“共同防日”的名义下，俄国攫取了在中国东北境内修筑和经营铁路的权利。

光绪二十三年八月初一日（1897年8月28日） 铁路公司总监尤格维奇及勘路头目齐文斯基等率领俄员先后抵达三岔口，三岔口举行中东路开工典礼。

本年 俄国曾提出将在中国东北境内修建的铁路定名为“满洲铁路”，遭到李鸿章的反对。李坚持“必须名曰‘大清东省铁路’，若名为‘满洲铁路’即须取消允给应需地亩权”。因此，正式定名为大清东省铁路，又称中国东省铁路，简称为东清铁路，亦称东省铁路或中东铁路。

清光绪二十四年（1898年）

四月廿一日（6月9日） 中东铁路建设局由海参崴迁到哈尔滨。副总工程师依格纳齐乌斯及第九段段长希尔科夫等人抵哈。同日，中东路全线动工修筑，沙俄分子公然宣称这一天是“哈尔滨的诞生日”。

清光绪二十五年（1899年）

由屠寄总纂的《黑龙江舆图》绘制告成，历时近2年，费银3.2万两。

清光绪二十六年（1900年）

四月十六日（5月14日） 俄商伊·雅·秋林在哈尔滨香坊开设秋林洋行。清光绪三十年（1904年10月20日）在哈尔滨秦家岗（今南岗）新市街（今大直街）修建新楼房，经营百货。1937年秋林洋行卖给英国汇丰银行，改为英商“秋林股份有限公司”。

六月初十日（7月6日） 俄皇尼古拉二世宣布自任总司令，陆军大臣库鲁巴特金为参谋长，决定派兵入侵东北。

六月廿一日（7月17日） 沙俄军警连续5天在海兰泡屠杀华民，将手无寸铁的华民赶到黑龙江中，先后杀害六七千人，制造了“海兰泡大屠杀”事件。

六月廿二日（7月18日） 沙俄军警血洗江东六十四屯，大肆抢掠烧杀。在六十四屯居住的中国居民7 000余人遇难，制造了又一骇人听闻的大惨案。“海兰泡大屠杀”和“江东六十四屯惨案”史称“庚子俄难”。

七月初十日（8月4日） 万余俄军3路进攻瑷珲，爱国军民在凤翔指挥下拼死抵抗，与敌巷战；城郊的三四百名士兵全部壮烈殉国，凤翔率部转移。七月十一日（8月5日），瑷珲失守。

Δ 黑龙江将军衙门发布告示称：“自今日始，凡我关东侠客，无论行动若干次，落草若干年，但肯为国效劳，均准入营食饷。”对其著名头目王老虎、唐殿杰等更表示要“从优奖励，授以偏师，使之杀敌致果”。

Δ 俄军哈巴罗夫斯克纵队进入哈尔滨。

七月十三日（8月7日） 清廷授予李鸿章为全权钦差大臣，即日致电各国外交部，先行停战，妥商议和事宜。

七月十王日（8月9日） 清廷电谕奉、吉、黑将军称：北京形势危急，断无劲旅可派赴东北，各省“惟有就近招募地方丁壮，编列成军，借资防守”。要求奉、吉、黑将军必须协力同心，不得各存意见，坐误军机。

七月十六日（8月10日） 黑龙江北路清军辗转退守二龙山、匡安岭（又名大横山）一带，据险设伏。义和团张拳师率领200多团民配合清军作战，利用地形，打击侵略者，使沙俄少将连年刚波夫率领的先遣队陷入被动境地。

七月十七日（8月11日） 黑龙江北路清军退守北大岭，北路翼长凤翔亲临前线督战，组织各部官兵及义和团民布置了纵深4公里的袋形阵地。七月十九日（8月13日），当俄军进入伏击圈后，立即遭到沉重打击；又遭到鄂伦春500马队的冲杀，伤亡惨重。但终因敌众我寡，凤翔战死。七月廿二日（8月16日），北大岭失守，统领崇玉等官兵殉国。

八月初四日（8月28日） 俄军撕毁协议，进攻齐齐哈尔。寿山闻讯，坚守不能“改隶俄籍，反颜事虏”的誓言，以身殉国。临终前遗疏称：“江省之事非开荒无从下手，开荒之举非招民无从下手。以地域之大，土地之沃，如果得人而治，不出十年必能自立”。八月初六日（8月30日），俄军进入齐齐哈尔后，违背“不杀一人，不烧一房”的诺言，先将将军府库抢掠一空，然后分兵四出，肆意“杀戮焚烧”。

闰八月初八日（10月1日） 俄军不战而侵占奉天。东北的主要城镇和交通线全部陷于俄军之手。

Δ 俄商在哈尔滨建立满洲第一面粉厂，开办乌鲁布列夫斯基啤酒厂，是中国第一家啤酒厂。

清光绪二十七年（1901年）

正月十三日（3月3日） 中东铁路东线由哈尔滨至乌苏里斯克（双城子）间铁路竣工。

五月二十日（7月5日） 哈尔滨到旅顺间铁路通车。

八月廿日（10月2日） 中东铁路公司在哈尔滨建造的中东铁路松花江大桥落成通车。

八月廿三日（10月5日） 俄国公使雷萨尔向中国递交4条约款的照会，内容是交还东三省，如再无变机俄军3年内撤完，中国驻军数目和驻所须与俄官会商等等。

清光绪二十九年（1903年）

正月初十日（2月7日） 沙俄大臣会议讨论“满洲最后归并中国”问题，决定延期从东北撤兵。

闰五月二十日（7月14日） 中东铁路管理局正式成立。霍尔瓦特任局长，依格纳齐乌斯任副局长。

Δ 中东铁路全线通车，松花江车站改名为哈尔滨车站。

清光绪三十年（1904年）

正月廿日（3月6日） 周冕与霍尔瓦特订立《黑龙江省铁路公司伐木合同》。划定林段，任铁路公司开采，其中仅从成吉思汗站至牙克石站的陆路1段，即长300公里，宽30公里；水路2段，分别为长80多公里、宽35公里及长150公里、宽50公里的地面。所产木材皆按运至铁路处，价格值百抽五，缴纳票费。

二月初七日（3月23日） 周冕私自与东铁路公司代办达聂尔等签订《黑龙江省铁路公司购地合同》，自松花江北岸石当站至满洲里，各大、小站拟扩展占地20万垧。

本年 波兰籍犹太人伊利奥·阿罗维奇与其弟阿拉·阿罗维奇到哈尔滨，初期开制烟作坊，1914年开葛万那烟庄，后与英美烟公司合资，成立“英商老巴夺父子烟草股份有限公司”。

清光绪三十一年（1905年）

八月十三日（9月11日） 俄两国公使照会外务部，告以两国军队将从东三省撤退，把土地交还给中国。

十二月廿三日（1月17日） 黑龙江咨外务部文称：光绪二十六年俄兵侵占齐齐哈尔城，商民财产损失估价银128 486两，钱11 736吊；在呼伦贝尔私打羊草15万多车，价银45 000两；在那甘泰等山砍伐林木，值80余万元；焚烧抢劫呼兰等9处地方财产，其中仅黑龙江一城损失即在2 000万两之多。

清光绪三十二年（1906年）

十一月初四日（12月19日） 俄国决定在哈尔滨、奉天、吉林、齐齐哈尔、大连设立领事馆。

十二月初一日（1907年1月14日） 清廷正式决定开哈尔滨、齐齐哈尔、满洲里为商埠。俄国在哈尔滨设立总领事馆，刘巴代理总领事。

十二月初八日（1907年1月21日） 美国在哈尔滨建立领事馆，雷德·费希尔任领事。

清光绪三十三年（1907年）

正月廿日（3月4日） 日本在哈尔滨设立总领事馆，川上俊彦任总领事。

三月初八日（4月20日） 清廷决定东三省改制，颁布新的官制。改盛京将军为东三省总督，负责三省军务；在三省废将军，各设巡抚，为本省之长。徐世昌被任命为东三省总督，朱家宝、段芝贵分任吉、黑2省巡抚。是为东三省设立行省制之始。

四月初七日（5月18日） 法国在哈尔滨设立领事馆。

四月十一日（5月22日） 清廷重定东三省官制。在各省设置行省公署，以总督为长官，巡抚为次官，设左、右参赞，分掌承宣、谘议两厅，另设交涉、旗务、民政、提学、度支、劝业、蒙务7司，以及提法使、督练处等官。

六月（7月） 酷热，哈尔滨最高温度达到41℃，创历史最高纪录。

十月廿五日（11月30日） 为预备立宪，根据宪政编查馆咨请，设立黑龙江省调查局，以张国余为总办。

清光绪三十四年（1908年）

五月十二日（6月10日） 徐世昌、周树模奏，请裁瑷珲、墨尔根、呼伦贝尔副都统，增置瑷珲、呼伦贝尔两道，增设黑河、满珠（也作胪滨，今满洲里）、佛山（今嘉荫县境）、嫩江4府及瑷珲、呼玛、漠河、呼伦、室韦、萝北、武兴（今内蒙古札赉特旗境）、讷河、布西（今内蒙古莫力达瓦自治旗）、甘南、舒都（舒都直隶厅，初拟驻免渡河）、乌云（今嘉荫县境）、车陆（今逊克县境内车陆乡）、春源（拟驻于伊春呼兰河源）等各直隶厅；增置诺敏（拟驻于诺敏河一带）、鹤岗、林甸、通北、铁骊5县；改置龙江、海伦2府。经政务处审议，8月5日获清廷批准。

五月十七日（6月15日） 吉林、黑龙江两省会奏：两省以松花江为界，拟把汤原、大通两县所属江北地方及依兰府在江北的插花地划归黑龙江省管辖。大通县原以大通河得名，改归江省后仍称大通县，设治于三站（即崇古尔库站）；吉林省原大通县移至江南方正泡地方，改名方正县，因面积较小，拨延寿、宾县一部分地方归属。五月廿三（6月21日）获准。

七月十二日（8月8日） 黑龙江省奏准建立省城图书馆，至清宣统二年六月初二日（1910年7月8日），正式建成开馆。

八月初四日（8月30日） 清廷决定按照武职一品大员阵亡例，给已故将军寿山恤银1 400两。

清宣统元年（1909年）

正月初九日（1月30日） 西班牙在哈尔滨设立领事馆。

三月初十日（4月29日） 徐世昌上书历陈东三省危迫情形，指出“非将开放、借债、筑路诸大端着力经营，几无保存之希望”。

四月十五日（6月2日） 清廷决定设置吉林东北路兵备道于三姓城，管理依兰、密山、临江一带边务及依兰等处关税事宜；设立双城府、宾州府、临江府、绥芬府、五常府、绥远州、宝清州、富锦县、穆棱县、阿城县、桦川县、勃利县、饶河县、临湖县、东宁厅；大通县移治方正泡、绥芬府移治宁古塔；裁三姓、宁古塔、阿勒楚喀、珲春、伯都纳等处副都统（后改为宝清、阿城、勃利、饶河、临湖一州四县缓设，桦川先行设治）。

七月初六日（8月21日） 德国设立驻哈尔滨领事馆。

八月廿十九日（10月12日） 黑龙江省奏陈筹备宪政折称，全省符合选举资格者共计4 446人。

九月初一日（10月14日） 黑龙江省成立咨议局，王鹤鸣为议长，战殿臣、李品堂为副议长。

九月十三日（10月26日） 日本枢密院议长伊藤博文专程到哈尔滨，拟与戈果甫佐夫修订日俄密约。在伊藤博文抵达哈尔滨车站时，被朝鲜义士安重根击毙。安重根被捕，解往旅顺，于翌年二月十六日（1910年3月26日）被日本人杀害。

十月廿六日（12月8日） 黑龙江省报告全省有3道、7府、2直隶厅、3厅、1州、7县，每年征收地租864 697吊，税捐江银379 178两、江钱3 118 460吊。

清宣统二年（1910年）

九月初六日（10月8日） 黑龙江省奏报，省署机构共分交涉、吏、民政、度支、礼、学、军政、法农、工商、邮传、边务、旗蒙12科及折本、电报、收发、庶务、管卷5处。

九月廿二日（10日24日） 满洲里站街发生鼠疫，至十月廿四日（11月25日），共病死315人。

十月初八日（11月9日） 哈尔滨发生鼠疫。十月十四日（11月15日），吉林省西北路兵备道在滨江厅组成“防疫局”，对哈尔滨傅家甸“厉行隔离”，断绝交通。

本年 黑龙江省流行鼠疫，死者逾万。

Δ 京都正阳楼肉制品店在哈尔滨创办。

清宣统三年（1911年）

正月初二日（1月31日） 哈尔滨一带鼠疫迅速蔓延，双城、长春、宾州、阿城、木兰、绥化、呼兰、兰西等地死去数百人。正月初九（2月7日），傅家甸防疫局报告，自清宣统二年十月初四日到十二月廿六日（1910年11月5日～1911年1月26日），共疫死4 360人。

二月初十日（3月10日） 截至本日，呼兰疫死7 307人，绥化疫死2 000余人。

三月初七日（4月5日） 黑龙江省自去冬鼠疫流行以来，铁路客车中断。现齐齐哈尔等处疫毒已经消灭，恢复客车交通。

十月廿五日（12月15日） 黑龙江呈报全省总户数和总人口为：正户146 859户，附户122 574户；男子1 071 064人，女子841 728人。

本年 英国在哈尔滨开设领事馆。

中华民国

1912年1月1日～1949年9月30日

军阀统治时期

1912年1月1日～1931年9月18日

1912年

2月1日 赵尔巽盗用“东三省全体人民”名义致电袁世凯，表示支持君主立宪，反对共和国体。

3月15日 袁世凯为统一全国各省官职名称，将东三省总督、吉林、黑龙江巡抚均改为都督，赵尔巽为奉天都督，陈昭常为吉林都督，宋小濂为黑龙江都督。

4月7日　黑龙江省奉令将前咨议局取消，改组为临时省议会。20日启用省议会关防。5月8日，临时省议会开会选举孙兰升为正议长，李国荆、杨国瑞为副议长。

6月9日　中国同盟会黑河支部成立，选举总协理，并推定各科科长。

7月17日　袁世凯下令撤销东三省都督。改称奉天都督，不再行使对吉林省、黑龙江省的监督权。奉天都督、吉林都督、黑龙江都督，具有同等权限，都直属中央。

8月23日　《东三省疫事报告书》由奉天省提学司编辑成书，该书记载了清宣统二年（1910年）东北三省鼠疫严重流行和召开“万国鼠疫研究会”的情况。

9月9日　世一堂药房在哈尔滨五道街开办。

17日　哈尔滨下霜，创哈尔滨历史上初霜最早纪录。

11月4日　哈尔滨东正教圣索菲亚教堂重建。

1913年

1月8日　北京政府公布《划一现行各道地方行政官厅组织令》。吉林省西南路道改为吉长道，下辖11县；西北路道改为滨江道，下辖9县；东南路道改为延吉道，下辖8县；东北路道改为依兰道，下辖10县。黑龙江省设龙江道，下辖9县；黑河道下辖3县；绥兰道下辖9县、两协领、一自治局。同时，根据《划一现行各道地方行政官厅组织令》，东北三省及内蒙古东四盟地区所属各府、厅、州一律改为县，县行政长官称县知事，其行政机关一律称县知事公署。

23日　黑龙江省都督府遵袁世凯“教令”，为划一现行官厅组织，将各道官名改为观察使，各府、厅、州名称一律改为县。

9月27日　黑龙江孔教会成立，选举林传甲为会长。

1914年

1月1日　中东铁路经南满铁路与京奉铁路开始联运。

6月30日　袁世凯令裁撤各省都督，设上将军或将军，置将军行署。特任陆军上将张锡銮为镇安上将军，督理奉天军务兼节制吉林、黑龙江军务，并兼奉天巡按使；孟恩远任镇安左将军，督理吉林军务；齐耀琳任吉林巡按使；朱庆澜任镇安右将军，督理黑龙江军务兼黑龙江巡按使。

1915年

3月　东北三省各界掀起反日运动。哈尔滨掀起抵制日货运动。

4月6日　木兰县上年秋冬之间，大雪纷飞，几至日无间断，沟浍皆盈。入春以来，又复连降20余次，以至平地雪深八九尺，“为数十年来未有之奇事”。大雪不止木兰一县，“东荒各属大都如此”。

26日　邹日恺受其族侄邹行智（哈尔滨高等小学堂教员）之委托，在哈尔滨散发《救亡警告》《泣告全国同胞，抵制日货》等传单，号召各界热心爱国、抵制日货，被拘捕。

7月18日　拜泉县三道镇大雨成灾，19日午后冲溃城壕，城内水深5尺，房屋倒塌无数，财产损失甚多。27日夜，继多日阴雨之后，又大雨倾盆，河水陡然暴涨，三道镇内水深二三尺。

8月　阿城、双城、林甸、铁骊、桦川、克山、呼兰、海伦、肇州等县受水灾。

本年　徐曦编著的《东三省纪略》由商务印书馆印行。该书以叙述东北三省地理、行政区域为主，兼述东北领土被外人侵割的历史。

1916年

1月1日　丹麦在哈尔滨设领事馆，领事事务由驻哈俄国总领事官陶守德管理。

9日　朱庆澜与黑龙江文武大员20余人联衔再次致电政事堂，催促袁世凯“登极”。

25日　黑龙江索伦山大火，延烧五六百里，经3昼夜始熄。

4月23日　布西设治局甘井子东上社附近及刘家窝棚以北20里地方发生地震。当时“有牛声远闻10余里”。地裂出泉，喷水高一丈有余，不舍昼夜，平地水深二三尺，南北漫溢50余里，东西30余里。

7月6日　黎元洪令各省军民长官名称划一，在官制定前，各省督理军务长官改称督军，民政长官改称省长。张作霖任奉天督军兼省长，孟恩远任吉林督军，郭宗熙任吉林省长，毕桂芳任黑龙江督军兼省长。

本年　俄国在长春、哈尔滨等地设专门机构，大量招募华工运入俄境。沙皇政府对赴俄华工犹如奴隶，华工不堪虐待回国者甚众。

1917年

5月1日　哈尔滨中东铁路总工厂中国工人联合附近货栈、商店、作坊工人，同俄国工人聚集于秦家岗（今南岗）教堂前，隆重纪念“五一”国际劳动节，会后整队游行。

30日　张作霖通电声明与中央脱离关系。6月1日，黑龙江督军兼省长毕桂芳和帮办军务许兰洲，发出通电，宣布暂与中央脱离关系。

12月12日　哈尔滨俄国工兵代表苏维埃发表告公民书，声明自本日起，哈尔滨工兵代表苏维埃即为国家主权正式代表，所有国家及公共机关均受本委员会管辖。

14日　哈尔滨俄国工兵代表苏维埃军事委员会发布命令，撤销霍尔瓦特及其助手在铁路管理局的职务，任命布尔什维克党员、工人斯拉文为“主持中东铁路管理局政治与外交事宜委员”。

26日　中国警备司令部派兵强行解除由布尔什维克党领导的俄军武装，在哈尔滨西大桥一带发生冲突，中俄双方互有伤亡。

28日　留金及其领导的4 000余名布尔什维克军队被遣送出境。

29日　北京政府委任吉林省长郭宗熙兼中东铁路督办。

1918年

2月1日　中东铁路督办公署在哈尔滨成立。

本月　代理漠河县知事赵春芳，为著《漠河县志》，向省长鲍贵卿呈送有关鄂伦春人情况。鄂伦春原为索伦别部，其中分为二路：一路归库玛尔路协领管理，约20余户，百数十人，另一路不归协领管理，约10余户，百余人。两路人均以游猎为生，居无室雉，止无定所。

3月8日　瑞典驻哈尔滨设立领事馆。

19日　黑龙江省中东铁路临时警备司令张焕相，在满洲里与苏俄红军协议决定：苏俄红军不侵犯中国边境，中国军队不赞助白俄谢苗诺夫。

4月27日　中东铁路股东会议在北京召开，决定董事会迁设北京，选举郭宗熙为总理，沙俄原中东铁路局长霍尔瓦特为署理协理兼中东铁路总办。理事有：俄军海军上将高尔察克、乌斯托罗果夫（克伦斯基临时政府交通部副部长，后任哈尔滨工业大学教授）、埃赛斯基（道胜银行东方总经理）、葛诺瓦洛夫（前哈尔滨中国税务司）、斯拉乌特（中东路商务部长）、普季罗夫（华俄道胜银行总经理）和颜世清（前吉长道尹）。28日，中东铁路理事会议决定：霍尔瓦特为代理会办，拉琴诺夫代理中东铁路管理局局长。

6月5日　鲍贵卿省长任命龙江道尹王树翰兼任黑龙江省通志局局长。

9月2日　中东铁路中俄工人因减薪罢工。哈尔滨总工厂首先罢工，随之，中东路哈尔滨机务段、哈尔滨车站、香坊车站、材料总厂、八区粮库、车务处、汽机队（火车头队）、电报局、电话局、印刷所等都参加了罢工，使运输中断。12日，驻哈尔滨领事团要求中东铁路当局解决罢工事件。中东路当局迫于形势，宣布延期实行8月28日发布的减薪规则，为期10天的中东铁路大罢工取得了基本胜利。

7日　北京政府任命张作霖为东三省巡阅使。

12月　张作霖派巡阅使署卫队混成旅到哈尔滨，分段驻扎，司令张学良。

1919年

1月17日　本月《远东报》载，侨居哈尔滨犹太人计7 500人，其中20岁以上者4 500人，20岁以下者3 000人。

3月14日　黑龙江省长公署转发参谋部报告称：日本政府每年给日本东拓会社拨款100万元，该会社每年向满蒙移植日、朝农民1 500户；10年内，将日、朝农民5万户20万人移住满蒙。

Δ 在海参崴讨论国际监管中东铁路和西伯利亚铁路会议上，组成了有中、英、法、美、意、日等国参加的国际监管中东铁路和西伯利亚铁路委员会，乌斯托果夫为委员长；美国工程师司蒂芬斯为技术部部长，有指挥铁路权。15日司蒂芬斯率各国监管中东铁路代表到哈尔滨。17日公布中东铁路和西伯利亚铁路监管协定。

4月　周恩来由日本归国，经奉天抵哈尔滨，看望东华中学邓洁民校长等南开同学。在哈期间，周恩来帮助邓洁民办学，在师生中进行演讲宣传。“五四”运动爆发后，返天津。

5月21日　哈尔滨三十六棚中、俄工人2 700多名联合举行罢工，抗议中东铁路公司强行以贬值的鄂木斯克纸币、克伦斯基纸币及俄亚银行兑换券充发工资。翌日，再次举行会议，并以中东铁路工厂工人联合会名义向哈尔滨领事团发出《三十六棚工人之通电》，罢工延至27日，获胜。

9月3日　哈尔滨染霍乱死亡者达3 000余人，多是“贫苦做工之人”。

1920年

3月12日　中俄两国工人要求霍尔瓦特辞职，否则举行大罢工，取得了胜利。霍尔瓦特于4月5日离开哈尔滨去北京。

10月17日　中东铁路管理局创办哈尔滨中俄工业学校，即哈尔滨工业大学前身。

21日　瞿秋白去苏联考察，途中到哈尔滨。

1921年

1月10日　葡萄牙在哈尔滨开设领事馆。

本月　黑龙江省议会通过议员马清濂等提出的索还江东六十四屯案，由省署咨行国务院提出交涉。

2月5日　东省特别区哈尔滨市政管理局成立，由滨江道尹董士恩兼局长，马忠骏兼副局长，董、马于12日就职。15日，董、马联名通告驻哈各国领事馆，中东铁路沿线各地市政统由市政局管辖。同日，东省特别区市政管理局接收哈尔滨各机关，改悬中国国旗。

3月7日　黑龙江省代表钟毓与远东共和国政府代表亮宾克夫在满洲里签订《黑龙江官府、远东政府开通边界章程》和《会订东赤两路开通车辆条件》，协定了边境交通办法。

14日　远东共和国向北京政府外交部表示中俄通商后，将黑龙江江东六十四屯归还中国。

本月　据不完全统计，截至3月底，中东路沿线鼠疫患者1 931人，死1 755人，隔离者1 654人。其中3月份哈尔滨患者1 003人，死734人，隔离686人；满洲里死301人，隔离者187人。

11月1日　哈尔滨医科大学创立。

本月　张国焘、王尽美、邓恩铭、高君宇等赴苏途中到哈尔滨。

本年　中东铁路沿线共有制粉厂31家，其中哈尔滨有24家；沿线制油厂共59家，其中哈尔滨有43家；沿线酒厂7家，其中哈尔滨有6家。

1922年

2月28日　中苏商定中东路四项大纲：一、中东路由中国政府特设机关管理；二、俄人股份由中国酌定时价于今后5年内归还；三、该路未完全收回以前，苏俄、远东两政府得派委员参与路政；四、该路所负外债，由中国负担，并由中国、苏俄、远东三政府共同组设清算局整理之。

5月1日　张作霖宣布东三省自治。

10日　第一次直奉战争奉军败北。北京政府将张作霖撤职查办，同时任命吴俊升为奉天督军，袁金凯署省长，冯德麟任黑龙江督军，史纪常署省长。11日东三省议会、教育会、商会等各单位通电不承认北京政府将张作霖免职令。12日，吴俊升、冯德麟通电不承认10日北京政府的任命。张作霖在滦州宣布独立，自任奉军总司令，并发表对外宣言。19日，奉天省议会推举张作霖为东三省保安总司令兼奉天省省长，孙烈臣、吴俊升为副司令，并宣布东三省实行联省自治。

本月　哈尔滨电业公司着手修建电车轨道，在南岗破土动工。

12月10日　苏俄莫斯科政府对满洲宣布四条大政方针：（一）根据中东铁路合同，要求中国将中东路交还俄国劳农政府；（二）为阻止反共产党在满洲之行动，无条件驻兵中东路沿线，以维护劳农俄国之安全；（三）设立劳农组织，以管中东铁路；（四）准许铁道工人有集会、结社、言论、出版、罢工、信教之自由等。滨江道尹兼哈尔滨交涉员张寿增同时提出四项应付办法上报。东三省保安总司令部认为“极有见地”。

28日　苏俄代表越飞表示：1919年苏俄对华宣立中放弃中东路权利并非无条件交还中国。

1923年

3月18日　哈尔滨国民外交后援会在滨江公园召开市民大会，组成“唤醒团”。会后1.5万余人冒雨举行了声势浩大的示威游行，游行群众高呼“二十一条无效”“还我旅大”等口号。20日，哈尔滨市民召开大会，通电北京政府和东三省政府，要求取消丧权辱国的“二十一条”，收回旅大，维护中东铁路主权。

本月　中共北京区执行委员会派北京铁路总工会负责人陈为人、京汉铁路总工会秘书、劳动组合书记部干事李震瀛到哈尔滨，发展党团组织，2人以《晨光报》记者身份进行活动。

4月1日　哈尔滨-上海，哈尔滨-天津开始直通电报。

5月8日　9哈尔滨总商会等团体发起驱逐中东铁路管理局地亩处处长关达基出境运动［关达基十月革命前任阿穆尔总督；1918年逃亡到哈，被霍尔瓦特安排在中东铁路管理局地亩处任处长。据《滨江时报》载，此人清光绪二十六年（1900年）曾强驱万余名中国人溺死黑龙江中，在伯力曾焚烧中国人房屋，到哈后仍仇视中国人］。

10月　中共铁路普育学校在哈尔滨南岗创办（此校为哈尔滨第三中学前身）。

11月25日　苏联代表加拉罕更正1919年宣言条文，声明当时并未允许将中东铁路交还中国。

1924年

5月31日　北京政府外交总长顾维钧同苏联加拉罕签订《中俄解决悬案大纲协定》《暂行管理中东铁路协定》，共同认定中东路纯系商业性质，除本身营业事务所，所有关系中国国家及地方主权之各项事务，概由中国政府办理。

6月11日　李大钊、王荷波、罗章龙赴莫斯科参加共产国际第五次代表大会，途中到哈尔滨。李大钊由其堂兄李祥年介绍住道外太古街宏昌贸杂铺。他在哈停留3天，其间，曾同苏联驻哈领事会晤。

7月16日　黑龙江省长公署印发“中东路协定应行筹议事项”6条。包括边界问题、江东六十四屯问题、关税问题、航行问题、中东路问题和赔偿问题，令所属部门“逐条议复”，以使定期开会讨论。

10月3日　苏联伊万诺夫就任中东铁路管理局局长，帝俄残余分子原中东铁路管理局局长沃斯特罗乌莫夫、地亩处处长关达基、经济调查局局长米哈依洛夫被撤职看押。8日，原中东铁路管理局会计处处长斯蒂普宁也被撤职看押。11日，中东铁路理事会开会，决定撤销霍尔瓦特的最高顾问、拉琴诺夫的顾问职务。19日，驻哈尔滨英、美、法、日四国领事对中国地方当局关押上述诸人横加干涉，提出抗议，要求将他们释放。

1925年

5月7日　“五卅惨案”消息传来，哈尔滨各界人民义愤填膺，召开救国大会，声援上海工人学生的斗争。

Δ 张富臣因散发题为《中国将亡，同胞当猛醒救国——宁为国家死，不作亡国奴——中国坚决救国团天津总部警告》的传单，被滨江警察厅逮捕，张于19日被遣送回天津。

本月　赵尚志在哈尔滨许公纪念实业中学加入中国共产党。

Δ 中共哈尔滨特别支部成立，吴丽石任书记。

9月28日　哈尔滨极乐寺正式开光。此寺由当时任东省特别区行政长官的朱庆澜兼佛教会长主持修建完成。

11月　高洪光（高伯玉）、吴晓天由奉天到哈尔滨，高洪光任中共哈特支技术书记，负责编辑《东北早报》，吴晓天任共青团哈尔滨特支书记。到年末，哈特支共有党员20余人。

1926年

1月25日　日本“东亚同志会”在东京神田会馆召开“满蒙拥护外交责问大演讲会”，主张援助张作霖，迎溥仪至满洲建立满蒙王国。

2月　中共哈尔滨特支书记吴丽石在马家沟比乐街召开支部扩大会议。会议决定，将中共哈尔滨特别支部改组为中共北满地方委员会（简称北满地委），吴丽石任书记，高洪光任组织委员，海涛任宣传委员。地委下设学生运动、职工运动、妇女运动、军事运动委员会。地委领导机关设在哈尔滨。北满地委领导长春以北，哈尔滨及中东铁路沿线各地党的工作。

3月30日　哈尔滨市自治临时委员会正式成立。成立通告中说，奉长官公署令“取消哈尔滨市公议会，组设市自治临时委员会”。傅润成为委员长，对前市公议会事务如财政、卫生、估捐各项关于市民合法之公共利益一概照常履行，对于各友邦驻在侨民之公共利益一体尊重。至此，被沙俄侵占28年的哈市政权，得以收回。

本月　由中共北满地委派往黄埔军校学习的赵尚志，返回哈尔滨进行革命活动。

4月　哈尔滨“霁虹桥”（落成后命名）开工兴建，11月28日举行落成典礼（中东铁路公司理事刘哲题字，建桥用费40万元）。

6月8日　中共北满地委以国民党组织的名义，由国民党人穆景周出面备案，在哈尔滨创办《哈尔滨日报》，社长穆景周，编辑和工作人员均为共产党员和共青团员。吴丽石为该报总负责人。《哈尔滨日报》是中共北满地委机关报，发行面遍及中东铁路沿线，及至吉林、长春、沈阳等地。

7月　胡适赴欧途中到哈尔滨，《哈尔滨日报》发表《追击胡适》等文章。

9月1日　哈尔滨市自治临时委员会改组，成立哈尔滨特别市。东省特别区市政管理局局长储镇就任哈尔滨特别市市政局局长，李绍庚任东省特别区市政管理局局长。

10月　中共北满地委由中共北方区委领导改为直属中共中央。中共中央任命吴丽石为中央驻东北三省特派员。此时，哈尔滨有中共党员73人。

12月1日　《哈尔滨公报》创刊，经办人吴玉珂、编辑崔铁肩、张林肯、苏子元等。1937年11月1日停刊。该报发表了不少进步文章，“九一八”事变后，曾以大量篇幅报道了抗日义勇军的活动。该报文艺版《公田》是当时进步作家金剑啸、萧军、萧红、舒群、罗烽等发表作品的阵地。

1927年

4月14日　山东、直隶难民来东三省谋生者日多，仅哈尔滨一地每日平均达4 000余人。哈尔滨当局制订救济和安插办法。

8月27日　同记商场在哈尔滨道外建成，开始先行交易（本年11月1日举行开张典礼）。

10月10日　哈尔滨电业公司建的发电厂、市内电车轨道竣工，电车通车，电灯送电，举行通车典礼（时有电车14台，轨道仅马家沟至道里警察街，南岗喇嘛台至铁路局两条，计8公里许）。

本年　在哈尔滨失去国籍的白俄为30 322人，苏籍侨民为25 637人。总计55 959人。

1928年

1月　中共北满地委撤销，成立中共哈尔滨临时县委，隶属满洲临时省委，杨乐任书记。

2月初　中共满洲临时省委协委刘湘益（刘立明）在长春被捕叛变，供出临时省委机关及吉长、关东、哈尔滨县委机关及党的主要负责人，使吉长、关东两县委遭到破坏。

4月　中共中央派龚饮冰、何松亭、杨之华等到哈尔滨建立交通站，负责护送各地去莫斯科参加中共“六大”的代表。本月中旬到5月末，瞿秋白、周恩来、李立三、邓颖超、罗章龙、李文宣等全国各地代表20余人先后经哈尔滨赴苏参加中共“六大”（会后归国，不少人曾在哈停留）。

6月2日　张作霖发表返奉通电。3日晚上，日使芳泽逼张作霖正式签署“日张密约”（郭松龄反奉时私订的），张拒不接见。深夜，张作霖秘密乘火车离北京返奉。4日晨5时27分，在奉天附近的皇姑屯，张作霖所乘专车被炸。吴俊升等人当场死亡，张作霖受重伤后，也于当天死去。为掩人耳目，奉天当局对张死秘而不宣。

7月2日　东三省议会“咨举”张学良出任东三省保安总司令兼奉天保安司令。张学良于4日就职，张作相、万福麟任副司令。

本月　哈尔滨道里中国大街正式更换街牌，改称中央大街。

9月　中共满洲临时省委召开东北地区第三次党员代表大会，贯彻中共“六大”决议，共21人参加会议，代表东北25个地方230名党员。会议听取了周恩来关于“六大”精神的传达。会议批评了过去盲动主义错误，规定了今后主要任务是在反对日本帝国主义斗争中争取群众，准备革命高潮的到来。会上正式成立中共满洲省委，选陈为人为书记。

12月1日　黑龙江保安司令万福麟委任马占山为黑龙江省剿匪司令兼骑兵第十二旅旅长，马于本日抵呼兰就职视事。

29日　东三省易帜。张学良等通电全国：“已于即日起，宣布遵守三民主义，服从国民政府，改易旗帜。”张学良一再建议国民政府定本日为国民党统一中国纪念日。

31日　国民政府任命张学良为东北边防军司令长官，张作相、万福麟为副司令长官，翟文选、张作相、常荫槐、汤玉麟为奉、吉、黑、热省政府主席。1929年2月4日皆在沈阳宣誓就职。

本年　美国新闻记者埃德加·斯诺访问东北到哈尔滨。

1929年

2月16日　中共中央正式批准成立满洲省委，王立功为书记。王立功、刘少猷、韩西平、张子安、王仲一、孟坚、张亦修7人为正式委员，任国桢、刘子奇（团省委书记）、哈县委铁路工人大李为候补委员。王立功、刘少猷、韩西平为常委。在王立功在上海养病期间刘少猷代理省委书记。

6月4日　中共中央政治局决定派刘少奇任满洲省委书记。

7月10日　东三省当局在中东铁路沿线各地配置军队，没收铁路电报、电话，查封苏联商船公司、贸易公司、火油公司等，将中东铁路管理局叶木沙诺夫、副局长艾斯孟特等苏联高级官员全部免职，令范其光代理局长，解散苏联职工联合会、共产青年团、妇女部、童子军等团体，逮捕苏联人200余名。制造了“中东路事件”。

17日　苏联政府宣布与国民党政府断绝外交关系，停止与中国的铁路交通，保留1924年中俄、奉俄两协定规定的一切权利，并警告中国东北当局和南京政府，中东路如不恢复原状，中国将有莫大危险。

8月17日　中国国民政府发表对苏联交战宣言。

11月30日　张学良决定派蔡运升去伯力与苏联代表斯曼诺夫斯基谈判。12月3日，蔡运升与苏联代表斯曼诺夫斯基在双城子签订《停战议定书》。规定东北当局将中东铁路理事长吕荣寰撤职，由苏方推荐中东铁路局正、副新局长；双方重申遵守中俄、奉俄两协定。5日，蔡回沈阳报告。6日，东北政委会决定承认《停战议定书》，并派蔡为正式会议代表。

1930年

1月11日　在刘少奇的指导下，中共哈尔滨市委决定以三十六棚总工厂为中心，发动失业工人开展复工运动。

本月　东省特别区第三区警察总署在绥芬河调查被苏军释放的士兵思想状况，写了题名为

《关于俘虏兵之考察记录及其思想上变化之研究》一文。内称，拥护苏联之俘虏士兵占十分之六七，反对者不超过十分之三四。据反对苏联之俘虏兵讲，在中苏军事冲突中，中国军队除死伤2 000余人以外，差不多全体被俘，总数为8 431人。苏军给俘虏兵的食品同红军一样。青年俘虏兵，能工作者每日劳动8小时，“年老者有轻工作”，少年兵士（18岁以下）进入小学校，半日劳动、半日读书。竟有73人学习之后不愿回国。又说红军“纪律非常严明，皆以贫困者之救主、世界革命之先锋自任。此次对我边民采取怀柔政策，掠夺官厅物品，散于人民，无知商民受其小惠莫不感激，甚至密山地方之商民有慰留赤军及赠送赤旗之事实”。

4月30日　黑龙江省政府安插河南难民6万人。

9月　李立三去苏联途中，视察了哈尔滨党的工作。

11月16～22日　中共满洲省委举行第一次扩大会议，传达中共六届三中全会决议，检查了满洲党在工作中所犯的“左”的错误，通过了政治等决议案。会议选举了新省委，由陈潭秋任省委书记。此时，东北各地党员共达2 000人。会议决定撤销北满特行委，恢复北满特委兼哈尔滨市委，书记孟坚。

1931年

1月　哈尔滨最低气温达零下41.4℃，创哈尔滨历史最低气温纪录。

3月26～27日　中共满洲省委召开第二次扩大会议，通过了《满洲省委第二次扩大会议决议案》《职工运动决议案》《农民运动决议案》，改选了省委。规定党的中心任务是“集中火力反对右倾主要危险”，坚决执行六届四中全会决议。此间，由于朝鲜共产党、团员转入中共，全东北党员有1200人左右。北满特委有党员244人，团员450余人。

9月18日　晚10时10分左右，日本南满铁路独立守备队岛本大队川岛中队的河本末守中尉，按照关东军的预定计划，率部下数名，在沈阳北部柳条湖（距北大营仅六七百米）将南满铁路路轨炸坏，制造了“柳条湖事件”，反诬中国军队破坏南满铁路，袭击日本守备队。11时许，关东军即以此为借口，大举进攻沈阳，炮轰北大营，震惊中外的“九一八”事变爆发了。

东北沦陷时期

1931年9月19日～1945年8月15日

1931年

9月19日　中共满洲省委发布《为日本帝国主义武装占领满洲宣言》，号召人民武装起来，驱除日本帝国主义。

22日　赵濯华、谭喜、陈焕锦等在宾县筹建东北反日军事同盟委员会，有抗日武装200人。本月末，正式成立司令部，后编入东北反日救国军第三路军左路军，赵濯华任左路军第三支队司令。

24日　依兰镇守使第二十四旅旅长李杜、驻哈尔滨的第二十五旅邢占清部宣布抗日。

10月22日　黑龙江省代主席马占山发表对日抵抗宣言，并调兵加强对嫩江桥的防务。

11月4日　日本步兵第十六联队两个步兵大队，一个野炮兵大队，在关东军参谋石原莞尔参加指挥下，乘拂晓大雾向中国江桥守军发起进攻，被守军打退。19日晚，日军占领齐齐哈尔。黑龙江守军沿齐克铁路撤至克山、拜泉一带集结。21日，省政府迁海伦。历时16天的江桥抗战结束。

12月　东北第一个电影公司——寒光电影公司在哈尔滨成立。共拍了《可怜的她》《人间地狱》两部影片，以后由于寒光电影公司拒绝参加伪“满洲电影放映公司”，被迫解散。

1932年

1月24日　黑龙江省抗日部队在海伦举行军事会义，会议决定支持丁超、李杜部队保卫哈尔滨。

28日　日本关东军以保护侨民为借口发表进攻哈尔滨声明，决定派步兵第三旅团团长谷部少将率军向哈尔滨进犯。

本月　杨靖宇（张贯一）任中共哈尔滨市委书记，杨一辰（杨德如）任组织部长，赵尚朴任团市委书记。此时，哈尔滨有中共党员130人，团员60人。

2月3日　日伪军对哈尔滨发起攻势。吉林自卫军各官兵在李杜、丁超指挥下，在哈尔滨附近阻击日伪军，展开了哈尔滨保卫战。哈尔滨人民为“巩我疆土，保我主权”，掀起自愿捐献劳军热潮，各校学生组成学生慰问团，各界踊跃捐献慰劳品。4日，日军第二师团向哈尔滨发起总攻，李杜和丁超亲临前线指挥自卫军抵抗。日军先后突破顾乡屯、南岗防线。5日吉林自卫军由哈尔滨转移到延寿、宾县、巴彦一带。日军侵占哈尔滨。

3月1日　伪东北行政委员会公布《建国宣言》，宣布成立伪“满洲国”。同时宣布东北行政区划为奉天、吉林、黑龙江、热河4省。9日在长春举行伪满洲国建国式和溥仪的执政就任式。

4月7日　马占山抵黑河，发表通电，向国联揭露日本建立伪满洲国的阴谋。同时，组建黑龙江军、政两署，马占山任省政府主席、东北边防军驻黑龙江副司令官。并成立黑龙江省抗日救国军司令部，马占山任总司令。

19日　黑龙江省政府主席马占山向全省抗日队伍发出电报。电文称：“去年从事抗日工作，抱定宗旨，始终如一，后来在弹尽援绝的情况下，为保全实力，窥察日人组织伪政府种种真相”，“暂取沉机待时办法，因之忍辱一时，虚与周旋者四十余日”，“于本月7日率领军政重要人员到达黑河，重组省政府。即将亲自督师，大张挞伐”，并与全省官吏约法四章：（一）不承认伪省府官吏任免；（二）应解款项一律送往黑河；（三）武装各县民众，同赴国难；（四）义勇军应以救国救民为宗旨，不可扰民。

20日　李杜以吉林自卫军总司令名义，在依兰召开军事会议，丁超、冯占海、杨耀钧等抗日将领出席会议，决定以依兰为大本营，分左、中、右三路反攻哈尔滨。

5月9日　国联调查团抵哈尔滨，进行“满洲问题”调查。该团共有李顿以下英、美、法、意委员5人，随员26人；中国方面顾维钧以下5人，日本方面吉田以下19人，日军部5人；伪满外交部大桥忠一以下3人，以及其他人员共百余人。中共哈尔滨市委散发传单、印发宣传品，发动群众反对“国联调查团”。日伪警察在调查团下榻的旅馆密布暗探，阻止人们接触调查团。调查团在哈尔滨期间，150多名中国人和50多名苏联人在调查团下榻旅馆附近被捕。

16日　在中共满洲省委领导下，张甲洲（中共党员、北京大学学生，受中共党的派遣，回黑龙江省进行抗日活动）等人在巴彦县成立“东北工农义勇军江北骑兵独立师”（亦称“巴彦游击队”）。张甲洲任指挥，王家善任副指挥，师下设两个中队，计200余人。

6月7日　日本陆军省发表自“九一八”事变到本年6月6日，日军死伤计4 163名。

20日　吉林抗日救国军冯占海部反攻哈尔滨，在香坊等地与日伪军激战。

30日　抗日义勇军一部收复富裕县城，击毙伪县长。

7月12日　中共满洲省委在哈尔滨召开扩大会议，贯彻北方会议精神，批判了“北方落后论”和“满洲特殊论”，改组了省委，魏抱一（李实）任书记兼组织部长。此时，东北党员2 100多人。

27～29日　马占山率2 000余人在庆城县东山张河白砬子山口遭到日军步、炮兵1 000余人的伏击。马占山受伤，队伍溃散。马占山在混乱之中带军长部斌山、参谋处长容聿群以及随从卫队42人向东突围，摆脱了敌人。马部下于俊海率100余人和马驮子向北突围，29日，在罗圈甸子附近被敌人全歼。日军误认战死的韩述彭是马占山，并对外宣称击毙了马占山。马占山战死的假消息一时成了轰动社会的新闻。

8月7～10日　阴雨连绵，松花江水暴涨，哈尔滨发生大水灾。7日晨，傅家甸九道街至十道街江堤溃决，从头道街至十九道街被水淹没相继蔓延至道里，水深丈余或二三尺不等，市内银行停业，商店关门，电话断绝，水位高达119.72米。8日，哈尔滨正阳河江堤溃决，三十六棚被水淹没，水势向道里西部炮队街、警察街、中央大街和十三、十四道街浸漫。至10日，道里区全部被淹，到处一片汪洋。受灾者超过10万人，难民纷纷去南岗避难，同时霍乱病流行。

9月9日　马占山于本日在龙门将脱险消息电告黑河。驻在黑河的代理省主席郎官普接电后，立即派队伍给马占山送去弹药、粮饷、被服、电台，使马占山得以恢复与国内各地的联系，着手重组各部义勇军，准备与日军再战。

10月14日　日本第一批武装移民团423人（定名为吉林屯垦第一大队），在团长山崎方雄率领下，由哈尔滨去佳木斯。次年2月11日到永丰镇（现桦南县孟家岗）定居。并将永丰镇改称为“弥荣村”。移民除每人发一支步枪外，还配备迫击炮2门，机枪3挺。3月27日，山崎方雄同桦川县长唐纯礼等在永丰镇签署了《第一次移民团议定书》。强行规定了屯垦占地区域，不论荒地、熟地每垧作价1元。桦川县先后被日本人强占土地达10万垧。

11月28日　东北民众救国军从朱家坎防线退至碾子山防线。29日，日军占领扎兰屯。12月3日，苏炳文给张学良和万福麟去电，声称弹尽粮绝，拟即饮痛退入苏境等。一同离境的还有马占山及其随行人员。12月5日，日军侵占海尔拉，6日，侵占满洲里。12月20日，苏炳文和马占山等全部到苏联托木斯克收容所。此时苏炳文余部3个团在扎兰屯以南仍然坚持抗战，后到张家口参加了冯玉祥的抗日同盟军。

本月　根据中共满洲省委的指示，巴彦游击队改编为中国工农红军第三十六军东北独立师。师长张甲洲，政治委员赵尚志。年末，张甲洲率队行至拜泉县三道镇附近，遭到红枪会袭击，队伍损失严重。以后又转赴铁骊、庆城，迭遭伪军和地方反动武装的不断追击，队伍被打散。

12月13日　黑龙江省政府发布关于停止工作的训令。内称：“本省政府因情势关系，不能再行维持，兹由本月15日停止工作。所属各厅、处及官银总号一律撤销，所有职员一律遣散，除应得俸薪外，另发给原薪两月，用作川资之需。”从此，黑龙江省完全沦入日本帝国主义及其傀儡伪满洲国的统治之下。

25日　哈尔滨道里水道街新建索非亚教堂，历时10年竣工。

1933年

1月　日本关东军参谋部推行所谓“满洲农业移民百万户二十年计划”，从1933年开始，计划移迁500万日本农民，开垦1 000万垧水、旱田。其中在黑龙江省计划开垦670万垧。

19日　伪满国务会议决定，从7月1日起将东省特别区改称北满特别区，吕荣寰任北满特别区公署长官。将原哈尔宾特别市、东省特别区市政管理局辖哈尔滨市、吉林省滨江市及江北黑龙江省松浦市政局辖区四合为一，并将呼兰县10屯和阿城县31屯划入，成立哈尔滨特别市，吕荣寰兼任哈尔滨特别市市长。此时哈尔特别市面积达930平方公里，人口约50万余人。

8月10日　中共满洲省委作出决议，提出开辟磐石、汤原、吉东（包括绥宁与东满）、哈东“四大中心赤色游击区”。动员大批党员、团员干部和青年、工人等积极分子、反日会会员，到各抗日游击区去。

9月1日　中共满洲省委发表《“九一八”二周年纪念宣言》。宣言提出：“扩大工、农、兵士、学生、革命军官的反日统一战线，扩大反日民族革命战争，驱逐日本一切海陆空军出满洲，收复东北失地，争取中国民族独立与领土完整。”

9月5日　据日本关东军统计，在东北的抗日武装约有10万人左右。

10月　赵一曼任哈尔滨市总工会代理书记。

1934年

2月14日　美国记者埃德加·斯诺在《周末报》揭露日本在东北贩卖毒品，麻醉中国人民的罪行。仅哈尔滨一处，就有200多个贩卖鸦片、海洛因和吗啡的官许店铺。

20日　东北人民革命军第一军独立师在临江县三岔河子附近城墙砬子，召集有17支队伍参加的抗日义勇军代表大会，成立东北抗日联合军总指挥部。杨靖宇为总指挥，隋长青为副总指挥，李红光为参谋长，宋铁岩为政治部主任。辖8个支队，经常联合作战的约5 000人。

3月1日　伪满实行帝制。改“执政”为“皇帝”，溥仪即皇帝位，颁布“即位诏书”。伪“满洲国”改称“满洲帝国”，年号由“大同”改为“康德”。

8日　依兰县土龙山（今属桦南县）一带2 000余农民为反对日军收缴地照和民间枪支，在甲长景振卿、保董谢文东的带领下举行武装暴动。9日，攻占太平镇伪警察署，伪警被缴械，毙敌10余人。11日，在太平镇西白家沟屯击毙日军第十师团六十三联队长饭塚朝吾大佐、铃木少尉以下日军17名。俘虏伪警察大队长盖文义等26名。缴获机枪5挺，步枪10余支，子弹数千发，此即震动中外的“土龙山事件”。12日，土龙山暴动农民武装在半截河子召开整编会议，组成“东北民众救国军”，编为6个大队，谢文东为总司令，景振卿为前敌总指挥。

6月25日　伪吉林警备第二旅司令李文炳带队至宾县“讨伐”珠河游击队，张贴布告称：如将赵尚志“拿获送案奖赏国币1万元”。

29日　伪满禁止36种报刊输入东北，其中包括苏联的《真理报》《消息报》等外文报刊18种及中国出版的《大公报》《申报》《时报》《新闻报》《晨报》《民报》等。

8月1日　伪哈尔滨铁道局公布铁路被抗日武装“破坏”情况：列车颠覆16次，铁道被破坏41次，车站被袭击91次，抓走路警等116人，劫列车14次，破坏桥梁31次。

9月中旬　哈东支队为解决冬季军需物资，在赵尚志、张寿篯（李兆麟）的指挥下，渡牤牛河，20日攻入五常堡，毙敌十余人。西进双城，攻入八家子、康家炉。又采取迂回战术，攻下阿城县的梨树沟和方城岗等日伪据点，缴获了大批军需物资和武器。使游击区又扩大3倍，组织起农民自卫军3 000余人，抗日会等群众组织也有很大发展。

本月　李延禄领导的东北人民反日革命军与密山游击队在穆棱河北岸汇合，组成东北抗日同盟军第四军，李延禄任军长。

10月1日　伪满公布《地方行政改革制度》，将东北奉、吉、黑、热四省划为：奉天省（奉天）、吉林省（吉林）、龙江省（齐齐哈尔）、热河省（承德）、滨江省（哈尔滨）、锦州省（锦州）、安东省（安东）、间岛省（延吉）、三江省（佳木斯）、黑河省（黑河）、新京特别市、哈尔滨特别市、北满特别区。另设兴安东、西、南、北四个省。12月1日，开始实行新省制。

11月7日　东北人民革命军第一军正式成立。军长兼政委杨靖宇，政治部主任宋铁岩，参谋长朴翰宗，第一师师长李红光，第二师师长曹国安。

本年　中共北满省委派赵一曼到珠河中心县委担任县委委员、道北区委书记，并以县委特派员身份在抗日游击区开展工作。

1935年

1月28日　东北反日游击队哈东支队在珠河县半截河改编为东北人民革命军第三军一师，并成立第三军司令部。军长兼师长赵尚志，政治部主任冯仲云。

2月1日　中共满洲党、团省委发出给东满特委的信，要求纠正在统一战线问题和肃反问题上“左”的错误（东满特委把山林队看成土匪，凡不和敌人打仗、开捐绑票、不加入革命军和义勇军的都要缴枪，造成山林队和人民革命军的严重对立；对处理“民生团”的问题也有错误。“民生团”是日本人扶植、由一伙朝鲜奸细、政客组织的、主张“韩人自治”、反对共产党领导抗日、分裂中朝人民联合的反革命组织。1932年2月成立，7月解散。东满特委认为“民生团”已钻入我党、团、军内部，关押、清洗和处决了一批人，使党、团和军队受到严重削弱）。

10日　绥宁反日同盟军改编为东北反日联合军第五军。军长周保中、副军长柴世荣。全军编为两个师，共936人。

本月　中共上海中央局遭到破坏，中共满洲省委与党中央失掉了联系。此后，东北党的工作及抗日游击运动直接由中共驻共产国际代表团领导。

中共吉东特委在牡丹江成立。书记吴平、组织部长李范五、宣传部长孟泾清。吉东特委领导饶河中心县委，勃利、密山、穆棱、宁安4个县委和东宁区委。

3月　赵尚志率第三军一部直入方正县大罗勒密，与民众救国军谢文东、自卫军支队李华堂会晤，成立东北反日联合军总指挥部，赵尚志为总指挥，李华堂为副总指挥，谢文东为军事委员长。8日，这三支部队和祁致中的明山队共450余人，联合攻入方正县城。毙伪警6人、俘1人，缴枪15支，焚烧日本参事官住宅。

23日　伪满和苏联在日本东京正式签订北满铁路让渡协定。北满铁路售款为1.4亿日元，第一次支付2 300万日元。伪满将这条铁路委托满铁株式会社经营。从即日起，该路督办公署及路警处所属职员隶属“满铁”。

本月　日伪为破坏东北人民革命军首脑机关，在辽东编成2个伪军支队，专门袭击杨靖宇第一军司令部和赵尚志第三军司令部。

5月7日　日本拓务省制定《关于满洲移民基本方案》。计划从1936年起，5年内向东北移民10万户。

29日　伪满允准比利时在哈尔滨设立领事馆。

30日　东北人民革命军第二军正式成立。王德泰任军长，魏拯民任政委，全军辖4个团，1 200余人。

6月3日　中共驻共产国际代表团以王明、康生名义发出《给东北负责同志的秘密信》。信的主要内容是关于扩大东北抗日游击运动与联合一切反日武装力量共同抗日问题，信中阐述了全民族反日统一战线的政策，肯定了东北各地建立抗日联军总司令部的做法。指示信中还提出“要使党的组织强有力的领导游击运动，必须将党的机关一部设立在游击区里，改造党的庞大的机构（尤其是上层领导机关），缩小管理区域；使之灵活巧便的独立工作，适合于战争环境”。

8月　日本在三江、龙江、滨江三省境内建立45处开拓团，总户数为3 380户，约占全东北开拓团的2/3。

9月18日　东北抗日同盟军第四军在方正县五道河子改编为东北人民革命军第四军，军长李延禄。共七个团一个旅。

11月15日　东北人民革命军第三军第二团在一面坡西土门子附近，被日军横山、冈田、正木等部队及乌吉密伪军包围，少数人突围，大部分牺牲。东北人民革命军三军二团政委赵一曼负伤，23日被俘，于1936年8月2日在珠河镇英勇就义。

26日　中共驻共产国际代表团决定撤销中共满洲省委，成立东满、南满、吉东、松江四省委和哈尔滨、奉天两个特委。

本月　人民革命军第三军军部在勃利县青山里九龙沟举行会议，决定：（一）赵尚志率军部与第五团赴江北，与谢文东、李华堂、李延禄和汤原反日游击总队会合，建立东北抗日联军总司令部；（二）帮助汤原反日游击总队改编为东北人民革命军第六军；（三）背靠小兴安岭发展江北游击根据地；（四）第四团活动于江南，与反日联合军第五军取得联络；（五）筹建抗日联军军政学校，培养军政干部。

1936年

1月28日　东北人民革命军第三军、东北抗日同盟军第四军、汤原游击总队、东北反日民众救国军、自卫军领导人赵尚志、李延禄、夏云杰、张寿篯（李兆麟）、冯治纲、李华堂、谢文东等在汤原县吉兴沟召开东北反日联军军政联席扩大会议（汤原会议）。会议响应中共中央《八一宣言》的号召，决定成立“东北民众抗日联军临时政府”，制定了东北民众反日联军临时政府政纲，并发表了东北民众反日联军临时政府成立的宣言和通电。为统一军事指挥，在临时政府军事部下成立“东北民众反日联合军总司令部”，推选赵尚志为总司令，李华堂为副总司令，张寿篯为总政治部主任。

30日　汤原反日游击总队改编为东北人民革命军第六军。军长夏云杰，代政治部主任张寿篯，参谋长冯治纲。六军下辖4个团和1个保安连，全军共700余人。

2月20日　以杨靖宇、王德泰、赵尚志、李延禄、周保中、谢文东和汤源、海伦游击队名义，发表《东北抗日联军统一军队建制宣言》。提出东北人民革命军第一、二、三、六各军与反日联合军第四、五军及各反日游击队，"一律改组建制为东北抗日联军第一、二、三、四、五、六军以及抗日游击队"。

本月　中共南满省委成立，杨靖宇任书记；中共东满省委成立，魏拯民任书记。

Δ 汪雅臣所部义勇军在五常县四合台改编为东北人民革命军第八军，汪雅臣任军长，王维宇任参谋长，珠河中心县委派侯启刚任政治部主任。

3月上旬　中共吉东特委和东北人民革命军第二军领导人在安图迷魂阵召开会议，决定将东北人民革命军第二军改编为东北抗日联军第二军，军长王德泰，政委魏拯民。辖三个师，2 000余人。

15日　中共勃利县委在大青沟召集会议。李延禄参加会议。会议决定将东北人民革命军第四军改编为东北抗日联军第四军，军长李延禄，政治部主任黄玉清，参谋长胡伦。中央决定调李延禄去关内工作，由李延平代理军长职务。

6月　东北人民革命军第六军改为东北抗日联军第六军。军长夏云杰、代理政治部主任张寿篯，参谋长冯治纲。下辖7个团，1个保安连，共1 500余人。

7月7日　中共南满第二次党代表大会在金川县河里地区惠家沟密营召开。会上宣布：东北人民革命军第一军正式改编为东北抗日联军第一军；共产主义青年团改名为青年抗日救国会。二次党代会后，召开中共南满、东满特委和抗联第一军、二军主要领导干部联席会议（河里会议），决定将第一、二军合组为东北抗日联军第一路军，总司令兼政委杨靖宇、副司令王德泰、总政治部主任魏拯民（兼）。第一路军下辖6个师，即第一军的一、二、三师，第二军的四、五、六师。会议还决定把南满和东满党的领导机构合并，统一建立中共南满省委，由魏拯民任省委书记，杨靖宇、王德泰等13人为委员。

8月1日　东北人民革命军第三军军长赵尚志签署通告，将第三军正式改编为东北抗日联军第三军，下辖6个师。到1937年7月，又新建了七、八、九、十师。一、二、三师活动在松花江南岸宾县、延寿、珠河、方正、苇河、五常等县；四、十师活动在依兰、桦川、富锦、勃利、罗北等县；五、六、七、八、九师活动在松花江北岸通河、汤原、巴彦、木兰、东兴、铁骊、庆城等县。总兵力共6 000余人。

15日　革命文艺战士、中共党员金剑啸及爱国志士王甄海、麻炳钧、阎达生、王桂华在齐齐哈尔被日伪杀害。

9月18日　中共珠河、汤原两中心县委及抗日联军第三、六军党委在汤原县帽儿山召开联席会议（简称珠汤联席会议）。决定成立中共北满临时省委。赵尚志任中共北满临时省委执委会主席，冯仲云任省委书记，李福林任组织部长，张兰生任宣传部长。

Δ 谢文东领导的东北民众救国军改编为东北抗日联军第八军。军长谢文东，政治部主任刘曙华，参谋长于光世，下编3个师。20日，发表成立宣言。

12月5日　伪满决定与日本统一标准时间。

本年　东北人民革命军第八军改编为东北抗日联军第十军，军长汪雅臣。

1937年

1月　根据北满抗联总司令部决定，李华堂抗日自卫军队支队正式改编为东北抗日联军第九军。军长李华堂、参谋长李向阳。下辖三个师：第一师师长郭成，第二师师长王振祥，第三师师长张学中，全军约800余人。

3月6日　抗联第七军军长陈荣久率150余人，在饶河县小南河活动时，由于叛徒出卖，陷于300多日军及警察的包围，经激战，毙伤敌数十人，军长陈荣久等20余人牺牲。战后，抗联第七军在抱马顶子召开全军代表会议，决定由崔石泉任军党委书记、代理军长。

14日　中共吉东党组织在依兰县召开扩大会议，决定在下江、道北、道南三个特委的基础上成立中共吉东省委。书记宋一夫、委员周保中、王光宇、刘曙华、于化南、关书范、陈翰章、张中华等11人。吉东省委领导下江、道南特委以及抗日联军第四、五、七、八、十军。

20日　周保中、李华堂指挥抗联第三、四、五、八、九军，共760余人联合攻入依兰县城，破坏了敌城防建筑和银行，焚烧了面粉厂，击毙日军220余名和3名日军指导官，毙、伤伪军若干名，俘虏伪军15名。在伏击援兵的战斗中，毙敌220名，缴获迫击炮3门，机枪7挺，步枪130余支，弹药2万余发。

4月15日　日伪军警在哈尔滨和滨绥、滨北各铁路沿线及东北各城市进行大逮捕。中共哈东特委、哈尔滨特委、哈尔滨国际交通局、哈尔滨市委、大连市委、磐石中心县委，海伦、柳河县委，呼兰、宾县、抚顺特支等党组织遭到严重破坏。这次搜捕延续到11月。中共党员、共青团员及爱国群众745人被捕，其中，198人被杀害。后称“四一五事件”。

5月28日　中共北满临时省委在汤旺河帽儿山被服厂召开执委扩大会议，邀请吉东省委参加。会议通过《目前政治形势的分析及政治路线问题》决议。选举张兰生为北满临时省委书记，魏长奎为组织部长，冯仲云为宣传部长。任命张筹镃为抗联第三军政治部主任，李熙山为抗联第九军政治部主任。决定将独立师改编为东北抗联第十一军。

9月29日　中共吉东省委在依兰县四道河子召开常委工作会议，决定以东北抗日联军第四军、第五军、第七军、第八军、第十军为基础，包括东北义勇军姚振山部、救国军王荫武部，成立东北抗日联军第二路军，总指挥周保中。

10月13日　日本增兵我国东北10万余人。

本月　东北抗日联军独立师在富锦县二区改编为东北抗日联军第十一军，军长祁致中，政治部主任金正国，参谋长白云峰。下辖一个师，计1 500人，主要活动在依兰、桦川、宝清、富锦等地。至此，东北抗日联军发展成十一个军，共3万余人。

1938年

2月5日　波兰在哈尔滨开设领事馆。

3月15日　在日本关东军直接指挥下，日伪军、警、特务千余人，对佳木斯、汤原、依兰、富锦、勃利、桦川等市、县及农村进行大规模搜捕。中共党员、救国会员、革命同情者及群众365人被捕。有8人被杀害，104人被判有期、无期徒刑。松花江下游地区中共党组织遭到严重破坏。后称“三一五事件”。

18日　抗联第五军三师八团一连14名战士，在连长李海峰率领下，于宝清县小孤山同300名日伪军激战。击毙日军27人，伪兴安军23人，伤日伪军16人。李海峰连长以下12名干部战士壮烈殉国。战后，为纪念12烈士，小孤山改名为“十二烈士山”。

5月初　中共北满省委在通河召开第八次常委扩大会议，决定抗联第三、六、九、十一各军除留部分队伍在原地坚持斗争外，主力部队跳出敌人讨伐包围圈，穿越小兴安岭，向嫩江平原进行西征。

6月30日　日本关东军将哈尔滨平房地区三屯、四屯、五屯等21个村屯约6平方公里的地方划为“特别军事区域”。修建飞机场，发电站、铁路专用线、研究室、监狱、运动场等，并在周围架设高压电线，掘壕沟，设铁丝网，作为日本关军细菌战部队一加茂部队（后来改称“满洲七三一部队”）细菌实验基地。

10月15日　抗联第三、六、九军首批和二批西征部队在海伦县召开负责干部会议，参加会议的有：金策、许亨植、冯治纲、张光迪、王明贵、陈雷等。会议决定由许亨植筹备江省西北临时指挥部，王明贵率第六军第二师在海伦建设后方基地；张光迪、陈雷等率三军六师和六军一师各一部继续向讷河、德都、嫩江远征，开辟黑嫩平原游击区。

下旬　抗联二路军西征部队中四、五军合编的妇女团，随同五军一师在去牡丹江岸军部途中，宿营在林口县乌斯浑河下游柞木岗，被日伪军包围。指导员冷云，班长杨贵珍、胡秀芝，四军被服厂厂长安顺福（朝鲜族）及战士郭桂琴、黄桂清、王惠民、李凤善（朝鲜族）8名女战士为掩护主力部队撤退，奋起抵抗。敌人企图活捉他们，她们在子弹打光，敌人步步逼近的情况下，毅然投入乌斯浑河，壮烈殉国。后称“八女投江”。

本年　日本在东北的正规师团兵力增至50万人以上，加紧对东北抗日联军的进攻。

1939年

1月28日　中共北满临时省委召开第九次常委扩大会议，讨论通过了《关于目前东北革命运动和我党的任务》的决议。指出，由于日寇实行“匪民分离”“集团部落”“经济封锁”政策，抗联各部受到极大损失。提出要争取北满军事领导统一，加强与地方组织的配合，打通与南满抗联的联系，加强政治工作，保证党的领导。会议要求改变对敌战术，适应斗争形式。这次会议后，参加远征的抗联三、六、九、十一军部队统一编为4个支队、2个独立师。第一支队长张光迪，政治负责人陈雷；第二支队长兼政委冯治纲；第三支队长王明贵，政委于天放；第四支队队长雷炎，政委郭铁坚；独立一师师长任永富，政治部主任周庶汛；独立二师师长马光德，政治部主任朴吉松。

3月19日　抗联第八军军长谢文东率军部24人在依兰土城子投敌。在此之前，1938年5月，四师发生叛乱瓦解，一师师长秦秀全投敌，8月，三师师长王子孚杀害政治部主任刘曙华后投敌，同年冬，二师师长关文吉投敌。谢文东投敌人后，副军长滕松柏在佳木斯也叛变投敌，抗联八军全部瓦解。

4月12日　中共北满临时省委在通河召开省委第二次执委会议。会议决定，将中共北满临时省委改为中共北满省委，选举金策为省委书记，张寿篯为组织部长，冯仲云为宣传部长，组成新省委常委会，撤销北满抗联总司令部，以三、六、九、十一军为基础，成立东北抗日联军第三路军及总指挥部，任命张寿篯为三路军总指挥，冯仲云为政治委员，许亨植为参谋长。

6月1日　伪满当局为实现“北边振兴”计划，对部分地区的行政区划和行政机构进行改变：（一）由牡丹江、滨江、龙江省划出部分地区设立东安省、北安省；在三江省增设鹤立县，撤销凤山县；在东安省增设鸡宁县、林口县；在牡丹江省增设绥阳县；在黑河省增设孙吴县，逊河、奇克县合并为逊克县；（二）龙江、三江、滨江、北安等省撤销实业厅，设立开拓厅；牡丹江、东宁省撤销实业、民政厅，设立开拓厅；龙江、三江、牡丹江、东安、北安等省设立土木厅……；（三）扩充东安、北安、兴安北、牡丹江、三江、黑河等省的机构及其省长的权限；（四）规定东宁、绥阳、穆棱、虎林、鸡宁、密山、瑷珲、孙吴等县为“国境县”，县长由日本人充当。

6月12日　东北抗日联军决定撤销军建制，改设支队、大队、小队和分队，分别隶属于第一、二、三路军。第三路军编成第三、六、九、十二支队，以黑龙江全境为游击区。

30日　在日本主持下，日伪代表在东京召开日满移民联络会议，制定《满洲开拓民政策大纲》，把满洲开拓政策作为“日满一体发展、民族协力”“新大陆政策”的最重要点，把“移民”改称“开拓民”，承认其土地所有权，确保世袭。

12月1日　日伪当局禁止东北人民食用大米。私食大米按“经济犯”治罪。

年底　日本关东军石井部队（731细菌部队）在哈尔滨平房修筑的主要建筑物基本建成。该部队人员已扩至3 000余人。

Δ 受中共北满省委派遣，省委宣传部部长冯仲云到苏联伯力。不久，中共吉东省委书记周保中也到伯力。此时，赵尚志因作战失利，再次撤退到苏联。周保中、冯仲云、赵尚志就东北抗日战争等问题交换了意见。并于12月24日—1940年3月19日，在伯力举行了会议。总结了东北抗日游击战争的经验教训，确立了东北抗日联军的策略。2月2日，通过了《关于东北抗日救国运动的底新提纲草案》等决议。会议建议东北抗联各路军一律实行支队建制。3月19日，苏联远东军代表出席了会议。就东北抗联与苏联远东党和军队的关系问题进行了讨论，并达成了协议。

1940年

1月28日　中共北满省委召开第十次常委会。省委书记金策、组织部部长张寿篯、执委许亨植参加会议。会议总结了1939年以来北满党的工作。根据东北目前政治形势，确定党的任务是扩大抗日民族统一战线，武装群众、争取抗战和最后胜利。会议提出东北抗日游击运动党的策略：坚持恢复旧游击区，开辟新游击区。肃清游击运动中畏缩不前和冒险主义，进行有计划的军事行动，扩大抗日游击运动。号召各部队加强战斗性，团结性，依靠群众克服困难、创造北满抗日游击的新局面。会议以第三路军名义，发表了《告民众书》《告满军满警书》《告日本士兵书》《告日本移民团书》。

2月23日　抗日联军第一路军总指挥兼政委杨靖宇在濛江县（今吉林省靖宇县）保安村三道崴子山区与敌人交战中壮烈牺牲，时年35岁。

本月　由于日伪的重兵“讨伐”，抗日游击根据地遭到严重破坏，部队大量减员，抗联各路军由原来的3万余人，下降到不足2 000人。第一路军一方面军基本解体，二、三方面军仅存三四百人。第三路军经过1939年冬反击日伪“讨伐”战斗后，部队损失严重，根据统计全路军只剩下500多人。

4月3～9日　抗联第二路军总指挥周保中在宝清县小穆河召开第七军党代表会议，贯彻伯力会议精神。要求全体党员在艰苦条件下，紧密团结，抗战到底。同时，决定七军改编为二路军第二支队，支队长王汝起，政委王效明。

13日　冯仲云于3月22日离伯力回国，冲破敌人重重封锁，行程21天，到达海伦，会见第三路军总指挥张寿篯，传达伯力会议精神。将三路军各部改编为三、六、九、十二4个支队。三支队长王明贵，政委赵敬夫，参谋长王钧；六支队长张光迪，政委于天放；九支队长陈绍滨，政委周云峰，参谋长郭铁坚；十二支队长戴鸿宾，政委许亨植（兼）。

7月10日　穆棱附近发生7.3级地震。

8月23日　牡丹江市公署召开会议，确定粮谷、煤炭配给办法。规定：大米配给日本人每月30斤，12岁以下和60岁以上老人每月14斤；朝鲜人减半，不足部分以小米补充，“满洲人”暂不配给。

11月11日　日伪军警对肇源、肇东、肇州地下党、抗联十二支队、抗日救国会及群众进行大搜捕，自11日起至1941年3月15日，先后逮捕了十二支队长徐泽民等抗日武装人员及群众192人。徐泽民等73人遭敌杀害，103人被判无期徒刑。不经审讯而被杀害的群众数以千计。制造了“三肇惨案”。

12月3日　日本关东军防疫给水部本部设在哈尔滨平房，下设牡丹江支队（于海林），代号六四三部队；林口支队，代号一六二部队；孙吴支队，代号六三七部队；海拉尔支队，代号五四三部队；还有安达打靶场。给水部是日本关东军专门从事细菌武器研制的部队。

25日　伪满发表“第一次临时国势调查”结果：全满总人口为：4 323万余人。龙江省：209万人；北安省：232万人；黑河省：15万人；三江省：141万人；东安省：51万人；牡丹江省：68万人；滨江省：423万人；哈尔滨市：66万人。

1941年

1月4日　驻扎在哈尔滨王岗的伪军第三飞行队84名士兵，在班长苏贵祥的率领下举行武装起义。起义士兵击毙伪军官兵11人，夺取重机枪2挺、匣枪20支、步枪120支、子弹万余发、汽车1台及军服等物资。6日，起义士兵投奔抗日联军第十二支队途中，在肇东县榆树林，被日伪追击部队包围。起义部队打死打伤日伪军20余人，苏贵祥等30人牺牲，40多人被俘。

2月25日～3月12日　中共吉东、北满党代表周保中、金策在苏境南野营召开领导干部会议。会议决定抗联第五军改编为第二路军第五支队，支队长柴世荣、政治委员季青。抗联第十军改编为第二路军第八支队，支队长汪雅臣、政委陶净非（当时不知汪雅臣已牺牲）。会议还决定由吉东、南满党的组织联合组成中共南野营委员会（中共道南特委保留），书记季青，委员安吉、柴世荣、朴德山等。经过整顿之后，3月20日，陶净非率5人返回东北，在五常活动。25日，季青等11人回到宁安、汪青等地活动。

5月5日　23时18分，绥化县发生强烈地震。死132人，伤203人，呼兰桥铁轨扭成S形，桥架破坏。房屋完全毁坏6 321间，部分毁坏4 134间，占房屋总数82%，余震至13日。地面裂缝有大量泥沙和地下水喷出，土地有隆起，亦有下沉。此次地震波及哈尔滨市。

1942年

2月12日　赵尚志率领小分队袭击鹤立县梧桐河警察分所时，因小分队有鹤立县兴山警察署长田井久二郎派的特务刘德山混入，在梧桐河北菜园子附近向赵尚志开枪，赵尚志负重伤被俘，坚贞不屈，壮烈牺牲，时年34岁。

8月1日　东北抗日联军教导旅在苏联伯力附近北野营正式组建。教导旅指挥部由旅长周保中、政治副旅长张寿篯，副参谋长崔石泉等组成。旅以下编4个教导营、两个直属教导连，金日成、王效明、许亨植、柴世荣分任各教导营营长；安吉、姜信泰、金策、季青分任教导营政治副营长。教导旅不断派遣小队返回东北，进行游击战争，同时有计划地对全体指战员进行军事训练和政治学习。教导旅中的抗联战士共1 000余人。

1943年

5月 17日　汪精卫伪政权在哈尔滨设立总领事馆。

10月1日　伪满洲国政府合并牡丹江、东安、间岛三省设立东满总省。东满总省省长三谷清。另合并兴安东南西北四省，设立兴安总省。

22日　731部队从海城、大石桥、锦州等地押来800名劳工，全部拘押在哈尔滨平房正黄旗五屯的劳工棚里，用活人进行各种细菌武器实验，在不到两个月的时间里，竟惨杀600人，并把尸体扔进该屯西门外“万人坑”。

11月　伪牡丹江监狱在鹤岗煤矿设“作业场”。后改为“鹤岗刑务署”。关押3 000余人，强迫下井劳动。大陆东山坡就是这些劳工死后的葬地，是日寇制造的又一个“万人坑”。

1944年

8月　伪满自1943年12月开展“献纳飞机”运动以来，已强迫东北人民交出3 300多万元，其中滨江省最多，缴纳364万元。

本年　日军在“大东亚战争”中损失惨重，每日都有战死日军途经或运回哈尔滨。日伪当局强令市民到车站迎送，举行“忠魂遗骨无言凯旋”仪式。

1945年

8月9日　百万苏联红军从东、西、北3个方向突破日本关东军防线，进入我国东北。

13日　日本关东军炸毁在哈尔滨平房的731部队设施，屠杀所有被囚禁人员，然后逃离。

14日　苏联红军到达牡丹江市。

解放战争时期

1945年8月16日～1949年9月30日

1945年

8月18日　苏军进入哈尔滨。晚7时，苏联空降兵在札别林中校指挥下，在哈尔滨机场着陆。苏联远东第一方面军军事委员会全权代表、副参谋长谢拉霍夫少将在机场向日本关东军参谋长秦彦三郎宣布了日军实际投降的最后通牒。

20日　随同苏联红军进驻哈尔滨的中国共产党代表刘亚楼，协同苏军接管了日伪哈尔滨中央放送局，改名为哈尔滨广播电台，并开始播音。这是中国共产党领导下的第一座地方广播电台。

31日　国民政府颁布《东北各省处理办法纲要》，将东北三省改为辽宁、安东、辽北、吉林、松江、合江、黑龙江、嫩江、兴安9省。大连、哈尔滨2特别市（后又增加沈阳特别市）。

10月1日　滨江省政府在哈尔滨成立。伪满滨江省民生厅厅长谢雨琴任省长、李兆麟任副省长。

11月13日　黑龙江省各界代表会议在北安召开，会议宣布成立黑龙江省政府。陈大凡任省政府主席。黑龙江省下辖瑷珲、漠河、乌云、呼玛、鸥浦、逊河、奇克、孙吴、海伦、绥化、绥东、北安、通肯、通北、克东、德都、泰安、拜泉、克山、绥棱、望奎、明水、兰西、青冈、庆安、铁骊26县。

14日　嫩江省政府在齐齐哈尔成立。于毅夫任主席，车向忱任副主席。嫩江省下辖齐齐哈尔市和泰来、林甸、富裕、嫩江、讷河、甘南、龙江、景星、洮南、洮安、镇赉、安广、大赉、突泉、瞻榆、开通、杜尔伯特17县、旗。

16日　陈云、张秀山等从沈阳到达哈尔滨。在哈尔滨成立中共中央东北局北满分局，陈云任书记。12月5日，东北局决定陈云、高岗、张闻天、张秀山、李兆麟为北满分局委员。

Δ 中央北满分局决定撤销中共滨江地区工作委员会，成立中共松江省工作委员会，张秀山任书记，钟子云任副书记。同时成立东北人民自治军松江军区。卢东生任司令员，张秀山兼政委。17日晚，卢东生牺牲，由聂鹤亭任司令员。

17日　中共中央东北局派李范五、李延禄、刘英勇、董仙桥等20余名干部到合江工作。在佳木斯成立了中共合江省工作委员会，李范五任书记，李延禄、刘英勇、彭施鲁、孙靖宇为委员。李范五兼三江人民自治军政委。

Δ　苏联红军为履行《中苏友好同盟条约》，准备将中长铁路沿线大城市交给国民党接收。驻哈尔滨苏联红军司令部通知中共驻哈领导机关和部队撤出哈尔滨市。

21日　根据中共中央东北局指示，撤销三江行政专员公署，成立合江省政府，李延禄任主席，李范五为副主席。同时发布安民布告，宣布民主政府政策。合江省辖佳木斯市和同江、富锦、桦川、汤原、鹤立、萝北、绥滨、佛山、密山、虎林、饶河、宝清、林口、鸡宁、东安、通河16县。

本月　东北人民自治军吉黑军区（即北满军区）在哈尔滨成立。高岗任司令员，陈云兼政治委员。

12月6日　中共中央东北局决定成立西满分局，李富春任书记。西满分局初驻郑家屯，翌年1月迁至洮南，又迁白城子；4月3日再迁至齐齐哈尔。

17日　国民党东北挺进军混成第六旅匪部十八团、十九团、二十团联合进攻孙吴。驻军在苏军援助下，经一夜激战，将匪击溃，毙伤俘匪900余人。后称“孙吴事变”。

21日　中共中央发出关于建立东北长久根据地给东北局的指示指出：必须派必要的老干部和干部去宁安、东宁、密山、穆棱、佳木斯、嫩江、黑河……等地开辟工作，建立后方，建立工业，组织训练部队，开办学校，以便供给前方。“只有这一计划的成功，我在东北的斗争才能立于不败之地，并能迟早争取胜利”。

28日　国民政府派“接收大员”关吉玉、杨绰庵等带伪满“铁石部队”200余人到哈尔滨进行“接收”。李兆麟辞去滨江省副省长职务，专任中苏友好协会会长。1946年1月1日，国民党哈尔滨市政府成立，杨绰庵任市长；1月12日，国民党松江省政府成立，关吉玉任省主席。

1946年

1月1日　中共松江省工委发出《关于减租、处理敌逆地产和发动农民的指示信》。指出，“农民的基本问题是地租和土地问题，只有清算和控诉运动是不行的”，强调“认清发动农民群众的重要性，帮助农民解决地租和土地问题”。

2日　中共黑龙江省工委发出《关于最近干部倾向问题的决定》。要求各地负责干部深入连队，确实掌握武装，时刻准备应付突然事变发生；纠正个别干部腐化堕落的思想倾向；严格党的纪律，巩固内部团结；大量培养工农干部和积极分子参加到工作中来，加强党的战斗力。要求全党培养战斗作风，一天做两天的事，一人做两人的事。

1月中旬　合江地区国民党收编的土匪比较集中。有国民党任命为十五集团军上将总司令谢文东，活动于佳木斯，勃利之间；东北挺进军第一集团军上将总司令李华堂，活动于通河、方正、依兰、刁翎一带；东北保安军合江地区支队司令张雨新（张黑子），活动于勃利、汤原、依兰一带；还有孙荣久、孙景韬、赵秉庸、孟尚武等，活动于林口、富锦、绥滨、同江、密山、鸡西一带。

2月21～25日　合江省第一届人民代表大会在佳木斯召开。李延禄致开幕词，李范五作了《三个月政权工作总结与今后任务》的报告。会议通过了实行地方自治、肃清土匪、实行减租减息等11项提案。选举了省行政委员会，正式成立了合江省政府。李延禄任省政府主席，李范五任副主席。

3月9日　哈尔滨中苏友好协会会长李兆麟在哈市道里水道街9号，被国民党特务杀害。15日，哈尔滨各界召开纪念李兆麟烈士善后委员会，决定创办兆麟中学，兆麟中心小学，兆麟图书馆，建立兆麟纪念馆，编辑兆麟纪念书籍，改水道街为兆麟大街，改道里公园为兆麟公园。

13日　中共中央北满分局书记陈云在通河干部座谈会上发表讲话。指出，国民党进攻东北，我们的对策是粉碎他们的进攻。土匪是国民党的战略先遣队，必须肃清土匪；反奸清算是发动群众的桥梁，反奸清算要走到经济斗争的前面；财政问题，主要是解决好生财之道，即没收敌产和税收，有计划的开支，提倡节约，搞好生产。

4月1日 中共合江工委决定，苏军撤离后，立即接管市防，严防土匪乘机作乱；调部队向佳木斯靠拢，应付突变；成立以彭施鲁为司令员的佳木斯卫戍司令部，统一指挥佳木斯所有部队。5日，佳木斯卫戍司令部正式成立，同日夜，苏联红军撤离佳木斯，东北民主联军合江军区部队接管佳木斯防务。

4月8～10日 绥宁省首届临时参议会在牡丹江市召开。与会代表76人。大会决定建立绥宁省，成立省参议会和省政府。李大章任参议长，张静之任省政府主席。15日，中共牡丹江地委取消，成立绥宁省委，李大章任省委书记。

22日 苏军撤离齐齐哈尔市回国。23日，嫩江军区部队在辽北军区部队和东北民主联军1个旅的配合下，向盘踞在齐齐哈尔的国民党土匪武装发起猛攻，歼敌3 000余人，解放齐齐哈尔。国民党嫩江省主席彭济群逃离。齐齐哈尔市代理市长韩立中接收了市政府。24日，中共嫩江省党政机关进驻齐齐哈尔，随后中共西满分局、西满军区机关也进驻齐齐哈尔市。31日，成立齐齐哈尔城防司令部，王化一任司令员。5月20日，朱新阳就任齐齐哈尔市长。

28日 哈尔滨市解放。应哈尔滨市各界代表130人的吁请，松江军区部队、三五九旅、黑龙江军区警卫二旅进驻哈尔滨，受到70万居民热烈欢迎。同时，中共北满分局、北满军区和松江省党政军机关迁回哈尔滨。钟子云为中共哈尔滨市委书记。同时成立哈尔滨卫戍司令部，聂鹤亭任司令员，钟子云兼政委。

5月3日 哈尔滨市政府成立，刘成栋任市长。

5月中旬 中共中央东北局由梅河口经长春迁至哈尔滨。

6月11日 黑龙江省动员1 000余名干部组成35个工作队，深入农村，发动群众，开展清算分地斗争。同日，合江省组织大批干部下乡，贯彻“五四指示”。省政府副主席李范五要求每个工作队员都要打破官僚主义作风，树立为人民服务的思想，帮助人民翻身解放。

7月3～11日 中共中央东北局扩大会议在哈尔滨举行。在东北的中央委员林彪、彭真、罗荣桓、高岗、陈云、李富春等及其他党政军领导干部出席了会议。7日，会议通过了《关于形势与任务的决议》（即“七七决议”）。决议指出：必须认识东北斗争的尖锐性和长期性，要下最大决心，粉碎国民党军队的进攻，以战争的胜利去夺取和平。规定了当前和今后一个时期的首要任务是发动群众，创建巩固的根据地；制定在敌强我弱的形势下，采取诱敌深入，集中优势兵力各个歼灭敌人的作战方针；要求广大共产党员、革命干部要走出城市，换上农民装，到农村发动农民群众。11日，中共中央批准了这个决议。

11日 哈尔滨市召开10万人大会，公审大汉奸、恶霸姚锡九、李九鹏。控诉他们充当日本特务残害人民的罪行。公审大会判处姚、李死刑。并将他们侵吞财产全部没收，分给贫困市民，150户贫民分得住房。

30日 《东北日报》报道：杀害李兆麟将军的杀人犯马建胤、高庆云落入法网。经审讯证明，杀害李兆麟是国民党特务机关有组织、有计划的暗杀活动。

8月9日 东北民主联军总司令遣送日侨俘办事处处长李敏然（即李立三）宣布遣送日侨、日俘回国的决定。8月19日，首批遣日本人2 500名离哈尔滨归国。

26日 哈尔滨市公安局在道外将企图在哈尔滨市组织暴动的国民党新编第二十七军军长姜鹏飞及其参谋处长姜凤鸣、军需处长张福平等捕获。28日凌晨，与姜鹏飞勾结的国民党中央执行委员会敌后工作委员会东北四省分会军事委员李明信，利用普济佛教会、黄枪会、一贯道等封建迷信团体和敌伪余孽，在哈尔滨市太平桥、顾乡屯和新阳区先后发动暴乱。经哈尔滨卫成司令部组织军警和群众协力反击，迅速平息。30日，李明信和国民党第六路军第三军军长匪首崔大刚在哈尔滨被相继捕获。经法院审判，姜鹏飞、李明信、崔大刚3犯于9月10日被处决。10日，姜凤鸣、匪首刘景山、龙星垣、王文林、韩春玉等也被依法处决。国民党在北满的最大特务集团和策划土匪叛乱的指挥中心被彻底消灭。

9月24日　东北政联行政委员会决定将绥宁省改为牡丹江专区，省政府改为牡丹江行政督察专员公署，直属于东北政联行政委员会，张静之任专员。10月17日，绥宁省临时参议会、省政府正式撤销。18日，牡丹江行政督察专员公署开始办公。

10月29日　合江军区和三五九旅部队发动了追剿李华堂、谢文东、杨海清的依南战役。经过半个月深山剿匪，共毙、伤、俘土匪879名，缴获各种枪支807支，马116匹，给李、谢、杨3股顽匪以沉重打击。

30日　哈尔滨铁路局机务段检修工人奋战30昼夜修复304号和1083号机车，分别命名为“毛泽东号”和“朱德号”。

本月　东北解放区土地改革运动蓬勃发展。截至本月，已将2 600万亩土地分给无地或少地的农民（其中松江省400万亩，黑龙江省600万亩，嫩江省600万亩，合江省200万亩，辽宁省400万亩，牡丹江省30万亩，吉林省120万亩），有500万以上的农民获得了土地。

11月18日　根据东北行政委员会指示，哈尔滨市改为特别市，由东北行政委员会直辖。

20日　合江军区一分区八团二营五连深入依兰深山，不怕疲劳，穷追多日，在刁翎的四道河子和五虎咀子之间山凹的一个小庙前，发现谢文东正跪在地上，乞求神灵保佑。五连副连长李玉清立即率战士冲上前去将这个“国民党第十五集团军”上将总司令、匪首谢文东及其部下多人，全部活捉。12月3日，谢文东在勃利县经公审后处决。合江军区和东北民主联军总司令部分别传令嘉奖有功部队。

本月　珠河县第一次农工代表大会决议，将珠河县改为尚志县。

12月12日　合江剿匪部队在刁翎西北山林中生擒匪首、国民党“东北挺进第一集团军”上将指挥官李华堂，并俘其团、营、连以下150余人。缴获机枪5挺、步枪150余支。李华堂在押送途中死亡。15日，在刁翎召开公审大会，公审国民党“东北挺进军”中将总指挥、匪首张雨新、中将副总指挥车理珩及李华堂匪部参谋长潘景阳等。公审后，张、车、潘等被处决。与此同时，合江军区司令部、政治部发布布告，宣传民主联军对土匪的宽大政策，号召残余土匪投诚自新。

本月　东北铁路总局将各地建立的铁路局合并建成哈尔滨、齐齐哈尔、牡丹江3个铁路管理局。

本年　自1月至11月，东北民主联军在自卫战争和剿匪战争中，共歼灭国民党军和土匪161 459人。其中正规部队89 214人，土匪72 245人，缴获各种枪炮88 000余件。

1947年

1月7日　中共中央东北局作出决议，制定今后8项主要工作任务：（1）继续深入发动群众，消灭“夹生饭”；（2）充实整训主力部队，建立地方武装；（3）做好运粮易物工作，保证物资供应；（4）组织好工业、农业、军事工业各项生产；（5）培养训练大批干部；（6）继续彻底清剿土匪，开展锄奸工作；（7）作好敌军和敌后工作；（8）精简后方机关。

2月2日　黑龙江、嫩江两省在齐齐哈尔举行合并会议。合并为黑龙江嫩江联合省，简称黑嫩省。4日，黑嫩省政府正式成立。主席于毅夫，副主席杨英杰。会议增选李富春、黄克诚等10人为联合省行政委员。于天放为代理参议会议长。联合省行政区划为5个专区：第一专署设在北安，辖德都、北安、泰安、绥化、海伦、通北、拜泉、绥棱、庆安、铁骊、克山、克东、通肯、绥东14县；第二专署设在富拉尔基，辖讷河、嫩江、甘南、龙江、龙东、景星、泰来、富裕、依克明安旗8县1旗；第三专署设在青冈，辖望奎、兰西、林甸、青冈、安达、明水6县；第四专署设在肇州，辖扶余、肇东、肇州、郭后旗、杜尔伯特旗3县2旗；第五专署设在黑河，辖漠河、鸥浦、瑷珲、呼玛、乌云、逊克、孙吴7县。齐齐哈尔市由省直接领导。

2月7日　牡丹江军分区战斗英雄杨子荣等6人深入匪巢蛤蟆塘，将国民党东北第二纵队第二支队司令“座山雕”张乐山以下25人活捉。23日，杨子荣在新海县梨树沟山里闹枝子沟追剿残匪战斗中牺牲。25日，新海县党政军机关和各村代表万余人举行杨子荣追悼大会。将杨子荣灵柩安放在海林东山。东北民主联军总司令部授予杨子荣特级侦察英雄的光荣称号。

本月　东北民主联军北满部队经过整顿之后编为3个野战纵队和7个独立师。第一纵队由原山东解放一、二、三师合编组成，方毅任司令员，周赤萍任副政委；第二纵队由原新四军第三师等部合编组成，刘震为司令员，吴法宪为政委；第六纵队由原山东解放第七师及新四军三师一部组成，陈光任司令员，刘其人任副政委。连同南满地区第三纵队（司令员曾克林、副政委刘西元）；第四纵队（司令员韩先楚，政委彭嘉庆）和3个独立师，东北民主联军野战军已组成5个纵队，10个独立师。

4月9日　松江省政府由延寿县迁回哈尔滨。

4月10日　中共中央东北局作出《关于东北剿匪工作报告》。报告总结了剿匪斗争的经验教训。指出，到目前为止，“大股土匪已肃清”。一年多来，共进行剿匪战斗1 303次，毙匪12 539人，俘匪36 601人，伤匪18 568人，降匪11 782人，缴获各种枪支5.5万支。报告要求各地在深入群众斗争中，继续起枪、挖坏根，武装基本群众，并组织专门精干的部队，配合民兵搜山捕捉散匪，彻底肃清土匪。

5月8日　东北行政委员会批准：为纪念抗日英雄赵尚志，将松江省珠河县改为尚志县。

6月30日　松江省翻身农民积极参军参战。据统计上半年有93 088人参军，其中73 787人参加主力部队。参战民夫126 377人，出担架14 148副，大车21 106辆。

7月7日　东北抗日暨爱国自卫战争烈士塔奠基典礼在哈尔滨市八区公园举行。烈士塔于1948年10月10日落成。

8月9日　第一次东北行政会议闭幕。会议提出了加强政权建设的五大任务：支援战争、土地改革、财经、教育、村政；五个统一：政策、机构、干部、财政、工业。

20日　东北行政委员会发布通告，决定牡丹江专区和合江省东安专区合并成立牡丹江省。10月1日，牡丹江省政府正式成立。张静之任副主席代理主席。牡丹江省辖牡丹江、东安两市和镜泊、宁安、新海、五林、穆棱、绥阳、东宁、林口、鸡西、密山、虎林、饶河、宝清、永安14县。

9月16日　东北行政委员会决定黑嫩省分开，仍恢复原黑龙江省政府和嫩江省政府。

10月10日　中共中央东北局发布《关于加强城市工作的指示》。要求动员与组织城市劳动群众发展生产，保护正当的私人工商业，使工人、店员就业，并适当改善生活。加强中小学教育，争取知识分子。

本月　东北解放区与苏联签订换货贸易合同，与朝鲜签订贸易合同。

本年　黑龙江省耕地面积3 437 464垧，水田14 626垧，粮食总产量达256万余吨，向国家交公粮28万余吨。

Δ 松江省播种面积1 185 408垧，总产量780 220吨，向国家交公粮191 908吨。

Δ 哈尔滨市人民自1946年11月至本年底14个月中，青壮年7次参军共9 318人，其中在主力部队的有7 300人，参加地方部队的有2 018人。在三下江南及其他战斗中涌现功臣90名。参加战勤者共8 462人；出动马车11次，共2 279辆；马夫2 285名；出动民工（担架队）8次，共4 802人；上前线医护人员323人；汽车驾使员360人；前线工作团8个中队，共692人；参加慰问工作的共10 915人；捐献劳军金额322 996 833元（东北币）；捐献军鞋233 240双。

1948年

1月1日　中共中央军委发布命令：东北民主联军改称东北人民解放军。民主联军总部改为东北人民解放军总部兼东北军区领导机关。东北民主联军合江、嫩江、松江、黑龙江、牡丹江军区，改称东北人民解放军合江、嫩江、松江、黑龙江、牡丹江军区。东北人民解放军总司令员兼政委林彪，第一副司令员高岗，第一副政委罗荣桓，副司令员吕正操、周保中、黄克诚、肖劲光（兼参谋长）。

Δ 中共中央东北局作出《关于前东北地下党组织之党员与抗联干部的决定》。指出，前东北地下党组织之党员与抗联干部，曾在极艰苦的条件下同日本侵略者进行了长期英勇的斗争。“八一五”后，又协同苏军与八路军、新四军最后击败日本侵略者，解放了东北。因此，重视东北党和人民14年斗争的历史，研究其斗争的经验教训，对于目前自卫战争是有裨益的。

2月1日　中共中央东北局发出《关于平分土地运动中的几个问题的指示》。针对土改中出现的“左”倾偏向，指出各级领导必须掌握：不得侵犯中农利益，应吸收中农参加运动；对工商业，农民不得进城抓斗争对象；对大、中、小地主及富农要区别对待；设法防止乱打人、杀人现象；引导群众迅速分地，及时转入生产。

13日　东北行政委员会教委会召集北满7省教育厅长、哈尔滨市教育局长及各省主要中学校长会议。中共中央东北局宣传部长凯丰到会讲话，强调要继续争取旧知识分子（特别是地富子弟），培养工农子弟新知识分子。会议纠正了机械地把土改运动中的方式或组织形式搬到中学里去，单纯地根据学生成分出身大批洗刷地富子弟、辞退教员、停办学校，甚至把地富子弟当作地主阶级本身看待，进行阶级站队、采取逼供信的审查方式及反特斗争、提出“向地富子弟开火”的口号等偏差。

4月29日　《东北日报》报道：哈尔滨市居住有苏联、美国、英国、法国、捷克、意大利、罗马尼亚、匈牙利、瑞士、南斯拉夫、丹麦、奥地利、希腊、土耳其、葡萄牙、瑞典、伊朗、朝鲜、日本等国侨民33 721人。外侨在哈尔滨设立各种教堂14座；有14国侨民经营工业，18国侨民经营商业，共728家。

5月4日　由中共中央东北局宣传部长凯丰主持编辑的《毛泽东选集》，在哈尔滨由东北书店出版发行。选集共收入毛泽东著作50篇，85万字，为6卷合订本。同日，东北书店佳木斯分店隆重举行《毛泽东选集》发行日，张闻天、李延禄主持了发行仪式。

6月1日　东北行政委员会为保证土改完成后个人土地所有权，发布“统一颁发土地执照”的命令，宣布土地所有权任何人不得侵犯。从7月起，各地开始发放地照试点，到11月，东北老区各地普遍发土地执照。

7月1日　经中共中央东北局批准，中共哈尔滨市委、区委完全公开。各机关、学校、工厂、商店，医院以及郊区农村基层党组织，也有计划的公开。20日，市委发出《关于公开建党的决定》。

9日　东北行政委员会命令撤销牡丹江省建制，原牡丹江省所属宁安、镜泊、新海、五林、东宁、绥阳、穆棱7县及牡丹江市划归松江省管辖；东安地区所辖林口、鸡宁、虎林、密山、宝清、饶河6县划归合江省管辖。

8月1～22日　中国第六次全国劳动大会在哈尔滨召开。来自全国各地的工人代表504人，代表全国28万有组织工人。3日，陈云作了《中国职工运动当前任务》的报告，提出了“彻底推翻帝国主义及其走狗在中国的统治，建立新民主主义的人民共和国”的总任务。9日，李立三就《接收日伪和国民党官僚资本企业后的企业改造问题》发言。10日，朱学范作《国民党统治区工运》的报告。12日，刘宁一作《国际职工运动》的报告。李立三作《关于中华全国总工会章程》的报告。13日，会议通过《中华全国总工会章程》。22日，选举陈云、朱学范、刘宁一、李立三等53人为全国总工会执行委员，宣告中华全国总工会成立。10月10日，召开第一次执行委员会议，选举陈云为全国总工会主席。参加大会的东北代表团，在会上报告了东北解放区职工运动情况。通过了《东北职工总会章程》，选举蔡畅、陈郁、李立三、李颉伯、张维祯等47人为东北职工总会执行委员，宣告东北职工总会成立。选举李立三为主席。

8月25日　中共中央东北局第一次城市工作会议在哈尔滨召开。张闻天受东北局委托在会上作了总结。会议着重研究了东北城市工作和经济构成情况。指出，现在城市工作应集中全力发展生产，逐渐变消费城市为生产城市，充分发挥城市作用，以便有力地支援解放战争，并在可能范围内尽量解决农民生产与日用品的需要。

9月3日　中共松江省委作出《关于牡丹江地区并县的决定》，决定牡丹江地区原东宁、绥阳县合并为东宁县，宁安、镜泊县合并为宁安县，新海、五林县合并为海林县。

30日　根据中共中央决定：东北人民解放军改为东北野战军，与东北军区领导机关分设。东北野战军司令部离开双城和哈尔滨，开往辽沈战役前线。

10月6日　在攻克义县战役中牺牲的东北人民解放军炮兵司令员兼炮兵学校校长朱瑞将军的遗体运抵哈尔滨，停放于东北烈士纪念馆。9日，哈尔滨各界代表千余人沉痛公祭朱瑞将军。

6～19日　中共中央东北局召开高级干部会议。会议指出，东北的形势已进入最后消灭敌人的阶段，全东北今后的任务是：发展生产，支援战争，争取迅速、全部消灭蒋匪军，准备参加关内解放战争；后方压倒一切的中心任务是发展工农业生产，以此为中心公开积极发展党，建立县、区、村三级人民代表会与政府，并大量培养新干部，特别是各种技术干部，继续组训新兵团，大批争取与改造俘虏，完成征粮，大力支援前线；在思想作风上，坚决克服经验主义，与各种形式的无政府、无纪律的现象作斗争。

11月2日　冯玉祥将军的夫人李德全从美国经欧洲回国抵达哈尔滨。哈市各界妇女千余人集会欢迎。李德全向记者详述了冯玉祥将军9月1日在胜利号船上因火灾遇难的经过。

12月24日　东北抗日英雄杨靖宇、陈翰章烈士的遗首从长春迎运到哈尔滨，停放于东北烈士纪念馆。

本年　自1946年秋至1948年末，哈尔滨军工部门共生产出：60炮2 337门，60炮弹271 536发，八二炮弹20 000发，掷弹筒256具，掷弹筒弹4万发，信号枪2 276支，马刀1万把，爆破筒4 002根。

1949年

1月14日　《东北日报》报道：东北人民在三年的解放战争中，热烈参战，支援前线。3年来参加前线服务的民工达3 078 931人，担架288 663副，大车251 067辆，马776 675匹。

2月6日　东北行政委员会决定各特别市一律取消“特别”字样，仍归行政委员会直接领导。3月1日，哈尔滨特别市改为哈尔滨市。

13日　中共中央东北局作出《关于干部几个具体问题的决定》，要求在几个月内调动集训万余名干部到长江以南去开辟新区工作。据统计到3月12日，合江省已集中干部1 735人。3月21日，松江省集中干部1 463人。

3月8日　东北农学院在哈尔滨建立。

4月21日　东北政委会发布《关于重划东北行政区划并任命各省主席、副主席令》。决定重划东北行政区域为辽东、辽西、吉林、黑龙江、松江、热河6省，沈阳、抚顺、鞍山、本溪四个直辖市。嫩江、黑龙江两省，合并为黑龙江省，辖齐齐哈尔、肇东、肇州、讷河、龙江、洮安、安达、大赉、镇赉、泰来、绥化、海伦、望奎、拜泉、泰安、克山、青冈、兰西、庆安、克东、明水、洮南、林甸、富裕、嫩江、甘南、景星、瞻榆、开通、安广、杜尔伯特旗、郭后旗、北安、通北、绥棱、德都、铁骊、孙吴、瑷珲、呼玛、逊克、佛山等1市41县（旗）。省政府设齐齐哈尔市。任命于毅夫为黑龙江省人民政府主席，杨英杰、王梓木为副主席。合江、松江两省合并为松江省，辖哈尔滨、牡丹江、佳木斯、兴山、双城、阿城、呼兰、五常、巴彦、尚志、延寿、木兰、海林、宁安、方正、拉林、通河、东宁、穆棱、勃利、桦川、依兰、富锦、绥滨、汤原、萝北、抚远、宝清、林口、饶河、虎林、密山、集贤、鸡宁、桦南等4市31县。省府设哈尔滨市。任命冯仲云为松江省人政府主席，李范五、李延禄为副主席。命令还指出：“各省、市、县（旗）区、村政府改称人民政府。”并要求各省市“即日进行交接合并，成立各省、市人民政府”。

7月9日　华侨爱国人士陈嘉庚先生等5人到哈尔滨，松江省人民政府副主席李延禄、哈尔滨市长饶斌等到车站迎接。13日，陈嘉庚等到齐齐哈尔市参观，受到黑龙江省和齐齐哈尔市领导的欢迎。

10～19日　中共黑龙江省首届党员代表大会在齐齐哈尔召开。与会代表404人，列席54人。省委副书记赵德尊传达了七届二中全会精神，省委书记张启龙作总结报告。

8月1日　中共中央东北局、东北行政委员会作出《关于整顿高等教育的决定》。指出，为适应经济建设与文化建设的需要，要对现有的高等教育进行整顿。决定设立14所高等学校。其中有哈尔滨工业大学、哈尔滨农学院、哈尔滨医科大学和哈尔滨外国语专门学校。

8日　东北解放区为支援解放不久的上海，运去30 000吨粮食。上海中国标准铅笔厂为支援东北的经济建设，将该厂半数机器于9月11日运抵哈尔滨。

9日　东北行政委员会发出布告，令东北地区一贯道、孔孟道、圣贤道、先天道、后天道、九宫门、中门正教、大同佛教会、普济佛教会、慈航佛教会、龙华会、寿母会、白律教、红枪会等反动会道门一律解散，停止活动。反动会道门的首要分子，应即向当地公安机关报到登记，悔过自新。据统计，松江省2市17县共登记一贯道分子20 153人，逮捕65人；黑龙江省16个县共逮捕封建会道门头子259人。

9月14～18日　新民主主义青年团黑龙江省首届代表大会在齐齐哈尔召开。张启龙、赵德尊分别在会上讲话，骆子程作报告，大会成立了中国新民主主义青年团黑龙江省委员会，陈雷任书记。

中华人民共和国

1949年10月1日～

经济恢复和实现党在过渡时期总路线时期

1949年10月～1956年12月

1949年

10月2日　松江省暨哈尔滨市各界人民群众和黑龙江省暨齐齐哈尔市各界人民群众分别集会，热烈庆祝中华人民共和国成立和毛泽东当选为中央人民政府主席。

19日　哈尔滨市召开公审大会，判处杀害李兆麟将军的凶手阎钟章、刘文升死刑，其余罪犯被分别判处无期徒刑和有期徒刑。

29日～11月1日　黑龙江省文艺工作者首届代表大会在齐齐哈尔市召开。出席大会代表213名。会议的任务是：（1）广泛开展城乡群众文艺运动；（2）改造旧艺术，团结旧艺人；（3）加强文艺创作；（4）建立文艺领导机关，选出全省文联。会议选出省文联委员45名，宣布正式成立黑龙江省文学艺术联合会。

11月中旬　东北人民政府决定，河北省移民1万人到黑龙江省安置。黑龙江省人民政府成立了移民委员会，并指示各县安置照顾好移民。

24日　东北人民政府批准，松江省兴山市改为鹤岗市。

本月　根据外侨工商业登记统计，在哈尔滨的外侨工业有13个国家，51个行业，298家；商业有13个国家，35个行业，436家。

12月1日　经中共中央军委批准，中国人民解放军第一航空学校在哈尔滨正式成立。

1950年

2月27～28日　毛泽东主席在周恩来总理陪同下，访问苏联后，由莫斯科归途中到松江省视察。毛泽东为松江省和哈尔滨市人民题写了“学习”“奋斗”“不要沾染官僚主义作风”“发展生产”“学习马列主义”5幅题词，并为《松江日报》题写了报头。毛泽东、周恩来在哈期间接见了松江省和哈尔滨市的主要负责同志，听取了工作情况汇报，并视察了哈尔滨车辆工厂。

3月20日　中共黑龙江省委书记张启龙调任山东省委书记，赵德尊接任黑龙江省委书记，杨英杰任副书记。

25～29日　松江省首届人民代表会议在哈尔滨举行。会议选举冯仲云为省人民政府主席，饶斌、李延禄为副主席。

25～31日　黑龙江省首届人民代表会议在齐齐哈尔举行。会议选举于毅夫为省人民政府主席，杨英杰、王梓木为副主席。

4月10日　中国第一个铝合金加工厂——哈尔滨101厂（今东北轻合金加工厂）第一期工程破土动工。

6月3日　中华人民共和国成立以来第一个女拖拉机队在黑龙江省德都县萌芽乡村师范农场成立。该队有队员11名，第一个女拖拉机手梁军为队长。

23～26日　黑龙江省首届人民体育大会在齐齐哈尔市西郊人民体育场举行。1578名选手参加比赛。

10～12月　因朝鲜战争爆发，辽宁各地的20个工厂奉命迁至黑龙江、松江两省。迁来后有分有合，属于这个时期迁到松江省的有16个工厂（松江电工厂、哈尔滨市第一机器制造厂、龙江电工厂、佳木斯防爆电机厂、哈尔滨电线厂、哈尔滨轴承厂、哈尔滨第一工具厂、哈尔滨林业机械厂、阿城继电器厂、桦林橡胶厂、牡丹江纺织厂、牡丹江造纸厂、佳木斯纺织厂、哈尔滨电机厂、佳木斯针织厂、佳木斯电机厂），7377名职工，经过一个多月时间，采取利用旧厂址，地方让出厂址、同类厂合并及新建厂房等办法，机器安装完毕，并开工生产。迁到黑龙江省的8个工厂（华安机械厂、庆华机械厂、建华机械厂、和平机械厂、齐齐哈尔第一机床厂和第二机床厂、齐齐哈尔铁路车辆厂、齐齐哈尔纺织厂），也完成了搬迁任务，并迅速开工生产。

11月3日　经东北人民政府批准，沈阳农学院与哈尔滨农学院合并，在哈尔滨设立东北农学院。任命刘成栋兼该院院长。

年底　关押溥仪等伪满战犯的战犯管理所从辽宁省抚顺市迁至哈尔滨市道里监狱。1954年3月，迁回抚顺。

1951年

4月1日　根据中央人民政府政务院关于东北银行合并于中国人民银行和收回东北人民银行发行的流通券，统一使用人民币的决定，从本日起，东北银行松江省分行和黑龙江省分行分别改为中国人民银行松江省分行和黑龙江省分行。曹根全为松江省分行行长，宋锡英为黑龙江省分行行长。同时，开始以人民币兑换东北流通券，比值为9.5∶1。5月1日以后，东北流通券一律停止使用。

5月1日　空军哈尔滨第一修理厂与军工21厂合并，建立121厂。翌年121厂分建为120厂（今东安机器厂）和122厂（今伟建机器厂），分别承担航空发动机和飞机修造任务。

6月3日　黑龙江省最大的水利建设工程——洮儿河堤经过3年的积极努力，全长178公里的堤防胜利完工，沿洮儿河的洮南、白城、安广、镇赉4县20万垧良田将不再受水害。

8月16日　黑龙江省人民政府发出通知，公布本省市、县等级：齐齐哈尔为丙等市；绥化、海伦、肇东、讷河、拜泉为乙等县；肇州、龙江、白城、望奎、克山、泰安、青冈、庆安、兰西、明水、郭尔罗斯后旗、安达、洮南为丙等县；克东、镇赉、北安、林甸、富裕、嫩江、甘南、景星、瞻榆、开通、安广、大赉、通北、铁骊、绥棱、杜尔伯特旗、德都、瑷珲、孙吴、呼玛、逊克为丁等县。

10月16日　中共黑龙江省委、松江省委分别发出整党建党三年工作计划。据统计，黑龙江全省有党员82 483人，松江全省有党员85 557人。两省共有党员178 040人。

11月25日　哈尔滨市在兆麟公园举行审判反革命分子大会。杀害民族英雄赵一曼的凶手谢翰声、吴树桂、袁功瑜被判处死刑。

12月23日　松江、黑龙江两省人民捐献武器运动胜利结束。6月1日中国人民抗美援朝总会向全国人民发出号召以后，两省人民热烈响应，立即掀起了捐献武器的群众运动。松江省人民捐献总额达940.34亿元，可买战斗机63架。黑龙江省实缴款达789.87亿元，可买战斗机52架，超过原订计划的95%。

1952年

3月30日　中国著名戏剧家、中央戏剧学院院长梅兰芳先生与剧团一行50多人到黑龙江省齐齐哈尔市公演，并为支援抗美援朝举行义演。4月15日，梅兰芳和剧团一行离齐。

5月25～27日　中共黑龙江省委召开全体委员扩大会议，总结本省“三反”运动。全省共查出贪污分子7 618名，其中“大老虎”（大贪污犯）1 159名，千万元以下的贪污分子6 459名。在已处理的贪污分子中，受刑事处分的312名，受各种行政处分的853名。

本月　中共松江省委作出《“三反”运动初步总结》。全省共挖出贪污分子35 848人，其中贪污亿元以上的712人，占2%。

6月23日　中央人民政府革命军事委员会主席毛泽东发布命令，决定建立中国人民解放军军事工程学院（驻哈尔滨）。为了筹建这所军事院校，中央军委调中国人民志愿军副司令员陈赓任工程学院院长兼政委，并成立了军事工程学院筹委会，负责学院的筹建工作。

8月6日　黑龙江省人民政府发出《关于1952年克山病预防工作的指示》。指出，从1951年10月至今3月全省发现克山病患者2 368人，死亡179人，死亡率为7.5%。省政府要求各地认真贯彻“预防为主”的工作方针。

9月29日　中央内务部批准，松江省汤原县将伊春林区划出，成立伊春县。县政府设在伊春街，并照丁等县编制。

30日　哈尔滨亚麻厂建成开工生产。这是苏联专家帮助建设的大型企业，于1950年1月1日破土动工。建筑面积15万平方米，有纱锭14 356枚，织机512台。这是中华人民共和国成立后第一个引进国外先进成套设备的建设项目。中央人民政府纺织工业部部长蒋光鼐亲临剪彩。

10月23日　东北人民政府决定成立东北林学院。该院以东北农学院森林系及原浙江大学森林系为基础组建。同时，将黑龙江省农业专科学校森林科并入。

12月31日　根据中苏两国政府缔结的中国长春铁路协定，苏联政府将中苏共同管理的中长铁路的一切权利以及属于该路的全部财产无偿地移交中华人民共和国政府。中苏双方在哈尔滨铁路文化宫签署了最后议定书。政务院总理兼外交部长周恩来，苏联驻华大使潘友新在签署仪式上发表讲话。铁道部部长滕代远、外交部副部长伍修权出席了签字仪式。同时，中长铁路局改名为哈尔滨铁路管理局，由铁道部直接领导。陆平为局长。下辖满洲里、哈尔滨、牡丹江、长春、沈阳、大连、安东7个分局。

1953年

1月1日　政务院总理周恩来在哈尔滨参观东北烈士纪念馆，并题词："革命烈士永垂不朽"。

2月1～6日　东北地区首届冰上运动会在哈尔滨举行。辽东、辽西、吉林、松江、黑龙江、热河6省和沈阳、旅大、抚顺、鞍山、本溪、哈尔滨6市，共269名选手参加比赛。哈尔滨市代表队获团体总分第1名，黑龙江省代表队获第2名，松江省代表队获第4名。

2月16日　哈尔滨第一机械厂（今哈尔滨制氧机厂）成功地自行设计和制造了中国第一台30立方米制氧机。这台机器的诞生，填补了我国空气分离装置设备行业的空白，基本上扭转了哈尔滨市供氧奇缺的局面。

7月18日　中央人民政府政务院电令，从8月1日起将松江省所属的哈尔滨市划为中央直辖市，由东北行政委员会代管。

27日　朝鲜停战协定在板门店正式签字。历时三年的抗美援朝斗争胜利结束。31日和8月1日，黑龙江省、齐齐哈尔市和松江省、哈尔滨市分别联合召开省、市各界庆祝朝鲜停战协定签字大会。

9月1日　著名京剧表演艺术家程砚秋剧团到哈尔滨市演出。4日，尚小云到达佳木斯市演出。

12日　哈尔滨市战胜了60年来的第二次特大洪水。9月8日哈尔滨松花江水位高达119.71米（1932年第一次特大洪水最高水位119.72米）。3个月来，在党和政府领导下，全市共动员近80万个工，7 000多辆次火车，3 000多辆汽车，百余万台次马车，千余艘大小船只，参加抢修险堤，完成35万多土方工程，松花江南岸长达36公里的堤坝全面竣工。经过20多个昼夜的奋战，终于战胜了洪水，确保了哈尔滨市的安全。

10月20日　苏联将位于哈尔滨市南岗的秋林公司正式移交中国，由哈尔滨市管理。

11月23日　哈尔滨市将6个市辖区调整为12个。其中道里、南岗、太平、东傅家、西傅家、香坊、顾乡7个市内区和平房、王岗、松浦、天恒、朝阳5个农村区。

24日　我国第一台6 000千瓦水轮发电机在哈尔滨电机厂试制成功。

1954年

1月　原东北林学院实验林场改为综合性的哈尔滨市动物园，面积37.7万余平方米，为全国8大综合性动物园之一。

5月15日　经政务院批准，由苏联黑色冶金设计院列宁格勒分院负责设计的北满钢厂（今齐齐哈尔钢厂）厂房破土动工。1957年11月11日举行落成典礼。

6月4日　中国第一座规模巨大的锅炉制造厂——哈尔滨锅炉厂全面开工建设。中国第一座动力城在哈尔滨开始动工兴建。

19日　中央人民政府委员会第32次会议讨论通过《关于撤销大区一级行政机构和合并若干省、市建制的决定》。指出，国家有计划的经济建设，要求进一步加强中央集中统一的领导，为了使中央能更切实地了解下面的情况，减少组织层次，增加工作效率，克服官僚主义，决定撤销大区一级的行政机构。决定将松江省建制撤销，与黑龙江省合并为黑龙江省；同时将哈尔滨市由中央直辖市改为省辖市，并入黑龙江省的建制。

28日　中央林业部决定，撤销东北森林工业管理局，成立哈尔滨、吉林、伊春三个森林工业管理局，直属中央人民政府林业部领导。7月1日林业部哈尔滨森林工业管理局正式成立。7月10日林业部伊春森林工业管理局正式成立。

本月　根据中央人民政府《关于撤销大区一级行政机构和合并若干省、市建制的规定》，遵照中央军委和东北军区的指示，松江、黑龙江两个省军区合并，组成新的黑龙江省军区，驻哈尔滨市。

7月27日　中共中央批准，欧阳钦任黑龙江省委书记，韩光、强晓初、冯纪新、王一伦为副书记。

30日　东北行政委员会致函所属各省市人民政府并报政务院，称：（1）自8月1日起，辽宁省人民政府和新的黑龙江省人民政府即正式成立，并开始办公；原辽东、辽西、松江等省人民政府的建制，同时宣布撤销；（2）自8月1日起，哈尔滨市人民政府改由黑龙江省人民政府领导。黑龙江省人民政府应即与市人民政府建立领导关系；（3）东北行政委员会将于8月15日正式宣布撤销。8月15日以后，辽宁、吉林、黑龙江、热河等各省人民政府即应直接向政务院执行请示报告制度。

8月1日　新的黑龙江省正式成立。中共黑龙江省委员会、黑龙江省人民政府及其所属委、部、厅、院、署、办机构即日起开始办公。合并后的黑龙江省省会设在哈尔滨市，下辖哈尔滨、齐齐哈尔、牡丹江、佳木斯等4个市，黑河、嫩江、合江等3个专区，67个县（市、旗），1个矿区，面积为46.9万平方公里，占全国总面积的1/20。中共黑龙江省委书记欧阳钦在省委、省人民政府联合召开的干部大会上发表讲话。指出，黑龙江新省成立后的基本任务，是在国家过渡时期的总路线指引下，全力发展工业、农业、林业生产，做好一切为生产服务的工作，促进社会主义经济成分的稳步增长，以便在发展生产的基础上逐步提高人民的物质和文化生活水平。

11日　中央人民政府委员会第33次会议通过任命黑龙江省人民政府主席、副主席名单：主席韩光，副主席杨易辰、李延禄、于天放、于杰。

9月29日　以赫鲁晓夫为首的苏联政府代表团到达北京，参加中华人民共和国成立五周年庆祝活动并进行国事访问。苏联政府决定赠送中国两万公顷谷物农场机械设备。苏联政府代表团回国途中，路径哈尔滨市，参观了哈尔滨亚麻厂。

10月7日　中共黑龙江省委、省人民政府作出《关于执行〈成立合江、嫩江两个专区及其机构编制方案〉的决定》。确定，除黑河专区所辖瑷珲、孙吴、呼玛、逊克、佛山5县不变外，另成立合江专区，辖勃利、富锦、桦川、桦南、依兰、集贤、宝清、汤原、萝北、饶河、抚远等11县；成立嫩江专区，辖龙江、富裕、讷河、嫩江、甘南、景星、泰来、林甸、依安、杜尔伯特旗等10县（旗）。两个专区的办事机关分别设于佳木斯市和齐齐哈尔市。

25日　毛泽东主席给齐齐哈尔国营和平机器制造厂全体职工一封信，祝贺他们试制第一批122毫米榴弹炮成功的胜利，称赞“这对建立我国的国防工业和增强国防力量都是一个良好的开端”。

11月22日　中共黑龙江省委召开第二次全体委员会议。会议讨论了合省后的方针和任务。根据国家第一个五年计划的规定，黑龙江省是国家工业建设的重点地区之一，苏联帮助我国建设的156项工程，有22项在黑龙江省。在这次会议上，省委书记欧阳钦代表省委常委会作《关于黑龙江省若干情况和特点以及今后工作的几点意见》的报告。

23日　《黑龙江日报》报道，农业部决定在黑龙江省北部开垦荒地300万公顷，面积相当于黑龙江全省现有耕地面积的1/2。现已划出5个开垦区：嫩江、北安地区；甘南、龙江地区；穆棱河流域密山、虎林地区；松花江下游集贤、富锦、饶河地区；萝北、绥滨地区。

12月7日　国务院公布《关于建设国营友谊农场的决定》。由苏联政府援建的这一大型国营谷物农场设在黑龙江省集贤县三道岗。国务院任命王操犁为国营农场场长，并由王操犁等6人组成建场委员会，在农业部和黑龙江省人民政府双重领导下进行工作。16日，农业部从全国各地抽调有经验的干部、工人101人参加农场建设。21日，在集贤县三道岗举行了升旗仪式。翌年6月，中共黑龙江省委书记欧阳钦、省长韩光到友谊农场参加基本建设开工典礼。

8日　《黑龙江日报》报道，黑龙江省农业合作运动自秋季以来已由重点试办阶段进入大发展阶段。到11月底，全省共新建农业生产合作社15 607个，加上原有6 036个，共有21 643个；参加农业生产合作社的农户已由占全省农户总数的7.04%发展到34.6%；全省已有87.2%的行政村有了农业生产合作社，并出现了1 847个基本合作化的村，93个基本合作化的区和6个基本合作化的县。

1955年

1月29～31日　黑龙江省第一届人民代表大会第二次会议在哈尔滨召开。与会代表533人。省人民政府主席韩光作《黑龙江省人民政府工作报告》。会议根据《中华人民共和国宪法》《中华人民共和国地方各级人民代表大会和地方各级人民委员会组织法》的规定，选举产生了黑龙江省人民委员会，韩光为省长，杨易辰、李延禄、于天放、于杰、杜光预为副省长，王丕年等29人为委员。选举刘正文为黑龙江省高级人民法院院长。

2月12～15日　全国人大常委会副委员长达赖喇嘛·丹增嘉措和政协全国委员会副主席班禅额尔德尼·确吉坚赞一行200多人，到达哈尔滨市进行访问。达赖、班禅等在哈期间曾拜谒了东北烈士纪念馆，参观了工厂等。

13日　哈尔滨中苏友谊馆（今哈尔滨友谊宫）全面竣工。此馆系1954年6月29日动工兴建的。

4月13日　黑龙江省人民委员会决定，将各县所在地的城区一律改为镇，由县直辖。镇是基层政权组织。

15日　黑龙江省移民委员会成立。根据国家规定，从4月下旬到5月末，黑龙江省接收山东省移民1万户，约4.5万人。

26～28日　中国人民政治协商会议黑龙江省第一届委员会（以下简称省政协）第一次会议在哈尔滨召开。出席会议委员70人（共有委员79人），列席39人。选举欧阳钦为省政协主席，张瑞麟、杜光预、王清正、刘珮芝为副主席，杨子荣为秘书长，欧阳钦等23人为常务委员。

6月1日　中华人民共和国第一座列车发电厂在佳木斯开始供电。这个电厂全部设备安装在13节车厢上，它可以沿着铁路开到任何一个需要电力的地方去发电，发出的电力约可供佳木斯全市现有工业和照明之用。

下旬　黑龙江省人民委员会召开垦荒移民会议。确定全省58个县市、12个国营机械农场、16个拖拉机站在今年夏秋至明春播种前，再为移民开荒10.5万垧，安置省外移民2.25万户，省内大中城市、工矿、林区移民（内有部分流入灾民）1.8万户，并安置编余职工参加农业生产2 500名，共计4.3万户。

本月　中国人民解放军农建二师奉中央军委命令，由山东集体转业到黑龙江省，建立二九〇、二九一等军垦农场。

10月1日　由波兰帮助建设的现代化的佳木斯糖厂开始试生产。该厂设计能力为日处理甜菜100吨，年产糖2.8万吨，酒精2 000吨。12月15日，举行了移交生产庆祝大会和开工剪彩仪式，国家地方工业部部长沙千里，黑龙江省副省长李延禄以及波兰驻华大使其里洛克和夫人等出席了庆祝大会。

28日～11月9日　中共黑龙江省委召开私营工商业社会主义改造工作会议。要求在1957年前，把全省绝大部分私营工业实行公私合营；绝大部分商业实行合营、经销、代销；个体手工业有70%以上组成生产合作社、供销生产小组和供销生产社，农村小商、小贩要通过各种形式基本上纳入合作商业的轨道。

11月1日　根据国务院规定，全省各地普遍开始使用全国通用粮票和黑龙江省地方粮票。

9日　国务院批准，将与广东省佛山县重名的黑龙江省佛山县更名为嘉荫县。

12月1～8日　黑龙江省第一届人民代表大会第三次会议在哈尔滨召开。省长韩光作了题为《团结全省人民，为完成与超额完成黑龙江省在国家第一个五年计划中的任务而奋斗》的报告。指出，第一个五年计划期间，全国将建设156个重点工业项目，其中在黑龙江省兴建的就有22项（即哈尔滨锅炉厂2项，哈尔滨汽轮机厂2项，哈尔滨量具刃具厂1项，哈尔滨电表仪器厂1项，哈尔滨电碳厂1项，新风加工厂2项，哈尔滨轴承厂1项，东安机器厂1项，伟建机器厂1项，第一重型机器厂1项，齐齐哈尔钢厂1项，富拉尔基热电厂1项，佳木斯造纸厂2项，南岔木材水解厂1项，鹤岗新一煤矿1项，鹤岗兴安台煤矿1项，双鸭山洗煤厂1项）。

1956年

15日　哈尔滨市44个行业全部实行公私合营，1万多名私营企业职工和工商业者举行庆祝游行。17日，哈尔滨市郊区实现了社会主义合作化，417个初级合作社转为86个高级合作社，全郊区2.6万户农民都成了高级合作社员。20日，哈尔滨人民委员会宣布全市私营工商业最后一批48个行业实行公私合营。至此，连同全市共101个行业，4 440户已全部公私合营。22日，哈尔滨市各界人民20余万人集会游行，热烈庆祝哈尔滨市社会主义改造的伟大胜利。中共哈尔滨市委书记任仲夷在大会上宣布：哈尔滨市全面完成了对农业、手工业和资本主义工商业社会主义改造的历史任务，在省内最先进入了社会主义建设时期。

26日　哈尔滨机车车辆厂铣工苏广铭，钳工张执贵提前一年又11个月完成第一个五年计划的工作量，被哈尔滨市人民委员会授予“劳动模范”的称号。

30日　据黑龙江省人民委员会办公厅报告，本省克山病发病情况严重。发病范围涉及1个市、27个县、92个区、26个村、397个屯。截至1月27日累计，全省发病1 589名，死亡559名，死亡率达35.2%。这次发生克山病特点是发病多，死亡快，合并症多，死亡妇女、小孩和老年人多。

2月2日　黑龙江省手工业合作化基本完成。全省已建立134个手工业生产合作社，236个供销小组，92.4%的手工业者已加入了各种形式的手工业合作组织。

3月5日　国务院批准，黑龙江省设立绥化、牡丹江两个专员公署。绥化专员公署驻绥化县绥化镇，领导绥化、兰西、巴彦、木兰、海伦、望奎、北安、德都、铁骊、庆安、绥棱、通河、呼兰13个县。牡丹江专员公署驻牡丹江市，领导方正、鸡西、宁安、密山、尚志、东宁、穆棱、林口、延寿、虎林10个县。此外，将原省直接领导的青冈、安达、明水、克山、克东、拜泉6个县划归嫩江专员公署领导。

Δ 中共黑龙江省委举行第7次全体会议。讨论提出《黑龙江省贯彻执行中央〈关于1956年到1967年全国农业发展纲要（草案）〉的规划方案（草案）》。规划方案确定：从1956年开始，在12年内全省除大豆外，粮食亩产量达到250公斤；60亩耕地养1匹马和1头牛，15亩地养1头猪，并大量发展家禽；造林4 200万亩；12年养鱼5亿公斤；分别在3、5、7年或12年内基本消灭各种疾病；普及农村文化网和开展农村体育活动，要求在近两三年内有条件的社建立俱乐部；1962年以前，要求每县都建立1个图书馆和国营剧团，并有自办报纸。

6日　国务院批准，黑龙江省撤销景星县，将景星县所属行政区域划归龙江县；撤销拉林县，将拉林县所属行政区域划归五常县；撤销桦南县，将桦南县所属行政区域划归桦川县；撤销海林县，将海林县所属行政区域分别划归宁安县、林口县和牡丹江市。

4月11日　国务院批准，将黑龙江省“郭尔罗斯后旗”改称“肇源县”。

7月5～12日　中国共产党黑龙江省第一届代表大会第一次会议在哈尔滨召开。与会代表497人，代表全省378 806名党员。省委第一书记欧阳钦代表省委作工作报告。会议选举产生了由37名委员、8名候补委员组成的中共黑龙江省第一届委员会。12日，省委举行第一届第一次全体委员会议，选举欧阳钦、强晓初、冯纪新、王一伦、王鹤峰、杨易辰、李剑白、陈雷、任仲夷、于杰、于林等11人为省委常务委员，欧阳钦、强晓初、冯纪新、王一伦、王鹤峰为省委书记处书记，欧阳钦为第一书记。7月26日，中共中央批准了上述人选。

8月4日　哈尔滨市松花江水位达到119.38米。13日，松花江水位达到119.93米，为本年度第2个洪峰。15日，松花江水位达到120.05米，为本年最高水位。

15日　全国著名劳动模范马恒昌被第一机械工业部正式任名为齐齐哈尔第二机床厂总机械师。

28日　《黑龙江日报》报道，哈尔滨市人民同历史上最大的洪水进行了25昼夜艰巨顽强的斗争，终于胜利地保住了国家第一个五年计划建设重点、新兴的近代化工业城市——哈尔滨。29日，哈尔滨市在兆麟公园举行了战胜洪水庆祝大会。

10月10日　国务院批准，黑龙江省撤销杜尔伯特旗，设置杜尔伯特蒙古族自治县。

11月8日　黑龙江省人民委员会公布全省第一批保护文物古迹名单。其中有：宁安县渤海国上京龙泉府遗址；宁安县三灵村的三灵坟、清代的大石桥；泰来县塔子城辽金古城遗址、莫山村辽金古墓碑；肇东县团结屯的辽、金古城遗址；阿城县白城遗址等7处。

23日　哈尔滨师范专科学校改为哈尔滨师范学院，本日举行建院典礼。

12月5日　哈尔滨市从本日起施行面粉定量供应。职工每人每月供应面粉3公斤，一般居民每人每月供应1.5公斤，郊区非农业居民每人每月供应1公斤，大专学生每人每月供应3公斤，中学生每人每月供应2公斤。市民购买面包、挂面，也顶面粉定量凭票购买。

11日　国务院批准，将黑龙江省铁骊县改为“铁力县”，瑷珲县改为“爱辉县”。

18日　国务院批准，黑龙江省撤销鸡西县，设立鸡西市（地级），由省直接领导。

全面进行社会主义建设时期

1957年1月～1966年4月

1957年

1月11日　《黑龙江日报》报道，在第一个五年计划期间，国家计划在黑龙江省新建和改建87座重要厂矿，到去年年底已有40座投入生产，完成五年计划总投资额的73%以上；预计到今年年底还有24座厂矿陆续完工，并有23个厂矿在第二个五年计划中继续建设。

3月2日　黑龙江省人民委员会下发《1957年工作计划要点》。指出，1956年全省社会主义改造基本完成，参加高级社的农户占全省总农户的99.1%，个体手工业者有96.7%参加了各种形式的生产合作组织；资本主义工商业和运输业已实行全行业公私合营。工业方面，年末完成全年总产值计划的101.8%，较1956年增长21.7%。但也存在计划偏大，进度过猛的问题。1957年的工作任务，应在“巩固成绩，提高质量，重点发展，全面安排”的方针下，广泛深入地开展增产节约运动。要求：（1）积极巩固和提高农业生产合作社，开展农业增产运动，发展水产、林业、畜牧业生产，发展多种经营，增加生产，增加收入。（2）地方工业产值达到9.5亿元，比1956年提高2.95%。（3）加强对商业供销工作的领导。（4）加强对私营工商业的社会主义改造工作的领导。（5）积极提高文教卫生工作质量，提高人民文化水平。（6）进一步巩固人民民主专政。（7）及时编制好发展我省国民经济的第二个五年计划。（8）在全省各方面深入持久地开展以增产节约为内容的社会主义竞赛运动，并做好精简整编工作。

4月　中共中央副主席、国家副主席朱德到黑龙江省视察。先后视察了哈尔滨、齐齐哈尔两地的部分工厂和学校。

5月18日　根据中央5月17日《关于发动大鸣大放，充分暴露右派分子的指示》，从本日至6月10日的一段时间内，中共黑龙江省委统战部、宣传部等单位分别召集民主党派负责人和无党派民主人士、工商联、大专学校、新闻、出版、文艺、音乐、美术等各界举行座谈，实行大鸣大放。在此过程中，大多数人对党提出了许多正确的、善意的批评；但极少数人则打着帮助共产党整风的旗号，向党向社会主义发动猖狂进攻，攻击“共产党骑在人民头上”，提出“公方代表撤出公私合营”等等。

20日　黑龙江省人民委员会向国务院报告关于更改相当于区的民族自治区和建立民族乡的工作总结指出，1952年黑龙江省在少数民族聚居地区建立了8个相当于区的民族自治区（朝鲜族5个、蒙古族2个、达斡尔族1个）。根据国务院指示精神进行更改后，黑龙江省共设有1个蒙古族自治县、1个达斡尔族市郊区、48个民族乡（朝鲜族29个、达斡尔族6个、蒙古族5个、满族2

个、鄂伦春族1个、索伦族1个、赫哲族1个、几个少数民族联合建立的乡3个）。

7月17日　中华人民共和国第一座现代化的制造电站锅炉的工厂——哈尔滨锅炉厂前期工程完成，本日隆重举行验收和开工生产典礼。该厂1954年 6 月4日动工兴建，1956年8月开始试产。每年能生产约3万吨重量的电站锅炉设备，可装备一个发电能力近60万千瓦的火力发电站。

26日　国务院批准，黑龙江省撤销伊春县，设立伊春市（地级）。市人民委员会驻伊春镇，由省直接领导。

8月29日　哈尔滨市松花江水位已达120.18米。哈尔滨市机关、部队、学校、人民团体及其他单位进行总动员，停止工作和学习，全力投入防汛战斗。从三岔河到同江口的千里江堤上，防汛大军已增加到55万人。

9月22日　中共黑龙江省委、省人民委员会向中共中央、国务院呈报《黑龙江省1957年防汛斗争简要情况报告》。报告说，今年松花江干流发生了有水文记载以来又一次最大洪水。全省每天出动30万～50万人上堤，经过20个昼夜抢修，完成土方量400多万立方米，增强了堤坝的防御能力。汛期抢险共耗用草袋700多万条，麻袋50万条，木杆26万根以及大批其他物资器材。从而保证了防汛斗争的胜利。但是，由于堤防强度不足，经不起高水位长时间浸润和大风大浪的冲击，因而松花江和嫩江大堤有9处决口，加上山洪、内涝等灾害，全省有370万人、1 455万亩农田受灾，房屋倒塌4万余间，冲毁大小桥涵876座，死亡75人，死亡牲畜4 000余头，经济损失达2.4亿元。

25日　抗日民族英雄杨靖宇将军的遗体由哈尔滨东北烈士纪念馆迁往吉林省通化市安葬。本日在东北烈士纪念馆举行了恭送民族英雄杨靖宇将军遗体大会。

10月1日　《黑龙江日报》报道，黑龙江省1955年工业总产值占全国总数的6.9%。仅次于上海市、辽宁省，居全国第三位。

12月1日　《黑龙江日报》报道，杀害李兆麟将军的凶犯之一李剑星在齐齐哈尔市被捕归案。1958年9月3日，哈尔滨市中级人民法院在兆麟公园举行宣判大会，判处李剑星死刑，并立即执行。

1958年

1月3日　《黑龙江日报》报道，经过第一个五年计划的建设，黑龙江省的哈尔滨、佳木斯、齐齐哈尔、牡丹江、鹤岗、鸡西、双鸭山、伊春八个城市已变为新兴的工业城市，从根本上改变了黑龙江的经济面貌，使落后的“北大荒”变成了先进的工业地区，并有力地支援了国家的社会主义建设。

本月　齐齐哈尔市冰上运动员李太权，在世界速度滑冰锦标赛中，以196.796分的成绩，创造中国速度滑冰全能最高纪录。10月31日，国家体委正式授予李太权以“速滑运动健将”光荣称号。李太权成为我国冰上运动的第一名健将。

3月8日　中共黑龙江省委成立政策研究室。同时将省委工业工作部、基本建设工作部、地方国营工业工作部合并为省委第一工业工作部（包括国营工业、基本建设）、省委第二工业工作部（包括地方工业、手工业、交通运输）。

15日　中共黑龙江省委发出《关于在全省开展苏广铭运动的通知》。苏广铭是哈尔滨机车车辆厂机械加工车间的铣工，在第一个五年计划期间，他完成了九年半的工作量。到本月17

日，他又提前完成了第二个五年计划的工作量。

3～5月　根据中央成都会议通过的中央军委《关于发展军垦农场的意见》和有关指示，近10万名解放军转业官兵在农垦部长、铁道兵司令员王震率领下，分批从全国各地到黑龙江省开发“北大荒”。其中，近6万名充实到牡丹江农垦局（即铁道兵农垦局）；1.7万多名分配到合江农垦局（4月27日成立）；4 500多名分配到黑龙江省农场管理厅所属农场。

4月1日　根据国务院科学规划委员会会议精神，黑龙江省人民委员会决定成立黑龙江省科学工作委员会。5日，黑龙江省科学工作委员会正式成立，于天放为主任，陈剑飞、高云帆、胡祥璧为副主任。

7～18日　中共黑龙江省委召开一届八次全体（扩大）会议，传达中央成都会议精神。指出，在本省一个波澜壮阔的社会主义建设“大跃进”的新形势已经形成。会议提出了“依靠党、依靠群众，有中心、有骨干、全面规划、全面跃进”的方针，以更有力地贯彻执行党在建设时期的总路线。

20日　中国第一台自制的宽银幕立体声电影放映机——黑龙江牌5601型机在哈尔滨电影机械厂试制成功。

5月7日　根据中央《关于在各省、市、自治区和专区建立科学研究机构和地方队伍的意见》，中共黑龙江省委决定在本省建立科学分院及科学研究机构。5月10日，黑龙江省科学分院及其所属固体物理研究所、金属物理研究所、自动化研究所、计算技术研究所、化工研究所、电子研究所、科学情报研究所等正式成立。省委书记、副省长王一伦兼分院院长。

本月　中国人民解放军预备一师、七师（含信阳步校）转业来黑龙江省萝北垦荒。

12日　黑龙江省石油工业揭开历史上新的一页，一座以油母页岩为原料年产5 000吨原油的牡丹江人造石油厂正式投入生产。

28日　中国第一座生产碳素制品的工厂——哈尔滨电碳厂，本日正式投产。该厂是1956年3月动工兴建的。

7月1日　现代化、自动化的双鸭山中央选煤厂比国家计划提前7个月基本建成，于本日投入试生产。9月20日，正式投入生产。每小时可精选煤400～500吨。

3日　哈尔滨市沿松花江永久性江堤主体工程完工。此江堤全长37.8公里。为了纪念哈尔滨市人民3次战胜洪水，在松花江畔开始修建哈尔滨防洪纪念塔。1960年9月6日，举行了防洪胜利纪念塔落成典礼。

Δ 全国第一座高温高压“三自”（自己设计、自己制造设备、自己施工安装）电厂——哈尔滨热电厂破土动工。

5日　根据中苏国境互相通航的协定，我国首次开往苏联的商船——“千山号”带4艘货船，满载3 000吨水泥，由哈尔滨启航开往苏联哈巴罗夫斯克（伯力）。

11日　黑龙江省各民主党派反右斗争结束。据统计，全省各民主党派成员共有1 995人，被定为“右派分子”的有210人，占10.5%。绝大多数是被错划为右派分子，1978年以后陆续得到平反。

15日　黑龙江省人民委员会发出《关于合并商业等机构问题的通知》：（1）服务厅、供销合作社联合社、水产局与商业厅合并，称黑龙江省商业厅，对外保留“黑龙江省供销合作社联合社”的名义；（2）气象局与水利局合并，称黑龙江省水利厅；（3）土地利用管理局与农业厅合并，称黑龙江省农业厅；（4）城市建设局与原中央建筑工程部直属东北三公司合并，称黑龙江省建设厅。

20日　中共中央军事委员会决定，将驻齐齐哈尔市的中国人民解放军第十一军医学校及其所属第二一六医院移交地方政府直接领导，改名为“齐齐哈尔医学院”。

本月　林业部批准成立大兴安岭林区开发办事处，地址设在固其故。这是国家首次对大兴安岭林区进行开发，后来又在办事处的基础上成立呼玛林业管理局，下属11个林业局和1个林机厂。

8月1日　黑龙江省创办第一所综合性大学——黑龙江大学。设物理、化学、生物、数学、哲学、中文、外文等7个系。9月8日正式开学。

7日　《黑龙江日报》报道，为适应生产“大跃进”和技术革命与文化革命的要求，黑龙江省决定今年新建19所高等学校。其中有综合大学1所（黑龙江大学）、工业院校5所（黑龙江工学院、黑龙江水利电力学院、鸡西矿业学校、石油专科学校、哈尔滨建筑工程专科学校），农业院校5所（东北农学院农机分院、东北农学院松花江分院、合江分院、嫩江分院、牡丹江分院），医学院校3所（哈尔滨医学院、佳木斯医学院、齐齐哈尔医学院），师范院校5所（黑龙江师专、哈尔滨师专、齐齐哈尔师专、佳木斯师专、牡丹江师专）。

12日　中共黑龙江省委常委召开第230次会议，讨论开社问题。确定一乡一社，一个社一般为1 000户到2 000户左右。山区和边远地区，人口稀少，社型可以小些；条件好、人口多的地区，社型可以大些。乡跟社走，乡社结合。个别过于分散和条件差的地方，也允许一乡数社。要求年底基本并完。

16日　国务院批准，黑龙江省撤销绥化专区，设置松花江专区。松花江专员公署驻哈尔滨市。27日，黑龙江省人民委员会批准，将原由省直辖的伊春市和肇州、五常、双城、肇源5个市、县，原绥化专区的绥化、庆安、巴彦、木兰、通河、望奎、兰西、绥棱、海伦9个县一并划归松花江专区管辖。

20日　国务院批复黑龙江省人民委员会，同意撤销黑龙江省工业厅和手工业管理局，成立黑龙江省冶金工业厅、机械工业厅、化工轻工业厅和手工业厅；以煤炭工业部哈尔滨煤矿管理局为基础，成立黑龙江省燃料工业厅；将水利电力部黑龙江省电业局改为黑龙江省电业局；黑龙江省经济委员会与计划委员会合并为黑龙江省计划委员会；将黑龙江省国营农场管理厅并入省农业厅，增设黑龙江省水利工程局。

Δ 黑龙江省人民委员会决定，将阿城、宾县、呼兰、肇东4县划归哈尔滨市领导。

本月　农垦部决定，在原黑龙江省密山农业学校基础上，创办黑龙江八一农垦大学。王震兼任校长。

9月10～18日　中共中央总书记、国务院副总理邓小平，中共中央政治局委员、国务院副总理李春富，中共中央书记处书记李雪峰、候补书记刘澜涛、杨尚昆等在黑龙江省视察工作。邓小平、李富春等先后视察了齐齐哈尔、哈尔滨、双城等地的工厂、农村人民公社、学校、街道等。9月16日，邓小平、李富春在哈尔滨市，向2 300多名干部作了关于当前国内形势和工作问题的报告。邓小平指出：黑龙江省和整个东北地区经过第一个五年计划的建设已经建立了相当大的工业基础，今后工作的方针应该是“充分挖掘潜力，大力支援全国，逐步合理发展。”

10～22日　中共黑龙江省委召开一届九次全体（扩大）会议。传达中央北戴河会议精神，贯彻“充分发掘潜力，大力支援全国，逐步合理发展”的方针。会议认为，黑龙江省内的基本形势是：“全面发展，全面跃进，全民奋斗，全民紧张”。确定明年必须做更大的跃进。对农村人民公社，强调巩固、提高。城市建立公社也势在必行。对工业问题，提出“大增产，大支援，保重点，带全面”的口号。对农业问题，强调明年过好水利、深翻、施肥、工具改革四关。对文化教育，提出五年普及中学教育，十年基本上普及高等教育。

16日　《黑龙江日报》报道，历经一个多月的建立人民公社运动，黑龙江省农村已经实现了人民公社化。由原来的1 816个乡（镇）、1万个小型农业合作社，合并建立了718个人民公社，每个公社平均为2 800户。

20日　《黑龙江日报》报道，哈尔滨电机厂、锅炉厂、汽轮机厂三大动力工厂，制造成功中国第一套2.5万千瓦电站设备。

11月1日　《黑龙江日报》以《人有多大胆，地有多大产》为题发表社论，报道尚志县争取明年粮食产量翻五番的消息。提出，现在我们感到不是粮食产量有没有可能翻几番的问题，而是我们有没有敢于翻几番的“革命胆略”问题。

2～6日　中共黑龙江省委召开地委书记和部分县委第一书记会议。传达贯彻中央10月在西安召开的华北、东北九省市农业会议精神，研究制定本省1959年农业跃进计划。会上提出1959年全省粮食总产量至少要比1958年翻一番以上，实现亩产千斤粮，全省每人平均粮食达到2 000公斤左右，“过好农业关，实现千斤省”的奋斗目标。

14日　中共黑龙江省委批准，将哈尔滨医学院改名为哈尔滨医科大学。

12月10日　中国最大的汽轮机制造厂——哈尔滨汽轮机厂建成，由国家验收批准正式投入生产。该厂是1956年3月动工兴建的。

26日～1959年1月16日　中国共产党黑龙江省第一届代表大会第三次会议在哈尔滨举行。欧阳钦传达了党的八届六中全会精神，作了《为实现社会主义建设的更大、更好、更全面的跃进而奋斗》的报告。

1959年

5月12～22日　中共黑龙江省委召开工业六级干部会议。与会干部2 500多人。会议揭露了工业工作中的计划指标高、变动多、不落实、不全面，多头部署，层层加码，集中指挥不够，规章制度破立结合不好，企业生产无章可循，管理混乱等问题。在分配制度上，确定对计件工资要继续实行；有利于生产的奖励也要继续实行，但奖励数额和形式不能太多太滥。会议批判了滥用党的威信和“大辩论”形式对群众的强迫命令。

14日　中国最大的一台7.25万千瓦水轮机，在哈尔滨电机厂试制成功，和1958年2月这个厂试制成功的7.25万千瓦水轮发电机配套。至此，中国最大的一套7.25万千瓦水轮发电机组诞生了。这套发电机组在浙江省新安江水电站投入生产。

7月26～31日　黑龙江省第一届体育运动大会在哈尔滨举行。在这届省运动会上，有165人打破73项省纪录，超过2项全国纪录，6人达到健将标准。哈尔滨市队获团体总分第一名。

9月26日　中国东北地区第一口石油喷油井——松基三井开始喷出油流。这口油井位于黑龙江省肇州县大同镇西北高台子附近。该油井是4月22日开钻的，喷油时值国庆十周年大庆前夕，因此油田被命名为“大庆油田”。

27日～11月2日　全国人大常委会副委员长、西藏自治区筹备委员会代理主任委员班禅额尔德尼·确吉坚赞和政协全国委员会副主席、西藏自治区筹备委员会副主任委员帕巴拉·格列朗杰及其随行僧俗官员一行65人，在中共中央统战部副部长汪锋和中央西藏工委副书记周仁山陪同下，到达黑龙江省参观。

30日　黑龙江省最大的一家高级宾馆——北方大厦在哈尔滨落成。这一工程是本年3月1日正式破土兴建的。大厦中间9层，两翼7层，面积为49 863平方米。

10月6日　中共黑龙江省委发出《关于在1959年内实现继续大跃进的指示》。指出，全省只要工业和农业生产能够分别达到25%和15%以上的增长速度，就可以在1959年内实现继续“大跃进”。要求全省人民为实现“大跃进”的更高的目标而努力。

12～28日　中共黑龙江省委召开财贸六级干部会议。以整风精神，批判了在市场问题上的右倾机会主义、右倾情绪、资本主义活动以及分散主义、本位主义。提出全面发展五个“十大项”多种经营，即：十大养、十大种、十大熬、十大编织、十大采集。

15日　中国自制的第一种直升飞机——旋风25型直升飞机，在哈尔滨开始成批生产。这种直升飞机是用国产材料制成的，可以在夜间或复杂的气象条件下飞行。

11月27日　哈尔滨市第一家宽银幕电影院——哈尔滨电影院落成，本日举行开幕式。

12月24日　周恩来总理在中共黑龙江省委、哈尔滨市委陪同下，视察了哈尔滨市道外区国营三八饭店。在视察中，周恩来对饭店的炊事工具机械化、自动化和迅速培养饮食行业的女专家等工作做了指示。

1960年

1月7日　国务院批准，黑龙江省撤销北安县，设立北安市（县级），归黑河专署领导；撤销虎林、饶河两县，设立虎饶县，由牡丹江专署领导。

18日　《黑龙江日报》报道，五年来，山东、河南、河北、天津、北京等兄弟省、市将近66万人，到黑龙江省安家立业，参加建设。五年来共开荒525万亩，建立新村450多个，仅集中安置的就有20多万人。在三年时间里生产粮食3.85亿公斤。

2月7日　黑龙江省人民委员会发出《关于切实做好已安置的自然流入农民巩固工作的通知》。规定：（1）对流入人员今后不要再称“盲流”，一律视为临时工或新社员；（2）流入人员的户口转来之前，可落临时户口，按当地粮食棉布供应标准予以供应；（3）对安置在企业、事业单位超过一年以上，并已掌握一定生产技术的，可根据本人志愿与生产需要，转为长期工；（4）对已落临时户口人员，不得随意辞退或送回原地。

22日　中共中央发出文件，批准石油部党组的报告，决定集中优势兵力，开展一场声势浩大的勘探开发大庆油田的石油会战。24日，石油部党组在哈尔滨召开会议，宣布从玉门、新疆、青海、四川等全国石油系统的37个厂、矿、院、校，抽调由主要领导带队组织的精兵强将，共有几十个优秀钻井队，几千名科技人员，自带设备，开赴会战现场。万名退伍解放军战士和3 000名转业军官也分别从沈阳部队、南京部队和济南部队开赴大庆。中央机关各部门和黑龙江省支援会战的干部、工人也陆续到达大庆。到4月底，参加会战的队伍达4万多人，设备达40万吨。

3月15～24日　中国共产党黑龙江省第二届代表大会第一次会议在哈尔滨举行。欧阳钦作了《高举毛泽东思想的旗帜，在社会主义建设新阶段中奋勇前进》的报告。大会选出由于杰等52名正式委员和高衡等19名候补委员组成的新省委，欧阳钦为书记处第一书记，李范五，强晓初、冯纪新、王一伦、王鹤峰、杨易辰为书记处书记，李剑白、任仲夷为书记处候补书记。

5月1日　石油工业部在萨尔图召开万人大会，宣布开发大庆油田大会战全面开始。

12日　国务院批准，黑龙江省撤销嫩江专署，将其所辖拜泉、克山、克东、依安、泰来、龙江、讷河、林甸、甘南、嫩江、富裕、杜尔伯特蒙古族自治县12个县划归齐齐哈尔市领导；将明水、青冈2县划归松花江专署领导；将松花江专署所辖五常、双城、巴彦、木兰、通河5个县划归哈尔滨市领导；将哈尔滨市所辖肇东县划归松花江专署领导。

22日　黑龙江省跳伞运动员赵惠华、华绍林、梅严在北京以2.82米的成绩，打破女子日间600米集体定点跳伞的世界纪录。

6月1日　第一列满载大庆原油的火车开出萨尔图车站。大庆油田到6月底，生产原油5万吨；到8月底，原油日产量达300吨，当月产油10万吨，已相当于当时经过几年开发的玉门油矿的生产水平。

7月16日　苏联政府片面撕毁同我国签订的602个合同（专家合同345个，科技合同257个），并通知中国政府，他们决定自1960年7月28日到9月1日撤走全部在华1 390名苏联专家，并终止派遣专家900多人。苏联专家撤走时，带走了全部图纸、计划和资料，并停止供应中国建设急需的重要设备，大量减少成套设备和各种设备中关键部件的供应，使包括黑龙江省一些重点建设工程在内的中国250多个企业和事业单位的建设处于停顿、半停顿状态，给国家的经济建设造成了重大损失。

9月6日　鉴于本省吉尔吉斯民族和新疆维吾尔自治区柯尔克孜是同一民族，由于长期分散杂居，形成了译音上的不同，为统一民族名称，根据本民族要求，黑龙江省人民委员会批准将吉尔吉斯族改名为柯尔克孜族。

12月1日　中共黑龙江省委批转省委代食品领导小组《关于代食品工作座谈会的报告》。指出，大搞代食品，不仅是解决当前的暂时困难所必需，而且完全可能找到一条新的解决人类食品的道路。各级党委必须切实加强领导，大搞群众运动，在保证无毒、无害，有味道、有营养、好消化的前提下，抓住几项简易的、原料充足、可以大量制造的代食品，大干特干，务求在短期内作出显著的成绩来。

25～29日　哈尔滨市的树挂持续4天，达104小时，为本市数十年停留时间最长的树挂。

1961年

1月1日　《黑龙江日报》发表李范五的讲话。指出，1961年是争取国民经济持续跃进的一年。要求系统地总结三年来“大跃进”的经验，更好地贯彻党的社会主义建设总路线和一整套“两条腿走路”的方针，特别是以农业为基础、全党全民大办农业、大办粮食的方针，本着省委提出的“发奋图强、自力更生、巩固提高、重点发展、提高思想、贯彻政策、纯洁组织、改进作风”的要求，力争黑龙江省农业丰收，工业继续跃进。

2月26日　中共黑龙江省委发出通知，确定从1961年3月到8月，城乡居民按正式户口每人发布票3尺，缝补旧衣。从3月1日起毛巾、袜子、汗衫、背心、枕心、枕套、风雨衣、蚊帐、人造棉布、麻布等10种商品实行凭票供应。各种缝纫线实行凭证供应。

4月18日　为保证民主人士和高级知识分子身体健康，在主、副食品供应紧张的情况，中共哈尔滨市委决定增加对他们的副食供应。其中，一类人员每月供应肉3斤、白糖1斤、鸡蛋或鱼2

斤、甲级烟2条；二类人员除少1斤肉外，其他与一类人员相同；三类人员每月肉、白糖各1斤、鸡蛋或鱼各1斤、甲乙级烟各1条，蔬菜按家庭人口优先供应。

7月5～15日　第一届“哈尔滨之夏”音乐会举行。省、市8个专业音乐团体和部分业余音乐团体先后演出10场、150多个节目，其中有声乐、器乐作品，有民歌、民间乐曲、古曲，有亚、非、拉丁美洲的革命歌曲，也有西洋古典作曲家的优秀作品。观众达2万多人。

中旬　解放军某部班长、模范共青团员雷锋，应共青团合江地委、鹤岗市委等单位的邀请，先后到佳木斯、鹤岗等地作报告，向广大青年进行爱国主义和国防观念的教育。

19日～8月8日　中共中央副主席、中华人民共和国主席刘少奇到黑龙江省视察。刘主席先后视察了大、小兴安岭林区、大庆油田、齐齐哈尔市等。

23日　中共中央总书记、国务院副总理邓小平到大庆油田视察。

9月16～29日　在太原举行的1961年全国乒乓球锦标赛的比赛中，黑龙江一队获女子团体冠军；黑龙江女选手韩玉珍同上海男选手李富荣合作，获男女混合双打冠军。

10月7日　国务院批准，黑龙江恢复嫩江专员公署。将齐齐哈尔市领导的嫩江、克东、克山、拜泉、讷河、林甸、依安、富裕、泰来、龙江、甘南11个县和杜尔伯特蒙古族自治县划归嫩江专员公署领导。

10月25日　黑龙江省财政厅职工食堂发生重大食物中毒事故。由于吃臭米面做的“饸饹”，造成97人中毒，死亡41人。

12月22日　《黑龙江日报》报道，黑龙江省已经建立起强大的国营农场群，成为国家重要粮食生产基地。黑龙江省的国营农场事业是从1947年开始创办的，现在全省共有国营农场273处，其中大型机械化农场92处，职工47万多人，人口120多万，耕种着1 963万亩土地，占全省耕地面积的18.8%。十多年来，共开荒地1 600多万亩，生产了40多亿公斤粮食和大量畜产品，上交国家大量的粮食和其他农产品，为农村的生产建设提供了重要经验和支援。

1962年

1月27日　中共黑龙江省委财贸领导小组决定，在哈尔滨市试行居民购物证。

2月　黑龙江省速滑运动员王金玉在1962年世界速滑锦标赛上夺得男子1 500米第二名，在世界冰坛上第一次升起了五星红旗。

3月3日　中共黑龙江省委批准，成立“中国人民警察黑龙江省森林支队”。

4月1日　从本日开始，国家对茶叶、自行车、酒、手表、砂糖等商品实行高价政策。其中飞鸽牌自行车每辆650元。

Δ 黑龙江省炼油厂（1970年改名为大庆石油化工厂）正式动工兴建。翌年，第一期工程建成投产，原油年加工能力100万吨。

5月5日　黑龙江省最大的公共图书馆——黑龙江省图书馆开馆。该图书馆坐落在哈尔滨市南岗区文昌街，建筑面积1.1万平方米，馆藏中外13种文字的图书报刊达80万册。

7月26日　黑龙江省人民委员会决定：（1）撤销省畜牧厅、省石油工业管理局，其任务分别并入省农业厅、省轻化工业厅；（2）将冶金工业厅与省机械工业厅合并称省机械冶金工业厅；（3）将省农业厅所属国营农场管理局划出，成立省农垦厅；（4）保留手工业管理厅和手工业合作社联合社的名义，取消公社工业管理厅的名义。8月14日，国务院正式批准上述机构变动。

9月25日　苏联政府公布苏联驻哈尔滨总领事馆关闭，10月15日，最后一批原苏联驻哈尔滨总领事馆人员撤走。

10月20日　国务院批准，恢复黑龙江省海林县、铁力县、集贤县，撤销友谊县。

12月底　全国各地开始进行社会主义教育运动试点。在农村，开展“清工分、清账目、清财物、清仓库”的“四清”运动；在城市开展反贪污盗窃、投机倒把、铺张浪费及反对分散主义、官僚主义的“五反”运动。

1963年

1月1日　根据1962年11月18日，中共中央、国务院发出《关于成立东北农垦总局的决定》，撤销牡丹江农垦局和合江农垦局，在佳木斯成立东北农垦总局，下设虎林、密山、萝北三个分局。总局为农垦部的直属局，同时受中共中央东北局和黑龙江省委的领导。1964年增设饶河分局。共有农场36个。

Δ 东北林业总局在哈尔滨正式成立，下辖黑龙江、内蒙古、吉林等三省（区）7个林业管理局。

2月2～4日　黑龙江省人民委员会召开全省农业工作会议。提出，1963年我省农业战线的中心任务是，在进一步巩固公社集体经济基础上，大力推行农业技术改革，在优先发展粮食生产的同时，努力发展经济作物的生产，发展畜牧业、水产业、林业和其他副业。粮食总产量为56亿公斤，争取达到60亿公斤；造林50万亩；大牲畜达到200万头、羊达到80万只，猪存栏数达280万头，水产6万吨。

7～9日　哈尔滨首届冰灯游园晚会在兆麟公园举行。

20～24日　在日本东京举行1963年世界速度滑冰锦标赛上，黑龙江省运动员罗志焕以2分9秒2的成绩获得男子速滑1500米冠军，在世界冰坛上为中国夺得第一枚金质奖章。罗志焕、王金玉双双打破男子全能世界纪录，王淑媛以1分34秒6的成绩获得女子1000米亚军。

3月8日　中央同意将东北林业总局党委的工作委托中共黑龙江省委领导，总局以下各林业企业党委，由总局党委和有关地方党委实行双重领导。

6月29日　国务院批准，黑龙江省撤销北安市，恢复北安县、德都县。

8月23日　19时至20时30分，哈尔滨市突降暴雨，1个半小时内，降雨量达45.8毫米，其中道里地区达80毫米。市区倒塌和部分倒塌的房屋538栋，32 316平方米，全市积水面积达1 774公顷。

Δ 中国人民公安部队驻哈尔滨某部五好战士、优秀共青团员张祥，跳进松花江中为抢救一名落水女孩而光荣牺牲。29日，中国人民公安部队黑龙江省公安总队党委追认他为中共正式党员，追记一等功。30日，哈尔滨市各界人民隆重举行追悼大会，悼念这位见义勇为、舍己为人的雷锋式战士。

10月5～9日、25日～11月13日　中共黑龙江省委先后两次召开工作会议，贯彻中央九月工作会议精神，讨论部署全省工作。会议指出，黑龙江省的国民经济已开始出现全面好转的局面。根据中央关于三年过渡阶段的决定，在今后两年多的时间中，我们的任务是：认真搞好社会主义教育，进一步调整国民经济，争取农业大丰收，促进工业稳步前进，把各方面的基础打好，为今后的大发展做好准备。

12日　中共中央、国务院批准哈尔滨市为国民经济计划单列城市，从1964年开始实行。

12月5日　中共黑龙江省委、省人民委员会批转省计委《关于1964年国民经济计划的报告》。提出，农业生产继续贯彻以粮为纲，农林牧副渔全面发展的方针。农业总产值为17.4亿元，比1963年预计增长8.8%。工业交通继续做好调整工作，工业生产总值52亿元，比1963年增长8.3%。科学研究工作，应根据“实事求是，循序前进，齐头并进，迎头赶上”的精神，重点解决吃、穿、用的问题。

17日　黑龙江省人民委员会第8次省长办公会议，讨论恢复和发展水稻生产问题。全省水稻种植面积，从1949年到1958年，10年间增长近2倍。从1961年开始大幅度下降，1963年播种面积仅180万亩，比1958年减少319万亩。12月28日，中共黑龙江省委、省人民委员会发出《关于加速恢复与发展水稻生产的指示》。决定安排7 600万元专款，用于恢复大中型灌区配套工程，以促进水稻生产的恢复和扩大。

23日　哈尔滨话剧院离哈赴北京、上海等地巡回演出本院创作的大型话剧《千万不要忘记》和《赫哲人的婚礼》。在两个多月的演出中引起了观众的强烈反响。

28日　国务院批准，黑龙江省设立绥滨县。

1964年

1月16日　中共黑龙江省委书记处第98次会议，根据中央《关于在报纸刊物上发表批判现代修正主义的文章和试办内部刊物的通知》精神，决定成立省委政治研究室。

27日　中共中央、国务院批准成立大兴安岭特区。特区的主要任务是开发大兴岭特区，由林业部直接领导，同时接受黑龙江省和内蒙古自治区领导。7月21日，中共中央、国务院批准设立大兴安岭特区人民委员会，确定由大兴安岭会战指挥部和所在省、自治区人民委员会双重领导，地方行政工作受黑龙江省人民领导。8月10日，国务院批准，以内蒙古自治区鄂伦春自治旗和黑龙江省呼玛县的各一部分行政区域为大兴岭特区的行政区域，特区人民委员会驻加格达奇。下设松岭、新林、呼中、塔河4个区。

4月1日　中共黑龙江省委省人民委员会发出《关于动员和组织城镇知识青年参加农村社会主义建设的指示》。今年全省动员、安置城镇知识青年下乡任务为3万余人，其中3／4以上的人要安置到农村人民公社生产队。

5月　一面大型双鲤鱼纹金代铜镜在阿城县南阳屯出土。该铜镜直径43厘米，重12.4公斤，是目前全国已发现的金代铜镜中最大的一面。

6月5日　国务院批准，黑龙江省撤销虎饶县，恢复虎林县、饶河县、桦南县，设立鸡东县。

23日　中共中央、国务院批准，黑龙江省撤销伊春市，设立伊春特区，成立伊春特区人民委员会。特区党的工作和政治工作，实行以林业部党组织领导为主，黑龙江省委领导为辅的双重领导制度；政府工作中有关企业工作以林业部为主，有关地方工作以黑龙江省人民委员会领导为主。

Δ 中共中央、国务院批准，黑龙江省撤销安达市，设立安达特区（对外仍称安达市），成立安达特区人民委员会。特区实行政企合一体制，石油会战工委也是特区党委。特区实行以石油部领导为主，黑龙江省领导为辅的双重领导制度。翌年1月1日安达特区人民委员会正式成立。

Δ 中共中央、国务院批准，黑龙江省恢复友谊县建制。友谊县是政企（单一的全民所有制农业）合一试点地区，实行一套人马、两块牌子。

9月19日　朝鲜民主主义人民共和国首相金日成在欧阳钦、李范五等党政领导陪同下到大庆油田参观访问。

23～30日　黑龙江省第三届人民代表大会第一次会议在哈尔滨举行。会议选举产生了第三届黑龙江省人民委员会，李范五为省长，杨易辰、王一伦、陈雷、陈剑飞、王清正、孙西歧、刘潜、关舟为副省长，卫之民等34人为委员。选举王丕年为省高级人民法院院长。林枫等132人当选为第三届全国人民代表大会代表。

24～30日　政协黑龙江省第三届委员会第一次全体会议在哈尔滨召开。选举欧阳钦为政协黑龙江省第三届委员会主席，杨易辰、张瑞麟、于天放、王清正、杜国平、刘珮芝、黄方刚、薛绥宸、邵钧为副主席，杨子荣为秘书长，欧阳钦等49人为常务委员。

1965年

1月16日　中共黑龙江省委根据中央批转中央精简小组关于地委不设书记处的建议，决定撤销各地委书记处，第一书记改任书记，书记处书记改任副书记。

2月2日　中共中央、国务院批准，在黑龙江省勃利县七台河煤矿进行政企合一的试点工作，决定设立七台河特区（县级），由合江专署领导。矿务局党委即是特区党委；矿务局与特区人民委员会一套人马，两块牌子。

3月24日　《黑龙江日报》报道，1964年黑龙江省小麦获得空前大丰收。全省平均亩产量比1963年增长45.7%，比历史上最高水平（1958年）增长38.5%。涌现出一大批亩产150公斤左右的高产样板田。

4月16日　中共黑龙江省委第453次常委会议，讨论防空袭的各项准备工作，确定恢复省和哈尔滨市的防空委员会。

6月14日　国务院批准，黑龙江省设立松花江专区，将哈尔滨市所属的宾县、阿城、呼兰、通河、五常、木兰、双城、巴彦8个县划归松花江专区管辖。原松花江专区更名为绥化专区。

8月14日　国务院批准，黑龙江省抚远县人民委员会由同江镇迁驻抚远镇。抚远县与抚远渔场实行政企合一。

30日　国务院批准，黑龙江省设立同江县。

10月10～13日　柬埔寨国家元首西哈努克亲王及夫人到达哈尔滨进行友好访问。专程到哈的国家主席刘少奇及夫人王光美、国务院副总理陈毅及夫人张茜，黑龙江省省长李范五等前往机场迎接。西哈努克亲王和夫人受到哈尔滨各界10万人隆重热烈的夹道欢迎。在刘主席、陈副总理的陪同下，西哈努克亲王和夫人等柬埔寨贵宾游览了儿童公园和松花江畔，参观了哈尔滨电机厂、汽轮机厂等。

1966年

1月　中共中央、国务院批复东北局，原则同意在黑龙江省组建生产建设兵团。要求仿效新疆建设兵团的做法，实行农牧副渔并举，工农商学兵结合的屯垦戍边的方针。谭震林副总理召集会议，专门讨论了黑龙江生产建设兵团的组建问题。

2月16日　大庆“铁人”王进喜在北京人民大会堂向全国工业交通工作会议、全国工业交通政治工作扩大会议的全体人员，作题为《读毛主席的书，听毛主席的话，为无产阶级的革命事业奋斗一辈子》的报告。薄一波、余秋里、陶鲁笳等接见了王进喜。

3月15日　驻佳木斯解放军某部战士刘英俊为保护群众生命安全，舍身拦惊马英勇牺牲。沈阳部队党委、中共中央东北局、人民解放军总政治部和中共黑龙江省委以及全国总工会、共青团中央、全国妇联等先后发出通知，号召学习刘英俊一心为人民的革命精神。

本月　沈阳军区所属部队10 709名干部战士转业到黑龙江省，组建了黑龙江生产建设兵团农建第一师和第二师，共辖9个团、24个营和94个生产连队。

4月1日　根据1965年10月21日中共中央批转中央军委《关于军事工程学院等三所高等军事院校集体转业的决定》。中国人民解放军军事工程学院集体转业退出现役，改名为哈尔滨工程学院，仍归国防科委领导。刘居英代理党委书记兼院长。

20日　国务院就大兴安岭特区行政区域界线问题，批复林业部、黑龙江省、内蒙古自治区人民委员会：（1）大兴安岭特区与鄂伦春自治旗的行政区域界线：将鄂伦春自治旗境内，从古里河口起，经古里河和多布库尔河的分水岭，大二根河，欧肯河源，白桦泊，塔列吐河和小奎勒河的分水岭，到老道口；再从老道口起，经多布库尔河和阿里河的分水岭，到伊勒呼里山脊，以东的行政区域划归大兴安岭特区管辖；（2）大兴安岭特区与呼玛县行政区域基本上以呼玛县境内的嫩漠公路为界：公路距黑龙江沿岸超过20公里的，以公路为界；不足20公里的，以距黑龙江边20公里处为界，界线以西和以南的行政区域划归大兴安岭特区管辖。但为了有利于呼玛县对边防工作的管理，界线以西和以南凡是有居民点的地方，仍由呼玛县管辖。

“文化大革命”时期

1966年5月～1976年9月

1966年

5月3～5日　阿尔巴尼亚劳动党中央委员会政治局委员、阿尔巴尼亚人民共和国部长会议主席穆罕默德·谢胡率领的阿尔巴尼亚党政代表团，在中共中央副主席、国务院总理周恩来，中共中央政治局委员、国务院副总理李富春，以及宋任穷、潘复生、李范五陪同下，到哈尔滨市和大庆油田参观访问。

7日　中共黑龙江省委第540次常委会议，决定成立黑龙江省文化革命领导小组，王一伦为组长。

8日　中共黑龙江省委召开第544次常委会议，讨论小三线建设情况。确定小三线建设划分如下五个区：伊春、铁力、庆安、巴彦、木兰、通河地区；宾县、尚志、方正、五常、延寿地区；依兰、桦南、勃利地区；海林、宁安地区；德都、嫩江地区。

18日　中共黑龙江省委批转省委文化革命领导小组《关于当前开展社会主义文化革命几个问题的意见》。要求地、市、县党委的第一书记和书记，要亲自领导这一斗争，组织广大干部学习有关文件，组织学术界、教育界、新闻界、文艺界和工农群众中的积极分子座谈讨论批判，大专院校的文、史、哲各科系停授原来的课程，集中力量搞“文化大革命”，报纸、广播要紧跟全国形势，及时刊登播发新华社播发的有关重要文章，发表本地群众的批判文章。

6月9日　中共黑龙江省委召开第554次常委会议，听取关于当前“文化大革命”情况的汇报。确定各级党委都要成立“文化革命小组”；“文化大革命”的对象是资产阶级的“黑线”“权威”“党内资产阶级代理人”；省的重点是省直和哈尔滨市，部门的重点是“五界”（即学术界、教育界、文艺界、出版界、新闻界），重点的重点是哈尔滨市，以哈市带动其他各市；当前要紧跟全国，批判“三家村”，批判前北京市委，同时揭发批判本省的“黑线”，组织一个高潮，然后转到本地区本单位。

8月10日　中共黑龙江省委召开第579次常委会议，学习《十六条》，并对照检查了省委在领导“文化大革命”方面的工作。会议确定，省委各位领导人从11日下午开始，分别到大专院校向革命师生检查。

16日　哈尔滨军事工程学院红色造反团一些人，到省委院内贴出“省委不革命就罢他娘的官”的大字报。当天下午，潘复生参加中共八届十一中全会后回到哈尔滨，主持省委书记处会议，通过了关于开展辩论“省委是不是革命的”问题的通知（即“8·16”通知）。通知发出后，党团员、干部、工人在省委门前与红卫兵辩论，认为“省委是革命的”人被戴上“保皇派”帽子，于是出现了“革”与“保”的分歧。鉴于当时形势，省委认为不宜再辩论下去。但潘复生却表示支持炮打省委这个司令部，不经省委同意，宣布撤销《8·16通知》，并戴上“红卫兵”袖标，参加游行。

22～23日　由哈尔滨工业大学、哈尔滨工程学院等49个单位的“红卫兵”组织联合发起，在省委门前召开“火烧省委大会”。同时，在哈工大召开“哈尔滨各界革命群众无产阶级文化大革命点火大会”。会上发言者宣称，省委召开的“七一八”会议和“八一六”通知等犯了方向路线错误。提出“要把隐藏在省委内部的资产阶级代表人物揪出来，斗倒斗臭！”要求罢李范五、王一伦的官，并当即把李范五拉下台去。中共黑龙江省委第一书记潘复生参加了23日的大会并讲了话，表示坚决站在革命群众一边。

9月7日　哈尔滨市第一、第二工具厂上千名工人到中共黑龙江省委门前，提出省委对运动要敢于领导，对哈军工红色造反团搞武斗要制止，对被控制起来的省委领导人保证安全，造反团不得干涉任何单位的“文化大革命”等5条意见，并要求潘复生接见。潘复生拒不接见。杨易辰、李力安等其他领导人主动出来向工人做说服劝阻工作。这件事以后被称为“九七事件”。

11日　红卫兵兴建“无产阶级文化大革命纪念塔”指挥部在哈尔滨举行施工典礼。“纪念塔”建于南岗区大直街与红军街交叉路口的黑龙江省具有重要文物价值的尼古拉大教堂（即喇嘛台）旧址。喇嘛台在此以前已被作为“四旧”拆除，教堂内的经卷、神像、器皿等文物被毁坏或散失。12月10日，中共黑龙江省委常委会议正式同意在喇嘛台旧址修建“纪念塔”，并命名为“红塔”，林彪垮台以后“红塔”被推倒。

11日、12日　大庆油田1 202和1 205钻井队，仅用7个月零21天时间，分别突破钻井6万米大关。平均月钻井速度达到7 850米，创造了世界钻井的最先进水平。超过了苏联1965年公布的波良可夫斯基钻井队创造的全年钻井40 816米的最高纪录。

22日　中共中央通知黑龙江省委：应以潘复生为首组成临时省委。翌日，省委召开第603次常委会议，宣布成立以潘复生为首的中共黑龙江省临时委员会。

12月22日　《哈尔滨晚报》报道，两个多月来，省城哈尔滨市一切醒目的地方都写上了毛主席语录，各主要建筑物上都披上了“红装”，到处是“红海洋”。

1967年

1月16日　哈尔滨工程学院等23个单位的“红色造反者”宣布成立哈尔滨市“红色造反者联合总部”，发表夺取省、市党政财文大权的《红色造反者联合接管公告》。

18日　中共中央电告黑龙江省委，立即停止“八八团”“赤卫队”和“红旗军”联合反扑，并逮捕几个头头（10人左右）。如不制止，出现流血事件，由省委负一切责任。潘复生、汪家道即派军队镇压，工人组织“赤卫队”、学生组织“八八团”及“红旗军”“战备军”“荣复军”（简称三军、一团、一队）被解散。

31日　“黑龙江省红色造反者大联合大夺权誓师大会”在哈尔滨北方大厦广场举行。大会宣布成立“黑龙江省红色造反者革命委员会”，并发表《第一号通告》，诬蔑原省委“是黑龙江省地富反坏右和一切牛鬼蛇神的总后台、黑根子”。10万名“红色造反者”、驻军指战员和革命领导干部参加了大会。中共中央东北局第一书记宋任穷在大会上发表了《坚持真理，修正错误，坚决支持红色造反者》的讲话，中共黑龙江省委第一书记潘复生发表《让我们战斗在一起，胜利在一起》的讲话，黑龙江省军区司令员汪家道发表《坚决用实际行动支持红色造反者》的讲话，驻军部队负责人游好扬发表《中国人民解放军是红色造反者的坚强后盾》的讲话。2月1日，新华社报道了黑龙江省造反派夺权的消息。2月2日，《人民日报》就“黑龙江省红色造反革命委员会”的成立发表题为《东北的新曙光》的社论，称“黑龙江省无产阶级革命派夺权斗争的经验再一次表明，革命群众组织的负责人、人民解放军当地的负责人和党政机关的革命领导干部，组成三结合的临时权力机构，对夺权斗争的胜利，起了关键的作用”。

2月8日　黑龙江省红色造反者革命委员会发布《第二号通告》，宣布省革委会暂由17名委员组成，设班长1人，副班长2人；由5名委员组成勤务组。省革委会下设办公室和政治、生产、群众工作三个委员会。通告还宣布废除中共黑龙江省委、省人民委员会等一切机构，其工作由各单位接管委员会逐步过渡到省革命委员会来。

16日　哈尔滨市“造反者”组织召开70万人群众大会，宣布成立“哈尔滨人民公社”。大会宣读的公社成立《宣言》声称，哈尔滨人民公社“是由各革命左派组织、人民解放军驻哈部队、市党政机关革命领导干部协商推举组成‘三结合’的临时委员会，行使领导权力”，“废除原（中共哈尔滨）市委、市人委一切职权，一切权力归公社”。26日，“哈尔滨人民公社”改为“哈尔滨市红色造反者革命委员会”；4月11日又改称“哈尔滨市革命委员会”。

17日　哈尔滨铁路局87个“造反”团体，4万名“造反派”，在北方大厦举行“革命大联合大夺权誓师大会”，宣布成立“哈尔滨铁路红色造反者委员会”，接管哈尔滨铁路系统党政财文大权。

3月17日　黑龙江省红色造反者革命委员会举行全体会议。根据“中央文革小组”建议，省革委会设委员51人，常务委员19人；班长改称主任。由潘复生担任省革委会主任委员，汪家道为副主任委员。

19日　中共中央决定，齐齐哈尔铁路局实行军事管制。27日，中国人民解放军进入齐齐哈尔铁路局。

23日　黑龙江省红色造反者革命委员会发出通知，决定从即日起，“黑龙江省红色造反者革命委员会”改称“黑龙江省革命委员会”。黑龙江省革命委员会及所属政治委员会、生产委员会、群众工作委员会、人民武装委员会、办公室印章开始启用。

27日　中共中央、国务院、中央军委、中央文革小组发出《关于大庆油田实行军事管制的决定》。由沈阳军区派驻大庆的部队，组织大庆油田军事管制委员会，受沈阳军区和石油工业部的双重领导。

6月1日　黑龙江省革命委员会举行全体会议，确定省革委会委员暂定185名。其中：革命群众组织代表92名，占50%；解放军代表37名，占20%；革命领导干部56名，占30%。常委33人，其中：革命群众组织代表12名，占36.4%；解放军代表8名，占24.3%；革命领导干部13名，占39.3%。

3日　黑龙江省革命委员会举行第一次常委会议。决议：（1）潘复生、汪家道负责全面工作；张多树、赵去非、毛远新、范正美、宋振业、孙宝生、韩潮负责政治委员会；张万春、刘雪峰、王文国、关舟、于杰、陈剑飞、王逢源、燕文卿负责生产委员会；陈海山、聂世荣、于军、唐金枝负责群众工作委员会；郭强、游好扬、张午、张魁印、解云清负责武装委员会；余弘达负责办公室；陈俊生负责党的核心领导小组办公室；王维之负责松花江地区。（2）省革委会实行民主集中制，凡涉及全省人民的重大事情都要经过常委集体讨论决定。常委实行三班轮流值班制，常委会暂定两周一次，临时性事情，通过常委办公会议解决。

5日　黑龙江省革命委员会向中央文革小组并中共中央、东北局呈送《关于增加省革命委员会委员名额和常委名单的请示报告》。8日，中共中央批准，黑龙江省革命委员会由185名委员、33名常务委员组成。

7月14日　哈尔滨大专院校红卫兵代表大会筹委会，在北方大厦广场召开哈尔滨市大专院校革命师生“复课闹革命”誓师大会。到7月17日，全省已有12所大专院校先后开始复课。

18日　晨2点30分左右，哈尔滨第一机器制造厂造反组织“总部”与一些人武装包围了太平公社第一粮食供应部，抢走粮食18 440公斤。23日22点左右，哈一机总部又出动军车堵塞铁路，拦截列车，抢走国家面粉3万多公斤，并使列车中断行车达4个小时之久。25日哈尔滨市万人集会，声讨哈一机总部打砸抢的罪行。

8月27日　下午2时许，哈尔滨674厂、港务局等单位的“造反”组织出动装甲车一辆，坦克3辆，共1 000人在市内举行武装游行。28日下午2时多，674厂和港务局200余人，手持机枪、步枪、手榴弹等，在两辆坦克配合下，用机枪扫射另一派造反派组织人员，造成12人死亡，20人受伤。

8月　由于“文化大革命”的影响，1月到8月份黑龙江省煤炭欠产378万多吨。因煤炭供应十分紧张，全省有不少工矿企业停产。

10月10日　哈尔滨杂技团以中国“东方红杂技团”的名义到达日本东京进行访问演出。该团先后在日本的12个城市演出27场，观众达6万多人。

25日　黑龙江省革命委员会发出今冬明春工作要点。提出高举毛泽东思想伟大红旗，以“斗私批修”为纲，大力办好毛泽东思想学习班；继续深入开展革命大批判，结合搞好本单位本地区的斗批改，实现按系统的革命大联合，巩固和发展革命的“三结合”；全面完成今年国民经济计划，做好明年经济建设准备。迎接国民经济全面“大跃进”；把活学活用毛主席著作运动推向新阶段，提高到新水平，把全省办成毛泽东思想大学校。

12月1日　黑龙江省“捍联总”“炮轰派”两派群众组织代表为实现大联合在北京达成《关于文化大革命若干问题的协议》（即“十二条协议”）。周恩来总理接见了双方代表并同他们谈了话。16日，省革命委员会决定，组成贯彻《协议》监督小组，由郭强为组长。

1968年

1月12日　齐齐哈尔富拉尔基重型机器厂由于“造反”组织先后发生大规模武斗，造成3人死亡，51人重伤，黑龙江省革命委员会作出决定，对该厂实行军事管制。

13日　根据中共中央1967年12月9日《关于公安机关实行军事管制的决定》，黑龙江省对公安、检察、法院机关实行全面军管，成立中国人民解放军黑龙江省公安机关军事管制委员会，省军区副司令谢长华为军管会主任。此后，全省各市、县均相建立了公安机关军事管制委员会。

15日　黑龙江省革命委员会召开第57次常委会议。同意对外省和市（特区）、县驻哈尔滨的办事处，由群众组织出面，立即进行查封。

21日　黑龙江省革命委员会召开第22次常委会办公会议，传达了李富春副总理关于抓紧鹤岗煤炭生产的指示。确定由潘复生出面做两派工作，立即停止武斗，恢复生产。

2月8日　根据中共中央1967年10月27日发出的关于在已成立革命委员会的单位恢复党的组织生活的通知精神，潘复生、汪家道向中央作出《关于建立中共黑龙江省核心小组请示报告》。建议由11人组成省核心小组，潘复生任组长，汪家道任副组长。

10日　佳木斯市两派“造反”组织在市电机厂等7处同时发生武斗。参加武斗的有1 900余人，动用步枪227支，冲锋枪101支，轻重机枪4挺，八二迫击炮1门，手榴弹109枚，各种子弹3519发，汽车55辆。武斗至次日凌晨结束。造成死亡7人，受伤119人；全市电缆被砍断7处，停电近3小时；砸坏汽车7辆；全市25家大、中型企业和22个机要部门停工停产1天。

16日　黑龙江省革命委员会第64次常委会议，同意撤销东北林业总局和省林业厅，在省革委会内设林业工作委员会，对全省林业实行集中统一领导。

3月1日　黑龙江省革命委员会发出《关于中、小学毕业、招生和安置工作的通知》。规定，1966年和1967年的高、初中和高小毕业生在3、4月份毕业；高、初中同时招生；小学延至今年暑期招生。高中招生实行推荐、选拔（这里的“推荐、选拔”，主要看家庭出身和“文化大革命”的表现，一般是工、农、革命干部子弟入高中；地、富、反、坏、右、叛徒、特务、走资派子女，即毛泽东所说的“可教育子女”上山下乡，参加生产）和考试相结合的办法。初中招生使应届高小毕业生尽可能入学。提出上山下乡是安置毕业生的主要方向。

2日　黑龙江省革命委员会转发省生产委员会《关于当前煤炭生产供应情况的报告》。报告指出，由于阶级敌人破坏和无政府主义思想泛滥，全省1月份日产计划4.42万吨，实际生产

3.48万吨，完成计划的79%；2月上、中旬日产计划5.09万吨，实际生产3.17万吨，完成计划的63.4%。有的煤矿出勤率不到60%。鹤岗、七台河矿务局从去年2月下旬以来，一直处于半停产状态。全省3 000多个地方工业企业，从1月开始，已有2 700多个停止供煤，维持设备保温。到1月底，全省商业库存煤下降到30万吨，比煤炭最紧张的1961年还少8万吨。

7日　黑龙江省革命委员会发出《关于坚决制止商品“走后门”的通知》。

9日　黑龙江省革命委员会、黑龙江省军区向毛主席、党中央作出《关于中国人民解放军沈阳军区生产建设兵团筹建情况的报告》。提出，生产建设兵团拟编5个师，辖58个团，76个营，1293个连，共有职工24.5万人，耕地1 239万亩。生产建设兵团，受沈阳军区领导，由黑龙江省革命委员会和省军区代管。兵团机关驻哈尔滨市。

12日　黑龙江省革命委员会召开“组织机关干部和城市知识青年下乡上山建设社会主义新农村”广播大会。翌日，又发出《关于组织机关干部和城市（镇）知识青年下乡上山建设社会主义新农村的指示》。要求组织一批革命干部到农村生产队和国营农场参加集体生产劳动。干部下乡上山一律带原工资，并根据干部情况，分为长期在农村安家落户和定期轮换两种。

4月8日　黑龙江省革命委员会决定，将省直辖的佳木斯市划归合江地区领导。7月30日，佳木斯市革命委员会与合江地区革命委员会合并为合江地区革命委员会。

5月7日　黑龙江省革命委员会柳河“五七”干校（因毛泽东“五七”指示而得名）正式成立。首批140多名学员都是省直党政机关干部。

9日　齐齐哈尔市10万人集会欢送首批1 288名知识青年上山下乡。31日，又有1 500名知识青年奔赴农村。

30日　黑龙江省革命委员会第81次常委会议，决定对全省体育系统实行军事管制。

Δ 黑龙江省革命委员会批准，成立大庆特区革命委员会。至此，全省地、市、特区、县82个单位全部建立了革命委员会。6月1日，《黑龙江日报》发表社论：《红太阳普照黑龙江——热烈欢呼全省实现革命三结合一片红》。

6月7日　黑龙江省革命委员会第82次常委会议决定，在哈尔滨修建“毛泽东思想胜利万岁展览馆”（俗称“红太阳展览馆”）。同年8月破土动工，1969年9月完工。后改称黑龙江省展览馆。

10日　黑龙江省革命委员会第38次常委办公会议决定：（1）同意对新华社黑龙江分社实行军管。（2）同意为北京、上海、天津3市安置知识青年3.5万名，其中北京1.5万名，上海1万名，天津1万名，全部安置到生产建设兵团所属单位。

14日　北京首批1 200名知识青年到黑龙江省参加边疆建设。黑龙江省暨哈尔滨市革命委员会在哈尔滨车站举行了欢迎大会。

18日　中共中央、国务院、中央军委、中央文革作出《关于建立沈阳军区黑龙江生产建设兵团的批示》。6月30日，黑龙江省革命委员会、黑龙江省军区在哈尔滨召开黑龙江生产建设兵团连以上干部代表大会，宣布兵团正式成立。兵团共接收国营农牧场93个，编为5个师，辖58个团，176个营，1 300个连队，有职工25.5万人，耕地面积1280万亩。

7月5日　燃化部通知：经国务院批准，将大庆油田下放给黑龙江省，实行部与省双重领导，以省为主。

8月11日　上海首批知识青年800余人到黑龙江省参加边疆建设，途经哈尔滨市。省、市革命委员会，省军区、生产建设兵团在哈尔滨火车站举行了欢迎大会。

27日　哈尔滨工人毛泽东思想宣传队1万多人举行誓师大会，进驻学校和其他一切还没有搞好“斗、批、改”的单位。翌日，工人宣传队开始进驻14所大专院校。

9月18日　天津首批知识青年900余人到黑龙江省参加边疆建设，途经哈尔滨市。省、市在哈尔滨车站举行了欢迎大会。

10月18日　哈尔滨市召开热烈欢送城市知识青年上山下乡大会，欢送2万多名知识青年到农村去。

11月20日　《黑龙江日报》报道，十多天来全省有6万多名知识青年奔赴农村，到目前为止全省已有19万名知识青年上山下乡。

12月22日　《人民日报》发表毛泽东指示：“知识青年到农村去，接受贫下中农的再教育，很有必要。要说服城里的干部和其他人，把自己初中、高中、大学毕业的子女，送到乡下去，来一个动员。各地农村的同志应该欢迎他们去。”于是，在全国掀起了知识青年到农村安家落户，参加生产的热潮。

25日　黑龙江省革命委员会召开第106次常委会议。决定1969年全省安排上山下乡知识青年28万人。其中接收北京、上海市各9万人，天津市5万人，本省5万人；分配到生产建设兵团20万人，黑河地区4万人，军垦农场3万人，哈尔滨市郊1万人。

30日　黑龙江省革命委员会召开第107次常委会议，同意接收浙江省3万名上山下乡知识青年。

1969年

2月3日　黑龙江省漠河出现本省历史有记载以来最低气温－52.3℃。

3月2～17日　2日晨，苏联边防军出动70余人，装甲车2辆，卡车和指挥车各1辆，悍然入侵中国领土乌苏里江珍宝岛（位于虎林县境内），开枪打死打伤中方边防战士多人。中方边防军在多次向苏军警告无效、忍无可忍的情况下，被迫进行自卫还击，全歼入侵苏军。3月4日，《人民日报》《解放军报》联合发出社论：《打倒新沙皇！》。3月4～13日，苏联边防军又出动军队和装甲车、直升飞机等连续入侵珍宝岛。3月15日，苏军坦克20余辆，装甲车30余辆，步兵200余人，在飞机掩护下，再次入侵珍宝岛和该岛西侧的中国河道。我守岛部队奋起反击，经9个小时战斗，打退了苏军的3次攻击，再次给来犯者以应有的惩罚。3月17日，苏军又出动坦克3辆，步兵100余人，在猛烈炮火掩护下，再次向中国军队进攻。中国军队对登岛苏军予以猛烈还击，毙伤部分入侵者，其余仓皇逃窜。先后3天的珍宝岛自卫反击战，中国军队共击伤苏军坦克、装甲车17辆，击毁卡车、指挥车各1辆，打死打伤苏军250余人，缴毁T-62坦克1辆，各种枪支31支，以及弹药、军用物资等，打击了苏军气焰，保卫了祖国领土主权。珍宝岛事件发生后，中国政府连续向苏联政府提出最紧急、最强烈的抗议。全国亿万军民纷纷集会和游行示威，愤怒声讨苏联当局制造的武装挑衅事件。

4月15日　黑龙江省革命委员会发出《关于认真保护苏联红军（纪念）建筑物的通知》。规定，凡是纪念苏联红军的建筑物，一律不准破坏。

18日　黑龙江省革命委员会召开第25次常委会议，决定：通知各地、市、特区、县一律不要建毛泽东思想展览馆，正在修建的一律停建；建造毛泽东塑像的一律暂停；不要跳“忠”字舞，建“忠”字馆、“忠”字室之类。

19日　黑龙江省革命委员会发出《关于1969年动员安置城镇知识青年上山下乡建设社会主义新农村工作的通知》。指出，去年全省共有29万名城镇知识青年奔赴农村。今年将动员42.万名知识青年上山下乡，其中接收外省市30万名，本省12.4万名。同时，要组织动员一部分革命教师、机关干部同知识青年一起去农村安家落户，接受贫下中农再教育。

7月5日　中共中央发出《关于变更内蒙古自治区行政区划的规定》。决定将内蒙古自治区的呼伦贝尔盟划归黑龙江省领导。

9月17日　黑龙江省革命委员会决定，授予金训华“革命烈士”称号。金训华是上海市吴淞第二中学1968年高中毕业生，1969年5月到黑龙江省逊克县逊河公社双河大队插队落户。同年8月15日，双河山洪暴发，金训华为抢救国家物资，光荣牺牲。

12月19日　中共黑龙江省核心小组召开第25次会议。决定，省革委会机构、人员进一步精简：将群众工作部并入政治部；将26个局减为18个局；行政编制由800人减至600人；各局事业编制由2 000人减至1 500人。强调迅速抓好城市疏散工作，工厂搬迁要加快进度，大专院校要全部搬到农村，大中城市的大型商店要有计划地分迁到县镇、公社、兵团和林区工人集居区。

1970年

1月13日　黑龙江省革命委员会召开省革委会机关和所属单位干部插队落户动员大会。23日，欢送省革委会机关和直属单位首批2 700名插队落户干部赴农村。

4月1日　黑龙江省革命委员会发出《关于调整部分行政区划的通知》。伊春市改为伊春地区，实行地市合一，将原属黑河地区的嘉荫县和原属绥化地区的铁力县划归其领导；大兴安岭特区改为大兴安岭地区，将原属黑河地区的呼玛县和原属呼盟的鄂伦春族自治旗、莫力达瓦旗划归其领导；将原属嫩江地区的嫩江县划归黑河地区；将原属牡丹江地区的尚志、方正、延寿3县划归松花江地区；将原属合江地区的虎林县划归牡丹江地区；将七台河特区改为七台河市，仍归合江地区领导。

5月26日　中共中央复电中共黑龙江省革命委员会核心小组：（1）同意由潘复生、汪家道、刘光涛、于杰、刘思聪、郭强、袁俊、曹志、傅奎清9人组成革命委员会党的核心小组，由潘复生任组长，汪家道、刘光涛任副组长。（2）同意增补于杰、夏光亚、苏民、刘思聪、谢长华、张春和、张备之、曹志、聂世荣、唐金枝、马占春、宋振业等12人为黑龙江省革命委员会副主任。（3）同意增补刘思聪、曹志、关荣珍、王苏民、任茂如、苏民、张斌、张春和、张备之、郭海波、夏光亚、谢长华、于洪亮、林云喜、冯连发、高风志、马占春17人为黑龙江省革命委员会常委。（4）免去游好扬、张午、张万春、毛远新、郭强、张多树、张魁印7人黑龙江省革命委员会常委职务。

7月26日　《黑龙江日报》报道，近两年来，黑龙江省上山下乡的知识青年和北京、上海、天津、浙江等省市到黑龙江省安家落户的知识青年，已达70万人，相当于“文化大革命”前知识青年上山下乡总数的10倍。

11月15日　中共中央委员、全国人大代表、全国劳动模范、大庆市革命委员会副主任王进喜，因病在北京逝世，终年47岁。王进喜于1960年春率领1205钻井队自玉门油矿到达大庆参加石油会战。他以“宁肯少活20年，也要拿下大油田”的革命精神，无私无畏，忘我战斗，为发展我国石油工业作出了贡献，被人们誉为“铁人”。王进喜患病住院治疗期间，周恩来、李先念等党和国家领导人曾前往医院看望。

12月　本月富拉尔基第一重型机械厂于1965年开工生产的3万吨模锻水压机于本月完成。这台水压机属于全国9大设备之一，安装在四川112厂，试运情况良好。

1971年

3月16日～6月6日　中共黑龙江省革命委员会核心小组召开全省县团级以上干部会议。揭发批判潘复生在“文化大革命”初期所犯错误。4月18日，沈阳军区司令员陈锡联及毛远新、江拥辉等到会分别讲了话。会议结束时，中共黑龙江省革命委员会核心小组副组长、省革委会副主任刘光涛作总结报告。

4月21日　据哈尔滨市统计，自1968年以来，全市共选派了1 783名产业工人和229名干部，组成了354支工人毛泽东思想宣传队，进驻中、小学、医院、文化、新闻等354个单位。

5月10日　黑龙江省革命委员会向中共中央、国务院并沈阳军区党委作出《关于下乡知识青年工作情况的报告》。指出，两年多来，黑龙江省共动员和接收下乡知识青年75万人，其中接收京、津、沪、浙4省市知识青年35万人，本省知识青年40万人。插队的21万人，插场的24万人，在生产建设兵团的30万人。

8月6日　中共中央决定，汪家道任黑龙江省革命委员会主任，刘光涛任黑龙江省革命委员会第一副主任，傅奎清、张林池任副主任；张多树、王文贞、张洪池、杨易辰、李枫任省革命委员会常委。撤销潘复生黑龙江省党的核心小组组长、省革命委员会主任职务。

20日　黑龙江省革命委员会批转省知识青年上山下乡工作办公室《关于1971年接收外省、市知识青年工作安排意见》。经与上海、浙江两省、市协商确定，1971年黑龙江省接收知识青年3.51万人。

1972年

1月8日　中共黑龙江省委批转省知青办《关于1971年九年级毕业生上山下乡建设社会主义新农村的方案》。3年来，已有77万余名本省和兄弟省市来的知识青年上山下乡，其中有1万名加入了中国共产党，7.4万余名加入了共青团，1.3万余名被选进各级领导班子。1971年全省县镇以上九年级应届毕业生共有9.9万人，往届毕业生应下乡未走的3.8万人，总计13.7万人。除2.7万人因各种原因不能下乡外，其余11万人应到农村去。省委要求各级党委和革委会做好动员教育、分配、安置工作。

18日　中共黑龙江省委批转省革命委员会政治部《关于当前全省定案工作情况和今后意见的报告》。报告指出，“文化大革命”中，全省科以上干部被批斗18 851人，现已“解放”17 906人，占96%。

2月5日　中共黑龙江省委批转省革命委员会生产指挥部党委《关于认真贯彻全国设计革命会议精神，进一步开展设计革命运动的报告》。报告指出，黑龙江省基本建设战线存在不少问题，主要是：拉长了基本建设战线，削弱了施工队伍，取消了必要的管理机构与一些合理的规章制度，削弱和分散了设计力量，使一些建设项目工期拖长，费用高，质量差，浪费严重。提出：（1）坚决贯彻执行毛主席的革命路线，狠批“大、洋、全”的修正主义路线；（2）充分加强设计力量，建立一支革命化的设计队伍，省直有关局和基建任务大的地（盟）、市都应有一支与建设任务基本相适应的设计队伍；（3）深入开展群众性的设计革命运动，搞好领导、工人和技术人员“三结合”的现场设计。

25日　中共黑龙江省委转发农林部所作的《关于黑龙江省上山下乡知识青年非正常死亡情况的报告》。报告指出，从1968年以来，黑龙江省共接收了北京、天津、上海、浙江和本省知识青年77.4万人，其中77%（52万人）分配在生产建设兵团和国营农场，到农村插队的有15.7万人。3年多来，知识青年共死亡978人，其中省属农场及插队青年死亡456人，兵团死亡522人。据兵团分析，因管理教育不够而发生的行政事故死亡333人；因落实政策方面问题而发生自杀、凶杀死亡84人，因病死亡102人，因医疗事故死亡3人。另外，因伤致残的也不少。报告特别指出，少数干部和坏人违法乱纪，残酷迫害、摧残青年，有的被打致残，有的被活活打死。省委要求，认真严肃处理上述问题，进一步做好知识青年上山下乡工作。

4月11日　《黑龙江日报》报道，黑龙江省文物保护考古发掘工作取得新成果。近年来发现了一批珍贵的历史文物，其中1965年在饶河县小南山出土的桂叶形石器，在全国尚属首次发现；1971年5月在阿城县新华公社南阳屯出土的一面金代大型双鱼铜镜，直径长43厘米，重12.4公斤，它是目前中国最大的铜镜之一。

本月　全国各省市一些大专院校开始在黑龙江省招收第一届“工农兵学员”。

8月27日　新华社报道，黑龙江生产建设兵团某部指战员，在抚远三角洲艰苦创业，两年多来开垦荒地200万亩，生产粮食2.25亿公斤，向国家上交商品粮0.8亿公斤。在荒芜的沼泽地上，初步建成为机械化的农业生产基地。

11月4日　黑龙江省革命委员会转发国家计委《关于加强黑龙江省农业基地建设的意见》。《意见》指出，黑龙江省初步设想，1975年把粮食总产量由1972年的120亿公斤提高至150亿公斤，调出35亿公斤；1980年粮食产量达到200亿公斤，调出50亿公斤（其中大豆7.5亿~10亿公斤），为实现这一目标，国家计委与黑龙江省初步商议了措施，就加快农业机械化的步伐、增加肥料、发展水利、开荒、科研和搞好经营等问题，提出了具体意见。

18日　中国著名数学家华罗庚到黑龙江省推广“优选法”。本日，在省展览馆举行推广、应用“优选法”报告会，设有81个分会场，8万多名各条战线的干部、工人、技术人员到会听了华罗庚的报告。他还深入群众，同劳动模范、老工人、技术人员、革新能手一起交流了经验。

1973年

2月23日　中共黑龙江省委批复大庆党委和大庆军事管制委员会，同意撤销大庆油田军事管制委员会。

5月21日　黑龙江省革命委员会发出《关于1973年财政管理体制的通知》。确定省对地（盟）、市实行“收入总额固定比例分成”的办法。超额完成收入任务的部分，按10%分成。

31日　中共黑龙江省委、省革命委员会发出《关于省直机构编制调整的通知》。决定：（1）撤销省革委会办公室、政治部、生产指挥部，人民保卫部、战备办公室。省委设办公室、政策研究室、组织部、宣传部、统一战线工作部。省革委会设办公室、视察研究室、计划委员会、基本建设委员会、工交办公室、农业办公室、财贸办公室、文教办公室、人民防空办公室、林业总局。省委、省革委另设局级单位47个。（2）省革委会各办公室同时也是省委的办事机构，直接对省委、省革委会负责。（3）省直机关共配4 567人。从此，中共黑龙江省委机关同黑龙江省革命委员会机关分开办公。

6月1日　中共黑龙江省委决定，黑龙江省高级人民法院正式组建，行政编制50名。6月19日，省委任命王丕年为黑龙江省高级人民法院院长。

8月1日　中共黑龙江省委、哈尔滨市委决定修建哈尔滨城防战备工程，并定名为“七三八一”工程。翌年2月开始施工。

15日　黑龙江省革命委员会通知：恢复黑龙江建设兵团农垦大学。该校由兵团领导，主要招收兵团青年及下乡知识青年。

16日　中共黑龙江省委、省革命委员会联合发出《关于调整邮电体制问题的通知》。根据中共中央、国务院、中央军委通知精神，决定将电信局由军事部门划归地方领导。省邮政局和电信局合并，恢复省邮电管理局。

21日　国务院、中央军委决定，将沈阳军区黑龙江生产建设兵团交黑龙江省领导。

9月21日　中共黑龙江省委发出《关于撤销全省公安、电台、铁路军管的通知》。黑龙江省公安、电台、铁路系统是1967年相继实行军事管制的。

10月6日　国务院副总理李先念对黑龙江省粮食局《关于黑龙江省生产建设兵团的粮食生产和预计交售情况》的报告作出批示：“这个兵团的生产情况，真有些像王小二过年，一年不如一年了，再不过问，恐怕明年要吃国家的粮食呢。我想兵团的全体指战员是不会甘心长此下去的。”“问题在于方针政策是否正确，方针政策不正确，人的积极性是调动不起来的。”从1968年到1973年，国家对黑龙江生产建设兵团的基本建设投资累计达7.3亿元；拥有的拖拉机增加49%，职工人数增加50.8%，耕地面积扩大34.8%，粮豆播种面积扩大17.5%，而单产却降低41%，总产减少30%，上交商品粮减少69.5%。兵团成立当年盈利1 347万元，第二年就开始亏损，五年累计亏损5.37亿元，其中1973年亏损近2亿元。

1974年

1月30日　中共黑龙江省委召开传达贯彻中央1号、2号文件，深入批林批孔广播大会。“批林批孔”运动在黑龙江省开始展开。

2月　牛成山、陈造反等人写出第一张“反复辟”“反回潮”、反省委的大字报。随后，哈尔滨市大街上出现大量所谓“批林批孔”的大字报、大字块，公然提出“打倒黑龙江省的孔老二！”直接点名攻击中共黑龙江省委的负责人。

3月27日　坦桑尼亚总统米利叶斯·克·尼雷尔等一行，在全国人大常委会副委员长阿沛·阿旺晋美的陪同下到达哈尔滨访问。

7月2日　黑龙江省革命委员会批准，大庆在原有三个镇的基础上，设置萨尔图区、让胡路区、龙凤区，建立相当于县一级的政权组织。

9月29日　《黑龙江日报》报道，纵贯松嫩平原的大运河——黑龙江省北部引嫩第一期工程胜利建成通水，第二期工程进展迅速。这一工程全长235公里，总干渠秒流量50立方米。整个工程建成后，不仅为大庆油田提供充足的水源，而且对改变松嫩平原的自然面貌，解决沿线数万人民的生活用水，都将起到重大作用。

12月24～25日　黑龙江省革命委员会举行第8次全体委员会议。这次会议取代了省第四届人民代表大会，主要议题是审查、调整、补选黑龙江省出席全国第四届人民代表大会代表。省革委第8次全体会议选举通过了82位人大代表名单。会议的第一天，聂世荣等人即在会场抢话筒，并组织场外人员破窗冲进会议室，殴打工作人员，阻挠补选老干部为四届人大代表。26日，张永昌等人又冲进省委办公大楼，强占会议室，设立所谓“讨还血债办公室”和“讨还血债广播站”，每天用高音喇叭广播，时间达1个半月之久，使省委机关的正常工作受到严重干扰。

27日　新华社报道，中国第一条“地下大动脉”——大庆至秦皇岛输油管道建成输油。这项工程是中国自行设计、自己提供设备、自己施工建设的第一条大口径、长距离输油管道。1970年冬开工，到1973年国庆节前完工。北起黑龙江，纵贯吉林、辽宁，到达河北北部，全长1 152公里。投产一年多来，月月超额完成输油计划，表明工程质量良好，输油安全平稳。大庆原油通过这条管道源源不断地流进山海关，在秦皇岛装车装船，运往各地。

1975年

5月9日　外交部、总参谋部、外贸部、公安部联合通知：经中央批准，大庆对外国人开放；同时将去大庆的必经之地哈尔滨列为开放城市。

8月25日　据中共黑龙江省委统战部报告，1957年黑龙江省共划定右派分子12 594人。1966年以前，经过5批共有8 743人摘掉了右派分子帽子，占划定右派分子总数69.42%；未摘掉帽子的尚有3 851人。“文化大革命”以来又有864人摘掉了帽子。目前尚有右派分子2 987人。

9月15日　据中共黑龙江省委统战部报告，黑龙江省有民革、民盟、民建、民进、九三5个民主党派。“文化大革命”前共有成员1 715人。“文化大革命”开始以后，各民主党派机关受到冲击，停止活动，其成员大都受到不同程度的触动。现有成员1 394人，比“文化大革命”前减少19%。

12月27日　国务院、中央军委批准，撤销沈阳军区黑龙江生产建设兵团和各师的领导机构，与省国营农场管理局合并，成立黑龙江省国营农场总局和地区国营农场管理局。总局下辖11个管理局，153个农牧场，拥有土地总面积14 959万亩，有耕地2 900万亩，占全省耕地面积的22.3%。人口189万，职工86.5万人。

1976年

2月4日　《黑龙江日报》报道，黑龙江省荒地资源考察获丰硕成果。1973年以来，全省共查清荒地面积1亿多亩，草原1亿多亩，以县（旗）为单位建立了荒地、草场资源档案；并对荒地开发利用的农、林、牧、副、渔五业用地的合理布局，进行了初步规划。全省建立新的垦荒居民点400多处，开荒地500万亩，为国家生产粮食1.5亿多公斤。

4月24日　中共黑龙江省委批转省知青办《关于1976年知识青年上山下乡动员安置计划的报告》。报告指出，从1968年到1975年底，全省有103.3万余名知识青年上山下乡1976年本省将要动员19.4万名知识青年上山下乡。除在省属国营农场安置3.8万人外，其余都到人民公社插队。

6月　哈尔滨市出现自1909年有气象记录以来降雨量最少的月份。局部地区总降雨量只有1.2毫米，造成夏季作物凋萎、落花落果的严重旱象。

9月1日　黑龙江省北部引嫩二期工程竣工，至此全部工程建成通水。两期工程共完成土方2 584万立方米，混凝土方13.86万立方米，总投资1.59亿元。这个工程的建成，可为大庆油田及石油化工提供工业及生活用水；改善富裕、林甸等地方病区近10万人口的饮用水；灌溉讷河、富裕、林甸、大庆等市县38万亩农田；为沿线发展草、苇、渔等牧副业生产创造了条件。

社会主义建设新时期

1976年10月～1985年12月

1976年

10月10日　中共黑龙江省委、省革命委员会负责人刘光涛、张林池赴京参加中央政治局召开的粉碎江青反革命集团打招呼会议。13～17日，中共黑龙江省委召开省委常委会议和地盟市、省直部委办局负责人会议，传达了华国锋、叶剑英在粉碎江青反革命集团打招呼会议上的讲话。与会人员对于党中央粉碎江青反革命集团所采取的果断措施，表示坚决拥护。

12月28日　大庆油田一座年产相当于百万吨标准化肥的大型化肥厂——大庆化肥厂建成投产。这是我国当时最大的化肥厂之一。

1977年

4月2日　《黑龙江日报》报道，齐齐哈尔市第一机床厂在1976年年末试制成功一台3.15米超重型机床。这台设备是中国机床制造史上最大的，国内外同类型机床比较先进的产品之一。机床总重量为280吨，承载加工件160吨。

16～23日　中共中央主席、国务院总理华国锋，中共中央副主席汪东兴、政治局委员李德生到黑龙江省视察。华国锋等听取了省委的工作汇报，视察了大庆油田、哈尔滨市的人民防空工程、哈尔滨汽轮机厂、哈尔滨市区等。在此期间，纪登奎、陈永贵、苏振华、王震、余秋里、谷牧等也视察了大庆油田。

5月5～8日　缅甸联邦社会主义共和国总统兼国务委员会主席吴奈温和夫人雅达娜纳梅及其一行，在全国人大常委会副委员长阿沛·阿旺晋美的陪同下抵达黑龙江省参观访问。

8月1日　《黑龙江日报》报道，黑龙江省又一大型水利工程——南部引嫩工程正式开工。这一工程位于黑龙江省西部干旱地区嫩江左岸，引水总干渠全长30.9公里，建成后，可使肇源、安达、杜尔伯特蒙古族自治县3县受益。

16～20日　黑龙江省粮食工作会议在哈尔滨召开。会议指出，1953～1975年，全省人口每年平均递增4.3%，而粮食生产每年平均只递增2.6%，造成平均每人粮食占有量从1953年的600公斤，下降到1975年的450公斤；商品粮从第一个五年计划期间生产100公斤粮食国家收购48公斤，到1976年下降到30公斤；粮食上缴量从前三个五年计划期间平均每年上缴国家12.5亿公斤，下降到第四个五年计划期间平均每年上缴6.5亿公斤。要求1977年全省粮食产量要突破150亿公斤。为实现这一目标，会议讨论提出了增产节约粮食的具体措施。

9月7日　1977年全国围棋比赛在哈尔滨市结束。黑龙江省选手聂卫平获个人赛成年组第一名。

10月9～19日　中共黑龙江省委、省革命委员会召开会议，部署高等学校、中等专业学校和技工学校的招生工作。根据全国高校招生工作会议决定，今年将改革招生制度，恢复文化考试。

11月3日　《黑龙江日报》报道，黑龙江省北部引嫩工程经过近4年的建设，于1976年8月1日竣工，全线通水。此后经过1年的扫尾工程和实用，证明工程设计合理、质量良好，这条长达250公里的总干渠，北起讷河县拉哈镇，东南到大庆油田。它的竣工，为发展大庆石油工业提供了充足水源，对发展松嫩平原农林牧副渔生产，改善沿途人民生活用水将起到重大作用。

12月17日　《黑龙江日报》报道，最近黑龙江省明水县境内又发掘一具猛犸象骨骼化石。这具化石是通达公社前进五队的社员在10月21日挖菜窖时发现的。

22～28日　黑龙江省第五届人民代表大会第一次会议在哈尔滨举行。出席会议代表1 000人。省革命委员会主任杨易辰代表省革委会作题为《高举毛主席的伟大旗帜，紧跟英明领袖华主席，为把黑龙江省建设成为繁荣巩固的边疆而奋斗》的工作报告。会议选举杨易辰为黑龙江省革命委员会主任，陈雷、陈剑飞、于洪亮、关舟、张世军、王维之、侯捷、阮永胜、孙子源、鲁光为省革命委员会副主任；于湘浦等107人为省革命委员会委员。

1978年

3月30日　中共黑龙江省委决定，成立黑龙江省旅游局，负责管理全省旅游事业。

4月1日　中共黑龙江省委在省展览馆剧场召开落实知识分子政策大会。省委书记李剑白在讲话中提出了要抓紧解决好10个问题，其中包括做好“文化大革命”以来受审查的知识分子的结论和复查工作；恢复和确定知识分子的学术职称；积极改善科学研究条件；调整解决科研人员专业不对口问题；保证业务活动时间以及解决他们生活中的实际问题等。

22日　中共黑龙江省委发出《关于认真贯彻执行中央关于全部摘掉右派分子帽子的决定通知》。决定成立省委摘掉右派帽子工作小组，王一伦为组长。

5月23日　《人民日报》报道，位于黑龙江省东部，包括黑龙江、松花江、乌苏里江汇流的三角地带和倭肯河、穆棱河流域，总面积约10.3万平方公里的三江平原，是一个比较理想的垦区。多年来，已在这里开发建设良田3 000万亩，尚有4 300万亩荒原可以开垦。今年计划开荒造田200多万亩。为了加强对大规模开荒的组织领导，黑龙江省成立了开发建设三江平原指挥部。

25日　黑龙江省革命委员会办公室转发省文物管理委员会《关于对嘉荫县恐龙化石发掘工作的报告》。1977年省地质区测一队在嘉荫县境内黑龙江边，发现恐龙化石。据初步确认，该化石为以鸭嘴龙为主的古动物群，产于中生代白垩纪地层，距今约6 800万年。

6月10日　经中共黑龙江省委批准，黑龙江省人民检察院从即日起开始筹建，编制48人。18日，省委决定，吴城任省人民检察院代检察长。

7月8日　据新华社报道，金、元时期的一些重要官印去年相继在黑龙江省出土。1977年1月在鸡东县综合公社出土了“胡里改路之印”“上京路副统露字号印”；1977年6月在阿城县城发现了元代“管水达达民户达鲁花之印”。

22日　黑龙江省直机关召开处理清查对象大会。中共黑龙江省委、省革命委员会负责人及省直1.2万余人参加大会，省委书记李力安在会上讲话。司法机关宣布将江青反革命集团骨干分子、现行反革命分子、打砸抢分子聂世荣、刘雪峰和现行反革命分子、打砸抢分子邵岩城逮捕法办；对3名在路线斗争中犯有严重错误的作了从宽处理。

8月3日　新华社报道，黑龙江省委最近召开常委扩大会议，讨论真理标准和民主集中制问题。省委第一书记杨易辰在讲话中说：“文化大革命”前的黑龙江省委不是黑的，而是红的；那时省委工作虽然有缺点、错误，但不是主流。在全国，黑龙江省最早提出为“文化大革命”前的省委平反。

9月4日　经黑龙江省革命委员会批准，黑龙江农垦大学恢复“黑龙江八一农垦大学”校名。

11月1日　黑龙江省革命委员会决定，撤销绥化、松花江、合江、嫩江、黑河5个地区革命委员会，改设行政公署，作为省革命委员会的派出机构。改制以后，中共地区委员会作为省委的代表机关。

29日　中共黑龙江省委统战部向省委报送《关于落实党外高级知识分子政策的情况和今后意见的报告》。统战部对哈尔滨市23个大专院校、企业单位的191名党外教授、副教授等高级知识分子进行了调查。“文化大革命”前担任院、系、教研室等行政领导职务的有131人，现已恢复原职务的有108人，他们的冤案全部给予了平反。

12月1日　中共黑龙江省委作出《关于彻底为天安门革命行动而受迫害的同志一律平反的决定》。公开宣布，1976年清明节前后，全省干部和群众在北京或在省内各地以各种形式沉痛悼念周恩来总理，是革命行动。因此而受到迫害和株连的同志至今尚未平反的，要立即予以彻底平反，恢复名誉，销毁一切诬蔑不实的材料；对已经平反而不彻底或留有尾巴的，要彻底地给予纠正；对政策不落实的要坚决落实。

18日　《黑龙江日报》报道，1978年黑龙江省农业获得前所未有的大丰收，粮食总产量突破150亿公斤。22日，《黑龙江日报》报道，松花江地区粮食亩产上《纲要》，全区亩产达到120公斤，比历史上最好的年成增加一成；3个县过“黄河”，7个县上《纲要》，向国家交售10亿公斤粮。这是黑龙江省第一个粮食亩产上《纲要》的地区。

1979年

1月11日　《黑龙江日报》报道，经国务院批准，黑龙江省恢复和增设7所高等院校。其中，恢复体育学院、哈尔滨师范专科学校、佳木斯师范专科学校、绥化师范专科学校。使黑龙江省的高等院校增加到27所。

20～23日　中国共产党黑龙江省第四次代表大会在哈尔滨召开。大会以中共第十一届三中全会精神为指针，总结了黑龙江省革命和建设的经验，动员全省各级党组织、广大党员和人民群众，把党的工作着重点转移到社会主义现代化建设上来，为实现新时期的总任务而奋斗。杨易辰代表省委作工作报告。会议选举杨易辰为省委第一书记，李力安、陈雷、李剑白、文敏生、王一伦、陈剑飞、陈烈民、王金籽为书记；王钊等17人为常务委员。选举产生了省委纪律检查委员会，王一伦为书记，解云清、陈明智（女）为副书记。

3月3日　在“文化大革命”中被搬迁到农村的东北农学院，经中共黑龙江省委批准，迁回哈尔滨办学，并在香坊马家花园旧址重新建造校舍。

10日　中共黑龙江省委召开平反大会，为所谓的“欧阳钦、李范五为首的里通苏修反党叛国集团”假案平反，为受害的同志昭雪。1967年2月制造的这一重大假案，使包括中共中央和中央一些部门以及10个省、市、自治区的180多人受到株连，有23人被长期关押入狱，很多人被关进“黑帮队”审查批斗，有些子女和亲属也受到株连。

15日　中共黑龙江省委向中共中央作出《关于王守信贪污集团案件情况的报告》。4月24日，《黑龙江日报》转载了《人民日报》关于黑龙江省公安机关破获一起本省中华人民共和国成立以来最大的贪污集团案件的报道。该案首犯、原宾县燃料公司党支部书记兼经理王守信（女），是“文化大革命”中投机起家、钻进党内的坏分子。据初步查证，这个贪污集团自1972年以来，利用职权，大量侵吞国家财富，共贪污人民币53.6万余元。10月18日，松花江地区中级人民法院公开审判此案，依法判处王守信死刑。经最高人民法院核准，于1980年2月28日在哈尔滨处决。

24日　中共黑龙江省委决定，成立黑龙江省社会科学院，由省委直接领导，日常工作归口省委宣传部。

本月　据哈尔滨市统计，全市16万名上山下乡知识青年已有9万多人返城。

7月10日　中共黑龙江省委、省革命委员会召开全省上山下乡知识青年集体、积极分子表彰广播大会。省委书记李剑白发表讲话，提出，全省自1968年以来，先后动员安置上山下乡知识青年180多万人，目前战斗在农村的还有100多万人。现有下乡青年中，有2.3万多人参加了中国共产党，31万多人加入了共青团，2万多人被选进各级领导班子，12万多人担任了会计、拖拉机手、电工、民办教师、赤脚医生等职务，许多人被评为各级劳动模范。还有14万多人在农村结婚安家。要求进一步关心知识青年的健康成长，切实安排好他们的生产、生活，积极鼓励和帮助他们为建设社会主义新农村贡献力量。会上树立了10个集体标兵，20名个人标兵。

21日　为了保护好珍贵和稀有动物，更好地开展科学研究，黑龙江省革命委员会批准，在齐齐哈尔建立扎龙自然保护区。该地区面积4.2万公顷，是国家第一个大型水禽综合自然保护区。

本月　哈尔滨市原凭票供应的肉、蛋、鱼、糖、面碱等开始敞开供应。

11月1日　新华社报道，中共中央、国务院决定，从今年11月份起，给全国40%的职工升级增加工资。决定指出，这次调整工资，要坚持“各尽所能、按劳分配”的原则，按照劳动态度、技术高低、贡献大小进行考核，并以贡献大小作为主要考核依据，坚决反对平均主义。

12月3日　《黑龙江日报》报道，东北农学院教授李景华，对马铃薯退化原因进行了23年的研究，取得成果。今年9月，他在菲律宾召开的第19届国际马铃薯科研规划会议上宣读了论文。各国专家一致承认他在马铃薯退化问题的科研工作居世界领先地位。

14日　国务院批准，黑龙江省撤销伊春地区，恢复伊春市，安达市更名为大庆市。

21～26日　黑龙江省第五届人民代表大会第二次会议在哈尔滨召开。会议根据第五届全国人民代表大会常务委员会第11次会议通过的《全国人大常委会关于省、自治区、直辖市可在今年设立人大常委会和将革委会改为人民政府的决议》，选举产生了黑龙江省人民代表大会常务委员会。赵德尊为主任，倪伟、张瑞麟、刘潜、刘恢先、王丕年、王肇治、吴诚、孙子源、杜国平、柏青为副主任；白文达等65人为省人大常委会委员。决定将黑龙江省革命委员会改为黑龙江省人民政府，选举陈雷为省人民政府省长，陈剑飞、王路明、侯捷、李瑞、解云清、王操犁、鲁光、卫之民、王军、王金陵为副省长。选举赵云鹏为黑龙江省高级人民法院院长；选举李兴昌为黑龙江省人民检察院检察长。

28日　新建的北方最大的哈尔滨市机场经国家验收批准，今日举行通航典礼。这项工程是1975年10月动工兴建的，为一级机场，拥有3 000多米长的水泥跑道和较现代化的设施，可昼夜接受国内外各种大型客机。1984年10月，国家批准该机场为国际机场。

1980年

1月19日　农业部同日本日绵实业株式会社议定用补偿贸易的方式，在黑龙江省合作开发建三江的荒原，在那里建设一个现代化农场。中日双方代表分别在有关协议书上签字。这个农场计划开垦2万公顷，主要种植大豆和小麦，将于1981年形成生产能力。

3月13日　黑龙江省人民政府常务会议决定建立五大连池自然保护区，总面积为700平方公里。强调要将14座火山和火山自然资源保护好、利用好。

5月8日　黑龙江省人民政府决定，将饶河、虎林、宝清3县划为东北黑蜂保护区。东北黑蜂是黑龙江省蜂农在长期的养蜂实践中培育出来的优良品种。省政府办公厅发出通知，要求严格控制区外蜂群进入保护区，纯化保护区的黑蜂良种，加强保护区内蜜源植物（椴树）资源保护工作等。

7月23日　中共黑龙江省委召开第50次常委会议，听取关于开展《黑龙江省志》编写工作意见的汇报。讨论确定：（1）由李剑白、陈元直、高鲁负责筹建黑龙江省志编审委员会；（2）组建一个编写省志研究所。

8月10日　《黑龙江日报》报道，中共黑龙江省委、省人民政府决定，逐步将镜泊湖建设成为我国唯一的高山湖公园。镜泊湖是在1万年以前，由于火山爆发，火山熔岩拦阻河流而形成的堰塞湖，湖面海拔350米，南北长45公里，东西最宽处为6公里，湖水最深处62米，是世界上少有的高山湖之一。

14日　黑龙江省人民政府颁发了《镜泊湖旅游区和自然保护区管理办法》。

9月4日　中共黑龙江省委、省人民政府决定，大兴安岭地区革命委员会改为大兴安岭地区行政公署，作为省人民政府的派出机构；改制后，大兴安岭地委作为省委的代表机关。

10月10日　黑龙江省人民政府批准，在桦南县、集贤县、双鸭山市交界处的七星砬子建立东北虎自然保护区。至此全省已有7个自然保护区，保护面积达51万公顷，占全省土地面积的1.2%。其中，镜泊湖保护区面积15万公顷；七星砬子自然保护区面积3.3万公顷。

11月15日　国务院批准，黑龙江省设立黑河市。以爱辉县黑河镇、幸福公社和西岗子公社的西岗子煤矿、宋集屯煤矿，东方红煤矿的行政区域为黑河市行政区域。黑河市由黑河地区领导。

1981年

1月10日　黑龙江省人民政府颁发《黑龙江省个体工商业暂行管理办法》。规定个体商业户，必须向工商行政管理部门申请登记，经核准发给营业执照后，方准生产和经营，未经批准发照的，一律不准从事生产和经营。

4月12日　新华社报道，黑龙江省首次发掘出唐代渤海窑址，解开了渤海国上京龙泉府庞大建筑群所用砖瓦物料来源之谜。这次共探明20多座窑址，已发掘4座。这些窑址均位于宁安县杏山公社牡丹江右岸、龙泉府遗址西南15公里处。

5月4日　黑龙江省体委在哈尔滨市召开表彰奖励大会。对1980年以来在国际、国内各项体育比赛中创造优异成绩的80名运动员、教练员和优秀体育工作者以及4个先进单位予以奖励。1980年黑龙江省体育健儿在国际、国内比赛中，有1个打破1项世界纪录，1人打破1项亚洲纪录，有12人26次打破10项全国纪录。这些成绩，使黑龙江省在全国名列第三位。同时，在全国各项比赛中，黑龙江省共获得81枚金牌，从1980年到1981年还有5人在国际比赛中获得7项冠军。

14日　国务院批复同意黑龙江省设立塔河、漠河两县。将原呼玛县中部的开库康、依西肯、十八站3个公社和塔河区划为塔河县，县址设在塔河；将原呼玛县北部的漠河、兴安两个公社和阿木尔、图强、古莲3个区划为漠河县，县址设在西林吉。塔河、漠河两县均由大兴安岭地区领导。

6月13日　中共黑龙江省委办公厅、省人民政府办公厅通知：省委常委会议决定，七台河市由现在的县级升半格，市委、市政府主要领导按地级干部配备，仍归属合江地委领导。

7月1～15日　黑龙江省首次哈尔滨出口商品交易会在北方大厦举行。来自日本、新加坡、泰国、美国、英国、加拿大、联邦德国等国家以及中国香港、澳门地区的400多名客商，与黑龙江省洽谈贸易，总成交额达3 000多万美元。

8月6日　《黑龙江日报》报道，经国务院批准，黑龙江省增设3所专科学校，即呼兰师范专科学校、克山师范专科学校和黑龙江省财政专科学校，学制均为3年。至此，黑龙江省全日制高等学校已达31所。

10月20日　中华人民共和国成立以来黑龙江省首次举办的满语学习班今天在双城开课。有80多人参加这次为期两个月的学习。这期学习班是为适应各方面整理满族历史、挖掘满族文化遗产、翻译满文典籍和满语地名以及进一步开展民族史、地方史研究的需要而举办的。

11月3日　中共黑龙江省委、省人民政府、省军区联合发出通知：决定将原来的省、地、市、县及市辖区人民防空领导小组，一律改为人民防空委员会，其办事机构称人民防空办公室；成立黑龙江省人民防空委员会。

12月17日　《黑龙江日报》报道，在国务院最近批准的全国首批博士、硕士学位授予单位中，黑龙江省有6所高等学校（哈尔滨工业大学、哈尔滨船舶工程学院、哈尔滨建筑工程学院、东北农学院、东北林学院和哈尔滨医科大学）被批准为授予博士学位单位，有12所高等学校被批准授予硕士学位单位。

1982年

1月2日　国务院批复黑龙江省人民政府，同意黑龙江省与苏联哈巴罗夫斯克（伯力）、滨海、阿穆尔州三个地区恢复边境地方贸易。

7日　中共黑龙江省委决定，成立《黑龙江省志》编审委员会，在省委、省人民政府的领导下，主持省志的编写和初审工作，统一规划和指导全省各地和各系统的史志编写。下设黑龙江省地方志研究所，负责日常工作。省委书记、省长陈雷任主任委员。

14～19日　中共黑龙江省委、省人民政府召开全省科技工作会议。着重讨论了如何抓好科技攻关、成果推广问题。强调全省科技工作要紧紧围绕建设“五大基地”（以粮食为重点、经济作物和多种经营全面发展的农业基地，以食品、纺织为重点的轻工业基地，以木材综合利用为重点的林业基地，以石油为重点的能源和化工基地，以机械、建材为重点的重工业基地）进行，抓好科学技术攻关，推广一批量大面广、经济效益显著的科技成果，在科技工作上力争有新的突破。

2月26日　《黑龙江日报》报道，黑龙江省人民政府提出乳制品加工、制糖、麻毛纺织、建材工业和木材综合利用等36个联合开发项目。欢迎兄弟省、市、自治区到黑龙江省来投资，共同开发利用黑龙江省的丰富资源，发展轻纺、食品等工业。

4月1日　哈尔滨—广州航空线开航。

8日　《黑龙江日报》报道，据有关部门统计，去年，黑龙江省人口自然增长率已下降到8.24‰，低于全国平均水平，继续保持在先进行列。鹤岗市和阿城县人口自然增长率已分别降到4.12‰和5.5‰。

本月　中苏两国外贸部长换文决定恢复两国的远东边境贸易。黑龙江省成立了国外贸易总公司，专门负责易货贸易业务。11月，黑龙江省国外贸易总公司与苏联远东贸易总公司洽谈，签订了1983年贸易协定，开始与苏联哈巴罗夫斯克边疆区、滨海边疆区和阿穆尔州开展边境贸易。

6月25日　《齐齐哈尔日报》报道，齐齐哈尔冰刀厂生产的“黑龙”牌高级速滑赛刀，11项主要技术指标均已达到或超过国际名牌挪威“飞翼”牌冰刀水平。9月29日，“黑龙”赛刀荣获国家银质奖章。

28日　《黑龙江日报》报道，已查明的黑龙江省泥炭蕴藏量为150亿立方米，占全国泥炭总储量的一半以上。

9月10日　哈尔滨工程机械厂制成中国第一台25吨全液压新型起重机。该机最大起重量为25吨，还能吊重行走。它的制成结束了中国不能制造越野起重机的历史。

11月5日　黑龙江省统计局公布《关于全省1982年人口普查主要数字的公报》。1982年7月1日零时，全省总人口为32 665 546人，比1964年第二次人口普查增加12 547 275人，平均每年增加697 071人。在总人口中，男性为16 722 562人，女性为15 942 984人（男女性别比例为104:100）。全省有47个民族，其中46个少数民族人口为1 608 838人，占全省人口的4.93%；3万人口以上的少数民族有满族、朝鲜族、回族、蒙古族、达斡尔族。全省大学毕业文化程度的1 688 38人，大学肄业和大学在校学生54 910人，12周岁以上不识字或识字很少的5 248 712人，占总人口的16.07%。全省市镇人口为13 241 697人，占全省总人口的39.9%。1981年出生率为19.8‰，死亡率为5‰，自然增长率为14.8‰。

12月13日　中国第一条支农铁路——横贯三江平原的福（福利屯）前（前进镇）线全部建成，今日在富锦车站举行通车典礼，正式交付使用。该铁路全线长226.7公里，是从1974年开始修建的。

14日　黑龙江省的镜泊湖和五大连池两个风景区被列为第一批国家重点风景名胜区。

18日　国务院批准，黑龙江省撤销绥化县，设立绥化市，由绥化地区行政公署领导。撤销北安县；设立北安市，由黑河地区行政公署领导。恢复通北县，由黑河地区行政公署领导。

1983年

1月8日　黑龙江省杂技团演员王虹在巴黎国际第六届明日杂技节比赛中，演出《蹬技》，荣获“法兰西共和国文化部金质奖”。

25日　《黑龙江日报》报道，去年以来，黑龙江省各级检察机关认真贯彻执行中央关于打击经济领域中严重犯罪活动的指示和决定，截至去年12月底，全省检察机关共受理各类经济案件3 163件，立案2 025件，结案1 731件。全省共立大案230件，其中贪污和行贿案件占76%，现在查清168件，追缴赃款、赃物计人民币544.95万元。

2月20日　《黑龙江日报》报道，目前黑龙江省全省实行联产承包制的生产队约占生产队总数的95%在右，其中大包干已经成为责任制的主要形式。

4月13～22日　黑龙江省第六届人民代表大会第一次会议在哈尔滨市举行。省长陈雷作《黑龙江省人民政府工作报告》。选举陈雷为黑龙江省省长，侯捷、宫本言、王连铮、安振东、何首伦为副省长。选举张厘为黑龙江省高级人民法院院长，于健为黑龙江省人民检察院检察长。

17日　15时10分，哈尔滨市道里区河图街发生特大火灾，大火烧了15个小时，于次日6时扑灭。受灾区域波及周围5条街，受灾居民758户，2 424人，死亡9人。另有14个企事业单位被烧毁。共烧毁建筑物33 873平方米。5月30日，《人民日报》就哈尔滨“四一七”大火发表通讯《一场特大火灾的思索》，并发表社论《防火于未燃》。通讯指出这场大火之所以迅速蔓延难以控制的两个主要原因：一是居住密集的居民大院里家家都搭着木板棚，堆满易燃物；二是液化气罐接连爆炸。社论指出，这场大火在哈尔滨市的历史上是空前的，在解放以来全国各城市中也是罕见的。

28日　国务院批准，黑龙江省撤销爱辉县建制，将该县行政区域并入黑河市；撤销通北县，将其行政区域并入北安市。

5月10日　松花江上一座最大的公路桥——哈尔滨松花江公路大桥，经交通部批准于本日全面开工兴建。这座大桥是“六五”期间国家重点建设工程之一。大桥全长1 588米，其中主桥1 198米；桥面净宽24米，行车道19米，人行道两边各2.5米，是全国千米以上公路大桥最宽的。预计4年内全部建成，1986年交付使用。

6月2日　黑龙江省巴彦、绥化、海伦、讷河、黑河、逊克六县（市），被定为“六五”期间国家和地方联合建设的商品粮基地试点县（市）。今日，六县（市）在哈尔滨同省签订了协议书。1983年到1985年的三年间，国家给予六县（市）基本建设投资3 000万元，地方也按与国家大体相等的金额投资。国家对商品粮基地县（市）的要求：1985～1990年六年间，六县（市）在完成粮食包干上调任务之外，每年按1元钱2.5公斤粮的比例向国家交售贸易粮即0.75亿公斤，6年共4.5亿公斤。国家按超购加价收购这部分粮。

13日　黑龙江省人民政府批转省经委等12个部门制订的《关于发展二轻集体经济若干政策的规定》。此规定共有五部分：集体企业要由共负盈亏变为自负盈亏，按集体经济的性质和特点管理集体企业；保护集体经济利益；在经济上扶持集体企业发展；积极改革二轻工业管理体制。

7月14日　《黑龙江日报》报道，自1978年11月国务院批准“三北”（东北、西北、华北）

防护林体系建设工程以来，黑龙江省列入“三北”工程的21个市县5年造林保存面积325万亩。根据新的部署，黑龙江省“三北”市县由21个增至28个，1985年将全部实现农田林网化。

22～27日　中国共产党黑龙江省第五次代表大会在哈尔滨召开。李力安代表中共黑龙江省第四届委员会作题为《加强党的建设，坚持进行改革，开创我省社会主义现代化建设的新局面》的工作报告。大会选举产生了由58名委员、15名候补委员组成的中共黑龙江省第五届委员会以及中共黑龙江省顾问委员会、中共黑龙江省纪律检查委员会。选举产生了本委员会的领导成员，李力安为中共黑龙江省委书记，陈雷、陈俊生、侯捷为副书记；杨易辰为中共黑龙江省顾问委员会主任，陈剑飞、王路明、解云清为副主任；章林为中共黑龙江省纪律检查委员会书记。

9月1日　《黑龙江日报》报道，中共黑龙江省委、省人民政府日前发出通知，要求各地积极支持集体和个体商业服务的发展。自党的十一届三中全会以来，到1982年末全省集体和个体网点分别达到3万个和6万个，安置待业青年38万多人。通知强调要尊重集体、个体零售商业服务业的经营自主权，尊重从业人员的政治地位和社会劳动。

3日　国务院批准，黑龙江省撤销牡丹江地区，将其所辖海林、密山、林口、穆棱、东宁、宁安、虎林7个县划归牡丹江市领导；将鸡东县划归鸡西市领导；将绥芬河市改为省辖市（10月18日省政府决定由牡丹江市代管）。将松花江地区的呼兰、阿城两县划归哈尔滨市领导。

15日　国家经委举行第六届全国“质量月”授奖大会，黑龙江省产品荣获金质奖章5枚、银质奖章22枚，另获工程银质奖章1枚。黑龙江省获金质奖章数量仅次于上海市和辽宁省，与天津市并列全国第三，金、银质奖章总数居全国第4位。

16日～10月1日　黑龙江省体育代表团198人在上海参加第五届全国运动会。黑龙江省运动员共获得9枚金牌、3枚银牌和10枚半铜牌；打破7项全国纪录，其中有6项创造全国记录。这是黑龙江省在历届全运会上取得的最好成绩。

10月8日　国务院对黑龙江省地市机关机构改革方案作出批复，同意：合江地区的佳木斯市、七台河市由省直接领导；合江地区的勃利县划归七台河市管辖；设立五大连池市（县级），属黑河地区领导。

27日～11月7日　中共黑龙江省委举行五届二次全委扩大会议，传达贯彻党的十二届二中全会精神，集中讨论整党和清除精神污染问题。会议通过了《关于贯彻执行中央整党决定全面完成我省整党任务的决议》《关于全省整党工作的方案》。规定全省整党分三批进行，每批一年。

12月　新华社报道，黑龙江省普遍实行“大包干”责任制的第一年，农业生产出现“三个突破”：今年粮食总产150亿公斤，比1982年增长30.4%；农业总产值116.6亿元，比1982年增长21.7%；社员人均收入313元，比1982年增长25%，都超过了历史最高纪录。

31日　黑龙江省最大的旅游设施——哈尔滨天鹅饭店正式开业。这座现代化建筑共有15层，高45米，总建筑面积为2万多平方米。拥有262个房间，500张床位。

1984年

1月15日　《黑龙江日报》报道，安装在长江葛洲坝水利枢纽的5台哈尔滨电机厂制造的大型发电机组，分别经过半年至两年的运行考验，证明制造质量良好。这5台12.5万千瓦机组是国内首次研制的大型低水头转浆式水轮发电机组，其规模之大，在世界同类型机组中也是罕见的。

2月6日　中共黑龙江省委整党工作指导委员会发出《关于坚决纠正以权谋私“卡脖子”歪风的通知》。指出，当前党内外群众反映最强烈的问题之一是某些部门的一些人凭借职权和工作条件“卡脖子”“捞油水”。个别的甚至敲诈勒索、营私舞弊。管物的用物卡，管钱的用钱卡，管人的用人卡。这种霸道行径和腐败现象造成了极坏的影响，必须采取坚决措施加以解决。

18日　黑龙江省人民政府决定，将天鹅定为本省省鸟。

4月18～19日　中共黑龙江省委、省人民政府召开给企业“松绑”座谈会。省委、省政府提出给企业“松绑”的原则性意见，决定将干部管理任免权、职工招收辞退权、留成资金支配和职工收入分配权、经营决策权等下放给企业。

23日　中共黑龙江省委、省人民政府发出《关于贯彻落实中央4号文件开创乡镇企业新局面的通知》。要求采取切实有效措施，积极发展乡镇企业，并且同小城镇建设结合起来，逐步形成农村经济中心，力争在三年内使黑龙江省乡镇企业的主要经济指标，达到全国同行的先进水平。

5月14日　中共黑龙江省委农工部部长王玉生在地、市县农工部长工作会议上宣布扩大保护农民经营自主权的7项措施：在承包合同内完成国家下达的作物种植计划和农副产品统购派购任务的前提下，允许农民对地块、品种自行安排；允许农民因地制宜地选择耕作方法和技术措施，允许农民买汽车和大中型农机具；允许农民在完成国家征购派购任务后，自行加工或出售剩余的农副产品；允许农民自主安排剩余劳动力和资金，自愿组织各种形式的经济联合和生产协作；允许从事开发性经营的承包户雇请帮工；允许农民在遵守国家法令法规的前提下，跨区承包或经营。

20日　黑龙江省政社分开建乡工作基本结束。全省有73个市、县共建立1 003个乡（镇）人民政府。

7月14～29日　黑龙江省首次在香港举办出口商品展览会。这次展品共有6 000多种，总成交额3100多万美元。同时，开展了保险业务和旅游业务。

8月　国家批准，哈尔滨机场为国际机场。

9月1日　黑龙江省人民政府在哈尔滨举行授奖仪式，授予在黑龙江省传授寒地水稻旱地育苗稀植技术的日本水稻专家藤原长作先生科技贡献奖。这是黑龙江省第一次奖励为本省经济发展作出贡献的外国专家。

25日　《黑龙江日报》报道，据今年全国人口主要死因统计研究结果表明，黑龙江省人均寿命男性达69.75岁，居全国第二；女性达71.53岁，居全国第三位。接近世界发达国家平均寿命水平。

10月5日　国务院批准哈尔滨市恢复计划单列，并赋予其相当于省一级经济管理权限。

8日　《人民日报》发表题为《在犯罪的背后》的通讯，揭露北安市一些领导干部包庇儿子犯罪的恶劣行径。早在本年4月13日《人民日报》就曾以《“五虎”“二狼”落网记》为题，报道以顾英俊、姚佰龙为首的两个强奸、流氓团伙和孙景生等一伙强奸、流氓团伙的罪恶及其被包庇的情况。

9日　黑龙江省速滑名将罗致焕被选为中华人民共和国成立35年来的杰出运动员，在北京受奖。1963年2月24日，罗致焕在日本轻井泽举行的世界速滑锦标赛男子1 500米比赛中，打破了当时男子速滑全能的正式世界纪录，夺得冠军。成为在世界速滑锦标赛历史上夺得单项冠军的第一个中国选手。

25日　15时许，有3颗陨石从太空中分别坠入黑龙江省肇东县境内的肇东镇、太平乡北部草甸子上、五里乡两砖厂院内。黑龙江省科委和省地质矿产局、省地质科学研究所等单位的科技人员，闻讯后立即赶赴现场，经初步测定，认为这3颗陨石是极珍贵而又难得的来自太阳系的天体物质，它含有丰富的宇宙信息。省地矿局将见到的两块陨石命名为“肇东1号”和“肇东2号”。

26日　《黑龙江日报》报道，中国打入国际市场最大容量的21万千瓦火力发电设备，即将起运发往巴基斯坦。这套设备是哈尔滨电机厂生产的。1981年秋，巴基斯坦为这套设备举行国际公开招标，在日本、苏联等6个国家相互竞争中，我国投标获胜。

11月16日　新华社报道，黑龙江省大力发展奶牛饲养业，到9月末，全省奶牛存栏超过20万头，居全国各省、市、自治区之首。

17日　国务院批准，黑龙江省撤销安达县，设立安达市（县级）。

29日　黑龙江省运动员许兆晓在布达佩斯举行的1984年布达佩斯多瑙温泉奖国际花样滑冰赛中，获得男子单人滑第一名。这是中国运动员在国际花样滑冰比赛中取得的第一个冠军。

12月5日　国务院批准，黑龙江省恢复友谊县。以合并于集贤县的原友谊县的行政区域为友谊县的行政区域，县人民政府驻友谊镇。友谊县由合江地区管辖。

11日　在全国轻工业系统酒类质量大奖赛中，有52种名酒获金杯奖，其中有黑龙江省特酿龙滨酒、佳凤啤酒、紫梅酒。在这次大赛中，黑龙江省共获奖杯23个，与北京市并列首位。

Δ 黑龙江省第一家外国企业常驻机构——日本汤浅产业株式会社哈尔滨事务所正式开业。

15日　国务院批复黑龙江省人民政府，同意：（1）撤销嫩江地区。将讷河、拜泉、龙江、依安、克山、克东、甘南、泰来、富裕、林甸、杜尔伯特蒙克族自治县11个县划归齐齐哈尔市管辖。（2）撤销合江地区。将桦南、集贤、宝清、富锦、依兰、汤原、桦川、萝北、绥滨、饶河、同江、抚远、友谊等个县划归佳木斯市管辖。

25日　黑龙江省人民政府批准成立黑龙江省地方铁路公司。

1985年

1月5日　首届哈尔滨冰雪节在哈尔滨市兆麟公园揭幕。

17日　《黑龙江日报》报道，黑龙江省人民政府决定对计划体制实行改革。在生产计划、固定投资计划、商业外贸计划和劳动工资计划等方面进行改革。

22日　黑龙江省自1985年1月1日起，凡是由上级任命的国营企业厂长（经理）都要实行任期制。

2月5日　中国黑龙江省和美国阿拉斯加州结成姐妹省州。

25日　《黑龙江日报》报道，据2月初统计，黑龙江省个体载重汽车已达6 100余辆，超过了国营和集体专业运输企业现有的货车数量。个体载客长途汽车已达210多台。

3月5日　1984年黑龙江省人工养鱼产量达2.89万吨，占本省鱼产量的一半以上，养鱼专业户达6 000多个，比1984年初增加1倍。

24日　黑龙江省人民政府决定，从1985年4月1日起，取消粮食统购，改为实行合同制定购。定购以外的粮食、油料可以自由上市。同时取消城镇猪肉定量供应，放开经营，自由购销，国家不再向农民下达派购任务。

4月19日　哈尔滨天鹅饭店大火，造成10人死亡，7人受伤，其中朝鲜客人死5人，伤4人；美籍华人死1人，伤1人；饭店服务员4人死亡，饭店工作人员和国内客人各伤1人。

5月15～22日　黑龙江省第六届人民代表大会第三次会议在哈尔滨举行。陈雷省长作了《黑龙江省人民政府工作报告》，会议接受了省人大常委会主任赵德尊、副主任张瑞霖、省长陈雷、省人民检察院检察长于健的请求，分别免去他们的现任职务。补选李剑白为黑龙江省人大常委会主任，赵振华、张若先为副主任；侯捷为黑龙江省省长，刘仲藜、靖伯文为副省长，贾成文为黑龙江省人民检察院检察长。

8月15日　坐落在哈尔滨平房区的“侵华日军第731细菌部队遗址”对外开放。

本年　国务院批准，哈尔滨、大庆、牡丹江、鸡西、鹤岗、伊春、齐齐哈尔、佳木斯、七台河、五大连池10市，为黑龙江省第一批对外开放的城市。

Δ　黑龙江省全省总人口为3 311万人，其中城镇人口1 929万人，乡村人口1 382万人。耕地面积13 395.6万亩。社会总产值629.8亿元。其中工农业总产值506.26亿元，农业总产值126.26亿元，工业总产值380亿元；工业总产值中，轻工业占33.3%，重工业占66.7%。国民收入总额281.75亿元，人均国民收入843元。社会商品零售额172.6亿元。外贸商品出口总值4.13亿美元。基本建设投资完成48亿元。地方财政收入37.42亿元，地方财政支出44.63亿元。主要产品产量，钢75.9万吨，原煤6 246万吨，原油5 529万吨，木材1 667万立方米，水泥424.2万吨，发电187亿度，食糖42.4万吨，粮食140亿公斤，大豆31.35亿公斤，甜菜6 304.6万担。高校40所，在校学生6.59万人；中等专业学校99所，在校学生5.97万人；技工学校202所，在校学生5.03万人；普通中学2 018所，在校学生201.8万人；职业中学400所，在校学生14.1万人；小学1.82万所，在校学生467.8万人。乡镇企业29.1万个。

人　物

◇上古至唐（含渤海国）

◇五代　宋　辽　金　元　明

◇清

◇中华民国

◇中华人民共和国

◇人物索引

上古至唐（含渤海国）

始均（生卒年不详），传说为拓跋鲜卑的早期首领，在《魏书》中有明确记载。《山海经·大荒西经》载："始均生北狄"。据考古发现，即今内蒙古鄂伦春自治旗阿里河镇西北20多里的嘎仙洞，有其祖庙石室所在处，洞内有石刻祝文。史载"黄帝有子二十五人"，黄帝正妃嫘祖所生少子昌意，受封北土，国有大鲜卑山，因以为号。其后裔始均，入仕尧世，逐女魃于弱水（今黑河自金塔县的鼎新以下到额济纳旗湖西新村段）之北，民赖其勤。帝舜嘉之，命为田祖。

毛　推寅　邻（第二推寅）　诘汾（生卒年均不详），拓跋鲜卑自始均始传至六十七世时，著名首领毛，聪明武略，为远近所佩服。部族逐渐强盛，"统国（部落）三十六，大姓（氏族）九十九"，威震北方，莫不率服。毛成为部落联盟大酋长。后被北魏王朝追谥号为成皇帝。

毛之后又至五世，至公元前一世纪后半叶，推寅（鲜卑语中称爱动脑筋、勤于思考的人为推寅）被立为酋长，史称第一推寅，后被追谥为宣皇帝。推寅率众自大兴安岭北段群峰中向西南草原迁徙，遇"大泽"（今内蒙古自治区呼伦贝尔地区达赉湖一带），周围千余里，多低洼沼泽。推寅谋更南迁，未行而崩，其部遂定居，与当地高车人、匈奴人通婚杂居，成为拓跋鲜卑。

推寅之后又历七世至邻，实行"七分国人"的措施，即将部众分为七部，趁势派诸兄弟统摄各部，取代原部落酋长。后又增至十部，从而加强了部落联盟的统治。这时邻已看到，为了部族的发展，必须继续南迁。乃假托神人说："此土荒遐，未足以建都邑，宜复徙居。"奈邻已衰老，乃以位传子诘汾。后人尊邻为推寅，史称第二推寅，追谥为献皇帝。

邻（第二推寅）去世后，诘汾秉承遗志，继续率部向南迁徙。路经"山谷高深，九难八阻"，难进欲止时，赖有形似马而声似牛的"神兽"（推测可能是四不像）引导，历年乃出（约在公元163～166年），始到达匈奴故地（今内蒙古河套东部以托克托县为中心的地区）。由此向西，与大漠南北的匈奴人结合，人口渐增至近200万人，有"控弦之士四十万"，而成为"鲜卑父，胡母"的拓跋鲜卑。诘汾终成南迁之功，被尊谥为圣武皇帝。

东明　尉仇台　简位居　依虑　依罗（生卒年均不详），北夷索离国国王出行期间，其侍婢怀孕。王还，欲杀之。侍婢对答说："有气大如鸡子，从天而降，我故有娠。"后生男，王弃之猪圈，猪以气嘘之；移置于马厩，马以气嘘之，得不死。王疑以为是天帝之子，赐名东明。后王恐其夺国，复欲杀之，东明遁走。约为公元前二世纪，东明至濊地而王，因都王夫余，国号夫余，在索离之南，"去玄菟千里，南与高句骊，东与挹娄，西与鲜卑接，北有弱水，地方二千里"。夫余国汉时受玄菟郡节制，东汉建武二十五年（49年），夫余王遣使朝贡，帝以厚礼相报，自此，岁通使命。东汉永宁元年（120年），夫余王遣嗣子尉仇台诣阙朝献，汉安帝赐尉仇台印绶金采。东汉建光元年（121年）和东汉延光元年（122年），夫余王两次命尉仇台统兵援助东汉于玄菟，皆胜之。尉仇台继王位后，更属辽东公孙氏政权。公孙度曾将其宗女嫁尉仇台，以密切双方关系。尉仇台死后，其孙简位居嗣位。简位居无嫡子，有孽子麻余。简位居死，诸加共立麻余。值三国时改隶于魏。当时牛加兄之子名位居，任官大使，为人轻财好施，国人附之，岁岁遣使向魏京都贡献。魏正始年间，幽州刺史毋丘俭将兵讨高句丽，派遣玄菟太守王颀到夫余国，位居遣大加郊迎，并供给军粮。季父牛加，怀有野心，位居杀死牛加父子，籍没其财物，遣使簿敛送官。夫余国旧有习俗，凡水旱不调、五谷不熟，归咎于王，或说当更立王，或说当将王杀死。时逢自然灾害，又逢麻余死，其子依虑年仅6岁，被立为王。晋太康六年（285年），鲜卑大单于慕容廆袭破夫余，依虑自杀，子弟走保沃沮。晋武帝为此下诏曰："夫余王世守忠孝，为恶虏所灭，甚悯念之。若其遗类足以复国者，当为之方计，使得存立。"遂以何龛为护东夷校尉。明年，夫余后王依罗遣使诣见何龛，求索现存的夫余国人，还复旧国，仍请援助。何龛遣督邮贾沈以兵送之。慕容廆又拦击于路，贾沈率兵与之战，大败之。慕容廆众退，依罗才得以复国。至北魏太安三年（457年），夫余等50余国朝贡于北魏。

僝鸡（生卒年不详），肃慎国王。肃慎，又称息慎、稷慎。东临大海，西接寇漫汗国，北至弱水，广袤数千里。约公元前11世纪，周武王克商时，肃慎先民"献其楛矢、石砮"。曹魏景元三年（262年），肃慎国王僝鸡遣使至辽东郡，入贡，其后朝贡不绝。

乙力支（生卒年不详），勿吉国人。勿吉国是在肃慎、挹娄的基础上不断发展扩大而形成的。北魏孝文帝延兴年间，勿吉派遣乙力支为使者前往北魏朝贡。北魏太和二年（478年），乙力支再次携贡马500匹向北魏朝贡，并向北魏皇帝请示进攻高句丽，北魏文明太后为首的朝廷对此坚决不同意，诏敕："三国同是藩附（外藩臣附），宜共和顺，勿相侵扰。"乙力支乃取原道返国。

突地稽（生卒年不详），粟末靺鞨首领。隋开皇年间（581～600年），粟末靺鞨与高句丽战，不胜。后率其余部数千人归附于隋，安置于营州（今辽宁朝阳）。隋大业八年（612年），率众从隋炀帝伐高句丽，每战有功，先后授于右光禄大夫、辽西太守。唐武德四年（621年），其遣使朝唐。高祖以其部置燕州，仍命突地稽为总管。次年，刘黑闼叛乱，受命赴定州，从秦王李世民破刘黑闼，封蓍国公，并徙部落于幽州昌平。唐武德六年（623年），高开道引突厥共寇幽州，突地稽率兵邀击，大破之。太宗贞观初年，进右卫将军，赐姓李氏。

可也余莫（生卒年不详），唐初流鬼国国王孟蚌之子。流鬼国位于黑水靺鞨东北，少海之北，南与莫曳靺鞨为邻。唐贞观十四年（640年），可也余莫受其父王之命，于长安朝贡，献貂皮，唐盛情接待，并授予骑都尉之职，遣之。

李谨行（生年不详～683年），唐前期重要将领，突地稽之子。唐麟德年间（664～665年），累迁营州都督。唐咸亨元年（670年），高句丽酋长钳牟岑叛乱寇边。李谨行以燕山道行军总管名义率兵讨伐，历四年乱乃平。唐上元三年（676年），吐蕃寇边。李谨行奉命到河西，为积石道经略大使，转战八年，屡立战功。唐永淳二年（683年），卒于任。赠幽州都督。陪葬乾陵。

李献诚（生卒年不详），原姓名佚，黑水靺鞨酋长，唐朝首任黑水府都督。唐开元十年（722年），黑水酋长倪属利稽朝唐，玄宗李隆基即拜倪属利稽为勃利州刺史。唐开元十三年（725年），唐朝在"黑水靺鞨内置黑水军"，赐都督姓李，名献诚，授云麾将军兼黑水经略使。唐开元十四年（726年），黑水靺鞨遣使朝唐，唐以其"最大部落为黑水府"，首领为都督，余部置刺史，正式建立黑水都督府。是为唐朝在黑水靺鞨地区建官设治之始。同时，朝廷置长史，就其"部落监领之"。黑水府初隶幽州都督府，后由平卢节度使等"兼押"。

阿朱（生卒年不详），唐代室韦都督府都督。室韦大体分布于今大兴安岭东西两侧，洮儿河以北至外兴安岭地区。八世纪末，唐朝为经略室韦地区，设置室韦都督府，以阿朱为大都督。阿朱先后于唐大和七年（833年）十二月、唐大和九年（835年）十二月、唐开成元年（836年）、唐开成四年（840年）多次来朝，有力地促进了室韦与唐朝关系的发展。

大祚荣（生年不详～719年），大荣，姓大氏，粟末靺鞨首领乞乞仲象之子。周武则天圣历元年（698年），大祚荣自立为震国王，建立了以粟末靺鞨为主体的地方民族政权。都城设在"旧国"（一说在今吉林省敦化县敖东城）。唐神龙元年（705年）接受唐廷招抚称臣。唐开元元年二月（713年），唐玄宗册封大祚荣为左骁卫大将军、渤海郡王，以其所辖地区为忽汗州，加授忽汗州都督。从此，靺鞨去族号，按朝廷封号，专称渤海。唐开元七年三月（719年）谢世，国人上谥大祚荣为高王。

大武艺（生年不详～737年），渤海国高王大祚荣世子，初被唐朝封为桂娄郡王。唐开元七年（719年），唐玄宗遣使册封大武艺为左骁卫将军、渤海郡王、忽汗州都督。嗣位不久，私建年号"仁安"。大门艺因与其对待唐朝的政见不合，欲杀之。大门艺投奔长安避难，唐玄宗改授大门艺为左骁卫将军。大武艺数次上书唐朝迫害大门艺未果。唐开元二十年（732年），与契丹密约攻唐，命大将张文休越海犯登州，唐玄宗以分路进讨，迫使其退兵。后突厥衰落，迫于形势，再次遣使上表修好。唐开元二十五年（737年），大武艺去世，被谥为武王。

大门艺（生卒年不详），渤海国高王，大祚荣次子，武王大武艺同母弟。唐中宗时，奉大祚荣之命，使唐，留侍宿卫。开元初返渤海。黑水靺鞨同唐朝的关系日益密切，建黑水州，引起渤海郡王大武艺不满，欲命大门艺率军攻打黑水靺鞨。大门艺谏大武艺勿发兵击黑水，武艺不从，反欲杀之，遂奔唐，唐玄宗诏拜左骁卫将军。后武艺派兵攻登州，唐玄宗遣大门艺等赴幽州征兵以讨渤海。此后留唐为官，直至去世。

大钦茂（生年不详～793年），渤海国武王大武艺中子，渤海国第三代王。唐开元二十六年（738年），唐廷册封大钦茂为渤海郡王、左骁卫大将军、忽汗州都督，并诏示"永为藩屏，长保忠信，效节本朝"。即位后实行"文治"，遣使朝唐，请写儒家典籍，仿效唐制，建立政治机构，为发展经济，两次迁都。唐宝应元年（762年），唐下诏以渤海为国，进封大钦茂为渤海国王，加检校太尉。唐大历元年（766年），又拜大钦茂为司空兼太尉，位列三公。唐贞元九年（793年），因病谢世，在位57年，其间先后以大兴、宝历为年号。谥号文王

已珍蒙（生卒年不详），唐朝渤海人，仕于渤海文王大钦茂时，官云麾将军。唐开元二十七年（739年），渤海郡王大钦茂派遣若忽州都督、忠武将军胥要德、云麾将军已珍蒙访问日本，并护送平群广成回国。途中一船遇浪倾覆，大使胥要德等40人溺亡。已珍蒙、平群广成安全到达日本。次年夏，已珍蒙完成出访使命，踏上归程。访问期间，已珍蒙和他的乐队在日廷演奏"渤海乐"产生了较大影响，从此"渤海乐"传入日本，并成为日本宫廷音乐之一。

大嵩璘（生年不详～809年），渤海国文王大钦茂的幼子。大钦茂病故后，渤海政局出现动乱，大嵩璘因"权知国务"，暂掌王权。唐贞元十年（794年），大嵩璘改元"正历"。次年，唐遣内侍殷志瞻使渤海，册封大嵩璘为渤海郡王，兼左骁卫大将军、忽汗州都督。大嵩璘在唐廷的支持下，逐渐掌控局面，使渤海政局稳定。唐贞元十三年（797年），遣使赴长安，请求唐朝依例册封他为国王。唐德宗允其所请，册封为渤海国王，授以银青少禄大夫、检校司空。大嵩璘在位十多年中，9次遣使朝唐。同时，与日本交往得以正常进行。唐贞元二十年（804年），唐廷加册封大嵩璘为金紫光禄大夫、检校司徒。次年，又加册封检校太尉。唐元和四年（809年），大嵩璘病故，谥为康王。

孛儿帖赤那（生卒年不详），唐代中期蒙兀室韦首领，成吉思汗二十二代祖。该部生活

在望建河下游之南，即“额尔古涅昆”地区。约唐中期，蒙兀室韦已发展成由若干部落组成的共同体。为寻求新的生活空间，孛儿帖赤那领导部众开始西迁，经“腾吉思水”（即今达赉湖），向西偏南前进，到斡难河源头（今呼伦贝尔地区）。孛儿帖赤那卒，儿子巴塔赤成为该部首领，称“巴塔赤合罕”（蒙古语，汉译“牧民的首领”）。这支部落，当是蒙古民族正宗部分的“源头”。

大仁秀（生年不详～830年），渤海国高王大祚荣弟大野勃的四世孙，简王大明忠的从父。唐册封大仁秀为银青光禄大夫、检校秘书监、忽汗州都督、渤海国王。大仁秀宣扬儒家思想；立“三纲”、“五常”学说；重新确立嫡长子继承制；击败新罗、海北诸部靺鞨人的抵抗。大仁秀大力吸收中原文化，加速了中原汉籍、制度、技术、习俗在渤海的传播。使渤海国出现“海东盛国”的“中兴”局面。唐朝加封大仁秀为金紫光禄大夫、检校司空。唐大和四年（830年），大仁秀谢世。谥号宣王。

大彝震（生年不详～857年），渤海国第十一世国王，大仁秀嫡孙。其父新德早卒，大彝震以王孙嗣位，改年咸和。唐朝册封大彝震为银青光禄大夫、检校秘书监、忽汗州都督、渤海国王。大彝震在位期间，遣使朝唐十多次，派出众多的留唐学生，其有数位王子。唐朝在登州（今山东蓬莱）设有接待渤海贡使和商贾的专门机构——渤海馆。大彝震模仿唐朝，施行募兵制，建立左右神策军、左右三军、一百二十司。唐大中十一年（857年），大彝震病逝。其在位27年，是渤海国成就较大的几位国王之一。

王文矩（生卒年不详），唐朝渤海人，仕于渤海国王大仁秀、大彝震时期。历任政堂省左允，永宁县丞。唐长庆元年（821年）、唐大和元年（827年）、唐大中二年（848年），王文矩先后三次奉使访日，均受到日本的优厚款待和赠品后，返回渤海。

乌孝慎（生卒年不详），唐朝渤海人，仕于渤海国王大彝震、大虔晃时，官政堂省左允。唐会昌元年（841年）、唐大中二年（848年）先后随贺福延、王文矩出访问日本，乌孝慎历任判官、副使。唐大中十二年（858年），乌孝慎任大使，出访日本，访问期间向日本进献了长庆宣明历。唐咸通三年（862年），日本天皇批准颁行新历，一直沿用到清康熙二十三年（1684年）。

张建章（806～866年），字会主，中山北平（今河北省完县东北）人。在唐历任安次尉、假瀛洲司马、幽州节度巡官、掌书记、观察判官、节度判官及幽州卢龙节度使、押奚契丹两番副使等职务。唐大和七年（833年），自登州（今山东蓬莱）“方舟而东”，翌年秋抵达渤海上京龙泉府。因其博通经史，文采出众，渤海国王大彝震“重礼”使其逗留一年多。后以其见闻撰写《渤海记》一书，这是中国古籍关于渤海国的第一部著作，价值较高。

杨泰师（生卒年不详），唐朝渤海国文王时期著名诗人，官归德将军。唐乾元元年（758年）秋，渤海文王大钦茂以辅国大将军、行木底州刺史兼兵署少正、开国公杨承庆为大使，归德将军杨泰师为副使一行23人回访日本，并吊圣武天皇丧。访问完毕，日本太保藤原惠美押胜设宴饯行，赋诗送别，副使杨泰师作诗唱和。杨泰师的诗作，在日本《经国集》中收录《夜听捣衣诗》《奉和纪朝臣公咏雪诗》两首。

王孝廉（生年不详～815年），唐朝渤海国著名诗人，仕于僖王大言义之世，官太守。唐元和九年（814年），王孝廉出使访日，期间以出色的外交和出众的文学才华，赢得日本朝野的礼重。因其善诗，日本诸臣多与唱和。现存仅5首，都是访日时的作品，收入日本《文化秀丽集》得以保存。其中《春日对雨得晴字》《在边亭赋得山花戏寄两领客使并滋三》。翌年，王孝廉患疮疾，不治，于六月客死日本。

释贞素（生卒年不详），唐朝渤海国僧人，精通汉文和梵文。渤海僖王大言义之世，负笈入唐，究心释典，以应公为师。唐元和八年（813年），与日本留唐学问僧灵仙遇于长安。二人议论投合无间，建立起深厚友情。唐宝历元年（825年）释贞素受托于灵仙，历经磨难以舍利万颗，新经两部，造敕五通，别具表文，送至日本。日本又以黄金百两托渤海使转交灵仙，至五台山，灵仙已毙。释贞素返渤海国时，遇风船沉罹难。

裴颋（生卒年不详），唐朝渤海人，渤海国十四代王大玮瑎时，任文籍院监，是当时著名的大诗人和外交家。唐中和二年（882年）、唐乾宁元年（894年），裴颋率两次出使日本，其作诗甚丰，但无一流传下来。

裴璆（生卒年不详），唐朝渤海国著名外交家、诗人裴颋之子。渤海末代王大諲譔时，任文籍院少监，继为政堂省信部少卿，改和部少卿。唐天祐四年（907年）冬、后梁贞明五年（919年），裴璆两次奉命出使日本。契丹天显元年（926年），契丹灭渤海。裴璆改仕东丹，官英绪大夫。契丹天显四年（929年）冬，裴璆受东丹国派遣，出使日本。日廷以裴璆转仕东丹，有失臣节，不予接待，勒令离境。

大諲譔（生卒年不详），渤海国第十五代君主，曾先后向后梁、后唐朝贡，继续保持与中原王朝的贡属关系，并接受其册封。9世纪末期，渤海国势日渐衰落，西部契丹国兴起后，屡屡侵犯渤海国。契丹天赞四年十二月十六日（926年1月3日），耶律阿保机亲征渤海国。契丹天显元年正月二十日（926年3月6日），大諲譔请降。至此，渤海国灭亡。大諲譔与其妻及族属被安置于辽皇都临潢（今内蒙古巴林左旗波罗城）附近。

五代　宋　辽　金　元　明

耶律羽之（890~941年），契丹开国元勋之一，其博学善辩，文武兼备，颇有才干。历任中台省右次相、外左大相，后成为总领东丹国政的大臣。契丹天显三年十二月（929年1月），上表太宗耶律德光，建议将东丹国的渤海遗民迁到辽东的梁水之地。渤海民迁到辽东便于契丹的统治，使辽东一带经济因人口增多而有所发展。后因其卓有政绩，辽会同元年（938年），进阶上柱国，任东京（今辽宁辽阳）宰相。辽会同四年八月十一日（941年9月4日），病卒。谥号文惠公，并刊刻石铭，记其功德。葬地在今阿鲁科尔沁旗罕苏木苏木朝格图山南麓。

耶律倍（899~937年），小字图欲，契丹国开国皇帝耶律阿保机长子，辽世宗耶律阮的父亲。契丹神册元年（916年）被立为太子。辽太祖耶律阿保机卒，述律皇后摄军国事。倍知其母欲立其弟耶律德光继帝位，乃率群臣请于太后而让位。后因身为太子不能即帝位不满，耶律倍渡海投奔后唐，于石敬瑭叛乱时，死于暗杀。其子耶律阮（辽世宗）即位后被追尊为帝，后谥让国皇帝，庙号义宗。其受汉文化影响很深，在音乐、绘画、医药等方面有很深的造诣，所作画《射骑》《猎雪骑》《千鹿图》等皆入宋秘府收藏。

耶律延宁（947~986年），辽代契丹族将领。延宁家族系辽皇室亲族，曾祖皋离骨、祖父旨午不、父萨割，皆以勇敢善战著称，屡建功勋。萨割曾获“太师令公”封号。颇为辽景宗耶律贤所倚重。萧太后摄政之初，派遣延宁经略北部边疆，授官职中职事官为羽厥里节度使。辽统和三年除夕（987年），因疮疾卒于乌古部，年仅40岁。次年末，安葬于兴中府霸城白崖山山麓（今辽宁省朝阳县柏树沟村柏木山）。《辽史》无其传，辽代典籍亦失载。1964年考古发现耶律延宁墓，出土有墓志铭，其生平事迹才为人所知。

耶律仙童（生卒年不详），辽契丹族将领。仲父房之后，为宿直官，累迁惕隐、都监，以宽厚见称。后任五国部节度使。辽重熙十七年（1048年），五国部之一的蒲奴里部反辽，其率师征讨，次年，擒其首领陶得里，平叛乱。继之，又平定了乌隗叛乱，后改任彰国军节度使，拜北院大王。辽清宁二年（1056年），为知黄龙府（今吉林省农安）事，迁侍卫亲军马步军都指挥，历忠顺、武定二军节度使。致仕，封蒋国公。咸雍初，徙封许国公，不久去世。

函普（生卒年不详），亦称龛福、措浦，即金始祖。早年居于渤海，年近60岁时加入“仆斡水（牡丹江）之涯”的完颜部，“其部人尝杀它族之人”，两族交恶，互有杀戮，函普劝止，两部相约，不得私斗，两族谨奉信约，皆服函普，视为神明。函普与完颜部女结婚，并得其资产，后生二男一女。完颜部人推举其为首领。金天会十四年（1136年），追谥为景元皇帝，庙号始祖。金皇统四年（1144年），命其葬地曰光陵。

绥可（约活动在十世纪下半叶），生女真完颜部首领，即金献祖。始祖函普曾孙，太祖阿骨打之高祖。他率部族徙居海古水（今黑龙江省阿城东北亚沟河）。教人烧炭炼铁，刳木为器，制造舟车，种植五谷，建造屋宇。始有栋宇之制。其后迁居按出虎水（今阿什河），使今黑龙江省的阿城、哈尔滨市一带，成为金朝“金源”故地。1136年（金天会十四年），追谥绥可为定昭皇帝，庙号献祖。

石鲁（约生于11世纪前半叶～卒年不详），即金昭祖，金献祖完颜绥可之子，金太祖阿骨打五世祖。石鲁刚毅质直，贤能有谋，人称“贤石鲁”。辽以惕隐（主管本部事宜之官）官之。女真称之为“孛堇”（即本部部长），臣服于辽。完颜石鲁成为孛堇后，对内整合，对外不断征伐，顺者抚之，不从者伐之。后于征伐途中病逝。金天会十四年（1136年），追谥成襄皇帝，庙号昭祖。

乌古迺（1021～1074年），即金景祖，生女真部族节度使，金太祖阿骨打之祖。《金史》言其“为人宽恕，能容物，平生不见喜愠”。借辽之势，被辽封为生女真部族节度使，“有官属，纪纲渐立”。从邻部以重价购买甲胄与铁，兵势稍振，诸部相继来附。辽咸雍八年（1072年），五国没撚部节度使谢野叛辽，乌古迺率部平定叛乱，归途中旧疾复发，病逝于家中。金天会十四年（1136年），追谥惠桓皇帝，庙号景祖。

唐括多保真（生卒年不详），唐括部人，以部为氏，为金太祖完颜晟（阿骨打）的祖母、金景祖完颜乌古迺之妻。少时聪颖豁达，远近闻名。唐括部与完颜部联姻，嫁于乌古迺，多参与部落内决断“政事狱讼皆与决焉”。乌古迺病逝后，暂携五子统领部族，奖惩有度，“自此号令乃一，民听不疑矣”。《金史》赞曰：“后（多保真）不妒忌，阔略女工，能辑睦宗族，当时以为有丈夫之度云。”金天会十五年（1137年），追谥为景祖昭肃皇后。

劾里钵（1039～1092年），即金世祖，金景祖乌古迺次子。性强记，甚至“一见必视，暂闻不忘”；有胆识，勇猛异常，常不披甲而突入敌阵。劾里钵任联盟长十余年，逐渐平息部落联盟内部纷争和叛乱，奠定了完颜部落联盟的强大基础。病笃时，曾嘱咐其弟盈歌“乌雅束柔善，若办集契丹事，阿骨打能之。”属意阿骨打领导抗辽。金天会十年（1132年），追谥为圣肃皇帝，庙号世祖。

颇刺淑（1042～1094年），即金肃宗，金景祖乌古迺第四子。自幼机敏善辩。世祖时，为国相，总领契丹诸事。协助世祖大破斡勒部盃乃之乱。世祖死，自国相嗣节度使，平诸部叛乱。于辽大安十年（1094年）病逝。金天会十五年（1137年），追谥为穆宪皇帝。金皇统五年（1145年），增谥为肃宗明睿穆宪皇帝。

腊醅、麻产（生卒年不详），活刺浑水（今呼兰河）诃隣乡纥石烈部人，兄弟七人，素有威望。大约十一世纪中期，腊醅、麻产兄弟与完颜部劾里钵为敌，初胜。后期联合乌春、窝谋罕，据险固守，兵败，腊醅被擒，被劾里钵献于辽。劾里钵卒后，颇刺淑袭节度使，遣使招降麻产，不从，聚众抗之。颇刺淑遣乌雅束、阿骨打攻之，兵败被俘，颇刺淑杀死麻产，阿骨打献其首级于辽朝。因腊醅、麻产兄弟长期抗拒。从劾里钵到阿骨打，历时数十年，女真诸部才得以一统。

盈歌（1053～1103年），字乌鲁完，即金穆宗，金景祖乌古迺第五子，颇刺淑弟。因擒杀麻产有功，被辽朝任命详稳。辽大安十年（1094年），袭任节度使，以兄劾里钵子撒改为国相。初，女真诸部各有信牌，盈歌用阿骨打议，“擅置牌号者置于法，自是号令乃一，民听不疑矣”。至此统一了女真诸部。辽乾统三年（1103年）十月二十九日，盈歌卒，时年51岁。金天会十五年（1137年），追谥为孝平皇帝，庙号穆宗。

乌雅束（1061～1113年），字毛路完，即金康宗，劾里钵长子。辽乾统三年（1103年），43岁时继盈歌袭任节度使。在位期间，数次击退高丽犯兵。辽天庆三年（1113年）卒，时年53岁。金天会十五年（1137年），追谥为恭简皇帝，庙号为康宗。

完颜旻（1068～1123年），原名阿骨打，即金太祖。辽天庆三年（1113年），接替兄长乌雅束为部落联盟长。翌年，被辽授予节度使。开始“力农积谷，练兵牧马”，扩充军队，增强女真的军事实力，逐步统一邻近部落，势力渐盛。辽天庆五年（1115年）正月初一，阿骨打在会宁（今阿城区南白城）称帝，建立大金，年号收国，改名完颜旻。在位期间，定制度，立刑法，造文字，加强皇权，灭辽。对女真政治、经济、文化的发展起到了极大的促进作用。于金天辅七年（1123年）六月，病逝，终年56岁。归葬和陵，后改称睿陵。

完颜阿离合懑（1070～1119年），金景祖乌古迺第八子。金世祖在位时，诸部叛乱，参与平定叛乱，健捷善战，屡立战功。为人聪敏，善辨析事物，“凡一闻见，终身不忘”。阿骨打称赞其“强记，人不可及也”。金初，与另一女真贵族斜葛，同修本朝谱谍，为金修国史，提供了宝贵资料。金熙宗时，追封隋国王。金天德中，改赠开府议同三司、隋国公。金大定年间，图像衍庆宫，配享太祖庙廷，谥刚宪，位列金开国功臣。

杨朴（生年不详～1132年），亦作杨璞，辽代辽东铁州（今辽宁营口县东南）人。属渤海大族，为人慷慨有大志，多智善谋。早年进士及第，累官校书郎。金收国二年（1116年），杨朴归降于金，为阿骨打所重用。金建国之初，诸事草创，朝仪制度皆出其手。金天会十年（1132年），病逝。

完颜昌（生年不详～1139年），原名挞懒（挞辣），汉名昌，盈歌（金穆宗）之子，阿骨打堂弟。金兴征辽时，擒辽枢密使萧得里底。曾经略奚霫之地（今河北与辽宁交界地区），所得郡府，以契丹、汉官摄治。初征宋时极其积极，历任六部路都统、左副元帅、封鲁国王。金天会七年（1129年）后，因看到南宋军力快速增强，所率金军屡次被击败，而逐渐成为金国“主和派”大臣之一，扶持伪帝刘豫。金天眷二年（1139年）因政争失败，被金熙宗贬往行台，不久被人告发谋反，金熙宗下诏诛杀，其得到消息南逃，被追杀于祁州（今河北安国）。

完颜晟（1075～1135年），原名吴乞买，即金太宗，金世祖劾里钵第四子，太祖阿骨打同母弟。在女真抗辽初获胜利时，与完颜宗翰、完颜希尹等力劝阿骨打称帝，建立大金皇朝，遂受命为谙班勃极烈，地位仅次于金太祖。金天辅七年（1123年），太祖病逝，九月（10月），吴乞买及帝位，是为金太宗，改元天会。其统治期间不断南侵，金天会五年（1127年），金军俘虏宋二帝赵赵佶、赵桓，北宋灭亡。金太宗统治期间，完善了金朝的各种典章制度，奠定了金王朝的立国规模。金天会十三年（1135年）冬，病逝于上京，终年61岁，生前改变兄终弟及旧制。庙号太宗，葬于恭陵，谥文烈皇帝。

完颜杲（生年不详～1130年），本名斜也，太祖阿骨打同母弟。金朝开国功臣。先后在金太祖、金太宗年间，任国论昃勃极烈和谙班勃极烈，與宗幹共理国政，成为金开国之重臣。金天辅五年十二月（1121年1月），任胡鲁勃极烈，都统内外诸军，大举攻辽，克中京。完颜晟即位后，为谙班勃极烈，居储贰之位。金天会三年（1125年），伐宋，任都元帅，居会宁。金天会八年（1130年）病逝。金皇统三年（1143年）追封辽越国王。金天德二年（1150年）配享太祖庙廷。金正隆年间追封辽王。金大定十五年（1175年），谥智烈。

完颜宗翰（1080～1137年），原名粘没喝，汉语讹为粘罕，国相撒改长子。金国开国功臣，历侍金太祖、金太宗、金熙宗三朝皇帝。辽天庆五年（1115年）拥立阿骨打称帝。金天辅五年（1121年）宗翰为移赉勃极烈、副都统攻辽，翌年克辽中京。金太宗嗣位，建策攻宋。金天会三年（1125年），为左副元帅大举攻宋，南渡黄河。金天会四年九月（1126年10月）宋金战争再起，宗翰任左副元帅，与右副元帅完颜宗望分兵攻宋。金天会五年四月（1127年5月），俘虏北宋徽、钦二帝及其宗族470余人。金天会十四年（1136年）病卒。金大定间，改赠秦王，配享太祖庙廷。史称“内能谋国，外能谋敌，决策制胜，有古名将之风。”

宇文虚中（1079～1146年），字叔通，成都华阳（今四川成都）人。宋大观三年（1109年）进士，官至资政殿大学士，南宋时出使金国被扣，被迫官礼部尚书、翰林学士承旨，封河内郡开国公，并被尊为“国师”。其实，宇文虚中以所据位柄暗中经常以蜡丸向宋廷密奏金国虚实与机密。金皇统六年二月（1146年3月），被人告发谋反，全家老幼百口同日遇害。宋廷于淳熙年间，谥虚中肃愍，赐姓赵氏。关于宇文虚中之死，还一说法。即虚中欲谋反，挟钦宗归宋，事泄被杀。

完颜宗望（生年不详～1127年），本名斡鲁补，又作斡离不，金初改名宗望，金太祖阿骨打第二子。金开国元勋。完颜宗望一次攻辽，两次攻宋。金天会四年九月（1126年10月），宋金战争再起，宗望任右副元帅，与左副元帅完颜宗翰分兵攻宋。金天会五年四月（1127年5月），俘宋徽宗、宋钦宗二帝。同年六月，完颜宗望去世。族人皆剺面号哭。先后封魏王、许国王、晋国王，赠太师，加辽燕国王，配享太宗庙廷。金大定三年（1163年），改封宋王，谥桓肃，图像衍庆宫，位列开国元勋。

韩企先（1082～1146年），辽燕京（今北京）人。金代汉人宰相。辽乾统年间进士。辽亡，入仕金朝。金天会七年（1129年），任尚书左仆射兼侍中等职，封楚国公。金天会十二年（1134年），为尚书右丞相，应召至上京会宁。经常向金太宗进谏，世称“贤相”。金世宗曾称“汉人宰相，惟韩企先最贤，他不及也。”“本朝典章制度，多出斯人之手”。金皇统元年（1141年），封濮王。金皇统六年（1146年）病卒。金大定八年（1168年），配享太宗庙廷，十一年，图像衍庆宫，位列开国功臣。十五年，谥简懿。

完颜宗雄（1082～1122年），原名谋良虎，金康宗乌雅束长子。金开国大将。材武矫健，善射，为人善谈辩，多智略，为众爱敬。随阿骨打兴兵抗辽，与渤海、辽对战时多有胜出。好学嗜书，精通契丹大小字，参与金初立法定制，与辽议和，国书往来、书诏契丹、汉字，与宗翰、希伊共主其事。金大定间，图像衍庆宫，位列金开国元勋之列。先后被追封为太师、齐国王、秦汉国王、太傅、金源郡王、楚王，谥威敏，配享太祖庙廷。

韩昉（1082～1149年），字公美，燕京（今北京）人。祖辈仕辽，累世显贵。辽天庆二年（1112年）中进士第一，补右拾遗，转史馆修撰。累迁少府少卿、乾文阁待制。“宣和北伐”时，出使童贯军，昉言：“今若大辽不存，必为南朝（北宋）忧，唇亡齿寒，不可不虑。”不久，北宋果亡于金。辽灭后降金，深受优待。出使高丽归国后，宗幹大悦，称赞说：“非卿谁能办此。”后被加昭文馆直学士，谏议大夫，迁翰林侍讲学士。再改礼部尚书，迁翰林学士，兼太常卿，监修国史。金皇统六年（1146年），任汴京留守，封郓国公。金天德初，加开府仪同三司。韩昉性仁厚，喜读书，善为文。最长于诏书，曾作《太祖睿德神功碑》，为当世人所称颂。

赵佶（1082～1135年）、**赵桓**（1100～1161年）。赵佶，即宋徽宗。宋神宗赵顼第十一子，宋哲宗之弟，宋哲宗时封端王。北宋元符三年（1100年），宋哲宗死，代其兄即帝位。赵桓，即宋钦宗，赵佶之长子，为北宋末代皇帝。赵佶在位期间，过分追求奢侈生活，尊崇道教，自称教主道君皇帝，大建宫观，搜括江南的奇花异石，称“花石纲”，运至京师开封，修筑豪华的园林，即“艮岳”。任用蔡京集团把持朝政，造成土地兼并，赋役繁重，致使阶级矛盾激化。北宋靖康元年（1126年），金在灭辽的基础上，大举攻宋，次年正月，进围汴京。赵佶传位太子赵桓后，出逃，改元靖康。返京后为太上皇。北宋靖康二年（1127年），金攻陷汴京，俘宋徽宗、宋钦宗二帝，后辗转囚于五国城（今依兰县）。金封徽宗为昏德公，钦宗为重昏侯。金天会十三年四月二十一日（1135年6月4日），宋徽宗赵佶卒于五国城，时年54岁。金大定元年五月十九日（1161年6月6日），宋钦宗崩殂于五国城，终年51岁。

完颜宗弼（生年不详～1148年），本名斡啜，又作兀术、乌珠、斡出、晃斡出，金太祖阿骨打第四子。金朝名将，开国功臣。宋人多呼为“四太子”。为人豪荡，胆勇过人，猿臂善射，善于用兵。金天会四年（1126年），随军攻宋，克汤阴，参加围攻汴京城。七年，宋高宗赵构自扬州奔于江南，宗弼分兵追击，迫使赵构入海。此后领军多次南侵，迫宋称臣，以功进太傅。金皇统七年九月（1147年10月），拜宗弼为太师，领三省事，都元帅、领行台尚书省事如故。次年，完颜宗弼病逝。金大定十五年（1175年），谥忠烈。金大定十八年（1178年），配享太宗庙廷。

完颜宗幹（生年不详～1141年），原名斡本，后改汉名宗幹，金太祖阿骨打庶长子，海陵王完颜亮之父。初随阿骨打攻辽，多立战功。金天辅七年九月（1123年10月），完颜晟即帝位，为国论勃极烈，与完颜杲同辅政，开始了“始议礼制度，正官名，定服色，兴库序，设选举”的社会改革。熙宗即位，拜太傅、领三省事，任用汉人，辅佐金熙宗进行著名的“天眷改革”，进太师，封梁宋国王。完颜亮称帝后，追谥宗幹为章孝睿明皇帝，庙号德宗。金世宗时，改谥明肃皇帝。完颜亮被废为庶人后，金世宗采纳皇太子允恭的建议去宗幹帝号，封为皇伯、太师、辽王，谥忠烈。金章宗时，配享太祖庙廷。

洪皓（1088～1155年），字光弼，饶州番阳（今江西波阳）人。自幼攻读经史，少有奇节，慷慨有经略四方志。秀州内江河泛滥，为救灾民，以命抵，私扣浙东“纲米”以救民，被民称为“洪佛子”。南宋建炎三年（1129年）五月，出使金，被扣。金皇统二年（1142年），洪皓被赦归宋。南宋绍兴二十五年九月二十三日（1155年10月20日）卒于南雄州，终年68岁。

谥忠宣，后赠太师，魏国公。其著述甚富，其中《松漠纪闻》是记述东北民族历史较早的一部著作。

完颜娄室（1077～1131年），字斡里衍，祖上居阿注浒水（今黑龙江哈尔滨东南阿什河）之源，完颜部人。少有大志，器识深远。21岁代父任七水部长。随阿骨打兴兵伐辽。其后在伐辽、攻宋等战事中多有建树。金天会八年十二月（1131年1月），完颜娄室卒于军中。金大定十三年（1135年），赠泰宁军节度使，兼侍中，加太子太师。金皇统初，追封莘王。后以正隆例改赠金源郡王，配享太宗庙廷，谥壮义。

完颜希尹（生年不详～1140年），初名谷神，亦作兀室、悟室、骨捨，生女真完颜部人。金朝大臣。希尹为人深虑多智，文武兼备。阿骨打起兵时，共为谋主。女真原无文字，金建国后，受命创制女真字，依据契丹字语法、仿照汉字楷书字体，合女真语言习惯，制成女真文字。金天辅三年八月（1119年9月）颁行。史称“女真大字”。金天眷三年九月（1140年10月），金熙宗因其功高震主，并其二子赐死于家中。金皇统三年（1143年），恢复其官职，赠仪同三司、邢国公。金天德三年（1151年），追封为豫王。金正隆二年（1157年），改封金源郡王。金大定十六年（1176年），图像衍庆宫。次年，配享太宗庙廷。

婆卢火（生年不详～1138年），金宗室，跋海（谥安帝）五世孙。初居按出虎水（今哈尔滨东南阿什河），阿骨打伐辽时，曾与浑黜率众往助完颜娄室、银术可攻打黄龙府（今吉林农安）。金穆宗时，平辞勒罕、辙孛得兄弟叛乱。天辅年间，在北起达里带石堡子（在内蒙古自治区莫力达瓦旗尼尔基镇），西南抵临潢，绵延千里间掘壕堑立界，为边堡24个，史称“长春边堡”。边堡的修建，为防止游牧民族的侵扰曾起到一定的作用。金天眷元年（1138年），驻乌古迪烈地，卒，赠开府仪同三司，谥刚毅。金大定年间，定亚次功臣，图像衍庆宫。

完颜晏（1098～1162年），原名斡论，汉名晏，金景祖乌古迺孙，国论乙室孛极烈阿离合懑次子。聪敏多谋略，通契丹字。金太宗完颜晟天会初年，乌底改女真叛乱，完颜晏率军平之。海陵王完颜亮天德初，封葛王，入拜同判大宗正事，管理皇族事宜。完颜雍即世宗位后，加封晏为左丞相、广平郡王，后兼任都元帅。金大定二年（1162年），进拜太尉。是年病逝，享年65岁。1988年，其墓葬经考古工作者在阿城县巨源乡发掘出土，随葬物品极为华贵。

完颜勗（1099～1157年），字勉道，原名乌野、乌拽马，金穆宗盈歌第五子，太祖阿骨打堂弟。自幼聪敏，好学问，女真人称为“秀才”。金太祖阿骨打时从军攻辽。金太宗完颜晟即位，召与谋政事。金天会十五年（1137年），为尚书左丞，参助熙宗杀完颜磐，夺回权力。金皇统进元年（1141年），撰《祖宗实录》三卷。金皇统八年（1148年），进《太祖实录》20卷，出领行台尚书省事，拜太保，领三省事，领行台事如故，封鲁国王。海陵即帝位后，封秦汉国王，后进封周宋国王。金正隆二年（1157年），例封金源郡王。是年病故于中都。金大定中，图像衍庆宫，位列开国功臣。

欲超（生年不详～1175年），俗姓于，辽天庆年间生，临潢府保和县人。金天会年间在兴圆寺出家，以觉宗为师，觉宗为之起名为欲超。欲超游历各地，聆听高僧讲习《大华严经》。金贞元二年（1154年），被宝胜寺请为摄持，名声显赫。金大定三年（1163年），金廷敕赐紫衣，诠圆大德。次年迁为都僧录判官，受传秒大德。金大定七年（1167年），改受都僧录宝严大师。金大定十五年六月二十五日（1175年7月14日），逝世。

完颜亶（1119～1150年），本名合剌，即金熙宗，金太祖阿骨打嫡孙，景宣皇帝宗峻之子。金天会十三年正月（1135年1月），完颜亶登基，在完颜宗幹、完颜希尹等辅佐下，进行改革，加强中央集权，促进了女真社会的封建化。金皇统元年（1141年），与宋签订“绍兴和议”，奠定了宋、金南北朝格局。金皇统九年十二月初九（1150年1月9日）夜，完颜亮发动宫廷政变，完颜亶被杀。金大定元年（1161年），追谥武灵皇帝，庙号闵宗，陵号思陵。十九年（1179年），谥孝成皇帝。二十七年（1187年），改庙号熙宗。

完颜亮（1122~1161年），本名迪古乃，字元功，改名亮，即金废帝，史称海陵王。为人外若宽和，城府深密，人莫能测。熙宗晚年酗酒嗜杀，宗族大臣与完颜亮密谋，伺间废之。金皇统九年十二月初九（1150年1月9日）夜，完颜亮发动宫廷政变，弑熙宗而自立为帝，改元天德。完颜亮在位十二年，在位期间为人残暴，杀人无数但严肃吏治，能够听取臣下的某些有益建议。迁都燕京之后，完善中央集权，进一步巩固和奠定了金王朝的统治。金正隆六年（1161年12月15日）十一月二十七日，完颜亮在南宋境内的瓜州渡江作战时死于内乱。金大定二年（1162年），降封为海陵郡王，谥号炀。金大定二十年（1180年），金世宗发诏贬为海陵庶人。

仆散忠义（1115~1166年），本名乌者，或作仆散权、大怀忠，上京拔鲁古河（今黑龙江阿木兰佛特库河）人。金太祖宣献皇后之侄。父背鲁，世袭谋克，婆速路统军使。年16，领本谋克兵从完颜宗辅攻宋陕西。世宗时，率军镇压平定契丹窝斡起义后，拜尚书右丞相，改封沂国公。金大定年间，拜左丞相，兼都元帅。忠义谦以待下，敬儒重士，善于驾驭将士。及在宰辅之位，知无不言。金大定六年二月（1166年3月），病卒。谥武庄。金大定二十一年（1181年），铭其功于墓碑。金泰和元年（1201年），图像衍庆宫，配享世宗庙廷。

白彦敬（生年不详~1169年），本名遥设，初名彦恭，部罗火部族人。彦敬善骑射，仕金为吏。因审察有人诬告开府慎思与西北部族谋反实情，得到海陵王的器重。海陵王死后，金世宗遣使者9人诏谕白彦敬、纥石烈志宁，命其服从，2人拒不从命，将使者全部杀死。世宗悬赏杀白彦敬、纥石烈志宁。2人恐被加害，遂归降。世宗以白彦敬为曷苏馆节度使。未过数月，召为御史大夫。窝斡反抗被镇压后，召为兵部尚书，出为凤翔尹，后改任太原尹，兼河北东路兵马总管，不久，又改任河中尹。金大定九年（1169年），卒于官。

纥石烈志宁（生年不详~1172年），本名撒曷辇，上京胡塔安人。纥石烈志宁沉毅有大略，深受梁王完颜宗弼偏爱。海陵王时颇受重用。金世宗完颜雍即位后，归降世宗，任临海节度使、都统右翼军，奉命追击移剌窝斡起义军、破义军，封定国公。后继从都元帅仆散忠义攻宋，大败宋将李世辅于宿州。金大定六年二月（1166年3月），还京，拜枢密使。金大定九年（1169年），拜右丞相。金大定十一年（1171年）代完颜宗叙北征，还军，封广平郡王，后进封金源郡王。次年病卒，谥武定。金大定十五年（1174年），图像衍庆宫。金明昌五年（1194年），配享世宗庙廷。

完颜雍（1123~1189年），本名乌禄，汉名褎，即位后更名雍，即金世宗。海陵王完颜亮征宋时为辽东留守，后被拥立为帝。即位后，停止侵宋战争，励精图治，革除了海陵王统治时期的弊政，使金国国库充盈，出现了“大定盛世”的繁荣鼎盛局面，在位期间改善了民族不平等待遇，却未能真正消弭。金世宗也被称为“小尧舜”。金大定二十九年正月初二（1189年1月20日），病逝。谥号光天兴运文德武功圣明仁孝皇帝，庙号世宗，葬于兴陵。

昭德皇后（生卒年不详），乌林荅氏聪敏孝顺仁慈，容仪整肃，颇受族人敬重。嫁与葛王乌禄（完颜雍）后，孝敬公婆，治家有序。海陵王完颜亮预除葛王，乌林荅氏劝说丈夫多向海陵献珍宝，以悦其心。乌禄从之，海陵忌恨之心稍解。乌禄任济南留守时，海陵忽然召乌林荅氏来中都。乌林荅氏恐遭其辱，决心一死，于途中自杀身亡。完颜雍即帝位，追封乌林荅氏为昭德皇后，立别庙，终生未再立皇后。金大定二十九年（1189年），完颜雍死后迁陵祔葬于兴陵。金明昌元年（1190年），金章宗将谥号“昭德”改为“明德”。

夹谷清臣（生年不详～1202年），本名阿不沙，胡里改路桓笃人。身材雄伟，善骑谢。金皇统八年（1148年），袭祖驳达猛安。金大定元年（1161年），闻世宗即位，率本部军六千赴中都（今北京）拥戴，以功迁昭武大将军。从右副元帅纥石烈志宁为管押万户，接应左都监完颜思敬，逐窝斡余党，败之柔远，至抹拔里达悉获之。贼平，迁镇国上将军，知颍顺军事。金明昌六年（1195年）四月，金章宗以其为左丞相，监修国史，封密国公。后将为横海军节度使兼沧州管内观察使。金泰和二年（1202年），夹谷清臣卒，享年70岁。子么查剌袭猛安。

徒单镒（1150～1214年），本名按出，上京路速速保子（今黑龙江省呼兰河流域某地）猛安人。金国宰相。金大定十三年（1173年），以女真进士，入仕为翰林侍讲。金章宗即位后，升迁至尚书右丞。金明昌三年（1192年），罢为外任，先后任横海军节度使、定武军节度使、知平阳府事、西京留守等职。后不满李淑妃专权，被迫离京。金宣宗即位后，徒单镒拜左丞相，封广平郡王，授中都路迭鲁都世袭猛安蒲鲁吉必剌谋克。在任期间，曾谏阻宣宗迁都南京（今河南开封）。金贞祐二年（1214年）卒。著作有《学之急》《道之要》《弘道集》。

诃额仑（生年不详～1207年之后），亦作月仑，成吉思汗母亲。斡勒忽讷兀惕部人。当时，漠北草原许多部落尚流行抢婚习俗。诃额仑被也速该抢去，作为妻子。诃额仑生有四个儿子即铁木真、拙赤・合撒儿、合赤温（早卒）、帖木格・斡惕赤斤和女儿帖木仑。后又收养了蔑儿乞部的古出、泰亦赤乌部的阔阔出、塔塔儿部的失吉・忽秃忽和许兀慎部的孛罗忽勒。4人皆称诃额仑为“妈妈”，史称诃额仑“四养子”，都成为蒙古汗国的重要人才。依蒙古习俗，诃额仑晚年，跟随幼子斡惕赤斤（还有一说，改嫁蒙力克）。元至元三年（1266年），被追谥为“宣懿皇后”。

蒲鲜万奴（生卒年不详），别名秃珠大石，又作女真万奴、完颜万奴、夫合纳等。金泰和六年（1206年），在对南宋的战争中，万奴被擢为主力军右翼都统。金贞祐三年（1215年），东京被耶律留哥引蒙古兵攻破。十月，万奴叛金自立，称天王，国号大真，建元天泰。次年十月，万奴被迫降蒙古，以其子帖哥入侍。既而复叛，率众10余万南窜海岛。金兴定元年（1217年），遂转入女真故地，自称东夏国，建都南京（今延吉市城子山山城）。元太宗五年（1233年），蒙古军攻陷南京，擒蒲鲜万奴，东夏国遂亡。

阿鲁真（生卒年不详），金宗室完颜承充之女，胡里改路（路治在今黑龙江省依兰县城北的旧古城）猛安夹谷胡山之妻。胡山亡后，阿鲁真寡居，有兵众千余。当时蒲鲜万奴叛金，阿鲁真坚守胡里改孤城。她率众修治荒废的城垒，修理兵械，屯积粮草，积极迎战。蒲鲜万奴派人招降，阿鲁真坚决不从。阿鲁真率众击退蒲鲜万奴。阿鲁真坚守孤城的英勇事迹闻于朝廷，金宣宗下诏封其为郡公夫人，其子蒲带论功迁赏。

拙赤・合撒儿（1164年～卒年不详），又作搠只・哈萨儿，成吉思汗二弟。体态雄伟，勇猛力大，善骑射。金大定二十九年（1189年），铁木真即乞颜蒙古部可汗之位，合撒儿为“云都赤”即带刀宿卫。蒙古汗国建立后，合撒儿受封为东部王。在成吉思汗诸弟乃至亲属中，合撒儿战功独多。札木合认为，成吉思汗成功的条件之一是得到了“生来俊杰，有才干的诸弟”之相助。其中，尤指合撒儿。

铁木格・斡惕赤斤（1168～1246年），亦作帖木格・斡赤斤，成吉思汗同母幼弟。斡惕赤斤系蒙古语，汉译“灶火和禹儿惕之王”。金泰和三年（1203年），成吉思汗灭亡克烈部时，乃蛮部与其西部接界，故乃蛮部欲出兵。斡惕赤斤力排众议，积极主张立即整兵征伐，后俘虏太阳汗，消灭乃蛮部。南宋淳祐元年（1241年）窝阔台大汗卒，斡惕赤斤欲争帝位。南宋淳祐二元年（1242年），窝阔台儿子贵由即大汗位，斡惕赤斤受审，政变罪证确凿，被处死，终年74岁。

按陈（生卒年不详），《元史》等亦写作按嗔、按年、按只、按臣，蒙古翁吉剌孛思忽儿部人，特薛禅之子，成吉思汗内弟。元太祖时期，与反金义军首领留哥联合大败金军，重创金政权在东北的军政势力。在反金的战斗中多有建树。蒙古乞颜部与翁吉剌部的通婚由来已久。按陈姐姐勃儿帖是成吉思汗的正后即第一夫人。蒙古建国后，乞颜部中的黄金家族与翁吉利部的通婚更为明显。元太祖九年（1214年）成吉思汗重新调整某些贵族的驻牧地。翁吉剌部的驻牧地从今呼伦贝尔草原南移到赤峰地区。按陈卒，葬官人山。元元贞元年（1295年）追封济宁王，谥忠武，妻哈真封济宁王妃。

塔察儿（生年不详～约1273年），又写作塔察、塔剌儿，成吉思汗幼弟帖木格·斡惕赤斤之孙，只不干之子。塔察儿受封为皇太弟，袭王爵，称塔察国王。蒙哥大汗卒，忽必烈与阿里不哥争夺汗位。元中统元年（1260年），塔察儿伙同左面诸王于开平（今内蒙古正蓝旗东北）通过库里勒台（大聚会）拥戴忽必烈大汗之位。元中统四年（1263年），任中书左丞相。约卒于元至元十年（1273年）。子阿术鲁嗣位。

伯颜（生年不详～1295年），蒙古八邻部人。旭烈兀建伊利汗国后，伯颜供职于伊利汗。元至元元年（1264年），出使大汗廷，为忽必烈赏识，遂留为身边侍臣。元至元二年七月（1265年8月），任光禄大夫、中书左丞相。四年，任中书右丞相。七年，任同知枢密院事。十一年，大举伐宋，复拜中书左丞相，领河南等路行中书省，所属并听其节制。元至元三十一年（1294年），忽必烈卒，伯颜拥立皇孙铁穆耳即帝位，史称成宗。伯颜以拥立之功拜开府仪同三司、太傅，仍兼知枢密院事。元元贞元年（1295年）卒，时年59岁。元大德八年（1304年）追封淮安王，谥忠武。元至正四年（1344年）进封淮王。

硕德（生卒年不详），札剌尔氏。元世祖忽必烈中统初年自辽西召入宿卫，通敏有干才。世祖命硕德典朝仪，宗藩戚里有争讼不决者，必使硕德处理，皆服其公正。硕德卒时，追赠鲁郡公，谥忠敏。

乃颜（生卒年不详），元太祖成吉思汗幼弟斡赤斤四世孙。乃颜素有轻视朝廷之心，并且“尤躁妄”，暗中扩充实力，欲伺机夺取元政权。元至元二十三年（1286年）乃颜发动叛乱。到元至元二十九年（1292年）终被平定。

纳哈出（生年不详～1388年），蒙古札剌儿氏，木华黎之后裔。元末，纳哈出为太平路（今安徽当涂）万户。元至正十五年（1355年），朱元璋军队渡长江，攻克太平时被擒。朱元璋因其为元世臣子孙，待之甚厚，旋释归。元顺帝北走之后，纳哈出被北元政权任为署丞相加太尉，驻守金山（今吉林双辽县东北辽河北岸）以东。后纳哈出降明，明太祖朱元璋曾两次遣使进行抚慰，并有赏赐。明洪武二十一年七月（1388年8月），纳哈出从傅友德征云南，行至武昌疾病发作，卒于船上。命其子察罕袭爵，改封沈阳侯。

邢枢（生卒年不详），字九成，河南长垣人。明朝经略黑龙江地区最早使者之一。因品学兼优而为当地人所尊重。洪武初年，以明经任行人司行人。明政府于明永乐元年（1403年）派邢枢偕知县张斌等人代表明朝政府到奴儿干地区，对黑龙江下游吉烈迷等部落进行招抚，次年，邢枢等回朝，明政府即在该地设立奴儿干卫，此为黑龙江下游建立卫所之始。史书记载邢枢曾经“三使奴儿干”。著有《纪行集》二卷。

阿哈出（生年不详～1411年），亦作于虚出，汉名李诚善，姓金，亦作古伦，元末明初时人，女真族，世代居火儿阿城（今黑龙江依兰）。明洪武年间，阿哈出即归附明朝，燕王朱棣纳阿哈出之女为妃，使阿哈出的地位得以尊显。阿哈出家族效忠于明朝。明永乐八年（1420年），明成祖督师北征鞑靼，阿哈出之子释家奴从征有功，因而释家奴得升任建州卫指挥佥事，并受赐姓名李显忠。次年，阿哈出去世，子释家奴继任建州卫指挥使。

阿鲁台（生年不详～1434年），元朝蒙古族后裔，明初蒙古鞑靼部知院。明永乐六年（1408年），阿鲁台率众袭杀鬼力赤可汗，迎立元皇族后裔本雅失里为可汗，兴兵反明。明永乐七年七月（1409年8月），明成祖朱棣乃以淇国公丘福为大将军北伐，为阿鲁台所败。次年，明成祖亲率50万大军北征鞑靼。阿鲁台大败。此后，明成祖朱棣数次亲征阿鲁台。明宣德九年（1434年），阿鲁台被瓦剌部脱欢袭杀于母纳山察罕脑刺（今内蒙古自治区乌拉特前旗境内）。

亦失哈（生卒年不详），亦作亦什哈、亦时哥，明代文献又称之为亦信、易信，当是后改之名，海西女真人。明朝宫内太监。永乐朝曾以钦差内监身份，多次奉命出使奴儿干地区。明宣德十年（1435年），亦失哈被调往辽东，任镇守辽东太监。在任期间，妥善地处理了与女真族有关的各种事务，组织军事力量抗御蒙古贵族势力的袭扰。明景泰元年（1450年），兀良哈三卫勾结建州、海西女真叛乱。兵部尚书于谦鉴于亦失哈与建州女真等系“亲党”“恐泄事机”，将他自辽东召还京师。此后，明代文献再无出现他的名字。

康旺　王肇舟　佟答剌哈（生卒年不详）。康旺，明初鞑靼人（即蒙古鞑靼部人）。明洪武年间，以父荫为三万卫千户，永乐初升任东宁卫指挥。王肇舟（舟一作洲），明初为东宁卫千户。佟答剌哈，女真人。其父满只于明洪武十六年（1383年）归附明朝。佟答剌哈于明永乐元年（1403年）以招谕忽剌温等处功升小旗。次年又曾前往招谕。明永乐四年（1406年）升总旗。1409年（明永乐七年），明朝采纳奴儿干头目忽剌冬奴的建议，在黑龙江口特林设立奴儿干都指挥使司，康旺、王肇舟、佟答剌哈，因“在边多效劳勤”升迁。康旺为奴儿干都司首任都指挥同知，王肇舟与佟答剌哈皆为首任都指挥佥事。明永乐九年（1411年），康旺三人在钦差内官亦失哈的率领下乘船25艘到达特林赴任。任职期间，忠于职守，勤于政事。明永乐十年（1412年），亦失哈奉命至奴儿干巡视，康旺等积极配合，第二年协助亦失哈等修建永宁寺及树永宁寺碑。明宣德二年（1427年），因功绩卓著，康旺由都指挥同知升为都指挥使，王肇舟与佟答剌哈皆由都指挥佥事升为都指挥同知。明宣德三年（1428年），康旺三人奉敕往奴儿干重建奴儿干都司。明宣德五年（1430年），又奉敕“往奴儿干都司，抚恤军民”。明宣德六年（1431年），佟答剌哈卒，按常例，“流官不应袭”，明帝以“怀恤远人，勿拘常例”，特使其侄佟胜袭为都指挥佥事，“仍食百户俸”。同年十月（11月），康旺以疾致仕，其子康福代为本司都指挥同知。明宣德七年（1432年），康福、王肇舟、佟胜随同钦差都知太监亦失哈抵达奴儿干。明宣德八年（1433年）春，重修永宁寺，重树永宁寺碑。同年闰八月（10月），王肇舟因老疾辞职，其子王贵袭为都指挥佥事，“食副千户俸”。

博穆博果尔（生卒年不详），又作奔博果尔、叛奔博果尔，明末黑龙江库尔喀部索伦，以有才干、善战成为索伦部首领。明朝末期，后金势力逐渐强大，索伦部开始向后金朝贡，以示归附。不久，博穆博果尔与清断绝往来。清崇德四年十一月初八日（1639年12月2日），清太宗皇太极“虑其势盛不可制”，乃调集军队进攻以博穆博果尔为首的索伦部，被博穆博果尔击败。后清太宗采取声东击西策略：一方面扬言发大军再次进兵黑龙江，迫使博穆博果尔向北迁移；另一方面，命梅勒章京席特库从蒙古北部偷袭。在齐洛台（今苏联赤塔），把正在游牧，猝不及防的博穆博果尔与妻子及所属956人俘获。

清

方拱乾（1596～1666年），初名策若，字肃之，号坦庵，又号甦庵、云麓老人、江东髯史等，安徽桐城人。明崇祯元年（1628年）中进士，官至少詹事。清顺治十四年（1657年），以“南闱科场案”获罪，后与子谪宁古塔。 在戍所，与许多流人过从甚密，所做文集多篇。清顺治十八年（1661年）冬，由于认修京师前门城楼工程而被赎罪赦还。清康熙元年七月（1662年8月），据在宁古塔见闻，写成《宁古塔志》（又名《绝域纪略》），可称是黑龙江第一部风物志。其所做《何陋居集》诗作基本写于宁古塔，堪称为黑龙江现存第一部诗集。

沙尔虎达（1599～1659年），瓜尔佳氏，祖上为虎尔哈苏完部人。后金天命初年，从攻瓦尔喀部有功，授世职备御。天聪初，从攻大凌河及遵化等地，进世职游击。崇德初，列议政大臣，后夺职。顺治初，复从击李自成，破潼关。后从讨叛清将领金声桓，以功复议政大臣。后以满洲镶蓝旗固山额真驻防宁古塔，严守边疆，打退沙俄进犯。清顺治十六年（1659年），沙尔虎达逝世。顺治帝为其立碑，遣官致祭，追赠为太子太保，谥襄壮。

张缙彦（1599～1670年），字濂源，号坦公，别号大隐，又号外方子、筏喻道人、菉居先生等，河南新乡人。明崇祯四年（1631年），中进士，官至兵部尚书。清顺治三年（1646年），赴江宁洪承畴军前降清。后因文字狱，被籍没家产，流放宁古塔。清康熙四年（1665年）夏，邀集流人姚其章、钱威、吴兆骞、钱虞仲、钱方叔、钱丹季6人，发起“七子之会”（亦名“七子诗会”）。这是黑龙江的第一个诗社。著作有黑龙江第一部山水记与地名学专著《宁古塔山水记》。出塞前有《依水园诗文集》《菉居封事》等。出塞后著有《山水集》《域外集》。

巴尔达齐（生年不详～1654年），或作巴尔达奇，达斡尔族（清代文献作“打虎儿”或“达虎里”）人，萨哈尔察部精奇里氏，世居精奇里江（今俄罗斯境内结雅河）畔的多科屯，为达斡尔部长。后金天聪八年（1634年），率部族首领至盛京贡貂内附。皇太极下嫁族女，授以额驸，此后内贡不绝。清崇德四年（1639年），雅克萨索伦部博穆博果尔叛清，劝其联合行动，不从。旋协助清军平定博穆博果尔叛乱。清顺治六年（1649年），巴尔达齐率领其兄弟，入京供职，隶正白旗，授为三等阿思哈尼哈番（男爵）。又经二次升迁，授一等阿思哈尼哈番。清顺治十一年（1654年），卒于北京。

杨越（1622～1691年），原名杨春华，字友声，浙江山阴县（今绍兴）安诚村人。南明诸生。流放宁古塔后，改名越，号安城，以示怀念浙东故乡。在宁古塔期间，见当地土著旗人，主要生产是从事渔猎，“耕者绝少”，且不知贸易，乃首倡“满汉人耕与贾”，而“变彼国俗”。他还教土著民族以造屋取暖之术（火炕）；同时教以《四书》《五经》《史记》《汉书》等儒家经典，传播中原文化。后又弃文经商，成为宁古塔一带之巨贾。清康熙三十年十一月（1691年12月），杨越卒于戍所宁古塔。

海塞（生卒年不详），也作海色，清顺治初驻防宁古塔章京。清顺治年间，俄国商人哈巴罗夫纠集哥萨克犯边，侵扰当地各族人民。清顺治九年（1652年）初，海塞奉命率部出击。由于海塞指挥失误造成乌扎拉村之战失利，但是却沉重地打击了沙俄侵略者的气焰，揭开了中国军民联合抗俄的序幕。海塞指挥失误，导致此战败绩，因而被诛。

巴海（生年不详～1686年），沙尔虎达之子，宁古塔瓜尔佳氏人，满洲镶蓝旗。初任佐领。清顺治十四年（1657年），授秘书院侍读学士，不久任侍读讲学士，同年八月，充经筵讲官。清顺治十六年正月（1659年2月），其父沙尔虎达，病逝后，巴海接任总管职务。清康熙元年（1662年）宁古塔昂邦章京改称宁古塔将军，巴海成为宁古塔首任将军。巴海是清初率领宁古塔军民抗击沙俄的重要将领，民族英雄。

林兴珠（生年不详～1693年），字而梁，福建永春人。为人“倜傥有智计”“骁勇善战，多权略”。清康熙二十二年（1683年），宁古塔将军巴海奏请修理宁古塔地方战船，康熙谕令户部派良匠前往修理，并令林兴珠等往演习水军。同年十一月，授銮仪卫銮仪使。在雅克萨之战中，林兴珠带领500人的藤牌军立有殊勋。清康熙三十二年（1693年）初，林兴珠卒。清廷赐“祭葬如例”。

吴兆骞（1631～1684年），吴桭臣（1664年～卒年不详）。吴兆骞，字汉槎，江苏吴江（江苏今县）人。出身于“门第清华，资产素饶”，世代书香门第与贵胄之家。清顺治十四年（1657年）秋，参加南闱乡试，考中举人。在“南闱科场案”中，为仇家诬陷而衔冤下狱。于清顺治十五年十一月二十八日（1658年12月22日）被判处遣戍宁古塔。吴兆骞一生著述极丰，今传《秋笳集》8卷、《归来草堂尺牍》1卷。与友人顾茂伦、蒋宣虎合编的《名家绝句钞》6卷。至于在戍所写的《词赋协音》及《天东小纪》等，则已失传。吴桭臣，字南荣。吴兆骞之子，小字苏还，后改名桭臣。吴兆赛卒后，桭臣扶父柩返乡。清康熙六十年（1721年），吴桭臣追忆青少年时代在宁古塔见闻与行事，于七月撰成《宁古塔纪略》1卷，是研究清初东北史的重要文献。清雍正四年八月（1726年9月），吴桭臣又将其父遗著《秋笳集》整理成8卷，刊刻行世。

蔡毓荣（1633～1699年），字仁庵，别字显斋，锦州人，隶汉军正白旗。漕运总督蔡士英之次子。清康熙初，任刑部侍郎。先后出任湖广四川总督、湖广总督。清康熙十二年（1673年），“三藩之乱”发生，毓荣遣兵攻入贵州，清康熙十八年（1679年），授绥远将军，总统绿营，分路进讨。平定云南后，为云贵总督。后因他人进谗言，私纳吴三桂侄嫡孙女，“并徇纵逆党”而获罪，坐罪遣戍黑龙江，清康熙三十八年（1699年），蔡毓荣卒。

何世澄（约1641年～卒年不详），字是庵，松江（今上海松江县）人。约生于明崇祯十四年（1641年）。为人“性落拓，好奇，足迹几遍宇内”。为蔡毓荣所赏识。蔡毓荣获罪入黑龙江时，世澄感其知遇之恩，随其行。在戍所期间，作诗多篇。何世澄在戍所居住两年多，为了参加康熙二十九年（1690年）在京师举行的会试，就辞别毓荣而归。

马喇（1633～1693年），又作玛拉，那喇氏，满洲镶白旗人，尚书尼堪从子。世袭三等阿达哈哈番，初任理藩院笔帖式。清康熙十五年（1676年），清朝特派礼部侍郎马喇前往齐齐哈尔，迎接由尼果赖（尼古拉·斯帕伐里）率领的沙俄外交使团。马喇驳斥尼果赖指出沙俄的侵略行为，并多次警告尼果赖：今后俄国人不得再侵犯中国领土。雅克萨之战时，马喇上书提出收复雅克萨的战略设想，康熙采纳其建议。清康熙二十八年（1689年），随使团参加《尼布楚条约》签订。清康熙二十九年（1690年），任西安将军。清康熙三十二年（1693年），卒于任内。赐祭葬，谥敏恪。

萨布素（约明末～1701年），富察氏，满洲镶黄旗人，约在明末生于宁古塔，满族抗沙俄名将。清康熙元年（1662年），任骁骑校。清康熙十六年（1677年），任宁古塔副都统。清康熙二十二年（1683年），萨布素出任首任黑龙江将军后，积极备战，准备反击沙俄。经清廷获准，发动雅克萨之战，击败沙俄侵略军。清康熙二十八年（1689年），中俄双方举行尼布楚谈判，萨布素率军护卫，为签订《中俄尼布楚条约》作出重大贡献。清康熙四十年（1701年），清廷以萨布素“捏报兵丁数目，浮支仓谷”罪革职，在佐领上行走。寻调京授予散秩大臣。未几卒，卒时“家无馀财”。萨布素因长期肩负抗俄重任，深得军心民心。逝世后，人们缅怀他，诗人塞尔赫抒发出“人忆故将军”的哀思。

彭春（1644～1701年），栋鄂氏，满洲正红旗人，清开国功臣何和礼四世孙。清顺治九年（1652年），袭其父哲尔本一等公爵。清康熙十五年（1676年），加太子太保，授正红旗蒙古副都统。在雅克萨之战中，立有战功。后参与平叛噶尔丹，中敌人伪降计，致敌遁逃，被降四级留任。清康熙三十五年五月（1696年6月），参加昭莫多战役，率军大破噶尔丹军。清康熙三十八年（1699年），因病解职。清康熙四十年四月（1701年6月），彭春去世。

郎坦（1634～1695年），瓜尔佳氏，满洲正白旗人，内大臣吴拜之子。清康熙二十年（1681年），为正白旗满洲副都统。因在雅克萨之战有功，清康熙二十六年（1687年），擢正白旗蒙古都统。清康熙三十二年（1693年），擢领侍卫内大臣，兼火器营总管，列议政大臣。清康熙三十三年（1694年），被授为昭武将军，率师驻守甘州。次年，移驻宁夏。清康熙三十四年（1695年），前往盛京（沈阳）巡阅边隘。六月，至杀虎口病逝。

祁班孙（1635～1673年），字奕喜，小字季郎，浙江山阴（今绍兴）人。少时天资颖悟，喜为诗文，兼通禅学。他与其兄理孙，在族属中排行第五与第六，因此人们习惯呼之为祁五、祁六公子，而不称名。与反清人士有密切往来，因“通海案”被流放宁古塔。在戍所期间，与吴兆骞、杨越等人交往甚密。清康熙四年十月初六（1665年11月12日），自乌喇逃去。至苏州尧峰山寺中落发为僧，法号咒明林。清康熙十二年十一月十一日（1673年12月18日），卒于寺中。著有《东书堂集》《紫芝轩集》《东行风俗记》（又名《盛京风俗记》），前两书已佚。后人辑其遗诗为《紫芝轩逸稿》。

陈汶环（生卒年不详），福建省泉州府同安县（今厦门）人。清顺治年间因军功授厦门提督水师军门。清康熙二十二年（1683年），黑龙江宁古塔都护萨布素上奏清朝廷，要求调遣南方水师配合作战。陈汶环奉命统率福建水师，北驶抗俄前线。陈汶环率水师舰队配合陆军打败沙俄侵略军，雅克萨战争以胜利告终。《尼布楚条约》签订后，陈汶环被授予黑龙江水师总营，驻墨尔根城，后迁驻齐齐哈尔城，清康熙年间病故于齐齐哈尔。

玛布岱（生卒年不详），达斡尔族，苏都日哈拉人。约清康熙二十七年（1688年），由京城侍卫任总管副都统衔暂住齐齐哈尔。当时，雅克萨战争结束不久，黑龙江地方政权建设还不完善。玛布岱力主修建齐齐哈尔城，工程自清康熙三十年（1691年）动工，由玛布岱组织和监视。达斡尔族人不仅筑城，还获准披甲，玛布岱本人也被授副都统衔。清康熙三十八年（1699年），黑龙江将军移驻齐齐哈尔城。至此齐齐哈尔达斡尔族直属黑龙江将军和齐齐哈尔副都统管辖。玛布岱再任布特哈总管，同原在布特哈地方的索伦副总管莎音其克等人共事。

方登峄（1659～1728年），字凫宗，号屏垢，安徽桐城人，方拱乾之孙，方式济之父。清康熙三十三年（1694年），被选授为贡生，后迁工部都水司主事。清康熙五十年（1711年），因戴名世《南山集》文字狱案受牵连。方登峄同家属等均遣戍黑龙江。方登峄等至黑龙江，安置在卜奎（今齐齐哈尔）。在此期间所作诗词多“词多悲苦”，但边塞的风光、景物、土俗、人情，历历如绘。尤其是《灯官曲》《打貂行》等新乐府三十章，更是研究黑龙江边事民风的珍贵文献。清雍正六年（1728年）八月，方登峄卒于戍所。

杨宾（1650～1720年），字可师，号耕夫，别号大瓢，又号小铁，浙江山阴人。杨越之子。少年颖悟，工于书法，8岁能作擘窠书。稍长工诗善文。清康熙元年（1662年），杨越因“通海案”，被流放宁古塔。清康熙二十八年（1689年），杨宾出塞省亲。父殁，例不归葬，杨宾走京师，日哀诉于当道，后纳贿于侍卫内大臣索额图门下，才得迎母奉父柩归。此后，杨宾将赴宁古塔的见闻与文献中的记载互相印证，于清康熙四十六年（1707年）写成《柳边纪略》。此书是第一部比较全面系统记述黑龙江、乃至东北历史地理之作，被梁启超誉为开边徼地理研究风气的名著。清康熙五十九年（1720年），杨宾病逝，葬于苏州。杨宾著述甚丰，主要有《晞发堂诗集、文集》等。

方式济（1676～1717年），字屋源（一作渥源），号沃园，安徽桐城人，方登峄之子。清康熙四十七年（1708年），方式济中举人，次年取进士，授内阁中书舍人。清康熙五十年（1711年），方氏父子因《南山集》牵连获罪。清康熙五十二年（1713年）底，方登峄携全家赴戍黑龙江卜奎（今齐齐哈尔）。方式济在戍所期间著成《龙沙纪略》。《龙沙纪略》分方隅、山川、经制、时令、风俗、饮食、贡赋、物产、屋宇等九门，记述了清初黑龙江行政区划，黑龙江两岸水系，边地官制、兵制、人口、赋税、边防以及物产、风土人情等重要史实。清康熙五十六年二月（1717年3月），方式济卒于戍所。遗著另有《陆塘初稿》《出关诗》各1卷。

倍勒尔（生卒年不详），亦作倍勒儿，清初达斡尔副总管，世居雅克萨。雅克萨战争时期，多次率部潜入俄军阵地和雅克萨城，为清军探明敌情，提供情报。受到清廷嘉奖。中俄议定《尼布楚条约》时，康熙帝因“雅克萨为倍勒尔故墟”，诏令索额图等中方使臣要据理力争。后倍勒尔率领达斡尔族人重返家园。

塔尔岱（生年不详～1756年），瓜尔佳氏，齐齐哈尔人，满洲正黄旗，后改入镶蓝旗。第十一任黑龙江将军。清康熙五十四年（1715年），因战功获得巴图鲁章京称号。清雍正年间，因参与漠西厄鲁特蒙古准噶尔汗噶尔丹策零叛乱时，多有功勋，晋职内大臣，参赞靖边将军军务。因阻击小策零敦布多东掠有功，清雍正十年九月初一日（1732年10月19日），雍正下诏，升任塔尔岱为黑龙江将军，统领军营东三省官兵。清乾隆二十一年（1756年），塔尔岱卒。

方观承（1698～1768年），字遐谷，号问亭，又号宜田，安徽桐城人，方登峄孙，方式济次子。方登峄与方式济遣戍卜奎（今齐齐哈尔）时，因年少未曾同往。清康熙五十四年（1715年）春，方观承赴戍省亲，奉侍双亲。清雍正十年（1732年），平郡王福彭为定边大将军征准噶尔叛军，观承为记室。后以军功授中书舍人，累官直隶总督。清乾隆三十三年八月（1768年9月）卒。方观承与观永、观本把祖父和父亲以及自己的诗作，汇刻成《述本堂诗集》，共16卷。其《东闾剩稿》《入塞诗》两集，全部写于东北。在这些边塞诗中，山川景物，风土人情，物产气象都写得历历如绘，刻画细致入微，可谓笔力万钧，动人心魄，是研究清代黑龙江乃至整个东北史的珍贵文献。

卓尔海（生卒年不详），齐齐哈尔协领。清雍正七年（1729年）迁齐齐哈尔副都统。清雍正八年（1730年），卓尔海署黑龙江将军。清雍正十年四月（1732年5月）上疏，请于呼伦贝尔所属的济拉嘛泰河口处筑城，即呼兰城。从济拉嘛泰河口处至齐齐哈尔，共680里，请设立卡伦

10处，护送往来行人，在其地设屯田丁500人，史称卓尔海屯田呼兰。从此黑龙江始有瑷珲、墨尔根、卜奎（今齐齐哈尔）、呼伦贝尔、呼兰城五城并峙。清雍正十年（1732年），署黑龙江将军加内大臣。后二年，署理黑龙江副都统。清雍正十三年（1735年），因事被免职。

阿尔赛（生年不详～1745年），汉军崔氏，名枝禄，隶齐齐哈尔正黄旗。清康熙五十八年十月六日（1719年11月17日），由水师营六品官署齐齐哈尔本旗佐领。因受到雍正帝赏识，逐渐得到升迁。先后在福建、台湾等地任职。清雍正十年（1732年），署理福建总督，后三次署陆路提督。乾隆年间，先后任广州将军、湖广总督、户部尚书、白旗蒙古都统等职。清乾隆十年五月（1745年6月），“以约束家人赌博”，被家人杀害。后来归葬齐齐哈尔城北五里许，俗称总督坟。崔氏为黑龙江大族，黑龙江世族多以武功显达，只有崔氏，多文学之士，富有藏书，直到清末，还为人所称道。

博尔奔察（生卒年不详），布特哈西瓦尔土口屯人，系索伦敖拉氏，隶正蓝旗。乾隆初年，擢升正黄旗都统。清乾隆二十一年（1756年），晋内大臣。次年，因平叛新疆叛乱有功，图像紫光阁，博尔奔察列前五十功臣，位次二十。博尔奔察在对乾隆劝谏时，经常委婉诙谐，常令乾隆欢颜。清乾嘉时的宗室礼亲王昭梿将博尔奔察比作古代的东方朔、简雍。

瑚尔起（生卒年不详），满洲瓜尔佳氏，隶齐齐哈尔镶蓝旗。清雍正三年（1725年），由监生授八品笔帖式。清乾隆四年（1739年），授佐领。清乾隆十二年（1747年），授协领。次年，随军征四川大、小金川，因在平定回部叛乱时有功，图像紫光阁，瑚尔起列后五十功臣，位次第十。赞语中有“麾鍪而登，威著西域”之语。清乾隆二十九年正月（1764年2月），调任黑龙江副都统。清乾隆三十四年（1769年），瑚尔起率领索伦兵随经略傅恒征缅甸，收复了猛拱、猛养各要隘，不久病卒于军中。清廷命照阵亡例议恤，赐一等轻车都尉世职，入祀昭忠祠。

富僧阿（生年不详～1775年），舒穆禄氏，隶满洲正黄旗。雍正初年，授拜唐阿（满语，意为执事人），后逐渐升迁。清乾隆二十八年正月（1763年2月），调任黑龙江将军。到任后整顿巡边制度，对于维护边防安全，起到了积极作用。清乾隆三十三年九月（1768年10月），富僧阿调离黑龙江，改任西安将军。清乾隆四十年（1775年）卒于任所。

海兰察（1740～1793年），清朝著名将领。索伦多拉尔氏，鄂温克族，西布特哈阿伦河依拉达屯人，隶呼伦贝尔正黄旗。清乾隆二十年（1755年）从军，征战南北。参加平定准噶尔叛乱、大小金川、台湾林爽文起义、廓尔喀入侵西藏等重要战役，其战功赫赫。先后晋升头等侍卫、侍卫大臣、都统参赞大臣、一等超勇公。因其功勋卓越，画像先后四次绘紫光阁，位列第六。清乾隆五十八年四月（1793年5月），海兰察卒，谥武壮，入祀昭忠祠。

由屯（生年不详～1766年），或作猷吞、有屯，西布特哈正黄旗宜卧奇屯人，达呼尔孟尔丁氏，又作布特哈索伦人。生有胆力，善于使用强弓大矢。清乾隆年间，随大军平定伊犁，立有战功。因为坚守黑水有功，由屯被赏克特尔巴图鲁、一等轻车都尉兼云骑尉世职，图像紫光阁，列前五十功臣，位次三十七。后任命为正白旗蒙古副都统。清乾隆二十五年（1760年）五月，任齐齐哈尔副都统。清乾隆二十九年（1764年），调由屯为呼伦贝尔左翼总管，谕令如俄罗斯“有越境滋事等情，由屯即认真办理，毋事姑息”。清乾隆三十一年（1766年），由屯病逝于住所。

瑚尼勒图（生年不详～1792年），满洲鄂纳氏，黑龙江驻防。清乾隆二十五年（1760年），由护军改隶满洲镶黄旗，累迁护军参领。清乾隆三十六年（1771年），从征大小金川叛乱，因功得赐多卜丹巴图鲁。清乾隆四十一年四月（1776年5月），清廷将平定金川有功者，图像紫光阁，瑚尼勒图列前五十功臣，位次二十二。清乾隆五十七年四月（1792年5月），瑚尼勒图卒。

穆克登阿（生年不详～1807年），满洲董鄂氏，隶齐齐哈尔镶红旗。清乾隆二十九年（1764年），以鸟枪护军补鸟枪蓝翎长。后历任重庆镇标中营游击、广东右翼镇总兵、四川松潘镇总兵。因参与镇压台湾林文爽起义、参与抵御廓尔喀（今尼泊尔）入侵西藏有功图像两次列紫光阁。后又参与平叛苗民和川、楚白莲教起义。清嘉庆五年（1800年），以患目疾退役。清嘉庆十二年九月（1807年10月），穆克登阿卒。

奇三（生卒年不详），一作齐三，达呼里（达斡尔）族，正白旗，布特哈人。清乾隆年间任布特哈副总管。乾隆年间每年五月，布特哈官兵在齐齐哈尔城西北40里因沁屯（今梅里斯区音钦村，本名克伊勒屯），纳貂皮互市，号为“楚勒罕”，意即盟会。当时，黑龙江将军、齐齐哈尔副都统率僚属驻扎其地，对布特哈人欺压慎重。奇三冒险，直接上书乾隆皇帝，告黑龙江将军欺压、勒索貂皮。后经查实黑龙江将军等人得处置，减轻了布特哈人的部分负担。但是为民请命的奇三以越分上诉，发配伊犁充当苦差。

阿那保（生年不详～1837年），达斡尔族，郭博勒（又作郭博罗、郭贝尔）氏，布特哈讷莫日扎兰正白旗莽鼐屯人。先后参加抵抗廓尔喀侵入西藏、从剿黔、楚苗族人民起义、镇压苗族人民起义有功，被赐奋图里巴图鲁勇号，晋升头等侍卫。后历任正黄旗蒙古都统、正蓝旗汉军都统、内大臣、总谙达、管理建锐营事务等官职。清道光十七年（1837年）卒，葬莽鼐，谥勤勇。

富俊（1749～1834年），字松岩，卓特氏，蒙古正黄旗。由繙译进士授礼部主事。清嘉庆八年（1803年）以署兵部右侍郎，出任吉林将军，不久调盛京将军。历盛京工部侍郎，兼管奉天府府尹事及六边边门事务。清嘉庆十八年（1813年），授黑龙江将军。次年调吉林将军，任内对双城堡等处的开发做出了贡献。清道光十四年（1834年），富俊卒。

程煐（生年不详～1812年），字星华，又一字瑞屏，号珂雪头陀，安徽天长人，清代戏曲作家。清乾隆四十三年（1778年），生员王廷赞向清廷告讦，诬程其父为友人所作的序“牢骚讪谤，肆无忌惮，借天以毁圣”，入狱。清嘉庆三年（1798年），改判谪戍卜奎（今齐齐哈尔）。历任将军、副都统皆礼遇之。卒后，友人刘凤诰归其丧于江南。所撰传奇《龙沙剑传奇》，是黑龙江第一部戏曲作品。

刘凤诰（1761～1830年），字丞牧，号金门，一号无庐，又号旧史氏，江西萍乡人。清乾隆五十四年（1789年）会试，以一甲进士，授翰林院编修。清嘉庆十三年（1808年）秋，因对考生徐某有“徇情”事，违背刑律，十月遣戍黑龙江。在戍所期间与将军斌静等官员交往甚厚。清嘉庆十八年五月（1813年6月）将其赦归。清道光十年正月初九（1830年2月2日），病逝于扬州。其著述极富，今传有《存悔斋集》32卷，《五代史补注》。所作塞外诗都是当地物产风土及历史地理实录，是考边事者所必取资的“史诗”，也是研究黑龙江史，乃至东北史的一份珍贵文献。

西清（生卒年不详），字研斋，满洲镶蓝旗人，西林觉罗氏，系清康熙、雍正朝重臣鄂尔泰曾孙。自幼从师读书，精通满语，汉学造诣亦很深。清嘉庆十一年（1806年），任黑龙江将军衙门银库主事。在当地教授义学时，对当地少数民族语言多有研究。有著作《黑龙江外记》八卷，由是齐齐哈尔并黑龙江山川、建置、城堡、台站、天时、职官、兵防、贡赋、风俗、物产与流徙、谪籍、人物等藉可考见。

韩自友、马伏龙、石方山（生卒年不详），是清朝乾隆末年至嘉庆初年发配到黑龙江墨尔根，给当地旗丁为奴的遣犯。因当地有传言，要被改遣新疆，恐因路途遥远，被折磨致死，回族韩自友、马伏龙和汉族石方山挺身而出，准备起义。事前因队伍内叛徒李必连、刘义章自首告密及因事出仓猝、寡不敌众而遭到失败。这次斗争虽然失败，但迫使清廷作出点滴让步。清嘉庆十八年三月二十三日（1813年4月23日），清廷将十七年十二月改迁诏令，作了修订，规定："所有此次刑部酌拟改发新疆为奴之犯，其现在配所者，应令仍留吉林、黑龙江，无庸改发。"

英和（1771～1840年），原名石桐，字树琴，号煦斋，别号粤溪生，晚号胥叟。清乾隆五十七年（1792年）中举人，次年成进士，选庶吉士，后授翰林院编修。后历任工部尚书、户部尚书等职。清道光八年（1828年），因监修宝华峪孝穆皇后陵寝工程不坚，后来发生地宫被水浸溢一案，被革职系狱。发配黑龙江充当苦差。道光十一年三月（1831年4月），英和被加恩赦归。清道光二十年六月（1840年7月）卒于京师。道光帝念其旧时劳绩，赐三品卿衔。其著作有《恩福堂笔记》二卷、《恩福堂诗钞》十二卷（含《卜魁集》二卷）、《植杖集》一卷、《恩福堂年谱》二卷、《恩福堂试帖诗抄》二卷、《卜魁城赋》一卷、《卜魁纪略》一卷。

特普钦（1801～1887年），原名朴溪，字百溪、忍庵，张氏，汉军镶红旗。18岁时，与"两辽名士"张玉纶结交，时人称之为"龙头骥尾"。因连年科考未中，清道光七年（1827年），投笔从戎。清咸丰八年（1858年），署吉林将军。清咸丰九年八月初二日（1859年8月29日），署黑龙江将军。清同治元年十月初十（1862年12月1日），实授黑龙江将军。为了防止沙俄武装的再次入侵，在任期间，就现有兵力，勤加训练，"挑备兵丁，以备不虞"。并上疏朝廷提出弛禁招民垦荒的主张，从而改变了清廷百余年来在黑龙江的封禁政策。清同治六年十月十六日（1867年11月11日），特普钦积劳成疾，解职回归盛京。清光绪十三年（1887年）逝世。清廷赐谥刚介。遗著有《鸿泥印记》和大量奏疏。今人编有《黑龙江将军特普钦诗文集》。

吉勒通阿（生年不详～1839年）满洲萨克达氏，镶白旗。清嘉庆年间，因随军镇压农民起义，擢升协领。清道光五年（1825年），升任三姓副都统。清嘉庆年间，新疆伊斯兰教白派大和卓木布那敦之孙张格尔，在英国殖民者支持下叛乱。清嘉庆二十五年（1820年），吉勒通阿率骑兵随杨威将军长龄平叛，次年平定。后因吉勒通阿擒获张格尔，论功赏萨起克奇巴图鲁，图像紫光阁，列前四十功臣，位次十七。后调任伯都讷副都统。清道光十九年（1839年），病卒。

都兴阿（1818～1875年），字直夫，达斡尔族郭贝尔氏，东布特哈莽鼐屯人，满洲正白旗。清道光九年（1829年），都兴阿由荫生授三等侍卫，后擢二等侍卫。因参加镇压太平天国北伐有功被赐号霍钦巴图鲁。清同治三年（1864年），调西安将军，督办甘肃军务，不久署陕甘总督。1865年（清同治四年），调任都兴阿为盛京将军。清光绪元年（1875年），都兴阿卒于任所，归葬黑龙江，赠太子太保衔，谥清悫。今有《都兴阿奏稿》传世。

张光藻（1813～卒年不详），字翰泉，安徽广德人。清咸丰六年（1856年）进士。清同治九年三月（1870年4月），任天津府知府。"天津教案"事件发生之后，张光藻同情人民，主张"切实讯究"。后清廷派直隶总督李鸿章与曾国藩办理此案。李、曾屈服于列强压力，主张严惩"凶手"，弹压士民以媚外，将张光藻革职拿问，"从重改发黑龙江效力赎罪"。清同治十一年（1872年）夏秋之交，张光藻被赦归。张光藻约于清光绪朝中期去世，享年70余岁。著有《北戍草》，为其出塞期间所做诗歌。

多隆阿（1818～1864年），字礼堂，达斡尔呼尔拉特氏，隶齐齐哈尔正白旗。清咸丰三年（1853年），以骁骑校随汉军都统胜保镇压太平军，又随亲王僧格林沁围攻太平天国北伐军。因镇压太平军有功，清廷赏多隆阿云骑尉世职，擢正红旗蒙古都统，又擢荆州将军。清同治元年（1862年），授骑都尉世职。其后，受命督办陕西军务。清同治三年（1864年）春，川滇农民军蓝大顺部占领盩厔（今陕西周至），威胁西安，多隆阿亲自督师力攻，中枪伤右目，后创裂，卒于军。

奕山（1790～1878年），爱新觉罗氏，字静轩，满洲镶蓝旗人，道光帝侄，侍卫出身。清道光二十一年（1841年），由正白旗领侍卫内大臣、御前大臣，授靖逆将军，接替琦善，督师广东，以抗英军。到任后，不积极备战，四月六日（5月26日），英军据四方炮台炮击广州，奕山乞和。次日，与英军签订了赔款的《广州和约》。清道光二十九年（1849年），授伊犁将军。清咸丰元年（1851年），与俄国订立中俄第一个不平等条约《中俄伊犁塔尔巴哈台通商章程》。清咸丰五年十一月（1855年12月），调任黑龙江将军。在沙俄的武力威胁下，与沙俄代表穆拉维约夫擅自签订了不平等的《中俄瑷珲条约》。同治时，封一等镇国将军。清光绪四年（1878年）卒，谥庄简。

穆图善（生年不详～1887年），字春巖，索伦那哈塔氏，隶齐齐哈尔镶黄旗。清咸丰年间，从战河南、直隶、山东、湖北、安徽诸省时，立有战功。清同治元年（1862年），先从多隆阿军入陕征回，后代署钦差大臣，与太平军、捻军、回民军交战于陕西、湖北、甘肃、宁夏、青海，兼施招抚。历官西安右翼副都统，荆州、宁夏将军，署陕甘总督。清光绪元年（1875年），调署吉林将军。中法战争时，任福州将军，参左宗棠军事，击败法军于长门。清光绪十一年（1885年），受命为钦差大臣，会办东三省练兵事务。清光绪十三年（1887年）卒，谥果勇。

葛成隆（生年不详～1863年），亦作葛成瀶，热河朝阳（今辽宁朝阳）人。三姓（今依兰）金矿工人起义首领。清同治元年（1862年）夏，葛成隆在三姓城组织发动准备起义，由于组织不严密，起义军准备不足，训练不够，被清军设伏击败。清同治二年二月二十九日（1863年4月16日），在兴凯湖为清军所败。葛成隆不久被捕，被押解至省城吉林。三月十一日（4月28日），惨遭凌迟杀害。

依克唐阿（1833～1899年），扎拉里氏，字尧山，满洲镶黄旗人，祖籍吉林。因其征战有功，清同治八年（1869年），授墨尔根副都统，清同治十三年（1874年）署理黑龙江将军。清光绪十一年（1885年）在中俄勘界时，与吴大澂一起据理力争，维护了国家主权，争回了部分利权。清光绪十五年（1889年），依克唐阿升任黑龙江将军。在任期间，积极整军备战。甲午中日战争时，曾率军入朝鲜作战。清光绪二十一年三月（1895年4月），赐头品顶戴。五月，授镶黄旗汉军都统。当时上谕有“依克唐阿此次统军御敌，奋勇力敌，将士颇能用命”等语。同年八月，出任盛京将军。清光绪二十五年（1899年），卒于任所，谥诚勇。

徐宗亮（1834～1904年），字晦甫，号椒岑，安徽桐城人。清桐城派作家。袭骑都尉世职。以作幕宾为业，终生不仕，历参胡林翼、李续宜、李鸿章诸人幕府。清光绪十二年（1886年），清廷任命恭镗署黑龙江将军，其上任后聘请徐宗亮为幕僚。徐宗亮居黑龙江三年，亲自考察当地山川、风俗、政治利弊，然后将调查研究的材料，与档案材料相印证，于清光绪十五年（1889年）著成《黑龙江述略》一书。清光绪三十年七月（1904年8月），以布衣终老。著述另有《善思斋诗文钞》《善思斋诗文续钞》《归庐谈往录》等。晚年还曾参与《通商约章类纂》《天津府志》《沧州志》的编纂。

吴大澂（1835～1902年），字清卿，号恒轩，又号愙斋，江苏吴县人。清同治三年（1864年）举于乡，七年后为进士，授编修。历任陕、甘学政、河南、河北道员，太仆寺卿，太常寺卿，通政使，左都御史，广东、湖南巡抚等官。曾参左宗棠西行大营，在吉林助铭安练兵，参与中俄边界及中日订约之交涉。中法战争时会办北洋事宜。中日战争时疏请参战，因战败，被革职。清光绪二十八年正月（1902年2月），吴大澂卒于吴县。平生精于金石学与古文字学，有《愙斋诗文集》《皇华纪程》《说文古籀补》《权衡度量考》等著述。

李金镛（1835～1890年），字秋亭，江苏无锡人。早年经商，清咸丰十年（1860年）以监生捐得同知衔。清同治元年（1862年），由候选同知投效李鸿章军营，参与镇压太平军。清光绪十三年（1887年），经李鸿章推荐被调往黑龙江筹建漠河金矿，到任后，李金镛采取以官督商办的经营方式建立了漠河金矿。清光绪十六年九月初四（1890年10月17日），病逝于漠河任所，清廷为了表彰其功绩，特以“照军营立功后积劳故例”加以抚恤，追赠内阁学士，荫一子为知县，并准于长春、漠河和无锡建立祠堂，事迹宣付国史馆立传。遗著有《珲牍偶存》《赴崴日记》。

马振隆（生卒年不详），原名马国良，绰号马傻子。农民起义领袖。居于吉林梨树县杨木林东团山子村。清同治三年（1864年）夏，马振隆竖起“替天行道”的大旗，举行反清起义，后与王起、李维藩联合，被推为红旗老总，成为东北农民起义的重要领袖。起义军转战各地，后因起义军的内讧和马振隆指挥上的失误，清同治五年四月初三（1866年5月16日），马振隆赴盛京副都统花里雅春军营乞降，后被杀害于黄旗堡。

陈福龄（1844～1929年）族名福庆，字全斋，籍隶齐齐哈尔水师营。清光绪二十一年（1895年），因为办理盗窃案有功，褒奖蓝翎。此后，历任开办屯田兼收林局烟厘各税、招垦勘丈旗民地亩等事务。清光绪二十六年（1900年）初，沙俄出兵向东北大举进犯，陈福龄在危难之际一直在将军衙门视事，恪尽职守。此后，陈福龄一直负责黑龙江垦荒事物，后因疾病时发，呈准辞职。之后即专注于慈善事业。陈福龄所著《宦海伏波大事记》，是研究黑龙江地方史及齐齐哈尔水师营历史的珍贵资料。

许景澄（1845～1900年），原名癸身，字竹筠，一作竹篔，浙江嘉兴人。清同治七年（1868年）中进士，授翰林院庶吉士。清光绪十六年（1890年），任出使俄、德、奥、荷四国大臣，多次参与对俄领土交涉，曾建议朝廷加强海防。在对待义和团爱国反帝运动中，与太常寺卿袁昶联名上疏，力主镇压义和团，保护使馆，以防各国作为干涉口实。清光绪二十六年（1900年）慈禧太后视其为帝党，于七月三日（7月28日）被杀。清宣统元年（1909年），谥文肃。著有《许文肃公遗稿》《奏疏录存》《出使函稿》《帕米尔图说》《西北边界地名译汉考证》等。

惠安（生卒年不详～1878年），京城镶蓝旗满洲人。清光绪元年八月（1875年9月），授呼兰城守尉。为人正直、善断案。因教案和官员倾轧，惠安两次被冤枉，愤郁不堪，乃于清光绪四年十月初三（1878年10月28日）自沉于呼兰河。事后经查均是诬告。

孔广才（生卒年不详），亦作孔光才，又名孔继林。清同治年间到吉林三姓（今黑龙江依兰）一带金场挖金。清光绪元年（1875年）春，吉林官兵将大举搜山，挖金工人被打死无数，所携金砂亦全被搜走。经挖金工人各股领头人与众人商议对策，决定乘搜山官兵尚未完全集结，举行起义。公推孔广才、阎兆仁、李春为“总头目”。在孔广才等人领导下，起义军转战木兰、呼兰一带。清光绪十五年（1889年）被镇压。

凤翔（生年不详～1900年），又名锡凤，字集廷，杨氏，汉军镶黄旗人。初任笔帖式，后升蓝翎骁骑校，镶红旗汉军佐领，五常堡协领，吉林鸟枪营统辖、参领。清光绪二十年（1894年），中日甲午战争爆发，凤翔掌管粮饷供给。当时清军因指挥不当屡战屡败，凤翔做到“给食不乏”，在辽阳保卫战中保证了军粮供应。清光绪二十六年（1900年），沙俄以各种借口入侵黑龙江瑷珲地区，凤翔将军坚决抗敌，在抗敌过程中，终因伤势过重，呕血数升而亡。凤翔将军以身殉国后，清政府屈服于沙俄的无理要求，竟宣布凤翔“有罪”，革去其副都统职务。其后有人提出应予昭雪，清廷却一再“从缓置议”，使这位民族英雄长期受到不公正的对待。

姚福升（1848～1929年），又作富升，字申五，祖籍属清内务府正黄旗汉军，后移驻吉林。清光绪十六年（1890年），调任瑷珲，总办镇边军粮饷。清光绪二十年（1894年）秋奉旨调驻齐齐哈尔。清光绪三十一年（1905年）夏，入盛京将军府，经将军增祺举荐，再次调入黑龙江，督理全省财政善后事宜。清光绪三十二年十二月初十日（1907年1月23日），得黑龙江巡抚程德全保举，奉旨署理瑷珲副都统印务。在任期间，一方面与沙俄入侵者多次严正交涉，谴责其入侵行为，一面向朝廷呈报，并多次直接与俄方据理交涉，要求索还江东六十四屯，未果。中华民国建立后，姚福升留任至1913年1月。后因各界挽留而于瑷珲定居。1929年卒于哈尔滨。

曹廷杰（1850～1916年），字彝卿，号楚训，湖北枝江人。清光绪二年（1876年）赐明经进士。沙俄不断蚕食中国东北领土，曹廷杰深识沙俄野心，亟思抗御沙俄之策，前后多次在黑龙江地区踏查，或“手不释卷”“荟萃群书”并加以详细考究。到清光绪十一年（1885年）春，先后完成《古迹考》《东北边防辑要》二书初稿。前者是实地踏勘的考古成果汇集，后者则以大量史料阐述明清两代东北疆域及管辖情况，证明黑龙江流域自古以来属于中国领土，并追述了沙俄对该地区的侵略历史。1916年，因病逝世。

恩泽（生年不详～1899年），字雨三，噶奇特氏，蒙古镶蓝旗人。清光绪九年（1883年），由督办新疆军务的刘锦棠举荐，被任为吉林副都统。清光绪二十年十月（1894年11月），任署吉林将军。清光绪二十一年（1895年）冬，恩泽调任黑龙江将军。在任时，积极整兵操练新军，并审时度势地筹办保甲、团练。恩泽还推进完成绘制《黑龙江舆图》，并创议纂修《黑龙江通志》。清光绪二十五年十二月（1899年1月），恩泽因罹疾免职，旋卒于齐齐哈尔。清廷谥壮敏，并于黑龙江及立功省份建祠。

屠寄（1856～1921年），初名庾，字敬山，一作竟山，号结一宧主人，祖籍江苏武进。清光绪十四年（1888年）入张之洞幕府，任广东舆图局总纂，主修《广东舆地图》。并任广雅书局编审，与著名学者缪荃孙同校《宋会要》辑稿。清光绪二十一年（1895年），黑龙江将军恩泽申奏由屠寄总纂黑龙江会典舆图，得准。屠寄为黑龙江舆图总纂，主持舆图的测绘和图说的纂修事宜。清光绪二十四年（1898年）将黑龙江六城的草图全部绘制完毕。第二年完成了黑龙江舆图的审修及“黑龙江图说”的撰写。但纂修《黑龙江通志》的工作因种种原因未能完成。屠寄于清光绪二十六年（1900年）离开黑龙江。后任北京大学国史馆总纂。1921年卒，终年66岁。

张永贵（1858～1911年），直隶宝坻（今属天津市）人。少时因涉嫌盗窃被捕入狱，上诉查清后出狱，已年满30岁。清光绪二十四年（1898年），到哈尔滨，进入中东铁路临时总工厂做工。期间受到革命思想的影响，逐渐成为工人运动的领导者。因组织工人罢工，张永贵被开除。后来加入活动在蜜蜂山的一支“马贼”队伍，修理枪支。清宣统三年（1911年），这支队伍被同盟会收编，准备参加辛亥革命。同年冬，张永贵在抢运沙俄殖民者的弹药时，不慎因弹药爆炸造成重伤，不久逝世，终年53岁。

黄维翰（1867～1930年），字申甫，号稼溪，江西崇仁县稼溪人。清光绪二十年（1894年）举人，次年中进士。清光绪三十三年（1907年），任呼兰府第二任知府兼办呼兰税务总局。任期内，因庶政修举，卓著循声，政绩为全省之最，而受到嘉奖。清宣统二年（1910年），调署龙江府知府。清宣统三年二月十二日（1911年3月12日），被诬，以“防疫具报不实”罪名革职。辛亥革命后，曾两次参加《黑龙江通志》编纂工作。1930年，突然病逝于北平（今北京），终年64岁。

张建勋（1879年～卒年不详），字季端，广西临桂人，祖籍湖南常德府沅江县。清光绪五年（1879年）已卯科举人，清光绪十五年（1889年）已丑科一甲第一名进士。清光绪三十二年四月（1906年5月），补授黑龙江提学使司司使，通称提学使。在任期间，建勋“规划全省学务，因势利导，力任艰难”。清宣统二年十月（1910年11月），清廷命张建勋兼署黑龙江民政使。1912年，卸任的张建勋离开黑龙江省南归。张建勋在黑龙江五年间，共建官办学堂320所，堪称黑龙江近代教育的开拓者。

张拳师（生年不详～1900年），齐齐哈尔义和团首领。清光绪二十六年五月（1900年6月），在齐齐哈尔成立义和团。六月，指派二百义和团成员前赴瑷珲，宣传和组建义和团。七月，沙俄占领后，张拳师刷率领义和团200余人前往支援。因其主张坚决抵抗，奋战到底，为当时主张妥协求和的黑龙江将军程德全所恶，将其杀害，事后，收编义和团余部。

寿山（1860～1900年），字眉峰，明尚书袁崇焕后裔，吉林将军富明阿长子。清光绪十一年（1885年），袭骑都尉世职，以员外郎归部选用，后迁郎中。清光绪二十年（1894年）中日战争爆发，在奉天（今辽宁）依克唐阿（时任黑龙江将军）军营，任步兵统领。依克唐阿赞许为“谋勇兼优，洵属不可多得”之才。清光绪二十三年（1897年）调充镇边军左路统领，驻黑龙江。清光绪二十六年（1900年），署理黑龙江将军。六月，沙俄经瑷珲，入侵齐齐哈尔，清军败，寿山自杀殉节。1928年，黑龙江省公署在齐齐哈尔关帝庙侧择地建寿公祠，寿山幕僚于驷兴为撰殉难碑铭。祠在今龙沙公园内。

程德全（1860～1930年），字纯如，号雪楼，晚号无智，素园居士，四川云阳人。清光绪十四年（1888年）入国子监肄业。其间与黑龙江汉军寿山相识相交。清光绪二十六年（1900年）初，寿山就署黑龙江将军任，程德全任将军文案、兼银元局总理。1905年（清光绪三十一年），擢升黑龙江将军。清宣统二年（1910年）调任江苏巡抚，参与预备立宪活动。清宣统三年（1911年）武昌起义爆发，程德全被推为江苏军政府都督，后任江苏都督、南京临时政府内务总长等职。后退出政界隐居上海。1930年病逝于上海。

周树模（1860～1925年），字少朴，号沈观，又号孝甄，晚年自号泊园老人，湖北天门县人。清光绪十五年（1889年）进士，官至黑龙江巡抚，兼任中俄勘界大臣。曾与俄国谈判勘测边界，订立《中俄满洲里界约》。辛亥革命后任平政院院长；后屡请其出任国务院总理，均为其婉谢。著有《谏垣奏稿》《抚江奏稿》等。

唐殿荣（生年不详～1901年），山东黄县人。清光绪初年，闯关东到宁古塔（今黑龙江省宁安县）。遂在三姓（今依兰县）至镜泊湖一带做伐木佣工，以武功出众、精于枪械，被推举为首领。他把淘金工人、伐木工人和猎户组织起来习武操练，欲抵抗沙俄入侵，被清廷视为宁古塔“巨匪”，派兵征剿数次未果。清光绪二十六年（1900年）义和团运动兴起后，唐殿荣为了“抵御俄寇”，接受了吉林将军长顺的“招抚”，所部号称镇东军。镇东军在抵御沙俄入侵黑龙江过程中纪律严明、表现英勇。后唐殿荣被人刺成重伤不幸于清光绪二十七年正月二十四日（1901年3月14日）牺牲。

傅岐标（生年不详～1905年），字鸣山，山东昌邑人。傅家为昌邑望族，武功尤盛，先代任提督、镇台、参将游击等官的即达十数人。岐标青年时受家庭影响，就矢志投身军旅，为国效忠出力。清光绪二十六年（1900年），俄兵由瑷珲南入侵，直扑齐齐哈尔，中路统领保全率所部抵御，战于北大岭。傅岐标率领左营与俄军激战，而中营、右营望风而溃。此战清军最后只剩10名骑兵冲出重围，其余皆战死，无1人投降。清光绪三十一年（1905年），在追剿土匪时，不幸中匪枪弹而殁，时年51岁。

永山（1868～1894年），字松岩，汉军正白旗人，明尚书袁崇焕后裔，吉林将军富明阿次子。得父富明阿荫，授三等侍卫。后调黑龙江镇边军，选充营官、马队统领。中日甲午战争爆发后，率军赴辽东参战。清光绪二十年十一月十九日（1894年12月15日），于冲岭遇日军埋伏，因伤重失血过多而牺牲。永山在抗击日军时，阵阵无不跃马当先，摧坚执锐，以致敌人有“深畏马队”之说。清廷，谥壮愍，予建祠奉天，并附其父富威勤公（富明阿）专祠。

朱权（生卒年不详），湖北兴国县人。自幼聪颖，好吟咏。约在清光绪十年（1884年）之后，出关遍历东三省。后来入黑龙江将军幕府做幕僚，出任巡检。清光绪三十二年（1906年）任塔子城分防经历，清宣统元年六月（1909年8月）去任。朱权为人达观，清廉自守，不以官卑自馁。朱权晚年自号龙江钓叟。其诗作多不存，诗作多以诗言志，或直抒胸臆，残稿汇为《龙江钓叟诗遗》一卷。

吴泰（1884～1911年），山东省章丘县人。清光绪二十五年（1899年），参加了修筑中东铁路的工程，后入海参崴铁路工厂做工。清光绪三十一年（1905年）因参加大罢工被开除，随即到哈入三十六棚机车分厂。清光绪三十三年三月十九日（5月1日），他代表中国工人联络俄籍工友，召集万余人（包括码头、装卸工人及附近农夫）到江北太阳岛上隆重纪念国际劳动节。作为工运领袖，他带头呼喊“别列维马乌拉”（“五一节”万岁）、“劳工神圣”“全世界无产者联合起来”等口号，强烈要求“还我自由、民主”“实行8小时工作制”。大会开了6个小时。此举轰动了国内外，为哈尔滨工运史书写了光辉一页。后因感染鼠疫，于清宣统三年十二月（1911年1月）病逝。

曹奉昭（1875～1916年），字玄九，安徽当涂人，湖南著名幕僚曹本观之女。少时聪颖好学，7岁即能赋诗。22岁嫁绍兴范迪煌为继室。清光绪二十三年（1897年），黑龙江将军恩泽聘范迪煌为幕僚，随其辗转各地，后定居于拜泉。其所做诗作多充满一种忧国忧民的情感，对列强侵华的隐忧与渴望抵御外侮的感情跃然纸上。1916年3月15日，女诗人曹奉昭因偶染瘟疫病逝。范迪煌收集其佚诗数十首，名之为《绣余诗存》。

熊成基（1887～1910年），一名承基，字味根，江苏甘泉（今江都）人。清光绪三十年（1904年）夏，考入安徽练军武备学堂，当学兵。深受民主革命思想影响，参加反清秘密革命团体——“岳王会”。后考入江南炮兵速成学堂学习。毕业后于江宁充当陆军第九镇炮兵排长。清光绪三十四年（1908年）秋，在庆安起义反清，因准备不足失败。后转赴日本，与同盟会黄兴结识，后受同盟会派遣于东北活动筹集革命经费，因叛徒臧贯三等出卖，于哈尔滨被捕。清宣统二年正月十八日（1910年2月27日），熊成基于吉林（今吉林市）巴尔虎门外刑场慷慨就义。

王鹤鸣（生年不详～1911年），字九皋，齐齐哈尔镶黄旗汉军。为人深沉有识。清光绪二十三年（1897年），为将军衙门刑司掌案笔帖式。清季筹备宪政。清光绪三十四年八月（1908年9月），黑龙江省设立黑龙江咨议局筹办处。经过投票选举，鹤鸣被选为黑龙江咨议局议长。就任时坚持地方监督之责，每遇不公正事，都按照法理，不因涉及上官而妥协退让。清宣统三年二月初一（1911年3月1日），因办理防疫染病而卒。

李澍恩（1879年～卒年不详），字季康，江苏无锡人，李金镛之子。清光绪二十八年（1902年），以监生报捐候选通判，投效吉林。清光绪三十一年（1905年）留学日本宏文学院。清光绪三十三年（1907年）任吉林农安县知县，以明干著称。清宣统元年（1909年），宾州厅升为府，即以李澍恩为知府。澍恩励精图治，整顿巡警、学务，设立自治，开办蚕桑，创设农林试验场，广植树木，整顿乡规，振兴工业。调任之后，将诸多庶政资料收集于一箦，续辑成书，又附以风土调查，统计年报等卷，成为综合性的地方政书——《宾州府政书》。

中华民国

孔庆玺（1857～1937年），山东曲阜人。黑龙江名医。清光绪三十一年（1905年）来到哈尔滨道外行医。因医术高明，收费低廉，同情穷苦工人，得到修建中东铁路的工人的敬佩。清宣统二年（1910年）哈尔滨发生鼠疫，孔庆玺全力投入道外地区的防疫工作，鼠疫很快被扑灭。他还成功研制专治病毒性感冒的药丸——万应定药丸，疗效甚佳，被当时人称为“家庭必备良药”。

宋小濂（1860～1926年），字铁梅、友梅，祖籍直隶宝坻（今河北省宝坻县），后迁至吉林（今吉林市）。与徐鼐霖、成多禄世人合称“吉林三杰”。曾任黑龙江铁路交涉局总办、呼伦贝尔兵备道、黑龙江第一任都督兼民政长、中东铁路督办等职，在抗击沙俄、捍卫国家领土完整方面做出了贡献。宋小濂喜吟诗，有《晚学斋诗草》12卷传世。他所撰《北徼纪游》《呼伦贝尔边务报告书》等，对研究漠河金矿史、中俄边界交涉及黑龙江近代史均有重要价值。

张朝墉（1860～1942年），字北墙，一字白翔，号半园，四川奉节人。著名书法家。曾任黑龙江巡抚程德全、周树模及黑龙江都督宋小濂幕府。受聘于黑龙江通志局时，曾纂修《黑龙江物产志》。一生诗作很多，其诗含蓄隽秀，绘景寄情象外，言志澹泊宁静。书法兼擅楷、行、篆、隶各体，在书坛享有盛名，慕名登门求书者甚多，足迹所到处，多有他的墨迹或刻石流传。

马六舟（1862～1917年），字纶三，回族，四川成都人。清光绪二十六年（1900年）充任程德全幕僚。清光绪二十九年（1903年）程德全任齐齐哈尔副都统，留府中翊赞军政事务。历任木兰县知县、巴彦县知事。清光绪三十三年（1907年）在齐齐哈尔清真东寺创办“清真两级小学堂”，为早期新式回民小学之一。1914年与马新斋等创办黑龙江回民共进会。马六舟嫉恶如仇，体恤民间疾苦，清剿匪患，因而被某些人所记恨。1917年公出途中遭土匪劫持杀害。

吴俊陞（1863～1928年），字兴权，绰号“吴大舌头”，祖籍山东历城县，生于奉天昌图。奉系军阀的主要头目之一，辅佐张作霖称霸东北。1921年任黑龙江省督军兼省长。1924年第二次直奉战争爆发任奉军第五军军长。1926年北伐战争开始后与孙传芳、张宗昌等一起推戴张作霖为陆海军大元帅，任第六军团团长。曾率部血腥镇压了大刀会农民武装暴动。1928年6月4日，在沈阳皇姑屯与张作霖同时被日本人炸死。

徐鼐霖（1865～1940年），字敬宜，又作敬一，一字镜芹，晚号憩园，吉林永吉人。早年入盛京将军依克唐阿、齐齐哈尔副都统程德全幕府。清宣统元年（1909年）任黑龙江兴东兵备道道员，他身体力行，多办实事，使刚刚设立的兴东兵备道初具规模。清宣统三年（1911年）出任黑龙江民政使司民政使。1919年任吉林省长，翌年9月去职，寓居北平。东北沦陷后闭门不仕，表现了强烈的爱国主义思想。徐鼐霖擅诗文，工书法，诗文集有《憩园老人集》《憩园诗草》《憩园存稿》等。曾主修《永吉县志》。

毕桂芳（1865～卒年不详），字植忱，又作植承，满族，北京大兴人。早年留学俄国，后任驻俄公使随员、驻海参崴总领事等职。中华民国时期，历任黑龙江省都督兼民政长、黑龙江都督兼巡按使、黑龙江省长兼黑龙江督军。1914年曾被任命为中俄蒙议约事件全权专使，参加恰克图会议，签署《中俄蒙协约》。1917年被许兰洲以武力胁迫辞去黑龙江督军兼省长一职，离黑去京，后曾出任黎元洪总统府的高等军事顾问、安福国会众议院议员、张作霖北京军政府内阁赈务督办等。

鲍贵卿（1867～1934年），字霆九，辽宁海城人。奉系军阀的重要成员。1912年与清军将领段祺瑞等联合通电，迫使清帝退位。1917年任黑龙江督军，暂行兼署省长。1919年任吉林督军兼东清铁路督办和东省护路军总司令，期间派兵进驻中东铁路沿线，解除了沙俄军警武装，驱逐了中东铁路局局长霍尔瓦特，取消了中俄会审制度。后任陆军总长。1924～1928年，再任东清铁路督办、张作霖顾问、审计院院长。张作霖于皇姑屯罹难后退隐津门。

李升（1867～1962年），山东德州人。抗联老战士。1919年到东北，1931年“九一八”事变后参加汤原抗租斗争，被安排做地下交通工作，成功护送过一些重要领导人由哈尔滨去外地。1933年加入中国共产党。1938年由于叛徒告密被捕入狱，受尽敌人折磨仍坚强不屈，1945年日本投降后出狱重新找到党组织。1951年作为抗联代表参加国庆观礼，受到毛主席的亲切接见。曾任黑龙江省政协常委。

阮忠植（1869～1936年），字公槐，安徽合肥人。清光绪二十六年（1900年）任伊通通判，沙俄侵入吉林境内他面对强敌亲自出面交涉，使该城赖以保全。清光绪二十九年（1903年）任双城通判，清光绪三十一年（1905年）时值日俄战争结束，沙俄溃军途经双城，为防俄军扰乱地方，他置个人安危于不顾，只身出城同俄军元帅谈判，终使双城民众免遭涂炭。1914年出任吉林依兰道尹。阮忠植为人宽厚，有操守，入仕途20余载，廉政爱民。能诗文，著有诗作《三姓土风》等。

冯金封（1869～1948年），河北昌黎人。黑龙江名医。年轻时苦读医学著作，认真钻研医术，颇受乡亲们的欢迎。清光绪三十一年（1905年）到哈尔滨行医，研制成独具一格的“冯金封膏药”，推出了“和平解凝膏（膏药）”及一系列外治、内治法和各种药物，医治了许多疑难病症。在行医中注重医德医风，对于就诊的贫苦患者，经常少收费或不收费。热心慈善事业，是当时哈尔滨有名的慈善团体大成祥的主要创立人之一。

马忠骏（1870～1957年），原名马德扬，字荩卿、无闷，又称遁园、遁庵，祖籍山东蓬莱，生于奉天海城（今辽宁省海城县）。曾任中东铁路交涉局委员，清光绪二十六年（1900

年）沙俄出兵侵入中国东北，马忠骏代表清政府与俄方谈判，达成了俄军停止进攻、由清政府维持地方秩序的协议。清宣统三年（1911年）任吉林屯垦局局长，后改任官运局局长。1914年来到黑龙江省，历任黑龙江省铁路交涉局总办、东省特别区市政管理局局长等职。“九一八”事变后拒不出任伪满洲国职务，并秘密捐款支援抗战。东北解放后，为支援东北文化事业建设，他把自己珍藏数十年的古籍、文物献给筹建中的东北图书馆。1956年当选哈尔滨市政协委员。

张伯英（1871～1949年），字勺圃，号云龙山民，晚号东涯老人，江苏铜山人。青年时期中举。辛亥革命后，任北洋政府国务院秘书厅执政秘书。目睹军阀纷争，于1925年辞职，专心于教育与社会公益事业。1929年出任黑龙江通志局总纂，为完成《黑龙江志稿》付出了极大的心血。张伯英是蜚声艺坛的书法家，他的书法宗尚北碑，榜书行楷独具一格而不失法度，结体严谨而飘逸流畅，当时与赵声伯并称为南北二家。

张景惠（1871～1957年），字叙五，奉天（今辽宁省）人。奉系军阀，大汉奸，张作霖拜把兄弟。曾任奉军副司令、察哈尔都统等奉系要职。1926年张作霖入京组织安国军政府，任陆军总长。1928年出任东省特别行政区长官。“九一八”事变后，死心塌地为日本侵略者效力，先后担任黑龙江省省长、伪东北行政委员会委员长、伪参议府议长兼北满特别区行政长官、伪满洲国军政部总长、总理大臣等职。抗战胜利后被苏军押送苏联，1950年被移交抚顺战犯管理所。

许兰洲（1872～1964年），字芝田，河北南宫人。清光绪三十三年（1907年）随徐世昌入东北，先后任奉天巡防右路统领、黑龙江巡防前路统领。辛亥革命后，先后任黑龙江陆军混成旅旅长、黑龙江陆军第一师师长、黑龙江帮办军务等职。1917年5月以武力胁迫黑龙江督军兼省长毕桂芳辞职，并暂代行黑龙江督军和省长职权。同年7月被授为署理黑龙江巡抚。1918年起任援陕奉军总司令等职，先后参加了第一、二次直奉战争。1928年后赋闲，1937年“七七”事变后出任伪华北人民自治会会长。

孙烈臣（1872～1924年），原名孙九功，字占鳌，奉天（今辽宁省）黑山人。是奉系军阀张作霖最信赖的心腹干将之一。1919年出任黑龙江督军兼署黑龙江省长，1921年调署吉林督军兼署吉林省长。1922年第一次直奉大战爆发，任奉军前敌总司令，为奉军转败为胜立下汗马功劳。战后孙烈臣功居首位，晋升东三省保安副总司令、东三省陆军整理处统监，开始重组部队、拟定治军方案、举办军校、筹建空军，并建立了东北地区第一家兵工厂—奉天兵工厂。

邵乾一（1874～1958年），又名邵尚勤，奉天金州（今辽宁省金县）人。面粉大亨，20世纪初哈埠民族工商业的开拓者之一。清宣统元年（1909年）在大连开设天兴福制油厂，1918年在长春建成天兴福第一制粉厂，1920年到哈尔滨，至1925年，相继建设了天兴福第二、第三、第四制粉厂，日产面粉近万袋，企业进入鼎盛时期。“九一八”事变后，他深具民族气节，不与日伪人员往来。抗战胜利后制粉厂全面恢复生产，1955年实行公私合营。他生活俭朴，乐善好施，积极兴办教育。经常鼓励子女努力工作，积极支援国家经济建设。

成兆才（1874～1929年），字捷三，艺名东来顺，河北滦县人。18岁从师学唱“彩扮莲花落”，22岁成为职业莲花落艺人。清宣统元年（1909年）借鉴河北梆子、京剧的唱腔和表演程式，对莲花落进行全面改革，创造了平腔梆子戏，为评剧剧种的形成与发展做出了重大贡献。一生共创作、改编了100多个剧本，他创作演出的《杨三姐告状》《安重根刺杀伊藤博文》，歌颂了人民的正义斗争，抨击了反动官僚的黑暗，具有强烈的反抗精神和爱国主义思想。

朱庆澜（1874～1941年），字子桥，浙江绍兴人。1913起先后担任黑龙江省都督府参谋长、护军使兼署民政长、镇安右将军督理黑龙江军务兼巡按使、滨黑铁路督办等职。他主政黑龙江期间，兴办农业，放荒拓垦，移民实边，整顿财政，发展教育，坚决反对沙俄在黑龙江地区的侵略行径。1916年出任广东省省长，支持孙中山护法运动。1922年重返东北，任中东铁路护路军总司令兼东省特别行政区长官。1925年辞职后，从事慈善救济事业与抗日救亡运动。

王德林（1875～1938年），原名王林，字惠民，山东沂水人。抗日爱国将领。清光绪二十六年（1900年）起率领一支绿林队伍在吉林和黑龙江一带打击俄国入侵者，清光绪三十三年（1907年）被收编。1932年成立中国国民救国军，任总司令，在著名的镜泊湖连环战役中重创日军。1933年1月救国军兵败失利，王德林率领卫队撤入苏联境内，余部加入抗日联军，不少中下级军官成为抗联的领导骨干。1937年"七七"事变后组建民众抗日武装，未及赴前线便因病于1938年12月20日去世。延安《解放》周刊发表专文悼念，赞其为"民族老英雄"。

王树森（1875～1946年），满族，"王麻子膏药"创始人之一。祖居北京牛街，清光绪十八年（1892年）定居于呼兰厅（今黑龙江省呼兰县），承操父业，熬制膏药。20年代末迁居哈尔滨，在富锦街开设"福庆堂—王麻子膏药店"。王树森具有高尚的医德医风，坚持"治病救人，薄利多销"的原则。当时在哈尔滨的许多日本、蒙古、朝鲜、苏联侨民也都来找他治病。王麻子膏药远销海内外。

张廷阁（1875～1954年），号凤亭，山东掖县人。哈尔滨民族资本主义工商业开拓者之一。中日甲午战争后与亲属到海参崴谋生，入股"双合盛"，因经营有方，成为当地首富。1915年在哈尔滨创办双合盛制粉厂，后成为哈尔滨制粉业中设备最先进、产量最大、产品质量最好、信誉最高的厂家。1925年成立双合盛无限公司，任总经理，至1930年成为哈尔滨民族工商业中资本雄厚、实力强大的企业集团。曾任哈尔滨总商会会长、哈尔滨市自治会会长、哈尔滨市政府临时市长等职，是一位富有正义感、民族感并热心于公益事业的资本家。

张殿九（1875～卒年不详），字子杨，热河（今辽宁省）朝阳人。清宣统二年（1910年）入讲武堂学习，后历任东北陆军骑兵二旅旅长、兴东镇守使、呼伦贝尔镇守使、东省铁路护路军哈满副司令等职。"九一八"事变后对日伪政府拉拢不为所动，坚持抗日主张，于1932年10月成立东北民众救国军，任副总司令，率部在富拉尔基、海拉尔、满洲里等地抗击日本侵略军，12月率部分人员撤入苏联境内。1934年6月经欧洲辗转回国。后不知所终。

魏毓兰（1876～1949年），字馨若、馨钥，号琴猗、又号唯园，木叶山人，山东黄县人。近代东北著名报人、方志家、诗人。清宣统元年（1909年）到东北投身报界，宣传民主革命，在报界和读者中具有较大影响。1916年在齐齐哈尔创办《黑龙江报》，后成为当时在省城影响最大的一家报纸。魏毓兰还是方志家和诗人，在黑龙江乃至东北的诗坛、志坛都产生过很大的影响，曾两度被聘为《黑龙江通志》分纂员，负责编纂《职官志》，补纂《武备志》。著有《木叶山馆丛书》《龙城旧闻》《黑水诗存》等。

林传甲（1877～1922年），号奎腾，福建闽侯人。黑龙江教育先驱。早年就读于西湖书院，博览群书，尤长经史、地理、文学，为张之洞所器重。清光绪二十八年（1902年）考取乡试第一。两年后，出任京师大学堂文学教授，主讲中国文学史。清光绪三十一年（1905年）～1916年在黑龙江从事教育工作，是在黑龙江最早创办学堂的人之一。1916年后离开黑龙江，周游各地。曾编著《黑龙江乡土志》《龙江旧闻录》《黑龙江教育状况》《黑龙江学校概况》《大中华地理志》等。林传甲除致力教育外，在文学、历史、地理等方面著述也极为宏富，当时被誉为“学界巨子”。

程志远（1878～1934年），山东莱阳人。汉奸。早年投身行伍，“九一八”事变后参加了马占山领导的江桥抗战。马占山与日本妥协后，程志远被派回齐齐哈尔，1932年被日本委为黑龙江省警备司令、黑龙江省省长。后因能力低下，被日本人免去黑龙江省职务，调到长春任毫无权力的伪满洲国参议。

陈东山（1879～1935年），名宗岱，以字行，吉林伊通人。抗日民主人士。俄国十月革命成功后，成立“东亚革命军”，后接受东北当局招抚，追随李杜卫戍地方。“九一八”事变后，他坚决支持李杜的抗日壮举。在哈尔滨保卫战中战绩卓著，被擢升为吉林自卫军旅长。1933年李杜撤往苏联后，他联络自卫军旧部坚持抗日斗争。在敌众我寡的条件下，不得不退入苏境，后假道新疆回国，被委以新疆督办公署中将高等顾问，1935年被军阀盛世才派人谋害。

蔡运升（1879～1959年），字品山，吉林双城（黑龙江省双城市）人。清宣统三年（1911年）应黑龙江省都督宋小濂邀请，加入黑龙江省都督府任参事。1915年起任黑龙江政务厅厅长、滨江道道尹兼哈尔滨交涉员、东省特别区行政长官公署政务厅厅长等职。1929年“中东路事件”爆发后，代表中方与苏联签订《伯力会议议定书》。“九一八”事变后加入伪满洲国政府任伪职。1948年他和好友马占山等游说傅作义，为北平和平解放做出贡献。全国解放后先后任职于中央文史馆、北京文史馆。

翟文选（1880～1950年），字熙人，一作羲人。满族，吉林双城（今黑龙江省双城市）人。1913年出任黑龙江省兼商埠地方会警察厅厅长。1928年出任奉天省长，与张学良、张作相、万福麟联名通电全国宣布东三省易帜，后出任奉天省政府主席。是年冬纂修奉天通志，创设奉天通志馆。“九一八”事变后日伪诱其出任伪满洲国要职，遭到他严词拒绝。晚年留心佛事，居家修行。

丁超（1880～卒年不详），字洁忱，奉天新宾人。汉奸。自20年代起先后担任东省铁路护路军哈满司令、奉天督军署军事顾问、陆军第八旅旅长等职。“九一八”事变后会同李杜等将领组建吉林自卫军总司令部，担任中东路护路军总司令，参加哈尔滨保卫战。1932年被日伪军打败后投降。1938年被日伪当局先后委任为伪通化省省长、伪安东省省长等职。东北光复后作为汉奸受审，50年代初病死在抚顺战犯管理所。

李杜（1880～1956年），原名李荫培，字植初，又名玄存、黎苏，奉天（今辽宁省）义县人。著名抗日将领。清光绪三十一年（1905年）入东北讲武堂学习军事，历任连长、团长、师长等职。“九一八”事变时任依兰镇守使兼东北军二十四旅旅长。1932年1月在哈尔滨联络部分爱国将领组织吉林自卫军，任总司令，发表抗日讨逆通电和告民众书。1932年2月指挥吉林自卫军进行“哈尔滨保卫战”。1933年1月率余部退入苏联，同年7月假道欧洲回国，参加由宋庆龄组织的抗日救亡运动。1945年加入中国共产党。全国解放后被推选为全国政协委员。

奚廷黻（生卒年不详），字少卿，安徽黟县人。黑龙江报业先驱。清光绪三十三年（1907年）7月创办中国人在哈尔滨出版的第一家报纸——《东方晓报》，后因哈尔滨关道杜学瀛借势作梗而停刊。清光绪三十四年（1908年）经新任滨江厅同知何厚琪资助办报经费，更名《滨江日报》，奚廷黻继续兼任总经理和总编辑，及时揭露俄官方报纸《远东报》“偏袒”俄国、干涉中国主权的言论和报道，受到哈埠官民的好评，其影响远及上海等地报界。后遭人诬陷入狱。

梁廷栋、梁廷樾（生年不详～1912年）。梁廷栋，字石卿。梁廷樾，字卓卿，安徽寿州县人。清末，兄弟二人在上海加入同盟会，后至冀北从事反清斗争。1912年2月16日，梁氏兄弟率领革命军和滨江城反正的巡警及部分邮务人员在哈尔滨举行起义。第二天晨，革命军攻入滨江厅，占领电报、邮政局所，并以“中华民国关东临时都督”印章出示布告，宣布独立。后遭到敌人的疯狂反扑，终因力量悬殊，革命军弹尽援绝而遭失败，梁廷栋、梁廷樾等壮烈牺牲。

万福麟（1880～1951年），字寿山，吉林农安人。清光绪三十一年（1905年）入奉军，官至军长。1928年后历任黑龙江军务督办、黑龙江省政府主席、东北政务委员会委员等职。“九一八”事变后滞留北平，后历任北平绥靖公署常委、国民政府军事委员会北平分会副主任、第五十三军军长等职。1948年起任东北行辕政务委员会主任、东北行辕副主任、剿共总司令部副总司令等职。1949年随国民党去台湾。他在黑龙江任职期间，十分重视黑龙江通志的编纂工作，东北沦陷后，在京组织并出资出版了《黑龙江志稿》。

张宗昌（1881～1932年），字效坤，山东掖县人。奉系军阀头目之一。早年混迹于海参崴、五站（今绥芬河），后投靠直系将领冯国璋，在“南北战争”中兵败后转投奉系军阀张作霖。1925年4月被段琪瑞政府任为山东军务督办，成为独霸一方的军阀。在任山东督办期间，横征暴敛，奢侈残暴，劣迹昭彰。1927年被北伐军击败，同年6月任张作霖军政府第二方面军团团长、海军总司令。1928年被国民党军队打败，后逃往日本。“九一八”事变后回国图谋重霸山东，1932年9月3日被山东省政府参议郑继成枪杀于津浦铁路济南车站。

马庶蕃（1881～卒年不详），字骥三，号锡侯，山东安邱人。黑龙江省教育先驱。清光绪三十二年（1906年）考入黑龙江省立初级师范简易科。先后充任高等小学堂长、府视学、省视学、议绅等职。1916年被选为省教育总会会长，兼省立师范校长。从清光绪三十三年（1907年）从事教育事业始，到1931年止，他精研业务，始终勤奋工作，为发展黑龙江的教育事业倾注了精力和心血，并将心得体会搜集成卷，著有《马庶蕃文集》3卷。

诚允（1881～1944年），姓关，名诚允，字执中，满族。世居奉天辽阳（今辽宁省）西水泉。“九一八”事变后坚决主张抗日，被任命为吉林省代主席，赴哈尔滨（后改在宾县）组建吉林省政府。1932年联络爱国将领李杜等人发动哈尔滨保卫战，哈尔滨沦陷后投奔马占山。由于不满国民党政府坚持不抵抗政策，遂潜心佛学。1940年国民党政府特派他护送西藏第九世班禅大师回藏，因故滞留四川康定，在那里致力于教育事业。

姚锡九（1881～1946年），山东黄县人。早年随家迁至吉林省滨江厅傅家甸（今哈尔滨市道外区）。清光绪二十四年（1898年）乘修筑松花江大桥之机，以种种手段陷害和剥削工人，从中渔利，发大横财。民国时期做过警察巡官，伪满时期投靠日伪，为日伪政权陷害中国人民出谋划策。生活上荒淫无度，欺男霸女，无恶不作。1946年7月哈尔滨市政府召开公判大会后被处决。

张子才（1883～1928年），山东蓬莱人。早年留学日本并加入同盟会，辛亥革命时回国在东北进行革命活动。1925年3月与朱霁青等人组建国民党哈尔滨市党部，任负责人。同年11月，奉系将领郭松龄倒戈反奉，朱霁青、张子才在哈尔滨秘密组织了东北国民自治军支持郭松龄反奉。同年12月郭松龄倒戈失败，东北国民自治军司令部遭到破坏。张子才辗转北京、上海等地一面治病一面营救被捕同志，于1928年病逝于南京。

柴好（1883～1959年），原名柴子祯，锦州兴城人。清光绪三十四年（1908年）加入中东铁路哈尔滨总工厂职工联合会，经常组织中国工人参加罢工斗争，有力地支援了俄国十月革命。1929年在中共地下党组织的领导下，积极参加反对中东路事件的斗争。“九一八”事变后加入反日会，积极参加反对日本帝国主义活动。哈尔滨解放后，为了支援解放战争，已是60多岁老工人的柴好又进厂工作了3年才退休，被人们誉为“党外布尔什维克”。

莫德惠（1883～1968年），字柳忱，满族，黑龙江双城人。1926年任奉天省省长兼财政厅长、东北大学校长。1927年随张作霖入北京，出任农商总长、东三省交通委员会委员长。1928年成功说服日本同意东北易帜。1929年出任中东铁路公司理事长兼督办。1930年被南京政府任命为中苏会议中方全权代表，达成了购买中东铁路的协定草案。“九一八”事变后赴苏联疗养，1937年回国后历任国民参政会主席、东北难民救济委员会主任委员等职。抗战胜利后曾出任东三省宣慰使。1949年去台湾，历任台湾考试院院长、“总统府”咨政等职。

沈松年（1884～1939年），字茂林，湖南凤凰人。实业家。18岁到黑龙江漠河开办金矿，因经营得当，颇有盈余。1918年在鹤岗与人集资开办黑龙江省汤原县商办兴华煤矿公司，任经理。因有人建议将煤矿卖给日本人，沈松年认为是卖国行为执意不肯，公司内部发生矛盾，不得已于1920年将兴华煤矿公司改为官商合办的鹤岗煤矿股份有限公司，后遭到排挤，失去了苦心经营数年的矿业，气愤至极，抑郁而死。

张太俊（1885～1939年），又名张太，河北人。反日爱国人士。清光绪三十三年（1907年）到哈尔滨中东铁路总工厂当翻砂工，清光绪三十四年（1908年）参加了中国工人第一次在哈尔滨举行的“五一”大罢工。1915年7月组织铁路总工厂工人成立爱国储金会，发动中国工人捐款，以实际行动反日救国，并被推举为会长。1922年2月为反对美国在九国华盛顿会议上提出国际共管中东铁路提案，组织工人群众上街游行，极大地推动了哈尔滨人民的反帝爱国运动。

李九鹏（1885～1946年），奉天昌图人。地痞恶霸。迁到哈尔滨后，以开设赌场起家。“九一八”事变后投靠日伪当局，在哈尔滨和东北其他城市开设赌场，坑害群众，并向日伪当局捐赠大量钱款。他还组织地痞流氓进行特务活动，迫害爱国志士。生活糜烂奢侈，强占良家妇女，为哈尔滨市道外一霸。1946年7月哈尔滨市政府召开公判大会后被处决。

马占山（1885～1950年），字秀芳，祖籍河北省丰润县，奉天怀德（今属吉林省）人。1920年随督军吴俊陞到黑龙江，历任团长、旅长、黑龙江省剿匪司令、黑龙江省骑兵总指挥等职。“九一八”事变后临危受命，任黑龙江省代理主席、军事总指挥。1931年11月4日领导江桥抗战，打响了中国人民武装抗日第一枪。1932年诈降，出任伪黑龙江省长兼任伪满州国军政部总长。后暗中筹集军需物资，再举抗日旗帜，成立黑龙江省抗日救国军总司令部，自任总司令，联合吉林自卫军进攻哈尔滨。后兵败退入苏联。“七七”事变后任东北挺进军总司令兼东北四省招抚、黑龙江省政府主席，率部继续抗日。解放战争中弃暗投明，为促进北平和平解放做了有益的工作。

王宾章（1886～1936年），字寅卿，黑龙江泰来人。1914年加入国民党。1918年任黑龙江省立第一中学校长、省教育会会长，后调任第一师范学校校长。1922年代理省教育厅厅长。“九一八”事变后任国民党黑龙江省指导委员会常务委员，常以参议的身份奔走于各县，宣传抗日救国，开展地下工作。1933年接受国民党密令出任伪黑龙江省教育厅厅长。后在中共党员王复生影响下，开始接受共产主义思想，秘密开展抗日活动。1936年7月被日本宪兵队杀害。

李华堂（1886～1946年），河北滦县人。汉奸。1936年任东北民众反日联合军总司令部副总司令，1937年任东北抗日联军第九军军长。1939年叛变投敌，充当了伪三江省地方保安局密探。搜集联军情报，残害抗联战士，策反抗联人员。抗战胜利后被国民党任命为东北挺进军第一集团军上将司令，成为合江地区最顽固的一支反动武装。1946年被东北民主联军俘虏，死在押解路上。

高玉山（1886～1947年），原名高满，字荆璞。满族。奉天（今辽宁省）义县人。“九一八”事变后追随李杜抗日。1933年成立国民救国军，自任总司令，联合中共在虎林、饶河、抚远等地区开展抗日斗争。1934年兵败率残部撤入苏联境内，后假道进入新疆，被新疆军阀盛世才任为惠远东北义勇军屯垦委员会委员长，后调至迪化（今乌鲁木齐）任督办公署中将顾问。1947年8月病逝于沈阳。

周天麟（1886～卒年不详），字祉民，别署亚伯，滨江人（即哈尔滨，一说吉林）。清宣统三年（1911年）进入报界。辛亥革命爆发后被中国同盟会推选为黑龙江省支部副干事长，参与响应武昌起义活动，遭到清政府镇压，被迫逃亡俄国。中华民国成立后回国在黑河办报，1917年创办哈尔滨通讯社，1920年创办哈尔滨第一家免费中文报纸《广告大观报》，1923年出任哈尔滨第一个国人新闻团体哈尔滨记者联欢会会长。1924年任哈尔滨《东三省新闻报》总编辑。其后不知所终。

殷成祥（1887～1937年），黑龙江通河人。1934年组建一支抗日义勇军队伍，报号“均平”，与报号“密林”“要中国”的义勇军配合打击日本侵略者。1935年被东北抗日联军第三军军长赵尚志收编，委任为抗联三军游击团第三团团长。1937年12月在掩护队伍突围的战斗中壮烈牺牲。

王廷盛（1887～1940年），山东人。盛和马戏团创始人。他待人宽厚，肯于助人，许多艺人都愿意跟随他卖艺，盛和马戏团很快发展成为东北最大的私人马戏团，在东北各地很有影响。

古托力（1887～1943年），姓尤克热，艺名古托力，赫哲族，吉林富锦人。后长期居住在黑龙江边的勤得利村，以打鱼为生，是赫哲族人公认的最好的“伊玛堪奈依”（民间说唱歌手）。代表作为长篇说唱伊玛堪《希尔达鲁莫日根》。著名伊玛堪歌手葛德胜是他的传人。

于琛澂（1887～1945年），字险舟，祖籍山东，生于五常厅（现黑龙江省五常县）。汉奸，伪满甲级战犯。早年加入奉军，后与郭松龄串通反奉，被罢官。“九一八”事变后做了汉奸，被授予伪吉林省剿匪总司令、依兰地区警备司令、第一军管区司令、北满铁路（中东路）护路军总司令、第四军管区司令、伪满洲国治安部大臣等职。1945年6月，得知被南京政府列为伪满甲级战犯，惊恐之极，突发脑溢血而死。

谢文东（1887～1946年），原名谢文翰，奉天（今辽宁省）宽甸人。“九一八”事变后参加吉林自卫军，1934年爆发了震惊中外的土龙山农民反日大暴动，任民众救国军总司令。1936年民众救国军被改编为抗联军第八军，任军长。1937年投降日军。抗日战争胜利后投靠国民党反动派，任合江省保安军第二军支队司令官等职。1946年初被东北民主联军擒获，12月3日被公审枪决。

张复生（1887～1953年），原名张仁铎，山东掖县人。中华民国成立后到东北，1918年创办《国际协报》，自任社长兼主笔，成为当时东北各地较有影响的大报，而且远及东亚其他地区。“九一八”事变后他撰写评论反对蒋介石“不抵抗”政策，号召各界团结抗日，在读者中引起强烈反响。1934年创办《文艺》副刊，成为中共哈尔滨地下组织宣传抗日主张的文艺阵地，《国际协报》后来被誉为“东北作家群的摇篮”。

刘瀚（1889～1941年），字东樵，直隶通县（今北京市通县）人。中国第一座广播无线电台创建人。东三省无线电台台长。1923年利用马可尼野战电话机改造广播发射机，开创中国广播先河。同年试办东三省无线电新闻通信业务，在中国为首次把电报从军用中解放出来，在中国新闻史上开创了电讯新闻的新时期。1926年在哈尔滨创建中国第一座广播无线电台，促使政府颁发了第一个完整配套的广播无线电法规。

赵春霖（1889～1943年），人称赵老修，黑龙江巴彦人。1920年出家。“九一八”事变后自愿参加抗日工作，在抗联十二支队当交通员。他以道士身份为掩护，以化缘为名，送递信件，搜集日伪情报，为抗联部队筹集物资。1943年被捕入狱，判刑15年。同年秋病死狱中。

邓洁民（1890～1926年），原名邓居文，宾州（今黑龙江省宾县）人。著名教育家、社会活动家。年轻时在天津南开学校读书，后留学日本，回国后创办后来誉满哈尔滨的东华学校（今哈尔滨第二中学校址）。邓洁民思想比较进步，赞成列宁主张，与李大钊、周恩来皆为好友。在哈尔滨办学期间，曾掩护过许多革命志士。1922年因抨击东北时政被通缉。后在北京创办私立北京国际大学。1926年4月16日因蒙受冤屈，遭受陷害，忧愤而死。

吴松林（1890～1942年），字鹤年，河北香河人。“九一八”事变后随马占山参加江桥抗战，1932年被委任为抗日救国义勇军第二军军长。“七七”事变后随五十三军继续进行抗日斗争，参加了武汉会战等重大战役。

秦广礼（1891～1919年），字立庵，黑龙江巴彦人。求学期间，接受了孙中山先生的革命思想，致力于推翻清朝的统治、建立民主共和。辛亥革命爆发后到齐齐哈尔从事革命运动，任黑龙江省新民爱国委员会会长，以委员会全体名义“要求黑龙江巡抚周树模宣告独立”。后到广东以黑龙江省代表的身份参加了第一次国民代表大会，曾任国民政府参议院议员，法制委员，临时大总统府护国监军等职。

杜氏兄弟（生卒年不详），吉林农安（今吉林省农安县）人。慈善家。清宣统元年（1909年）杜寿年、杜延年、杜鹤年、杜松年四兄弟迁至安达经商，后成为当地商绅中巨子。杜氏兄弟乐善好施，20年代在安达县、安达站一带设立慈善机构，赈济难民、创办学校、维修庙宇。他们的义行善举远播国内外，成为当地著名慈善家。

穆景周（1891～1945年），又名穆绍武，黑龙江阿城人。1923年任《哈尔滨晨光》报主笔期间，受到进步思想影响。1926年创办《哈尔滨日报》，任社长。同年加入中国共产党。1927年被分配到武汉进行革命活动。“九一八”事变后组织抗日义勇军抗击日本侵略者。抗战胜利后被党任命为苇河县县长，在接管政权过程中惨遭国民党反动分子杀害。

谢珂（1891～1974年），字韵卿，直隶徐水人。1930年任东北边防军驻黑龙江副司令长官公署参谋长兼国防筹备处处长，“九一八”事变后拒绝日本侵略者诱降，率部奋起抗日，全力辅佐马占山进行江桥抗战。1932年与苏炳文组建东北民众救国军，任总参谋长。后投奔张学良在东北军中任职，西安事变爆发时，曾以东北军、西北军代表的身份同蒋介石等谈判。中华人民共和国成立后任沈阳市政协常委、人大代表、人民政府委员等职。

郭克兴（1892～卒年不详），原名克兴额，一名郭克为，字起衰，又字勤宜、兴武，达斡尔族，郭博勒氏（又称郭贝尔氏）。曾在陆军任职，后任陆军大学教官，参与过《交通史》的纂修工作。一生博览群书，精研史地，搜集了黑龙江省政治、军事、经济、文化等大量资料，尤其对本氏族——郭博勒氏有精深的研究，著有《黑水郭氏家乘》，其中《乡土录》为全书之精华，又名《黑龙江乡土录》，是较为全面而系统地记述黑龙江各民族历史的专著。

苏炳文（1892～1975年），字翰章，奉天新民（今辽宁省新民县）人。早年为东北军将领。1932年率部在富拉尔基、齐齐哈尔一带抗击日军。“七七”事变后任国民政府军委会战区军风纪巡察团第三团主任委员。解放战争期间，辅佐国民党第八兵团司令周福成策动起义，为解放东北做出了贡献。全国解放后被推选为全国政协委员，中央人民政府第三届委员，黑龙江省民革副主委，省政协常委，省体育运动委员会主任，省人民委员会参议室参事。

韩铁声（1892～1985年），直隶丰润人。20年代初积极参加反帝活动。1923年创办《哈尔滨晨光》报。同年9月，受中共党组织委托创办“哈尔滨通讯社”，向群众宣传革命思想。1925年协助中共北满地委书记吴丽石创办中共北满地委机关报—《哈尔滨日报》。1927年加入中国共产党。同年被党组织派往苏联学习、工作。1951年回国，曾任最高人民检察院研究室副主任、办公厅副主任等职。

毕时亮（1892～1948年），山西榆次人。从小习武，长大后得窥少林、武当两大门派武功的堂奥。曾在奉天（今辽宁省沈阳市）开设精武馆。1925年到依兰镇守使李杜的司令部任武术教练，并开设国术馆教习武术。“九一八”事变后曾打败日本武术家。中华人民共和国成立后，他的弟子阎忠敏、张宝玉等人成为在佳木斯市和合江地区传授少林、武当两派武功的主要拳师。

徐景魁（生卒年不详），字星五，吉林宁安（今黑龙江省宁安市）人。近代黑龙江籍著名诗人。他的诗作有的清新隽永，有的表现出了鲜明的爱国主义思想。曾任宁安县教育会会长、吉林省议会议员、北京众议院议员等。

韩云阶（1893～1982年），奉天（今辽宁省）金县人。早年在东北从事实业，“九一八”事变后投靠日本侵略者，曾出任伪黑龙江省省长、伪“新京”特别市市长、任伪满洲国财政部、经济部大臣等职。1945年东北光复前夕逃往日本，逃脱了作为汉奸应受到的审判。

邓文（1893～1933年），字宪章，奉天梨树人。1931年参加马占山领导的江桥抗战，后任黑龙江省抗日救国义勇军第一军军长。1932年参加了吉、黑两省义勇军反攻哈尔滨、会攻齐齐哈尔、热河保卫战等战役，后投靠冯玉祥，被委任为抗日同盟军第五路总指挥兼左路军副总指挥。1933年6月率部跟随吉鸿昌将军北征。后因要归服“国民政府”，与冯玉祥产生矛盾。1933年7月31日被刺身亡。

车鸿志（1894～1932年），字凌云，奉天凤凰厅（今辽宁省凤城县）人。早年加入东北军，后弃军职入东省特别区立第一中学任教。“九一八”事变后参加中共哈尔滨地下党领导反日大同盟。1932年组建抗日义勇军学生大队，号称“车团”，开展抗日宣传和武装斗争。后在一次对日战斗中不幸牺牲。

郭隆真（1894～1931年），女，回族，原名郭淑善。中共早期党员，妇女运动、工人运动、学生运动的杰出领导人。1919年积极参加并领导了天津学生“五四”反帝反封建运动。1923年加入中国共产党。1929年被党派到满洲省委领导职工运动。1930年调往青岛继续从事工运工作，不幸被捕。1931年4月5日被敌人杀害。

吴克仁（1894～1937年），字静山，满族，吉林宁安（今黑龙江省宁安市）人。曾任东北炮兵第十八团团长、第八旅旅长、东北陆军一一七师师长等职。在长城抗战中打出了国威、军威，受到全国人民的称赞。1937年任六十七军军长，“七七”事变后率军给日军以沉重打击。在松沪抗战中英勇战斗，在指挥部队渡河转移时中弹牺牲。

宫长海（1894～1938年），字仙洲，山东人。民国初年到东北，结伙为匪，后被政府招抚。“九一八”事变后在舒兰竖起抗日义旗，号称中华救国军，自任司令。后参加了攻打哈尔滨、吉林、热河等战役。“七七”事变后接受中国共产党人的领导和帮助，继续抗击日军。1938年被宛平县前七林地方武装杀害。

柴世荣（1894～1943年），山东胶州（今山东省胶县）人。“九一八”事变后组织武装抗日，后率队加入救国军，历任旅长、第四路军司令等职。1934年率队参加中共领导的绥宁反日同盟军，同年加入中国共产党。1937年9月任抗联第五军军长。1941年随抗联部队进入苏联境内整训，1943年在执行任务中牺牲。

马骏（1895～1928年），字泉，号准台，曾用名马天安、张子良，回族，黑龙江宁安人。中国共产党早期党员之一。参与领导了天津“五四”运动，1921年加入中国共产党。后被派往东北，在宁安、吉林、哈尔滨等地进行革命宣传和组织工作。1924年到吉林私立毓文中学，以教员身份为掩护从事革命活动。1925年被党派遣去苏联中山大学学习。1927年大革命失败后，从苏联回国任中共北京市委书记兼组织部长，重建北京市党组织。后不幸被捕，于1928年2月15日英勇就义。1945年在中国共产党第七次代表大会上被定为烈士。

李绷哥替（1895～1937年），汉语名李宝太，鄂伦春族，黑龙江逊克人。1935年受到抗日救国的宣传教育，积极参加抗日斗争，经常为抗联队伍带路、送信、送粮，收集和转送情报。1936年和其子李桂下布参加抗联第三军。1937年4月为掩护抗联三军一师政治部主任兼哈东游击司令李福林，被敌人机枪打中，壮烈牺牲。

李海青（1895～1937年），原名李青山，号丹忱，又名忠义，山东武城人。自幼随父母逃荒到东北，后委身绿林，1925年受黑龙江督军吴俊陞招抚。“九一八”事变后参加了马占山领导的江桥抗战。1932年组建“东北民众自卫军”进行抗日武装斗争，后被特委为黑龙江省抗日救国义勇军第三军军长，先后率部参加了围攻齐齐哈尔、热河保卫战等战役，失利后加入冯玉祥的察哈尔抗日同盟军，随吉鸿昌北征。1937年8月被汉奸暗杀。

张西曼（1895～1949年），又名张百禄，湖南长沙人。清光绪三十四年（1908年）加入同盟会。1914年来到哈尔滨，向国人介绍俄国革命和列宁学说。1919年在北京与李大钊、陈独秀等一起秘密创立社会主义研究会。1922年向孙中山建议联合苏俄，效法苏俄共产党的经验，改造中国国民党。“九一八”事变后极力主张停止内战，对日本实行绝交、宣战。抗战胜利后被推举为“中国民主宪政促进会”理事长。1948年在中共地下组织的帮助下离开南京到北平。

梁树林（1895～1983年），女，辽宁开原人。1932年加入中国共产党。被誉为“东北抗联吕老妈妈”，先后担任地下联络站中心站长、哈东游击区区长、救国会会长，并积极协助赵尚志组织反日游击队。抗日斗争处于极端困难时候，抗联将领赵尚志、李兆麟、赵一曼、冯仲云、李秋岳等都曾得到过她的帮助。全国解放后曾任黑龙江省第一届人民代表大会代表，全国第一、第二届人民代表大会代表，并列席了全国政协第一届委员会第三次会议。

王以哲（1896～1937年），原名王海山，字鼎芳，吉林宾县（今黑龙江省宾县）人。东北军将领。1933年参加长城抗战，率部给日本侵略军以巨大杀伤，受到国人赞扬。后南京政府派其参加“剿共”，他不愿打内战，秘密与中国共产党接触，积极为促进西北大联合和全国抗日民族统一战线的形成而努力。西安事变爆发后，坚决支持张学良、杨虎城捉蒋兵谏的行动，拥护中国共产党和平主张。东北军少数野心分子视王以哲为他们反对和平、反对共产党、篡夺兵权的最大障碍，于1937年2月2日将其谋害。

韩光第（1897～1929年），字斗瞻，吉林双城（今黑龙江省双城市）人。早年留学日本，回国后入中央陆军讲武堂、东三省讲武堂学习。毕业后分配入奉军，北伐时期擢升为少将师长，1928年“东北易帜”后任东北陆军第十七旅中将旅长。1929年中东路事件爆发后，苏军大举进攻扎来诺尔和满洲里。韩光第亲临第一线指挥战斗，终因众寡悬殊、武器陈旧而全旅覆没，韩光第中弹阵亡。后被南京国民政府追认晋升为上将。

苑崇谷（1898～卒年不详），字敏则，吉林宾州府（今黑龙江省宾县）人。1916年投身东北军炮兵团，历任炮兵营长、团长、教导总队长等职。1931年“九一八”事变后，时任兴安屯垦军统带旅长的苑崇谷率部投奔马占山，参加江桥抗战。1932年起历任军事委员会北平分会少将参议、华北“剿匪”总司令部高参等职，在国民党军中并无实权，常受冷遇。1950年去香港。

任国桢（1898～1931年），原名任鸿锡，又名任国藩，曾化名刘子厚，字子卿，又作子清，奉天安东县（今丹东）人。在北京大学求学期间积极参加了“五四”爱国运动。1925年加入中国共产党。上海“五卅”惨案发生后被派往奉天（今沈阳）、哈尔滨等地，开展反帝运动，宣传马克思、列宁主义和筹建党组织工作。1929年起先后任哈尔滨市委书记、山东省委书记、北平市委书记等职。 1931年作为中央特派员前往山西太原工作，由于叛徒出卖被国民党反动派杀害。

关玉衡（1898～1965年），原名瑞玑，表字玉衡，以字行，满族，吉林宁古塔（今黑龙江省宁安市）人。东北讲武堂毕业。1928年任东北兴安屯垦公署军务处长兼第三团团长。1931年5月因下令秘密处决日军间谍中村震太郎等人而闻名全国，史称“中村事件”。“九一八”事变后辞去军职，赴上海参加东北义勇军后援会工作，后返回东北组建起一支千余人的民众武装继续进行抗日斗争。中华人民共和国成立后被推选为黑龙江省人大代表、省政协委员。

赵毅（1898～1967年），字希坚，曾用名惕若，奉天辽阳州（今辽宁省辽阳市）人。保定军官学校毕业，后在东北军任职。1932年率部加入由爱国将领李杜等人组织的吉林自卫军。哈尔滨沦陷后投效张学良麾下任高级参议，并成为张学良同中国共产党人秘密接触的联络人之一。“七七”事变后任一〇九师师长，卓立战功。1945年抗战胜利后，国民党政府委任他为松江、辽宁省保安司令，国防部第二军法执行部主任。东北解放战争中积极筹备东北军起义事宜，为解放沈阳做出过贡献。

车向忱（1898～1971年），原名车庆和，奉天法库（今辽宁省法库县）人。在北京大学求学期间参加了“五四”运动，毕业后回东北致力于教育事业。“九一八”事变后在北平发起成立“东北民众抗日救国会”，进行抗日宣传。1935年在西安创办东北竞存学校，为党和中国革命培养了一大批德才兼备的人才。1945年抗战胜利后回东北工作，先后任嫩江省人民政府副主席、东北行政委员会教育委员会主任委员兼哈尔滨大学校长。1946年加入中国共产党。之后曾任辽宁省副省长、辽宁省政协副主席、全国政协常委、民进中央副主席，并被选为第一、二、三届全国人大代表。

唐聚五（1898～1939年），字甲洲，吉林双城（今黑龙江省双城市）人。18岁投身军旅，后入东北讲武堂学习军事。曾担任辽宁民众自卫军总司令、辽宁省代理主席、东北游击中将总司令等职务。在抗战中与八路军并肩作战，屡立战功。1939年5月在日伪军对冀东地区进行的大扫荡中壮烈牺牲。唐聚五牺牲后，八路军冀东军分区举行了隆重追悼会。《新华日报》发表社论深切悼念这位民族英雄。南京国民政府追赠他为陆军上将。

吴丽石（1899～1931年），原名吴苓生，字松仙，江苏沭阳人。东北地区中共党组织的最早创始人之一，哈尔滨市和北满地区中共党组织的开拓者。1923年加入中国共产党。1925年受党的委派到哈尔滨整顿和发展党组织，建立了中共哈尔滨特别支部（后改组为中共北满地委），任书记。后创办《哈尔滨日报》，亲自担任主笔，经常撰写文章，宣传革命，揭露日本帝国主义企图霸占中国东北的罪恶阴谋。1927年与陈为人筹备组建满洲省委，任满洲临时省委组织部长兼管农运工作。1929年受党的委派到济南重组山东临时省委并担任书记。1930年因叛徒出卖被捕，1931年英勇就义。

张锡武（1899～1934年），黑龙江望奎人。青年时代投身绿林，后被地方收编。"九一八"事变后随马占山投身抗日救国事业，因其抗日坚决，勇敢善战，受到马占山的器重，先后任旅长、黑龙江省抗日救国义勇军第三军副军长等职。参加了江桥抗战、反攻哈尔滨、反攻齐齐哈尔等战役。在艰苦境遇中，张锡武始终没有放弃抗日，勉励部下"宁作战死鬼，不当亡国奴"。1934年张锡武在部队被打散后被俘，在敌人的利诱、酷刑下毫不动摇，从容就义。

陈为人（1899～1937年），原名陈蔚英，又名陈涛，湖南江华人。1920年和罗亦农、张太雷、李启汉等组织并首批加入了中国社会主义青年团。1921年加入中国共产党。1923年被派到东北发展工人运动和筹建党团组织，先后成立了中国社会主义青年团哈尔滨支部、中国共产党哈尔滨组。后离开哈尔滨任中共北方区执行委员会组织部长和顺直省委宣传兼工运负责人。1927年到东北组建满洲省委，召开了东北地区第一次党员代表大会，成立了中共满洲省临时委员会，当选为省委书记兼秘书长、宣传部长。曾于1928年、1931年两次被捕，在狱中受尽折磨，始终坚贞不屈。1937年3月病逝于上海。

黄有（1899～1938年），黑龙江呼兰人。年轻时在汤原县垦荒，成为当地富户。"九一八"事变后为支持抗日救国，向抗日游击队捐赠马匹、枪支和粮款。1935年参加汤原抗日游击队，不久加入中国共产党。先后任司令部副官、稽查处处长，并负责后方密营工作。1937年被捕，日军强令他带路去找抗联密营，黄有假意答应，设计把敌人引入原始森林，被抗联战士歼灭。1938年3月，黄有因受伤病和断粮困扰牺牲在营地。

冯占海（1899～1963年），字寿山，奉天义县（今辽宁省义县）人。18岁赴沈阳投身军旅，后入东北讲武堂深造。"九一八"事变后被吉林省临时抗日政府委以吉林省警备司令兼新编第一旅旅长，会同李杜指挥第一次哈尔滨保卫战。后历任吉林自卫军副总司令兼右路总指挥、东北军第六十三军中将军长等职，参加了反攻哈尔滨、攻打吉林、热河抗战、瑞武会战等战役。抗战胜利后寓居北平直至全国解放。1955年受周恩来总理委任，就任吉林省体育运动委员会主任。

吴景才（生年不详～1938年），山东沂州府人。1934年加入中国共产党。"九一八"事变前到东北谋生。1934年参加革命，同年加入中国共产党。历任珠河县人民革命政府主席、东北抗日联军第三军第三师、第二师政治部主任。1938年10月在一次战斗中光荣牺牲。

邢占清（生年不详～1933年），字魁九。奉天省（今辽宁省）人。早年投张作相入奉军。"九一八"事变爆发后，时任东北军步兵第二十六旅旅长，配合李杜、冯占海取得第一次哈尔滨保卫战的胜利。后任吉林自卫军中路副总指挥，副总司令兼暂编第一师师长，曾率部参加了反攻哈尔滨的战役。后率部进入苏境，于1933年辗转进入新疆，新疆督办盛世才驱使邢占清率部攻打马仲英、张培元，马仲英、张培元兵败后其溃兵将邢占清杀害。

孙朝阳（生年不详～1934年），字兴周，直隶朝阳（今辽宁省朝阳县）人。清光绪二十六年（1900年）前后生人。早年投身军旅，后弃军经商。"九一八"事变后在哈尔滨组织起一支民众抗日武装队伍，号称"朝阳队"，在赵尚志等共产党人的帮助下进行抗日斗争。1933年被特务诱骗遭到日本宪兵队拘捕。敌人劝其投降不成后又倍施酷刑，百般折磨。于1934年4月将其杀害。

张闻天（1900～1976年），又名洛甫，字闻天，化名张平之，江苏南汇人。杰出的无产阶级革命家和理论家、忠诚的马克思主义者、中国共产党早期的重要领导人。1925年加入中国共产党。1931年起历任中共中央宣传部长、中共临时中央政治局委员、常委等职。1934年1月中共第六届五中全会上当选为中央政治局委员和书记处书记，2月当选为中华苏维埃共和国人民委员会主席。1935年在遵义会议上批判“左”倾军事错误，为挽救党和红军，实现党的军事路线的根本转变做出了重要贡献。遵义会议后任中共中央书记，主持中央日常工作。抗日战争时期对实现国内革命战争向抗日民族解放战争伟大历史转变做出了重要贡献。抗战胜利后到东北工作，历任中共合江省委书记兼省军区政委、中共中央东北局常委兼组织部长、东北财经委员会副主席、中共辽东省委书记等职。中华人民共和国成立后，先后任驻苏大使、外交部常务副部长。1959年被错定为反党集团成员，“文化大革命”中遭到无端迫害，于1976年7月1日含冤病逝。1979年8月中共中央对其冤案予以平反昭雪，恢复名誉。

李震瀛（1900～卒年不详），原名李宝森，曾用名李坦之、骆森，天津人。中国早期工人运动领导人之一。1921年加入中国共产党。1923年参与和领导了京汉铁路工人大罢工。同年受党派遣与陈为人到哈尔滨开展党团工作，成立东北地区最早的党组织哈尔滨组，创办哈尔滨通讯社，成立东三省哈尔滨青年学院，培养了一批青年运动的骨干力量。1924年到郑州，负责陇海、京汉铁路工运工作。1925年当选河南省工人运动委员会书记。曾当选为候补中央委员、中共中央工委委员。1931年因从事分裂党的活动被中共中央开除出党。后不知所终。

李秋岳（1901～1936年），女，原名金锦珠，化名张一志、柳玉明，朝鲜族，生于朝鲜平安南道。1924年来到中国，1925年参加广东国民革命军东征，同年加入中国共产党。1930年到东北，先后在中共东满特委、中共满洲省委工作。1932年起任中共珠河中心县委委员、妇女部长，铁北区委书记，中共延方特支书记等职，是和赵一曼在珠河一带有名的抗日巾帼英雄。1936年被派往通河地区建立反日会组织，不久被捕，在敌人的严刑拷打面前毫无惧色，壮烈牺牲。

王铸（1901～1937年），字昆山，又名王鼎三，笔名铁魂，奉天开原县（今辽宁省开原县）人。1931年“九一八”事变后来到哈尔滨，在中共北满特委创办的《哈尔滨新报》做编辑工作，同年加入中国共产党。《哈尔滨新报》停刊后，他以第二中学教师身份作掩护，继续投身于抗日救亡工作。1932年由于叛徒告密被捕入狱。在狱中他始终坚贞不屈，充满着革命的乐观主义必胜信念。1937年11月1日病死于狱中。

李学福（1902～1938年），原名李学万，别名李葆满，朝鲜族，吉林延吉人。1930年参加共产党组织的军政训练班投身反日活动。1933年加入中国共产党。1934起历任饶河反日游击大队大队长、东北人民革命军第四军第四团团长、东北抗日联军第七军二师师长、新编一师师长、第七军军长等职。1938年夏因病赴苏联治疗，医治无效于8月8日病逝。

周保中（1902～1964年），原名奚李元，字绍黄，白族，云南大理人。1927年加入中国共产党。1931年开始到东北领导抗日斗争，历任中共满洲省委军委书记、中国国民救国军参谋长、东北抗联第五军军长、中共吉东省委执行委员会主席、东北抗联第二路军总指挥、东北抗联教导旅旅长等职，给日伪军以沉重打击，有力地配合了全国抗战。解放战争时期，曾任辽吉军区司令员，吉林军区司令员、东北民主联军副司令员、东北军区副司令员、吉林省政府主席等职。在党中央、东北局领导下，指挥吉林军区部队积极配合主力作战，为解放东北做出了重要贡献。中华人民共和国建立后，曾担任云南省政府副主席，并曾当选全国人民代表大会第一、二届代表，中共第八次全国代表大会候补中央委员，国防委员会委员，全国政协常务委员会委员。

夏云杰（1903～1936年），山东沂水人。1932年加入中国共产党。1933年任中共汤原中心县委委员，负责军事工作，为创建汤原抗日根据地奠定了初步基础。1934年起历任汤原民众反日游击总队政治委员、党委书记，东北抗日联军第六军军长、中共北满临时省委委员等职，在小兴安岭、三江平原一带进行抗日斗争。1936年11月率部远征嘉荫途中遭伪治安队袭击，身负重伤，抢救无效于11月26日以身殉国。

李延平（1903～1938年），吉林延吉人。1932年加入中国共产党，同年参加李延禄领导的自卫军补充团。1933年受党组织派遣赴苏联学习，1935年返回东北，1937年任东北抗日联军第四军军长。1938年日本侵略者对抗日联军进行疯狂的大“讨伐”，李延平部队在五常境内遭敌人包围，因寡不敌众，被敌人打散。1938年11月20日被叛徒杀害。

马识途（1903～1945年），原名马献图，字骏麟，辽宁沈阳人。1935年底，参加了东北中学民族解放先锋队教师分队，投入抗日救亡工作，不久加入中国共产党。1940年8月奔赴太行山抗日根据地，任晋冀鲁豫第一专署副科长兼秘书、赞皇县代理县长等职。1945年日本帝国主义投降后被党选派到东北工作，历任嫩江省政府秘书主任、代理秘书长，1945年12月24日，被国民党特务杀害。

韩慧英（1903～1968年），女，化名王英，河北高邑人。 1925年加入中国共产党。1927年到东北从事革命工作，任妇女运动委员会书记。1929年调上海，任中共中央交通员。后于党组织失去了联系，但始终没有停止革命工作。抗日战争期间，她向青年学生宣传抗日救国的道理，揭露日本的侵华罪行。解放战争时期，为促成和平解放江华县做出重要贡献。全国解放后曾任中共江华县委宣传部副部长等职。

吉万山（1903～1978年），河北献县人。从小习武，1918年到哈尔滨熟皮工厂当学徒，业余时间仍坚持练武和学习拳击。曾于1932年在哈尔滨亚细亚电影院勇挫俄国大力士杰力柴夫，轰动一时。1936年在哈尔滨开办吉万山武术馆，解放后曾任哈尔滨市武术馆联合会主任，为发展黑龙江武术事业做出很大贡献。是黑龙江省第二、三、四届政协委员。

黄维新（生卒年不详），湖南株洲人。约出生于清光绪二十九年（1903年）前后，早年在株洲从事铁路工人运动时加入中国共产党。1923年参与组织领导了著名的“二七”大罢工，1927年赴苏联学习，1929年回国后在全国铁路总工会担任领导工作。1932年到东北领导工人运动，先后领导了鹤岗煤矿工人罢工、哈尔滨电车厂职工大罢工和海（伦）克（山）铁路土木工人罢工等。1934年3月，由于叛徒出卖，中共满洲省委、满洲总工会先后遭到破坏，黄维新自此下落不明。

李成林（1904～1936年），原名金东轼，又名金东植，化名金大伦、孙靖海、李成林，朝鲜族，生于朝鲜咸镜南道一个农民家庭。1914年随父母来到吉林省宁安县（今黑龙江省宁安市）。“九一八”事变后被党组织派到王德林领导的抗日救国军总部任宣传部长。1930年加入中国共产党。1932年起先后担任密山县委宣传部长、勃利县委书记等职，参加创建密山游击队，发展党团组织。1936年3月被提名担任松江省委书记，同年6月在赴任途中不幸被土匪杀害。

陈荣久（1904～1937年），黑龙江宁安人。早年入东北军，“九一八”事变爆发后率队抗日，先后加入中国国民救国军和抗日救国游击军，转战于宁安、海林、密山等地。1933年加入中国共产党。1934年被派往苏联学习。1936年回国后任东北抗日联军第七军军长兼第一师师长。1937年3月由于叛徒告密遭日伪军袭击，为掩护部队转移不幸中弹牺牲。

于化南（1904～1945年），原名于诗勋，字诵芬，山东文登人。1932年到吉林省饶河县（今黑龙江省饶河县）参加反日斗争，不久加入中国共产党。1936年任中共中央驻共产国际代表团派出的驻满洲省委巡视员吴平的联络员，从事秘密工作。1937年任中共吉东省委常委，后入苏联学习。1938年回到延安，在陕北工作。1945年日本投降后到东北，任中共勃利地委书记兼专员。1945年12月被国民党土匪抓捕，慷慨就义。

赵一曼（1905～1936年），女，原名李坤泰，又名李淑宁、李一超，化名赵一曼，四川宜宾人。1926年加入中国共产党。1932年到东北从事革命工作，先后担任满洲总工会秘书、组织部长、哈尔滨总工会党团代理书记，曾领导了哈尔滨电车工人全市反日大罢工。后历任中共珠河中心县委委员、东北人民革命军第三军一师二团政委等职。1935年因掩护部队转移受伤，在养伤期间被捕，于1936年8月2日英勇就义。哈尔滨人为纪念她，将东北烈士纪念馆（曾经的伪满警察厅）门前的街道命名为一曼街。

罗登贤（1905～1933年），原名罗举，化名光生、达平、何永生，广东南海人。1925年加入中国共产党，同年参加领导了省港大罢工。1928年起历任江苏省委书记、中共中央委员和中央政治局候补委员、中华全国总工会执行委员会党团书记、中共中央组织部副部长、广东省委书记、南方局书记、中华全国总工会委员长等职，是中国共产党领导工人运动的先驱之一。1931年"九一八"事变后被任命为中共满洲省委书记兼组织部长，直接领导东北的抗日斗争，是党领导的东北抗日武装的主要组织者、创建者。1933年3月在参加全国海员工人会议时，由于叛徒出卖，不幸被捕。同年8月29日在南京雨花台英勇就义。

蒲秋潮（1905～1936年），女，字振声、逸民，四川广安人。在北京女子师范大学读书期间曾参加"五卅"运动。1926年加入中国共产党。不久被派往苏联学习，毕业回国后任中共河北省委秘书长。1929年被中共中央派往东北工作。1931年"九一八"事变后以伪警察旅旅长家庭教师身份为掩护，为抗联四军收集情报、提供物资。1934年任抗联四军敌伪工作部办公室主任。1936年6月病逝于哈尔滨。

邓文山（1905～1938年），辽宁建昌人。早年投身绿林，后接受当局收编。"九一八"事变后追随马占山抗日。马部失败后，邓文山潜伏回乡召集旧部重建抗日队伍，报号"平康德"，屡歼敌军。1938年5月在敌人的"大讨伐"中被包围，在战斗中身负重伤壮烈牺牲。

杨靖宇（1905～1940年），原名马尚德，字骥生，曾化名张贯一。河南确山人。1927年加入中国共产党。1929年到东北工作，历任中共抚顺特支书记、东北反日总会会长、中共哈尔滨市委书记、中共满洲省委候补委员、代理军委书记、南满游击队政委、东北人民革命军第一军军长兼政委、抗联第一路军总司令兼政委等职，率领我东北军民与日寇血战于白山黑水之间，歼灭大量日伪军，有力地配合了全国抗战，极大地牵制了敌人的有生力量。1940年在敌人的围剿中因叛徒告密被发现，杨靖宇在冰天雪地、弹尽粮绝的紧急情况下，最后孤身一人与大量敌人相持5昼夜以冻草、棉衣中的棉花和雪水充饥，最终因寡不敌众，壮烈牺牲。

王汝起（1905～1940年），曾用名王坚，山东黄县人。1932年在宁安组织"红枪会"进行武装抗日斗争，1933年率"红枪会"会众加入救国军。曾历任救国军第三旅第八团团长、东北反日联合军第五军第一师第三团团长、东北抗日联军第五军第二师副师长、抗联第七军第一师师长、抗联第二路军第二支队支队长等职。1935年加入中国共产党。1940年5月21日在伏击日伪军伐木场时壮烈牺牲。

婉容（1905～1946年），女，全名郭布罗·婉容，原名植莲，字慕鸿，达斡尔族，正白旗，世居布特哈莽鼐屯（今黑龙江省讷河市龙河镇保安村）。1922年与末代皇帝溥仪完婚，成为末代皇后。1935年因与人私通败露被溥仪打入"冷宫"，身体和精神处于崩溃边缘，嗜毒成瘾。1945年东北民主联军解放临江，婉容及其余伪皇宫人员作为战俘被受审。1946年病逝于敦化。

王金才（1906～1945年），黑龙江通河人。1932年日本侵略者占领通河后当了伪警察，由于他军事素质好，办事干练，很有正义感，在警察中很有威信。1945年4月秘密组织警察反日暴动，火烧伪警察署、县公署，打死打伤日伪军警30多人，给日本侵略者一个沉重打击。这次暴动成为震动东北的一次事件。1945年9月1日英勇就义。

周玉堂（1906～1946年），吉林长春人。1922年到依兰县投亲谋生。1946年抗日战争胜利后依兰县开展反奸清算运动，被土改工作组发展为骨干分子，积极帮助工作队开展群众工作，把许多雇农发动起来进行反奸清算斗争，被推选为村农会会长。同年加入中国共产党。10月被大地主孙秀文勾结当地土匪武装杀害。

色旺多尔济（1906～1952年），汉名包相廷，蒙古族，清光绪三十二年（1906年）出生于杜尔伯特旗东吐莫屯。清宣统三年（1911年）过继给杜尔伯特旗扎萨克多罗贝勒希拉布罗丕勒，长大后继承王位。1934年任杜尔伯特伪旗长。1945年抗战胜利后认识到搞内蒙古独立或跟国民党走都是没有出路的，欢迎共产党工作队接受杜旗，1946年4月任杜尔伯特旗自治政府旗长。在任期间以实际行动积极配合共产党的工作。

李福林（1907～1937年），原名公道珍，又名崔东范，朝鲜族，清光绪三十三年（1907年）生于朝鲜咸镜北道。1930年加入中国共产党。1932年以中共满洲省委巡视员身份到中共珠河中心县委发动群众，组织抗日武装。后历任珠河东北反日游击队政委兼党支部书记、东北人民革命军第三军执法处处长、东北抗日联军第三军第二师政治部主任兼任哈东游击支队司令、中共北满临时省委组织部长、东北抗联依东办事处主任等职。1937年4月在去省委开会途中遭敌人包围，在战斗中壮烈牺牲。

张甲洲（1907～1937年），别名震亚，号平洋，化名张进思，黑龙江巴彦人。1926年加入中国共产党。先后任中共北平西郊区委书记、北平市委宣传部长、北平市委代理书记等职。1932年被党组织派到巴彦组建抗日武装队伍，任巴彦抗日游击队总指挥。1934年到富锦，化名张进思，以县公署教育股长的身份为掩护秘密进行抗日斗争。1937年8月28日在离开富锦县投奔抗联队伍时与敌军遭遇，不幸中弹牺牲。

卢冬生（1907～1945年），曾用名宋明，湖南湘潭人。1926年随国民革命军第八军参加北伐战争。1927年投奔贺龙参加南昌起义，同年加入中国共产党。在多次战斗中战绩突出，晋升至师长，当选红二方面军党务委员会湘鄂西革命军事委员会分会委员。1939年入苏联伏龙芝陆军大学。毕业后被派到驻在苏联远东地区的东北抗日联军的北野营担任教官。1945年11月被任命为松江军区司令员来到哈尔滨，18日晚遇两名违纪苏军士兵抢劫被杀害。

姜鹏飞（1907～1946年），原名姜凤飞，号龙涛，化名王冠英，辽宁金县人。1931年"九一八"事变后投降日寇，参与围剿抗日武装。1944年升任冀东特别区行政区长官，数次对冀东抗日军民进行大扫荡。1945年日本投降后被蒋介石委为陆军新编二十七军军长。1946年被派往东北，组织残余部队，执行扰乱我后方任务。1946年8月策划进攻哈尔滨、联合“黄枪会”暴乱的阴谋，被我公安机关识破并抓获，经特别法庭审判于9月10日被处决。

冯治纲（1908～1940年），吉林公主岭人。1934年在汤原县组织抗日武装“文武队”，后加入汤原游击总队。1936年加入中国共产党。历任东北抗日联军第六军第三团团长、军参谋长、抗联第三路军龙北指挥部指挥等职，在松花江下游地区开展抗日斗争，曾协助夏云杰开辟了汤原游击根据地，指挥了著名的夜袭汤原战斗。1940年2月在布西三岔河附近与日军激战中壮烈牺牲。

赵尚志（1908～1942年），辽宁朝阳人。1925年考入哈尔滨许公工业学校，“五卅”惨案发生后组织学生会积极参加声援斗争。1928年加入中国共产党。1931年“九一八”事变后，一直活跃在北满抗日斗争最前线。先后担任中共满洲省委军委书记、东北反日游击队哈东支队司令、东北人民革命军第三军军长、东北民众反日联合军总司令、东北抗日联军第三军军长、北满临时省委执委会主席、东北抗联总司令等职。1942年2月12日被内奸开枪打伤，在昏迷中被俘，英勇就义。中华人民共和国成立后，为了表彰赵尚志的抗日功绩并永远缅怀这位抗日英雄，命名抗联第三军发祥地珠河县为尚志县，哈尔滨也将一条主要街道命名为尚志大街。

吕大千（1909～1937年），又名吕树俊，黑龙江宾县人。1933年加入中国共产党。先后担任中共宾县特支宣传委员、宾县中学地下党支部书记、中共宾县代理特支书记等职，团结党内外同志积极开展抗日救国斗争，帮助游击队解决弹药、医药、经费等问题。1937年5月由于叛徒出卖被敌人逮捕，于同年7月英勇就义。

张兰生（1909～1940年），原名鲍巨魁，满族，黑龙江呼兰人。1932年加入中国共产党。1933年参与组织领导哈尔滨电车工人大罢工。1935年起先后担任中共珠河中心县委书记、中共北满临时省委常委兼宣传部长、中共北满临时省委书记、北满省委常委兼抗联第三军政治部主任等职，在职期间和省委其他领导人共同指挥抗联主力西征，粉碎了敌人妄图将抗联“聚而歼之”的阴谋。1940年6月被派往讷（河）嫩（江）地区工作。7月19日日伪军突袭抗联第三路军总指挥部，在突围战斗中壮烈牺牲。

许亨植（1909～1942年），原名许克，又名李熙山、李三龙，朝鲜族，清宣统元年（1909年）出生于朝鲜庆尚北道善山郡。1930年加入中国共产党。1933年奉命赴松花江下游通河、汤原、珠河县一带从事组织抗日游击队工作，先后历任抗联第三军二团团长，三师、一师政治部主任，依东（后改哈东）办事处主任，抗联第九军政治部主任、第三军军长、第三路军参谋长等职。1942年8月3日在赴巴彦、木兰、东兴检查工作后，露宿于邵凌河畔被敌人发现包围，在激战中壮烈牺牲。

李祝三等六烈士：李祝三（1909～1946年），哈尔滨人；刘德明（1921～1946年），原名马德华，河南陕县人；韩清华（1911～1946年），河南人；岳之平（1913～1946年），原名岳培桢，字翰周，山西榆社人；邓国志（1916～1946年），原名邓秉昆，河北博野人；王耀先（1911～1946年），河北平山人。1945年日本侵略者投降后，李祝三等六人按照中共中央的部署奉调来到东北，李祝三被任命为中共哈西地委组织部长，刘德明与另外四人被派往郭尔罗斯后旗（今肇源县）接管政权。1945年12月李祝三等人率领工作组接管了肇州县政权，成立了中共县委和县政府。1946年1月县长蓬世隆发动叛乱，李祝三等六人被捕入狱。1月30日被敌人杀害。

金剑啸（1910～1936年），本名金承栽，号培之，笔名剑啸，满族，辽宁沈阳人。1931

年加入中国共产党。1931年起被党组织派往哈尔滨、齐齐哈尔等地从事抗日工作，通过组织剧社、创作绘画、撰写诗文等方式揭露日伪当局的丑行，进行反日宣传。1936年6月10日，金剑啸在画刊上刊登了苏联伟大的无产阶级作家高尔基病重的消息，引起了日伪当局的注意。于13日被日本特务逮捕入狱。1936年8月15日被敌人杀害。

张平洋（1910～1946年），原名张希江，河北遵化人。1933年加入中国共产党。1940年被党组织派遣到黑龙江泰来、江桥一带进行长期潜伏，搜集日伪军事情报。1945年抗战胜利后组织群众成立自卫队进行抗日斗争。后按照上级指示组建嫩南军分区，任司令员。1945年11月28日被反动匪徒借开会之际开枪杀害。

李兆麟（1910～1946年），原名李超兰，化名张寿篯，辽宁辽阳人。1931年"九一八"事变后走上革命道路，1933年加入中国共产党。先后担任中共满洲省委军委书记，东北反日游击队哈东支队政委，东北人民革命军第三军二团、一团政治部主任，东北民众抗日联军总政治部主任，东北抗联第六军政治部主任，东北抗联第三路军总指挥，东北抗联教导旅政治副旅长等职。1945年抗战胜利后先后担任哈尔滨卫戍司令部副司令员、松江地委书记、滨江省副省长、中共哈尔滨市委常委和北满分局委员等职。1946年3月9日在哈尔滨被国民党特务杀害。为纪念李兆麟将军，哈尔滨市将道里公园改名为兆麟公园，水道街改名为兆麟街。

罗云鹏（1910～1946年），原名张会璿，又名张敬载、张西平，黑龙江巴彦人。1931年加入中国共产党，曾任反帝大同盟天津市委党团书记、中共天津市委秘书长等职。1934年根据党组织要求考入北平大学，1935年参加"一二·九"救亡运动。1937年赴延安党校学习。1938年调往兰州，任甘肃省工委副书记兼组织部长、工委书记。1940年6月被捕。1946年2月25日被国民党杀害。

孙西林（1910～1946年），原名孙锡麟，化名孙山、孙克昌，辽宁昌图人。早年留学欧洲，积极参加反帝爱国斗争。1932年加入中国共产党。1936年任东北抗日联军第四军军长李延禄作秘书，协助李延禄从事上层统战工作。1938年任东北工作委员会东干队支部书记，1942年调中央统战部工作。1945年抗战胜利后任佳木斯市副市长。1946年1月31日在召开市长办公会议时被国民党特务杀害。

陈龙（1910～1958年），原名刘汉兴，辽宁抚顺人。1934年加入中国共产党。1935年起历任东北反日联合军第五军第二师参谋长、东北人民革命军第二军参谋长、东北抗日联军第二军参谋长等职。1945年任毛泽东主席卫士，陪同毛泽东赴重庆与国民党谈判。1945年赴东北工作，先后任中共北满分局社会部长兼北满军区保卫部长，松江省委常委、社会部长，中共哈尔滨市委常委、社会部长兼哈尔滨特别市公安局局长，中共中央东北局社会部副部长，东北公安部副部长等职。1949年起任南京市公安局局长、南京市人民检察署署长、公安部副部长。

马德山（1911～1938年），原名金乘浩，朝鲜族，上海人。1931年"九一八"事变后加入中国共产党，在汤原从事抗日斗争。1936年起历任抗联六军四团连政治指导员、四团政治部主任、一师师长等职，开辟了富锦、宝清游击根据地。1938年3月8日，马德山率部深入绥滨边境地区开展游击战争，在一次作战中英勇牺牲。

王光宇（1911～1938年），原名王明堂，又名王兴，吉林德惠人。1931年"九一八"事变后参加德惠县反日义勇军。1933年加入中国共产党。1935年起历任东北反日联合军第五军（后改为东北抗日联军第五军）一师一团政治委员、二师政治部主任、中共吉东省委委员和抗联五军党委委员、抗联四军副军长等职。1938年春受命率领抗联四军主力和五军二师西征，同年12

月在五常县与敌人的一次激战中壮烈牺牲。

萧红（1911～1942年），女，原名张秀环，又名张乃莹，笔名萧红、悄吟，黑龙江呼兰人。中国现代杰出的女作家。1932年开始参加哈尔滨左翼文艺团体的活动。1935年12月第一次以“萧红”为笔名出版由鲁迅先生校对、作序的小说《生死场》，震动当时文坛。后来陆续出版了长篇小说《马伯乐》《呼兰河传》等作品。1942年1月22日病逝于香港。萧红短暂的一生，写下近百万字的现实主义文艺作品，深受人民称颂。在她的家乡呼兰河畔建有“萧红故居纪念馆”。

汪雅臣（1911～1941年），别名王景龙，山东蓬莱人。早年入东北军，“九一八”事变后在五常县小牤牛河组建抗日武装，报号“双龙”，推动了五常一带抗日斗争的发展。1935年加入中国共产党。1936年任东北抗日联军第十军军长。自1937年始，率抗日联军第十军在敌后广泛开展游击战争，给日伪以沉重打击。1941年1月29日在与敌人作战中壮烈牺牲。1955年哈尔滨召开公祭大会，把汪雅臣遗首移葬哈尔滨烈士陵园。

郭铁坚（1911～1941年），原名郭成文，黑龙江依兰人。1935年加入中国共产党。1935年起历任东北人民革命军第三军一团游击连连长，抗联第九军一师政治部主任、二师师长，北满抗联四支队（后改编为九支队）参谋长兼党支部书记。1941年率九支队从讷河向西部远征。9月20日队伍行至嫩江西岸郭泥屯时被敌人包围，在战斗中壮烈牺牲。

姚明久（1911～1941年），黑龙江双城人。1931年参加马占山的抗日义勇军。在江桥抗战中负伤，伤愈后回到家乡金山堡屯，以行中医为掩护开展抗日活动。1940年北满抗日救国总会金山分会成立，任组织部长。同年被金山分会任命为“三肇”抗日救国总会会长，为发展抗日组织、宣传抗日做了大量工作。1941年2月不幸被捕，于3月22日被敌人杀害。

戴鸿宾（1911～1968年），曾用名为新生，辽宁抚顺人。1931年“九一八”事变后走上抗日救国道路。1932年加入中国共产党。1933年起历任汤原游击队队长、东北抗日联军第六军二团、四团团长，第六军军长、抗联第三路军十二支队队长等职。1945年抗日战争胜利后任合江军区副司令员兼第一军分区司令员。1948年转业，先后任吉林省林务局副局长、公路局局长、交通厅副厅长、林业厅副厅长、吉林市政协副主席。

刘曙华（1912～1938年），别名李明学，化名老曹，山东济南人。30年代初参加革命并加入中国共产党。1934年赴苏联海参崴列宁主义学校学习。1935年回国后先后任中共密山县委书记、中共穆棱县委书记、东北反日联合军第五军第二师政治部主任、东北抗日联军第八军政治部主任、中共吉东省委委员、省委执委委员等职。1938年8月率领29名队员与八军三师汇合。不久，发现师长王子孚策动投敌，刘曙华揭露叛徒罪行，后被王子孚杀害。

金正国（1912～1938年），原名金相周，又名金相奎、金振国，朝鲜族，1912年生于朝鲜庆尚北道礼泉郡。1930年加入中国共产党。1932年起历任中共汤原中心县委秘书、汤原反日游击总队政治指导员、东北抗日联军独立师指导部主任兼一旅政治部主任、依东办事处副主任、东北抗日联军第十一军政治部主任兼一旅党委书记等职。1938年5月在李家粉坊一带（现桦川县永贵屯）活动时，不幸被叛徒杀害。

陶净非（1912～1945年），原名陈明亚，吉林德惠人。1931年加入中国共产党。1933年被中共满洲省委派到吉东地区宁安工农义务队进行党的工作。1935年起历任东北反日联合军第五军一师一团连指导员、二师四团政委、二师政治部主任等职。1945年5月21日，在五常县老爷岭被森林警察队包围，在指挥部队突围时壮烈牺牲。

王耀钧（1912～1943年），辽宁铁岭人。1936年入伍，分配到抗联第六军任军医。同年起先后编入第九支队、第三支队，除担任军医外，兼任秘书和群众宣传工作。1939年成为中国共产党候补党员。1941年主持成立北满执委部，直接领导北满执委部工作，开展地下抗日活动。1941年11月北满执委部遭敌人破坏，王耀钧被捕入狱。1943年3月3日英勇就义。

伊作衡（1912～1943年），字任之，黑龙江齐齐哈尔人。反满抗日爱国志士。1938年接受国民党地下抗日组织派遣，任东北调查室哈尔滨分室主任。1940年去日本东京，以留学生身份担任国民党在日本的抗日团体总负责人。1941年被国民党任命为东北现地动员委员会哈尔滨地区负责人，积极开展地下工作，期间多次与共产党领导的抗日组织接触，表示要万众一心团结抗日。1941年被捕入狱，1943年5月7日英勇就义。

何延川（1912～1946年），又名何万方，吉林阿城（今黑龙江省哈尔滨市阿城区）人。1930年加入中国共产党。1932年被党组织派到黑龙江珠河（今尚志）、延寿、方正、哈尔滨等地开展抗日斗争。1935年回到北平，被党组织分配做秘密工作。此后至1939年，在河北、山西等地工作。1945年抗战胜利后回到哈尔滨，任哈东专员公署专员。1946年9月17日因病在哈尔滨逝世。

祁致中（1913～1939年），原名祁宝堂，山东菏泽人。1933年祁宝堂等7人发动驼腰子金矿暴动，成立“东北山林义勇军”，推举祁宝堂为首领，报号“明山”，进行抗日活动。1935年加入中国共产党。1936年他的队伍改编为东北抗日联合军独立师，任师长。1937年独立师扩编为东北抗日联军第一军，祁致中任军长。1939年7月被任命为东北抗日联军总司令部副官长，在部队攻打嘉荫县乌拉嘎金矿矿警队获胜后不幸牺牲。

陈翰章（1913～1940年），满族，吉林敦化人。1932年加入中国共产党，同年加入周保中领导的中国国民救国军。1935年起先后担任东北反日联合军第五军二师参谋长、东北抗日联军第一路军第二军五师师长、中共南满省委委员、抗联第一路军第三方面军指挥等职。1940年 12月8日因叛徒告密被敌人包围，在战斗中不幸中弹牺牲。

宋一夫（1913～1945年），原名宋效贤，曾用名宋祥，山东莱芜人。1934年加入中国共产党。曾任中共八面通区委书记、共青团宁安县委书记、共青团穆棱县委书记、中共穆棱县委书记、中共道北特委书记、中共吉东省委书记，东北抗联第五军政治部主任等职。1938年临阵叛逃投敌，使东北地下党组织受到严重破坏。1939年2月1日中共吉东省委发出通告永远开除宋一夫的党籍。1945年抗战胜利后被人民政府处决。

孙桂云（1913～卒年不详），女，山东胶县人。女子田径名将。曾代表东省特别行政区在各种赛事的田径比赛中取得优异成绩。1931年在第十五届华北运动会上获得100米、200米跑两项冠军，以28秒30获得200米接力赛冠军，再创全国纪录，并一直保持20年之久。“九一八”事变后离开哈尔滨赴上海读书。1936年上海勤奋书局出版的《全国女子田径名将录》将其列为榜首。1949年移居香港从事银行业。60年代在香港病逝。

符保卢（1913～1937年），原名符保陆，字宝卢，吉林长春人。后随父移居哈尔滨。撑竿跳高冠军。多次代表东省特别区（即中东铁路附属地，官署在哈尔滨）参赛，曾获第十届远东运动会撑杆跳高亚军，蝉联第四、五、六届全国运动会撑竿跳高冠军。是德国柏林第十一届奥林匹克运动会中国体育代表团唯一取得决赛资格的运动员。他的事迹载入1936年上海勤奋书局出版的《全国男子田径名将录》中。后考入中国航空公司学习驾驶飞机。1937年在一次飞行时失事，以身殉职。

王肃（1914～1946年），原名王玉纯，奉天新民（今辽宁省新民县）人。1937年加入中国共产党。曾任晋察冀三分区十大队三营教导员、三分区二团政治处主任、团政治委员。1945年抗战胜利后派回东北工作，先后担任黑河军分区司令员、政委兼黑河中心县工委书记。1946年6月参加黑龙江省工委召开各县委书记、县长联席会议后，于12日在返回黑河途中遭遇股匪袭击，英勇牺牲。

冷云等八烈士：冷云（1915～1938年），女，原名郑志民，吉林桦川（今黑龙江省桦川县）人。1934年加入中国共产党。1937年加入抗联第五军，后被派到妇女团任小队长和指导员。胡秀英，女，黑龙江林口人，中共党员，妇女团班长。杨贵珍（1920～1938年），女，黑龙江林口人，中共党员，妇女团班长。郭桂琴（1921～1938年），女，黑龙江林口人，抗联五军战士。黄桂清，女，黑龙江林口人，妇女团战士。李凤善，女，朝鲜族，黑龙江林口人，妇女团战士。王惠民（1925～1938年），女，黑龙江林口人，妇女团战士。安顺福（1915～1938年），女，朝鲜族，吉林穆棱（今黑龙江省穆棱县）人，中共党员，抗联四军被服厂厂长。1938年冷云率领妇女团随抗联第五军一师西征，许多女战士在征途中牺牲，妇女团只剩下冷云等8名女战士，10月下旬的一天夜里，在牡丹江支流乌斯浑河西岸的柞木岗山下（今林口县刁翎镇三家子村附近）与敌人遭遇，冷云等 8名女战士宁死不屈，毅然投入乌斯浑河，以身殉国。后世赞颂她们的英雄事迹为“八女投江”。

高禹民（1916～1940年），原名高升山，山东高密人。1935年加入中国共产党。1936年起先后担任中共依兰县委书记、中共北满下江特委书记、北满省委执行委员、抗联第三路军第九支队政委、第三支队政委等职。1940年12月1日率三支队尖兵班与大股敌军遭遇，在激战中壮烈牺牲。

陈玉华（1916～1941年），女，原名徐桂芝，吉林宁安（今黑龙江省宁安人）。1936年参加抗联第五军。1937年加入中国共产党。1938年被中共吉东省委派往苏联学习军用无线电通讯技术。1939年到北满抗联第三路军指挥部任无线电报员。1941年8月7日，陈玉华随杨清海率领的小部队在饶河县西通附近与敌军遭遇，在战斗中英勇牺牲。

高桥（1916～1944年），原名高明海，化名苏然、徐文良。1938年加入中国共产党。曾历任冀东抗日联军总队副参谋长、五中队队长、冀东军分区十三团一营营长、冀东军分区第三区队长等职，成功地开辟了遵化以北，佛爷岭、寿王坟已西等大片抗日游击区，后活跃在永德、平泉、宁城等地。游击区的民众都亲切地称这支部队为“高桥队”。1944年3月28日在宁城西部老西沟村被敌人包围，于激战中壮烈牺牲。

倪金德（1916～1948年），奉天营口（今辽宁省营口市）人。1945年抗战胜利后加入中国共产党，战斗在哈尔滨公安战线，曾多次深入匪巢擒获匪首、屡破国民党特务案件，给国民党地下建军及其在哈市的军事谍报活动以沉重打击。1948年3月22日在侦查哈尔滨市一起重大绑票案中不幸遇难。1948年5月6日，哈尔滨市特别市政府授予倪金德以“东北解放区爱国自卫战争阵亡烈士”光荣称号。

常隆基（1917～1943年），奉天西丰（今辽宁省西丰县）人。“九一八”事变后日本侵略军占领了他的家乡西丰县，野蛮屠杀爱国志士，激起他满腔仇恨。1941年被强征加入伪满洲国军队，后随部队来到富锦县五顶山兵营。1943年6月12日，日本驻伪满洲国军事部最高顾问楠木实隆来富锦视察五顶山军事工程，被常隆基开枪打死。常隆基逃跑后在日本侵略军的搜捕中投江殉国。

信风（1917～1944年），原名张伯彦，黑龙江呼兰人。1935年4月以笔名“征骊”在哈尔滨《国际协报》副刊上发表处女诗作《影》，开始在30年代后期的东北文坛上初露头角。1939年起改名为“信风”，主要作品有《吃豆腐杂感》《寄铁窗下的待罪诗》等，作品中有着鲜明的进步思想倾向。1941年因痛打日本教师逃亡天津。1943年回到呼兰，于1944年春被特务发觉逮捕，后被活活打死。

杨子荣（1917～1947年），原名杨宗贵，山东牟平人。1945年加入共产党胶东军区部队，10月随部队开赴东北剿匪。历任战士、班长、侦察排长等职，剿匪中多次立功受奖，被评为战斗英雄。1946年加入中国共产党。1947年2月杨子荣化装潜入匪巢，活捉国民党东北先遣军第二纵队第二支队司令、三代惯匪“坐山雕”张乐山等13名匪徒，创造了深入匪巢以少胜多的战斗范例。1947年2月23日在一次追剿残匪的战斗中英勇牺牲。

徐云卿（1917～1984年），女，满族，奉天西安县（今吉林省辽源市）人。1936年参加抗联五军妇女团，1937年加入中国共产党。1937年1月参加了著名的大盘道伏击战。1939年被派往苏联学习医务工作，1940年回国后随部队参加了抗日战争和解放战争，多次荣立战功。1948年转入地方工作，历任珲春县妇联主任、沈阳军需三厂副厂长、长春制药厂总支书记、水电部武汉高压研究所政治处副主任等职。1984年3月25日因病逝世。

张宗兰（1918～1938年），女，吉林双城（今黑龙江省双城市人）。1935年加入中国共产党。曾任中共佳木斯市委妇女工作负责人、中共佳木斯市妇女工作委员会委员。利用伪桦川县公署文书的公开身份为地下党组织搜集情报，为抗联部队筹集物资。1938年3月敌人对下江地区的地下党进行大搜捕，市委通知张宗兰、金凤姑嫂2人迅速销毁、转移市委文件。文件销毁、转移后，张宗兰姑嫂准备返回双城老家暂避，在哈尔滨被捕，不久后牺牲。

李海峰等十二烈士。1938年3月，东北抗日联军第五军三师八团一连连长李海峰和指导员班路遗率领16名战士，为阻击日伪军对抗联五军密营的进攻，在宝清县西部的小孤山对日伪军进行阻击战，多次打退敌人的进攻，除交通副官张凤春和另外3名战士转移外，连长李海峰，指导员班路遗，战士朱雨亭、魏希林、陈凤山、李芳邻、夏魁武、王仁志、张全富、杨德才、王发、李才等12名干部战士壮烈牺牲。为纪念12位牺牲的烈士，抗联五军三师党委决定将小孤山命名为“十二烈士山”。

王大化（1919～1946年），又名端木炎，山东潍县人。1936年加入中国共产党。抗日战争全面爆发后在成都、重庆担任中共区委书记和中共学生抗敌后援会支部书记。后在鲁迅艺术学院戏剧系任教，兼鲁艺实验剧团演员。他出演的新秧歌剧《兄妹开荒》，参与创作并指导的新歌剧《白毛女》，深受群众喜爱。1942年在陕甘宁边区文教大会上被评为甲等文教英雄。1945年抗战胜利后到东北，任东北文艺工作团戏剧队队长。1946年12月19日在去讷河途中发生车祸受伤，经抢救无效于21日去世。

章克华（1919～1946年），原名杜玉铭，又名杜有学，字治邦。1937年参加革命，1939年加入中国共产党。1940年被派到苏北，先后任阜宁县八区区委组织委员、射阳二区区委书记兼游击大队教导员。1945年11月随东北干部队到达合江省同江县，负责领导建立同江民主政权工作。1946年5月4日国民党对同江县城发动突袭，章克华在战斗中受伤后被俘。5月5日被敌人杀害。

栗本堂（1920～1945年），河北献县人。1938年参加八路军，同年加入中国共产党。先后任连指导员、营教导员等职。1943年被部队选入延安抗日军政大学学习。1945年抗战胜利后被编入北上干部团，先后任黑龙江省绥棱县工委委员、绥棱县公安局局长等职。1945年12月26

日，县自治军大队二连发生反革命武装叛变，栗本堂在与叛匪战斗中不幸中弹当场牺牲。

刘人和（1920～1946年），河南偃师人。1937年8月加入中国共产党，同年10月参加革命队伍，先后担任连指导员、营教导员、团政治部主任等职。1945年11月随华中干部团来东北，被分配到松江军区所属阿城军分区工作，在阿城、宾县一带执行剿匪任务。1946年 7月9日原保安队人员叛变，刘人和在与叛匪斗争中英勇牺牲。

韩勇义（1920～1949年），女，奉天桓仁（今辽宁省桓仁县）人。1935在哈尔滨市立医院当见习护士。同年12月，负责护理东北抗日联军第三军二团政委赵一曼。在赵一曼的教育感召下帮助她逃离医院，后被敌人追回。韩勇义受尽各种折磨，始终没有屈服，后经过社会各界多方努力营救出狱。1945年抗战胜利后党安排她参加革命工作。

姜墨林（1921～1940年），吉林宁安（今黑龙江省宁安县）人。1932年加入中国共产主义儿童团，1934年参加党直接领导的反日同盟军，1935年加入中国共产主义青年团。1938年被党组织派往苏联学习，回国后单独率领小部队坚持抗日斗争。1940年在战斗中壮烈牺牲。年仅19岁。

赵文才（1921～1947年），吉林双城（今黑龙江省双城市）人。1946年参加东北民主联军。1947年加入中国共产党。1947年在三下江南战役中被授予“战斗英雄”奖章1枚，被提升为副班长。同年6月在四平攻坚战中，他组织爆破组多次炸毁敌人火力点，后在一次爆破任务中英勇牺牲。部队追认他为“特等战斗英雄”，并追赠“毛泽东奖章”1枚。

何畏（1922～1938年），原名何永祥，吉林宾县（今黑龙江省宾县）人。1935年被推举为儿童团长，1936年参加抗日同盟军，不久任东北抗日联军第四军军长李延平的警卫员，随部队转战于勃利、宝清、密山、富锦一带。1938年春在西征途中于五常境内的战斗中壮烈牺牲。年仅16岁。

赵光（1922～1945年）， 河北藁城人。1937年参加革命，1938年加入中国共产党。1945年被党派到黑龙江，任通北县政务秘书。12月19日去北安向省委汇报工作，在通北车站与国民党武装叛匪遭遇，因寡不敌众，壮烈牺牲。1949年6月20日，中共通北县委、县政府决定将通北车站改名为赵光车站（现黑龙江省北安市赵光镇），并在月台旁修墓立碑。

李明信（1927～1946年），原名李中亮，河北内丘人。反动会道门头子。抗日战争时期在当地打着传道旗号暗中为日伪当局鼓动宣传，搜集情报。1945年日本投降后投靠国民党，被派到哈尔滨从事反动活动。1946年成立反动组织大同普化佛教会，准备配合国民党武装暴乱夺取哈尔滨，后暴动失败被处决。

冷万中（1930～1947年），黑龙江安达人。1947年初入伍，不久被选送到营卫生队当卫生员。他积极要求加入中国共产党，每次临战，都争取到第一线抢救伤员。1947年12月，东北战场发起冬季攻势，在冷万中多次请求下，被批准随五连执行突击任务。12月29日，部队对彰武县城发起总攻，冷万中在抢救伤员时英勇牺牲，年仅17岁。战后，师党委追认他为中国共产党党员。军部授予他“模范医务员”称号，并记特等功1次。

中华人民共和国

明海山（1866～1955年），满族，北京市人。京剧教育家。20年代初与门徒鲁鑫泉到哈尔滨市传艺。1922年创办京剧科班义字班，著名演员王少鲁、王桂林、张少台、于赞庭、管韵华、秦友梅、武帼英等，均得其真传。中华人民共和国成立后，明海山受到党和政府的重视和关怀。虽至耄耋之年，仍传技不辍，培养新人，关心戏曲事业的发展。

倓虚（1875～1963年），法名隆衔，法号倓虚，俗姓王，名福庭，直隶宁河（今天津宁河）人。佛教天台宗近世传人，哈尔滨极乐寺创始人。1923年，应邀到哈尔滨主持修建极乐寺。中年出家，为天台宗第44代传人。30年来，应聘担任主讲的寺院17处，建造十万丛林规格的大型庙宇9座，创办佛学院13所。主要著述有《金刚经讲义》《心经讲义》《大乘起信论讲义》和《天台传佛心印记注释要》等35卷。

孙广庭（1876～1959年），字丹阶，号痴侠，晚号不见子，奉天铁岭（今辽宁省铁岭市）人。藏书家。1913年任东三省陆军测绘学校校长。1924年调任镇威第四军参谋处长。1925年因不满军政界黑暗辞职，后历任长春、吉林、滨江税捐局长等职。1947年把自己一生珍藏的20万卷古籍图书、大批名贵的金石碑帖拓片、古玩及书柜等全部无偿地捐献给东北图书馆，有力地支援了东北解放区的图书事业。后历任东北图书馆研究院、省文史研究馆副馆长等职。

王孝庭（1876～1969年），字秉先，山东掖县人。哈尔滨正阳楼品牌创始人。清宣统三年（1090年）到哈尔滨，开办酱肉铺，取名“京都正阳楼”。1956年企业公私合营，任私方经理。他创制的风干香肠、松仁小肚等正阳楼风味肉制品深受国内外广大消费者好评。曾任政协哈尔滨市一、二、三、四届委员会委员。

伍连德（1879～1960年），广东新宁（今台山县）人。公共卫生学家，医学博士。清宣统二年（1910年）12月间，东北地区鼠疫流行，伍连德作为全权总医官到哈尔滨，控制了震惊中外的鼠疫大流行。他提出的防疫主张及理论，得到世界各国防疫专家的高度评价。1918年出任北京中央医院第一任院长。1923年协助奉天督军张作霖创办东北医院。1926年创办滨江医学专门学校（哈尔滨医科大学前身）并任校长。1931年任全国海港检疫总监，1937年辞职定居于马来西亚。

武百祥（1879～1966年），又名武作善，直隶（今河北省）乐亭人。民族资本家、企业家。清光绪二十七年（1901年）到哈尔滨，清光绪二十九年（1903年）与人合资创办“同记商场”。1921年起先后开办了“大罗新”、“大同”百货店。1927年开办“同记百货商场”。1946年哈尔滨解放，相继开办了制毛、皮革、制染、针织等工厂和“百善牧场”等。1955年同记商场股份有限公司实行公私合营，任哈尔滨市百货公司经理。曾历任哈尔滨市工商联合会副主席、社会事业协会理事长、政协副主席、民主建国会副主任及全国工商联合会执行委员、全国政协第二届委员等职。

王静斋（1879～1949年），原名王文清，回族，天津人。现代中国伊斯兰教著名经学家、翻译家，黑龙江经堂教育开拓者。1929年出任滨江清真东寺（今哈尔滨清真寺）教长。他注重教育事业，积极开办经堂，培养伊斯兰教人才，成绩卓著。1937年在河南与时子周发起成立了中国回教抗日救国协会，后因意见不合，脱离该会，闭门译经，先后编译出版了《中阿新字典》《中亚字典》《阿汉字典》《古兰经译解》（丙种）等，均流传较广。

沈鸿烈（1882～1969年），字成章，湖北天门人。东北海军缔造者。1920年出任吉黑江防司令公署参谋长。1923年创办葫芦岛航警学院，同时组建了东北海防舰队、吉黑江防舰队，并兼任海军司令。1925年出任东北航务局董事长。1927年在哈尔滨开办东北商船学校。1928年成立东北造船所，同年主持成立东北水道局。后历任青岛特别市市长、山东省政府主席兼保安司令、国民党省党部主任委员、国民政府农林部部长、中央设计局东北委员会主席、浙江省政府主席、考试院铨叙部部长等职，1949年赴台湾。

韩光甸（1888～1960年），字龙郊，号云龙，奉天辽阳（今辽宁省辽阳市）人。书法家。1924年先后在广益中学（现哈尔滨市第一中学）、东省特别区女子第一中学、王道书院、中东铁路第三中学任语文教师。教书之余，苦练书法，取法名家，成为20世纪30年代至50年代哈尔滨市有名的书法家，所作楷书和大草尤佳。东北解放后，开办了"私立文光补习学校"，从事社会教育。1956年当选哈尔滨市政协委员。

仲肇丰（1889～1972年），奉天抚顺（今辽宁省抚顺市）人。1946年于鸡西滴道矿参加革命工作，历任鸡西滴道矿钻探股长、钻探副技师、钻探队长等职，在技术上不断创新，解决了许多技术难题，成为处理钻孔事故的专家。1953年被选为全国劳动模范。1954年加入中国共产党。

刘珮芝（1890～1968年），又名刘瑶，奉天金州（今辽宁省金县）人。1923年担任哈尔滨天兴福第二制粉厂经理。1946年哈尔滨解放后拥护共产党，同意在制粉厂试点，实行劳资合作和劳资分行政策。曾任哈尔滨市人民政府委员、市人民政府监察委员、市中苏友好协会副会长、市工商联主任委员、中华全国工商业联合会筹委会常务委员、民建中央委员、黑龙江省政府委员、省工商联合会主任委员、省政协副主席等职，是第一届全国人大代表。

薛绶宸（1891～1973年），原名薛增福，直隶（今河北省）新河县人。1918年到东北兴办教育事业，曾创办依兰县立中学并附设女生班，为女青年读书创造了条件。东北沦陷期间积极支持抗日斗争，抗日战争胜利后，历任佳木斯专区副专员、合江省教育厅长、佳木斯联合中学副校长等职。1951年出任松江省科学博物馆第一任馆长。1955年调任黑龙江省文化局局长，任职期间相继建立了省龙江剧院、省图书馆等文化艺术单位，推动了黑龙江省文化事业的发展。60年代曾被选为黑龙江省政协副主席和全国人大代表。

李毓麟（1892～1965年），山东济宁人。1918年来到哈尔滨从事传教工作。1927年就任哈尔滨西门脸中华基督教自立会牧师，为摆脱西方差会控制，推动基督教会"自立运动"的发展壮大起到了关键性的作用。中华人民共和国成立后，协助民政部门办起了盲文学校并任教。1950年与全国基督教进步人士联名发表《〈中国基督教在中华人民共和国建设中努力的途径〉的宣言》，成为黑龙江省暨哈尔滨市基督教三自爱国运动的先驱。曾任基督教三自爱国运动委员会副主任委员，黑龙江省基督教三自爱国运动委员会副主任委员等职。

荆山璞（1892～1966年），奉天铁岭（今辽宁省铁岭市）人。29岁携家迁徙到黑龙江桦南县土龙乡，1947年农村实行土地改革分到了土地和牲畜，1959年繁殖出特殊高产量的大豆种子。中共桦南县委为纪念他在农业选种事业上的贡献，将这个大豆新品种命名为"荆山璞大豆"。曾荣获省劳动模范、全国劳动模范等称号，受到国家科委的奖励。

于世杰（1892～1970年），1931年在东北军任张作霖的少将军需处长，1945年后参加革命工作。曾历任原东北博物馆（今辽宁省博物馆）研究员、黑龙江省博物馆保管部文物鉴定员。他在收集、整理、鉴定和收藏文物工作上，对黑龙江省博物馆事业的发展做出了一定贡献。

刘泽荣（1892～1970年），又名刘绍周，广东高要人。1917年在俄国成立"中华旅俄华侨联合会"并被推选为会长，遣送了数千名华工回国。后参加共产国际工作。1920年回国留居哈尔滨，翌年被推选为哈尔滨市公议会议员，曾三次参与赴苏联交涉中东铁路问题。1931年离开哈尔滨去北平任教。1945年任国民党政府外交部驻新疆特派员，为新疆的和平解放作出了贡献。中华人民共和国成立后，历任新疆临时外交办事处处长、外交部条约委员会委员等职。著有《俄汉大辞典》。

杜光预（1893～1964年），奉天锦县（今辽宁省锦县）人。1918年考入北京大学，在校时参加了“五四”运动。1946年2月参加革命工作，1950年被推选为民盟松（松江省）哈（哈尔滨市）支部主任委员，同年3月当选为松江省各界人民代表会议协商委员会副主席。后历任黑龙江省政法委员会副主任、黑龙江省政府副省长、黑龙江省政协副主席、全国政协委员等职。1956年当选为民盟黑龙江省委员会主任委员、民盟中央委员。

何庆山（1893～1977年），直隶（今河北省）人。清宣统三年（1911年）来到哈尔滨学习理发和烫发，在理发业工作了55年，潜心研究西方的理、烫发技术，特别是对假发制作投入了毕生精力，并形成了一套独具特色的操作工艺，受到全省及国内许多省市顾客的好评。先后培养出吴松、乔淑兰、苏凤霞等名师。曾当选市政协委员、区人民代表。

刘忠（1893～1979年），字性诚，奉天（今辽宁省沈阳市）人。1935年加入中共外围组织“哈尔滨口琴社”，担任音乐顾问兼总指挥，利用音乐与日伪当局做斗争。自30年代起，一直在哈尔滨从事音乐教育工作，著名歌唱家李双江等都曾受教于他。自幼爱好书法，60年代初开始在哈尔滨师范学院和艺术学院美术系教授书法课。“文化大革命”前是黑龙江省书法篆刻协会副主席，以古稀之年倾心于书法传授。

于浣非（1894～1978年），宾州（今黑龙江省宾县）人。自幼喜爱绘画，中学毕业后考入哈尔滨医专学医，后创办宾县医院。“五四”运动后从事反帝反封建的新文化运动。1923年创办《哈尔滨晨光报》，组建了黑龙江省文坛上的第一个新文学团体“春潮社”，为黑龙江新文学兴起和发展做出了很大贡献。抗日战争时期积极从事抗日救国宣传活动。抗日战争胜利后，被国民党政府任命为吉林省接收大员，南京解放前夕逃往台湾。

张万贵（1895～1960年），艺名粉莲花、铁橛子，黑龙江兰西人。北派二人转表演艺术家。所用腔调以武咳咳、文咳咳、抱板、四平调为主，成为以唱取胜、唱做俱佳的北派代表人物之一。黑龙江省流传的双扇舞，均为张万贵所传。一生会唱80余出二人转段子，50多首民间小帽儿，为传播北派二人转艺术和推进黑龙江二人转的发展做出了突出贡献。

才镜石（1895～1964年），女，奉天铁岭（今辽宁省铁岭市）人。主张男女平等，妇女解放。1925年发起成立“哈尔滨妇女协进会”，被推选为会长。同年在《哈尔滨晨光报》副刊开辟专栏，创办了《妇女》周刊，自任主编、记者，亲自撰写文章。1935年因不愿为日本人做事退职回家。解放后在居民中组织识字班，吸收妇女和青少年参加学习。曾被选为南岗区历届人大代表，多次受省、市、区奖励。

倪俊声（1895～1970年），字秀岩，艺名“银娃娃”“九岁红”，直隶迁安（今河北省迁安县）人。评剧早期小生演员，倪派小生唱腔创始人。曾演出《雨过天晴好前程》《刘巧儿》等。1951年任齐齐哈尔市评剧团副团长，后到黑龙江省戏曲学校任教，著名小生演员刘小楼、杨振邦都是他的高徒。1956年获哈尔滨市劳动模范称号。曾当选中国戏剧家协会黑龙江省分会副主席、黑龙江省政协委员。

李延禄（1895～1985年），号庆宾，曾用名张德福、杨明、徐阿六、李士林等，吉林延吉人。东北抗日联军第四军创建人和领导人。1929年参加革命工作，1931年加入中国共产党。历任中国国民救国军总部上校参谋长兼补充团团长、东北抗日救国游击军司令、东北人民抗日革命军军长、东北抗日联军第四军军长，为东北抗日斗争做出重大贡献。1936年受党委派先后在上海、南京开展抗日宣传活动。1938年任东北工作委员会副主任。1945年作为正式代表出席了中国共产党第七次全国代表大会，后历任合江省政府主席、松江省政府副主席、黑龙江省政府副省长等职，是第一至第五届全国人大代表，三、四、五届全国人大常委。

李金顺（1896～1952年），女，天津人。从小习京韵大鼓，后改唱莲花落，师从孙凤鸣、倪俊声，工旦角。以其新颖的唱腔，纯正的嗓音，清晰的吐字和充满丰富感情的表演，自成一派。主要代表剧目有《王少安赶船》《杜十娘》等。1928年在哈尔滨主演了爱国反日的时装戏《爱国娇》，引起社会极大反响。1933年告别舞台。中华人民共和国成立后从事评剧教学工作，培养出白玉霜等评剧表演艺术家。

赵铭周（1896～1982年），原名赵贵祥，改名铭周，回族，格底目派，伊斯兰教经名牟萨·依布拉欣，奉天（今沈阳市）人。出身于伊斯兰教经学世家，学识渊博，尤其在伊斯兰教经典方面造诣颇深。他在黑龙江地区任教职达十几年之久，先后受聘出任宁安清真寺、哈尔滨清真东寺、齐齐哈尔清真东寺教长，备受省内穆斯林的称道与爱戴。先后被选（或被委任）为哈尔滨市、齐齐哈尔市、黑龙江省人民代表。1956年在沈阳清真北寺被聘为教长。后任中国伊斯兰教长、中国伊斯兰教协会常务委员、辽宁省伊斯兰教协会主任等职。

贾连元（1897～1975年），奉天法库（今辽宁省法库县）人。1945年日本投降后先后出任哈尔滨市临时政府卫生局局长，兼哈尔滨市第一医院院长、哈尔滨市传染病院院长等职，曾有效防治了哈尔滨鼠疫的蔓延。在精神病学研究、发展和临床治疗等方面做出了突出贡献，对斑疹伤寒、霍乱防治进行过研究，在国内外医学界具有一定影响。1956年与人发起创建九三学社哈尔滨分社，1958年被选为副主任委员兼秘书长。曾当选为哈尔滨市政协副主席，哈尔滨市人民委员会常务委员，历届哈尔滨市人民代表大会代表。

石增荣（1897～1976年），字欣叔，奉天辽阳（今辽宁省辽阳市）人。1945年参加革命工作。1949年任哈尔滨医科大学附属医院眼科主任，成功开辟了角膜移植手术。从1950年起，倡导眼科医生到农村去防盲治盲、防治沙眼工作。1959年被聘为省沙眼防治所所长。被誉为中国防盲事业的开拓者和奠基人。1959年加入中国共产党。历任黑龙江省政府委员会委员、中华眼科学会委员等。

于德辅（1898～1971年），字明浚，黑龙江兰西人。1925年出任黑龙江省立图书馆馆长，日伪统治时期拒不与日本人合作辞去馆长职务，转到教育部门。抗日战争胜利后被委任为齐齐哈尔市人民政府秘书长。1950年重返黑龙江省立图书馆（今齐齐哈尔市图书馆）任副馆长，后任馆长。1956年加入中国民主同盟。

刘英源（1898～1978），直隶（今河北省）人。1946年任哈尔滨电业公司马家沟发电厂机修车间主任，为基本缓和哈尔滨市电力紧张局面做出贡献。1947年加入中国共产党。先后担任哈尔滨发电厂副厂长、长春发电厂厂长、抚顺发电厂副厂长、华北电业管理局副局长、全国电业工会副主席等职。1949年出席了第一届中国人民政治协商会议和开国大典。曾当选为全国劳动模范、全国政协委员。

盖春来（1898～1978年），原名王桂林，直隶（今河北省）任丘人。戏曲演员，国家二级演员。其唱腔以清脆响亮、雄浑挺拔著称，表演以“稳、准、冲”见长。1948年来到黑龙江参加国营戏曲剧团，1950年调黑龙江省戏曲学校任校长，同年加入中国共产党。1953年获东北区第一届戏剧、音乐、舞蹈观摩演出大会优秀表演奖。1961年被任命为黑龙江省戏曲学校副校长。1964年当选为全国人大代表。是中国戏剧家协会会员，中国戏剧家协会黑龙江省分会理事。

张锡财（1898～1982年），字惠卿，山东掖县人。黑龙江省烹饪元老之一。1927年来到哈尔滨，先后在一流大饭店献艺。1959年任北方大厦中餐灶主厨，多次接待国内外贵宾，深得赞誉。他嫡传的徒弟个个都是省内第一流名厨，很多人成为黑龙江省接待部门的特一级烹调师，他们创制出许多高雅名贵的地方风味宴席，受到宾客的高度赞扬，把黑龙江烹饪事业推向了一个新的发展阶段。

赵惜梦（1899～1956年），原名赵云鹤，奉天瓦房店（今辽宁省瓦房店市）人。20年代以笔名惜梦接连发表新诗、小说等作品，成为东北第一代新文学作家。1924～1932年在哈尔滨期间，是他文学创作的高峰期，并敢于撰文揭露抨击军阀卖国、日本帝国主义的侵略行径，促进了黑龙江新文学的兴盛与发展。抗日战争胜利后被国民党政府委任为东北接收员、大连市政府秘书长、市长，1949年逃往台湾。

张柏岩（1899～1962年），字松山，奉天法库（今辽宁省法库县）人。1929年到哈尔滨行医，因医术精湛，医德高尚，在社会上颇有名望，被称为“张一刀”。曾为抗日英雄赵一曼精心疗伤。1946年出任哈尔滨市卫生局局长，控制了瘟疫的蔓延和流行。1948年因在解放锦州战役中表现优异，被东北军区卫生部授予“战勤模范”称号。1955年出任哈尔滨市副市长。

初登高（1899～1978年），山东昌邑人。1919年逃荒到哈尔滨。1932年在阿什河糖厂当结晶罐工人，成为全厂生产能手。1946年松江省政府接管阿城糖厂后，初登高把全副精力用在发展生产和钻研技术上，他的制糖经验在全国推广运用。多次被评为厂、县、省的先进生产者和劳动模范，全厂工人尊敬地称他为“初老英雄”。1956年加入中国共产党。

欧阳钦（1900～1978年），湖南宁乡人。1919年赴法国勤工俭学，参加了勤工俭学青年的进步组织，并开始接触马克思主义书籍。1924年加入中国共产党。1926年回国参加了北伐战争，1927年随周恩来到上海中央军委从事秘密工作，1931年调往中央苏区中央局任秘书长。1936年随周恩来到西安参与组建中共陕西省委，任宣传部长、省委书记。1945年抗日战争胜利后任中共冀察热辽分局秘书长，1948年调任旅大市委书记、市长。1954年调任中共黑龙江省委第一书记，为黑龙江的开发、建设做出了重大贡献。在中共第八次代表大会上被选为中央委员，在五届人民代表大会和五届政协会上当选为全国人大常委和全国政协副主席。

赵濯华（1900～1983年），吉林宾州（今黑龙江省宾县）人。1931年“九一八”事变后任东北抗日义勇军右路第三支队司令。1933年加入中国共产党。后在党的领导下积极开展抗日斗争。1945年日本投降后任沈阳市公安局长、辽宁省公安处长、本溪市公安局长。1946年奉调哈尔滨，历任东北行政委员会所属贸易公司副总经理、东北纺织工业局局长。1948年任东北工业部轻工业局局长。1953年后历任轻工业部造纸局局长、轻工业部任科学研究设计院院长兼党委书记，辽宁省政协副主席等职。

黄方刚（1901～1975年），河南朱仙镇人。20年代先后投靠于吴佩孚、孙传芳、张作霖等军阀。1932年任伪满洲国第一军管区第四旅副营长、团附、参谋长。1940年任伪满江上军训练处教导团团长。1945年率部队起义，所部被改编为八路军冀东军区第四旅，任旅长。1946年后历任北安军区第三旅副旅长，省交通厅厅长兼公路局局长。1954年合省后任黑龙江省交通厅厅长，1956年任民革省委主任委员，1964年当选为全国政协委员、省政协常委。

王清正（1901～1968年），吉林榆树人。1927年在黑龙江省工业学校担任数学教师。“九一八”事变后不愿为日伪当局效力，辞去教师职务，后被敌伪当局强制返聘从事教育工作。1945年抗日战争胜利后被选为林甸县教育会会长。1950年当选原黑龙江省各界人民代表会议协商委员会副主席。1954年任黑龙江省教育厅厅长。1955年起被选为中国人民政治协商会议黑龙江省第一、二、三届委员会副主席，1958年任黑龙江省副省长。

李永（1901～1973年），吉林永吉人。1918～1936年在哈尔滨铁路车辆段工作，37岁当上机车司机。1947年6月开始担任“毛泽东号”机车第二任司机长，屡破月安全行车里程纪录。1948年末，他的机车组首先推行了先进的包乘负责制、新行车制和循环运转制，培养出一批模范机车，有效地支援了解放战争。1949年加入中国共产党。1950年被中华全国总工会推选为全国劳动英雄，同年2月被选为中国铁路工会全国委员会委员、副主席。曾当选全国人民代表大会第一、二、三届代表。

于斌（1901～1978年），号冠五、希岳，后改号野声，双庙子（今黑龙江省兰西县）人。1922年入吉林省天主教大修道院攻读神学。1936年罗马教廷委任他为南京教区主教，与国民党上层头面人物交往甚密。1937年“七七”抗日战争爆发后避往国外，在许多国家宣传拥蒋反共。1945年抗日战争胜利后以宗教面目为国民党政府服务。中华人民共和国成立前随国民党政府去台湾。曾任台湾辅仁大学校长、台北教区总主教、台湾第二任红衣主教。

张凤楼（1901～1983年），字云阁，艺名葡萄红，河北迁安人。17岁学唱莲花落，逐渐形成高亢流畅、板头瓷实、字眼真切、节奏富于变化的独特的唱腔和演唱风格。1945年参加革命文艺工作，1959年加入中国共产党。张凤楼非常重视戏曲教育事业，其众多学生成为省内戏曲剧团艺术骨干。曾当选中国戏剧家协会理事、省剧协副主席。

于炳然（1903～1952年），原名于斌，绥化厅（今黑龙江省绥化县）人。1931年由哈尔滨赴英国留学，1932年参加英国共产党中国语言组并任书记。1937年从莫斯科回国，受党指派开始长期从事党对国民党上层人士的统战工作和党的地下工作。1941年回延安，历任中央社会部调查研究组组长兼代理第四室（政治研究室）副主任、南京市公安局办公室主任、西南军政委员会公安部情报处长等职。1952年于重庆逝世，党组织授予他“中国共产党的优秀党员，党对敌斗争隐蔽战线上杰出的战士”的光荣称号。

金树原（1903～1972年），原名金正一，字树原，后以字行，黑龙江明水人。1932年任中共北平师大数理学党支部书记。1933年参加晋绥抗日同盟军，1938年参加阎锡山新军。1945年抗日战争胜利后任黑龙江省政府财政厅厅长、教育厅厅长、嫩江省政府副秘书长和建设厅厅长等职。1949年任东北人民政府水利局第二局长、林业部造林局局长等职。1954年调林业部工作。1960年调黑龙江省农村工作委员会任常务副主任。

邵均（1903～1977年），又名邵维坤，江苏宜兴人。抗日战争爆发后在成都任教。杭州解放前夕，他参加浙大的护校运动，反对当局把学校迁往台湾。1951年加入中国民主同盟。1952年随校到哈尔滨，任东北林学院林学系主任。邵均擅长森林经营学，在林学界有较高声望。1958年调任黑龙江省林业厅副厅长。曾被选为黑龙江省政协副主席、黑龙江省民盟副主委、中国林学会黑龙江省分会副理事长。

于毅夫（1903～1982年），原名于成泽，笔名洪波、逸凡，吉林双城堡（今黑龙江省双城市）人。1936年加入中国共产党。1938年起历任东北救亡总会党组书记、新华社华中分社总编辑、新四军情报部部长等职。抗日战争胜利后回东北工作，历任嫩江省人民政府主席、黑龙江省人民政府主席等职。1952年起历任中共中央统战部副部长、中共吉林省永吉县委第一书记兼吉林市委书记、中共吉林省委书记处书记、吉林省政协副主席等职。曾当选全国人大代表、全国政协常委。

李常青（1904～1960年），原名李延枯，曾用名李耀光，李幼耽，吉林延吉人。1931年加入中国共产党。1935年组织领导了“一二·九”学生运动。后任中共北平市委书记、河北省委军委书记、中共晋察冀中央分局宣委书记等职。1945年抗战胜利后任中共中央东北局宣传部秘书长。1948年调任合江省委任省委常委、宣传部长、城工部长兼青委书记，1949年任哈尔滨市委书记，1952年任松江省委书记兼哈尔滨市委书记。1955年受“高饶事件”牵连，被错误地撤销省、市领导职务。反右派运动中被错误地定为反党分子，开除党籍。1980年，经中共中央批准，撤销黑龙江省委和教育部党组对李常青所作的错误结论和处分决定，恢复党籍，恢复名誉。

王研石（1904～1969年），笔名公磊、公敢。1916年随父母迁至哈尔滨定居。1925年任《国际协报》编辑，撰写了江桥抗日战争等多个重大事件的报道。1933年离哈尔滨去天津，先后任天津《益世报》采访部主任，上海申、新两报驻津特派记者，采写了许多揭露日本侵略者罪行的报道。1938年到香港任《星岛日报》特派记者。抗日战争胜利后任重庆《时事新报》总编辑、重庆建国新闻学校教授等。1947年任《益世报》总编辑。曾任天津中苏友好协会研究员、俄文图书馆馆长等职。1952年正式加入革命队伍。

方兆瑞（1904～1973年），艺名临普，直隶（今河北省）肃宁人。1933年哈尔滨钻研大鼓艺术，成为专业曲书演员。1947年被选为哈尔滨市戏曲艺术协会副会长。1948年戏曲艺术协会改称曲艺改进会，被选为会长。1955年以后曾先后被选为市政协委员、市人民代表、黑龙江省政协委员、省人大代表。1956年任哈尔滨市曲艺团团长。1966年被选为中国曲艺工作者协会黑龙江分会副主席。

胡斗南（1905～1949年），名溶光，字斗南，满族，黑龙江齐齐哈尔人。1930年于燕京大学毕业，回齐齐哈尔从事教育工作。“九一八”事变爆发前编印了日本帝国主义妄图侵占东北的资料，广为散发，想以此唤起群众抵制日本帝国主义的侵略，成为家乡较有声望的爱国教育工作者。日伪统治时期由于长期忧思，患了严重神经衰弱症，并导致精神失常。康复后曾任齐齐哈尔女中高中语文教师、省立第一师范副校长等职。

赵正元（1905～1970年），字寅魁，直隶（今河北省）武安人。1931年到哈尔滨开设中医诊所。1955年受聘筹建黑龙江省医院中医科，任中医科主任。1958年加入中国共产党。1962年任黑龙江省中医学院附属医院副院长。曾当选黑龙江省政治协商委员会委员、哈尔滨中医学会主任委员。曾荣获中央卫生部一等奖状和金质奖章，全国文教卫生先进工作者称号。

张子良（1905～1972年），原名张启汉，陕西清涧人。1927年加入中国共产党。1936年起先后在中共中央党校、中央办公厅工作。1944年被中央机关群英代表大会评选为特等模范工作者。抗日战争胜利后调东北工作，先后任牡丹江金矿局局长、合江林务局副局长、伊春林业管理局局长、东北人民政府林业部副部长等职。1954年起任中央林业部木材生产局局长、林业部部长助理。1958年响应国家号召回到伊春地区带岭林业实验局任党委书记，兼任东北林学院副院长。曾多次被评为黑龙江省、东北地区的劳动模范。

陈孝德（1905～1972年），原名乃纯，直隶（今河北省）抚宁人。1920到吉林省宁安县（今黑龙江省宁安市）经商。1945年加入国民党。解放战争中，在支援前线等工作中做出许多贡献。1956年领导私营工商界顺利完成了社会主义改造，1957年被任命为牡丹江市服务局局长。1958年中国民主建国会牡丹江市委员会成立后，连任三届主任委员，到1966年连任八届工商联主委。还曾当选省人民代表、省人民政府委员、省政协委员、省工商联副主委、全国工商联执委。

余友清（1905～1978年），原名周光元，湖南慈利人。1934年参加工农红军。1935年加入中国共产党。抗日战争时期，历任八路军绥远骑兵支队大队长、副支队长。解放战争时期，历任第一野战军十九师五十五团副团长、团长、五十六团团长。全国解放后，历任十九师副师长、铁道工程兵第五师副师长、志愿军铁道兵8505部队副师长。从朝鲜归国后，率500余名官兵专业至黑龙江垦荒，历任铁道兵八五O部农场场长、东北农垦总局虎林分局局长。

卢书田（1905～1979年），奉天凤城（今辽宁省凤城满族自治县）人。1938年起先后任长春军事病院眼科主任、齐齐哈尔军事病院院长、第三军管区军医处处长。1947年10月参加革命，任齐齐哈尔市立医院眼科主任。1948年调任黑龙江省立医院副院长、院长。1955年任黑龙江省卫生厅副厅长。曾当选黑龙江省人民代表、省人民委员会委员、省政协委员、中华医学会黑龙江分会副会长、省眼科专业委员会主任委员。

林枫（1906～1977年），名郑永孝，又名郑伯樵、郑凌风、林硕石，双龙城（今黑龙江省望奎县）人。1927年加入中国共产党。抗日战争时期历任中共北平市委组织部长、中共北平市委书记兼组织部长、中共天津市委书记、中共山西省委书记等职。解放战争时期历任中共中央东北局委员、组织部长，吉辽省委书记、吉辽军区政委、长春市委书记、东北行政委员会主席。1949年8月东北人民政府成立后，先后担任东北人民政府副主席、东北局第一副书记和东北人民政府第一副主席。1954年调中央工作，先后担任中共中央副秘书长，国务院文教办公室主任，中共中央东北地区工作部部长，中共中央高级党校党委书记、校长。曾当选为中共第八届中央委员，第一届全国人民代表大会常务委员会委员，第二届、第三届全国人大常务委员会副委员长。“文化大革命”中被迫害，于1977年9月29日逝世。

王宗清（1906～1984年），女，浙江湖州人。细胞学专家，为中国细胞学尤其是植物细胞学的诞生与发展做出了重要贡献。1945年起先后在南京、江苏、北平、济南、山西、上海等省市大学任生物系教授。1958年应聘到黑龙江大学生物系任教授，1963年任哈尔滨师范学院生物系细胞学教授。1983年获得遗传学和植物学学科的硕士学位授予权。曾任中国植物学会会员、中国细胞学会会员、中国科学院林业土壤研究所研究员，黑龙江省植物学会常务理事、黑龙江省农学会副理事长。

孙亮亭（1906～1985年），原名孙明长，山东黄县（今山东省龙口市）人。从小练功习武，曾拜著名拳师黄焕章为师。1933年到哈尔滨打短工，曾以武术击败俄国恶霸和日本柔道士。日本投降后专门教习武术。1954年在哈尔滨市第一武术馆任教。80年代，年逾古稀的孙亮亭除承担着哈尔滨体育学院教学任务外，仍坚持业余武术教学。他编著的《八极拳法》现已成为我国北方著名的拳法，为中国武术事业发展做出了重要贡献。

马恒昌（1906～1985年），奉天辽阳（今辽宁省辽阳市）人。全国著名先进班组——马恒昌小组和职工民主管理的创始人。曾先后13次受到毛主席的亲切接见。1949年加入中国共产党。他所在的沈阳第五机器厂车工一组被命名为“马恒昌小组”，成为全国工业战线的一面旗帜，他们艰苦创业和工人参加民主管理的先进经验，开创了社会主义国营企业的一代新风。1950年被评为全国劳动模范，1951年被任命为中华全国总工会劳动部副部长。70年代，兼任一个随厂北迁到齐齐哈尔市的技术协作委员会主任，参与组建了齐齐哈尔第二机床厂，并做出突出贡献。曾当选第一届全国人大代表，后连任六届。曾担任第四、五届全国人大常委会委员。

李泰（1907～1976年），奉天法库（今辽宁省法库县）人。二人转演员。28岁到黑龙江省嫩江地区流动演出。李泰擅融南、北各派之长，自成一家。唱腔长音大嗓，板头干净，刚劲质朴。1953年获东北区第一届戏剧、音乐、舞蹈观摩演出大会优秀表演奖。同年赴朝鲜慰问中国人民志愿军并荣立三等功。1959年调黑龙江省龙江剧实验剧团，任演员队长兼教师。多次到中央歌舞团和省、市各文艺团体讲学传艺。

张广英（1907～1951年），女，人称尚大嫂，山东潍县人。23岁时辗转到黑龙江龙镇县（今属北安市）安家。1939年参加革命，在党领导下积极开展抗日活动。1945年抗日战争胜利后积极参加土地改革，先后被选为村妇女会主任、副村长。1949年加入中国共产党。1951年9月被选为参加国庆观礼的代表。

于天放（1908～1967年），原名于九公，化名于树平，又名王文礼，黑龙江呼兰（今黑龙江省哈尔滨市呼兰区）人。1931年加入中国共产党。1932年开始在东北开展武装抗日活动。1937年加入东北抗日联军独立师，后任抗日联军第十一军随军学校教育长，十一军一师政治部主任等职。1945年抗日战争胜利后，先后任中长铁路护路总监、黑龙江省军区副司令员、黑龙江省参议会议长、黑龙江省法院院长、黑龙江省军事部长、省军区副政委、司令员等职。1954年起转业到地方工作，历任黑龙江省人民政府副主席、哈尔滨师范学院院长、中共牡丹江地委第二书记、黑龙江省政协副主席、黑龙江大学校长等职。“文化大革命”中被迫害，含恨逝世。

冯仲云（1908～1968年），江苏武进人。1927年加入中国共产党。1930年经组织委派到哈尔滨从事革命活动，曾任中共东北反日总会党团书记，中共满洲省委巡视员、秘书长，东北抗日联军第三军政治部主任，中共北满临时省委书记，中共北满省委常委、宣传部长，东北抗日联军第六军政治部主任、第三路军政委等职。抗日战争胜利后任苏军驻沈阳警备司令部副司令。1946年当选松江省人民政府主席。全国解放前夕曾兼任哈尔滨工业大学校长。1952年起历任北京图书馆馆长、水利部副部长。曾被选为中国共产党第八次全国代表大会代表和第一、二、三届全国人民代表大会代表。“文化大革命”期间被迫害致死。

鞠成椿（1908～1977年），生于阿勒楚喀城（现黑龙江省哈尔滨市阿城区）一个富裕农家。1941年受进步思想影响，与家庭脱离关系，变卖家产捐助阿城孤儿院，任名誉院长，后主持孤儿院事务。1945年孤儿院由人民政府接管后任院长。中华人民共和国成立后，继续从事社会救济事业，受到社会上的称赞。曾连任人民政协阿城县委员会常委。

乌定克·连贵（1908～1980年），吉林临江州（今黑龙江省同江市）人。赫哲族民间歌手。演唱特点感情细腻，善于说唱，形象生动，十分感人。他用箫吹奏记录整理的《乌苏里船歌》曲子家喻户晓，成为赫哲族的杰出歌曲。他讲述的民间故事和说唱伊玛堪，有多篇选入中国少数民族故事大众丛书《赫哲族民间故事选》和《中国新文艺大系1976～1982年民间文学专辑》。曾当选为黑龙江省政协委员、中国民间文艺家协会会员。

潘复生（1908～1980年），原名刘开浚，字巨川，山东文登人。1931年加入中国共产党。抗日战争时期历任中共文登中心县委书记、苏鲁豫边区党委（后改为湖西地委）书记。1945年调任冀鲁豫区党委副书记兼组织部长，后任书记兼军区政委、行署主任。中华人民共和国成立前夕，受中共中央派遣到新乡市组建平原省并任省委书记。1952年起历任中共河南省委员会第一书记、全国供销合作总社主任、中共黑龙江省委员会第一书记、东北局书记处书记。“文化大革命”期间被任命为黑龙江省革命委员会主任，犯有严重错误，制造一批冤假错案。1971年被中共中央免除职务。曾在中共第九次代表大会上当选为中央委员。

卢乃绪（1908～1981年），吉林永吉人。黑龙江省图书馆工作的早期开创者。1949年8月参加革命工作，历任哈尔滨市第六中学教员、哈尔滨市图书馆研究室主任、副研究员、哈尔滨师范学院图书馆副馆长、《黑龙江图书馆》编委会委员、黑龙江省图书馆学会副理事长等职，培养了黑龙江省解放后的第一批图书馆工作干部，为黑龙江省图书馆事业的发展做出了重大贡献。

王季愚（1908～1981年），女，笔名西冷、季子，四川安岳人。1932年参加革命，在党的领导下参加抗日救亡工作。1945年抗日战争胜利后调东北工作，先后任佳木斯东北大学文学院副院长、外国语专门学校校长。中华人民共和国成立后历任哈尔滨外国语学院院长、党委书记，黑龙江大学副校长、党委书记，上海外国语学院院长、党委副书记。长期从事外语教育管理及文艺翻译工作，为国家外语教育事业做出了重大贡献。

韩幽桐（1908～1985年），女，原名韩桂琴，回族，山东禹城人。我国最早运用马克思主义的观点方法研究法学理论的法学家之一。1926年加入中国共产党。抗日战争时期领导北平学生进行抗日斗争，参加华北救国会领导的抗日救亡运动和左翼文化运动，在重庆开展民主运动和妇女运动。1946年到东北开展文化教育工作，历任松江省教育厅厅长、松江省第一师范学校（行知师范学校）校长。中华人民共和国成立后，历任天津市教育局局长、教育部中等教育司副司长、最高法院民事庭副庭长、宁夏回族自治区高级法院院长等职。曾当选一、二、三届全国人民代表大会代表，全国政协常委，中国法学理事会理事。

孙然（1910～1967年），吉林东丰人。1937年参加革命，历任冀西游击队供应处长，冀中北上先遣支队司令员，冀中军分区司令员。1945年抗日战争胜利后，任东北民主联军总后勤部参谋长、东北财经委员会工矿处副处长、鸡西矿务局局长。中华人民共和国成立后，历任东北煤矿管理局局长、北京煤矿总局局长、唐山开滦煤矿管理处主任、河北省煤炭工业管理局局长等职。

金人（1910～1971年），原名张少岩，后更名张君悌，笔名金人、田丰，河北南宫人。1927年到哈尔滨，1933年开始从事俄国古典和现代文学的翻译工作。1937年后在上海、苏北从事革命文学的创作和翻译工作。日本投降后到东北，历任中共沈阳地下市委书记，东北文协出版部长，东北行政委员会司法部秘书处长。1949年任出版总署编译局副局长。自1951年起，先后在时代出版社、人民文学出版社做编译工作。是中国作家协会会员，代表译著《静静的顿河》等。“文化大革命”中被迫害，含恨逝世。

刘金贵（1910～1982年），吉林永吉人。1950年加入中国共产党。历任南岔林务局翠岚作业所采伐工组长、双子河森林工业分局第二作业所采伐技术员、友好林业局办公室房产修建工程队队长等职。他创新的采伐方法使东北林区出材率大为提高。他还改革了伐木作业方式，减少了伤亡事故。1950年东北林务总局和松江省政府授予他特等劳模称号。

吕和（1911～1979年），热河赤峰（今内蒙古赤峰）人。1945年参加革命。1948年加入中国共产党。历任中共黑龙江省第四届委员会委员、省革命委员会委员、嫩江地区革命委员会副主任、中共甘南县委副书记、县革委会副主任等职。是中共第九、十、十一届中央候补委员，中共十一大代表，第三届全国人大代表。五十年代初总结出“三看三定”耕作法和“六字”技术措施，被中共黑龙江省委命名为“吕和耕作法”并得到推广。

张钟祺（1911～1979年），奉天新民（今辽宁省新民县）人。著名医生。1950年起历任哈尔滨医科大学外科学院第一副院长、医疗系第一副主任、外科教授。1953年在国内首创肠管扩大膀胱手术。1963年对“回肠扩大膀胱治疗结核所致弯缩膀胱的研究”，受到医学界赞誉，在国际泌尿外科也引起重视和反响。

吕其恩（1911～1979年），又名吕志恒，奉天庄和（今辽宁省长海县）人。1935年加入中国共产党，参加了“一二·九”学生运动。1937年起先后任山东人民抗日救国军第三军副指挥、总指挥，军政委员会副主席、主席等职。1943年起历任中共中央党校校务部副部长，挺进东北先遣队司令员，中共安东市委书记、市长，中共沈阳市委常委、组织部长。1951年参加中国人民志愿军入朝作战，任志愿军后勤司令部第五分部部长兼党委书记，荣获朝鲜民主主义人民共和国二级勋章。1952年起开始担任哈尔滨市市长、市委常委。1971年后任市委副书记、市革命委员会副主任。是当代哈尔滨城市发展建设主要奠基人之一。曾当选中共七大正式代表，中共八大代表，第三届全国人大代表，中共黑龙江省第二、第四届委员会委员。

孟兴全（1911～1982年），亦名玛哈依尔·依波欠，鄂伦春族，阿尔皮河畔人，后定居逊河镇（今黑龙江省逊克县）。鄂伦春族史诗“摩苏昆”《英雄格帕欠》的说唱人之一，也是鄂伦春民间口头文学作品的继承、创作和传播者，一生为保存民族文化遗产，为民族文化事业的繁荣发展做出很大的贡献。

华廷芳（1911～1985年），奉天庄河人。1931年辍学行医，抗日战争胜利后历任齐齐哈尔市中医联合诊所所长、第一医院中医科主任。1959年任黑龙江中医学院基础部伤寒教研室主任。著有《华廷芳医案》一书，传至东南亚、欧美等国。他的“系统性红斑狼疮的中医治疗方法”，被载入中国现代医学丛书《著名中医学家经验》一书中。他一生保存的教案、病案、病例内容丰富，为发展中医学和培养中医人才积累了宝贵资料。

耿田（1911～1985年），女，原名耿宽云，直隶（今河北省）阜平人。1931年加入中国共产党。1940年起任河北省平西区房山、良乡县委宣传部长，涞水县妇救会书记兼主任、县委组织部调查员。抗日战争胜利后到东北工作，先后任呼兰县委、巴彦县委组织部长，松江省民主妇女联合会副主任。中华人民共和国成立后历任东北纺织厂党委书记、辽宁省熊岳印花厂厂长兼党委书记、北京光华染织厂厂长兼党委书记、北京冶金地质机械厂副厂长、冶金部地质司处长等职。

杨英杰（1912～1978年），曾用名程玉琦、程奇、张克敏、何进，奉天新民府（今辽宁省新民县）人。1933年加入中国共产党。1937年到延安入中共中央党校学习，1939年调中共中央党校工作。抗日战争胜利后到东北工作，历任黑龙江省行政委员会委员、省政府副主席、代主席兼省高等法院院长，黑龙江嫩江联合省行政委员、省政府副主席等职。1952年起任中共辽西省委书记，中共河北省委常委、省人民委员会副省长，湖南省人民委员会副省长。

王有山（1912～1979年），热河朝阳（今辽宁省朝阳县）人。1948年加入中国共产党。1950年任黑龙江省呼兰县孟家乡八家子村党支部书记。1952年成立全县第一个初级农业生产合作社，也是松江省试办最早的初级农业生产合作社之一。1956年带头办起高级农业生产合作社——富源生产合作社，认真贯彻党的方针政策，发动社员科学种田，受到国务院的表彰和奖励。曾当选黑龙江省劳动模范，两次出席全国群英会。

刘德本（1912～1980年），又名嘉彰，家璋，吉林富锦（今黑龙江省富锦县）人。1939年加入中国共产党。抗日战争胜利后任富锦县长、中心县委宣传部长兼富锦中学校长，1948年东北解放后任合江省教育厅长，1949年任哈尔滨工业大学副校长。1950年起历任中共中央东北局宣传部副处长，东北农学院副院长、院长兼党委书记，哈尔滨师范学院党委副书记、革委会副主任，哈尔滨工业大学校长兼党委副书记等职。

驶原野（1912～1982年），原名张维东，吉林伊通人。1938年加入中国共产党。1947年任哈尔滨东建洋灰厂（今哈尔滨水泥厂）监理、党支部书记，组织全厂干部、职工开始大规模的恢复生产建设工作。1949年任东北水泥公司副经理，后调任国家建材局设计院院长。

王殿钺（1912～1982年），黑龙江哈尔滨人。1943年在佳木斯陆军医院从事内科临床工作。1949年任黑龙江省鼠疫防治站站长，对控制鼠疫疫情的发生和发展做出显著成绩。1954年起历任黑龙江省卫生防疫站站长、哈尔滨市地方病防治站（原鼠疫防治站）站长。曾被授予全国鼠防先进工作者、哈尔滨市劳动模范称号。曾任中华人民共和国卫生医学科学委员会北方地方病专题委员会委员兼鼠疫组副组长、黑龙江省地方病学会副主任委员、哈尔滨市政协委员。

胡连海（1912～1984年），黑龙江青冈人。1948年加入中国共产党。东北解放后，先后担任村农会会长、党支部书记、生产合作社主任、新发公社党委副书记、革委会副主任等职。1952年，带头发动大家加入中共哈尔滨市委在新发屯试办的初级农业生产合作社，并带领社员采取新的种田方法，获得大丰收。1958年成立新发人民公社，当选为副社长，曾多次被评为省、市、区劳动模范，多次被选为省、市、区人民代表。

杜若牧（1913～1966年），原名宝贤，又名伯齐，吉林梨树人。1935年参加“一二·九”学生运动。1937年加入中国共产党。抗日战争胜利后被派回东北工作，先后任沈阳、本溪和安东市联合中学校长，辽东省人民政府教育厅副厅长。50年代初奉调到高等教育战线工作，先后任东北工学院鞍山分院副院长、东北工业干部学校校长、北京钢铁工业学院副院长、冶金部教育司副司长等职。1957年调任中共哈尔滨师范学院党委第一书记兼副院长，1963年兼任哈尔滨师范学院院长。曾当选为第三届全国人民代表大会代表。“文化大革命”开始不久被迫害致死。

张静之（1913～1968年），曾用名张昆山，吉林宁安（今黑龙江省宁安市）人。1930年加入中国共产党。1945年率东北干部大队参加组建牡丹江军区，任政治部主任。1946年东北政权建立后曾任绥宁省政府主席、东北行政委员会直属牡丹江专员公署专员、牡丹江省政府主席等职。1949年起先后任中南军管会军政接管部副部长、代部长，武汉市副市长兼秘书长。后转到铁路系统工作，1952年任铁道部铁路工程总局局长。1959年被错误认为是右倾思想被下放，1964年平反后任抗美援越专家组组长，1967年从越南回国，参加中越政府会谈。“文化大革命”期间被迫害致死。

弓日均（1913～1970年），朝鲜族，朝鲜平安南道价川郡人。1945年参加革命。1946年加入中国共产党。1950年起历任黑龙江省民政厅民族科长、中共铁骊县委书记、松花江地区铁力钢铁联合指挥部副总指挥、中共绥化地委统战部副部长等职。他长年深入群众，工作在基层，艰苦朴素、勤勤恳恳，被群众赞誉为“活着的焦裕禄”。曾出席中共第八次全国代表大会。“文化大革命”期间被迫害，含冤去世。

王喜明（1913～1970年），黑龙江绥化人。1948年加入中国共产党。1951年选任中共民吉村总支书记，翌年创办“民吉村初级农业生产合作社”，改变了民吉村的面貌，被中央人民政府政务院授予“爱国增产模范村”称号。1953年成为全国著名劳动模范。曾当选第一、二、三届全国人大代表。

莫余生（1913～1983年），原名莫正民，山东莒县人。宝泉岭农场创始人之一。1945年加入中国共产党。抗日战争爆发后，任第五战区第二游击队第一支队司令、莒县自卫团团长等职，1944年率部起义，先后历任山东军区独立第二旅旅长、滨海军区参议、辽东军区解放大队副队长。1950年开始参建国营农场，为宝泉岭农场建设做出重大贡献。1952年起历任东北国营农场管理局秘书处长、黑龙江省农机局农业机械化学院副院长、国营萨尔图畜牧场场长、国营红色草原牧场场长、红色草原农垦局局长、绥化国营农场管理局副局长等职。

沈从龙（1913～1983年），曾用名崇农，江苏东台人。50年代初期，组织领导了中国电机制造骨干企业哈尔滨电机厂的建厂设计工作，为哈尔滨电机厂的建设和发展，为全国电力工业的发展做出突出贡献。1957年加入中国农工民主党，1978年转入中国民主同盟。1980年当选为哈尔滨市副市长。曾任第四第五届全国政协委员，哈尔滨第五届政协副主席，民盟黑龙江省委常委，民盟哈尔滨市委主委；中国动力工程学会理事和黑龙江省电机工程学会副会长，中国电工技术学会常务理事。

贾容（1913～1983年），原名贾小蓉，安徽怀远人。30年代在当时左翼文艺界的影响下，积极投身于哈尔滨市文艺界的戏剧活动。抗日战争胜利后先后组织了多个剧团，演出进步戏剧，引起极大反响。自1950年起在沈阳东北文化部戏曲改进处任职。1954年调黑龙江省文化局，他改编出版的评剧现代戏《平原烈火》，获省第一届戏剧汇演剧本奖。1962年调齐齐哈尔市曲艺团艺术室从事专职创作，1970年以后任齐齐哈尔市毛泽东思想宣传站（市群众艺术馆的前身）编辑。

杨衔晋（1913～1984年），名衔晋，浙江嘉兴人。植物学家。1950年借调到哈尔滨东北农学院任教，后自愿长期留在黑龙江，长期从事树木学教学工作和高等林科院校的领导工作。1956年加入中国共产党。杨衔晋学识广博，尤对樟科植物的研究造诣较深，他撰写的《樟木黄内楠、木姜子和新木姜子的研究》，曾获黑龙江省政府科研成果二等奖和林业部科技成果二等奖。他的研究工作，为开发利用国家丰富的森林资源做出积极贡献。曾担任中国植物学会副理事长、黑龙江省植物学会理事长等职。

关显廷（1913～1984年），满族，黑龙江齐齐哈尔人。1935～1938年在昂昂溪《盛京时报》当报差。1939年改做邮差和接站员。1946～1963年，继续充任接站员。17年共接发邮件31.8万袋，没发生过一次漏站和差错事故，受到嘉奖。50年代起，关显廷被黑龙江省多次评为工业劳动模范、工业特等劳动模范。1959年被授予全国劳动模范称号。曾被选为黑龙江省第一届、第五届人大代表。

邹问轩（1914～1966年），原名邹恩洵，曾用名邹恩沪、邹文宣，江西余江人。1935年加入中国共产党。之后历任北平左联市委委员、中国大学党支部书记、中共江西临时省工委书记、南昌中心市委青年部部长、中共松江省委秘书长、延寿中心县委书记、鞍山市委书记、旅大市委宣传部部长等职。1952年调黑龙江工作，任国营一二〇厂（东安机械厂）厂长，是国营一二〇厂创建和发展的主要奠基人，为中国航空工业做出了卓越的贡献。1956年后担任省委地方工业部部长、省委副秘书长兼政策研究室主任、省委常委等职。“文化大革命”开始后被迫害致死。

关宏达（1914～1967年），又名关鸿达、关洪达、关文达，满族，吉林阿城（今黑龙江省阿城区）人。学生时代爱好美术和戏剧，经常参加学校组织的文艺演出。1932年首拍影片《热血青年》。中华人民共和国成立后，关宏达的表演才华得以充分施展，参加拍摄的影片有《球迷》《球场风波》《大李、小李和老李》《秋翁遇仙记》《聂耳》等。他喜欢在喜剧中扮演滑稽、幽默角色，诙谐可笑，给观众留下深刻印象。“文化大革命”中遭迫害，含冤逝世。

孙淑芝（1914～1968年），女，奉天铁岭（今辽宁省铁岭市）人。1945年起在哈尔滨市新城小学校（现尚志校）任教。在培养教育学生过程中，坚持智育、德育并重的教育思想。平时注意言传身教，为人师表。孙淑芝对人民教育事业的奉献，受到党和政府的赞扬与奖励。曾被授予哈尔滨市“一等模范教师”、松江省“特等优秀教师”荣誉称号。1956年加入中国共产党。1961年被任命为经纬小学校副校长。曾当选全国政协委员。

唐景阳（1914～1971年），又名达秋、林珏，黑龙江安达人。30年代在哈尔滨、上海从事进步文学创作和教育工作。1938年加入中国共产党。1945年被派回东北地区工作，是开辟哈尔滨市工作的重要成员之一，先后担任哈尔滨日报社社长、哈尔滨市政府秘书长、市委秘书长等职。1950年起任松江省人民政府文教厅长、省文教委员会副主任、省政府委员，为提高全省人民文化水平和学校教育质量，发展工农业余教育和师范教育作出了贡献。1954年起任沈阳师范学院副院长、辽宁大学副校长。

张万春（1914～1971年），河南郾城人。1933年参加革命。1935年加入中国共产党。参加过二万五千里长征，抗日战争时期参加过平型关战役等，解放战争时期曾指挥过德惠以东焦家岭歼灭战及德惠以北五家子遭遇战。1949年任广西四十五军一三三师师长。全国解放后历任四十六军参谋长、四十军副军长、黑龙江省军区副司令员、旅大警备区副司令员等职，1955年被中央军委授予少将军衔。

赵扬（1914～1974年），原名国澄、安济，笔名宋扬、不扬、韦韦、李昂，浙江宁波人。1937年参加革命。1938年加入中国共产党。抗日战争胜利后先后出任华中解放区《新华日报》、山东解放区《大众日报》、山东解放区《新潍坊报》秘书主任、副社长，《浙江日报》副社长，浙江省工业厅副厅长等职。1954被任为哈尔滨三大动力之一的哈尔滨汽轮机厂副厂长，成为该厂创建者之一。1957年起任黑龙江日报社副总编辑、总编辑，黑龙江省新闻工作者协会主席等职。

张林（1914～1982年），原名郝长发，曾用名张树仁、郝光，山东平度人。1936年加入中国共产党。1938年任陕西省西安市工委副书记、书记。抗日战争胜利后到东北工作，先后任哈东支队政委、中共松江省珠河县委书记、政委、江南地委组织部长、中共松江省委组织部副部长等职。1948年起历任东北铁路总局人事部部长、中国长春铁路管理局人事助理局长、哈尔滨铁路管理局副局长、中共哈尔滨铁路局委员会副书记兼监委书记。曾当选中共七大代表、全国第三届人民代表大会代表、黑龙江省政协常委。

张金衡（1914～1982年），原名张玉田，吉林省吉林市人。与著名中医高仲山、马骥、金文华并称“四大名医”。1932年到哈尔滨。1950年创办哈尔滨市西傅家联合诊所，是哈尔滨中医界走向联合事业的发起人之一。1952年起历任哈尔滨市中医进修学校副校长、哈尔滨市医学院中医系副主任、哈尔滨市中医院副院长、哈尔滨市中医学会秘书长等职。1956年加入中国共产党。张金衡在内、妇、儿科疾病方面积累了丰富的治疗经验，对祖国医学的理论及选方用药均卓有创见。

黄振荣（1915～1968年），陕西长安人。1933年加入中国共产党。曾任红军湘赣军区电台副台长，长征时任第六军六十一团参谋。1945年抗战胜利后到东北，历任东北护路军大队长、团长、参谋处长、铁道兵团第四支队副支队长兼参谋长等职。1950年率部入朝，任铁道兵三师副师长，被朝鲜民主主义人民共和国授予二级国旗勋章和二级自由独立勋章。1955年到北大荒，历任铁道兵八五〇农场副场长、八五二农场场长等职。“文化大革命”开始后被迫害致死。

刘善本（1915～1968年），山乐昌乐人。原国民党空军飞行员，1946年驾机起义投奔共产党，同年赴黑龙江参与创建解放区第一所航空学校。1949年加入中国共产党，同年12月任第一航空学校校长。1950年组建华东空军第四混成旅，任副旅长。1951年作为航空兵师长率部参加抗美援朝战争。1955年被授予大校军衔，并荣获一级解放勋章。1964年晋空军少将军衔。曾当选第一、二、三届全国人民代表大会代表，第一届中国人民政治协商会议委员、国防委员会委员。还曾任空军学院副教育长。“文化大革命”开始后被迫害致死。

俞炳元（1915～1968年），江苏常熟人。中国水轮设计研究奠基人之一。1950年任东北工业部电业工业局工程师，后随单位北迁哈尔滨。1951年带领哈尔滨电机厂技术人员设计了中国第一台800千瓦立式水轮机，以后亲自参与陆续设计了3 000到22.5万千瓦水轮机。1954年起担任哈尔滨电机厂总设计师、副总工程师。曾任国家科委电力组组员，电工组水轮机分组副组长等职，曾多次跟随周恩来总理去三门峡水电站考察，为电工行业制定技术政策起了重要作用。是第三届全国人民代表大会代表。“文化大革命”开始后受到批判，含冤去世。

林纳（1915～1968年），女，原名关淑兰，吉林宁安（今黑龙江省宁安县）人。劳动模范。1939～1945年期间，先后任延安女子大学政治处主任、中央妇委支部书记。1948年任宁安县委副书记、土改工作团大队长。1951年奉调富拉尔基筹建北满特殊钢厂。在职期间，林纳成为省内和全国冶金系统闻名的女厂长。1958年调任钢铁研究总院党委书记，1965年任中国矿冶学院党委副书记。是第一、二、三届全国人民代表大会的代表，中共第八次代表大会代表。“文化大革命”开始后受到批判，含冤去世。

万思元（1915～1974年），山东恩县人。黑龙江省乃至中华人民共和国冰雪运动队伍的主要创建人之一。1938年加入中国共产党。1958起担任黑龙江省体育运动委员会副主任、党组书记，期间主持和参与了哈尔滨体育学院的筹建工作，并兼任哈尔滨体育学院的院长和体育学院党委书记。负责组建了黑龙江省第一支速滑队，他适时地组织教练员和运动员通过学习国内外先进经验，使得黑龙江省的速滑运动水平有了不断提高。1963年他率队参加在日本举行的世界速滑锦标赛，黑龙江籍队员罗致焕为中国取得首个冰上项目世界冠军。

赵志萱（1915～1982年），女，满族，正黄旗，辽宁兴城人。1936年加入中国共产党。抗战胜利后主动申请回东北工作，历任勃利县委组织部长、合江省妇女联合会主任、中共辽宁省沈阳市委委员、沈阳市总工会女工部部长等职。1949年起担任沈阳毛织厂厂长、大连机床厂厂长，主持试制成功了中国第一台齿轮车床。1955起先后担任哈尔滨锅炉厂副厂长、哈尔滨汽轮机厂厂长，参与领导了中国第一台自行设计60万千瓦火电机组的研制工作，并筹建了哈尔滨发电设备成套设计研究所，成为该所奠基人之一。1978年后调任中国科学院电工研究所所长，科学院能源委员会副主任。

郭强（1915～1982年），江苏武进人。1938年加入中国共产党。抗日战争时期曾参加过讨伐反动军阀、汉奸石友三战役，解放战争时期曾参加淮海战役、渡江战役等重大战役。全国解放后被选送军事院校学习，毕业后担任齐齐哈尔步兵学校政治委员、锦州步兵学校政治委员等职。1964年被中央军委授予少将军衔，同年任黑龙江省军区第三政治委员兼沈阳军区黑龙江生产建设兵团第二政治委员。1978年任旅大警备区顾问。

王仙圃（1915～1982年），山东海阳人。1945年东北光复后到哈尔滨，先后在市文学家联合会、市美术家协会、省画报社、省美术家协会任创作员。他的山水画古朴雄健，大气磅礴，具有深厚的传统技法素养，代表作品有《勘探原始森林》《报矿》《镜泊湖》等。有的作品为中国美术馆、国家博物馆及黑龙江省博物馆收藏，并流传到日本及其他国家和我国香港地区。是中国美术家协会会员、黑龙江省国画会会长、黑龙江省政协常委。

蓝仕璧（1915～1984年），字文林，四川秀山人。1941年毕业于重庆中央大学，先后在西南美术专科学校、重庆蜀中艺术专科学校任教。1952年支援东北，先在哈尔滨师范专科学校工作，后在松江省博物馆、东北烈士纪念馆任研究员。1979年起任省美术家协会专业画家。代表作品有《东温泉》《海阔天空》《牡丹江的发源地》《长白山组画》等，其中《长白山组画》中的“长白积雪”“白山黑水运材忙”由中国美术馆收藏。

娄焕明（1915～1984年），奉天辽阳（今辽宁省辽阳市）人。中国神经精神病学专家，精神病遗传学学科带头人和开拓先驱。1948年参加革命。1956年受聘为哈尔滨医科大学附属第一医院神经精神病学教研组副主任，后晋升为教授，科主任。1975年以来在大庆油田指导建立了精神病三级防治网点，是中国企业中第一个较完整的防治模式。1978～1982年，在沈阳沈河区正阳河建立社区精神病防治站，产生较大国际影响。1982年主持了中国首届神经精神科遗传学术会议，成为这个领域内国内公认的权威学者。曾任中华医学会神经精神学会委员、中国遗传学会神经精神病遗传学组副组长等职。

吴天霖（1916～1969年），江苏兴化人。1950年随沈阳东北电工局搬迁到哈尔滨。1951年试制出中国第一台800千瓦水轮发电机，成为中国发电设备制造史上第一个里程碑。1964年当选为全国人民代表大会第三届代表。1965年调任东北电力建设公司成套设备研究所副总工程师，先后参与主持设计制造了云峰水电站10万千瓦水轮发电机、刘家峡水电站22.5万千瓦水轮发电机等。吴天霖是中华人民共和国第一代电工行业的工程技术人员，在发展中国电工事业和制定技术政策方面发挥了积极作用。

厉男（1916～1983年），原名厉广学，黑龙江呼兰人。黑龙江省保卫工作的开拓者。1937年加入中国共产党。1945年11月被派至齐齐哈尔，参与组建嫩江省工作，任嫩江省自卫处处长兼公安总队队长、政委。1946年率领公安部队参加了第二次解放齐齐哈尔的战役。1947年任中共黑嫩联合省委社会部副部长兼公安处副处长。1948年任沈阳市公安局副局长，公安总队政委。1951年后历任东北公安军副司令员，旅大市公安局长、检察院检察长、副市长等职。1965年起历任广州海运局副局长、湛江港务局局长、广州市委常委等职。

季铁中（1916～1985年），吉林省（今黑龙江省）宾县人。1932年加入中国共产党。1934年参加东北反日游击队哈东支队，1937年后任东纵一团政治处主任、冀南军区第四分区政治部主任等职，参加了百团大战。1946年起任松江军区哈东一分区政治部主任、松江军区政治部主任、松江省军事部长、中共松江省委委员。1950年赴朝作战。1960年转业到大庆参加石油大会战，任工程指挥部副指挥。1963年起历任大庆炼油厂副厂长、大庆石油会战指挥部政治部主任、工委副书记。1979年起任国家石油部党组成员、政治部副主任、副部长。

徐明（1916～1985年），原名徐锐，吉林阿城（现黑龙江省哈尔滨市阿城区）人。1936年加入中国共产党。1945年被派到东北工作，先后任黑龙江军区政治部代主任、第二军分区政治委员、辽北军区第五军分区副政治委员、第四野战军四十九军一六二师副政治委员等职。1951年起历任空军第十八师政委、北京防空部队副参谋长、中国人民解放军空军副参谋长。1958年起调到国防科学委员会担任国防科研的领导工作，为中国火箭、卫星的发射试验作出了重要贡献。1955年被授予大校军衔，1961年晋升为少将。是第五届全国人大代表，中国人民政治协商会议第六届委员会委员。

杜鸿模（1917～1962年），陕西米脂人。1947年任天津机器厂（现天津动力机厂）副工程师，1949年加入中国共产党，曾连续多年获天津市特等劳模称号。1955年被被派往苏联实习，1956年到哈尔滨锅炉厂工作，历任副总工程师、副厂长，期间成功主持了高压化工容器手工焊接和自动焊接的对比试验，开启了我国自制高压化工容器的历史。

于杰（1917～1971），原名窦长祥，曾用名窦少清，山东临朐人。1936年3月加入中国共产党。1938年任中共临朐县委书记兼独立团政委。1939年2月到中共山东分局党校学习，结业后留校工作。1941年后历任中共鲁中区委党校总支书记兼组织科长、山东鲁中区党委蒙山工委书记、泰宁县委书记、鲁中区委组织部组织科长等职。抗日战争胜利后调往东北，历任中共中央东北局土改工作团团长，中共合江省勃利地委副书记，中共吉林省吉南地委副书记，东北局组织部组织科长、组织处长等职务。中华人民共和国成立后，于1950年参加抗美援朝工作，任志愿军后勤部巡视员。1951年3月奉调回国，先后担任中共松江省委常委、秘书长，松江省人民政府副主席。1954年黑龙江、松江两省合并后，任黑龙江省副省长、省委常委兼农村工作部部长。1960年5月，任中共黑龙江省松花江地委第二书记，11月以后历任中共黑龙江省委书记处候补书记、书记处书记，继续主管农村工作。1964年1月～1966年5月，先后担任阿城县和呼兰县社教工作总团负责人。"文化大革命"开始后受到冲击，1967年3月，作为革命领导干部代表被结合，1970年被任命为黑龙江省革委会副主任。1971年8月在中共黑龙江省委第三次代表会议上，当选为中共黑龙江省委副书记，主管全省经济工作。是黑龙江省第一、二、三届人民代表大会代表。几十年来，于杰同志在党的领导下，无论是在革命战争年代，还是在中华人民共和国和平建设时期，始终忠诚于党的事业，对黑龙江省的社会主义建设事业，尤其是对农业开发建设做出了重要贡献，被誉为黑龙江省农业开拓者。1971年12月20日，于杰在参加全国计划工作会议时，因急性心肌梗塞于北京病逝，终年54岁。

朴奇夏（1917～1974年），朝鲜族，朝鲜忠川北道玉泉郡人。1954年进入牡丹江市农机生产合作社当工人，先后完成技术革新项目311件，改造24种产品的生产工艺，设计制造大、中型设备21台，为国家创造200多万元的产值。曾荣获省、市劳动模范称号，并被评为工人技术员。

陈非（1917～1979年），吉林省吉林县人。农业科学技术专家。1945年抗战胜利后到东北，主要从事农业科研和农业技术推广工作，先后任省人民政府农业厅技术推广科科长，技术推广处处长、副厅长（分管农业技术），农业科学院党委书记、院长、农牧局副局长等职。1950年任省农业厅技术推广处科长。在长期从事农业技术和农业科研领导工作中，陈非坚持实践第一，坚持"双百"方针，深入调查研究，刻苦学习，为全省各县推广站培养了大批专业技术人才。

罗明哲（1917～1982年），曾用名罗绮、陈白之、罗傭倩，黑龙江呼兰人。学生时代就具有强烈的爱国思想，积极参加进步文学活动，后加入国民党。1945年脱离国民党，1946年当选为哈尔滨市人民政府委员并兼教育局副局长。1947年加入中国共产党。1951年起历任哈尔滨师专（后改为哈尔滨师范学院）教务主任、教务处长、中文系主任，黑龙江大学教务处副处长、中文系教员。1980年起任黑龙江大学副教授、中文系主任，曾当选省政协委员。

王操犁（1917～1984年），原名王国乾，又名王光震，河南遂平人。1938年加入中国共产党。1945年抗战胜利后被派往东北工作，先后任区、县武工队长，县长、工作团长。1948年带领担架队参加了辽沈战役，受到部队嘉奖。中华人民共和国成立后，调任东北人民政府研究室副主任，后任中共中央东北局农村工作部处长。1954起任黑龙江省农业厅厅长、友谊农场场长。1957年任中共黑龙江省委农村工作部副部长、部长、省委常委。“文化大革命”后任中共黑龙江省委农村工作部部长、省农业办公室主任。1979年当选黑龙江省副省长，后调任省人大常委会副主任。

郭敏一（1917～1984年），黑龙江齐齐哈尔人。1947年参加革命，1951年任第一军医大学药理系助教。抗美援朝战争爆发后被派往朝鲜，并四次去丹东担任“防化”教育宣传和科研工作，荣立二等功并获得中国人民解放军军委总后勤部颁发的“立功奖证”及金质奖章。1956年起先后任教于哈尔滨市第一卫生学校、黑龙江中医学院。在他的积极倡导下，使满山红药理研究荣获国家科学大会奖。编译有俄文版《临床药理学》，编著《药理学》等，是省药理学会会员、省优秀教师。

杜先扬（1918～1963年），哈尔滨人。哈尔滨铁路局绥化机务段工人。解放战争初期，杜先扬修复破损严重的96号机车，后被命名为“铁牛号”。1949年2月，成为东北铁路第一个首创延长2个甲检期新纪录机车，同时为国家节省了大量人力、物力和财力，东北行政委员会发出通令，“铁牛号”机车组全体员工记特等功1次，授予司机长杜先扬为“铁牛运动旗手”称号。1949年加入中国共产党。1950年杜先扬出席了中国人民政治协商会议第一届委员会第二次会议。1951年参加了抗美援朝战争。

郭仲（1919～1968年），热河省开鲁县人。1946年加入东北民主联军。1949年加入中国共产党。在战斗中造成双目失明，终身残疾，复原后回到松江省延寿县华炉乡，他不悲观，不气馁，积极参加生产劳动，处处起模范带头作用，他的事迹在延寿县广大农村引起强烈反响，1958年中共延寿县委发出了向双目失明的优秀党员郭仲学习的号召。1959年先后受到省和全国表彰。1963年出席了黑龙江省第一届盲人聋哑人代表会议。

胡锡川（1919～1975年），湖南宁乡人。1938年参加革命。全国解放后任华东文委秘书处副处长、办公厅副主任。1954年积极要求参加东北航空工业建设，后任沈阳飞机工厂设计处副处长，1956年调任哈尔滨飞机厂（今伟建厂）总工程师，主持研制成功中国第一架直升机。他还参加并组织领导了“轰五”轻型轰炸机、“轰六”中程轰炸机的试制工作，使飞机技术性能得到改善。

张路（1919～1977年），原名张学廉，浙江上虞人。北大荒版画早期作者和创始人之一。1948年先后在上海、浙江绍兴任美术教员。1950年任北京人民美术出版社编辑，并在工作之余从事木刻创作。1958年被错划为右派，1959年下放到黑龙江省牡丹江垦区劳动，后任《北大荒》杂志和《北大荒画报》编辑。他同解放军美术工作者共同努力，使木刻作品逐渐凝聚成“北大荒”画派。1962年调入中国美术家协会黑龙江分会创作室，从事专业创作。作品多次参加国内外展出，被中国美术馆和黑龙江省博物馆收藏。

温长淮（1919～1980年），满族，吉林双城（今黑龙江省双城县）人。皮影戏艺术家。1951年成立松江省皮影戏实验工作队，任副队长。首创“现代戏影人迈步法”，使现代皮影戏影人的表现能力有了突破性的进展。1952年加入中国共产党。1954年任黑龙江省民间艺术队队长。1959年代表黑龙江省进京参加庆祝中华人民共和国成立十周年献礼演出，受到首都观众和舆论界的赞誉。1960年参加第二次全国木偶戏、皮影戏演出大会，受到与会代表一致赞扬，黑龙江皮影戏从此列入全国一流水平，成为中国皮影戏“三大家”（湖南影、唐山影、黑龙江影）之一。

王正林（1919～1980年），原名王同政，曾用名王彤骥、姚辉，河北赵县人。1938年加入中国共产党，曾任中共地下支部书记。后去华中、华东抗日根据地工作，解放战争时期历任沈阳市桃匠屯区区长、黑龙江省宝清县委书记。1950年调任桦川县委书记。1952年任松江省农业厅副厅长，后任吉林省农业厅副厅长。1954任友谊农场副场长，参加组建工作。1958起历任合江农垦局副局长，东北农垦总局副局长、局长，省革委会生产指挥部副主任，省农场总局副局长兼党委副书记等职。是中国共产党第八次代表大会代表。

李芸春（1919～1982年），奉天本溪（今辽宁省本溪市）人。著名外科专家。中华人民共和国建立后，被任命为中国医科大学头、颈、胸系主任。1950年抗美援朝战争开始后，担任东北医疗队队长和战勤医院技术院长。1952年任黑龙江省医院副院长。擅长胸外、普外、脑外科，曾进行了全省首例心包切除术，全省首例开颅手术，全省首例肝切除手术，他还是黑龙江省手术治疗肺结核的奠基人，为黑龙江省外科学的各领域做出突出的贡献。曾任九三学社哈尔滨分社委员、组织部长、省政协委员等职。

金白山（1920～1962年），朝鲜族，朝鲜咸镜北道城津郡人。自幼随家人来到中国。1948年金白山到合江水利农场，成立了水利农场三庄，组成第五耕作组并担任组长，取得水稻丰收，被评为“金白山模范耕作组”。1951年成立星火集体农庄并任主席，为农庄发展壮大做出很大贡献。被公认为水稻种植专家，在国内外久负盛名。曾当选为第二、第三届全国人大代表，多次受到党和国家领导人的接见，多次被选为省和全国劳动模范。

宋恩珍（1920～1963年），黑龙江庆城（今庆安县）人。革命烈士。1947年加入中国共产党。1953年复员回到家乡，1955年带头组织农民成立农业生产合作社，被选为社主任。1958年人民公社化以后，担任管理区副主任、生产队长。由于劳动积极、工作认真负责，连续被评为模范队长、公社和县的模范干部。1962年因抢救国家财物严重烧伤，1963年逝世。黑龙江省人民委员会授予宋恩珍革命烈士称号。宋恩珍的英雄事迹在全社会引起强烈反响，中共黑龙江省委第一书记欧阳钦在《人民日报》发表纪念文章：《宋恩珍——平凡而伟大的共产主义战士》。

乌·白辛（1920～1966年），原名吴宇洪，赫哲族，后入满籍，吉林（今吉林省吉林市）人。著名剧作家。1945年参加革命。日本投降后，于1946年被任命为吉林文工团团长，不久编入东北民主联军，创作了大量歌颂军民鱼水关系和革命战争伟大意义的作品，荣立一等功。1953年任中国人民解放军“八一”电影制片厂编导。1958年转业到哈尔滨话剧院，后又调哈尔滨市文学艺术界联合会，做专业作家。代表著作有：《赫哲人的婚礼》《印度来的情人》《焦裕禄》《冰山上的来客》等。“文化大革命”开始后遭迫害，含冤去世。

孙好清（1920～1977年），原名孙好琴，直隶（今河北省）磁县人。1939年到鹤岗兴山煤矿采煤。1947年当选南山煤矿三坑副坑长，成为解放后鹤岗市第一个从工人中选拔的领导干部。同年被公推为特等英雄状元，并加入中国共产党，是鹤岗市第一位被公开吸收的共产党员。是全国第六次劳模大会主席团成员，出席了东北煤矿第一届劳模大会，并多次受到矿务局、东北煤管局的嘉奖。

吴恕三（1920～1981年），浙江嘉县人。1946年参加革命。1949年加入中国共产党。1955年起历任哈尔滨锅炉厂副总工程师、总工程师、副厂长等职，期间主持了从小到大直至670吨锅炉的研制工作；圆满完成螺旋石油管道设计、制造、安装、调试到试生产的全部工作，揭开了中国地下远程输油技术史的新一页。吴恕三是国内公认的锅炉权威，曾当选为第一届全国科学大会代表，其论文《锅炉管式空气预热器的振动和噪声》获全国科学大会奖。是中国机械工程学会理事、焊接协会理事、动力工程学会副理事长，中国共产党第十一次全国代表大会代表、中共黑龙江省第四届委员会委员。1978年任黑龙江省机械局副局长兼总工程师。

李学义（1921～1968年），山东莱芜人。1953年任东北建筑第二工程公司混凝土队队长，领导圆满完成了沈阳飞机制造厂一号厂房基础和预制柱的浇灌任务。1954年随单位调往哈尔滨，参加国家第一个五年计划期间重点基本建设项目哈尔滨电机厂、东安厂、伟建厂、建成厂和发电厂的建设，带领全队职工出色地完成每一项施工任务。1960年任黑龙江省第二建筑公司混凝土队队长，并被提拔为工人工程师。曾多次被评为沈阳、哈尔滨市、黑龙江省劳动模范。1964年被评为黑龙江省五好职工标兵。

李书年（1923～1969年），别名李书廉，安徽桐城人。1949年参加中国人民解放军第二野战军政治部文工团，1953年任解放军总政治部文工团独唱演员兼声乐教员。整理出向苏联军队“红旗歌舞团”学习的《劳特声乐教材》，对推动中国声乐艺术的发展起到积极作用。1958年转业到黑龙江，1959年调入哈尔滨歌舞剧院任独唱演员兼声乐教师，他的演唱字正腔圆，声情并茂，富于民族气韵，被人称为“民族化”了的美声唱法，主要作品有《云山牧歌》《在那遥远的地方》《我站在高高的钻塔上》等。“文化大革命”期间受到批判，含冤去世。

王进喜（1923～1970年），甘肃玉门人。中华人民共和国第一批石油钻探工人，全国著名的劳动模范。1938年进入玉门石油公司当工人。1956年加入中国共产党。历任玉门石油管理局钻井队长、大庆油田1205钻井队队长、大庆油田钻井指挥部副指挥。他率领1205钻井队艰苦创业，打出了大庆第一口油井，并创造了年进尺10万米的世界钻井纪录，展现了大庆石油工人的气概，为中国石油事业立下了汗马功劳，成为中国工业战线一面火红的旗帜。王进喜以“宁可少活二十年，拼命也要拿下大油田”的顽强意志和冲天干劲，被誉为油田铁人。1959年在全国“群英会”上被授予全国先进生产者称号。他留下的“铁人精神”和“大庆经验”，成为中国进行社会主义建设的宝贵财富。是中共第九届中央委员，第三届全国人大代表。

杨昉（1923～1978年），原名杨崇青，别名云峰、方文，河南新蔡人。1949年参加中国人民解放军，开始从事文艺创作。在部队中，历任编导组组长、创作员、编辑。1958年转业到黑龙江省牡丹江农垦局，从事《北大荒》文艺刊物的创办与编辑工作。1962年调中国作家协会黑龙江分会任专业作家。1976年调黑龙江省文化局创作评论办公室，专门从事辅导全省群众文学创作工作，培养辅导了大批业余文学作者。

高凤志（1924～1970年），黑龙江巴彦人。1948年加入中国共产党。历任绥化县六合村村长、农业生产合作社主任、中共绥化县委委员、省贫代会副主任、黑龙江省革委会常委等职。在他的带领下，曾创年全国谷子单产最高纪录。多次当选省、市特等劳动模范，曾获全国劳动模范、全国农业劳动模范称号。是中共九大代表、全国政协委员。

陈大钦（1924～1981年），福建福州人。渔业专家。1950年支援东北建设，历任哈尔滨水产试验场技术员、养殖室副主任、黑龙江省水产研究所所长等职，为我国大马哈鱼的增殖、填补我国鲟鱼人工养殖技术的空白做出了贡献，研究成果曾获全国科学大会奖。著有《草、鲢鱼人工繁殖技术》《实用养鱼技术》等书。1981年加入中国共产党。是第五届全国人大代表。曾任中国水产学会常务理事、黑龙江省水产学会副理事长、黑龙江省科学技术协会常委、太平洋西部四国渔业会议中国专家。

栗振镛（1924～1984年），奉天辽阳（今辽宁省辽阳市）人。玉米培育专家。1951年参加工作，历任助教、讲师、副研究员，玉米研究室主任、研究员，全国农作物品种审定委员会委员，省科技顾问处顾问、省农学会常务理事、省作物学会秘书长等职。1957年调入黑龙江省农业科学院，在玉米育种繁殖推广工作中，取得重大科研成果，使全省玉米产量大幅度提高，其中“黑玉46”玉米双交种获全国科学大会奖。曾获全省劳动模范称号。1981年加入中国民主同盟。1982年加入中国共产党。

李赤（1926～1980年），原名李继元，别名李慈，化名舒迟，天津宝坻人。作家、诗人。1947年到哈尔滨，先后在中苏友好协会出版部、哈尔滨市文艺工作者协会工作，1957年先后担任省文联党组成员，《北方文学》第一副主编、代主编等职。是五六十年代黑龙江省较有影响的作家和诗人。他的独幕话剧《长海来了》，曾获文化部独幕剧三等奖。电影文学剧本《徐秋影案件》，曾获文化部电影创作三等奖。部分作品被收入《黑龙江诗歌选》《黑龙江散文选》。是中国作协黑龙江分会第一届理事。

林青（1926～1983年），原名林仰山，黑龙江明水人。散文作家。1948年参加中国人民解放军，1958年转业到北大荒，先后任牡丹江农垦局密云水库《战地快报》《北大荒文艺》编辑。1962年调中国作家协会黑龙江分会任专业作家。曾当选中国作家协会黑龙江分会第一届理事会理事、中国作家协会会员。主要代表作散文集《冰凌花》《大豆摇铃时节》，是黑龙江省比较有影响的散文作家。

杨治周（1927～1966年），吉林双城（今黑龙江省双城县）人。1948年参加革命工作，历任村小学教师、校长、哈尔滨市第十二中学教师等职。1955年加入中国共产党。杨治周忠诚党的教育事业，热爱学生，把全部身心用于培养教育学生的工作上。先后被评为黑、市优秀少先队辅导员，省、市优秀教师和优秀教育标兵，哈尔滨市劳动模范。1960年被评为全国优秀少先队辅导员和全国劳动模范。《人民日报》《光明日报》刊载他的先进事迹和工作经验，黑龙江人民出版社出版了他的班主任工作经验专辑。“文化大革命”开始后被折磨致死。

金剑（1927～1968年），原名玉海，改名剑，曾用名枫、小枫、王法、红曼，奉天辽阳（今辽宁省辽阳市）金家花园人。1948年参加革命工作，1950年起历任黑龙江省文工团创作室主任、哈尔滨电影制片厂创作室副主任等职，1959年调哈尔滨话剧院工作。是中国戏剧家协会会员，戏剧家协会黑龙江省分会理事。一生创作了大量优秀话剧，主要剧目有《赵小兰》《抗联之家》《春光曲》等。“文化大革命”中含冤去世。

王书怀（1929～1984年），原名王树槐，改名书怀，曾用笔名冷风，河北抚宁人。诗人。1953年调松江省文学艺术界联合会工作，1956年加入中国共产党。1960年加入中国作家协会，自1961年起成为黑龙江省作家协会专业作家，是黑龙江省比较有影响的诗人之一。他的诗歌节奏明快，朴素清新，语言生动，在学习运用民歌形式和群众语言方面，在诗歌革命化、大众化方面，都取得可喜的成绩。出版的主要诗集有《乡土集》《扬帆集》《桦林曲》《火热的乡村》等。

朱彩斌（1930～1971年），湖北房县人。诗人。1948年参加中国人民解放军从事文学创作，1951后担任“八一”电影制片厂编导，1958年转业到黑龙江铁道兵农垦局（后改名为“牡丹江农垦局”）任电影组编导，1963年调哈尔滨市文联任创作员，成为专业作家。他编导摄制的《狩猎》《雁窝岛的秋收》等纪录片，在全国放映，深受欢迎。他创作的《完达山抒情》等一大批优秀诗作，在全国诗坛产生较大影响，成为黑龙江省颇有影响的诗人之一。是中国作家协会黑龙江分会会员。

谭学陵（1931～1983年），四川武胜人。1953年起在燃料工业部石油管理总局设计局工作。1956年参加海军工程部非金属油罐防渗漏研究项目并担任组长，因出色完成任务受到海军工程部和石油部的嘉奖。1959年加入中国共产党。1960年到大庆油田参加会战，投入油田“单管密闭油气集输流程”的设计工作，为高速度、高水平拿下大油田做出了贡献，被评为油田标兵。1974年主持研制成功中国第一套原油计量成套仪表，填补了我国成套仪表的空白，成果获全国科学大会奖。

董廷章（1933～1972年），山东昌邑人。1950年参加革命工作。1953年加入中国共产党。历任鸡西矿务局穆棱煤矿救护队中队长，矿务局救护大队副队长。在救护队工作20年来，共参加40多次矿井抢险，每次都顺利完成任务。1972年在参加井下抢救工作中一氧化碳中毒光荣牺牲。黑龙江省革命委员会授予董廷章革命烈士光荣称号。

钟其权（1933～1982年），四川重庆人。1958年参加大庆油田会战。1959年9月，由他确定井位的松辽盆地第三口基准井喷出油流，成为发现大庆油田的标志。1962年起历任油田地质研究室副主任、大庆石油管理局地质处副主任、地质师、副总地质师等职。他提出的油层综合评价研究法获国家科委颁发的发明奖，为研究和认识油层分布规律创出了一条新路，直到现在仍然是油层研究的基本方法。他的大庆油田油砂体及注水效果研究获全国科学大会奖。在他主持地质勘探工作期间，发现并探明三肇地区的宋芳屯、模范屯油田，对发展大庆做出了贡献。1979年加入中国共产党。

刘美泉（1936～1966年），山东高唐人。1953年加入中国共产党。1955年参加中国人民解放军。1959年从部队转业分配到哈尔滨新风加工厂，先后担任工段工会主席、党支部书记，连年被评为优秀党员和“五好”职工。1966年为挽救国家财产英勇牺牲。为了表彰刘美泉生前的功绩，中共黑龙江省委员会发出通知，号召全省各条战线的职工开展向刘美泉学习的活动。追认刘美泉为哈尔滨市特等劳动模范，黑龙江省人民委员会授予刘美泉革命烈士光荣称号。

王庆容（1940～1969年），四川三台人。1949年三台县解放后，参加农业生产，勤劳、肯干，受到领导和群众的称赞。1958年被评为劳动模范。1959年应征入伍，1961年加入中国共产党。历任代理排长、排长、副连长。入伍后曾4次救火，8次救人，得到上级和战士的一致好评。1969年参加保卫珍宝岛战斗英勇牺牲。1969年7月中央军委发布命令，授予王庆容“战斗英雄”光荣称号。

杨林（1944～1969年），山东莱阳人。1962年参加中国人民解放军，随连队到“北大荒”执行农业生产任务。1965年任炮连班长。1968年加入中国共产党。1969年参加保卫珍宝岛战斗英勇牺牲。1969年沈阳军区党委给杨林追记一等功；中央军委发布命令，授予杨林“战斗英雄”光荣称号。

刘英俊（1945～1966年），吉林长春人。1962年应征入伍，立志成为一名雷锋式的好战士，刻苦学习军事本领，经常帮助连队、群众做好事并且从不留姓名。1966年为救6名儿童勇拦惊马，身负重伤，光荣牺牲。刘英俊牺牲后，中国人民解放军总政治部发出通知，号召全军向刘英俊学习。刘英俊所在部队党委追认他为中国共产党正式党员，追记一等功。中共佳木斯市委、市政府在他牺牲地建立烈士纪念碑和事迹陈列馆，人民群众称誉刘英俊是“雷锋式的共产主义战士”“人民的好儿子”。

闫启庸（1945～1970年），蒙古族，吉林靖宇人。1966年响应党的号召，到黑龙江生产建设兵团务农。在垦区生活的5年里，他不仅无私为战友服务，还用思想和智慧启迪战友，经常给战友们讲英雄事迹，讲兵团事业发展前景，讲屯垦戍边的伟大意义。1970年在执行任务中为救战友光荣牺牲。

冯百兴（1949～1970年），辽宁黑山人。1968年下乡到黑龙江生产建设兵团第五师五十三团当战士，在连队处处起模范带头作用。1970年为扑灭山火英勇牺牲。为表彰冯百兴的事迹，黑龙江省革命委员会授予他“革命烈士”称号，黑龙江生产建设兵团党委为他追记一等功。中共五十三团委员会追认他为中国共产党党员。兵团党委做出决定，号召全体干部、战士、职工、家属向冯百兴学习。

沙涛（1949～1983年），回族，黑龙江鹤岗人。1969年被分配到齐齐哈尔建华机械厂当工人，很快成为车间生产骨干。1979年经过自荐和考核，调入齐齐哈尔市人民检察院工作，后多次立功受奖。1983年因救溺水儿童英勇牺牲。黑龙江省人民政府批准他为革命烈士，中共黑龙江省委追认他为中国共产党党员。中华人民共和国最高人民检察院授予他“雷锋式检察干部”的光荣称号。

李南国（1952～1985年），朝鲜族，黑龙江鸡东人。1970年应征入伍，分配到中国人民解放军炮兵部队。曾任炮兵班长、排长、连长。中共党员。1985年，李南国所在部队受命赴滇参加保卫云南边境作战，在他指挥战斗的97个日日夜夜里，共摧毁越军高射机枪工事二个，堑壕70余米，毙敌47人，伤敌多人，多次受到上级表扬。同年9月在一次战斗中为保护战友壮烈牺牲。部队党委追认他为二等功臣，授予革命烈士光荣称号。

黄恒星（1954～1984年），辽宁岫岩人。林口县五林公社南沟小学教师。长年自愿扎根基层，在艰苦的生活和教学条件下，为家乡辛勤培育人才。曾连续8年被评为优秀共青团员，5次被评为校、乡、县优秀教师。1984年因积劳成疾不幸逝世。逝世后被追认为中国共产党党员，共青团黑龙江省委追授他为“献身教育事业的模范青年”，1985年被《中国青年报》推选为全国十大青年人物之一。

张华（1958～1982年），黑龙江虎林人。中小学期间即品学兼优，中学毕业后到农村插队落户，后被选为劳动模范、优秀共青团干部。1977年入伍被编入沈阳空军某场站，因工作突出两次受到场站的嘉奖和表扬。1979年以优异成绩考取第四军医大学，同年加入中国共产党。大学期间他不仅学习好，而且经常助人为乐。1982年为抢救掏粪工人英勇牺牲。1982年中央军委授予张华“富于理想勇于献身的优秀大学生”称号。张华烈士的事迹在全国、全军引起强烈反响，纷纷发出向张华烈士学习的通知、决定、号召。1983年被称誉为全国十英模之一。

刘柏林（1961～1981年），黑龙江肇东人。1980年参军，在部队短短的10个月中进步很快，先后担任新兵连副班长、连队团小组长、学习辅导员、革命军人委员会委员，成为连队各项工作的骨干。还被评为学雷锋积极分子，出席沈阳军区工程兵共青团先进代表会议。1981年为抢救列车而英勇牺牲。中央军委授予刘柏林“雷锋式的战士”荣誉称号。沈阳军区工程兵党委为刘柏林记一等功，定为革命烈士，追认他为中国共产党正式党员。同时做出决定，号召部队广大指战员向刘柏林学习。

孙玉奎（1963～1985年），黑龙江双城人。1981年参军，在一年多的时间里，多次受到连队、团队嘉奖。1982年以优异成绩考入中国人民解放军总参谋部防化学院指挥系学习。1984年毕业后分配到沈阳军区六十八军二〇二师防化连，拟任排长。未到职前，赴云南前线进行实战锻炼。1985年2月，在完成学习任务即将离开老山前线时，被批准为中共预备党员，并批准参战，被指派为突击队队长，在指挥战斗中英勇牺牲。为了表彰孙玉奎烈士的英雄事迹，部队为他追记二等功。

人物姓名笔画索引

一至四画

五至六画

七画

八至九画

十至十一画

十二画以上

人物姓名汉语拼音索引

X

Y

附　录

清朝黑龙江将军（巡抚）名表

次序	姓名	任职时间	去职时间	备注	次序	姓名	任职时间	去职时间	备注
1	萨布素	康熙二十二年十月(1683)	康熙四十年正月(1701)	始设置黑龙江将军革职	11	卓尔海	雍正八年正月(1730)	雍正十年九月(1732)	
2	沙纳海	康熙四十年二月(1701)	康熙四十二年七月(1703)		12	塔尔岱	雍正十年九月(1732)	雍正十三年十二月(1735)	因病未到职由那苏图署理
3	博　定	康熙四十二年八月(1703)	康熙四十七年九月(1708)		13	吴礼布	雍正十三年十二月(1735)	乾隆元年十一月(1735)	病故
4	发　度	康熙四十七年十一月(1708)	康熙四十八年二月(1709)		14	额尔图	乾隆元年十一月(1736)	乾隆三年五月(1738)	
5	杨　福	康熙四十八年二月(1709)	康熙五十四年五月(1715)	病故	15	博　第	乾隆三年五月(1738)	乾隆八年九月(1743)	
6	三官保	康熙五十四年五月(1715)	康熙五十五年九月(1716)	署理将军	16	傅　森	乾隆八年三月(1743)	乾隆十四年九月(1749)	
7	托　留	康熙五十五年十月(1716)	康熙五十九年正月(1720)	五十七年后患病期间曾由巴赛署理	17	博尔丹	乾隆十四年三月(1749)	乾隆十七年十二月(1752)	病故
8	陈　泰	康熙五十九年二月(1720)	雍正四年二月(1726)		18	绰尔多	乾隆十七年二月(1752)	乾隆十九年五月(1754)	
9	傅尔丹	雍正四年二月(1726)	雍正五年十二月(1727)	署理将军	19	清　保	乾隆十九年五月(1754)	乾隆十九年八月(1754)	
10	那苏图	雍正五年十二月(1727)	雍正八年正月(1730)		20	达勒当阿	乾隆十九年八月(1754)	乾隆二十年五月(1755)	署理

续表

次序	姓名	任职时间	去职时间	备注	次序	姓名	任职时间	去职时间	备注
21	达 色	乾隆二十年 七月 (1755)	乾隆二十一年 八月 (1756)		32	明 亮	乾隆五十六年 十二月 (1791)	乾隆五十九年 十二月 (1794)	
22	绰勒多	乾隆二十一年 八月 (1756)	乾隆二十七年 八月 (1762)	病故	33	舒 亮	乾隆五十九年 十二月 (1794)	乾隆六十年 九月 (1795)	革职
23	国多欢	乾隆二十七年 八月 (1762)	乾隆二十八年 十二月 (1763)		34	永 琨	乾隆六十年 九月 (1795)	嘉庆二年 二月 (1797)	
24	富僧阿	乾隆二十八年 十二月 (1763)	乾隆三十三年 九月 (1768)		35	额勒伯克	嘉庆二年 二月 (1797)	嘉庆三年 二月 (1798)	
25	傅 玉	乾隆三十三年 九月 (1768)	乾隆三十五年 七月 (1770)		36	那奇泰	嘉庆三年 二月 (1798)	嘉庆五年 正月 (1800)	
26	增 海	乾隆三十五年 七月 (1770)	乾隆三十七年 六月 (1772)		37	景 熠	嘉庆五年 正月 (1800)	嘉庆六年 二月 (1801)	革职 圈禁
27	傅 玉	乾隆三十七年 六月 (1772)	乾隆四十四年 八月 (1779)		38	那奇泰	嘉庆六年 二月 (1801)	嘉庆八年 十二月 (1803)	革职
28	永 玮	乾隆四十四年 八月 (1779)	乾隆四十七年 八月 (1782)		39	观 明	嘉庆八年 十二月 (1803)	嘉庆十四年 三月 (1809)	
29	恒 秀	乾隆四十七年 八月 (1782)	乾隆五十三年 十月 (1788)		40	斌 静	嘉庆十四年 三月 (1809)	嘉庆十八年 四月 (1813)	革职
30	琳 宁	乾隆五十三年 十月 (1788)	乾隆五十四年 四月 (1789)		41	富 俊	嘉庆十八年 四月 (1813)	嘉庆十九年 二月 (1814)	
31	都尔嘉	乾隆五十四年 四月 (1789)	乾隆五十六年 十二月 (1791)		42	特依顺保	嘉庆十九年 二月 (1814)	嘉庆二十三年 十一月 (1818)	

续表

次序	姓名	任职时间	去职时间	备注	次序	姓名	任职时间	去职时间	备注
43	松　宁	嘉庆二十三年十一月(1818)	嘉庆二十五年四月(1820)		54	哈丰阿	道光十五年闰六月(1835)	道光十九年九月(1839)	
44	奕　颢	嘉庆二十五年四月(1820)	道光二年正月(1822)		55	棍楚克策楞	道光十九年九月(1839)	道光二十七年十一月(1847)	病故
45	松	道光二年正月(1822)	道光二年六月(1822)	原名松宁	56	英　隆	道光二十七年十一月(1847)	咸丰四年二月(1854)	
46	德莫阿	道光二年六月(1822)	道光二年十二月(1822)		57	奕　格	咸丰四年二月(1854)	咸丰五年十二月(1855)	
47	禄　成	道光二年十二月(1822)	道光八年四月(1828)	革职	58	奕　山	咸丰五年十二月(1855)	咸丰九年八月(1859)	咸丰九年五月革职留任
48	果齐斯欢	道光八年四月(1828)	道光八年九月(1828)	病故	59	特普钦	咸丰九年九月(1859)	同治元年九月(1862)	先署理后实授
49	特依顺保	道光八年九月(1828)	道光十年三月(1830)		60	德　英	同治六年十月(1867) 同治九年九月(1870)	同治九年九月(1870) 同治十三年正月(1874)	署理将军 实授将军
50	富僧德	道光十年三月(1830)	道光十四年十二月(1834)		61	丰　绅	同治十三年正月(1874)	光绪四年十一月(1878)	
51	奕　经	道光十四年十二月(1834)	道光十五年正月(1835)		62	希　元	光绪四年十一月(1878)	光绪五年三月(1879)	
52	保　昌	道光十五年正月(1835)	道光十五年二月(1835)		63	定　安	光绪五年三月(1879)	光绪七年十二月(1881)	
53	祥　康	道光十三年闰六月(1833)	道光十五年二月(1835)		64	文　绪	光绪七年十二月(1881) 光绪十年四月(1884)	光绪十年四月(1884) 光绪十二年五月 (1886)	署理将军 实授将军

续表

次序	姓名	任职时间	去职时间	备注	次序	姓名	任职时间	去职时间	备注
65	恭 镗	光绪十二年 五月(1886) 光绪十四年 四月(1888)	光绪十四年 四月(1888) 光绪十五年 正月(1889)	署理将军 实授将军	72	达 桂	光绪三十年 四月 (1904)	光绪 三十一年 四月 (1905)	署理将军
66	依克 唐阿	光绪十五年 正月 (1889)	光绪二十年 十月 (1894)	革职	73	程德全	光绪 三十一年 四月 (1905)	光绪三十三年 三月 (1907)	署理将军
67	恩 泽	光绪二十年 十月 (1894)	光绪二十五年 十二月 (1899)		74	段芝贵	光绪 三十三年 三月 (1907)		署理巡抚 未到任
68	寿 山	光绪二十五年 十二月 (1899)	光绪二十六年 八月 (1900)	署理将军 抗俄殉职	75	程德全	光绪 三十三年 三月 (1907)	光绪 三十四年 二月 (1908)	署理巡抚
69	延 茂	光绪二十六年 八月 (1900)	光绪二十六年 九月 (1900)	未到任于九月自杀，由萨保署理	76	周树模	光绪 三十四年 二月(1908) 宣统元年 六月 (1909)	宣统元年 六月 (1909) 宣统三年 十二月 (1911)	署理巡抚 实授巡抚
70	绰哈布	光绪二十六年 九月 (1900)	光绪二十八年 六月 (1902)	未到任由萨保署理	77	宋小濂	宣统三年 十二月 (1911)	1912年3月 15日	宣统三年 十月任 黑龙江 民政使
71	萨 保	光绪二十六年 九月 (1900)	光绪三十年 四月 (1904)	署理将军					

中华民国前期黑龙江省军政长官名表
（1912～1931年）

姓名	字号	籍贯	职务	任职时间	免职或离职时间	备注
宋小濂	铁　梅 （友梅）	吉林省吉林县	黑龙江督军 兼民政长	1912.3.15	1913.7.10离职 1913.8.8免职	原为清朝黑龙江省巡抚兼民政长，1912.3.15改任中华民国黑龙江都督1913.1.10，兼民政长
毕桂芳	植　忱 （植承）	直隶省大兴县	护理黑龙江省 都督兼民政长	1913.7.16	1913.10.30调京	
朱庆澜	子　桥 （子樵，星桥）	浙江省绍兴县	黑龙江省护军 使兼民政长	1913.10.31	1914.6.30	
朱庆澜		浙江省绍兴县	镇安右将军.督 理黑龙江军 务兼巡按使	1914.6.30	1916.5.3调京	1914.6.30，北京政府将各省民政长改称巡按使，将护军使改称督理军务
毕桂芳		直省大兴县	署理黑龙江军务 兼巡按使	1916.5.3	1916.7.6	1916.5.19，毕到任视事，未到任前由许兰州暂时署理（1916.5.3～1916. 5.19）
毕桂芳		直隶省大兴县	黑龙江省省长 兼黑龙江督军	1916.7.6	1917.6.16	1916.7.6，北京政府令各省督理军务改称督军，民政长改称省长
许兰洲	芝　田	直隶省南宫县	黑龙江督军兼省长	1917.6.16	1917.7.1	
许兰洲	芝　田	直隶省南宫县	署理黑龙江巡抚	1917.7.1	1917.7.26	1917.7.1，张勋在北京复辟.对各省军事长官一律改称“巡抚”
鲍贵卿	霆　九	奉天省海城县	黑龙江督军 兼省长	1917.7.26	1919.7.25调署 吉林督军兼省长	
王树翰	维　宙	奉天省黑山县	护理黑龙江督 军兼护理省长	1917.7.25		鲍与孙交接之际暂署护理
孙烈臣	尧　光	奉天省黑山县	黑龙江督军 兼署省长	1919.7.6 任督军 1919.8.11 署省长	1921.3.12调往 吉林任督军兼 省长	1922.6.1,任吉黑自治军副司令，同年6.4，任东三省前敌总司令
吴俊升	兴　权	山东省历城县	署理黑龙江督 军并暂代黑龙 江省长	1921.3.12	1928.6.4	1922.6.1，东三省联省自治后，改任为奉吉黑自治军副总司令，后又改称黑龙江督办军务

续表

姓名	字号	籍贯	职务	任职时间	免职或离职时间	备注
常荫槐	汉湘（翰）	吉林省梨树县	黑龙江省省长（省政府主席）	1928.7.22	1929.1.11	1928.12.31以后为省政府主席，1929.1.11，被张学良枪毙
万福麟	寿山	吉林省农安县	黑龙江军务督办东北边防军驻江副司令	1928.6.25	1929.1.11	1928.6.25任黑龙江军务督办，1929.1.1，任东北边防军驻江副司令
			代理黑龙江省政府主席	1929.1.11	1929.2.9	
			黑龙江省政府主席	1929.2.9	1931.10.10	
马占山	秀芳	吉林省怀德县	代理黑龙江省政府主席	1931.10.10	1931.11.25	
			黑龙江省政府主席	1931.11.25	1932.10.15	1932.3.9～1932.4.28为伪满洲国黑龙江省省长

东北沦陷时期黑龙江地区境内各省伪省（市）长名表

省(市)名	姓名	籍贯	职衔	任职时间	离职时间
黑龙江省	张景惠	奉天省台安县	伪省长	1932.1.1	1932.2.16
	马占山	奉天省怀德县	伪省长	1932.2.16	1932.4.3
	程志远	山东省莱阳县	伪省长	1932.4.28	1932.8.15
	韩云阶	奉天省大连	伪省长	1932.8.15	1933.6.21
	孙其昌	奉天省辽阳县	伪省长	1933.6.21	1934.12.1
滨江省	吕荣寰	奉天省抚顺县	伪省长	1934. 12.1	1935.5.21
	阎传绂	奉天省金县	伪省长	1935.5.25	1937.7.1
	施履本	湖北省江陵县	伪省长	1937.7.1	1938.1.17
	结城清太郎	日本国山形县	伪代省长	1938.1.18	1938.2.10
	韦焕章	奉天省辽阳县	伪省长	1938.2.10	1940.5.16
	于镜涛	吉林省长春县	伪省长	1940.5.16	1943.4.20
	王子衡	奉天省旅顺	伪省长	1943.4.20	1945.8.15
龙江省	孙其昌	奉天省辽阳县	伪省长	1934.12.1	1935.5.21
	金壁东	奉天省长自县	伪省长	1935.5.25	1937.7.1
	赵鹏第	江苏省丹徒县	伪省长	1937.7.1	1939.8.19
	黄富俊	奉天省沈阳县	伪省长	1939.8.19	1942.9.28
	申振先	奉天省法库县	伪省长	1942.9.28	1945.8.15

续表

省(市)名	姓名	籍贯	职衔	任职时间	离职时间
三江省	金名世	奉天省兴京县	伪省长	1934.12.1	1937.7.1
	于琛澄	黑龙江省双城县	伪省长	1937.7.1	1939.4.24
	卢元善	奉天省金州	伪省长	1939.4.24	1942.9.29
	孙柏芳	奉天省抚顺县	伪省长	1942.9.29	1945.5.12
	路之淦	浙江省余杭县	伪省长	1945.5.12	1945.8.15
黑河省	钟　毓	奉天省沈阳县	伪省长	1934.12.1	1937.7.1
	许桂恒	奉天省辽阳县	伪省长	1937.7.1	1938.8.16
	王子衡	奉天省旅顺	伪省长	1938.8.16	1939.1.1
	滨田阳儿	日本国高知县	伪省长	1939.1.1	1940. 10.1
	三浦惠一	日本国山口县	伪省长	1940.10.1	1942.1.26
	中村撰一	日本神奈川县	伪省长	1942.1.15	1942.2.13(署理)
	长野义雄	日本国东京都	伪省长	1942.2.13	1945.3.12
	村井矢之助	日本国熊本市	伪省长	1945.3.12	1945.8.15
牡丹江省	大岛陆太郎	日本国东京都	伪省长	1937.7.1	1938.8.19
	涩谷三郎	日本罾东京都	伪省长	1938.8.19	1939.12.16
	三谷清	日本国东京都	伪省长	1939.12.16	1943.10.1
东满省	五十子卷三	日本国	伪省长	1945.6.1	1945.8.14
北安省	冯广民	奉天省铁岭县	伪省长	1939.6. 1	1939.11.6
	寿聿彭	奉天省沈阳县	伪省长	1939.11.6	1941.10.11
	李叔平	河北省宁津县	伪省长	1941.10.11	1944.12.16
	王秉铎	奉天省奉天市	伪省长	1944.12.16	1945.8.15
东安省	御影池辰雄	日本国兵库县	伪省长	1939. 6.1	1940.11.30
	岐部与平	日本国大分县	伪省长	1940.11.30	1942.1.15
	勇三郎	日本国东京都	伪省长	1942.1.15	1943.10.1
东满总省	三谷清	日本国东京都	伪省长	1943.10.1	1945.5.31
哈尔滨特别市	吕荣寰	奉天省抚顺县	伪市长	1933.7.1	1935.5.21
	施履本	湖北省江陵县	伪市长	1935.5.25	1937.6.30
北满特别区	吕荣寰	奉天省抚顺县	伪长官	1933.7.1	1935.5.21
	阎传绂	奉天省金县	伪长官	1935.5.25	1936.1. 1
东省特别区	张景惠	奉天省台安县	伪长官	1932.3.9	1933.7.1

说明：1932年3月9日，伪满洲国宣告成立，省级区划仍沿用四省制，即黑、吉、辽，同月设东省特别区，1933年7月1日，设立哈尔滨特别市，同时改东省特别区为北满特别区。1934年10月11日，伪满政府公布《地方行政改革制度》将黑龙江一省划分为四省，即龙江、滨江、三江、黑河。1936年1月1日，北满特别区撤销，1937年7月1日，撤销哈尔滨特别市，在黑龙江省内增设牡丹江省，1939年6月1日又增设北安、东安两省。

解放战争时期和中华人民共和国成立后中国共产党黑龙江地区各省（市）委书记名表
（1945年11月～1985年12月）

一、分省时期（1945年11月～1949年5月）

省份	姓名	性别	籍贯	职务	任职时间	备注
黑龙江省	范式人	男	福建省寿宁县	省工委副书记.代理书记	1945.11～1945.12	1945年11月16日成立中共黑龙江省工委，机关驻地北安1946年8月改为中共黑龙江省委
	王鹤寿	男	河北省唐县	省工委书记	1945.12～1946.8	
	范式人	男	福建省寿宁县	省工委副书记	1945.12～1946.8	
	王鹤寿	男	河北省唐县	省委书记	1946.8～1947.1	
	范式人	男	福建省寿宁县	省委副书记	1946.8～1947.1	
	王鹤寿	男	河北省唐县	省委书记	1947.9～1948.10	
	范式人	男	福建省寿宁县	省委书记	1948.10～1949.5	
	赵德尊	男	辽宁省辽中县	省委副书记	1948.10～1949.5	
嫩江省	刘锡五	男	河南省孟县	省工委书记	1945.11～1946.7	1945年11月，成立中共嫩江省工委，驻地齐齐哈尔市。1946年7月改为中共嫩江省委
	朱　光	男	广西壮族自治区博县	省工委副书记	1945.11～1946.5	
	顾卓新	男	辽宁省义县	省工委副书记	1946.5～1946.7	
	刘锡五	男	河南省孟县	省委书记	1946.7～1947.1	
	顾卓新	男	辽宁省义县	省委副书记	1946.7～1947.1	
	邵式平	男	江西省弋阳县	省委副书记	1946.7～1947.1	
	刘锡五	男	河南省孟县	省委书记	1947.9～1948.10	
	顾卓新	男	辽宁省义县	省委副书记	1947.9～1948.10	
	顾卓新	男	辽宁省义县	省委书记	1948.10～1949.5	
	喻　屏	男		省委副书记		1948.10～1949.5
合江省	李范武	男	黑龙江省穆棱县	省工委书记	1945.11～1946.6	1945年11月成立中共合江省工委，驻地佳木斯。1946年6月改为中共合江省委
	张闻天	男	上海市南汇县	省委书记	1946.6～1948.5	别名张平之
	李范武	男	黑龙江省穆棱县	省委副书记	1946.6～1949.5	
	张启龙	男	湖南省浏职县	省委副书记	1947.夏～1948.7	1948年5月至7月为代理书记
	张启龙	男	湖南省浏阳县	省委书记	1948.7～1949.5	
	陈伯村	男	四川省岳地县	省委副书记	1948.10～1949.5	

续表

省份	姓名	性别	籍贯	职务	任职时间	备注
松江省	张秀山	男	陕西省神木县	省工委书记	1945.11～1946.6	
	钟子云	男	河北省东光县	省工委副书记	1945.11～1946.6	别名王友
	张秀山	男	陕西省木县	省委书记	1945.6～1947.2	
	钟子云	男	河北省东光县	省委副书记	1946.6～1947.2	
	张秀山	男	陕西省神木县	省委书记	1947.2～1948.6	1947.2.东北局重新任命省委成员
	钟子云	男	河北省东光县	省委副书记	1947.2～1947.5	
	李德仲	男		省委副书记	1947.5～1948.7	
	张　策	男	陕西省高陵县	省委书记	1948.7～1949.5	
	李德仲	男		省委第一副书记	1948.7～1948.11	
	谢邦治	男	黑龙江省五常县	省委第二副书记	1948.7～1949.5	
绥宁省（牡丹江省）	李大章	男	四川省合江县	绥宁省委书记	1946.4～1946.10	1946.4.成立绥宁省委。1947.8.改称牡丹江省委，省委机关驻地牡丹江市
	金光侠	男	朝鲜咸镜北道	省委副书记	1946.4～1946.秋	
	何　伟	男	河南省汝南县	牡丹江省委副书记兼代理书记	1947.8～1958.7	
哈尔滨特别市	钟子云	男	河北省东光县	市委书记	1946.11～1947.12	1946.11.18.设哈尔滨特别市。1949年4月改为省辖市。
	杨　维	男	黑龙江省双城县	市委副书记	1946.11～1947.9	
	王一夫	男	辽宁省辽阳市	市委副书记	1947.2～1947.9	
	张平化	男	河南省霸县	市委书记	1947.12～1949.4	
	钟子云	男	河北省东光县	市委副书记	1947.12～1948.11	

二、黑、松两省时期（1949年5月～1954年7月）

省份	姓名	性别	籍贯	职务	任职时间	备注
黑龙江省	张启龙	男	湖南省浏阳县	省委书记	1949.5～1950.3	1949.5.13.中共中央东北局决定，中共黑龙江省委与中共嫩江省委合并成中共黑龙江省委
	赵德尊	男	辽宁省辽中县	省委副书记	1949.5～1950.3	
	赵德尊	男	辽宁省辽中县	省委书记	1950.3～1953.4	
	杨英杰	男	辽宁省新民县	省委副书记	1950.3～1952.5	
	冯纪新	男	安徽省金寨县	省委副书记	1952.5～1953.4	
	张士英	男	山西省晋城县	省委第二副书记	1953.1～1953.5	
	冯纪新	男	安徽省金寨县	省委书记	1953.4～1954.7	
	张士英	男	山西省晋城县	省委第一副书记	1953.5～1954.7	
	李剑白	男	辽宁省沈阳市	省委第二副书记	1953.5～1954.7	

续表

省份	姓名	性别	籍贯	职务	任职时间	备注
松江省	张策	男	陕西省高陵县	省委书记	1949.5～1952.6	1949.5.11. 松江省与合江省合并成立中共松江省委
	强晓初	男	陕西省子长县	省委第二书记	1950.8～1953.5	
	饶斌	男	吉林省吉林市	省委副书记	1951.1～1952.6	
	李常青	男	吉林省延吉县	省委书记	1952.6～1953.5	
	王伯谨	男	山东省阳谷县	省委副书记	1952.6～1953.5	
	王一伦	男	辽宁省沈阳市	省委第二副书记	1953.1～1953.5	
	李常青	男	吉林省延吉县	省委书记	1953.5～1954.7	1953.5.21.～30, 召开中共松江省第一次代表大会，选举产生了中共松江省第一届委员会
	强晓初	男	陕西省子长县	省委第二书记	1953.5～1954.7	
	王伯谨	男	山东省阳谷县	省委副书记	1953.5～1954.7	
	王一伦	男	辽宁省沈阳市	省委第二副书记	1953.5～1954.7	
哈尔滨市	李常青	男	吉林省延吉县	市委书记	1953.8～1954.7	1953.7. 政务院决定从8.1, 起将哈尔滨市改为中央直辖市
	任仲夷	男	河北省威县	市委第二书记	1953.8～1954.7	
	王鹤峰	男	河北省阳县	市委副书记	1953.8～1954.7	
	林肖硖	男	湖北省黄岗县	市委副书记	1953.8～1954.7	

三、黑龙江省建立后（1954年8月～1985年）

届次	姓名	性别	籍贯	职务	任职时间	备注
第一届（1956年）	欧阳钦	男	湖南省宁乡县	省委书记	1954.8～1955.6	1954.8.1，根据中央人民政府委员会决定，松江省与黑龙江省合并成立黑龙江省
	韩光	男	黑龙江省齐齐哈尔市	省委副书记	1954.8～1955.2	
	强晓初	男	陕西省子长县	省委副书记	1954.8～1955.6	
	冯纪新	男	安徽省金寨县	省委副书记	1954.8～1955.6	
	王一伦	男	辽宁省沈阳市	省委副书记	1954.8～1955.6	
	韩光	男	黑龙江省齐齐哈尔市	省委第二书记	1955.2～1955.6	
	王鹤峰	男	河南省濮阳县	省委副书记	1955.2～1955.6	
	欧阳钦	男	湖南省宁乡县	省委书记处第一书记	1955.6～1956.7	1955.6 中共黑龙江省委建立书记处
	韩 光	男	黑龙江省齐齐哈尔市	省委书记处第二书记	1955.6～1956.5	

续表

届次	姓名	性别	籍贯	职务	任职时间	备注
第一届（1956年）	强晓初	男	陕山省子长县	省委书记处书记	1955.6～1955.7	
	冯纪新	男	安徽省金寨县	省委书记处书记	1955.6～1956.7	
	王一伦	男	辽宁省沈阳市	省委书记处书记	1955.6～1956.7	
	王鹤峰	男	河南省濮阳县	省委书记处书记	1955.6～1956.7	
	欧阳钦	男	湖南省宁乡县	省委书记处第一书记	1956.7～1960.3	1956年7月5日～12日召开中共黑龙江省第一次代表大会，选举产生了中共黑龙江省第一届委员会，并成立了书记处
	强晓初	男	陕西省子长县	省委书记处书记	1956.7～1960.3	
	冯纪新	男	安徽省金寨县	省委书记处书记	1956.7～1960.3	
	王一伦	男	辽宁省沈阳市	省委书记处书记	1956.7～1960.3	
	王鹤峰	男	河南省阳县	省委书记处书记	1956.7～1960.3	
	杨易辰	男	辽宁省法库县	省委书记处书记	1956.11～1960.3	
	李范五	男	黑龙江省穆棱县	省委书记处书记	1958.1～1960.3	
	曹祥仁	男	湖北省大冶县	省委书记处书记	1956.6～1958.12	
第二届（1960年）	欧阳钦	男	湖南省宁乡县	省委书记处第一书记	1960.3～1965.10	1960年3月15日～24日召开中共黑龙江省第二次代表大会第一次会议，选举产生了中共黑龙江省第二届委员会，并组成常委会和书记处。1967年1月31日省委被造反派夺权，被迫停止了工作
	李范五	男	黑龙江省穆棱县	省委书记处书记	1960.3～1960.10	
	强晓初	男	陕西省子长县	省委书记处书记	1960.3～1960.12	
	冯纪新	男	安徽省金寨县	省委书记处书记	1960.3～1960.12	
	王一伦	男	辽宁省沈阳市	省委书记处书记	1960.3～1967.1	
	王鹤峰	男	河南省濮阳县	省委书记处书记	1960.3～1963.1	
	杨易辰	男	辽宁省法库县	省委书记处书记	1960.3～1967.1	
	李剑白	男	辽宁省沈阳市	省委书记处候补书记	1960.3～1960.12	
	任仲夷	男	河北省威县	省委书记处候补书记	1960.3～1960.12	
	李范五	男	黑龙江省穆棱县	省委书记处第二书记	1960.10～1966.9	
	李剑白	男	辽宁省沈阳市	省委书记处书记	1960.12～1967.1	
	任仲夷	男	河北省威县	省委书记处书记	1960.12～1967.1	
	陈　雷	男	黑龙江省桦川县	省委书记处候补书记	1960.12～1966.1	

续表

届次	姓名	性别	籍贯	职务	任职时间	备注
第二届（1960 年）	于　杰	男	山东省临朐县	省委书记处候补书记	1960.12 ～ 1966.1	
	张林池	男	河北省清苑县	省委书记处书记	1964.9 ～ 1967.1	
	李力安	男	山西省五台县	省委书记处书记	1964.9 ～ 1967.1	
	潘复生	男	山东省文登县	省委书记处第一书记	1965.10 ～ 1967.1	
	陈　雷	男	黑龙江省桦川县	省委书记处书记	1966.1 ～ 1967.1	
	于　杰	男	山东省临朐县	省委书记处书记	1966.1 ～ 1967.1	
	谭云鹤	男	四川省万县	省委书记处候补书记	1966.1 ～ 1967.1	
	李　瑞	男	山西省平定县	省委书记处候补书记	1966.1 ～ 1967.1	
省革委核心小组	潘复生	男	山东省文登县	省核心小组组长	1969.1 ～ 1971.8	1969 年 1 月 16 日组成中共黑龙江省核心小组，中共中央未正式行文批准任命，1970 年 5 月 26 日中央批准任命中共黑龙江省革命委员会核心小组
	汪家道	男	安徽省霍丘县	省核心小组副组长	1969.1 ～ 1971.8	
	刘光涛	男	陕西省三原县	省核心小组副组长	1970.3 ～ 1971.8	
第三届（1971 年）	汪家道	男	安徽省霍丘县	省委第一书记	1971.8 ～ 1974.12	1971 年 8 月 16 ～ 19 日召开中共黑龙江省第三次代表大会，选举产生了中共黑龙江省第三届委员会
	刘光涛	男	陕西省三原县	省委第二书记	1971.8 ～ 1977.2	
	傅奎清	男	湖北省英山县	省委书记	1971.8 ～ 1975.10	
	于杰	男	山东省临朐县	省委书记	1971.8 ～ 1971.12	
	张林池	男	河北省清苑县	省委书记	1971.8 ～ 1978.11	
	任仲夷	男	河北省威县	省委书记	1973.4 ～ 1977.11	
	杨易辰	男	辽宁省法库县	省委书记	1973.4 ～ 1977.12	
	于洪亮	男	山东省黄县	省委书记	1973.4 ～ 1978.11	
	李力安	男	山西省五台县	省委书记	1973.4 ～ 1979.1	
	王一伦	男	辽宁省沈阳市	省委书记	1973.4 ～ 1979.1	
	刘光涛	男	山西省三原县	省委第一书记	1977.2 ～ 1977.12	
	杨易辰	男	辽宁省法库县	省委第一书记	1977.12 ～ 1979.1	
	李剑白	男	辽宁省沈阳市	省委书记	1978.2 ～ 1979.1	
	陈雷	男	黑龙江省桦川县	省委书记	1978.2 ～ 1979.1	
	陈剑飞	男	辽宁省铁岭县	省委书记	1978.2 ～ 1979.1	
	陈烈民	男	陕西省富平县	省委书记	1978.2 ～ 1979.1	
	王金籽	男	山西省昔阳县	省委书记	1978.2 ～ 1979.1	

续表

届次	姓名	性别	籍贯	职务	任职时间	备注
第四届（1979 年）	杨易辰	男	辽宁省法库县	省委第一书记	1979.1～1983.2	1979 年 1 月 20～23 日召开中共黑龙江省第四次代表大会，选举产生了中共黑龙江省第四届委员会
	李力安	男	山西省五台县	省委书记	1979.1～1981.10	
	陈　雷	男	黑龙江省桦川县	省委书记	1979.1～1983.7	
	李剑白	男	辽宁省沈阳市	省委书记	1979.1～1983.2	
	文敏生	男	山西省垣曲县	省委书记	1979.1～1983.2	
	赵德尊	男	辽宁省辽中县	省委书记	1979.2～1983.2	
	王一伦	男	辽宁省沈阳市	省委书记	1979.1～1983.2	
	陈剑飞	男	辽宁省铁岭县	省委书记	1979.1～1983.2	
	陈烈民	男	陕西省富平县	省委书记	1979.1～1980.9	
	王金籽	男	山西省昔阳县	省委书记	1979.1～1980.1	
	王路明	男	河北省东光县	省委副书记	1979.4～1981.10	
	肖一舟	男	河北省广宗县	省委书记	1979.7～1983.2	
	李力安	男	山西省五台县	省委第二书记	1981.10～1983.2	
	陈俊生	男	黑龙江省桦南县	省委书记	1981.10～1983.7	
	王路明	男	河北省东光县	省委书记	1981.10～1983.2	
	王　钊	男	山东省邹平县	省委书记	1981.10～1983.2	
	侯　捷	男	河北省滦县	省委书记	1981.10～1983.7	
	李力安	男	山东省五台县	省委书记	1983.2～1983.7	
第五届（1983 年）	李力安	男	山西省五台县	省委书记	1983.7～1985.10	1983 年 7 月 22～27 日召开中共黑龙江省第五次代表大会，选举产生了中共黑龙江省第五届委员会
	陈雷	男	黑龙江省桦川县	省委副书记	1983.7～1985.5	
	陈俊生	男	黑龙江省桦南县	省委副书记	1983.7～1984.8	
	侯捷	男	河北省滦县	省委副书记	1983.7～	
	李根深	男	浙江省吴兴县	省委副书记	1985.3～	
	陈云林	男	辽宁省黑山县	省委副书记	1985.3～	
	刘成果	男	黑龙江省肇源县	省委副书记	1985.3～	
	周文华	男	黑龙江省兰西县	省委副书记	1985.5～	
	孙维本	男	辽宁省营口市	省委书记	1985.10～	

中国共产党黑龙江省顾问委员会历任主任副主任名表
（1983年7月～1985年12月）

任　职	姓名	性别	民族	籍贯	任职时间	备注
主　任	杨易辰	男	汉	辽宁省法库县	1983.7～1985.5	省委第一书记兼
副主任	陈剑飞	男	汉	辽宁省铁岭县	1983.7～1985.5	
副主任	王路明	男	汉	河北省东光县	1983.7～1985.5	
副主任	解云清	男	汉	河北省清苑县	1983.7～1985.5	
主　任	陈　雷	男	汉	黑龙江省桦川县	1985.5～	
副主任	王路明	男	汉	河北省东光县	1985.5～	
副主任	张向凌	男	汉	河南省安阳市	1985.5～	
副主任	章　林	男	汉	湖北省咸宁县	1985.5～	

中国共产党黑龙江省纪律检查委员会领导人名表
（1978年7月～1985年12月）

姓名	性别	籍贯	职务	任职时间	备注
王一伦	男	辽宁省沈阳市	筹备领导小组组长	1978.7～1979.1	1978年7月省委决定成立。省委书记兼
解云清	男	河北省清苑县	副组长	1987～1979.1	省委组织部长兼
骆　时	男	河北省霸县	副组长	1978.7～1979.1	原省中医学院党委书记
陈明智	女		副组长	1978.7～1979.1	原东北局直属机关党委副书记
王一伦	男	辽宁省沈阳市	书记	1979.1～1983.7	省委书记兼 中共黑龙江省第四届代表会议选举产生
解云清	男	河北省清苑县	副书记	1979.1～1983.7	省委组织部长兼
骆　时	男	河北省霸县	副书记	1979.1～1982.6	1982年6月病故
章　林	男	湖北省	常务副书记	1981.9～1983.7	
陈明智	女		副书记	1979.1～1983.7	
贾　樟	男	河北省唐县	副书记	1980.5～1983.7	
谢　勇	男	黑龙江省克山县	副书记	1979.12～1983.7	
章　林	男	湖北省	书记	1983.8～1985.5	中纪委委员 中共黑龙江省第五次代表大会选举产生
王　斐	男	黑龙江省德都县	书记	1985.9～	
谢　勇	男	黑龙江省克山县	副书记	1983.8～1984.6 1985.5	中纪委委员
张文侠	男	黑龙江省明水县	副书记	1983.8～	
金孝镇	男	朝鲜咸镜南道	副书记	1983.8～	朝鲜族
孙连举	男	黑龙江省方正县	副书记	1984.6～	

解放战争时期和中华人民共和国成立后黑龙江地区各省省（市）长名表
（1945年11月～1985年12月）

一、分省时期（1945年11月～1949年5月）

省份	姓名	籍贯	职务	任职时间	备注
黑龙江省	陈大凡	辽宁省北镇县	主席	1945.11～1946.6	11947年1月东北政委会决定，黑龙江省与嫩江省合并为黑龙江．嫩江联合省（简称黑嫩省）。同年9月16日，东北政委会电令，撤销黑嫩省，恢复原两省建制
	杨英杰	辽宁省新民县	代主席	1946.6～1947.1	
	杨英杰	辽宁省新民县	副主席	1945.11～1947.1	
	范式人	福建省寿宁县	主席	1947.9～1949.4	
	杨英杰	辽宁省新民县	副主席	1947.9～1949.5	
嫩江省	于毅夫	黑龙江省依安县	主席	1945.11～1947.1	
	车向忱	辽宁省法库县	副主席	1946.6～1946.7	
	于毅夫	黑龙江省依安县	主席	1947.9～1949.5	
	顾卓新	辽宁省义县	副主席	1947.9～1948.11	
	王梓木	黑龙江省木兰县	副主席	1948.8～1949.5	
黑嫩省	于毅夫	黑龙江省依安县	主席	1947.2～1947.9	
	杨英杰	辽宁省新民县	副主席	1947.2～1947.9	
松江省	冯仲云	江苏省武进县	主席	1946.4～1949.5	
	谢邦治	黑龙江省五常县	副主席	1947.8～1949.7	
	张静之	吉林省宁安县	副主席	1948.7～1949.4	
	张冲	云南省泸西县	副主席	1948.6～1949.4	
合江省	李延禄	吉林省延吉县	主席	1945.11～1946.2	1946年2月21～25日召开了合江省第一届人民代表大会，选举产生了合江省行政委员会，成立了合江省政府
	李范武	黑龙江省穆棱县	副主席	1945.11～1946.2	
	李延禄	吉林省延吉县	主席	1946.2～1949.5	
	李范武	黑龙江省穆棱县	副主席	1946.2～1949.5	
绥宁省（牡丹江省）	张静之	吉林省宁安县	绥宁省主席	1946.4～1946.9	1946年4月8～10日召开绥宁省首届临时参议会，选举产生了绥宁省行政委员会，并决定成立绥宁省政府。1947年8月成立牡丹江省政府
	谷怀贵	辽宁省锦西县	绥宁省副主席	1946.4～1946.9	
	张静之	吉林省宁安县	牡丹江省副主席代主席	1947.8～1948.7	
哈尔滨特别市	刘成栋	黑龙江省肇源县	市长	1946.5～1947.12	11946年11月18日成立哈尔滨特别市政府。1949年4月改为省辖市
	朱其文	江苏省如皋县	市长	1947.12～1948.10	
	刘成栋	黑龙江省肇源县	副市长	1947.12～1948.10	
	饶　斌	吉林省吉林市	副市长	1947.12～1948.10	
	饶　斌	吉林省吉林市	市长	1948.10～1949.4	

二、松、黑两省时期（1949年5月～1954年7月）

省份	姓名	籍贯	职务	任职时间	备注
黑龙江省	于毅夫	黑龙江省依安县	主席	1949.4～1950.3	
	杨英杰	辽宁省新民县	副主席	1949 ～1950.3	
	王梓木	黑龙江省木兰县	副主席	1949.4～1950.3	
	于毅夫	黑龙江省依安县	主席	1950.3～1952.11	
	杨英杰	辽宁省新民县	副主席	1950.3～1952.6	
	王梓木	黑龙江省木兰县	副主席	1950.3～1954.7	
	陈雷	黑龙江省桦川县	副主席	1952.6～1953.12	
	张骇青	河北省饶阳县	副主席	1952.10～1953.12	
	赵德尊	辽宁省辽中县	主席	1952.11～1953.12	
	陈雷	黑龙江省桦川县	主席	1953.12～1954.7	
	于克	吉林省长春市	副主席	1953.10～1954.7	
松江省	冯仲云	江苏省武进县	主席	1949.4～1950.3	1950年3月，召开松江省首届各界人民代表会议，选举产生了省人民政府委员会。1951年3月召开松江省第二次各界人民代表会议，选举产生了省人民政府委员会
	李范武	黑龙江省穆棱县	副主席	1949.4～1950.3	
	李延禄	吉林省延吉县	副主席	1949.4～1950.3	
	冯仲云	江苏省武进县	主席	1950.3～1951.3	
	李范武	黑龙江省穆棱县	副主席	1950.3～1950.10	
	饶斌	吉林省吉林市	副主席	1950.11～1951.3	
	李延禄	吉林省延吉县	副主席	1950.3～1951.3	
	冯仲云	江苏省武进县	主席	1951.3～1952.6	
	饶斌	吉林省吉林市	副主席	1951.3～1952.6	
	李延禄	吉林省延吉县	副主席	1951.3～1954.7	
	强晓初	陕西省子长县	主席	1952.6～1954.7	
	于杰	山东省临朐县	副主席	1952.6～1954.7	
	赵去非	辽宁省锦西县	副主席	1953.12～1954.7	
哈尔滨直辖市	吕其恩	辽宁省庄河县	市长	1953.8～1954.7	1953年8月1日，哈尔滨市改为中央直辖市，1954年8月1日又改为省辖市
	王化成	河北省博野县	副市长	1953.8～1954.7	
	郭林军	山西省平遥县	副市长	1953.8～1954.7	
	高云帆	江苏省徐州市	副市长	1953.8～1954.7	

三、黑龙江省建立后（1954年8月～1985年12月）

<table>
<tr><th>届次</th><th>姓名</th><th>籍贯</th><th>职务</th><th>任职时间</th><th>备注</th></tr>
<tr><td rowspan="5"></td><td>韩光</td><td>黑龙江省齐齐哈尔市</td><td>主席</td><td>1954.8～1955.1</td><td rowspan="5"></td></tr>
<tr><td>杨易辰</td><td>辽宁省法库县</td><td>副主席</td><td>1954.8～1955.1</td></tr>
<tr><td>李延禄</td><td>吉林省延吉县</td><td>副主席</td><td>1954.8～1955.1</td></tr>
<tr><td>于天放</td><td>黑龙江省呼兰县</td><td>副主席</td><td>1954.8～1955.1</td></tr>
<tr><td>于杰</td><td>山东省临朐县</td><td>副主席</td><td>1954.8～1955.1</td></tr>
<tr><td rowspan="10">第一届（1955）</td><td>韩光</td><td>黑龙江省齐齐哈尔市</td><td>省长</td><td>1955.1～1956.5</td><td rowspan="10">1955年1月29～31日召开了黑龙江省第一届人民代表大会第二次会议，选举产生了第一届黑龙江省人民委员会</td></tr>
<tr><td>杨易辰</td><td>辽宁省法库县</td><td>副省长</td><td>1955.1～1958.8</td></tr>
<tr><td>李延禄</td><td>吉林省延吉县</td><td>副省长</td><td>1955.1～1958.8</td></tr>
<tr><td>于天放</td><td>黑龙江呼兰县</td><td>副省长</td><td>1955　～1958.8</td></tr>
<tr><td>于杰</td><td>山东省临朐县</td><td>副省长</td><td>1955.1～1958.8</td></tr>
<tr><td>杜光预</td><td>辽宁省锦县</td><td>副省长</td><td>1955.1～1958.8</td></tr>
<tr><td>欧阳钦</td><td>湖南省宁乡县</td><td>省长</td><td>1956.5～1958.8</td></tr>
<tr><td>赵去非</td><td>辽宁省锦西县</td><td>副省长</td><td>1956.12～1958.8</td></tr>
<tr><td>陈剑飞</td><td>辽宁省铁岭县</td><td>副省长</td><td>1956.12～1958.8</td></tr>
<tr><td>王清正</td><td>黑龙江省拜泉县</td><td>副省长</td><td>1956.12～1958.8</td></tr>
<tr><td rowspan="9">第二届（1958年）</td><td>李范武</td><td>黑龙江省穆棱县</td><td>省长</td><td>1958.9～1964.9</td><td rowspan="9">1958年8月28～9月3日召开了黑龙江省第二届人民代表大会第一次会议，选举产生了第二届黑龙江省人民委员会</td></tr>
<tr><td>杨易辰</td><td>辽宁省法库县</td><td>副省长</td><td>1958.9～1964.9</td></tr>
<tr><td>王一伦</td><td>辽宁省沈阳市</td><td>副省长</td><td>1958.9～1964.9</td></tr>
<tr><td>李延禄</td><td>吉林省延吉县</td><td>副省长</td><td>1958.9～1964.9</td></tr>
<tr><td>陈雷</td><td>黑龙江省桦川县</td><td>副省长</td><td>1958.9～1964.9</td></tr>
<tr><td>杜光预</td><td>辽宁省锦县</td><td>副省长</td><td>1958.9～1964.8</td></tr>
<tr><td>范子文</td><td>陕西省绥德县</td><td>副省长</td><td>1958.9～1964.8</td></tr>
<tr><td>陈剑飞</td><td>辽宁省铁岭县</td><td>副省长</td><td>1958.9～1964.9</td></tr>
<tr><td>王清正</td><td>黑龙江省拜泉县</td><td>副省长</td><td>1958.9～1964.9</td></tr>
<tr><td rowspan="6">第三届（1964年）</td><td>李范武</td><td>黑龙江省穆棱县</td><td>省长</td><td>1964.9～1966.9</td><td rowspan="2">1964年9月23～30日召开了黑龙江省第三届人民代表大会第一次会议，选举产生了第三届黑龙江省人民委员会。1967年1月31日人民委员会被“造反派”夺权，由黑龙江省红色造反者革命委员会所取代</td></tr>
<tr><td>杨易辰</td><td>辽宁省法库县</td><td>副省长</td><td>1964.9～1967.1</td></tr>
<tr><td>王一伦</td><td>辽宁省沈阳市</td><td>副省长</td><td>1964.9～1967.1</td><td rowspan="4"></td></tr>
<tr><td>陈雷</td><td>黑龙江省桦川县</td><td>副省长</td><td>1964.9～1967.1</td></tr>
<tr><td>陈剑飞</td><td>辽宁省铁岭县</td><td>副省长</td><td>1964.9～1967.1</td></tr>
<tr><td>王清正</td><td>黑龙江省拜泉县</td><td>副省长</td><td>1964.9～1967.1</td></tr>
</table>

续表

届次	姓名	籍贯	职务	任职时间	备注
第三届（1964年）	刘潜	山东省昌邑县	副省长	1964.9～1967.1	
	关舟	山西省潞县	副省长	1964.9～1967.1	
	孙西岐	河南省偃师县	副省长	1964.9～1967.1	
	杨和亭	陕西省子长县	副省长	1965.12～1967.1	
	王逢源	吉林省长春市	副省长	1966.5～1967.1	
省革命委员会（1967年）	潘复生	山东省文登县	主任	1967.3～1971.8	1967年3月黑龙江省人民委员会改称黑龙江省革命委员会
	汪家道	安徽省霍丘县	副主任	1967.3～1971.8	
	刘光涛	陕西省三原县	副主任	1970.3～1971.8	
	于杰	山东省临朐县	副主任	1970.5～1971.12	
	夏光亚	江苏省泰州市	副主任	1970.5～1977.12	
	苏民	云南省个旧县	副主任	1970.5～1977.12	
	刘思聪	山东省蓬莱县	副主任	1970.5～1977.12	
	谢振华	湖北省浏阳县	副主任	1970.5～1977.12	
	张春和	河北省徐水县	副主任	1970.5～1977.12	
	张备之	山东省黄县	副主任	1970.5～1973.4	
	曹志	黑龙江省尚志县	副主任	1970.5～1977.12	
	聂世荣	江苏省扬州市	副主任	1970.5～1977.12	
	唐金枝	山东省牟平县	副主任	1970.5～1977.6	
	马占春	黑龙江省林口县	副主任	1970.5～1977.12	
	宋振业	山东省黄县	副主任	1970.5～1977.12	
	汪家道	安徽省霍丘县	主任	1971.8～1974.12	
	刘光涛	陕西省三原县	第一副主任	1971.8～1977.12（1974.12后主持全面工作）	
	傅奎清	湖北省英山县	副主任	1971.8～1977.12	
	张林池	河北省清苑市	副主任	1971.8～1977.12	
	任仲夷	河北省威县	副主任	1972.7～1977.11	
	王一伦	辽宁省沈阳市	副主任	1972.7～1977.12	
	杨易辰	辽宁省法库县	副主任	1973.4～1977.12	
	刘光涛	陕西省三原县	主任	1977.2～1977.12	
省革命委员会（1977年）	杨易辰	辽宁省法库县	主任	1977.12～1979.12	1977年12月召开黑龙江省第五届人民大代表大会第一次会议，选举产生了新的黑龙江省革命委员会
	陈雷	黑龙江省桦川县	副主任	1977.12～1979.12	
	陈剑飞	辽宁省铁岭县	副主任	1977.12～1979.12	
	于洪亮	山东省黄县	副主任	1977.12～1979.12	
	关舟	山西省潞县	副主任	1977.12～1978.7	

续表

届次	姓名	籍贯	职务	任职时间	备注
省革命委员会（1977年）	张世军	辽宁省沈阳市	副主任	1977.12～1979.12	
	王维之	陕西省临潼县	副主任	1977.12～1979.12	
	侯捷	河北省滦县	副主任	1977.12～1979.12	
	阮永胜	黑龙江省方正县	副主任	1977.12～1979.12	
	孙子源	山东省肥城县	副主任	1977.12～1979.12	
	鲁光	山东省莱阳市	副主任	1977.12～1979.12	
	王金籽	山西省昔阳县	副主任	1978.2～1979.12	
	王钊	山东省邹平县	副主任	1978.8～1979.12	
	赵德尊	辽宁省辽源县	副主任	1979.2～1979.12	
	王路明	河北省东光县	副主任	1979.4～1979.12	
	解云清	黑龙江省桦川县	副主任	1979.6～1979.12	
第五届（1979年）	陈雷	黑龙江省桦川县	省长	1979.12～1983.4	人民代表大会第二次会议，决定将省革命委员会改称省人民政府。会议选举产生了第五届黑龙江省人民政府
	陈剑飞	辽宁省铁岭县	副省长	1979.12～1983.4	
	侯捷	河北省滦县	副省长	1979.12～1983.4	
	李瑞	山西省平定县	副省长	1979.12～1983.4	
	解云清	河北省清苑县	副省长	1979.12～1983.4	
	王操犁	河南省遂平县	副省长	1979.12～1983.4	
	鲁光	山东省莱阳县	副省长	1979.12～1983.4	
	卫之民	山西省孝义县	副省长	1979.12～1983.4	
	王军（女）	山东省荣成县	副省长	1979.12～1983.4	
	王金陵	江苏省徐州市	副省长	1979.12～1983.4	
	王光伟	山东省沂水县	副省长	1979.12～1983.4	
第六届（1983年）	陈雷	黑龙江省桦川县	省长	1983.4～1985.4	1983年4月召开了黑龙江省第六届人民代表大会第一次会议，选举产生了第六届黑龙江省人民政府。1985年5月召开了黑龙江省第六届人民代表大会第三次会议，部分调整了省人民政府省长．副省长
	侯捷	河北省滦县	副省长	1983.4～1985.5	
	宫本言	山东省文登县	副省长	1983.4～	
	王连铮	辽宁省海城县	副省长	1983.4～	
	安振东	河北省唐山市	副省长	1983.4～	
	何首伦	黑龙江省哈尔滨市	副省长	1983.4～	
	刘仲黎	浙江省宁波市	副省长	1985.5～	
	靖伯文	江苏省铜山县	副省长	1985.5～	
	侯捷	河北省滦县	省长	1985.5～	

黑龙江省历届人民代表大会常务委员会主任副主任名表
（1979～1985年）

届次	任职	姓名	性别	民族	籍贯	党派	兼任职务	备注
第五届（1979年）	主任	赵德尊	男	汉	辽宁省辽中县	中共		
	副主任	倪伟	男	汉	辽宁省海城县	中共	哈尔滨科技大学党委书记	
	副主任	张瑞麟	男	汉	吉林省扶余县	中共	省政协副主席、中共省委统战部部长	
	副主任	刘潜	男	汉	山东省昌邑县	中共		
	副主任	刘恢先	男	汉	江西省莲花县	九三学社	中国科学院工力所所长、省政协副主席	（1978年加入中共）
	副主任	王丕年	男	汉	陕西省横山县	中共	省高级人民法院院长	
	副主任	王肇治	男	汉	辽宁省海城县	民革	省政协副主席、民革省委主任委员	
	副主任	吴诚	男	汉	江苏省苏州市	中共	省政协副主席	
	副主任	孙子源	男	汉	山东省肥城县	中共		
	副主任	杜国平	男	汉	湖北省广济县	中共		
	副主任	柏青	女	汉	安徽省全椒县	中共		
第六届（1983年）	主任	赵德尊	男	汉	辽宁省辽中县	中共		1983～1985年
	主任	李剑白	男	汉	辽宁省沈阳市	中共		1985年补选为主任
	副主任	陈元直	男	汉	河南省宁陵县	中共		
	副主任	鲁光	男	汉	山东省莱阳县	中共		
	副主任	卫之民	男	汉	山西省孝义县	中共		
	副主任	张瑞麟	男	汉	吉林省扶余县	中共	省政协副主席	
	副主任	王金陵	男	汉	江苏省徐州市	民盟	省政协副主席、省民盟主委	
	副主任	刘恢先	男	汉	江西省莲花县	九三学社	中国科学院工力所所长	
	副主任	王丕礼	男	汉	山东省荣城县	中共	省军区政治委员	
	副主任	王肇治	男	汉	辽宁省海城县	民革	民革省委主委	
	副主任	王军	女	汉	山东省荣城县	中共		

说明：黑龙江省于1979年建立人大常委会

黑龙江省历届政治协商会议主席副主席名表
（1950～1985年）

一、松江省、黑龙江省政协主席、副主席

省份	任职	姓名	性别	民族	生年	籍贯	文化	党派	兼任职务	备注
松江省（1950年）	主席	冯仲云	男	汉	1908.2	江苏省武进县	大学	中共	中共省委书记	
	副主席	李延禄	男	汉	1895.4	吉林省延吉县	初中	中共	副省长	
	副主席	杜光预	男	汉	1895	辽宁省锦县	大学	民盟	省民政厅长	
黑龙江省（1950年）	主席	于毅夫	男	汉	1903.5	黑龙江省双城县	大学	中共	省政府主席	
	副主席	张瑞麟	男	汉	1911	吉林省扶余县	初中	中共	省委委员	
	副主席	王清正	男	汉	1901.1	吉林省榆树县	大学	无	省立高中校长	

说明：中华人民共和国成立后，现黑龙江省辖区内分设松江省和黑龙江省

二、黑龙江省政协主席、副主席

届次	任职	姓名	性别	民族	生年	籍贯	文化	党派	兼任职务	备注
第一届（1955年）	主席	欧阳钦	男	汉	1900.8	湖南省宁乡县	大学	中共	中共省委第一书记	
	副主席	于林	男	汉	1915	黑龙江省双城县		中共	中共省委宣传部长	1956年补选
	副主席	张瑞麟	男	汉	1911	吉林省扶余县	初中	中共	中共省委统战部长	
	副主席	杜光预	男	汉	1895	辽宁省锦县	大学	民盟	省司法厅长 民盟省委筹备委员会主任	
	副主席	王清正	男	汉	1901.1	吉林省榆树县	大学	无	省教育厅厅长	
	副主席	刘芝	男	汉	1890.9	辽宁省金县	初中	民建	省民建、工商联筹备委员会主任委员	
第二届（1959年）	主席	欧阳钦	男	汉	1900.8	湖南省宁乡县	大学	中共	中共省委第一书记	
	副主席	杨易辰	男	汉	1914	辽宁省法库县	大学	中共	中共省委书记 副省长	
	副主席	李延禄	男	汉	1895.4	吉林省延吉县	初中	中共	副省长	
	副主席	于林	男	汉	1915	黑龙江省双城县		中共	中共省委宣传部长	
	副主席	张瑞麟	男	汉	1911	吉林省扶余县	初中	中共	中共省委统战部长	

续表

届次	任职	姓名	性别	民族	生年	籍贯	文化	党派	兼任职务	备注
第二届（1959 年）	副主席	杜光预	男	汉	1895	辽宁省锦县	大学	民盟	副省长 民盟省委主委	
	副主席	王清正	男	汉	1901.1	吉林省榆树县	大学	无	副省长	
	副主席	杜国平	男	汉	1903	湖北省广济县	高小	中共	省军区副司令员	
	副主席	刘芝	男	汉	1890.9	辽宁省金县	初中	民建	民建省委主委 省工商联主委	
	副主席	黄方刚	男	汉	1900	山东省聊城县	高中	民革	省交通厅厅长	
第三届（1964 年）	主席	欧阳钦	男	汉	1900.8	湖南省宇乡县	大学	中共	中共省委第一书记	
	副主席	杨易辰	男	汉	1914	辽宁省法库县	大学	中共	中共省委书记处书记、副省长	
	副主席	张瑞麟	男	汉	1911	吉林省扶余县	初中	中共	中共省委统战部长	
	副主席	李延禄	男	汉	1895.4	吉林省延吉县	初中	中共	副省长	
	副主席	于天放	男	汉	1908	黑龙江省呼兰县	大学	中共	黑龙江大学校长	
	副主席	王清正	男	汉	1901.1	吉林省榆树县	大学	无	副省长兼教育厅厅长	
	副主席	杜国平	男	汉	1903	湖北省广济县		中共	省军区副司令员	
	副主席	刘芝	男	汉	1890.9	辽宁省金县	初中	民建	民建省委 省工商联主任委员	
	副主席	黄方刚	男	汉	1900	山东省聊城县	高中	民革	省交通厅厅长 民革省委主任委员	
	副主席	薛绶宸	男	汉	1891.4	河北省新河县	大学	无	省文化局长	
	副主席	邵均	男	汉	1903	江苏省宜兴县	大学	民盟	省林业厅副厅长	
第四届（1977 年）	主席	杨易辰	男	汉	1914	辽宁省法库县	大学	中共	中共省委第一书记 省革委会主任	
	副主席	王一伦	男	汉	1912	辽宁省沈阳市	大学	中共	中共省委书记 省革委会副主任	
	副主席	李延禄	男	汉	1895	吉林省延吉县	初中	中共	省政协第三届委员会副主席	

续表

届次	任职	姓名	性别	民族	生年	籍贯	文化	党派	兼任职务	备注
第四届（1977年）	副主席	杨和亭	男	汉	1910	陕西省		中共	中共省委统战部长	
	副主席	张瑞麟	男	汉	1911	吉林省扶余县	初中	中共	中共省委统战部长	
	副主席	王明贵	男	汉	1910.8	吉林省磐石县	初中	中共	省军区副司令员	
	副主席	吴诚	男	汉	1907	江苏省苏州市	初中	中共	省革委办公室副主任	
	副主席	王金陵	男	汉	1917	江苏省徐州市	大学	民盟	东北农学院教授	
	副主席	刘恢先	男	汉	1912	江西省莲花县	大学	九三	国家地震局工力所副主任	
	副主席	胡聿贤	男	汉	1922.9	湖北省武汉市	大学	无	中科院工程力学研究所副所长	
	副主席	王玉珑	女	汉	1940.6	四川省成都市		无	大庆石油管理局工程师	
	副主席	洪晶	女	汉	1917.3	福建省福州市	大学	无	哈尔滨工业大学教授	
	副主席	吴柳凡	男	汉	1908	江苏省沭阳县		无	东北林学院教授	
	副主席	秦东滨	男	汉	1915.3	辽宁省昌图县		无	伊春市政协副主席	
1979年以后补选	副主席	唐连第	男	汉	1910	辽宁省沈阳市	大学	无	省邮电管理局副局长	
	副主席	王肇治	男	汉	1900.11	辽宁省海城县	高中	民革	民革省委副主任委员	
	副主席	郭守昌	男	汉	1916	黑龙江省逊克县	大学	民建	民建省委、省工商联负责人	
	副主席	王一伦	男	汉	1912	辽宁省沈阳市	大学	中共	中共省委书记、省革委会副主任	
	副主席	肖一舟	男	汉	1909.12	河北省广宗县	大学	中共	哈尔滨建筑工程学院党委书记、院长	
	副主席	孙西岐	男	汉	1914	河南省偃师县		中共	哈尔滨建筑工程学院顾问	
	副主席	薛兰斌	男	汉	1905	陕西省子长县		中共	中共嫩江地委书记处书记、专员	
	副主席	王维之	男	汉	1910	陕西省临潼县	初中	中共	中共松花江地委书记	

续表

届次	任职	姓名	性别	民族	生年	籍贯	文化	党派	兼任职务	备注
1979年以后补选	副主席	金浪白	男	回	1912	黑龙江省庆安县	大学	中共	中共省委统战部副部长兼省民族事务委员会主任	
	副主席	高衡	男	汉	1920	北京市	大学	中共	中共省委统战部部长	1981.3补选
第五届（1983年）	主席	李剑白	男	汉	1918.7	辽宁省沈阳市	大学	中共		
	主席	王钊	男	汉	1923	山东省邹平县	高中	中共		补选
	副主席	包琮	男	汉	1919	江苏省铜山县	高中	中共	中共省委统战部部长	
	副主席	王明贵	男	汉	1910.8	吉林省磐石县	初中	中共	省军区副司令员	
	副主席	杨子荣	男	汉	1917	山西省屯留县	高中	中共		
	副主席	唐连第	男	汉	1910	辽宁省沈阳市	大学	无		
	副主席	王维之	男	汉	1910	陕西省临潼县	初中	中共	中共黑龙江省林业总局党委书记兼局长	
	副主席	郭守昌	男	汉	1916	黑龙江省逊克县	大学	民建	民建省委主任委员	
	副主席	李敏	女	朝鲜	1924	黑龙江省鹤岗市	初中	中共	省民委主任	
	副主席	黄德馨	男	汉	1907.11	湖北省应城县	大学	民革	民革中央七届监察委员、民革省委副主任委员	
	副主席	傅世英	男	汉	1919.11	吉林省长春市	大学	民盟	民盟中央委员 省委副主委 哈医大一院心血管研究所所长	
	副主席	胡聿贤	男	汉	1922.9	湖北省武汉市	大学	无	哈工力所所长 副研究员	
	副主席	洪晶	女	汉	1917.3	福建省福州市	大学	民盟	哈尔滨工业大学教授	
	副主席	麻新泉	男	汉	1913.1	黑龙江省绥化市	高中	民建	省工商联主任委员	
	副主席	宗克文	男	汉	1922.11	北京市通县	高中	中共	原为驻朝鲜民主主义人民共和国大使	

黑龙江省军区领导人名表
（1945年11月～1985年12月）

一、分省时期（1945年11月～1954年6月）

军区名	姓名	籍贯	职务	任职时间	备注
松江军区	卢冬生	湖南省湘潭县	司令员	1945.11	1945年11月15日成立东北人民自治军松江军区，隶属于吉黑军区（亦称北满军区）领导。1945年11月16日晚卢冬生牺牲
	聂鹤亭	安徽省阜南县	司令员	1945.11～1946.1	
	张秀山	陕西省神木县	政委	1945.11～1946.1	
	李寿轩	湖南省保靖县	副司令员	1945.11～1946.1	
	钟子云	河北省东光县	副政委	1945.11～1946.1	
	李兆麟	辽宁省辽阳县	副政委	1945.11～1946.1	
	聂鹤亭	安徽省阜南县	司令员	1946.1～1946.4	1946年1月改称东北民主联军松江军区
	李天佑	广西省临桂县	司令员	1946.4～1947.5	1946年5月，松江军区直属东北民主联军总司令部
	陈　光	河南省光山县	司令员	1947.5～1948.1	
	张秀山	陕西省神木县	政委	1946.1～1948.1	
	刘转连	湖南省茶陵县	副司令员	1946.5～1946.6	
	李寿轩	湖南省保靖县	副司令员	1946.1～1948.1	
	晏福生	湖南省醴陵县	副政委	1946.5～1946.6	
	钟子云	河北省东光县	副政委	1946.1～1948.1	
	李兆麟	辽宁省辽阳县	副政委	1946.1～1946.3	
	陈　光	河南省光山县	司令员	1948.1～1948.12	1948年1月改称东北人民解放军松江军区，隶属于东北军区
	张秀山	陕西省神木县	政委	1948.1～1948.7	
	张　策	陕西省高陵县	政委	1948.7～1948.12	
	李寿轩	湖南省保靖县	副司令员	1948.1～1948.8	
松江军区	钟子云	河北省东光县	副政委	1948.1～1948年上半年	
	李德仲		副政委	1948.7～1948.12	
	季铁中	黑龙江省宾县	军事部部长	1948.12～1953.1	1948年12月，松江军区撤销，成立松江军事部
	王　辛		军事部副部长	1948.12～1953.1	
	周家美	湖北省潜江县	司令员	1953.3～1954.6	1953年1月撤销军事部，成立松江军区。3月中央军委正式任命领导班子
	李常青	吉林省延吉县	政委（兼任）	1953.3～1954.6	中共松江省委书记

续表

军区名	姓名	籍贯	职务	任职时间	备注
松江军区	张贤廷		副司令员	1953.3～1954.6	
	吕　清	河南省光山县	副政委	1953.3～1954.6	
黑龙江军区	叶长庚	浙江省分水县	司令员	1945.11～1946.1	1945年11月15日，成立东北人民自治军黑龙江军区，隶属于东北人民自治军总部领导.
	范式人	福建省寿宁县	代理政委	1945.11～1945.12	
	王鹤寿	河北省唐县	政委	1945.12～1946.1	
	于天放	黑龙江省呼兰县	副司令员	1945.12～1946.1	
	王　钧	黑龙江省汤原县	副司令员	1945.11～1946.1	
	范式人	福建省寿宁县	副政委	1945.11～1946.1	
	叶长庚	浙江省分水县	司令员	1946.1～1946.2	1946年1月，改称东北民主联军黑龙江军区，隶属于东北民主联军总部
	杨国夫	安徽省霍丘县	司令员	1946.2～1946.4	
	叶长庚	浙江省分水县	司令员	1946.4～1946.8	
	洪学智	安徽省金寨县	司令员	1946.8～1947.1	1946年5月，黑龙江军区划归西满军区领导
	叶长庚	浙江省分水县	司令员	1947.9～1948.1	1947年1月，黑龙江军区撤销，9月黑龙江军区成立，隶属于东北民主联军总部
	王鹤寿	河北省唐县	政委	1946.1～1947.1	
	王鹤寿	河北省唐县	政委（兼）	1947.9～1948.1	
	叶长庚	浙江省分水县	副司令员	1946.2～1946.4	
	王　钧	黑龙江省汤原县	副司令员	1946.1～1946.8	
	叶长庚	浙江省分水县	第一副司令员	1946.8～1947.1	
	王　钧	黑龙江省汤原县	第二副司令员	1946.8～1947.1	
	赵承金	辽宁省海城县	第三副司令员	1946.8～1947.1	
	关靖寰		副司令员	1947.9～1948.1	
	范式人	福建省寿宁县	副政委	1946.1～1947.1	
	范式人	福建省寿宁县	副政委	1947.9～1947.11	
	叶长庚	浙江省分水县	司令员	1948.1～1949.1	1948年1月，改称东北人民解放军黑龙江军区，隶属于东北军区
	王鹤寿	河北省唐县	政委	1948.1～1948.10	

续表

军区名	姓名	籍贯	职务	任职时间	备注
黑龙江军区	范式人	福建省寿宁县	政委	1948.10～1949.1	
	关靖寰		副司令员	1948.1～1949.1	
	于天放	黑龙江省呼兰县	军事部部长	1949.1～1953.1	1949年1月撤销黑龙江军区，成立黑龙江军事部，隶属于东北军区和中共黑龙江省委领导
	王化成	河北省博野县	军事部副部长	1949.1～1949.5	
	王 钧	黑龙江省汤原县	军事部副部长	1949.5～1952.12	1949年5月黑嫩两省合并为黑龙江省，成立新的黑龙江军事部
	王家善		军事部副部长	1952.12～1953.1	
	黄经耀	江西省宁都县	司令员	1953.2～1954.6	1953年1月，成立黑龙江军区
	赵德尊	辽宁省辽中县	政委	1953.2～1953.4	
	冯纪新	安徽省金寨县	政委	1953.4～1954.6	
	于天放	黑龙江省呼兰县	副政委	1953.2～1954.6	
嫩江军区	王明贵	吉林省磐石县	司令员	1945.11～1946.1	1945年11月成立东北人民自治军嫩军区，隶属于东北人民自治军总司令部，11月未，隶属于吉黑军区
	刘锡五	河南省孟县	政委	1945.11～1946.1	
	朱 光	广西省博县	副政委	1945.11～1946.1	
	王明贵	吉林省磐石县	司令员	1946.1～1946.5	1946年1月，改称东北民主联军嫩江军区
	倪志亮	北京市	司令员	1946.5～1947.1	1946年4月，嫩江军区划归西满军区领导
	王明贵	吉林省磐石县	司令员	1947.9～1948.2	1947年2月1日撤销嫩江军区，10月，嫩江军区成立，直属东北民主联军总司令部
	刘锡五	河南省孟县	政委	1946.1～1947.1	
	刘锡五	河南省孟县	政委	1947.9～1948.2	
	王明贵	吉林省磐石县	副司令员	1946.5～1947.1	
	赵承金	辽宁省海城县	副司令员	1947.9～1948.2	
	冯志湘		副司令员	1947.9～1948.2	
	朱 光	广西省博县	副政委	1946.1～1947.1	
	邵式平	江西省弋阳县	副政委	1946.7～1947.1	
	朱涤新		副政委	1947.9～1948.2	
	朱涤新		代理司令员	1948.2～19,48.12	1948年2月，改称东北人民解放军嫩江军区，隶属于东北军区

续表

军区名	姓名	籍贯	职务	任职时间	备注
嫩江军区	刘锡五	河南省孟县	政委	1948.2～1948.10	
	顾卓新	辽宁省义县	政委	1948.10～1948.12	
	冯志湘		副司令员	1948.2～1948.12	
	赵承金	辽宁省海城县	副司令员	1948.2～1948.12	
	潘朔端		副司令员	1948.5～1948.12	
	朱涤新		副政委	1948.2～1948.12	
	黄长先		军事部部长	1949.1～1949.5	1948年11月，撤销嫩江军区，1949年1月成立嫩江军事部，隶属于东北军区和中共嫩江省委领导。5月，嫩江军事部并入黑龙江军事部后撤销
	宋绍德		军事部副部长	1949.1～1949.5	
合江军区	孙靖宇	黑龙江省勃利县	司令员	1945.12	1945年12月，成立东北人民自治军合江军区，隶属吉黑军区领导
	李范五	黑龙江省穆棱县	政委	1945.12～1946.1	
	戴鸿宾	辽宁省抚顺县	副司令员	1945.12～1946.	
	吕　清	河南省光山县	副政委	1945.12～1946.1	
	方　强	湖南省平江县	司令员	1946.1～1946.8	1946年1月，改称东北民主联军合江军区。5月，吉黑军区撤消，隶属东北民主联军总司令部
	贺晋年	陕西省安定县	司令员	1946.8～1947.5	
	陈伯钧		司令员	1947.5～1947.9	
	李范五	黑龙江省穆棱县	政委	1946.1～1946.5	
	张闻天	上海市南汇县	政委	1946.6～1946.8	
	方　强	湖南省平江县	政委	1946.8～1947.2	
	张闻天	上海市南汇县	政委	1947.2～1948.1	
	孙靖宇	黑龙江省勃利县	副司令员	1946.1～1946.8	
	戴鸿宾	辽宁省抚顺县	副司令员	1946.1～1946.4	
	刘转连	湖南省茶陵县	副司令员	1946.8～1947年初	
	李荆璞	黑龙江省宁安县	副司令员	1946.7～1948.1	
	吕　清	河南省光山县	副政委	1946.1～1946.6	

续表

军区名	姓名	籍贯	职务	任职时间	备注
合江军区	李范五	黑龙江省穆陵县	副政委	1946.7～	
	晏福生	湖南省醴陵县	副政委	1946.8～1947年初	
	张启龙	湖南省浏阳县	副政委	1947.5～1948.1	
	杨梅生	湖南省湘潭县	司令员	1948.7～1948.12	1948年1月，改称东北人民解放军合江军区，隶属于东北军区
	张闻天	上海市南汇县	政委	1948.1～1948.5	
	张启龙	湖南省浏阳县	政委	1948.7～1948.12	
	李荆璞	黑龙江省宁安县	副司令员	1948.1～1948.7	
	张启龙	湖南省浏阳县	副政委	1948.1～1948.6	
	陈　钦		军事部部长	1948.12～1949.4	1948年12月，撤销合江军区，成立合江军事部，隶属于东北军区和中共合江省委。1949年4月，江军事部撤销，合并于松江军事部
	张光迪		军事部副部长	1948.12～1949.4	
牡丹江军区（绥宁军区）	李荆璞	黑龙江省宁安县	司令员	1945.11～1946.4	1945年1月成立东北国民军牡丹江地区司令部。1946年1月改称东北人民自治军牡丹江地区司令部，由北满分局张闻天负责领导。2月，划归吉黑军区领导
牡丹江军区	金光侠	朝鲜咸镜北道	政委	1945.11～1945.12	
	李大章	四川省合江县	政委	1945.12～1946.4	
	陶雨峰		副司令员	1945.11～1946.12	
	谭文邦	湖南省茶陵县	副政委	1945.11～1945.12	
	金光侠	朝鲜咸镜北道	副政委	1945.12～1946.4	
	李荆璞	黑龙江省宁安县	司令员	1946.4～1946.6	1946年4月9日，牡丹江地区司令部改称牡丹江军区。4月20日改为东北民主联军绥宁军区，隶属吉黑军区领导
	刘贤权	江西省吉安县	司令员	1946.7～1946.11	1946年6月绥宁军区改为合江军区第一军分区，归合江军区领导。7月又改为绥宁军区，归东北民主联军总部领导。9月，改为东北民主联军直属牡丹江军分区

续表

军区名	姓名	籍贯	职务	任职时间	备注
	刘子奇	湖南省浏阳县	司令员	1946.11～1948.1	1947年9月合江军区第二军区与牡丹江军分区合并为东北民主联军牡丹江军区，隶属东北民主联军总部领导
牡丹江军区	李大章	四川省合江县	政委	1946.4～1946.11	
	何　伟	河南省汝南县	政委	1946.9～1948. 1	代理
	刘贤权	江西省吉安县	副司令员	1946.4～1946.6	
	田　松		副司令员	1946.6～1947.8	
	金光侠	朝鲜咸镜北道	副政委	1946.4	
	刘子奇	湖南省浏阳县	司令员	1948.1～1948.2	1948年1月改为东北人民解放军牡丹江军区，归东北军区领导
	杨梅生	湖南省湘潭县	司令员	1948.5～1948.7	1948年7月，牡丹江军区并入松江军区，牡丹江军区撤销
哈尔滨卫戍司令部	何　伟	河南省汝南县	政委	1948.1～1948.7	
	聂鹤亭	安徽省阜南县	司令员	1946.4～1946.6	1946年4月，成立哈尔滨卫戍司令部，隶属吉黑军区领导。5月，隶属于东北民主联军总部领导
	李天佑	广西壮族自治区临桂县	司令员（兼）	1946.6～1947.2	1946年6月，东北民主联军总部命令，松江军区兼哈尔滨卫戍司令部的工作
	聂鹤亭	安徽省阜南县	司令员	1947.2～1947.8	1947年2月，东北民主联军。总部命令，哈尔滨卫戍司令部与松江军区分开，隶属东北民主联军总部
	陈　光	湖南省宜章县	司令员（兼）	1947.8～1948.12	1947年8月，东北局决定松江军区兼哈尔滨卫戍司令部的工作
	钟子云	河北省东光县	政委	1946.4～1947.8	
	张秀山	陕西省神木县	政委（兼）	1947.8～1948.7	
	王奎先	安徽省霍丘县	副司令	1946.4～1946.6	
	李寿轩	湖南省保靖县	副司令员（兼）	1947.8～1948.8	
	张池明	河南省新阳县	副政委	1946.5～1946.6	

二、黑龙江省建立后（1954年7月～1985年12月）

军区名	姓名	籍贯	职务	任职时间	备注
黑龙江省军区	张开荆	江西省吉水县	司令员	1955.3～1962	1954年7月，松江军区与黑龙江军区合并，成立黑龙江省军区
	汪家道	安徽省霍邱县	司令员	1962～1975.5	
	赵先顺	河南省永城县	司令员	1975.5～1982.10	
	李德和	山西省孟西县	司令员	1983.4～1985.8	
	邵　昭	山东省文登县	司令员	1985.8～	
	欧阳钦	湖南省宁乡县	政委（兼）	1954.9～1966.5	第一政委
	汤光恢	江西省永丰县	政委	1957.8～1961	第二政委
	强晓初	陕西省子长县	政委（兼）	1980～1966.5	
	李范五	黑龙江省穆陵县	政委（兼）	1961～1966.5	第二政委
	谢福林	湖南省平江县	政委	1961～1964.8	第三政委
	郭　强	江苏省武进县	政委	1964.8～1978.5	第三政委
	潘复生	山东省文登县	政委（兼）	1966.5～1971.8	第一政委
	刘光涛	陕西省三源县	政委	1969.10～1978.5	第二政委
	赵兴元	山东省历城县	政委	1973.11～1984.4	
	杨易辰	辽宁省法库县	政委（兼）	1978.5～1983.5	第一政委
	王丕礼	山东省荣成县	政委	1979.2～1983.4	
	李力安	山西省五台县	政委（兼）	1983.5～1985.11	
	裴九洲	吉林省扶余市	政委	1984.4～1984.10	
	马春娃	山西省太原市	政委	1985.5～	
	孙维本	辽宁省营口市	政委（兼）	1985.11～	
	黄经耀	江西省于都县	副司令员	1954.9～1967	1954年9月到1957年8月为第一副司令员
	张贤廷		副司令员	1954.9～1956.5	第二副司令员
	王　钧	黑龙江省汤原县	副司令员	1954.9～1962	第三副司令员
	杜国平	湖北省广济县	副司令员	1956.11～	
	周家美	湖北省潜江县	副司令员	1956.11～1961	
	黄思沛	江西省宁都县	副司令员	1957.8～1961	第一副司令员
	王明贵	吉林省磐石县	副司令员	1957.8～	
	张万春	河南省郾城县	副司令员	1960～1964 1965.11～1971	两次任职
	王中军	江西省吉水县	副司令员	1963～1978.5	
	安　怀	湖北省浠水县	副司令员	1964.8～1979.6	
	寇奎甫	四川省阆中县	副司令员	1964.8～1966.5	

续表

军区名	姓名	籍贯	职务	任职时间	备注
黑龙江省军区	谢长华	湖南省浏阳县	副司令员	1966.5～1981.5	
	曹子平	陕西省清涧县	副司令员	1966.5～1978.5	
	郭海波	安徽省太和县	副司令员	1969.10～1973.11	第一副司令员
	张春和	河北省徐水县	副司令员	1969.6～1978.5	
	丁继先	河北省蓉城县	副司令员	1969.10～1978.7	
	王镇清	福建省福州市	副司令员	1969.10～1980.12	
	王文贞	山西省应县	副司令员	1971.3～1978.5	
	王云进	山东省文登县	副司令员	1971.3～1981.5	
	李清正	河南省唐河县	副司令员	1971.3～1978.5	
	曾明谦	湖北省大悟县	副司令员	1971.3～1978.7	
	李大力	河南省孟津县	副司令员	1971.3～1978.5	
	黄　林	天津市	副司令员	1973.11～1978.5	
	赵先顺	河南省永城县	副司令员	1973.11～1975.5	第一副司令员
	孙玉国		副司令员	1973.12～1974.2	
	孙孟亭	山东省淄博市	副司令员	1975.5～1978.5	
	姚希同	山西省太原市	副司令员	1978.5～1983.4	
	葛根元	河北省唐县	副司令员	1978.5～1983.4	
	常文焕	江苏省太兴县	副司令员	1978.5～1983.4	
	王少伯	江苏省阜宁县	副司令员	1979.2～1981.10	
	齐建敏	河北省南宫县	副司令员	1982.9～1983.9	
	王德龙	河北省鸡泽县	副司令员	1983.4～1985.8	
	于殿臣	江苏省镇江市	副司令员	1983.4～	
	吕　清	河南省光山县	副政委	1954.9～1956.11	
	贺大增	陕西省佳县	副政委	1956.11～1961	
	樊学文	四川省苍溪县	副政委	1960～1964	
	任允中	河北省安平县	副政委	1963～1975.7	
	黄明清	湖南省大庸县	副政委	1964.8～1978.5	
	苏　民	云南省个旧县	副政委	1969.9～1979.11	
	张多树	河北省遵化县	副政委	1970.1～1978.5	
	蔡光济	山西省万荣县	副政委	1970.1～1978.7	
	丁子峰	河北省平谷县	副政委	1970.10～1978.5	
	李庆寿	河北省内丘县	副政委	1971.3～1978.7	
	程耀德	山西省沁县	副政委	1971.3～1978.5	
	王锡令	云南省开远县	副政委	1971.3～1978.5	

续表

军区名	姓名	籍贯	职务	任职时间	备注
黑龙江省军区	周舒峰	河北省阮氏县	副政委	1975.5～1981.5	
	李锡文	河北省乐亭县	副政委	1975.10～1980.12	
	毛梦麟	浙江省会姚县	副政委	1976.9～1979.8	
	段景岳	河北省磁县	副政委	1976.9～1981.5	
	武守端	山东省鄄城县	副政委	1976.9～1981.8	
	任云峰	山西省孝义县	副政委	1978.5～1981.5	
	赵熙敏	河北省赵县	副政委	1978.5～1983.9	
	金　炬	上海市	副政委	1980.12～1983.4	
	鲁　平	山东省牟平县	副政委	1983.4～1985.8	
	王洪波	吉林省农安县	副政委	1985.8～	

后　记

首轮《黑龙江省志》编修工作历经20余载，于2003年完成，共编纂公开出版省级各专业志书78卷（98部），总计5 900 余万字。由于首轮《黑龙江省志》体系庞大，卷帙浩繁，不便广大读者查阅与使用，致使服务现实的功能和作用受到限制。当今社会，各项事业发展迅速、日新月异，现代地方志也需要与时俱进，在继承的基础上有所创新，才能全面反映时代风貌、充分体现时代内涵。为提升志书资政育人、服务社会的功能，按照省政府副省长于莎燕的指示，省地方志办公室决定举全办之力编纂一部《黑龙江省志简编》。这是一项功在当代、利在千秋的文化工程。

《黑龙江省志简编》是在首轮《黑龙江省志》的基础上，删繁就简，提要钩玄，浓缩为150万字左右的简编本。该书以凝练的语言，向世人介绍黑龙江地区独具特色的历史文化，全面记述黑龙江地区自有人类活动至1985年以来的发展历程，倾情展示黑龙江历史文化的精华与魅力。本书集知识性、实用性、创新性、权威性于一体，为世人了解黑龙江，认识黑龙江，积极参与黑龙江的建设提供了一个窗口。同时，更加强化了地方志资政、存史、教化的功能，也是用志方面的有益尝试。全书设自然、政治、经济、文化、社会五篇，前置序言、凡例、概述，尾设大事记、人物、附录、后记。本书力求体现介绍地情、导读原志之功能。

《黑龙江省志简编》的编纂工作始于2011年4月份，在整个编纂过程中，省地方志办公室主任隋岩全面主持编纂工作，并亲自审定志稿；副主任袁建勋直接领导并进行总纂；编纂处长胡玉芬负责全书的策划、编务、装帧设计等日常各项工作，并承担篇目设置、凡例、第一篇自然、后记的编写和对全书进行统稿；赵晶负责第二篇政治的编写；韩明武负责第三篇经济的编写；李吉文负责第四篇文化的编写，胡树滨参与第四篇文化第一章文学艺术试写稿的编写；柳成栋负责第四篇文化第三章第三节地方志的编写；江辉负责第五篇社会、附录的编写，孙学民负责概述、大事记的编写，人物部分由侯明、贾宏斌、陈怡、邹琳琳编写。完成初稿后，在副主任袁建勋直接领导下，对篇目设置和编写人员又进行了调整，孙学民（已退休）编写的概述和大事记由陈龙江修改概述、贾宏斌修改大事记；李吉文（工作变动）编写的第四篇文化由侯明、邹琳琳修改。此书篇章框架多次调整修改，整个文字反复推敲，终于得以问世。

编纂《黑龙江省志简编》在我省修志史上是第一次，是一项前无古人的创新工作，为了更好地完成这项工作，我们进行了大量的探索性尝试，先后经历了学习调研、制定方案、设计篇目、检索文献、文字编纂、简编试写、志稿评议、统稿总纂、专家审定、装帧设计、出版印刷等工作。

编纂过程中遇到了许多困难和问题，如篇目设置，怎样做到不失繁志精华，又言简意赅。省地方志办公室副主任袁建勋多次主持召开会议商定篇目设置，要求《黑龙江省志简编》的篇目设置，要在原繁志篇章节目不丢条缺项的前提下，有继承更要有所创新；要突出"简"字，使全书内容简练，结构简约，记述简明，使用简便；要按现代社会五大类分工重新设计，使其更有利于为现实服务。再如保持繁志原貌与精练浓缩简编的矛盾，繁志详简不一与总纂综合平衡的矛盾、众手成志风格不一与规范简编统一风格的矛盾以及纠正繁志中谬误等问题，在编纂过程中都是经过反复推敲，反复尝试、反复修改后较好地得到了解决。

在编纂过程中，始终得到了省领导的关心和支持，省政府副省长于莎燕听取编纂情况汇报，并亲自为其作序。省地方志办公室副主任姜绍华、石再军，省地方志办公室研究室主任孙学民、省直指导处处长侯明，省志办陈怡、贾宏斌、邹琳琳等同志对本书试写稿进行了评议；省内知名历史、方志专家梁尔东、宋洪军、梁滨久、隋丽娟、王占元，省志办徐萍、贾宏斌、邹琳琳、梁辰、陈龙江、韩卓对初稿进行了评议。在此一并表示诚挚的感谢！

应该说，整个编纂过程，我们都尽最大努力做到最好，尽管如此，由于水平有限、错误和不足仍在所难免，敬请方家拨冗，批评指正。

编　者

2014年8月